ISBN 978-0-266-69329-1
PIBN 10349680

FB &c Ltd, Dalton House, 60 Windsor Avenue, London, SW19 2RR.
Company number 08720141. Registered in England and Wales.

For support please visit www.forgottenbooks.com

STATISTISCHES
JAHRBUCH DEUTSCHER STÄDTE

IN VERBINDUNG MIT SEINEN KOLLEGEN

PROF. DR. H. BLEICHER, GEH. REGIERUNGSRAT PROF. DR. BÖCKH, DR. K. BÜCHEL, DR. A. DULLO, GEH.-MEDIZINALRAT DR. M. FLINZER, DR. N. GEISSENBERGER, PROF. DR. E. HASSE, PROF. DR. E. HIRSCHBERG, DR. G. KOCH, DR. G. PABST, F. X. PRÖBST, GEMEINDERAT DR. H. RETTICH, H. SCHÖBEL, STADTSCHEIRAT DR. S. SCHOTT, DR. H. SILBERGLEIT, DR. K. SINGER, DR. G. TENIUS, E. TRETAU, STADTRAT G. TSCHIERSCHKY und K. ZIMMERMANN

HERAUSGEGEBEN VON

PROF. DR. M. NEEFE,

DIREKTOR DES STATISTISCHEN AMTS DER STADT BRESLAU.

ELFTER JAHRGANG.

BRESLAU, 1903.

VERLAG VON WILH. GOTTL. KORN.

Vorwort.

Die Beschaffung und Zusammenstellung des Materials für den vorliegenden elften Jahrgang des statistischen Jahrbuchs deutscher Städte ist in gleicher Weise wie für die früheren Jahrgänge erfolgt. Dem ursprünglichen Plane des Jahrbuchs entsprechend sind auch in diesem Jahrgange bisherige Abschnitte fortgesetzt und erweitert, einige neue hinzugefügt und mehrere unter Vorbehalt späterer Wiederaufnahme zurückgestellt.

Es besteht insbesondere der Inhalt dieses Jahrgangs in der Fortführung von 20 Abschnitten des X. Jahrgangs, von 2 Abschnitten des IX. (über öffentliche chemische Untersuchungsämter und Gewerbegerichte), von 3 Abschnitten des VIII. (über Grundstücke und Gebäude, Wohnungen und Haushaltungen, Quartier- und Naturalleistung für die bewaffnete Macht im Frieden) und von 2 Abschnitten des IV. Jahrgangs (über Krankenversicherung und Viehhaltung). Neu hinzugekommen sind die Abschnitte über das Wachstum der deutschen Großstädte und über Viehpreise, sowie im Anhang die Zusammenstellung der Beschlüsse der bisherigen Konferenzen der Vorstände statistischer Ämter deutscher Städte. Das für einige andere Abschnitte (über Krankenanstalten und über Pflege der bildenden Kunst und Musik) erhobene Material wird im nächsten Jahrgang veröffentlicht. Die Ergebnisse der Ermittelungen über städtische Lohnverhältnisse und Wohlfahrtseinrichtungen für städtische Arbeiter werden besonders herausgegeben werden.

Von den Änderungen, welche der Inhalt der wiederkehrenden Abschnitte erfahren hat, seien folgende hervorgehoben. Es sind erstmalig Angaben gemacht im Abschnitt III über die nicht zu Wohnzwecken errichteten Neubauten nach ihrem Zweck; im Abschnitt IV über die Zahl der Wohnungen mit Gewerbe-, Boden-, Kellerräumen und die Zahl dieser Räume, über die gewerbliche Nebenbenutzung der bewohnten Wohnungen, über den durchschnittlichen Mietpreis einer Mietwohnung ohne gewerbliche Nebenbenutzung nach Stockwerken und nach der Zahl der heizbaren Zimmer, über die mit Schlafleuten und Zimmermietern besetzten Wohnungen nach der Zimmerzahl; im Abschnitt V die mittlere Bevölkerung der Kalenderjahre 1871 ff., die Bevölkerung nach Geburtsland, Muttersprache und Staatsangehörigkeit, ferner die Gestorbenen nach Altersklassen; in den Abschnitten XII und XIII sind die Angaben auf alle Städte über 50 000 Einwohner ausgedehnt worden; im Abschnitt XVII die aus der obersten Klasse der Volksschule entlassenen Kinder sowie die bei Beendigung der Schulpflicht im normalen Alter entlassenen Volksschüler nach Schulsystemen; im Abschnitt XXI speziellere Angaben über die Gewerbegerichte als Einigungsamt. Außerdem sind in einer Reihe von Abschnitten weitere Verhältniszahlen hinzugefügt worden.

Von den 29 Abschnitten des vorliegenden Jahrgangs behandeln 15 die Statistik des Jahres 1900, vier Abschnitte (I, XI, XIII und XXI) die Statistik der Jahre 1900 und 1901, drei Abschnitte (XIX, XX u. XXII) diejenige der Jahre 1901 und 1902, ein Abschnitt (XV) die für die 3 Jahre 1900 bis 1902, drei Abschnitte (VI, XXIV und XXVI) bringen das Material für längere Jahresreihen und drei Abschnitte (II, IV, V und XIV) enthalten die Ergebnisse von Zählungen am 1. Dezember 1900.

Die Bearbeiter der Abschnitte über Bevölkerung und Gemeindesteuern haben gewechselt. Der hochverdiente Direktor des statistischen Amts der Stadt Berlin, Herr Geheime Regierungsrat Prof. Dr. R. Böckh ist nach fünfzigjähriger Dienstzeit am 1. Januar d. J. in den Ruhestand getreten. Für die treue Mitarbeit und insbesondere für die Bearbeitung des Abschnittes über Bevölkerung sowie für die anderweite Förderung der gemeinsamen Aufgaben der Städtestatistik sei ihm auch an dieser Stelle herzlich gedankt. Sein Amtsnachfolger Herr Professor Hirschberg hat die Bearbeitung des Abschnittes über Bevölkerung und Herr Direktor Schöbel die Bearbeitung des Abschnitts betreffend Gemeindesteuern übernommen. Für Zusammenstellung des Materials zu den übrigen Abschnitten haben die bisherigen Herren Mitarbeiter gesorgt.

Die Drucklegung des Buches, welches an Umfang die bisherigen Jahrgänge übertrifft, verzögerte sich wiederum, da durch die Teilnahme der städtestatistischen Ämter an den Arbeiten für die deutsche Städteausstellung in Dresden sowohl die Ausfüllung der Fragebogen als auch die Zusammenstellung der Tabellen für das Jahrbuch erheblich später erfolgte als geplant war. Eine mehr systematische Reihenfolge der Abschnitte ließ sich auch diesmal nicht durchführen. Die meisten Abschnitte mußten daher wiederum nach der Zeit ihres Einganges aneinander gereiht werden. Diese angedeuteten Mängel sind aber im Vergleich zu der Fülle von Material, welches in diesem Jahrbuch in übersichtlicher Form allen denen geboten wird, welche über die Verwaltung und Entwickelung der größeren Städte Belehrung suchen, von geringem Belang.

Wie beim Abschluß der früheren Jahrgänge, so sei auch diesmal allen Behörden und Einzelpersonen, welche durch ihre Mitwirkung die Fortsetzung des Werkes ermöglichten, der verbindlichste Dank ausgesprochen, und zwar in erster Reihe den städtischen Verwaltungen für die bereitwillige Ausfüllung der Fragebogen und den Herren Kollegen für ihre mühevolle Mitarbeit.

Breslau, Ende August 1903.

M. Neefe.

Inhalts-Übersicht der Jahrgänge I bis XI des Jahrbuchs.

Die erste Zahl bezeichnet das Jahr, auf welches sich die betreffende Statistik bezieht, die zweite (römische Zahl) den Jahrgang, die dritte (arabische Zahl) den Abschnitt.

I.

Gebiet, Bodenbenutzung und Grundbesitz.

Von

Dr. M. Neefe,

Direktor des statistischen Amts der Stadt Breslau.

Die Übersicht über die Fläche und deren Benutzung im Jahre 1900 oder 1900/01 auf den Seiten 9 und 10 beruht wie in den Vorjahren zumeist auf Angaben der beteiligten Stadtverwaltungen und bildet die Fortsetzung der Tabelle auf Seite 7 ff. des X. Jahrgangs. Das Material zu der im nächsten Jahrgange zu ergänzenden Übersicht über die Fläche im Jahre 1901 oder 1901/02 auf Seite 11 ist nur von einem Teile der Städte mitgeteilt worden. Die Flächenangaben für 1900, welche auf dem an die Städte ausgesandten Fragebogen nicht gemacht wurden, sind den landesstatistischen Veröffentlichungen oder den städtischen Verwaltungsberichten entnommen. Die Eingemeindungen sowie andere wesentliche Flächenänderungen gegen das Vorjahr sind auf den Seiten 2 und 3 zusammengestellt oder in den Bemerkungen auf Seite 8 verzeichnet.

Im Jahre 1900 oder 1900/01 stellten sich Stand und Änderung der Fläche der 55 hier in Betracht kommenden Städte zusammen, wie folgt:

Flächenbestand am Jahresanfang 1900	194 059,21	ha
Zugang durch Eingemeindung (betr. 8 Städte)	4 024,40	„
„ „ Berichtigung etc. (betr. 12 Städte)	9,13	„
Abgang durch Ausgemeindung	—	
„ „ Berichtigung etc. (betr. 9 Städte)	23,09	„
Flächenbestand am Jahresschluß 1900	198 069,65	„

Die Zunahme der Fläche jener Städte betrug zusammen gegen das betreffende Vorjahr:

1900	4010,44	ha	oder	2,1	Proz.	1896	2932,58	ha	oder	1,6	Proz.
1899	8832,05	„	„	4,8	„	1895	1221,79	„	„	0,7	„
1898	1491,50	„	„	0,8	„	1894	900,72	„	„	0,6	„
1897	1192,06	„	„	0,6	„	1893	3044,81	„	„	1,9	„

In 30 Städten blieb im Jahre 1900 die Gesamtfläche gegen das Vorjahr unverändert, in 17 Städten nahm sie zu, in 8 Städten verminderte sie sich infolge Berichtigung aufgrund von Neumessungen. Die durchschnittliche Grösse der 55 Städte betrug am Jahresschluß 1900: 3601,27 ha, gegen das Vorjahr 72,92 ha mehr. Es haben 24 Städte

eine größere, 31 eine geringere als die durchschnittliche Fläche. Von jenen Städten hat Cöln mit 11 110,86 ha das größte, Metz mit 253,33 ha das kleinste Weichbild. Die Extreme sind erklärlich inbezug auf Cöln wegen der in der Gesamtfläche enthaltenen erheblichen landwirtschaftlichen Fläche und inbetreff Metz weil Festung.

Folgende Städte haben Angaben gemacht über die im Jahre 1900 oder später stattgehabte Erweiterung ihres Weichbildes.

Städte	Datum der Änderung	Eingemeindungen	Fläche ha	Einwohner z. Z. der letzten Volkszählung
Breslau . . .	1901	eines Teils der Gemarkung Klein-Mochbern	0,80	.
Charlottenburg	1. April 1900	Teile des Dorfes Deutsch - Wilmersdorf (Umgemeindung)	10,61	.
	21. Jan. 1902	von Parzellen	0,036	.
Chemnitz . .	1. April 1900	des Vorortes Gablenz	616,05	.
	1. Juli 1900	„ „ Altendorf	475,19	.
	1. Oktob. 1900	„ „ Kappel	129,01	.
Crefeld	10. Juli 1901	Gemeinde Linn*)	701,22	2 191
Dresden . . .	1. April 1901	Landgemeinde Gruna	176,56	3 594
Duisburg . . .	1. April 1902	aus der Stadt Meiderich	0,65	.
		von Wanheim-Angerhausen	270,81	.
Essen	1. August 1901	der Landbürgermeisterei Altendorf . . .	960,16	65 169
Frankfurt a. M.	1. Juli 1900	der Gemeinde Oberrad	272,88	8 407
		„ „ Niederrad	294,74	8 866
		„ „ Seckbach	808,26	3 100
Halle a. S. . .	1. April 1900	der Gemeinde Giebichenstein	229,48	.
		„ „ Cröllwitz	411,22	.
		„ „ Trotha	642,37	.
		des Gutsbezirks Gimritz	203,48	.
Karlsruhe i. B.	1. Januar 1901	Geländeteil der Gemarkung Beiertheim . .	133,69	.
		„ „ „ Ettlinger (Weiheräcker)	44,67	.
Kiel	23. Jan. 1901	eine Parzelle der Gemarkung Hasseldicksdamm	0,57	.
	1. April 1901	Gaarden (Kreis Plön)	271,57	13 847
Leipzig	1900	der zeitherigen exemten Schönfelder Rittergutsparzelle No. 2780 des Flurbuchs f. L.	1,88	.
München . . .	1. Jan. 1900	von Laim	466,48	838
		„ Thalkirchen	684,99	1 416
Nürnberg . . .	10. Mai 1900	von ausmärkischem Forstgebiet	78,18	29 524
	3. Mai 1901	von Ludwigsfeld	50,78	—
		„ Klingenwäldchen	43,28	—

*) Hierdurch ist aber das städtische Weichbild von Crefeld nicht erweitert, da Crefeld und Linn durch die dazwischen liegende Gemeinde Oppum getrennt sind.

Städte	Datum der Änderung	Eingemeindungen	Fläche ha	Einwohner z. Z. der letzten Volkszählung
Plauen i. V. .	Januar 1900	des Ortes Chrieschwitz	722,08	1 606
	Februar „	Einflurung aus No. 161 der Flur Keinsdorf	0,75	.
	April „	„ „ No. 122c von Keinsdorf .	0,49	.
	Juni „	„ „ Neundorf	62,21	.
Posen	1. April 1900	von Jersitz	889,90	21 083
	„	„ St. Lazarus (Gurtschin)	1034,00	10 679
	„	„ Wilda	431,50	10 376
Stettin . . .	1. April 1900	der Ortschaft Grabow a. O.	141,28	22 583
	„	„ „ Bredow	214,05	19 992
	„	„ „ Nemitz	260,62	4 944
Stuttgart . . .	1. April 1901	von Gaisburg	.	4 764

Infolge von Umgemeindung sind ausgemeindet worden von Duisburg nach der Stadt Meiderich am 1. April 1902: 80,34 ha.

Da die mit Häusern bebaute Fläche zur Beurteilung der baulichen Entwickelung der Städte benutzt werden kann, lassen wir eine Übersicht über den Anteil der mit Häusern bebauten Fläche an der Gesamtfläche und eine Übersicht über die Zunahme jener Fläche im Jahre 1900 folgen und zwar für die Städte, welche Angaben hierüber gemacht haben und welche weder eine Minderung der bebauten Fläche gegen das Vorjahr aufweisen, noch dieselben Angaben von bebauten Flächen wiederholt haben. Die mit Häusern bebaute Fläche (einschließlich Hofräume und kleineren Hausgärten) beträgt Prozent der Gesamtfläche am Schlusse folgender Jahre:

Städte	1900	1899	1895	1890	Städte	1900	1899	1895	1890
Freiburg i. Br.	6	6	.	.	Mainz	13	14	.	.
Stettin	9	7	.	.	Magdeburg . .	15	15	14	13
Aachen. . . .	9	8	9	9	Posen	15	15	15	15
Mannheim . .	9	8	.	.	Elberfeld . . .	16	16	.	.
Erfurt	9	9	.	.	Kiel	16	16	.	.
Wiesbaden . .	9	9	8	7	Cassel . . .	17	17	15	12
Cöln a. Rh.. .	10	10	9	8	Hannover . .	17	17	16	.
Görlitz	12	12	11	9	Altona	19	18	16	14
Frankfurt a. M.	12	13	12	14	Crefeld. . . .	19	18	18	16
Lübeck. . . .	13	12	10	8	Würzburg . .	19	19	.	.

Städte	1900	1899	1895	1890	Städte	1900	1899	1895	1890
Augsburg .	20	20	.	.	Nürnberg . .	27	.	.	.
Potsdam . . .	22	22	21	19	Liegnitz . . .	28	.	.	.
Danzig . . .	23	21	.	.	Breslau . . .	28	27	27	25
Dortmund . .	23	21	17	15	Braunschweig.	33	.	.	.
Chemnitz . . .	23	23	.	.	Dresden . . .	34	.	.	.
Königsbergi.Pr.	24	23	22	20	Karlsruhe i. B.	34	33	29	.
Hamburg . . .	25	24	.	.	Bochum . . .	36	34	32	.
Bremen . . .	25	.	.	.	Essen . . .	43	.	.	.
M.-Gladbach .	25	.	.	.	Berlin	47	.	.	.
Charlottenburg	26	25	18	11	Metz	49	49	.	.

Die Bebauung der vorhandenen Fläche ist verhältnismäßig am stärksten in Metz, Berlin, Essen und Bochum, am geringsten in Freiburg i. Br., Stettin, Aachen, Mannheim. Die zeitweilige Minderung des Anteils der bebauten Fläche beruht auf erheblichen Eingemeindungen.

Die Zunahme der mit Häusern bebauten Fläche im Jahre 1900 gegen die Vorjahre war folgende:

Städte	Zunahme				Städte	Zunahme			
	i. Jahre 1900		1899	1898		i. Jahre 1900		1899	1898
	ha	%	%	%		ha	%	%	%
Stettin . . .	153,52	36,2	0,2	.	Hamburg . . .	44,69	2,4	0,6	.
Aachen . . .	46,00	14,2	1,6	18,5	Elberfeld . .	10,33	2,1	.	.
Mainz . . .	16,13	11,5	4,7	.	Cöln a. Rh. .	23,65	2,1	2,2	2,3
Frankfurt a. M.	117,85	11,4	2,5	2,6	Altona . . .	7,37	1,9	2,3	1,6
Dortmund . .	48,19	8,4	2,3	3,1	Cassel . . .	5,50	1,5	1,6	16,7
Danzig	27,64	6,5	5,1	.	Crefeld	5,93	1,5	1,6	1,6
Mannheim . .	31,69	5,8	.	.	Königsbergi.Pr.	6,00	1,2	1,6	0,9
Lübeck	15,49	4,4	14,1	1,5	Karlsruhe i. B.	4,84	1,1	0,2	2,4
Kiel	12,13	3,7	.	.	Magdeburg . .	8,36	1,0	1,5	2,9
Charlottenburg	16,42	3,2	1,7	2,9	Potsdam . . .	2,54	0,8	1,4	.
Görlitz . . .	6,20	2,9	2,9	2,4	Hannover . . .	5,00	0,7	0,1	1,5
Wiesbaden . .	8,93	2,9	0,8	2,4	Zwickau . .	1,26	0,5		.
Breslau . . .	26,75	2,7	0,8	3,0	Erfurt . . .	0,68	0,2	1,9	.
Bochum . . .	5,53	2,5	1,8	2,5					

Die erhebliche Zunahme der bebauten Fläche der Stadt Stettin beruht auf Eingemeindung.

Die in den letzten Jahrgängen in diesem Abschnitte gegebenen Übersichten über den Grundbesitz werden hier fortgesetzt. In Tabelle III (S. 12 und 13) sind Angaben von 28 Städten über die Zahl der Grundstücke enthalten, welche im Jahre 1900 ihren Besitzer gewechselt haben. Von 12 Städten ist die Fläche jener Grundstücke, von 18 Städten der Kaufpreis für unbebaute Grundstücke mitgeteilt. Um den relativen Umfang des Besitzwechsels beurteilen zu können, werden nachstehend im Vergleich mit den Vorjahren unter a) die Flächen überhaupt, die ihren

Besitzer gewechselt, mit der Gesamtfläche der betreffenden Stadt und unter b) die betreffenden unbebauten im Besitz gewechselten Flächen mit der in Tabelle I enthaltenen „übrigen Fläche" soweit angängig für eine Anzahl Städte in Beziehung gesetzt.

Städte	a) Flächen überhaupt, die ihren Besitzer gewechselt, % der Gesamtfläche					b) Insbesondere unbebaute Flächen, die ihren Besitzer gewechselt, % der „übrigen Fläche"				
	1900	1899	1898	1897	1896	1900	1899	1898	1897	1896
Augsburg . . .	.	.	.	.	3,9	.	.	.	.	4,5
Barmen . . .	1,0	2,7	.	.	.	.	.	.	.	.
Breslau. . . .	.	6,3	7,2	6,3	3,9	.	7,9	10,9	7,4	4,4
Charlottenburg	3,3	10,9	2,0	4,9	5,6	3,6	14,1	0,6	5,7	2,9
Cöln	14,2	4,9	4,7	3,1	.	3,1	5,6	5,0	3,6	.
Crefeld . .	3,4	3,4	3,1	2,0	9,7	2,9	3,5	3,1	1,9	11,9
Danzig	3,1	3,1	7,6	.	.	2,2	2,4	9,0	.	.
Essen . . .	.	4,0	.	.	.	.	.	.	.	.
Frankfurt a. M.	1,2	1,5	2,7	4,9	.	1,1	1,2	2,2	5,8	.
Halle a. S. . .	.	4,3	2,4	1,8	3,8	.	5,2	3,1	1,8	1,5
Karlsruhe i. B.	.	.	.	.	.	3,9	9,7	7,6	9,7	7,7
Kiel	4,8	8,3	8,3	.	.	4,5	10,1	.	.	.
Lübeck. . . .	.	.	.	.	.	0,4	0,3	0,3	0,7	0,5
Mannheim . .	7,2	1,3	3,9	.	.	9,4	1,4	.	.	.
Wiesbaden . .	0,7	.	.	.	.	0,8	.	.	.	.
Zwickau . .	4,1	4,2	3,7	2,8	1,9	3,2	3,4	2,7	2,1	1,8

Der durchschnittliche Kaufpreis der unbebauten Grundstücke, die ihren Besitzer im Jahre 1900 gewechselt, läßt sich für folgende Städte und für das Quadratmeter in Mark berechnen.

Städte	Freiwillige Verkäufe	Zwangs-ver-steigerungen	Städte	Freiwillige Verkäufe	Zwangs-ver-steigerungen
Barmen . .	28,2	3,4	Halle a. S. . .	5,6	3,9
Breslau . . .	14,4	37,1	Karlsruhe . .	13,1	.
Charlottenburg	43,0	120,6	Lübeck. . . .	19,5	—
Cöln	6,4	26,2	Magdeburg . .	3,9	11,7
Crefeld	6,9	.	Mannheim .	6,7	30,2
Danzig	8,5	0,3	Potsdam . .	5,5	11,2
Frankfurt a. M.	23,8	21,9	Wiesbaden . .	18,9	—

Über die Häufigkeit des Besitzwechsels an bebauten Grundstücken in den 5 Jahren 1896 bis 1900 werden für 12 Städte folgende Berechnungen, im Anschluss an die im VIII. Jahrgang S. 12 gegebenen, versucht.

Städte	Bebaute Grundstücke im Mittel der Zählungen von 1895 und 1900	Im Mittel der 5 Jahre 1896/1900					
		freiwillig verkaufte, verschenkte u. vertauschte	oder %	zwangs-versteigerte u. enteignete	oder %	überhaupt im Besitz gewechselt	oder %
München . .	13 118	1247	9,51	80	0,61	1327	10,12
Leipzig . . .	12 788	869	6,80	76	0,59	945	7,39
Breslau . . .	7 992	753	9,42	61	0,76	814	10,18
Dresden . . .	11 010	1145	10,40	67	0,61	1212	11,01
Magdeburg . .	6 203	175	2,82	74	1,19	249	4,01
Charlottenburg	2 982	261	8,75	66	2,21	327	10,96
Altona . . .	6 466	236	3,65	67	1,04	303	4,69
Halle a. S. . .	5 351	242	4,52	48	0,90	290	5,42
Mannheim . .	4 031	313	7,76	18	0,45	331	8,21
Karlsruhe i. B.	4 301	276	6,42	4	0,09	280	6,51
Lübeck . . .	8 068	567	7,03	51	0,63	618	7,66
Zwickau . . .	2 423	183	7,55	10	0,41	193	7,96

In Tabelle IV (S. 14) sind im Anschluss an die im 10. Jahrgang (S. 12) gemachten Angaben, die Flächen des Grundeigentums von 29 Stadtgemeinden für das Jahr 1900 oder 1900/01 zusammengestellt. Hieraus erhellt, daß in 22 dieser Städte eine Vergrößerung und in 5 Städten eine Verminderung des städtischen Grundbesitzes eingetreten ist. Der prozentale Anteil der Fläche der städtischen Grundstücke innerhalb des städtischen Weichbildes einschließlich der im Stadtgebiet gelegenen Stiftungsgrundstücke unter städtischer Verwaltung stellt sich im Vergleich zur Gesamtfläche, ausschließlich Wege, Straßen, Eisenbahnen und Wasserfläche in nachgenannten 26 Städten wie folgt:

Frankfurt a. M. . .	58,4	Cassel	22,6	Görlitz	10,9
Augsburg	51,6	München	20,5	Nürnberg	9,4
Hamburg	45,4	Mainz	20,2	Bochum	9,0
Aachen	45,1	Chemnitz	19,7	Erfurt	8,9
Hannover	43,4	Cöln a. Rh. . . .	16,9	Straßburg i. E. . .	7,6
Posen	32,9	Dortmund	16,5	Potsdam	6,8
Mannheim	29,8	Karlsruhe i. B. . .	16,1	Crefeld	4,6
Halle a. S. . . .	28,7	Altona	14,6	Charlottenburg . .	4,1
Breslau	26,8	Danzig	14,4		

Die Tabelle V (S. 15) enthält als Fortsetzung der Übersicht im 10. Jahrgang (S. 13) Angaben über den im Jahre 1900 eingetretenen Grundbesitzwechsel von 36 Stadtgemeinden. Die Durchschnittspreise pro Quadratmeter der in den 5 Jahren 1896 bis 1900 von den Stadtgemeinden erworbenen und verkauften unbebauten Grundstücke stellten sich, wie aus folgenden Berechnungen erhellt, in den einzelnen Städten, je nach der örtlichen Lage, Beschaffenheit und dem Zwecke sehr verschieden.

Städte	Erworbene					Verkaufte				
	Grundstücke für 1 qm Mk.									
	1900	1899	1898	1897	1896	1900	1899	1898	1897	1896
Altona	18,0	4,8	18,1	16,7	8,2	20,4	13,3	26,3	21,0	12,9
Augsburg	0,6	12,8	1,0	.	0,6	22,8	15,9	2,4	.	1,5
Barmen	42,4	21,1	11,0	11,6	5,9	.	.	130,0	152,8	—
Berlin	10,4	7,2	0,5	1,3	0,5	8,6	26,1	85,0	234,9	27,1
Breslau	6,5	7,6	6,8	5,2	4,9	50,2	23,6	3,6	30,0	45,7
Cassel	.	14,1	5,6	20,8	.	.	11,5	20,4	2,6	.
Charlottenburg . .	27,9	9,8	33,4	49,6	64,8	.	.	—	.	.
Cöln a. Rh. . . .	0,7	1,7	2,0	2,0	1,5	5,2	14,0	10,6	43,4	32,1
Crefeld	0,4	1,7	1,4	.	.	—	.	—	.	.
Danzig	2,7	13,5	3,8	.	.	15,8	89,0	12,2	.	.
Dortmund	3,3	.	3,9	.	1,2	16,9	.	9,3	.	3,6
Dresden	.	23,5	26,8	.	33,0	.	57,5	72,2	.	50,0
Elberfeld	25,4	26,2	.	.	.	90,0	4,7	.	.	.
Erfurt	13,2	4,1	4,0	.	.	15,9	7,4	12,5	.	.
Essen	4,5	3,2	.	.	.	4,1	17,1	.	.	.
Frankfurt a. M. . .	5,1	8,6	7,5	3,1	8,5	66,1	51,5	38,0	56,8	23,6
Görlitz	0,3	0,3	0,5	.	.	9,5	0,7	11,5	7,2	.
Halle a. S.	4,3	6,5	13,1	18,0	12,8	1,9	1,0	45,0	171,6	5,1
Hannover	1,8	1,3	4,1	.	6,4	33,4	31,2	19,8	45,0	29,9
Karlsruhe i. B. . .	10,0	5,5	5,2	1,2	1,3	29,8	6,8	5,4	3,2	.
Kiel	10,9	2,9	2,9	.	.	108,1	11,4	11,4	.	.
Leipzig	.	1,9	2,9	1,9	.	.	9,2	33,0	36,6	.
Liegnitz	0,4	1,3	3,2	.	.	—	.	.	.	.
Magdeburg	1,6	0,8	1,2	.	.	43,2	51,8	44,7	61,5	.
Mannheim	6,4	41,6	2,6	44,7	1,1	15,5	16,8	17,2	4,3	43,5
München , . . .	5,3	97,6	5,8	.	.	1,9	.	9,3	.	.
Nürnberg	5,3	7,8	10,2	.	2,5	4,3	92,2	49,6	.	34,2
Plauen i. V. . . .	3,5	0,7	0,4	0,5	.	2,4	4,6	8,1	4,5	19,0
Posen	0,6	.	.	.	.	—	.	.	.	.
Potsdam	25,8	1,1	23,8	0,5	0,9	.	.	21,3	16,8	14,8
Stettin	1,0	1,7	0,6	.	1,8	54 9	29,4	2,5	.	.
Straßburg i. E. . .	.	.	0,9	4,0	.	.	.	20,0	34,7	.
Stuttgart	.	8,6	5,3	5,7	7,3	.	24,8	23,5	2,4	34,0
Wiesbaden	6,7	.	.	.	.	3,9	.	.	.	.
Zwickau	1,3	1,5	2,8	1,2	.	.	11,7	84,7	13,8	.

In den fünf Jahren von 1896 bis 1900 erreichten die Preise unbebauter Grundstücke in den angeführten Städten folgende Extreme:

	Höchste Preise für		Niedrigste Preise für	
	erworbene	verkaufte	erworbene	verkaufte
	Grundstücke für 1 qm Mk.		Grundstücke für 1 qm Mk.	
1896	64,8	50,0	0,5	1,5
1897	49,6	234,9	0,5	2,4
1898	33,4	130,0	0,5	2,4
1899	97,6	89,0	0,3	0,7
1900	42,4	108,1	0,3	1,9

Bemerkungen zu Tabelle I und II (S. 9—11).

1) Die Fläche des Wohnbezirks beträgt 1325,00 ha. Diese Fläche ist in der Tabelle spezifiziert.

2) Als solche ist die Differenz zwischen Wohnbezirk und Gesamtfläche hier eingesetzt.

3) betr. die im Gebrauch befindlichen Begräbnisplätze.

4) Einschließlich Festungswerke.

5) Einschließlich Festungswerke und Exerzierplätze.

6) Einschließlich Festungswerke.

7) Nachträglich wird bemerkt, daß bei der Fläche von 5522,30 ha diejenige von Herrnhütte mit 11,06 ha irrtümlich eingerechnet ist; diese Fläche kommt mit ca. 1/3 bei der bebauten und mit ca 2/3 Teil bei der übrigen Fläche in Abzug. — Hingegen ist die Fläche des Schmausenbecks vergessen, welche mit 15,04 ha bei der übrigen Fläche hinzuzurechnen ist.

8) Einschl. 24,24 ha dem Bürgerhospital gehörend, die in der nach Art der Benutzung spezialisierten Fläche nicht enthalten sind.

Bemerkungen zu Tabelle IV (S. 14).

1) Hierher gehört Heilbad Szliács in Oberungarn.

2) Die Angaben beziehen sich auf das Kalenderjahr 1901.

3) Die Angaben beziehen sich auf das Jahr 1898. Neuere Zahlen sind nicht vorhanden, außer für die städtischen Güter und Forsten:
Güter innerhalb des Stadtbezirks mit 406,14 ha,
" außerhalb " " " 787,56 ha,
" (Stiftungsgrundstücke) außerhalb des Stadtbezirks mit 560,23 ha
Forsten innerhalb und außerhalb des Stadtbezirks mit 1233,11 ha.

4) Die Vermehrung beruht auf den Liegenschaften des Hospizienfonds.

5) Diese auffällige Abweichung gegenüber den Flächen vom Jahre 1898 erklärt sich durch die am 1. Januar 1899 erfolgte Einverleibung 13 umliegender Ortschaften.

6) Begräbnisplatz.

Bemerkungen zu Tabelle V (S. 15).

1) Wieviel bebaute und unbebaute Grundstücke kann nicht unterschieden werden.

2) Außerdem die eingemeindeten Grundstücke der Gemarkungen Niederrad, Oberrad und Seckbach mit einer Fläche von 123 ha 51 ar 66 qm und einem Kaufpreis von 3 952 785 Mk.; sodann zur Straßenfreilegung abgeschrieben 9 ha 26 ar 99 qm.

I. Gesamtfläche nach Art der Benutzung am Jahresschluss 1900* oder 1900/01 in ha.

In Spalte 5 bedeuten B = Berichtigung, E = Eingemeindung, N = Neuvermessung.

Städte	Gesamt-Fläche	Gegen das Vorjahr		Die Änderung beruht auf	Von der Gesamtfläche waren					
		mehr	weniger		baut mit Häusern (einschl. Hofräume und Hausgärten)	Wege, [illegible] Eisenbahnen	Öffentliche Park- und Gartenanlagen	Begräbnißplätze	Wasserfläche	Übrige Fläche
Aachen . . .	3 915,00	3,00	—	B.	371,00	296,00	34,00	14,00	13,00	3 187,00
Altona . . .	2 180,44	—	0,04	B.	403,76	231,96	22,88	42,19	134,78	1 344,87
Augsburg . .	2 187,23	—	19,34	N.	440,00	210,84	32,69	8,87	57,01	1 437,82
Barmen . . .	2 172,00	—	—	—	.	.	42,50	22,90	20,00	.
Berlin . . .	6 349,47	.	.	.	3 000,00	1 820,00	360,00	60,00 3)	100,00	1 009,47
Bochum* . .	622,65	—	—	—	224,24	99,45	18,31	20,91	0,40	259,31
Braunschweig .	2 730,00	—	1,62	B	905,00 1)	244,00	79,00	41,00	56,00	1405,00 2)
Bremen . . .	2 565,16	—	—	—	631,39	.	.	.	.	.
Breslau . . .	3 606,35	13,77 / —	-- / 0,53	E. N. / B.	1 000,81	666,01	151,66	.	190,27	.
Cassel . . .	2 152,16	0,10	—	B.	364,24	235,44	173,34	23,00	43,83	1 312,31
Charlottenburg	2 099,86	1,73 / 0,27	—	E. / B.	537,43	357,12	—	—	66,66	1 138,65
Chemnitz . .	3 652,40	—	—	—	837,61	386,07	32,52	41,59	48,97	2 305,64
Cöln a. Rh. .	11 110,86	0,92	—	B.	1 150,33	1256,83 4)	156,80	68,67	446,67	8 031,56
Crefeld . . .	2 079,36	—	0,28	B.	393,10	180,32	12,58	26,43	—	1 466,98
Danzig . . .	1 996,90	—	0,38	B.	455,99	250,52	7,12	27,48	126,52	1129,27 5)
Darmstadt . .	5 759,53	.	.	.	.	.	.	.	.	.
Dortmund . .	2 766,30	—	0,11	B.	623,78	339,46	105,71	41,60	17,68	1 608,69
Dresden* . .	4 016,22	0,01	—	B.	1 375,16		1 075,50		156,32	1 409,21
Düsseldorf . .	4 863,64	—	—	—	.	.	.	.	.	.
Duisburg . .	3 753,30	—	—	—	.	.	.	.	.	.
Elberfeld* . .	3 131,23	0,08	—	B.	499,88		410,60		22,11	2 198,64
Erfurt . . .	4 380,92	—	—	—	377,60	251,58	26,09	19,55	31,99	3 674,10
Essen	966,26	—	0,15	B.	416,24		167,36		0,35	382,31
Frankfurt a. M.	9 389,88	1375,88	—	E.	1 144,85	768,41	35,44	45,20	158,05	7 237,93
Frankfurt a. O.	5 963,38	—	—	—	.	.	830,84	26,82	.	.
Freiburg i. Br.	5 285,35	—	—	—	291,71	313,07	68,48	30,43	39,99	4 541,67
M.-Gladbach* .	1 200,00	3,75	—	B.	300,11	153,72	.	.	.	.
Görlitz* . . .	1 784,32	—	—	—	217,00	245,63	60,80	33,37	26,28	1 201,26

Anmerkungen vgl. S. 8.

Noch Tabelle I.

Städte	Gesamt-Fläche	Gegen das Vorjahr mehr	Gegen das Vorjahr weniger	Die Änderung beruht auf	Von der Gesamtfläche waren: bebaut mit [illegible] (einschl. Hofräume und Hausgärten)	Wege, Straßen, Eisen[illegible]	Öffentliche Park- und Gartenanlagen	Begräbnisplätze	Wasserfläche	Übrige Fläche
Halle a. S. . .	2 533,95	—	—	—	636,24	221,73	34,64	29,10	38,00	1 574,24
Hamburg* . .	7 690,13	—	0,64	B.	1 930,73	921,37	137,95	25,51	1 122,80	3 551,76
Hannover . .	3 956,67	0,47	—	B.	672,20	441,00	89,96	32,28	54,00	2 667,23
Karlsruhe i. B.	1 286,53	—	—	—	434,45	272,37	127,83	18,19	15,52	418,17
Kiel	2 061,97	—	—	—	337,05		200,45		14,02	1 510,45
Königsberg . .	2 034,24	0,14	—	B.	489,02	553,96	—	—	94,55	896,70
Leipzig* . . .	5 707,47	1,89	—	N.	.	.	.	.	.	
Liegnitz . . .	1 685,00	—	—	—	481,00	.	50,01	15,89	.	1 138,10
Lübeck* . . .	2 972,42	—	—	—	369,51	254,44	32,47	10,31	249,31	2 056,38
Magdeburg* . .	5 547,52	0,26	—	B.	824,56		857,49		298,77	3 566,70
Mainz . . .	1 159,61[6])	—	—	—	156,28	149,81	18,46	18,00	143,76	673,30
Mannheim* . .	6 606,46	—	—	—	578,57	509,55	84,39	30,05	623,38	4 780,52
Metz	253,33	—	—	—	125,07	41,93	5,19	—	81,15	—
Mülhausen i. E.	1 229,19	.	.		.	.	.	.	.	.
München* . .	8 696,55	0,12 1 151,48	— —	B. E.	.	830,98	304,19	72,08	194,89	.
Münster i. W. .	1 082,90	.	.	.	.	.	.	.	.	.
Nürnberg* . .	5 522,30[7])	78,18	—	E.	1 508,66	485,08	53,18	18,67	61,60	3395,11[7])
Plauen i. V.* .	2 577,40	785,53	—	E.	.	.	.	.	.	.
Posen . . .	947,90	—	—	—	145,54	420,42	24,40	14,04	53,85	289,65
Potsdam . .	1 350,39	—	—	—	302,38	124,49	138,12	10,01	252,47	522,92
Spandau . . .	4 340,00	—	—	—	.	.		.	.	.
Stettin* . . .	6 715,53	615,95	—	E.	577,92	284,74	39,67	78,17	464,98	5 270,05
Strassburg i. E.	7 828,95	—	—	—	655,00	281,00	35,00	20,62	1 066,18	5 771,15
Stuttgart* . .	3 003,24[8])	.	.	.	437,02	315,78	81,25	34,83	10,00	2 183,57
Wiesbaden . .	3 607,07	—	—	—	318,87		322,20		10,29	2 955,71
Würzburg . .	3 215,90	—	—	—	600,00	221,80	66,60	.	85,00	2 233,60
Zwickau* . .	1 776,86	—	—	—	248,77	121,30	30,18	14,73	45,20	1 316,68

Anmerkungen vgl. S. 8.

II. Gesamtfläche nach Art der Benutzung am Jahresschluss 1901* oder 1901/02 in ha.

In Spalte 5 bedeuten B = Berichtigung, E = Eingemeindung, N = Neuvermessung.

Städte	Gesamt-Fläche	Gegen das Vorjahr		Die Änderung beruht auf	Von der Gesamtfläche waren					
		mehr	weniger		bebaut mit Häusern (einschl. Hofräume und Hausgärten)	Wege, Straßen, Eisenbahnen	Öffentliche Park- und Gartenanlagen	Begräbnisplätze	Wasserfläche	Übrige Fläche
Aachen	3 915,50	0,50	—	B.	378,30		303,15		12,65	3 221,40
Barmen	2 172,00	—	—	—	.	.	42,50	22,90	20,00	.
Berlin	6 350,00	0,53	—	.	3 000,00	1820,00	360,00	(60,00[3])	100,00	1 010,00
Bochum	622,65	—	—	—	243,31	99,96	18,31	20,91	0,35	239,81
Braunschweig	2 730,00	—	—	—	900,00[1])	249,00	79,00	41,00	56,00	14,05[2])
Bremen	2 565,16	—	--	—	.	.	.	.	.	.
Breslau	3 593,18	—	13,17	N. B.	1 006,16	747,81	152,36	74,18	188,88	1 423,79
Cassel	2 152,20	0,04	—	B.	368,93	237,29	173,34	23,00	43,83	1 305,81
Charlottenburg	2 100,08	{ 0,03 / 0,19	—	B. E.	552,26	363,82	—	—	65,92	1 118,08
Chemnitz	3 652,40	—	—	—	847,40	388,76	32,52	41,59	48,97	2 293,16
Cöln	11 117,02	6,16	—	N.	1 188,55	1 274,57[4])	191,02	89,52	446,53	7 925,93
Crefeld	2 780,65	701,29	—	E. B.	419,67	203,29	12,53	27,27	28,45	2 089,44
Danzig	1 996,64	—	0,26	B.	478,32	250,74	7,12	27,38	126,52	1106,56[5])
Dortmund	2 766,77	0,47	—	N.	635,49	357,60	105,71	41,60	17,68	1 608,69
Dresden*	4 192,79	1,76	—	E.	1 432,85		1227,19		146,16	1 386,59
Düsseldorf	4 867,90	4,26	—	B.	924,38	629,00	103,00	58,44	382,25	2 770,83
Duisburg	3 944,42	191,12	—	E.	505,84	299,31	34,24	21,07	300,04	2 783,92
Elberfeld	3 131,25	0,02	—	B.	505,37		415,47		22,18	2 188,23
Erfurt	4 381,12	0,20	—	B.	390,99	251,05	28,28	21,17	35,14	3 654,49
Essen	1 927,04	960,78	—	E. B.	712,00	97,30	17,22	32,46	2,47	1 065,59
Frankfurt a. M.	9 389,88	—	—	—	1 072,61	746,20	39,02	45,20	155,55	7 331,30
Frankfurt a. O.	5 963,38	—	—	—	.	.	830,84	26,82	.	.
Freiburg i. Br.	5 281,38	—	3,97	B.	305,33	312,32	68,48	30,43	40,34	4 524,48
Görlitz	1 784,32	—	—	—	219,50	263,52	60,80	33,37	26,28	1 180,85
Halle a. S.	4 020,50	1486,55	—	E.	628,02	313,93	36,44	35,16	99,43	2 907,52
Hamburg	7 690,03	—	0,09	B.	1 967,21	964,23	138,43	25,51	1 125,97	3 468,68
Karlsruhe i. B.	1 464,89	178,36	—	E.	418,82	274,96	98,18	18,19	17,61	637,13
Kiel	2 334 11	272,14	—	E.	443,37		223,95		14,43	1 652,36
Königsberg i. Pr.	2 034,32	0,08	—	B.	490,35	554,12	—	—	94,55	895,30
Liegnitz*	1 685,00	—	—	—	481,00	.	50,00	16,00	.	1 138,00
Lübeck	2 972,43	0,01	—	B.	376,42	254,96	32,47	10,31	249,31	2 043,96
Magdeburg	5 548,93	1,41	—	B.	825,64		878,89		298,76	3 545,64
Mainz	1 159,01	—	—	—	156,28	149,81	18,46	18,00	143,76	(673,30[6])
Mannheim	6 606,46	--	—	—	578,57	509,55	84,39	30,05	623,38	4 780,52
Metz	252,33	—	—	—	125,07	41,91	5,19	—	81,16	—
München	8 696,42	—	—	—	.	830,98	304,19	72,07	194,88	.
Nürnberg	5 620,35[7])	94,06	—	E.	1 505,85	485,65	53,20	19,95	61,60	3 494,10
Plauen i. V.	2 577,37	—	0,03	B.	.	.	.	.	.	.
Posen	3 303,30	2355,40	—	E.	363,98	669,22	24,40	30,00	59,69	2 156 01
Potsdam	1 350,39	—	—	—	303,67	125,92	138,12	10,01	251,11	521,56
Stettin	67,15	—	—	—	5,82	2,91	0,39	1,42	4,65	51,96
Strassburg i. E.	7 828,95	—	—	—	655,00	281,00	35,00	20,62	1 066,18	5 771,15
Wiesbaden	3 607,07	—	—	—	323,91		328,10		10,28	2 944,78
Zwickau	1 776,86	—	—	—	256,48	125,95	30,15	14,73	45,19	1 304,36

Anmerkungen vgl. S. 8.

III. Grundbesitzwechsel im allgemeinen

Städte	Freiwillig verkaufte (einschl. verschenkte und vertauschte)							Zwangs-	
	bebaute Grundstücke		unbebaute Grundstücke					bebaute Grundstücke	
			mit Angabe des Kaufpreises			ohne Angabe des Kaufpreises			
	Zahl	Fläche qm	Zahl	Fläche qm	Kaufpreis M.	Zahl	Fläche qm	Zahl	Fläche qm
Altona	229	.	170	.	1 398 799	.	.	60	.
Barmen*	237	117 339	165	93 535	2 633 861	4	2 549	16	8 177
Breslau*	764	703 958	329	811 641	11 693 645	137	158 068	38	48 939
	72	.	.	.	.	3	.	5	.
Charlottenbg.*	270	254 068	131	417 958	17 991 657	—	—	21	20 256
Cöln*	1 098	479 137	1 143	2 217 872	14 101 259	53	92 156	91	26 092
Crefeld	490	183 609	106	210 601	1 452 181	37	196 348	16	5 749
Danzig	500	331 594	167	218 513	1 865 649	30	31 160	31	25 475
Dresden	702	.	748	.	.	.	.	106	.
Erfurt	176	.	138	365 843	1 125 139	1	150	39	.
†) Frankfurt a. M.	693	307 772	1 303	771 092	18 449 219	22	15 197	57	24 424
Görlitz	133	.	100	.	2 911 000	1	.	18	.
Halle a. S.	212	112 905	235	371 579	2 072 847	.	.	46	21 476
Hannover	354	.	137	.	3 519 635	.	.	94	.
Karlsruhe i. B.*	234	.	106	164 173	2 154 388	9	2 034	—	—
Kiel*	405	310 350	309	684 970	.	.	.	7	2 980
Leipzig*	819	.	499	.	.	77	.	98	.
Liegnitz	91	.	66	.	.	.	.	3	.
Lübeck*	628	.	375	75 453	1 473 396	—	—	.	.
Magdeburg	197	.	128	1 012 105	3 959 210	.	.	58	.
Mannheim	308	252 114	1 037	1 504 185	10 199 904	24	3 995 886	27	10 113
München*	994	.	1 086	.	71 228 400	.	.	120	.
Nürnberg*	803	.	427	.	.	.	.	147	.
Posen	390	.	.	.	.	.	.	2	.
Potsdam	62	.	12	66 494	366 580	1	4 738	19	.
Stettin	650	.	.	.	.	.	.	20	.
Wiesbaden	275	10 325	262	249 305	4 734 034	—	—	—	—
Zwickau	273	263 880	189	426 510	.	.	.	19	41 120

†) Die für Essen im X. Jahrg., S. 10 11 gegebenen Zahlen betreffen das Rechnungs-

im Jahre 1900* oder 1900/1901.

versteigerte einschl. enteignete					Summe der Besitzwechsel zwischen Lebenden				Städte
unbebaute Grundstücke									
mit Angabe des Kaufpreises			ohne Angabe des Kaufpreises		Bebaute Grundstücke		Unbebaute Grundstücke		
Zahl	Kaufpreis M	Fläche qm	Zahl	Fläche qm	Zahl	Fläche qm	Zahl	Fläche qm	
25	.	59 965	23	.	289	.	195	.	Altona.
23	3 101	10 680	—	—	253	125 516	188	2 743 210	Barmen*.
6	3 645	135 070	2	1 302	802	752 897	335	.	Breslau*.
5	.	.	—	—	77	.	8	.	
4	3 291	396 900	—	—	291	274 324	135	421 249	Charlottenbg.*
18	19 234	504 510	156	154 849	1 189	505 229	1 161	2 484 111	Cöln a. Rh.*
.	.	.	11	19 564	506	189 358	106	426 513	Crefeld.
7	5 651	1 588	—	—	531	357 069	174	255 824	Danzig.
42	.	.	.	.	808	.	790	.	Dresden.
3	9 700	.	.	.	215	.	143	.	Erfurt.
20	24 698	542 531	37	16 639	750	332 196	1 323	827 627	Frankfurt a. M.
3	.	37 700	.	.	151	.	103	.	Görlitz.
2	27 576	109 000	.	.	258	134 381	237	400 155	Halle a. S.
—	—	—	.	.	448	.	137	.	Hannover.
	.	.	2	1 041	234	.	106	167 248	Karlsruhe i. B.*
.	.	.	.	.	412	313 330	309	684 970	Kiel*.
15	.	.	.	.	917	.	499	.	Leipzig.
1	.	.	.	.	94	.	67	.	Liegnitz.
—	—	—	—	—	.	.	.	75 453	Lübeck*.
4	21 099	248 000	.	.	255	.	132	1 033 204	Magdeburg.
6	2 046	61 855	—	—	335	262 227	1 043	4 502 117	Mannheim.
66	.	4 891 500	.	.	1 114[1])	.	1 152	.	München*.
19	.	.	.	.	950	.	446	.	Nürnberg*.
.	.	.	.	.	392	.	.	.	Posen.
2	5 271	58 917	.	.	81	.	14	76 508	Potsdam.
.	.	.	.	.	.	.	.	.	Stettin.
—	—	—	—	—	275	10 325	262	249 305	Wiesbaden.
.	.	.	.	.	292	305 000	189	426 510	Zwickau*.

jahr 1900 (nicht das Jahr 1899).

IV. Fläche des Grundeigentums der Stadtgemeinden in ha.

ausschl. Straßenflächen) am Schlusse des Jahres 1900* oder 1900/1901.

Städte	Städtische Grundstücke innerhalb des Stadtbezirks	Städtische Grundstücke außerhalb des Stadtbezirks	Zusammen städtischer Grundbesitz.	Gegen das Vorjahr mehr oder weniger	Außerdem Stiftungsgrundstücke unter städtischer Verwaltung oder Aufsicht: innerhalb des Stadtbezirks	außerhalb des Stadtbezirks	Überhaupt	Gegen das Vorjahr mehr, weniger
Aachen . . .	1 499,09	71,07	1 570,16	+212,91	127,14	1 010,88	1 138,02	+156,55
Altona . . .	271,37	66,22	337,59	−0,87	3,05	0,80	3,85	—
Augsburg* . .	981,16	133,58	1 114,74	−2,53	11,21	3 352,38	3 363,59	+210,24
Barmen*. . .	40,54	93,22	133,76	+4,94	—	—	—	—
Bochum . . .	47,21	16,34	63,55	+6,03	—	—	— .	—
Breslau . . .	705,12	4 431,46	5 136,58	+11,68	32,03	1 317,44	1 349,47	—
Cassel . . .	416,47	53,05	469,52	+15,17	7,80	. 1)	.	.
Charlottenburg*	68,68	361,41	430,09	+3,27	0,33	—	0,33	−0,12
Chemnitz* ²) .	625,00	254,00	879,00	.	9,00	—	9,00	.
Cöln a. Rh.. .	584,18	2,20	586,38	+130,45	1004,74	2 403,35	3 408,09	+15,65
Crefeld . . .	87,23	89,64	176,87	+43,27	—	—	—	—
Danzig . . .	208,34	2 827,55	3 035,89	−4,98	25,63	223,86	249,49	−1,40
Dortmund . .	334,32	1 206,20	1 540,52	+5,84	63,97	34,14	98,11	+0,19
Düsseldorf*²) .	440,70	47,54	488,24	+33,24	25,00	2,00	27,00	—
Duisburg . .	619,30	—	619,30	−11,35	22,00	—	22,00	—
Elberfeld . .	64,84	242,25	307,09	+0,10	1,58	30,62	32,20	−0,01
Erfurt . . .	192,90	180,93	373,83	−0,89	173,63	100,01	273,64	−1,44
Essen. . . .	130,70	178,16	308,86	+19,93	1,89	1,62	3,51	−0,15
Frankf. a. M. .	4 150,57	283,29	4 433,86	+204,69	789,14	1 096,86	1 886,00	.
Görlitz . . .	144,93	30792,89	30 937,82	+16,32	19,70	3 609,37	3 629,07	+1,70
Halle a. S. . .	442,85	674,55	1 117,40	+53,44	209,76	21,34	231,10	—
Hamburg* . .	2 460,79	2 913,75	5 374,54	+118,38	104,04	25,36	129,40	+0,98
Hannover . .	1 486,96	689,91	2 176,87	+75,63	16,76	37,17	53,93	−1,07
Karlsruhe i. B.*	160,89	245,90	406,79	+148,82	—	—	—	—
Kiel* ²) . . .	585,54	231,24	816,78	+23,35	.	.		.
Leipzig* ³) . .	1 840,20	1 562,00	3 402,20	.	227,50	493,46	720,96	.
Liegnitz . . .	231,19	2 098,81	2 330,00	+1,81	3,34	—	3,34	—
Magdeburg . .	1 362,58	1 315,53	2 678,11	+8,69	287,54	305,38	592,92	−3,17
Mainz	166,30	2,32	168,62	+1,99	8,67	275,03⁴)	283,70	+275,03⁴)
Mannheim* ²) .	1 631,33	40,99	1 672,32	+30,95	0,88	—	0,88	—
München* . .	1 559,62	1 955,22	3 514,84	+194,38	16,71	794,30	811,01	−0,40
Nürnberg* . .	439,41	48,37	487,78⁵)	.	26,04	471,11	497,15	.
Plauen i. V. .	436,51	910,21	1 346,72	+415,70	5,43	206,94	212,37	−0,36
Posen . . .	155,25	11,00	166,25	+67,89	0,82	—	0,82	+0,82
Potsdam . . .	71,20	14,09⁶)	85,29	+0,63	2,13	—	2,13	—
Stettin . . .	231,77	4 702,93	4 934,70	+64,80	.	.	.	.
Strassburg i.E*²)	480,56	2 162,64	2 643,20	−0,64	11,58	1 052,08	1 063,66	.
Wiesbaden . .	1 361,80		1 361,80	.	.	.	.	.
Zwickau . . .	510,50		510,50	−164,08	.	.	.	.

Anmerkungen vgl. S. 8.

V. Wechsel im Grundbesitz der Stadtgemeinden

im Jahre 1900* oder 1900/1901.†)

a = Fälle mit Angabe von Fläche und Preis. b = Fälle ohne Preisangabe.

Städte		Erworbene Grundstücke						Veräußerte Grundstücke					
		Bebaute			Unbebaute			Bebaute			Unbebaute		
		Zahl	Fläche qm	Preis M.	Zahl	Fläche qm	Preis M.	Zahl	Fläche qm	Preis M.	Zahl	Fläche qm	Preis M.
Aachen . . .	b	.	73 298	.	.	72 745	.	—	—	—	.	75 287	.
Altona	a	7	7 355	309 316	3	2 939	52 902	—	—	—	13	11 220	228 791
"	b	—	—	—	3	2 769	.	—	—	—	8	7 467	.
Augsburg* . .	a	5	540	160 958	7	108 060	62 333	—	—	—	17	9 198	209 400
Barmen* . . .	a	11	10 069	427 295	5	39 361	144 902	.	.	.	.	.	.
Berlin	a	10	3 567	2 070 679	10	108 947	1 134 731	—	—	—	14	81 412	701 915
"	b	—	—	—	6	27 207	.	—	—	—	10	40 889	.
Breslau* . . .	a	30	37 149	1 937 793	39	120 619	843 019	—	—	—	12	7 561	379 480
" . . .	b	5	4 212	.	9	31 225	.	—	—	—	8	6 197	.
Charlottenburg*	a	—	—	—	6	30 937	864 961	.	.	.	.	.	.
Cöln	a	3	1 899	145 500	61	1 104 863	812 459	.	.	.	36	97 768	507 235
"	b	—	—	—	279	523 808	.	3	1 983		46	70 159	.
Crefeld . . .	a	4	4 540	289 500	3	430 957	175 531	—	—	—	—	—	—
Danzig	a	1	183	28 000	29	26 753	72 004	—	—	—	20	21 689	343 320
"	b	.	.	.	1	7 171	.	—	—	—	3	44 711	.
Dortmund . .	a	5	8 447	721 480	5	41 237	137 380	—	—	—	3	9 569	161 616
" . .	b	.	.	.	.	.	.	.	.	.	1	34	.
Düsseldorf[1]) .	a	24	401 253	1 435 399				11	5 868	324 119			
" .	b	—	—	—	1	130	.	—	—	—	—	—	—
Elberfeld . . .	a	4	1 168	252 000	1	387	9 837	—	—	—	3	518	46 640
" . . .	b	—	—	—	—	—	—	—	—	—	1	249	
Erfurt*	a	4	450	73 500	4	1 990	26 300	—	—	—	16	25 598	408 659
Essen	a	1	133	15 000	78	104 256	466 835	—	—	—	12	27 057	111 308
"	b	—	—	—	14	5 627	.	—	—	—	8	3 612	.
Frankfurt a. M.[2])	a	41	46 828	9 071 678	729	940 568	4 825 465	—	—	—	[illegible]	82 879	5 479 535
Görlitz	a	2	11 270	74 800	7	154 332	39 910	.	.	.	14	9 239	87 750
"	b	.	.	.	3	6 366	.	.	.	.	4	2 537	.
Halle a. S. . .	a	3		72 000	27	91 977	398 929	.	.		5	1 598	3 188
" . .	b	.	.	.	18	6 052	.	.	.	.	.		.
Hannover . . .	a	5	49 541	313 484	61	723 234	1 274 563	2	545	22 897	24	15 156	506 415
Karlsruhe i. B.*	a	—	—	—	13	10 914	109 613	—	—	—	6	759	22 650
"	b	—	—	—	2	1 041	—	—	—	—	—	—	—
Kiel*	a	11	4 691	373 259	74	17 187	186 700	2	624	107 500	96	4 912	531 195
Leipzig*[1]) .	a	.	1 010 478	1 606 225				.	145 001	3 220 915			
Liegnitz . . .	a	—	—	—	4	18 080	7 083	—	—	—	—	—	—
Magdeburg . .	a	—	—	—	9	156 372	254 240	—	—	—	7	5 530	238 715
Mainz	a	—	—	—	1	23 180	18 544	—	—	—	5	3 247	192 631
Mannheim* . .	a	1	23 680	1 907 762	220	41 782	266 573	1	67	23 502	59	139 187	2 150 220
" . .	b	—	—	.	14	94 039	.	—	—	.	4	5 841	.
München* . .	a	62	36 608	1 031 935	69	387 934	2 057 662	7	3 940	214 216	39	47 986	908 332
Nürnberg* . .	a	18	260 876	1 410 800	19	119 705	637 789	2	170	6 000	5	2 473	107 064
Plauen i. V.* .	a	1	13 310	300 000	3	90 120	317 937	—	—	—	3	2 774	6 662
Posen	a	5	17 975	706 500	1	7 792	5 000	—	—	—	—	—	—
Potsdam . .	a	2	3 843	157 000	2	2 451	63 292	.	.	.	.	.	.
" . . .	b	.	.	.	2	263	.	.	.	.	2	18	.
Stettin	a	16	85 242	868 479	23	342 383	343 158	.	.	.	5	3 760	206 644
Straßburg* . .	a	7	3 700	.	—	—	—	—	—	—	5	10 100	.
Wiesbaden . .	a	6	37 513	1 441 623	24	120 145	810 670	—	—	—	.	35 275	136 909
" . .	b	.	.	.	.	.	.	.	.	.	.	.	.
Zwickau* . .	a	.	.	.	6	87 620	101 887	.	.	.	14	1 725 793	349 243

†) Ausschließlich unentgeltlich überlassene Straßenflächen.
Anmerkungen vgl. S. 8.

II.

Grundstücke und Gebäude.

Von

Dr. M. Neefe,

Direktor des statistischen Amts der Stadt Breslau.

Die in früheren Jahrgängen dieses Jahrbuches enthaltenen Ergebnisse über die in Verbindung mit den allgemeinen Volkszählungen von 1885[1]), 1890[2]) und 1895[3]) ausgeführten Erhebungen über die bebauten Grundstücke und Gebäude werden auf Grund der von einer Anzahl Stadtverwaltungen ausgefüllten Fragebogen für das Jahr 1900 nachstehend fortgesetzt. Über die Methode jener Erhebungen sowie über die weiteren Ergebnisse der Erhebungen städtestatistischer Ämter werden Nachrichten erfolgen, nachdem die bezüglichen Veröffentlichungen der statistischen Ämter vorliegen werden.

Aus Tabelle I (S. 18), enthaltend die Zahl der bewohnten und unbewohnten Grundstücke und Gebäude nebst einigen Verhältniszahlen, geht hervor, daß die durchschnittliche Bewohnerzahl eines bewohnten Grundstücks in Berlin mit 76,9 Einwohnern am größten und in Lübeck mit 10,1 Bewohnern am geringsten war. Im letzten Jahrzehnt hat sich diese sogenannte Behausungsziffer in allen Städten, für welche ein Vergleich möglich ist, vergrößert. Ähnliche Änderungen ergeben die Vergleiche der durchschnittlichen Einwohnerzahl auf ein bewohntes Gebäude. Wie die Verhältniszahlen der Tabelle I, so dienen auch diejenigen der Tabellen II bis IV zur Beurteilung der Größe der Grundstücke. Aus Tabelle II erhellt, daß von den in Betracht kommenden 17 Städten Essen und Cöln (mit 96 %) die meisten, Rixdorf und Berlin (mit 39 bezw. 46 %) die wenigsten Grundstücke mit nur einem Gebäude zählte. Sondert man die Grundstücke mit 4 und mehr Gebäuden auf einem Grundstücke aus, so ergiebt sich im Vergleich zur Gesamtzahl die größte Anhäufung von Gebäuden auf einem Grundstück in Berlin, wo deren Zahl 14,2 % beträgt, hiernächst in Rixdorf mit 11,9 %, in Hamburg mit 7,8 %, Schöneberg 5 %, Altona 2,9 %, Breslau 1,6 %.

---

[1]) I. Jahrg., S. 55 ff. — [2]) II. Jahrg., S. 40; III. Jahrg., S. 20; V. Jahrg., S. 17. — [3]) VI. Jahrg., S. 11; VII. Jahrg., S. 11; VIII. Jahrg., S. 7 ff.

Die Wohnungshäufung ist nach Tabelle III da am geringsten, wo viele Grundstücke nur 1 bis 2 Wohnungen enthalten. Nimmt man das Zusammenwohnen von 1 bis 5 Familien in einem Grundstück als ein normales Verhältnis an, so würden die in der Tabelle auf S. 20 genannten Städte sich wie folgt aneinander reihen: Lübeck (96 %), Cöln (82), Straßburg (78), Essen (74), Frankfurt a. M. (74), Elberfeld (71), Stuttgart (66), Altona (59), Halle, Kiel und Harburg (je 56), Magdeburg (42), Görlitz (41), München (40), Charlottenburg (25), Breslau (23), Rixdorf (18), Berlin und Schöneberg (je 14 %). Die Zahl der sogenannten Mietskasernen, für welche die Grundstücke mit über 20 Wohnungen gelten, ist verhältnismäßig am größten in Berlin (mit 39 % aller bewohnten Grundstücke), Schöneberg (38), Rixdorf (36), Breslau (28), Charlottenburg (25), Hamburg (9,5), Magdeburg und München (je 7 %). Am geringsten ist dieser Prozentsatz (mit 1 und weniger pro mille) in Elberfeld, Essen und Lübeck. Mit der größeren Wohnungshäufung ist auch die Zahl der Grundstücke mit mehr als 50 Bewohnern (vergleiche Tabelle IV) wesentlich gestiegen.

In Tabelle V sind für mehrere Städte die Gebäude nach der Zahl der Stockwerke und soweit möglich nach dem Vorhandensein von Kellerwohnungen unterschieden. Von den Gebäuden hatten 5 und mehr Stockwerke in Schöneberg 60 %, Berlin 48, Breslau 45, Charlottenburg 43, Stuttgart 32, Görlitz 27, Rixdorf 26, München 20, Kiel 18, Straßburg 12, Altona und Halle je 6, Essen 3, Lübeck 0,2 %. Von 100 bewohnten Gebäuden hatten Kellerwohnungen in Breslau 19, Halle 17, Kiel 16, Görlitz 6, Lübeck 6, Stuttgart 1,8, Straßburg 1,6, Essen 0,8. Auffällig ist, daß in den Gebäuden mit Kellerwohnung die höheren Stockwerklagen (4 und mehr) weit stärker vertreten sind als in den Gebäuden ohne Kellerwohnung.

Aus Tabelle VI, welche die Zahl der bebauten Grundstücke nach dem Eigentumsverhältnis ausweist, geht hervor, daß die Quote der im Privatbesitz befindlichen Grundstücke im Vergleich zu früheren Zählungsresultaten sich teils erhöht (wie in Breslau, Dresden) teils vermindert hat, (wie in Berlin, Görlitz, Halle, Lübeck, München).

Ein erfreuliches Bild gewährt Tabelle VII (im Vergleich mit Tabelle I des 1. Jahrgangs S. 62); aus ihr ersieht man, daß in einer Anzahl von Städten die Einrichtungen, wie sie die moderne Hygiene fordert, immer mehr an Boden gewonnen haben.

I. Hauptübersicht über die Grundstücke und Gebäude im Herbst 1900.

Städte	Bebaute Grundstücke			Hierunter leerstehende im Bau vollendete Grundstücke	Außerdem im Bau begriffene Grundstücke	Auf ein bewohntes Grundstück kommen durchschnittl. Einwohner	Gebäude			Im Durchschnitt kommen auf ein	
	bewohnte	unbewohnte	Summe				bewohnte	unbewohnte	Summe	Grundstück Gebäude	bewohntes Gebäude Einwohner
Altona . . .	6 304	227	6 531	33	10	25,6	8 228	2 465	10 693	1,3	19,6
Berlin . . .	24 493	731	25 224	20	266	76,9	39 619	14 073	53 692[1])	1,6	47,6
Breslau . . .	7 998	278	8 276	—	176	52,8	10 915	3 821	14 736	1,4	38,7
Charlottenburg	3 163	46	3 209	—	61	59,6	3 613	56	3 669	1,1	52,2
Cöln	23 194	816	24 010	272	.	16,1	.	.	.	.	.
Danzig . . .	5 534	906	6 440	9	85	25,4	.	.	.	.	.
Dresden ohne Gruna . . .	11 337	400	11 737	—	171	35,0	13 979	7 712	21 691	1,2	28,3
Dresden mit Gruna . . .	11 591	411	12 002	—	178	34,4	14 268	7 927	22 195	1,2	28,0
Elberfeld . .	8 393	.	.	.	.	18,7	8 409[2])	159	8 568	1,0	18,7
Erfurt . . .	4 530	.	.	.	75	18,8	.	.	.	.	.
Essen, altes Stadtgeb.. .	6 086	168	6 254	13	.	19,5	6 431	.	.	1,1	18,5
Essen, neues Stadtgeb.[3]) .	9 370	220	9 590	23	205	19,4	9 738	3 702	13 440	1,0	18,7
Frankfurt a. M.	14 054	.	.	365	.	20,5	.	.	.	.	.
Görlitz . . .	2 883	85[4])	2 968	6	59	28,1	3 397	85	3 482	1,2	23,8
Halle a. S. . .	6 044	120	6 164	25	.	25,9	7 529	120	7 649	1,2	20,8
Hamburg . .	19 605	1 369	20 974	—	.	35,6	.	.	.	.	.
Kiel	3 899	.	.	.	—	25,8	4 533	46	4 579	1,2	22,2
Leipzig . . .	12 928	571[5])	13 499	—	.	35,3	16 403[6]) 436[7])	10 613	27 452	1,3	27,1
Lübeck . . .	8 053	359	8 412	71	118	10,1	9 190	2 059	11 249	1,1	8,9
Magdeburg . .	6 324	.	.	.	.	36,8	.	.	.	.	.
Mannheim . .	6 393	.	.	.	.	21,9	.	.	.	.	.
München . .	13 655	433[8])	14 088	79	.	36,6	21 561 (bewohnte und unbewohnte zusammen)		21 561	.	.
Rixdorf . . .	1 303	21	1 324	1	22	69,4	.	.	2 842[9])	.	.
Schöneberg .	1 326	3	1 329	—	6	72,4	.	.	2 201[10])	.	.
Straßburg i. E.	8 368	194	8 562	73	.	18,0	9 205	230	9 435	1,1	16,4
Stuttgart . . .	7 610	280	7 890	90	.	23,[illegible]	8 529	280	8 809	1,1	20,7

Siehe Anmerkungen Seite 26.

II. Die Grundstücke nach der Gebäudezahl im Herbst 1900.

Städte	beb. = bebaute, bew. = bewohnte	Grundstücke mit 1	2	3	4	5	6 u. mehr
		Gebäuden					
Altona . . .	bew.	5 249	682	195	73	43	62
Berlin . . .	"	11 678	5 339	4 620	2 092	868	623
Breslau . . .	"	5 769	1 732	365	99	23	10
Cöln	"	22 274	850	45	11	5	9
Essen, altes Stadtgeb.. .	"	5 774	286	20	5	1	—
Essen, neues Stadtgeb.[1]) .	"	9 037	306	20	6	1	—
Frankfurt a. M.	"	12 230	1 577	203	26	13	5
Görlitz . . .	"	2 426	411	37	7	2	—
Halle a. S. . .	"	4 708	1 237	74	14	3	8
Hamburg . .	"	14 670	2 484	922	586	316	627
Kiel	"	3 303	567	24	2	2	1
Lübeck[2]) . .	"	7 535	445	64	29	12	·39
München[3]) . .	beb.	8 243	4 952	893 (3 bis 6 u. mehr zusammen)			
Rixdorf . . .	"	522	393	251	85	39	34
Schöneberg. .	"	862	240	160	40	8	19
Straßburg i. E.	bew.	7 667	624	54	12	4	7
Stuttgart . .	"	6 774	782	49	3	1	1
		Von 1000 Grundstücken					
Altona . . .	bew.	832	108	31	12	7	10
Berlin . . .	beb.	463	212	183	83	34	25
Breslau . . .	bew.	721	217	46	12	3	1
Cöln	"	961	37	2	—	—	—
Essen, altes Stadtgeb.. .	"	949	47	3	1	—	—
Essen, neues Stadtgeb.. .	"	964	33	2	1	—	—
Frankfurt a. M.	"	871	112	14	2	1	—
Görlitz . . .	"	841	143	13	2	1	—
Halle a. S. . .	"	780	205	12	2	—	1
Hamburg . .	"	748	127	47	30	16	32
Kiel	"	847	145	6	1	1	—
Lübeck . . .	"	927	55	8	4	1	5
München . .	beb.	585	352	63 (3 bis 6 u. mehr zusammen)			
Rixdorf . . .	"	394	297	190	64	29	26
Schöneberg. .	"	649	181	120	30	6	14
Straßburg i. E.	bew.	917	75	6	1	—	1
Stuttgart. . .	"	891	103	6	—	—	—

Siehe Anmerkungen auf Seite 26.

III. Die Grundstücke nach der Zahl der Wohnungen im Herbst 1900.

Städte	Bewohnte Grundstücke mit									
	1	2	3	4	5	6—10	11—15	16—20	21—30	über 30
	Wohnungen									
Altona[1]) . .	1 259	772	644	667	425	1 875	390	144	97	64
Berlin . . .	755	627	602	764	759	3 708	4 237	3 482	4 944	4 615
Breslau[2]) . .	439	351	325	322	377	1 705	1 767	1 283	1 151	267
Charlottenburg[3])	245	233	141	95	88	527	657	389	499	289
Cöln	6 649	3 759	3 416	3 142	1 963	3 618	503	81	43	20
Elberfeld . .	2 269	1 139	912	964	668	2 098	312	30	—	1
Essen, altes Stadtgeb.. .	1 418	831	1 005	824	443	1 404	140	16	5	—
Essen, neues Stadtgebiet .	2 169	1 232	1 350	1 181	723	2 517	173	19	6	—
Frankfurt a. M.	2 040	1 520	2 093	2 888	1 795	3 069	495	108	36	10
Görlitz . . .	249	198	234	248	253	971	511	173	39	7
Halle a. S. . .	782	646	706	735	516	1 876	589	151	38	5
Hamburg . .	5 983	1 834	1 203	1 013	884	4 219	1 759	858	1 055	797
Kiel	765	420	397	367	229	1 366	258	82	18	2
Lübeck[1]). . .	2 487	2 780	1 725	530	237	309	32	17	6	1
Magdeburg[4]) .	704	570	502	480	378	1 805	1 002	451	347	79
München[5]) . .	1 767	1 057	979	974	774	3 950	2 233	1 141	751	164
Rixdorf . . .	83	65	28	35	26	152	258	191	288	177
Schöneberg .	61	40	28	32	21	163	255	220	316	190
Straßburg i. E.	2 114	1 396	1 187	1 057	771	1 490	239	70	33	11
Stuttgart . .	867	713	1 061	1 163	1 252	2 124	340	70	15	5
	Von 1000 bewohnten Grundstücken									
Altona . . .	197	122	102	106	67	296	62	23	15	10
Berlin . . .	31	26	25	31	31	151	173	142	202	188
Breslau . . .	55	44	41	40	47	214	221	161	144	33
Charlottenburg	77	74	45	30	28	167	207	123	158	91
Cöln	287	162	147	135	85	156	22	3	2	1
Elberfeld . .	270	136	108	115	80	250	37	4	—	—
Essen, altes Stadtgeb.. .	233	136	165	135	73	231	23	3	1	—
Essen, neues Stadtgebiet .	232	131	144	126	77	269	18	2	1	—
Frankfurt a. M.	145	108	149	205	128	218	35	8	3	1
Görlitz . . .	86	69	81	86	88	337	177	60	14	2
Halle a. S. . .	129	107	117	122	85	311	97	25	6	1
Hamburg . .	305	93	61	52	45	215	90	44	54	41
Kiel	196	107	102	94	59	350	65	21	5	1
Lübek . . .	306	342	213	65	29	38	4	2	1	—
Magdeburg . .	111	90	79	76	60	286	159	71	55	13
München. . .	128	77	71	71	56	286	162	83	54	12
Rixdorf . . .	64	50	21	27	20	117	198	146	221	136
Schöneberg. .	46	30	21	24	16	123	192	166	239	143
Straßburg i. E.	253	167	142	126	92	178	29	8	4	1
Stuttgart . .	114	94	139	153	164	279	45	9	2	1

Siehe Anmerkungen auf Seite 26.

IV. Die bewohnten Grundstücke nach der Zahl der Bewohner im Herbst 1900.

Städte	Bewohnte Grundstücke mit												
	0 oder unbekannt	1 bis 5	6 bis 10	11 bis 20	21 bis 30	31 bis 40	41 bis 50	51 bis 75	76 bis 100	101 bis 150	151 bis 200	201 bis 300	über 300
	Bewohnern												
Altona	—	780	1 214	1 547	955	700	472	384	108	89	42	7	6
Berlin	—	1 421		1 790	1 954	2 232	2 335	8 513		3 917	1 544	637	150
Breslau	—	297	499	822	993	938	889	1 775	1 023	616	97	29	20
Charlottenburg	—	463		328	285	287	275	1 010		365	102	34	14
Cöln a. Rh.	—	3 950	6 041	7 534	3 306	1 265	553	457		43	14	19	12
Danzig	—	460	1 070	1 756	984	467	292	303	115	64	10	5	8
Dresden	51[1])	578	1 105	1 881	1 978	2 122	1 599	1 486	346	158	33	—	—
Dresden einschl. Gruna	58[1])	632	1 166	1 954	2 016	2 136	1 603	1 489	346	158	33	—	—
Elberfeld	—	1 322	1 859	2 307	1 367	771	439	300	17	5	1	3	2
Erfurt	—	591	1 010	1 420	789	424	185	93	16	2	—	—	—
Essen, alt. Stadtgeb.	—	692	1 212	2 019	1 066	604	290	153	34	12	1	1	2
Essen, neu. Stadtgeb.	—	1 047	1 862	2 845	1 927	1 043	415	179	36	12	1	1	2
Frankfurt a. M.	—	1 504	2 652	4 683	2 583	1 279	678	496	112	49	9	5	4
Görlitz	—	196	356	697	613	408	262	286	49	9	3	1	3
Halle a. S.	—	540	1 033	1 676	1 015	723	452	420	125	46	6	2	6
Hamburg	—	3 074	4 166	3 004	1 984	1 797	1 434	2 656		896	342	182	70
Kiel	—	359	695	946	641	566	359	246	55	24	—	3	5
Leipzig	2[3])	713	1 157	2 176	2 270	2 143	1 776	1 921	537	194	19	14	6
Lübeck	—	2 166	3 174	2 180	381	80	36	18	8	3	3	2	2
München	—	1 251	1 667	2 394	1 956	1 763	1 314	2 707		507	50	46	
Rixdorf[4])	47	134		87	79	93	107	433		246	61	16	3
Schöneberg[4])	18	107		87	83	116	125	503		212	62	11	2
Straßburg	—	1 455	2 186	2 548	1 239	487	202	156	39	29	5	5	19
Stuttgart	—	485	1 064	2 584	1 817	903	432	266	43	10	—	4	2
	Von 1000 bewohnten Grundstücken												
Altona	—	124	193	245	151	111	75	61	17	14	7	1	1
Berlin	—	58		73	80	91	95	348		160	63	26	6
Breslau	—	37	62	103	124	117	111	222	128	77	12	4	3
Charlottenburg	—	146		104	90	91	87	320		115	32	11	4
Cöln a. Rh.	—	170	260	325	142	54	24	20		2	1	1	1
Danzig	—	83	193	317	178	84	53	55	21	12	2	1	1
Dresden	4	51	97	166	175	187	141	131	31	14	3	—	—
Dresden einschl. Gruna	5	54	101	169	174	184	138	128	30	14	3	—	—
Elberfeld	—	158	221	275	163	92	52	36	2	1	—	—	—
Erfurt	—	130	223	313	174	94	41	21	4	—	—	—	—
Essen, alt. Stadtgeb.	—	114	199	332	175	99	48	25	6	2	—	—	—
Essen, neu. Stadtgeb.	—	112	199	304	206	111	44	19	4	1	—	—	—
Frankfurt a. M.	—	107	189	334	184	91	48	35	8	3	1	—	—
Görlitz	—	68	123	242	213	142	91	99	17	3	1	—	1
Halle a. S.	—	89	171	277	168	120	75	69	21	8	1	—	1
Hamburg	—	157	213	153	101	92	73	135		46	17	9	4
Kiel	—	92	178	243	165	145	92	63	14	6	—	1	1
Leipzig	—	55	90	168	176	166	137	149	42	15	1	1	—
Lübeck	—	269	395	271	48	10	4	2	1	—	—	—	—
München	—	92	122	175	143	129	96	199		37	4	3	
Rixdorf	36	103		67	60	71	82	332		188	47	12	2
Schöneberg	14	81		66	63	87	94	379		160	47	8	1
Straßburg i. E.	—	174	261	304	148	58	24	19	5	3	1	1	2
Stuttgart	—	64	140	340	238	119	57	35	6	1	—	—	—

Siehe Anmerkungen auf Seite 26.

V. Höhe der Gebäude nach der Zahl der Stockwerke und mit der Unterscheidung nach Kellerwohnungen im Herbst 1900.

m. = mit Kellerwohnung, o. = ohne Kellerwohnung, u. = unbewohnte Gebäude, b. = bewohnte Gebäude.

Städte	Bezeichnung	Gebäude mit 1	2	3	4	5	6 und mehr Stockwerken
Altona . . .	b. o. + m.	672	2 638	2 843	1 594	467	14
Berlin . . .	b. + u.	9 211	4 137	3 983	9 773	21 537	3 874
Breslau . . .	b. o. + m.	461	1 386	1 636	2 569	3 926	937
Charlottenburg	"	273	495	417	877	1 497	54
Essen, altes Stadtgebiet	b. m.	9	5	23	12	—	—
	b. o.	187	1 048	2 155	2 788	204	—
	Se.	196	1 053	2 178	2 800	204	—
Essen, neues Stadtgebiet	b. m.	11	6	25	12	—	—
	b. o.	502	2 057	3 533	3 379	213	—
	Se.	513	2 063	3 558	3 381	213	—
Görlitz . . .	b. m.	3	12	56	111	39	—
" . . .	b. o.	103	516	710	939	908	—
" . . .	u.	54	11	13	5	2	—
" . . .	Se.	160	539	779	1 055	949	—
Halle a. S. . .	b. m.	12	240	580	387	70	1
" . .	b. o.	425	1 631	2 153	1 687	339	4
" . .	u.	30	56	22	10	1	1
" . .	Se.	467	1 927	2 755	2 084	410	6
Kiel	b.	357	941	1 349	1 089	786	11
Lübeck . . .	b. m.	3	24	29	3	—	—
" . . .	b. o.	1 857	5 224	1 879	163	8	—
" . . .	u.[1])	1 367	463	154	43	11	4
" . . .	Se.	3 227	5 711	2 062	209	19	4
München[2]) . .	b. + u.	2 606	4 154	4 148	6 202	4 071	164
Rixdorf . . .	"	988	319	209	568	698	27
Schöneberg .	"	385	159	98	241	1 170	144
Straßburg i. E.	b. m.	3	28	38	60	20	—
"	b. o.	1 546	2 257	1 922	2 215	1 053	63
"	u[3])	12	43	15	3	2	—
"	Se.	1 561	2 328	1 975	2 278	1 075	63
Stuttgart . . .	b. m.	—	3	23	49	79	—
" . . .	b. o.	209	1 203	1 930	2 395	2 412	226
" . . .	Se.	209	1 206	1 953	2 444	2 491	226

Siehe Anmerkungen auf Seite 26.

(Noch Tabelle V).

Städte	Bezeichnung	Gebäude mit 1 Stockwerken	2	3	4	5	6 und mehr
		Von 1000 Gebäuden					
Altona . . .	b. o. + m.	82	320	345	194	57	2
Berlin . . .	b. + u.	175	79	76	186	410	74
Breslau . . .	b. o. + m.	42	127	150	235	360	86
Charlottenburg	"	76	137	115	243	414	15
Essen, altes Stadtgebiet	b. m.	184	102	469	245	—	—
	b. o.	29	164	338	437	32	—
	Se.	30	164	339	435	32	—
Essen, neues Stadtgebiet	b. m.	204	111	463	222	—	—
	b. o.	52	212	365	349	22	—
Görlitz . . .	b. m.	14	54	253	502	177	—
" . . .	b. o.	32	162	224	296	286	—
" . . .	Se.	46	155	224	303	272	—
Halle a. S. . .	b. m.	9	186	450	300	54	1
" . .	b. o.	68	262	345	270	54	1
" . .	Se.	61	252	360	272	54	1
Kiel	b.	79	208	298	240	173	2
Lübeck . . .	b. m.	51	407	491	51	—	—
" . . .	b. o.	203	572	206	18	1	—
" . . .	Se.	287	508	184	19	2	—
München . .	b. + u.	122	195	194	291	190	8
Rixdorf . . .	"	352	113	74	203	249	9
Schöneberg. .	"	175	72	45	110	532	66
Straßburg i. E.	b. m.	20	188	255	403	134	—
"	b. o.	171	249	212	245	116	7
"	Se.	168	251	213	245	116	7
Stuttgart . .	b. m.	—	20	149	318	513	—
" . .	b. o.	25	144	230	286	288	27
" . .	Se.	25	141	229	287	292	26

VI. Die Grundstücke nach dem Eigentumsverhältnis im Herbst 1900.

Städte	Bebaute Grundstücke im Besitze von: Reichs- und Militär-Fiskus	Staat und Herrscherhaus	Provinz, Bezirk, Kreis	Stadtgemeinde	Kirchengemeinden	Stiftungen, Instituten, Hospitälern, Vereinen	Innungen, Genossenschaften	Aktiengesellschaften	Handels- und sonstigen Gesellschaften	Privatpersonen: mehreren gemeinschaftl.	Privatpersonen: einzelnen	Unter gerichtlicher Administration	Andere u. ohne Angabe des Besitzers
Altona . . .	14	28	—	126	64	45	31	50	51	641	5 462	25	4
Berlin . . .	136	645	7	451	194	178	25	829	130	2 667	20 215	2	11[1]
Breslau . . .	41	128	6	224	109	124	37	103[2]	139	7 361		4	—
Charlottenburg	12	40	—	37	10	12	3	94	1	239	2 710	—	5
Danzig . . .	112	46	10	118	97	259	11	48	55	5 639		45	—
Dresden . . .	20	282	—	213	73	173	29	164	211	999	9 544	21	8[3]
Dresden einschl. Gruna . . .	20	282	—	216	75	174	29	165	218	1 007	9 787	21	8[3]
Essen (altes Stadtgebiet).	4	59	5	168	58	27	18	66	4	341	5 432[4]	—	244[5]
Essen (neues Stadtgebiet).	5	78	5	209	82	28	66	67	5	373	8 519[6]	—	358[7]
Görlitz . . .	6	16	—	79	17	22	11	18	53	128	2 621	2	—
Halle a. S. . .	44	27	12	102	37	35	32	29	45	121	5 663	13	4
Lübeck . . .	4	149			40	50	40	59	215	338	7 517	—	—
München . .	441		6	340	—	132	568			789	11 812	—	—
Rixdorf . . .	—	6	—	16	15	3	—	14	6	1 194	92	—	—
Schöneberg .	—	19	—	11	8	14	—	44	11	1 146	82	—	—
Straßburg i. E.	77	63		208	393					7 822		—	—
Stuttgart . .	21	274	—	124	28	293	20	281	168	335	6 338	8	—
Von 1000 bebauten Grundstücken													
Altona . . .	2	4	-	19	10	7	5	8	8	98	835	4	1
Berlin . . .	5	25	—	18	8	7	1	33	5	105	793	—	—
Breslau . . .	5	15	1	27	13	15	4	13	17	890		—	—
Charlottenburg	4	13	—	12	3	3	1	30	—	76	856	—	2
Danzig . . .	17	7	2	18	15	40	2	7	9	876		7	—
Dresden . . .	2	24	—	18	6	15	2	14	18	85	813	2	1
Dresden einschl. Gruna . . .	2	24	—	18	6	14	2	14	18	84	815	2	1
Essen (altes Stadtgebiet).	1	9	1	26	9	4	3	10	1	53	845	—	38
Essen (neues Stadtgebiet).	1	8	1	21	8	3	7	7	1	38	869	—	36
Görlitz . . .	2	5	—	27	6	7	4	6	18	43	881	1	—
Halle a. S. . .	7	4	2	17	6	6	5	5	7	20	918	2	1
Lübeck . . .	—	18			5	6	5	7	26	40	893	—	—
München . .	31		1	24	—	9	40			56	839	—	—
Rixdorf . . .	—	4	—	12	11	2	—	11	4	888	68	—	—
Schöneberg .	—	14	—	8	6	10	—	33	8	859	62	—	—
Straßburg i. E.	9	7		24	46					914		—	—
Stuttgart . .	3	35	—	16	4	37	2	36	21	42	803	1	—

Siehe Anmerkungen auf Seite 26.

VII. Häusliche Einrichtungen der Grundstücke im Herbst 1900.

b. = bewohnte, **u.** = unbewohnte Grundstücke.

Städte	Bezeichnung	Bebaute Grundstücke mit: Wasserleitung	Anschluß an die Schwemmkanalisation	Anschluß an andere bezw. alte Kanäle	Wasserklosetts	Tonnen oder Eimersystem	Sammelgruben für Küchenabwässer	Sammelgruben für Fäkalien	Gasleitung	Elektrische Beleuchtung	Central-Heizanlage	Blitzableiter	Hausgarten
Altona	b.	6 167	6 017	—	5 982	257	—	123	3 431	555	218	.	3 249
	u.	160	159	—	140	13	—	8	87	39	34	.	40
	Se.	6 327	6 176	—	6 122	270	—	131	3 518	594	252	.	3 289
Berlin	b.	.	.	.	24 235	.	.	.	23 518[1])	4 395[1])	.	.	7 509
Breslau	b.	7 737	7 642	.	.	.	.	.	{5 085	566	.	.	.
	u.	236	196	.	.	.	.	.			.	.	.
	Se.	7 973	7 838	.		.	.	.	5 085	566	.	.	.
Charlottenburg	b.	.	.	.	2 840	.	—	—	2 741	320	.	.	2 293
Danzig	b.	5 130	4 920	.	.	.	.	.	.	.	.	.	.
Essen (altes Stadtgebiet)	b.	6 227	.	.	.	.	.	.	1 865	287	.	.	.
Essen (neues Stadtgebiet	b.	9 141	.	.	.	.	.	.	2 130	303	.	.	.
Görlitz	b.	2 671	—	2 585	1	2 343	—	512	1 599	185	158	478	1 553
	u.	36	—	34	—	38	—	7	29	8	13	11	27
	Se.	2 707	—	2 619	1	2 381	—	519	1 628	193	171	489	1 580
Halle a. S.	b.	5 786	—	6 008	1 495	39	5 170	6 030	2 589	55	199	453	2 318
	u.	34	—	26	8	2	1	14	19	2	4	5	7
	Se.	5 820	—	6 034	1 503	41	5 171	6 044	2 608	57	203	458	2 325
Lübeck	b. + u.	6 084	—	—	3 841	—	—	—	—	352	.	.	5 234
Magdeburg	b.	5 927	5 842	.	.	.	.	.	3 682	585	.	.	.
Rixdorf	b.	9	.	.	1 137	—	—	—	1 047[2])	47[2])	.	.	498
Schöneberg	b.	36	.	.	1 297	—	—	—	1 256[3])	190[3])	.	.	815
Straßburg	b.	5 973	54	.	.	.	.	.	.	095		.	.
Von 1000 Grundstücken													
Altona	b.	978	970	.	949	41	.	20	544	88	35	.	531
	b. + u.	974	950	.	942	42	.	20	541	91	39	.	506
Berlin	b.	12[1])	.	.	985	.	.	.	960	179	.	.	307
Breslau	b.	970	956	.	.	.	.	.	.	.	.	.	.
	b. + u.	963	947	.	.	.	.	.	614	68	.	.	.
Charlottenburg	b.	.	.	.	898	.	.	.	866	101	.	.	725
Danzig	b.	927	889	.	.	.	.	.	.	.	.	.	.
Görlitz	b.	926	.	896	.	813	.	177	555	64	55	166	539
	b. + u.	914	.	880	.	804	.	175	550	65	58	165	533
Halle a. S.	b.	957	.	994	247	6	855	998	425	9	33	75	384
	b + u	948	.	983	245	7	842	985	425	9	33	75	379
Lübeck	b. + u.	729	.	.	460	.	.	.	.	42	.	.	628
Magdeburg	b.	937	924	.	.	.	.	.	582	93	.	.	.
Rixdorf	b.	7	.	.	873	.	.	.	804	36	.	.	382
Schöneberg	b.	27	.	.	978	.	.	.	947	143	.	.	615
Straßburg	b.	713	6	.	.	.	.	.	.	131	.	.	.

Siehe Anmerkungen auf Seite 26.

Bemerkungen zu den Tabellen I—VII (Seiten 18 bis 25).

Tab. I (Seite 18). [1]) Einschl. 1159 nicht zum Wohnen dienende Gebäude und 18 leerstehende Wohngebäude; ausschl. 331 nicht fertige Gebäude. — [2]) Darunter 16 bewohnte Gebäude ohne besondere Haushaltungen. — [3]) Neues Stadtgebiet einschließl. Altendorf. — [4]) Außerdem 5 Kirchen. — [5]) Davon 83 Grundstücke mit unbewohnten Wohnhäusern und 488 Grundstücke mit sonstigen unbewohnten Gebäuden, zusammen 571 Grundstücke. — [6]) Bewohnte Wohnhäuser. — [7]) Hauptsächl. oder gewöhnl. nicht zu Wohnzwecken dienende Gebäude. — [8]) Einschl. 56 vorübergehend nicht bewohnte Anwesen. — [9]) Darunter 33 nicht zum Wohnen dienende Gebäude; außerdem 27 nicht fertige Gebäude. — [10]) Darunter 4 nicht zum Wohnen dienende, und ausschl. 6 nicht fertige Gebäude.

Tab. II (Seite 19). [1]) Einschl. Altendorf. — [2]) Einschl. leerstehende Grundstücke. — [3]) Einschl. 79 leerstehende Grundstücke.

Tab. III (Seite 20). [1]) Bewohnte und bewohnbare (z. Z. leerstehende) Grundstücke. — [2]) Darunter 11 bewohnte Grundstücke, welche keine Wohnungen, sondern nur Anstalten enthielten. — [3]) Ausschließl. Fabriken. — [4]) Außerdem 6 militärfiskalische Grundstücke, die keine Familienhaushaltungen enthalten und nur von Militär belegt sind. — [5]) Einschließl. 79 bewohnbare (z. Z. leerstehende) und 56 vorübergehend nicht bewohnte Anwesen.

Tab. IV (Seite 21). [1]) Sommerwohnungen, Absteigequartiere etc. — [2]) Einschl. Altendorf. — [3]) Das sind 2 bewohnte Anstaltsgrundstücke, die Teile einer Anstalt sind und deren Bewohner in die Liste der Hauptanstalt eingetragen sind. — [4]) Aus schließl. Anstalten.

Tab. V (Seite 22) [1]) Außerdem 17 Kirchen, Kapellen, Türme etc. — [2]) Dazu 216 Gebäude ohne Stockwerkseinteilung. — [3]) Außerdem 155 nicht zu Wohnzwecken dienende Gebäude.

Tab. VI (Seite 24). [1]) Gesandtschaften. — [2]) Einschl. Reichsbank. — [3]) Davon 1 fremden Staaten, 7 Reichs-, Landes- und Provinzial-Anstalten gehörig. — [4]) Davon 426 Grundstücke im Besitze von Krupp. — [5]) Grundstücke im Besitze von Zechen. — [6]) Davon 1147 Grundstücke im Besitze von Krupp. — [7]) Grundstücke im Besitze von Zechen.

Tab. VII (Seite 25). [1]) Darunter 4312 mit Gas- und elektrischer Leitung zugleich. — [2]) Darunter 47 mit Gas- und elektrischer Leitung zugleich. — [3]) Darunter 189 mit Gas- und elektrischer Leitung zugleich.

III.

Bautätigkeit.

Von

Professor Dr. E. **Hasse**,

Direktor des statistischen Amts der Stadt Leipzig.

A. Allgemeine Bautätigkeit.

Die Ermittelungen zur Statistik der Bautätigkeit erstrecken sich nur auf die im Berichtsjahre fertiggestellten, für benutzbar erklärten Neubauten, d. h. solche Bauten, bei welchen ein Gebäude von Grund aus neu errichtet wird. Bauliche Veränderungen, wie Um-, An- und Aufbauten (bei denen es sich nur um Änderungen bestehender Gebäude handelt) waren hierbei nicht in Betracht zu ziehen. (Siehe III. Jahrgang, S. 55.)

Bezüglich der Veränderungen im Bestande der Wohnungen überhaupt (durch Neubauten und auch Umbauten) vergleiche man den Abschnitt „Wohnungsmarkt".

Die 6 Tabellen auf den Seiten 32 bis 45 enthalten die Angaben von 50 Städten, welche den ausgegebenen Fragebogen ganz oder teilweise ausgefüllt haben, sodaß von den sämtlichen am Jahrbuche beteiligten Städten nur eine Stadt fehlt, nämlich Berlin. Das allgemeine Berichtsjahr ist 1900 oder 1900/1901. Die Tabellen sind infolge anderer Anordnung des Fragebogens ebenfalls verändert worden. Die gleichen Angaben, wie sie in den früheren Jahrgängen mitgeteilt wurden, finden sich aber auch in den neuen Tabellen.

Tabelle A I giebt eine Gesamtübersicht der Neubauten.

Auf 10 000 Einwohner der mittleren Bevölkerungszahl entfielen im Jahre 1900 oder 1900/1901* überhaupt neuerrichtete Gebäude sowie neuentstandene Wohnungen:

Städte	Gebäude	Wohnungen	Städte	Gebäude	Wohnungen
Hamburg	11,2	37,9	Cöln a. Rh.*	30,2	75,2
München	16,2	129,0	Frankfurt a. M.*	26,2	69,3
Leipzig	18,3	74,3	Nürnberg	32,1	?
Breslau	8,9	61,1	Hannover	15,2	?
Dresden	22,3	93,1	Magdeburg	14,2	29,9

Städte	Gebäude	Wohnungen	Städte	Gebäude	Wohnungen
Düsseldorf*	22,4	59,9	Crefeld*	14,3	24,3
Stettin*	20,0	84,6	Cassel*	15,5	?
Chemnitz	26,8	66,8	Karlsruhe i. B.	29,6	98,6
Königsberg i. Pr.	10,3	73,4	Duisburg*	40,1	86,9
Charlottenburg	?	?	Augsburg	18,3	39,8
Stuttgart	18,0	78,5	Wiesbaden	16,2	?
Bremen*	47,9	82,7	Erfurt	?	?
Altona*	10,9	28,2	Mainz*	23,0	48,8
Elberfeld	22,9	?	Lübeck	57,6	103,5
Halle a. S.*	14,5	?	Görlitz	19,8	150,3
Straßburg i. E.	27,4	56,4	Würzburg	14,2	42,6
Dortmund*	28,8	73,3	Plauen i. V	40,8	128,7
Barmen	26,1	?	Bochum*	30,8	41,5
Mannheim	32,7	?	Spandau*	20,7	14,4
Danzig*	21,3	89,4	Frankfurt a. O.*	10,4	?
Aachen	16,4	?	Freiburg i. Br.	24,5	?
Braunschweig*	23,8	81,4	Potsdam*	8,4	13,4
Essen	33,0	140,3	Metz*	1,2	2,2
Posen	12,4	69,2	Zwickau	25,8	41,4
Kiel*	20,8	86,8	Liegnitz*	19,0	?

Von den neu errichteten Wohngebäuden entfielen auf 10 000 Einwohner:

Hamburg	5,1	Altona*	4,2	Augsburg	5,3
München	11,3	Elberfeld	12,5	Wiesbaden	15,6
Leipzig	8,9	Halle a. S.*	5,5	Erfurt	16,1
Breslau	4,5	Straßburg i. E.	19,4	Mainz*	8,2
Dresden	8,2	Dortmund*	17,9	Lübeck	35,7
Cöln a. Rh.*	16,5	Barmen	14,6	Görlitz	11,9
Frankfurt a. M.*	14,4	Mannheim	23,5	Würzburg	6,5
Nürnberg	17,1	Danzig*	11,1	Plauen i. V.	21,0
Hannover	6,1	Aachen	10,0	Bochum*	9,8
Magdeburg	3,4	Braunschweig*	10,1	Spandau*	1,7
Düsseldorf*	12,9	Essen	26,4	Frankfurt a. O.*	4,9
Stettin*	8,3	Posen	7,4	Freiburg i. Br.	14,8
Chemnitz	6,6	Kiel*	12,4	Potsdam*	2,3
Königsberg i. Pr.	6,7	Crefeld*	7,7	Metz*	1,0
Charlottenburg	5,1	Cassel*	6,9	Zwickau	10,1
Stuttgart	13,5	Karlsruhe i. B.	17,0	Liegnitz*	9,8
Bremen*	37,7	Duisburg*	21,5		

Tabelle A II enthält die näheren Zahlen über die Wohngebäude, Tabelle A III über die sonstigen Gebäude, Tabelle A IV über die neuentstandenen Wohnungen: a) in sämtlichen Neubauten, b) in den Wohngebäuden allein.

Die Tabellen A V und A VI sind besondere Zusammenstellungen, deren Angaben in den vorhergehenden Übersichten schon mit enthalten sind. Die Tabelle A V über die gemeinnützige Bautätigkeit ist dadurch vorteilhaft verändert worden, daß sie nicht mehr nur die Gesamtzahlen für jede Stadt angibt, sondern ein Verzeichnis dieser Gebäude bringt, geordnet darnach, von wem sie errichtet sind, wie es bisher bei Tabelle A VI (Verzeichnis der öffentlichen Gebäude) schon der Fall war.

B. Ausgaben der Stadtgemeinden für Bauten.

Die betreffenden Tabellen beziehen sich auf die Ausgaben der Stadtgemeinden für Bauten aller Art. Hierbei sind die auf die laufende Verwaltung oder auf besondere Baufonds in dem Berichtsjahre angewiesenen Beträge einschließlich der außerordentlichen Ausgaben eingesetzt worden. Die für das nächste Rechnungsjahr in Rest gestellten, noch verfügbaren Teile bewilligter Bausummen sind dabei ebensowenig wie die Anschlagssummen aufgenommen. Die aus den betreffenden Baufonds bestrittenen Gehälter und Löhne sind diesen Ausgaben zugerechnet. Die Gehälter der ständigen Baubeamten und der Bureaubeamten der Bauverwaltung sind weggelassen. Es sind ferner den Baukosten nicht zugerechnet die Ausgaben für Grunderwerb, Abbruch, Maschinen, Apparate, Mobiliar, auch nicht die Aufwendungen für Reinigungsarbeiten von Flüssen, Kanälen u. s. w.

Der Fragebogen gelangte von sämtlichen an diesem Jahrbuche beteiligten 51 Städten zur Ausfüllung. Das allgemeine Berichtsjahr ist 1900 oder 1900/1901. Wie bisher geben die Tabellen die „Ausgaben für Neubauten, bauliche Unterhaltung und Reparaturen überhaupt" und die „Ausgaben für Neubauten allein". Angaben darüber, ob und welche Bauten aus Anleihemitteln errichtet wurden, findet man im Abschnitt „Stadtschuldenwesen" (unter Verwendung der Anleihen).

Die Zusammenstellung der Angaben erfolgte in den 6 Tabellen auf den Seiten 45 bis 56. Die neue Tabelle B I zeigt die Gesamtausgaben der Stadtgemeinden für Bauten (Hoch- und Tiefbauten zusammen). Mit Ausschluß von München, das nur die Ausgaben für Neubauten mitgeteilt hat, ist die Reihenfolge der Städte nach der Höhe der Ausgaben überhaupt für das Jahr 1900 (1900/1901*) die folgende:

Städte	1000 M	Städte	1000 M	Städte	1000 M
Hamburg	23 375	Karlsruhe i. B.	4 039	Cassel*	1 736
Berlin*	16 524	Charlottenburg	3 931	Aachen	1 707
Mannheim	13 221	Magdeburg*	3 464	Würzburg	1 515
Dresden	10 869	Stuttgart*	3 384	Duisburg*	1 486
Frankfurt a. M.	10 098	Dortmund*	3 241	Erfurt*	1 458
Leipzig	9 489	Essen*	2 966	Danzig*	1 407
Cöln a. Rh.*	9 021	Barmen*	2 830	Zwickau	1 382
Breslau*	8 869	Posen*	2 651	Braunschweig*	1 354
Bremen*	7 992	Wiesbaden*	2 540	Freiburg i. Br.	1 286
Königsberg i. Pr.*	6 776	Mainz*	2 256	Görlitz*	952
Düsseldorf	5 876	Augsburg	2 057	Bochum*	809
Stettin*	5 819	Plauen i. V.	2 051	Frankfurt a. O.*	674
Nürnberg	5 564	Crefeld*	2 008	Liegnitz*	577
Lübeck*	5 397	Hannover*	1 992	Potsdam*	443
Elberfeld*	4 779	Kiel*	1 914	Spandau*	364
Straßburg i. E.*	4 726	Altona*	1 878	Metz*	325
Halle a. S.*	4 046	Chemnitz	1 809		

Eine Zusammenzählung ergiebt, daß von 50 Städten (ausschl. von München) für Hoch- und Tiefbauten zusammen aufgewendet wurden: 214 926 772 *M* für Neubauten, bauliche Unterhaltung und Reparaturen; 174 882 077 *M* oder 81,4 % für Neubauten allein (außerdem München mit 13 550 938 *M*).

Auf den Kopf der mittleren Bevölkerung betrugen die Ausgaben für Hoch- und Tiefbauten zusammen im Jahre 1900 (1900/1901*):

Städte	Ausgaben *M* überhaupt	Ausgaben *M* für Neubauten allein	Städte	Ausgaben *M* überhaupt	Ausgaben *M* für Neubauten allein
Berlin*	8,8	5,6	Aachen	12,7	10,4
Hamburg	33,4	26,4	Braunschweig*	10,8	8,2
München	?	27,5	Essen*	25,0	17,4
Leipzig	21,0	17,6	Posen*	22,8	20,5
Breslau*	21,2	19,0	Kiel*	17,9	14,7
Dresden	27.6	23,7	Crefeld*	18,8	16,1
Cöln a. Rh.*	24,5	20,4	Cassel*	16,5	13,8
Frankfurt a. M.	35,4	31,4	Karlsruhe i. B.	42,2	35,6
Nürnberg	21,9	18,9	Duisburg*	16,2	12,2
Hannover*	8,5	6,6	Augsburg	23,3	17,5
Magdeburg*	15,1	14,0	Wiesbaden*	29,6	21,3
Düsseldorf	27,9	22,9	Erfurt*	17,2	14,9
Stettin*	27,8	25,3	Mainz*	26,8	21,3
Chemnitz	8,8	5,0	Lübeck*	66,1	58,8
Königsberg i. Pr.*	36,3	31,7	Görlitz*	11,9	9,2
Charlottenburg	21,4	16,4	Würzburg	20,2	16,7
Stuttgart*	19,2	12,5	Plauen i. V.	28,4	27,2
Bremen*	49,1	42,2	Bochum*	12,4	1,9
Altona*	11,7	7,3	Spandau*	5,6	2,9
Elberfeld*	30,5	26,1	Frankfurt a. O.*	10,9	9,6
Halle a. S.*	25,9	22,6	Freiburg i. Br.	21,2	17,8
Straßburg i. E.*	31,4	24,8	Potsdam*	7,4	6,3
Dortmund*	22,9	17,0	Metz*	5,6	1,4
Barmen*	20,0	16,4	Zwickau	25,0	17,5
Mannheim	96,4	88,3	Liegnitz*	10,7	9,1
Danzig*	10,0	7,0			

Die Tabellen B II und III sind die beiden Haupttabellen über die Ausgaben der Stadtgemeinden für Bauten. Es wurden aufgewendet von 50 Städten (ausschl. von München) für Neubauten, bauliche Unterhaltung und Reparaturen:

99 697 006 *M* bei den Hochbauten und 115 229 766 *M* bei den Tiefbauten;

für Neubauten allein wurden aufgewendet: 87 306 635 *M* oder 87,3 % bei den Hochbauten (außerdem München mit 7 293 188 *M*) und 87 575 442 *M* oder 76,0 % bei den Tiefbauten (außerdem München mit 6 257 750 *M*).

Die Tabellen B IV und V enthalten nur Einzelangaben der in den beiden Haupttabellen aufgeführten Beträge. Drei Tabellen 1. Ausgaben für Krankenpflege, Gesundheitspflege, Altersversorgung, 2. für Wasserleitung und Brunnenbauten, 3. für Schiffahrtskanäle, Hafen-, Kai- und

Werftanlagen sind als besondere Tabellen weggefallen, ihre Einzelangaben aber dafür in den beiden Haupttabellen in besonderen Spalten aufgenommen worden.

C. Bestand an Straßenfläche und Ausführung von Straßenpflasterungen.

Die 5 Tabellen auf den Seiten 57 bis 65 enthalten Angaben von sämtlichen an diesem Jahrbuche beteiligten 51 Städten. Das allgemeine Berichtsjahr ist 1900 oder 1900/1901. Wo die Tabellen C II und C III außerdem noch über das Jahr 1899 (1899/1900) berichten, geschieht es nur dann, wenn die Angaben für dieses Jahr im früheren Jahrgange noch nicht enthalten sind oder wenn diesen gegenüber Abweichungen gefunden worden sind.

Die neue Tabelle C I ist eine Gesamtübersicht über die Straßenflächen, die Straßenpflasterungen und die gelegten Rand- (Bord-)Steine. Der Gesamtbestand an Straßenflächen, d. h. Fahr- und Fußwege zusammen, ergab für 40 vergleichbare Städte (ausschließlich Aachen, Barmen, Berlin, Breslau, Charlottenburg, Duisburg, Erfurt, Hamburg, Liegnitz, Lübeck und Stuttgart) am Schlusse des Jahres 1899 (1899/1900): 588 923 ar; 1900 (1900/01): 616 337 ar, sodaß ein Zuwachs an Straßenflächen von 27 414 ar oder 4,7 % eingetreten ist.

Bezogen auf die Fläche des Stadtgebietes betrug die gesamte Straßen- und Fußwegfläche für die einzelnen Städte am Schlusse des Jahres 1900 (1900/1901*):

in Prozenten

Berlin*	?	Bremen*	5,9	Duisburg*	?
Hamburg	?	Altona*	5,2	Augsburg	4,5
München	5,9	Elberfeld	3,4	Wiesbaden* . . .	2,2
Leipzig	7,1	Halle a. S.* . . .	4,5	Erfurt*	?
Breslau*	?	Straßburg i. E. . .	1,7	Mainz*	8,0
Dresden	10,6	Dortmund*	3,7	Lübeck*	?
Cöln a. Rh.* . .	3,7	Barmen*	?	Görlitz*	4,1
Frankfurt a. M.* .	3,6	Mannheim . .	1,8	Würzburg	3,2
Nürnberg	6,0	Danzig*	3,7	Plauen i. V.	3,5
Hannover* . . .	5,8	Aachen*	?	Bochum*	4,9
Magdeburg* . . .	3,3	Braunschweig* . .	4,7	Spandau	1,3
Düsseldorf* . . .	5,6	Essen*	6,1	Frankfurt a. O.* .	0,5
Stettin*	2,6	Posen*	5,5	Freiburg i. B. . .	1,9
Chemnitz	5,9	Kiel*	3,9	Potsdam*	6,0
Königsberg i. Pr.* .	5,0	Crefeld	4,9	Metz*	16,5
Charlottenburg* .	?	Cassel*	5,4	Zwickau	4,5
Stuttgart	?	Karlsruhe i. B. .	10,0	Liegnitz*	?

A. Allgemeine Bautätigkeit.

I. Gesamtübersicht der neuerrichteten Gebäude (Haupt- und Nebengebäude) im Jahre 1900 oder 1900/1901.*

Städte	A. Wohngebäude (ganz oder überwiegend zu Wohnzwecken bestimmt). Siehe auch Tabellen A. II und IV b.		B. Sonstige Neubauten (vorwiegend zu anderen als Wohnzwecken besimmt). Siehe auch Tabelle A. III.			C. Zusammen neuerrichtete Gebäude		
	Gebäude überhaupt	Zahl der neuentstandenen Wohnungen	Gebäude überhaupt	darunter Gebäude mit Wohnungen	Zahl der neuentstandenen Wohnungen	Gebäude überhaupt	darunter Gebäude mit Wohnungen	Zahl der neuentstandenen Wohnungen Siehe auch Tab. A. IV a
Aachen	135	.	86	2	.	221	137	.
Altona*	67	451	109	3	4	176	70	455
Augsburg	47	300	115	.	52	162	.	352
Barmen	207	.	162[1])	.	.	369[2])	.	.
Bochum*	64	193	137	46[3])	78[3])	201	110	271
Braunschweig*	127	1 018	172	6	6	299	133	1 024
Bremen*	613	1 340	166	4	5	779	617	1 345
Breslau	187	2 514	183	16	29	370	208	2 543
Cassel*	73	.	90	.	.	163	.	[4])
Charlottenburg	93	1 245	.	.	.	.	.	.
Chemnitz	135	1 336	415	.	37	550	.	1 373
Cöln a. Rh.*	608	2 740	503	.	32	1 111	.	2 772
Crefeld*	82	254	71	5	6	153	87	260
Danzig*	155	1 222	144	10	30	299	165	1 252
Dortmund 1899/1900	316	1 132	184	.	9	500	.	1 141
„ 1900/1901	254	1 026	154	11	13	408	265	1 039
Dresden	321	.	558	.	.	879	.	3 661
Düsseldorf*	272	1 210	200	23	54	472	295	1 264
Duisburg*	197	731	171	46[5])	66[5])	368	243	797
Elberfeld[6])	195	.	163	.	.	358[6])	.	.
Erfurt	136	655	.	.	.	.	.	.
Essen	315	1 644	78	17	27	393	332	1 671
Frankfurt a. M.*	413	1 922	340	44[7])	70[7])	753	457	1 992
Frankfurt a. O.*	30	250	34	.	.	64	.	.
Freiburg i. Br.	89	335	60	.	.	149	.	.
Görlitz	95	1 170	63	4[8])	30[8])	158	99	1 200
Halle a. S.*	86	601	140	.	.	226	.	.
Hamburg	359	2 600	423	40[9])	53[9])	782	399	2 653
Hannover	142	.	213[1])	.	.	355[2])	.	.
Karlsruhe i. B.	163	930	121	9	15	284	172	945
Kiel*	133	921	89	7	7	222	140	928
Königsberg i. Pr.	126	1 370	66	2	2	192	128	1 372
Leipzig	404	3 312	420	.	40	824	.	3 352
Liegnitz*	53		50[1])	.	.	103[2])	.	.
Lübeck	289	831	178	5	8	467[10])	294	839
Magdeburg	79	685	247	3	3	326	82	688
Mainz*	69	402	124	4	8	193	73	410
Mannheim	322	2 145	126	.	.	448	.	.
Metz*	6	13	1	.	.	7	6	13
München	555	.	241	191[11])	.	796	746	6 349
Nürnberg	433	.	381	.	.	814	.	.
Plauen i. V.	152	911	143	15	20	295	167	931
Posen	86	792	57	.	9	143	.	801
Potsdam*	14	71	36	.	9	50	.	80
Spandau*	11	88	123	1	5	134	12	93
Stettin*	173	1 750	245	6	20	418	179	1 770
Straßburg i. E.	291	827	120	.	17	411	.	844
Stuttgart	237	1 353	79	17	22	316	254	1 375
Wiesbaden	133	.	5[1])	.	.	138[2])	.	.
Würzburg	49	311	57[1])	.	8	106[2])	.	319
Zwickau	56	227	87	2	2	143	58	229

Siehe Anmerkungen auf Seite 66.

A. II. Übersicht über die neuerrichteten Wohngebäude (ganz oder überwiegend zu Wohnzwecken bestimmt) im Jahre 1900 oder 1900/1901.*

Siehe Tabelle A. I unter A und Tabelle A. IV unter b.

Städte	Zahl der in Frage kommenden Grundstücke[1])	Zahl der neuerrichteten Wohngebäude			Von den neuerrichteten Wohngebäuden sind[1])			
		durch Private	durch Behörden	zusammen	Hauptgebäude[2])	Nebengebäude[2])	an Stelle abgebrochener Gebäulichkeiten errichtet	ausschliesslich zu Wohnzwecken bestimmt
Aachen	.	134	1	135	130	4	18	98
Altona*	59	67	.	67	67	—	5	45
Augsburg	46	.	.	47	43	4	3	34
Barmen	202	.	.	207	171	36	.	.
Bochum*	.	61	3	64	.	.	.	.
Braunschweig*	87	126	1	127	119	7	11	113
Bremen*	613	613	.	613	612	1	48	511
Breslau	174	187	.	187	163	24	23	82
Cassel*	70	.	.	73	62	11	6	.
Charlottenburg	93	93	.	93	93	—	15	82
Chemnitz	122	.	.	135	118	17	15	68
Cöln a. Rh.*	601	608	.	608	582	26	72	306
Crefeld*	82	82	.	82	77	5	9	76
Danzig*	155	153	2	155	138	17	74	119
Dortmund 1899/1900	310	.	.	316	296	20	20	199
„ 1900/1901	249	254	.	254	242	12	11	187
Dresden	321	314	7	321	.	.	52	.
Düsseldorf*	272	270	2	272	260	12	10	224
Duisburg*	197	197	.	197	192	5	18	197
Elberfeld	.	.	.	195	.	.	.	.
Erfurt	128	.	.	136	128	8	18	.
Essen	.	315	.	315	302	13	310	257
Frankfurt a. M.*	403	395	18	413	389	24	21	233
Frankfurt a. O.*	.	30	.	30	26	4	2	21
Freiburg i. Br.	64	.	.	89	75	14	7	45
Görlitz	95	95	.	95	85	10	2	29
Halle a. S.*	.	.	.	86	75	11	10	41
Hamburg	298	359	.	359	315	44	27	351
Hannover	.	.	.	142	118	24	.	.
Karlsruhe i. B.	149	157	6	163	139	24	9	113
Kiel*	132	129	4	133	122	11	5	99
Königsberg i. Pr.	126	126	.	126	108	18	64	61
Leipzig	?	401	3	404	400	4	26	231
Liegnitz*	51	.	.	53	47	6	2	49
Lübeck	287	288	1	289	282	7	33	236
Magdeburg	73	77	2	79	70	9	16	54
Mainz*	63	69	.	69	59	10	5	32
Mannheim	322	322	.	322	281	41	.	.
Metz*	6	6	.	6	6	—	6	.
München	.	555	.	555	383	172	104	.
Nürnberg	379	.	.	433	342	91	38	229
Plauen i. V.	152	152	.	152	152	.	1	70
Posen	60	.	.	86	53	33	18	75
Potsdam*	.	12	2	14	.	.	.	.
Spandau*	10	10	1	11	10	—	8	4
Stettin*	80	173	.	173	78	97	20	125
Straßburg i. E.	225	.	.	291	225	66	6	259
Stuttgart	207	237	.	237	207	30	20	111
Wiesbaden	.	.	.	133	107	26	.	.
Würzburg	47	.	.	49	44	5	6	39
Zwickau	56	56	.	56	56	.	4	38

Siehe Anmerkungen auf Seite 66.

A. III. Übersicht über die sonstigen Neubauten (vorwiegend zu anderen als Wohnzwecken bestimmt) im Jahre 1900 oder 1900/1901.*

Siehe Tabelle A. I unter B.

Städte	Zahl der Gebäude[1])										
	Öffentliche Gebäude und Anstaltsgebäude	Geschäftshäuser	Fabrikgebäude einschließlich Brennereien, Brauereien u. s. w.	Werkstättengebäude	Lagerhäuser einschließlich Schuppen, Speicher, Magazine, Niederlagen	Stallgebäude	Remisen	Garten- und Gewächshäuser	Gastwirtschaften einschließlich Restaurationen, Hotels, Volksküchen, Konzertsäle	Waschküchengebäude	Übrige Neubauten[2])
Aachen	3	1	9	8	28	10	2	16	3	5	1
Altona*	6	—	9	13	55	18	8	—	—	—	—
Augsburg	29	—	11	3	7	7	29	8	5	15	1
Barmen[1])	1	4	38	5	72	22	10	5	1	4	—
Bochum*	8	36	7	12	17	25	4	6	5	4	13
Braunschweig*	--	9	2	19	52	38[3])	39[4])	7	1	1	4
Bremen*	3	1	12	17	57	45	16	12	1	1	1
Breslau	14	17	9	22	63	19	12	11	1	4	11
Cassel*	5	7[5])	16		.	27			35		
Chemnitz	12	5	67	36	132	33	18	13	20	58	21
Cöln a. Rh.*	23	14	108		171	104	14	20	3	21	25
Crefeld*	5	4	16		4	3		—	—	39[6])	
Danzig*	9	4	25	8	23	29	4	6	2	3	31
Dortmund 1899/1900	8	3	15	23	37	51	5	6	3	33	—
„ 1900/1901	5	1	11	40	27	50	4	4	2	10	—
Dresden	12	.		141				352			53
Düsseldorf*	14	7	21	56	60	28	2	5	7	—	—
Duisburg*	3	44	37	14	23	23	9	2	—	1	15
Elberfeld		.		144				19			—
Essen	17	10	3	16	12	14	—	—	4	—	2
Frankfurt a. M.*	6	39	8	39	147	54	6	4	4	22	11
Frankfurt a. O.*	2	—	1	3	5	8	1	3	1	5	5
Freiburg i. Br.	2	3	8	19	—	4	9	7	—	8	—
Görlitz	2	1	8	9	14	4	5	15	1	1	3
Halle a. S.*	4	3	6	32	45	29	8	4	7	2	—
Hamburg	35	28	37	23	217	59	8	—	3	.	13
Hannover[1])	16	3	8	11	120	37	6	6	1	5	-
Karlsruhe i. B.	13	—	10	24	42	10	3	1	2	2	14
Kiel*	10	3	1	12	26	10	13	3	—	5	6
Leipzig[7])	19	.	.	.	.	.	.	.		.	.
Liegnitz*[1])	6	—	2	2	19	3	7	8	—	3	—
Lübeck	8	1	6	23	65	25	13	2	10	9	16
Magdeburg	1	8	22	17	61	15	7	5	1	2	108
Mainz*	6	5	1	26	63	2	1	12	6	2	--
Mannheim	2		13			111			.	.	.
Metz*	—	—	1	—	—	—	—	—	—	—	—
München	12	14	3	24	—	54	30	6	62	36	—
Nürnberg	26	5	37	51	49	28	119	21	4	41	—
Plauen i. V.	22	6	5	20	56	17	9	5	—	1	2
Posen	3	1	3	9	16	11	6	3	4	—	1
Potsdam*	1	0	2	1	9	4	3	6	1	—	6
Spandau*	—	2	4	—	29	9	14	44	6	0	12
Stettin*	4	5	9	20	92	54	13	—	2	14	32
Straßburg i. E.	39	2	4	14	22	19	5	2	2	11	—
Stuttgart	10	11	10	19	11	6	2	1	3	3	3
Wiesbaden[1])	—	—	—	1	2	2	—	—	—	—	—
Würzburg[1])	6	2	—	8	27	5	1	4	—	4	—
Zwickau	—	—	3	7	43	12	3	2	1	12	4

Siehe Anmerkungen auf Seite 66.

A. IV. Die durch die Neubauten neuentstandenen Wohnungen im Jahre 1900 oder 1900/1901.*

Nach der Zahl der heizbaren Zimmer.

<table>
<tr><th rowspan="2">Städte</th><th colspan="12">Von den neuentstandenen Wohnungen hatten heizbare Zimmer[1])</th><th rowspan="2">Zusammen neuentstandene Wohnungen</th></tr>
<tr><th>0</th><th>1 ohne Zubehör</th><th>1 mit Zubehör</th><th>2</th><th>3</th><th>4</th><th>5</th><th>6</th><th>7</th><th>8</th><th>9</th><th>10 und mehr</th></tr>
<tr><td colspan="14">a. Wohngebäude, öffentliche Gebäude und sonstige Neubauten zusammen.
Siehe Tabelle A. I. unter C.</td></tr>
<tr><td>Altona*</td><td>.</td><td>.</td><td>.</td><td>168</td><td>161</td><td>91</td><td>19</td><td>6</td><td>4</td><td>2</td><td>1</td><td>3</td><td>455</td></tr>
<tr><td>Braunschweig*</td><td>.</td><td>.</td><td>7</td><td>81</td><td>469</td><td>315</td><td>133</td><td>14</td><td>.</td><td>4</td><td></td><td>1</td><td>1 024</td></tr>
<tr><td>Bremen*</td><td>.</td><td>.</td><td>124</td><td>351</td><td>440</td><td>232</td><td>72</td><td>35</td><td>17</td><td>16</td><td>13</td><td>45</td><td>1 345</td></tr>
<tr><td>Breslau</td><td>.</td><td>.</td><td>.</td><td>.</td><td>.</td><td>.</td><td>.</td><td>.</td><td>.</td><td>.</td><td>.</td><td>:</td><td>2 543[2])</td></tr>
<tr><td>Cassel*[3])</td><td>.</td><td>.</td><td>.</td><td>.</td><td>.</td><td>.</td><td>.</td><td>.</td><td>.</td><td>.</td><td>.</td><td>.</td><td>.</td></tr>
<tr><td>Cöln a. Rh.*</td><td>.</td><td>.</td><td>65</td><td>812</td><td>883</td><td>438</td><td>253</td><td>151</td><td>80</td><td>45</td><td>11</td><td>34</td><td>2 772</td></tr>
<tr><td>Danzig*</td><td>.</td><td>.</td><td>300</td><td>498</td><td>214</td><td>117</td><td>66</td><td>20</td><td>14</td><td>8</td><td>10</td><td>5</td><td>1 252</td></tr>
<tr><td>Dortmund*[4])</td><td>.</td><td>.</td><td>.</td><td>.</td><td>.</td><td>.</td><td>.</td><td>.</td><td>.</td><td>.</td><td>.</td><td>.</td><td>.</td></tr>
<tr><td>Dresden</td><td>.</td><td colspan="2">832</td><td>1 411</td><td>774</td><td>358</td><td colspan="6">286</td><td>3 661</td></tr>
<tr><td>Düsseldorf*</td><td>.</td><td>9</td><td>27</td><td>305</td><td>255</td><td>263</td><td>176</td><td>72</td><td>74</td><td>23</td><td>27</td><td>33</td><td>1 264</td></tr>
<tr><td>Duisburg*</td><td>.</td><td>.</td><td></td><td>70</td><td>221</td><td>195</td><td>124</td><td>82</td><td>62</td><td>25</td><td>7</td><td>11</td><td>797</td></tr>
<tr><td>Essen[1])</td><td>.</td><td colspan="2">11</td><td>554</td><td>478</td><td>292</td><td>167</td><td>62</td><td colspan="2">79</td><td colspan="2">28</td><td>1 671</td></tr>
<tr><td>Frankfurt a. M.*</td><td>.</td><td>.</td><td>37</td><td>485</td><td>816</td><td>319</td><td>165</td><td>98</td><td>29</td><td>25</td><td>5</td><td>13</td><td>1 992</td></tr>
<tr><td>Görlitz</td><td>.</td><td colspan="2">293[5])</td><td>558</td><td>272</td><td>48</td><td>18</td><td>2</td><td>2</td><td colspan="3">7</td><td>1 200</td></tr>
<tr><td>Hamburg</td><td>.</td><td>.</td><td>143</td><td>626</td><td>921</td><td>638</td><td>177</td><td colspan="5">148</td><td>2 653</td></tr>
<tr><td>Karlsruhe i. B.[1])</td><td>.</td><td colspan="2">10</td><td>382</td><td>327</td><td>110</td><td>55</td><td>26</td><td>22</td><td colspan="3">13</td><td>945</td></tr>
<tr><td>Kiel*</td><td>.</td><td>56</td><td>9</td><td>471</td><td>192</td><td>94</td><td>64</td><td>17</td><td>4</td><td>10</td><td>7</td><td>4</td><td>928</td></tr>
<tr><td>Königsberg i. Pr.</td><td>.</td><td colspan="2">471</td><td>450</td><td>314</td><td>68</td><td>27</td><td>28</td><td>9</td><td>.</td><td colspan="2">5</td><td>1 372</td></tr>
<tr><td>Leipzig</td><td>.</td><td colspan="2">293</td><td>1 708</td><td>673</td><td>390</td><td>127</td><td>84</td><td>21</td><td colspan="3">56</td><td>3 352</td></tr>
<tr><td>Lübeck</td><td>.</td><td>13</td><td>259</td><td>405</td><td>47</td><td>32</td><td>27</td><td>23</td><td>18</td><td>4</td><td>3</td><td>8</td><td>839</td></tr>
<tr><td>Magdeburg</td><td>.</td><td colspan="2">61</td><td>84</td><td>185</td><td>197</td><td>91</td><td colspan="5">70</td><td>688</td></tr>
<tr><td>Mainz*</td><td>.</td><td>18</td><td>.</td><td>107</td><td>161</td><td>62</td><td>45</td><td>15</td><td>.</td><td>.</td><td>.</td><td>2</td><td>410</td></tr>
<tr><td>Metz*</td><td>.</td><td>.</td><td>.</td><td>.</td><td>.</td><td>.</td><td>.</td><td>4</td><td>.</td><td>7</td><td>.</td><td>2</td><td>13</td></tr>
<tr><td>München</td><td>.</td><td colspan="2">336</td><td>2 771</td><td>2 233</td><td>658</td><td>214</td><td colspan="2">119</td><td colspan="2">16</td><td>2</td><td>6 349</td></tr>
<tr><td>Plauen i. V.[1])</td><td>.</td><td>17</td><td>.</td><td>205</td><td>438</td><td>112</td><td>65</td><td>46</td><td>28</td><td>1</td><td colspan="2">19</td><td>931</td></tr>
<tr><td>Potsdam*</td><td>.</td><td></td><td>30</td><td>8</td><td>12</td><td>10</td><td>1</td><td>.</td><td>6</td><td>.</td><td>.</td><td>13</td><td>80</td></tr>
<tr><td>Spandau*</td><td>.</td><td>1</td><td>23</td><td>17</td><td>30</td><td>13</td><td>4</td><td>3</td><td>1</td><td>.</td><td>.</td><td>1</td><td>93</td></tr>
<tr><td>Stettin*</td><td>.</td><td>26</td><td>244</td><td>983</td><td>312</td><td>179</td><td>14</td><td>8</td><td>1</td><td>.</td><td>3</td><td>.</td><td>1 770</td></tr>
<tr><td>Stuttgart</td><td>.</td><td>13</td><td>61</td><td>441</td><td>539</td><td>156</td><td>77</td><td colspan="2">72</td><td colspan="2">12</td><td>4</td><td>1 375</td></tr>
<tr><td>Zwickau</td><td>.</td><td>.</td><td>98</td><td>83</td><td>17</td><td>24</td><td>5</td><td>1</td><td>1</td><td>.</td><td>.</td><td>.</td><td>229</td></tr>
</table>

Siehe Anmerkungen auf Seite 66.

(Noch Tabelle A. IV.)

Städte	Von den neuentstandenen Wohnungen hatten heizbare Zimmer[1])												Zusammen neuentstandene Wohnungen
	0	1 ohne Zubehör	1 mit Zubehör	2	3	4	5	6	7	8	9	10 und mehr	
b. Wohngebäude allein (ganz oder überwiegend zu Wohnzwecken bestimmt). Siehe Tabelle A. I. unter A und Tabelle A. II.													
Altona*	.	.	.	168	160	89	19	6	4	1	1	3	451
Augsburg	.	18	.	72	128	59	8	13	.	2			300
Braunschweig*	.	.	7	81	469	315	128	14	.	4	.	.	1 018
Bremen*	.	.	124	351	440	230	70	34	17	16	13	45	1 340
Breslau	.	.	.	.	.	.	.	.	.	.	.	.	2 514[6])
Charlottenburg	17	13	142	228	445		196		161		43		1 245
Chemnitz[1])	.	1		721	347	169	98						1 336
Cöln a. Rh.*	.	64		809	872	432	250	148	80	44	10	31	2 740
Crefeld*	.	.	.	25	93	61	28	47					254
Danzig*	.	.	288	488	211	116	66	19	14	8	9	3	1 222
Dortmund 1899/1900	.	.	7	320	106	222	198	193	55	31			1 132
„ 1900/1901[7])	.	.	.	.	.	.	.	.	.	.	.	.	.
Duisburg*	.	.	.	70	221	194	116	67	30	18	7	8	731
Erfurt	.	169		191	213	46	18	6	9	3			655
Essen[1])	.	11		554	475	284	161	57	78		24		1 644
Frankfurt a. M.*	.	.	35	453	798	311	162	95	26	25	4	13	1 922
Frankfurt a. O.*	.	.	61	51	86	27	4	21					250
Freiburg i. Br.	.	3		82	137	61	35	7	8	2			335
Görlitz	.	266		555	272	48	18	2	2	7			1 170
Halle a. S.*	.	.	77	148	148	134	66	17	1	10			601
Hamburg	.	.	141	614	906	623	175	141					2 600
Karlsruhe i. B.[1])	.	10		377	323	108	54	24	21	18			930
Kiel*	.	56	9	465	191	94	64	17	4	10	7	4	921
Königsberg i. Pr.	.	471		449	314	68	26	28	9	.	5		1 370
Leipzig	.	287		1 695	663	387	126	82	18	54			3 312
Lübeck	.	13	257	403	46	32	27	22	16	4	3	8	831
Magdeburg	.	61		83	184	196	91	70					685
Mainz*	.	18	.	106	158	60	43	15	.	.	.	2	402
Metz*	.	.	.	.	.	.	.	4	.	7	.	2	13
Plauen i. V.[1])	.	17	.	200	430	111	62	46	27	18			911
Posen	.	207		315	152	88	18	7	0	2			792
Potsdam*	.	.	30	2	10	9	1	.	6	.	.	13	71
Spandau*	.	.	23	17	26	13	4	3	1	.	.	1	88
Stettin*	.	25	243	980	310	170	10	8	1	.	3	.	1 750
Straßburg i. E.	.	9		192	308	186	83	24	10	3	12		827
Stuttgart	.	12	56	434	537	150	76	72		16			1 353
Zwickau	.	.	98	82	17	24	4	1	1	.	.	.	227

Siehe Anmerkungen auf Seite 66.

A. V. Besonderes Verzeichnis über die gemeinnützige Bautätigkeit im Jahre 1900 oder 1900/1901.*

Seitens gemeinnütziger Gesellschaften oder Stiftungen errichtete Wohngebäude (einschl. der seitens Privater insbesondere für Arbeiter und „kleine Leute“ errichteten Wohnhäuser), sowie die seitens des Staats, der Gemeinden u. s. w. errichteten Beamtenwohnhäuser.

Städte	Errichtet von	Bezeichnung und Zweck der Gebäude	Gebäude.	Wohnungen.	mit heizbaren Zimmern.	mit nichtheizbaren Zimmern.	mit Kochküchen.
Altona*	Spar- und Bauverein	Arbeiterwohnungen (1900)	9	93	208	1	93
"	Maurermstr. Budde	Arbeiterwohnungen	1	20	58	1	20
Augsburg	St. Jakobsstiftung	Pfründehaus	1	24	24	—	21
"	Bau- und Sparverein des bayer. Eisenbahnverbandes	Arbeiterwohnhäuser	12	73	126	74	72
"	Nähfädenfabrik vorm. Jul. Schürer, Akt.-Ges.	Arbeiterwohnhaus	1	6	18	—	6
Barmen	Baugesellsch. für Arbeiterwohnungen	Arbeiterwohnhäuser	5	16	34	—	16
Bochum*	Harpener Bergbau-Aktien-Ges.	"	8	40	.	.	40
"	Bochumer Verein für B. W. G.	Beamtenwohnhäuser	1	4	.	.	4
	Justizfiskus	Pfarrwohnhaus (Zentralgefängnis)	1	2	.	.	2
Braunschweig*	Stadtgemeinde	Beamtenwohnhaus (Quellwasserwerk am Dowe-See)	1	2	7	1	2
Bremen*	Gemeinnütziger Bauverein	Wohnhäuser	50	58	158	—	58
"	Jutespinnerei u. Weberei Bremen	"	7	21	54	—	21
Breslau	Stadtgemeinde	Rektorenwohnhaus	1	3	9	—	4
"	Schottländer'sche Familien-Stiftung	Billige Wohn. f. Unbemittelte	1	20	51	—	8
Cöln a. Rh.*	Arb.-Wohnungs-Genossensch. Cöln-Süd	Arbeiterwohnhäuser	20	40	68	—	40
"	Ehrenfelder Arbeiter-Wohnungs-Genossenschaft		37	62	112	—	62
Crefeld*	Crefelder Baumwollspinnerei		16	32	96	.	.
"	Arbeiter-Wohn.-Genossensch.	"	6	56	162	.	.
Danzig*	Abegg'sche Stiftung	"	11	22	44	—	22
"	Wohnungsverein Danzig G. m. b. H.	Beamtenwohnhäuser	3	29	72	—	29
"	St. Jakobshospital	Hospitalitenwohnhaus	1	12	12	—	12
"	Privatpersonen	Arbeiterwohnhäuser	19	195	202	2	195
"	Preuss. Staat (Eisenbahn)	Beamtenwohnhaus	1	1	6	1	1
Dortmund 1899/1900	Zeche Westphalia	Arbeiterwohnhäuser	25	150	300	—	150
" "	" "	Beamtenwohnhäuser	2	4	20	—	4
" "	Spar- u. Bauverein	Wohnhäuser	3	24	72	—	24
" "	Eisenwerk Hösch	Beamtenwohnhäuser	2	4	20	—	4
Dortmund 1900/1901	Spar- u. Bauverein	Wohnhäuser	6	24	72	—	24
" "	Gewerkschaft Zinkhütte	"	10	57	201	—	57
" "	Gewerkschaft Hösch	"	17	68	220	—	68
" "	Ev. Kirchengemeinde	Pfarrhaus	1	1	8	—	1

(Noch Tabelle A. V.)

Städte	Errichtet von	Bezeichnung und Zweck der Gebäude	Gebäude.	Wohnungen.	mit heizbaren Zimmern.	mit nichtheizbaren Zimmern.	mit K…
Dresden[1])	Spar- u. Bauverein	Wohnhäuser f. kleine Leute	2	.	.	.	.
„	Staat (Eisenbahn)	Wohnhäuser f. Arbeiter	4	.	.	.	.
„	„ „	Wohnhäuser f. Beamte	1	.	.	.	.
„	Stadt (Johann Meyer-Stiftung)	Arbeiterwohnhäuser	2	.	.	.	.
Düsseldorf*	Düsseldorfer Baubank	Wohnhäuser	4	20	54	.	20
„	Spar- u. Bauverein	„	3	24	47	.	23
„	Beamtenwohnungsverein	„	2	16	48	.	16
„	Ader'sche Stiftung	„	2	25	30	.	24
„	Ev. Kirchengemeinde	Pfarrwohnhaus	2	2	.	.	2
„	Rettungsanstalt	Beamtenwohnhaus	1	3	15	.	3
Duisburg*	Gemeinnütz. Aktien-Baugesellsch.	Arbeiterwohnhäuser	10	10	60		
„	Schalker Gruben- u. Hüttenverein	„	8	16	72		
„	Duisburger Kupferhütte		6	6	36		
„	Spar- u. Bauverein		4	20	62		
	Privaten		74	388	1165		
„	Eisenbahnfiskus	„	1	6	18		
Erfurt	Spar- u. Bauverein	Wohngebde. f. Arbeiter etc.	6	44	44	74	44
Essen	Baugenossensch. Grundstein	Kleinwohn. f. Arbeiter u. gering besoldete Beamte	9	72	282		72
„	Baugenossensch. u. Sparverein		8	27	98		27
„	Baugenossensch. Eintracht		4	25	76		25
„	Firma Friedr. Krupp		36	105	490		105
„	Staat und Stadt	Gymnasialdirekt.-Wohnung	1	1	13		1
Frankfurt a. M.*	Aktiengesellsch. f. kleine Wohn.	Wohngebäude	14	126	322	70[2])	56
„	Gemeinnütz. Baugesellsch.	„	3	24	41	24[2])	24
„	Beamten-Wohn.-Verein	„	3	12	44	12[2])	12
„	Stadtgemeinde	„	11	54	118	54[2])	54
Frankfurt a. O.*	Privaten	Wohngebäude	7	80	148	15	80
Freiburg i. Br.	Beurbarung	Wohnungen f. kleine Leute	18	54	162	—	54
Görlitz	Spar- u. Bauverein, E. G. m. b. H.	Wohngeb. f. Arbeiterfamil.	1	14	28	—	8
Halle a. S.*	Spar- u. Bauverein	Wohnhäuser	2	32	64	64	32
„	Staat	Dompredigerhaus	1	1	12	—	1
Hamburg	Bau- u. Sparverein	Wohngebäude	15	172	372	9	172
„	Allgem. Deutsche Schiffszimmerer-Genossenschaft	„	12	146	260	—	136
	Staat	Beamtenwohnhaus	1	1	4	—	1
„	Levy-Stift	Stiftgebäude	1	5	7	1	5
Hannover	Beamtenwohnungsverein	Wohnhäuser	2	.	.	.	.
„	Spar- u. Bauverein	„	2	.	.	.	.
„	Lutherkirchengemeinde	Pfarrhaus	1	.	.	.	.
Karlsruhe i. B.	Mieter- u. Bauverein, Ges. m. b. H.	Wohnhäuser	6	46	92		46
„	Großh. Eisenbahnverwaltung	„	5	30	93		30
„	Großh. Fiskus (techn. Hochschule)	Dienstwohngebäude	1	1	12		1
Kiel*	Stadt Kiel (Abdeckerei)	Arbeiterwohnhaus	1	4	8	—	4

[1]) Eine Zusammenstellung der von gemeinnützigen Bauunternehmungen errichteten und von Arbeitgebern für ihre Arbeiter bestimmten Wohnhäuser nach dem Stande vom 31. Oktober 1900 ist enthalten im Statistischen Jahrbuch für die Stadt Dresden, Jahrgang 1900, S. 38 ff. — [2]) Mansarden.

(Schluß von Tabelle A. V.)

Städte	Errichtet von	Bezeichnung und Zweck der Gebäude	Gebäude.	Wohnungen.	mit heizbaren Zimmern.	mit nichtheizbaren Zimmern.	mit Kochküchen.
Leipzig	Privatm. Buchhdlr. Herm. Jul. Meyer bezw. Stiftung für Erbauung billiger Wohnungen		30	268	535	225	268
"	Verein „Ostheim"	Wohnhäuser	4	68	127	63	64
"	Bauverein (E. G. m. b. H.) zur Beschaffung preiswerter Wohnungen		3	28	72	24	28
"	Verband f. kirchl. Gemeindepflege	Wohngeb. der Diakonissen-Anstalt	2	4	19	1	4
"	Salomonstift	Wohnhaus	1	20	20	20	20
"	Konsumverein L.-Connewitz	Wohn- u. Geschäftshaus	1	4	8	2	4
"	Kgl. Preuss. Eisenbahnfiskus	Beamtenwohnhäuser	2	24	48	12	24
"	Kirchengemeinde L.-Lindenau		1	2	5	2	2
Liegnitz*	Liegn. Wohnungsgenossensch.	Für Arbeiter u. kleine Leute	2	28	59	—	8
Lübeck	Gemeinnütz. Bauverein	Wohnhäuser	22	76	99	63	76
"	St. Matthäi-Kirchengemeinde	Predigerwohnhaus	1	1	7	—	1
"	Heiligen-Geist-Hospital[1])	Anstaltswohngebäude	1	—	14	—	14
Magdeburg	Stadtgmde. (Strassenrein.-Depot)	Beamtenwohnhaus	1	3	8	1	3
"	Stadtgemeinde	Schuldienerwohnhaus	1	2	6	—	2
Mainz*	Gemeinde	Oberlehrerwohngebäude	1	2	10	—	2
" . . .	"	Lehrerwohngebäude	1	2	6	—	2
" . . .	"	Pedellwohnungen	1	2	6	—	2
Mannheim	Spar- u. Bauverein	Wohngebäude	1	10	23		10
"	Staat	Beamtenwohnungen	3	18	54		18
"	Großh. Bahnbauinspektion	Dienstwohngebäude	1	6	18		6
"	Stadtgemeinde	Beamtenwohnhäuser	4	24	60		24
Nürnberg . . .	Bauverein Schucker'scher Arbeiter	Arbeiterwohnhäuser	21	.	.	.	.
"	Vereinigte Maschinenbau-gesellschaft Nürnberg – Augsburg		11	.	.	.	.
"	Stadtgemeinde	Gefüllstellen	3	.	.	.	.
"	Bayr. Staat (Untersuch.-Gefängn.)	Beamtenwohnhäuser	3	.	.	.	.
"	Stadtgemeinde (Waisenhaus)	Gärtnerwohnhaus	1	.	.	.	.
Posen	Gemeinnütz. Baugenossensch.	Arbeiterwohnhäuser	5	54	94	—	16
Potsdam*	Stadtgemeinde	Brendel'sches Stiftsgebde.	1	12	12	—	12
Spandau*	Privaten	Wohngebäude	6	40	57	—	40
Stettin*	B. Wagner	"	3	5	15	—	5
"	Zimmermeister Schmidt	Provisorisches Wohnhaus	1	1	2	—	1
"	Staat	Bahnwärter-Wohnhaus	1	1	2	—	1
Straßburg i. E. . .	Gesellschaft f. Volkswohnungen	Volkswohn. (Andlauerstr.)	5	40	80	—	40
" . .	Stadtverwaltung (Stiftg. Spach)	" (Schwarzwaldstr.)	11	96	224	—	96
" . .	Armenverwaltung	" (Hohwaldstr.)	3	24	64	—	24
" . .	Militärverwaltung	Dienstwohngebäude	1	2	9	—	2
" . .	Militärverwaltung (Zitadelle)	Wohngebäude	1	2	8	—	2
. .	Stadt	Kath. Pfarrhaus (Königshofen)	1	1	14	—	1
" . .	"	Pförtnerhaus einer Schule	1	1	4	—	1
Stuttgart.	Baugewerbl. Unternehmern	Wohngebäude	72	526	1369	83	526
"	Wohnungsverein	"	2	14	37	—	14
"	Spar- und Konsumverein	Wohn-u. Verwaltungsgebde.	1	7	31	2	7
"	Gemeinde (Berufsfeuerwache)	Wohn- u. Stallgebäude	1	3	7	—	3

[1]) Altersversorgungsanstalt für Bürger und deren Ehefrauen oder Witwen.

A. VI. Besonderes Verzeichnis der im Jahre 1900 oder 1900/01* errichteten öffentlichen Gebäude und Anstalten.

Städte	Bezeichnung des Besitzers	Zweck des Neubaues	Haupt- Gebäude	Neben- Gebäude	Wohnungen	mit heizbaren Zimmern	mit nichtheizbaren Zimmern	mit Kochküchen
Aachen . . .	Stadtgemeinde	Meteorolog. Observatorium	1	.	.	.	.	.
„ . . .	evang. Kirchengemeinde	Dreifaltigkeitskirche	1	.	.	.	.	.
„ . . .	Klostergemeinde	Kirche u. Kloster der Genossensch. d. Christenserinnen	1	1	.	.	.	.
Altona* . . .	Stadt	Museum, Kaiserstraße	1	.	1	3	.	1
„ . . .	„	verschiedene Nebengebäude	.	4	.	.	.	.
„ . . .	Kaufm. C. H. v. Donner	Kapelle in Othmarschen[1]	1	.	1	8	.	1
Augsburg . .	Stadtgemeinde	Schlacht- und Viehhof	23	5	8	31	7	7
„ . .	„	Volksbrausebad	1	.	1	3	1	1
Barmen . . .	„	Ruhmeshalle[2]	1	.	1	3	.	1
Bochum* . .	Justizfiskus	Pfarrwohnhaus beim Zentralgefängnis	1	.	2	.	.	2
„ . .	Eisenbahnfiskus	Transformatorengebäude, Stellwerkgebäude	2	.	.	.	.	.
„ . .	Stadt	Turnhallen	2	.	.	.	.	.
„ . .	Elisabeth-Krankenanstalt	Schwesternhaus und Kapelle	1	.	.	.	.	.
„ . .	Augusta-Krankenanstalt	Leichenhalle mit Kapelle	1	.	.	.	.	.
Braunschweig*	Marienstift (milde Stiftung)	Siechenhaus	1	.	.	.	67	1
Bremen* . . .	St. Michaelisgemeinde (protest.)	St. Michaeliskirche	1	1	1	5	1	1
„ . . .	katholische Gemeinde	St. Marienkirche	1	1	1	4	2	1
„ . . .	Deutsche Kleinbahngesellschaft Frankfurt	Bremisch-Hannoversch. Kleinb. „Parkbahnhof"gebäude	1	2	2	9	.	2
Breslau . . .	Staat	Universitätsklinik, Physiologisches Institut[3]	1	.	2	6	.	2
„ . . .	Militärfiskus	Garnisonbäckerei	1	.	?	.	.	.
„ . . .	Stadtgemeinde	Steuerabfertigungsgebäude[4]	1	.	2	5	3	2
. . .	„	städtische Feuerwache VII[5]	1	.	.	.	.	.
. . .	„	Rektorenwohnhaus	1	.	3	9	.	4
. . .		Volksschule[6]	1	.	1	2	.	1
. . .	„	Volksschule[7]	1	.	.		.	.
. . .	„	Turnhallen mit Geräteräumen	.	2	.	.	.	.
. . .	Bürgerversorgungsanstalt[8]		1	.	.	.	.	.
„ . . .	Kongregation der Borromärinnen	Krankenhaus[9]	1	1	.	.	.	
„ . . .	Hospital zu St. Anna	Krankenhaus[10]	.	2	.	.	.	.
Chemnitz . .	Reichsmilitärfiskus	Kaserne des 181. Regiments[11]	2	4	.	.	.	.
„ . .	Stadtgemeinde	Dampfspritzenhaus	1	.	.	.	.	.
„ . .	„	Schutzhütten im Zeisigwalde	2	.	.	.	.	.
„ . .	kathol. apostol. Gemeinde	Betsaalgebäude	.	1	.	.	.	.
Cöln a. Rh.* .	Eisenbahnfiskus	Bahnhofsgebäude	.	6	.	.	.	.
„ .	Stadt	Schulen und Turnhallen	5	2	6	30	.	3
.		Museum	1	.	.	.	.	.
.	„	Pumpstation	1	1	1	3	.	1
.	„	Südfriedhof-Verwaltungsgebäude u. s. w.	1	1	2	10	.	2
„ .	Fortsetzung nebenstehend							

Siehe Anmerkungen auf Seite 67.

Noch Tabelle A. VI.

Städte	Bezeichnung des Besitzers	Zweck des Neubaues	Haupt- Gebäude	Neben- Gebäude	Wohnungen	mit heizbaren Zimmern	mit nichtheizbaren Zimmern	mit Kochküchen
Noch Cöln a. Rh.* .	Stadt	Krankenhaus-Kapelle	.	1	.	.	.	.
" .	Kirchengemeinden	Kirchen	3	.	.	.	.	.
" .	Klösterl. Genossenschaft	Krankenhaus.	.	1	.	.	.	.
Crefeld* . . .	Stadtgemeinde	Volksschule Nr. 45	1	1	2	9	1	2
" . . .	"	Elektrizitätswerk	1	.	1	5	.	1
" . . .	"	Markthalle	1	.	.	.	.	.
" . . .	"	Stadtbad II	1	.	1	2	1	1
" . . .	Evangelische Gemeinde	Pauluskirche	1	.	.	.	.	
Danzig* . . .	Preuß. Staat	Hauptbahnhofsgebäude	1	.	4	14	12	4
" . . .	"	Eisenbahndienstgebäude	1	.	4	32	2	4
" . . .	Stadtgemeinde	Schulgebäude	1	.	1	2		1
" . . .	"	Krankenbaracke	1	.	.	.	.	.
" . . .	Kathol. Kirchengemeinde St. Albrecht	Bethaus	1	.	.	.	.	.
" . . .	St. Marien-Krankenhaus		1	.	.	.	.	.
" . . .	v. Conradi'sche Stiftung	1 Schulgebde. mit Abortgebde., 1 Alumnat, 1 Turnhalle	1	2	9	20	1	3
Dortmund 1899/1900 .	Stadt	Verwaltungsgebäude	1	.	2	9	.	2
" " .	kathol. Schulgemeinde	2 Schulgebäude	2	2	2	6	.	2
" " .	Johannishospital	Leichenhalle	1	.	.	.	.	.
" " .	Schüchtermann Schillersche Familienstiftung	Verwaltungsgebäude	1	.	1	4	.	1
" " .	Eisenwerk Union	"	1	.	1	4	.	1
" 1900/01	Evang. Kirchengemeinde	Pfarrhaus	1	.	1	8	.	1
" "	Evang. Schulgemeinde	Schule	1	.	.	.	.	.
" "	Baptistengemeinde	Betsaal	1	.	.	.	.	.
" "	Gewerkschaft Hösch	Verwaltungsgebäude	1	.	.	.	.	.
" "	Eckstein und Esenwein	Panorama	1	.	.	.	.	.
Dresden[12]) . .	Reichsfiskus	Garnisonkirche	1	.	.	.	.	.
" . .	"	Militär-Wirtschaftsgebäude	.	1	.		.	.
" . .	Staat	Aufbauten zur tierärztlichen Hochschule	1	.	.	.	.	.
" . .	"	Restauration im großen Garten	1	.	.	.	.	.
" . .	Stadt	[13])	1	.	.	.	.	.
Düsseldorf* .	Reichs-Militärfiskus	Kaserne	1	7	16	26	.	16
" .	Eisenbahnverwaltung	Dienstgebäude (Eisenbahnbetriebs-Inspektion)	1	.	1	38	.	1
" .	evangel. Gemeinde	Kirche	1	.	.	.	.	.
" .	evang. Kirchengemeinde	Pfarrerwohnhaus	2	.	2	.	.	2
" .	Rettungsanstalt	Beamtenwohnhaus	1	.	3	15	.	3
" .	Charitative Vereinigung	Krankenhaus	1	.	1	38	.	1
Duisburg* . .	Stadtgemeinde	Rathaus (II. u. III. Teil)	1	.	1	4	.	.
" . .	"	7klassige Schule	1	.	2	14	.	.
" . .	"	6klassige Schule	1	.	.	.	.	.
Essen	Staat und Stadt	Gymnasialdirektorwohnung	1	.	1	13		1
"	Stadt	Sparkasse	1	.	1	5		1
"	Fortsetzung umstehend							

Siehe Anmerkungen auf Seite 67.

Noch Tabelle A. VI.

Städte	Bezeichnung des Besitzers	Zweck des Neubaues	Haupt- Gebäude	Neben- Gebäude	Wohnungen	mit heizbaren Zimmern	mit nichtheizbaren Zimmern	mit Kochküchen
Noch Essen	Stadt	Armenhaus	1	1	1	5		2
„	„	Volksschule	1	1	1	5		1
„	Städtische Stiftung	Waisenhaus	7	.	1	4		4
„	Handelskammer	Geschäftsgebäude	1	.	2	12		2
„	Evang. Presbyterium	Konfirmandensaal	.	1	.	—		.
„	Bergbaulicher Verein	Geschäfts- und Repräsentationshaus	1	.	5	35		5
Frankfurt a. M.*	Stadtgemeinde	Schulgebäude	3	.	.	.	.	.
„	„	Taubstummen-Erziehungsanst.	1	.	1	6	2[14])	1
„	„	Arbeits- und Wohnhaus[15])	.	1	.	.	.	.
„	Kathol. Gemeinde	Antoniuskirche	1	.	.	.	.	.
Frankfurt a. O.*	Staat	Regierungsgebäude (I. Bauteil)	1	.	3	23	.	3
„	Verein für innere Mission	Versammlungsgebäude[16])	1	.	.	.	.	.
Freiburg i. Br.	Militärfiskus	Offiziers-Pferdestall	.	1	.	.	.	.
„	kathol. Stiftung	Saalbau zum Lehrlingsheim	.	1	.	.	.	.
Görlitz	Kirchengemeinde	Katholische Kirche	1	1	.	.	.	.
„	Stadtgemeinde	Turnhalle	.	1	.	.	.	.
Halle a. S.*	Staat	Dompredigerhaus	1	.	1	12	.	1
„	Stadtgemeinde	Schulgebäude mit Turnhalle	1	1	.	.	.	.
„	„	Handwerkerschule	1	.	1	2	1	1
„	Evangel. Verein	Herberge zur Heimat	1	.	1	10	7	2
„	Landschaft d. Prov. Sachsen	Wohn- und Geschäftshaus	1	.	2	8	.	2
„	Knappschafts-Berufsgenossenschaft	Verwaltungsgebäude	1	.	2	13	2	2
Hamburg	Staat	Beamtenwohnhaus	1	.	1	4	.	1
„	„	Entbindungsanstalt	1	.	.	.	.	.
„		Zollrevisionsgebäude	1	.	.	.	.	.
„		Stationsgebäude	1	.	.	.	.	.
„		Volksschule	2	.	2	4	2	2
„		Bureaugebäude	1	.	3	9	.	3
„	„	„	1	.	.	.	.	.
„		Volksschulgebäude	2	.	2	6	2	2
„	„	„	1	1	1	3	.	1
„		„	1	.	2	8	.	2
„		„	1	.	1	3	.	1
„		Gemeindehaus	1	.	.	.	.	.
„		Rathaus	1	.	3	11	.	3
„	„	Abortgebäude	1	.	.	.	.	.
„	„	verschiedene Nebengebäude[17])	.	8	.	.	.	.
„	St. Gertrudgemeinde	Gemeindehaus	1	.	1	6	.	1
„	Hamb. Verein v. Roten Kreuz	Übungshaus	1	.	.	.	.	.
„	Vorstand des Louisenhofes	Kinderheim	1	.	1	6	.	1
„	Deutsches Schauspielhaus	Requisitengebäude	.	1	1	3	.	1
„	Bäcker-Innung	Innungshaus	1	.	3	12	.	1
„	Boswau und Knauer	1 Panorama, 1 Holzpavillon, 1 Tribüne (Marineschauspiele)	3	.	.	.	.	.
„	Gutruf Erben	Ausstellungsgebäude für den Kunstverein	1	.	.	.	.	.
„	D. Wüstenfeld	Wandelhalle für die Schule	.	1	.	.	.	.

Siehe Anmerkungen auf Seite 67.

Noch Tabelle A. VI.

Städte	Bezeichnung des Besitzers	Zweck des Neubaues	Haupt- Gebäude	Neben- Gebäude	Wohnungen	mit heizbaren Zimmern	mit nichtheizbaren Zimmern	mit Kochküchen
Hannover . .	Eisenbahnfiskus	verschiedene Nebengebäude[18])	.	3	.	.	.	.
„ . .	Militärfiskus	„ „ [19])	.	4	.	.	.	.
„ . .	Fiskus	Hygien. Institut u. 2 Stallgebde.	.	3	.	.	.	.
„ . .	Landesdirektorium	Baubude	.	1	.	.	.	.
„ . .	Magistrat	verschiedene Nebengebäude[20])	.	4	.	.	.	.
„ . . .	Lutherkirchengemeinde	Pfarrhaus u. Konfirmandensaal	1	.	.	.	.	.
Karlsruhe i. B.	Reichsfiskus	Reichspostgebäude mit elektr. Zentrale	1	1	5	25		5
„	Großherzogl. Fiskus	verschiedene Nebengebäude[21])	.	4	.	.		.
„	Großherzogl. Civilliste	Kunstvereinshaus (Gemälde-Ausstellung)	1	.	1	3		1
„	Stadtgemeinde	Schulhaus	1	.	.	.		.
	„	Turnhalle	.	1	2	8		2
„	„	„	.	1	.	.		.
„	evang. Kirchengemeinde	Christuskirche	1	.	.	.		.
„	Diakonissenanstalt	Desinfektionshaus	.	1	.	.		.
„	Verein Herberge z. Heimat	Herberge zur Heimat	1	.	2	4		1
Kiel*	Fiskus	verschiedene Nebengebäude[22])	.	3	.	.	.	.
„	Stadt	„ „ [23])	.	5	.	.	.	.
„	Verein f. Gesundheitspflege	Versammlungshaus	.	1	1	2	.	1
„	Pfarrer Plagge u. Genossen	Vereinshaus für kath. Gesellen	.	1	.	.	.	.
Leipzig . . .	Stadtgemeinde	XII. Bürgerschule L.-Lindenau	1	.	.	.	.	.
„ . . .	„	Volksbrausebad L.-Connewitz	1	.	.	.	.	.
„ . . .	ev. Kirchengemeinde	evang. Kirche L.-Connewitz	1	.	.	.	.	.
„ . . .	„ „	evang. Kirche L.-Sellerhausen	1	.	.	.	.	.
„ . . .	apostol. Kirchengemeinde	apostol. Kirche L.-Lindenau	1	.	1	1	1	1
„ . . .	Verband für kirchliche Gemeindepflege	Diakonissenanstalt[24])	5	1	1	5	.	.
„ . . .	Aktiengesellschaft	Zoologischer Garten	1	4	3	17	1	2
„ . . .	Verein für innere Mission	ev. Vereinshaus (Erweiterung)	1	.	.	.	.	.
„ . . .	Leipziger Künstlerverein	Gesellschaftshaus	1	.	5	14	3	2
„ . . .	Buchgewerbe-Zentralverein	Deutsches Buchgewerbehaus	1	.	1	3	.	1
Chemnitz* . .	Stadtgemeinde	Kreißler-Stiftung zur Aufnahme ruhiger Geisteskranke	1	.	.	.	.	.
„ . .	„	Umbau des Krankenhauses	1	4	.	.	.	.
Lübeck . . .	Staat	Navigationsschule	1	.	1	6	1	1
„ . . .	„	IV. St. Lorenz-Volksschule	1	.	1	2	1	1
. .	„	Reitbahn	1	.	.	.	.	.
. .	„	Doppelbadeanst. i. Krähenteich	1	.	.	.	.	.
„ . . .	St. Lorenz-Kirchengemde.	St. Lorenzkirche	1	.	.	.	.	.
„ . . .	St. Matthäi-Kirchengemde.	St. Matthäikirche	1	.	.	.	.	.
„ . . .	Heiligen Geist-Hospital[25])	Anstaltswohngebäude	.	1	.	14	.	14
„ . . .	Landskirchlicher Verein für innere Mission	Vereinshaus und Betsaal	.	1	.	.	.	.
Magdeburg . .	Stadtgemeinde	Volksbad (Rötgerstraße)	1	.	.	.	.	.
Mainz* . . .	Gemeinde	Oberlehrerwohngebäude	1	.	2	10	.	2
„ . . .	„	Lehrerwohngebäude	1	.	2	6	.	2
. .	„	Pedellenwohnungen	1	.	2	6	.	2
„ . . .	Fortsetzung umstehend							

Siehe Anmerkungen auf Seite 67.

Noch Tabelle A. VI.

Städte	Bezeichnung des Besitzers	Zweck des Neubaues	Haupt- Gebäude	Neben- Gebäude	Wohnungen	mit heizbaren Zimmern	mit nichtheizbaren Zimmern	mit Kochküchen
Noch Mainz* . . .	Bischöfliche Verwaltung	Schulgebäude	1	.	2	5	.	.
„ . . .	„	Kapuziner-Kloster (Erweiterungsbau)	1	.	.	22	.	.
Mannheim . .	Stadtgemeinde	Volksschulgebäude	1	1	2	6		2
„ . .	„	Anbau der höh. Töchterschule	1	.	.	.	.	.
„ . .	Badischer Rennverein	Tribünenbauten	3	.	.	.	.	.
München . .	Staat	Hauptpostamtsgebäude	1	.	.	.	.	.
„ . .	Stadtgemeinde	Schulhaus	1	.	.	.	.	.
. .	„	Feuerhaus	1	.	.	.	.	.
. .		Volksbad	1	.	.	.	.	.
. .		elektr. Unterstation	1	.	.	.	.	.
. .	„	Zollstationen	2	.	.	.	.	.
. .	„	verschiedene Nebengebäude[26])	.	4	.	.	.	.
„ . .	Kirchengemeinde	protest. Kirche	1	.	.	.	.	.
Nürnberg . .	bayr. Staat	Untersuchungsgefängnis	1	.	.	.	.	.
„ . .	„ „	Rentamtsgebäude	1	.	.		.	.
„ . .	„ „	Bezirksamtsgebäude	1	.	.	.	.	.
„ . .	Militär-Ärar	Kaserne[27])	3	10	.	.	.	.
„ . .	„ „	Pulver-Magazine[28])	1	3	.	.	.	.
„ . .	Stadtgemeinde	Waisenhaus	1	.	.	.	.	.
. .	„	Schulhaus	1	.	.	.	.	.
„ . .	„	verschiedene Nebengebäude[29])	.	3	.	.	.	.
„ . .	luth. Kirchenverwaltung	Notkirche	1	.	.	.	.	.
Plauen i. V. .	Stadtgemeinde	Schlachtviehhof	2	20	8	32	.	7
Posen . . .	Staat	Bureauräume (Polizeidirektion)	1	.	.	.	.	.
„ . . .	Domkapitel	Katholisches Waisenhaus	1	.	.	6	.	1
„ . . .	Domherr von Echaust	Altersasyl	1	.	.	16	.	1
Potsdam* . .	Staat	Kirche } des großen Militärwaisenhauses	1	.	.	.	.	.
„ . .	„	Turnhalle } des großen Militärwaisenhauses	1	.	.	.	.	.
Stettin* . . .	„	Bahnwärter-Wohnhaus	1	1	1	2	.	1
„ . . .	Stadtgemeinde	Torhaus im Freihafenbezirk	1	.	.	.	.	.
„ . . .	Synagogengemeinde	Leichenkapelle (Isr. Friedhof)	1	.	.	.	.	.
„ . . .	Diakonissen- u. Krankenanstalt „Bethanien“	provisor. Krankenbaracke	1	.	.	.	.	.
Straßburg i. E.	Militärverwaltung	verschiedene Gebäude[30])	29	.	8	25	.	8
„	Reich	Postdienstgebäude	1	.	.	.	.	.
	Staat	[31])	1	.	1	4	.	1
	Stadt	1 Blutmelasse-Fabrik u. 1 Stallgebäude (Vieh- u. Schlachthof)	2	.	.	.	.	.
		kath. Kirche mit Pfarrhaus in Königshofen	2	.	1	14	.	1
		Erweiterung der Pumpenanlage des Wasserwerks	1	.	.	.	.	.
		Pförtnerhaus	1	.	1	4	.	1
		gedeckte Halle einer Schule	1	.	.	.	.	.
		Oktroi-Hebestelle in Neuhof	1	.	.	.	.	.

Siehe Anmerkungen auf Seite 67.

Schluß von Tabelle A. VI.

Städte	Bezeichnung des Besitzers	Zweck des Neubaues	Haupt- Gebäude	Neben- Gebäude	Wohnungen	mit heizbaren Zimmern	mit nichtheizbaren Zimmern	mit Kochküchen
Stuttgart . .	Reich	Militärgerichtsgebäude	1	.	1	1	1	1
" . .	"	Reithaus	.	1	.	.	.	.
" . .	Staat	Nebengebäude[32])	.	2	.	.	.	.
" . .	Gemeinde	2 Abtrittgebäude	1	1	.	.	.	.
" . .	"	Turnhalle	1	.	.	.	.	.
" . .	"	Volksschule	1	.	1	4	.	1
" . .	"	Gebäude für Krankenzwecke	.	1	1	2	.	1
" . .	"	[33])	.	1	3	7	.	3
Würzburg . .	Staat	Eisenbahn-Verwaltungsgebde.	1	.	2	.	.	.
" . .	Stadtgemeinde	Schulbaracke	1	.	.	.	.	.
" . .	Würzburger Straßenbahnen A.-G.	Depotgebäude	1	1	.	.	.	.
" . .	"	Betriebsgebäude	1	.	2	.	.	.
" . .	W. Adam	Unterrichts- u. Erziehungsinst.	1	.	1	.	.	.

Siehe Anmerkungen auf Seite 67.

B. Ausgaben der Stadtgemeinden für Bauten.

I. Gesamtausgaben der Stadtgemeinden für Bauten im Jahre 1900 oder 1900/01*.

Neubauten, bauliche Unterhaltung und Reparaturen.

Städte	Ausgaben für Hoch- und Tiefbauten zusammen Siehe Tabellen B. II. u. III. Überhaupt ℳ	Davon für Neubauten ℳ	Städte	Ausgaben für Hoch- und Tiefbauten zusammen Siehe Tabellen B. II. u. III. Überhaupt ℳ	Davon für Neubauten ℳ
Aachen . . .	1 706 751	1 403 239	Halle a. S.* . .	4 046 329	3 527 166
Altona* . . .	1 877 552	1 178 653	Hamburg . . .	23 374 790	18 439 767
Augsburg . . .	2 057 279	1 549 310	Hannover* . .	1 992 425	1 545 902
Barmen* . . .	2 830 083	2 314 890	Karlsruhe i. B.	4 039 403	3 408 416
Berlin*	16 523 575	10 419 155	Kiel*	1 913 981	1 572 172
Bochum* . . .	808 700	124 467	Königsberg i. P.*	6 776 206	5 922 203
Braunschweig*	1 354 072	1 037 987	Leipzig	9 488 509	7 945 150
Bremen* . . .	7 992 417	6 863 988	Liegnitz* . . .	577 471	492 535
Breslau* . . .	8 869 160	7 950 220	Lübeck* . . .	5 396 758	4 802 982
Cassel* . . .	1 736 252	1 452 502	Magdeburg* .	3 463 635	3 220 652
Charlottenburg	3 930 775	3 021 185	Mainz* . . .	2 255 969	1 794 261
Chemnitz . . .	1 808 540	1 031 820	Mannheim . .	13 221 074	12 102 595
Cöln a. Rh.* .	9 020 807	7 522 637	Metz*	324 773	81 641
Crefeld* . . .	2 008 261	1 720 323	München . . .	.	13 550 938
Danzig* . . .	1 406 574	977 674	Nürnberg . . .	5 564 363	4 809 460
Dortmund* . .	3 241 079	2 411 206	Plauen i. V.	2 050 511	1 968 380
Dresden . . .	10 869 318	9 340 519	Posen*	2 651 488	2 385 625
Düsseldorf . .	5 876 399	4 814 238	Potsdam* . .	442 751	376 725
Duisburg* . .	1 486 116	1 119 469	Spandau* . .	363 857	184 668
Elberfeld* . .	4 778 755	4 084 824	Stettin* . . .	5 818 952	5 286 705
Erfurt*	1 458 158	1 263 899	Straßburg i. E.*	4 725 622	3 726 894
Essen*	2 966 262	2 064 390	Stuttgart* . .	3 384 417	2 207 716
Frankfurt a. M.	10 097 723	8 960 114	Wiesbaden* .	2 539 618	1 826 973
Frankfurt a. O.*	673 736	591 453	Würzburg . .	1 515 486	1 250 939
Freiburg i. Br.	1 285 737	1 079 272	Zwickau . . .	1 381 971	967 231
Görlitz* . . .	952 332	737 885			

B. II. Ausgaben der Stadtgemeinden für Hochbauten im Jahre 1900 oder 1900/1901.*

Neubauten, bauliche Unterhaltung und Reparaturen.

Städte	1. Für die allgemeine und die Finanzverwaltung einschl. Polizei, Sparkassen u. s. w.		2. Für Unterrichtszwecke (einschl. Turnhallen, Schulbäder, Schulmuseen).		3. Für Armen- und Besserungsanstalten (einschl. Arbeits- und Waisenhäuser).		4. Für Krankenpflege und Altersversorgung (einschl. Rekonvaleszenten-, Siechen- und Irrenhäuser).	
	Überhaupt	Davon für Neubauten	Überhaupt	Davon für Neubauten	Überhaupt	Davon für Neubauten	Überhaupt	Davon für Neubauten
	ℳ	ℳ	ℳ	ℳ	ℳ	ℳ	ℳ	ℳ
Aachen	322 764	204 186	111 505	68 186	49 563	46 121	127 440	100 01
Altona*	96 201	77 825	282 362	236 575	2 128	.	125 161	106 33
Augsburg	376 546	329 206	295 347	257 657	9 733	.	36 159	9 40
Barmen*	26 261	.	587 489	504 182	1 302	.	6 596	.
Berlin*	42 796	1 955	3 758 852	3 266 967	191 657	71 197	2 984 788	2 864 26
Bochum*	12 331	.	57 183	15 226	1 082	.	.	.
Braunschweig*	228 404	222 970	433 654	399 986	14 809	.	.	.
Bremen*	49 803	.	257 023	166 777	.	.	100 650	59 70
Breslau*	147 357	124 762	682 155	565 599	521 419	511 918	196 580	132 42
Cassel*	9 449	.	259 259	220 314	7 036	.	1 353	.
Charlottenburg	656 036	646 559	1 425 907	1 366 920	.	.	608 545	608 54
Chemnitz	50 425	16 810	477 350	406 310	11 910	2 135	34 500	28 85
Cöln a. Rh.*	60 710	.	1 273 838	1 074 449	2 735	.	390 014	333 40
Crefeld*	13 328	.	66 390	18 111	541	.	8 208	.
Danzig*	42 040	8 852	206 192	127 411	7 959	1 500	63 440	41 81
Dortmund*	138 272	125 238	29 409	21 951	12 337	7 327	522 792	496 07
Dresden	98 358[1])	1 403[1])	915 260	767 747	8 778	892	1 698 275	1 620 03
Düsseldorf	488 729	374 110	535 648	470 880	16 524	.	2 566	.
Duisburg*	231 306	219 264	142 569	123 573	1 342	.	.	.
Elberfeld*	483 912	479 758	263 942	187 473	23 372	7 610	61 839	27 57
Erfurt*	11 760	2 827	262 489	242 414	861	.	6 570	.
Essen*	73 029	.	421 987	339 598	117 740	112 663	4 327	.
Frankfurt a. M.	914 367	727 922	1 856 359	1 675 345	1 305	.	460 820	384 73
Frankfurt a. O.*	6 274	.	81 324	61 880	2 597	.	444 885	443 56
Freiburg i. Br.	76 913	70 580	216 101	207 031	.	.	.	.
Görlitz*	20 651	1 478	174 155	144 868	251	.	7 421	.
Halle a. S.*[2])	27 854	.	571 952	464 101	1 848	.	4 109	.
Hamburg	3 008 587	2 442 424	1 203 460	688 092	33 764	.	1 346 996	1 339 35
Hannover*	260 893	244 162	377 892	311 442	4 408	1 010	20 506	.
Karlsruhe i. B.	124 590	106 947	272 284	228 862	20 179	.	11 988	.
Kiel*	15 866	3 243	292 828	230 110	7 863	.	45 731	45 73
Königsberg i. Pr.*	64 755	53 455	585 430	511 021	87 973	86 277	163 352	160 83
Leipzig	305 367	121 218	2 185 698	1 966 129	16 177	2 677	1 825 665	1 761 35
Liegnitz*	10 848	.	47 940	31 576	914	.	272 353	271 50
Lübeck*	37 097	.	312 042	284 590	1 658	.	81 343	31 50
Magdeburg*	36 053	.	604 168	591 996	140 816	132 587	145 229	137 97
Mainz*	14 150	.	381 403	364 761	21 462	.	12 271	.
Mannheim	1 502 782	1 436 239	902 293	830 391	111	.	28 048	10 20
Metz*	22 000	.	11 500	.	.	.	3 800	3 00
München	.	477 393	.	1 181 858	.	.	.	154 95
Nürnberg	360 311	215 209	1 069 972	993 935	.	.	19 500	.
Plauen i. V.	4 477	.	183 554	153 963	966	.	3 209	.
Posen*	14 120	.	24 393	.	4 012	.	103 686	98 52
Potsdam*	8 007	3 021	26 480	3 615	6 319	2 362	34 339	29 84
Spandau*	.	.	12 510	.	300	.	3 230	1 30
Stettin*	326 984	300 416	1 747 671	1 671 820	2 609	.	26 627	.
Straßburg i. E.*	419 800	401 735	195 360	152 322	.	.	.	.
Stuttgart*	889 816	790 885	293 808	228 364	3 662	.	37 198	1 17
Wiesbaden*	1 054 288[3])	.	[4])	282 758	[4])	.	[4])	.
Würzburg	365 552	344 360	54 539	33 500	.	.	417	.
Zwickau	2 170	.	53 277	13 496	2 881	.	8 372	.

Siehe Anmerkungen auf Seite 67.

(Noch Tabelle B. II.)

Städte	5. Für Gesundheitspflege (chemisches Untersuchungsamt, Desinfektions- und Bedürfnisanstalten, Bäder). Überhaupt ℳ	5. Davon für Neubauten ℳ	6. Für Kirchen- u. Begräbniswesen (einschl. Pfarr- u. Leichenhäuser). Überhaupt ℳ	6. Davon für Neubauten ℳ	7. Für Theater, Museen und öffentliche Denkmäler. Überhaupt ℳ	7. Davon für Neubauten ℳ	8. Für besondere Anstalten meist gewerblicher Art (Gas-, Wasserwerke, Kanalisation, Markthallen, Feuerlöschwesen u. s. w.) Siehe auch Tab. B. IV. Überhaupt ℳ	8. Davon für Neubauten ℳ
Aachen	23 523	.	50 570	47 669	40 131	39 516	378 830	367 349
Altona*	43 727	34 798	.	.	210 429	207 571	264 028	223 523
Augsburg	59 478	40 995	569	569	62 386	50 043	547 450	519 154
Barmen*	41 160	38 277	. .	.	15 388[6])	.	211 167	156 953
Berlin*	1 209 502[5])	1 187 188[5])	2 340	.	6 238[7])	. .	926 881	742 609
Bochum*	7 370	..	563	.	8 360	5 790	110 266	.
Braunschweig*	5 810	..	44 155	23 421	64	.	24 471	9 000
Bremen*	6 528	.	1 837	.	48 164	14 596	3 713 662	3 341 662
Breslau*	69 616	49 615	11 301	9 238	259 780	254 818	2 022 513	1 929 545
Cassel*	16 575	13 304	5 235	.	271	.	299 389	262 391
Charlottenburg	17 960	17 960	.	.	84	. .	. .	.
Chemnitz	22 400	21 400	20 350	18 460	8 300	6 000	42 060	36 670
Cöln a. Rh.*	109 353	104 637	44 531	40 406	369 698[8])	335 458[8])	791 693	630 132
Crefeld*	43 989	40 734	.	.	650	.	24 987	7 025
Danzig*	8 607	524	1 347	.	13 960[9])	3 707	108 008	.56 536
Dortmund*	15 321	5 795	8 275	5 781	2 214	.	214 842	181 114
Dresden	39 475	16 117	.	.	11 831[10])	. .	983 708	913 548
Düsseldorf	93 277	93 277	3 566	.	23 802	13 999	443 479	237 817
Duisburg*	13 501	6 179	4 540	.	781	.	55 457	32 790
Elberfeld*	25 611	13 961	.	.	741	. .	2 008 660	1 959 787
Erfurt*	1 069	.	4 358	.	7 211	2 184	162 311	158 054
Essen*	9 545	.	4 740	.	6 638	.	682 291	477 924
Frankfurt a. M.	17 608	10 620	75 105	40 559	569 566	545 922	2 887 443	2 825 540
Frankfurt a. O.*	16 319	15 619	12 157	6 190	6 478	.	41 350	22 954
Freiburg i. Br.	3 836	..	.	.	4 675[11])	.	527 991	504 963
Görlitz*	2 876	.	5 594	4 266	3 563	.	103 521	90 594
Halle a. S.*[2])	6 702	..	10 500	.	12 190	.	2 365 506	2 336 400
Hamburg	65 155	25 182	96 129	88 577	20 134	.	765 624	419 291
Hannover*	1 987	.	17 878	14 100	12 407	10 147	316 704	298 290
Karlsruhe i. B.	118 395	104 797	4 482	.	2 260	.	503 963	429 630
Kiel*	4 958	. 977	.	.	10 041	10 000	293 626	280 663
Königsberg i. Pr.*	44 013	40 935	. .	.	.	.	4 339 735	4 091 227
Leipzig	97 717	64 904	52 734	46 036	59 233	.	2 041 452	1 936 731
Liegnitz*	.	.	1 006	.	1 239	.	8 194	.
Lübeck*	115 496	106 289	11 270	.	7 012	.	151 173	96 728
Magdeburg*	.	.	20 185	11 219	34 117	28 918	451 678	448 262
Mainz*	1 764	.	1 486	1 083	160 349	150 474	844 950	813 471
Mannheim	113 373	106 644	69 248	66 223	39 545	26 655	5 694 619	5 632 207
Metz*	7 100	2 800	53 000	34 000	30 300	.	1 410	.
München	.	684 432	. .	358 530	.	32 200	.	4 362 839
Nürnberg	43 235	30 270	8 505	5 618	3 280	.	564 673	553 941
Plauen i. V.	2 867	.	.	.	1 328	.	878 899	873 780
Posen*	752	..	.	.	5 280	. .	8 076	.
Potsdam*	870	..	9 373	6 187	.	.	87 327	76 787
Spandau*	11 620	6 000	850	.	.	.	6 400	.
Stettin*	.	..	249 736	229 920	13 419	3 535	734 269	680 953
Straßburg i. E.*	22 718	22 711	252 221	247 995	71 160	58 666	574 662	555 515
Stuttgart*	.	..	14 009	11 638	8 455	7 629	36 343	17 113
Wiesbaden*	[4])	..	5 230	2 589	[4])	.	[4])	600 561
Würzburg	6 659	3 900	9 281	4 800	.	.	4 482	550
Zwickau	7 398	1 641	3 338	.	3 000	.	254 238	220 932

Siehe Anmerkungen auf Seite 67.

(Noch Tabelle B. II.)

Städte	9. Für Land- und Forstwirtschaft (einschl. Rieselgüter).		10. Für sonstige Zwecke (einschl. Baumaterialiendepots, Garten- und Gewächshäuser u. s. w.)		11. **Zusammen für Hochbauten.**	
	Überhaupt ℳ	Davon für Neubauten ℳ	Überhaupt ℳ	Davon für Neubauten ℳ	Überhaupt ℳ	Davon für Neubauten ℳ
Aachen	3 313	.	33 272	6 200	1 140 911	879 239
Altona*	.	.	13 562[13])	.	1 037 598	886 630
Augsburg	.	.	2 068	.	1 389 736	1 207 028
Barmen*	.	.	.	.	889 363	699 412
Berlin*	.	.	31 531	28 853	9 154 585	8 163 036
Bochum*	.	.	8 528	.	205 683	21 016
Braunschweig*	1 745	.	4 061	.	757 173	655 377
Bremen*	397	.	56 082	.	4 234 146	3 582 735
Breslau*	44 255	35 276	41 917	16 645	3 996 893	3 629 843
Cassel*	1 174	.	1 850	.	601 591	496 009
Charlottenburg	.	.	.	.	2 708 532	2 639 984
Chemnitz	600	600	1 000	1 000	668 895	538 235
Cöln a. Rh.*	57 020	50 038	116 819[14])	97 478[14])	3 216 411	2 666 058
Crefeld*	.	.	.	.	158 093	65 870
Danzig*	8 856	8 456	39 345	20 621	499 754	269 420
Dortmund*	71 241	70 183	2 415	2 415	1 017 118	915 882
Dresden	.	.	41 229	37 355	3 796 914	3 357 096
Düsseldorf	.	.	.	.	1 607 591	1 190 083
Duisburg*	13	.	.	.	449 509	381 806
Elberfeld*	.	.	.	.	2 868 077	2 676 163
Erfurt*	.	.	3 152	307	459 781	405 786
Essen*	.	.	7 237	.	1 327 534	930 185
Frankfurt a. M.	95 869	69 441	31 094	16 051	6 909 536	6 296 130
Frankfurt a. O.*	1 168	.	93	.	612 645	550 204
Freiburg i. Br.	3 187	.	155	.	832 858	782 574
Görlitz*	24 602	11 421	7 692	.	350 326	252 627
Halle a. S.*[2])	1 385	.	4 945	.	3 006 991	2 800 501
Hamburg	2 239	.	354 242	137 644	6 896 330	5 140 564
Hannover*	8 104	7 776	20 194	10 371	1 040 968	897 298
Karlsruhe i. B.	.	.	26 129	15 872	1 084 270	886 108
Kiel*	6 517	.	.	.	677 430	570 724
Königsberg i. Pr.*	.	.	.	.	5 285 258	4 943 753
Leipzig	74 482[12])	45 488[12])	159 499	157 642	6 818 024	6 102 183
Liegnitz*	661	.	4 891	4 891	348 046	307 971
Lübeck*	27 569	.	9 820[15])	.	754 480	519 110
Magdeburg*	.	.	.	.	1 432 246	1 350 959
Mainz*	499	.	1 500	.	1 439 834	1 329 789
Mannheim	3 275	.	47 247	30 567	8 400 541	8 139 127
Metz*	.	.	41 500	41 000	170 610	80 800
München	.	.	.	41 000	.	7 293 188
Nürnberg	.	.	77 182	77 182	2 146 658	1 876 155
Plauen i. V.	2 339	.	11 697	.	1 089 336	1 027 743
Posen*	.	.	.	.	160 319	98 524
Potsdam*	.	.	.	.	172 715	121 818
Spandau*	.	.	.	.	34 910	7 300
Stettin*	33 874	32 644	326	.	3 135 515	2 919 288
Straßburg i. E.*	3 816	.	50 792	43 662	1 590 529	1 482 606
Stuttgart*	.	.	.	.	1 283 291	1 056 799
Wiesbaden*	.	.	[4])	.	1 059 518	885 908
Würzburg	.	.	.	.	440 930	387 110
Zwickau	1 533	.	797	.	337 004	236 069

Siehe Anmerkungen auf Seite 67.

B. III. Ausgaben der Stadtgemeinden für Tiefbauten im Jahre 1900 oder 1900/01.*
Neubauten, bauliche Unterhaltung und Reparaturen.

Städte	1. Für Straßen, Chausseen, Wege, Bürgersteige (Siehe auch Tab. B. V.)		2. Für Wasserleitung und Brunnenbauten				3. Für Entwässerungsanlagen (Kanäle, Siele)	
			a. Rohrnetzanlagen (einschl. Brunnenbauten)		b. Filter			
	Überhaupt ℳ	Davon für Neubauten ℳ	Überhaupt ℳ	Davon für Neubauten ℳ	Überhaupt ℳ	Davon für Neubauten ℳ	Überhaupt ℳ	Davon für Neubauten ℳ
Aachen . . .	450 000	412 000	.	.	.	.	115 840	112 000
Altona* . .	425 941	123 267	49 524	40 001	46 718	33 362	135 715	7 987
Augsburg . .	510 758	296 087	30 282	16 721	.	.	44 903	29 474
Barmen* . .	597 123	339 575	49 172	31 652	4 652	3 763	1 005 413	980 520
Berlin* . . .	6 543 973	1 536 545	44 321[3])	2 346[3])	.	.	.	.
Bochum* . .	294 543	67 710	257 651	.	.	.	35 255	20 173
Braunschweig*	518 974	310 181	.	.	.	.	.	.
Bremen* . . .	1 200 619	838 834	9 176[4])	.	.	.	396 156[10])	396 156[10])
Breslau* . . .	1 856 487	1 612 873	548 553[5])	495 837[5])	33 291	3 617	484 205	419 977
Cassel* . . .	685 717	542 040	25 599	19 364	.	.	377 802	369 266
Charlottenburg	1 211 108	381 201	.	.	.	.	.	.
Chemnitz . .	930 965	328 355		.	.	.	165 530	156 580
Cöln a. Rh.* .	2 120 024	1 641 497	6 111	.		.	1 303 381	1 040 445
Crefeld* . . .	254 900	94 356	29 608	19 146	.	.	781 680	758 557
Danzig* . . .	511 982	406 739	110 318	93 890	.	.	86 028	76 587
Dortmund* . .	930 557	693 518	29 777	5 042	127 896	113 383	469 501	408 928
Dresden . . .	4 008 825	3 069 302	21 184	.	.	.	2 321 958	2 299 474
Düsseldorf . .	970 300	419 470	198 256[6])	164 498[6])	.	.	1 028 889	1 028 889
Duisburg* . .	526 116	376 617	39 313	28 594	1 504	.	181 457	159 464
Elberfeld* . .	692 246	391 152	152 469	20 810	.	.	225 333	209 506
Erfurt* . . .	345 709	216 892	43 124	37 521	.	.	137 466	137 466
Essen* . . .	1 142 760	784 979	140 415	100 975			246 064	154 511
Frankfurt a. M.	2 389 967	1 912 028	.	.	.	.	474 480	464 370
Frankfurt a. O.*	37 089	23 320	1 671[3])	350[3])	.	.	18 890	17 579
Freiburg i. Br.	250 463	144 625	44 237	30 551		.	12 469	12 469
Görlitz* . . .	275 305	201 933	31 046	13 549			164 843	153 831
Halle a. S.*[1]) .	560 443	390 426	127 588[7])	86 160[7])	.	.	94 296	19 560
Hamburg . .	4 512 955	2 786 302	.		.	.	1 707 454	1 528 653
Hannover* . .	917 607	645 727	.	.	.	.	.	.
Karlsruhe i. B.	506 354	162 312	88 244	61 949	.	.	163 516	163 516
Kiel*	851 990	777 734	.	.	.	.	212 045	211 529
Königsberg i. P.*	606 334	476 212	74 306	40 862	37 966	2 752	174 679	102 193
Leipzig . . .	1 822 886	1 223 351	59 987	.	.	.	255 680	133 363
Liegnitz* . .	134 443	111 330	48 953	42 143	1 885	.	36 398	31 091
Lübeck* . . .	262 063[2])	154 971	46 113[8])	10 793	51 373	41 621	148 048[11])	57 207[11])
Magdeburg* .	996 657	839 642	101 428	98 058	.	.	667 060	667 060
Mainz* . . .	433 786	159 244	192 457	170 143	.	.	109 975	60 228
Mannheim . .	2 059 753	1 426 531	259 230	246 629	.	.	1 095 223	989 861
Metz*	101 533	.	48 000	711	.	.	130	130
München . .	.	1 939 164	.	353 553	.	.	.	1 575 386
Nürnberg . .	1 331 984	851 984	672 612	672 612			975 229	975 229
Plauen i. V. .	573 315	569 396	126 963	110 344	.	.	175 503	175 503
Posen* . . .	780 421	748 821	111 131	.			539 270	538 480
Potsdam* . .	225 806	219 451	6 308[9])	3 996	.	.	29 986	23 524
Spandau* . .	299 750	169 489	1 216	.	.	.	190	190
Stettin* . . .	389 723	245 753	226 474	152 810	.	.	283 740	267 854
Straßburg i. E.*	814 547	796 204	109 447	.	.	.	775 000	770 000
Stuttgart* . .	1 166 302	275 427	140 108	125 248	83 943	81 327	607 171	572 062
Wiesbaden* .	855 256	535 256	94 679	33 455			472 141	340 106
Würzburg . .	421 685	277 564	172 237	157 761	.	.	392 690	377 383
Zwickau . . .	389 440	263 619	22 702	13 964	.	.	42 741	33 489

Siehe Anmerkungen auf Seite 67 u. 68.

Noch Tabelle B. III.

Städte	4. Für Gasleitung (Rohrnetzanlagen)		5. Für elektrische Beleuchtungsanlagen (Leitungen)		6. Für Uferschutz und Deichbauten		7. Für Brücken und Wehre	
	Überhaupt ℳ	Davon für Neubauten ℳ	Überhaupt ℳ	Davon für Neubauten ℳ	Überhaupt ℳ	Davon für Neubauten ℳ	Überhaupt ℳ	Davon für Neubauten ℳ
Aachen	.	.	.	.	.	.	.	.
Altona*	38 287	29 292	.	.	.	.	.	.
Augsburg	.	.	.	.	50 916	.	30 684	.
Barmen*	48 663	28 351	121 143	120 849	73 638	73 638	40 916	37 130
Berlin*	.	.	.	.	97 363	94 777	683 333	622 451[15])
Bochum*	15 568	15 568	.	.	.	.	.	.
Braunschweig*	.	.	.	.	77 778	72 429		
Bremen*	.	.	2 253	394	23 104	.	71 005	32 344
Breslau*	351 727	273 778	154 843	143 432	24 516	13 750	247 729	223 377
Cassel*	22 671	9 095	4 054	2 978	11 550	11 550	7 268	2 200
Charlottenburg	.	.	.	.	.	.	3 217	.
Chemnitz	.	.	.	.	43 150	8 650		
Cöln a. Rh.*	338 637	248 814	378 144	363 764	2 092	.	.	.
Crefeld*	646 132	645 097	77 978	77 427	.		.	.
Danzig*	30 920	12 344	17 000	15 000	78 898	52 224	69 876	51 470
Dortmund*	.	.	325 156	736	.	.	128	.
Dresden	31 459	.	17 035	.	14 598	.	29 123	12 000
Düsseldorf	172 412	146 611	278 861	276 872	.	.	440	.
Duisburg*	74 847	69 848	.	.	.	.		.
Elberfeld*	198 133	150 000	619 115	616 891	.	.	23 382	20 302
Erfurt*	.	.	289 476	289 476	.	.	15 496	9 652
Essen*	109 489	93 740	.	.	.	.	.	.
Frankfurt a. M.	.	.	.	.	.	.	3 418	.
Frankfurt a. O.*	.	.	.	.	2 951	.	246	.
Freiburg i. Br.	9 279	4 823	.	.	6 705	.	105 375	104 230
Görlitz*	84 690	84 690	31 255	31 255	2 835	.	4 915	.
Halle a. S.*1)	133 008	117 753	89 376	89 376	8 378	4 857	26 249	18 533
Hamburg	.	.	45 000	45 000	1 209 525	1 033 217	1 202 151[14])	876 304[14])
Hannover*	.	.	.	.	6 813	300	4 155	1 999
Karlsruhe i. B.	73 121	55 963	699 024	699 024	1 500	1 500	88 984	88 984
Kiel*	.	.	.	.	1 290	.	20 533	.
Königsberg i. P.*	68 517	56 797	85 303	41 009	39 123	13 271	257 973	225 948
Leipzig	495 160	466 626	.	.	16 216	5 777	20 556	13 850
Liegnitz*	.	.	.	.	6 317	.	1 429	.
Lübeck*	38 008[12])	1 550	21 559	12 670	11 594	.	35 614	24 509
Magdeburg*	266 244	264 933	.	.	.	.	.	.
Mainz*	10 591	6 732	49 431	48 230	.	.	.	.
Mannheim	359 183	355 936	.	.	.	.	6 359	1 887
Metz*	.	.	4 000	.	300	.	200	.
München	.	241 116	.	725 761	.	1 142 040	.	189 156
Nürnberg	180 817	180 817	223 055	223 055	.	.	600	.
Plauen i. V.	.	.	.	.	.	.	85 394	85 394
Posen*	60 547	.	.	.	.	.	.	.
Potsdam*	.	.	.	.	7 930	7 000	.	.
Spandau*	15 944	.	7 689	7 689	.	.	1 916[24])	.
Stettin*	21 956	.	140 567	140 567	22 496	.	203 244	183 733
Straßburg i. E.*	.	.	.	.	.	.	77 058	69 043
Stuttgart*	103 602	96 853	.	.	.	.	.	.
Wiesbaden*	47 901	32 248	.	.	10 123	.		
Würzburg	69 145	51 121	.	.	13 190	.		
Zwickau	20 503	16 211	.	.	11 152	.	193 841	167 810

Siehe Anmerkungen auf Seite 67 u. 68.

Noch Tabelle B. III.

Städte	8. Für Schiffahrtskanäle		9. Für Hafen-, Kai- und Werftanlagen		10. Andere vorstehend nicht genannte Tiefbauten		11. Zusammen für Tiefbauten	
	Überhaupt ℳ	Davon für Neubauten ℳ	Überhaupt ℳ	Davon für Neubauten ℳ	Überhaupt ℳ	Davon für Neubauten ℳ	Überhaupt ℳ	Davon für Neubauten ℳ
Aachen	.	.	.	.	.	.	565 840	524 000
Altona*	.	.	143 769	58 114	.	.	839 954	292 023
Augsburg	.	.	.	.	.	.	667 543	342 282
Barmen*	.	.	.	.	.	.	1 940 720	1 615 478
Berlin*	.	.	.	.	.	.	7 368 990	2 256 119
Bochum*	.	.	.	.	.	.	603 017	103 451
Braunschweig*	.	.	.	.	147	.	596 899	382 610
Bremen*	3 837	.	1 979 643	1 941 047	72 478	72 478	3 758 271	3 281 253
Breslau*	.	.	855 285	853 470	315 631	280 266	4 872 267	4 320 377
Cassel*	.	.	.	.	.	.	1 134 661	956 493
Charlottenburg	.	.	7 918	.	.	.	1 222 243	381 201
Chemnitz	.	.	.	.	.	.	1 139 645	493 585
Cöln a. Rh.*	.	.	1 162 419	1 162 419	493 588[18]	399 640[18]	5 804 396	4 856 579
Crefeld*	.	.	38 418	38 418	21 452[19]	21 452[19]	1 850 168	1 654 453
Danzig*	1 798	.	.	.	.	.	906 820	708 254
Dortmund*	.	.	81 470	81 470	259 476	192 247	2 223 961	1 495 324
Dresden	.	.	.	.	628 222	602 647	7 072 404	5 983 423
Düsseldorf	911 090	879 255	.	.	708 560[20]	708 560[20]	4 268 808	3 624 155
Duisburg*	.	.	213 370	103 140	.	.	1 036 607	737 663
Elberfeld*	.	.	.	.		.	1 910 678	1 408 661
Erfurt*	.	.	.	.	167 106	167 106	998 377	858 113
Essen*	.	.	.	.	.	.	1 638 728	1 134 205
Frankfurt a. M.	.	.	115 758	83 022	204 564	204 564	3 188 187	2 663 984
Frankfurt a. O.*	.	.	.	.	294	.	61 091	41 249
Freiburg i. Br.	.	.	.	.	24 351	.	452 879	296 698
Görlitz*	.	.	.	.	7 117	.	602 006	485 258
Halle a. S.*[1]	.	.	.	.	.	.	1 039 338	726 665
Hamburg	464 154[15]	303 144[15]	6 759 594[17]	6 172 962[17]	577 627[21]	553 621[21]	16 478 460	13 299 208
Hannover*	.	.	.	.	22 882	578	951 457	648 604
Karlsruhe i. B.	1 232 914	1 232 914			101 476[22]	56 146[22]	2 955 133	2 522 308
Kiel*	.	.	142 174	3 666	8 519	8 519	1 236 551	1 001 448
Königsberg i. P.*	.	.	133 932	19 406	12 815	.	1 490 948	978 450
Leipzig	.	.	.	.	.	.	2 670 485	1 842 967
Liegnitz*	.	.	.	.	.	.	229 425	184 564
Lübeck*	3 114 823[16]	3 106 707[16]	861 651	852 818	51 432[23]	21 026[23]	4 642 278	4 283 872
Magdeburg*	.	.	.	.	.	.	2 031 389	1 869 693
Mainz*	.	.	16 611	16 611	3 284	3 284	816 135	464 472
Mannheim	.	.	751 364	751 364	289 421	191 260	4 820 533	3 963 468
Metz*	.	.	.	.	.	.	154 163	841
München	.	.	.	.	.	91 574	.	6 257 750
Nürnberg	33 408	29 608	.	.	.	.	3 417 705	2 933 305
Plauen i. V.	.	.	.	.	.	.	961 175	940 637
Posen*	.	.	999 800	999 800	.	.	2 491 169	2 287 101
Potsdam*	.	.	.	.	.	.	270 036	254 907
Spandau*	.	.	.	.	2 242	.	328 947	177 368
Stettin*	.	.	1 376 700	1 376 700	18 537	.	2 683 437	2 367 417
Straßburg i. E.*	.	.	1 359 041	609 041	.	.	3 135 093	2 244 288
Stuttgart*	.	.	.	.	.	.	2 101 126	1 150 917
Wiesbaden*	.	.	.	.	.	.	1 480 100	941 065
Würzburg	.	.	910	.	4 699	.	1 074 556	863 829
Zwickau	.	.	.	.	364 588	236 069	1 044 967	731 162

Siehe Anmerkungen auf Seite 67 u. 68.

B. IV. Ausgaben der Stadtgemeinden für Hochbauten besonderer Anstalten meist gewerblicher Art im Jahre 1900 oder 1900/1901.*

Neubauten, bauliche Unterhaltung und Reparaturen.

Einzelangaben der in Tabelle B. II. unter 8 enthaltenen Beträge.

Städte	Überhaupt ℳ	Davon für Neubauten ℳ
a. Gaswerke.		
Altona *	244 780	223 523
Barmen *	99 145	80 056
Bremen *	1 463 917	1 463 917
Breslau *	459 775	401 777
Cassel *	7 212	.
Chemnitz	29 080[1])	29 080[1])
Crefeld *	14 914	.
Danzig *	44 529	28 906
Dresden	135 362	92 169
Düsseldorf	21 951	21 951
Duisburg *	43 912	32 790
Elberfeld *	134 989	120 967
Essen *	398 482	324 882
Freiburg i. Br.	304 255	300 000
Görlitz *	29 561	21 357
Halle a. S. * [2])	74 245	66 749
Karlsruhe i. B.	79 118	55 143
Königsberg i. Pr.*	2 676 290	2 593 712
Leipzig	14 626	.
Lübeck *	5 170	5 170
Magdeburg *	223 324	222 147
Mainz *	626 099	621 611
Mannheim	1 698 760	1 674 521
München	.	306 023
Nürnberg	324 198	323 058
Posen *	7 076	.
Stettin *	653 989	653 989
Stuttgart *	10 391	.
Wiesbaden *	131 920	124 370
Zwickau	130 455	118 360
b. Elektrizitätswerke.		
Barmen *	2 495	.
Bochum *	31 206	.
Bremen *	75 997	75 997
Breslau *	985 183	980 718
Cassel *	183 764	182 494
Cöln a. Rh. *	14 035	.
Danzig *	783	.
Dortmund *	5 950	.
Dresden	710 006	701 513
Düsseldorf	13 546	13 546
Elberfeld *	417 928	414 399
Erfurt *	148 566	148 566
Frankfurt a. M.	109 823	104 088
Freiburg i. Br.	114 540	114 540
Görlitz *	16 352	16 074
noch b. Elektrizitätswerke.		
Halle a. S.*	1 451 660	1 451 660
Hamburg	19 500	2 000
Hannover *	122 630	121 763
Karlsruhe i. B.	235 643	235 643
Königsberg i. Pr.*	168 122	166 504
Lübeck *	336	.
Magdeburg *	48 650	48 650
Mainz *	136 121	135 491
Mannheim	1 457 672	1 457 672
München	.	1 163 094
Nürnberg	200	.
Plauen i. V.	39 318	39 318
Posen *	317	.
Potsdam *	7 159	7 159
Wiesbaden *	40 000	40 000
c. Wasserwerke.		
Altona *	7 262	.
Augsburg	1 941	.
Barmen *	2 161	.
Bochum *	34 677	.
Breslau *	8 712	
Cassel *	18 823	17 871
Cöln a. Rh.*	443 633	425 415
Crefeld *	3 065	354
Danzig *	9 822	.
Dortmund *	106 955	92 450
Dresden	24 699	21 379
Düsseldorf	93 274	93 274
Duisburg *	1 427	.
Elberfeld *	11 289	9 563
Erfurt *	4 488	2 657
Essen *	190 182	153 042
Frankfurt a. M.	934 522	927 182
Freiburg i. Br.	1 100	.
Görlitz *	1 003	.
Halle a. S. *	4 513	.
Karlsruhe i. B.	6 769	.
Königsberg i. Pr.*	8 456	6 423
Leipzig	5 488	.
Liegnitz *	4 798	.
Lübeck *	2 173	.
Magdeburg *	14 884	14 884
Mainz *	58 708	55 115
Mannheim	57 341	45 434
München	.	468 543

Siehe Anmerkungen auf Seite 68.

(Noch Tabelle B. IV.)

Städte	Überhaupt	Davon für Neubauten
	ℳ	ℳ
noch c. Wasserwerke.		
Nürnberg . . .	944	.
Posen * . . .	261	
Potsdam * . . .	63 070	62 886
Stettin * . . .	4	4
Straßburg i. E. *.	69 210	68 189
Stuttgart * . .	1 391	.
Wiesbaden * . .	3 468	.
Zwickau . . .	90 091	87 556
d. Kanalisationswerke.		
Bochum * . . .	35 354	.
Breslau * . . .	409 040	407 589
Danzig * . . .	14 002	4 819
Essen *	4 120	.
Frankfurt a. M. .	1 293	.
Halle a. S.* . .	1 514	.
Hannover * . .	109 044	109 044
Königsberg i. Pr.*	486 883	486 883
Liegnitz * . . .	740	.
Mainz * . . .	3 025	.
Nürnberg . . .	1 000	.
Potsdam * . .	706	.
Wiesbaden * . .	3)	.
e. Mühlen.		
Berlin * . . .	661 227	595 848
Bremen * . . .	5 545	.
Königsberg i. Pr.*	251	.
Leipzig	1 725	64
Lübeck * . . .	218	.
Metz *	250	.
Nürnberg . . .	174 463	167 399
Plauen i. V. . .	492	.
Zwickau . . .	113	.
f. Viehmarkt und Schlachthof.		
Altona * . . .	5 990	.
Augsburg . . .	519 353	518 082
Barmen * . . .	53 036	32 997
Berlin * . . .	118 893	.
Bochum * . . .	7 406	.
Braunschweig * .	20 494	9 000
Bremen * . . .	229 468	90 630
Breslau * . . .	135 955	131 265
Cassel * . . .	77 785	62 026
Cöln a. Rh.* . .	268 523	161 904
Danzig * . . .	30 678	21 000
Dortmund * . .	46 337	37 171
Düsseldorf . .	22 648	14 046

Städte	Überhaupt	Davon für Neubauten
	ℳ	ℳ
noch f. Viehmarkt und Schlachthof.		
Duisburg * . .	10 118	.
Elberfeld * . .	205 912	189 779
Erfurt * . . .	6 694	4 268
Essen *	45 829	.
Frankfurt a. M. .	847 173	833 673
Frankfurt a. O. *	4 397	1 500
Freiburg i. Br. .	14 860	.
Görlitz * . . .	55 331	53 163
Halle a. S.* . .	21 513	9 773
Hamburg . . .	99 627	32 641
Karlsruhe i. B. .	26 090	588
Kiel *	9 693	1 973
Königsberg i. Pr.*	11 599	.
Leipzig	1 436 441	1 422 839
Liegnitz * . . .	1 616	.
Lübeck * . . .	27 405	18 140
Magdeburg * . .	3 546	3 546
Mainz *	9 568	119
Mannheim . . .	652 766	638 936
Metz*	360	.
München . . .	.	221 576
Nürnberg . . .	384	.
Plauen i. V. . .	793 428	792 260
Potsdam * . . .	8 659	1 270
Spandau * . . .	6 400	.
Stettin * . . .	44 033	26 960
Straßburg i. E. *.	68 848	52 296
Stuttgart * . . .	69	69
Wiesbaden * . .	3)	182 361
Würzburg . . .	3 932	.
Zwickau 4). . .	21 710	15 016
g. Markthallen.		
Barmen * . . .	500	.
Braunschweig * .	1 422	.
Chemnitz . . .	3 850	.
Cöln a. Rh.* 5) .	10 690	9 355
Crefeld * . . .	7 008	6 671
Danzig * . . .	3 560	.
Dresden . . .	110 581	98 487
Frankfurt a. M. .	2 301	.
Hamburg . . .	2 000	.
Hannover * . .	4 713	.
Leipzig	11 614	.
Lübeck * . . .	674	.
Mannheim . . .	2 115	.
Metz *	600	.
München . . .	.	30 000

Siehe Anmerkungen auf Seite 68.

(Noch Tabelle B. IV.)

Städte	Überhaupt ℳ	Davon für Neubauten ℳ
noch g. Markthallen.		
Stuttgart*	783	.
Wiesbaden* [6]	[3]	72 547
Zwickau [7]	.	.
h. Lagerhäuser, Packhöfe, Speicher, Kellereien.		
Aachen	2 378	.
Augsburg	5 327	.
Bremen*	1 933 298	1 711 118
Breslau*	8 878	2 069
Cassel*	4 581	.
Danzig*	128	.
Dortmund*	43 308	43 007
Düsseldorf	2 249	.
Frankfurt a. M.	811 872	800 348
Görlitz*	121	.
Hamburg	496 734	353 738
Hannover*	1 794	.
Karlsruhe i. B.	137 658	137 658
Königsberg i. Pr.*	3 423	.
Leipzig	14 640	10 829
Lübeck*	10 819	.
Magdeburg*	4 616	4 616
Mainz*	7 470	1 135
Potsdam*	3 020	1 521
Stettin* [8]	31 213	.
Straßburg i. E.*	435 030	435 030
Stuttgart*	1 579	.
Wiesbaden*	[3]	.
i. Straßenbahn.		
Barmen*	664	.
Cöln a. Rh.*	33 104	25 461
Düsseldorf	285 391	95 000
Elberfeld*	382 789	373 915
Frankfurt a. M.	9 888	.
Freiburg i. Br.	39 800	39 800
Königsberg i. Pr.*	905 600	784 569
Mannheim	1 232 000	1 229 112
München	.	2 106 756
k. Marstall.		
Barmen*	7 766	.
Bochum*	1 623	.
Braunschweig*	698	.
Breslau*	6 093	.
Chemnitz	370	.
Cöln a. Rh.* [9]	21 708	7 997
Dresden	278	.
Essen*	1 220	.
Magdeburg* [10]	89 703	89 703
Mannheim [11]	12 026	12 026
l. Feuerversicherung und Feuerlöschwesen.		
Aachen	59 468	59 468
Altona*	5 996	.
Augsburg	20 829	1 072
Barmen*	45 400	43 900
Berlin*	146 261	146 261
Braunschweig*	1 857	.
Bremen*	5 437	.
Breslau*	8 326	5 576
Cassel*	7 224	.
Chemnitz	1 320	950
Cöln a. Rh.* [12]	.	.
Danzig*	4 206	1 811
Dortmund*	4 923	1 141
Dresden	2 782	.
Düsseldorf	4 420	.
Elberfeld*	2 513	.
Erfurt*	822	822
Essen*	42 458	.
Frankfurt a. M.	164 716	160 249
Frankfurt a. O.*	368	.
Freiburg i. Br.	356	.
Görlitz*	20	.
Halle a. S.*	3 843	.
Hamburg	42 380	.
Hannover*	4 154	.
Karlsruhe i. B.	4 378	.
Kiel*	6 003	1 624
Königsberg i. Pr.*	78 891	52 916
Leipzig	8 405	.
Liegnitz*	1 040	.
Lübeck*	26 176	2 813
Mainz*	171	.
Mannheim	6 792	1 800
Metz*	200	.
München	.	66 847
Nürnberg	63 484	63 484
Plauen i. V.	3 046	.
Posen*	422	.
Potsdam*	4 713	3 951
Stettin*	5 030	.
Straßburg i. E.*	1 574	.
Stuttgart*	22 130	17 044
Würzburg	550	550
Zwickau	74	.
m. Andere besondere Anstalten.		
Aachen [13]	316 984	307 881
Berlin*	500	500
Breslau* [14]	551	551
Chemnitz [15]	6 640	6 640
" [16]	800	.

Siehe Anmerkungen auf Seite 68.

(Schluß von Tabelle B. IV.)

Städte	Überhaupt ℳ	Davon für Neubauten ℳ
noch m. Andere besondere Anstalten.		
Danzig *[17]	300	.
Dortmund *[18]	6 805	6 805
„ [19]	540	540
„ [20]	24	.
Elberfeld *[21]	853 240	851 164
Erfurt*	1 741	1 741
Frankfurt a. M.[22]	3 121	.
„ [23]	2 734	.
Frankfurt a. O.*[24]	36 585	21 454
Freiburg i. Br.[25]	53 080	50 623
Görlitz *[26]	1 133	.
Halle a S.*[27]	808 218	808 218
Hamburg[28]	70 000	12 000
„ [29]	18 912	18 912
„ [30]	16 471	.
Hannover *[31]	74 369	67 483
Karlsruhe i. B.[32]	10 286	598
„ [33]	2 079	.
„ [34]	1 942	.
Kiel *[35]	233 220	233 192
„ [36]	43 874	43 874
„ [37]	836	.
noch m. Andere besondere Anstalten.		
Königsberg i. Pr.*[38]	220	220
Leipzig[39]	411 932	392 679
„ [40]	133 262	110 320
„ [41]	2 153	.
„ [42]	960	.
„ [43]	206	.
Lübeck *[44]	68 891	68 249
„ [45]	9 311	2 356
Magdeburg *[46]	66 955	64 716
Mainz *	3 788	.
Mannheim[47]	562 695	562 695
„ [48]	12 452	10 011
Plauen i. V.[49]	42 202	42 202
„ [50]	413	.
Wiesbaden *[51]	176 037	176 037
„ [52]	18 249	939
„ [53]	4 307	4 307
Zwickau[54]	8 845	.
„ [55]	2 950	.

Siehe Anmerkungen auf Seite 68.

B. V. Tiefbauten, betr. Straßen, Chausseen, Wege und Bürgersteige,
welche im Jahre 1900 oder 1900/1901* **auf Rechnung Privater** ausgeführt wurden.

Neubauten, bauliche Unterhaltung und Reparaturen.
In Tabelle B. III. unter 1 mitenthalten.

Städte	Ausgaben überhaupt ℳ	Davon für Neubauten ℳ
Aachen	—	—
Altona *	25 204	20 991
Augsburg	53 384	44 347
Barmen *	130 990	130 990
Berlin *[1]	631 680	631 680
Bochum *	41 710	41 710
Braunschweig*	39 918	26 981
Bremen *	668 931	439 899
Breslau *	?	?
Cassel *	35 402	35 402
Charlottenburg	343 049	343 049
Chemnitz	16 510	16 510
Cöln a. Rh. *	8 291	8 291
Crefeld *	—	—
Danzig *	93 272	93 272
Dortmund *	92 500	92 500
Dresden	2 335 671	2 139 085
Düsseldorf	—	—
Duisburg *	136 194	136 194
Elberfeld *	60 488	60 488
Erfurt *	208 126	208 126
Essen *	—	—
Frankfurt a. M.	857 942	816 243
Frankfurt a. O. *	4 928	4 928
Freiburg i. Br.	—	—
Görlitz *	64 674	64 674
Halle a. S. *	83 210	83 210
Hamburg	512 445	170 293
Hannover *	372 625	266 606
Karlsruhe i. B.	—	—
Kiel *	708 408	696 265
Königsberg i. Pr.*	25 687	25 687
Leipzig	389 236	196 957
Liegnitz *	91 606	91 606
Lübeck *	71 059	71 059
Magdeburg *	251 825	251 825
Mainz *	?	?
Mannheim	—	—
Metz *	—	—
München	. .	628 459
Nürnberg	?	?
Plauen i. V.	104 544	104 544
Posen *	69 421	69 421
Potsdam *	5 005	5 005
Spandau *	—	—
Stettin *	—	—
Straßburg i. E. *	18 000	—
Stuttgart *	—	—
Wiesbaden *	?	371 053
Würzburg	--	—
Zwickau	—	—

[1]) Auf Rechnung Privater, bezw. von Privaten selbst ausgeführt.

B. VI. Auf Rechnung von Stiftungen, des Reiches, Staates u. s. w. durch die Stadtgemeinde ausgeführte Bauten, sowie Beiträge für Reichs-, Staats- oder andere öffentliche Bauten im Jahre 1900 oder 1900/1901.*)

Neubauten, bauliche Unterhaltung und Reparaturen.

a = Hochbauten; b = Tiefbauten.

Städte		Ausgaben überhaupt	Davon für Neubauten
		M	*M*
1. Auf Rechnung von Stiftungen und dergl.			
Augsburg	a	87 732	54 175
Braunschweig*	a	4 945	.
Breslau*	a	65 171	36 782
"	b	2 029	609
Cassel*	a	307	.
Chemnitz	a	21 300	21 000
Cöln a. Rh.*[19])	a	2 881	.
Crefeld*[1])	a	704	.
"	b	45	.
Danzig*	a	30 349	30 349
Dresden	a	837 641	800 846
"	b	23 542	23 379
Erfurt*	a	23 360	19 415
Essen*	a	9 350	.
Frankfurt a. M.	a	3 634	.
"	b	75 835	73 222
Freiburg i. Br.	a	11 339	.
"	b	14 519	14 036
Halle a. S.*	a	9 017	.
Hamburg	b	3 279	3 279
Leipzig	a	135 480	120 065
"	b	33 372	33 372
Liegnitz*	a	80 850	80 850
Lübeck*	a	501	501
München	a	.	572 723
Nürnberg	a	188 237	155 301
"	b	443	.
Potsdam*	a	35 574	33 054
Spandau*	a	2 620	.
Stettin*	b	23 867	23 867
noch 1. Auf Rechnung von Stiftungen u. dergl.			
Straßburg i. E.*	a	434 234	430 209
Würzburg	a	31 544	12 183
2. Auf Rechnung des Reiches, des Staates u. s. w.			
Bochum*	b	10 400	.
Dresden	b	134 666	131 906
Frankfurt a. M.	b	22 878	21 505
Hamburg	b	5 160	.
3. Beiträge der Stadtgemeinden für Reichs-, Staats- oder andere öffentliche Bauten.			
Barmen*[2])	a	128 807	128 807
" [3])	a	37 886	37 886
Bochum*[4])	a	25 987	.
" [5])	a	158 500	.
Crefeld*[6])	a	3 434	.
Danzig*[7])	b	1 000	.
Dortmund*[8])	a	3 951	.
" [9])	b	69 933	69 933
" [10])	b	50 519	50 519
Frankfurt a. M.[11])	a	1 094	.
Freiburg i. Br.[12])		1 637 151	1 637 151
Halle a. S.*[13])	a	54 000	54 000
Karlsruhe i. B.[14])	a	100 000	100 000
Königsberg i. Pr.*[15])	a	8 000	.
Mannheim[16])	b	61 330	.
" [17])	b	5 813	.
" [18])	b	5 052	.

[1]) Corneliusstift. [2]) Bau der Königlichen Maschinenbauschule für Elberfeld-Barmen. [3]) Bau der Königlichen Baugewerkschule für Barmen-Elberfeld. [4]) Für die städtischerseits auszuführenden Arbeiten beim Umbau des Bahnhofs Süd verausgabt. [5]) Entschädigungen an die Anlieger der Bahnhofstraße für Entwertung ihrer Grundstücke. [6]) Preußische höhere Fachschule für Textilindustrie. [7]) Für Unterhaltung von Chausseen an den Kreis Danziger Höhe. [8]) Königliche Maschinenbauschulen. [9]) Vorarbeiten für den Bahnhofsumbau. [10]) Sicherheitstor im Dortmund-Ems-Kanal (zur Sicherung des Dortmunder Hafens gegen Ablaufen des Wassers bei eintretendem Dammbruch). [11]) Quartierhäuser. [12]) Artillerie-Kasernen. [13]) Zuschuß zum Bau einer Kirche in den Vororten. [14]) Zuschuß zu dem Bau eines neuen chemischen Laboratoriums der Großherzoglich-technischen Hochschule. [15]) Eisenbahndirektionsgebäude der Königl. Ostbahn. [16]) Flußbaubeiträge an den Staat. [17]) Beitrag an den Kreis zur Unterhaltung der Kreisstraßen. [18]) Beitrag an den Staat zur Unterhaltung der Landstraßen. — [19]) Arbeiterhäuser auf Rechnung der Stiftung Guilleaume.

C. Straßenfläche und Straßenpflasterungen.

I. Gesamtübersicht über den Bestand an Straßen- und Fußwegflächen und die ausgeführten Straßenpflasterungen und Fußwegbelegungen im Jahre 1900 oder 1900/1901*.

Städte	Gesamtbestand an Straßenflächen (Fahr- und Fußwege) am Schlusse des Jahres (Siehe Tabellen C. II und III.)		Ausgeführte Straßenpflasterungen und Fußwegbelegungen (Siehe Tabellen C. IV und V.)		Rand- oder Bordsteine gelegt (laufende Meter)	
	1899 oder 1899/1900* ar	1900 oder 1900/1901* ar	Neupflasterungen ar	Umpflasterungen ar	Neulegungen m	Umlegungen m
Aachen*	?	?	.	.	5 300	7 000
Altona*	11 238	11 377	139	434	878	5 669
Augsburg	9 432	9 876	669	250	3 828	.
Barmen*	6 738	?	.	.	.	.
Berlin*	?	?	.	.	.	.
Bochum*	2 707	3 067	351		4 300	.
Braunschweig*	12 589	12 954	476	46	3 831	.
Bremen*	14 471	15 021	821	954	15 301	4 168
Breslau*	?	?	.	.	9 685	
Cassel*	11 353	11 549	447	.	6 602	475
Charlottenburg*	?	?	.	.	.	.
Chemnitz	18 103	21 591	736	381	5 320	6 230
Cöln a. Rh.*	39 601	41 336	2 514	1 588	14 247	6 580
Crefeld	10 143	10 142	.	174	102	.
Danzig*	6 955	7 425	470	632	7 800	6 000
Dortmund*	9 429	10 308	882	16	2 148	.
Dresden	42 430	44 630	3 374	3 562	30 819	5 338
Düsseldorf*	26 824	27 112	644	.	4 610	.
Duisburg*	?	?	.	.	2 000	250
Elberfeld	9 914	10 601	688	.		.
Erfurt*	?	?	728	.	7 010	.
Essen*	5 606	5 868	262	143	5 100	180
Frankfurt a. M.*[1])	32 219	33 610	2 525	3 219	25 702	9 106
Frankfurt a. O.*	3 097	3 125	28	52	208	505
Freiburg i. Br.	9 765	10 152	387	.	3 820	.
Görlitz*	6 876	7 220	346	39	3 940	307
Halle a. S.*	11 156	11 290	133	107	4 980	620
Hamburg	59 944	?		.	.	.
Hannover*	22 516	22 850	408	.	.	
Karlsruhe i. B.	11 171	12 831	660	.	.	.
Kiel*	7 885	8 123	417	.	5 700	.
Königsberg i. Pr.*	10 072	10 176	257	100	2 975	2 040
Leipzig[2])	39 687	40 433[5])	1 093[6])	.	.	.
Liegnitz*	?	?	103	28	1 400	270
Lübeck*	?	?	151	25	2 533	644
Magdeburg*	18 037	18 494	637	1 619	9 368	4 976
Mainz*	9 144	9 281	305	119	2 329	
Mannheim	11 099	12 087	956	35	18 298	585
Metz*[3])	4 192	4 192		.	868	403
München	48 062	51 323	.	.	16 443	2 841
Nürnberg	32 413	33 290	877	.	8 500	.
Plauen i. V.	8 518	9 131	610		5 535	.
Posen*[4])	5 244	5 244	.	366	.	5 911
Potsdam*	7 888	8 056	249	133	3 500	430
Spandau	5 290	5 677	63	328	1 370	5 170
Stettin*[7])	15 770	17 638[6])	511	1 083	7 414	4 381
Straßburg i. E.	12 603	13 072	468	156	4 308	1 800
Stuttgart	?	?	.	.	.	8 670
Wiesbaden*	7 483	7 879	505	68	10 744	
Würzburg	10 071	10 272	288	.	.	.
Zwickau	7 870	8 034	165	151	4 691	.

Siehe Anmerkungen auf Seite 68.

C. II. Bestand an Straßenfläche (Fahrwege) nach Art der Befestigung.

Städte	Am Schlusse des Jahres	Überhaupt.	Davon sind befestigt worden mit: besserem bossiertem Steinpflaster	geringerem (Bruch-, Feld-, Kopf-) Steinpflaster	Schlackenpflaster	Asphalt	Zement	Holz	Maik	Kies	makadamisiert	chaussiert	anderweitig
		ar	ar	ar	ar	ar	ar	ar	ar	ar	ar	ar	ar
Aachen	1899/1900	8 351	3 454	2 110	—	50	—	32	—	—	2 441		264
"	1900/1901	8 459	3 522	2 110	—	52	—	32	—	—	2 479		264
Altona	"	6 489	3 309	2 553	11	70	—	16	—	13	—	517	—
Augsburg	1899	6 858	1 518	526	4	48	—	16	—	1 816	2 930[18])	—	—
"	1900	7 083	1 644	428	5	58	—	15	—	1 816	3 117[18])	—	—
Barmen	1900/1901	6 061	3 133	—	—	32	—	—	—	—	—	2 896	—
Berlin	"	60 629	30 586[1])	9 590	1	18 917	37[2])	694	1	—	—	803	—
Bochum	"	1 952	270	990	—	—	—	9	—	—	—	615	68
Braunschweig	"	6 918	1 567	973	205	38	—	—	—	—	3 762		373
Bremen	"	9 367	8 585	432	24	16	—	33	—	—	277	—	—
Breslau	"	14 106	11 696		—	805	—	93	—	—	1 512[3])		
Cassel	1899/1900	7 567	3 770	866	94	—	5	—	—	1 006[4])	1 826	—	—
"	1900/1901	7 688	3 783	821	199	—	5	—	—	1 006[4])	1 874	—	—
Charlottenburg	"	8 974	1 773	2 744	33	3 074	—	—	—	—	—	1 272	75
Chemnitz	1900	13 494	2 226	85	—	61	11	—	—	—	11 111		—
Cöln a. Rh.	1899/1900	28 010	11 824	3 275	—	461	—	83	—	4 039	5 046	2 446	836
"	1900/1901	29 294	12 027	3 692	—	499	—	83	—	4 350	6 145	1 649	849
Crefeld	1899	6 816	3 874	—	—	—	—	—	—	—	1 456	—	(1 486
"	1900	6 816	3 874	—	—	—	—	—	—	—	1 456	—	1 486
Danzig	1900/1901	5 645	1 959	3 520	—	—	—	5	—	—	16	145	—
Dortmund	1899/1900	5 312	—	3 656	—	36[6])	4[7])	6	—	—	—	1 486	124
"	1900/1901	5 880	—	3 995	—	45[6])	10[7])	6	—	—	—	1 700	124
Dresden	1900	27 116	6 807	6 726	1 178	2 019	—	28	—	—	—	10 094	264
Düsseldorf	1900/1901	20 607	3 032	1 672	—	290	—	—	—	2 600	2 012	9 572	1 429
Duisburg	"	8 381	1 580	—	—	0,9	—	—	—	300	—	3 800	2 700
Elberfeld	1899	7 675	2 866		—	—	—	—	—	—	—	4 809	—
"	1900	8 130	3 193		—	—	—	—	—	—	—	4 937	—
Erfurt	1899/1900	5 801	2 399	647	105	—	—	—	—	—	920	1 730	—
"	1900/1901	6 071	2 456	654	108	—	—	—	—	—	1 099	1 754	—
Essen	"	4 997	4 644	—	—	—	—	—	2	—	—	351	—
Frankfurt a. M.[9])	"	19 668[9])	5 041	4 220	29	1 226	—	257	—	158[13])	—	8 737	—
Frankfurt a. O.	1899/1900	2 880	577	2 283	20	—	—	—	—	—	—	—	—
"	1900/1901	2 889	584	2 285	20	—	—	—	—	—	—	—	—
Freiburg i. Br.	1899	6 955	231	375	4	—	—	—	—	—	6 345		—
"	1900	7 207	234	375	4	—	—	—	—	—	6 594		—
Görlitz	1899/1900	4 927	744	2 836	—	—	—	—	—	684	—	663	—
"	1900/1901	5 109	863	2 853	—	—	—	—	—	699	—	694	—
Halle a. S.	1900/1901	7 366	4 661	1 262	182	24	—	12	—	—	—	1 225	—
Hamburg	1900	36 758	11 328	18 825	—	1 411	—	163	—	—	—	1 342	3 689
Hannover	1900/1901	14 478	9 463	400	482	1 758	—	—	—	851	—	1 227	297[10]
Karlsruhe i. B.	1899	5 868	1 948	—	—	13	—	72	—	—	3 835	—	—
"	1900	7 273	2 221	—	—	14	—	72	—	—	4 966	—	—
Kiel	1900/1901	4 717	3 121	699	—	3	—	0,6	—	—	—	893	—
Königsberg i. Pr.	1899/1900	6 374	1 669	4 227	—	90	10	85	—	9	—	203	81
"	1900/1901	6 415	1 749	4 093	—	160	10	112	—	9	—	201	81

Siehe Anmerkungen auf Seite 59.

(Noch Tabelle C. II.)

Städte	Am Schlusse des Jahres	Überhaupt ar	Davon sind befestigt worden mit: besserem bossiertem Steinpflaster ar	geringerem (Bruch-Feld-, Kopf-) Steinpflaster ar	Schlackenpflaster ar	Asphalt ar	Zement ar	Holz ar	Mosaik ar	Kies ar	makadamisiert ar	chaussiert ar	anderweitig ar
pzig[11]) . .	1899	28 813[11])	6 173	7 880	3 084	2 011	84[2])	95	.	1 340	7 907	.	239[18])
„ . .	1900	28 943[11])	6 314	7 963	3 315	2 156	213[2])	102	.	674	7 967[12])	.	239[18])
gnitz . . .	—	?	.	.	.	.	.	.	.	.	.	.	.
ɔeck . . .	—	?	.	.	.	.	.	.	.	.	.	.	.
gdeburg . .	1899/1900	13 585	12 350			193	—	13	—	830	—	199	—
„ . .	1900/1901	13 906	12 489			375	—	13	—	830	—	199	—
inz . . .	1899/1900	6 080	3 469	474	92	47[14])	—	392	—	—	259	1 102	245[13])
. . .	1900/1901	6 160	3 591	412	92	52[14])	—	392	—	—	250	1 126	245[13])
nnheim . .	1900	7 798	1 241	181	5	208	—	44	—	1 711	—	4 190	218
tz[15]) . . .	1900/1901	3 698[15])	3 545	—	—	—	—	—	—	—	153	—	—
nchen . .	1899	30 772	9 997	4	—	128	—	376	—	—	20 266	—	1
. . .	1900	32 907	10 704	4	—	302	—	329	—	—	21 567	—	1
rnberg . .	„	16 800	6 245	—	—	—	—	23	—	—	—	10 532	—
men i. V. .	„	5 573	1 343	215	11	—	—	—	—	—	—	4 004	—
sen[16]) . . .	1900/1901	3 424[16])	697	87	20	387	—	—	—	—	—	180	2 053
tsdam . .	„	5 519	872	2 751	103	7	—	—	—	856	—	914	16
andau . . .	1899	3 791	790	3 001	—	—	—	—	—	—	—	—	—
„ . . .	1900	4 035	—	—	—	—	—	—	—	—	—	—	—
ettin[17]) . . .	1900/1901	11 109[17])	5 685	5 313	1	10	100	—	—	—	—	—	—
aßburg i. E.	1900	8 438	4 086		—	54	—	7	—	—	4 291		—
ttgart . .	1899	9 123	4 837	—	—	—	—	40	—	—	—	4 246	—
„ . .	1900	9 350	5 094	—	—	—	—	40	—	—	—	4 216	—
iesbaden . .	1900/1901	5 335	1 939	32	117	188	—	71	—	—	—	2 988	—
ürzburg . .	1900	7 060	3 330	—	—	—	—	—	—	—	—	3 730	—
rickau . . .	„	4 802	430		—	174	176[2])	—	—	—	4 022		—

1) Steinpflaster I.—III. Klasse. 2) Zementmakadam. 3) Außerdem 9 056 m übernommene Provinzialchausseen, welche teils gepflastert, teils chaussiert sind. 4) Einschl. freier Plätze. 5) Kleinsteinpflaster. 6) Asphaltplatten 1899/1900: 32 ar. 1900/1901: 36 ar, Stampfasphalt 1899/1900: 4 ar, 1900/1901: 9 ar. 7) Stern-Zement-Makadam. 8) Kleinpflaster. 9) Frankfurt a. M. ausschl. Oberrad, Niederrad und Seckbach. 10) Granit. 11) Bestand der Strassenfläche, soweit sie im Besitze der Stadtgemeinde ist, aber ausschließlich der Flächen der im Berichtsjahre ausgeführten Straßenpflasterungen, weil sie noch in der Unterhaltung der Unternehmer stehen. In den Besitz der Stadt wurden auf Grund der Ortsbauordnung im Jahre 1900: 316 ar Fahrbahn übernommen. 12) Knackfahrbahnen. 13) Reitwege. 14) Asphalt und Asphaltplatten. 15) Metz innerhalb der Stadtumwallung. 16) Stadt Posen ausschl. der am 1. April 1900 eingemeindeten Vororte Jersitz, St. Lazarus und Wilda, deren Straßenfläche noch nicht aufgemessen ist. 17) Infolge Eingemeindung der Vororte Grabow, Bredow und Nemitz sind hinzugekommen 1 132 ar, davon 58 ar besseres und 1 074 ar geringeres Steinpflaster. 18) Einschl. Radfahrwege; 1899: 75 ar, 1900: 88 ar.

C. III. Bestand der Fläche von Fußwegen.

(Bürgersteige, Trottoirs, Gangbahnen, Gehwege).

Städte	Am Schlusse des Jahres	Überhaupt	Davon sind befestigt mit: Steinplatten	besserem (bossiertem) Steinpflaster	geringerem (Bruch-, Feld-, Kopf-) Steinpflaster	Schlackenpflaster	Asphalt	Zement	Holz	Mosaik	Kies	makadamisiert	chaussiert	[illegible]
		ar	ar	ar	ar	ar	ar	ar	ar	ar	ar	ar	ar	a
Aachen	1899/1900	?	.	.	.	.	.	.	.	(52)	.	.	.	.
"	1900/1901	?	.	.	.	.	.	.	.	(79)	.	.	.	.
Altona	1900/1901	4 888	3 280	0,9	.	0,2	2	94	.	149	1351	.	.	1
Augsburg	1900	2 793	74	25	.	.	1164	7	.	.	.	1334	.	18
Barmen	—	?	.	.	.	.	.	.	.	.	.	.	.	.
Berlin[1])	—	[1])	.	.	.	.	.	.	.	.	.	.	.	.
Bochum	1900/1901	1 115	121	.	.	.	10	658	.	6	.	.	.	32
Braunschweig	1899/1900	5 865	441	6	729	2	9	379	.	15	10[2])	4270		
"	1900/1901	6 036	441	9	729	7	13	461	.	15	10[2])	4347		
Bremen	1900/1901	5 654	1 779	.	.	.	172	2255	.	4	1444	.	.	.
Breslau[3])	—	[3])	.	.	.	.	.	.	.	.	.	.	.	.
Cassel	1900/1901	3 861	.	557	.	.	330	1989[4])	.	36	829[5])	.	.	12
Charlottenburg	—	?	.	.	.	.	.	.	.	.	.	.	.	.
Chemnitz	1900	8 097	3 405	136	.	.	297	2	.	53	4070	.	.	13
Cöln a. Rh.	1899/1900	11 591	217	559	38	.	4380	77	.	50	6135	.	.	13
"	1900/1901	12 042	208	576	38	.	4699	77	.	50	6251	.	.	14
Crefeld	1900	3 326	3 270	.	.	.	48	.	.	8	.	.	.	.
Danzig	1899/1900	1 648	111	.	150	.	3	1	.	214	1040	.	.	12
"	1900/1901	1 780	115	.	150	.	3	1	.	236	1104	.	.	17
Dortmund	"	4 428	.	.	240	.	1515[7])	664[8])	.	231	.	.	.	1 77
Dresden	1900	17 514	4 730	326	3	.	19	896[9])	.	1316	10186	.	.	3
Düsseldorf	1900/1901	6 505	5 600	10	.	.	0,9	21	.	53	820	.	.	.
Duisburg	"	?	.	.	.	.	.	.	.	(92)	.	.	.	.
Elberfeld	1899	2 239	.	.	.	.	1136[10])		.	.	803	.	.	30
"	1900	2 471	.	.	.	.	1231[10])		.	.	890	.	.	35
Erfurt	1899/1900	?	8	.	.	.	.	113[11])	.	39	.	566	.	.
"	1900/1901	?	8	.	.	.	.	234[11])	.	56	.	882	.	.
Essen	"	871	.	.	.	.	.	.	.	.	.	.	.	.
Frankfurt a. M.[12])	"	13 942[12])	.	5418	.	.	199	1719	.	913	5693	.	.	.
Frankfurt a. O.	1899/1900	217	28	.	.	.	13	.	.	176	.	.	.	.
"	1900/1901	236	46	.	.	.	13	.	.	177	.	.	.	.
Freiburg i. B.	1899	2 810	.	.	.	.	1037	2	.	119[13])	1611	.	.	41
"	1900	2 945	.	.	.	.	1064	2	.	123[13])	1715	.	.	41
Görlitz	1899/1900	1 949	828	.	.	.	.	.	.	404	717	.	.	.
"	1900/1901	2 111	836	.	.	.	.	.	.	422	853	.	.	.
Halle a. S.	"	3 924	1 180	.	.	.	121	.	.	1364	230	.	940	8
Hamburg	—	?	.	.	.	.	.	.	.	.	.	.	.	.
Hannover	1900/1901	8 372	25	19	21	.	5317	115	.	304	2571	.	.	
Karlsruhe i. B.	1900	5 558	.	.	.	.	.	.	.	.	.	.	.	.
Kiel	1900/1901	3 406	12	6	.	.	9	7[11])	.	9	1649	.	.	1 714
Königsberg i. Pr.	1900/1901	3 761	1 217	290	516	.	1	.	.	180	375	.	.	99
Leipzig[15])	1900	11 490[15])	4 139[17])	497	210	33	12	259[16])	.	3259	2549	.	.	532
Liegnitz	—	?	.	.	.	.	.	.	.	.	.	.	.	.

Siehe Anmerkungen auf Seite 61.

(Noch Tabelle C. III.)

Städte	Am Schlusse des Jahres	Überhaupt	Davon sind befestigt mit: Steinplatten	besserem (bossiertem) Steinpflaster	geringerem (Bruch-, Feld-, Kopf-) Steinpflaster	Schlackenpflaster	Asphalt	Zement	Holz	Mosaik	Kies	makadamisiert	chaussiert	anderweitig
		ar	ar	ar	ar	ar	ar	ar	ar	ar	ar	ar	ar	ar
beck . . .	—	?	.	.	.	.	.	.	.	.	.	.	.	.
gdeburg . .	1899/1900	4 452	.	150	.	.	1888	18[11])	.	1 363	1 033	.	.	.
„ . .	1900/1901	4 588	.	150	.	.	1911	18[11])	.	1 476	1 033	.	.	.
inz	1899/1900	3 064	2	458	.	.	1004[19])	40	.	181	1 379	.	.	.
„	1900/1901	3 121	2	463	.	.	1042[19])	55	.	197	1 362	.	.	.
nnheim . .	1900	4 289	.	301	.	.	1 288		.	.	2 700	.	.	.
tz[20]) . . .	1900/1901	494	143	.	.	.	335	13	3	.	.	.	.	.
nchen . . .	1900	18 416[21])	.	.	.	.	.	.	.	.	.	.	.	.
rnberg. . .	„	16 490	13 240	.	.	.	.	.	.	.	3 250	.	.	.
uen i. V. .	„	3 558	.	.	.	.	.	.	.	(14)	.	.	.	.
sen[22]) . . .	1900/1901	1 820[22])	.	.	.	.	.	.	.	.	.	.	.	.
tsdam . . .	„	2 537	371	.	199	.	29	.	.	1 156	721	.	.	61
andau . . .	1899	1 499	88	.	.	.	.	.	.	1 341	.	.	.	70
„ . . .	1900	1 642	.	.	.	.	.	.	.	.	.	.	.	.
ttin[23]) . . .	1900/1901	6 529[23])	4 036	.	.	.	50	27	.	64	17	635	.	1 700
aßburg i. E. .	1900	4 634	326[24])	33		.	788	.	.	672	.	2815		.
ttgart . . .	—	?	.	.	.	.	.	.	.	.	.	.	.	.
iesbaden . .	1900/1901	2 544	7	1421	.	.	511	129	.	144	332	.	.	.
ürzburg . .	1900	3 212	.	310	.	.	30	118	.	.	.	.	2754	.
vickau . . .	„	3 232	.	.	.	.	56	.	.	3 176[25])				

[1]) Die Bürgersteige werden von den Grundeigentümern unterhalten. [2]) Kies und Boggasche. [3]) Die Anlage und Unterhaltung der Fußwege ist Sache der betreffenden Grundstücksbesitzer. [4]) Zement einschl. Zementplatten. [5]) Einschließlich freier Plätze. [6]) Granitoidfliesen 1899/1900: 84 ar, 1900/1901: 121 ar, Klinker 1899/1900: 45 ar, 1900/1901: 50 ar. [7]) Darunter 10 ar Asphaltplatten. [8]) 169 ar Zementbeton, 495 ar Zementplatten. [9]) 124 ar Zementguß und 772 ar Zementplatten. [10]) Asphalt, Zement, Stein- und Tonplättchen. [11]) Zementplatten. [12]) Frankfurt a. M. ausschl. Oberrad, Niederrad und Seckbach. [13]) Rheinkiesel. [14]) Klinker. [15]) Bestand der Fußwegfläche, soweit sie im Besitze der Stadtgemeinde ist, aber ausschließlich der Flächen der im Berichtsjahre ausgeführten Fußweglegungen, weil sie noch in der Unterhaltung der Unternehmer stehen. [16]) Zementbeton. [17]) Granitplatten und Schwellen. [18]) 33 ar Tonplatten, 499 ar sonstiges Material, Kies u. s. w. [19]) Asphalt und Asphaltplatten. [20]) Metz innerhalb der Stadtumwallung. [21]) 5961 ar in gepflasterten, 12 455 ar in makadamisierten Straßen. [22]) Stadt Posen ausschl. der am 1. 4. 1900 eingemeindeten Vororte Jersitz, St. Lazarus und Wilda, deren Straßenfläche noch nicht aufgemessen ist. Die Befestigung der Fußwege in Posen besteht meist aus Zement- und Granitplatten. [23]) Infolge Eingemeindung der Vororte Grabow, Bredow und Nemitz sind hinzugekommen 242 ar, davon 217 ar Steinplatten, 8 ar Kies, 0,5 ar Mosaik, 17 ar sonstige Fläche. [24]) Steinplatten und gerippte Zementplatten. [25]) Auch Granitplatten, Randsteine, Klinkerplatten.

C. IV. Ausgeführte Straßenpflasterungen (Fahrwege) im Jahre 1900 oder 1900/1901*.

Städte	Überhaupt	Davon sind befestigt worden mit: besserem (bossiertem) Steinpflaster	geringerem (Bruch-, Feld-, Kopf-) Steinpflaster	Schlackenpflaster	Asphalt	Zement	Holz	Mosaik	Kies	macadamisiert	chaussiert	…
	ar	ar	ar	ar	ar	ar	ar	ar	ar	ar	ar	a
a. Neupflasterungen.												
Aachen*	108	68	.	.	2	.	.	.	.	38	.	
Altona*	30	4	24	1	.	.	0,5	.	.	.	.	
Augsburg	381	151	.	1	10	.	.	.	.	219	.	
Barmen*	481	372	.	.	19	.	.	.	.	.	69	2
Berlin*	799	660	0,8	.	131	.	7	.	.	.	.	
Bochum*	253	.	170	.	.	.	.	.	.	.	15	6
Braunschweig*	300	60	0,4	102	16	.	.	.	.	29		9
Bremen*	520	478	38	.	.	.	3	.	.	1	.	
Breslau*	358[3])	77	16	.	.	.	.	.	.	.	10	25
Cassel*	225	49	.	80	.	.	.	.	.	96	.	
Charlottenburg*	671	76[4])	17	.	549	.	.	.	.	.	.	2
Chemnitz	487	166	.	.	43	.	.	.	.	.	278	
Cöln a. Rh.*	1 557	432	396	.	38	.	.	.	373	62	243	1
Crefeld	55	55	.	.	.	.	.	.	.	.	.	
Danzig*	338	144	194	.	.	.	.	.	.	.	.	
Dortmund*	569	.	340	.	9[7])	6[6])	.	.	.	.	214	
Dresden	2 307	654	154	109	318	.	3	.	.	.	981	8
Düsseldorf*	452	225	.	.	7	.	.	.	48	138	34	
Duisburg*	480	120	.	.	.	.	.	.	.	.	260	10
Elberfeld	456	328		.	.	.	.	.	.	.	128	
Erfurt*	263	57	.	3	.	.	.	.	.	179	24	
Essen*	196	196	.	.	.	.	.	.	.	.	.	
Frankfurt a. M.*[9])	1 580	554	68	17	334	.	13	.	10[10])	.	584	
Frankfurt a. O.*	9,5	.	9,5	.	.	.	.	.	.	.	.	
Freiburg i. Br.	252	3	.	.	.	.	.	.	.	249		
Görlitz*	183	119	18	.	.	.	.	.	15	.	31	
Halle a. S.*	122	113	9	.	.	.	.	.	.	.	.	
Hamburg	1 384	694	443	.	240	.	3	.	.	.	.	
Hannover*	215	.	.	152	49	.	.	.	.	.	.	14
Karlsruhe i. B.	405	273	.	.	1	.	.	.	.	131	.	
Kiel*	246	228	.	.	.	.	.	.	.	.	18	
Königsberg i. Pr.*	180	80	4	.	70	.	26	.	.	.	.	
Leipzig	767[12])	143	98	137	145	129	7	.	.	108	.	
Liegnitz*	69	69	.	.	.	.	.	.	.	.	.	
Lübeck*	116	116	.	.	.	.	.	.	.	.	.	
Magdeburg*	500	149	170	.	181	.	.	.	.	.	.	
Mainz*	205	140	4	.	5	.	.	.	.	.	56	
Mannheim	675	128	88	.	210	.	.	.	.	.	249	
Metz*	—	.	.	.	.	.	.	.	.	.	.	
München	2 223	747	.	.	175	.	.	.	.	1 301	.	
Nürnberg	642	322	.	.	.	.	.	.	.	.	320	
Plauen i. V.	351	74	23	.	.	.	.	.	.	.	254	
Posen*[13])	—	.	.	.	.	.	.	.	.	.	.	
Potsdam*	167	60	4	103	.	.	.	.	.	.	.	
Spandau	30	14	16	.	.	.	.	.	.	.	.	
Stettin*	349	287	39	.	.	23	.	.	.	.	.	
Straßburg i. E.	228	156		.	.	.	.	.	.	72		
Stuttgart	481	257	.	.	.	.	.	.	.	224	.	
Wiesbaden*	383	261	6	.	72[14])	.	38[14])	.	.	.	6	
Würzburg	201	131	.	.	.	.	.	.	.	.	70	
Zwickau	91	13		.	4	.	.	.	.	74	.	

Siehe Anmerkungen auf Seite 68.

(Noch Tabelle C. IV.)

Städte	Überhaupt	Davon sind befestigt worden mit besserem (bossiertem) Steinpflaster	geringerem (Bruch-, Feld-, Kopf-) Steinpflaster	Schlackenpflaster	Asphalt	Zement	Holz	Mosaik	Kies	makadamisiert	chaussiert	anderweitig
	ar	ar	ar	ar	ar	ar	ar	ar	ar	ar	ar	ar
b. Umpflasterungen.												
Aachen*	1 147	104	503	.	.	.	.	.	.	540	.	.
Altona*	283	230	42	.	0,6	.	0,6	.	.	.	10	.
Augsburg	182	25	99	.	.	.	0,8	.	.	57[15])	.	.
Barmen*	—	.	.	.	.	.	.	.	.	.	.	.
Berlin*	2 126	513	.	.	1 583	.	30	.	.	.	.	.
Bochum*	10	.	10	.	.	.	.	.	.	.	.	.
Braunschweig*	42	17	25	.	.	.	.	.	.	.	.	.
Bremen*	827	683	23	2	.	.	5	.	.	114	.	.
Breslau*	1 410	1 030	314	.	66	.	.	.	.	.	.	.
Cassel*	240	240	.	.	.	.	.	.	.	.	.	.
Charlottenburg*	205	.	139	.	.	.	.	.	.	.	66	.
Chemnitz	310	310	.	.	.	.	.	.	.	.	.	.
Cöln a. Rh.*	1 435	924	289	.	1	.	2	.	10	.	209	.
Crefeld	162	162	.	.	.	.	.	.	.	.	.	.
Danzig*	514	110	354	.	.	.	.	.	.	.	50	.
Dortmund*	2,4	.	2,4	.	.	.	.	.	.	.	.	.
Dresden	2 685	405	316	2	114	.	.	.	.	.	1 848	.
Düsseldorf*	100	100	.	.	.	.	.	.	.	.	.	.
Duisburg*	425	25	.	.	.	.	.	.	100	.	300	.
Elberfeld	54	54		.	.	.	.	.	.	.	.	.
Erfurt*	7	.	7	.	.	.	.	.	.	.	.	.
Essen*	136	136	.	.	.	.	.	.	.	.	.	.
Frankfurt a. M.*9)	2577	.	1 404	.	.	.	.	.	.	.	1 173	.
Frankfurt a. O.*	48	24	23	0,5	.	.	.	.	.	.	.	.
Freiburg i. Br.	—	.	.	.	.	.	.	.	.	.	.	.
Görlitz*	36	15	21	.	.	.	.	.	.	.	.	.
Halle a. S.*	95	94	1	.	.	.	.	.	.	.	.	.
Hamburg	1 589	302	1 170	.	.	.	7	.	.	.	110	.
Hannover*	—	.	.	.	.	.	.	.	.	.	.	.
Karlsruhe i. B.	—	.	.	.	.	.	.	.	.	.	.	.
Kiel*	—	.	.	.	.	.	.	.	.	.	.	.
Königsberg i. Pr.*	45	16	29	.	.	.	.	.	.	.	.	.
Leipzig	35[16])	.	.	.	.	.	.	.	.	.	.	.
Liegnitz*	24	24	.	.	.	.	.	.	.	.	.	.
Lübeck*	3	3	.	.	.	.	.	.	.	.	.	.
Magdeburg*	1 377	652	725	.	.	.	.	.	.	.	.	.
Mainz*	99	89	.	.	.	.	10	.	.	.	.	.
Mannheim	30	15	15	.	.	.	.	.	.	.	.	.
Metz*	69	69	.	.	.	.	.	.	.	.	.	.
München	83	.	.	.	83	.	.	.	.	.	.	.
Nürnberg	30	30	.	.	.	.	.	.	.	.	.	.
Plauen i. V.	17	11	6	12	.	.	.	.	.	.	.	.
Posen*13)	273	153	11	.	97	.	.	.	.	.	.	.
Potsdam*	95	14	63	.	.	.	.	.	.	.	18	.
Spandau	216	142	34	.	.	.	.	.	.	40	.	.
Stettin*	996	140	786	.	.	.	.	.	.	.	70	.
Straßburg i. E.	122	121		.	1	.	.	.	.	.	.	.
Stuttgart	26	26	.	.	.	.	.	.	.	.	.	.
Wiesbaden*	13	12	1	.	.	.	.	.	.	.	.	.
Würzburg	149	149	.	.	.	.	.	.	.	.	.	.
Zwickau	94	.	.	.	9	85[17])	.	.	.	.	.	.

Siehe Anmerkungen auf Seite 68.

C. V. Neu- und Umlegungen von Fußwegen im Jahre 1900 oder 1900/1901.*

(Bürgersteige, Trottoirs, Gangbahnen, Gehwege.)

Städte	Überhaupt	Davon sind befestigt worden mit: Steinplatten	besserem (bossiertem) Steinpflaster	geringerem (Bruch-, Feld-, Kopf-) Steinpflaster	Schlackenpflaster	Asphalt	Zement	Holz	Mosaik	Kies	makadamisiert	chaussiert	anderweitig
	ar	ar	ar	ar	ar	ar	ar	ar	ar	ar	ar	ar	ar
a. Neulegungen.[16])													
Aachen *	?	.	.	.	.	.		.	(27)	.	.	.	.
Altona *	109	32	0,9		0,2	.	13	.	23	29	.	.	11
Augsburg	288	.	3	.	.	119	.	.	.	.	166	.	.
Bochum *	98	.	.	.	.	.	98	.	.	.	.	.	.
Braunschweig *	176	0,1	3	.	5	4	82	.	0,4	.	81		.
Bremen *	301	.	.	.	.	.	296	.	.	.	.	.	5
Cassel *	222	.	.	.	.	22	199[1])	.	1	.	.	.	.
Chemnitz	249	77	4	.	.	0,8	.	.	0,5	159	.	.	8
Cöln a. Rh. *	957	.	22	1	.	337	.	.	.	588	.	.	9
Danzig *	132	4	.	.	.	.	.	.	22	64	.	.	42[2])
Dortmund *	313	.	.	.	.	54	75[1])	.	9	.	.	.	175
Dresden	1067	170	22	.	.	.	84[3])	.	60	730	.	.	1[6])
Düsseldorf *	192	150	5	.	.	.	.	.	17	20	.	.	.
Elberfeld	232	.	.	.	.	95[4])		.	.	87	.	.	50
Erfurt *	465	.	11	.	.	.	121[1])	.	17	.	316	.	.
Essen *	66	.	.	.	.	66	.	.	.	.	.	.	.
Frankfurt a. M. * [14])	945	.	.	180	.	16	335	.	38	376	.	.	.
Frankfurt a. O. *	18	18	.	.	.	.	.	.	0,1	.	.	.	.
Freiburg i. Br.	135	.	.	.	.	26	.	.	5,5	.	104		.
Görlitz *	163	8	.	.	.	.	.	.	19	136	.	.	.
Halle a. S. *	11	.	.	.	.	.	.	.	11	.	.	.	.
Hannover *	193	.	.	.	.	143	.	.	25	25	.	.	.
Karlsruhe i. B.	255	.	.	.	.	.	.	.	.	255	.	.	.
Kiel *	171	.	2	.	.	.	.	.	.	38	.	.	131[6])
Königsberg i. Pr. *	77	15	18	.	.	.	.	.	11	9	.	4	20
Leipzig [7])	326[7])	.	.	.	.	.	.	.	.	.	.	.	.
Liegnitz *	34	5	.	.	.	.	.	.	6	23	.	.	.
Lübeck *	35	.	.	.	.	.	.	.	.	.	.	.	35[6])
Magdeburg *	137	.	.	.	.	23	.	.	114	.	.	.	.
Mainz *	100	.	31	.	.	38	15	.	16	.	.	.	.
Mannheim	281	.	.	.	.	177		.	.	.	.	.	104
Metz *	9,3	.	.	.	.	9,3	.	.	.	.	.	.	.
Nürnberg	235	161	.	.	.	.	.	.	.	74	.	.	.
Plauen i. V.	259	.	.	.	.	.	.	3	.	168	.	.	8[8])
Posen * [9])	2	.	.	.	.	.	.	.	.	.	.	.	.
Potsdam *	82	.	.	.	.	.	.	.	42	40	.	.	.
Spandau	33	.	.	.	.	.	.	.	33	.	.	.	.
Stettin *	162	.	.	.	.	.	3	.	14	2	.	143	.
Straßburg i. E.	240	81[10])	17		.	3	.	.	.	.	139		.
Wiesbaden *	122	.	13	.	.	52	10	.	30[11])	17	.	.	.
Würzburg	87	.	.	.	.	.	.	35	.	.	.	52	.
Zwickau	74	.	.	.	.	2	.	.	.	72	.	.	.

Siehe Anmerkungen auf Seite 65.

(Noch Tabelle C. V.)

Städte	Überhaupt	Davon sind befestigt worden mit Steinplatten	besserem (bossiertem) Steinpflaster	geringerem (Bruch-, Feld-, Kopf-) Steinpflaster	Schlackenpflaster	Asphalt	Zement	Holz	Mosaik	Kies	makadamisiert	chaussiert	anderweitig
	ar	ar	ar	ar	ar	ar	ar	ar	ar	ar	ar	ar	ar
b. Umlegungen.17)													
Altona *	151	39	2	0,8	.	.	24	.	5	41	.	24	15
Augsburg	68	11	1	.	.	0,3	0,2	.	.		54	.	2
Braunschweig *	4	4	.	.	.	.	.	.	.	.	.	.	.
Bremen *	127	.	.	.	.	.	122	.	.	.	.	.	5
Chemnitz	71	30	0,8	.	.	1	.	.	.	39	.	.	.
Cöln a. Rh. *	153	.	13	2	.	109	.	.	4	25	.	.	.
Crefeld	12	.	.	.	.	12	.	.	.	.	.	.	.
Danzig *	118	30	.	.	.	.	.	.	34	36	.	.	18 12)
Dortmund *	14	.	.	.	.	14	.	.	.	.	.	.	.
Dresden	877	149	7	.	.	.	10 13)	.	44	666	.	.	0,6 6)
Essen *	7	.	.	.	.	7	.	.	.	.	.	.	.
Frankfurt a. M. * 14)	642	.	.	269	.	.	.	.	.	373	.	.	.
Frankfurt a. O. *	4	1	.	.	.	.	.	.	3	.	.	.	.
Görlitz *	3	1	.	.	.	.	.	.	2	.	.	.	.
Halle a. S. *	12	8	.	.	.	.	.	.	4	.	.	.	.
Kiel *	2,3	.	.	.	.	.	.	.	.	.	.	.	2,3 6)
Königsberg i. Pr *	55	21	.	29	.	.	.	.	1	.	.	0,8	3
Liegnitz *	4	4	.	.	.	.	.	.	.	.	.	.	.
Lübeck *	22	.	.	.	.	20	.	.	.	.	.	.	2 6)
Magdeburg *	242	.	.	.	.	101	.	.	141	.	.	.	.
Mainz *	20	.	.	.	.	20	.	.	.	.	.	.	.
Mannheim	5	.	.	.	.	5		.	.	.	.	.	.
Posen *	93	.	.	.	.	.	.	.	.	.	.	.	.
Potsdam *	38	1	.	5	.	1	.	.	11	20	.	.	.
Spandau	112	8	.	.	.	.	.	.	104	.	.	.	.
Stettin *	87	82	.	.	.	.	.	.	3	2	.	.	.
Straßburg i. E.	34	.	4		.	30	.	.	.	.	.	.	.
Wiesbaden *	55	.	44	.	.	11	.	.	.	.	.	.	.
Zwickau	57	.	.	.	.	24	.	.	15 15)	.	.	.	18 8)

1) Zementplatten. 2) 37 ar Granitoidfliesen, 5 ar Klinker. 3) 82 ar Zementplatten, 2 ar Zementguß. 4) Asphalt, Zement, Stein- und Tonplättchen. 5) Rheinkiesel. 6) Klinker. 7) Pflasterungen der Stadtgemeinde, und zwar 174 ar mit Granitschwellen, Granitplatten und Mosaikpflaster, 153 ar mit Bordsteinkante, Kies und Sand. Ausserdem wurden von Privaten in Gemäßheit der Ortsbauordnung unter Aufsicht des städtischen Tiefbauamtes 358 ar Fußwegflächen neu hergestellt. 8) Klinkerplatten. 9) Stadt Posen ausschl. der am 1. April 1900 eingemeindeten Vororte Jersitz, St. Lazarus und Wilda. 10) Steinplatten und gerippte Zementplatten. 11) Ersatz für Kiesbanketts. 12) 5 ar Granitoidfliesen, 13 ar Klinker. 13) 1,6 ar Zementguß, 8 ar Zementplatten. 14) Frankfurt a. M. ausschl. Oberrad, Niederrad und Seckbach. 15) Mosaik, Granitplatten und Randsteine. 16) Für 9 nachstehend fehlende Städte sind keine Angaben gemacht worden. 17) Für 22 nachstehend fehlende Städte sind keine Angaben gemacht worden.

Anmerkungen zu den Tabellen des Abschnittes A. (Seiten 32—45).

Tabelle A. I: (Seite 32). [1]) Nicht Zahl der Gebäude, sondern Zahl der Neubauten. [2]) Gebäude bezw. Neubauten. [3]) Davon sind 30 Geschäftshäuser mit 52 Wohnungen. [4]) Überhaupt neu entstanden sind 579 Wohnungen. Diese Zahl bezieht sich nicht nur auf die Neubauten, sondern auf die sämtlichen, auch durch Um-, An- und Aufbauten entstandenen Veränderungen. [5]) Davon sind 44 Geschäftshäuser mit 63 Wohnungen. [6]) Zahl der erteilten Bauerlaubnisse zu Neubauten. Die Zahl der wirklich fertiggestellten Neubauten ist für 1900 nicht bekannt, da die Erhebungen des statistischen Amts erst mit dem Jahre 1901 beginnen. [7]) Davon sind 18 Geschäftshäuser mit 36 Wohnungen und 15 Stallgebäude mit 22 Wohnungen. [8]) Hierunter 1 Gebäude (Hotel?) mit 27 Wohnungen, als welche 27 Zimmer gerechnet sind. [9]) Davon sind 14 öffentliche Gebäude mit 21 Wohnungen und 11 Geschäftshäuser mit 13 Wohnungen. [10]) Außerdem 97 kleine Ställe, Feuerungsgelasse und sonstige kleine Baulichkeiten und 57 Abortgebäude. [11]) Davon sind 7 öffentliche Gebäude, 14 Geschäftshäuser, 3 Fabrikgebäude u. dergl., 24 Werkstättengebäude, 51 Stallgebäude, 30 Remisen, 62 Gastwirtschaften u. dergl.

Tabelle A. II: (Seite 33). [1]) Bei mehreren Städten beziehen sich diese Angaben nicht auf die Gesamtzahl der neu errichteten Wohngebäude, sondern nur auf die durch Private errichteten. [2]) Hauptgebäude bezw. Vordergebäude; Nebengebäude bezw. Hinter-, Rück-, Seiten-, Quergebäude.

Tabelle A. III: (Seite 34.) [1]) Bei Barmen, Hannover, Liegnitz, Wiesbaden und Würzburg nicht Zahl der Gebäude, sondern Zahl der Neubauten. [2]) Als übrige Neubauten sind angegeben Aachen: 1 Portierhäuschen; Augsburg: 1 Abortgebäude; Bochum: 7 Abortanlagen, 4 Trinkhallen, 1 Kegelbahn, 1 Photographie-Atelier; Braunschweig: 1 Zirkusgebäude, 1 Maschinen- und Kesselhaus für das Wasserwerk am Dowe-See, 1 Enteisenungsanlage daselbst, 1 Wasserturm am Giersberge; Bremen: 1 hölzerner Zirkus; Breslau: 6 Kontorgebäude. 5 Maschinenhäuser; Chemnitz: 11 Kontorgebäude, 4 Pförtnergebäude, 2 Zieglerwohngebäude, 1 Ausstellungsgebäude, 1 Brunnengebäude, 1 Kaminkühler, 1 Ziegelringofen; Cöln a. Rh.: 11 Ziegelbäckerwohnhäuser, 8 Wächterbuden, 3 Spritzenhäuser, 3 Kegelbahnen; Danzig: 26 Abortgebäude, 1 Privatschulgebäude, 3 Kontorgebäude, 1 Badeanstalt; Dresden: 53 Seiten-, Hinter- und Stallgebäude mit Wohnungen, darunter 32 auch mit Gewerbeanlagen: Duisburg: 8 Kessel- und Maschinenhäuser, 4 öffentliche Bedürfnisanstalten, 3 Trinkhallen; Essen: 1 Laboratorium, 1 Wurstküche; Frankfurt a. M.: 4 Turnhallen, 3 Kesselhäuser und Maschinenhaus, 2 Leichenhäuser, 1 Wagehäuschen, 1 Wachtgebäude; Frankfurt a. O.: 3 Abortgebäude, 1 Exerzierschuppen, 1 Reitbahn; Görlitz: 2 Abortanlagen, 1 Wasserreservoir; Hamburg: 2 Depots für Straßenreinigung und Abfuhr, 11 sonstige Gebäude; Karlsruhe i. B.: 6 Bureaugebäude, 5 Verkaufsbuden für Sodawasser, Kaffee u. s. w., 2 Wirtschafts- und Wurstküchengebäude, 1 Abortgebäude; Kiel: 5 freistehende Abortgebäude, 1 Maschinen- und Kesselhaus; Lübeck: 14 Kontorgebäude, 1 Verkaufspavillon, 1 Portierhäuschen; Magdeburg: 69 Lauben, 22 Bedürfnisanstalten und Abortgebäude, 17 sonstige Neubauten; Plauen i. V.: 1 Sammelbehälter der Dünger-Abfuhr-Aktiengesellschaft, 1 Dampfschornstein; Posen: 1 Kegelbahn; Spandau: 5 Bedürfnisanstalten, 4 Erbbegräbnisse, 2 Badeanstalten, 1 Turnhalle; Stettin: 32 Abortgebäude; Stuttgart: 1 Dampfkesselgebäude, 1 Aquariengebäude, 1 Gesellschaftshaus eines Studentenkorps; Zwickau: 4 Bauten auf Kohlenwerken. [3]) Stallgebäude, Aborte. [4]) Remisen, Veranden, Lauben. [5]) Geschäftshäuser und Lagerhäuser. [6]) Waschküchengebäude, Garten- und Gewächshäuser und dergl. [7]) Die Ausscheidung der sonstigen Neubauten nach ihrer Zweckbestimmung ist nicht möglich.

Tabelle A. IV: (Seiten 35 u. 36). [1]) Bei Chemnitz, Karlsruhe i. B. und Plauen i. V. nach der Zahl der Zimmer überhaupt; bei Cassel nach der Zahl der Wohnräume, (siehe Anmerkung 3); bei Essen nach der Zahl der Räume. [2]) Mit 6415 heizbaren Zimmern. [3]) Überhaupt sind neu entstanden durch die Neubauten einschließlich der Um-, An- und Aufbauten 579 Wohnungen und zwar mit 1 Wohnraum: 9, mit 2 Wohnräumen: 18, mit 3 Wohnräumen: 45, mit 4 Wohnräumen: 84, mit 5 bis 7 Wohnräumen: 286, mit 8 und mehr Wohnräumen: 137. Als Wohnraum ist betrachtet die Gesamtzahl der heizbaren und nicht heizbaren Zimmer, der Küche, des Badezimmers u. s. w. (jedoch ohne die zur Wohnung gehörigen Mansarden). [4]) Überhaupt (nicht allein durch Neubauten) sind neu entstanden 1 558 Wohnungen und zwar mit 1 heizbaren Zimmer: 9 (mit Zubehör), mit 2 heizbaren Zimmern: 415, mit 3: 157, mit 4: 311, mit 5: 270, mit 6: 278, mit 7: 78, mit 8: 26, mit 9: 9, mit 10 und mehr: 5. [5]) Hierunter 27 Wohnungen, als welche die 27 Zimmer eines Gebäudes (Hotel?) gerechnet sind. [6]) Mit 6 328 heizbaren Zimmern. [7]) Überhaupt (nicht allein durch Neubauten) sind neu entstanden 1 531 Wohnungen und zwar mit 1 heizbaren Zimmer: 9 (mit Zubehör), mit 2 heizbaren Zimmern: 415, mit 3: 142, mit 4: 302, mit 5: 268, mit 6: 278, mit 7: 78, mit 8: 25, mit 9: 9, mit 10 u. mehr: 5

Tabelle A. V: Siehe Seiten 37—39.

Tabelle A. VI: (Seiten 40—45). [1]) Nebst Konfirmandensaal und Predigerwohnung. [2]) Mit Bibliothek, Kunstsammlungs- und Ausstellungsräumen. [3]) Mit Hörsaal und 20 Arbeitsräumen. [4]) Mit 1 Bureau- und 1 Wagenraum. [5]) Mit 3 heizbaren Zimmern und den entsprechenden Stall-, Wagen- und Vorratsräumen. [6]) Mit 35 Klassen, 1 Saal, 1 Bibliothek, 5 Lehrerzimmern, 1 Brausebad. [7]) Mit 32 Klassenzimmern, 1 Saal, 1 Bibliothek, 7 Nebenzimmern. [8]) Mit 104 heizbaren Zimmern, 1 Kochküche und 1 Betsaal. [9]) Mit 17 Krankenzimmern, 5 Operationszimmern, 1 Wartezimmer, 2 Ärztezimmern, 3 sonstigen Zimmern, 1 Kochküche, 1 Kapelle, 3 Wandelhallen, 4 Sezier- und Leichenräumen. [10]) Mit 14 Krankenzimmern. [11]) 1 Stabsgebäude, 1 Exerzierhalle, 1 Schuppengebäude, 1 Wirtschaftsgebäude, 1 Feldfahrzeug- und Kammergebäude, 1 Büchsenmachereigebäude. [12]) Vergleiche Statistisches Jahrbuch der Stadt Dresden, Jahrgang 1900, S. 37. [13]) Haus der Güntz'schen Stiftung (Zeitungsverlag u. s. w.). [14]) Mansarden. [15]) Für das Personal bei dem städtischen Krankenhaus; mit 5 Zimmern und 2 Schlafsälen. [16]) Mit Betsaal (Herberge zur Heimat. [17]) 7 Frauenpavillons, 1 Pavillon für Heilgymnastik. [18]) 1 Abort, 1 Ausrüstungsschuppen, 1 Reparaturwerkstätte. [19]) Büchsenmacherei, Beschlagschmiede, Geschützschuppen, Latrine. [20]) 2 Baubureaus, 1 Abort, 1 Bureaugebäude. [21]) 1 Elektrische Zentrale für die Großh. technische Hochschule, 2 Bureaugebäude (Eisenbahnverwaltung), 1 Erweiterungsbau der Kunstgewerbeschule. [22]) 1 Krankenbaracke (Universität), 1 Stellwerksgebäude (Eisenbahn), 1 Scheibenhaus (Marine). [23]) 1 Zollschuppen, 1 Barracke für Infektionskranke, 3 Schulbaracken (Klassenhäuser). [24]) Außerdem aus 2 Wohngebäuden (darunter 1 Villa) bestehend. [25]) Altersversorgungsanstalt für Bürger und deren Ehefrauen oder Witwen. [26]) 1 Trambahndepot, 1 Pflanzenhaus, 2 Bedürfnisanstalten. [27]) Neuanlage auf dem ehemaligen Exerzierplatz bei Schweinau und zwar Hauptgebäude: 1 Stabsgebäude, 1 Wirtschaftsgebäude, 1 Stallgebäude mit 1 Nebengebäude; Nebengebäude: 2 Wagenhäuser, 1 Krankenstall, 1 Abortbaracke, 1 Schlauchturm, 1 Kohlenschuppen, 1 Reithaus, 1 Schmiede, 1 Baubureaubaracke. [28]) Neubauten auf dem Pulvermagazinskomplex und zwar: 1 Pulvermagazinshauptgebäude, 1 Pulvermagazin, 1 Geschoßmagazin, 1 Feuerhaus. [29]) 1 Schulbaracke, 1 Unterstandshalle und Kegelbahn, 1 Brausebad. [30]) Jlltorkaserne: 1 Kammergebäude, 1 Latrinengebäude; Steinrung und Pfalzburger Straße: 7 Gebäude (Bekleidungsamt, Mannschaftsgebäude, Dienstwohngebäude [siehe Tabelle A. V.], Lagerbau, Schuhmacherwerkstätte); Vendenheimerstraße: 1 Gebäude (Bekleidungsamt, Schuhmacherwerkstätte); Lazaretwallstraße: 1 Schuppen, 1 Eishaus; Zitadelle: a. 1 Badegebäude, 2 Wirtschaftsgebäude, 3 Latrinen, 1 Stall, 1 Werkstätte, 1 Wohngebäude (siehe Tabelle A. V.), 1 Schuppen; b. 2 Wirtschaftsgebäude mit 4 Wohnungen mit 8 heizbaren Zimmern und 4 Kochküchen; c. 1 Depotschuppen, 1 Nebengebäude, 1 Büchsenmacherwerkstätte, 2 Latrinen. [31]) Herstellung einer Dienstwohnung im Dachgeschoß des Torgebäudes des Bezirksgefängnisses. [32]) 1 Abtrittgebäude, 1 Gebäude für Expreßgut. [33]) Wohn- und Stallgebäude der Berufsfeuerwache. (siehe Tabelle A. V.)

Anmerkungen zu den Tabellen des Abschnittes B. (Seiten 45—56).

Tabelle B. I (Seite 45): Keine Anmerkungen.

Tabelle B. II: (Seiten 46—48). [1]) Einschließlich Gemeindegrundstücken zu Wohnzwecken. [2]) Einschließlich der Vororte: Giebichenstein, Cröllwitz und Trotha. [3]) Einschließlich der Ausgaben für die unter Nr. 2, 3, 4, 5, 7, 8 und 10 genannten Zwecke. [4]) Unter 1 „Für die allgemeine und die Finanzverwaltung" mit enthalten. [5]) Hierunter 115 005 Mk. für Bedürfnisanstalten und zwar für Neubauten und für Einrichtung der vorhandenen Anstalten nach dem Beetz'schen Ölsystem (die laufende Unterhaltung besorgt die Straßenreinigung) sowie 192 Mk. für Flußbadeanstalten (Neubauten; die laufende Unterhaltung wird von der Deputation für die Krankenanstalten ausgeübt). [6]) Hierunter Stadtbibliothek. [7]) Hierunter Springbrunnen. [8]) Hierunter Archiv und Bibliothek, Gürzenich, Stapelhaus, Tempelhaus. [9]) Hierunter Stadtbibliothek (2 896 Mk.). [10]) Hierunter Ausstellungsgebäude, Zier- und Springbrunnen. [11]) Hierunter Festhalle, Kauf- und Kornhaus. [12]) Hierunter für Güter 72 650 Mk. (Neubauten: 44 513 Mk.) [13]) Hierunter städtische Miethäuser. [14]) Hierunter Gebäude im Stadt- und Volksgarten, Stadtwald, Südpark, Miethäuser u. s. w. [15]) Hierunter für vermietete Wohnungen und Geschäftslokale 4 292 Mk.

Tabelle B. III: (Seiten 49—51). [1]) Einschließlich der Vororte: Giebichenstein, Cröllwitz und Trotha. [2]) Einschließlich Unterhaltung der Siele, ausschließlich der Kosten für Unterhaltung der Chausseen, welche nur für den gesamten Staat verrechnet werden. [3]) Für Brunnenbauten (öffentliche). [4]) Hiervon 8 701 Mk. für Quellbrunnenbauten. [5]) Hiervon 276 913 Mk. für Grundwasserversorgung. [6]) Hiervon für Wasserleitung 113 012 Mk. (Neubauten 79 254 Mk.), für Brunnenbauten 85 244 Mk. (Neubauten). [7]) Hiervon 12 731 Mk. (Neubauten 12 222 Mk.) für Brunnenanlage. [8]) Einschließlich Unterhaltung der Gebäude. [9]) Hiervon 1 602 Mk. für Brunnen. [10]) Hiervon auf Rechnung des Staates: 340 412 Mk., auf Rechnung Privater: 55 744 Mk. [11]) Hiervon auf Rechnung der Stadt 109 909 Mk. (Neubauten: 19 068 Mk.); auf Rechnung Privater: 38 139 Mk. (Neubauten). [12]) Einschließlich der Gebäude und Apparate. [13]) Einschließlich massiver Brücken an Stelle von Holzbrücken. [14]) Für Brücken, Wehre und Schleusen. [15]) Für Schiffahrtskanäle und Stadtgräben. [16]) Hierunter für den Bau des Elbe-Trave-Kanals: 2 483 637 Mk., für die Vertiefung des Fahrwassers der Trave auf 7,5 m: 623 070 Mk. [17]) Hierunter auch Kräne. [18]) Hiervon 492 059 Mk. (Neubauten 399 640 Mk.) für Gleisunterhaltung und Verlegung neuer Gleise aus Anlaß der Umwandlung des Pferdebetriebes der Straßenbahn in elektrischen Betrieb. [19]) Anlegung des Stadtwaldes. [20]) Aufhöhung der Golzheimer Insel. [21]) Umgestaltung der Eisenbahnanlagen und zwar: a. für Straßen- und Eisenbahnbrücken 359 726 Mk. (Neubauten), b. für Erdarbeiten und Straßenbauten 217 901 Mk. (Neubauten 193 895 Mk.) [22]) Hiervon 56 146 Mk. für Erstellung einer Industriebahn. [23]) Hiervon für Anlage eines Stadtparks 17 521 Mk. (Teilbetrag). [24]) Umbau der Charlottenbrücke (Bohlenerneuerung).

Tabelle B. IV: (Seiten 52—55). [1]) Werkstätten- und Beamtenwohngebäude. [2]) Ausschließlich der Vororte, welche von einer Privatgasanstalt versorgt werden. [3]) In Tabelle B. II unter 1 mitenthalten. [4]) Einschließlich von g. „Markthallen“. [5]) Markthalle, Fleischhalle. [6]) Marktplatz und Marktkeller. [7]) Bei f. „Viehmarkt und und Schlachthof“ eingeschlossen. [8]) Hierunter auch Hafendienstgebäude. [9]) Fuhrpark und Straßenreinigung sowie einschließlich von l. „Feuerversicherung und Feuerlöschwesen.“ [10]) Straßenreinigung. [11]) Abfuhranstalt. [12]) Bei k. „Marstall“ eingeschlossen. [13]) Neu- und Umbauten am Kurhause. [14]) Städtisches Speisehaus. [15]) Anschlagsäulen. [16]) Speiseanstalt. [17]) Leihamt. [18]) Wartehalle für Fahrgäste der Personendampfer. [19]) Hafenverwaltungsgebäude. [20]) Leihhaus. [21]) Stadthalle. [22]) Wasenmeisterei. [23]) Pfandhaus. [24]) Umbau des Gesellschaftshauses. [25]) Mietwohnungen der Beurbarung. [26]) Ziegelei. [27]) Artillerie-Kaserne (wird an den Fiskus vermietet). [28]) Gebäude für Zollabfertigung. [29]) Kaserne für das III. Bataillon, Infanterie-Regiments Nr. 76. [30]) Gefängnisse. [31]) Ziegeleien. [32]) Festhalle. [33]) Rheineisenbahn. [34]) Ausstellungshalle. [35]) Poudrettefabrik. [36]) Abdeckerei. [37]) Straßenreinigungsanstalt. [38]) Maschinenhaus an der hohen Brücke (III. Rate). [39]) Kaufhaus. [40]) Kasernenanlagen, Einquartierungshäuser. [41]) Für Exmittierte. [42]) Cavillerei. [43]) Pulverhäuser. [44]) Restaurationsgebäude (von der Stadt verpachtet.) [45]) Infanterie-Kasernement. [46]) Vergnügungs-Etablissements. [47]) Festhalle. [48]) Elektrische Uhrenanlage. [49]) Abdeckerei. [50]) Bürgerasyl. [51]) Leihhaus und Akziseamt (ein Gebäude). [52]) Kurgebäude. [53]) Neroberg-Restauration. [54]) Militärbaracken. [55]) Verschiedene Wohn- etc. Gebäude.

Tabellen B. V und VI: Siehe Seiten 55 u. 56.

Anmerkungen zu den Tabellen des Abschnittes C. (Seiten 57—65).

Tabelle C. I.: (Seite 57). [1]) Frankfurt a. M. ausschließlich Oberrad, Niederrad und Seckbach. [2]) Siehe Anmerkungen 5 und 6. [3]) Metz innerhalb der Stadtumwallung. [4]) Stadt Posen ausschließlich der am 1. IV. 1900 eingemeindeten Vororte Jersitz, St. Lazarus und Wilda, deren Straßenfläche noch nicht aufgemessen ist. [5]) Bestand an Straßenfläche, soweit sie im Besitze der Stadtgemeinde ist, aber ausschließlich der Flächen der im Berichtsjahre ausgeführten Straßenpflasterungen, weil sie noch in der Unterhaltung der Unternehmer stehen. In den Besitz der Stadt wurden auf Grund der Ortsbauordnung im Jahre 1900: 316 ar übernommen. [6]) Pflasterungen der Stadtgemeinde. Außerdem wurden von Privaten in Gemäßheit der Ortsbauordnung unter Aufsicht des städtischen Tiefbauamtes 940 ar gepflastert. [7]) Infolge Eingemeindung der Vororte Grabow, Bredow und Nemitz sind 1 374 ar hinzugekommen.

Tabellen C. II. und III.: Siehe Seiten 58—61.

Tabelle C. IV.: (Seiten 62 u. 63). [1]) Kleinpflaster. [2]) Außer den hier nachgewiesenen Pflasterungen wurden u. a. ausgebessert bezw. unterhalten 226 ar Steinpflaster, 469 Ar Asphaltpflaster. Ferner wurde auf 15 ar chaussierter Straßenfläche Granitkleinpflaster mit Zementfugenverguß hergestellt. [3]) Mit Pack- und Schotterbettung (als Provisorium). [4]) 17 ar Steinpflaster II. Klasse, 59 ar IV. Klasse. [5]) Kleinsteinpflaster. [6]) Stern-Zement-Makadam. [7]) Stampfasphalt 5 ar, Asphaltplatten 4 ar. [8]) Klinkerpflaster. [9]) Frankfurt a. M. ausschließlich Oberrad, Niederrad und Seckbach. [10]) Reitwege. [11]) Granit. [12]) Pflasterungen der Stadtgemeinde. Außerdem wurden von Privaten in Gemäßheit der Ortsbauordnung unter Aufsicht des städtischen Tiefbauamtes 582 ar Fahrbahnbefestigungen hergestellt, davon wurden gepflastert: 491 ar, makadamisiert: 91 ar. [13]) Posen ausschließlich der am 1. April 1900 eingemeindeten Vororte Jersitz, St. Lazarus und Wilda. [14]) Ersatz für Chaussierung. [15]) Einschließlich 12,5 ar Radfahrwege. [16]) Verschiedenes Pflaster. [17]) Zementmakadam.

Tabelle C. V.: Siehe Seiten 64 u. 65.

IV.

Wohnungen und Haushaltungen

nach den Ergebnissen der Zählung von 1900.

Von

Prof. Dr. **E. Hasse,**

Direktor des statistischen Amts der Stadt Leipzig.

Im Anschluß an die in früheren Jahrgängen dieses Jahrbuches abgedruckten Ergebnisse früherer Zählungen[1]) bringen die nachstehenden Tabellen die hauptsächlichsten Ergebnisse der mit der Volkszählung vom 1. Dezember 1900 in den größeren deutschen Städten verbundenen Erhebungen über Wohnungs- und Haushaltungsverhältnisse. Ferner werden von 3 Städten die Ergebnisse von Wohnungsaufnahmen mitgeteilt, welche zwar nicht in Verbindung mit der Volkszählung von 1900, aber zu anderer Zeit vorgenommen wurden: in Cöln a. Rh. am 1. Dezember 1897, Düsseldorf am 3. Dezember 1901, Plauen i. V. am 12. Oktober 1901.

Gegenüber von 51 am statistischen Jahrbuche beteiligten Städten mit mehr als 50 000 Einwohnern enthalten die Tabellen Angaben von 34 Städten. Von den fehlenden Städten hat zwar in Bremen eine Wohnungsaufnahme stattgefunden, aber die Ausfüllung des Fragebogens war nach der Mitteilung des bremischen statistischen Amts unmöglich, weil die Betrachtungsweise bei der Aufmachung der bremischen Wohnungsstatistik so sehr von der dem Fragebogen zu Grunde liegenden abweicht, daß eine Zusammenstellung der Zahlen Bremens mit denen anderer Städte notwendiger Weise ein falsches Bild ergeben müßte.

Die Angaben in den Tabellen beruhen auf den mehr oder weniger vollständig ausgefüllten Fragebogen. Für die 3 Städte: Barmen, Danzig und Dortmund wurden die Zahlen dem Aufsatz „Zur Wohnungsstatistik in Preußen" in der „Zeitschrift des Königlich Preußischen statistischen Bureaus" für 1900, S. 151 ff. entnommen, was aber nur für wenige Tabellen möglich war. In Dortmund hat zwar am 1. Dezember 1900 eine Wohnungszählung erstmalig stattgefunden, doch waren die Ergebnisse bei der Druckherstellung dieses noch nicht fertiggestellt.

---

1) Für 1885 (Jahrg. I u. II Abschn. 4), für 1890 (Jahrg. III Abschn. 3), für 1895 (Jahrg. VII Abschn. 5 und Jahrg. VIII Abschn. 4).

Als „bewohnte Wohnungen" waren alle besetzten einschl. der vorübergehend leerstehenden Wohnungen zu verstehen, gleichgültig ob der Inhaber die Wohnung bewohnte oder nicht. Mehrere Städte weichen aber hiervon ab, indem sie die bewohnten Wohnungen nur ausschl. der vorübergehend leeren mitteilen können. (Siehe Tab. VI, Seite 78.) Dasselbe ist bei den Haushaltungen der Fall, deren Zahl teilweise einschließlich und teilweise ausschließlich der vorübergehend abwesenden Haushaltungen zu verstehen ist. (Siehe Tabelle XX, Seite 92.)

Die Anstaltshaushaltungen und ihre Mitglieder waren nach dem Fragebogen gegenüber den Familienhaushaltungen aus den Angaben über die Haushaltungsverhältnisse auszuscheiden, was aber nicht immer möglich war, sodaß in der Zahl der Wohnungen und ihrer Bewohner, der Haushaltungen und ihrer Mitglieder, für die einen Städte die Anstalten eingerechnet sind, für die anderen nicht.

Für die Einteilung der Wohnungen nach der Höhen- oder Stockwerklage war der Beschluß der vierten städtestatist. Konferenz vom Jahre 1888 maßgebend. wonach a) das Zwischenstockwerk (Entresol, Hochparterre, Halbstock) als volles Stockwerk zu zählen ist; b) das Dach als besondere Stockwerklage fallen gelassen wurde, sodaß Dachwohnungen nach ihrer Höhenlage bei den entsprechenden Stockwerken einzurechnen sind; c) die Wohnungen mit in mehreren Stockwerken liegenden Zimmern demjenigen Stockwerk zuzurechnen sind, in dem die meisten Zimmer liegen. Eine Gleichmäßigkeit ist auch hier, wie die betreffenden Tabellen zeigen, noch keineswegs vorhanden, da mehrere Städte die obigen Gruppen immer noch besonders ausscheiden und nicht in die allgemeinen Stockwerklagen einordnen. Die Zahl der Stockwerke ist von „IV. Stock" auf „V. Stock und höher" erweitert worden.

Die Gliederung der Wohnungen nach der Zahl der heizbaren Zimmer ist von „acht und mehr" bis auf „10 und mehr heizbare Zimmer" erweitert worden. Einzelne Städte gliedern aber nicht nach heizbaren Zimmern, sondern nach Zimmern überhaupt oder Wohnräumen. Sie sind in den betreffenden Tabellen durch Anmerkungen kenntlich gemacht.

Für die Bevölkerungsangaben ist der Beschluß der dritten städtestatistischen Konferenz vom Jahre 1886 maßgebend, wonach sich die Wohnungsstatistik auf die Ermittelung der ortsanwesenden Bevölkerung zu stützen hat. Eine Ausnahme macht Karlsruhe i. B., wo in der Bevölkerungszahl die vorübergehend anwesenden Bewohner fehlen.

Bezüglich des Vergleiches mit den Ergebnissen früherer Zählungen sei auf I. Jahrgang, S. 70 ff., II. Jahrgang, S. 50 ff., III. Jahrgang, S. 32 ff. und VII. Jahrgang, S. 53 ff. verwiesen.

Die bei mehreren Städten zwischen den Volkszählungen von 1895 und 1900 durch Einverleibungen eingetretenen Veränderungen des Stadtgebietes und der dadurch eingetretene Bevölkerungszuwachs sind aus dem Abschnitt I des 7. bis 10. Jahrganges ersichtlich. Für Dresden verstehen sich die Zahlen bei allen Tabellen ausschließlich von Gruna (3593 Einwohner), das erst am 1. April 1901 einverleibt wurde. Bei Essen beziehen sich die Angaben auf die jetzige Stadt mit einer Bevölkerung am 1. Dezember 1900 von 182 179, einschl. von Altendorf (63 284 Einwohner), das aber erst am 1. August 1901 einverleibt wurde.

Verhältniszahlen, berechnet auf 1000 der Gesamtheit und nur bei den leeren Wohnungen in Tabelle XVIII und XIX auf 100 der Gesamtheit, sind den Tabellen beigefügt.

Tabelle I enthält von den Wohnungen und Haushaltungen und ihrer Bevölkerung die Gesamtsummen für die folgenden Tabellen. Die Tabellen II bis XIX betreffen die Wohnungsverhältnisse von 30 Städten, XX bis XXII die Haushaltungsverhältnisse von 28 Städten. Die Tabellen XXIII bis XXV beziehen sich im besonderen auf die Gewerbsgehilfen, Dienstboten, Zimmermieter und Schlafleute. Die Anstalten und die Anstaltsbevölkerung und die bewohnten Schiffe und die Schiffsbevölkerung sind aus Tabelle XXVI ersichtlich.

Neu sind Tabelle VII „Die Bewohner der bewohnten Wohnungen nach der Bewohnerzahl", Tabelle XVI „Der durchschnittliche Mietpreis einer Mietwohnung ohne gewerbliche Nebenbenutzung nach Stockwerken", Tabelle XVII, Teil B „Durchschnittspreis eines heizbaren Zimmers in Mietwohnungen ohne gewerbliche Nebenbenutzung nach der Zahl der heizbaren Zimmer" und Tabelle XXV „Die mit Schlafleuten oder Zimmermietern oder beiden zugleich besetzten Wohnungen".

In dem ausgegebenen Fragebogen war als neu die Zahl und Art der zum Schlafen benutzten Räume und die Zahl der darin schlafenden Personen erfragt worden, deren Kennzeichnung von der zehnten städtestatistischen Konferenz im Jahre 1895 zur Berücksichtigung empfohlen worden war. Es haben aber nur die beiden Städte Hannover und Lübeck folgende Angaben gemacht:

Die zum Schlafen benutzten Räume:

	heizbare Zimmer	nicht-heizbare Zimmer	Koch-küchen	Ge-werbs-räume	andere Räume
Hannover:					
Zahl der Räume . . .	31 278	78 737	349	48	3 543
Zahl der Personen . .	51 356	169 447	323	68	4 361
Lübeck:					
Zahl der Räume . . .	33 303 [1])		74	3	852 [2])
Zahl der Personen . .	75 881 [1])		149	3	1 885 [2])

[1]) Hierunter Schlafzimmer mit gewerblicher Nebenbenutzung: 298 von 650 Personen benutzt. [2]) Darunter 17 Badezimmer mit 23 Personen, 335 Vorplätze und Dielen mit 801 Personen, 475 Bodenräume mit 1028 Personen und 25 Kellerräume mit 33 Personen.

Einen Nachweis der Veröffentlichungen der einzelnen Städte zu geben, in denen die Ergebnisse der Wohnungs- und Haushaltungsstatistik des Jahres 1900 zusammengestellt sind, erübrigt sich unter Hinweis auf die Schrift „Die deutsche Städtestatistik am Beginne des Jahres 1903, dargestellt nach den Veröffentlichungen der statistischen Ämter deutscher Städte, Seite 44 ff." (Beitrag des statistischen Amtes der Stadt Dresden für die Deutsche Städteausstellung in Dresden 1903). Diese Schrift ist erschienen als Ergänzungsheft zu „Allgemeines statistisches Archiv, herausgegeben von Dr. Georg von Mayr, 6. Band. Tübingen 1903."

I. Allgemeine Übersicht der Wohnungen und Haushaltungen, sowie deren Bevölkerung am 1. Dezember 1900.

(Siehe auch Tabelle XXVI auf Seite 99 „Die Anstalten und die bewohnten Schiffe am 1. 12. 1900").

Gesamtsummen [17]) für die folgenden Tabellen.

Städte	Wohnungen überhaupt	Bewohnte Wohnungen	Darunter Miet-wohnungen	Bewohner der bewohnten Wohnungen	Leerstehende Wohnungen	Haus-haltungen	Mitglieder der Haus-haltungen
1.	2.	3.	4.	5.	6.	7.	8.
Altona	38 105	37 687	33 524	157 097	418	37 687	157 097
Barmen	.	31 828	27 816	141 944	.	29 302	141 944
Berlin	472 968[1])	470 079[1])	440 861[2])	1 827 447[1])	2 906	470 977[3])	1 830 607[3])
Breslau	103 098	101 128	92 157	403 881	1 970	101 128	403 881
Charlottenburg	44 800	43 825	40 556	182 609	975	43 825	182 609
Chemnitz	49 324	48 755	43 607	202 223[4])	569	48 755	202 223[4])
Cöln a. Rh. 1./12. 1897	77 821	74 423	62 401	319 045	3 203	.	.
„ „ „ „ 1900	.	.	.	.	.	82 753	354 384
Danzig	30 405	29 703	26 427	131 489	702	31 495	131 489
Dortmund	.	.	.	.	.	28 502	140 117
Dresden, ohne Gruna[5])	95 337	90 810	81 520	375 721	4 527	93 015	375 795
„ mit „ [5])	96 339	91 707	82 217	379 350	4 632	93 927	379 424
Düsseldorf 3./12. 1901	45 670	44 565	37 432	.	1 105	.	.
Elberfeld	.	.	.	.	.	34 889	153 055
Essen[14])	37 099	36 634	27 309[6])	178 406[7])	465	36 634	176 018
Frankfurt a. M.	60 827	59 731	.	278 253	1 096	61 577	278 253
Frankfurt a. O.	14 666	14 594	.	.	72	14 672	.
Görlitz	22 842	21 729	.	78 092	1 113	21 595	77 249
Halle a. S.	35 612	35 209	30 195	150 754	403	35 432	.
Hamburg	.	155 750	143 815	677 141	4 652[16])	163 301	677 797
Hannover	52 579	51 808	44 678	225 555	771	52 062	.
Karlsruhe i. B.	20 601	20 235	16 328[8])	89 111[9])	366	20 269	.
Kiel	21 898[10])	21 740[10])	18 812	100 786[10])	154	.	.
Königsberg i. Pr.	42 199	40 999	37 385	175 397	1 200	42 626	177 578
Leipzig, Alt-	40 238	39 580	35 911	184 340	658	40 518	184 340
„ Neu-	60 194[11])	59 142[11])	53 771	261 534[11])	1 052	60 512	261 534
„ Gesamt-	100 432[11])	98 722[11])	89 682	445 874[11])	1 710	101 030	445 883
Lübeck[15])	19 583	19 164	12 069	77 918	419	a 19 242 b 19 053	a 77 918 b 77 128
Magdeburg	54 214	53 797	47 811	219 573	417	.	.
Mainz	.	18 159	.	73 908	.	.	.
Mannheim	29 529	29 195	23 860	136 278	334	29 245	.
München	118 738	112 852	99 484	470 241	5 886	115 680	470 241
Plauen i. V. 12./10. 1901	16 767	16 597	13 526	75 805	170	.	.
Posen	24 585[12])	24 175[12])	21 449	111 176[12])	410	24 137	108 184
Stettin	.	.	.	.	.	48 074	.
Straßburg i. E.	32 459[13])	31 752[13])	25 982	127 399[13])	707	32 246	127 727
Stuttgart	.	38 348	32 053	167 472	.	.	.
Wiesbaden	.	.	.	.	.	19 374	80 449

Anmerkungen vergl. Seite 100.

II. Die bewohnten Wohnungen nach der Höhen- oder Stockwerklage am 1. Dezember 1900.

Städte	Höhenlage der Wohnungen										
	Keller (Souterrain)	Erdgeschoß (Parterre)	Zwischenstock (Entresol)	I. Stock (1 Treppe hoch)	II. Stock (2 Treppen hoch)	III. Stock (3 Treppen hoch)	IV. Stock (4 Treppen hoch)	V. Stock und höher	in mehreren Stockwerken	das ganze Haus umfassend	ohne Höhenangabe
Altona	2 746	8 643	.	10 840	8 476	4 241	934	3	.	1 767	37
Barmen	165	4 611	.	8 014	6 673	3 503	455		4 079	1 278	3 050[3]
Berlin	24 088	60 013	13 526[1]	84 075	94 104	99 173	86 873	3 932	3 926	.	369
Breslau	3 853	15 845	.	20 222	20 792	20 326	17 033	2 148	909	.	.
Charlottenburg	788	11 719	.	8 136	8 443	7 992	5 861	40	846	.	.
Chemnitz	32	7 694	.	13 282	12 720	10 425	4 219	6	.	377	.
Danzig	414	9 540	.	9 578	6 028	2 717	540		886	.	.
Dresden	2 107	13 545	61	18 913	19 095	18 883	14 351	572	3 283		.
Düsseldorf 3./12 1901	149	6 215	.	10 525	11 660	6 045	683	.	4 150	2 015	3 123
Essen	39	8 940	.	9 801	7 146	627	8	.	.	2 062	8 011[2]
Görlitz	252	3 741	.	5 775	5 578	4 407	1 880	2	.	94	.
Halle a. S.	977	5 862	2 226	10 286	8 432	4 152	467	3	1 373	364	1 067[3]
Hamburg	9 919	32 926	.	36 870	33 820	22 275	8 418	521	2 815	8 186	.
Hannover	48	9 989	.	13 950	12 602	9 649	3 888	64	691	927	.
Karlsruhe i. B.	4 432		.	5 714	4 353	2 281	202	.	395	219	2 639[4]
Kiel	1 174	5 260	.	5 376	4 452	2 632	426	.	973		1 447[3]
Königsberg i. Pr.	1 064	9 951		11 208	10 098	6 529	1 455	16	678	.	
Leipzig	611	17 738	.	24 022	23 757	20 569	11 266	212	.	547	.
Lübeck	75	6 936	.	6 437	2 536	277	14	.	.	2 889	.
Magdeburg	325	12 145	.	15 115	13 600	9 014	2 159	70	1 369	.	.
Plauen i. V. 12./10. 1901	120	3 926	.	6 403	2 935	228	2	.	.	.	2 983[3]
Posen	1 691	5 059	.	6 766	4 714	3 109	1 062	20	342	657	755[3]
Straßburg i. E.	61	8 433	.	9 430	7 041	4 606	1 511	68	.	602	.
Stuttgart	167	6 736	.	10 503	9 644	7 278	3 348	224	.	304	144
	Von 1000 bewohnten Wohnungen										
Altona	72,9	229,3	.	287,6	224,9	112,5	24,8	0,1	.	46,9	1,0
Barmen	5,2	144,9	.	251,8	209,6	110,1	14,8		128,1	40,2	95,8
Berlin	51,1	127,7	28,8	178,8	200,2	211,0	184,8	8,4	8,4	.	0,8
Breslau	38,1	156,7	.	200,0	205,6	200,9	168,4	21,2	9,0	.	.
Charlottenburg	18,0	267,4	.	185,6	192,7	182,4	133,7	0,9	19,3	.	.
Chemnitz	0,7	157,8	.	272,4	260,9	213,8	86,5	0,1	.	7,7	.
Danzig	13,9	321,2	.	322 5	203,0	91,5	18,2		29,8	.	.
Dresden	23,2	149,2	0,7	208,3	210.3	207,9	158,0	6,3	36,2		.
Düsseldorf 3./12. 1901	3,3	139,5	.	236,2	261,7	135,6	15,3	.	93,1	45,2	70,1
Essen	1,1	244,0	.	267,5	195,1	17,1	0,2	.	.	56,3	218,7
Görlitz	11,6	172,2	.	265.8	256,7	202,8	86,5	0,1	.	4,3	.
Halle a. S.	27,7	166,5	63,2	292,1	239,5	117,9	13,3	0,1	39,0	10,3	30,3
Hamburg	63,7	211,4	.	236,7	217,2	143,0	54,0	3,3	18,1	52,6	.
Hannover	0,9	192,8	.	269,3	243,2	186,2	75,4	1,0	13,3	17,9	.
Karlsruhe i. B.	219,0		.	282,4	215,1	112,7	10,0	.	19,5	10,8	130,4
Kiel	54,0	242,0	.	247,3	204,8	121,1	19,6	.	44,7		66,6
Königsberg i. Pr.	25,9	242,7	.	273,4	246,3	159,3	35,5	0,4	16,5	.	.
Leipzig	6,2	179,7	.	243,3	240,7	208,4	114,1	2,1	.	5,5	.
Lübeck	3,9	361,9	.	335,9	132,3	14,5	0,7	.		150,7	.
Magdeburg	6,0	225,7	.	281,0	252,8	167,6	40,1	1,3	25,5	.	.
Plauen i. V. 12./10. 1901	7,2	236,5	.	385,8	176,8	13,7	0,1	.	.	.	179,7
Posen	69,9	209,3	.	279,9	195,0	128,6	44,0	0,8	14,1	27,1	31,2
Straßburg i. E.	1,9	265,6	.	297,0	221,7	145,1	47,6	2,1	.	19,0	.
Stuttgart	4,3	175,7	.	273 9	251,5	189,8	87,3	5,8	.	7,9	3,8

Anmerkungen vergl. Seite 100.

III. Die Bevölkerung der Wohnungen nach der Höhen- oder Stockwerklage am 1. Dezember 1900.

Städte	Es wohnten: im Keller (Souterrain)	im Erdgeschoß (Parterre)	im Zwischenstock (Entresol)	im I. Stock (1 Treppe hoch)	im II. Stock (2 Treppen hoch)	im III. Stock (3 Treppen hoch)	im IV. Stock (4 Treppen hoch)	im V. Stock und höher	in mehreren Stockwerken	in einem ganzen Hause	ohne Höhenangabe
Altona	11964	37890	.	43697	33344	16630	3632	8	.	9840	92
Barmen	699	22231	.	34007	27273	13628	1708		23376	8753	10269[3])
Berlin	91426	233918	52364[1])	327902	367220	387470	329609	14287	22254	.	997
Breslau	14638	62723	.	81773	83104	81747	65587	8377	5932	.	.
Charlottenburg	3183	48716	.	33449	35082	33676	23296	147	5060	.	.
Chemnitz	119	35270	.	56661	51263	41525	14987	24	.	2374	.
Essen[2])	154	58788	.	57321	42294	18791	1058	.	.	.	.
Görlitz	878	14052	.	21543	19430	15306	6290	13	.	580	.
Halle a. S.	3973	24613	9887	43490	34896	17745	1895	19	8135	2311	379[3])
Hamburg	43259	143095	.	151294	139359	96041	37781	1984	16012	48316	.
Hannover	194	45167	.	60310	52820	40089	15241	230	4774	6730	.
Kiel	4845	24097	.	23349	19255	10954	1686	.	.	11527	507[3])
Königsberg i. Pr.	4603	43305	.	46678	42623	27592	5931	61	.	.	4604
Leipzig	2316	81401	.	106732	103896	93693	52911	918	.	4007	.
Lübeck	310	29987	.	23791	8934	877	42	.	.	13977	.
Magdeburg	1331	50074	.	60093	53803	36776	8591	284	8621	.	.
Plauen i. V. 12./10. 1901	489	19644	.	29880	13522	1093	5	.	.	.	1117[3])
Posen	7813	23264	.	30104	20859	13697	4306	70	2570	5549	2944[3])
Straßburg i. E.	227	35927	.	38081	26879	17266	5022	239	.	3758	.
Stuttgart	708	31388	.	48399	40171	30237	12499	736	.	2501	833

Barmen: the figure 1708 is printed across the columns "im IV. Stock" and "im V. Stock und höher".

Von 1000 Bewohnern

Städte	im Keller (Souterrain)	im Erdgeschoß (Parterre)	im Zwischenstock (Entresol)	im I. Stock (1 Treppe hoch)	im II. Stock (2 Treppen hoch)	im III. Stock (3 Treppen hoch)	im IV. Stock (4 Treppen hoch)	im V. Stock und höher	in mehreren Stockwerken	in einem ganzen Hause	ohne Höhenangabe
Altona	76,2	241,2	.	278,2	212,3	105,9	23,1	0,1	.	62,3	0,6
Barmen	4,9	156,6	.	239,6	192,2	96,0	12,0		164,7	61,7	72,4
Berlin	50,0	128,0	28,7	179,4	201,0	212,0	180,4	7,8	12,2	.	0,5
Breslau	36,2	155,3	.	202,5	205,7	202,4	162,4	20,7	14,7	.	.
Charlottenburg	17,4	266,8	.	183,2	192,1	184,4	127,6	0,8	27,7	.	.
Chemnitz	0,6	174,4	.	280,2	253,5	205,3	74,1	0,1	.	11,7	.
Essen[2])	0,9	329,5	.	321,3	237,1	105,3	5,9	.	.	.	.
Görlitz	11,2	179,9	.	275,9	248,8	196,0	80,6	0,2	.	7,4	.
Halle a. S.	26,4	163,3	65,6	288,5	231,5	117,7	12,6	0,1	54,0	15,3	25,1
Hamburg	63,9	211,3	.	223,1	205,8	141,8	55,8	2,9	23,6	71,4	.
Hannover	0,9	200,3	.	267,4	234,2	177,7	67,6	1,0	21,2	29,8	.
Kiel	48,0	239,1	.	231,7	191,1	108,7	16,7	.	.	114,4	50,3
Königsberg i. Pr.	26,2	246,9	.	266,1	243,0	157,3	33,8	0,3	.	.	26,2
Leipzig	5,2	182,6	.	239,4	233,0	210,1	118,7	2,1	.	9,0	.
Lübeck	4,0	384,8	.	305,4	114,6	11,3	0,5	.	.	179,4	.
Magdeburg	0,1	[illegible]	.	273,7	245,0	167,5	39,1	1,3	39,3	.	.
Plauen i. V. 12./10. 1901	6,5	259,2	.	394,1	178,4	14,4	0,1	.	.	.	147,4
Posen	70,3	209,2	.	270,8	187,6	123,2	38,7	0,6	23,1	49,9	26,5
Straßburg i. E.	1,8	282,0	.	298,9	210,9	135,5	39,4	1,9	.	29,5	.
Stuttgart	4,0	187,4	.	289,0	239,9	180,6	74,6	4,4	.	14,9	5,0

Barmen: the figure 12,0 is printed across the columns "im IV. Stock" and "im V. Stock und höher".

[1]) Davon im Hochparterre: 47 586, im Halbstock: 4778. [2]) Die Zahlen stammen aus der Gebäudestatistik. [3]) In Dachwohnungen.

IV. Die bewohnten Wohnungen nach der Zahl der heizbaren Zimmer am 1. Dezember 1900.

Städte	Es wurden Wohnungen gezählt mit . . . heizbaren Zimmern [1])												
	0	1 ohne Zubehör	1 mit Zubehör	2	3	4	5	6	7	8	9	10 und mehr	unbekannt
Altona	309	2 440	10 301	12 786	6 575	3 469	835	393	208	112	84	175	.
Barmen	2 096	17 584		7 609	4 539								.
Berlin	6 779 [2])	32 812	197 394	132 144	52 628	21 469	11 400	6 524	3 572	2 008	1 085	1 916	348
Breslau	35	11 548	36 359	30 626	13 067	4 243	2 598	1 350	626	676			
Charlottenburg	199 [3])	892	11 916	12 793	7 688	3 452	1 941	1 716	1 254	873	436	659	6
Chemnitz	31	3 340	26 545	10 692	4 310	1 851	889	473	269	355			.
Cöln a. Rh. [5]) 1. 12. 1897	.	7 270		22 612	16 234	10 781	6 252	3 847	2 351	5 058			18 [4])
Danzig	.	11 500		10 219	3 792	2 132	2 060						
Dresden	128	39 700 [6])		24 145	13 245	5 901	3 055	1 863	1 037	596	349	791	.
Düsseldorf [7]) 3./12. 1901	.	2 007		11 580	11 350	6 271	4 236	2 598	1 651	975	699	1 737	1 461
Essen [5])	.	707	563	14 160	10 819	4 363	2 279	1 437	740	494	317	755	.
Frankfurt a. M.	.	1 686	3 875	16 758	18 595	8 391	5 243	2 629	2 554				.
Frankfurt a. O.	.	910	5 926	3 687	1 901	949	493	334	173	221			.
Görlitz	44	3 043	8 494	4 624	2 983	1 038	599	442	234	99	50	79	.
Halle a. S.	41	1 238	15 507	7 805	4 622	2 579	1 578	793	440	606			.
Hamburg	550	1 499	35 067	48 596	37 563	16 982	6 617	2 991	1 571	1 016	732	2 253	313
Hannover	178	837	17 421	17 467	7 935	3 278	1 864	1 094	675	1 059			.
Karlsruhe i. B. [8])	1 307			6 792	5 238	3 011	1 748	999	533	599			8
Kiel	9	3 268		9 915	4 798	1 592	894	482	222	560			.
Königsberg i. Pr.	80	666	20 966	10 131	4 707	2 059	1 074	630	348	338			.
Leipzig	52	762	25 793	35 890	19 714	8 422	3 447	1 897	1 002	1 743			.
Lübeck	75	969	7 406	5 842	2 100	1 016	644	394	231	167	129	191	.
Magdeburg	278	26 879 [9])		12 264	6 808	3 645	1 757	942	524	260	178	262	.
Mannheim [8])	.	926	4 622	10 515	5 871	2 672	1 654	1 159	761	451	194	370	.
München	687	10 073	21 179	34 043	25 851	11 086	5 123	3 580		1 230 [10])			.
Plauen i. V. 12. 10. 1901	12	289	11 155	2 685	1 117	699	330	166	76	68			.
Posen	113	5 037	7 151	5 813	2 885	1 547	797	422	179	231			.
Straßburg i. E.	.	495	3 535	11 225	7 033	3 817	2 191	1 312	690	1 190			264

(Verhältniszahlen siehe umstehend!)

[1]) Bei Cöln a. Rh. und Essen nach der Zahl der Wohnräume, bei Düsseldorf nach der Zahl der heizbaren Räume, bei Karlsruhe i. B. und Mannheim nach der Zahl der Zimmer. — [2]) Davon haben 274 nur Gewerberäume usw., 4086 nur Küche, 2419 nur nichtheizbare Zimmer. — [3]) Nur Gewerberäume usw. und Küche. — [4]) Wohnungen ohne anwesende Bewohner. — [5]) Nach der Zahl der Wohnräume. — [6]) Davon 7377 ohne Küche und 32323 mit Küche. — [7]) Nach der Zahl der heizbaren Räume. — [8]) Nach der Zahl der Zimmer. — [9]) Davon 3237 ohne Küche und 23 642 mit Küche. — [10]) Mit 8 bis 10 heizbaren Zimmern: 901, 11 und mehr: 329.

(Noch Tabelle IV).

Städte	Es wurden Wohnungen gezählt mit . . . heizbaren Zimmern[1])												
	0	1 ohne Zubehör	1 mit Zubehör	2	3	4	5	6	7	8	9	10 und mehr	unbekannt
	Von 1000 bewohnten Wohnungen												
Altona	8,2	64,8	273,3	339,3	174,5	92,1	22,2	10,4	5,5	3,0	2,2	4,6	.
Barmen	65,9	552,4		239,0	142,6								.
Berlin	14,4	69,8	419,9	281,1	112,0	45,7	24,2	13,9	7,6	4,3	2,3	4,1	0,7
Breslau	0,3	114,2	359,5	302,9	129,2	42,0	25,7	13,3	6,2	6,7			.
Charlottenburg	4,5	20,4	271,9	291,9	175,4	78,8	44,3	39,2	28,6	19,9	9,9	15,0	0,1
Chemnitz	0,6	68,3	544,5	219,3	88,4	38,0	18,2	9,7	5,5	7,3			.
Cöln a. Rh.[2]) 1./12. 1897	.	97,7		303,8	218,1	144,9	84,0	51,7	31,6	68,0			0,2
Danzig	.	387,2		344,1	127,7	71,7	69,4						.
Dresden	1,4	437,2		265,9	145,9	65,0	33,6	20,5	11,4	6,6	3,8	8,7	.
Düsseldorf[3]) 3. 12. 1901	.	44,9		259,9	254,7	140,7	95,1	58,8	37,1	21,9	15,7	39,0	32,[illegible]
Essen[2])	.	19,3	15,4	386,5	295,3	119,1	62,2	39,2	20,2	13,5	8,7	20,6	.
Frankfurt a. M.	.	28,2	64,9	280,6	311,4	140,5	87,8	44,0	42,8				.
Frankfurt a. O.	.	62,3	406,1	252,6	130,3	65,0	33,8	22,9	11,9	15,1			.
Görlitz	2,0	140,0	390,9	212,8	137,3	47,8	27,6	20,3	10,8	4,6	2,3	3,6	.
Halle a. S.	1,2	35,2	440,4	221,6	131,3	73,2	44,8	22,5	12,5	17,2			.
Hamburg	3,5	9,6	225,1	312,0	241,2	109,0	42,4	19,2	10,1	6,5	4,7	14,5	2,[illegible]
Hannover	3,4	16,2	336,3	337,2	153,2	63,3	36,0	21,1	13,0	20,4			.
Karlsruhe i. B.[4])	64,6			335,6	258,3	148,8	86,4	49,4	26,3	29,6			0,1
Kiel	0,4	150,3		456,1	220,7	73,2	41,1	22,2	10,2	25,8			.
Königsberg i. Pr.	2,0	16,2	511,3	247,1	114,7	50,2	26,2	15,4	8,5	8,2			.
Leipzig	0,5	7,7	261,3	363,6	199,7	85,3	34,9	19,2	10,1	17,7			.
Lübeck	3,9	50,6	386,4	304,8	109,6	53,0	33,6	20,6	12,1	8,7	6,7	10,0	.
Magdeburg	5,2	499,7		228,0	126,4	67,8	32,7	17,5	9,7	4,8	3,3	4,9	.
Mannheim[4])	.	31,7	158,3	360,2	201,1	91,5	56,7	39,7	26,1	15,4	6,6	12,7	.
München	6,1	89,2	187,7	301,7	229,0	98,2	45,4	31,7		10,9			.
Plauen i. V. 12./10.1901	0,7	17,4	672,1	161,8	67,3	42,1	19,9	10,0	4,6	4,1			.
Posen	4,7	208,3	295,8	240,4	119,3	64,0	33,0	17,5	7,4	9,6			.
Straßburg i. E.	.	15,6	111,3	353,5	221,5	120,2	69,1	41,3	21,7	37,5			8[illegible]

[1]) Bei Cöln a. Rh. und Essen nach der Zahl der Wohnräume, bei Düsseldorf nach der Z… der heizbaren Räume, bei Karlsruhe i. B. und Mannheim nach der Zahl der Zimmer. — [2]) Nach d… Zahl der Wohnräume. — [3]) Nach der Zahl der heizbaren Räume. — [4]) Nach der Zahl der Zimmer.

V. Die Bevölkerung in den Wohnungen nach der Zahl der heizbaren Zimmer am 1. Dezember 1900.

Städte	Es wohnten in Wohnungen mit . . heizbaren Zimmern 1): 0	1 ohne Zubehör	1 mit Zubehör	2	3	4	5	6	7	8	9	10 u. mehr	unbekannt
Altona	845	5 709	39 109	54 382	30 281	16 229	4 444	2 229	1 267	724	547	1 331	.
Barmen	8 290	69 597		36 979	27 078								.
Berlin	15 273 2)	58 746	726 723	561 434	223 659	99 021	55 996	33 588	19 751	11 712	6 710	13 922	912
Breslau	45	28 789	136 237	131 141	56 938	20 857	13 502	7 707	3 864	4 801			.
Charlottenburg	509 3)	1 709	44 172	53 508	30 691	14 834	8 680	8 450	6 976	5 215	2 860	4 944	61
Chemnitz	79	6 553	105 042	48 605	20 700	9 731	4 766	2 624	1 625	2 498			.
Cöln a. Rh. 4) 1.12.97	.	15 493		85 001	71 341	49 921	30 097	20 166	13 133	33 893			.
Dresden	303	140 651		106 850	58 317	26 836	14 809	9 641	5 840	3 555	2 201	6 718	.
Essen 4)	.	1 274	1 011	55 440	56 520	24 973	13 377	8 722	4 839	3 466	2 288	6 496	.
Frankfurt a. M.	.	3 561	13 046	68 710	91 662	42 677	27 026	14 627	16 944				.
Görlitz	74	6 763	29 332	17 722	11 932	4 543	2 814	2 185	1 239	603	343	542	.
Halle a. S.	104	2 345	62 343	34 821	20 823	11 693	7 753	4 125	2 453	4 294			.
Hamburg	1 660	2 401	127 681	211 105	169 864	78 944	32 748	15 892	8 748	6 191	4 546	16 000	1 361
Hannover	473	1 495	67 001	77 170	36 149	15 654	9 446	5 908	3 933	8 326			.
Karlsruhe i. B. 5)	3 085			26 157	24 120	14 454	8 748	5 304	3 101	4 142			.
Kiel	57	11 086		42 556	21 452	7 838	4 627	2 891	1 387	8 892			.
Königsberg i. Pr.	193	1 599	87 047	42 130	20 377	10 060	5 613	3 776	2 151	2 451			.
Leipzig	159	1 082	96 345	165 744	93 858	42 422	18 251	10 454	5 797	11 762			.
Lübeck	164	1 981	27 277	24 449	9 279	4 961	3 312	2 078	1 311	991	785	1 330	.
Magdeburg	804	99 633 6)		51 591	29 254	16 803	8 791	4 969	3 021	1 585	1 188	1 934	.
Mannheim 7)	.	1 900	16 056	47 355	29 610	13 953	8 779	6 504	4 375	2 847	1 248	2 769	882
München	.	261 771 8)			102 234	53 713	25 199	19 336		7 988			.
Plauen i. V. 12.10.1900	13	454	48 168	14 073	5 812	3 613	1 771	970	444	487			.
Posen	384	17 124	32 315	27 179	13 647	8 151	4 614	2 473	1 204	4 085			.
Straßburg i. E.	.	911	10 216	42 291	29 241	15 618	9 997	6 646	3 727	7 577			1 175
Von 1000 Bewohnern													
Altona	5,4	36,3	248,9	346,2	192,8	103,3	28,3	14,2	8,1	4,6	3,5	8,5	.
Barmen	58,4	490,3		260,5	190,8								.
Berlin	8,4	32,1	397,6	307,2	122,4	54,2	30,6	18,4	10,8	6,4	3,7	7,6	0,5
Breslau	0,1	71,3	337,3	324,7	141,0	51,6	33,4	19,1	9,6	11,9			.
Charlottenburg	2,8	9,4	241,9	293,0	168,1	81,2	47,5	46,3	38,2	28,6	15,7	27,1	0,3
Chemnitz	0,4	32,4	519,4	240,3	102,4	48,1	23,6	13,0	8,0	12,4			.
Cöln a. Rh. 4) 1.12.97	.	48,6	.	266,4	223,6	156,5	94,3	63,2	41,2	106,2			.
Dresden	0,8	374,4		284,4	155,2	71,4	39,4	25,7	15,5	9,5	5,9	17,9	.
Essen 4)	.	7,1	5,7	310,8	316,8	140,0	75,0	48,9	27,1	19,4	12,8	36,4	.
Frankfurt a. M.	.	12,8	46,9	247,0	329,5	153,4	97,1	52,6	60,9				.
Görlitz	0,9	86,6	375,6	226,9	152,8	58,2	36,0	28,0	15,9	7,7	4,4	6,9	.
Halle a. S.	0,7	15,6	413,6	231,0	138,1	77,6	51,4	27,4	16,3	28,5			.
Hamburg	2,5	3,5	188,6	311,8	250,9	116,6	48,4	23,5	12,9	9,1	6,7	23,6	2,0
Hannover	2,1	6,6	297,1	342,1	160,3	69,4	41,9	26,2	17,4	36,9			.
Karlsruhe i. B. 5)	34,6			293,5	270,7	162,2	98,2	59,5	34,8	46,5			.
Kiel	0,6	110,0		422,3	212,9	77,8	45,9	28,7	13,8	88,2			.
Königsberg i. Pr.	1,1	9,1	496,3	240,2	116,2	57,4	32,0	21,5	12,3	14,0			.
Leipzig	0,4	2,4	216,1	371,7	210,5	95,1	40,9	23,4	13,0	26,4			.
Lübeck	2,1	25,4	350,1	313,8	119,1	63,7	42,5	26,7	16,8	12,7	10,1	17,1	.
Magdeburg	3,7	453,8		235,1	133,2	76,6	40,0	22,6	13,8	7,2	5,4	8,8	.
Mannheim 7)	.	13,9	117,8	347,5	217,3	102,4	64,4	47,7	32,1	20,9	9,2	20,3	6,5
München	.	556,7			217,4	114,2	53,6	41,1		17,0			.
Plauen i. V. 12.10.1900	0,2	6,0	635,4	185,6	76,7	47,7	23,4	12,8	5,9	6,4			.
Posen	3,5	154,0	290,7	244,5	122,8	73,3	41,5	22,2	10,8	36,7			.
Straßburg i. E.	.	7,2	80,2	332,0	229,5	122,6	78,5	52,2	29,3	59,5			9,2

Vergl. Anmerkungen Seite 100.

VI. Die bewohnten Wohnungen nach der Bewohnerzahl am 1. Dezember 1900.

Städte	Wohnungen mit ... Bewohnern											
	0[1])	1	2	3	4	5	6	7	8	9	10	über 10
Altona	.	2 637	6 420	7 270	6 814	5 465	3 901	2 402	1 451	690	324	[illegible]
Berlin[2]) . . .	737	36 621	85 022	99 761	92 111	68 790	42 942	23 596	11 669	5 411	2 351	[illegible]
Breslau. . . .	254	9 428	17 662	19 419	17 829	14 545	9 704	6 017	3 235	1 614	725	[illegible]
Charlottenburg	26	2 172	6 941	9 044	8 953	6 966	4 488	2 571	1 414	649	312	[illegible]
Chemnitz. . .	8	3 542	8 161	9 561	9 013	7 183	4 766	3 011	1 692	891	492	[illegible]
Cöln a. Rh. 1.12.97	18	6 273	11 782	13 501	13 003	10 492	7 579	5 035	2 886	1 730	914	[illegible]
Dresden . . .	50	6 806	16 051	17 746	16 436	12 754	8 809	5 421	3 186	1 667	837	[illegible]
Essen	.	1 500	4 818	6 233	6 128	5 250	4 378	3 132	2 129	1 275	740	[illegible]
Frankfurt a. M.	.	2 387	7 412	10 863	11 158	9 612	7 130	4 710	2 864	1 638	860	[illegible]
Görlitz. . . .	146	2 554	4 590	4 625	3 775	2 686	1 601	827	450	224	111	[illegible]
Halle a. S. . .	.	2 604	5 474	6 614	6 288	5 234	3 668	2 357	1 426	759	374	[illegible]
Hamburg. . .	343	8 250	23 335	29 527	29 245	24 292	17 123	10 806	6 312	3 258	1 611	[illegible]
Hannover. . .	26	2 956	7 811	9 883	9 773	8 062	5 646	3 513	1 915	1 062	509	[illegible]
Karlsruhe i. B.[3])	59	1 204	2 815	3 896	3 693	3 200	2 185	1 374	821	423	246	[illegible]
Kiel	.	1 259	3 391	4 090	3 942	3 173	2 280	1 586	915	475	280	[illegible]
Königsberg i. Pr.	3	2 393	6 752	7 933	7 368	6 092	4 372	2 793	1 607	850	400	[illegible]
Leipzig. . . .	243	4 292	13 555	18 246	18 499	15 516	11 271	7 552	4 453	2 422	1 296	[illegible]
Lübeck . .	133	1 697	3 482	3 651	3 255	2 520	1 724	1 160	698	399	215	[illegible]
Magdeburg . .	155	3 526	8 913	11 089	10 419	8 023	5 290	3 153	1 708	761	382	[illegible]
Mannheim . .	.	1 410	3 782	4 937	5 242	4 543	3 574	2 414	1 429	886	424	[illegible]
München . . .	988	7 705	18 408	21 963	20 361	16 452	11 354	7 114	3 990	2 156	1 120	[illegible]
Plauen i. V. 12.10. 1901	5	1 194	2 335	2 792	2 747	2 426	1 857	1 259	823	540	286	[illegible]
Posen . . .	21	1 523	3 581	4 179	4 083	3 518	2 753	1 920	1 229	650	321	[illegible]
Straßburg i. E.[4])	483	2 543	5 842	6 266	5 679	4 415	2 928	1 863	1 071	573	313	[illegible]
Stuttgart . . .	.	2 775	5 550	6 996	7 127	5 823	4 176	2 587	1 442	810	404	[illegible]
	Von 1000 bewohnten Wohnungen											
Altona . . .	.	70,0	170,3	192,9	180,8	145,0	103,5	63,7	38,5	18,3	8,6	[illegible]
Berlin[2]) . . .	1,6	77,8	180,5	211,8	195,6	146,1	91,2	50,1	24,8	11,5	5,0	[illegible]
Breslau . . .	2,5	93,2	174,6	192,0	176,3	143,8	95,9	59,5	32,0	16,0	7,2	[illegible]
Charlottenburg	0,6	49,6	158,4	206,4	204,3	159,0	102,4	58,6	32,3	14,8	7,1	[illegible]
Chemnitz . .	0,2	72,6	167,4	196,1	184,9	147,3	97,7	61,8	34,7	18,3	10,1	[illegible]
Cöln a. Rh. 1.12.97	0,2	84,3	158,3	181,4	174,7	141,0	101,9	67,7	38,6	23,2	12,3	[illegible]
Dresden . . .	0,6	74,9	176,8	195,4	181,0	140,5	97,0	59,7	35,1	18,4	9,2	[illegible]
Essen . . .	.	40,9	131,5	170,1	167,3	143,3	119,5	85,5	58,1	34,8	20,2	[illegible]
Frankfurt a. M.	.	40,0	124,1	181,7	186,8	160,9	119,4	78,9	48,0	27,4	14,4	[illegible]
Görlitz . . .	6,7	117,5	211,3	212,9	173,7	123,6	73,7	38,1	20,7	10,3	5,1	[illegible]
Halle a. S. . .	.	74,0	155,5	187,8	178,6	148,7	104,2	66,9	40,5	21,6	10,6	[illegible]
Hamburg . .	2,2	53,0	149,8	189,6	187,8	156,0	110,0	69,4	40,5	20,9	10,3	[illegible]
Hannover . .	0,5	57,0	150,8	190,8	188,6	155,6	109,0	67,8	37,0	20,5	9,8	[illegible]
Karlsruhe i. B.[3])	2,9	59,5	139,1	192,5	182,5	158,1	108,0	67,9	40,6	20,9	12,2	[illegible]
Kiel	.	57,9	156,0	188,1	181,3	146,0	104,9	73,0	42,1	21,8	12,9	[illegible]
Königsberg i. Pr.	0,1	58,4	164,7	193,6	179,7	148,6	106,6	68,1	39,2	20,7	9,8	[illegible]
Leipzig . .	2,5	43,5	137,3	184,8	187,5	157,2	114,2	76,5	45,1	24,5	13,1	[illegible]
Lübeck . . .	6,9	88,6	181,7	190,5	169,9	131,5	90,0	60,5	36,4	20,8	11,2	[illegible]
Magdeburg . .	2,9	65,5	165,7	206,1	193,7	149,1	98,3	58,6	31,8	14,1	7,1	[illegible]
Mannheim . .	.	48,3	129,5	169,1	179,6	155,6	122,4	82,7	48,9	30,4	14,5	[illegible]
München . .	8,8	68,2	163,8	194,6	180,4	145,8	100,7	63,2	35,4	19,1	9,9	[illegible]
Plauen i. V. 12.10. 1901	0,3	71,9	140,7	168,2	165,5	146,2	111,9	75,8	49,6	32,5	17,2	[illegible]
Posen . . .	0,9	63,0	148,1	172,9	168,9	145,5	113,9	79,4	50,8	26,9	13,3	[illegible]
Straßburg i. E.[4])	14,9	78,6	180,7	193,8	175,6	136,5	90,6	57,6	33,1	17,7	9,7	[illegible]
Stuttgart . .	.	72,4	144,7	182,4	185,9	151,9	108,9	67,5	37,6	21,1	10,5	[illegible]

Anmerkungen vergl. Seite 100.

VII. Die Bewohner der bewohnten Wohnungen nach der Bewohnerzahl am 1. Dezember 1900.

Städte	Die Bewohner in den Wohnungen mit … Bewohnern										
	1	2	3	4	5	6	7	8	9	10	über 10
Altona	2 637	12 840	21 810	27 256	27 325	23 406	16 814	11 608	6 210	3 240	3 951
Berlin[1]	36 621	170 044	299 283	368 444	343 950	257 652	165 172	93 352	48 699	23 510	23 667
Breslau	9 428	35 324	58 257	71 316	72 725	59 224	42 119	25 880	14 526	7 250	7 832
Charlottenburg	2 172	13 882	27 132	35 812	34 830	26 928	17 997	11 312	5 841	3 120	3 583
Chemnitz	3 542	16 322	28 683	36 052	35 915	28 596	21 077	13 536	8 019	4 920	5 561
Köln a. Rh. 1.12.1897	6 273	23 564	40 503	52 012	52 460	45 474	35 245	23 088	15 570	9 140	15 716
Dresden	6 806	32 102	53 238	65 744	63 770	52 854	37 947	25 488	15 003	8 370	14 399
Essen	1 500	9 636	18 699	24 512	26 250	26 268	21 924	17 032	11 475	7 400	13 710
Frankfurt a. M.	2 387	14 824	32 589	44 632	48 060	42 780	32 970	22 912	14 742	8 600	13 757
Görlitz	2 554	9 180	13 875	15 100	13 430	9 606	5 789	3 600	2 016	1 100	1 842
Halle a. S.	2 604	10 948	19 842	25 152	26 170	22 008	16 499	11 408	6 831	3 740	5 552
Hamburg	8 250	46 670	88 581	116 980	121 460	102 738	75 642	50 496	29 322	16 110	20 892
Hannover	2 956	15 622	29 649	39 092	40 310	33 876	24 591	15 320	9 558	5 090	9 491
Karlsruhe i. B.[2]	1 204	5 630	11 688	14 772	16 000	13 110	9 618	6 568	3 807	2 460	4 254
Kiel	1 259	6 782	12 270	15 768	15 865	13 680	11 102	7 320	4 275	2 800	9 665
Königsberg i. Pr.	2 393	13 504	23 799	29 472	30 460	26 232	19 551	12 856	7 650	4 000	5 480
Leipzig	4 292	27 110	54 738	73 996	77 580	67 626	52 864	35 624	21 798	12 960	17 286
Lübeck	1 697	6 964	10 953	13 020	12 600	10 344	8 120	5 584	3 591	2 150	2 895
Magdeburg	3 526	17 826	33 267	41 676	40 115	31 740	22 071	13 664	6 849	3 820	5 019
Mannheim[3]	1 410	7 564	14 811	20 968	22 715	21 444	16 898	11 432	7 974	4 240	10 843
München	7 705	36 816	65 889	81 444	82 260	68 124	49 798	31 920	19 404	11 200	15 681
Plauen i. V. 12. 10. 1901	1 194	4 670	8 376	10 988	12 130	11 142	8 813	6 584	4 860	2 860	4 188
Posen	1 523	7 162	12 537	16 832	17 590	16 518	13 440	9 832	5 850	3 210	7 182
Straßburg i. E.[4]	2 543	11 684	18 798	22 716	22 075	17 568	13 041	8 568	5 157	3 130	4 990
Stuttgart	2 775	11 100	20 988	28 508	29 115	25 056	18 109	11 536	7 290	4 040	8 955
	Von 1000 Bewohnern										
Altona	16,8	81,7	138,8	173,5	174,0	149,0	107,0	73,9	39,5	20,6	25,1
Berlin[1]	20,0	92,9	163,5	201,3	187,9	140,8	90,3	51,0	26,6	12,8	12,9
Breslau	23,3	87,5	144,2	176,6	180,1	146,6	104,3	64,1	36,0	18,0	19,4
Charlottenburg	11,9	76,0	148,6	196,1	190,7	147,5	98,6	61,9	32,0	17,1	19,6
Chemnitz	17,5	80,7	141,8	178,3	177,6	141,4	104,3	66,9	39,7	24,3	27,5
Köln a. Rh. 1.12.1897	19,7	73,9	126,9	163,0	164,4	142,5	110,5	72,4	48,8	28,6	49,3
Dresden	18,1	85,4	141,7	175,0	169,7	140,7	101,0	67,8	39,9	22,3	38,3
Essen	8,4	54,0	104,8	137,4	147,1	147,3	122,9	95,5	64,3	41,5	76,9
Frankfurt a. M.	8,6	53,3	117,1	160,4	172,7	153,7	118,5	82,3	53,0	30,9	49,5
Görlitz	32,7	117,5	177,7	193,4	172,0	123,0	74,1	46,1	25,8	14,1	23,6
Halle a. S.	17,3	72,6	131,6	166,8	173,7	146,0	109,5	75,7	45,3	24,8	36,8
Hamburg	12,2	68,9	130,8	172,8	179,4	151,7	111,7	74,6	43,3	23,8	30,9
Hannover	13,1	69,2	131,5	173,3	178,7	150,2	109,0	67,9	42,4	22,6	42,1
Karlsruhe i. B.[2]	13,5	63,2	131,2	165,8	179,6	147,1	107,9	73,7	42,7	27,6	47,7
Kiel	12,5	67,3	121,8	156,5	157,4	135,8	110,1	72,6	42,4	27,8	95,9
Königsberg i. Pr.	13,6	77,0	135,7	168,0	173,7	149,6	111,5	73,3	43,6	22,8	31,2
Leipzig	9,6	60,8	122,8	165,9	174,0	151,6	118,6	79,9	48,9	29,1	38,8
Lübeck	21,8	89,4	140,6	167,1	161,7	132,8	104,2	71,7	46,1	27,6	37,2
Magdeburg	16,1	81,2	151,5	189,8	182,7	144,5	100,5	62,2	31,2	17,4	22,9
Mannheim[3]	10,1	53,9	105,6	149,5	161,9	152,8	120,5	81,5	56,8	30,2	77,3
München	16,4	78,3	140,1	173,2	174,9	144,9	105,9	67,9	41,3	23,8	33,4
Plauen i. V. 12. 10. 1901	15,8	61,6	110,5	145,0	160,0	147,0	116,3	86,9	64,1	37,7	55,2
Posen	13,7	64,4	112,8	146,9	158,2	148,6	120,9	88,4	52,6	28,9	64,6
Straßburg i. E.[4]	19,5	89,7	144,3	174,4	169,5	134,9	100,1	65,8	39,6	24,0	38,3
Stuttgart	16,6	66,3	125,3	170,2	173,9	149,6	108,1	68,9	43,5	24,1	53,5

Anmerkungen siehe Seite 100.

VIII. Die übervölkerten Wohnungen am 1. Dezember 1900.

Städte	A. Wohnungen ohne heizbare Zimmer	mit 1 heizbaren Zimmer ohne Zubehör	mit 1 heizbaren Zimmer mit Zubehör	mit 2 heizb. Zimmern und mit 11 und mehr Bewohnern	B. Wohnungen überhaupt mit 1	2	3	4 und mehr
	und mit 6 und mehr Bewohnern				Haushaltungen			
Altona	25	118	1 858	75	.	.	.	.
Barmen	451	12	3 936	168	.	.	.	.
Berlin	404	605	26 859	485	.	.	.	.
Breslau	.	654	6 393	196	[1])	.	.	.
Charlottenburg	17	20	1 686	51	.	.	.	.
Chemnitz	2	112	5 142	110	.	.	.	.
Cöln a. Rh. 1.12.1897	.	268[2])	.	53[3])	.	.	.	.
Dresden	8	25	4 593	227	.	.	.	.
Essen	19[4])			13[5])	36 634	.	.	.
Frankfurt a. M.	.	52	410	77	58 247	1 484		
Görlitz	.	26	770	8	.	.	.	.
Halle a. S.	2	37	3 351	75	.	.	.	.
Hamburg[10])	62	20	5 853	305	148 569	6 593	369	20
Hannover	15	15	3 208	149	.	.	.	.
Karlsruhe i. B.	53			18	.	.	.	.
Kiel	7	466		24	21 717	17	.	6
Königsberg i. Pr.	3	44	4 924[12])	112	40 100	863	35	1
Leipzig	7	3	4 363	386	96 277	2 342	98	5
Lübeck	4	39	1 274	35	19 101	58	3	2
Magdeburg	27	133[6])	4 315[7])	66	.	.	.	.
Mannheim[8])	.	32	562	68	.	.	.	.
München[9])	.	.	.		110 101	2 751		
Plauen i. V. 12. 10. 1901	.	3	3 059	108	16 581	16	.	.
Posen	18	789	2 154	87	.	.	.	.
Straßburg i. E.[11])	.	19	288	34	31 268	550	32	17
	Von 1000 bewohnten Wohnungen							
Altona	0,7	3,2	50,7	2,0	.	.	.	.
Barmen	14,2	0,4	123,7	5,2	.	.	.	.
Berlin	0,9	1,3	57,1	1,0	.	.	.	.
Breslau	.	6,5	63,2	1,9	[1])	.	.	.
Charlottenburg	0,4	0,5	38,5	1,2	.	.	.	.
Chemnitz	0,0	2,3	105,5	2,3	.	.	.	.
Cöln a. Rh. 1.12.1897	.	3,6[2])	.	0,7[3])	.	.	.	.
Dresden	0,1	0,3	50,6	2,5	.	.	.	.
Essen	0,5[4])			0,4[5])	1 000,0	.	.	.
Frankfurt a. M.	.	0,9	6,9	1,3	975,2	24,8		
Görlitz	.	1,2	35,4	0,4	.	.	.	.
Halle a. S.	0,1	1,1	95,2	2,1	.	.	.	.
Hamburg[10])	0,4	0,1	37,6	2,0	955,2	42,4	2,4	0,1
Hannover	0,3	0,3	61,8	2,9	.	.	.	.
Karlsruhe i. B.	2,6			0,9	.	.	.	.
Kiel	0,3	21,4		1,1	998,8	0,8	.	0,3
Königsberg i. P.	0,1	1,1	120,1	27,8	978,1	21,0	0,9	0,0
Leipzig	0,1	0,0	44,2	3,9	975,3	23,7	1,0	0,0
Lübeck	0,2	2,0	66,5	1,8	996,7	3,0	0,2	0,1
Magdeburg	0,5	2,5[6])	80,2[7])	1,2	.	.	.	.
Mannheim[8])	.	1 1	19,3	2,3	.	.	.	.
München[9])	.	.	.	.	975,6	24,4		
Plauen i. V. 12. 10. 1901	.	0,2	184,3	6,5	999,0	1,0	.	.
Posen	0,7	32,6	89,1	3,6	.	.	.	.
Straßburg i. E.[11])	.	0,6	9,0	1,1	981,2	17,3	1,0	0,5

Anmerkungen vergl. Seiten 100 und 101.

IX. Schnelligkeit des Wohnungswechsels am 1. Dezember 1900.

Städte	Die Wohnungen nach a. Bezugsdauer, b. Bezugszeit								
	a. 0—6 Monate b. Juli—Nov. 1900	a. 6—12 Monate b. Jan.—Juni 1900	a. 1—2 Jahre b. 1899	a. 2—3 Jahre b. 1898	a. 3—4 Jahre b. 1897	a. 4—5 Jahre b. 1896	a. 5—10 Jahre b. 1891—1895	a. über 10 Jahre b. vor 1891	unbekannt
Altona[1]) . . . b	4 581	3 922	4 813	3 642	2 246	1 708	3 845	2 508	21
Berlin . . . b	77 533	54 205	79 934	60 250	40 376	29 204	124 203		4 374
Breslau . . . b	16 221	10 373	16 730	11 959	8 831	6 497	16 856	13 124	537
Charlottenburg b	7 573	5 076	8 272	6 614	4 335	3 094	6 147	2 124	590
Chemnitz . . a	7 217	4 499	7 459	5 589	4 265	3 627	9 461	6 638	.
Dresden . . a	14 334	9 511	14 587	11 523	8 148	5 959	14 361	12 271	116
Essen . . . b	7 653	4 604	6 213	3 925	2 473	1 765	4 132	3 965	1 904
Halle a. S. . . a	5 836	3 758	5 631	4 189	2 893	2 105	5 350	5 447	.
Hamburg[2]) . . b	22 223[3])	17 397[4])	24 664	19 405	13 631	10 516	25 422	20 066	2 918
Hannover . . a	13 488[5])		8 304	6 668	4 652	3 408	8 444	6 617	227
Karlsruhe i. B.[6]) b	3 638	2 301	3 409	2 433	1 520	1 241	5 495		139
Kiel . . . . a	3 758	2 382	4 169	2 970	1 813	1 303	3 113	2 217	15
Leipzig . . . b	13 182	10 246	15 516	12 028	8 864	6 758	18 131	13 994	3
Lübeck . . . a	3 081	1 711	2 587	1 999	1 302	899	3 025	4 536	24
Mannheim . . b	5 831	3 970	4 859	3 248	2 008	1 347	6 582		1 350
München . . b	21 492	12 384	17 460	12 843	9 086	6 446	14 873	12 322	5 946
Plauen i. V.[7]) 12./10. 1901 b	.	.	.	.	.	.	.	.	.
Posen . . . a	5 052	2 082	3 808	3 103	2 198	1 505	3 462	2 881	84
Straßburg i. E.[8]) b	7 393		4 328	3 549	2 421	1 947	4 906	5 584	2 223
	Von 1000 bewohnten Wohnungen								
Altona[1]) . . b	167,9	143,7	176,4	133,5	82,8	62,6	140,9	91,9	0,8
Berlin . . . b	164,9	115,3	170,0	128,2	85,9	62,1	264,2		9,3
Breslau . . . b	160,4	102,6	165,4	118,3	87,3	64,2	166,7	129,8	5,3
Charlottenburg b	172,9	115,8	188,7	150,9	98,9	70,6	140,3	48,5	13,5
Chemnitz . . a	148,0	92,3	153,0	114,6	87,5	74,4	194,0	136,2	.
Dresden . . a	157,8	104,7	160,6	126,9	89,7	65,6	158,1	135,1	1,3
Essen . . . b	208,9	125,7	169,6	107,1	67,5	48,2	112,8	108,2	52,0
Halle a. S. . . a	165,7	106,7	159,9	119,0	82,2	59,8	152,0	154,7	.
Hamburg[2]) . . b	142,2[3])	111,3[4])	157,9	124,2	87,2	67,3	162,7	128,4	18,7
Hannover . . a	260,3		160,3	128,7	89,8	65,8	163,0	127,7	4,4
Karlsruhe i. B.[6]) b	180,3	114,0	169,0	120,6	75,3	61,5	272,4		6,9
Kiel . . . . a	172,9	109,6	191,8	136,6	83,4	59,9	143,2	102,0	0,7
Leipzig . . . b	133,5	103,8	157,2	121,8	89,8	68,5	183,7	141,7	0,0
Lübeck . . . a	160,8	89,3	135,0	104,3	67,9	46,9	157,8	236,7	1,3
Mannheim . . b	199,7	136,0	166,5	111,3	68,8	46,1	225,4		46,2
München . . b	190,4	109,7	154,7	113,8	80,5	57,1	131,8	109,2	52,7
Plauen i. V.[7]) 12./10. 1901 b	.	.	.	.	.	.	.	.	.
Posen . . . a	209,0	86,1	157,5	128,4	90,9	62,2	143,2	119,2	3,5
Straßburg i. E.[8]) b	228,5		133,7	109,7	74,8	60,2	151,7	172,6	68,7

Anmerkungen vergl. Seite 101.

X. Zahl der Wohnräume und Gelasse am 1. Dezember 1900.

Städte a=Bewohnte Wohnungen b=Leere "	A. Die Wohnungen hatten							
	heizbare Zimmer	nichtheizbare Zimmer	Kochküchen	Badezimmer	Gewerbe-räume	Bodenräume	Keller-räume	andere Räume
Altona . . . . a	83 730	31 168	35 602	1 597	8 060	17 808	5 981	10 149
Berlin . . . . a	909 268	64 700	435 780[1])	39 558	93 016	.	.	475 622[2])
Breslau . . . . a	197 456	17 124	.	.	.	.	.	.
" . . . . b	5 620	582	.	.	.	.	.	.
Charlottenburg[3]) . a u. b	122 452	7 352	42 669	12 946	7 765	.	.	16 087
Chemnitz . . . . . . a	84 438	42 871	21 950	2 031	11 008	51 504	46 841	2 133[illegible]
Dresden. . . . . . . a	203 285	86 617	.	.	.	.	.	.
Essen. . . . . a	84 071		36 634	1 354	4 597	.	.	.
Görlitz . . . . a	43 356	8 540	14 445	438	3 951	.	.	583
" . . . . b	2 260	308	689	3	76	.		3
Halle a. S. . . . . . a	78 157	28 643	29 653	2 329	.	21 507	25 655	6 315[4])
Hamburg[5]) . . . . . a	417 942	125 407	152 291	20 554	.	.	.	.
Hannover . . . . . . a	120 755	91 822	50 021	4 760	.	.	.	.
Karlsruhe i. B.[11]) . . a	66 834		.	.	.	.	.	.
Kiel . . . . a	59 259	5 426	.	.	.	.	.	.
Leipzig . . . . a	245 687	120 987	95 877	7 354	18 001	56 176	102 911	93 752
Lübeck . . . . a	42 343[6])	24 532[6])	16 072[7])	1 116	.	.	.	.
" . . . . b	1 077		340[7])	26	.	.	.	.
Magdeburg. . . . . . a	111 372		50 347	.	.	.	.	.
München[3]) . . . a u. b	312 057	76 468	69 078	10 965	38 520	.		
Plauen i. V. 12./10. 1901 a	26 794	15 007	7 625	2 541[8])	.	18 153	16 184	7 036
Posen . . . . a	45 622	3 250	17 396	2 231	.	9 237	11 681	4 413
Straßburg i. E.[18]) . . a	99 292	16 279	31 221	2 864	2 416	17 463	29 686	.

Städte a=Bewohnte Wohnungen b=Leere "	B. Zahl der Wohnungen mit							
	heizbaren Zimmern	nicht-heizbaren Zimmern	Kochküchen	Badezimmern	Gewerbe-räumen	Boden-räumen	Keller-räumen	anderen Räumen
Altona . . . . a	37 378	25 728	35 569	1 597	5 307	17 808	5 981	8 706
Berlin . . . . a	463 300	.	.	.	51 638	.	.	.
Breslau . . . . a	101 083	16 030	50 953[9])	7 384	.	77 597	76 865	5 667[4])
" . . . . b	1 960	.	1 577	.	.	.	.	.
Charlottenburg . . . a	43 605	194	.	.	.	.	.	.
Chemnitz . . . . . . a	48 724	.	21 950	2 031	.	43 268	40 438	.
" . . . . b	569	.	302	53	.	477	448	.
Dresden. . . . . . . a	90 682[10])	64 820[10])	82 546	.	8 684	.	.	.
Essen . . . . a	.	.	.	1 354	2 960	19 398	27 231	.
" . . . . b	.	.	.	8	19	152	166	.
Görlitz . . . . a	21 685	44	14 397	408	2 315	.	.	280
" . . . . b	1 099	14	689	3	76	.	.	3
Hamburg[5]) . . . . . a	155 348	100 443	152 783	20 554	24 186	.	.	.
Hannover . . . . . . a	51 630	.	50 021	4 760	.	.	.	.
Karlsruhe i. B.[11]) . . a	20 176		19 431	2 504	.	13 995[12])	19 161	8 535[13])
Lübeck . . . . a	19 089	.	16 072[14])	1 116	2 660	14 792	12 291	6 88[illegible]
" . . . . b	412	.	340[14])	26	.	.	.	.
Magdeburg . . . . . . a	53 519	.	50 088	.	5 753[16])	.	.	.
" . . . . b	417	.	.	.	34[16])	.	.	.
München . . . . . . a	112 165	.	.	.	.	.	.	.
Posen . . . . a	24 062	113	.	.	.			

Anmerkungen vergl. Seite 83, unten.

XI. Vorder- und Hinterwohnungen am 1. Dezember 1900.

Städte	Wohnungen in				Bewohner in		Von 1000 benutzten Wohnungen waren		Von 1000 Bewohnern wohnten in	
	Vorder- bezw. Hauptgebäuden		Hinter- bezw. Nebengebäuden		Vorder-	Hinter-	Vorder-	Hinter-	Vorder-	Hinter-
	benutzte	leerstehende	benutzte	leerstehende	Wohnungen		Wohnungen		Wohnungen	
Altona	32 361	.	5 326	.	134 990	22 107	858,7	141,3	859,4	140,6
Barmen	28 245	.	3 583	.	125 064	16 880	887,4	112,6	881,1	118,9
Berlin[1])	245 675	.	224 035	.	985 177	841 273	523,0	477,0	539,4	460,6
Charlottenburg	25 404	.	18 421	.	109 472	73 137	579,7	420,4	599,5	400,5
Chemnitz	45 612	509	3 143	60	188 610	13 613	935,3	64,7	932,7	67,3
Essen	35 351	448	1 283	17	172 839	5 567	964,9	35,2	968,8	31,2
Görlitz	20 064	1 039	1 665	74	71 863	6 229	923,4	76,6	920,3	79,7
Halle a. S.[2])	27 792	.	6 847	.	118 575	28 664	802,3	197,7	805,4	194,6
Hannover	44 543	.	7 265	.	194 707	30 848	859,8	140,2	863,2	136,8
Karlsruhe i. B.	16 414[3])	214[4])	3 762[3])	35[4])	73 618[3])	15 493[3])	813,5	186,5	826,2	173,8
Kiel	19 017	138	2 723	16	88 633	12 139	874,7	125,3	879,5	120,5
Lübeck	15 937	388	3 227	31	66 266	11 652	831,6	168,4	850,2	149,8
Magdeburg	34 626[5])	.	19 171	.	145 318[5])	74 255	643,6	356,4	661,8	338,2
München	91 639	5 140	21 213	746	387 214	83 027	812,0	188,0	823,5	176,5
Posen	16 534	311	7 641	99	77 278	33 898	684,0	316,0	695,1	304,9
Stuttgart	35 641	.	2 707	.	156 102	11 370	929,6	70,4	932,1	67,9

1) Für 469 710 Wohnungen in Vorder- (Haupt-) Lage bezw. Hinter- (Neben-) Lage mit 1 826 450 Bewohnern; außerdem 347 Wohnungen unbekannter Lage mit 908 Bewohnern und 22 sonstige bewohnte Baulichkeiten mit 89 Bewohnern. 2) Für 34 639 Wohnungen mit 147 239 Bewohnern, außerdem 570 Wohnungen in Vorder- und Hintergebäuden mit 3515 Bewohnern. 3) Für 20 176 Wohnungen mit 89 111 Bewohnern, ohne die 59 vorübergehend leeren Wohnungen und bei den Bewohnern abzüglich der vorübergehend anwesenden Bewohner. 4) Für 249 leere Wohnungen, ausschließlich von 117 Wohnungen ohne Angabe, ob Vorder- oder Hintergebäude. 5) Wohnungen, bei denen mindestens ein Fenster nach der Straße geht.

Anmerkungen zu Tabelle X (Seite 82).

1) 432 511 besondere und 3269 gemeinschaftliche Kochküchen. 2) 61 302 Speisekammern, 414 320 Klosetts (214 723 besondere, 199 597 gemeinschaftliche). 3) Bewohnte und leere Wohnungen zusammen. 4) Speisekammern. 5) Einschließlich der Anstalten. 6) Davon gewerblich mitbenutzt: 954 heizbare und 214 nichtheizbare Zimmer. 7) Außerdem 2061 Kochstellen auf dem offenen Vorplatz bei bewohnten Wohnungen und 6 bei leeren Wohnungen. 8) Badezimmer und Vorratskammern. 9) Außerdem 18 597 Wohnungen mit Entreeküchen. 10) Bei den Wohnungen mit 5 und mehr heizbaren Zimmern, bei welchen eine Bearbeitung der nicht heizbaren Zimmer nicht erfolgt ist, ist angenommen worden, daß zu diesen Wohnungen nichtheizbare Zimmer gehören. 11) Ohne die 59 vorübergehend leeren Wohnungen. 12) Mit Speichern. 13) Mit Waschküchen. 14) Außerdem 2061 bewohnte und 6 leere Wohnungen mit Kochstellen auf dem offenen Vorplatz. 15) Auch Vorplätze. 16) Einschließlich der Wohnungen, deren Gewerberäume zwar auf demselben Grundstück sich befinden, die aber nicht untrennbar mit der Wohnung verbunden sind. 17) Ausschließlich Vorsälen, Speisekammern, Veranden, Balkons pp. 18) 182 Wohnungen benutzen gemeinsch. Küchen, 123 Wohnungen Badezimmer, 4379 Wohnungen Bodenräume, 253 Wohnungen Kellerräume.

XII. Besitzverhältnisse der bewohnten Wohnungen am 1. Dezember 1900

Städte	Zahl der Eigentümer-Wohnungen	Zahl der Mietwohnungen	Zahl der Dienstwohnungen	Zahl der Freiwohnungen	Von je 1000 waren Eigentümer-Wohnungen	Von je 1000 waren Mietwohnungen	Von je 1000 waren Dienstwohnungen	Von je 1000 waren Freiwohnungen	Bewohner in Eigentümer-Wohnungen	Bewohner in Mietwohnungen	Bewohner in Dienstwohnungen	Bewohner in Freiwohnungen	Von je 1000 wohnten in Eigentümer-Wohnungen	Von je 1000 wohnten in Mietwohnungen	Von je 1000 wohnten in Dienstwohnungen	Von je 1000 wohnten in Freiwohnungen
Altona	3 174	33 524	698	291	84,2	889,6	18,5	7,7	15 510	137 890	3 173	524	98,7	877,8	20,2	3,3
Berlin	12 091	440 861[1])	4 900	12 227	25,7	937,9	10,4	26,0	53 634	1 709 095[1])	18 936	45 782	29,3	935,2	10,4	25,0
Breslau	3 918	92 157	5 053		38,7	911,3	50,0		19 295	367 246	17 340		47,8	909,3	42,9	
Charlottenburg	1 367	40 556	393	1 509	31,2	925,5	8,9	34,4	7 074	168 081	1 610	5 844	38,7	920,6	8,8	32,0
Chemnitz	4 214	43 607	402	532	86,4	894,4	8,2	10,9	21 162	177 272	1 737	2 052	104,6	876,6	8,6	10,2
Cöln a. Rh 1./12. 1897	10 553	62 401	1 469		141,8	838,6	19,7		.	.	.	.	.	.	.	.
Dresden	6 342	81 520	2 948[2])		69,8	897,7	32,5		31 288	332 669	11 764[2])		83,2	885,5	31,2	
Düsseldorf[3]) 3./12. 1901	5 461	37 432	974		124,5	853,3	22,2		.	.	.	.	.	.	.	.
Essen[4])	3 389	27 309	265	177	108,8	877,0	8,5	5,7	21 035	125 685	1 306	736	141,4	845,0	8,8	4,9
Halle a. S.	3 690	30 195	726	598	104,8	857,7	20,6	17,0	18 706	126 591	3 120	2 337	124,1	839,8	20,6	15,5
Hamburg[5])	8 815	143 815	684	2 928	56,3	920,6	4,4	18,7	.	.	.	.	.	.	.	.
Hannover	6 059	44 678	619	452	116,9	862,6	11,9	8,7	32 901	188 006	3 125	1 523	145,8	833,6	13,9	6,7
Karlsruhe i. B.[6])	2 836	16 328[7])	812	200	140,6	809,4	40,2	9,9	.	.	.	.	.	.	.	.
Kiel	2 609	18 812	319		120,0	865,3	14,7		15 304	80 842	4 640		151,8	802,0	46,3	
Königsberg i. Pr.	2 323	37 385	1 291		56,7	911,8	31,5		11 461	159 553	4 378		65,3	909,7	25,0	
Leipzig	6 884	89 682	2 156		69,8	908,4	21,8		33 739	403 244	8 891		75,7	904,4	19,9	
Lübeck	6 315	12 069	267	513	329,5	629,8	13,9	26,8	30 516	45 035	1 155	1 212	391,6	578,0	14,8	15,6
Magdeburg	3 800	47 811	2 186		70,6	888,8	40,6		18 120	193 977	7 476		82,5	883,4	34,0	
Mainz	3 933	23 860	1 402		134,7	817,3	48,0		.	.	.		.	.	.	.
München	8 791	99 484	4 577		77,9	881,5	40,6		43 171	409 588	17 482		91,8	871,0	37,2	
Plauen i. V. 12./10. 1901	2 847	13 526	224		171,5	815,0	13,5		15 797	58 974	1 034		208,4	778,1	13,6	
Posen	1 352	21 449	504	870	55,9	887,4	20,8	36,0	8 487	95 623	2 873	4 193	76,3	860,1	25,8	37,7
Straßburg i. E.	4 592	25 982	420	758	144,6	818,3	13,2	23,9	22 082	100 699	1 839	2 779	173,4	790,3	14,4	21,8
Stuttgart	5 088	32 053	1 157	50	132,7	835,9	30,2	1,3	29 686	132 014	5 516	256	177,3	788,2	32,9	1,5

[1]) Davon sind 5 236 Aftermieterwohnungen mit 10 306 Bewohnern. — [2]) Davon sind 1 585 Dienst- und Freiwohnungen mit 6 211 Bewohnern und 1 363 Hausmannswohnungen mit 5 553 Bewohnern. — [3]) Für 43 867 Wohnungen, außerdem 698 Wohnungen mit unbekanntem Mietverhältnis — [4]) Für 31 140 Wohnungen mit 148 762 Bewohnern, ausschl. der 5 494 Werkwohnungen (Krupp'sches Werk) mit 29 644 Bewohnern. — [5]) Für 156 242 Wohnungen mit 697 707 Bewohnern, einschl. der 492 Anstalten mit 20 566 Bewohnern. — [6]) Für 20 176 Wohnungen, ohne die 59 vorübergehend leeren Wohnungen. — [7]) Darunter 108 Wohnungen in Untermiete.

XIII. Die gewerbliche Nebenbenutzung der bewohnten Wohnungen und die Gewerbsgelasse am 1. Dezember 1900.

Städte	Wohnungen ohne gewerbliche Nebenbenutzung: Zahl der Wohnungen	auf 1000 bewohnte Wohnungen	Wohnungen mit gewerblicher Nebenbenutzung: Zahl der Wohnungen	auf 1000 bewohnte Wohnungen	Bewohner in Wohnungen ohne gewerbliche Nebenbenutzung: Zahl der Bewohner	auf 1000 Bewohner	Bewohner in Wohnungen mit gewerblicher Nebenbenutzung: Zahl der Bewohner	auf 1000 Bewohner	Von den gewerblich mitbenutzten Wohnungen waren: Eigentümer-Wohnungen	Miet-Wohnungen	Dienst-Wohnungen	Frei-Wohnungen	Außerdem: Wohnungen mit Geschäftslokalen (Gewerbsräumen) untrennbar verbunden	Gewerbsgelasse (Geschäftslokale): benutzte	leere
Altona	29 801	920,4	2 579	79,6	120 866	916,8	10 946	83,2	101	2 465	10	3	5 307	.	.
Barmen[1])	24 200	870,0	3 616	130,0	.	.	.	.	.	.	.	.	.	.	.
Berlin[2])	418 441	890,0	51 638[10])	109,9	1 599 182	875,1	228 265[10])	124,9	4 189	46 393	371	685	[10])	118 238	3 359
Breslau[1])	78 398	889,6	9 715	110,3	309 320	886,6	39 562	113,5	.	9 715	.	.	4 044	14 711	514
Charlottenburg	37 580	965,3	1 353	34,7	154 895	965,3	5 577	34,8	36	1 254	13	50	4 892	1 067	.
Chemnitz[3])	43 437	895,6	5 065	104,4	173 605	864,6	27 200	135,5	1 982	3 051	13	19	253	.	.
Dresden[4])	82 126	904,4	8 684	95,6	.	.	.	.	.	.	.	.	.	.	.
Düsseldorf[5]) 3./12. 1901	33 680	899,8	3 752	100,2	.	.	.	.	.	.	.	.	.	.	.
Essen	35 466	968,1	1 168	31,9	172 631	967,6	5 775	32,4	112[6])	1 056[7])	.	.	2 960	5 160	29
Halle a. S.	33 008	937,5	2 201	62,5	141 208	936,7	9 546	63,3	.	.	.	.	.	.	.
Hamburg	132 056	845,2	24 186	154,8	570 796	818,1	126 911	181,9	2 321	21 771	42	52	.	24 713	.
Hannover	47 763	921,9	4 045	78,1	.	.	.	.	769[6])	3 276	.	.	.	.	.
Kiel	19 758	908,8	1 982	91,2	88 188	875,0	12 598	125,0	.	.	.	.	.	.	.
Königsberg i. Pr.	34 527	910,2	3 408	89,8	143 846	907,7	14 633	92,3	97	3 288	23		3 064	.	.
Leipzig[1])	83 612	975,6	2 094	24,4	372 905	973,1	10 314	26,9	.	2 094	.	.	2	12 211	677
Lübeck	15 585	944,3	919	55,7	59 590	.	.	.	329	590	.	.	2 660	1 012	58
Magdeburg	45 114	939,1	2 930	60,9	177 696	937,0	11 971	63,1	95	2 786	49		5 753[8])	.	222
Mannheim	21 209	888,9	2 651	111,1	.	.	.	.	.	.	.	.	.	.	.
Plauen i. V.[2]) 12./10. 1901	14 110	850,2	2 487	149,8	.	.	.	.	1 486	1 001	.	.	.	.	.
Posen	21 922	906,8	2 253	93,2	96 506	868,0	14 670	132,0	.	1 780	.	.	.	4 269	72
Straßburg i. E.[9])	30 479	982,8	533	17,2	121 618	983,6	2 044	16,5	43	472	3	15	1 322	3 545	116

1) Nicht für die Wohnungen überhaupt, sondern nur für die Mietwohnungen. — 2) Wohnungen ohne bezw. mit Gewerberäumen. — 3) Wohnungen ohne bezw. mit besonderen Gewerberäumen. — 4) Wohnungen ohne bezw. mit Gewerberäumen im Hause. — 5) Nur für Mietwohnungen ohne bezw. mit Gewerberäumen. — 6) Einschl. der Dienst- und Freiwohnungen. — 7) Darunter 15 Werkwohnungen (Krupp'sches Werk). — 8) Einschl. derjenigen Wohnungen, deren Gewerberäume zwar auf demselben Grundstück sich befinden, die aber nicht untrennbar mit der Wohnung verbunden sind. — 9) Einschl. von 582 Wohnungen mit 2 871 Bewohnern in öffentlichen Anstalten. — 10) Wohnungen mit Gewerberäumen überhaupt, einschl. von 34 439 mit Geschäftslokalen untrennbar verbundenen Wohnungen mit 149 673 Bewohnern.

XIV. Besetzte Mietwohnungen nach Mietzinsstufen in Mark am 1. Dezember 1900.

Städte	Jährlicher Mietpreis, Mark								
	0—250	251—500	501—1000	1001—1500	1501—2000	2001—2500	2501—3000	über 3000	ohne Angabe
A. Mietwohnungen überhaupt.									
Altona [1])	10 933	17 482	4 075	605	228	87	36	78	—
Breslau	56 834	19 550	11 153	2 845	960	337	165	225	88
Charlottenburg [2])	9 711	14 034	10 183	3 404	2 398	1 252	789	1 297	757
Chemnitz	32 390	8 522	2 216	358	91	24		6	—
Danzig [3])	20 003	6 673	2 729	687	116		179		.
Dresden	26 979	34 555	14 158	3 239	1 280	556	283	467	3
Essen	17 574	6 954	2 219	371	117	35	12	11	16
Halle a. S. [1])	19 825	7 317	2 446	457	106	32	10	2	.
Hamburg [4])	35 053	70 832	30 143	6 974	3 382	1 689	1 007	2 094	4576 [5])
Hannover	17 072	17 588	7 196	1 622	611	223	113	158	95
Karlsruhe i. B. [1])	5 694	6 304	2 830	736 [7])	156 [7])	60	37	16	495 [6])
Kiel	10 875	5 650	1 738	363	112	33	12	29	.
Leipzig	34 544	36 886	13 498	2 667	1 082	401	242	362	.
Lübeck	8 212	2 662	907	166	65	18	14	25	.
Magdeburg	23 372 [8])	15 961 [8])	5 401	1 245	489	175	107	171	890
München	37 529 [8])	32 776 [8])	22 064	4 021	1 447		917		730
Plauen i. V. 12.10.1901	7 893 [8])	4 643 [8])	877	99	12		2		.
Posen	12 804	4 612	2 749	817	280	90	43	54	.
Von 1000 Wohnungen									
Altona [1])	326,1	521,5	121,5	18,0	6,8	2,6	1,1	2,3	.
Breslau	616,7	212,2	121,0	30,9	10,4	3,7	1,8	2,4	0,9
Charlottenburg [2])	221,6	320,2	232,4	77,7	54,7	28,6	18,0	29,6	17,3
Chemnitz	742,7	195,4	50,8	8,2	2,1	0,6		0,1	.
Danzig [3])	658,3	219,6	89,8	22,6	3,8		5,9		.
Dresden	330,9	423,9	173,7	39,8	15,7	6,8	3,5	5,7	0,0
Essen	643,6	254,7	81,3	13,6	4,3	1,3	0,4	0,4	0,6
Halle a. S. [1])	656,6	242,3	81,1	15,1	3,5	1,1	0,3	0,1	.
Hamburg [4])	225,1	454,8	193,6	44,8	21,7	10,8	6,5	13,4	29,4
Hannover	382,1	393,7	161,1	36,8	13,7	5,0	2,5	3,5	2,1
Karlsruhe i. B. [1])	348,7	386,1	173,3	45,1 [7])	9,6 [7])	3,7	2,3	1,0	30,3
Kiel	578,2	300,4	92,4	19,3	6,0	1,8	0,6	1,5	.
Leipzig	385,1	411,3	150,5	29,7	12,1	4,5	2,7	4,0	.
Lübeck	680,4	220,6	75,1	13,8	5,4	1,5	1,2	2,1	.
Magdeburg	488,9 [8])	333,9 [8])	113,0	26,0	10,2	3,7	2,2	3,6	18,6
München	377,3 [8])	329,4 [8])	221,8	40,4	14,5		9,2		7,3
Plauen i. V. 12.10.1901	583,6 [8])	343,3 [8])	64,8	7,8	0,9		0,1		.
Posen	597,0	215,0	128,0	38,1	13,1	4,2	2,0	2,5	.
B. Mietwohnungen ohne gewerbliche Nebenbenutzung.									
Altona [1])	10 105	14 353	2 494	228	81	16	1	8	.
Breslau	51 134	15 600	8 621	1 898	655	219	98	99	74
Chemnitz	30 901	7 267	1 829	304	78	18		4	.
Dresden [9])	26 416	32 573	11 504	2 546	1 015	433	231	294	3
Hamburg [10])	33 940	62 605	21 496	4 240	2 147	1 101	669	1 429	4429 [5])
Hannover	16 569	16 232	6 296	1 350	472	181	96	120	86
Leipzig	34 093	34 898	11 143	1 976	808	315	182	197	.
Lübeck	7 705	2 260	678	99	25	6	1	.	.
Magdeburg	22 306 [8])	13 181 [8])	3 535	590	243	73	41	28	679
Mannheim	5 583 [8])	11 470 [8])	2 916	782 [7])	264 [7])	110	61	23	-

Anmerkungen siehe nächste Seite.

Noch Tabelle XIV.

Städte		Jährlicher Mietpreis, Mark: 0–250	251–500	501–1000	1001–1500	1501–2000	2001–2500	2501–3000	über 3000	ohne Angabe
		Noch B. Mietwohnungen ohne gewerbliche Nebenbenutzung. Von 1000 Wohnungen								
Altona[1])		370,3	526,0	91,4	8,4	3,0	0,6	0,0	0,3	.
Breslau		652,2	199,0	110,0	24,2	8,4	2,8	1,2	1,3	0,9
Chemnitz		765,0	179,9	45,3	7,5	1,9	0,4		0,1	.
Dresden[9])		352,2	434,3	153,4	33,9	13,5	5,8	3,1	3,9	0,0
Hamburg[10])		257,0	474,0	162,8	32,1	16,3	8,3	5,1	10,8	33,5
Hannover		400,2	392,1	152,1	32,6	11,4	4,4	2,3	2,9	2,1
Leipzig		407,8	417,4	133,3	23,6	9,7	3,8	2,2	2,4	.
Lübeck		715,0	209,8	62,9	9,2	2,3	0,6	0,1	.	
Magdeburg		548,3[8])	324,0[8])	86,9	14,5	6,0	1,8	1,0	0,7	16,7
Mannheim		263,4[8])	540,8[8])	137,5	36,9[7])	12,4[7])	5,2	2,9	1,1	.
		C. Die Bewohner der Mietwohnungen. a = Mietwohnungen überhaupt. b = ohne gewerbliche Nebenbenutzung.								
Hamburg[10])	b	129 581	277 004	97 366	20 581	11 658	6 337	4 108	9 891	14 270
Lübeck	b	27 556	8 488	2 857	472	135	43	7	.	.
Magdeburg	a	87 057[8])	66 773[8])	24 188	6 300	2 703	1 013	678	1 364	3 901
München	a	73 878[8])	199 781[8])	102 209	30 297					3 423
Plauen i. V. 12. 10. 1901	a	32 834[8])	21 189[8])	4 298	563	76	14			.
		Von 1000 Bewohnern								
Hamburg[10])	b	227,0	485,4	170,6	36,1	20,4	11,1	7,2	17,3	25,0
Lübeck	b	696,6	214,6	72,2	11,9	3,4	1,1	0,2	.	.
Magdeburg	a	448,8[8])	344,3[8])	124,7	32,5	13,9	5,2	3,5	7,0	20,1
München	a	180,4[8])	487,8[8])	249,5	74,0					8,4
Plauen i. V. 12. 10. 1901	a	556,8[8])	359,3[8])	72,9	9,5	1,3	0,2			.

[1]) Ausschließlich der vorübergehend leeren Wohnungen. [2]) Nicht für die Mietwohnungen, sondern für 43 825 Wohnungen überhaupt. [3]) Für 30 387 Wohnungen nach einer Erhebung im ersten Vierteljahr 1900. [4]) Nicht für die Mietwohnungen, sondern für 155 750 Wohnungen überhaupt. [5]) Freiwohnungen, Amtswohnungen und ohne Angabe. [6]) Darunter 108 Wohnungen in Untermiete. [7]) 1001—1600 Mk., 1601—2000 Mk. [8]) 0—200 Mk., 201—500 Mk. [9]) Mietwohnungen ohne Gewerberäume im Hause. [10]) Nicht für die Mietwohnungen, sondern für 132 056 Wohnungen überhaupt ohne gewerbliche Nebenbenutzung mit 570 796 Bewohnern.

XV. Durchschnittlicher Mietpreis oder Wert einer Wohnung in Mark am 1. Dezember 1900.

Städte	Jährlicher Durchschnittspreis einer benutzten bezw. vermieteten				
	Wohnung überhaupt	Mietwohnung überhaupt	Mietwohnung ohne gewerbl. Nebenbenutzung	Mietwohnung mit gewerbl. Nebenbenutzung	Mietwohnung mit Gewerbsräumen untrennb. verbund.
Altona	428	385	332	335	773
Berlin	576	546	433[1])	1491[2])	.
Breslau	.	336	306	351	887
Charlottenburg	788	766	697[1])		1330
Chemnitz	246	229	220	335	580
Dresden	502	467	429[3])	907[4])	.
Düsseldorf 3. 12. 1901	494	372			1138
Essen	287	283	.		1428
Halle a. S.	297	268	265	297	.
Hamburg	577	.	505	959	.
Hannover	475	433	414	672	.
Karlsruhe i. B.	.	431	.	.	.
Kiel	.	505	246	552	.
Königsberg i. Pr.	353	339	332	394	387
Leipzig	446	424	387	658	1071
Lübeck	351[5])	272	238	562 (zusammen)	
Magdeburg		348	283	351	973[6])
Mainz	[7])	[8])	.	.	.
Mannheim	691	717	397	1037	
München	464	479	.	.	
Plauen i. V. 12. 10. 1901	271	244	239[1])	311[2])	.
Posen	363	356	303	946	.
Straßburg i. E.	396	374	330	308	1434
Zwickau[9])	.	.	.	.	.

Anmerkungen siehe Seite 101.

XVI. Der durchschnittliche Mietpreis einer Mietwohnung ohne gewerbliche Nebenbenutzung nach Stockwerken am 1. Dezember 1900.

Städte	Jährlicher Durchschnittspreis in Mark										
	im Keller (Souterrain)	im Erdgeschoß (Parterre)	im Zwischenstock (Entresol)	im I. Stock (1 Treppe hoch)	im II. Stock (2 Treppen hoch)	im III. Stock (3 Treppen hoch)	im IV. Stock (4 Treppen hoch)	im V. Stock und höher	in mehreren Stockwerken	das ganze Haus umfassend	ohne Höhenangabe
Altona	223	330	.	329	329	337	329	180	.	741	.
Berlin[1])	261	384	[2])	549	506	418	315	243	2805	.	.
Breslau	135	311	.	373	367	312	181	149	.	.	.
Charlottenburg[3])	215	751	.	827	755	666	415	286	3205	.	.
Chemnitz	114	215	.	234	237	218	136	148	.	1097	.
Dresden[4])	241	540	404	517	480	387	287	188	1950 (zusammen)		.
Düsseldorf 3. 12. 1901	452[5])	351	.	373	370	304	204	.	475	1464	420
Essen	156	266	.	274	273	252	184	.	.	755	169[6])
Hamburg	275	424	.	420	401	457	398	276	1275	2075	.
Hannover[4])	212	436	.	474	441	375	258	193	.	1869	.
Karlsruhe i. B.	.	418	.	497	511	409	300	.	1194	2326	193[7])
Königsberg i. Pr.	163	297	.	349	357	323	224	244	1190	.	.
Leipzig	209	374	.	424	411	384	289	225	.	3369	.
Lübeck[8])	.	.	.	.	.	.	.	.	.	.	.
Magdeburg[9])	177	221	.	270	295	311	314	261	1194	.	.
Mainz[10])	.	.	.	.	.	.	.	.	.	.	.
Plauen i. V. 12. 10. 1901[4])	131	224	.	249	338	375	240	.	.	.	162[6])
Straßburg i. E.	135	241	.	345	356	345	251	163	.	.	.

Anmerkungen siehe Seite 101.

XVII. Jährlicher Durchschnittspreis eines heizbaren Zimmers[1]) in Mark am 1. Dezember 1900.

Städte	A. Für ein heizbares Zimmer[1]) überhaupt	A. … in Mietwohnungen ohne gewerbl. Nebenbenutzung	B. In Mietwohnungen ohne gewerbliche Nebenbenutzung mit . . . heizbaren Zimmern[1]) 1 ohne Zubehör	1 mit Zubehör	2	3	4	5	6	7	8	9	10 und mehr
Altona	192	158	154	233	199	134	138	154	173	194	178	179	207
Berlin[2])	.	235	.		.	.	.	.	.	.		.	.
Breslau		164	152		126	174	195	222	245	265	277		
Charlottenburg[2])	277	246	216		174	208	231	263	288	316	335	355	398
Chemnitz	142	141	.			.		.		.	.		.
Dresden[3])	.	204	221		179	176	193	217	240	258	262	289	301
Düsseldf. 3.12.1901[4])	.	114	122		112	103	103	117	122	129	138	153	138
Essen[5])	87	95	90		83	84	96	107	117	125	132	132	140
Frankfurt a. O.	.	.	79	89	92	105	115	130	142	146	150	.	
Hamburg	209	181	214		152	141	158	193	234	245	248	251	324
Hannover	204	.	211		177	179	195	203	198	213	.	.	.
Königsberg i. Pr.	182	185	.		.	.		.	.	.	.	.	.
Leipzig	179	163	92	191	144	143	162	181	207	222	257		
Lübeck	159[6])	129	82	146	119	120	125	127	140	149	152		
Magdeburg	.	.	154		126	138	145	157	185	207	233	229	232
Mainz	150	150	.		.	.		.	.	.	.	.	
Mannheim[7])	183	.	113	186	118	142	159	177	198	226	230	227	235
München[8])	178	.	231	340	149	172	190	221	248		290		?
Plauen i. V. 12.10.1901[8])	168	168	79	179	158	158	155	166	180	181	157		
Posen[9]) a	.	169	112	152	139	168	182	.	.	.	.	.	.
" b	.	138	108	159	129	147	162	.		.	.	.	.
Straßburg i. E.	126	113	63	103	81	94	116	136	158	174	175	175	169

C. In Mietwohnungen ohne gewerbliche Nebenbenutzung im[1])

Städte	Keller	Erdgeschoß	Zwischenstock	I. Stock	II. Stock	III. Stock	IV. Stock	V. Stock und höher	in mehreren Stockwerken	das ganze Haus umfassend	ohne Höhenangabe
Altona	170	162	.	165	156	144	133	180	.	189	.
Berlin[2])	196	231	[10])	251	242	224	206	195	438	.	.
Breslau	110	164	.	180	174	161	131	117	237	.	.
Charlottenburg[2])	133	255	.	266	248	234	194	171	338	.	.
Chemnitz	65	131	.	146	146	141	114	148	.	213	.
Dresden[3])	192	268	158	225	209	192	187	149	364		.
Düsseldf. 3.12.1901[4])	115	106	.	117	114	105	94	.	114	182	125
Essen[5])	58	94	.	96	96	87	73	.	.	120	73[11])
Halle a. S.	98	127	127	132	128	117	115	68	144	.	111[11])
Hamburg	140	171	.	169	167	164	149	155	219	279	.
Königsberg i. Pr.	148	183	.	193	186	175	160	148	199	.	.
Leipzig	117	166	.	176	168	157	137	108	.	305	.
Mainz	.	140	.	180	160	120	[12])	.	.	.	.
Plauen i. V. 12.10.1901[8])	112	162	.	169	186	187	240	.	.	.	145[11])
Posen[9]) a	137	157	.	180	176	166	144	125	214	160	118[11])
" b	120	130	.	142	146	141	133	122	148	121	120[11])
Straßburg i. E.	54	93	.	117	117	113	96	78	.	194	.

Anmerkungen siehe Seite 101.

XVIII. Die leerstehenden Wohnungen nach der Höhen- oder Stockwerklage am 1. Dezember 1900.

Städte	Höhenlage der leerstehenden Wohnungen										
	Keller (Souterrain)	Erdgeschoß (Parterre)	Zwischenstock (Entresol)	I. Stock (1 Treppe hoch)	II. Stock (2 Treppen hoch)	III. Stock (3 Treppen hoch)	IV. Stock (4 Treppen hoch)	V. Stock und höher	in mehreren Stockwerken	das ganze Haus umfassend	ohne Höhenangabe
Altona	32	127	.	127	67	22	13	15	.	12	3
Berlin	327	787	178[1])	582	430	361	230	9	2	.	.
Breslau	58	406	.	493	414	357	235		7	.	.
Chemnitz	.	121	.	154	143	91	54	1	.	5	.
Dresden	140	929	6	1 236	1 042	764	319	20	71		.
Essen	.	94	.	124	94	10	122	.	.	21	.
Frankfurt a. M.	5	199	5	361	249	144	49	.	.	33	51[2])
Görlitz	37	224	.	263	258	179	143	.	.	9	.
Hamburg[4])	940	1 245	.	742	539	373	156	22	35	600	.
Hannover	1	136	.	292	186	110	43		1	.	2
Karlsruhe i. B.	51		.	74	53	36	6	.	1	1	144[3])
Kiel	8	34	.	57	31	17	6	.	.	.	1[2])
Leipzig	7	358	.	551	404	310	71	1	.	8	.
Lübeck	4	118	.	164	76	10	.	.	.	47	.
Plauen i. V. 12./10. 1901	9	39	.	48	22	2	.	.	.	.	50[2])
Straßburg i. E.	.	159	.	232	178	85	34	.	.	19	.
	Von 100 leerstehenden Wohnungen										
Altona	7,7	30,4	.	30,4	16,0	5,3	3,1	3,6	.	2,9	0,7
Berlin	11,8	27,1	6,1	20,0	14,8	12,4	7,9	0,3	0,1	.	.
Breslau	2,9	20,6	.	25,0	21,0	18,1	11,9		0,4	.	.
Chemnitz	.	21,3	.	27,1	25,1	16,0	9,5	0,2	.	0,9	.
Dresden	3,1	20,5	0,1	27,3	23,0	16,9	7,0	0,4	1,6	.	.
Essen	.	20,2	.	26,7	20,2	2,2	26,2	.	.	4,5	.
Frankfurt a. M.	0,5	18,1	0,5	32,9	22,7	13,1	4,5	.	.	3,0	4,7
Görlitz	3,3	20,1	.	23,6	23,2	16,1	12,8	.	.	0,8	.
Hamburg	20,2	26,8	.	16,0	11,6	8,0	3,4	0,5	0,8	12,9	.
Hannover	0,1	17,6	.	37,9	24,1	14,3	5,6		0,1	.	0,3
Karlsruhe i. B.	13,9		.	20,2	14,5	9,8	1,6	.	0,3	0,3	39,3
Kiel	5,2	22,1	.	37,0	20,1	11,0	3,9	.	.	.	0,6
Leipzig	0,4	20,9	.	32,2	23,6	18,1	4,2	0,1	.	0,5	.
Lübeck	1,0	28,2	.	39,1	18,1	2,4	.	.	.	11,2	.
Plauen i. V. 12./10. 1901	5,3	22,9	.	28,2	12,9	1,2	.	.	.	.	29,4
Straßburg i. E.	.	22,5	.	32,8	25,2	12,0	4,8	.	.	2,7	.

1) Davon im Hochparterre 20, im Halbstock 158. 2) Dachwohnungen. 3) Davon in Mansarden 32 und ohne Höhenangabe 112. 4) Leere Gelasse.

XIX. Die leerstehenden Wohnungen nach der Zahl der heizbaren Zimmer am 1. Dezember 1900.

Städte	Es wurden leerstehende Wohnungen gezählt mit ... heizbaren Zimmern[1])												
	0	1 ohne Zubehör	1 mit Zubehör	2	3	4	5	6	7	8	9	10 und mehr	Zimmerzahl unbekannt
Altona	2	28	79	92	65	79	37	21	5	6	2	2	.
Breslau	10	527		470	398	249	134			182			.
Chemnitz	2	59	237	116	59	36	33	16	3	2	1	5	.
Cöln a. Rh.[2]) 1./12. 1897	.	421		892	619	455	282	173	130		226		5
Danzig[6])	.	217		195	124	76			90				.
Dresden	30	235	1388	1210	756	421	179	148	68	33	22	37	.
Düsseldorf[3]) 3./12. 1901	1	67		289	277	169			302				.
Essen[2])	.	15	8	160	128	71	43	16	9	7	2	6	.
Frankfurt a. M.	.	57	87	257	216	149	127	114		89			.
Frankfurt a. O.	.	11	20	15	5	15	2	2	1		1		.
Görlitz	14	233	264	282	191	72	28	14	6	9	.	.	.
Hannover	3	144		222	151	105	67			79			.
Karlsruhe i. B.[4])		17		60	74	36	25	21	3		11		119
Kiel[4])	.	4		60	46	15	19	4	1		5		.
Königsberg i. Pr.	2	41	377	338	199	107	49	37	24		26		.
Leipzig	.	327		363	350	286	116	75	47		67		79[7])
Lübeck	7	25	132	119	47	29	29	9	7	.	4	11	.
Magdeburg Okt. 1900	.	49		35	73	88		162			10		.
Mannheim[4])	.	21	74	99	53	34	25	14	9		5		.
München	61	419	617	1733	1604	766	361	243			82[5])		.
Plauen i. V. 12. 10. 1901	2	8	105	25	13	4	2	5	1	.	5		.
Straßburg i. E.	.	16	46	177	171	150	55	35	20	18	7	12	.
	Von 100 leerstehenden Wohnungen												
Altona	0,5	6,7	18,9	22,0	15,6	18,9	8,9	5,0	1,2	1,4	0,5	0,5	.
Breslau	0,5	26,8		23,9	20,2	12,6	6,8			9,2			.
Chemnitz	0,4	10,4	41,7	20,4	10,4	6,3	5,8	2,8	0,5	0,4	0,2	0,9	.
Cöln a. Rh.[2]) 1./12. 1897	.	13,1		27,8	19,3	14,2	8,8	5,4	4,1		7,1		0,2
Danzig[6])	.	30,9		27,8	17,7	10,8			12,8				.
Dresden	0,7	5,2	30,7	26,7	16,7	9,3	4,0	3,3	1,5	0,7	0,5	0,8	.
Düsseldorf[3]) 3./12. 1901	0,1	6,1		26,2	25,1	15,3			27,3				.
Essen[2])	.	3,2	1,8	34,4	27,5	15,3	9,2	3,4	1,9	1,5	0,4	1,3	.
Frankfurt a. M.	.	5,2	7,9	23,4	19,7	13,6	11,6	10,4		8,1			
Frankfurt a. O	.	15,3	27,8	20,8	6,9	20,8	2,8	2,8	1,4		1,4		.
Görlitz	1,3	20,9	23,7	25,3	17,2	6,5	2,5	1,3	0,5	0,8	.	.	.
Hannover	0,4	18,7		28,8	19,6	13,6	8,7			10,2			.
Karlsruhe i. B[4])		4,6		16,4	20,2	9,8	6,8	5,7	0,8		3,0		32,5
Kiel[4])	.	2,6		39,0	29,9	9,7	12,3	2,6	0,6		3,2		.
Königsberg i. Pr.	0,2	3,4	31,4	28,2	16,6	8,9	4,1	3,1	2,0		2,2		.
Leipzig	.	19,1		21,2	20,5	16,7	6,8	4,4	2,7		3,9		4,6
Lübeck	1,7	6,0	31,5	28,4	11,2	6,9	6,9	2,1	1,7	.	1,0	2,6	.
Magdeburg Okt. 1900	.	11,8		8,4	17,5	21,1		38,8			2,4		.
Mannheim[4])	.	6,3	22,2	29,6	15,9	10,2	7,5	4,2	2,7		1,5		.
München	1,0	7,1	10,5	29,4	27,3	13,0	6,1	4,1			1,4		.
Plauen i. V. 12./10. 1901	1,2	4,7	61,8	14,7	7,6	2,4	1,2	2,9	0,6		2,9		.
Straßburg i. E.	.	2,3	6,5	25,0	24,2	21,2	7,8	5,0	2,8	2,4	1,0	1,7	

Anmerkungen vergl. Seite 101.

XX. Größe der Haushaltungen am 1. Dezember 1900.

Städte	Zahl der Haushaltungen mit . . Mitgliedern											
	0[1])	1	2	3	4	5	6	7	8	9	10	über 10
Altona	.	2 637	6 420	7 270	6 814	5 465	3 901	2 402	1 451	690	324	313
Berlin[2])	737	36 621	85 022	99 761	92 111	68 790	42 942	23 596	11 669	5 411	2 351	1 966
Breslau	254	9 428	17 662	19 419	17 829	14 545	9 704	6 017	3 235	1 614	725	696
Charlottenburg	26	2 172	6 941	9 044	8 953	6 966	4 488	2 571	1 414	649	312	289
Chemnitz	8	3 542	8 161	9 561	9 013	7 183	4 766	3 011	1 692	891	492	435
Cöln a. Rh.	.	6 397	13 342	15 353	14 439	11 772	8 579	5 611	3 307	1 844	955	1 154
Dresden	.	7 715	17 061	18 452	16 774	12 773	8 728	5 285	2 997	1 540	762	928
Elberfeld	.	2 949	5 387	6 166	5 757	4 708	3 683	2 518	1 629	968	549	575
Essen	.	1 500	4 818	6 233	6 128	5 250	4 378	3 132	2 129	1 275	740	1 051
Frankfurt a. M.	.	2 721	8 346	11 715	11 706	9 840	7 173	4 550	2 672	1 409	688	757
Frankfurt a. O.	.	1 526	13 146									
Görlitz	146	2 540	4 580	4 601	3 761	2 677	1 591	817	442	219	100	121
Halle a. S.	.	2 695	5 565	6 677	6 343	5 235	3 658	2 336	1 414	748	368	393
Hamburg	357	12 508	26 143	31 157	30 036	24 381	16 853	10 416	5 881	2 857	1 395	1 317
Hannover	.	3 062	7 883	9 956	9 884	8 140	5 672	5 453		1 503		509
Karlsruhe i. B.[4])	59	1 219	2 819	3 890	3 696	3 193	2 186	1 375	825	426	246	335
Königsberg i. Pr.	3	2 702	7 387	8 517	7 738	6 243	4 386	2 695	1 479	756	349	371
Lübeck [3])a	134	1 772	3 475	3 674	3 261	2 513	1 721	1 158	697	394	213	230
" [3])b	134	1 755	3 451	3 634	3 226	2 479	1 710	1 145	689	391	211	228
München	988	7 705	20 189	23 419	21 116	16 667	11 218	10 526		2 889		963
Posen	.	1 535	3 606	4 204	4 095	3 525	2 766	1 920	1 221	630	314	321
Stettin	.	2 927	45 747									
Straßburg i. E.	483	2 666	6 027	6 239	5 634	4 346	2 866	1 810	1 008	542	308	317
Wiesbaden	.	1 676	3 162	3 877	3 551	2 644	1 871	1 071	668	390	196	268
	Von 1000 Haushaltungen											
Altona	.	70,0	170,4	192,9	180,8	145,0	103,5	63,7	38,5	18,3	8,6	8,3
Berlin[2])	1,6	77,8	180,5	211,8	195,6	146,1	91,2	50,1	24,8	11,5	5,0	4,2
Breslau	2,5	93,2	174,6	192,0	176,3	143,8	95,9	59,5	32,0	16,0	7,2	6,9
Charlottenburg	0,6	49,6	158,4	206,4	204,3	159,0	102,4	58,6	32,3	14,8	7,1	6,6
Chemnitz	0,2	72,7	167,4	195,9	184,9	147,3	97,8	61,8	34,7	18,3	10,1	8,9
Cöln a. Rh.	.	77,3	161,2	185,5	174,5	142,2	103,7	67,8	40,0	22,3	11,5	13,9
Dresden	.	82,9	183,4	198,4	180,3	137,3	93,8	56,8	32,2	16,6	8,2	10,0
Elberfeld	.	84,5	154,4	176,7	165,0	135,0	105,6	72,2	46,7	27,7	15,7	16,5
Essen	.	41,0	131,5	170,1	167,3	143,3	119,5	85,5	58,1	34,8	20,2	28,7
Frankfurt a. M.	.	44,2	135,5	190,2	190,1	159,8	116,5	73,9	43,4	22,9	11,2	12,3
Frankfurt a. O.	.	104,0	896,0									
Görlitz	6,8	117,6	212,1	213,1	174,2	124,0	73,7	37,8	20,5	10,1	4,6	5,6
Halle a. S.	.	76,0	157,1	188,5	179,1	147,8	103,2	65,9	39,9	21,1	10,4	11,1
Hamburg	2,2	76,6	160,1	190,8	183,9	149,3	103,2	63,8	36,0	17,5	8,5	8,1
Hannover	.	58,8	151,4	191,2	189,8	156,4	109,0	104,7		28,9		9,8
Karlsruhe i. B.	2,9	60,1	139,1	191,9	182,3	157,5	107,9	67,8	40,7	21,0	12,1	16,5
Königsberg i. Pr.	0,1	63,4	173,3	199,8	181,5	146,5	102,9	63,2	34,7	17,7	8,2	8,7
Lübeck [3])a	7,0	92,1	180,6	191,0	169,5	130,6	89,4	60,2	36,2	20,5	11,1	12,0
" [3])b	7,0	92,1	181,1	190,9	169,3	130,1	89,7	60,1	36,1	20,5	11,1	12,0
München	8,5	66,6	174,5	202,5	182,5	144,1	97,0	91,0		25,0		8,3
Posen	.	63,6	149,4	174,2	169,7	140,1	111,6	79,5	50,6	26,1	13,0	13,3
Stettin	.	60,1	939,9									
Straßburg i. E.	15,0	82,7	186,9	193,5	174,7	134,8	88,9	56,1	31,3	16,8	9,5	9,8
Wiesbaden	.	86,5	163,2	200,1	183,3	136,5	96,6	55,3	34,5	20,1	10,1	13,8

[1]) Vorübergehend abwesende Haushaltungen. — [2]) Für 470 977 Haushaltungen, einschl. von 898 Schiffshaushaltungen. — [3]) a = einschließlich der Anstaltshaushaltungen, b = ausschl. derselben [4]) Vorläufige Zahlen.

XXI. Zusammensetzung der Haushaltungen am 1. Dezember 1900.

Städte	Einzelhaushaltungen		Übrige Haushaltungen (ausschl. der Einzelhaushaltungen)				Zusammen Haushaltungen Spalte 2 + 4 + 6
			Haushaltungen, nur aus Familiengliedern[1]) bestehend		Haushaltungen, aus Familiengliedern[1]) und Fremden bestehend		
	überhaupt	auf 1000 Haushaltungen	überhaupt	auf 1000 Haushaltungen	überhaupt	auf 1000 Haushaltungen	
1.	2.	3.	4.	5.	6.	7.	8.
Altona	2 637	70,0	22 482	596,5	12 568	333,5	37 687
Berlin[2])	36 621[3])	77,9	269 432	573,0	164 187	349,1	470 240[2])
Breslau[4])	9 428	93,5	56 709	562,1	34 737	344,4	100 874[4])
Charlottenburg[5])	4 517	103,1	19 488	445,0	19 794	451,9	43 799[5])
Chemnitz	3 434	70,4	25 724	527,7	19 597	402,0	48 755
Cöln a. Rh.	6 397	77,3	76 356	922,7			82 753
Dresden	7 699	82,8	50 493	542,9	34 823	374,4	93 015
Elberfeld	2 949	84,5	24 473	701,5	7 467	214,0	34 889
Essen	1 500	40,9	30 890	443,3	4 244	115,8	36 634
Frankfurt a. M.[6])	2 721	44,4	28 285	461,7	30 256	493,9	61 262[6])
Frankfurt a. O	1 526	104,0	13 146	896,0			14 672
Görlitz	2 553	118,2	18 613	862,0	429	19,9	21 595
Halle a. S.	2 695	76,1	32 737	924,0			35 432
Hamburg[7])	12 508	76,8	93 561	574,2	56 875	349,0	162 944[7])
Hannover	3 062	58,8	49 000	941,3			52 062
Königsberg i. Pr.	2 702	63,4	39 924	936,6			42 626
Leipzig	4 747	47,0	96 283	953,0			101 030
Lübeck[8]) [9])a	1 772	92,7	11 898	622,7	5 438	284,6	19 108[8])
" [9])b	1 755	92,8	11 781	622,6	5 383	284,5	18 919[8])
Mannheim	1 368	46,8	15 664	535,6	12 213	417,6	29 245
München[10])	7 705	67,1	48 843	425,9	58 144	507,0	114 692[10])
Posen	1 535	63,6	14 118	584,9	8 484	351,5	24 137
Stettin	2 927	60,1	45 747	939,9			48 674
Straßburg i. E.[11])	2 666	83,9	19 473	613,1	9 624	303,0	31 763[11])
Wiesbaden	1 676	86,5	17 698	913,5			19 374

[1]) Einschl. der Verwandten. [2]) Ausschl. von 737 vermieteten Wohnungen mit abwesender Haushaltung. [3]) Einzeln gezählte Ortsanwesende. [4]) Ausschl. von 254 vorübergehend abwesenden Haushaltungen. [5]) Ausschl. von 26 vorübergehend abwesenden Haushaltungen. [6]) Ausschl. von 315 Haushaltungen ohne selbständige Wohnungen. [7]) Ausschl. von 357 vorübergehend abwesenden Haushaltungen. [8]) Ausschließlich von 134 vorübergehend abwesenden Haushaltungen. [9]) a = einschl. der Anstaltshaushaltungen, b = ausschl. derselben. [10]) Ausschl. von 988 vorübergehend abwesenden Haushaltungen. [11]) Ausschl. der 483 vorübergehend abwesenden Haushaltungen.

XXII. Arten der Haushaltungs-

Städte	Einzeln lebende Personen	Familienhäupter (Haushaltungsvorstände)	deren Ehegatten	Kinder, eigene	Verwandte	deren Kinder	Gewerbegehilfen
Altona	2 637	35 050	27 787	66 724	4 677	279	2 078
Berlin[1])	36 621[2])	433 253	329 402	685 444[3])	63 423	11 677	20 434
Breslau	9 428	91 219	66 571	162 053	15 559	145	6 887
Charlottenburg	4 517	39 282	31 858	74 027[4])			1 885
Chemnitz	3 434	45 307	38 069	85 209	5 398		3 002
Cöln a. Rh.	6 397	76 356	229 141				7 354
Dresden[1])	7 699	150 926		138 395	14 648		7 629
Elberfeld	2 949	31 916	25 740	74 673	3 526	.	2 413
Essen	1 500	35 134	119 320				3 243
Frankfurt a. M.	2 406	48 856	38 135	133 870			5 379
Görlitz	2 553	19 042	13 680	22 951	1 143		4 836
Hamburg	12 508	268 674		301 331[8])			11 871
Königsberg i. Pr.	2 702	144 192					4 560
Leipzig	4 747	95 065	77 653	180 646	13 133	2 482	7 684
Lübeck a[11])	1 772	17 082	14 271	31 420	2 558		2 324
" b[11])	1 755	16 910	14 134	31 079	2 526		2 307
München	7 705	106 792	80 387	161 137	16 045		8 351
Posen	1 535	91 848			.	.	2 189
Straßburg i. E.	2 666	29 097	23 425	55 939			2 622
Wiesbaden	1 676	17 698	46 029				2 348

Von 1000 Haus

Städte	Einzeln lebende Personen	Familienhäupter (Haushaltungsvorstände)	deren Ehegatten	Kinder, eigene	Verwandte	deren Kinder	Gewerbegehilfen
Altona	16,8	223,1	176,9	424,7	29,8	1,8	13,2
Berlin[1])	20,0[2])	236,7	179,9	374,4[3])	34,6	6,4	11,2
Breslau	23,3	225,8	164,8	401,3	38,5	0,4	17,0
Charlottenburg	24,7	215,1	174,5	405,4[4])			10,3
Chemnitz	17,0	224,0	188,2	421,3	26,7		14,8
Cöln a. Rh.	18,1	215,5	646,5				20,7
Dresden[1])	20,5	401,7		368,3	39,0		20,3
Elberfeld	19,3	208,5	168,2	487,9	23,0	.	15,8
Essen	8,5	199,6	677,8				18,4
Frankfurt a. M.	8,6	175,6	137,0	481,2			19,3
Görlitz	33,0	246,5	177,1	297,1	14,8		62,6
Hamburg	18,5	396,4		444,6[8])			17,5
Königsberg i. Pr.	15,2	812,0					25,7
Leipzig	10,6	213,2	174,2	405,2	29,5	5,6	17,2
Lübeck a[11])	22,7	219,2	183,2	403,3	32,8		29,8
" b[11])	22,7	219,2	183,2	403,0	32,7		29,9
München	16,4	227,1	170,9	342,6	34,1		17,8
Posen	14,2	849,0			.	.	20,2
Straßburg i. E.	20,8	227,8	183,4	438,0			20,5
Wiesbaden	20,8	220,0	572,2				29,2

[1]) Einschließlich der Schiffsbevölkerung. [2]) Einzeln gezählte Personen. [3]) Kinder und Hausbeamte. [6]) Bei den Kindern der Schlafleute mitenthalten. [7]) Kinder der Zimmer-
[10]) Erziehungspersonal und Hausdamen. [11]) a. = Einschließlich der Anstaltshaushaltungen,

[m]itglieder am 1. Dezember 1900.

Dienstboten	deren Kinder	Erziehungspersonal	Pfleglinge u. Pensionäre jeden Alters	Besuch	Zimmermieter (Aftermieter, Chambregarnisten)	deren Kinder	Schlafleute	deren Kinder	Einquartierte Soldaten	Andere Personen	Städte
5 180	103	48	1 766	439	9 948	38	90	.	.	253	Altona.
70 467	2 077	1 794	12 486	3 757	55 139	691	97 944	848	2	5 148	Berlin[1]).
20 505	249	282	5 014	1 316	10 328	361	13 690	274	.	.	Breslau.
15 391		371	.	.	7 642		5 264		.	2 372	Charlottenburg.
5 007		11	2 691	764	5 207		7 968		.	157	Chemnitz.
17 365	72	93	1 971	809	6 972		7 854		.	.	Cöln a. Rh.
18 873[5])	145	.	3 331	.	22 411	[6])	11 293	346[7])	.	99	Dresden[1]).
4 602			1 956	609	1 419	8	3 122	4	.	118	Elberfeld.
4 657	29	14	647	731	2 940		7 803		.	.	Essen.
22 096		205	1 867	1 876	9 164		14 373		26	.	Frankfurt a. M.
4 714			1 464	419	.	.	2 465	.	157	3 825	Görlitz.
25 670	.	4 622[9])	.	.	46 082		472		.	6 567	Hamburg.
9 010	46	71	3 844	823	3 357		8 900		73	.	Königsberg i. Pr.
15 423	112	119	5 481	2 212	17 701	558	22 711	156	.	.	Leipzig.
3 251	20	439[10])	863	531	1 775	11	1 491	2	.	108	Lübeck a[11]).
3 191	20	439[10])	857	525	1 775	11	1 491	2	.	106	„ b[11]).
28 314			4 184	2 512	35 102		19 680		.	32	München.
5 627	40	41	1 419	506	2 233		2 680	.	66	.	Posen.
6 488			421	288	4 866	10	1 861	13	.	31	Straßburg i. E.
7 678	15	63	566	688	1 708	.	1 980	.	.	.	Wiesbaden.
[...]haltungsmitgliedern											
33,0	0,7	0,3	11,2	2,8	63,3	0,2	0,6	.	.	1,6	Altona.
38,5	1,1	0,9	6,8	2,1	30,1	0,4	58,5	0,5	0,0	2,8	Berlin[1]).
50,8	0,6	0,7	12,4	3,3	25,6	0,9	33,9	0,7	.	.	Breslau.
84,3		2,0	.	.	41,8		28,8		.	13,0	Charlottenburg.
24,8		0,1	13,3	3,8	25,7		39,4		.	0,8	Chemnitz.
49,0	0,2	0,3	5,6	2,3	19,7		22,2		.	.	Cöln a. Rh.
50,2[5])	0,4	.	8,9	.	59,6	[6])	30,0	0,9[7])	.	0,8	Dresden[1]).
30,1			12,8	4,0	9,3	0,0	20,4	0,0	.	0,8	Elberfeld.
26,5	0,2	0,1	3,7	4,2	16,7		44,3		.	.	Essen.
79,4		0,7	6,7	6,7	32,9		51,7		0,1	.	Frankfurt a. M.
61,2			18,9	5,4	.	.	31,9	.	2,0	49,5	Görlitz.
37,9	.	6,8[9])	.	.	68,0		0,7		.	9,7	Hamburg.
50,7	0,3	0,4	21,6	4,6	18,9		50,1		0,4	.	Königsberg i. Pr.
34,6	0,3	0,3	12,3	5,0	39,7	1,3	50,9	0,3	.	.	Leipzig.
41,8	0,3	5,6[10])	11,1	6,8	22,8	0,1	19,1	0,0	.	1,4	Lübeck a[11]).
41,4	0,3	5,7[10])	11,1	6,8	23,1	0,1	19,3	0,0	.	1,4	„ b[11]).
60,2			8,9	5,3	74,6		41,9		.	0,1	München.
52,0	0,4	0,4	13,1	4,7	20,6		24,8	.	0,6	.	Posen.
50,8			3,3	2,3	38,1	0,1	14,6	0,1	.	0,2	Straßburg i. E.
95,4	0,2	0,8	7,0	8,5	21,2	.	24,6	.	.	.	Wiesbaden.

und Enkel des Haushaltungsvorstandes. [4]) Familienglieder und Verwandte. [5]) Dienstboten mieter und Schlafleute. [8]) Familienangehörige. [9]) Erziehungspersonal und Familienhilfe. b = ausschließlich derselben.

XXIII. Die Haushaltungen mit Gewerbegehilfen, Dienstboten[1]), Zimmermietern (Aftermieter, Chambregarnisten) und Schlafleuten am 1. Dezember 1900.

Städte	A. Haushaltungen überhaupt mit						B. Haushaltungen, außer den Familienmitgliedern nur mit					
	Gewerbsgehilfen	Dienstboten[1])	Zimmermietern allein	Schlafleuten allein	Zimmermietern und auch Schlafleuten zugleich	Zimmermietern und Schlafleuten zusammen (Spalten 4—6)	Gewerbsgehilfen	Dienstboten[1])	Zimmermietern allein	Schlafleuten allein	Zimmermietern und auch Schlafleuten zugleich	Zimmermietern und Schlafleuten zusammen (Spalten 10—12)
1.	2.	3.	4.	5.	6.	7.	8.	9.	10.	11.	12.	13.
Altona . . .	1 078	4 023	7 211	27	9	7 247	511	2 970	6 340	14	4	6 358
Barmen . . .	.	.	974	965	.	1 939	.	.	807	822		1 629
Berlin . . .	10 851	58 347[2])	35 313	61 765	2 157	99 235	5 252	44 468[2])	28 204	56 300	1 923	86 427
Breslau . . .	2 845	16 683	7 123	8 931	278	16 332	1 265	13 556		13 382		13 382
Charlottenburg	952	10 835	4 670	3 387	228	8 285	480	8 777	3 992	3 222	199	7 413
Chemnitz . .	1 477	3 980	2 936	4 929	289	8 154	677	2 933	2 362	4 492	287	7 141
Danzig . . .	.	.	2 289	2 674	59	5 022	.	.	1 847	2 348	.	4 195
Dortmund . .	.	.	2 002	2 372	55	4 429	.	.	1 484	2 075	.	3 559
Dresden . . .	2 967	14 290	15 209	8 175	2 502	25 886	1 209	11 448	12 707	5 673	544	18 924
Elberfeld . .	1 278	3 371[2])	746	1 499	20	2 265	.	.	.	.	.	.
Essen . . .	.	.	1 577	2 599	68	4 244	.	.	.	.	.	.
Frankfurt a. M.	.	14 843	6 180	9 307	346	15 833	.	10 168	4 071	7 642	271	11 984
Görlitz . . .	.	.	.	1 322	.	.	.	.	.	.	.	.
Hamburg . .	5 386	20 059		30 194		30 194	2 801	14 604		26 592		26 592
Königsbergi.Pr.	.	.	2 161	6 073	193	8 427	.	.	1 718	5 476	.	7 194
Leipzig . . .	3 067	12 405	11 625	14 203	.	25 828	.	.	.	.	.	.
Lübeck . a.[3])	1 131	2 256[2])		2 508		2 508	525	1 946[2])		2 175		2 175
" . b.[3])	1 122	2 206[2])		2 506		2 506	520	1 902[2])		2 174		2 174
Mannheim . .	.	.	.	.	.	.	.	2 647		6 591		6 591
München[4]) .	2 842	22 649	22 144	11 139	1 797	35 070	1 111	16 743	15 585	9 041	1 402	26 028
Posen . . .	965	4 260	1 489	1 902	.	3 391	436	3 342	1 053	1 610	.	2 663
Straßburg i. E.	1 283	5 142	2 852	963	51	3 866	632	4 058	2 297	848	48	3 193
	Von 1000 Haushaltungen der Tabelle XXI, Spalte 8											
Altona . . .	28,6	106,7	191,3	0,7	0,2	192,3	13,0	78,8	168,2	0,4	0,1	168,7
Barmen . . .	.	.	33,2	32,9	.	66,2	.	.	27,5	28,0	.	55,6
Berlin . . .	22,9	123,5[2])	74,8	130,8	4,6	210,1	11,1	94,1 [2])	59,7	119,2	4,1	183,0
Breslau . . .	28,2	165,4	70,6	88,5	2,8	161,9	12,5	134,4		132,7		132,7
Charlottenburg	21,7	247,4	106,6	77,3	5,2	189,1	11,0	200,4	91,1	73,6	4,5	169,2
Chemnitz . .	30,3	81,6	60,2	101,1	5,9	167,2	13,9	60,2	48,4	92,1	5,9	146,5
Danzig . . .	.	.	72,7	84,9	1,9	159,5	.	.	58,6	74,5	.	133,2
Dortmund . .	.	.	70,2	83,2	1,9	155,4	.	.	52,1	72,8	.	124,9
Dresden . . .	31,9	153,7	163,5	87,9	26,9	278,4	13,0	123,1	136,7	61,0	5,8	203,5
Elberfeld . .	36,6	96,6[2])	21,4	43,0	0,6	64,9	.	.	.	.	.	.
Essen . . .	.	.	43,0	70,9	1,9	115,8	.	.	.	.	.	.
Frankfurt a. M.	.	242,3	100,9	151,9	5,6	258,4	.	160,0	66,5	124,7	4,4	195,6
Görlitz . . .	.	.	.	61,2	.	.	.	.	.	.	.	.
Hamburg . .	33,1	123,1		185,3		185,3	17,2	88,4		163,3		163,3
Königsbergi.Pr.	.	.	50,7	142,5	4,5	197,7	.	.	40,3	128,5	.	168,8
Leipzig . . .	30,4	122,8	115,0	140,6	.	255,6	.	.	.	.	.	.
Lübeck . a.[3])	59,2	118,0[2])		131,2		131,2	27,5	101,8 [2])		113,8		113,8
" . b.[3])	56,3	110,7[2])		125,8		125,8	26,1	95,5 [2])		109,1		109,1
Mannheim . .	.	.	.	.	.	.	.	90,5		225,4		225,4
München[4]) . .	24,8	197,5	193,1	97,1	15,7	305,8	9,7	146,0	135,9	78,8	12,2	226,9
Posen . . .	39,8	176,5	61,7	78,8	.	140,5	18,1	138,5	43,6	66,7	.	110,3
Straßburg i. E.	40,4	161,9	89,8	30,3	1,6	121,7	19,9	127,8	72,3	26,7	1,5	100,5

[1]) Einschl. des Erziehungspersonals. [2]) Ausschl. des Erziehungspersonals. [3]) a = einschl. dre Anstaltshaushaltungen, b = ausschl. derselben. [4]) Dazu bei B. 2818 Haushaltungen mit Verwandten und Aftermietern ohne Ausscheidung.

XXIV. Die Gewerbsgehilfen, Dienstboten, Zimmermieter und Schlafleute in den Haushaltungen am 1. Dezember 1900.

Städte	Zahl der										
	Gewerbsgehilfen		Dienstboten und deren Kinder		Zimmermieter (Aftermieter, Chambregarnist.) und deren Kinder		Schlafleute und deren Kinder		Zimmermieter und Schlafleute (Spalte 6—9)		
	männl.	weibl.	männl.	weibl.	männl.	weibl.	männl.	weibl.	männl.	weibl.	zus.
1.	2.	3.	4.	5.	6.	7.	8.	9.	10.	11.	12.
Altona . . .	1 851	227	423	4 860	7 128	2 858	72	18	7 200	2 876	10 076
Barmen . . .	.	.	.	.	1 161	269	1 196	244	2 357	513	2 870
Berlin . . .	16 574	3 860	2 303	70 241	43 925	11 905	72 011	26 781	115 936	38 686	154 622
Breslau . . .	5 387	1 500	616	20 138	7 917	2 772	10 682	3 282	18 599	6 054	24 653
Charlottenburg	1 406	479	942	14 449	6 333	1 309	4 208	1 056	10 541	2 365	12 906
Chemnitz . .	2 244	758	210	4 797	4 492	715	5 802	2 166	10 294	2 881	13 175
Cöln a. Rh. .	5 334	2 020	920	16 517	5 706	1 266	6 742	1 112	12 448	2 378	14 826
Danzig . . .	.	.	.	.	2 661	1 408	3 172	898	5 833	2 306	8 139
Dortmund . .	.	.	.	.	5 063	281	6 241	212	11 304	493	11 797
Dresden . . .	4 905	2 724	8 98	18 120	16 265[1])	6 146[1])	9 223[1])	2 070[1])	25 649	8 401	34 050
Elberfeld . .	1 855	558	27[2])	4 575[2])	1 191	236	2 849	277	4 040	513	4 553
Essen . . .	2 035	1 208	151	4 535	2 677	263	7 650	153	10 327	416	10 743
Frankfurt a. M.	4 276	1 103	1 554	20 542	6 388	2 776	12 306	2 067	18 694	4 843	23 537
Görlitz . . .	3 132	1 704	214[3])	4 500[3])	.	.	2 110	355	2 110	355	2 465
Hamburg . .	8 599	3 272	339	25 331	36 702	9 380	321	151	37 023	9 531	46 554
Königsberg i. Pr.	3 541	1 019	163	8 893	1 956	1 401	5 022	3 878	6 978	5 279	12 257
Leipzig . . .	5 111	2 573	493	15 042	13 535	4 724	17 801	5 066	31 336	9 790	41 026
Lübeck . a. [4])	2 324		3 271		1 786		1 493		.	.	3 279
„ . b. [4])	2 307		3 211		1 786		1 493		.	.	3 279
München . .	5 474	2 877	1 307[3])	27 007[3])	25 307	9 795	16 978	2 702	42 285	12 497	54 782
Posen . . .	1 684	505	290	5 377	1 614	619	1 989	691	3 603	1 310	4 913
Straßburg i. E.	2 114	508	429[3])	6 059[3])	3 944	932	1 513	361	5 457	1 293	6 750
Wiesbaden . .	1 898	450	568	7 125	1 221	487	1 664	316	2 885	803	3 688
	Von 1000 Haushaltungsmitgliedern										
Altona . . .	11,8	1,4	2,7	30,9	45,4	18,2	0,5	0,1	45,8	18,3	64,1
Barmen . . .	.	.	.	.	8,2	1,9	8,4	1,7	16,6	3,6	20,2
Berlin . . .	9,0	2,1	1,3	38,3	23,9	6,5	39,2	14,6	63,1	21,1	84,2
Breslau . . .	13,3	3,7	1,5	49,9	19,6	6,9	26,4	8,1	46,0	15,0	61,0
Charlottenburg	7,7	2,6	5,2	79,1	34,7	7,2	23,0	5,8	57,7	13,0	70,7
Chemnitz . .	11,1	3,7	1,0	23,7	22,2	3,5	28,7	10,7	50,9	14,2	65,1
Cöln a. Rh. .	15,1	5,7	2,6	46,6	16,1	3,6	19,0	3,1	35,1	6,7	41,8
Danzig . . .	.	.	.	.	20,2	10,7	24,1	6,8	44,4	17,5	61,9
Dortmund . .	.	.	.	.	36,1	2,0	44,5	1,5	80,7	3,5	84,2
Dresden . . .	13,1	7,2	2,4	48,0	43,3[1])	16,4[1])	24,5[1])	5,5[1])	68,2	22,4	90,6
Elberfeld . .	10,5	3,2	0,2[2])	26,0[2])	6,8	1,3	16,2	1,6	23,0	2,9	25,9
Essen . . .	13,3	7,9	1,0	29,6	17,5	1,7	50,0	1,0	67,5	2,7	70,2
Frankfurt a. M.	15,4	4,0	5,6	73,8	23,0	10,0	44,2	7,4	67,2	17,4	84,6
Görlitz . . .	40,5	22,1	2,8[3])	58,2[3])	.	.	27,3	4,6	27,3	4,6	31,9
Hamburg . .	12,7	4,8	0,5	37,4	54,1	13,8	0,5	0,2	54,6	14,1	68,7
Königsberg i. Pr.	19,9	5,7	0,9	50,1	11,0	7,9	28,3	21,8	39,3	29,7	69,0
Leipzig . . .	11,5	5,8	1,1	33,7	30,4	10,6	39,9	11,4	70,3	22,0	92,2
Lübeck . a. [4])	29,8		42,0		22,9		19,2		.	.	42,1
„ . b. [4])	29,9		41,6		23,2		19,4		.	.	42,5
München . .	11,6	6,1	2,8[3])	57,4[3])	53,8	20,8	36,1	5,7	89,9	26,6	116,5
Posen . . .	15,6	4,7	2,7	49,6	14,9	5,7	18,4	6,4	33,3	12,1	45,4
Straßburg i. E.	16,6	4,0	3,4[3])	47,4[3])	30,9	7,3	11,8	2,8	42,7	10,1	52,8
Wiesbaden . .	23,6	5,6	7,1	88,6	15,2	6,0	20,7	3,9	35,9	10,0	45,8

[1]) Ausschließlich der Kinder; die Zahl der Kinder beträgt für Zimmermieter und Schlafleute zusammen: 161 männl. u. 185 weibl. [2]) Einschl. von anderen Personen im Dienstverhältnisse zum Haushaltungsvorstande: männl. 14, weibl. 402. [3]) Einschl. des Erziehungspersonals. [4]) a. = Einschl. der Anstaltshaushaltungen, b. = ausschl. derselben.

XXV. Die mit Schlafleuten oder Zimmermietern (Aftermieter, Chambregarnisten) oder beiden zugleich besetzten Wohnungen am 1. Dezember 1900.

Städte	Wohnungen mit . . . . heizbaren Zimmern													
	0	1 ohne Zubehör	1 mit Zubehör	2	3	4	5	6	7	8	9	10 und mehr	unbekannt	Zusammen
Berlin	540	2 321[1]	34 858[1]	37 362	12 997	4 021	1 585	694	253	128	37	91	41	94 928
Breslau. . . .	.	5 841		6 431	2 429	659	249	167					.	15 776
Dresden[2]) . . a	.	401		5 731	8 962	2 806	1 150	964					.	20 014
„ [2]) . . b	.	157		709	5 570	8 709	2 770	2 099					.	20 014
Essen[3])	.	.	6	327	1 357	1 047	615	364	186	122	79	141	.	4 244
Frankfurt a. M. .	.	39	369	3 364	7 132	2 885	1 297	441	306				.	15 833
Hamburg . . .	57	28	3 894	9 988	10 192	4 023	1 139	360	164	88	70	113	19	30 135
Leipzig	3	18	3 078	10 875	7 528	2 788	950	335	129	124			.	25 828
Lübeck	.	16	463	1 273	386	188	82	35	14	10	6	5	.	2 478
München . . .	.	19 257[4])			9 227	3 532	1 061	570					.	33 647
Plauen i. V. . .		3	2 069	766	338	183	72	30	7	10			.	3 478
Von 1000 solchen Wohnungen														
Berlin	5,7	24,5	367,2	393,6	136,9	42,4	16,7	7,3	2,7	1,3	0,4	1,0	0,4	
Breslau. . . .	.	370,2		407,7	154,0	41,8	15,8	10,6					.	
Dresden[2]) . . a	.	20,0		286,3	447,8	140,2	57,5	48,2					.	
„ [2]) . . b	.	7,8		35,4	278,3	435,2	138,4	104,9					.	
Essen[3])	.	.	1,4	77,1	319,8	246,7	144,9	85,8	43,8	28,7	18,6	33,2	.	
Frankfurt a. M. .	.	2,5	23,3	212,5	450,5	182,2	81,9	27,9	19,3				.	1000,0
Hamburg . . .	1,9	0,9	129,2	331,5	338,2	133,5	37,8	11,9	5,4	2,9	2,3	3,7	0,6	
Leipzig	0,1	0,7	119,2	421,1	291,5	107,9	36,8	13,0	5,0	4,8			.	
Lübeck	.	6,5	186,8	513,7	155,8	75,9	33,1	14,1	5,6	4,0	2,4	2,0	.	
München . . .	.	572,4			274,2	105,0	31,5	16,9					.	
Plauen i. V. . .	.	0,9	594,9	220,3	97,2	52,6	20,7	8,6	2,0	2,9			.	

1) Ohne bezw. mit Küche. 2) Nicht nach heizbaren Zimmern, sondern nach der Zahl der Wohnräume und zwar a = ausschl. der Küche, b = einschl der Küche. 3) Nach der Zahl der Wohnräume. 4) Davon mit 1 Raum: 867, 2 Räumen: 6 716, 3 Räumen: 8 735 und 4 Räumen: 2 939.

XXVI. Die Anstalten und die bewohnten Schiffe am 1. Dezember 1900.

Städte	Zahl der Anstalten	Zahl der Anstaltshaushaltungen[9])	Mitglieder der Anstaltshaushaltungen[9])	Insassen der Anstalten	Gesamte Anstaltsbewohner	Auf 1000 der Gesamtbevölkerung	Zahl der bewohnten Schiffe	Schiffsbewohner	Auf 1000 der Gesamtbevölkerung
Altona	79	166	152	4 175	4 327	26,8	97	229	1,4
Berlin	1 294	.	.	58 454[1])	.	30,9[8])	898	2 947	1,6
Breslau	323	675	2 329	19 152[2])	21 481	50,8	163	602	1,4
Charlottenburg	84	84	578	5 259	5 837	30,8	232	769	4,6
Chemnitz	79	.	.	4 961	.	24,0[8])	.	.	.
Cöln a. Rh. 1./12. 1897	262	538	.	.	16 552	49,2	167	784	2,3
„ 1./12. 1900	?	774	18 145		18 145	48,7	.	.	.
Dresden	273	273	2 400	9 310	11 710	29,6	136	577	1,5
Elberfeld	94	51	246	3 662	3 908	24,9	.	.	.
Essen	128[3])	157	1 148	3 773	4 921	27,0	.	.	.
Frankfurt a. M.	402	.	.	10 499	.	36,3[8])	60	237	0,8
Görlitz	80	134	843	2 838	3 681	45,5	.	.	.
Halle a. S.	127	.	.	.	5 803	37,1	15	52	0,3
Hamburg	492	.	670	19 896	20 566	29,1	1 928	7 375	10,5
Hannover	211	.	.	.	10 094	42,8	.	.	.
Karlsruhe i. B.	47	.	.	.	.	.	.	.	.
Kiel[4])	181	.	.	.	5 454	50,5	162	7 121	65,9
Königsberg i. Pr.	392	.	.	.	.	.	.	.	.
Leipzig, Alt-	215	.	.	7 494	.	39,1[8])	.	.	.
„ Neu-	37	.	.	2 749	.	10,4[8])	.	.	.
„ Gesamt-	252	316	2 179	10 243	12 422	27,2	.	.	.
Lübeck	142	189	790	3 660[5])	4 450	54,2	66	520	6,3
Magdeburg	125	.	9 411		9 411	41,0	186	683	3,0
Mainz	48	.	.	.	10 207	121,0	28	220	2,6
Mannheim	38	168	.	.	4 021	28,5	214	848	6,1
München	535	535	.	29 691	.	59,4[8])	.	.	.
Plauen i. V. 12./10. 1901	29	.	.	801	.	10,5[8])	.	.	.
Posen	182	182	8 849		8 849	75,6	31[6])	120	1,0
Straßburg i. E.	317	799	2 543	23 642	26 185	173,3	47[7])	188[7])	1,2
Stuttgart	154	42	825	8 402	9 227	52,2	.	.	.
Wiesbaden	306	.	.	.	5 662	65,7	.	.	.
Zwickau	14	17	.	3 559	.	63,7[8])	.	.	.

[1]) Darunter 9283 Anstaltspersonal. — [2]) Darunter 1632 Personal ohne eigene Haushaltung und 926 Insassen von Altersversorgungsanstalten mit eigenen Haushaltungen. — [3]) Darunter 47 Hurenwohnungen. — [4]) Außerdem 14 Gartenhütten mit 70 Bewohnern. — [5]) Darunter 368 Anstaltspersonal ohne eigene Haushaltung. — [6]) Hierunter 1 Taucherschacht. — [7]) Einschl. Wohnwagen und deren Bevölkerung. — [8]) Nur Anstaltsinsassen. — [9]) Verschiedene Städte haben die Anstaltshaushaltungen bezw. Anstaltswohnungen und ihre Bevölkerung bei der Zahl der Wohnungen und der Haushaltungen und ihrer Bevölkerung in den vorhergehenden Tabellen mit eingerechnet.

Anmerkungen zu Tabelle I (Seite 72).

1) Einschl. von 4 Baubuden mit 8 Bewohnern, 1 Bretterlaube mit 10 Bewohnern, 14 Reisewagen mit 62 Bewohnern, 1 Schlafwagen mit 7 Bewohnern, 1 Wellblechbude mit 1 Bewohner, 1 hölzernen Wohnstätte mit 1 Bewohner, zusammen 22 sonstige Wohnstätten mit 89 Bewohnern. 2) Hierunter 5236 Aftermieterwohnungen. 3) Einschließlich der 898 Schiffshaushaltungen mit 2947 Schiffsbewohnern. 4) Die durch die Wohnungszählung ermittelte Zahl der Haushaltungsbevölkerung stimmt nicht mit der durch die Volkszählung für Chemnitz ermittelten überein. Letztere beträgt 201 956. Die Differenz ist im allgemeinen dadurch entstanden, daß bei der Wohnungszählung vielfach auch vorübergehend abwesende Haushaltungsvorstände mitgezählt wurden. 5) Die Einverleibung von Gruna, das am 1. Dezember 1900 3593 Einwohner zählte, erfolgte erst am 1. April 1901. 6) Ausschl. von 5494 Werkwohnungen (Kruppsches Werk). 7) Die Zahl stammt aus der Gebäudestatistik. 8) Einschl. 108 Wohnungen in Untermiete. 9) Abzüglich der vorübergehend anwesenden Personen. 10) Darunter 181 Anstalten mit einer Anstaltsbevölkerung von 5454. Außerdem 14 bewohnte Gartenhütten mit 70 Bewohnern. 11) Außerdem 2 bei der Wohnungsstatistik ausgeschiedene Eigentümerwohnungen ohne Mietwertangabe mit 9 Bewohnern (in Neu-Leipzig) und 42 Dienst- und Freiwohnungen in Anstalten (in Alt-Leipzig). Einschl. derselben beträgt die Gesamtzahl der Wohnungen daher 100 476. 12) Darunter 151 nichtmilitärische Anstalten mit 3112 Insassen. 13) Die 582 Wohnungen der in öffentlichen Anstalten gezählten Haushaltungen mit 2871 Bewohnern sind darunter nicht enthalten. 14) Jetzige Stadt einschl. von Altendorf, das aber erst am 1. August 1901 einverleibt wurde und am 1. Dezember 1900: 63 284 Einwohner hatte. 15) Bei den Spalten 7 u. 8 bedeutet a = einschließlich, b = ausschl. der Anstaltshaushaltungen. 16) Leere Gelasse. 17) Verschiedene Städte haben die Anstaltswohnungen und Anstaltshaushaltungen und ihre Bevölkerung mit eingerechnet.

Anmerkungen zu Tabelle II (Seite 73).

1) Davon im Hochparterre: 12 035, im Halbstock: 1491. 2) Davon sind 6694 Wohnungen im Dachraum und 1317 sind sonstige, sich über das Haus verteilende Wohnungen. 3) Dachwohnungen. 4) Davon 2632 in Mansarden und 7 ohne Höhenangabe.

Anmerkungen zu Tabelle V (Seite 77).

1) Bei Cöln a. Rh. und Essen nach der Zahl der Wohnräume, bei Karlsruhe i. B. und Mannheim nach der Zahl der Zimmer. 2) Davon wohnen 472 nur in Gewerberäumen usw., 7759 nur in Küchen, 7042 nur in nicht heizbaren Zimmern. 3) Nur in Gewerberäumen usw. und Küchen. 4) Nach der Zahl der Wohnräume. 5) Nach der Zahl der Zimmer und abzüglich der vorübergehend anwesenden Personen. 6) In Wohnungen ohne Küche: 6960, mit Küche: 92 673. 7) Nach der Zahl der Zimmer. 8) Davon in Wohnungen mit nur 1 Raum: 22 891, 2 Räumen: 105 843, 3 Räumen: 95 951, 4 Räumen (mit höchstens 2 heizbaren Zimmern): 37 586.

Anmerkungen zu Tabelle VI (Seite 78).

1) Vorübergehend leerstehende Wohnungen. 2) Für 470 977 Wohnungen, einschl. der 898 Schiffswohnungen. 3) Abzüglich der vorübergehend anwesenden Bewohner. 4) Für 32 334 Wohnungen, einschl. von 582 Wohnungen in öffentlichen Anstalten.

Anmerkungen zu Tabelle VII (Seite 79).

1) Für eine Bevölkerung von 1 830 394, einschließlich von 2 947 Bewohnern auf dem Wasser. 2) Abzüglich der vorübergehend anwesenden Bewohner. 3) Für eine Bevölkerung von 140 299, einschl. der Anstaltsbevölkerung von 4 021. 4) Für eine Bevölkerung von 130 270, einschl. von 2 871 Bewohnern der Wohnungen in öffentlichen Anstalten.

Anmerkungen zu Tabelle VIII (Seite 80).

1) Die Gesamtzahl der Haushaltungen beträgt 101 128. Wohnungen mit mehreren Haushaltungen konnten entweder unter letztere aufgeteilt, oder die einen als Aftermieter bezw. Schlafgänger der anderen aufgefaßt werden. 2) Mit 1 Wohnraum. 3) Mit 2 Wohnräumen. 4) Mit 1 Raum. 5) Mit 2 Räumen. 6) Mit 1 heizbaren Zimmer ohne Küche. 7) Mit 1 heizbaren Zimmer mit Küche. 8) Nach der Zahl der Zimmer. 9) Mit 1 Raum und mit 4 und mehr Inwohnern: 1597 Wohnungen = 14,2 ‰, mit 2 Räumen und mit 7 und mehr Inwohnern: 1913 Wohnungen = 17,0 ‰, mit 3 Räumen und mit 11 und mehr Inwohnern: 114 Wohnungen = 1,0 ‰. 10) Bei B. nur für 155 551 Wohnungen, während die Gesamtzahl der Wohnungen 155 750 ist.

11) Für eine Gesamtsumme von 31 867 Wohnungen. 12) Davon hatten 527 ein heizbares Zimmer und Küche mit anderen Wohnungen gemeinsam und zwar 370 ohne Kabinett (d. h. Wohnraum entweder ohne Fenster oder ohne Ofen) und 157 mit Kabinett.

Anmerkungen zu Tabelle IX (Seite 81).

1) Nur für die 27 286 nur zu Wohnzwecken dienenden Mietwohnungen (also ohne gewerbliche Nebenbenutzung). 2) Für 156 242 Wohnungen, einschl. der 492 Anstalten. 3) Mai bis November. 4) Januar bis April. 5) Davon ohne Angabe des Monats: 80, 0 bis 6 Monate: 8185, 6 bis 12 Monate: 5223 Wohnungen. 6) Nur für 20 176 Wohnungen, ohne die 59 vorübergehend leerstehenden Wohnungen. 7) Bezogen Juli bis 12. Oktober 1901: 2194 = 132,2 ‰, Januar bis Juni 1901: 1878 = 113,2 ‰, 1900: 2877 = 173,3 ‰, 1899: 1940 = 116,9 ‰, 1898: 1449 = 87,3 ‰, 1897: 1019 = 61,4 ‰, 1896 und früher: 5240 = 315,7 ‰ (davon 1896: 844, 1891/95: 1918, vor 1891: 2478). 8) Für 32 351 Wohnungen, einschl. der Wohnungen der in öffentlichen Anstalten gezählten Haushaltungen.

Anmerkungen zu Tabelle XV (Seite 88).

1) Mietwohnung ohne Gewerberäume. 2) Mietwohnung mit Gewerberäumen. 3) Mietwohnung ohne Gewerberäume im Hause. 4) Mietwohnung mit Gewerberäumen im Hause. 5) Ausschließlich der Dienst- und Freiwohnungen. 6) Einschließlich derjenigen Wohnungen, deren Gewerberäume zwar auf demselben Grundstücke sich befinden, die aber nicht untrennbar mit der Wohnung verbunden sind. 7) 200 bis 2400 ℳ und mehr. 8) 400—1000 ℳ. 9) Kleine Wohnungen kosten 150—250 ℳ, mittlere 350—500 ℳ, große bis 2000 ℳ.

Anmerkungen zu Tabelle XVI (Seite 88).

1) Für 1 Wohnung überhaupt ohne Gewerberäume. 2) Im Hochparterre 788 ℳ, im Halbstock 260 ℳ. 3) Für eine Mietwohnung ohne Gewerberäume. 4) Für eine Mietwohnung überhaupt. 5) Der hohe Durchschnittspreis der Wohnungen im „Keller" erklärt sich nach Mitteilung des statistischen Amtes der Stadt Düsseldorf daraus, daß es eigentliche Kellerwohnungen in Düsseldorf überhaupt nicht gibt Ihre Anlage ist durch neuere Baupolizeiordnungen ausgeschlossen; sie sind aber auch in älteren Häusern nicht vorhanden. Es handelt sich lediglich um Souterainwohnungen, deren Fußbodenfläche nur wenig unter der Erdoberfläche liegt und auch deren Anzahl im ganzen nur eine geringe ist (149). 6) Dachwohnung. 7) Mansardenwohnung. 8) Die Mietpreise nach der Stockwerklage sind für Lübeck, wo nur 14 vom Hundert sämtlicher Wohnungen höher als eine Treppe liegen, ohne jegliche Bedeutung. 9) Das merkwürdige Ergebnis, wonach im Gesamtdurchschnitt der Stadt die Wohnung höherer Stockwerklage teurer ist, als die im I. Stock, beruht nach Mitteilung des statistischen Amtes der Stadt Magdeburg auf den eigentümlichen Bebauungsverhältnissen gewisser Außenstadtteile, in denen durch häufigeres Vorkommen alter und kleiner nur einstöckiger Häuser mehr ländlicher Art der Durchschnittswert des ersten Stockwerks außerordentlich herabgedrückt wird, während die größeren Häuser mit zahlreicheren Stockwerken namentlich in den neueren und wohlhabenden Stadtteilen noch im IV. Stock verhältnismäßig große und teuere Wohnungen aufweisen. 10) Im Erdgeschoß: 200—1200, I. u. II. Stock: 400—2400, III. Stock: 350—1800, IV. Stock: 150—400 ℳ.

Anmerkungen zu Tabelle XVII (Seite 89).

1) Bei Düsseldorf für einen heizbaren Raum, bei Essen für einen Wohnraum, bei Mannheim für ein Zimmer überhaupt. 2) In Mietwohnungen ohne Gewerberäume. 3) In Mietwohnungen ohne Gewerberäume im Hause. 4) Für einen heizbaren Raum. 5) Für einen Wohnraum. 6) Ausschließlich der Dienst- und Freiwohnungen. 7) Für ein Zimmer überhaupt. 8) In Mietwohnungen überhaupt. 9) a = in Vorderhäusern, b = in Hinterhäusern. 10) Im Hochparterre 277 ℳ, im Halbstock 203 ℳ. 11) In Dachwohnungen. 12) 80—100 ℳ.

Anmerkungen zu Tabelle XIX (Seite 91).

1) Bei Cöln a. Rh. und Essen nach der Zahl der Wohnräume, bei Düsseldorf nach der Zahl der heizbaren Räume, bei Karlsruhe i. B., Kiel und Mannheim nach der Zahl der Zimmer. 2) Nach der Zahl der Wohnräume. 3) Nach der Zahl der heizbaren Räume. 4) Nach der Zahl der Zimmer. 5) 8 bis 10 heizbare Zimmer: 67, 11 und mehr: 15. 6) Die Erhebung der leeren Wohnungen hat im Laufe des Jahres 1900 vor der Volkszählung stattgefunden. 7) Mit Geschäftslokalen untrennbar verbundene Wohnungen.

V.

Bevölkerung.

Bearbeitet im statistischen Amt der Stadt Berlin.

A. Stand der Bevölkerung.

Die nachfolgende Übersicht III (S. 111) gibt die Gliederung der Bevölkerung vom 1. Dezember 1900 nach dem Geschlechte. Von den 55 Städten, für welche die betreffenden Zahlen vorlagen, hatten 40 einen Frauenüberschuß, doch würde sich diese Zahl noch erheblich erhöhen, wenn die Militärbevölkerung ausgeschieden würde. Am meisten überwog das weibliche Geschlecht in Charlottenburg mit 54,7 Proz., Plauen mit 54,4 Proz., Breslau mit 54,2 Proz. und Königsberg mit 53,6 Proz.

Dagegen hatten die rheinisch-westfälischen Städte Essen, Duisburg, Dortmund, in deren Montanindustrie fast ausschließlich Männer beschäftigt werden, die Garnisonstädte Kiel, Metz und Straßburg einen erheblichen Männerüberschuß.

Über die Bevölkerung nach Konfession, Familienstand, Geburtsjahrgruppen, Geburtsland, Muttersprache und Staatsangehörigkeit wird in den Tabellen III bis VIII (S. 111/119) Aufschluß gegeben.

B. Fortschreibung der Bevölkerungszahlen.

Das Verfahren, nach welchem die Bevölkerungszahlen im Anschlusse an die vorhergehende Zählung fortgeschrieben bezw. berechnet werden, ist im II. und III. Bande dieses Jahrbuchs ausführlich dargelegt worden. Für diejenigen Städte, in denen statistische Ämter bestehen, sind die von diesen Stellen berechneten Zahlen benutzt worden.

In Tabelle I ist der Bevölkerungsstand am Ende eines jeden Vierteljahrs vom 31. Dezember 1900 bis zum 31. März 1902 und in Tabelle II die mittlere Bevölkerung der Jahre 1871 bis 1901 mitgeteilt.

C. Die Elemente der Bewegung der Bevölkerung.

Für die Städte Danzig, Darmstadt, München-Gladbach, Mülhausen i. E. und Münster lagen wiederum, wie in den früheren Jahren keine ausgefüllten Fragebogen vor; die erforderlichen Angaben mußten, da die Zahlen von den landesstatistischen Ämtern noch nicht veröffentlicht waren, den Mitteilungen des Kaiserlichen Gesundheitsamtes entnommen werden. Als neue Tabelle (XIV) ist eine Zusammenstellung über die Gestorbenen nach Altersklassen hinzugefügt worden, doch ist dieses Material insofern nicht einheitlich, als nicht immer fünf- oder zehnjährige Gruppen und das Geschlecht unterschieden werden.

1. Eheschliessungen.

Im allgemeinen zeigt sich wahrscheinlich als Folge der sinkenden wirtschaftlichen Konjunktur eine Abnahme der Eheschließungen; in 29 Städten sind sie auch absolut zurückgegangen, obwohl die Bevölkerung fast durchweg gestiegen ist. Vergleicht man die Zahl der Eheschließungen mit der ganzen Bevölkerung, so stellte sich die Heiratsziffer für die Gesamtheit der Städte (soweit die Daten angegeben waren, also ohne Mülhausen, Münster, Darmstadt und München-Gladbach) auf 9,47 Promille. Über diesem allgemeinen Durchschnitt standen Mannheim mit 11,47, München mit 11,37, Altona mit 11,00, Nürnberg mit 10,73, Frankfurt a. M. mit 10,65, Berlin mit 10,49, Bochum mit 10,38, Düsseldorf mit 10,28, Wiesbaden mit 10,22, Köln mit 10,06, Dortmund mit 10,05, Duisburg mit 9,82, Bremen mit 9,69, Elberfeld und Karlsruhe mit je 9,63, Kiel mit 9,62, Essen mit 9,58 und Crefeld mit 9,54 Promille; die geringste Heiratsfrequenz hatten Halle mit 7,94, Zwickau mit 7,31 und Potsdam mit 7,29 Promille.

Selbstverständlich kann aber eine Vergleichung der Eheschließungen mit der gesamten Bevölkerung keine genaue Erkenntnis von der Heiratshäufigkeit geben, da wegen der ungleichartigen Verteilung der Bevölkerung auf die verschiedenen Alters- und Zivilstandsklassen die Zahl der Heiratsfähigen in den einzelnen Städten erheblich von einander abweicht.

2. Ehescheidungen.

Das Material über Ehescheidungen ist auch jetzt noch sehr mangelhaft, da 14 Städte überhaupt keine Angaben gemacht haben und mehrfach die mitgeteilten Zahlen sich nicht auf die betreffenden Städte, sondern auf den ganzen Landgerichtsbezirk beziehen.

Da die für die Ermittelung der wirklichen Ziffer der Scheidungsfrequenz erforderlichen Unterlagen bisher nur für Berlin vorliegen und auch die Zahl der stehenden Ehen nach den Ergebnissen der Volkszählung vom 1. Dezember 1900 noch nicht veröffentlicht ist, so sind in Ermangelung eines korrekteren Maßstabes in der Tabelle X die Zahlen der Ehescheidungen mit denen der Eheschließungen und der Ehelösungen verglichen.

Am zahlreichsten waren die Ehescheidungen in den sächsischen Städten Dresden (60,7 Promille der Eheschließungen und 100,0 Promille der Ehelösungen), Chemnitz (55,3 und 87,4 Promille), Leipzig (56,1 und 104,4 Promille), Zwickau (46,0 und 55,6 Promille), ferner in Berlin (49,6 und 95,5 Promille), Magdeburg (49,4 und 75,3 Promille), Altona (48,0 und 104,5 Promille); verhältnismäßig wenig wurden Ehen gerichtlich gelöst in Freiburg i. B. (11,2 und 16,9 Promille), Dortmund (12,2 und 26,7 Promille), Nürnberg (13,1 und 29,6 Promille), Charlottenburg (15,4 und 33,4 Promille), Essen (15,9 und 35,0 Promille), Augsburg (16,4 und 25,7 Promille), Cassel (18,4 und 33,1 Promille), Lübeck (19,3 und 32,6 Promille).

3. Legitimationen.

Auch in Bezug auf die Legitimationen sind die Nachrichten sehr lückenhaft; von 11 Städten waren überhaupt keine Nachweisungen geliefert und bei den übrigen fehlten in mehreren Fällen die Angaben über Alter und Geschlecht der legitimierten Kinder. Die in Tabelle XI mitgeteilte Legitimationsziffer ist aus der Vergleichung der Legitimationen mit den Eheschließungen gewonnen. Sie wird vor allem durch die Zahl der unehelichen Geburten bestimmt und steht daher am höchsten in den bayerischen und sächsischen Städten, sowie in Straßburg, am niedrigsten in Rheinland und Westfalen, ferner in Metz, Karlsruhe, Bremen. Sehr wenige Fälle (2) wurden wie in den Vorjahren aus Erfurt gemeldet, obschon die Unehelichkeitsziffer nicht sehr tief stand.

Natürlich läßt sich aus einer Vergleichung mit den Eheschließungen nicht die Bedeutung und Tragweite der Legitimation für die in den einzelnen Städten geborenen unehelichen Kinder erkennen; für diesen Zweck müßte — wofür allerdings gegenwärtig fast ausnahmslos die nötigen Unterlagen fehlen — eine der Sterblichkeitstafel analoge Legitimationstafel berechnet werden. In Berlin ist eine solche Tafel für das Jahr 1885 konstruiert worden; sie ergab, daß im Vergleich mit den gleichzeitig lebenden bis zum vollendeten fünften Lebensjahr fast zwei Fünftel der unehelichen Kinder legitimiert werden.

4. Geburten.

In mehr als drei Fünfteln der hier besprochenen Städte hat die Zahl der Geburten gegenüber dem Vorjahre relativ abgenommen; auch absolut hat sie sich vermindert in Hamburg, Breslau, Dresden, Hannover, Magdeburg, Altona, Cassel, Erfurt, Görlitz, Spandau und Liegnitz.

Die Geburtenziffer, aus der Vergleichung der Geborenen mit der gesamten Bevölkerung abgeleitet und daher wie die Eheschließungsziffer für die genaue Erkenntnis der Geburtenhäufigkeit nicht ausreichend, ist in Tabelle XV aufgestellt. Im Durchnitt aller Städte betrug sie 3,3 Prozent. Die höchsten Sätze, 4 bis 5 Prozent der mittleren Bevölkerung hatten wie in den früheren Jahren die westdeutschen und sächsischen Industriebezirke und das gewerbreiche Nürnberg: Essen und Duisburg mit je 4,8 Proz., Mannheim mit 4,6 Proz., Dortmund und Bochum mit je 4,5 Proz., Nürnberg mit 4,3 Proz., Plauen mit 4,1, M.-Gladbach, Chemnitz, Cöln mit je 4 Proz., die niedrigsten Potsdam und Charlottenburg mit 2 bis 2,5 Proz. der Bevölkerung.

Der Überschuß der Knabengeburten unter den Geborenen stieg bis zu 4,73 und 5,82 Prozent in Halle und Potsdam, während in Augsburg, Zwickau, Wiesbaden und Liegnitz mehr Mädchen geboren wurden.

Die starken Gegensätze zwischen einzelnen Teilen Deutschlands hinsichtlich der Unehelichenquote, auf die in den früheren Jahrgängen wiederholt hingewiesen wurde, zeigen sich auch im Berichtsjahre. Während in den meisten Städten Rheinlands und Westfalens sich der Anteil der Unehelichen zwischen 3 und 5 Proz. der Geborenen hielt, machten sie in Straßburg, Metz, Dresden ein Fünftel, in den bayerischen Städten Würzburg, Nürnberg, Augsburg, in Leipzig, Plauen, Freiburg mehr als ein Sechstel aus. In München waren von den geborenen Kindern ein Viertel uneheliche.

Die Quote der Totgeburten, die sich im Durchschnitt auf 3,13 Proz. der Geborenen belief, schwankte in den einzelnen Städten zwischen 2 und etwa 4,5 Prozent. Verhältnismäßig selten waren sie in den rheinischen und westfälischen Städten und in Lübeck, Bremen, Karlsruhe, Straßburg, die größte Anzahl hatte wiederum Mülhausen i. E. mit 4,6 Prozent.

Unter den Totgeborenen sind die Knaben fast durchweg erheblich in der Mehrzahl. Wenn man nur die Städte mit größeren und daher weniger vom Zufall abhängigen Zahlen in Betracht zieht, also Berlin, Hamburg, München, Leipzig, Breslau, Dresden, Cöln, Nürnberg, so ergibt sich ein Überschuß der Knaben von ungefähr 10 bis 15 Prozent.

5. Sterbefälle.

Die in Tabelle XV mitgeteilte Sterblichkeitsziffer wurde, da ein zu korrekten Schlüssen ausreichendes Material nicht vorliegt, aus der Vergleichung der Sterbefälle mit der mittleren Jahresbevölkerung gewonnen. Sie ist kein genauer Ausdruck für den Grad der Lebensbedrohung, weil sie die Verschiedenheit des Altersaufbaues der Bevölkerung, den Einfluß der Wanderungen unberücksichtigt läßt. Daß der Unterschied zwischen dieser scheinbaren und der wissenschaftlich korrekt berechneten Sterblichkeitsziffer kein unerheblicher ist, zeigt die Zusammenstellung beider für Berlin:

	1895	1896	1897	1898	1899	1900
wirkliche Sterblichkeitsziffer	26,49	24,36	23,92	23,59	25,00	25,35
scheinbare Sterblichkeitsziffer	21,24	19,03	18,69	18,24	19,66	19,97
die wirkliche ist also höher um	5,25	5,33	5,23	5,35	5,34	5,38
also in Prozent der scheinbaren	24,7	28,0	28,0	29,3	27,2	26,9

Im allgemeinen hat die Sterblichkeit gegen das Vorjahr abgenommen, die Gesamtzahl der Fälle ist von 231390 im Jahre 1900 auf 226044 im Jahre 1901 herabgegangen; im Vergleiche mit der Bevölkerung starben 1900 21,76 Promille, 1901 dagegen nur 20,73 Promille. Die größte Sterblichkeitsziffer hatte Posen mit 27,23 Promille, Breslau mit 26,74 Promille, Bochum mit 26,23, Chemnitz mit 25,71, Liegnitz mit 25,54, Frankfurt a. O. mit 25,49, die kleinste Charlottenburg mit 14,60, Darmstadt mit 16,36, Frankfurt a. M. mit 16,49, Crefeld mit 16,84, Wiesbaden mit 16,90 Promille der mittleren Bevölkerung.

Die relative Höhe der allgemeinen Sterblichkeit wird wesentlich durch das Maß der Kindersterblichkeit beeinflußt; in allen oben genannten Städten mit hoher Sterblichkeitsziffer war auch die Zahl der gestorbenen Kinder groß, in Chemnitz betrug sie mehr als die Hälfte aller Fälle; umgekehrt entsprechen einer kleinen allgemeinen Sterblichkeitsziffer in der Regel auch niedrige Sätze der Kindersterblichkeit; jedoch erscheint in einzelnen Städten, namentlich wo der Anteil der im kräftigsten Lebensalter stehenden Personen ein sehr bedeutender ist, trotz hoher Säuglingssterblichkeit eine niedrige oder nur mäßige allgemeine Sterblichkeitsziffer.

Da die Mängel einer Vergleichung der Gestorbenen mit der gesamten Bevölkerung bei der jüngsten Altersklasse sich in erhöhtem Grade geltend machen, so sind in der Tabelle XV die vor Vollendung des ersten Lebensjahres Gestorbenen mit den Geborenen ($^2/_7$ vom Vorjahre, $^5/_7$ vom gleichen Jahre gerechnet) verglichen.

Nach dieser Berechnung starben in Chemnitz, Stettin und Frankfurt a. O. mehr als ein Drittel, in Liegnitz, Posen, Breslau, Danzig, Zwickau, Görlitz, Spandau, München, Cöln, Königsberg, Augsburg, Magdeburg, Leipzig, Altona, Nürnberg, Kiel und Berlin über ein Viertel, während in Wiesbaden, Barmen, Darmstadt etwa ein Sechstel, in Cassel nur der achte Teil der Geborenen starben.

Aber auch dieser Maßstab der Vergleichung ist noch sehr unvollkommen. Einen wirklich wissenschaftlich befriedigenden Aufschluß über den Umfang der Kindersterblichkeit kann nur eine nach korrekter Methode konstruierte Sterblichkeitstafel geben, und zwar muß diese die ehelichen und unehelichen Kinder gesondert behandeln. Den großen Unterschied zwischen diesen beiden Kategorien hinsichtlich der Lebensgefährdung zeigt auch der bloße Vergleich mit der Zahl der Geborenen.

Es starben in

Altona	Cöln	Stettin	Nürnberg	Danzig	Leipzig	Breslau	Chemnitz
von den ehelichen Kindern Prozent:							
23,56	25,32	33,30	23,45	27,60	24,10	27,98	36,10
von den unehelichen Prozent:							
44,10	41,21	54,78	37,59	42,26	36,11	39,37	44,31

In der Tabelle XV ist die Verschiedenheit in der Sterblichkeit des männlichen und weiblichen Geschlechts in der Weise dargestellt, daß der Mehrbetrag beim männlichen Geschlechte in Prozent aller Gestorbenen ausgedrückt ist. Nach dieser Berechnung, die selbstverständlich keine klare Vorstellung von der stärkeren Bedrohung des männlichen Lebens geben kann, war der Anteil der Männer am stärksten in den Industriebezirken Bochum mit 13,62 Prozent, Dortmund mit 11,58 Prozent, Duisburg mit 10,47 Prozent und in Bremen mit 10,70 Prozent.

6. Ab- und Zuzüge; Zerlegung der Bevölkerungszunahme in natürliche und räumliche Bewegung; Umzüge.

Drei Fünftel der Städte haben Nachweisungen über die Ab- und Zuzüge geliefert, für 25 waren die Zu- und Abgezogenen auch nach dem Geschlechte unterschieden. Die stärkste Wanderungsbewegung zeigte Charlottenburg, ferner Wiesbaden, Kiel, Frankfurt a. M., Cassel, Bochum. Im Vergleich mit den übrigen Städten sind die für Nürnberg, Stuttgart, Mainz und Würzburg mitgeteilten Zahlen so niedrig, daß sie sich wohl nur aus der Verschiedenheit des Erhebungsverfahrens erklären lassen.

Den höchsten Geburtenüberschuß, 2 bis $2^1/_2$ Prozent der mittleren Bevölkerung, hatten Essen, Duisburg, Dortmund, Plauen, Mannheim, M.-Gladbach, Nürnberg, also dieselben Städte, die durch eine hohe Geburtsziffer hervorragten. Am geringsten war die natürliche Vermehrung in Frankfurt a. O. (1,3 Prozent), dessen kleine Geburtenzahl noch durch eine beträchtliche Kindersterblichkeit stark vermindert wurde.

Während die meisten Städte auch durch die Wanderungen einen zum Teil beträchtlichen Zuwachs erhielten, hatten anscheinend einen Mehrabzug Braunschweig, Duisburg, Crefeld, Görlitz, Chemnitz, Barmen, Danzig, Berlin.

Von 27 Städten waren Mitteilungen über die Umzüge eingegangen, doch sind die Angaben teilweise so unvollkommen und ungleichartig, daß sie sich statistisch nicht verwerten lassen.

I. Fortgeschriebener bezw. berechneter Bevölkerungsstand vom 31. Dezember 1900 bis zum 31. März 1902.

Städte	Stand am					
	31. Dezbr. 1900	31. März 1901	30. Juni 1901	30. Septbr. 1901	31. Dezbr. 1901	31. März 1902
Aachen . . .	135 470	136 012	136 556	137 102	137 650	138 201
Altona . . .	161 886	162 056	162 446	162 936	164 771	165 419
Augsburg . .	89 290	89 670	90 050	90 430	90 810	91 200
Barmen . . .	142 010	142 180	142 930	142 870	143 310	143 620
Berlin . . .	1 888 710	1 888 382	1 889 040	1 888 974	1 901 567	1 899 131
Bochum . . .	65 580	66 750	67 810	67 920	68 600	69 330
Braunschweig	128 420	129 010	130 010	129 540	128 900	129 020
Bremen . . .	160 986	161 782	163 555	164 316	165 864	166 567
Breslau . . .	422 838	423 959	425 591	425 869	429 045	429 993
Cassel . . .	106 320	107 180	108 050	108 920	109 810	110 700
Charlottenburg	189 264	189 338	191 914	190 529	195 815	195 149
Chemnitz . .	205 682	205 279	207 915	205 877	206 073	206 478
Cöln a. Rh. . .	373 321	375 323	377 541	377 265	380 518	383 888
Crefeld . . .	106 980	107 370	107 130	106 820	107 280	107 650
Danzig . . .	141 240	141 770	142 710	143 450	144 350	145 230
Darmstadt . .	72 520	73 010	73 500	73 990	74 480	74 980
Dortmund . .	142 630	143 576	146 318	147 150	148 796	148 065
Dresden . . .	399 000	396 500	401 200	399 800	402 600	401 900
Düsseldorf . .	213 976	214 927	215 964	217 477	221 093	225 584
Duisburg . .	92 970	93 460	94 290	93 710	93 320	93 400
Elberfeld . .	156 800	157 200	157 200	157 200	157 300	157 800
Erfurt . . .	85 300	85 630	86 030	86 330	86 650	87 040
Essen	118 712	118 566	118 842	184 106	185 665	187 061
Frankfurt a. M.	289 700	291 500	294 000	295 000	296 900	297 800
Frankfurt a. O.	61 930	61 830	62 360	62 050	62 520	62 670
Freiburg i. Br.	61 670	62 100	62 570	63 120	63 610	64 100
M.-Gladbach .	58 190	57 350	58 600	58 850	59 100	59 340
Görlitz . . .	80 807	80 612	80 062	80 910	81 163	81 239
Halle	156 940	157 940	158 940	159 950	160 970	161 990
Hamburg . .	707 330	712 105	716 880	721 655	725 971	729 378
Hannover . .	236 036	237 439	238 638	239 567	240 962	242 349
Karlsruhe . .	97 316	97 699	98 127	98 402	98 979	99 346
Kiel	108 520	109 070	112 870	113 020	114 800	115 370
Königsberg . .	188 693	187 684	188 071	187 408	190 943	190 228
Leipzig . . .	457 061	459 869	462 676	465 484	468 292	471 100
Liegnitz . . .	55 060	55 140	55 100	55 180	55 410	55 520
Lübeck . . .	82 284	82 862	83 525	83 743	83 961	84 178
Magdeburg . .	229 666	229 187	228 369	227 875	228 064	227 350
Mainz . . .	84 374	84 744	85 114	85 494	85 864	86 234
Mannheim . .	141 450	142 940	144 754	144 666	146 500	146 106
Metz	58 460	58 390	58 230	58 150	58 120	58 070
Mülhausen i. E.	89 190	89 510	89 820	90 130	90 440	90 750
München . .	500 000	.	.	.	506 000	.
Münster i. W. .	63 980	64 310	64 650	64 990	65 340	65 680
Nürnberg . .	260 602	259 783	262 180	264 829	268 192	270 000
Plauen . . .	73 628	74 200	75 509	76 214	76 973	78 190
Posen . . .	117 280	118 070	118 860	119 670	120 470	121 280
Potsdam . .	59 820	59 880	59 910	59 930	60 000	60 050
Spandau . . .	65 180	65 640	66 060	66 420	66 960	67 410
Stettin . . .	211 370	213 450	215 540	217660	219 800	221 960
Strassburg . .	151 303	152 064	152 834	153 612	154 382	155 143
Stuttgart . . .	181 791	182 763	183 744	184 734	185 734	186 742
Wiesbaden . .	86 290	86 970	87 630	88 270	88 950	89 610
Würzburg : .	75 620	75 990	76 360	76 840	77 200	77 590
Zwickau . . .	55 920	56 210	56 500	56 790	57 080	57 380

II. Mittlere Bevölkerung der

Städte.	1871	1872	1873	1874	1875	1876	1877	1878	1879	1880
Aachen	73 576	74 941	76 306	77 671	79 036	80 225	81 414	82 603	83 792	84 981
Altona	73 376	75 308	77 725	80 219	82 794	84 880	86 238	87 618	89 020	90 444
Augsburg	51 330	52 360	53 880	55 280	56 610	57 780	58 600	59 310	60 080	60 980
Barmen	73 670	75 920	78 840	82 010	85 120	87 520	89 370	91 320	93 310	95 160
Berlin	799 491	844 370	882 302	916 470	948 566	980 194	1 008 566	1 038 279	1 069 782	1 104 992
Bochum	20 770	22 010	23 620	25 470	27 460	29 020	30 160	31 200	32 090	33 040
Braunschweig	57 150	58 850	60 740	62 840	64 990	67 030	68 860	70 760	72 580	74 290
Bremen	81 843	83 934	86 337	88 980	96 439	103 214	104 157	105 251	107 324	110 507
Breslau	205 912	211 330	218 900	226 867	235 187	242 837	250 529	257 834	264 136	270 305
Cassel	45 930	47 290	48 870	50 450	52 190	53 690	54 820	55 910	56 990	57 970
Charlottenburg	18 800	20 200	21 700	23 250	25 000	26 300	27 200	28 100	29 100	30 050
Chemnitz	67 283	69 770	72 494	74 538	76 789	78 551	79 446	81 492	83 606	86 747
Cöln a. Rh.	128 800	130 000	131 400	133 000	134 700	136 400	138 200	140 000	142 000	144 000
Crefeld	57 150	57 610	58 820	60 400	62 170	64 110	66 290	68 530	70 690	72 920
Danzig	89 390	90 000	92 170	94 580	96 940	98 800	101 940	105 120	106 630	108 010
Darmstadt	33 600	34 240	35 110	36 000	36 890	37 780	38 560	39 330	40 130	40 870
Dortmund	42 099	46 747	49 523	52 526	56 225	57 159	57 176	58 587	60 688	64 272
Dresden	175 144	179 604	184 285	189 461	194 968	200 035	204 878	209 682	214 447	219 058
Düsseldorf	68 600	70 700	73 400	76 300	79 200	82 100	84 900	87 800	90 800	93 900
Duisburg	30 320	31 400	33 030	34 800	36 580	37 910	38 820	39 620	40 230	40 920
Elberfeld	71 000	72 500	74 700	77 100	79 600	81 700	83 500	85 600	88 600	92 000
Erfurt	43 570	44 150	45 180	46 320	47 510	48 690	49 770	50 780	51 780	52 810
Essen	50 528	53 523	57 057	57 073	55 640	55 405	55 338	54 625	54 847	56 306
Frankfurt a. M.	89 700	92 800	95 800	98 800	101 800	105 200	121 200	125 600	130 300	135 000
Frankfurt a. O.	43 120	43 740	44 760	45 800	46 790	47 650	48 400	49 200	50 040	50 830
Freiburg i. B.	25 730	26 980	27 940	28 920	30 040	31 230	32 420	33 630	34 800	35 920
M.-Gladbach	25 930	27 070	28 380	29 800	31 320	32 560	33 740	34 990	35 980	36 940
Görlitz	42 090	42 220	43 210	44 190	45 120	45 890	46 830	47 790	48 830	49 961
Halle a. S.	52 360	53 670	55 600	57 590	59 600	61 710	63 980	66 230	68 430	70 550
Hamburg	297 308	307 496	319 482	331 468	343 453	355 643	367 979	380 315	392 651	404 987
Hannover	86 204	90 404	95 167	99 930	104 693	108 563	111 796	115 029	118 262	121 496
Karlsruhe	36 002	37 407	38 975	40 543	42 111	43 549	44 857	46 165	47 473	48 781
Kiel	31 310	32 460	33 750	35 180	36 620	37 950	39 180	40 440	41 780	43 080
Königsberg	111 474	113 571	116 153	118 793	121 493	124 639	128 150	131 760	135 471	139 288
Leipzig	105 261	109 908	115 023	120 138	125 253	129 918	134 257	138 596	142 936	147 276
Liegnitz	22 930	23 600	26 600	29 980	31 010	32 080	33 170	34 200	35 320	36 610
Lübeck	39 557	40 451	41 649	42 921	44 249	45 469	46 716	48 019	49 287	50 538
Magdeburg	113 519	115 517	117 551	119 621	121 727	124 463	127 332	130 201	133 070	135 935
Mainz	53 500	54 300	55 100	55 850	56 650	57 300	57 950	58 600	59 400	61 350
Mannheim	38 867	40 412	42 056	43 767	45 597	47 116	48 459	49 841	51 257	52 710
Metz	.	50 617	49 707	47 836	46 508	46 542	47 933	49 366	50 841	52 361
Mülhausen i. E.	53 580	53 590	54 920	56 380	57 840	59 080	60 110	61 100	62 090	63 160
München	167 200	173 000	178 800	184 600	190 600	196 500	208 800	215 001	221 200	227 400
Münster i. W.	24 940	24 930	25 150	25 380	35 590	36 230	37 210	38 240	39 200	40 050
Nürnberg	82 660	84 310	86 220	88 180	89 920	91 870	93 400	95 010	97 180	98 870
Plauen i V.	23 055	24 016	25 217	26 441	27 987	28 929	29 608	31 527	32 760	34 286
Posen	55 740	56 490	56 680	58 290	60 470	61 640	62 610	63 520	64 530	65 400
Potsdam	43 860	43 940	44 240	44 580	44 860	45 380	46 070	46 740	47 450	48 140
Spandau	18 740	20 420	22 390	24 030	25 900	27 150	27 650	28 150	28 660	29 150
Stettin	76 360	76 940	78 180	79 470	80 670	82 180	84 320	86 420	88 930	91 150
Straßburg i. E.	.	86 663	88 392	90 121	91 850	93 886	95 917	07 948	99 979	102 015
Stuttgart	90 707	94 354	98 148	102 095	106 200	108 114	110 066	112 051	114 073	116 130
Wiesbaden	34 910	36 640	38 810	40 990	42 890	44 490	45 860	47 190	48 450	49 680
Würzburg	40 420	40 650	41 890	43 170	44 440	45 650	46 860	48 060	49 240	50 470
Zwickau	27 080	28 570	28 970	29 970	31 000	32 000	32 830	33 540	34 210	34 800

Kalenderjahre 1871 bis 1901.

1881	1882	1883	1884	1885	1886	1887	1888	1889	1890	1891
87 016	89 051	91 086	93 121	95 156	96 705	98 254	99 803	101 352	102 890	104 306
92 548	95 176	97 879	100 659	103 518	104 878	106 772	108 699	133 875	141 016	145 369
61 940	62 860	63 770	64 620	65 500	66 640	67 690	69 040	71 280	74 310	76 420
96 720	98 020	99 280	100 750	102 420	104 530	107 130	110 140	113 180	115 420	117 050
1 138 784	1 175 278	1 212 327	1 250 895	1 291 372	1 337 727	1 388 224	1 440 944	1 497 307	1 551 866	1 592 043
34 320	35 750	37 150	38 630	40 100	41 500	42 810	44 220	45 680	47 060	48 940
76 230	78 290	80 220	82 160	84 270	86 970	89 990	93 270	96 500	99 760	102 820
112 746	113 634	114 607	115 442	117 148	119 250	120 812	122 533	124 140	125 209	125 908
276 298	282 135	287 777	291 805	296 931	302 390	307 955	314 944	323 270	331 656	338 934
58 880	59 960	61 090	62 270	63 530	64 770	66 280	67 790	69 680	71 770	73 540
31 600	33 700	35 900	38 350	41 000	44 000	48 250	54 150	62 050	71 800	79 750
96 347	99 149	102 651	105 364	109 167	113 708	119 297	124 491	131 109	138 131	139 975
145 800	147 800	150 200	153 600	158 800	163 900	169 200	261 200	270 800	279 000	286 900
75 660	78 780	81 950	85 260	88 730	92 790	97 350	101 400	104 360	105 450	105 570
109 280	110 500	111 780	113 180	114 370	115 420	116 500	117 590	118 710	119 890	121 140
41 440	41 840	42 240	42 650	43 100	43 400	44 470	53 950	55 160	56 220	57 250
67 291	69 904	72 830	74 662	76 935	79 262	80 653	82 279	84 434	87 595	90 565
223 621	228 646	233 772	238 669	243 832	249 163	254 932	261 301	267 733	273 924	280 538
97 300	101 000	104 900	108 900	113 100	117 800	122 700	129 400	136 000	142 200	145 700
41 940	43 110	44 350	45 630	46 960	48 720	50 920	53 280	55 800	58 280	60 900
95 300	98 200	100 200	102 500	105 300	108 200	111 500	116 200	121 200	124 500	127 200
53 840	54 800	55 830	56 900	57 960	59 840	62 500	65 140	68 220	71 200	71 720
57 868	58 954	60 025	61 902	64 216	66 194	68 265	70 829	74 559	77 931	81 127
139 700	141 900	143 300	146 600	153 000	157 310	162 140	167 240	172 440	177 640	182 910
51 550	52 180	52 770	53 340	53 860	54 300	54 850	55 870	56 700	56 350	55 930
36 920	37 900	38 920	40 050	41 060	42 120	43 530	45 030	46 590	48 220	49 380
38 180	39 500	40 810	42 180	43 610	44 830	45 860	46 960	48 100	49 190	50 150
50 687	52 020	52 980	53 779	54 835	55 928	57 117	58 230	59 321	60 826	62 640
72 500	74 490	76 620	78 770	81 090	82 160	82 810	86 560	92 260	98 080	104 950
417 278	429 538	441 799	454 059	466 319	477 601	490 583	510 512	534 687	559 115	578 312
124 813	128 191	131 569	134 946	138 324	142 515	147 287	152 060	156 832	161 605	177 987
50 188	51 696	53 204	54 712	56 219	58 643	61 985	65 327	68 670	72 018	74 719
44 410	45 920	47 530	49 210	50 930	53 520	56 770	60 300	63 910	67 600	70 590
142 067	144 075	146 111	148 176	150 270	152 342	154 405	156 495	158 615	160 762	161 473
151 559	155 811	160 063	164 315	168 567	171 425	173 294	175 163	211 598	291 374	359 874
37 860	39 070	40 330	41 590	42 820	43 780	44 540	45 180	45 830	46 540	47 360
51 575	52 412	53 217	54 041	54 998	56 286	57 829	59 496	61 242	62 910	64 292
139 747	144 224	148 701	153 178	157 655	165 488	176 060	185 515	193 510	199 615	203 969
62 400	63 450	64 500	65 550	66 600	67 550	68 550	69 500	70 550	71 550	72 550
54 204	55 702	57 241	58 822	60 448	62 875	66 164	69 624	73 266	77 096	80 197
53 224	53 411	53 598	53 785	53 976	54 790	56 040	57 220	58 490	59 590	60 200
64 310	65 470	66 730	68 120	69 330	71 200	72 700	74 220	75 640	76 980	77 583
233 600	240 000	246 400	252 800	259 200	268 000	280 200	292 800	306 000	331 000	357 000
40 800	41 510	42 270	43 010	43 740	44 620	45 580	46 630	47 760	48 880	50 190
101 500	104 510	106 310	108 810	112 760	116 550	120 360	125 990	133 010	139 640	145 550
35 500	36 511	38 393	40 305	42 046	43 201	44 109	45 244	46 017	46 719	47 088
65 960	66 430	66 960	67 510	68 080	68 480	68 730	69 000	69 260	69 530	70 490
48 790	49 340	49 830	50 280	50 700	51 180	51 780	52 490	53 150	53 830	54 650
29 700	30 340	30 940	31 430	31 840	33 250	35 630	38 300	41 090	44 050	47 010
92 640	94 250	95 110	96 540	98 830	101 290	104 460	107 910	111 320	114 810	118 760
103 517	105 019	106 521	108 027	109 521	111 822	114 123	116 430	118 731	121 032	124 904
117 784	119 463	121 165	122 891	124 642	127 282	129 980	132 734	135 547	138 419	141 850
50 910	52 010	53 090	54 160	55 100	56 490	58 290	60 130	62 000	63 890	65 700
51 490	52 370	53 110	53 840	54 680	55 680	56 810	57 980	59 280	60 560	61 870
35 510	36 320	37 140	38 010	38 660	39 790	40 750	41 730	42 730	43 760	44 550

(Noch Tabelle II)

Städte	1892	1893	1894	1895	1896	1897	1898	1899	1900	1901
Aachen	105 722	107 138	108 554	109 970	111 470	129 215	130 980	132 745	134 510	136 39[illegible]
Altona	149 074	151 487	149 636	148 946	150 524	153 241	155 822	158 318	160 727	162 756
Augsburg	77 030	77 430	79 580	81 390	82 710	84 120	85 550	87 000	88 480	89 990
Barmen	118 270	120 120	122 650	125 450	128 490	132 240	136 470	139 670	141 320	142 650
Berlin	1 611 218	1628 238	1643 631	1 661 005	1 698 660	1 733 525	1 774 628	1 820 289	1 864 785	1 891 900
Bochum	50 170	50 860	52 190	53 230	55 280	57 690	60 210	62 720	64 540	67 020
Braunschweig	105 380	107 920	110 310	113 400	117 550	122 260	125 370	126 250	127 420	128 660
Bremen	129 592	134 649	137 110	139 933	142 988	146 136	150 199	154 464	160 007	164 715
Breslau	345 298	352 136	360 902	368 906	377 151	391 483	401 510	409 114	417 282	427 164
Cassel	75 240	77 000	78 940	80 910	83 220	85 790	88 450	101 250	104 580	108 020
Charlottenburg	86 200	95 050	107 550	123 600	140 750	156 050	168 500	177 100	184 000	191 500
Chemnitz	140 037	144 271	150 149	158 946	163 895	169 085	173 371	177 517	195 735	206 509
Cöln a. Rh.	294 500	302 500	311 100	318 700	325 900	334 200	344 000	355 100	367 000	576 900
Crefeld	105 410	106 330	106 450	106 760	107 590	107 610	107 280	107 160	107 100	107 130
Danzig	122 380	123 390	124 310	125 230	127 400	130 300	133 270	136 560	139 530	142 790
Darmstadt	58 660	60 010	61 500	63 090	64 690	66 370	68 120	69 930	71 680	73 450
Dortmund	93 422	96 712	100 022	107 089	114 900	121 200	127 500	133 800	140 100	146 600
Dresden*)	a 296 700 b 304 068	312 901	322 052	332 093	341 400	a 360 600 b 369 800	380 500	388 400	393 550	a 400 000 b 400 900
Düsseldorf	150 900	159 700	166 800	172 000	180 700	190 000	198 600	204 200	209 900	217 500
Duisburg	63 360	65 120	66 730	69 000	72 070	76 040	80 270	84 850	90 110	93 150
Elberfeld	129 800	132 500	134 990	137 800	141 500	144 600	148 800	152 400	155 900	157 100
Erfurt	72 320	74 330	76 070	77 560	79 020	80 540	82 020	83 300	84 570	85 960
Essen	84 260	86 424	89 155	93 347	99 010	104 239	108 815	114 785	119 103	183 749
Frankfurt a. M.	189 070	193 350	199 560	226 440	233 470	240 500	247 400	257 430	285 000	294 000
Frankfurt a. O.	56 580	57 160	57 830	58 760	60 030	60 440	60 760	61 510	61 910	62 230
Freiburg i. B.	50 190	51 020	51 860	52 720	54 040	55 660	57 350	59 110	60 880	62 670
M.-Gladbach	50 980	51 710	52 570	53 390	54 090	54 910	55 770	56 670	57 600	58 760
Görlitz	63 553	64 786	66 684	68 862	71 323	73 758	75 876	77 769	79 905	80 434
Halle a. S	110 290	112 830	113 280	114 680	118 000	121 000	124 000	129 280	154 970	158 940
Hamburg	583 349	589 890	603 692	618 944	634 930	652 760	668 985	684 138	699 489	716 880
Hannover	185 130	192 273	199 416	206 559	212 582	217 804	223 027	228 250	233 473	238 638
Karlsruhe	76 788	78 857	80 926	82 995	85 346	87 977	90 608	93 239	95 870	98 501
Kiel	73 000	76 830	81 230	84 390	87 300	90 880	93 120	101 860	106 020	111 620
Königsberg	161 750	163 148	166 376	170 216	173 510	177 189	181 249	185 014	187 693	189 818
Leipzig	370 683	379 247	387 812	396 377	406 520	417 751	428 982	440 213	451 445	462 676
Liegnitz	48 250	49 100	50 050	51 080	51 810	52 430	53 310	54 080	54 710	55 240
Lübeck	65 507	66 718	67 928	69 299	71 282	73 916	76 531	78 864	81 125	83 525
Magdeburg	205 708	207 409	209 910	212 672	215 645	219 235	223 272	226 759	229 195	228 865
Mainz	73 550	74 500	75 500	76 500	77 700	79 200	80 650	82 150	83 600	85 150
Mannheim	82 507	84 883	87 327	89 841	93 702	106 512	112 742	129 332	137 140	144 000
Metz	60 070	59 900	59 830	59 790	59 670	59 450	59 160	58 820	58 520	58 290
Mülhausen i E.	78 880	80 061	81 130	82 340	83 770	85 100	86 220	87 470	88 730	89 750
München	372 000	385 000	393 000	400 000	415 500	430 000	446 000	466 000	490 000	503 000
Münster i. W.	51 700	53 220	54 820	56 460	57 890	59 270	60 660	61 980	63 290	64 300
Nürnberg	148 370	149 850	153 960	159 530	166 310	175 580	192 120	240 640	254 080	262 980
Plauen i. V.	47 992	49 696	51 826	54 259	56 599	58 838	60 425	66 344	71 922	75 300
Posen	71 120	71 670	72 320	72 990	73 430	73 750	74 080	74 410	115 710	118 890
Potsdam	55 470	56 180	57 020	58 010	58 700	59 080	59 360	59 550	59 750	59 910
Spandau	49 800	52 360	54 970	56 160	56 990	58 830	60 680	62 600	64 360	66 070
Stettin	123 390	128 340	133 420	138 600	143 980	149 690	155 820	162 050	207 270	215 540
Strassburg i. E	127 330	129 749	132 168	134 587	137 401	140 487	143 573	146 659	149 745	152 834
Stuttgart	145 434	149 109	152 876	156 738	160 219	163 778	167 414	171 132	175 090	183 823
Wiesbaden	67 520	69 300	71 220	73 290	75 440	77 720	80 080	82 510	85 010	87 590
Würzburg	63 340	64 760	66 280	68 010	69 510	70 840	72 150	73 460	74 850	76 410
Zwickau	45 930	47 360	48 840	50 350	51 000	52 050	53 130	54 230	55 350	56 500

*) In den Dresdener Zahlen für 1892, 1897 ist die Bevölkerung der am 1. Juli dieser Jahre einverleibten Gemeinden bei a zur Hälfte, bei b vollständig eingerechnet; in den Zahlen für 1901 ist die Bevölkerung der am 1. April dieses Jahres einverleibten Gemeinde Gruna bei a mit 3/4, bei b vollständig eingerechnet.

III. Die Bevölkerung nach Geschlecht und Konfession am 1. Dezember 1900.

Städte	Männliche	Weibliche	Evangelische	Katholische	sonstige Christen	Juden	andere Konfession und unbekannt [1])
Aachen	63 899	71 346	9 354	124 183	128	1 580	—
Altona	78 952	82 549	151 728	6 668	1 099	2 006	—
Augsburg	42 960	46 210	23 995	63 640	364	1 171	—
Barmen	68 227	73 717	114 095	24 294	2 963	592	—
Berlin	903 041	985 807	1 590 115	188 440	18 087	92 206	—
Bochum	34 688	30 863	30 249	33 882	418	1 002	—
Braunschweig	61 856	66 370	117 892	8 750	663	861	60
Bremen	79 542	83 755	168 241	10 921	769	886	104
Breslau	193 813	228 896	244 117	157 073	1 776	19 743	—
Cassel	52 188	53 846	93 359	9 210	1 020	2 445	—
Charlottenburg	85 840	103 465	157 424	20 797	1 383	9 701	—
Chemnitz	101 126	105 787	193 034	10 545	2 174	1 137	13
Cöln a. Rh.	181 433	191 096	64 806	297 268	710	9 745	—
Crefeld	50 071	56 822	22 117	81 596	1 392	1 788	—
Danzig	68 549	72 014	92 272	44 265	1 473	2 553	—
Darmstadt	36 189	36 192	57 895	12 251	478	1 689	68
Dortmund	74 754	67 979	74 381	65 937	491	1 924	—
Dresden	190 699	205 447	352 078	37 661	3 292	3 059	56
Düsseldorf	108 594	105 117	59 964	150 375	1 241	2 131	—
Duisburg	48 405	44 325	40 309	51 010	625	786	—
Elberfeld	75 490	81 476	113 201	40 032	2 069	1 664	—
Erfurt	41 300	43 902	73 268	10 672	480	782	—
Essen	62 472	56 390	53 615	62 623	817	1 807	—
Frankfurt a. M	139 682	149 307	175 909	88 457	2 649	21 974	—
Frankfurt a. O.	31 066	30 786	56 575	4 132	398	747	—
Freiburg i. Br.	30 465	31 039	16 944	43 329	166	1 013	52
M.-Gladbach	27 654	30 369	9 549	47 555	178	741	—
Görlitz	37 825	43 106	68 173	11 462	669	627	—
Halle a. S.	76 129	80 480	147 713	6 816	822	1 258	—
Hamburg	343 987	361 751	651 906	29 081	3 060	17 797	3 894
Hannover	114 885	120 764	207 621	21 853	1 635	4 540	—
Karlsruhe i B.	48 547	48 638	51 027	43 124	362	2 576	5
Kiel	58 859	49 118	100 754	5 896	944	383	—
Königsberg	87 992	101 491	174 874	8 465	2 169	3 975	—
Leipzig	222 716	233 408	428 146	19 782	1 472	6 171	555
Liegnitz	25 908	28 974	43 793	9 657	555	877	—
Lübeck	40 240	41 858	79 306	1 916	182	663	31
Magdeburg	113 924	115 743	211 159	13 353	3 230	1 925	—
Mainz	43 166	41 085	31 151	49 408	532	3 104	56
Mannheim	72 768	68 363	71 654	62 223	1 625	5 478	151
Metz	33 586	24 876	16 480	40 445	68	1 451	18
Mülhausen i. E.	43 928	45 190	18 910	67 489	231	2 466	18
München	243 762	256 170	68 562	418 594	4 037	8 739	—
Münster i. W.	31 809	31 945	10 711	52 505	36	502	—
Nürnberg	130 951	130 130	178 719	73 711	2 695	5 956	—
Plauen i. V	33 696	40 192	69 195	3 999	473	208	9
Posen	57 254	59 779	37 412	73 418	215	5 988	—
Potsdam	30 506	29 290	54 089	5 012	253	442	—
Spandau	34 002	31 028	56 003	8 222	461	344	—
Stettin	103 365	107 337	197 026	8 153	2 395	3 128	—
Straßburg i. E.	78 098	72 943	67 955	77 912	469	4 605	100
Stuttgart	84 980	91 719	145 029	27 248	1 096	3 015	311
Wiesbaden	38 553	47 558	55 250	27 429	1 323	2 109	—
Würzburg	36 631	38 868	13 877	58 676	379	2 567	—
Zwickau	28 520	27 310	51 927	3 349	450	102	2

[1]) Bei den preußischen Städten sind die diesbezüglichen Zahlen bereits unter der Rubrik „sonstige Christen" enthalten.

IV. Die Bevölkerung nach dem Familienstande am 1. Dezember 1900.

Städte	ledig		verheiratet		verwitwet		geschieden	
	m.	w.	m.	w.	m.	w.	m.	w.
Aachen	40 498	44 795	21 566	21 433	1 771	5 008	64	115
Altona	47 823	44 828	29 095	29 933	1 817	7 286	217	502
Augsburg	53 331		30 138		5 539		162	
Barmen	42 440	43 872	24 223	24 412	1 494	5 278	70	155
Berlin	529 994[1])	531 865[2])	349 689	350 516	18 165	95 245	3 633	7 563
Bochum	23 231	18 799	10 932	10 125	499	1 896	26	43
Braunschweig	37 681	36 965	22 825	23 026	1 206	6 040	144	339
Bremen	54 229	53 446	31 624	31 615	1 934	7 595	118	310
Breslau	118 119	131 040	70 926	70 531	4 137	25 904	631	1 421
Cassel	33 636	32 031	17 477	16 860	1 013	4 867	62	88
Charlottenburg	50 756	60 035	33 469	33 867	1 422	8 914	193	649
Chemnitz	59 157	57 680	39 990	39 870	1 794	7 594	185	643
Cöln a. Rh.	113 048	112 892	64 095	64 001	4 056	13 796	234	407
Crefeld	30 566	34 400	18 127	18 250	1 326	4 087	52	85
Danzig	43 335	40 607	23 755	23 327	1 298	7 692	161	388
Darmstadt	23 814	21 253	11 522	11 362	816	3 478	37	99
Dortmund	48 606	39 611	24 958	23 964	1 125	4 298	65	106
Dresden	117 005	115 297	69 178	69 281	3 941	19 419	575	1 450
Düsseldorf	70 700	63 691	35 721	34 720	2 041	6 493	132	213
Duisburg	31 617	26 334	15 871	15 368	859	2 556	58	67
Elberfeld	46 738	48 519	27 061	27 018	1 600	5 731	91	208
Erfurt	25 217	24 878	15 131	15 055	871	3 765	81	204
Essen	41 312	33 082	20 048	19 612	1 048	3 595	64	101
Frankfurt a. M.	85 659	87 921	50 673	49 251	3 076	11 616	274	519
Frankfurt a. O.	19 588	16 437	10 800	10 817	628	3 366	50	166
Freiburg i. Br.	20 573	19 285	9 121	8 999	735	2 674	36	81
M.-Gladbach	17 641	19 045	9 303	9 333	679	1 960	31	31
Görlitz	21 019	22 514	15 671	15 428	941	4 895	194	269
Halle a. S.	46 799	45 571	27 711	27 681	1 428	6 790	191	438
Hamburg	206 301[3])	201 408[4])	127 789	126 349	7 984	31 356	1 224	2 370
Hannover	72 100	69 236	40 351	40 517	2 239	10 637	195	374
Karlsruhe	31 969	28 833	15 619	15 648	895	4 005	64	152
Kiel	40 150	27 560	17 709	17 602	919	3 752	81	204
Königsberg	55 695	57 587	30 452	30 421	1 653	12 949	192	534
Leipzig	137 285[5])	131 779[6])	80 965	81 078	3 782	18 769	656	1 776
Liegnitz	15 497	15 627	9 807	9 888	552	3 292	52	167
Lübeck	24 346	23 104	14 876	14 898	983	3 747	35	109
Magdeburg	68 173	62 700	43 379	43 522	2 097	8 962	275	559
Mainz	28 318	24 088	13 794	13 581	981	3 269	73	147
Mannheim	46 273	39 471	25 045	24 503	1 313	4 212	137	177
Metz	24 664	14 565	8 231	8 112	608	2 078	83	121
Mülhausen i. E.	26 890	25 612	15 632	15 713	1 291	3 681	115	184
München	152 509	146 906	85 129	84 891	5 519	23 450	605	923
Münster i. W.	22 029	20 655	9 017	8 678	740	2 581	23	31
Nürnberg	155 533		91 983		12 913		652	
Plauen i. V.	20 518	24 959	12 565	12 384	575	2 679	38	170
Posen	38 063	35 410	18 235	18 291	881	5 940	75	198
Potsdam	20 362	16 203	9 474	9 546	627	3 373	43	168
Spandau	21 428	16 524	12 024	11 958	499	2 427	51	119
Stettin	61 789	58 176	39 342	38 691	2 035	9 970	199	500
Straßburg i. E.	51 189	42 197	24 948	24 705	1 814	5 744	147	297
Stuttgart	53 791	54 828	29 394	29 181	1 672	7 499	123	211
Wiesbaden	23 514	29 072	13 903	14 036	1 052	4 283	84	167
Würzburg	47 406		23 263		4 755		75	
Zwickau	17 264	14 903	10 629	10 040	533	2 250	94	117

Außerdem [1]) 480, [2]) 309, [3]) 689, [4]) 268, [5]) 29, [6]) 7 unbekannt.

V. Die Bevölkerung nach Geburtsjahrgruppen am 1. Dezember 1900.

Städte	1900/1896		1895/1891		1890/1886		1885/1881		1880/1876		1875/1871	
	m.	w.	m.	w.	m.	w.	m.	w.	m.	w.	m.	w.
chen	7 793	7 871	6 852	7 054	6 388	6 538	6 650	7 604	6 257	7 675	5 157	6 029
tona	9 459	9 542	8 713	8 706	7 471	7 579	6 734	7 184	8 122	7 842	7 177	7 565
gsburg	4 295	4 401	3 677	3 947	3 530	3 684	4 611	4 583	6 236	5 078	3 989	4 209
rmen	9 015	8 952	7 817	7 800	7 175	7 312	7 397	7 905	6 348	8 392	6 403	6 743
rlin.	87 480	87 672	79 080	80 163	73 601	75 305	79 016	90 744	114 719	114 277	98 723	100 107
chum	4 577	4 617	3 638	3 587	3 188	3 201	4 031	3 599	4 336	3 587	4 199	2 817
aunschweig	7 249	7 147	6 786	6 644	6 223	5 912	6 327	6 712	6 994	7 025	5 393	5 864
emen*)	10 750	10 540	8 956	9 131	7 997	7 954	9 133	9 352	9 595	10 645	9 062	8 981
eslau	22 999	23 099	20 091	20 173	18 201	18 801	19 220	22 268	22 219	24 409	18 897	21 371
ssel	6 011	5 705	4 908	4 939	4 592	4 402	5 905	5 841	8 142	6 543	5 136	5 169
arlottenburg	9 354	9 345	8 385	8 213	6 684	7 270	6 476	9 525	11 373	13 576	9 176	11 880
emnitz	12 444	12 884	10 485	10 701	9 766	10 177	10 696	10 717	12 023	11 020	9 428	9 884
ln a. Rh.	22 305	22 492	18 076	18 937	15 797	16 317	17 122	18 846	22 515	22 152	18 072	18 897
efeld	5 459	5 453	5 625	5 640	5 900	5 931	5 365	6 420	4 242	6 222	3 901	4 613
anzig	7 298	7 340	6 522	6 426	6 203	6 336	6 376	6 740	11 187	7 372	6 634	6 237
armstadt	3 472	3 454	2 762	2 856	2 670	2 611	3 921	3 758	7 686	4 467	3 609	3 582
rtmund	10 345	10 126	7 924	7 870	6 592	6 654	8 049	7 140	8 549	7 610	8 986	6 521
resden	20 530	20 034	16 850	16 599	15 388	15 245	17 278	21 186	28 609	24 943	21 310	20 803
sseldorf	13 696	13 793	11 120	11 046	9 392	9 771	11 234	10 451	13 958	12 265	11 971	10 204
uisburg.	7 052	6 925	5 629	5 686	4 618	4 557	5 023	4 384	5 048	4 651	5 412	4 136
lberfeld	9 722	9 800	8 785	8 808	8 029	8 148	7 686	8 708	6 794	8 897	7 277	7 348
rfurt.	4 807	4 841	4 528	4 496	4 240	4 322	4 525	4 633	4 970	4 450	3 393	3 710
ssen	8 418	8 515	6 504	6 600	5 393	5 448	6 339	5 672	7 572	6 251	7 912	5 538
rankfurt a. M.	15 172	14 948	12 420	12 489	10 338	10 403	14 134	14 773	17 177	20 420	16 038	16 907
rankfurt a. O.	2 989	3 003	2 859	2 859	2 908	2 802	2 911	2 925	6 185	2 961	2 354	2 518
reiburg i. Br.	2 649	2 741	2 296	2 242	2 154	2 135	3 386	3 165	5 665	3 767	3 321	3 168
Gladbach	3 920	3 971	3 284	3 252	3 038	2 953	2 837	3 310	2 305	3 372	2 318	2 622
rlitz	4 240	4 341	3 559	3 667	3 364	3 451	3 484	4 062	4 002	4 344	3 688	3 854
alle a. S.	9 316	9 203	8 451	8 537	8 448	8 029	8 272	8 550	8 368	8 142	6 469	6 606
amburg	40 842	40 656	37 060	36 958	30 055	30 349	29 038	32 454	31 168	37 194	32 453	33 573
nnover	12 738	12 576	10 934	10 953	9 772	9 655	11 608	12 115	16 261	14 712	11 792	12 091
rlsruhe	4 834	4 861	4 000	3 954	3 495	3 519	5 597	5 443	9 001	6 174	5 312	5 274
el	6 072	6 008	5 533	5 481	4 338	4 344	5 834	4 509	11 995	5 380	6 394	4 837
nigsberg	9 197	9 237	8 021	8 075	8 234	8 103	8 635	9 063	13 720	10 428	8 714	8 984
ipzig	25 008	25 108	22 422	22 695	21 429	21 437	22 396	24 155	27 655	26 916	22 888	22 560
egnitz	2 743	2 792	2 589	2 617	2 725	2 647	2 870	2 791	3 208	2 838	2 066	2 360
beck	4 732	4 642	4 305	4 298	3 874	3 810	4 064	3 953	4 309	4 083	3 667	3 623
gdeburg	12 502	12 450	11 866	12 042	11 690	11 402	10 967	11 809	14 424	11 944	9 811	9 820
inz.	4 229	3 994	3 469	3 590	3 157	3 184	3 819	4 036	9 839	5 037	4 067	4 375
nnheim	9 307	9 317	7 069	7 366	5 588	5 752	7 860	6 567	9 552	8 265	8 861	7 456
tz	2 285	2 391	2 044	2 034	2 025	2 025	2 393	2 486	12 841	2 903	2 861	2 416
lhausen i. E.	4 836	5 039	4 282	4 381	3 847	3 842	3 874	4 080	6 606	4 525	3 912	4 299
nchen.	23 777	24 378	20 086	20 636	16 714	17 169	21 223	23 120	36 261	30 468	27 987	27 874
nster i. W.	3 332	3 327	3 024	2 928	2 394	2 545	3 324	3 423	5 952	3 696	3 057	2 929
rnberg	16 333	16 272	12 552	12 372	10 916	10 997	13 339	12 437	16 917	15 602	15 933	13 850
uen i. V.	4 652	4 750	3 663	3 837	3 507	3 733	4 023	5 086	3 245	5 200	3 317	3 830
sen.	6 993	6 993	[illegible]	5 634	5 538	5 326	5 610	6 007	9 743	6 340	5 087	5 556
sdam.	2 358	2 269	2 415	2 389	3 028	2 291	3 627	2 816	6 607	3 048	2 283	2 538
ndau	4 053	4 125	3 814	3 727	2 839	2 844	2 190	2 328	6 565	2 881	3 016	2 923
ttin	11 752	12 052	10 200	10 286	9 240	9 456	9 552	9 807	13 350	11 338	11 053	10 214
aßburg i. E.	6 948	7 165	6 025	6 158	5 788	6 032	7 269	7 626	18 306	8 344	7 587	7 371
ttgart	8 057	8 165	6 894	6 853	6 445	6 413	9 830	10 393	13 043	12 186	9 225	9 860
esbaden	4 024	4 124	3 463	3 567	3 238	3 252	3 859	4 907	4 880	6 432	3 964	5 108
rzburg	.	.	.	.	.	.	.	.	.	.	.	.
ckau	3 196	3 175	2 739	2 902	2 760	2 687	2 874	2 868	4 215	2 790	2 644	2 381

*) Wohnbevölkerung nach dem Gebietsumfange vom 1. April 1902.

(Noch Tabelle V).

Städte	1870/1866		1865/1861		1860/1856		1855/1851		1850/1846		1845/1841	
	m.	w.	m.	w.	m.	w.	m.	w.	m.	w.	m.	w.
Aachen	4 711	5 117	4 145	4 355	3 602	3 986	3 206	3 536	2 736	3 159	2 302	2 57[illegible]
Altona	6 822	6 662	6 013	5 692	4 950	5 030	4 061	4 110	3 041	3 530	2 292	2 9[illegible]
Augsburg	3 437	3 706	2 891	3 084	2 367	2 823	2 025	2 378	1 781	2 284	1 434	1 8[illegible]
Barmen	5 418	5 455	4 384	4 388	3 515	3 789	2 930	3 199	2 419	2 781	2 008	2 3[illegible]
Berlin	85 692	88 961	72 071	75 932	57 136	66 769	46 440	54 465	37 982	45 456	27 616	34 9[illegible]
Bochum	2 829	2 053	2 195	1 723	1 699	1 504	1 305	1 158	1 084	1 080	723	74[illegible]
Braunschweig	4 626	5 248	4 202	4 523	3 632	4 057	2 911	3 334	2 442	2 868	1 938	2 30[illegible]
Bremen*)	7 402	7 125	5 745	5 549	4 518	5 083	4 150	4 608	3 438	4 090	2 690	3 25[illegible]
Breslau	15 648	18 510	13 067	15 561	11 340	14 872	8 845	11 932	7 451	10 888	5 955	8 73[illegible]
Cassel	3 869	4 243	3 193	3 398	2 645	3 012	2 150	2 617	1 840	2 383	1 445	1 7[illegible]
Charlottenburg	8 293	10 056	7 094	8 158	5 601	6 699	4 030	4 957	3 183	4 122	2 403	3 2[illegible]
Chemnitz	7 993	8 646	7 209	7 363	5 825	6 118	4 444	4 615	3 656	4 140	2 668	3 2[illegible]
Cöln a. Rh.	15 223	15 401	13 225	13 033	10 792	11 015	8 293	8 677	6 907	7 581	5 057	5 8[illegible]
Crefeld	3 366	3 889	3 286	3 639	3 294	3 643	2 744	3 003	2 208	2 459	1 779	1 9[illegible]
Danzig	5 001	5 363	4 296	4 681	3 545	4 418	2 993	3 573	2 536	3 335	2 062	2 90[illegible]
Darmstadt	2 679	2 844	2 041	2 359	1 668	2 060	1 434	1 816	1 253	1 722	1 051	1 43[illegible]
Dortmund	6 644	5 103	4 960	3 945	3 730	3 307	2 904	2 618	2 363	2 270	1 568	1 71[illegible]
Dresden	16 657	17 108	13 227	14 345	10 651	13 031	9 126	10 456	8 453	9 272	4 989	7 27[illegible]
Düsseldorf	9 304	8 399	7 432	6 861	6 085	5 702	4 565	4 386	3 543	3 666	2 441	2 93[illegible]
Duisburg	4 046	3 165	3 312	2 694	2 490	2 127	1 806	1 673	1 499	1 339	1 019	1 0[illegible]
Elberfeld	5 931	6 022	5 052	4 927	4 156	4 412	3 440	3 636	2 869	3 214	2 171	2 58[illegible]
Erfurt	2 996	3 192	2 629	2 989	2 400	2 531	1 902	2 095	1 599	1 861	1 207	1 50[illegible]
Essen	5 752	4 230	4 234	3 277	3 000	2 733	2 260	2 030	1 793	1 821	1 391	1 49[illegible]
Frankfurt a. M.	13 203	13 412	9 952	10 341	8 112	8 594	6 850	7 138	5 729	6 249	4 244	4 79[illegible]
Frankfurt a. O.	2 080	2 186	1 757	1 936	1 533	1 871	1 349	1 626	1 158	1 574	973	1 32[illegible]
Freiburg i. Br.	2 258	2 634	1 871	2 081	1 530	1 878	1 279	1 496	1 193	1 551	1 018	1 36[illegible]
M.-Gladbach	2 005	2 130	1 801	1 908	1 558	1 592	1 291	1 318	1 053	1 135	816	9[illegible]
Görlitz	3 330	3 402	2 670	2 986	2 181	2 753	1 838	2 246	1 625	2 157	1 396	1 8[illegible]
Halle a. S.	5 688	6 181	4 873	5 183	4 476	4 776	3 492	3 874	2 651	3 219	1 944	2 6[illegible]
Hamburg	32 062	30 159	27 684	25 260	22 423	22 038	18 041	18 483	14 006	15 701	10 874	12 3[illegible]
Hannover	9 826	9 973	7 725	8 319	6 325	7 170	5 271	5 926	4 114	4 823	2 882	3 78[illegible]
Karlsruhe	4 065	4 186	2 030	3 203	2 463	2 654	1 945	2 243	1 640	2 062	1 296	1 73[illegible]
Kiel	4 873	3 928	3 585	3 223	2 715	2 710	2 190	2 183	1 639	1 842	1 264	1 44[illegible]
Königsberg	6 334	7 403	5 598	7 281	4 941	6 811	4 258	5 712	3 238	5 281	2 469	4 24[illegible]
Leipzig	18 851	19 254	16 089	16 110	13 259	14 004	10 442	11 290	8 096	9 165	5 666	6 97[illegible]
Liegnitz	1 822	2 145	1 617	1 959	1 547	1 879	1 227	1 595	1 036	1 494	853	1 213
Lübeck	3 060	3 103	2 514	2 618	2 317	2 381	1 961	2 022	1 530	1 799	1 253	1 491
Magdeburg	8 793	9 156	8 175	8 387	6 841	7 234	5 743	6 039	4 538	4 682	3 426	3 737
Mainz	3 147	3 443	2 645	2 722	2 057	2 327	1 882	2 028	1 649	1 826	1 232	1 552
Mannheim	6 774	6 000	5 038	4 228	3 817	3 410	2 668	2 638	2 336	2 327	1 604	1 86[illegible]
Metz	1 930	1 897	1 602	1 650	1 351	1 568	1 074	1 342	1 092	1 225	767	910
Mülhausen i. E.	3 404	3 721	3 002	3 228	2 568	2 708	1 603	1 972	1 736	1 952	1 562	1 82[illegible]
München	23 533	24 095	18 358	18 412	14 914	16 362	11 673	12 982	9 666	11 715	6 950	9 145
Münster i. W.	2 308	2 461	1 928	2 136	1 719	1 879	1 225	1 448	1 007	1 333	829	1 077
Nürnberg	11 710	11 094	8 790	8 458	6 854	4 020	5 176	5 517	4 165	4 839	3 251	4 001
Plauen i. V.	2 574	2 855	2 153	2 460	1 786	2 094	1 473	1 692	1 167	1 404	804	1 071
Posen	3 887	4 392	3 305	3 711	2 877	3 488	2 308	2 834	1 041	2 670	1 640	2 161
Potsdam	1 903	2 211	1 679	2 028	1 492	1 906	1 360	1 695	1 081	1 496	829	1 210
Spandau	3 042	2 957	2 570	2 401	1 790	1 705	1 240	1 325	1 029	1 134	735	89[illegible]
Stettin	8 844	8 910	7 299	7 367	5 988	6 553	4 679	5 138	3 614	4 373	2 717	3 5[illegible]
Straßburg i. E.	5 546	5 785	4 656	4 989	3 796	4 276	2 700	3 649	3 071	3 380	2 449	2 79[illegible]
Stuttgart	7 068	7 404	5 326	6 136	4 449	4 993	3 805	4 312	3 462	4 450	2 888	3 74[illegible]
Wiesbaden	3 168	3 930	2 556	3 208	2 044	2 765	1 712	2 429	1 664	2 329	1 371	1 8[illegible]
Würzburg	.	.	.	.	.	.	.	.	.	.	.	.
Zwickau	2 115	2 007	1 858	1 662	1 511	1 565	1 312	1 307	1 118	1 216	817	87[illegible]

*) Wohnbevölkerung nach dem Gebietsumfange vom 1. April 1902.

(Noch Tabelle V).

Städte	1840/1836		1835/1831		1830/1826		1825/1821		Vor 1821		unbekannt	
	m.	w.	m.	w.	m.	w.	m.	w.	m.	w.	m.	w.
achen	1 589	2 103	1 146	1 519	671	1 057	440	703	246	458	8	4
ltona	1 720	2 293	1 115	1 593	668	1 142	379	750	215	427	—	1
ugsburg	1 101	1 497	792	1 205	460	770	243	468	91	207	—	—
armen	1 453	1 866	1 002	1 266	509	744	272	480	159	252	3	7
erlin	19 020	27 026	11 299	18 497	6 759	12 764	3 631	7 682	1 857	4 460	919	569
ochum	416	543	239	307	123	163	40	97	21	51	45	35
raunschweig	1 305	1 749	838	1 281	506	889	825	536	159	279	—	—
remen*)	1 986	2 558	1 247	1 818	650	1 157	376	700	215	420	—	—
reslau	4 188	6 892	2 717	4 877	1 678	3 461	863	1 970	426	1 066	8	12
assel	981	1 502	604	1 069	401	665	236	351	115	209	9	1
harlottenburg	1 682	2 579	1 002	1 739	618	1 100	326	646	157	372	3	4
hemnitz	2 050	2 565	1 242	1 717	701	1 093	353	575	143	274	—	—
öln a. Rh.	3 429	4 500	2 291	3 173	1 274	2 108	698	1 339	354	770	3	5
refeld	1 163	1 499	775	1 074	505	703	299	456	160	238	—	1
anzig	1 499	2 393	1 090	1 922	661	1 336	430	1 008	215	633	1	—
armstadt	784	1 236	543	852	329	585	190	353	97	199	—	—
ortmund	1 035	1 398	544	845	333	495	170	243	58	118	—	2
resden	3 564	5 663	2 418	4 060	1 472	2 830	799	1 678	378	922	—	—
üsseldorf	1 749	2 211	999	1 463	605	1 012	325	606	170	342	5	4
uisburg	675	836	393	530	204	331	126	171	49	88	4	2
lberfeld	1 573	1 944	991	1 266	544	870	305	544	141	337	2	13
rfurt	896	1 197	567	880	336	638	190	346	101	212	14	8
ssen	902	1 261	458	703	260	441	129	249	59	117	96	13
rankfurt a. M.	2 840	3 703	1 664	2 376	991	1 456	498	830	282	466	38	6
rankfurt a. O.	805	1 089	569	817	336	604	200	389	100	264	—	—
reiburg i. Br.	794	1 087	468	744	341	520	157	2[illegible]7	85	177	—	—
.-Gladbach	640	787	391	501	214	325	117	179	66	88	—	—
örlitz	1 016	1 486	671	1 118	437	759	238	418	81	234	5	1
alle a. S.	1 497	2 047	1 028	1 528	654	1 036	322	594	179	352	1	—
amburg	7 528	9 635	4 676	6 774	2 671	4 585	1 563	2 992	895	1 932	948	674
annover	2 158	3 217	1 547	2 341	1 074	1 626	561	964	293	515	4	—
arlsruhe	886	1 324	546	906	306	579	156	309	75	210	—	4
iel	829	1 136	549	852	344	570	213	389	145	281	347	—
önigsberg	1 749	3 637	1 269	2 800	842	2 086	486	1 432	287	912	—	—
eipzig	3 833	5 358	2 374	3 752	1 310	2 493	642	1 424	317	704	40	11
iegnitz	702	987	434	784	233	484	167	287	68	152	1	—
übeck	961	1 404	724	1 045	495	776	316	486	158	324	—	—
agdeburg	2 260	2 819	1 437	1 870	808	1 301	455	688	187	363	1	—
ainz	886	1 171	562	882	283	487	157	257	86	174	—	—
annheim	1 137	1 349	625	859	312	539	143	285	77	139	—	—
etz	556	702	321	510	244	415	115	235	85	167	—	—
ülhausen i. E.	1 161	1 400	773	987	447	734	214	312	101	186	—	—
ünchen	5 336	7 439	3 520	5 368	265	3 704	1 060	2 167	539	1 136	—	—
ünster i. W.	644	1 044	456	709	340	551	165	292	86	167	19	—
ürnberg	2 282	3 027	1 400	2 201	798	1 389	364	704	171	350	—	—
lauen i. V.	582	840	354	613	225	390	117	220	54	117	—	—
osen	1 092	1 702	686	1 241	426	809	282	505	161	395	48	15
otsdam	650	1 125	445	902	369	653	246	440	134	267	—	—
pandau	474	688	312	478	194	331	96	171	43	118	—	—
tettin	1 982	2 971	1 405	2 181	906	1 556	528	937	254	634	2	1
traßburg i. E.	1 627	2 040	1 075	1 468	658	987	369	577	228	352	—	—
tuttgart	2 011	2 796	1 185	1 780	750	1 169	362	676	180	391	—	—
iesbaden	1 067	1 428	706	1 013	460	614	225	334	116	166	36	86
ürzburg	.	.	.	.	.	.	.	.	.	.	—	—
wickau	551	688	415	563	235	332	109	195	51	102	—	—

*) Wohnbevölkerung nach dem Gebietsumfange vom 1. April 1902.

VI. Die Bevölkerung nach dem

Städte	Preußen	Bayern	Württemberg	Sachsen	Baden	Hessen	Sachs.-Weimar, S.-Cobg.-Gotha, S.-Meiningen, S.-Altenburg, Anhalt, Reuß ält L., Schw.	Braunschweig	Mecklenburg-Schwerin, Strelitz, Oldenburg, Lippe, Waldeck	Hamburg	Lübeck	Bremen
Aachen	126 781	482	179	271	206	297	247	44	207	76	17	47
Altona	129 631	664	266	1 331	266	197	1 120	549	8 184	14 558	956	472
Augsburg	.	.	.	.	.	.	.	.	.	.	.	.
Barmen	135 896	417	249	447	206	350	538	105	2 353	70	11	41
Berlin	1 756 719	7 687	3 532	21 897	3 152	2 601	21 063	3 470	19 728	3 896	733	1 160
Bochum	62 646	212	78	217	74	216	804	98	495	38	9	22
Braunschweig	34 150	382	155	1 298	167	187	1 819	86 432	825	364	74	207
Bremen	54 526	579	315	1 280	301	270	1 311	1 930	10 227	964	211	105 050
Breslau	410 802	537	210	2 208	289	207	877	202	416	257	38	90
Cassel	95 015	747	276	890	373	978	3 402	392	1 651	259	54	161
Charlottenburg	172 441	958	498	2 232	486	467	2 327	458	2 390	738	118	221
Chemnitz	9 890	1 665	233	182 574	166	134	4 103	118	239	122	27	38
Cöln a. Rh.	348 352	3 241	1 547	1 743	1 853	2 404	1 599	421	1 754	493	125	264
Crefeld	103 208	275	127	305	156	178	181	51	241	61	7	42
Danzig	137 659	100	53	327	78	62	223	58	322	134	36	54
Darmstadt	7 814	2 421	1 114	413	1 302	56 325	482	69	226	93	16	56
Dortmund	134 903	706	255	647	275	344	1 096	365	1 561	175	54	98
Dresden	60 099	2 684	635	300 753	606	371	8 204	455	1 005	543	99	257
Düsseldorf	198 574	1 492	699	1 289	756	1 101	1 356	392	1 331	310	51	204
Duisburg	83 975	449	183	311	303	425	359	115	507	73	18	86
Elberfeld	147 562	793	375	701	326	864	976	181	2 299	147	27	86
Erfurt	65 161	584	133	1 465	181	204	15 878	185	251	99	24	42
Essen	111 066	624	244	489	262	815	835	168	717	143	27	68
Frankfurt a. M.	189 741	25 131	11 143	2 232	10 208	34 218	4 194	422	1 525	510	88	180
Frankfurt a. O.	60 356	83	27	323	32	32	262	38	222	40	15	29
Freiburg i. Br.	3 677	1 277	2 865	324	48 554	372	234	48	103	83	17	53
M.-Gladbach	55 708	145	59	162	64	101	120	32	135	25	5	20
Görlitz	74 106	130	50	3 882	48	40	436	42	110	53	19	29
Halle a. S.	140 593	637	178	3 960	208	205	7 812	577	466	202	48	107
Hamburg	237 152	4 258	1 818	7 464	1 707	1 136	5 605	2 664	²)58 231	359 875	5461	2 298
Hannover	209 436	1 015	475	2 258	552	496	2 852	6 445	5 314	1 154	237	1 298
Karlsruhe	6 070	3 986	7 085	512	73 452	1 096	456	69	211	170	12	64
Kiel	96 040	480	206	964	229	132	797	266	3 723	1 458	588	292
Königsberg	185 549	120	79	381	90	67	282	84	245	181	30	50
Leipzig	103 064	4 806	1 047	300 989	798	747	29 337	945	1 145	688	126	278
Liegnitz	53 412	80	23	449	34	16	210	22	128	49	6	18
Lübeck	17 085	189	72	453	92	52	337	191	17 166	1 322	43084	169
Magdeburg	210 930	616	223	2 911	282	267	8 739	2 403	833	373	88	174
Mainz	14 839	4 173	1 558	416	1 626	58 806	643	64	244	80	7	36
Mannheim	8 946	12 456	11 907	726	93 397	7 540	687	109	223	163	27	94
Metz	15 441	5 389	611	1 040	836	710	365	117	390	99	15	47
Mülhausen i. E.	2 627	1 098	1 769	125	6 791	194	139	26	75	20	6	9
München	12 459	441 416	10 165	2 864	3 890	1 276	1 749	240	527	402	77	123
Münster i. W.	60 433	174	90	226	139	108	280	117	840	94	14	102
Nürnberg	¹) 15 769	240 085	.	.	.	.	.	.	.	.	.	.
Plauen i. V.	.	.	.	.	.	.	.	.	.	.	.	.
Posen	114 042	93	50	324	47	64	199	70	305	107	14	64
Potsdam	56 182	139	108	502	145	111	799	173	526	102	13	54
Spandau	62 496	129	54	367	77	68	455	101	445	78	22	29
Stettin	204 943	216	100	743	103	99	497	144	1 401	311	82	112
Straßburg i. E.	19 670	4 478	5 642	1 978	11 498	1 414	635	231	544	111	27	66
Stuttgart	5 786	4 481	154 649	1 048	4 030	768	563	100	183	164	27	63
Wiesbaden	67 964	3 637	1 661	746	1 609	4 642	1 125	124	530	278	47	136
Würzburg	.	.	.	.	.	.	.	.	.	.	.	.
Zwickau	.	.	.	.	.	.	.	.	.	.	.	.

¹) einschl. der übrigen deutschen Bundesstaaten außer Bayern. ²) einschl. Elsaß-Lothringen u. d-
⁴) einschl. der deutschen Schutzgebiete. ⁵) einschl. sämtlicher übrigen Ausländer.

Geburtslande am 1. Dezember 1900.

Elsaß-Lothringen	Luxemburg	Österreich	Ungarn	Schweiz	Niederlande	Belgien	Dänemark	Schweden u. Norwegen	Groß-Britannien	Frankreich	Italien	Rußland	Ander. Länder Europas	Vereinigte Staaten	Sonst. Amerika	Andere Erdteile	Deutsche Schutzgebiete	Auf See	Unbekannt
250	217	229	26	85	3856	1150	16	19	112	128	54	111	24	54	30	22	—	—	8
79	24	603	69	79	170	118	707	449	151	37	137	196	28	186	199	63	—	4	8
.	.	.	.	.	.	.	.	.	.	.	.	.	.	.	.	.	.	.	.
98	13	233	20	108	169	67	12	21	48	38	205	78	12	77	22	32	3	1	4
3 465	135	12 183	2936	1415	668	298	1057	1204	1478	832	1156	6933	4448	1824	377	646	3	8	2144
44	7	155	11	34	196	31	8	7	13	5	43	51	3	15	11	2	—	—	6
334	1	1022	32	72	44	15	23	33	77	37	49	168	19	81	72	72	—	15	
102	5	1644	111	142	271	43	87	130	271	68	87	290	20	391	—	241	—	3	1
262	21	3480	427	127	36	22	45	43	121	72	154	1383	66	150	35	58	2	2	70
437	16	461	72	114	59	26	26	15	96	48	79	119	19	142	31	74	1	—	1
562	28	1389	238	267	150	68	91	196	388	166	105	1359	156	495	132	170	—	1	10
78	7	6651	75	134	21	20	17	34	42	33	101	201	85	80	10	9	—	2	4
1 480	254	1638	189	452	1857	927	72	70	312	335	281	449	74	204	68	50	—	1	20
115	25	216	17	103	1169	94	9	11	45	44	88	62	11	39	8	4	1	—	—
77	4	234	10	39	35	6	45	81	90	11	41	674	14	63	14	13	—	—	6
535	6	348	44	190	76	40	11	42	68	91	56	271	86	117	26	42	—	—	1
131	20	533	250	58	601	78	31	47	29	41	173	179	7	44	16	9	—	—	7
230	19	14483	397	471	109	64	127	249	867	201	208	1499	238	839	174	230	—	—	30
536	112	897	118	201	2304	695	58	60	226	108	366	206	30	124	49	45	—	1	20
93	29	323	16	98	4860	248	14	21	23	34	85	48	3	14	5	10	—	—	2
202	48	485	35	123	436	91	17	27	72	54	370	514	8	83	23	21	4	—	16
251	20	323	35	50	12	3	20	12	42	23	54	54	22	45	14	14	—	—	1
152	17	625	109	77	962	122	10	19	45	63	109	995	8	40	24	10	—	—	16
1 022	68	2908	373	1017	298	150	87	64	605	527	584	759	102	567	84	130	1	2	59
61	3	157	11	15	6	2	8	6	8	5	13	70	4	10	5	6	—	—	3
1 131	5	426	27	1022	39	14	9	8	150	123	493	163	41	142	7	89	—	—	3
128	19	143	2	42	924	85	8	3	27	11	7	16	5	15	7	4	—	1	—
48	4	1552	28	50	8	5	11	7	14	16	29	147	9	20	17	14	1	—	6
132	19	630	47	87	28	6	23	34	50	27	79	295	32	70	23	30	2	—	2
.	.	3618	508	697	731	3) 1343	1974	2131	1687	.	.	1222	.	961	1764	4) 628	.	804	
639	17	911	89	201	240	42	101	216	398	123	110	320	58	341	148	145	2	—	16
1 219	18	622	73	740	40	27	18	31	114	129	293	368	73	146	5	79	—	—	7
173	4	255	31	63	33	9	620	552	75	13	92	295	389	65	71	42	—	1	19
67	5	243	56	57	28	5	67	159	70	13	22	1447	12	28	6	18	1	—	11
317	5	7353	394	491	154	77	131	162	339	156	139	1331	299	519	51	227	—	—	11
25	—	261	17	14	4	—	9	2	5	4	10	55	5	12	2	6	1	—	3
31	1	225	30	40	28	11	143	722	52	16	15	365	7	45	12	124	—	—	19
182	16	733	81	101	38	26	41	54	110	37	56	228	16	75	16	18	—	—	—
558	46	379	30	129	96	37	9	8	27	104	110	73	49	80	9	12	—	—	3
1 022	23	1200	140	714	207	57	28	18	79	136	676	288	30	176	1	49	—	—	12
29 753	1136	206	15	112	25	134	5	3	26	1612	274	38	10	37	11	5	—	—	—
70 903	42	199	40	2348	8	45	9	5	33	1754	625	90	43	66	4	22	3	—	—
725	44	1 6276	1476	1627	101	50	117	123	352	307	1101	1007	482	677	120	128	—	—	—
368	8	103	21	24	350	30	9	7	23	21	62	37	4	27	9	7	—	—	27
.	.	5) 5 227	.	.	.	.	.	.	.	.	.	.	.	.	.	.	.	.	.
.	.	.	.	.	.	.	.	.	.	.	.	.	.	.	.	.	.	.	.
116	8	237	53	25	4	5	6	5	18	24	27	887	6	62	3	2	—	—	166
425	11	173	9	43	7	3	14	26	48	21	20	83	8	15	13	22	1	—	—
419	4	125	9	14	4	2	5	4	6	4	3	93	1	13	2	1	—	—	—
142	2	849	48	51	61	5	185	290	100	40	112	412	20	79	26	21	—	—	8
110 114	199	493	65	1071	54	149	22	12	63	1647	420	168	37	147	26	57	3	—	—
469	17	1146	170	1163	48	40	35	24	230	217	215	291	102	380	125	158	2	—	5
400	39	543	55	228	278	60	42	62	429	136	268	432	47	290	157	143	1	—	2
.	.	.	.	.	.	.	.	.	.	.	.	.	.	.	.	.	.	.	.
.	.	.	.	.	.	.	.	.	.	.	.	.	.	.	.	.	.	.	.

Deutschen ohne nähere Angabe. 3) einschl. Luxemburg, Frankreich, Italien u. d. anderen Ländern Europas.

VII. Die Bevölkerung nach der Muttersprache am 1. Dezember 1900.

Städte	Holländisch, Vlämisch, Friesisch	Englisch	Dänisch, Norwegisch	Schwedisch	Französisch	Wallonisch	Italienisch	Spanisch, Portugiesisch, Rumänisch	Polnisch	Littauisch, Lettisch	Masurisch, Kassubisch, Wendisch, Mährisch	Tschechisch	Russisch	Ungarisch	andere Sprachen
Aachen	1 964	109	14	10	348	260	52	15	47	4	3	11	16	11	39
Altona	239	110	769	242	58	16	191	37	381	25	31	71	12	33	50
Augsburg	5	14	8	1	41	—	130	3	5	—	—	254	4	22	22
Barmen	90	45	15	6	33	5	202	5	115	6	27	23	3	9	14
Berlin	661	2 125	1 263	738	1 184	51	1 222	214	16 067	477	1 150	1 411	1 219	1 453	952
Bochum	163	15	6	6	16	13	41	—	1 841	40	449	14	5	7	7
Braunschweig	47	94	35	21	57	—	49	20	530	—	5	425	31	15	10
Bremen	145	275	111	68	85	—	67	100	589	2	1	284	91	220	189
Breslau	25	121	41	25	126	3	163	9	5 363	10	90	257	73	115	60
Cassel	35	134	19	5	57	—	65	4	70	2	12	44	20	26	23
Charlottenburg	125	681	171	106	240	2	89	53	2 320	38	109	75	434	95	165
Chemnitz	11	58	16	12	50	—	94	8	73	—	11	323	28	26	53
Cöln a. Rh.	1 376	278	82	32	506	144	279	18	618	13	44	146	52	64	93
Crefeld	839	46	10	5	45	19	98	2	20	—	5	26	9	8	17
Danzig	31	73	60	48	21	2	35	2	2 791	33	364	7	101	3	18
Darmstadt	55	96	29	20	109	—	49	48	89	1	27[1])	23	97	17	22
Dortmund	513	15	32	33	60	19	178	4	3 803	135	207	43	7	84	55
Dresden	116	1 741	117	259	407	—	221	128	938	9	1 264[1])	2 654	539	233	—
Düsseldorf	1 945	209	57	30	164	174	379	20	512	14	44	78	14	32	83
Duisburg	4 931	9	27	9	30	74	92	4	484	12	36	59	13	9	22
Elberfeld	309	57	18	12	63	7	382	7	215	163	18	43	23	9	24
Erfurt	12	36	22	10	21	—	44	4	45	1	5	50	1	11	12
Essen	837	27	15	13	51	33	117	9	1 657	893	75	95	25	36	132
Frankfurt a. M.	224	699	97	40	592	24	564	46	332	15	43	184	192	137	71
Frankfurt a. O.	4	7	8	2	3	—	13	—	290	1	6	18	3	3	3
Freiburg i. Br.	34	211	4	7	174	—	755	10	16	—	—	16	26	13	13
M.-Gladbach	638	19	7	1	24	22	5	1	8	1	3	19	3	5	6
Görlitz	5	16	14	3	19	—	27	2	491	2	75	204	17	5	4
Halle a. S.	22	79	24	20	50	1	73	2	529	2	8	83	60	18	33
Hamburg	519	1 806	2 241	1 030	597	—	323	707	866	19	5	274	280	255	384
Hannover	208	540	163	117	138	10	121	44	587	35	30	77	50	31	52
Karlsruhe	22	146	31	14	183	—	312	14	99	—	2	40	119	35	62
Kiel	92	101	667	399	20	1	90	23	388	68	25	22	94	12	363
Königsberg i. Pr.	25	69	162	84	25	1	21	2	277	136	62	28	197	29	28
Leipzig	115	647	109	94	234	—	137	99	649	3	79[1])	642	415	132	183
Liegnitz	3	7	5	1	5	—	8	1	191	—	11	16	1	1	4
Lübeck	16	55	204	629	22	—	14	28	63	4	81[1])	38	27	15	1
Magdeburg	20	112	41	19	38	—	40	1	814	12	22	45	12	32	16
Mainz	69	26	10	2	112	—	104	41	41	—	3[1])	58	17	16	11
Mannheim	162	98	28	4	208	—	1 191	16	147	—	1	209	25	66	32
Metz	10	21	8	2	12 878	3	288	1	226	1	3	1	6	5	23
Mülhausen i. E.	10	49	5	4	3 817	—	975	22	19	—	—	5	34	4	21
München	97	715	138	61	373	2	1 210	56	295	5	33	971	459	745	436
Münster i. W.	225	13	10	4	54	2	52	4	122	6	9	13	6	6	1
Nürnberg	27	146	53	20	122	2	226	5	43	—	3	336	28	90	54
Plauen i. V.	5	23	2	2	26	—	63	1	13	—	—	153	3	2	2
Posen	6	14	115	3	37	1	33	—	64 737	3	13	9	7	11	11
Potsdam	5	57	18	18	37	1	11	2	157	9	10	22	5	3	1
Spandau	4	2	11	2	10	1	3	—	817	42	40	6	3	2	1
Stettin	51	96	269	166	50	—	111	2	1 132	42	17	11	45	18	11
Straßburg i. E.	28	128	24	3	3 470	—	421	7	51	1	4[1])	29	48	36	76
Stuttgart	49	379	38	21	290	—	193	68	29	1	28[1])	117	97	89	22
Wiesbaden	268	628	47	50	148	2	253	62	136	2	7	30	178	23	48
Würzburg	11	56	6	1	45	—	33	9	31	—	—	25	42	16	25
Zwickau	8	16	6	3	8	—	27	4	30	—	6[1])	113	12	4	1

1) Diese Städte geben nur sonstige slavische Sprachen.

VIII. Die Bevölkerung nach der Staatsangehörigkeit am 1. Dezember 1900.

Städte	Deutsches Reich	Luxemburg	Österreich	Ungarn	Schweiz	Niederlande	Belgien	Dänemark	Schweden und Norwegen	Groß-Britannien	Frankreich	Italien	Rußland	andere Länder Europas	Vereinigte Staaten von Nord-Amerika	Sonst. Amerika	Andere Erdteile	Unbekannt
Aachen . . .	130 276	194	201	19	108	3235	818	8	18	102	98	47	52	16	40	12	1	—
Altona . . .	158 622	5	719	63	95	178	153	615	429	97	28	208	87	25	72	68	37	—
Augsburg. . .	86 843	3	1761	34	295	2	5	8	2	9	8	124	16	8	37	7	5	3
Barmen . . .	141 151	1	196	24	57	97	27	21	15	45	17	217	14	6	51	2	3	—
Berlin	1 853 706	33	16863	2897	1265	603	174	1134	1238	1490	556	1336	4167	1096	1795	201	178	116
Bochum . . .	65 129	3	133	11	23	147	21	6	8	9	2	38	10	—	11	—	—	—
Braunschweig.	126 541	—	1138	22	64	34	11	18	23	71	15	64	99	15	72	29	5	5
Bremen . . .	177 788	—	1732	86	94	191	23	65	79	141	48	78	203	35	227	—	78	3
Breslau . . .	418 088	—	3084	353	83	35	19	29	35	119	53	171	422	44	132	25	16	1
Cassel . . .	105 062	—	403	50	77	18	14	13	7	93	21	78	49	9	109	15	16	—
Charlottenburg	185 066	5	1236	228	228	121	25	87	203	388	94	104	762	131	521	65	35	6
Chemnitz. . .	197 088	8	9116	63	136	22	14	25	32	36	13	103	91	97	63	—	2	4
Cöln	366 191	114	1795	159	507	1578	632	72	64	282	163	300	366	105	172	17	10	2
Crefeld	21 520	9	181	17	109	736	51	2	7	29	27	104	17	5	28	2	—	1
Danzig . . .	139 797	—	217	5	22	25	3	30	72	77	8	40	237	10	19	1	—	—
Darmstadt . .	71 169	6	311	24	158	58	43	14	45	79	39	49	230	58	66	29	3	—
Dortmund . .	140 871	—	569	201	50	566	61	28	44	19	26	197	66	9	20	6	—	—
Dresden . . .	373 436	14	17639	329	486	149	33	144	268	1024	131	220	1022	233	911	92	15	—
Düsseldorf . .	208 505	26	849	91	157	2322	734	53	53	229	49	405	102	24	78	22	9	3
Duisburg . . .	86 397	8	289	14	158	5408	283	19	18	17	6	85	13	1	13	1	—	—
Elberfeld . . .	154 743	14	587	18	118	344	43	16	23	51	29	436	474	6	53	10	1	—
Erfurt . . .	84 576	1	357	30	37	14	1	17	11	32	16	46	16	13	31	4	—	—
Essen	116 244	—	663	68	51	777	87	5	9	22	14	120	755	6	29	12	—	—
Frankfurt a. M.	280 970	44	3158	360	872	258	131	99	60	695	290	599	640	103	669	28	11	2
Frankfurt a. O.	61 702	—	99	5	3	2	—	5	1	3	2	13	14	1	2	—	—	—
Freiburg i. Br.	59 161	1	488	25	760	34	10	6	10	188	98	520	89	19	181	1	11	2
M.Gladbach. .	56 989	—	143	5	58	719	56	12	—	27	5	4	1	3	1	—	—	—
Görlitz	79 088	2	1626	9	46	8	1	14	8	14	8	29	51	2	22	2	—	1
Halle a. S. . .	155 319	1	639	47	59	27	2	24	33	50	18	83	195	22	71	14	5	.
Hamburg. . .	689 615	.	4142	404	900	735	.	2331	2061	1732	.	.	568	1294	733	883		361
Hannover . .	232 994	—	789	66	156	191	29	58	188	424	80	131	156	39	277	41	29	1
Karlsruhe. . .	94 667	22	707	85	458	45	17	26	31	115	73	340	354	57	149	4	25	10
Kiel	106 149	—	219	22	46	17	3	462	337	82	4	88	135	358	28	17	10	—
Königsberg i. Pr.	188 133	1	186	42	48	18	2	71	155	66	6	21	674	22	32	2	—	4
Leipzig. . . .	443 058	4	8841	300	454	173	33	152	187	404	123	123	1338	319	533	—	79	5
Liegnitz . . .	54 611	—	190	14	25	3	—	5	—	4	3	14	4	3	5	1	—	—
Lübeck. . . .	80 583	—	238	33	38	16	7	138	647	34	7	20	247	2	70	1	17	—
Magdeburg . .	228 482	—	663	75	80	25	13	26	39	92	21	46	55	12	35	2	1	—
Mainz	83 188	12	429	24	113	91	21	5	7	34	44	121	34	50	74	2	1	1
Mannheim . .	137 185	36	1337	158	670	217	42	45	10	61	195	716	271	29	142	1	9	7
Metz	55 389	1290	199	6	119	14	198	3	3	20	814	339	33	5	16	6	2	6
Mülhausen i. E.	83 030	37	253	54	3406	9	48	9	4	37	1227	868	72	24	28	5	3	4
München . . .	476 180	52	16450	1592	1426	103	52	126	115	345	183	1149	887	361	831	42	38	—
Münster i. W..	63 273	—	89	10	18	232	9	4	3	14	9	60	11	1	17	3	1	—
Nürnberg . . .	255 684	Ausländer zusammen: 5 397.																
Plauen i. V.. .	.	.	.	.	.	.	.	.	.	.	.	.	.	.	.	.	.	.
Posen	116 572	—	143	42	20	5	1	6	6	11	13	19	170	1	24	—	—	—
Potsdam . . .	59 491	1	106	14	30	2	—	10	16	44	9	18	31	1	15	7	—	1
Spandau . .	64 888	—	107	5	3	2	—	4	1	2	—	—	16	1	—	—	1	—
Stettin . . .	209 544	—	222	25	30	51	7	161	262	97	30	119	103	11	39	1	—	—
Straßburg i. E.	147 035	128	568	71	1042	44	135	16	10	46	1091	553	126	20	145	5	6	—
Stuttgart . . .	172 848	11	1186	166	926	63	33	31	25	247	140	228	182	72	452	73	8	8
Wiesbaden . .	83 151	15	529	77	194	320	38	36	69	485	68	269	332	35	401	65	21	6
Würzburg . .	74 712	Ausländer zusammen: 787.																
Zwickau . .	.	.	.	.	.	.	.	.	.	.	.	.	.	.	.	.	.	.

IX. Eheschliessungen im Jahre 1901.

Städte	Überhaupt	Junggesellen mit			Witwer mit			Geschiedene Männer mit		
		Jungfrauen	Witwen	Geschied. Frauen	Jungfrauen	Witwen	Geschied. Frauen	Jungfrauen	Witwen	Geschied. Frauen
Aachen . . .	1 088	955	32	5	67	23	1	4	1	—
Altona . . .	1 791	1 521	66	38	72	40	9	22	15	8
Augsburg . .	791	664	33	4	64	22	1	3	—	—
Barmen . . .	1 287	1 137	39	6	66	24	4	3	5	3
Berlin . . .	19 838	16 680	543	349	1 194	387	110	417	100	58
Bochum . .	696	.	.	.	.		.	.	.	.
Braunschweig .	1 073	901	31	14	79		5	9	7	1
Bremen . . .	1 582	1 379	35	10	89	.	8	16	4	8
Breslau . . .	3 690	3 035	122	48	290	26	21	53	21	12
Cassel . . .	870	761	17	4	62	88	1	6	1	2
Charlottenburg.	1 753	1 545	56	27	65		10	19	6	2
Chemnitz . .	1 701	1 395	32	16	115	23	16	29	12	13
Cöln a. Rh. .	3 790	3 233	177	31	194	58	9	31	16	4
Crefeld . . .	1 022	901	29	5	50	25	2	5	5	—
Danzig . . .	1 272	1 043	53	22	90	32	8	16	6	2
Darmstadt . .	.	.	.	.	.	.	.	.	.	.
Dortmund . .	1 474	1 253	87	11	74	32	4	11	2	—
Dresden . . .	3 640	2 962	116	76	241	116	31	69	18	11
Düsseldorf . .	2 235	1 915	78	28	120	49	2	29	9	5
Duisburg . .	915	783	46	4	52	20	3	5	2	—
Elberfeld . .	1 513	1 287	51	26	73	56	6	7	6	1
Erfurt . . .	721	624	16	6	37	19	4	7	7	1
Essen	1 761	1 513	72	15	106	39	4	7	5	—
Frankfurt a. M. .	3 130	2 710	90	35	168	52	16	44	11	4
Frankfurt a. O.	499	430	13	7	14	27	3	2	—	3
Freiburg i. Br.	537	461	17	1	38	14	1	2	2	1
M.-Gladbach .	.	.	.	.	.	.	.	.	.	.
Görlitz . . .	647	534	15	8	43	28	2	10	5	2
Halle a. S. . .	1 262	1 065	33	18	64	35	14	17	7	9
Hamburg . .	6 134	5 046	242	128	343	134	35	144	39	23
Hannover . .	2 170	1 887	64	17	128	38	3	23	8	2
Karlsruhe i. B.	945	814	19	8	73	20	4	6	1	—
Kiel	1 074	947	40	12	33	16	4	16	5	1
Königsberg i. Pr.	.	.	.	.	.	.	.	.	.	.
Leipzig . . .	4 279	3 623	126	69	214	106	22	72	26	21
Liegnitz . . .	447	375	10	5	33	18	1	2	2	1
Lübeck . . .	725	638	19	7	39	15	—	2	2	3
Magdeburg . .	1 861	1 526	50	29	117	66	21	33	13	6
Mainz	719	617	19	1	54	19	3	4	1	1
Mannheim . .	1 649	1 403	68	21	93	28	7	22	6	1
Metz	474	408	25	3	16	13	3	5	1	—
Mülhausen i. E.	.	.	.	.	.	.	.	.	.	.
München . .	5 719	4 832	240	45	375	129	5	63	22	8
Münster i. W. .	.	.	.	.	.	.	.	.	.	.
Nürnberg . .	2 823	2 439	83	25	179	57	8	21	5	6
Plauen i. V. .	674	577	4	5	50	23	3	5	4	3
Posen . . .	953	812	32	2	75	23	2	6	1	—
Potsdam . .	437	360	12	3	37	11	1	5	1	7
Spandau . . .	578	494	14	6	40	13	1	6	3	1
Stettin . . .	1 913	1 636	46	27	101	46	8	32	12	5
Strassburg i. E.	1 342	1 136	38	15	87	28	6	26	4	2
Stuttgart . . .	1 727	1 501	31	10	117	36	6	17	5	4
Wiesbaden . .	895	792	20	7	48	16	1	10	—	1
Würzburg . .	670	570	22	7	57	10	—	4	—	—
Zwickau . . .	413	355	7	2	40		.	—	5	4

X. Ehescheidungen im Jahre 1901.

XI. Legitimationen im Jahre 1901.

Städte	Überhaupt	in Promille der Eheschliessungen	in Promille der Ehelösungen	Legitimierte Kinder überhaupt		Darunter sind geboren im Jahre 1901		1900		1899		1898		1897		1896		1895 u. früher		in Promille der Eheschliessungen
				m.	w.	m.	w.	m.	w.	m.	w.	m.	w.	m.	w.	m.	w.	m.	w.	
Aachen	.	.	.	32	20	8	5	11	4	5	—	4	4	1	4	2	3	1	—	47,8
Altona	86	48,0	104,5	88	95	35	39	25	17	3	7	7	9	3	6	4	4	11	13	102,2
Augsburg	13	16,4	25,7	82	66	16	12	21	17	16	14	11	10	4	3	3	3	11	8	187,1
Barmen	33	25,6	49,0	29	24	13	6	8	7	6	4	1	5	—	1	—	—	1	1	41,2
Berlin	984	49,6	95,5	774	804	181	186	207	216	113	114	87	76	58	50	30	38	98	124	79,5
Bochum	.	.	.	.	.	.	.	.	.	.	.	.	.	.	.	.	.	.	.	.
Braunschweig	44	41,0	66,5	41	43	.	.	.	.	.	.	.	.	.	.	.	.	.	.	78,3
Bremen	.	.	.	79		.	.	.	.	.	.	.	.	.	.	.	.	.	.	49,9
Breslau	157	42,5	53,2	271	247	56	73	79	54	46	48	26	24	19	15	8	9	37	24	140,4
Cassel	16	18,4	33,1	32	25	9	13	7	6	10	5	2	—	1	1	—	—	3	—	65,5
Charlottenburg	27	15,4	33,4	64	41	23	12	18	13	10	7	9	5	2	4	—	—	2	—	59,9
Chemnitz	94	55,3	87,4	139	153	43	43	30	45	36	21	13	10	8	17	3	5	6	12	171,7
Cöln a. Rh.	102	26,9	82,1	159	168	44	52	49	53	25	26	15	19	5	1	6	7	15	10	86,3
Crefeld	24	23,5	52,6	26	24	5	3	10	7	6	4	1	3	2	4	—	—	2	3	48,9
Danzig	55	43,2	.	55	58	11	12	12	13	4	9	9	6	5	4	1	2	12	13	88,8
Darmstadt	.	.	.	.	.	.	.	.	.	.	.	.	.	.	.	.	.	.	.	.
Dortmund	18	12,2	26,7	28	31	14	18	8	9	1	2	4	—	1	1	—	—	—	1	.
Dresden	221	60,7	100,0	299	315	69	100	87	110	47	42	42	17	9	15	14	8	31	23	168,7
Düsseldorf	.	.	.	.	.	.	.	.	.	.	.	.	.	.	.	.	.	.	.	.
Duisburg	.	.	.	27	27	11	9	7	7	4	4	3	—	—	2	—	1	2	4	59,0
Elberfeld	.	.	.	42	37	14	9	13	14	5	4	2	3	3	1	1	2	4	4	52,2
Erfurt	30[1])	41,6	70,9	1	1	—	—	1	—	—	—	—	1	—	—	—	—	—	—	2,8
Essen	28	15,9	35,0	36	26	16	7	12	9	4	4	3	1	—	2	—	—	1	3	35,2
Frankfurt a. M.	101	32,8	70,4	189	208	45	51	54	44	33	51	22	16	12	16	6	8	17	22	126,8
Frankfurt a. O.	23	46,1	56,5	26	28	14	4	3	6	4	6	3	7	1	3	—	—	1	2	108,2
Freiburg i. Br.	6	11,2	16,9	21	21	6	7	6	4	4	3	1	2	1	1	—	1	3	3	78,2
M.-Gladbach	.	.	.	.	.	.	.	.	.	.	.	.	.	.	.	.	.	.	.	.
Görlitz	20	30,9	36,9	35	27	11	9	13	6	7	6	1	3	—	1	1	—	2	2	95,8
Halle a. S.	56	44,4	56,7	103	90	26	15	23	19	25	23	4	13	7	6	3	3	15	11	152,9
Hamburg	436[2])	71,1	.	419	438	95	115	110	107	52	62	38	33	30	27	21	19	73	75	139,7
Hannover	84[1])	38,7	70,9	.	.	.	.	.	.	.	.	.	.	.	.	.	.	.	.	.
Karlsruhe	22	23,3	47,2	26	17	15	4	4	6	2	2	—	2	2	—	—	2	3	1	45,5
Kiel	96[1])	89,4	.	.	.	.	.	.	.	.	.	.	.	.	.	.	.	.	.	.
Königsberg i. Pr.	.	.	.	.	.	.	.	.	.	.	.	.	.	.	.	.	.	.	.	.
Leipzig	240	56,1	104,4	365	388	96	104	108	101	63	68	35	44	24	26	18	19	21	26	176,0
Liegnitz	14	31,3	41,9	19	29	11	10	3	6	3	6	1	4	1	2	—	—	—	1	107,4
Lübeck	14	19,3	32,6	31	38	12	8	8	10	3	5	4	6	4	4	—	1	—	4	95,2
Magdeburg	92	49,4	75,3	119	135	19	21	28	38	18	18	19	17	8	11	9	8	18	22	136,5
Mainz	.	.	.	22	24	5	6	6	10	4	3	6	2	1	2	—	—	—	1	64,0
Mannheim	41	24,9	68,4	105	84	.	.	.	.	.	.	.	.	.	.	.	.	.	.	114,6
Metz	16	33,8	53,0	10	8	4	1	2	1	3	1	1	1	1	—	2	—	1	—	38,0
Mülhausen i. E.	.	.	.	.	.	.	.	.	.	.	.	.	.	.	.	.	.	.	.	.
München	143	25,0	53,6	1381		677		214		159		110		68		113		40		241,5
Münster i. W.	.	.	.	.	.	.	.	.	.	.	.	.	.	.	.	.	.	.	.	.
Nürnberg	37	13,1	29,6	.	.	.	.	.	.	.	.	.	.	.	.	.	.	.	.	.
Plauen i. V.	24	35,6	66,7	70	78	18	23	31	23	11	19	4	8	2	1	4	1	—	3	219,6
Posen	21	22,0	32,0	30	32	6	10	7	8	3	1	4	4	3	4	1	—	6	5	65,1
Potsdam	12	27,5	36,7	24	17	8	3	7	2	3	5	3	3	—	1	—	1	3	2	94,5
Spandau	18	31,1	60,6	40	22	13	4	14	7	4	3	1	3	4	3	1	—	3	2	107,3
Stettin	65	34,0	.	103	110	32	46	30	17	20	15	5	6	6	4	1	6	9	16	111,3
Strassburg i. E.	54	40,2	60,6	130	127	21	27	28	32	24	19	23	11	11	7	9	12	14	19	191,5
Stuttgart	75	43,4	80,1	103	95	34	18	29	32	12	16	8	12	7	3	5	4	8	10	114,6
Wiesbaden	.	.	.	19	37	.	.	.	.	.	.	.	.	.	.	.	.	.	.	62,6
Würzburg	—	—	—	.	.	15	12	.	.	.	.	.	.	.	.	.	.	.	.	.
Zwickau	19	46,0	55,6	55		14		20		10		4		3		—		4		133,2

[1]) im Landgerichtsbezirk. [2]) Hamburg-Soest.

XII. Geburten im Jahre 1901.

Städte	Lebendgeborene überhaupt			Lebendgeborene darunter unehelich		Totgeborene überhaupt		Totgeborene darunter unehelich		Im Ganzen			Die Totgeborenen sind Promille der Geborenen	Zwillinge		Drillinge	
	m.	w.	zus.	m.	w.	m.	w.	m.	w.	m.	w.	zus.		m.	w.	m.	w.
Aachen	2 412	2 300	4 712	92	94	67	47	6	1	2 479	2 347	4 826	23,62	.	.	.	.
Altona	2 558	2 437	4 995	305	302	101	79	25	16	2 659	2 516	5 175	34,78	59	51	—	—
Augsburg	1 453	1 455	2 908	238	232	57	40	14	12	1 510	1 495	3 005	32,28	31	17	—	—
Barmen	2 423	2 349	4 772	86	59	76	62	4	4	2 499	2 411	4 910	28,11	56	52	2	1
Berlin	26 092	24 359	50 451	3857	3651	992	814	212	171	27 084	25 173	52 257	34,56	535	519	9	9
Bochum	1 456	1 384	2 840	39	46	36	42	.	.	1 492	1 426	2 918	26,73	.	.	.	.
Braunschweig	2 094	1 963	4 057	282	258	61	51	8	5	2 155	2 014	4 169	26,86	64	52	—	—
Bremen	2 617	2 465	5 082	186	189	65	62	13	7	2 682	2 527	5 209	24.38	70	48	—	—
Breslau	7 111	7 000	14 111	1196	1213	246	200	47	45	7 357	7 200	14 557	30,64	159	163	3	—
Cassel	1 545	1 497	3 042	114	99	58	36	5	3	1 603	1 533	3 136	29,97	40	14	—	3
Charlottenburg	2 445	2 263	4 708	241	216	68	69	11	9	2 513	2 332	4 845	28,28	27	47	2	1
Chemnitz	4 039	3 945	7 984	491	458	164	146	28	29	4 203	4 091	8 294	37,38	93	91	3	—
Cöln a. Rh.	7 426	7 257	14 683	862	835	238	196	34	31	7 664	7 453	15 117	28,71	158	194	2	1
Crefeld	1 611	1 490	3 101	80	77	50	60	3	6	1 661	1 550	3 211	34,26	49	35	—	—
Danzig	2 632	2 475	5 107	332	267	92	69	14	12	2 724	2 544	5 268	30,56	82	74	—	—
Darmstadt	.	.	1 867	.	.	65		.	.	.	.	1 932	33,64	.	.	—	—
Dortmund	3 259	3 033	6 292	150	132	73	68	4	4	3 332	3 101	6 433	21,92	94	62	2	1
Dresden	6 692	6 372	13 064	1248	1303	271	193	67	57	6 963	6 565	13 528	34,[illegible]0	150	136	1	2
Düsseldorf	4 245	4 039	8 284	283	279	119	85	14	7	4 364	4 124	8 488	24,03	92	110	1	5
Duisburg	2 270	2 129	4 399	76	56	58	47	4	—	2 328	2 176	4 504	23,31	72	68	—	—
Elberfeld	2 728	2 682	5 410	174	140	87	69	5	5	2 815	2 751	5 566	28,03	59	75	3	3
Erfurt	1 339	1 264	2 603	148	115	51	34	11	7	1 390	1 298	2 688	31,62	32	30	2	1
Essen	4 495	4 150	8 645	138	114	134	89	4	7	4 629	4 239	8 868	25,15	111	107	4	2
Frankfurt a. M.	4 404	4 093	8 497	511	500	137	124	22	19	4 541	4 217	8 758	29,80	100	90	5	1
Frankfurt a. O.	923	872	1 795	123	107	38	27	6	8	961	899	1 860	34,95	17	19	—	—
Freiburg i. B.	938	892	1 830	160	146	36	34	7	7	974	926	1 900	36,84	33	27	—	—
M.-Gladbach	.	.	2 308	.	.	59		.	.	.	.	2 367	24,93		.	—	—
Görlitz	1 223	1 219	2 442	128	146	57	42	6	9	1 280	1 261	2 541	38,96	35	33	—	—
Halle a. S.	2 883	2 644	5 527	438	392	84	75	19	12	2 967	2 719	5 686	27,96	58	58	—	—
Hamburg	10 282	9 726	20 008	1279	1166	376	311	76	61	10 658	10 037	20 695	33,20	252	248	—	3
Hannover	3 577	3 476	7 053	541	493	126	103	29	15	3 703	3 579	7 282	31,45	71	50	—	—
Karlsruhe	1 490	1 431	2 921	179	171	39	31	2	4	1 529	1 462	2 991	23,40	21	27	—	—
Kiel	2 023	1 953	3 976	271	264	79	55	17	14	2 102	2 008	4 110	32,60	48	56	2	1
Königsberg i. Pr.	2 996	2 919	5 915	462	455	101	73	21	18	3 097	2 992	6 089	28,58	80	52	—	—
Leipzig	7 785	7 494	15 279	1443	1338	326	259	79	66	8 111	7 753	15 864	36,88	205	191	2	1
Liegnitz	824	854	1 678	82	96	38	33	7	5	862	887	1 749	40,59	9	25	4	2
Lübeck	1 320	1 296	2 616	110	102	35	29	10	6	1 355	1 325	2 680	23,88	31	41	—	—
Magdeburg	3 525	3 464	6 989	402	428	112	96	18	23	3 637	3 560	7 197	28,90	93	85	—	3
Mainz	1 301	1 250	2 551	199	173	43	42	15	6	1 344	1 292	2 636	32,25	6	8	—	—
Mannheim	3 231	3 091	6 322	289	266	129	86	16	12	3 360	3 177	6 537	32.89	97	78	—	—
Metz	800	712	1 512	169	139	35	26	9	9	835	738	1 573	38,78	12	13	—	—
Mülhausen i. E.	.	.	2 850	.	.	138		.	.	.	.	2 988	46,18		.	—	—
München	9 436	8 855	18 291	2365	2214	345	259	126	87	9 781	9 114	18 895	31,97	234	210	3	3
Münster i. W.	.	.	1 831	.	.	51		.	.	.	.	1 882	27,10	.		—	—
Nürnberg	5 528	5 341	10 869	924	932	236	107	58	45	5 764	5 528	11 292	37,46	159	121	2	1
Plauen i. V.	1 524	1 468	2 992	267	250	42	37	5	9	1 566	1 505	3 071	25,72	28	38	2	1
Posen	2 166	2 065	4 231	230	196	75	61	10	14	2 241	2 126	4 367	31,14	50	70	—	—
Potsdam	653	594	1 247	76	62	17	15	3	3	670	609	1 279	25,02	—	—	—	—
Spandau	1 089	1 033	2 122	90	100	40	34	5	4	1 129	1 067	2 196	33,70	33	21	—	—
Stettin	4 173	3 996	8 169	466	463	114	94	22	12	4 287	4 090	8 377	24,83	85	77	—	3
Strassburg i. E.	2 452	2 273	4 725	475	440	69	46	16	8	2 521	2 319	4 840	23,76	71	47	3	—
Stuttgart	2 829	2 676	5 505	442	393	108	92	18	17	2 937	2 768	5 705	35,06	42	36	—	—
Wiesbaden	1 146	1 179	2 325	112	123	37	44	1	10	1 183	1 220	2 403	32,46	29	23	2	1
Würzburg	1 204	1 158	2 362	235	217	49	34	10	7	1 253	1 192	2 445	33,95	26	28	—	—
Zwickau	999	1 002	2 001	97	115	28	28	2	2	1 027	1 030	2 057	27,22	19	31	—	—

XIII. Todesfälle im Jahre 1901.

Städte	Sterbefälle ohne Totgeborene: überhaupt	m.	w.	Von den Verstorbenen waren: Kinder im Alter unter 1 Jahr: ehelich m.	ehelich w.	unehelich m.	unehelich w.	verheiratet m.	verheiratet w.	verwitwet m.	verwitwet w.	geschieden m.	geschieden w.
Aachen	2 748	1 470	1 278	533	415	32	32	369	245	161	234	—	1
Altona	3 157	1 661	1 496	530	393	133	121	447	290	144	306	5	5
Augsburg	1 889	984	905	303	253	79	64	299	194	92	194	2	3
Barmen	2 344	1 239	1 105	378	265	35	29	393	248	106	219	3	1
Berlin	34 092	17 922	16 170	4770	3784	1512	1257	5805	3520	1260	3314	107	113
Bochum	1 681	955	726	523				.	.	.	.	.	.
Braunschweig	2 481	1 241	1 240	340	314	104	103	382	236	103	281	4	3
Bremen	2 878	1 593	1 285	475[1])	330	127		.	.	.		.	
Breslau	10 932	5 604	5 328	1633	1390	484	404	1837	959	367	1220	26	37
Cassel	2 002	1 049	953	216	20	46	29	298	170	83	217	3	.
Charlottenburg	2 640	1 336	1 304	354	339	88	76	492	290	88	246	9	15
Chemnitz	5 000	2 610	2 390	1265	1092	208	179	600	381	124	332	17	17
Cöln a. Rh.	8 627	4 513	4 114	1603	1383	360	304	654	486	217	451	3	3
Crefeld	1 694	893	801	282	214	26	27	255	177	109	182	2	1
Danzig	3 363	1 808	1 555	1123		236		.	.	.	.	.	.
Darmstadt	1 137	.	.	278				.	.	.	.	.	.
Dortmund	2 918	1 628	1 290	600	465	71	58	395	262	95	190	5	4
Dresden	7 230	3 773	3 457	1122	883	254	223	1229	761	326	788	31	36
Düsseldorf	4 075	2 191	1 884	773	674	134	129	487	331	157	259	4	2
Duisburg	2 120	1 171	949	743		59		251	150	57	105	2	3
Elberfeld	2 702	1 389	1 313	390	328	97	74	382	286	113	241	3	6
Erfurt	1 535	806	729	210	156	40	24	234	159	66	169	2	5
Essen	3 882	2 102	1 780	763	594	42	43	472	300	102	228	4	—
Frankfurt a. M.	4 588	2 443	2 145	571	442	185	128	815	519	211	444	8	11
Frankfurt a. O.	1 521	753	768	245	245	58	40	236	148	47	149	5	4
Freiburg i. Br.	1 396	751	645	276		107		223	127	71	137	2	1
M.-Gladbach	1 096	.	.	475				.	.	.	.	.	.
Görlitz	1 767	890	877	278	241	47	56	326	196	72	214	5	6
Halle a. S.	3 631	1 949	1 682	503	436	161	126	569	362	133	321	3	7
Hamburg	12 293	6 539	5 754	.	.	.	.	.	.	.	.	.	.
Hannover	4 132	2 160	1 972	553	480	230	159	657	443	187	411	8	4
Karlsruhe	1 778	874	904	269	206	39	49	253	191	71	192	3	—
Kiel	2 194	1 170	1 024	366	340	85	83	.	.	.	.	.	
Königsberg	4 446	2 345	2 101	589	500	197	178	795	396	164	453	14	18
Leipzig	8 621	4 547	4 074	1479	1211	515	394	1240	819	317	803	33	40
Liegnitz	1 340	648	692	236	174	32	39	205	115	52	198	1	8
Lübeck	1 534	808	726	230	201	35	47	253	162	97	161	3	5
Magdeburg	4 349	2 244	2 105	734	653	159	159	665	464	172	373	6	10
Mainz	1 581	860	721	362		114		430		205		3	
Mannheim	3 348	1 795	1 553	560	465	107	78	307	251	63	139	3	3
Metz	1 144	622	522	104	81	65	50	183	103	54	104	2	2
Mülhausen i. E.	1 764	.	.	530				.	.	.	.	.	.
München	11 177	5 774	5 403	1799	1546	645	518	1546	981	406	1021	15	14
Münster i. W.	1 252	.	.	376				.	.	.	.	.	.
Nürnberg	5 610	3 006	2 604	1028	824	362	283	740	474	180	424	7	5
Plauen i. V.	1 324	718	606	247	184	85	76	225	111	42	95	1	2
Posen	3 100	1 683	1 417	520	442	110	102	420	216	105	262	—	1
Potsdam	1 155	589	566	107	118	28	23	203	112	75	164	—	9
Spandau	1 233	645	588	258	190	41	48	163	116	35	78	1	1
Stettin	5 558	2 953	2 605	1234	1024	252	224	.	.	.	.	.	.
Strassburg i. E.	3 101	1 625	1 476	403	293	147	111	478	359	192	275	1	8
Stuttgart	3 271	1 697	1 574	456	389	140	97	514	347	131	299	6	3
Wiesbaden	1 402	709	693	178		150		254	178	96	177	6	8
Würzburg	1 579	819	760	179	141	53	43	273	117	108	181	1	—
Zwickau	1 272	668	604	220	215	48	44	208	115	45	109	7	7

Noch Tabelle XIII.

Städte	Besondere Todesursachen														
	Pocken	Masern und Rötheln	Scharlach	Diphtherie und Croup	Unterleibs-typhus	Flecktyphus	Kindbett-fieber	Lungen-schwind-sucht	akute Darm-krankheiten incl. Brech-durchfall	Alkoholismus	Gewalt-samer Tod	Lebens-schwäche	Alter-schwäche	Influenza
Aachen. . . .		.	.	.	.	.	.	.	.	.	.	.	.	.
Altona	1	81	28	19	8	—	18	307	474	8	94	242	167	13
Augsburg . . .	—	2	1	23	3	—	3	222	296	1	47	147	99	13
Barmen. . .	—	42	54	25	16	—	11	308	342	5	65	149	80	34
Berlin	3	442	408	513	114	—	133	4402	5260	53	1027	2162	1265	359
Bochum . . .	—	80	56	29	39	—	2	138	175	—	27	—	—	—
Braunschweig .	—	17	1	24	5	—	4	298	454	.	88	110	121	44
Bremen . . .	—	29	203	27	12	—	10	359	260	—	146	135	157	24
Breslau. . . .	—	131	57	71	27	—	18	1429	1705	20	325	532	409	54
Cassel	—	100	76	55	17	—	2	252	166	—	76	67	105	7
Charlottenburg	—	9	23	19	5	—	5	232	335	2	52	183	104	20
Chemnitz . . .	—	20	12	28	9	—	13	385	276	3	115	149	174	15
Cöln a. Rh. . .	—	351	64	101	30	—	17	782	1465	7	224	742	277	58
Crefeld. . . .	—	10	—	16	2	—	—	166	224	—	10	74	162	5
Danzig	—	3	43	47	11	—	9	261	637	.	74	.	.	25
Darmstadt . .	—	16	—	9	2	—	1	117	91	—	43	.	.	.
Dortmund . .	—	3	77	62	27	—	7	181	444	5	119	212	93	12
Dresden . .	—	36	26	57	30	—	46	949	885	13	276	404	299	60
Düsseldorf . .	—	23	12	64	11	—	5	364	675	—	38	268	155	3
Duisburg . . .	—	48	59	50	25	—	6	190	334	2	87	129	51	.
Elberfeld . . .	—	44	55	77	10	—	4	291	380	3	24	173	110	28
Erfurt	—	19	11	21	12	—	9	152	237	—	38	95	73	—
Essen	—	172	188	89	20	—	8	341	647	5	124	288	87	14
Frankfurt a. M.	—	45	12	30	9	—	5	684	453	2	188	216	196	37
Frankfurt a. O.	—	13	16	13	15	—	5	144	242	—	21	87	88	10
Freiburg i. B. .	—	7	1	16	9	—	1	171	190	.	38	.	.	—
M.-Gladbach .	—	3	6	22	3	—	3	152	154	.	23	.	.	—
Görlitz . .	—	6	10	14	2	—	9	174	226	6	43	94	111	21
Halle a. S. . .	—	38	197	56	17	—	6	327	540	1	155	191	122	16
Hamburg . .	1	195	179	116	34	—	58	1314	1153	49	572	764	471	73
Hannover. . .	2	29	15	48	9	2	6	377	599	3	130	229	214	17
Karlsruhe. . .	—	61	9	21	9	—	15	219	291	1	43	98	44	6
Kiel	—	21	11	22	9	—	11	193	381	7	103	129	73	4
Königsberg . .	—	2	54	30	19	—	1	364	759	—	133	160	230	.
Leipzig. . . .	—	118	51	108	28	—	44	906	1726	11	289	458	328	66
Liegnitz . . .	—	15	1	34	3	—	—	154	132	—	27	70	71	13
Lübeck. . .	—	21	5	31	5	—	5	119	226	2	50	68	108	17
Magdeburg . .	—	17	57	79	16	—	7	352	689	2	141	241	165	19
Mainz	—	20	6	10	—	—	8	241	140	.	75	.	.	3
Mannheim . .	—	139	26	41	4	—	10	366	567	—	133	.	.	—
Metz	1	31	1	—	34	—	3	129	284	—	44	95	108	30
Mülhausen i. E.	—	2	5	18	9	—	2	217	261	—	70	.	.	.
München . . .	—	150	14	80	24	—	35	1377	1512	.	244	972	568	70
Münster i. W. .	—	2	1	6	6	—	2	150	159	.	99	.	.	.
Nürnberg . . .	—	157	56	48	6	—	12	707	879	4	160	333	153	48
Plauen i. V. . .	—	17	6	45	2	—	4	150	47	—	29	186	62	17
Posen	—	93	74	38	11	—	4	322	303	3	48	203	191	15
Potsdam . . .	—	19	4	14	6	—	2	128	117	—	1	36	8	10
Spandau . . .	—	—	17	18	4	—	6	81	216	2	24	88	41	1
Stettin	—	35	16	59	54	—	17	422	1449	.	145	.	.	12
Strassburg i. E.	1	28	6	60	28	—	6	378	548	—	99	146	95	—
Stuttgart . . .	—	106	14	76	7	—	5	280	469	1	54	244	115	18
Wiesbaden . .	—	5	4	7	4	—	2	124	84	1	45	73	78	7
Würzburg . .	—	15	3	1	8	—	2	226	173	—	39	80	109	9
Zwickau . . .	—	18	4	6	2	—	6	82	74	—	48	—	—	—

XIVa. Männliche Gestorbene nach Altersklassen (exkl. Totgeborene) i. J. 1901.

Städte	0—5	5—10	10—15	15—20	20—25	25—30	30—35	35—40	40—45	45—50	50—60	60—70	70—80	80—90	über 90	unbekannt
Aachen . . .	722	31	20	21	28	21	37	37	42	51	133	142	122	47	5	—
Altona . . .	846	23	14	28	37	32	38	41	66	80	153	149	103	51	—	—
Augsburg . .	441	18	5	8	29	35	27	27	24	45	92	114	99	20	—	—
Barmen . . .	562	20	20	24	39	27	39	43	41	54	139	115	86	29	1	—
Berlin. . . .	8048	372	179	286	517	576	609	754	816	881	1879	1587	1049	345	24	—
Bochum* . .	393	69		50	114		118		253			148		13	—	—
Braunschweig .	559	25	18	30	50	30	26	39	51	67	107	111	88	39	1	—
Bremen . . .	697	94		132			204				160	304				2
Breslau* . . .	4949	196	121	171	318	317	359	385	448	421	978	1035	906	301	27	—
Cassel . . .	487	46	16	23	34	29	21	34	35	33	101	92	74	24	—	—
Charlottenburg.	579	23	9	23	24	33	35	69	398				143	—	—	—
Chemnitz . .	1678	42	11	35	43	40	62	68	59	82	157	177	124	30	—	2
Cöln	2594	84	34	66	112	103	106	115	152	177	352	300	225	86	7	—
Crefeld . . .	377	17	7	32	24	14	53		61		107	85	85	31		—
Danzig* . . .	1648	99	.	48	180		167		463			601		156		1
Darmstadt . .	.	.	.	.	.	.	.	.	.	.	.	.	.	.	.	.
Dortmund . .	909	30	23	36	46	53	54	57	68	52	131	91	63	13	2	—
Dresden . . .	1657	42	21	58	135	133	134	155	150	182	410	353	248	89	4	2
Düsseldorf . .	1219	46	28	38	124		117		157		162	150	149			1
Duisburg . .	*1189	*98		31	46		20		15		4	8	1	1		—
Elberfeld . .	695	40	15	19	82		75		102		120	133	108			—
Erfurt . . .	352	17	8	18	26	12	22	16	32	38	66	64	61	21	2	—
Essen. . . .	1231	68	26	46	49	56	56	66	82	68	151	123	61	19	—	—
Frankfurt a. M.	974	41	15	47	180		201		217		295	228	173	70	2	—
Frankfurt a. O.	358	9	11	17	19	26	17	15	20	27	65	75	68	26	—	—
Freiburg i. Br.*	482	18	11	26	42	56	58	55	55	61	155	157	163	54	3	—
M.-Gladbach .	.	.	.	.	.	.	.	.	.	.	.	.	.	.	.	.
Görlitz . . .	401	9	2	17	33		55		81		94	108	71	18	—	1
Halle a. S. . .	971	43	24	53	116		129		155		151	160	88	36	—	23
Hamburg . .	2888	177	67	99	174	193	228	270	253	320	671	627	404	166	7	—
Hannover . .	1021	38	26	43	128		144		159		377		224			—
Karlsruhe . .	417	8	11	28	21	29	30	32	42	23	96	65	62	9	1	—
Kiel*	1096	58		343					156		336		205			—
Königsberg . .	996	48	34	35	73	77	82	107	104	119	232	217	157	60	1	12
Leipzig . . .	2360	78	47	87	139	116	133	151	178	173	401	366	242	69	6	1
Liegnitz . . .	316	13	8	12	6	16	11	24	24	29	64	54	51	17	—	3
Lübeck . . .	336	20	6	20	19	20	28	22	25	29	66	96	79	38	4	—
Magdeburg . .	1113	83		135			217			317		381				—
Mainz. . . .	359	14	10	18	75		46		79		92	95	54	17	1	—
Mannheim . .	1149	40		165			189				188		64			—
Metz	213	16	11	19	57	20	12	20	31	35	66	56	51	12	—	—
Mülhausen i. E.	.	.	.	.	.	.	.	.	.	.	.	.	.	.	.	.
München . .	2851	78	38	66	178	194	195	185	215	243	539	496	386	103	7	—
Münster i. W. .	.	.	.	.	.	.	.	.	.	.	.	.	.	.	.	.
Nürnberg . .	1717	42	22	52	188		170		189		231	218	142	35	—	—
Plauen i. V. .	405	16	6	7	15	10	24	27	27	20	60	46	42	12	1	—
Posen . . .	892	51	24	29	50	53	42	68	79	44	123	110	89	27	2	—
Potsdam . .	188	12	5	12	23	18	14	17	18	33	57	67	70	32	1	—
Spandau. . .	372	15	1	7	27	12	18	18	20	18	57	42	28	10	—	—
Stettin . . .	1770	59	24	42	71	58	71	74	109	93	199	190	149	39	3	—
Strassburg i. E.	675	27	23	36	129		87		111		189	167	130	51		—
Stuttgart. . .	779	30	20	32	108		100		132		176	175	111	32	2	—
Wiesbaden . .	236	12	3	11	49		42		138			187		31		—
Würzburg . .	296	14	13	17	62		45		56		101	105	81	29		—
Zwickau . . .	.	.	.	.	.	.	.	.	.	.	.	.	.	.	.	.

* Männlich und weiblich zusammen.

XIVb. Weibliche Gestorbene nach Altersklassen (exkl. Totgeborene) i. J. 1901.

Städte	0–5	5–10	10–15	15–20	20–25	25–30	30–35	35–40	40–45	45–50	50–60	60–70	70–80	80–90	über 90	unbekannt
Aachen	585	22	9	21	27	37	28	31	37	31	96	123	149	76	8	—
Altona	717	31	17	15	39	33	43	33	36	48	101	142	165	76	—	—
Augsburg	370	15	4	19	24	22	26	31	19	35	78	108	114	36	4	—
Barmen	457	43	14	34	32	45	27	37	33	14	95	130	105	36	3	—
Berlin	6792	399	178	293	517	561	533	587	544	573	1278	1514	1651	702	48	—
Bochum*	393		69	50		114	118			253		148		13	—	—
Braunschweig	536	21	26	19	34	43	36	31	31	38	100	119	149	52	5	-
Bremen[1]	484		73		104			151			110		362			1
Breslau*	*949	196	121	171	318	317	359	385	448	421	978	1035	906	301	27	—
Cassel	421	27	14	14	20	27	30	20	21	20	74	123	98	38	6	—
Charlottenburg	538	34	15	25	44	54	50	49		303			192	—	—	—
Chemnitz	1491	31	19	37	44	62	56	39	43	51	116	172	174	53	2	—
Cöln a. Rh.	2280	79	42	50	101	110	93	102	110	93	271	299	314	157	13	—
Crefeld	330	12	9	16	22	14		39		55	64	88	90	57		—
Danzig*	1648	99	—	48		180	167			463		601		156		1
Darmstadt	.	.	.	.	.	.	.	.	.	.	.	.	.	.	.	.
Dortmund	759	40	18	24	29	36	30	34	24	30	79	78	79	29	1	—
Dresden	1384	51	37	67	108	135	100	111	120	134	282	401	381	135	8	3
Düsseldorf	1089	43	16	28		84		81		104	110	137		191		1
Duisburg	*1189		*98	11		16		5		—	2	—	3	3		—
Elberfeld	621	49	18	15		64		73		64	97	124		188		—
Erfurt	266	16	9	16	19	29	16	21	24	14	70	65	93	32	4	—
Essen	1061	90	32	27	37	54	41	28	42	29	85	128	96	29	1	—
Frankfurt a. M.	799	40	19	42		170	135			166	219	246	220	83	6	—
Frankfurt a. O.	382	12	6	15	17	29	22	11	23	24	62	64	69	29	3	—
Freiburg i. B.*	482	18	11	26	42	56	58	55	55	61	155	157	163	54	3	—
M.-Gladbach	.	.	.		.	.	.	.	.	.	.	.	.	.	.	.
Görlitz	372	14	13	12		45		45		61	78	84	95	58	—	—
Halle a. S.	779	56	20	44		81		102		103	122	165	145	57	—	8
Hamburg	2527	131	63	89	131	159	146	187	188	169	441	553	612	328	—	—
Hannover	850	34	31	38		129		116		109		368		297		—
Karlsruhe	377	14	12	26	39	31	25	34	25	31	69	98	87	32	4	—
Kiel*	1096		58			343				156		336		205		—
Königsberg i. P.	874	50	23	35	36	49	53	62	67	74	162	201	252	132	13	11
Leipzig	1987	57	37	75	120	132	107	103	112	120	296	386	382	151	9	—
Liegnitz	277	20	8	12	17	20	18	16	21	19	58	69	77	55	3	2
Lübeck	306	19	6	10	12	15	14	24	18	28	41	81	86	64	2	—
Magdeburg	1021		87		138			178			219			461		1
Mainz	280	14	9	16		56		55		40	61	77	79	32	2	—
Mannheim	953		28		130				163			180		99		—
Metz	177	10	12	17	28	14	19	15	14	21	53	46	62	31	6	—
Mülhausen i. E.	.	.	.	.	.	.	.	.	.	.	.	.	.	.	.	.
München	2509	88	49	77	139	171	147	181	159	165	401	534	523	232	28	—
Münster i. W.	.	.	.	.	.	.	.	.	.	.	.	.	.	.	.	.
Nürnberg	1420	44	26	31		158		143		120	175	232	188	67	—	—
Plauen i. V.	329	14	5	9	22	16	13	19	21	14	36	37	51	18	2	—
Posen	751	48	13	21	30	27	33	30	31	39	85	101	121	80	7	—
Potsdam	179	7	6	9	9	14	14	11	22	15	39	73	94	49	7	—
Spandau	344	25	3	6	15	13	16	13	16	14	27	41	40	15	—	—
Stettin	1559	49	31	30	64	54	53	54	56	54	126	187	174	110	3	-
Strassburg i. E.	531	33	13	43		110		112		103	121	178	147		85	—
Stuttgart	657	37	14	35		108		85		111	131	175	156	60	5	—
Wiesbaden	195	16	13	18		49		41		130			192		39	—
Würzburg	264	10	8	15		56		43		45	77	97	95		50	—
Zwickau	.	.	.	.	.	.	.	.	.	.	.	.	.	.	.	.

* Männlich und weiblich zusammen.

XV. Geburten, Sterbefälle, Ab- und Zuzüge, sowie Eheschließungen im Jahre 1901.

Städte	Promille der mittleren Bevölkerung sind: Geborene überhaupt	Geborene darunter unehel.	Geborene darunter todgebor.	Sterbefälle überhaupt	Sterbefälle Kinder unter 1 Jahr	Die natürliche Vermehrung	Zugezogene	Fortgezogene	Die örtliche Vermehrung	Eheschließungen	Überschuß der Männer über die Frauen in Prozent: Geborene exkl. Todgeb.	Gestorbene exkl. Todgeb.	Todgeborene	Im Vergleich mit der Zahl der Geborenen starben Kinder unter 1 Jahr
Aachen	35,27	1,41	0,83	20,92	7,40	14,35	.	.	.	7,95	2,38	6,99	17,54	23,58
Altona	31,80	3,37	1,11	20,50	7,23	11,30	194,55	179,02	.	11,00	2,42	5,23	12,22	26,21
Augsburg	33,39	5,51	1,08	22,07	7,77	11,32	143,64	53,88	.	8,79	-0,07	4,18	17,53	26,79
Barmen	34,42	1,07	0,97	17,40	4,96	17,02	117,62	125,82	-8,20	9,02	1,55	5,72	10,14	17,27
Berlin	27,62	4,17	0,95	18,97	5,98	8,65	122,77	124,62	-1,85	10,49	3,44	5,14	9,86	25,21
Bochum	43,51	1,27	1,16	26,23	7,80	17,28	235,62	222,72	12,90	10,38	2,54	13,62	-0,77	20,88
Braunschweig	32,40	4,30	0,87	20,15	6,69	12,25	173,37	186,41	-13,04	8,34	3,23	0,04	8,93	23,42
Bremen	31,92	2,42	0,78	18,41	5,71	13,51	196,54	181,90	.	9,69	2,99	10,70	2,36	20,70
Breslau	34,21	5,88	1,05	26,74	9,19	7,47	153,38	141,25	.	8,67	0,79	2,52	10,31	29,93
Cassel	29,03	2,05	0,87	19,40	2,88	9,63	238,20	225,55	.	8,05	1,58	4,80	23,40	12,89
Charlottenburg	25,30	2,49	0,72	14,50	4,48	10,80	309,28	299,78	.	9,15	3,87	1,21	-0,73	20,54
Chemnitz	40,16	4,87	1,50	25,71	13,29	14,45	155,98	163,63	.	8,24	1,18	4,40	5,81	37,09
Cöln a. Rh.	40,11	4,67	1,15	24,04	9,68	16,07	138,76	135,73	.	10,06	1,15	4,63	9,68	27,19
Crefeld	29,97	1,55	1,03	16,84	5,12	13,13	97,15	107,51	-10,36	9,54	3,90	5,43	-9,09	20,78
Danzig	36,89	4,38	1,13	24,68	9,52	12,21	158,36	161,40	.	8,91	3,07	7,52	14,29	29,35
Darmstadt	26,30	.	0,88	16,36	3,78	9,94	.	.	.	.	.	.	.	17,66
Dortmund	43,88	1,98	0,96	20,87	8,14	23,01	203,98	168,11	.	10,05	3,59	11,58	3,55	20,97
Dresden	33,74	6,67	1,16	19,19	6,19	14,55	.	.	.	9,08	2,45	4,37	16,81	21,75
Düsseldorf	39,03	2,68	0,94	19,67	7,86	19,36	186,81	174,74	.	10,28	2,49	7,53	16,67	22,65
Duisburg	48,35	1,46	1,13	23,89	8,61	24,46	185,41	206,12	-20,71	9,82	3,21	10,47	10,48	20,50
Elberfeld	35,43	2,06	0,99	18,19	5,66	17,24	161,90	161,09	.	9,63	0,85	2,81	11,54	18,96
Erfurt	31,27	3,27	0,99	18,85	5,00	12,42	193,51	186,90	.	8,39	2,88	5,02	20,00	19,02
Essen	48,26	1,43	1,21	22,34	7,85	25,92	205,26	191,76	.	9,58	3,99	8,29	20,18	21,32
Frankfurt a. M.	29,79	3,58	0,89	16,49	4,51	13,30	254,80	248,21	.	10,65	3,66	6,50	4,98	18,21
Frankfurt a. O.	29,89	3,92	1,04	25,49	9,45	4,40	166,06	161,03	5,03	8,02	2,84	-0,99	16,92	35,18
Freiburg i. B.	30,32	5,11	1,12	23,39	6,11	6,93	.	.	.	8,57	2,51	7,59	2,86	24,54
M.-Gladbach	40,28	.	1,00	19,66	8,08	20,62	.	.	.	.	.	.	.	22,49
Görlitz	31,59	3,59	1,23	23,20	7,73	8,39	180,65	184,61	.	8,04	0,16	0,74	15,15	27,98
Halle a. S.	35,77	5,42	1,00	23,85	7,71	11,92	198,94	193,80	.	7,94	4,32	7,35	5,66	24,73
Hamburg	28,87	3,60	0,96	18,11	—	10,76	173,52	145,01	.	8,56	2,78	6,39	9,46	—
Hannover	30,51	4,52	0,96	18,27	5,98	12,24	180,97	146,81	.	9,09	1,43	4,55	10,04	22,52
Karlsruhe	30,47	3,63	0,71	18,83	5,74	11,64	.	.	.	9,63	2,02	-1,69	11,43	21,31
Kiel	36,82	5,07	1,20	20,86	7,83	15,96	258,91	218,60	40,31	9,62	1,76	6,65	17,91	25,58
Königsberg	32,08	5,04	0,92	24,34	7,71	7,74	194,28	191,18	.	—	1,30	5,49	16,09	27,01
Leipzig	34,29	6,32	1,26	19,90	7,78	14,39	.	.	.	9,25	1,90	5,49	11,45	26,30
Liegnitz	31,66	3,44	1,29	25,54	8,71	6,12	195,06	192,83	2,23	8,09	-1,79	-3,28	7,04	31,52
Lübeck	32,09	2,73	0,77	19,13	6,14	12,96	.	.	.	8,68	0,92	5,35	9,38	21,87
Magdeburg	31,45	3,81	0,91	19,91	7,45	11,54	158,04	145,34	.	8,13	0,87	3,20	7,69	26,32
Mainz	30,96	4,62	1,00	19,57	5,59	11,39	43,35	24,18	.	8,44	2,00	8,79	1,18	21,40
Mannheim	45,40	4,05	1,49	24,74	8,40	20,66	199,28	169,28	.	11,45	2,21	7,23	20,00	22,39
Metz	26,99	5,59	1,05	20,67	5,15	6,32	.	.	.	8,13	5,82	8,74	14,75	23,08
Mülhausen i. E.	33,29	.	1,54	21,19	5,91	12,10	.	.	.	.	.	.	.	22,22
München	37,56	9,53	1,20	23,42	8,96	14,14	.	.	.	11,37	3,18	3,32	14,24	27,37
Münster i. W.	29,12	.	0,79	20,16	5,82	8,96	.	.	.	.	.	.	.	22,27
Nürnberg	42,94	7,45	1,61	22,94	9,49	20,00	70,01	61,14	.	10,73	1,72	7,17	11,58	25,95
Plauen i. V.	40,78	7,05	1,05	18,63	7,86	22,15	208,57	182,15	.	8,95	1,87	8,46	6,33	22,29
Posen	36,74	3,79	1,14	27,23	9,88	9,51	.	.	.	8,02	2,39	8,58	10,29	30,85
Potsdam	21,35	2,40	0,58	19,81	4,61	1,54	.	.	.	7,29	4,73	1,99	6,25	24,31
Spandau	33,24	3,01	1,12	19,78	8,13	13,46	145,03	143,06	.	8,75	2,64	4,62	8,11	27,67
Stettin	38,87	4,47	0,97	26,75	12,68	12,12		.	.	8,88	2,17	6,26	9,62	35,73
Strassburg i. E.	31,67	6,14	0,75	21,04	6,24	10,63	.	.	.	8,78	3,79	4,80	20,00	22,40
Stuttgart	31,05	4,73	1,09	18,89	5,89	12,16	35,46	13,32	.	9,40	2,78	3,76	8,00	22,96
Wiesbaden	27,43	2,81	0,89	16,90	3,74	10,53	260,04	214,23	.	10,22	-1,42	1,14	-5,13	17,15
Würzburg	32,00	6,14	1,09	21,75	5,44	10,25	43,52	15,82	.	8,77	1,95	3,74	18,07	20,42
Zwickau	36,41	3,82	0,99	23,50	9,33	12,91	.	.	.	7,31	-0,15	5,03	—	28

XVI. Die örtliche Bewegung der Bevölkerung im Jahre 1901.

a) Zu- und Abzüge mit Unterscheidung des Geschlechts.

Städte	Gemeldete Zugezogene			Gemeldete Abgezogene			Scheinbarer Mehrzuzug (+) bezw. Mehrabzug (—)			Wahrscheinl. Mehrzu- (+) bezw. Mehrabzug (—)
	m.	w.	zus.	m.	w.	zus.	m.	w.	zus.	
Altona . . .	17 781	13 883	31 664	16 147	12 989	29 136	1 634	894	2 528	.
Augsburg . .	6 903	6 023	12 926	3 295	1 554	4 849	3 608	4 469	8 077	.
Berlin . . .	126 213	106 058	232 271	110 418	92 373	202 791	15 795	13 685	29 480	—3 489
Braunschweig .	13 075	9 231	22 306	13 183	10 221	23 404	—108	—990	—1 098	—1 109
Cassel. . . .	14 516	11 214	25 730	14 350	10 014	24 364	166	1 200	1 366	.
Charlottenburg	25 771	33 456	59 227	25 844	31 563	57 407	—73	1 893	1 820	.
Chemnitz . .	17 361	14 851	32 212	20 058	13 734	33 792	—2 697	1 117	—1 580	.
Crefeld . . .	5 713	4 695	10 408	5 951	5 290	11 241	—238	—595	—833	—1 100
Danzig . . .	11 516	11 096	22 612	11 739	11 308	23 047	—223	—212	—435	.
Dortmund . .	20 392	9 512	29 904	17 534	7 111	24 645	2 858	2 401	5 259	.
Düsseldorf . .	25 930	14 701	40 631	24 875	13 131	38 006	1 055	1 570	2 625	
Duisburg . .	11 135	6 016	17 151	12 926	6 274	19 200	—1 791	—258	—2 049	—1 929
Essen . . .	23 367	14 350	37 717	21 937	13 299	35 236	1 430	1 051	2 481	.
Frankfurt a. O.	6 006	4 328	10 334	5 583	3 750	9 333	423	578	1 001	313
Görlitz . . .	7 580	6 950	14 530	8 229	6 620	14 849	—649	330	—319	.
Halle a. S. . .	18 886	12 733	31 619	18 602	12 201	30 803	284	532	816	.
Hamburg . .	79 569	44 808	124 377	66 804	37 160	103 964	12 765	7 648	20 413	.
Hannover . .	23 797	19 389	43 186	19 729	15 313	35 042	4 068	4 076	8 144	
Kiel	19 683	9 217	28 900	14 098	6 037	20 135	5 585	3 180	8 765	4 491
Liegnitz . . .	5 926	4 822	10 748	6 059	4 593	10 652	—133	229	96	123
Magdeburg . .	20 477	15 692	36 169	17 833 11 999	15 431 7 140	33 264[1]) 19 139[2])	2 644	261	2 905	.
Mainz . . .	1 850	1 841	3 691	968	1 091	2 059	882	750	1 632	.
Mannheim . .	17 505	11 191	28 696	15 225	9 152	24 377	2 280	2 039	4 319	.
Plauen i. V. .	9 043	6 662	15 705	8 256	5 460	13 716	787	1 202	1 989	.
Würzburg . .	2 373	952	3 325	932	277	1 209	1 441	675	2 116	.

1) Abgemeldet nach Auswärts. 2) Ohne Angabe des Verzugsziels.

b) Zu- und Abzüge ohne Unterscheidung des Geschlechts.

Städte	Gemeldete Zugezogene	Gemeldete Abgezogene	Scheinbarer Mehrzu- (+) bzw. Mehrabzug (—)	Wahrscheinl. Mehrzu- (+) bzw. Mehrabzug (—)	Städte	Gemeldete Zugezogene	Gemeldete Abgezogene	Scheinbarer Mehrzu- (+) bzw. Mehrabzug (—)	Wahrscheinl. Mehrzu- (+) bzw. Mehrabzug (—)
Barmen . . .	16 778	15 502	1 276	—1 170	Erfurt . . .	16 634	16 066	568	.
Bochum . . .	15 803	13 870	1 933	865	Frankfurt a. M.	74 910	72 983	1 927	.
Bremen . . .	32 073	29 685	2 388	.	Königsberg . .	36 878	36 290	588	.
Breslau . . .	65 271	60 111	5 160	.	Nürnberg . .	18 410	16 079	2 331	.
Cöln a. Rh. .	52 299	51 157	1 142	.	Spandau . . .	9 582	9 452	130	.
Dresden . . .	72 384	66 741	5 643	.	Stuttgart . .	6 515	2 447	4 068	.
Elberfeld . .	25 435	25 307	128	.	Wiesbaden .	22 777	18 764	4 013	.

c) Umzüge.

Städte	Gemeldete Umgezogene	Städte	Gemeldete Umgezogene	Städte	Gemeldete Umgezogene
Altona . . .	53 052	Dortmund . .	43 590	Kiel	45 226
Augsburg . .	35 876	Dresden . . .	80 751[3]) 19 015[4])	Königsberg . .	89 438
Berlin . . .	684 069	Duisburg . .	6 649[1]) 12 018[2])	Liegnitz . .	18 746
Braunschweig .	8 824[1]) 24 019[2])	Essen. . . .	58 709	Lübeck . . .	31 465
Breslau . . .	204 090	Frankfurt a. M.	13 912	Magdeburg . .	75 488[5])
Charlottenburg	86 736	Frankfurt a. O.	6 339	Nürnberg . .	73 701
Cöln a. Rh. . .	150 169	Görlitz . . .	23 376	Plauen i. V. .	17 058
Crefeld . . .	ca. 20 000	Halle a. S. . .	30 554	Spandau . . .	22 394
Danzig . . .	47 818	Hamburg . .	216 517	Stuttgart . . .	16 857

1) Familien. 2) Personen. 3) Parteien. 4) Dienstboten. 5) Davon innerhalb desselben Stadtteils 54 434, nach einem anderen Stadtteil 21 054.

VI.

Das Wachstum der deutschen Grossstädte seit 1871.

Von

Dr. S. Schott,

Stadtbeirat und Direktor des statistischen Amts der Stadt Mannheim.

Der erste Teil der vorliegenden Arbeit ist als Anlage zum Protokoll der XVI., in Altona abgehaltenen Konferenz der Vorstände der statistischen Ämter deutscher Städte abgedruckt. Da der Empfängerkreis dieser Protokolle mit geringfügigem Rest in den Leserkreis des Jahrbuchs aufgeht, konnte dem Wunsch des Herausgebers des Jahrbuchs, den zweiten Teil der Arbeit an dieser Stelle zu veröffentlichen, unbedenklich Folge geleistet werden. Über Entstehung der Arbeit und Inhalt des ersten Teils ist in aller Kürze folgendes zu rekapitulieren: In Mayr's Allgemeinem statistischen Archiv, Band II, S. 615 ff. hat Professor Dr. Hasse einen Aufsatz über „die Intensität großstädtischer Menschenanhäufungen" veröffentlicht *); er hat dort für zehn Großstädte gezeigt, wie 1890 die Bevölkerung in Ringen von je einem Kilometer Abstand um den Verkehrsmittelpunkt der Stadt gelagert war. Diese Berechnung sollte aufgrund der Volkszählung von 1900 für alle deutschen Großstädte ausgeführt und, soweit möglich, die Dichtigkeitsverschiebung innerhalb der einzelnen Kilometerringe festgestellt werden. Da indessen nur sechs Großstädte eine solche Berechnung vornahmen, mußte das Arbeitsziel zurückgesteckt werden. Es wurde nun lediglich Name und Einwohnerzahl aller im Umkreis von 10 km vom Großstadtmittelpunkt entfernt liegenden Gemeinden erfragt und solcherart die Einwohnerzahl der Agglomeration ermittelt. Ausdrücklich muß nochmals hervorgehoben werden, daß diese mathematische Agglomeration sich mit der wirtschaftlichen nicht deckt, daß vielmehr die letztere ceteris paribus mit zunehmender Stärke des großstädtischen Kerns wachsen wird. Allein die Verfeinerung der Untersuchung durch An-

---

*) Nicht unerwähnt bleibe, daß solche Untersuchungen für einzelne Städte schon früher angestellt worden sind, z. B. für Breslau 1871/80 (vergl. Breslauer Statistik IX. Jahrg. S. 106 ff. und 117 ff.).

wendung einer parallel zur Großstadtgröße gleitenden Skala (z. B. 5 km Radius für Städte von 100—200 000 Einwohnern, 7 km von 200—300 000 Einwohnern usf.) würde eine außerordentliche Vermehrung der Arbeit bedeuten, z. Teil sogar neue Willkürlichkeiten hervorrufen und bleibt zweckmäßiger lokaler Detailforschung vorbehalten. Hier handelt es sich um ein Bild in groben Zügen.

In des Jahrbuchs — aber nicht nur in dessen — Augen hat die Arbeit einen weiteren Konstitutionsfehler, indem sie nur die Großstädte von 1900 berücksichtigt. Nun giebt es aber zweifellos Agglomerationen, deren Kern zwar 100 000 Einwohner noch nicht erreicht hat, welche indessen gleichwohl mit mehr Recht als großstädtische Agglomerationen zu bezeichnen sind, wie andere, deren Kern die Untergrenze überschritten hat. Die Grenze niedriger zu stecken und dem Gebrauch des Jahrbuchs zufolge bei Fortsetzung der Untersuchung etwa auf 50 000 Einwohner herabzugehen, war aber unmöglich. Aus drei Gründen. Einmal würde dadurch die Willkürlichkeit erheblich verstärkt, welche in der gleichmäßigen Ansetzung von 10 km als Agglomerationsgrenze liegt. Zum zweiten würden dann zahlreiche Agglomerationen in einander übergreifen; was bei den Großstädten nirgends der Fall ist. Drittens aber erfordert die Ausführung der Berechnung ein Maß statistischen guten Willens, welches nur bei Städten mit statistischen Ämtern, d. h. also bei den größeren, vorhanden zu sein pflegt. Einige der ihrer Einwohnerzahl nach auf Vertretung im Jahrbuch Anspruchberechtigten sind übrigens als Nachbarstädte größerer Volkszentren in unseren Zahlen mit enthalten, so Schöneberg, Rixdorf, Linden, Offenbach und Ludwigshafen.

Beteiligt an der Untersuchung haben sich 27 deutsche Großstädte: weitere drei (Charlottenburg, Altona und Barmen) sind in den Agglomerationsziffern größerer Nachbarstädte mit enthalten, sodaß nur drei Großstädte (Cassel, Crefeld und Halle) außer Betracht bleiben mußten. In den Tabellen zu diesem Abschnitt sind dieselben indessen aufgrund neuerlicher Auskünfte, soweit möglich berücksichtigt.

In der erwähnten früheren Publikation ist nun für die 27 bezw. 30 Großstädte gezeigt:

1. die Einwohnerzahl der politischen Großstadtgemeinde, der Umgebung und der Agglomeration im Ganzen nach der Volkszählung vom 1. Dezember 1900, darnach also das Stärkeverhältnis zwischen Großstadtkern und Agglomeration,
2. die Fläche und Bevölkerungsdichtigkeit des Großstadtkerns und der Agglomeration,
3. die Unterscheidung der zur Agglomeration gehörigen Ortschaften nach Ortsgrößenklassen.

Aufgabe der vorliegenden Ausführungen ist es, die Entwickelung der großstädtischen Agglomerationen bis 1871 zurückzuverfolgen. Es soll also gezeigt werden, wie sich die Bevölkerung im Umkreis von 10 km vom Mittelpunkt der einzelnen Großstadt von Jahrzehnt zu Jahrzehnt vermehrt hat und welcher Teil dieser Vermehrung auf Rechnung der politischen Großstadtgemeinde selbst zu setzen ist. Dabei ergab sich aber die Notwendigkeit, zu unterscheiden zwischen dem Wachstum der

Großstadt alten (1871 er) Umfangs und ihrer seitdem einverleibten Teile, d. h., es ist zu zeigen, inwieweit der großstädtische Kern im Laufe der Jahrzehnte sich früher selbständige Teile der Agglomeration angegliedert hat. Auf diese Art erhält man eine Übersicht über den Anteil beider Faktoren, des inneren Wachstums und der Vermehrung durch Einverleibung, an der Gesamtzunahme unserer Großstädte. An dieser Vergleichung der Entwickelung der Agglomerationen und ihrer Bestandteile prallt auch der schon erwähnte Einwand ab, daß eine mechanische Begrenzung der Agglomerationsfläche durch Anwendung des 10 km-Radius den tatsächlichen Verhältnissen Gewalt antue. Denn eben an der Stärke des Wachstums des nicht zur Stadt gehörigen Teils der Agglomeration wird man meist ermessen können, ob die Kreisfläche zu weite Gebiete umspannt.

Das Material für die Tabellen ist von den einzelnen Städten geliefert worden. In zahlreichen Fällen waren indessen die früheren Einwohnerzahlen dort nicht bekannt, sodaß die Aufstellung aufgrund der Ortslexika und anderer amtlicher Quellen oder durch Vermittelung der statistischen Landeszentralen erfolgen mußte. Wo die Einverleibung nur Teile einer Gemeinde betraf, war vereinzelt die genaue Einwohnerzahl für frühere Jahre nicht mehr festzustellen. In solchen Fällen mußte eine Schätzung vorgenommen werden. Es handelt sich dabei indessen durchweg um Schätzungen, die auf das Gesamtergebnis der Zunahme nur eine minimale Wirkung ausüben konnten; wo eine solche Schätzung zu Hilfe genommen werden mußte, ist dies außerdem in den Anmerkungen hervorgehoben worden. Der umgekehrte Fall, daß für die einverleibten Gemeinden bei späteren Zählungen die Einwohnerzahl nicht mehr festgestellt worden ist, kam nur einmal — in Stettin — vor. Hier mußte eine Schätzung wegen der Unsicherheit der Anhaltspunkte unterbleiben. In München, wo wegen anderweitiger Einteilung der Stadtbezirke gleichfalls keine Auszählung für die früher selbständigen Gemeinden vorlag, ist dieselbe dankenswerter Weise nachträglich bewirkt worden. Vereinzelt ist es sodann mißlich empfunden worden, daß der 10 km-Kreis zuweilen Gemeinden durchschneidet, von welchen für 1900 unbedenklich ein gewisser Bruchteil schätzungsweise in die Kreisfläche eingerechnet werden konnte, während die Schätzung für frühere Jahre in Anbetracht der unter Umständen verschiedenen Stärke des Wachstums des in den Kreis und des darüber hinausfallenden Teils der durchschnittenen Gemeinde unsicher wurde. Nur in einer Stadt ist indessen die daraus entstehende Unsicherheit so erheblich, daß auf eine Angabe ganz verzichtet wurde. Für diese Stadt — Elberfeld — ist deshalb die gesamte Einwohnerzahl der vom 10 km-Kreis durchschnittenen Gemeinden in allen Zählungsjahren zugrunde gelegt worden. Die Bevölkerungsangaben im ersten Teil der Arbeit haben, namentlich durch Einsetzung der endgültigen Volkszählungsergebnisse anstelle der vorläufigen, noch mehrfach kleinere Korrekturen erfahren. Bei abweichenden Angaben sind daher die in diesem Abschnitt enthaltenen Zahlen als die richtigen anzusehen. Im übrigen ist auf die Anmerkungen zu den Tabellen zu verweisen.

Was zunächst das Wachstum der ganzen Agglomeration, also Stadt und Umgebung zusammengenommen, anlangt, so findet man von 1871 auf 1900 eine Zunahme um das

	in
$1^1/_2$—2 fache	Aachen 1,604, Straßburg 1,637, Königsberg 1,745, Posen 1,777, Danzig 1,811, Stuttgart 1,842, Bremen 1,917, Magdeburg 1,925, Breslau 1,967,
2—$2^1/_2$ fache	Elberfeld 2,013, Braunschweig 2,028, Chemnitz 2,154, Stettin 2,186, Hamburg 2,265, Köln 2,285, Frankfurt 2,458,
$2^1/_2$—3 fache	Nürnberg 2,505, Dresden 2,514, Hannover 2,602, München 2,726, Düsseldorf 2,776, Leipzig 2,839, Mannheim 2,854, Berlin 2,858, Dortmund 2,913,
über 3 fache	Kiel 3,035, Essen 3,425.

Die verschieden-starke Zunahme ist eine Resultante aus so vielen Kräften und Hemmungen, daß an eine Deutung im einzelnen nicht gedacht werden kann. Ein Zufall ist es sicherlich nicht, daß außer Aachen die niedersten Ziffern vier Festungsstädte aufweisen, welche zusamt ihrer Umgebung durch militärische Beschränkung in ihrer Entwickelung gehemmt sind. Dagegen wird im allgemeinen die Agglomeration um so stärker gewachsen sein, je größer ihr Centrum ist, da mit zunehmender Größe des letzteren sein Einfluß weiter und intensiver in die Agglomeration hinein sich erstreckt. So stehen Dresden, München, Leipzig und Berlin weit obenan, am weitesten unter ihnen Berlin, und nur Breslau macht, wohl zufolge seiner ungünstigen wirtschaftspolitischen Lage, eine starke Ausnahme. Wo umgekehrt der großstädtische Kern verhältnismäßig klein ist, die Zunahme der Agglomeration aber trotzdem eine sehr große war, ist sofort eine besonders kräftige wirtschaftliche, vor allem industrielle Entwickelung zu vermuten, so in Essen, Kiel, Dortmund und Mannheim. Auch die äußere Umgebung der Städte (Flußtäler, Berge, Wasserflächen) mögen ihren Einfluß immerhin noch geltend machen, wenn er auch bei der Größe der 10 km-Fläche zurücktreten wird.

Bezeichnet man die drei Perioden, 1871/80, 1880/90 und 1890/1900 mit den Ziffern I, II und III und rangiert diese Ziffern für jede Stadt in aufsteigender Linie in der Reihenfolge des prozentualen Wachstums der Agglomeration, so erhält man folgende Anordnung:

Reihenfolge	Städte und Zuwachsprozente der Agglomeration während vorstehender Perioden.
I. II. III.	München 35,0—41,3—42,9, Düsseldorf 31,2—43,8—47,1, Mannheim 33,2—42,6—50,2, Dortmund 34,4—37,6—57,5, Essen 43,9—44,9—64,3, Kiel 40,2—46,7—47,6, Nürnberg 27,6—36,2—44,1.
I. III. II.	Aachen 11,9—16,3—20,0, Köln 26,4—34,2—34,7.
II. I. III.	Dresden 29,1—35,2—44,0, Frankfurt 28,8—37,8—38,5, Hannover 33,1—37,1—42,6, Posen 18,5—19,2—25,8, Straßburg 16,4—17,4—19,8 Stuttgart 17,2—24,1—26,6, Stettin 22,4—27,3—39,7.
II. III. I.	Bremen 15,2—25,8—32,2, Breslau 21,4—24,5—30,1, Danzig 9,9—22,9—34,1, Königsberg 15,8—20,1—25,4.
III. I. II.	Berlin 36,7—41,1—48,3, Braunschweig 23,8—25,2—30,8, Chemnitz

22,9—31,5—33,3, Hamburg 22,8—33,8—37,8, Elberfeld 24,0—25,0—29,8, Magdeburg 14,5—19,6—40,6.
Leipzig 34,8—43,7—46,6. III. II. I.

Da die erste der drei Perioden nur 9 Jahre gegenüber 10 der beiden letzten umfaßt, hätte korrekterweise die durchschnittliche jährliche Zuwachsrate berechnet werden müssen. Geläufiger Betrachtungsweise zuliebe und da nur ganz geringe Veränderungen in der Reihenfolge dadurch bewirkt worden wären, ist hierauf verzichtet worden; auch die Tyrannei der kleinen Grundzahlen wird durch unsere Darstellungsweise etwas gemildert.

Trotz der Vielgestaltigkeit der Einflüsse, welche auf das Ergebnis in den einzelnen Städten und Teilen des Reichs gewirkt haben mögen, läßt sich doch unverkennbar wahrnehmen, daß das Jahrzehnt 1890/1900 einen Wellenberg großstädtischer Entwickelung darstellt, der seine beiden Vorgänger an Wucht bedeutend übertrifft. Um das noch sichtbarer herauszuheben, sei die Periode stärksten Wachstums mit a., mittleren mit b und schwächsten mit c bezeichnet. Dann ergiebt sich für

Periode	I.	(1871/1880)	5 a,	13 b,	9 c,
„	II.	(1880/1890)	8 a,	8 b,	11 c,
„	III.	(1890/1900)	14 a,	6 b,	7 c.

Deutlich erkennt man die verschiedene Verteilung der Trümpfe und ihr Vorwiegen in der Hinterhand. Des vergangenen Jahrhunderts letztes Dezennium ist wirklich ein Jahrzehnt phänomenaler großstädtischer Entwickelung in Deutschland gewesen, und eine Durchsicht der Tabelle fördert manche Agglomerationszunahme aus dieser Zeit ans Licht, welche sich recht wohl neben den Wachstumsziffern amerikanischer Städte sehen lassen kann. Unserem an fünfjährige Volkszählungsperioden und verhältnismäßig kleine Stadtgemarkungen gewohnten Auge fehlt nur der richtige Maßstab zur Vergleichung mit den zehnjährigen Zensusergebnissen der oft weit ausgedehnteren agglomerationsartigen Großstadtgemarkungen drüben. Es ist des Jahrbuchs nicht der Brauch, Einzelheiten aufzuzeigen, doch soll z. B. darauf hingewiesen werden, wie in den östlichen Großstädten, insbesondere in Danzig und Stettin, die leichte Einsenkung der Entwickelungskurve in den achtziger Jahren zur starken Vertiefung sich aushöhlt. Offenbar kommt hier die Wirkung der Zollpolitik zu markantem Ausdruck. Nicht blos absolut, sondern auch relativ von Jahrzehnt zu Jahrzehnt gesteigerter Entwickelung haben sich 7 Agglomerationen erfreuen dürfen: München, Düsseldorf, Kiel, Nürnberg, Mannheim, Dortmund und Essen. Die drei letztgenannten Agglomerationen haben im Jahrzehnt 1890/1900 um über 50 Proz., Essen sogar um 64,3 Proz., also nahezu um zwei Drittel zugenommen, und damit überhaupt die stärksten seit 1871 beobachteten Zuwachsziffern erreicht. Die Entwickelung in umgekehrter, von Jahrzehnt zu Jahrzehnt absteigender Richtung hat nur eine Agglomeration, Leipzig, genommen, wobei freilich zu berücksichtigen ist, daß Leipzig in der ersten Periode weitaus die stärkste Zunahme unter allen Agglomerationen und auch in der letzten noch eine stärkere als die meisten anderen aufzuweisen hatte.

Mit der Agglomeration haben wir das natürliche Wachstum des Großstadtkörpers, unbeengt von Einschnürungen durch Gemarkungsgrenzen dargetan. Ihr stellen wir nun das andere Extrem, das Wachstum der Einwohnerzahl auf der Gemarkungsfläche von 1871, also ohne Rücksicht auf alle bisherigen Einverleibungen gegenüber. Ganz anders, als sie uns nach dem heutigen Zustand gegenwärtig ist, präsentiert sich die Reihenfolge der Großstädte, wenn man für 1900 noch das damalige Weichbild zugrunde legt. Man findet dann nämlich:

Großstadt.	Einwohnerzahl 1900 auf der Fläche von 1871.	Gewinn durch Einverleibungen.	Großstadt.	Einwohnerzahl 1900 auf der Fläche von 1871.	Gewinn durch Einverleibungen.
Berlin	1 865 621	23 227	Straßburg	151 041	—
Hamburg	700 671	5 067	Chemnitz	145 767	61 146
Breslau	415 941	6 768	Dortmund	142 733	—
München	395 997	103 935	Danzig	137 445	3 118
Dresden	328 877	67 269*	Halle	133 604	23 007
Köln	242 857	129 672	Braunschweig	128 226	—
Hannover	213 987	21 662	Bremen	127 038	36 259*
Düsseldorf	213 711	—	Mannheim	120 080	21 067
Frankfurt	212 354	76 635	Essen	117 955	907*
Nürnberg	211 277	49 804	Aachen	115 020	20 225
Leipzig	191 834	264 292	Krefeld	107 046	—
Königsberg	189 483	—	Kiel	106 015	1 962*
Stuttgart	176 699	— *	Kassel	95 898	10 132
Magdeburg	156 306	73 361	Posen	74 436	42 597
Elberfeld	152 789	4 174			

Vergleicht man mit vorstehender Aufstellung die Reihenfolge der Agglomerationen im ersten Teil dieser Arbeit, so erhält man zwei ganz und gar unähnliche Bilder, beeinflusst in erster Linie durch den Grad der Beimischung früher selbständiger Agglomerationsteile zur Großstadt von 1871. Von Leipzig ganz abgesehen, wo die Neuerwerbungen die alte Stadt an Einwohnerzahl bedeutend übertreffen, haben doch auch Köln, München und neuerdings Dresden, aber auch Frankfurt, Magdeburg, Chemnitz, dann Nürnberg, Posen, weiterhin nach neuestem Stand Bremen und Essen gewaltigen Zuwachs durch Einverleibungen erfahren, und es ist leicht erklärlich, wie Städte ohne irgend welche oder doch ohne nennenswerte Einverleibungen im Lauf der Jahrzehnte ins Hintertreffen geraten mußten. Eine Gegenüberstellung großstädtischer Entwickelung im Zwang der alten Gemarkungsgrenzen von 1871 und innerhalb der weiten Agglomerationsgrenze wird darum hierhin und dorthin Licht werfen können. Da der im Jahre 1871 vorhandene Ellbogenraum für die Schnelligkeit des Wachstums der Großstädte auf ihrer damaligen Gemarkungsfläche sehr wesentlich sein wird, so ist die nachfolgende Zusammenstellung nach Fläche und Einwohnerzahl der Städte von 1871 disponiert. In dem neben dem Städtenamen stehenden Bruch bedeutet der Zähler die

*) Nach dem Stand vom 1. Januar 1903:

Dresden	Gewinn	151 775	Essen	Gewinn	64 179
Stuttgart	„	4 764	Kiel	„	15 809
Bremen	„	53 833	Krefeld		2 191

Vervielfachung der Einwohnerzahl von 1871—1900 auf der Gemarkungsfläche von 1871, der Nenner die gleichzeitige Vermehrung der Bevölkerung der ganzen Agglomeration.

Gemarkungsfläche von 1871 / Einwohnerzahl von 1871	bis 1000 ha	1001—2000 ha	2001—3000 ha	3001—4000 ha	4001—5000 ha	über 5000 ha
bis 50 000	—	Kiel 3,338/3,035 Cassel 2,068/—	Dortmund 3,185/2,913 Mannheim 3,032/2,854	—	—	—
50 001—75 000	Essen 2,290/3,425 Posen 1,300/1,777	Chemnitz 2,137/2,154	Braunschweig 2,215/2,028 Elberfeld 2,141/2,013 Halle 2,538/— Crefeld 1,875/—	Aachen 1,551/1,604	Düsseldorf 3,082/2,776	—
75 001—100 000	—	Bremen 1,534/1,917 Danzig 1,795/1,811 Nürnberg 2,539/2,505	Hannover 2,443/2,602 Stuttgart 1,929/1,842	Magdeburg 1,852/1,925	—	Frankfurt 2,333/2,458 Stettin —/2,186 Straßburg 1,763/1,637
100 001—150 000	Cöln 1,880/2,285	Königsberg 1,691/1,745 Leipzig 1,794/2,839	—	—	—	—
150 001—200 000	—	—	—	Dresden 1,857/2,514 München 2,334/2,726	—	—
über 200 000	—	—	—	Breslau 2,000/1,967	—	Berlin 2,260/2,858 Hamburg 2,332/2,265

In der Mehrzahl der Fälle ist der Bruch ein echter, d. h. die Agglomeration stärker gewachsen, als die Großstadt 71er Umfangs; den meisten Großstädten ist also ihr Kleid im Lauf der Jahre zu eng geworden. Am krassesten ist das Mißverhältnis dort, wo die Stadt schon 1871 die 100000 überschritten hatte und dabei in einen kleinen

Raum eingezwängt war, wie in Leipzig oder Köln, dann aber auch in dem räumlich äußerst beschränkten, inmitten einer dichtbesiedelten Agglomeration gelegenen Essen. Erklärlicherweise ist die wirtschaftliche Bedeutung und Entwickelung einer Stadt das ausschlaggebende Moment, wie dies eine Vergleichung der mit fast derselben Fläche und Einwohnerzahl ins Reich eingetretenen Städte Leipzig und Königsberg einerseits und Essen und Posen andrerseits zeigt Die überschüssige Bevölkerung hat sich bei Leipzig und Essen in die Agglomeration ergossen und diese stark gefüllt, während Königsberg und Posen ein weit bescheideneres Wachstum aufweisen. Dieses aber mit markantem Unterschied. In dem rund 2000 ha großen Königsberg konnte der Zuwachs fast noch unterkommen, bei dem nur reichlich 900 ha großen Posen mußte er sich im wesentlichen in der Agglomeration ausbreiten. Deutlich ist hier die Wirkung der beiden Faktoren: wirtschaftlicher Charakter und Gemarkungsgröße zu erkennen; man sieht, daß ein gewisser Mindestspielraum für die Eigenentwickelung selbst langsam wachsender Städte von bestimmter Größe notwendig ist und daß dieser Spielraum für eine beginnende Großstadt keinesfalls unter 1000 ha betragen darf, während in kräftig aufblühenden jungen Großstädten auch bei einer Gemarkung von 1000—1500 ha auf die Dauer Atemnot eintreten muß. Kiel mit seinen knapp über 1500 ha und seinem trotzdem gewaltigen Wachstum ist kein Gegenbeweis, da es 1871 noch eine sehr niedrige Einwohnerzahl (31 714) hatte und die 100 000 im Jahre 1900 eben erst überschritt. In Dortmund und Mannheim, deren Entwickelung sehr ähnliche Züge aufweist, und welche auch bezüglich der Fläche und Bevölkerung von 1871 eine Gruppe bilden, hat die ehemalige Gemarkung vom bevölkerungsstatistischen Standpunkt ausgereicht. Das gleiche gilt für Braunschweig und Elberfeld, bereits in beschränkterem Maß für das fast schon als Großstadt ins Reich eingetretene aber langsam gewachsene Stuttgart mit seinen rund 3000 ha, nicht mehr dagegen für Hannover, welches bei knapp 2500 ha Fläche eine etwas kleinere Bevölkerung als Stuttgart beherbergte, aber sich sehr kräftig entwickelt hat. Auch für die Städte mit rund 200 000 Einwohnern läßt sich also eine Mindestgemarkung als Garantie für normale Entwickelung innerhalb der eigenen politischen Grenzen ungefähr feststellen, zumal durch Vergleich mit einer reicher bedachten Stadt ähnlicher Größe, wie Düsseldorf, welches trotz sehr starker Entfaltung sich selbst genügt hat. In Dresden und München, Städte, welche auf der alten Fläche von dort 3001, hier 3551 ha 1871 fast die gleich Einwohnerzahl von rund 170 000 beherbergten, ist der verfügbare Raum für die Entwickelung viel zu knapp geworden, während das bedächtiger schreitende Breslau eben noch hätte auskommen können. Ein ungleiches Städtepaar ist Frankfurt und Strassburg, beide mit fast gleicher Einwohnerzahl und sehr großer Gemarkung 1871 beginnend, dieses bei bescheidenem Wachstum damit auskommend, jenes mit seinem Einfluß rings in die dicht besiedelte Agglomeration übergreifend. Ganz und gar unzureichend hat sich die Gemarkungsfläche von Berlin erwiesen, während Hamburg auf seiner Fläche von 1871 noch um etwas stärker gewachsen ist, als die im Verhältnis zur Bedeutung des Kerns übrigens ziemlich dürftig besiedelte Agglomeration.

All diese Betrachtungen sind — überflüssig, es zu betonen — unter rein bevölkerungspolitischem Gesichtswinkel angestellt. Für eine Vergrößerung der Gemarkung geben aber unter Umständen andere Motive den Ausschlag, als das Bestreben, die de facto zur Großstadt gehörigen Ansiedler vor dem Burgfrieden draußen auch de jure zu Großstädtern zu machen. Immerhin ist die Inkongruenz zwischen politischer und wirtschaftlicher Großstadtbevölkerung in letzter Instanz doch meistens der Sporn zur Expansion und so bedarf eine theoretisch-statistische Beleuchtung dieser Vorgänge keiner besonderen Legitimation.

Was in der eben besprochenen Übersicht für den Zeitraum 1871—1900 dargestellt wurde, das verfolgt Tabelle II durch die drei Jahrzehnte seit der Reichsgründung. Der Text kann sich nicht länger in Einzelheiten hierüber verlieren, aber die Tabelle zeigt deutlich, wie die Agglomerationen und ihr innerer Ring, die Großstadt von 1871, sich langsamer oder schneller, teilweise mit außerordentlicher Geschwindigkeit füllen und wie der innere Ring auf die Dauer oft genug an Fassungskraft stark abnimmt. Die gleiche Tabelle weist im zweiten Teil auch das Stärkeverhältnis zwischen Großstadt und Agglomeration in den vier Zählungsjahren nach. Wie am Manometer läßt sich ablesen, ob der Einfluß der Großstadt steigt oder sinkt und wie er durch Einverleibungen reguliert wird. Das Beispiel eines fortwährenden starken Sinkens bietet Berlin, das freilich 1871 den außerordentlich hohen Anteil von 93,2 Proz. an seiner Agglomeration aufgewiesen hatte. Die gleiche Entwickelung zeigt Essen, wo aber seitdem durch Einverleibung von Altendorf ein kräftiges Anziehen des Prozentsatzes erfolgt ist. Auch in Dresden hat trotz der Einverleibungen der neunziger Jahre die relative Stärke der politischen Großstadtgemeinde von Jahrzehnt zu Jahrzehnt abgenommen, ein Beweis, daß die Einverleibungen nicht in genügendem Umfange erfolgt waren. Auch hier ist mittlerweile Abhilfe geschaffen worden. In Köln ist trotz der umfangreichen Einverleibungen von 1888, welche die dortige Großstadt-Gemarkung mit einem Schlag von der nächst Altona kleinsten zur größten Deutschlands machten, bereits wieder eine Abnahme des Prozentsatzes eingetreten. Ohne Eroberungspolitik oder doch mit nur kleinen Annexionen stetig gewachsen sind ihrer Bedeutung in der Agglomeration nach Braunschweig, Breslau, Düsseldorf, Hamburg und Strassburg, mit Ausnahme des kleineren Braunschweig also sämtlich Städte mit vornherein großer Gemarkung. In Stuttgart ist der ohnedies niedrige Anteil seit 1890 etwas zurückgegangen, sodaß dort gleichfalls eine Hemmung des großstädtischen Wachstums sich vermuten läßt, welche durch Ausdehnung der Gemarkung, wie auch beabsichtigt, zu beseitigen sein wird. Unter den Städten, welche durch starke Einverleibungen ihren Anteil an der Agglomeration hinaufgeschraubt haben, sind zwei Typen vertreten: solche, welche eine rückläufige Bewegung dieses Anteils oder dessen Stillstand in einen Fortschritt verwandelt haben und solche, welche lediglich einen niedrigen, wenn auch wachsenden Anteil angemessen erhöht haben. Also gewissermaßen Heilung und Prophylaxe, womit selbstverständlich keine Zensur erteilt, sondern lediglich eine bevölkerungsstatistische Wahrnehmung ausgesprochen werden soll, wie durchweg in diesen Zeilen. Zur erstgenannten Kategorie gehören Aachen, Hannover, Köln,

Leipzig, Magdeburg, Posen, Nürnberg, Stettin, zur zweiten Chemnitz, Frankfurt, Mannheim. Eine Sonderstellung nimmt München mit seinem schon 1871 sehr hohen, trotzdem aber durch Einverleibungen stetig wachsenden Anteil ein. Für die Darstellung der Entwickelung der Bevölkerungsdichtigkeit läßt sich die Agglomeration in drei Kreise, oder vielmehr einen inneren Kreis und zwei um denselben konzentrisch gelagerte Ringe zerlegen. Dem inneren Kreis — den eine gründlichere Untersuchung vielleicht auf die Altstadt innerhalb der früheren Festungsmauern u. s. f. einzuengen vermöchte — entspricht für uns die Großstadt nach der Gemarkungsfläche von 1871. Den zweiten Kreis oder also genauer den um den inneren Kreis sich legenden Kreisring bilden die seit 1871 einverleibten Vororte und späteren Stadtteile. Der äußerste Ring ist die übrige, 1900 noch selbständige Agglomeration. Selbstverständlich handelt es sich hier nicht um mathematische Gebilde, sondern nur um einen Vergleich, um einen höchst mangelhaften Ersatz für die leider nicht zustande gekommene Berechnung der Bevölkerung nach Kilometerringen. Wo keine Einverleibungen stattgefunden haben, fällt der mittlere Ring aus und großstädtischer Kern und Agglomeration stehen sich allein gegenüber. Tabelle III beleuchtet die von Jahrzehnt zu Jahrzehnt fortschreitende Zusammenballung der Bevölkerung in den drei Kreisen und in der ganzen Agglomeration. In Köln und Berlin kamen schon 1871 mehr als 100 Menschen auf den Hektar des inneren Kreises (1900 in beiden Städten gleichmäßig 315, d. h. weitaus das Maximum). Erst zwischen 1880 und 1890 überschritten weitere Städte diesen Dichtigkeitsgrad, nämlich Breslau, Leipzig und Nürnberg. Zwischen 1890 und 1900 folgten dann noch Chemnitz, Dresden, Essen, Hamburg und München, während Danzig und Königsberg ganz nahe rückten. Das andere Extrem bildet Straßburg, welches 1871 erst 11 Menschen pro Hektar zählte und es auch 1900 noch nicht auf 20 gebracht hat.

Eine unverhältnismäßig viel stärkere Verdichtung findet man im zweiten Ring, in den seit 1871 einverleibten Teilen. Steigerungen um das zwei-, drei-, vier- und fünffache sind das übliche, aber auch solche um das zehnfache, ja selbst zwanzigfache und mehr kommen vor. Hier ist die Brutstätte der Grundrente, hier wuchern die Bodenwerte. Treten wir aus dieser Treibhausluft hinaus in die freie Agglomeration, so finden wir auch dort freilich noch respektables Wachstum, mehr als eine Verdoppelung von 1871 bis 1890 z. B. in 15 Städten, eine Verdreifachung wird aber nur in Dresden, nahezu einen solche in München und Leipzig erreicht, also durchweg in großen Städten. Essen hat fast eine Vervierfachung der äußeren Agglomeration zu verzeichnen, sie wird aber wohl zum großen Teil von den Nebensonnen herrühren, welche in der dortigen Gegend in dichtem Kranz die Centralsonne umgeben. In Berlin hat sich die Bevölkerung der übrigen Agglomeration mehr als verzehnfacht. Dank den ganz geringfügigen Einverleibungen der Reichshauptstadt, ihrem gewaltigen Hinauswachsen über die Grenzen des Weichbildes und der Aussendung von Kolonien ringsum in die Agglomeration liegen hier ganz besondere Verhältnisse vor. Der 10 km-Kreis umschließt zweifelsohne nicht das ganze, Berlin eine besonders starke Zunahme verdankende Gebiet.

Die Ziffern der einzelnen Großstädte — soweit sie vollständig beigebracht werden konnten — sind nun am Schluß der Tabelle I in eine Übersicht zusammengezogen worden, in welcher Crefeld, Halle und Cassel fehlen müssen, weil über ihre Agglomerationen keine Nachweise vorliegen, und Stettin, weil die Einwohnerzahl auf der 1871 er Gemarkung für 1900 nicht angegeben werden konnte. Die darnach verbleibenden 26 Großstädte haben ihre Gemarkungsfläche von 77 505 ha im Jahre 1871 bis 1900 auf 123 231 ha, d. h. 59 Proz. vergrößert. Zwischen 1871 und 1880 wurden nur 3161 ha urbanisiert, im folgenden Jahrzehnt 16 540 ha, zwischen 1890 und 1900 endlich 26 025 ha. Das letzte Jahrzehnt des vergangenen Jahrhunderts erwies sich also auch in dieser Beziehung als das bevorzugte großstädtischer Entfaltung. Auf der Gemarkungsfläche von 1871 ist die Bevölkerung im Verlauf der drei Dezennien seit der Reichsgründung um 114,6 Proz. gestiegen (gleichzeitige Zunahme der Einwohnerzahl des deutschen 37,3 Proz.). Allein das Wachstum der großstädtischen Bevölkerung war tatsächlich ein viel stärkeres, denn wenn man die Gemarkungsfläche von 1900 der Berechnung zugrunde legt, so betrug die Vermehrung 128,8 Proz. und de jure ist die Zahl der Großstädter um 145,5 Proz. in die Höhe gegangen. Wie aber verhielt sich die Zunahme der Großstadt selbst gegenüber ihrer Agglomeration? Nach den früheren Ausführungen wird ohne weiteres zu vermuten sein, daß die Agglomeration schneller sich entwickelt hat, als die Gemarkung 71 er Umfangs. So ist es auch. 1880 betrug die Differenz in der prozentualen Zunahme erst 2,6 zugunsten der Agglomeration, wuchs aber 1890 auf 6,8 und 1900 auf 26,9. Also wiederum das Jahrzehnt 1890/1900! Legt man statt dessen die Großstadt nach dem Umfange von 1900 zugrunde und vergleicht sie mit der Agglomeration, so zeigt sich bis 1880 eine bis auf die Dezimale gleiche Entwickelung und auch 1890 erst eine Wachstumsdifferenz von 0,2 Proz. Im letzten Jahrzehnt ist freilich auch hier eine Differenz von 12,7 Proz zugunsten der Agglomeration eingetreten. Wenn man die Zahlen für Berlin wegen der abnormen Entwickelung dieser Stadt im Verhältnis zu ihrer Agglomeration ausscheidet, so ergibt sich ein etwas anderer Verlauf, nämlich ein schnelleres Wachstum der Großstadt 1900 er Umfangs bis 1890, seitdem aber auch wieder ein — wenn schon geringfügiges — Zurückbleiben hinter der Agglomeration. Es geht hieraus hervor, daß auch die sehr umfassenden Einverleibungen der 90 er Jahre bevölkerungspolitisch noch nicht ausgereicht haben. Erst die seitherigen Annexionen in Essen und Dresden neben den oben mitgeteilten kleineren Stils haben das Gleichgewicht wiederhergestellt. In wie hohem Grad der Einfluß der Großstädte auf ihre Umgebung sich geltend macht, lehrt übrigens folgender Vergleich: 1871 betrug die Einwohnerzahl der 26 Agglomerationen ohne die Großstädte 1 660 621 Köpfe. Trotzdem nun seither die Großstädte durch Einverleibung sich die saftigsten Stücke aus der Agglomeration herausgeschnitten haben, wohnten in dem darnach verbliebenen Rest der Agglomeration 1900 3 877 244 Menschen. Usw. usw., wie ein aufmerksames Studium der Schlußzahlen der Tabelle I ergibt.

Aus Tabelle II erfährt man, daß in den drei Jahrzehnten seit 1871 die Agglomerationen um 32,9 bezw. 35,0 und 34,6 Proz. zugenommen haben. Das widerspricht scheinbar der mehrfach gemachten Beobachtung, daß 1890/1900 das Jahrzehnt ausgesprochensten großstädtischen Gedeihens war. Aber nur scheinbar, denn grade unsere beiden größten Agglomerationen, Hamburg und namentlich Berlin, haben sich am stärksten zwischen 1880 und 1890 entwickelt und werfen ihr Übergewicht zugunsten dieses Jahrzehnts in die Wagschale. Eliminiert man wenigstens Berlin, so bekommen die Dinge sofort ein anderes Gesicht und die Zunahmeprozente sind 31,1—31,8—34,0, was einer Jahresrate von 3,057 bezw. 2,803 und 2,972 entspricht. Der Prozentanteil der Großstadtgemeinde an der Agglomeration ist in den Großstädten zusammengenommen von (1871) 66,4 auf (1880) 65,8 gesunken, darnach auf 68,2 wieder gestiegen, um bis 1900 abermals auf 67,5 zu fallen. Dies steht ebenfalls im Widerspruch mit der früheren Wahrnehmung, daß zwischen 1890 und 1900 besonders kräftig einverleibt worden ist. Auch hier ist der Störenfried Berlin, welches seine Gemarkungsgrenze nicht dem Wachstum seiner Agglomeration entsprechend ausdehnen konnte. Ohne Berlin betrugen die Anteilziffern seit 1871 60,5—60,2—63,8—65,6. So erst erhält man ein klares Bild: zwischen 1870 und 1880 wird die Gemarkung zu eng, in den beiden nächsten Jahrzehnten erfolgt Abhilfe durch Einverleibung.

Tabelle III legt endlich über die Vermehrung der Bevölkerungsdichtigkeit Zeugnis ab. Läßt man auch hier wieder Berlin beiseite, so findet man eine reichliche Verdoppelung auf der Gemarkungsfläche von 1871 und eine Vervierfachung in den einverleibten Teilen, die übrige Agglomeration hat ihre Volksdichte um das zweieinhalbfache gesteigert. Allenthalben also ein Zusammenströmen sicut in sentinam.

Mit diesen wenigen Begleitworten ist der reiche Inhalt der Tabellen freilich nur zum geringsten Teile geborgen. Aus äußeren Gründen muß es trotzdem dabei sein Bewenden haben, so gewiß auch nur der Statistiker seine Tabelle durch Liebe zum Leben erwecken kann. Eine so bedeutsame Vorarbeit für eine Städtelehre ist aber die bevölkerungsstatistische Untersuchung der Entwickelung unserer Großstädte, daß ihre Ausführung auf breiterer Basis, als hier es geschehen, zur Notwendigkeit wird. Möchte doch aus der Vereinigung amtlicher Autorität mit leidlicher Muße eine solche Frucht uns bald erwachsen!

I. Gemarkungsfläche und Einwohnerzahlen 1871—1900.

Die schrägstehenden Zahlen zeigen das Volkszählungsergebnis der Großstadt nach dem Gemarkungsumfang des Zählungstages, die kleingedruckten Ziffern beziehen sich auf die = 100 gesetzten Zahlen von 1871.

Großstadt	Zählungsjahr	Gemarkungsfläche ha	In nebenstehendem Jahr gezählte Einwohnerzahl				
			auf der Gemarkungsfläche vom				der ganzen Agglomeration im Umkreis von 10 km
			1. 12. 1871	1. 12. 1880	1. 12. 1890	1. 12. 1900	
1.	2.	3.	4.	5.	6.	7.	8.
Aachen	1871	3 056 100	*74 146* 100	74 146 100	74 146 100	84 225 100	135 574 100
„	1880	3 056 100	85 551 115,4	*85 551* 115,4	85 551 115,4	96 540 114,6	154 825 114,2
„	1890	3 056 100	103 470 139,5	103 470 139,5	*103 470* 139,5	116 851 138,7	186 981 138,0
„	1900	3 912 128,0	115 020 155,1	115 020 155,1	115 020 155,1	*135 245* 160,6	217 363 160,4
Berlin	1871	5 923 100	*825937* 100	826 937 100	827 087 100	827 087 100	886 574 100
„	1880	6 061 102,3	1 119 360 135 5	*1 122 330* 135,7	1 122 498 135,7	1 122 498 135,7	1 250 615 141,1
„	1890	6 338 107,0	1 570 471 190,2	1 578 556 190,9	*1 578 794* 191,0	1 578 794 191,0	1 854 494 209,2
„	1900	6 333 106,9	1 865 121 226,0	1 888 673 228,4	1 888 848 228,4	*1 888 848* 228,4	2 534 021 285,8
Braunschweig. . .	1871	2 687 100	*57 883* 100	57 883 100	57 883 100	57 883 100	76 822 100
„ . . .	1880	2 687 100	75 038 129,6	*75 038* 129,6	75 038 129,6	75 038 129,6	96 205 125,2
„ . .	1890	2 713 101,0	101 047 174,6	101 047 174,6	*101 047* 174,6	101 047 174,6	125 881 163,9
„ . . .	1900	2 730 101,6	128 226 221,5	128 226 221,5	128 226 221,5	*128 226* 221,5	155 785 202,8
Bremen	1871	1 719 100	*82 807* 100	87 607 100	87 607 100	88 957 100	113 707 100
„	1880	2 283 132,8	101 327 122,4	*112 453* 128,4	112 453 128,4	115 703 130,1	150 353 132,2
„	1890	2 312 134 5	110 860 133,9	125 684 143,5	*125 684* 143,5	131 484 147,8	173 284 152,4
„	1900	2 565 149,2	127 038 153,4	149 637 170,8	149 637 170,8	*163 297* 183,6	217 997 191,7
Breslau	1871	3 036 100	*207 997* 100	207 997 100	207 997 100	210 478 100	241 501 100
„	1880	3 036 100	272 912 131,2	*272912* 131,2	272 912 131,2	276 915 131,6	314 204 130,1
„	1890	3 036 100	335 186 161,2	335 186 161,2	*335 186* 161,2	340 247 161,7	381 485 158,0
„	1900	3 606 118,8	415 941 200,0	415 941 200,0	415 941 200,0	*422 709* 200,9	475 038 196,7

Großstadt	Zählungsjahr	Gemarkungsfläche ha	In nebenstehendem Jahr gezählte Einwohnerzahl auf der Gemarkungsfläche vom 1. 12. 1871	1. 12. 1880	1. 12. 1890	1. 12. 1900	der ganzen Agglomeration im Umkreis von 10 km
1.	2.	3.	4.	5.	6.	7	8.
Cassel	1871	1 769	*46 362* 100	46 362 100	46 362 100	49 854 100	.
"	1880	1 769	58 290 125,7	*58 290* 125,7	58 290 125,7	62 305 126,2	.
"	1890	1 774	72 020 155,4	72 020 155,4	*72 020* 155,4	78 597 159,3	.
"	1900	2 152	95 898 206,8	95 898 206,8	95 898 206,8	*106 034* 214,8	.
Chemnitz	1871	1 215 100	*68 229* 100	75 039 100	75 039 100	85 071 100	141 470 100
"	1880	1 580 130,0	87 267 127,9	*95 123* 126,8	95 123 126,8	109 960 129,8	186 091 131,5
"	1890	1 580 130,0	116 809 171,2	138 954 185,2	*138 954* 185,2	164 288 193,1	248 025 175,4
"	1900	3 652 300,6	145 767 213,7	174 262 232,2	174 262 232,2	*206 913* 243,2	304 671 215,4
Cöln	1871	770 100	*129 233* 100	129 233 100	169 759 100	169 759 100	210 689 100
"	1880	770 100	144 772 112,0	*144 772* 112,0	209 881 123,6	209 881 123,6	266 248 126,4
"	1890	11 106 1442,3	190 719 147.6	190 719 147,6	*281 681* 165,9	281 681 165,9	358 692 170,3
"	1900	11 111 1443,0	242 857 188,0	242 857 188,0	372 529 219,5	*372 529* 219,5	481 303 228,5
Crefeld	1871	2 074 100	*57 105* 100	57 105 100	57 105 100	57 105 100	.
"	1880	2 074 100	73 872 129.4	*73 872* 129,4	73 872 129,4	73 872 129,4	.
"	1890	2 074 100	105 371 184,5	105 371 184,5	*105 371* 184,5	105 371 184,5	.
"	1900	2 079 100,2	107 046 187,5	107 046 187,5	107 046 187,5	*107 046* 187,5	.
Danzig	1871	1 500 100	*76 563* 100	77 729 100	77 729 100	77 729 100	105 098 100
"	1880	1 974 131,6	106 683 139,4	*108 551* 139,7	108 551 139,7	108 551 139,7	140 905 134,1
"	1890	1 977 131,8	118 257 154,5	120 338 154,9	*120 338* 154,9	120 338 154,9	154 876 147,4
"	1900	1 997 133,1	137 445 179,5	140 563 180,9	140 563 180,9	*140 563* 180,9	190 314 181,1
Dortmund	1871	2 773 100	*44 813* 100	44 813 100	44 813 100	44 813 100	115 959 100
"	1880	2 767 99,8	66 544 148,5	*66 544* 148,5	66 544 148,5	66 544 148,5	155 851 134,4
"	1890	2 766 99,8	89 663 200,1	89 663 200,1	*89 663* 200,1	89 663 200,1	214 495 185,0
"	1900	2 766 99,8	142 733 318,5	142 733 318,5	142 733 318,5	*142 733* 318,5	337 787 291,3

Großstadt	Zählungsjahr	Gemarkungsfläche ha	In nebenstehendem Jahr gezählte Einwohnerzahl				
			auf der Gemarkungsfläche vom				der ganzen Agglomeration im Umkreis von 10 km
			1. 12. 1871	1. 12. 1880	1. 12. 1890	1. 12. 1900	
1.	2.	3.	4.	5.	6.	7.	8.
Dresden.	1871	3 001 100	*177 089* 100	177 089 100	177 089 100	182 361 100	252 341 100
„	1880	3 001 100	220 818 124,7	*220 818* 124,7	220 818 124,7	237 054 130,1	341 146 135,2
„	1890	3 001 100	276 522 156,2	276 522 156,2	*276 522* 156,2	303 554 166,5	440 194 174,5
„	1900	4 309 143,6	328 877 185,7	328 877 185,7	328 877 185,7	*396 146* 217.3	634 496 251,4
Düsseldorf	1871	4 864 100	*69 365* 100	69 365 100	69 365 100	69 365 100	111 987 100
„	1880	4 864 100	95 458 137,6	*95 458* 137.6	95 458 137,6	95 458 137.6	146 949 131,2
„	1890	4 864 100	144 642 208,5	144 642 208,5	*144 642* 208,5	144 642 208,5	211 275 188,7
„	1900	4 864 100	213 711 308,2	213 711 308,2	213 711 308,2	*213 711* 308,2	310 828 277,6
Elberfeld	1871	2 844 100	*71 384* 100	71 384 100	73 395 100	73 395 100	257 986 100
„	1880	2 844 100	93 538 131,1	*93 538* 131,1	96 049 130,8	96 049 130,8	322 569 125,0
„	1890	3 132 110,1	122 743 172,0	122 743 172,0	*125 899* 171,6	125 899 171,6	418 596 162,3
„	1900	3 132 110,1	152 789 214,1	152 789 214,1	156 963 213,9	*156 963* 213,9	519 220 201,3
Essen.	1871	882 100	*51 513* 100	51 513 100	51 513 100	52 460 100	221 249 100
„	1880	882 100	56 944 110,5	*56 944* 110,5	56 944 110,5	57 851 110,3	318 380 143,9
„	1890	882 100	78 706 152,8	78 706 152,8	*78 706* 152,8	79 613 151,8	461 386 208,6
„	1900	966 109,5	117 955 229,0	117 955 229,0	117 955 229,0	*118 862* 226,6	757 851 342,5
Frankfurt	1871	6 965 100	*91 040* 100	97 437 100	97 437 100	113 936 100	177 731 100
„	1880	7 400 106,2	120 648 132.5	*136 831* 140,5	136 831 140,5	163 973 143,9	244 903 137,8
„	1890	7 400 106,2	156 876 172,3	180 020 184,8	*180 020* 184,8	213 236 187,2	315 469 177,5
„	1900	9 354 134,3	212 354 233,3	243 592 250,1	243 592 250,1	*288 989* 253,7	436 792 245,8
Halle.	1871	2 415 100	*52 639* 100	52 639 100	52 639 100	59 014 100	.
„	1880	2 431 100,7	71 484 135,8	*71 484* 135,8	71 484 135,8	80 501 136,4	.
„	1890	2 554 105,8	101 401 192,6	101 401 192,6	*101 401* 192,6	116 729 197,8	.
„	1900	4 041 167,4	133 604 253,8	133 604 253,8	133 604 253,8	*156 611* 265.4	.

Großstadt	Zählungs-jahr	Gemarkungs-fläche ha	In nebenstehendem Jahr gezählte Einwohnerzahl auf der Gemarkungsfläche vom 1. 12. 1871	1. 12. 1880	1. 12. 1890	1. 12. 1900	der ganzen Agglomeration im Umkreis von 10 km
1.	2.	3.	4.	5.	6.	7.	8.
Hamburg	1871	6 344 100	*300 504* 100	300 504 100	300 504 100	302 093 100	436 038 100
„	1880	6 344 100	410 127 136,5	*410 127* 136,5	410 127 136,5	412 314 136,5	583 492 133,8
„	1890	6 344 100	569 260 189,4	569 260 189,4	*569 260* 189,4	573 198 189,8	803 884 184 4
„	1900	7 690 121,2	700 671 233,2	700 671 233,2	700 671 233,2	*705 738* 233,6	987 514 226,5
Hannover	1871	2 467 100	*87 626* 100	87 626 100	88 318 100	92 283 100	130 307 100
„	1880	2 467 100	122 843 140,2	*122 843* 140,2	123 535 139,9	130 776 141,7	178 661 137,1
„	1890	2 482 100,6	162 901 185,9	162 901 185,9	*163 593* 185,3	174 455 189,1	237 819 182,5
„	1900	3 957 160,4	213 987 244,3	213 987 244,3	214 679 243,1	*235 649* 255,4	339 175 260,2
Kiel	1871	1 513 100	*31 764* 100	31 764 100	31 764 100	32 482 100	52 927 100
„	1880	1 546 102,2	43 594 137,2	*43 594* 137,2	43 594 137,2	44 433 136,8	74 189 140,2
„	1890	1 547 102,2	69 172 217,8	69 172 217,8	*69 172* 217,8	70 452 216,9	108 853 205,7
„	1900	2 062 136,3	106 015 333,8	106 015 333,8	106 015 333,8	*107 977* 332,5	160 605 303,5
Königsberg. . . .	1871	ca. 2000	*112 092* 100	112 092 100	112 092 100	112 092 100	126 865 100
„	1880		140 909 125,7	*140 909* 125,7	140 909 125,7	140 909 125,7	159 114 125,4
„	1890		161 666 144,2	161 666 144,2	*161 666* 144,2	161 666 144,2	184 317 145,3
„	1900	2 034	189 483 169,1	189 483 169,1	189 483 169,1	*189 483* 169,1	221 338 174 5
Leipzig	1871	1 738 100	*106 925* 100	106 925 100	142 453 100	161 091 100	199 490 100
„	1880	1 738 100	149 081 139,4	*149 081* 139 4	212 329 149,1	244 285 151,7	292 428 146,6
„	1890	3 509 201,9	179 689 168,1	179 689 168,1	*295 025* 207,1	357 122 221,7	420 119 210,6
„	1900	5 707 328,4	191 834 179,4	191 834 179,4	351 185 246,5	*456 126* 283,2	566 302 283,9
Magdeburg	1871	’	*84 401* 100	84 401 100	114 509 100	114 509 100	147 581 100
„	1880	3 409	97 539 115,6	*97 539* 115,6	137 135 119,7	137 135 119 7	176 521 119,6
„	1890	5 501	138 816 164,5	138 816 164,5	*202 234* 176,6	202 234 176,6	248 135 168,1
„	1900	5 548	156 306 185,2	156 306 185,2	229 667 200,6	*229 667* 200,6	284 117 192,5

Großstadt	Zählungs-jahr	Gemarkungs-fläche ha	In nebenstehendem Jahr gezählte Einwohnerzahl auf der Gemarkungsfläche vom 1. 12. 1871	1. 12. 1880	1. 12. 1890	1. 12. 1900	der ganzen Agglomeration im Umkreis von 10 km
1.	2.	3.	4.	5.	6.	7.	8.
Mannheim	1871	2 384 100	*39 606* 100	39 606 100	39 606 100	46 312 100	95 070 100
"	1880	2 384 100	53 465 135,0	*53 465* 135,0	53 465 135,0	62 433 134,8	126 664 133,2
"	1890	2 384 100	79 058 199,7	79 058 199,7	*79 058* 199,7	91 115 196,7	180 634 190,1
"	1900	6 606 277,1	120 080 303,2	120 080 303,2	120 080 303,2	*141 147* 304,7	271 307 285,4
München	1871	3 551 100	*169 693* 100	172 585 100	180 390 100	183 841 100	193 044 100
"	1880	4 709 132,6	222 418 131,1	*230 023* 133,3	245 770 136,3	249 700 135,8	260 543 135,0
"	1890	6 399 180,2	305 884 180,3	325 378 188,5	*349 024* 193,5	354 502 192,9	368 139 190,7
"	1900	8 696 244,9	395 997 233,4	431 765 250,2	486 950 270,0	*499 932* 272,0	526 083 272,6
Nürnberg	1871	1 129 100	*83 214* 100	83 214 100	83 214 100	94 595 100	134 528 100
"	1880	1 129 100	99 519 119,6	*99 519* 119,6	99 519 119,6	123 041 130,1	171 685 127,6
"	1890	1 132 100,3	142 590 171,4	142 590 171,4	*142 590* 171,4	171 721 181,6	233 858 173,8
"	1900	5 522 489,1	211 277 253,9	211 277 253,9	211 277 253,9	*261 081* 276,1	336 951 250,5
Posen	1871	936 100	*57 276* 100	57 276 100	57 276 100	62 840 100	80 135 100
"	1880	936 100	64 544 112,7	*64 544* 112,7	64 544 112,7	74 877 119,2	95 552 119,2
"	1890	936 100	69 627 121,6	69 627 121,6	*69 627* 121,6	91 216 145,2	113 230 141,3
"	1900	3 303 353,0	74 436 130,0	74 436 130,0	74 436 130,0	*117 033* 186,3	142 396 177,7
Stettin	1871	6 027 100	*76 280* 100	76 280 100	76 280 100	92 097 100	119 389 100
"	1880	6 027 100	91 745 120,3	*91 745* 120,3	91 745 120,3	118 251 128,4	151 988 127,3
"	1890	6 039 100,2	116 228 152,4	116 228 152,4	*116 228* 152,4	148 131 160,8	186 816 156,5
"	1900	6 685 110,9	.	.	.	*210 702* 228,8	260 990 218,6
Straßburg	1871	7 819 100	*85 654* 100	85 654 100	85 654 100	85 654 100	131 205 100
"	1880	7 819 100	104 471 122,0	*104 471* 122,0	104 471 122,0	104 471 122,0	153 992 117,4
"	1890	7 829 100,1	123 500 144,2	123 500 144,2	*123 500* 144,2	123 [illegible]00 144,[illegible]	179 290 136,7
"	1900	7 829 100,1	151 041 176,3	151 041 176,3	151 041 176,3	*151 041* 176,3	214 803 163,7

Großstadt	Zählungsjahr	Gemarkungsfläche ha	In nebenstehendem Jahr gezählte Einwohnerzahl auf der Gemarkungsfläche vom 1. 12. 1871	1. 12. 1880	1. 12. 1890	1. 12. 1900	der ganzen Agglomeration im Umkreis von 10 km
1.	2.	3.	4.	5.	6.	7.	8.
Stuttgart	1871	2 980 100	*91 623* 100	91 623 100	91 623 100	91 623 100	163 120 100
"	1880	2 980 100	117 303 128,0	*117 303* 128,0	117 303 128,0	117 303 128,0	202 500 124,1
"	1890	2 980 100	139 817 152,6	139 817 152,6	*139 817* 152,6	139 817 152,6	237 313 145,5
"	1900	2 980 100	176 699 192,9	176 699 192,9	176 699 192,9	*176 699* 192,9	300 494 184,2
Sämtliche Großstädte ausgenommen Cassel, Crefeld, Halle, Stettin	1871	77 505	*3 278 377*	3 301 442	3 418 262	3 516 934	4 938 998
	1880	80 666	4 272 673	*4 320 281*	4 507 352	4 673 692	6 564 585
	1890	97 206	5 657 951	5 747 724	*6 045 172*	6 302 335	8 860 724
	1900	123 231	7 033 660	7 178 430	7 601 040	*8 047 307*	11 924 551
Dasselbe relative Zahlen	1871	100	100	100	100	100	100
	1880	104,1	130,3	130,9	131,9	132,9	132,9
	1890	125,4	172,6	174,1	176,9	179,2	179,4
	1900	159,0	214,6	217,5	222,4	228,8	241,5
Dieselben Städte ohne Berlin	1871	71 582	*2 452 440*	2 474 505	2 591 175	2 689 847	4 052 424
	1880	74 605	3 153 313	*3 197 951*	3 384 854	3 551 194	5 313 970
	1890	90 868	4 087 480	4 169 168	*4 466 378*	4 723 541	7 006 230
	1900	116 898	5 168 539	5 289 757	5 712 192	*6 158 459*	9 390 530
Dasselbe relative Zahlen	1871	100	100	100	100	100	100
	1880	104,2	128,6	129,2	130,6	132,0	131,1
	1890	126,9	166,7	168,5	172,4	175,6	172,8
	1900	163,3	210,8	213,8	220,4	229,0	231,7

Anmerkungen zu den Tabellen.

Aachen. Einverleibte Gemeinde: Burtscheid (97). — In die Agglomeration fällt holländisches, belgisches und gemeinschaftlich von Belgien und Preußen verwaltetes Gebiet, deren Bevölkerung in den Tabellen nicht mit enthalten ist.

Berlin. Einverleibungen: Teil von Lichtenberg (78), Tiergarten und Teile von Charlottenburg (81). Ersteres für 1871 zu 1000, letzteres zu 150 Einwohnern geschätzt.

Braunschweig. Die Berechnung ist durch das statistische Bureau des herzoglichen Staatsministeriums vorgenommen. Die Ziffern für die preußischen Orte sind vom Königlich Preußischen Statistischen Bureau mitgeteilt.

Bremen. Einverleibungen: Teile der Feldmark Neuenland und Woltmershausen (76), desgleichen der Feldmark Walle und Gröpelingen (92). Die Angaben für die Agglomeration sind näherungsweise.

Breslau. Einverleibungen: Gemeindebezirk Kleinburg (97), Gemeinde und Gutsbezirk Pöpelwitz (97), außerdem verschiedene Parzellen und Teile von Gutsbezirken.

Cassel. Einverleibung: Landgemeinde Wehlheiden (1899).

Chemnitz. Einverleibungen: Schloßchemnitz (80), Altchemnitz (94), Gablenz (1900), Altendorf (1900), Kappel (1900). Die Bevölkerung von Schloßchemnitz für 1890 und 1900 ist berechnet.

Cöln. Einverleibungen: Stadt Deutz, Stadt Ehrenfeld, Gemeinden Poll, Longerich-Nippes, Müngersdorf, Kriel, Teile von Rondorf und Efferen (sämtlich 1888).

[Fortsetzung auf Seite 149].

II. Prozentuales Wachstum der Einwohnerzahl der Großstädte (nach dem Umfang von 1871), der Agglomerationen und Prozentanteil der Einwohnerzahl der Großstädte (nach der Gemarkungsfläche am Zähltag) an der Agglomeration 1871—1900.

Großstadt	1871—1880 Prozentuale Zunahme		1880—1890 Prozentuale Zunahme		1890—1900 Prozentuale Zunahme		Die Einwohnerzahl der Großstadtgemeinde betrug % der Einwohnerzahl der Agglomeration am*)			
	der Großstadt von 1871	der Agglomeration	der Großstadt von 1871	der Agglomeration	der Großstadt von 1871	der Agglomeration	1. XII. 1871	1. XII. 1880	1. XII. 1890	1. XII. 1900
Aachen	15,4	14,2	20,9	20,8	11,2	16,3	54,7	55,3	55,3	**62,2**
Berlin	35,5	41,1	40,3	48,3	18,8	36,7	93,2	89,7	85,1	74,5
Braunschweig	29,6	25,2	34,7	30,8	26,9	23,8	75,3	78,0	80,3	82,3
Bremen	22,4	32,2	9,4	15,2	14,6	25,8	72,8	74,8	72,5	74,9
Breslau	31,2	30,1	22,8	21,4	24,1	24,5	86,1	86,9	87,9	89,0
Cassel	25,7	—	23,5	—	33,1	—	—	—	—	—
Chemnitz	27,9	31,5	33,9	33,3	24,8	22,9	48,2	51,1	56,0	**67,9**
Cöln	12,0	26,4	31,7	34,7	27,3	34,2	61,3	54,4	**78,5**	77,4
Danzig	39,4	34,1	10,9	9,9	16,2	22,9	72,8	77,0	77,7	73,9
Dortmund	48,5	34,4	34,7	37,6	59,2	57,5	38,6	42,7	41,8	42,3
Dresden	24,7	35,2	25,2	29,1	18,9	44,0	70,2	64,7	62,8	**62,4**
Düsseldorf	37,6	31,2	51,5	43,8	47,8	47,1	61,9	65,0	68,5	68,8
Elberfeld	31,1	25,0	31,2	29,8	24,5	24,0	27,7	29,0	30,1	30,2
Essen	10,5	43,9	38,2	44,9	49,9	64,3	23,3	17,9	17,1	15,7
Frankfurt a. M.	32,5	37,8	30,0	28,8	35,4	38,5	51,2	**55,9**	57,1	**66,2**
Hamburg	36,5	33,8	38,8	37,8	23,1	22,8	68,9	70,3	70,8	71,5
Hannover	40,2	37,1	32,6	33,1	31,4	42,6	67,2	68,8	68,8	**69,5**
Kiel	37,2	40,2	58,7	46,7	53,3	47,6	60,0	58,8	63,6	67,2
Königsberg	25,7	25,4	14,7	15,8	17,2	20,1	88,3	88,6	87,7	85,6
Leipzig	39,4	46,6	20,5	43,7	6,8	34,8	53,6	51,0	**70,2**	**80,5**
Magdeburg	15,6	19,6	42,3	40,6	12,6	14,5	57,2	55,3	**81,5**	80,8
Mannheim	35,0	33,2	47,9	42,6	51,9	50,2	41,7	42,2	43,8	**52,0**
München	31,1	35,0	37,5	41,3	29,5	42,9	87,9	88,3	**94,8**	**95,0**
Nürnberg	19,6	27,0	43,3	36,2	48,2	44,1	61,9	58,0	61,0	**77,5**
Posen	12,7	19,2	7,9	18,5	6,9	25,8	71,5	67,6	61,5	**82,2**
Stettin	20,3	27,3	26,7	22,9	?	39,7	63,9	60,4	62,2	**80,7**
Straßburg i. E.	22,0	17,4	18,2	16,4	22,3	19,8	65,3	67,8	68,9	70,3
Stuttgart	28,0	24,1	19,2	17,2	26,4	26,6	56,2	57,9	58,9	58,8
Die obigen Großstädte ohne Stettin	30,3	32,9	32,[illegible]	35,0	24,3	34,6	66,4	65,8	68,2	67,5
Dasselbe ohne Berlin	28,6	31,1	29,6	31,8	26,5	34,0	60,5	60,2	63,8	65,6
(jährliche Zunahme in Klammern)	(2,832)	(3,057)	(2,629)	(2,803)	(2,374)	(2,972)	—	—	—	—

*) Wo starke Einverleibungen in der Zwischenzeit erfolgt sind, ist dies durch Fettdruck kenntlich gemacht.

III. Verstärkung der Bevölkerungsdichtigkeit seit 1871.

Großstadt	Die Bevölkerungsdichtigkeit betrug auf den Hektar															
	in der Stadt nach dem Umfang von 1871				in den 1871—1900 einverleibten Teilen				in der übrigen Agglomeration				in der ganzen Agglomeration			
	1871	1880	1890	1900	1871	1880	1890	1900	1871	1880	1890	1900	1871	1880	1890	1900
Aachen . . .	24,3	28,0	33,9	37,6	11,8	12,8	15,6	23,6	1,87	2,12	2,55	2,98	4,31	4,93	5,95	6,92
Berlin . . .	139,5	189,0	265,1	314,9	2,81	7,65	20,3	57,9	2,37	5,11	11,0	25,7	28,2	39,8	59,0	80,7
Braunschweig .	21,5	27,9	37,6	47,7	—	—	—	—	0,66	0,74	0,87	0,96	2,45	3,06	4,01	4,96
Bremen . . .	48,2	59,0	64,5	73,9	7,27	17,0	24,4	42,9	0,86	1,20	1,45	1,90	3,62	4,79	5,52	6,91
Breslau . . .	68,5	89,9	110,4	137,0	4,35	7,02	8,88	11,9	1,12	1,34	1,48	1,88	7,69	10,0	12,1	15,1
Chemnitz . .	56,2	71,8	96,1	120,0	6,91	9,31	19,5	25,1	2,03	2,74	3,02	3,52	4,50	5,92	7,90	9,73
Cöln	167,8	188,0	247,7	315,4	3,92	6,30	8,80	12,5	2,02	2,78	3,79	5,36	6,71	8,47	11,4	15,3
Danzig . . .	51,0	71,1	78,8	91,6	2,35	3,76	4,19	6,27	0,93	1,10	1,17	1,69	3,35	4,49	4,93	6,06
Dortmund . .	16,2	24,0	32,3	51,5	—	—	—	—	2,48	3,12	4,36	6,81	3,69	4,96	6,83	10,8
Dresden . . .	59,0	73,6	92,1	109,6	4,03	12,4	20,7	51,4	2,58	3,84	5,04	8,79	8,03	10,9	14,0	20,2
Düsseldorf . .	14,3	19,6	29,7	43,9	—	—	—	—	1,61	1,94	2,51	3,66	3,56	4,68	6,73	9,88
Elberfeld . .	25,1	32,9	43,2	53,7	6,98	8,72	11,0	14,5	.	.	.	.	.	.	.	.
Essen. . . .	58,4	64,6	89,2	133,7	—	—	—	—	5,54	8,56	12,5	21,0	7,04	10,1	14,7	24,1
Frankfurt a. M.	13,1	17,3	22,5	30,5	9,58	18,1	23,6	31,2	2,89	3,67	4,63	6,70	5,66	7,80	10,0	13,9
Hamburg . .	47,4	64,7	89,7	110,5	1,18	1,62	2,93	3,76	5,65	7,22	9,72	11,9	13,9	18,6	25,6	31,4
Hannover . .	35,5	49,8	66,0	86,7	3,13	5,33	7,76	14,5	1,38	1,74	2,31	3,77	4,15	5,69	7,57	10,8
Kiel	21,0	28,8	45,7	70,1	1,31	1,53	2,33	3,57	0,70	1,01	1,31	1,79	1,68	2,36	3,46	5,11
Königsberg . .	56,0	70,5	80,8	94,7	—	—	—	—	0,50	0,62	0,77	1,08	4,04	5,06	5,87	7,05
Leipzig . . .	61,5	85,8	103,4	110,4	13,6	24,0	44,7	66,6	1,49	1,87	2,45	4,29	6,35	9,31	13,4	18,0
Magdeburg . .	24,8	28,6	40,7	45,9	14,1	18,5	29,7	34,3	1,28	1,52	1,78	2,11	4,70	5,62	7,90	9,04
Mannheim . .	16,6	22,4	33,2	50,4	1,59	2,12	2,86	4,99	1,97	2,59	3,61	5,25	3,03	4,03	5,75	8,64
München . .	47,8	62,6	86,1	111,5	2,75	5,30	9,45	20,2	0,41	0,48	0,60	1,15	6,14	8,29	11,7	16,7
Nürnberg . .	73,7	88,1	126,3	187,1	2,59	5,35	6,63	11,3	1,54	1,88	2,40	2,93	4,28	5,47	7,44	10,7
Posen . . .	61,2	69,0	74,4	79,5	2,35	4,37	9,12	18,0	0,62	0,74	0,78	0,90	2,55	3,04	3,60	4,53
Stettin . . .	12,7	15,2	19,3	?	24,0	40,3	48,5	?	1,10	1,36	1,56	2,03	3,80	4,84	5,95	8,31
Straßburg . .	11,0	13,4	15,8	19,4	—	—	—	—	1,93	2,10	2,37	2,70	4,18	4,90	5,71	6,84
Stuttgart. . .	30,7	39,4	46,9	59,3	—	—	—	—	2,51	3,00	3,43	4,35	5,19	6,45	7,55	9,55
Die obigen Großstädte ohne Stettin .	42,3	55,1	73,0	90,7	5,22	8,77	14,1	22,2	*1,86	2,50	3,41	5,28	5,96	7,95	10,7	14,5
Dasselbe ohne Berlin. . .	34,3	44,1	57,1	72,2	5,24	8,78	14,0	21,8	*1,84	2,40	3,11	4,48	5,03	6,62	8,74	11,8
Cassel . . .	26,2	32,9	40,7	54,2	7,9	10,6	17,4	26,8	.	.	.	.	.	.	.	.
Crefeld . . .	27,5	35,6	50,8	51,6	—	—	—	—	.	.	.	.	.	.	.	.
Halle	21,8	29,6	42,0	55,3	3,92	5,55	9,43	14,1	.	.	.	.	.	.	.	.

*) von hier ab ohne Elberfeld.

Crefeld. Einverleibung seit 1900: Gemeinde Linn. Bezüglich der Agglomeration siehe den Text.

Danzig. Einverleibungen: Schellingsfelde (74).

Dresden. Einverleibungen: Strehlen (92), Striesen (92), Pieschen (97), Trachenberge (97), Albert-Park (99). — Seit der Volkszählung: Gruna (1901), Räcknitz, Seidnitz, Tschertnitz (1902), Plauen, Cotta, Kaditz, Löbtau, Mickten, Naußlitz, Trachau Uebigau, Wölfnitz (sämtlich 1903).

Düsseldorf. Die Bevölkerung der Agglomeration für 1871, 1880 und 1890 ist vom Bearbeiter berechnet. Von den vom 10 Kilometer-Kreis durchschnittenen Gemeinden wurde derselbe Prozentsatz, wie 1900, eingerechnet. Nach amtlicher, nachträglich eingetroffener Berechnung betrug die Einwohnerzahl der Agglomeration 1871, 1880 und 1890: 111 857 bezw. 147 010 bezw. 211 074. Die Differenz mit der in den Tabellen zu Grunde gelegten Berechnung erreicht nirgends 1 pro Mille.

Elberfeld. Einverleibungen: Teil von Sonnborn (88), Gut Buchenhofen (89), ersterer für 1871 und 1880 zu 2000 bezw. 2500 Einwohnern, letzteres konstant zu 11 Einwohnern berechnet. Bezüglich der Agglomeration, deren Bevölkerung für die drei ersten Jahrzehnte vom Bearbeiter berechnet ist, siehe die Bemerkung im Text.

Essen. Einverleibungen: Teil von Altenessen (97) und Teil von Hüttrop (98), konstant zu 423 bezw. 484 Einwohnern berechnet. Spätere Einverleibung: Altendorf (1901).

Frankfurt. Einverleibungen: Bornheim (77), Bockenheim (95), Niederrad, Oberrad und Seckbach (1900).

Halle. Einverleibungen: Rittergut Freiimfelde (91), Gemeinden Giebichenstein, Cröllwitz, Trotha und Gutsbezirk Gimritz (1900). Bezüglich der Agglomeration siehe den Text.

Hamburg. Einverleibungen: Veddel und verschiedene andere Elbinseln (94).

Hannover. Einverleibungen: Herrenhausen, Hainholz, Wahrenwald, List (sämtlich 91), Teil vom Königlichen Schloß und Gartenbezirk (82) mit 1880: 692 Einwohnern, für die anderen Zählungsjahre mit derselben Bevölkerungszahl eingesetzt.

Kiel. Einverleibungen: Gehege Düsternbrook (73), Gemeinde Wik (93), seit 1900 Gemeinde Gaarden (01). Die Bevölkerung der Agglomeration für 1871, 1880 und 1890 ist vom Bearbeiter berechnet. Für die vom 10 Kilometer-Kreis durchschnittenen Gemeinden ist die pro rata der ganzen Agglomeration reduzierte Teilbevölkerung von 1900 eingesetzt.

Königsberg. Es haben nur geringfügige Eingemeindungen unbebauten Landes stattgefunden, die Gemarkungsfläche ist daher bei den Berechnungen für 1871—1890 zu rund 2000 ha angenommen. Die Bevölkerung der Agglomeration beträgt laut nachträglicher Berechnung des Königsberger statistischen Amts 1871: 127 366, 1880: 160 279, 1890: 184 676, 1900: 221 578.

Leipzig. Einverleibungen: Reudnitz, Anger-Crottendorf (89), Neureudnitz, Thonberg, Neuschönefeld, Neustadt, Volksmarsdorf, Sellerhausen, Gohlis, Eutritzsch (90), Lindenau, Plagwitz, Klein-Zschocher, Schleussig, Connewitz, Lößnig (91), Neusellerhausen (92).

Magdeburg. Einverleibungen: Neustadt (86), Buckau (87). Die Bevölkerung der Agglomeration für 1871 und 1880 ist vom Bearbeiter berechnet (siehe Kiel). Die Fläche der Gemarkung von 1871 und 1880 ist für die Relativberechnungen in Tabelle III gleich derjenigen von 1885 angenommen.

Mannheim. Einverleibungen: Friesenheimer Insel (95), Käferthal (97), Neckarau (99).

München. Einverleibungen: Sendling (77), Neuhausen, Schwabing (90), Bogenhausen (92), Nymphenburg (99), Thalkirchen, Laim (1900).

Nürnberg. Einverleibungen: Sündersbühl (99), Schniegling, Wezendorf, Thon, Kleinreuth h. d. V., Großreuth h. d. V., Schoppershof, Erlenstegen, Mögeldorf, Glaishammer, Gibitzenhof (einschl. der auf ausmärkischem Gebiet wohnenden Personen), Schweinau, Großreuth b. Schw., Höfen (sämtlich 1900).

Posen. Einverleibungen: Berdychowo-Piotrowo (96), Teil von Winiary (99), Jersitz, St. Lazarus, Wilda (1900).

Stettin. Einverleibungen: Grabow a. O., Bredow, Nemitz (1900), deren Einwohnerzahlen für 1900 nicht angegeben werden konnten. Die Bevölkerung der Agglomeration von 1871 ist vom Bearbeiter berechnet.

Straßburg. Einverleibung: Teil der Gemarkung Schiltigheim (82).

Stuttgart. Einverleibung seit 1900: Gaisburg (1901), Untertürkheim (1903). In der Fläche von 2980 ha ist eine unbewohnte Exklave von 65 ha enthalten.

VII.

Öffentliche Park-, Garten- und Schmuckanlagen

im Jahre 1900 oder 1900/1901.

Von

Geheimen Medizinalrat Dr. **Flinzer** in Dresden-Blasewitz.

Für diesen Abschnitt sind von 51 Städten die Fragebogen ausgefüllt worden. Die wesentlichsten Ergebnisse sind in derselben Weise wie früher in der Tabelle auf S. 152 zusammengestellt.

Die meisten Städte (35) haben über die aus der Verwaltung der Park- etc. Anlagen im Jahre 1900 erwachsenen Einnahmen, welche von den Ausgaben in der Tabelle nicht abgerechnet sind, folgende Angaben gemacht:

Aachen aus dem Verkauf von Blumen, Pflanzen und Holz 951 M., für Berechtigung zum Fahren im Stadtgarten mit Kinderwagen 549 M.

Augsburg Erlös aus dem Verkaufe von Holz, Gras, Baumschulpflanzen u. s. w. 4357 M.

Barmen für Holz 4000 M.

Berlin für Grasnutzung, Holz und Pflanzen, Miete für Mineralwasser- und Milchbuden u. s. w. 10 360 M.

Bochum: Miete für die Restauration des Stadtparks 4500 M., für Benutzung der Eisbahn 1702 M.

Braunschweig für Holz ca. 600 M.

Bremen für Holz, Gras, Wasservögel, Fischereipacht 1329 M.

Breslau aus Pacht und Miete 57 811 M., aus verschiedenen Nutzungen 3850 M., Rückerstattungen 2428 M., für Instandhaltung der Schulgärten 1500 M., Verschiedenes 175 M., Zinsen 4431 M. (Kämmereizuschüsse für die gesamte Verwaltung 158 447 M.)

Cassel für Obst, Baumschulartikel, Weiden, Rasenabstiche und Grasnutzung 5566 M.

Charlottenburg: Beitrag zur Unterhaltung eines Schmuckplatzes und Einnahme aus der städtischen Baumschule 4243 M.

Cöln: Pacht von Restaurationen, Nachenbetrieb, Eisbahn, für Holz, Gras, Geflügel Fischerei u. s. w. 89 336 M.

Danzig für Holz 100 M.

Dortmund für Holz, Pflanzen und Fische, Miete für das Gärtnerhaus und Eintrittsgeld zur Camera obscura im Kaiser Wilhelmshain 1062 M.

Dresden für Obst, Gras, Heu, Holz und altes Eisen 1300 M.

Düsseldorf für Holz und Gras, Miete von Restaurationen 17 417 M.

Elberfeld für Pflanzen aus dem botanischen Garten, Holz und Gras 2707 M.

Erfurt für Holz und Gras 93 M.

Essen: Miete für die provis.-Restauration, Konditorbude, Fischerei u. s. w. 1080 M.,

Frankfurt a. M. für Abfallholz, Miete einer Aufseherwohnung, Erlaubnisgebühr für Personenwagen, Unterhaltung der Schulgärten und Arbeiten für Rechnung anderer Amtsstellen 38 220 M.

Erankfurt a. O. für Fischereipacht 40 M., für Schwäne- und Holzverkauf 63 M.

Freiburg i. B. für Baumschulartikel, Topfgewächse u. s. w. 1000 M.

Görlitz für Bäume, Sträucher, Grün, Gras, Eis, Eisbahn und Straßenkehricht 2820 M.

Hamburg: Vergütung der Anlieger einer Straße für Unterhaltung der Anlagen daselbst und Verkauf von Gras und Buschwerk 270 M.

Hannover für Holz u. s. w. 21 310 M.

Kiel für Holz u. s. w. 300 M., Beitrag der Universität zur Unterhaltung des Schloßgartens 1500 M.

Leipzig: Holz-, Gras- und Eisbahnpacht 15 346 M.

Liegnitz für Gras und Laub 515 M.

Lübeck für Bäume, Sträucher, Gras und Laub 532 M.

Magdeburg: Pacht von 6 Restaurationen, aus der Baumschule, für Obst, Gras und Holz, Eisbahn und Eintrittsgeld für die Gewächshäuser 81 617 M.

Mainz für Gras 380 M.

Mannheim: Grünertrag 500 M.

München für Bäume, Sträucher, Dürrholz, Gras und Benutzung für Restaurationszwecke 11 226 M.

Nürnberg für Gras und Holz 963 M.

Würzburg für Holz, Laub, Kastanien, Gras, Bäume und Sträucher 1700 M.

Zwickau: Pacht für die Parkwiesen, den Kahn- und Eisbahnbetrieb und für eine Parkfläche zu Restaurationszwecken, Erlös beim Holzverkauf u. s. w. 3600 M.

Ferner ist noch folgendes zu bemerken:

Berlin: Zu den außerordentlichen Ausgaben in Sp. 14 kommen noch 30 000 M. für Verbesserung des königl. Tiergartens.

Braunschweig zu Sp. 17 und 18 Die Parkanlage auf dem früheren Exerzierplatze ist im Entstehen begriffen.

Crefeld, Danzig und Stuttgart zu Sp. 19. Die Unterhaltungskosten sind in Sp. 13 mit enthalten.

Mainz: Die Angaben gelten für das Jahr 1901/02; zu Sp. 10, die Fläche der mit Bäumen bepflanzten Straßen beträgt 4575 ar.

Öffentliche Park-, Garten- und Schmuck

Städte * (bedeutet Etatsjahr 1900/1901)	Von den im Stadtgebiete liegenden öffentlichen Park-, Garten- und Schmuckanlagen über 3 ar waren im Eigentum								Besitzt die Stadt außerdem mit Bäumen bepflanzte Straßen (Promenaden, Alleen)	
	des Staates		der Stadt		von Privaten		zusammen			
	Anzahl	Fläche in ar	Anzahl	Fläche in ar	Anzahl	Fläche in ar	Anzahl	Fläche in ar	Zahl derselben	Länge in Metern
	1.	2.	3.	4.	5.	6.	7.	8.	9.	10.
Aachen*	—	—	52	4 812	2	651	54	5 463	40	28 188
Altona*	—	—	31	2 288	—	—	31	2 288	53	20 465
Augsburg	—	—	23	3 673	1	400	24	4 073	47	33 460
Barmen*	—	—	3	4 837	1	7 166	4	12 003	5	2 200
Berlin*	7	29 069	119	17 160	—	—	126	46 229	294	128 140
Bochum*	—	—	1	1 831	—	—	1	1 831	12	6 030
Braunschweig*	2	2 810	5	5 035	12	9 139	19	16 984	45	26 515
Bremen*	—	5 087	—	—	—	—	.	5 087	60	27 983
Breslau*	1	613	.	15 949	—	—	.	16 562	116	46 634
Cassel*	5	16 701	17	1 735	.		22	18 436	56	26 935
Charlottenburg*	2	69	22	3 324	—	—	24	3 393	118	72 680
Chemnitz	1	45	54	1 166	—	—	55	1 211	130	44 000
Cöln a. Rh.*	2	14	52	22 862	4	.	58	.	285	104 200
Crefeld*	—	—	10	1 260	1	180	11	1 440	20	7 900
Danzig*	—	—	13	1 030	—	—	13	1 030	89	31 656
Dortmund*	—	—	12	10 571	—	—	12	10 571	59	47 000
Dresden	7	19 000	52	15 773	—	—	59	34 773	251	223 599
Düsseldorf*	1	738	32	9 158	2	2 000	35	11 896	125	75 000
Duisburg*	—	—	4	3 424	—	—	4	3 424	10	11 200
Elberfeld*	—	—	20	13 455	4	6 100	24	19 555	27	30 660
Erfurt*	1	.	21	2 609	2	.	24		85	20 347
Essen*	—	—	6	1 700	1	45	7	1 745	17	10 122
Frankfurt a. M.	—	—	22	3 902	—	—	22	3 902	57	32 500
Frankfurt a. O.*	—	—	6	832	—	—	6	832	29	20 005
Freiburg i. B.	—	—	30	1 312	—	—	30	1 312	98	29 600
Görlitz*	—	.	16	12 871	—	—	16	12 871	18	11 000
Halle a. S.*	—	—	16	5 500	—	—	16	5 500	62	27 800
Hamburg		73	11 843		—	—	73	11 843	524	231 300
Hannover*	3	6 020	39	8 996	3	7 660	45	22 676	59	59 376
Karlsruhe	7	6 582	22	3 236	—	—	29	9 818	63	32 000
Kiel*	2	491	10	793	—	—	12	1 214	38	22 780
Königsberg i. Pr.*	4	600	12	1 028	5	157	21	1 785	23	4 630
Leipzig*	—	—	43	25 360	—	—	43	25 360	99	59 965
Liegnitz*	1	100	9	6 000	—	—	10	6 100	49	16 000
Lübeck*	—	—	13	3 247	—	—	13	3 247	86	44 428
Magdeburg*	2	2 700	18	22 864	—	—	20	25 564	89	55 390
Mainz	—	—	23	1 887	—	—	23	1 887	63	.
Mannheim	1	2 700	16	459	1	1 000	18	4 159	12	5 890
Metz*	—	—	4	519	—	—	4	519	2	480
München	3	1 577	73	14 647	7	50 332	83	66 556	107	70 925
Nürnberg	2	70	42	3 593	—	—	44	3 663	88	55 200
Plauen i. V.	—	—	27	4 910	—	—	27	4 910	10	.
Posen*	.	1 440	6	310	1	1 000	.	2 750	46	22 000
Potsdam*	3	245	4	493	11	13 074	18	13 812	43	19 556
Spandau*	4	1 663	15	900	—	—	19	2 563	39	43 465
Stettin*	—	—	33	5 496	—	—	33	5 496	32	23 450
Strassburg i. E.*	4	246	10	3 254	—	—	14	3 500	80	2 206
Stuttgart	4	7 655	24	650	1	87	29	8 392	55	26 250
Wiesbaden*	—	—	14	846	5	2 470	19	3 316	12	7 250
Würzburg	3	27 250	6	55 620	10	34 003	19	116 873	51	36 055
Zwickau	—	—	.	3 001	—	—	.	3 001	32	.

anlagen im Jahre 1900 oder 1900/1901.

Durchschnittlicher Tagelohn der erwachsenen Arbeiter *M*		Städtische Ausgaben für die zu unterhaltenden Anlagen *M*		Personal		Parkanlagen der Stadt außerhalb des Stadtgebiets		Deren		Auf 1 Einwohner kommen durchschnittlich öffentliche Park- und Gartenfl. (Sp. 8 + 18)
männlichen	weiblichen	ordentliche	außerordentliche	Beamte	Im Sommerhalbjahr durchschnittlich täglich beschäftigte Arbeiter	Zahl	Fläche ar	Unterhaltungskosten *M.*	Einnahmen *M.*	qm
11.	12.	13.	14.	15.	16.	17.	18.	19.	20.	21.
3,35	1,50	125 141		3	61	—	—	—	—	4,0
2,75	—	38 327	9 119	1	50	5	193	3 000	—	1,5
3,05	1,75	27 551	—	2	29	—	—	—	—	4,6
3,25	—	10 000	—	3	10	—	—	—	—	8,5
4,50	1,05	400 000	89 820	14	921	2	18 600	87 000	6 400	3,4
3,00	1,40	17 233	3 674	—	15	—	—	—	—	2,8
3,00	1,65	6 000	36 070	2	46	1	5 800	.	.	17,8
3,50	—	57 365	—	2	35	1	726	2 070	2 070	3,6
2,62	1,10	196 785	28 935	9	403	2	13 200	12 940	7 525	7,0
2,75	1,30	9 845	4 655	8	32	—	—	—	—	17,9
3,75	1,50	59 538	—	2	78	1	238	.	—	1,9
4,16	1,82	67 380	32 800	1	110	—	—	—	—	0,6
3,50	—	178 986	93 680	4	164	1	3 830	1 000	150	7,2
2,55	—	23 857	—	1	42	2	8 450	.	—	9,3
1,40	1,15	17 710	5 450	2	33	2	57	.	—	0,8
3,60	1,50	41 311	11 808	4	51	—	—	—	—	7,4
3,58	1,70	215 000	80 000	6	246	—	—	—	—	8,8
3,50	1,75	72 300	35 185	3	70	1	9 500	9 570	2 525	10,0
3,00	2,00	5 000	—	2	27	2	3 310	16 550	10 800	7,3
3,50	2,50	50 615	8 372	1	41	—	—	—	—	12,5
2,50	1,25	41 477	7 064	2	58	—	—	—	—	3,1
3,35	1,80	63 000	—	2	70	—	—	—	—	1,5
3,40	—	98 376	9 275	1	75	—	—	—	—	1,2
1,95	0,80	8 990	—	1	14	—	—	—	—	1,3
2,92	—	33 920	7 980	3	45	2	4 000	5 000	—	8,6
2,70	1,27	44 400	6 000	1	53	—	—	—	—	15,9
3,10	1,65	71 186	—	2	62	—	—	—	—	3,5
3,85	1,25	196 835	29 091	6	138	1	150	1 500	1 000	1,7
3,55	1,65	77 328	34 182	7	150	—	—	—	—	9,6
3,50	1,80	65 800	—	2	197	—	—		—	10,1
3,50	—	25 800	7 400	1	30	—	—	—	—	1,1
1,95	1,10	17 800	—	1	30	2	315	600	—	1,1
3,20	1,80	104 266	107 782	19	270	1	1 103	6 000	200	5,8
2,52	1,15	21 377	5 477	3	37	—	—	—	—	11,1
3,25	2,74	25 502	17 529	1	43	—	—	—	—	4,0
2,75	1,25	114 754	94 566	14	265	—	—	—	—	11,1
3,20	2,10	57 445	6 665	2	60	—	—	—	—	2,2
3,35	—	59 400	53 700	1	79	5	5 714	18 500	1 500	7,0
2,80	—	18 600	4 902	5	12	1	400	—	—	1,6
4,80	2,00	189 989	89 125	7	220	—	—	—	—	13,3
2,90	1,50	64 198	20 351	3	90	—	—	—	—	1,4
2,91	—	12 990	14 440	1	15	—	—	—	—	6,6
2,15	1,10	39 224	13 392	21	40	—	—	—	—	2,3
2,25	—	5 186	—	—	3	—	—	—	—	23,1
3,02	1,25	2 000	—	—	12	—	—	—	—	3,9
2,75	1,20	30 000	—	1	61	—	—	—	—	2,6
—	—	—	—	—	—	—	—	—	—	2,3
3,10	1,90	48 307	—	1	36	15	640	.	—	5,1
3,00	—	36 000	34 000	3	50	—	—	—	—	3,8
2,75	1,40	35 930	.	2	44	5	17 000	1 500	—	177,3
2,60	1,60	18 500	10 982	2	44	—	—	—	—	5,4

VIII.

Strassenreinigung und -Besprengung

im Jahre 1900 oder 1900/1901.

Von

Geheimen Medizinalrat Dr. **Flinzer** in Dresden-Blasewitz.

A. Straßenreinigung.

Die Erhebungen haben diesmal in der gleichen Weise wie im Vorjahre durch Fragebogen stattgefunden, die ganz den früheren gleichen. Von 51 Städten sind die Unterlagen eingegangen. Es sind die nämlichen Städte wie im vorjährigen Berichte. In Tabelle AI auf Seite 159 sind die wichtigsten Ergebnisse zusammengestellt, auf die man hier der Kürze halber Bezug nimmt. Die Städte, bei denen es sich um das Etatsjahr 1900/1901 handelt, sind, wie bisher, durch ein Sternchen kenntlich gemacht. Über die Häufigkeit, in der die Straßenreinigung erfolgt, geht das Nähere aus der vorjährigen Übersicht hervor, auf die man hier Bezug nimmt. Nur die Veränderungen, die in dieser Richtung eingetreten sind, werden im Nachstehenden kurz hervorgehoben.

In Altona werden die Nebenstraßen nur zweimal wöchentlich gereinigt. Augsburg nimmt außer der zweimal wöchentlichen allgemeinen Reinigung der Haupt- und Nebenstraßen tägliche Reinigungen durch Tageskolonnen zum Zwecke der Beseitigung großer Verunreinigungen vor. Die Nebenstraßen werden in Berlin täglich teilweise nur zwei- und einmal gereinigt. In Braunschweig findet die Reinigung der Nebenstraßen sechsmal wöchentlich statt. Breslau reinigt die Bürgersteige und Straßenübergänge an Wochentagen täglich zweimal, an Sonntagen einmal. In Charlottenburg werden etwa 7400 qm nur dreimal wöchentlich gereinigt. Cöln reinigt die Hauptstraßen viermal, die Nebenstraßen zweimal mit Handbesen, sechsmal und dreimal mit Maschinen. In Elberfeld werden Haupt- und Nebenstraßen wöchentlich sechsmal gereinigt. Essen lässt die Nebenstraßen nur dreimal in der Woche reinigen. Görlitz reinigt auch die Nebenstraßen jetzt täglich. In Leipzig werden einige Hauptstraßen sechsmal, die Asphaltstraßen aber täglich einmal abgespült und außerdem ununterbrochen gereinigt. Jetzt werden in Zwickau auch die Nebenstraßen täglich gereinigt.

Über die Tätigkeit der Marstallverwaltung liegen wieder von 21 Städten Mitteilungen vor, die in der Tabelle AII übersichtlich zusammengestellt sind und auf die man hier der Kürze halber Bezug nimmt. Nur Frankfurt am Main hat in der Tabelle nicht Aufnahme finden können, da die Angaben in einer anderen als der vorgeschriebenen Form erfolgt sind. Sie sind nachstehend wiedergegeben.

Für Straßenreinigung wurden im Tagewerk im Taglohn 12 094$^1/_2$ Einspänner und 9320$^1/_2$ Zweispänner verwendet. Für die Bauinspektion I 5864$^3/_4$ Einspänner und 10 722 Zweispänner und die Zahl der Akkordfuhren belief sich auf 470 Ein- und 34 538 Zweispänner. Für Bauinspektion II 56$^1/_4$ Ein- und 509$^1/_4$ Zweispänner.

Bezeichnung der Verwaltung	Tagewerk im Taglohn		Zahl der Akkordfuhren	
	Einspänner	Zweispänner	Einspänner	Zweispänner
Wasserwerksverwaltung	27	$295\frac{3}{4}$	—	5
Materialverwaltung	$102\frac{1}{4}$	$23\frac{1}{4}$	—	51
Vermessungsbureau	$1\frac{1}{2}$	$30\frac{3}{4}$	—	—
Elektrizitäts- und Bahnamt	$139\frac{1}{4}$	$145\frac{1}{4}$	48	59
Hochbauamt	.	$1\frac{1}{2}$	.	.
Stadtgärtnerei	541	$88\frac{1}{4}$	.	.
Stadtkämmerei	$4\frac{1}{2}$	14	30	60
Marktverwaltung	1	.	1	821
Schlacht- und Viehhof, Hafen- und Lagerhausverwaltung, Eichamt	.	$9\frac{1}{4}$	52	172
Schulbehörden mit 42 Schulen	.	$1\frac{1}{2}$	341	309
Krankenhaus- u. Armenhausverwaltung		27	168	279
Militärkommission	6	1	3	5
Sonstige Behörden	$22\frac{3}{4}$	$14\frac{3}{4}$	40	70
Summe	$18\,860\frac{3}{4}$	$21\,263\frac{1}{2}$	1 153	36 389
davon vom Unternehmer geleistet	$8\,833\frac{3}{4}$	$12\,911\frac{1}{2}$	352	23 009
Bleibt für Rechnung der Stadt	10 027	8 352	801	13 380

Bei der Materialverwaltung kamen für Steinfuhren von der Bahn noch 1693 Chaussee-Deckmaterialwaggons, die ein Gewicht von 3 402 580 kg beförderten, in Betracht. Davon fallen auf den Unternehmer 602 Waggons mit 1 293 440 kg Gewicht.

Für Beifuhren von Hafer kamen 8773,96 Centner, von Kohlen und Koaks für das Hochbauamt 287 463,86 Centner und für die Armenhaus-Verwaltung Brennholz 18 576 Centner und 2338 Raummeter Holz aus dem Stadtwald in Betracht.

In der folgenden Tabelle sind nach den gleichen Gesichtspunkten wie im Vorjahre die Zahlen der an Marställen tätigen Beamten, Arbeiter, Pferde aufgeführt, ebenso die ordentlichen und außerordentlichen Ausgaben.

Städte	Zahl der			Ausgaben		Städte	Zahl der			Ausgaben	
	Beamte	Arbeiter	Pferde	ordentliche ℳ	außer-ordentliche ℳ		Beamte	Arbeiter	Pferde	ordentliche ℳ	außer-ordentliche ℳ
Bochum	5	68	26	.	.	Königsberg	4	88	162	214 000	.
Braunschweig	4	48	59	109 845,30	—	Leipzig I	1	20	26	60 099	.
Breslau	10	285	149	248 268	15 528	Magdeburg	6	135	28	60 531,88	.
Chemnitz	1	11	22	26 610	7 930	Mainz	1	23	31	52 162,41	3597,70
Cöln	7	153	157	443 685	41 676	Mannheim	3	73	129	226 685	.
Danzig	4	76	52	147 423	.	München	1	32	68	107 471	.
Dresden	3	40	75	144 798	17 762	Nürnberg	1	14	28	54 829	.
Düsseldorf	5	107	38	243 571	.	Posen	2	43	50	86 776	.
Essen	8	100	48	166 500	32 950	Potsdam	2	30	21	14 920	1 990
Kiel	.	38	40	.	.	Stuttgart	1	16	24	38 974	.

Wie sich die Straßenreinigung in den einzelnen Städten im Berichtsjahr gestaltet hat, geht aus den folgenden Bemerkungen hervor. Man ist dabei von dem Grundsatze ausgegangen, nur die Städte aufzuführen, in denen gegen das Vorjahr Aenderungen eingetreten sind.

Barmen. Die Stadt reinigt vor öffentlichen Gebäuden Bürgersteige und Straßen, die Bürgerschaft reinigt die Bürgersteige auf ihre Kosten.

Breslau. In den in den einzelnen Abteilungen aufgeführten Fuhren ist die Zahl der Pferdearbeitstage mitgerechnet.

Elberfeld. Die Kosten für Kranken-, Unfall- und Invalidenversicherung betragen 713 M. 97 Pf.

Erfurt. Auf Grund abgeschlossener Verträge werden die Kosten für die Müllabfuhr an zwei Unternehmer gezahlt.

Essen. Unter Fuhren für sonstige Zwecke sind Leichenfuhren, Heu- und Strohfuhren, Aschefuhren, Abholung von Tierleichen zu verstehen. Bei den Fuhren, die in Tabelle AII angeführt, sind teilweise die Zahl der Pferdearbeitstage mitgerechnet.

Kiel. In den Kosten für die Straßenreinigung sind enthalten ca. 22 000 M. für Reinigung der Kanäle und Schlammfänge, ca. 4000 M. für die Reinigung der Bedürfnißanstalten. Die Einnahmen sind nicht in Abzug gebracht. — Die Kehrmaschinenbespannung ist mit 1200 Arbeitstagen besonders berechnet.

Lübeck. In der Summe für die Straßenreinigung sind 100 M. für Desinfizierung der öffentlichen Pissoirs enthalten.

Magdeburg. Sämtliche Pferde haben 967 Arbeitstage geleistet, die geleisteten Fuhren sind in den Arbeitstagen einbegriffen. — Nach § 108 der Straßen-Polizeiverordnung hat jeder Eigentümer das Trottoir und die Trottoirrinne, den Bürgersteig, den Rinnstein bis auf die Sohle, die Einflußöffnungen der Straßenkanäle zu reinigen und nach jeder Reinigung den Unrath sofort beseitigen zu lassen. Nach § 120 b c müssen die Trottoirs und Bürgersteige der inneren Stadt täglich um 8 Uhr Morgens rein gefegt sein; in den Vorstädten findet die Reinigung Mittwochs und Sonnabends statt. Wenn des Nachts Schnee gefallen ist, muß morgens schon bis $7^1/_2$ Uhr auf den Trottoirs und Bürgersteigen ein Fußweg hergestellt werden, der, soweit die Breite des Trottoirs und der Bürgersteige dies zuläßt, mindestens 1 m breit sein muß. Bei eintretendem Tauwetter findet außergewöhnliche Reinigung nach Bedarf auf polizeiliche Anordnung statt.

Mainz. 148 Pferdearbeitstage kamen für den Transport von Speisen für die Zivilhospitäler in Verwendung, 372 für die Abfuhr des Düngers vom Schlacht- und Viehhof.

Posen. 12 Eigentümer besitzen die Erlaubnis, das Hausmüll auf die den Straßenkehricht abfahrenden städtischen Wagen zu schütten, wofür sie jährlich 3 M. Gebühren zu entrichten haben.

B. Straßenbesprengung.

Auch hier liegen Angaben von 51 Städten vor. Die Hauptergebnisse sind in Tabelle B auf Seite 160 zusammengestellt.

Insoweit Veränderungen gegen das Vorjahr stattgefunden haben, geht das Nähere aus den nachstehenden Bemerkungen hervor.

Aachen. Unter den Sprengwagen sind 4 zweispännige Wurfralwagen.

Augsburg. Nur die Makadamstraßen und Trottoirs an städtischen Gebäuden werden auf Kosten der Stadt besprengt. Das Wasser wird aus der städtischen Leitung entnommen.

Braunschweig. Die außerstädtischen Straßen und Plätze werden durch Sprengwagen, die innenstädtischen dagegen durch die mit Sprengvorrichtung versehenen Kehrmaschinen gesprengt.

Breslau. Außer der angegebenen Menge des verbrauchten Wassers in Spalte 6 kommen 18 897 cbm zum Abwaschen der asphaltierten Straßen und 13 618 cbm zur Spülung der Droschkenhalteplätze in Verwendung.

Chemnitz. Die Sprengung durch Hydranten erfolgt durch 425 für diesen Zweck eingebaute Sprenghydranten.

Cöln. Die Sprengung mit Hydranten erfolgt bei den Reitwegen. In der Menge des verbrauchten Wassers ist das Nachts vor dem Kehren der Straßen verbrauchte Wasser nicht enthalten.

A I. Straßenreinigung im Jahre 1900 oder 1900/1901.

Städte * bedeutet Etatsjahr 1900/1901	Art der Besprengung *	Größe der zu reinigenden Straßenfläche am Jahresschluß in qm		Ausgaben	Davon		Einnahmen				
		Fahrdamm	Trottoir	für Straßenreinigung überhaupt ℳ	für Wegschaffung von Schnee und Eis ℳ	für Abfuhr von Hausmüll ℳ	für Straßendünger ℳ	für Hausmüll ℳ	von Grundbesitzern: für Strassenreinigung ℳ	von Grundbesitzern: für Müllabfuhr ℳ	Sonstige ℳ
	1.	2.	3.	4.	5.	6.	7.	8.	9.	10.	11.
Aachen*	Gr	437 560	198 058	95 149	18 392	50 865					
Altona*	S	499 659	336 495	210 289	30 321	65 976	.	.	.	.	1 100
Augsburg	G	631 964	135 199	72 000	12 872	25 500	.	.	.	.	.
Barmen*	G	56 390	18 510	29 000	12 000	?	.	.	.	.	.
Berlin*	S	5 852 892	3 832 718	3 414 273	430 629	?	.	.	.	.	.
Bochum	S	170 000	80 000	54 000	.	.	.	.	41 000		.
Braunschweig*	S	174 900	116 600	138 239	14 882	51 989	2 163	.	.	3 429	.
Bremen*	S	936 659	565 437	140 000	?	?	.	.	.	.	.
Breslau*	G	1 410 624	?	450 721	59 053	?	10 639		.	.	76 720
Cassel*	Gr	760 000	382 000	116 068	20 301	17 765	272	.	3 680	12 271	.
Charlottenbg.*	S	993 501	639 997	403 311	17 280	?	.	.	.	.	17 673
Chemnitz	G	1 270 000	772 000	178 956	77 329	?	190	.	.	.	.
Cöln a. Rh.*	S	1 062 531	632 409	652 836	80 008	135 756	4 200		.	.	55 280
Crefeld*	Gr	489 600	369 800	11 739	3 739	?	.	.	.	.	.
Danzig*	G	700 000	450 000	147 432	8 396	?	.	3189	.	.	17 380
Dortmund*	S	320 500	196 000	290 245	35 630	45 584	92	.	.	27 106	.
Dresden	S	1 775 400	1 087 300	947 209	264 783	?	900	.	.	.	.
Düsseldorf*	S	1 239 740	556 000	175 600	1 800	149 800	.	.	.	.	.
Duisburg*	S	155 200	40 300	88 879	3 449	29 000	.	.	47 154	.	.
Elberfeld*	Gr	319 340	123 100	264 031	51 261	188 689	.	.	.	.	.
Erfurt*	G	?	?	368 891	?	21 500	.	.	.	.	.
Essen*	Gr	372 700	189 200	112 000	5 000	43 000	.	.	.	43 000	18 000
Frankfurt a. M.*	S	1 933 825	528 830	688 1171	40 257	111 000	5 296	.	.	.	.
Frankfurt a. O.*	G	292 660	166 500	50 99	1 569		329	.	19 887	.	4 332
Freiburg i. Br.	G	.	.	.	.	18 650	.	.	9 160	.	.
Görlitz*	S	456 824	173 365	69 948	13 806	?	70	.	.	.	.
Halle a. S.*	Gr	605 000	750 000	69 950	17 384	12 044	.	.	662	.	118
Hamburg	G	3 675 766	2 535 648	153 2886	178 362	225 963	.	.	.	.	.
Hannover*	S	1 100 000	?	305 029	25 145	75 600	5 719	.	18 737	.	414
Karlsruhe	S	631 584	539 000	125 800	1 176	52 200	.	.	.	.	.
Kiel*	S	495 000	331 475	194 604	46 620	40 006	1 430	.	55 000	.	2 515
Königsberg i. P.*	G	575 105	356 890	?	60 000	.	.	.	.	.	.
Leipzig	G	2 830 837	929 056	535 267	115 786	.	2 161	.	.	.	182734
Liegnitz*	S	235 000	65 000	46 757	1 429	17 235	.	.	28 709		5 760
Lübeck*	S	?	?	93 318	1 474	5 021	.	251	.	.	.
Magdeburg*	G	456 742		181 975	?	?	820	.	.	.	.
Mainz*	S	375 000	150 000	170 666	6 355	46 950	2 265	.	.	4 032	.
Mannheim	G	587 926	99 502	326 635	?	66 107	5 564	.	.	.	.
Metz*	G	369 777	49 375	73 818	7 113	32 436	.	.	.	.	.
München	Gr	3 290 600	1 841 628	450 598	133 526	229 216	314	.	64 598	253560	.
Nürnberg	S	1 947 285		506 969	92 674	112 976	.	.	158 274	99 672	.
Plauen i. V.	S	533 100	339 031	103 324	?	19 154	.	.	.	.	.
Posen*	G	?	?	95 257	33 226	?	800		.	36	.
Potsdam*	S	730 000		65 323	2 070	?	750	.	.	.	.
Spandau*	S	416 774	157 802	92 716	300	10 300	.	.	.	10 467	4 108
Stettin*	S	1 246 566	492 361	80 350	.	.	.	.	149 468	.	24 039
Straßburg i. E.	S	843 700	463 300	251 549	28 957	87 000	6 874		81 181	.	.
Stuttgart	G	299 000	130 000	225 360	.	130 000	5 000		68 000	8 465	5 000
Wiesbaden*	G	431 500	125 400	209 030	.	51 117	4 141		.	31 550	2 093
Würzburg	G	706 400	321 200	73 349	968	10 000	.	.	.	.	.
Zwickau	S	363 600	208 680	84 300	.	16 300	.	.	.	.	.

Anmerkung zu Spalte 1: Die Buchstaben in Spalte 1 haben folgende Bedeutung: S bezeichnet Reinigung durch die Stadt, Gr Reinigung durch die Grundstücksbesitzer, G bedeutet gemischtes Verfahr

XII. Übersicht über die Tätigkeit der Marstallverwaltung im Jahre 1900 oder 1900/1901.

Städte	Feuerwehr			Schneeabfuhr			Sonstige Straßenreinigung			Straßenbesprengung			Müllabfuhr			Entleerung der Aborte		
	Ja oder Nein	Zahl der Fuhren	Pferdearbeitstage	Ja oder Nein	Zahl der Fuhren	Pferdearbeitstage	Ja oder Nein	Zahl der Fuhren	Pferdearbeitstage	Ja oder Nein	Zahl der Fuhren	Pferdearbeitstage	Ja oder Nein	Zahl der Fuhren	Pferdearbeitstage	Ja oder Nein	Zahl der Fuhren	Pferdearbeitstage
Bochum . .	Nein	.	.	Ja	540	.	Ja	3 300	.	Ja	1 890	.	Ja	6 600	.	Nein	.	.
Braunschweig .	Ja	.	54	Ja	890	231	Ja	3 275	1 003	Ja	53 827	1 290	Ja	11 257	7 584	Ja	40	45
Breslau . . .	Ja	10	5	Ja	26 716	3 339	Ja	32 850	16 425	Ja	.	5 310	Ja	57 488	14 372	Nein	.	.
Chemnitz . .	Ja	.	14	Ja	168	84	Ja	1 722	766	Nein	.	.	Nein	.	.	Nein	.	.
Cöln a. Rh. .	Ja	.	6 228	Ja	11 624	5 221	Ja	390	11 714	Ja	.	1 828	Ja	5 183	16 244	Nein	.	.
Danzig . . .	Ja	.	.	Ja	1 813	.	Ja	5 868	.	Ja	24 592	.	Ja	18 705	.	Nein	.	.
Dresden . . .	Ja	13	365	Ja	7	15	Ja	7	365	Ja	5	110	Nein	.		Nein	.	.
Düsseldorf . .	Nein	.	.	Ja	1 950	250	Ja	3 000	600	Ja	.	1 318	Ja	97 339	7 205	Nein	.	.
Essen	Ja	48	12	Ja	2 541	182	Ja	2 210	316	Ja	33 224	1 203	Ja	10 155	2 720	Ja	3 274	563
Kiel	Nein	.	.	Ja	915	.	Ja	4 120	.	Ja	392	.	Ja	8 600	.	Ja	1 100	.
Königsberg . .	Ja	3 274	1 091	Ja	20 288	6 762	Ja	20 031	6 677	Ja	5 766	1 922	Ja	12 911*	4 303*	.	.	.
Leipzig . . .	Nein	.	.	Ja	141	259	Ja	1 489	2 534	Ja	4	213	Nein	.	.	Nein	.	.
Magdeburg . .	Nein	.	.	Ja	2 755	.	Ja	7 037	.	Ja	.	.	Ja	1 017		Nein	.	.
Mainz . . .	Ja	.	1	Ja	.	104	Ja	.	2 050	Ja	.	210	Ja	.	4 124	Ja	.	2 551
Mannheim . .	Ja	.	8	Ja	12	6	Ja	1 195	3 080	Ja	32 224	3 002	Ja	9 488	6 808	Ja	53 546	25 387
München . .	Ja	.	.	Ja	.	.	Nein	.	.	Ja	.	.	Nein	.	.	Nein	.	.
Nürnberg . .	Ja	.	.	Ja	.	.	Ja	.	.	Ja	.	.	Nein	.	.	Nein	.	.
Posen	Ja	.	2 180	Ja	.	.	Ja	.	3 178	Ja	.	1 641	Ja	.	244	Ja	.	6 816
Potsdam . . .	Ja	140	.	Ja	138	.	Ja	4 907	.	—	—	—	Ja	2 582	.	Nein	.	.
Stuttgart . . .	Nein	.	.	Ja	.	.	Ja	.	.	Ja	.	.	Ja	2 394	1 596	Nein	.	.

* Einschl. Entleerrung der Aborte.

Noch Tabelle A II.

Städte	Kanalbetrieb			Gas-, Elektrizitäts- und Wasserwerke			Bauverwaltung			Gartenverwaltung			Heizmaterial			Sonstige Zwecke		
	Ja oder Nein	Zahl der Fuhren	Pferdearbeitstage	Ja oder Nein	Zahl der Fuhren	Pferdearbeitstage	Ja oder Nein	Zahl der Fuhren	Pferdearbeitstage	Ja oder Nein	Zahl der Fuhren	Pferdearbeitstage	Ja oder Nein	Zahl der Fuhren	Pferdearbeitstage	Ja oder Nein	Zahl der Fuhren	Pferdearbeitstage
Bochum	Ja	600	.	Nein	.	.	Ja	2 100	.	Ja	28	.	Ja	20	.	Ja	50	.
Braunschweig	Ja	553	263	Ja	1 698	873	Ja	7 251	2 421	Ja	509	171	Ja	228	123	Ja	1 965	885
Breslau	Ja	.	4 675	Ja	25	6	Ja	4	4	Ja	1 285	322	Ja	366	183	Ja	4 138	1 379
Görlitz	Ja	630	282	Nein	.	.	Ja	2 433	1 057	.	.	.	Nein	.	.	Ja	1 323	639
Cöln a. Rh.	Ja	.	2 337	Ja	754	141	Ja	40 614	7 599	Nein	.	.	Ja	6 315	1 263	Ja	27 083	42 673
Danzig	Ja	305	.	Nein	.	.	Ja	399	.	Nein	.	.	Nein	.	.	Ja	361	.
Dresden	Ja	2	300	Ja	3	300	Ja	1	300	Ja	1	25	Ja	3	45	Ja	8	880
Düsseldorf	Nein	.	.	Nein	.	.	Ja	11 206	1 795	Ja	44	3	Ja	1 566	258	Ja	352	233
Essen	Ja	3 354	1 118	Nein	.	.	Ja	29 819	3 734	Ja	140	193	Ja	4 332	765	Ja	6 102	924
Kiel	Ja	3 060	.	Nein	.	.	Nein	.	.	Nein	.	.	Nein	.	.	Ja	1 000	.
Königsberg	Ja	10 697	3 565	Nein	.	.	Ja	27 261	9 087	Nein	.	.	Ja	2 175	725	Ja	11 317	3 772
Leipzig	Nein	.	.	Ja	.	1	Ja	109	313	Nein	.	.	Nein	.	.	Ja	166	520
Magdeburg	Ja	3 735	.	Nein	.	.	Nein	.	.	Nein	.	.	Nein	.	.	Ja	786	.
Mainz	Nein	.	.	Nein	.	.	Nein	.	.	Nein	.	.	Nein	.	.	Ja	.	520
Mannheim	Ja	.	1 745	Nein	.	.	Ja	.	13 039	Ja	.	1 689	Nein	.	.	Ja	.	791
München	Ja	.	.	Nein	.	.	Nein	.	.	Nein	.	.	Ja	.	.	Nein	.	.
Nürnberg	Ja	.	.	Nein	.	.	Ja	.	.	Nein	.	.	Ja	.	.	—	—	—
Posen	Ja	.	282	Ja	.	304	Ja	.	350	Ja	.	161	Ja	.	246	Ja	.	246
Potsdam	Ja	1 800	.	Nein	.	.	Ja	203	.	Nein	.	.	Ja	265	.	Ja	1 175	.
Stuttgart	Nein	.	.	Nein	.	.	Nein	.	.	Nein	.	.	Nein	.	.	Nein	.	.

B. Straßenbesprengung im Jahre 1900 oder 1900/1901.

Städte * bedeutet Etatsjahr 1900/1901	Findet die Sprengung auf Kosten der Stadt statt?	Findet die Sprengung der Strassen und Plätze regelmässig statt?	Wie vielmal täglich findet in der Regel während der Sommerzeit die Besprengung statt	Art der Besprengung: durch Sprengwagen	durch Hydranten	durch Hydranten nur zur Füllung der Wasserwagen	Grösse der Besprengungsfläche: am Jahresanfang qm	am Jahresschluß qm	Menge des verbrauchten Wassers cbm	Höhe der Kosten (nach Abzug etwaiger Einnahmen): im ganzen *M.*	Ist darin eine Entschädigung für das verbrauchte Wasser enthalten?	In welcher Höhe? *M.*
	1.	2.	3.	4.	5.	6.	7.	8.	9.	10.	11.	12.
Aachen*	Ja	Ja	1 bezw. 2 mal täglich bezw. jeden 2. Tag	Ja, 10	—	Ja	609 541	618 414	19 221	8 586	Nein	—
Altona*	Ja	Ja	2 mal	Ja, 20	Nein	Ja	836 154	836 154	56 812	20 567	Ja	3 689
Augsburg	Nein	Ja	2 mal	Ja, 6	Nein	Ja	285 000	.	70 000	10 000	.	.
Barmen*	Ja	Ja	2 mal	Ja, 15	Ja	Ja	.	.	41 600	10 983	Nein	.
Berlin	Ja	Ja	.	Ja, 216	Nein	Ja	5 774 823	5 852 892	1 286 198	358 894	Nein	.
Bochum*	Ja	Ja	2 mal	Ja, 11	Ja	Nein	170 000	170 000	80 000	15 000	Nein	.
Braunschweig*	Ja	Ja	2 mal	Ja, 19	Nein	Ja	232 787	233 156	88 830	11 120	Nein	.
Bremen*	Ja	Ja	Hauptstr. 2mal Nebenstr. 1mal	Ja, 24	Nein	Ja	889 643	936 659	110 000	.	Nein	.
Breslau*	Ja	Ja	2—4 mal	Ja, 82	Nein	Ja	2 139 469	2 164 624	279 561	41 005	Nein	.
Cassel*	Ja	Nein	2—3 mal	Ja, 11	Nein	Ja	750 000	750 000	53 322	23 855	Ja	8 015
Charlottenbg.*	Ja	Ja	2—3 mal	Ja, 27	Nein	Ja	954 604	987 756	85 374 24 472 Freiw.	97 414	Ja	5 976
Chemnitz	Ja	Ja	2—4 mal	Ja, 22	Ja	—	1 057 000	1 280 000	151 700	44 960	Ja	12 000
Cöln*	Ja	Ja	2—4 mal	Ja, 18	Ja	—	435 404	435 404	94 493	33 075	Nein	.
Crefeld	Ja	Ja	einmal	Ja, 12	Nein	Ja	458 000	489 600	15 000	4 164	Nein	.
Danzig*	Ja	Ja	2 mal	Ja, 11	Nein	Ja	500 000	514 400	31 172	.	.	.
Dortmund*	Ja	Ja	2 mal	Ja, 19	Nein	Ja	527 000	527 000	64 894	18 026	Nein	.
Dresden	Ja	Ja	2—4 mal	Ja, 105	Nein	Ja	2 913 800	3 061 570	403 640	187 155	Ja	43 726
Düsseldorf*	Ja	Ja	2—3 mal	Ja, 23	Nein	Ja	970 028	1 089 306	94 625	31 424	Nein	.
Duisburg*	Ja	Ja	2—3 mal	Ja, 16	Nein	Ja	600 000	600 000	60 000	21 000	Nein	.
Elberfeld*	Ja	Ja	1—2 mal	Ja, 14	Nein	Ja	502 962	543 006	33 173	15 313	Nein	.
Erfurt*	Ja	Ja	2 mal	Ja, 9	Nein	Ja	287 000	287 000	23 131	8 821	Ja	2 850
Essen*	Ja	Nein	2—3 mal	Ja, 16	Nein	Ja	.	.	49 890	13 074	Nein	.
Frankfurt a. M.*	Ja	Ja	4—6 mal	Ja, 61	Teilweise	Ja	1 881 159	1 975 333	350 915	83 719	Nein	.
Frankfurt a. O.*	Ja	Ja	1—2 mal	Ja, 5	Nein	Ja	.	.	15 837	2 023	Nein	.
Freiburg i. Br.	Ja	Ja	2—3 mal	Ja, 9	Nein	Ja	464 000	488 800	47 002	8 500	Nein	.
Görlitz	Ja	Ja	1 mal	Ja, 10	Nein	Ja	512 200	515 200	25 762	6 138	Nein	.
Halle a. S.*	Ja	Ja	1—3 mal	Ja, 14	Nein	Ja	1 098 624	1 098 624	44 025	15 190	Ja	7 044
Hamburg	Ja	Ja	2 mal	Ja, 74	Nein	Ja	3 539 702	3 675 766	402 507	139 500	Ja	20 125
Hannover*	Ja	Ja	1—2 mal	Ja, 22	Nein	Ja	1 100 000	1 100 000	70 803	19 591	Nein	.
Karlsruhe i. B.	Ja	Ja	2 mal	Ja, 13	Nein	Ja	571 200	631 584	53 328	17 800	Ja	3 200
Kiel*	Ja	Ja	3—4 mal	Ja, 12	Nein	Ja	495 000	495 000	33 404	6 598	Nein	.
Königsberg i. P.*	Ja	Ja	2 mal	Ja, 30	Nein	Ja	530 000	530 000	58 374	19 331	Ja	8 273
Leipzig	Ja	Ja	2 mal	Ja, 117	Nein	Ja	2 991 554	3 095 657	354 690	125 320	Ja	30 000
Liegnitz*	Ja	Ja	2 mal	Ja, 7	Nein	Ja	300 500	300 500	27 000	7 583	Ja	4 000
Lübeck	Ja	Nein	2—3 mal	Ja, 13	Teilweise	Ja	.	.	29 710	.	Nein	.
Magdeburg*	Ja	Ja	2 mal	Ja, 29	Nein	Ja	1 368 102	1 368 102	112 605	29 254	Nein	.
Mainz*	Ja	Ja	2—3 mal	Ja, 18	Nein	Ja	414 000	420 000	27 943	19 210	Ja	1 570
Mannheim	Ja	Ja	3—4 mal	Ja, 20	Nein	Ja	449 635	443 803	78 496	27 194	Ja	3 000
Metz*	Ja	Ja	2 mal	Ja, 10	Nein	Ja	370 702	369 777	12 100	8 308	Nein	.
München	Nein	Ja	.	Ja, 25	.	.	708 423	759 668	173 778	36 516	Ja	3 000
Nürnberg*	Ja	Ja	2 mal	Ja, 22	Ja	Ja	.	190 000		47 628	Nein	.
Plauen i. V.	Ja	Nein	Nach Bedarf	Ja, 12	Ja	Ja	420 449	463 781	15 957	7 769	Ja	1 000
Posen*	Ja	Ja	2 mal	Ja, 10	Nein	Ja	.	.	35 754	10 124	Nein	.
Potsdam	Ja	Ja	1—2 mal	Ja, 14	Nein	Ja	1 021 060	.	48 037	10 436	Nein	.
Spandau*	Ja	Ja	4 mal	Ja, 6	Nein	Ja	336 774	416 774	35 798	6 750	.	.
Stettin*	Ja	Ja	2 mal	Ja, 40	Vereinz.	Ja	1 016 728	1 048 677	98 297	43 608	Ja	9 829
Straßburg i. E.	Ja	Ja	2 mal	Ja, 16	Ja, teilw.	Ja	1 260 100	1 307 000	2 055 148	.	Nein	.
Stuttgart*	Ja	Ja	2 mal	Ja, 35	Nein	Ja	940 000	950 000	52 420	21 500	Nein	.
Wiesbaden*	Ja	Ja	1—4 mal	Ja, 22	Nein	Ja	581 600	648 700	56 743	17 243	Nein	.
Würzburg	Ja	Ja	2 mal	Ja, 10	Teilweise	Nein	462 900	462 900	79 800	13 360	Ja	4 101
Zwickau	Ja	Ja	bis 4 mal	Ja, 10	Nein	Nein	253 000	256 000	20 126	15 456	Ja	6 500

IX.

Abfuhr und Kanalisation

im Jahre 1900 oder 1900/1901.

Von

Geheimen Medizinalrat Dr. **Flinzer** in Dresden-Blasewitz.

Auch für diesen Abschnitt liegen Angaben von 51 Städten vor. In der Hauptsache hat die Abfuhr und Beseitigung der Fäkalien wie im Vorjahre stattgefunden. Das Nähere geht aus der Tabelle auf Seite 163 hervor, auf die man hier Bezug nimmt. Was die Bedürfnisanstalten betrifft, so gehen die Ausgaben aus der nachstehenden Übersicht hervor.

Öffentliche Bedürfnisanstalten.

Städte	Ausgaben		Städte	Ausgaben	
	ordentliche ℳ	außerordentliche ℳ		ordentliche ℳ	außerordentliche ℳ
Aachen . . .	5 000	19 000	Halle a. S. . .	11 000	.
Altona . . .	7 642	.	Karlsruhe . .	10 900	.
Augsburg . .	2 441	297	Kiel	5 373	.
Barmen . . .	3 200	4 211	Königsberg i. Pr.	7 413	11 700
Berlin . . .	90 956	.	Leipzig . . .	39 547	4 710
Braunschweig .	1 123	3 635	Lübeck . . .	1 000	366
Breslau . . .	18 702	19 616	Magdeburg . .	2 658	.
Cassel . . .	9 738	7 900	Mainz . . .	3 735	.
Charlottenburg	3 152	6 133	Mannheim . .	8 000	.
Chemnitz . .	9 650	10 600	Metz	1 000	2 839
Cöln	4 740	12 877	München . .	44 126	84 602
Crefeld . . .	500	.	Nürnberg . .	19 388	10 276
Dortmund . .	2 804	.	Plauen i. V. .	388	.
Düsseldorf . .	435	.	Posen . . .	877	1 340
Duisburg . .	1 620	600	Potsdam . .	870	.
Elberfeld . .	7 000	.	Spandau . .	3 000	.
Erfurt . . .	2 643	.	Stettin . . .	13 000	.
Essen . . .	6 000	.	Stuttgart . .	9 030	16 350
Frankfurt a. M.	7 600	.	Wiesbaden . .	4 257	2 589
Frankfurt a. O.	2 087	699	Würzburg . .	5 800	.
Freiburg i. Br.	1 661	2 167	Zwickau . .	1 737	506
Görlitz . . .	1 146	.			

Von Privaten unterhaltene öffentliche Bedürfnisanstalten gibt es in Altona 3, Berlin 47, Bremen 3, Dortmund 1, Frankfurt a. M. 4, Görlitz 1, Hannover 5, Königsberg 2, Lübeck 29, Magdeburg 5, Potsdam 1.

Von einigen Städten mögen noch folgende Mitteilungen hier Platz finden.

Aachen. Für die Kanalisation sind von den Grundstücksbesitzern Beiträge zu zahlen: für Einmündungsgebühr für Häuser von 8 Meter Front 180 Mk., von über 8 Meter Front 210 Mk. Für jedes Gebäude wird $^1/_2$ % als fortlaufende Monatsteuer erhoben.

Altona. Die Grundstücksbesitzer haben an Sielbauabträgen 30 Mk. für 1 Meter Front bezw. 1,20 Mk. Sielsteuer zu bezahlen.

Barmen: Für jedes Meter Frontlänge eines Grundstückes an einer kanalisierten Straße sind 30 Mk. zu entrichten.

Bochum. Die Grundstücksbesitzer tragen zu den Kosten der Kanalisation 28 095,96 Mk. bei.

Braunschweig. Hier bezahlen die Grundstücksbesitzer außerdem 138 374,21 Mk.

Breslau. Die von den Grundstücksbesitzern noch besonders zu zahlende Kanalgebühr beträgt 357 122 Mk.

Crefeld. Hier beläuft sich der Betrag auf 60 068,27 Mk. Für Potsdam stellt er sich auf 107 632 Mk., für Spandau auf 142 500 Mk., für Stuttgart auf 88 400 Mk.

Abfuhr und Kanalisation im Jahre 1900 oder 1900/1901.

Städte (* bedeutet Etatsjahr 1900/1901.)	Ausdehnung der Kanäle in Meter	Angeschlossene Grundstücke (Häuser)		Anzahl der öffentlichen		Rieselfelder		Ausgaben		Außerordentliche Ausgaben der Stadt für Kanalisationszwecke
		Anzahl	Bewohner	Pissoirs	Bedürfnisanstalten	berieselte Fläche in ha	die auf diese Fläche gepumpte Menge verdünnter Fäkalien in cbm	für Abfuhr der Fäkalien ℳ	für Unterhaltung und Betrieb der Kanäle (Siele) und der Rieselfelder ℳ	ℳ
	1.	2.	3.	4.	5.	6.	7.	8.	9.	10.
achen . . .	82 051*	8 050	135 000	13	3	.	.	.	10 000	.
ltona* . . .	118 988*	9 859	ca. 161 000	32	1	.	.	.	52 391	135 714
ugsburg . .	60 586	.	.	12	2	.	.	.	15 428	50 900
armen* . .	44 052	1 000	.	18	.	.	.	.	85 300	980 520
erlin* . . .	888 561*	26 784	1 888 848	168	19	6 455	80 908 146	.	254 308	1 643 042
ochum* . .	28 100	3 550	.	10	.	.	.	.	37 000	27 000
raunschweig*	92 676*	6 305	116 000	18	2	453	3 900 000	.	121 049	242 393
remen* . .	175 290	25 233	165 000	87	19	.	.	200 000	75 758	340 412
reslau* . .	226 521*	8 581	.	26	26	851	17 313 562	.	209 535	376 650
assel* . . .	77 862*	2 696	100 032	22	9	.	.	.	32 866	56 656
harlottenbg.*.	122 641*	2 938	188 811	12	8	187	10 246 901	.	124 300	203 326
hemnitz . .	122 403	.	.	36	6	.	.	.	31 770	208 000
öln* . . .	224 033	18 850	300 000	37	10	.	.	.	214 709	1 164 874
refeld . . .	79 800	6 794	.	11	.	.	.	.	23 122	290 000
anzig . . .	71 745*	5 474	.	29	9	151	5 339 458	.	.	.
ortmund* . .	94 933*	6 200	132 000	21	2	600	8 697 598	.	130 231	373 500 .
resden . . .	272 500	11 400	395 000	38	6	.	.	.	96 249	1 177 046
üsseldorf* . .	146 000	8 573	160-180 000	19	2	.	.	.	231 979	1 028 000
uisburg* . .	70 000	.	.	6	3	.	.	.	30 000	160 000
lberfeld . .	4 400	20	.	23	.	.	.	.	.	1 800 000
rfurt* . . .	77 160	4 874	86 000	8	4	.	.	.	23 070	130 917
ssen* . . .	61 000	3 264	98 000	8	10	.	.	.	74 000	144 000
rankfurt a. M.	225 942*	12 210	260 000	43	.	.	.	.	850 184	364 370
rankfurt a. O.*	26 012	1 640	.	8	3	.	.	.	2 698	17 579
reiburg i. Br.	80 534	3 786	56 300	2	5	2 273 930	5 200 000	.	8 724	1 881
örlitz . . .	48 100	2 770	.	7	2	.	.	.	6 691	.
alle a. S. . .	73 920	5 150	156 724	19	10	.	.	78 816	35 000	.
amburg . .	376 550*	26 324	.	176	57	.	.	.	175 805	1 525 609
annover* . .	176 333*	8 660	200 000	31	.	.	.	.	124 898	384 591
arlsruhe . .	89 831	.	.	2	10	.	.	.	25 300	163 500
iel*	69 090	.	.	26	12	.	.	.	13 194	210 000
önigsberg* .	100 000	5 000	150 000	14	5	.	.	.	265 000	1 543 686
eipzig . . .	279 041	.	.	30	29	.	.	.	.	.
iegnitz* . .	46 129*	.	.	9	6	.	2 525 970	.	.	31 091
übeck* . . .	73 616	.	.	28	21	.	.	5 021	.	100 761
agdeburg* .	110 000*	6 000	.	30	.	534	8 740 000	.	148 500	667 059
ainz* . . .	65 956	3 857	.	20	2	.	.	151 998	35 390	61 159
annheim . .	83 264	4 676	125 000	11	2	.	.	.	98 749	900 488
etz* . . .	25 450	3 008	58 424	31	10	.	.	.	9 918	.
ünchen . .	218 225*	10 912	300 000	37	15	.	.	.	206 330	1 575 386
ürnberg . .	159 132	11 200	.	49	10	.	.	.	46 800	1 003 900
lauen i. V. .	65 571	3 724	73 130	10	.	.	.	.	.	.
osen . . .	.	1 820	70 000	8	2	.	.	.	19 304	487 932
otsdam* . .	61 200*	2 528	56 706	6	2	.	.	.	124 395	23 524
pandau* . .	38 000*	1 544	65 000	11	11	.	.	.	60 000	.
tettin* . . .	91 716*	3 383	135 000	22	4	.	.	.	236 000	572 844
traßburg i. E.*	35 000*	1 200	30 000	.	.	.	.	184 000	45 000	.
tuttgart* . .	130 476	8 600	165 000	18	10	.	.	.	26 500	524 900
iesbaden* .	87 500*	.	86 000	24	6	.	.	.	70 000	309 170
ürzburg . .	89 000*	.	.	5	14	.	.	.	14 587	387 383
wickau i. S. .	43 705	2 355	.	.	12	.	.	.	11 057	33 489

X.

Feuerlöschwesen

im Jahre 1900 oder 1900/01.

Von

G. Tschierschky,

Stadtrat a. D. in Görlitz.

Über die Verhältnisse der Brandgefahr und des Feuerlöschwesens sind für die Bearbeitung im 11. Jahrgange dieses Buches von 51 deutschen Städten die Fragebogen eingegangen. Die daraus entnommenen Angaben beziehen sich auf das Etatsjahr 1900 und nur für einige Städte, z. B. München sind die Bestandsangaben bezüglich des Personals und der Organisation der Löschhülfe auf den Schluß des Kalenderjahres 1900 zu beziehen.

I. Organisation und Löschmittel.

Tabelle I läßt die weitere Entwickelung der Organisation für Sicherung gegen Feuersgefahr erkennen, und zeigt das fast überall vorhandene Bestreben auf Vermehrung und Verbesserung der Mittel zur Bekämpfung der Brandgefahr. In Duisburg ist der Anfang zu einer Berufsfeuerwehr zu verzeichnen, in Bochum ist eine solche vorbereitet und im August 1901 ins Leben getreten. Die Mannschaftszahlen in München und Nürnberg sind erheblich verstärkt worden. Die für Frankfurt a. O. auffällige Verminderung der Mannschaftszahl ist wohl auf eine Verwechselung der Unterscheidung in früheren Angaben zurückzuführen, Wie in früheren Jahren, so ist auch diesmal gegenüber dem Anwachsen der Berufswehren ein allmähliges Sinken der Mannschaftszahlen der Pflicht- und freiwilligen Wehren ersichtlich. Letztere lassen nur in den südlicher gelegenen Städten Zunahme erkennen. Sanitätseinrichtungen werden nur in einzelnen wenigen Städten noch vermißt. Erhebliche Änderungen in Bezug auf den Sicherheitsdienst der Wehren sind nur von wenigen Orten angemeldet worden, z. B. Chemnitz und Dresden, an einigen Stellen sind Wachen mit bespannten Fahrzeugen in solche mit unbespannten Fahrzeugen umgewandelt worden, während anderwärts das Gegenteil der Fall war. Das Bestreben nach beschleunigter Bereitstellung der Löschhülfe ist jedoch fast überall durch Vermehrung der Wachen erkennbar, wie dies auch namentlich aus der raschen Einführung und Vermehrung wirklicher öffentlicher Feuermelder hervorgeht. Wiederum sind Dampfspritzen neu angeschafft oder vermehrt und in Straßburg auch andere motorische Kräfte in den Dienst der Löschhülfe gestellt. Gasspritzen scheinen ebenfalls vermehrte Verwendung zu finden. Nur 17 der angefragten Städte waren noch nicht mit Dampfspritzen versehen. Die Einführung automobiler Löschfahrzeuge ist bisher nicht zu verzeichnen. Dagegen sind nun alle Städte mit mechanischen Rettungsleitern und mit einer Ausnahme auch mit Vorrichtungen für den Schutz der Rettungsmannschaften gegen Erstickungsgefahr versehen.

Die Tätigkeit der Feuerwehren wird in einem rasch steigenden Verhältnisse vom Publikum zur Beseitigung auch anderer als Feuersgefahren in Anspruch genommen. Als Grund hierfür dürfte einerseits die unendlich erleichterte und für das Publikum bequem gemachte Alarmierung durch öffentliche Feuermelder, andererseits der Umstand unschwer zu erkennen sein, daß durch die stetig wachsenden Anlagen von Kanalisation und Wasser-, Licht- und Heizungsanlagen häufiger als früher für den öffentlichen Verkehr und die einzelnen Bewohner Gefährdungen bedingt werden und raschester Abhülfe bedürfen.

Dagegen scheinen von Jahr zu Jahr die Fälle weniger häufig zu werden, in welchen die Löschhülfe außerhalb des Ortes verlangt und gewährt wird. Die Erklärung hierfür wird in dem Bestreben auch kleinerer Gemeinden nach möglichster Vervollkommnung ihrer Feuerlöscheinrichtungen leicht gefunden.

II. Kosten der Löschhülfe.

Der Betrag der Gesamtausgaben für das Feuerlöschwesen hat sich fast aller Orten erhöht, nur in Bremen, Crefeld, Duisburg, Karlsruhe, Magdeburg, Potsdam und Straßburg werden die Kosten in vollem Umfange von der Stadtgemeinde aufgebracht.

Der im Vorjahre für Magdeburg noch angegebene, nicht erhebliche Betrag an eigenen Einnahmen der Feuerwehr ist mithin anscheinend wieder in Wegfall gekommen. Bei Bremen dürften abweichende besondere Verhältnisse durch die politische Stellung der Stadtgemeinde von Einfluß sein.

III. Brände.

a) Zeit der Entstehung.

Von allen mit Bezeichnung der Tageszeit ihrer Entstehung angegebenen Bränden (14 093) sind 9394 oder rund $^2/_3$ am Tage (6 V. bis 10 Ab.) entstandene und nur ($^1/_3$) 4699 zur Nachtzeit.

Auf die Monate verteilen sich die 24 709 Brände, von welchen der Monat angegeben wurde, in welchem sie stattgefunden haben, in folgender Weise:

Es entfallen auf den

Januar . . .	3592	= 14,31	Prozent
Dezember . .	2633	= 10,60	„
Februar . . .	2573	= 10,37	„
März	2225	= 8,92	„
November . :	1974	= 7,96	„
Oktober . . .	1908	= 7,69	„
April	1794	= 7,23	„
Mai	1770	= 7,13	„
September . .	1727	= 6,96	„
Juli	1625	= 6,55	„
August . . .	1484	= 5,98	„
Juni	1484	= 5,98	„

[Fortsetzung des Textes s. S. 168.]

I. Organisation, Lösch-Apparate und -Geräte

Städte	a. Organisation des Feuerlöschwesens: Feuerwehr: Staats-	Feuerwehr: Gemeinde	Zahl der Feuerwehrmannschaften: Berufsfeuerw.: Offiziere bezw. Brandmeister	Berufsfeuerw.: Mannschaften	Pflicht-Feuerwehr: Durch Vertrag verpflichtete Personen	Pflicht-Feuerwehr: städt. Beamte oder Arbeiter zur Löschhülfe nebenher verwendet	Pflicht-Feuerwehr: Bürger auf Grund der allgemeinen gesetzlichen Bestimmungen	Freiwillige Feuerwehr	Ist ein Sanitäts- (Samariter-) dienst eingerichtet	Feuerwachen: stets besetzte mit bespannten Fahrzeugen	Feuerwachen: stets besetzte ohne bespannten Fahrzeugen	Feuerwachen: nur zu gewissen Zeiten regelmäßig besetzte	Feuerwachen: für bestimmte Gelegenheiten (Theater, Zirkus)	b. Lösch- Alarmierung: Zahl der telegraphischen Feuermeldestellen	öffentliche Feuermeldestellen	wirkliche Feuermelder
Aachen einschl. Burtscheid	.	1	7	115	.	.	.	.	1	2	2	.	550	88	48	88
Altona	.	1	3	85	.	.	.	75	1	2	.	.	653	106	39	106
Augsburg	.	1	1	24	,	.	.	522	1	1	2	3	1	99	99	62
Barmen	.	1	1	14	.	.	.	580	1	1	.	.	1	98	81	98
Berlin	1	.	21	826	.	.	.	.	1	14	.	.	28	644	270	527
Bochum*	.	1	.	.	.	.	.	152	.	.	.	.	123	20	20	20
Braunschweig	1	.	2	45	.	.	.	328	1	1	:	.	597	175	34	163
Bremen	1	.	4	149	.	.	.	.	1	4	1	2	1 354	153	122	91
Breslau	.	1	5	203	.	.	.	.	1	7	.	.	7	204	75	197
Cassel	.	1	2	48	.	.	1 000	80	1	2	.	verschieden	verschieden	57	47	57
Charlottenburg	.	1	3	93	.	.	.	.	1	2	.	.	1	92	77	57
Chemnitz	.	1	2	53	.	.	,	561	1	2	2	2	5	170	108	160
Cöln	.	1	3	99	46	.	.	293	1	3	.	1	7	91	80	76
Crefeld	.	1	.	17	.	.	.	239	1	1	.	.	3	.	.	.
Danzig	.	1	2	123	.	12	.	15	1	1	3	,	2	54	.	54
Dortmund	.	1	1	13	.	.	.	327	1	1	.	.	3	57	57	57
Dresden	.	1	3	178	.	.	.	.	1	4	2	1	3	64	56	.
Düsseldorf	.	1	1	75	144	.	.	.	1	3	2	3	7	88	75	88
Duisburg	.	1	1	3	.	25	.	206	1	.	1	.	105	18	.	18
Elberfeld	.	1	1	12	.	.	.	163	1	2	.	.	1	80	80	80
Erfurt	.	1	.	.	150	.	.	85[3])	1	.	.	.	1	47	.	.
Essen	.	1	1	29	.	.	.	200	.	1	.	.	.	2[13])	.	.
Frankfurt a. M.	.	1	4	151	.	.	.	250	1	2	2	,	8	155	131	108
Frankfurt a. O.	.	1	1	12	.	.	.	.	.	1	2	3	1	40	38	40
Freiburg i. B.	.	1	.	.	.	.	.	635	.	.	.	40	205	60	40	60
Görlitz	.	1	1	10	.	16	.	55	1	1	.	.	259	50	43	50
Halle a. S.	.	1	1	51	.	.	.	89	1	1	.	2	4	137	83	135
Hamburg'	1	.	10	488	.	.	.	.	1	10	.	.	.	297	83	41
Hannover	.	1	3	109	12	.	.	52	1	3	.	.	1 616	75	65	35
Karlsruhe	.	.	.	.	.	.	.	400	1	.	.	1	.	71	63	51
Kiel	.	1	2	39	.	.	.	144	1	3	3	.	1 144	40	27	40
Königsberg i. P.	.	1	4	117	.	.	ja	.	1	5	(2)	.	854	131	83	83
Leipzig	.	1	6	186	.	.	.	47	1	4	1	2	2	826	128	308
Liegnitz	.	1	.	.	44	.	.	.	.	.	.	.	.	20	.	20
Lübeck	.	1	2	40	3	70	.	.	1	1	.	.	6	46	39	46
Magdeburg	.	1	3	158	.	.	.	.	1	3	3	.	7	134	21	129
Mainz	.	1	.	4	.	.	.	176	1	.	.	1	1	23	.	15
Mannheim	.	1	1	25	.	.	.	531	.	1	.	.	461	125	103	125
Metz	.	1	.	.	.	.	.	182	1	.	1	.	297	18	18	18
München	.	1	4	156	.	.	.	1 004	1	5	.	10[11])	5	313	255	233
Nürnberg	.	1	2	47	.	86	.	1 540	1	1	.	1	3 bis 4	125	97	120
Plauen i. V.	.	1	.	.	.	.	259	293	1	.	.	.	286	.	.	.
Posen	.	1	3	88	.	.	.	59	1	2	1	2	4	65	65	65
Potsdam	.	1	1	51	.	.	.	28	1	1	.	1	1	40	40	.
Spandau	.	1	.	.	.	.	.	68	.	.	.	.	359	39	30	.
Stettin	.	1	3	110	.	.	.	43	1	2	.	.	4	96	87	85
Straßburg	.	1	.	.	.	.	.	387	1	1	.	2	.	49	.	49
Stuttgart	.	1	1	55	121	.	.	682	1	2	.	.	4	217	152	199
Wiesbaden	.	1	.	.	53	100	310	414	1	1	.	1	5	56	53	56
Würzburg	.	1	2	.	.	.	.	476	1	.	.	1	15	27	21	.
[Zw]ickau i. S.	.	1	2	24	2	.	734	350	1	.	1	1	456	39	26	33

…er Feuerwehr am Schlusse des Rechnungsjahres 1900.

	…pparate und Geräte															
	Es sind zum Gebrauche vorhanden															
	Spritzen						Wagen							Apparate		
Hydranten	Schiffs-	Dampf-	Gas-	Petroleummotor bezw. Benzinmotor	fahrbare f. Handbetrieb	Abprotz-	Wasserwagen mit Spritze	Mannschafts-	Geräte-	Wassertransportwagen für Bespannung	Bespannte Schlauch-	Fahrräder	Mechanische Leitern	Feuerschutz-	Rauchschutz-	Städte
859	.	2	.	.	.	3	.	2	4	.	.	1	2	.	8	Aachen einschl. Burtscheid
805	1	4	2	.	2	1	.	14		.	1	5	2	.	3	Altona
800	.	2	.	.	4	6	.	2	3	.	.	.	6	.	2	Augsburg
807	.	.	.	.	17	9	.	.	6	.	1	.	3	1	62	Barmen
5 380	.	12	.	.	18	.	.	14	4	15	22	9	9	30	65	Berlin
386	.	.	.	.	.	2	.	.	2	4	6	.	1	2	8	Bochum*
1 260	.	1	1	.	6	8	.	1	2	23	1	2	5	.	5	Braunschweig
1 709	2	6	5	.	4	4	.	2	1	3	2	14	4	.	10	Bremen
2 563	.	3	6	.	2	6	7	3	1	2	5	12	3	4	6	Breslau
900	.	1	.	.	18	5	2	2	2	1	1	2	4	.	2	Cassel
1 117	.	1	.	.	3	.	.	3	.	.	.	8	2	.	16	Charlottenburg
1 644	.	2	2	.	4	17	.	3	9	.	.	6	3	1	6	Chemnitz
3 500	4	1	.	.	29	2	.	7	5	8	.	.	6	.	18	Cöln
890	.	1	.	.	7	6	.	1	3	.	18	1	1	.	1	Crefeld
669	.	4	4	.	8	9	.	1	1	4	.	3	3	.	1	Danzig
767	.	.	.	.	1	3	.	1	3	.	18[1])	3	2	.	11	Dortmund
2 791	.	2	.	.	13	12	.	5	3	.	5	4	3	3	4	Dresden
1 540	.	1	.	.	4	9	.	6		.	.	4	4	.	4	Düsseldorf
900	2	.	.	.	10	7	.	1	23	14	.	.	1	.	17	Duisburg
1 224	.	.	.	.	2	4	.	1	4	1[2])	.	.	10	1	3	Elberfeld
24	.	.	.	1	16	.	.	.	1	.	2[4])	.	2	.	24	Erfurt
800	.	.	.	.	.	4	.	1	4	.	.	1	1	.	5	Essen
2 151	.	4	.	.	5	3	.	4	2	.	.	.	4[5])	.	5	Frankfurt a. M.
316	.	.	.	.	7	.	.	.	1	8	.	.	1	.	.	Frankfurt a. O.
661	.	.	.	.	10	4	.	1	2	.	.	.	4	.	4	Freiburg i. B.
497	.	.	.	.	4	1	.	2	1	1	.	2	2	.	2	Görlitz
1 251	.	2	1	.	1	2	.	2	1	.	.	3	1	.	3	Halle a. S.
4 858	13	19	7	.	23	3	.	9	9	11	22	29	9	7	12	Hamburg
1 859	.	1	3	.	5	.	.	3	2	.	.	2	2	.	6	Hannover
830	.	1	.	.	5	1[6]	.	1	1	1	1	1	6	.	14	Karlsruhe
618	.	1	3	.	5	3	.	.	2	1	.	4	2	2	4	Kiel
549	.	4	.	.	10	.	4	2	2	8	1	10	3	.	ja [7])	Königsberg i. P.
3 412	.	6	1	.	3	15	.	4	18	.	.	8	6	7	16	Leipzig
395	.	.	.	.	6	1	.	.	.	.	8[8])	1	1	.	.	Liegnitz
1 283	4[9])	3	1	.	6	.	.	2		6	2	3	1	.	2	Lübeck
1 439	.	3	3	.	8	.	.	4	2	6	.	7	4	2	6[10])	Magdeburg
931	.	.	.	.	16	15	.	.	8	15	.	.	3	.	2	Mainz
904	1	.	.	.	11	6	.	1	1	2	.	.	8	1	2	Mannheim
458	.	.	.	.	.	18	.	1	6	.	6	.	2	1	7	Metz
2 895	.	3	1	.	13	4	.	21		.	1	7	23	2	16	München
1 750	.	1	.	.	25	4	.	6	5	.	.	3	15	.	4	Nürnberg
446	.	.	.	.	2	6	.	1	4	9	.	.	5	4	2	Plauen i. V.
721	.	3	.	.	7	2	1	1	1	14	6	6	1	.	2	Posen
370	.	1	.	.	.	.	.	2	.	18	.	4	2	.	1	Potsdam
366	.	.	.	.	4	2	.	.	1	.	.[12])	1	1	.	3	Spandau
1 406	1	3	4	.	12	.	.	2	2	2	4	5	2	1	9	Stettin
2 227	.	.	.	1	.	58	.	2	20	20	.	.	3	.	9	Straßburg
2 117	.	3	.	.	16	3	.	6	.	.	.	.	8	.	8	Stuttgart
985	.	.	1	.	4	9	3	2	6	.	2	2	4	.	2	Wiesbaden
897	.	1	.	.	15	8	.	2	2	.	.	1	10	.	10	Würzburg
398	.	.	.	.	2	12	.	.	1	.	.	.	2	.	2	Zwickau

b) Ausdehnung der Brände.

Als Großfeuer nach den bekannten Unterscheidungsmerkmalen sind aus den Angaben der 51 Städte 527 zu entnehmen und 1073 als Mittelfeuer.

Da nur bezüglich dieser vergleichbare Angaben vorhanden sind — denn es sind von einigen Städten die Zahlen der Brände nicht, oder doch nicht vollständig angegeben worden, bei denen eine Tätigkeit der öffentlichen Löschhülfe nicht in Anspruch genommen wurde — so sind die Zahlen nur der als Groß- oder Mittelfeuer bezeichneten Brände auf die fortgeschriebene Einwohnerzahl der Städte bezogen worden und die Verhältnisse in Tabelle III zusammengestellt.

Demnach entfallen auf 10 000 der Bevölkerung von Straßburg die größte Zahl mit 4,80, während in Zwickau nur 0,32 Groß- und Mittelfeuer für das Berichtsjahr und 10 000 der Bevölkerung angegeben sind.

c) Entstehungsursachen der Brände.

Für 15 643 Brände sind die Ursachen der Entstehung angegeben. Die Brandursachen gruppieren sich in der Tabelle nach der Häufigkeit ihres Vorkommens wie folgt:

Fahrlässigkeit	33,3	Prozent
Schornsteinbrände	8,9	„
Explosionen	3,8	„
Fehlerhafte Feuerungsanlage . . .	3,2	„
Spielen mit Streichhölzern . . .	3,1	„
Selbstentzündung gefährlicher Stoffe	1,9	„
Gefährliche Betriebsanlagen . . .	1,8	„
Fehlerhafte Beleuchtungsanlagen .	1,5	„
Böswillige Brandstiftung	1,2	„
Fehlerhafte Bauanlagen	1,2	„
Kurzschluß in elektr. Leitungen . .	0,6	„
Flugfeuer	0,6	„
Blitzschlag	0,5	„
Fehlerhafter Betrieb	0,5	„
Sonstige Ursachen	16,3	„
Unermittelt	33,3	„

Bei der weitgehenden Spezialisierung der Brandursachen muß die hohe Zahl der „sonstigen“ Brandentstehungsursachen Zweifel erregen.

Im Dachgeschosse der Gebäude wurde der Entstehungsort des Brandes in 738 Fällen festgestellt.

II. Tätigkeit der Feuerwehr im Rechnungsjahr 1900.

Städte	Zahl der			Die Feuerwehr rückte aus				Außerdem fanden Brände statt, zu denen die Feuerwehr nicht alarmiert, die aber der Polizeiverwaltung gemeldet worden sind.
	Meldungen (überhaupt)	Brände	Blinder Lärm	zu Bränden einschl. blinder Lärm	zum Samariterdienst	zu anderen Hilfeleistungen	außerhalb der Stadt	
Aachen einschl. Burtscheid	177	132	26	154	92	6	4	.
Altona . . .	314	229	53	282	1 409	90	1	745
Augsburg . .	22	19	3	22	.	.	1	8
Barmen . . .	72	67	5	72	.	.	4	165
Berlin . . .	2 683	1 937	420	2 357	10	291	25	9 123
Bochum* . . .	10	10	.	10	.	.	.	.
Braunschweig .	134	74	31	101	368	.	4	140
Bremen . . .	467	375	73	448	2 109	403	7	.
Breslau . . .	440	360	77	425	594	285	12	1 330
Cassel	229	170	59	218	11		7	.
Charlottenburg .	250	162	53	217	2	21	10	1 312
Chemnitz . . .	378	309	38	192	41	37	4	143
Cöln	1 000	429	56	484	2 764	226	1	.
Crefeld . . .	105	98	7	102	127	48	3	258
Danzig . . .	260	208	52	255	546	30	5	.
Dortmund . .	90	71	5	76	4	23	.	171
Dresden . . .	363	292	71	348	347	30	15	498
Düsseldorf . .	.	321	28	349	14	34	2	655
Duisburg . . .	39	35	.	35	.	.	.	214
Elberfeld . . .	94	83	7	90	.	4	.	234
Erfurt	40	39	1	39	.	.	1	59
Essen	65	.	10	65	.	1	.	125
Frankfurt a. M.	251	205	46	251	.	34	.	102
Frankfurt a. O.	29	27	2	29	.	.	.	.
Freiburg i. B. .	15	10	4	.	14	.	.	40
Görlitz . . .	79	43	21	64	.	11	4	185
Halle a. S. . .	139	103	16	119	.	20	3	275
Hamburg . . .	1 793	1 563	341	1 904	36	235	49	.
Hannover . .	239	169	27	196	281	1	.	535
Karlsruhe . .	28	28	.	20	.	.	.	138
Kiel	112	85	27	112	1 017	.	2	391
Königsberg i. Pr.	364	219	94	299	314	14	14	10
Leipzig . . .	839	792	47	469	38	110	6	364
Liegnitz . . .	32	28	4	32	.	.	.	.
Lübeck . . .	64	47	7	41	243	2	6	19
Magdeburg . .	297	247	35	282	56	95	.	.
Mainz	47	47	1	48	1	.	1	.
Mannheim . .	134	100	34	128	.	6	.	.
Metz	111	94	17	108		.	3	.
München . . .	264	236	45	220	.	16	8	15
Nürnberg . .	91	89	2	84	.	.	1	.
Plauen i. V. .	23	23	.	23	.	.	.	.
Posen	219	145	58	192	.	16	11	.
Potsdam . . .	46	43	3	46	.	.	3	.
Spandau . . .	22	22	.	22	.	.	.	12
Stettin . . .	402	274	96	370	749	211	.	566
Straßburg . .	162	142	19	161	7	1		.
Stuttgart . . .	83	73	10	83	1 153	.	.	105
Wiesbaden . .	99	81	18	95	.	1	4	.
Würzburg . .	40	33	6	38	.	.	1	1
Zwickau . . .	21	19	2	21	.	.	.	.

III. Zahl der Brände nach Monaten, Tageszeiten u. Umfang im Rechnungsjahre 19

Städte	a) nach Monaten												Summe	b) Entstehungszeit		c) Umfang		Verhältniszahl pro 1000 der Bevölkerung
	1900									1901								
	April	Mai	Juni	Juli	August	September	Oktober	November	Dezember	Januar	Februar	März		bei Tag	bei Nacht	Groß-Feuer	Mittel-Feuer	
Aachen einschl. Burtscheid	9	12	6	10	12	7	8	10	11	14	19	10	128	102	26	2	3	[illegible]
Altona	65	71	41	59	43	72	70	90	91	151	106	115	974	.[1])	.[1])	10	21	[illegible]
Augsburg	2	2	.	2	.	2	3	5	3	6	2	1	28	25	3	4	6	[illegible]
Barmen	21[3])	24	19	12	15	14	7	10	14	39	18	35	233	208	25	9	13	[illegible]
Berlin	802	766	681	718	683	839	826	893	1084	1659	1167	942	11060	953	984	88	177	[illegible]
Bochum	1	1	2	.	.	.	.	.	2	2	1	1	10	6	4	1	3	[illegible]
Braunschweig	17	14	14	10	12	13	13	13	20	42	26	16	210	165	45	7	5	[illegible]
Bremen	33	17	19	11	31	21	27	29	47	61	42	37	375	310	65	7	23	[illegible]
Breslau	17	29	21	16	30	27	42	21	30	54	38	23	348[2])	284	64	16	34	[illegible]
Cassel	14	12	13	15	8	8	13	20	24	46	18	31	222	81	141	7	12	[illegible]
Charlottenburg	106	111	84	93	88	73	101	133	170	253	211	139	1562	770	792	16	21	[illegible]
Chemnitz	8[3])	18	14	24	27	21	23	22	27	39	31	18	272	142	130	12	24	[illegible]
Cöln	30	26	33	41	16	34	38	40	36	59	39	36	428	348	80	25	58	[illegible]
Crefeld	6	6	7	7	10	11	6	4	6	10	11	11	95	80	15	6	8	[illegible]
Danzig	11	20	13	17	16	10	15	19	22	27	16	17	203	168	35	11	24	[illegible]
Dortmund	19	15	10	14	14	16	19	23	27	35	23	27	242	144	98	9	44	[illegible]
Dresden	71[3])	50	51	48	62	45	79	64	97	89	62	58	776	654	122[5])	4	37	[illegible]
Düsseldorf	71	66	36	54	29	52	95	79	117	148	139	90	976	534	442	10	45	[illegible]
Duisburg	20	19	16	21	14	19	20	9	29	38	21	23	249	211	38	6	12	[illegible]
Elberfeld	14	14	13	10	22	13	32	40	44	49	46	27	324	.[1])	.[1])	3	21	[illegible]
Erfurt	7	7	7	5	3	11	8	6	15	15	12	2	98	85	13	4	1	[illegible]
Essen	18	14	18	9	10	11	22	16	20	19	14	19	190	107	83	3	7	[illegible]
Frankfurt a. M.	32	21	21	20	17	24	20	14	41	46	29	22	307	228	79	9	35	[illegible]
Frankfurt a. O.	1	5	5	.	3	.	3	.	1	4	3	2	27	20	7	2	5	[illegible]
Freiburg i. B.	4[3])	8	3	5	2	4	2	2	7	7	4	7	55	46	9	3	2	[illegible]
Görlitz	13	13	9	17	16	15	24	17	17	33	21	33	228	201	27	5	3	[illegible]
Halle a. S.	20	21	18	20	13	25	34	28	50	67	50	32	378	82	21	8	12	[illegible]
Hamburg	106[3])	119	71	83	88	89	111	118	229	211	157	181	1563	1169	394	49	80	[illegible]
Hannover	19	11	9	19	8	6	8	20	16	24	18	11	169	65	104	10	26	[illegible]
Karlsruhe	17[3])	6	12	15	8	9	7	13	26	26	15	12	166	132	34	2	9	[illegible]
Kiel	10	4	5	10	8	7	1	6	8	12	6	8	85	73	12	6	1	[illegible]
Königsberg i. Pr.	15	16	14	18	13	13	18	23	24	25	22	14	215	165	50	36	22	[illegible]
Leipzig	55[3])	69	61	63	43	63	66	56	99	75	58	78	786	647[4])	139	8	17	[illegible]
Liegnitz	1	4	2	3	3	.	3	3	3	2	2	2	28	26	2	1	1	0,4
Lübeck	3	7	3	7	4	5	7	7	4	10	1	2	60	34	26	4	8	[illegible]
Magdeburg	17	22	14	19	13	20	20	17	25	32	26	22	247	133	114	30	32	[illegible]
Mainz	4	7	1	4	3	6	4	5	2	5	1	5	47	18	29	3	4	[illegible]
Mannheim	8[3])	9	6	5	4	8	11	6	12	12	4	15	100	45	55	5	17	[illegible]
Metz	6	11	3	7	4	4	9	5	13	12	11	6	91	47	44	5	9	[illegible]
München	17[3])	15	24	20	11	14	6	11	15	14	8	12	167	130	37	14	24	[illegible]
Nürnberg	6	12	10	12	2	6	2	4	6	11	6	12	89	64	25	12	12	[illegible]
Plauen i. V.	.[3])	1	.	1	5	3	2	1	3	2	2	3	23	16	7	7	4	[illegible]
Posen	10	12	11	12	23	11	7	1	15	15	8	9	134	110	24	6	19	[illegible]
Potsdam	5	1	2	4	.	7	2	8	5	3	5	4	46	15	31	7	8	[illegible]
Spandau	1	2	.	.	3	1	3	2	1	3	4	2	22	18	4	2	7	[illegible]
Stettin	16	31	22	17	17	29	23	9	25	35	25	25	274	220	54	13	32	[illegible]
Straßburg i. E.	10	11	6	13	12	7	14	10	13	20	14	12	142	119	23	4	65	[illegible]
Stuttgart	24[3])	10	26	17	4	14	16	24	19	16	10	8	188	91	97	4	100	[illegible]
Wiesbaden	7	6	5	8	8	13	12	16	13	7	3	.	98	77	21	8	.	[illegible]
Würzburg	3	1	2	.	4	3	5	1	2	6	1	4	32	21	11	2	8	[illegible]

IV. Mutmaßliche Entstehungsursachen der Brände im Rechnungsjahr 1900.

Städte	Brandstiftung	Fahrlässigkeiten	Fehlerhafte bauliche Anlagen	Fehlerhafte Feuerungs- Anlagen	Fehlerhafte Beleuchtungs- Anlagen	Fehlerhafte Betriebs- Anlagen	Schornsteinbrände	Spielen mit Streichhölzern	Durch den Betrieb entstanden	Durch Kurzschluss in elektr. Stromleitungsanlagen	Selbstentzündung	Flugfeuer	Explosion	Blitzschlag	Andere Ursachen	Unbekannte Ursachen	Summe	Von den Bränden entstanden im Dachgeschoss
Aachen einschl. Burtscheid	1	2	9	.	.	.	25	12	14	.	5	.	11	.	12	37	128	10
Altona	.	573	.	29	.	.	54	137	.	.	1	.	75	10	38	57	974	17
Augsburg	.	10	.	2	3	7	.	1	.	.	.	.	.	.	2	3	28	.
Barmen	.	99	8	11	.	5	5[2])	5	3	4	10	5	32	1	17	28	233	17
Berlin	16	70	25	64	61	11	48	69	.	.	74	9	23	.	704	763	1937	73[1])
Bochum	.	.	.	.	.	.	1	.	.	.	.	.	.	.	.	9	10	5
Braunschweig	.	6	.	3	2	.	6	9	6	1	2	.	7	1	59	108	210	6
Bremen	10	154	18	12	1	23	4	15	1	4	1	.	11	1	91	29	375	35
Breslau	3	205[5])	7	18	6	2	8	.	2	3	18	.	3	.	18	55	348[5])	26
Cassel	4	17	2	13	1	.	46	4	5	3	.	2	5	1	24	95	222	10
Charlottenburg	7	1001	.	5	3	.	5	26	32	3	18	3	53	.	363	43	1562	13
Chemnitz	2	3	.	4	.	2	8	18	33	3	9	13	2	4	19	152	272	26
Cöln	7	216	6	20	.	.	59	6	1	4	4	.	16	.	42	47	428	37
Crefeld	1	10	1	4	1	.	31	5	.	1	3	.	13	.	7	18	95	12
Danzig	8	40	5	22	1	.	25	13	.	3	3	.	12	.	25	46	203	9
Dortmund	2	9	2	8	9	.	5	13	9	8	5	3	19	6	109	35	242	28
Dresden	1	282	.	15	.	.	16	24	118	4	14	.	15	3	186	98	776	59
Düsseldorf	1	686	33	.	.	.	80	.[4])	.	14	6	1	60	1	8	86	976	59
Duisburg	.	58	1	.	.	.	3	5	.	.	10	4	11	3	92	62	249	5
Elberfeld	.	23	.	12	7	.	9	38	.	2	10	2	28	7	128	58	324	.
Erfurt	5	16	5	.	.	.	.	9	.	.	3	.	3	.	35	22	98	9
Essen	4	84	10	20	13	6	9	3	10	.	6	.	4	.	10	11	190	.
Frankfurt a. M.	8	45	9	13	1	.	25	10	3	1	5	.	6	.	28	153	307	16
Frankfurt a. O.	1	5	.	2	1	.	2	.	4	.	3	.	.	1	1	7	27	3
Freiburg i. B.	2	38	.	.	.	.	.	.	1	.	4	3	2	3	.	2	55	.
Görlitz	5	127	.	2	.	.	1	9	.	.	6	1	20	.	48	9	228	3
Halle a. S.	.	21	.	7	.	.	22	3	8	.	5	.	5	.	37	270	378	8
Hamburg	3	259	2	73	31	.	502	36	.	5	6	1	81	2	113	499	1563	68
Hannover	2	50	.	9	2	.	37	3	4	1	.	.	4	.	1	56	169	4
Karlsruhe	1	53	3	5	2	.	.	6	2	1	2	1	9	1	56	24	166	6
Kiel	2	2	4	10	5	.	4	5	3	.	.	.	1	.	24	25	85	9
Königsberg i. Pr.	35	86	1	18	5	1	15	7	.	.	5	.	4	.	9	29	215	33
Leipzig	3	428	45 (zusammen)				36	41	4	6	16	.	16	26	120	45	786	10
Liegnitz	.	5	1	2	.	.	2	1	3	1	.	.	6	.	.	7	28	.
Lübeck	4	11	2	6	1	5	2	3	2	.	1	3	6	1	11	2	60	1
Magdeburg	14	81	80 (zusammen)		.	.	32	17	.	2	13	.	10	.	25	23	247	24
Mainz	1	7	4 (zusammen)		.	.	21	.	.	.	1	.	.	.	.	13	47	2
Mannheim	2	15	.	1	2	.	37	3	1	2	5	.	5	.	18	9	100	3
Metz	1	13	3	2	.	.	60	.	.	.	.	5	1	1	.	5	91	4
München	.	53	4	7	2	1	14	.	.	1	13	.	11	.	9	52	167	9
Nürnberg	4	27	6	4	4	7	6	1	2	.	1	.	4	.	11	12	89	9
Plauen i. V.	.	.	.	.	1	.	.	.	.	1	.	.	1	.	.	20	23	3
Posen	3	26	6	10	6	.	16	6	12	.	2	5	8	1	.	33	134	11
Potsdam	2	16	6	.	.	.	5	.	.	.	4	.	1	1	11	.	46	17
Spandau	1	11	.	4	.	.	.	6	.	.	.	.	.	.	.	.	22	.
Stettin	7	118	7	14	3	.	29	.	3	10	1	9	.	1	2	75	274	17
Straßburg i. E.	5	24	.	15	1	1	52	1	.	.	3	.	12	.	3	25	142	14
Stuttgart	2	98	.	3	2	.	8	12	.	3	9	.	21	.	30	.	188	6
Wiesbaden	.	28	.	5	2	3	20	1	1	.	3	.	4	1	.	7	75	3
Würzburg	15	.	6	1	1	1	8	.	.	.	.	.	.	.	.	.	32	5
Zwickau i. S.													1	4	.	14	19	4
Se.	195	5206	192	509	225	75	1403	583	287	91	310	70	592	81	2546	3278	15643	7[illegible]

Siehe Anmerkungen auf Seite 174.

V. Kosten der Löschhülfe

Städte	Ausgaben: an ständigen Gehältern, Löhnen, Pensionen, Bekleidungsgeldern ℳ	an Lohn für Dienstleistungen bei Bränden ℳ	für Anschaffung und Unterhaltung der Lösch- und Wacht-Geräte ℳ	für Anlage und Unterhaltung der für die Meldung u. Alarmierung bestimmten Einrichtungen ℳ	Sonstige Ausgaben ausschl. des jährl. Mietswerts der Anstalts-Grundstücke ℳ	Jährliche Miete bezw. Mietswert d. Anstalts-Grundstücke ℳ	Einmalige Ausgabe für das Etatsjahr 1900 ℳ
Aachen einschl. Burtscheid	68 436	5 035	3 395	1 468	4 873	.	.
Altona	130 908	3 596	24 767	5 589	31 766	.	.
Augsburg	19 613	18	9 823	9 602	.	.	1 072[2])
Barmen*	22 590	300	8 260	2 100	4 956	2 836	.
Berlin	655 503	698	99 979	61 883	303 392	.	.
Bochum	.	.	.	.	.	.	.
Braunschweig	51 169	180	2 588	2 130	11 431	15 000	8 800
Bremen	238 128	344	48 602	22 141	20 333	.	.
Breslau	318 909	2 101	10 822[4])	2 677	16 309	3 585	26 275
Cassel	65 075	25	9 640	1 860	17 640[6])	2 400	.
Charlottenburg	138 335	150	7 700	10 449	38 250	.	131 965[7])
Chemnitz*	73 761	152	21 396	8 500	26 614	.	.
Cöln	176 533	7 814	32 373	14 366	20 037	.	21 900[8])
Crefeld	.	.	.	.	.	.	.
Danzig	132 295	933	10 041	1 401	21 564	.	.
Dortmund	19 995	865	3 979	8 460	8 348	7 500	.
Dresden*	279 089	156	62 611	6 739	17 582	500	7 410
Düsseldorf	104 900	.	60 865		.	.	654
Duisburg	1 803		3 900		1 301	.	.
Elberfeld	25 460	2 300	13 400		7 462	5 000	4 000
Erfurt	4 368		2 963	1 920	312	.	11 879[9])
Essen	35 000	.	5 600	112	6 670	.	.
Frankfurt a. M.	239 671	.	9 980	12 887	58 269	38 800	18 822
Frankfurt a. O.	18 322	566	7 765	824	173	.	.
Freiburg i. B.*	3 153	1 061	1 423	10 019	4 247	1 050	46 400[10])
Görlitz	17 842	602	2 748	937	2 643	265	9 099
Halle a. S.	71 733	.	6 369	2 198	14 791	10 998	.
Hamburg*	1 053 928	12 550	154 138	35 000	120 652	.	.
Hannover	130 130	.	28 646	3 600	.	.	2 800[11])
Karlsruhe*	22 760	269	1 480	7 304	3 949	.	.
Kiel	55 936	.	19 391	5 299	3 153	.	3 950[12])
Königsberg i. Pr.	162 244		15 573		36 681		
Leipzig*	335 819	399	56 096	10 640	15 190	28 181	.
Liegnitz	5 480	17	1 849	1 248	1 168	583	1 017[13])
Lübeck	50 518	1 513	4 323	2 236	17 240	5 180	20 824[14])
Magdeburg	206 031	.	30 620	5 515	7 075	.	1 893[15])
Mainz	18 913	879	4 616	575	371	.	.
Mannheim*	40 140	172	7 311	12 298	8 693	3 570	.
Metz	28 792	214	2 620	838	4 150	1 200	.
München*	218 602	205 894				31 355	66 849[16])
Nürnberg	32 619	2 006	33 175[17])	12 663	4 582	5 078	3 000[18])
Plauen i. V.*	.	677	8 272	3 000	3 993	600	.
Posen	77 165	100	5 825	1 236	12 652	6 029	9 144[19])
Potsdam	10 486	2 987	4 395	924	2 855	.	.
Spandau	750	1 088	1 002	3 052	.	.	.
Stettin	162 411	1 637	40 637	25 412	21 410	31 492	.
Straßburg i. E.	46 392	3 226	20 867	.	.	.	.
Stuttgart*	123 331	296	7 629	9 076	55 442	660	7 413[20])
Wiesbaden	32 900	1 546	9 149	2 039	354	.	.
Würzburg	4 271	825	5 460	2 376	2 192	76	588[21])
Zwickau i. S.	8 318	1 933	4 444	.	2 400		1 300[22])

Siehe Anmerkungen auf Seite 174.

im Rechnungsjahr 1900.

Aufbringung der Kosten: Zu den Kosten wurden beigetragen von dem Staat, Versicherungen usw. ℳ	Aufbringung der Kosten: Der Fe[illegible]r [illegible] an [illegible] zu durch Arbeitsverdienst, Mieten ℳ	Aufbringung der Kosten: Von d. Stadtgemeinde waren mithin aufzubringen ℳ	Summe der Ausgaben ℳ	Proz. der Summe, welche von der Stadtgemeinde aufzubringen sind ℳ	Gesamtausgabe auf den Kopf der Bevölkerung berechnet[23]) ₰	Ordnungs-Nummer nach Kolonne 14	Städte
.	8 453	74 754	83 207	89,84	61,2	28	Aachen einschl Burtscheid
154 822[1])	13 563	28 241	196 626	14,36	121,3	7	Altona.
7 240[0])	5 831	27 057	40 128	67,43	44,8	32	Augsburg.
.	660	40 382	41 042	98,39	28,9	42	Barmen*.
97 000[0])	61 121	1 963 334	2 121 455	92,55	111,8	11	Berlin.
3 300	.	3 300	3 300	100,00	5,0	50	Bochum.
28 546[0]†)	18	62 734	91 298	68,71	72,2	23	Braunschweig.
.	.	329 548	329 548	100,00	199,8	1	Bremen.
50 000†)	14 184	316 494	380 678	83,14	89,9	19	Breslau.
1 200†)	775	94 665	96 640	97,96	90,2	18	Cassel.
150†)	697	326 002	326 849	99,74	173,2	3	Charlottenburg.
42 579[0]†)	4 370	83 474	130 423	64,00	62,9	27	Chemnitz*.
2 915†)	3 140	266 968	273 023	97,78	72,7	22	Cöln.
.	.	27 972	27 972	100,00	26,1	43	Crefeld.
7 500[0])	610	158 124	166 234	95,12	117,5	8	Danzig.
.	2 714	46 433	49 147	94,48	34,8	40	Dortmund.
128 387†)	25 371	220 329	374 087	58,89	93,3	17	Dresden*.
.	59 637	106 782	166 419	64,16	77,4	21	Düsseldorf.
.	.	7 004	7 004	100,00	7,4	49	Duisburg.
.	2 134	55 488	57 622	96,29	36,7	36	Elberfeld.
577†)	.	20 865	21 442	97,31	25,0	44	Erfurt.
.	12 000	35 382	47 382	74,67	39,7	35	Essen.
.	24 797	353 632	378 429	93,45	129,8	5	Frankfurt a. M.
.	1 465	26 185	27 650	94,70	44,5	33	Frankfurt a. O.
.	.	67 343	67 343	100,00	108,5	13	Freiburg i. Br.*
.	1 845	32 291	34 136	94,59	42,3	34	Görlitz.
1 400†)	618	104 071	106 089	98,09	67,2	25	Halle a S.
844 411	.	531 857	1 376 268	38,64	193,6	2	Hamburg*.
.	1 942	163 234	165 176	98,82	69,6	24	Hannover.
.	.	35 762	35 762	100,00	36,5	37	Karlsruhe*.
.	3 021	84 708	87 729	96,56	80,7	20	Kiel.
7 116	21 339	186 043	214 498	86,73	114,3	10	Königsberg i. P.
163 876†)	7 007	275 442	446 325	61,71	97,1	15	Leipzig*.
.	15	11 347	11 362	99,87	20,7	47	Liegnitz.
.	533	101 301	101 834	99,48	122,9	6	Lübeck.
.	?	251 134	251 134	100,00	109,6	12	Magdeburg.
.	.	25 374	25 374	100,00	29,9	42a	Mainz.
.	.	72 184	72 184	100,00	50,3	30	Mannheim*.
.	.	38 014	38 014	100,00	65,1	26	Metz.
27 000[0]†)	66 881	428 819	522 700	82,04	103,2	14	München*.
15 184[0])	.	77 939	93 123	83,69	35,5	39	Nürnberg.
15 570†)	.	961	16 531	5,81	22,3	45	Plauen i. V.*
6 500†)	18 469	87 182	112 151	68,82	94,9	16	Posen.
.	.	21 647	21 647	100,00	36,1	38	Potsdam.
310†)	.	5 582	5 892	94,74	9,0	48	Spandau.
15 000†)	9 187	258 812	282 999	91,45	132,6	4	Stettin.
.	.	70 485	70 485	100,00	46,6	31	Straßburg i. E.
32 407[0]†)	12 909	158 531	203 847	77,77	114,6	9	Stuttgart*.
4 400	.	41 588	45 988	90,43	52,9	29	Wiesbaden.
3 600	.	12 188	15 788	77,19	20,8	46	Würzburg.
8 978	132	9 285	18 395	50,48	32,7	41	Zwickau.

Bemerkungen zu Tabelle I. (Seite 166.)

*) Die Berufs-Feuerwehr besteht erst seit 1. August 1901. [1]) Für Handbetrieb. [2]) Für Handbetrieb. [3]) Außerdem eine Handwerker-Kompagnie von 25 Mann für Aufräumungsarbeiten auf der Brandstätte. [4]) Unbespannte. [5]) Pneumatische Leitern. [6]) Außerdem 7 Karrenspritzen und 10 Handspritzen. [7]) Mundschwämme für jeden Mann und 2 Rauchhauben mit Hand- und Dampfluftpumpe. [8]) Die Schlauchwagen sind unbespannt. [9]) Und eine Prahmspitze. [10]) Und einen Sauerstoffapparat. [11]) Mit Bespannung unregelmäßig besetzte. [12]) 12 Hydrantenwagen. [13]) Staats- und städtisches Telephon.

Bemerkungen zu Tabelle III. (Seite 170.)

[1]) Kann nicht angegeben werden. [2]) Ausschließlich 1469 Brände, welche ohne Hülfe der Feuerwehr gelöscht wurden. [3]) Bezieht sich auf das Kalenderjahr 1900. [4]) incl. 6 Brände, bei denen die Zeit nicht zu ermitteln war. [5]) Einschließlich 8 Brände, bei welchen die Zeit nicht ermittelt werden konnte. [6]) Für diese Spalte wurde der fortgeschriebene Bevölkerungsstand bis zum 31. März 1901 zu Grunde gelegt.

Bemerkungen zu Tabelle IV (S. 171)

[1]) Nur Wohnhäuser. [2]) Blinder Alarm. [3]) Ausschließlich 1469 Brände, welche ohne Hülfe der Feuerwehr gelöscht wurden. [4]) Siehe Spalte „Fahrlässigkeit". [5]) Ausschließlich 1167 Brände, welche ohne Hülfe der Feuerwehr gelöscht wurden.

Bemerkungen zu Tabelle V. (Seite 172)

*) Kalenderjahr 1900. [1]) Löschkostenbeiträge auf Grund eines Reglements. [2]) Restausgabe für die in den Jahren 1898/99 mit einem Gesamtaufwande von 163 195 Mk. vorgenommene Reorganisation des Feuerlöschwesens. [3]) Einschließlich 349 859 Mk. für Pension. [4]) Auch einmalige Ausgabe. [5]) Für Bauten 6191 Mk., für sonstige Zwecke: 20 084, nämlich: für eine Dampfspritze 16 000 Mk., Garnitur-Bekleidungen für 27 Kutscher 1 728 Mk., 6 Fahrräder 1 080 Mk. [6]) Davon: für Stellung von Pferden 10 400 Mk., Heizung, Beleuchtung, Wasser etc. 7 240 Mk. [7]) Transportwagen für gefallene Zugtiere 1000 Mk., eine zweite mechaniche Drehleiter 7000 Mk. ein Transportdreirad und 2 Fahrräder 770 Mk., 1 Personenwagen 1 400 Mk., 2 Zeitschreiber 200 Mk., Ausrüstungen für 6 Feuerwehrmänner 920 Mk., Umänderungen von 22 Feuermeldehinweislaternen 300 Mk., Kabelmeldungen zu unterirdischen Feuermeldeleitungen I. Rate 50 000 Mk.. 2 Öfen 175 Mk., 6 Doppelfenster 200 Mk. 3 Dampfspritzen, Umbau von 2 Mannschaftswagen und Errichtung eines Gebäudes zur Unterbringung einer Dampfspritze 70 000 Mk. zusammen. [8]) Für eine zweite Dampfspritze. [9]) Erneuerung der 13 Fernsprechlinien 7 829 Mk., Ergänzung der Feuertelegraphen und Fernsprecheinrichtungen 2 728 Mk., Neuspannung einer Weckerlinie 60 Mk., Erneuerung der Weckerlinien 1 262 Mk. [10]) Einrichtung der Feuermelde- und Alarmanlage. [11]) Für 2 Pferde. [12]) Für Straßenpflaster vor der Hauptwache 250 Mk., neue Bekleidung der ersten Kompagnie 3 600 Mk., 1 Standrohr 100 Mk. [13]) Ein Morseapparat 267 Mk. und 1 Steigerturm 750 Mk. [14]) Erweiterung und Erneuerung der Feuertelegraphen. [15]) Vermehrung der Schläuche und Kuppelungen 1 680 Mk., 1 Standrohr 205 Mk. [16]) Errichtung von Feuerhäusern. [17]) Einschließlich 7 337 Mk. für ständige Pferdebereitschaft. [18]) Zuschuß an die Stiftung für verunglückte Feuerwehrleute. [19]) Für Ausrüstung von Mannschaften 1 096 Mk. Erweiterung der Feuertelegraphen 6 654 Mk., Ausstattung der Wachtlokale 1 394 Mk. [20]) Erweiterung der Feuermeldeanlage. [21]) Für Renovierung der Requisitenhalle und Erhöhung des Steigerturmes. [22]) Reisegelder, Pensionen. [23]) Zugrunde liegt der fortgeschriebene Bevölkerungszustand bis zum 31. März 1901. [0]) Zuschuß vom Staate. †) Zuschuß von Feuerversicherungs-Anstalten (Landesbrandkassen, Städte-Feuer-Sozietäten etc.)

XI.

Beleuchtungswesen

in den Jahren 1900 und 1901.

Bearbeitet im Statistischen Amte der Stadt Cöln.

Im Anschluß an die im X. Jahrgang, S. 320 ff., enthaltene Darstellung werden auf Grund der von den beteiligten Stadtverwaltungen ausgefüllten Fragebogen die Zusammenstellungen über das Beleuchtungswesen für die Jahre 1900 und 1901 nach den bisherigen Gesichtspunkten fortgesetzt und die erforderlichen Erläuterungen vorausgeschickt.

Erläuterungen und Ergänzungen zu den Tabellen.

In dem Tabellenwerk bedeutet allgemein:

ein * am Namen der Stadt, daß das öffentliche Gas- oder Elektrizitätswerk Privateigentum,
" **, daß es städtisch, aber verpachtet ist;
" . , daß die betreffende Angabe fehlt;
" —, daß eine Zahl nicht einzutragen war;
" † , daß die Angabe unter den Erläuterungen gemacht ist.

Die in Klammern eingeschlossenen Zahlen der Erläuterungen betreffen das Jahr 1900/1901 (die nicht eingeklammerten das Jahr 1901/1902). Die in Klammern eingeschlossenen Zahlen der Tabellen sind auf anderer Grundlage als die übrigen Zahlen gewonnen. Die näheren Angaben machen die Erläuterungen.

Alle Bestandsangaben beziehen sich, soweit nicht ein anderer Zeitpunkt bezeichnet ist, auf das Ende der betreffenden Berichtszeit, die in Kursiv gedruckten Angaben auf einen kürzeren oder längeren Zeitraum als das Jahr.

Tabelle I.

Sp. 2. Die Berichtszeiten sind je: a = 1. April bis 31. März, b = Kalenderjahr, c = 1. Juli bis 30. Juni, d = 1. Mai bis 30. April. Von Karlsruhe wird über die Zeit vom 1. Mai bis 31. Dezember 1901 berichtet..

Sp. 3. Es bedeutet =, daß das Gasversorgungsgebiet gleich dem Stadtgebiet ist; $<$, daß einzelne Stadtteile an das Leitungsnetz nicht angeschlossen sind; $>$, daß auch an Nachbarorte Gas abgegeben wird; $\gtreqless$, daß jenes wie dieses der Fall ist.

Sp. 5. Außer den in der Übersicht aufgeführten Gasbereitungs-Anstalten sind vorhanden in Berlin 2, in Halle a. S. und Hamburg je 1 Gasbehälteranstalt.

Sp. 9 und 10. Es bedeutet a: westfälische, b: schlesische (b_1: oberschlesische, b_2: niederschlesische), c: Saar-, d: sächsische, e: englische und schottische, f: böhmische Kohle, g: deutsche Gaskohle ohne nähere Bezeichnung, h: Cannelkohle ohne nähere Bezeichnung. Stellte sich für eine Kohlenart die vergaste Menge auf weniger als 1 %, so ist nur der bezügliche Buchstabe eingetragen. — Angaben über die Verwendung von Benzol, Koks, Gasöl, Gazine zur Gasfabrikation liegen vor aus Braunschweig, Bremen, Hamburg, Königsberg, München Plauen i. V. und Posen.

Sp. 11. Über die Erzeugung von Wassergas berichten Barmen, Bremen, Erfurt. Hamburg, Königsberg, Nürnberg, Plauen i V., Posen, Stettin.

Sp. 12. Liegnitz 12,5 (19,7) hl.

Sp. 14. Die in ( ) eingeschlossenen Zahlen beziehen sich auf konzentriertes Ammoniakwasser. — Aachen: 0,9 (0,9) hl Ammoniakwasser. — Stettin: Die Ausbeute an Ammoniakwasser war bis 1901 verpachtet

Sp. 15. Augsburg: 3,2 (4,0) kg Salmiakgeist. — Crefeld: 2,4 (2,6) kg in konzentrierter Lösung. — Königsberg: 2,4 (2,4) kg; Stuttgart: 2,1 (2,0) kg; Mainz: 1,2 (1,3) kg Ammoniak. — München 15 376 (14 952) kg Ammoniak in Superphosphat.

Tabelle II.

Sp. 10 und 11. Augsburg. Bremen, Cassel, Karlsruhe, Leipzig und Magdeburg: Einschl. des Gasverbrauchs zu sonstigen gewerblichen Zwecken (Menge unbekannt). — Kiel: Einschl. 82 199 (86 888) cbm für Gasmotoren, die zur Erzeugung elektrischen Lichtes dienen.

Sp. 12 und 13. Es ist folgender Gasverbrauch zu gewerblichen Zwecken eingeschlossen: Aachen: 258 (228), Barmen: (325) ,Cöln 859 (912), Crefeld 877 (908), Halle a. S. 150 (131), Liegnitz 30 (28), Lübeck 42 (44) Mille cbm. Von Duisburg, Stettin und Stuttgart, wo dasselbe gilt, ist die Menge unbekannt. — Breslau, Essen und Mainz: Einschl. des Gasverbrauchs zur Hausflur-, Treppen- und Hofbeleuchtung.

Sp. 14 und 15. Hamburg: Der Selbstverbrauch in den Gasanstalten und in den Bureaus wird nicht durch Gasmesser festgestellt; es erscheint demnach der Gasverlust entsprechend höher, deshalb sind die Zahlen in ( ) eingeschlossen.

Tabelle III.

Über die an die Gaswerke angeschlossenen **Gasapparate** sind folgende Angaben gemacht worden.

Städte	Heizöfen		Badeöfen		Koch-apparate		Sonstige Apparate		Zusammen	
	1901	1900	1901	1900	1901	1900	1901	1900	1901	1900
Aachen	.	.	.	.	.	.	.	.	.	2 380
Bochum . . .	518	466	182	166	1 340	1 171	78	71	2 118	1 874
Charlottenburg .	.	.	.	.	.	.	.		15 752	13 044
Elberfeld . . .	2 350	2 267	584	557	6 364	5 210	618	599	9 916	8 633
Görlitz . . .	.	.	.	.	.	815	.	481	.	1 296
Halle a. S. . .	444	308	107	8	1 951	1 364	185	134	2 687	1 814
Hamburg . . .	2 143 (1 839)				17 154	13 420	2 357	1 956	21 654	17 215
Leipzig	.	.	.	.	.	.	.	.	13 300	10 700
Liegnitz . . .	144	55	48	19	1 114	967	65	44	1 371	1 085
Nürnberg . . .	.	.	.	.	.	.	.	.	7 650	6 664
Plauen i. V. . .	355	295	41	37	2 183	1 713	1 493	1 253	4 072	3 298
Posen . . .	228	370	667	667	1 485	1 691	139	420	2 519	3 148
Stettin	75	68	76	48	4 853	3 561	46	25	5 050	3 702
Straßburg i. E. .	.	.	.		.	.	.	.	16 506	15 024

Königsberg gibt die Flammenzahl aller vier Arten von Apparaten auf 17 877 (19 141) an.

Spalte 9 bis 13. Für die Städte, von denen Angaben fehlen, geben die Zahlen der Spalte 5 einigen Anhalt über die Häufigkeit der Privatanlagen zur Erzeugung elektrischen Lichtes.

Tabelle IV.

Es bedeutet: = in den Spalten 9 ff, daß je der in den Spalten 2 bis 8 aufgeführte Preis gilt; ( ), daß die Angabe nur für gewisse Fälle zutrifft, wie in den folgenden Erläuterungen näher angegeben wird.

Bochum: Die Werte der ersten Zeile beziehen sich auf die Gaslieferung innerhalb des Stadtgebietes, die der zweiten auf die Gaslieferung an auswärtige Abnehmer. — **Frankfurt a. M.**: Auf der ersten Zeile sind die Preise der Frankfurter Gas-Gesellschaft, auf der zweiten die der englischen Gesellschaft daselbst angegeben. Der Leuchtwert des Gases der beiden Gesellschaften verhält sich wie 212 : 100.

Sp. 1. **Wiesbaden**: Der Einheitspreis von 12 Pf. gilt für das Sommer-, der von 16 Pf. für das Winterhalbjahr.

Sp. 2 und 3. **Augsburg** und **Breslau**: Die aufgeführten Grundpreise werden in Wirklichkeit nicht erhoben, da auch auf den Gasverbrauch der untersten Stufen, bis zu 2486 bezw. 2000 cbm, Rabatt, und zwar 3 bezw. 2 % gewährt wird. Der höchste zu zahlende Preis stellt sich demnach daselbst auf 21,34 bezw. 17,64 Pf. pro cbm. — **Karlsruhe**: Das in Wohnungen bis 600 Mk. Mietwert durch Automaten zu Leucht-, Koch- und Heizzwecken bezogene Gas kostet 15 Pf. pro cbm. — **Magdeburg**: Das durch Automaten und durch die auf städtische Rechnung hergestellten Deckenleitungen bezogene Gas kostet 20 Pf.

pro cbm. — Stuttgart: Außer dem aufgeführten Preis sind von jedem Kubikmeter Leuchtgas 4 Pf. Gassteuer zu zahlen.

Sp. 4 bis 7. Augsburg: Weiterer Rabatt nach privatem Übereinkommen.

Sp. 6. Die Zahlen für Augsburg und Breslau gelten für die erste Erhöhung des Rabatts.

Sp. 8. Durch 1 ist bezeichnet, daß der Rabatt nur für den zwischen die Grenzen der einzelnen Stufen fallenden Verbrauch gewährt wird, durch (1) bei Halle a. S., daß der Anfangspreis der neuen Stufe je zugleich den Höchstpreis in der vorhergehenden Stufe bildet, bei Cöln und Kiel, daß der zu zahlende Preis nicht unter den Höchstbetrag je in der nächstniedrigen Stufe ermäßigt wird.

Spalte 9 und 10. Braunschweig, Cöln, Düsseldorf, Halle a. S., Kiel, Stettin und Würzburg: Die Preisermäßigung tritt nicht ein, wenn die Motoren ganz oder teilweise zur Erzeugung von Licht dienen. In den drei ersten Städten ist alsdann derselbe Preis wie für Leuchtgas zu zahlen, in Cöln, Stettin und Würzburg je 13 Pf. pro cbm ohne Rabatt, in Kiel 17 Pf. mit Rabatt (der Rabatt wird nach dem Gesamtverbrauch von Leucht- und solchem Motorengas berechnet). In Mannheim fällt bei derartigem Gas der Rabatt weg. — Cassel: Es kostet das Motoren- etc. Gas im Sommerhalbjahr 10, im Winterhalbjahr 13 Pf. das cbm; Plauen: Koch-, Heiz- und Motorengas desgl. 12 bezw. 14 Pf. — Straßburg i. E.: Bei zehnjährigem Vertrag tritt wie beim Leuchtgas, so auch bei Kraft-, Heiz- und Kochgas, falls der Verbrauch 10000 cbm pro Jahr übersteigt, eine Preisermäßigung um 2 Pf. pro cbm ein. — Stuttgart: Der aufgeführte Preis erhöht sich durch die Gassteuer um 1 Pf.

Die angegebene Preisermäßigung genießt in Breslau und Dresden auch das Gas zur Hausflur-, Treppen- und Hofbeleuchtung. — In Stettin und Königsberg sind aus den Kochgasmessern sog. Küchenflammen gestattet. — In Barmen wird das Flämmereigas nach einem eigenen stark abgestuften Tarife (von $17^1/_2$ bis 12 Pf. für das cbm) berechnet, über den hinaus noch 10 % Extrarabatt gewährt werden.

Sp. 11. Der Rabatt auf das zu anderen als Beleuchtungszwecken benutzte Gas stellt sich folgendermaßen:

Städte	Grundpreis pro cbm Pf.	Niedrigster Preis Pf.	Rabatt von	Rabatt bis	bei einem Verbrauch von	bezw.	Der Rabatt gilt je nur für den Verbrauch innerhalb der einzelnen Verbrauchsstufen (Stufentarif.)
Bochum(Krftg.)	7	6,8	2,5	10%	25	100 Mille cbm	—
Cöln	10	8	1	2 Pf.	5	20 „ „	1
Duisburg . . .	10	6	1	4 „	8	50 „ „	—
Freiburg i. Br.	14	13,8	5%		16 Mille cbm		—
Halle a. S. . .	10	9	$^1/_2$	1 Pf.	100	200 Mille cbm	
Mannheim . .	12	10	1	2 „	5	20 „ „	1
München§ . .	(23)	14	25	39%	0	100 „ „	—
Potsdam* . .	12	11	1 Pf.		30 Mille cbm		—
Zwickau . . .	12	9,6	4	20%	100	3000 ℳ	

§ München: Motorengas (auf den Preis des Gases für Koch-, Heiz- usw. Zwecke wird keine weitere Ermäßigung gewährt.) Da der erste Rabatt bereits bei geringstem Verbrauche in Ansatz gebracht wird, so stellt sich der Höchstpreis in Wirklichkeit auf $17^1/_4$ Pf.

Berlin und Schöneberg haben Einheitspreis und einheitlichen Rabatt für alle Verwendungsarten des Gases.

Sp. 12. Die Gasmesser werden sämtlich unentgeltlich gestellt in Barmen, Görlitz, Karlsruhe, Liegnitz, Nürnberg, Spandau und Stuttgart; nur für das Beleuchtungsgas in Augsburg; für das Gas zu technischen, Heiz- und Kochzwecken in Duisburg; desgleichen in Freiburg i. B., Posen, Plauen i. V. und Wiesbaden, jedoch unter der Bedingung, daß der monatliche Verbrauch mindestens 20 cbm bezw. der Jahresverbrauch mindestens 200 bezw. 150 cbm beträgt bezw. daß gleichzeitig Leuchtgas verbraucht wird. In Danzig werden nur für jeden zweiten Lichtmesser und dritten Kochgasmesser etc. in derselben Anlage der Flammenzahl entsprechende Mieten erhoben. In Frankfurt a. M. ist ein Gasmesser für jeden Abnehmer frei, in Breslau wird von den Flur- und Kontrollgasmessern eine Leihgebühr von 10% des Wertes erhoben, alle anderen Messer werden unentgeltlich gestellt.

Sp. 13 und 14. In Sp. 13 ist der Preis in [ ] eingeschlossen, wenn die Selbstkosten erstattet werden. — Aachen: 5,5 Pf. pro cbm mit 5 % Rabatt. — In Barmen, Potsdam und Stuttgart werden 1,723 bezw. 2 und 1,25 Pf pro Laternenbrennstunde, in Bremen 50 M. und in Braunschweig 70 M. pro Laterne und Jahr vergütet. — Die Werke von Crefeld und Leipzig erhalten Pauschalsummen. — Dem städtischen Werk in Berlin werden nur die Kosten der öffentlichen Beleuchtung durch Petroleum ersetzt.

Sp. 15. Chemnitz, Dresden und Zwickau: Die Bedienung und Unterhaltung der öffentlichen Laternen erfolgt unmittelbar von der Stadt bezw. durch eine besondere städtische Verwaltung. — Karlsruhe: Die Gesamtlöhne für die Beleuchtungsdiener werden von der Stadtkasse ersetzt, ebenso die Kosten für Glühkörper, Zylinder etc., dagegen trägt das Gaswerk die übrigen Unterhaltungskosten. — Die Vergütung für die Bedienung und Unterhaltung der öffentlichen Laternen erfolgt pro Laterne und Jahr in Aachen (14,50 M. und für Glühlichtbrenner noch 9,50 M. Zuschlag), in Frankfurt a. M. (16,20 M.) und in Halle a. S. (21,76 M. für die Nacht- und 17,54 M. für die Abendlaternen). In Cassel erhält das Gaswerk für die Bedienung und Unterhaltung der öffentlichen Laternen 34 000 M., in den übrigen durch 1 gekennzeichneten Städten werden den Gaswerken die Selbstkosten der Bedienung und Unterhaltung der öffentlichen Laternen erstattet.

Über Tarifveränderungen seit dem Berichtsjahre sind Mitteilungen gemacht aus Mannheim und Magdeburg, wo der Preis des Koch- und Heizgases heraufgesetzt und aus München, wo der Preis des Gases für öffentliche Beleuchtung herabgesetzt worden ist.

Tabelle V.

Hinsichtlich der Beschreibung der einzelnen öffentlichen Zentralanlagen zur Erzeugung elektrischen Stromes wird auf die Darstellung im VIII., IX. und X. Jahrgang des Statistischen Jahrbuchs deutscher Städte (Seite 373, 328 und 325) Bezug genommen.

Während der Berichtszeit wurden neu eröffnet die Elektrizitätswerke zu Braunschweig (1. April 1900), zu Erfurt (1. Oktober 1901), Freiburg i. B. (14. Oktober 1901), Halle a. S. (27. August 1901),

Karlsruhe (10. März 1901), Kiel (Oktober 1901), Mannheim (15. Dezember 1899). Dem angegebenen Jahre ging in der Regel ein Provisorium von mehreren Monaten voraus. Noch im Bau begriffen war nach dem Berichte das Werk der Stadt Potsdam.

Außerdem traten neu hinzu die Berichte der städtischen Werke von Metz, (eröffnet am 25. Dezember 1884) und Posen (3 Werke, eröffnet 1894 bezw. 1895), des Werkes Bockenheim der Stadt Frankfurt a. M. (eröffnet 1893, in städtischem Besitze seit 1. Juli 1900) und des Werkes der Aktiengesellschaft „Stettiner Elektrizitätswerke" (eröffnet 1. Oktober 1899).

Spandau, Sp. 1: Die Berliner Elektrizitätswerke, A.-G., liefern die elektrische Energie, und die Stadt gibt dieselbe für einen höheren Preis an Private ab. Wegen dieser besonderen Eigentumsverhältnisse ist in den Tabellen dem Namen der Stadt das Zeichen § beigefügt.

Über die im Straßenbahnbetrieb verwendeten Motorwagen und ihren Energiebedarf liegen folgende Nachweise vor:

Angeschlossene Straßenbahn-Motoren

Städte	Zahl		mit PS.		mit HW.	
	1901	1900	1901	1900	1901	1900
Aachen . . .	116	89	.	.	37 250	12 390
Berlin	4 800	2 838	96 000	70 950	.	660 800
Bremen . .	94	94	2 153	2 153	18 500	18 500
Breslau . . .	170	—	2 040	—	17 740	—
Cassel	108	108	2 440	2 440	8 000	8 000
Cöln	154	—	3 850	—	16 625	—
Düsseldorf . .	206	182	3 090	2 730	26 782	24 829
Elberfeld . . .	125	102	3 000	1 500	29 080	13 620
Frankfurt a. M.	399	369	5 985	5 535	18 272	17 365
Frankfurt a. O.	54	54	810	810	6 500	6 500
Görlitz	37	37	555	555	4 460	4 460
Hamburg . . .	59	59	998	998	31 900	31 900
Königsberg . .	181	89	3 020	1 337	25 687	11 370
Liegnitz . .	20	20	300	300	2 208	2 208
Magdeburg . .	260	260	5 828	5 828	49 540	49 540
Mannheim . .	63	63	1 260	1 260	10 395	10 395
München . . .	412	412	10 300	10 300	28 206	28 206
Straßburg i. E,	120	.	.	.	.	9 000
Würzburg . .	53	.	1 048	.	.	8 960
Zwickau . . .	34	34	725	725	6 550	6 550

Tabelle VI.

Die Verhältniszahlen der Spalten 5, 7 und 9 beziehen sich auf die um den Selbstverbrauch verminderte Nutzenergie (Sp. 3), die der Spalte 11 auf den privaten Stromverbrauch (Sp. 8), Für das Werk Bockenheim der Stadt Frankfurt fehlen die Angaben, da der Strom von demselben größtenteils gegen Pauschalvergütung abgegeben wird und eine genaue Messung deshalb nicht stattfindet.

Danzig, Sp. 2, 3 und 5: Gesamte Stromabgabe an das Leitungsnetz einschl. des Stromverlustes. — Magdeburg, Sp. 2 desgleichen.

Tabelle VII.

Sp. 4. In Aachen und Plauen i. V. wird auch auf den Stromverbrauch bis zur 1. Tarifstufe Rabatt gewährt und zwar 10 bezw. $12\frac{1}{2}$%, sodaß statt des Grundpreises in Wirklichkeit nur $6{,}3$ bezw. $6{,}125$ Pf. pro HWSt zu zahlen sind. — Königsberg: Für die Lampen, welche vom 1. Mai bis 30. September brennen, in der übrigen Zeit des Jahres aber ausgeschaltet werden, sind $6{,}5$ pr ASt zu zahlen.

Sp. 6—10. Es bedeutet d.: durchschnittlich, d. ASt und d. HWSt: durchschnittlicher Verbrauch an Ampère- bezw. Hektowattstunden im Jahre, Brst. und Betrst.: Brenn- und Betriebsstunden jeder angeschlossenen Glühlampe bezw. Pferdekraft im Jahre, Benst.: Benutzungsstunden des angeschlossenen Ampère oder Kilowatt im Jahre. — In Spalte 10 ist durch Eintragung einer 1 bezeichnet, daß der Rabatt nicht auf den ganzen Verbrauch, sondern je nur auf den Teilverbrauch zwischen den einzelnen Tarifstufen gewährt wird. — Berlin und Breslau: Die beiden Arten von Rabatt kommen bei entsprechendem Verbrauch gleichzeitig in Ansatz. — Halle a. S.: Der Preis beträgt pro HWSt und Rechnungsjahr 6 Pf. für die ersten 300 Stunden der im Mittel gleichzeitig verbrauchten HW, 2 Pf. für die übrigen Verbrauchsstunden. — Königsberg und Lübeck: Bei einem Jahresverbrauch von mehr als 12 500 M. bezw. mehr als 1000 Benutzungsstunden für das angeschlossene Ampère tritt ein Extrarabatt in Höhe von $12\frac{1}{2}$% des Jahresbetrages bezw. 50% des den Abnehmern zustehenden Rabattes ein. — In Bochum, Dortmund, München und Stuttgart wird außer dem Rabatt nach Jahresschluß eine Prämie gewährt. Sie beträgt in Bochum, wenn sämtliche Lampen über 1000 Stunden gebrannt haben: $\frac{\text{Stromverbrauch (HWSt)}}{100 \times \text{angeschloss. Hektowatt}}$ % der Jahresrechnung (nach Abzug des Rabattes), in Dortmund für jeden Abnehmer $\frac{\text{Stromverbrauch (HWSt)}}{200 \times \text{angeschloss. Hektowatt}}$ jedoch nicht mehr als 30 %, in München: $\frac{\text{Stromverbrauch (HWSt)}}{200 \times \text{angeschloss. Hektowatt}}$ %, ebenfalls für jeden Abnehmer, jedoch werden Prämien unter 2 % nicht ausgezahlt. In Stuttgart beträgt dieser besondere Rabatt: $\frac{\text{Stromverbrauch (WSt).}}{\text{Inst. Lampen (Zahl)} \times 50\text{ W} \times 100}$. Die Vergütung desselben erfolgt jedoch nur da, wo er mindestens 4 % beträgt. — Dormund: Der Rabatt kann auf besondere Vereinbarung bis auf $33\frac{1}{3}$ % (4 Pf. pro HWSt) bei einem Verbrauch von mehr als 500 000 HWSt erhöht werden. Außerdem treten bei 10jähriger Vertragszeit besondere Ermäßigungen des Preises ein. — Cöln: Der Rabatt wird berechnet nach dem Produkt Mark $\times$ Brennstunden und beträgt $2{,}5$ bis $39{,}96$ %, wenn der Wert dieses Produktes 250 000 bezw. 200 Millionen übersteigt.

Sp. 11 bis 17. Der Strom, der, wenn auch nur teilweise, zur Erzeugung oder Aufspeicherung elektrischer Energie für Beleuchtungszwecke dient, ist fast überall von der angegebenen Preisermäßigung ausgeschlossen. Durch = wird bezeichnet, daß der Rabatt für den

Beleuchtungs- und den Arbeitsstrom zusammen gewährt wird. — Altona: Der angegebene Preis gilt für die Hektowattstunde (im Gegensatz zu dem Preise für Lichtstrom). — Bochum, Dortmund und München: Außer dem Rabatt werden unter den bereits oben angegebenen Bedingungen nach Jahresschluß folgende Prämien auf den Kraftstromverbrauch gewährt. Bochum: $\frac{\text{Stromverbrauch (HWSt)}}{300 \times \text{angeschloss. Hektowatt}}$ %, Dortmund ebensoviel, jedoch nicht über 30 %, München: $\frac{\text{Stromverbrauch (HWSt)}}{600 \times \text{angeschloss. Hektowatt}}$ %. — Cöln: Der in zweiter Linie angegebene Preis gilt für den Kraftstromverbrauch bei überwiegendem Tagesbetrieb. — Dortmund: Der Rabatt kann auf besondere Vereinbarung bis auf 49,5 % (1,01 Pf. pro HWSt) bei einem Verbrauch von mehr als 3 750 000 HWSt erhöht werden. Bei zehnjähriger Vertragszeit treten auch für den Kraftverbrauch besondere Ermäßigungen ein. — Düsseldorf: Der Preis für gewerbliche und sonstige Zwecke wird durch besondere Vereinbarungen festgestellt (2 bis 5 Pf. pro HWSt). — Halle a. S.: Bei unbeschränkter Benutzungszeit werden pro HWSt und Jahr für die ersten 300 Stunden der im Mittel gleichzeitig verbrauchten HW: 6 Pf., für die übrigen Verbrauchsstunden 0,5 Pf. berechnet, bei beschränkter Benutzungszeit von 8 Uhr Vormittags bis 4 Uhr Nachmittags: 2 Pf. bezw. 1 Pf. — Stuttgart: Der Rabatt steigt von 1 % bis 18 % für einen Verbrauch von 5000 bis 100 000 HWSt, für jede weiteren 100 000 HWSt um 4 % bis zum Höchstbetrage von 38 %.

Außer dem Strompreis waren in Liegnitz Prüf- und Abnahmegebühren zu zahlen. In Dortmund werden die Lampen kostenlos geliefert und ersetzt.

Die Elektrizitätsmesser sind allgemein entweder käuflich zu erwerben oder gegen Miete zu leihen, nur in Berlin (ohne Vororte), in Danzig und Spandau werden sie unentgeltlich gestellt; in Mainz erhält die Staatsbahn die Messer unentgeltlich.

Sp. 18 bis 22. Dresden: Für die öffentliche Beleuchtung kommt als Strompreis der Selbstkostenpreis in Ansatz; deshalb in [ ] eingeschlossen. — Straßburg i. E.: Der Verbrauch über 30 000 HWSt kostet nur 3,8 Pf. pro HWSt. — Aachen und Cassel: Für die öffentliche Beleuchtung, einschl. der Unterhaltung etc. der Lampen, werden Pauschalsummen gezahlt (4 383 M. für 20 Bogenlampen bezw. 1674 M. für 26 Bogenlampen). — Bremen: Für den Strom zur öffentlichen Beleuchtung und die Bedienung und Unterhaltung der Lampen kommen bestimmte von der Größe der Lampen und der Zahl ihrer Brennstunden abhängige Jahressätze in Anrechnung, deren Höhe jedoch nicht angegeben ist. — Für die Bedienung und Unterhaltung der öffentlichen Lampen werden pro Lampe und Jahr gezahlt in Berlin 100 und 190 M. für die halb- bezw. ganznächtige Bogenlampe, in Breslau 33 M., in Hannover rund 70 M. pro Bogenlampe und Jahr. — In Frankfurt a. M. werden die Selbstkosten mit 10 % Zuschlag vergütet. — In Liegnitz werden als Vergütung gewährt $7\frac{1}{2}$ Pf. für je zwei Bogenlampen und die KWSt. — In München, Plauen i. V. und Elberfeld besteht für die Bedienung und Unterhaltung der öffentlichen Beleuchtung eine besondere Verwaltung. Im übrigen werden den Werken, soweit in Sp. 22 eine 1 eingetragen ist, die betr. Selbstkosten erstattet.

Sp. 23. Berlin: Auf den Strompreis für den Straßenbahnbetrieb werden bis ca. 10 % Rabatt bei einem Stromverbrauch von 10 Millionen Kilowattstunden gewährt. — Cassel: 3 % bis 15 % Rabatt bei einem Stromverbrauch von 50 000 bis 150 000 M. — München: Es sind pro Motorwagenkilometer 6 Pf., pro Anhängewagenkilometer 3 Pf. (ohne Rabatt) zu zahlen. — Zwickau: Die Straßenbahn wird von dem Elektrizitätswerk selbst betrieben, es kommen deshalb nur die Selbstkosten zur Verrechnung.

Gegenüber den Tarifen der vorigen Berichtsperiode zeigen die Tarife der vorliegenden Tabelle für viele Städte eine beträchtliche Herabsetzung. Diese Herabsetzung ist bisweilen erst gegen Ende, in einigen Städten (Altona, Kiel, Mainz) sogar erst nach Ablauf der Beeichtsperiode erfolgt. Über die Angaben der Tabelle hinaus ist außerim der Preis im Jahre 1902 ermäßigt worden in Königsberg (auf 6,5 Pf. für die Ampèrestunde bei 110 Volt) und Danzig (Motorenstrom auf 2 Pf. pro HWSt). Bedeutende Strompreisherabsetzungen standen nahe bevor in Breslau und Karlsruhe.

Tabelle VIII.

Sp. 2 bis 5. Duisburg: Die Lampen werden von der elektrischen Hafenbeleuchtungsanlage bedient. — Lübeck: 4 elektrische Bogenlampen auf der Burgtorbrücke und 42 Glühlampen auf den Quais brennen nur nach Bedarf.

Sp. 6 und 7. Bei einem Vergleich der Laternenzahl in den einzelnen Städten ist zu beachten, daß verschiedentlich, z. B. in München, die Gaslaternen von den mit elektrischer Beleuchtung versehenen Straßen entfernt worden sind, anderwärts dagegen, z. B. in Cöln, nicht.

Sp. 10. Hier sind nicht nur die Laternen mit sonstigen Intensivbrennern im engeren Sinne, sondern auch Laternen mit mehreren Flammen angegeben.

Sp. 14 und 15. Spiritusglühlichtlaternen brannten außerdem ш Jahre 1901

in	Abends	Nachts	in	Abends	Nachts
Berlin	9	9	Kiel	9	2
Braunschweig	10	10	Königsberg	35	15
Breslau	277	230	Liegnitz	37	3
Cöln	39	39	Magdeburg	72	35
Duisburg	45	25	Posen	36	11
Essen	46	46	Stettin	21	—
Freiburg i. Br.	2	—			

Tabellen IX und X.

Diese Übersichten über die Rechnungsergebnisse der städtischen Gasanstalten und der städtischen Beleuchtungs-Zentralanlagen bringen zunächst nach den Rechnungsabschlüssen die Einnahmen und Ausgaben insgesamt, sowie einige der wichtigsten davon im einzelnen zur Darstellung. Soweit möglich kam dabei von dem Installationsgeschäft allein der Reingewinn in Ansatz (nicht die Brutto-Einnahmen und -Ausgaben), ferner wurde der Teil des Betriebsüberschusses, der etwa zur stärkeren Tilgung der Schulden, zu außerordentlichen Abschreibungen oder zur Erhöhung des Reservefonds diente, sogleich den betreffenden gewöhnlichen Ausgaben zugezählt.

In zweiter Linie werden in den beiden Übersichten, um einen Vergleich zu ermöglichen, in den Spalten 15–17 je die Gesamt-Einnahmen und -Ausgaben sowie die Mehr-Einnahmen unter der Voraussetzung nachgewiesen, daß 1. die Einnahmen und Ausgaben aus dem Selbstverbrauch von Gas, Nebenprodukten und elektrischem Strom (weil durchlaufende Posten) und 2. die Einnahmen und Ausgaben aus Vermögen und dergleichen (weil nicht unmittelbar zum Betrieb gehörig) unberücksichtigt bleiben, 3. die Kosten der öffentlichen Beleuchtung in allen Städten von den Anstalten unentgeltlich zu tragen seien (wie es in mehreren tatsächlich der Fall ist) und 4. die Verzinsung und Tilgung des Anlage- und Betriebskapitals sowie die Abschreibungen und die Kosten der Neuanlagen (soweit dieselben überhaupt in der laufenden Rechnung erscheinen) erst aus den Mehr-Einnahmen bestritten werden. Letztere Annahme ist zu einem richtigen Vergleich wegen der großen Verschiedenheit dieser Ausgaben (siehe Sp. 10 und 11) erforderlich. Die hiernach aus den Rechnungsabschlüssen der einzelnen Anstalten auszuscheidenden oder von anderen Verwaltungen zu übernehmenden Summen sind in den Spalten 12 bis 14 zusammengestellt. Spalte 12 enthält die etwa aus den Vorjahren übernommenen Überschüsse, die den Anstalten für die öffentliche Beleuchtung gezahlten Vergütungen, die Beträge, die für den Selbstverbrauch von Gas, Nebenprodukten oder elektrischem Strom in die Rechnungsabschlüsse eingestellt sind, die Einnahmen aus dem Vermögen und Grundbesitz und alle sonstigen nicht unmittelbar von dem Betrieb herrührenden Einnahmen, Spalte 13 die entsprechenden Ausgaben, außer denen für die öffentliche Beleuchtung, Spalte 14 die von den Städten unmittelbar oder von besonderen Verwaltungen getragenen Kosten der öffentlichen Beleuchtung. Wo die Gliederung der Tabellen wegen der Unvollständigkeit der Angaben in den Fragebogen oder wegen besonderer örtlicher Verhältnisse nur teilweise durchgeführt werden konnte — es fehlen besonders über den Selbstverbrauch und die öffentliche Beleuchtung mehrfach die richtigen Vergleichsziffern —, ist dies durch ( ) bezw. Punkt ersichtlich gemacht. Meist handelt es sich jedoch dabei nur um geringe Beträge — sie einzeln zu bezeichnen, würde zu weit führen —, so daß die Werte der Spalten 15 bis 17, besonders die beigefügten Verhältniszahlen, im großen und ganzen unter den genannten, gleichmäßig für alle Anstalten gestellten Bedingungen ein zutreffendes Bild von der Rentabilität der Betriebe gewähren.

Weiter ist in den Verhältniszahlen der Spalten 5c bezw. 6c der Erlös dargestellt, der von den Gasanstalten und elektrischen Zentralanlagen durch die Gas- und Stromabgabe an Private durchschnittlich erzielt wurde.

Endlich enthält Spalte 18 eine Zusammenstellung der Kosten der öffentlichen Beleuchtung unter der Voraussetzung, daß das Gas bezw. der elektrische Strom zu diesem Zwecke überall zu demselben Preise (10 Pf. pro cbm, 5 Pf. pro HWSt) abgegeben worden wäre. Für die Wartung und Unterhaltung der Laternen sind dabei die betreffenden tatsächlichen Ausgaben der einzelnen Städte in Ansatz gekommen.

Durch Einschließen der Zahlen in ( ) ist angedeutet:

in Spalte 2, daß der Selbstverbrauch von elektrischem Strom bei Berechnung der Einnahmen und Ausgaben auf 1000 HWSt unberücksichtigt geblieben ist,

in Spalte 4, daß in dem Preise die Vergütung für die Wartung und Unterhaltung der öffentlichen Laternen einbegriffen ist,

in Spalte 6 (Königsberg, Tab. X), daß die Resteinnahmen aus den Vorjahren für Installationen usw. eingeschlossen sind,

in Sp. 7, daß das Installationsgeschäft eine getrennte Verwaltung bildet oder daß die Gesamteinnahme statt des Reingewinns aus dem Installationsgeschäft eingesetzt ist, oder endlich, daß die Einnahme an Miete für Gas- bezw. Elektrizitätsmesser unberücksichtigt blieb, weil sie zu Abschreibungen verwendet wird,

in Sp. 16 und 17, daß die Zahlen ungenau sind, weil die Angabe für Sp. 14 fehlt (Mannheim IX B).

in Sp. 18, daß die Kosten der Wartung und Unterhaltung der Laternen nicht in Anrechnung gekommen sind.

Spalte 11. Das * deutet an, daß der ganze von den Gas- oder Elektrizitätswerken berechnete Überschuß an die Stadtkasse abgeliefert wurde. Wo das nicht der Fall war, wurde der nicht abgelieferte Teil des Überschusses zu Abschreibungen oder Neuanlagen im Interesse der Werke verwandt, also zu Ausgaben, die von anderen Werken mit in die Rechnung gesetzt worden sind.

Von den privaten und den verpachteten öffentlichen Gas- und Elektrizitätswerken gingen den betreffenden Städten, soweit darüber Nachrichten vorliegen, folgende Beträge zu:

Private Gaswerke: Aachen 151 889 M. (für das Jahr 1901) bezw. 149 936 M. (für das Jahr 1900), Dortmund 54518 bezw. 37747 M. Erfurt 30484 M. für das Jahr 1900, Frankfurt a. M. 270663 bezw. 270663 M., Schöneberg 111 080 M. für das Jahr 1900. — In Augsburg werden der Stadt von dem Werke 680000 cbm Gas unentgeltlich geliefert

Private Elektrizitätswerke: Altona 711343 M. für das Jahr 1900/01, 27941 M. für die Zeit vom 1. Juli bis 30. September 1901, seit dem 1. Oktober 1901 Eigentum der Stadt, Essen 19 071 M. im Jahre 1900, Leipzig 134023 M. (1901) bezw. 124 865 M. (1900), Magdeburg 75888 bezw. 79105 M., Schöneberg 20417 M. (1901), Spandau 1261 bezw. 1373 M. Stuttgart 111819 bezw. 96726 M., Wiesbaden 249068 bezw. 152003 M., Zwickau 1483 bezw. 4071 M.

Verpachtete Elektrizitätswerke: Charlottenburg 254000 M. für das Jahr 1901, Chemnitz 175034 M. für das Jahr 1900, Mannheim 225507 M. für das Jahr 1901 bezw. 146088 für das Jahr 1900, Plauen 130307 bezw. 108149 M., Wiesbaden 249068 bezw. 152003 M., Würzburg 74960 bezw. 74960 M.

Tabelle XI.

Der Vergleich gilt für das erste und letzte Jahr des Jahrzehnts. Zum Vergleiche werden nur diejenigen Städte herangezogen, aus welchen für beide Jahre zureichende Angaben vorlagen.

Tabelle XII.

An Stelle des Jahrzehnts mußte für das Elektrizitätswesen das Jahrfünft treten, da dasselbe vor zehn Jahren noch zu wenig entwickelt war und deshalb zu wenig Städte hätten herangezogen werden können. Alle Städte, welche erst nach dem Jahre 1896/97 ein Elektrizitätswerk eröffnet haben, mußten in der Zusammenstellung fehlen, sodaß dieselbe nur ein unvollkommenes Bild von dem Aufschwunge des Elektrizitätswesens gibt.

Für die mit † versehenen Städte fehlten die Angaben für 1901/02, und es wurde als für den Vergleich unerheblich angesehen, statt dessen die Angaben für das Jahr 1900/01 einzusetzen.

Sp. 2 und 8. Diese beiden Spalten enthalten die mittlere Bevölkerung des Gasversorgungsgebietes, welche auch der Berechnung von Sp. 18 d der Tabelle X zugrunde gelegt worden ist. Da dieses Gebiet mit dem Stadtgebiete nicht immer genau zusammenfällt, so ergeben die Berechnungen auf den Kopf (Sp. 5, 11, 17) für einige Städte einen Fehler, der aber nur für Leipzig erheblich ist. Für die Vergleichung der beiden Jahre ist er indessen auch hier ohne Bedeutung.

Sp. 4. Der Verbrauch pro Kopf ist aus dem an Dritte abgegebenen Strome (Sp. 2) berechnet.

Sp. 5 und 6. Altona, Königsberg und Lübeck berechnen den Strom in Wirklichkeit nach Ampèrestunden bei 108 bezw. 110 Volt Spannung; Breslau ist von der Berechnung nach Ampèrestunden im Jahre 1896/97 zur Berechnung nach Hektowattstunden im Jahre 1901/02 übergegangen. In der Tabelle sind die Angaben dieser Städte in HWSt umgerechnet.

I A. Allgemeines über die öffentlichen Gaswerke und die durchschnittliche Ausbeute an Gas und Nebenprodukten aus 1 Tonne Kohlen für das Jahr 1900/01.

(Erläuterungen siehe Seite 175.)

Städte	Berichtszeit (1900)	Gasversorgungsgebiet	Dessen mittlere Bevölkerung	Zahl der öffentlichen Gasanstalten	Zahl der nicht-öffentlichen Gasanstalten	Länge der Hauptleitung	Vergaste Kohlen: Menge	Vergaste Kohlen: Arten und deren Hundertteile: Gaskohle	Vergaste Kohlen: Arten und deren Hundertteile: Zusatzkohle	Durchschnittliche Ausbeute aus 1 Tonne Kohlen: Gas	Koks	Teer	Ammoniak-Wasser	Schwefelsaures Ammoniak
			Mille			km	Mille Tonnen			cbm	kg	kg	kg	kg
1.	2.	3.	4.	5.	6.	7.	8.	9.	10.	11.	12.	13.	14.	15.
Aachen*	b	>	146	1	—	108	38,0	100 a	—	287	665	43	†	—
Altona	a	=	161	1	1	124	24,1	99 a	h	282	691	47	—	9,4
Augsburg*	c	=	89	2	2	103	16,2	95 c	5 f	315	560	62	—	†
Barmen	c	=	142	2	—	.	40,2	100 a	—	285	713	43	—	†
Berlin	a	≦	1954	4	.	1018	519,6	59 b_1, 32 b_2, 9 e	—	287	685	50	103	—
Bochum	a	>	128	1	1	53	17,0	100 a	—	275	672	41	—	10,0
Braunschweig	a	>	128	2	1	86	20,3	55 a, 45 e	—	296	599	70	—	7,9
Bremen	a	>	168	1	1	220	41,7	65 e, 31 a	4 h	293	621	49	159	—
Breslau	a	>	424	3	1	245	64,1	69 b_1, 31 b_2	--	312	684	50	150	—
Cassel	a	>	108	1	1	78	21,0	100 a	—	281	700	47	(9)	—
Charlottenburg	a	<	188	2	—	166	83,6	81 a, 17 b_1, 2 b_2	—	280	724	41	106	—
Chemnitz	a	>	223	2	1	164	37,5	89 d, 8 b_1	3 e	285	593	66	—	5,4
Cöln	a	>	370	1	1	333	127,1	100 a	—	280	714	40	—	9,5
Crefeld	a	>	121	2	—	104	33,8	100 a	—	280	713	49	—	†
Danzig	a	<	116	1	—	61	15,6	65 e, 35 b	—	331	709	53	—	10,1
Dortmund*	c	=	142	2	—	102	26,3	100 a	—	290	600	48	98	—
Dresden	b	>	415	2	4	564	107,0	61 d, 31 b_1	8 f	303	565	63	105	—
Duisburg	a	<	93	1	1	119	20,3	100 a	—	277	712	49	91	—
Düsseldorf	a	=	211	1	—	195	60,4	100 a	—	295	692	44	—	9,0
Elberfeld	a	>	166	1	1	134	48,9	100 a	—	303	645	47	(7)	—
Erfurt*	a	>	94	2	—	.	.	.	.	.	.	.	.	.
Essen	a	>	180	1	2	108	26,8	100 a	—	304	668	46	—	7,5
Frankfurt a. M.*	a	>	282	2	—	.	.	.	.	.	.	.	.	.
Frankfurt a. O.*	b	=	62	.	.	.	.	.	.	.	.	.	.	.
Freiburg i. Br.	b	<	60	1	3	68	12,7	92 c, 8 e	—	310	652	62	—	2,9
Görlitz	a	=	81	1	2	56	12,9	94 b_1 und b_2	6 f	283	632	52	(11)	—
Halle a. S.	a	≧	133	2	2	126	26,9	87 a, 5 e, 5 f, 4 b	—	306	663	49	66	—
Hamburg	b	=	698	3	—	69	169,1	65 e, 31 a	3 e	304	661	47	167	—
Hannover*	a	.	.	1	1	.	.	.	.	.	.	.	.	.
Karlsruhe	d	=	97	2	—	92	37,6	90 c, 6 a	4 e	283	690	64	(12)	—
Kiel	a	<	106	2	—	80	20,8	59 g, 41 e	—	290	658	41	(7)	—
Königsberg	a	=	189	1	—	87	26,8	100 e	—	290	744	45	—	†
Leipzig	b	≶	306	2	5	344	81,9	99 g	f	286	643	56	109	—
Liegnitz	a	=	55	1	—	41	6,8	100 b_1 und b_2	—	293	†	42	—	—
Lübeck	a	<	80	2	—	95	13,5	95 e, 5 a	—	312	615	47	—	4,5
Magdeburg	a	>	233	1	1	190	46,6	100 a	—	293	698	40	133	—
Mainz	a	=	84	2	—	76	23,0	100 c	—	287	675	40	—	†
Mannheim	b	<	117	1	1	132	31,4	60 c, 34 e, 5 a	e	279	665	56	105	—
München	b	=	490	2	11	349	57,2	43 c, 22 e, 22 f	10 f	310	607	61	—	4,5
Nürnberg	b	=	261	1	1	234	47,4	62 c, 19 a, 16 f, 3 e	d	303	645	68	—	6
Plauen i. V.	b	>	75	1	—	72	15,0	96 d	4 f	275	512	62	—	5,7
Posen	a	<	117	2	1	49	16,3	100 b	—	251	689	49	—	3,2
Potsdam*	b	=	60	1	—	.	.	.	.	.	.	.	.	.
Spandau	a	=	65	1	1	.	6,5	65 e, 35 b_1	—	308	734	41	—	7,8
Stettin	a	<	210	1	1	105	28,8	100 e	—	289	680	44	—	—
Straßburg i. E.*	c	>	160	1	—	187	40,3	100 c	—	301	733	50	90	—
Stuttgart	a	<	176	1	1	138	46,1	100 c	—	274	657	62	—	†
Wiesbaden	a	=	88	1	—	83	20,6	100 c	—	311	660	56	89	—
Würzburg**	b	=	75	1	1	67	10,0	90 c, 10 a	f	302	652	54	—	- -
Zwickau	b	>	68	1	—	61	10,9	100 a	—	296	665	71	—	

I B. Allgemeines über die öffentlichen Gaswerke und die durchschnittliche Ausbeute an Gas und Nebenprodukten aus 1 Tonne Kohlen für das Jahr 1901/02.

(Erläuterungen siehe Seite 175.)

Städte	Berichtszeit (1901)	Gasversorgungsgebiet	Dessen mittlere Bevölkerung	Zahl der Gasanstalten: öffentlichen	Zahl der Gasanstalten: nicht-öffentlichen	Länge der Hauptleitung	Vergaste Kohlen: Menge	Vergaste Kohlen: Arten und deren Hundertteile: Gaskohle	Vergaste Kohlen: Arten und deren Hundertteile: Zusatzkohle	Durchschnittliche Ausbeute aus 1 Tonne Kohlen: Gas	Koks	Teer	Ammoniak-Wasser	Schwefelsaures Ammoniak
			Mille			km	Mille Tonnen			cbm	kg	kg	kg	kg
1.	2.	3.	4.	5.	6.	7.	8.	9.	10.	11.	12.	13.	14.	15.
Aachen*	b	>	146	1	—	112	38,4	100 a	—	279	646	45	†	—
Altona	a	=	163	1	1	125	24,4	100 a	—	292	686	40	—	9,[illegible]
Augsburg*	c	=	89	2	2	103	16,0	98 c	2 f	309	576	63	—	†
Berlin	a	≷	1967	4	.	1048	527,5	49 b 1, 34 b 2, 17 e	—	305	658	50	103	—
Bochum	a	>	128	1	1	62	16,7	100 a	—	283	660	40	—	6,[illegible]
Braunschweig	a	>	130	2	1	89	20,0	59 a, 41 e	—	304	601	72	—	6,[illegible]
Bremen	a	>	174	1	1	236	53,3	62 e, 37 a	h	269	635	36	133	—
Breslau	a	≷	424	3	1	258	71,3	71 b 1, 29 b 2	—	309	659	50	141	—
Cassel	a	>	108	1	1	80	22,1	100 a	—	288	668	48	(10)	—
Charlottenburg	a	=	192	2	—	175	88,7	53 a, 35 b 1, 12 e, b 2	—	282	689	45	101	—
Chemnitz	a	>	224	2	1	.	37,5	92 d, 8 b 1	—	287	579	65	—	6,[illegible]
Cöln	a	>	378	1	1	345	128,2	100 a	—	283	657	43	—	9,4
Crefeld	a	>	122	2	—	120	32,4	100 a	—	290	727	40	—	†
Danzig	a	<	116	1	—	63	15,9	78 e, 22 b	f	331	697	49	—	10,[illegible]
Dortmund*	c	=	148	2	—	110	26,4	100 a	—	287	600	45	132	—
Dresden	b	>	415	2	4	583	105,9	60 d, 32 b 1 und b 2	8 f	309	558	63	105	—
Duisburg	a	=	93	1	—	106	19,4	100 a	—	289	708	47	100	—
Düsseldorf	a	>	248	1	—	212	61,6	100 a	—	298	692	46	—	9,[illegible]
Elberfeld	a	>	168	1	1	144	50,3	100 a	—	304	649	46	(9)	—
Erfurt*	a	>	94	2	—	.	.	.	.	.	.	.	.	.
Essen	a	>	186	1	2	129	27,0	100 a	—	289	660	38	—	7,[illegible]
Frankfurt a. M.*	a	>	290	2	—	.	.	.	.	.	.	.	.	.
Frankfurt a. O.*	b	=	62	.	.	.	.	.	.	.	.	.	.	.
Freiburg i. Br.	b	<	62	1	3	70	13,4	90 c, 10 e	—	311	664	63	—	3,5
Görlitz	a	=	81	1	2	57	14,0	94 b 1 und b 2	6 f	290	628	46	(10)	—
Halle a. S.	a	≷	135	2	2	132	27,7	96 a	4 f	301	649	46	70	—
Hamburg	b	>	716	3	—	540	182,9	75 e, 25 a	—	295	634	45	142	—
Hannover*	a	>	.	1	1	.	.	.	.	.	.	.	.	.
Karlsruhe	†	=	99	2	1	93	23,6	87 c, 11 a	2 e	284	688	60	(12)	—
Kiel	a	<	112	2	—	85	23,1	52 e, 48 g	—	289	658	39	†	—
Königsberg	a	=	190	1	—	90	28,3	100 e	—	299	740	45	—	†
Leipzig	b	≷	313	2	5	356	88,4	99 g	f	285	639	54	109	—
Liegnitz	a	=	55	1	—	43	7,4	72 b 1, 28 b 2	—	289	†	50	—	—
Lübeck	a	<	80	2	—	101	14,0	94 e, 6 a	—	311	591	49	—	5,5
Magdeburg	a	>	232	1	1	198	47,1	97 a, 3 e	f	296	691	40	140	—
Mainz	a	>	86	2	2	77	23,5	100 c	—	289	705	55	—	†
Mannheim	b	<	134	2	1	140	33,4	62 c, 36 a	2 e	294	670	55	106	—
München	b	=	503	2	16	.	52,4	51 c, 19 f, 9 a, 9 e	12 f	332	598	65	—	5,2
Nürnberg	b	=	268	1	1	241	48,2	59 c, 27 a, 14 f	e	315	651	63	—	6,0
Plauen i. V.	b	>	80	1	—	76	15,6	100 d	—	277	530	62	—	5,8
Posen	a	<	117	2	1	62	18,5	100 b	—	243	608	50	—	3,2
Potsdam*	b	=	60	1	—	.	.	.	.	.	.	.	.	.
Schöneberg*	a	=	105	1	—	.	.	.	.	.	.	.	.	.
Spandau	a	=	66	1	1	.	7,1	64 e, 36 b	—	306	†	83	—	11,[illegible]
Stettin	a	<	215	1	1	114	34,9	100 e	—	270	660	39	—	—
Strassburg i. E.*	c	>	160	1	—	198	42,3	100 c	—	294	657	50	90	—
Stuttgart	a	<	176	1	1	144	50,6	100 c	—	275	660	60	—	†
Wiesbaden	a	=	90	1	—	86	22,5	100 c	—	314	679	56	90	—
Würzburg	b	=	77	1	1	69	10,9	89 c, 11 a	—	302	661	54	—	4,[illegible]
Zwickau	b	>	69	1	—	62	11,4	100 d	—	310	647	68	—	6,2

IIA. Der Gasverbrauch im Jahre 1900/01.

(Erläuterungen siehe Seite 176).

a = Mille cbm, b = In Prozent des Nutzgases (Sp. 4), c = Durchschnittlich auf den Kopf der mittleren Bevölkerung cbm, d = In Prozent der Gesamtgasabgabe (Sp. 2).

Städte	Gesamtgasabgabe		Nachgewiesener Gasverbrauch (Nutzgas)	Davon kommen auf					Insbesondere Verbrauch				Gasverlust	
				die Straßen-Beleuchtung		die Stadt und den Privatverbrauch			der Gasmotoren		zum Kochen, Heizen pp.			
	a	c	a	a	b	a	b	c	a	b	a	b	a	d
1.	2.	3.	4.	5.	6.	7.	8.	9.	10.	11.	12.	13.	14.	15.
achen*. . .	10 532	72	10 222	1 029	10,1	9 043	88,5	62	495	4,8	2 103	20,6	310	2,9
ltona . . .	6 770	42	6 287	1 190	18,9	4 971	79,1	31	404	6,4	1 203	19,1	483	7,1
ugsburg* . .	5 105	57	4 676	629	13,5	3 920	83,8	44	596	12,7	483	10,3	429	8,4
armen . . .	12 267	16	11 663	1 186	10,2	10 277	88,1	72	1 403	12,0	4 382	37,6	604	4,9
erlin . . .	149 181	76	145 733	10 867	7,5	133 667	91,8	68	.	.	.	.	3 448	2,3
ochum . . .	4 667	36	4 405	397	9,0	3 971	90,1	31	1 618 = 36,7				262	5,6
raunschweig .	6 002	47	5 642	810	14,4	4 768	84,5	37	1 197 = 21,2				360	6,0
remen . . .	13 329	79	12 325	1 520	12,3	10 692	86,8	64	723	5,9	4 617	37,5	1 004	7,5
eslau . . .	20 006	47	19 027	2 484	13,1	16 184	85,1	38	.	.	.	.	979	4,9
assel . . .	5 902	55	5 432	930	17,1	4 335	79,8	40	425	7,8	1 067	19,6	470	8,0
arlottenburg.	23 407	125	22 978	1 806	7,9	20 545	89,4	109	.	.	.	.	429	1,8
hemnitz . .	10 712	48	10 450	1 488	14,2	8 870	84,9	40	.	.	.	.	262	2,4
öln	35 583	96	32 102	4 776	14,9	26 793	83,5	72	3 506	10,9	6 879	21,4	3 481	9,8
efeld . . .	9 506	79	8 457	953	11,3	7 336	86,7	61	785	9,3	3 126	37,0	1 049	11,0
anzig . . .	5 162	45	4 916	519	10,6	4 349	88,5	37	376	7,6	653	13,3	246	4,8
ortmund* . .	7 631	54	7 127	962	13,5	5 991	84,1	42	364	5,1	997	14,0	504	6,6
resden . . .	32 476	78	31 901	4 199	13,2	27 618	86,6	67	8 101 = 25,4				575	1,8
uisburg . .	5 642	61	5 111	647	12,7	4 376	85,6	47	873	17,1	846	16,6	531	9,4
üsseldorf . .	17 830	85	16 579	1 498	9,0	14 846	89,5	70	7 695 = 46,4				1 251	7,0
berfeld . .	14 810	89	13 935	972	7,0	12 790	91,8	77	5 421 = 39,0				875	5,9
ssen. . . .	8 128	45	7 139	1 556	21,8	5 471	76,6	30	.	.	.	.	989	12,1
eiburg i. Br. .	3 922	65	3 610	383	10,6	3 149	87,2	52	261	7,2	919	25,4	312	8,0
örlitz . . .	3 642	45	3 476	639	18,4	2 797	80,5	35	1 575 = 45,3				166	4,6
alle a. S. . .	8 222	62	7 659	1 295	16,9	6 254	81,7	47	998	13,0	838	10,9	563	6,8
amburg . .	52 648	75	49 281	9 899	20,1	39 383	79,9	56	2 483	5,0	7 346	14,9	(3367)	(6,4)
arlsruhe . .	10 620	109	9 946	1 030	10,4	8 673	87,2	89	872	8,8	3 095	31,1	674	6,3
el	6 042	57	5 750	1 204	20,9	4 473	77,8	42	436	7,6	1 456	25,3	292	4,8
önigsberg . .	8 939	47	8 099	1 401	17,3	6 528	80,6	35	407	5,0	1 602	19,8	840	9,4
eipzig . . .	23 419	77	23 378	1 986	8,5	21 122	90,3	69	4 276	18,3	1 071	4,6	41	0,2
egnitz . . .	1 981	36	1 761	252	14,3	1 476	83,8	27	81	4,6	181	10,3	220	11,1
übeck . . .	4 220	53	3 927	948	24,1	2 921	74,4	37	252	6,4	763	19,4	293	6,9
agdeburg . .	13 652	59	12 367	1 507	12,2	10 757	87,0	46	862	7,0	3 458	28,0	1 285	9,4
ainz	6 432	77	5 949	743	12,5	5 081	85,4	60	907	15,2	1 767	29,7	483	7,5
annheim . .	8 735	75	8 321	828	10,0	7 329	88,1	63	898	10,8	2 445	29,4	414	4,7
ünchen . .	17 698	36	15 665	1 774	11,3	13 643	87,1	28	1 718	11,0	2 022	12,9	2 033	11,5
ürnberg . .	14 363	55	13 889	1 725	12,4	12 005	86,4	46	2 472	17,8	2 625	18,9	474	3,3
lauen i. V. .	4 187	56	4 162	453	10,9	3 680	88,4	49	276	6,6	1 204	28,9	25	0,6
osen. . . .	5 082	43	4 897	574	11,7	4 266	87,1	36	268	5,5	1 096	22,4	185	3,6
pandau . . .	1 997	31	1 747	142	8,1	1 573	90,0	24	.	.	.	.	250	12,5
tettin . . .	8 324	40	8 095	1 576	19,5	6 442	79,6	31	344	4,2	1 923	23,8	229	2,8
traßburg i. E.*	12 117	76	10 830	1 412	13,0	9 293	85,8	58	.	.	.	.	1 287	10,6
tuttgart . .	12 627	72	12 020	1 289	10,7	10 544	87,7	60	851	7,1	3 933	32,7	607	4,8
iesbaden . .	6 402	73	6 304	559	8,9	5 649	89,6	64	582	9,2	1 748	27,7	98	1,5
ürzburg . .	3 016	40	2 817	344	12,2	2 419	85,9	32	340	12,1	572	20,3	199	6,6
wickau . . .	3 226	47	3 032	341	11,2	2 624	86,5	39	135	4,5	374	12,3	194	6,0

IIB. Der Gasverbrauch im Jahre 1901/02.

(Erläuterungen siehe Seite 176).

a = Mille cbm, b = In Prozent des Nutzgases (Sp. 4), c = Durchschnittlich auf den Kopf der mittleren Bevölkerung cbm, d = In Prozent der Gesamtgasabgabe (Sp. 2).

Städte	Gesamt-gasabgabe		Nachgewiesener Gasverbrauch (Nutzgas)	Davon kommen auf					Insbesondere Verbrauch				Gasverlust	
				die Straßen-Beleuchtung		die Stadt und den Privatverbrauch			der Gasmotoren		zum Kochen, Heizen pp.			
	a	c	a	a	b	a	b	c	a	b	a	b	a	d
1.	2.	3.	4.	5.	6.	7.	8.	9.	10.	11.	12.	13.	14.	15.
Aachen*	10 722	73	10 528	1 021	9,7	9 352	89,0	64	495	4,7	2 512	23,9	194	1,8
Altona	7 110	44	6 667	1 192	17,9	5 342	80,1	33	433	6,5	1 529	22,9	443	6,2
Augsburg*	5 023	56	4 690	652	13,9	3 914	83,5	44	604	12,9	561	12,0	333	6,6
Berlin	161 160	82	156 053	11 251	7,2	143 466	91,9	73	.	.	.	.	5 107	3,2
Bochum	4 739	37	4 444	439	9,9	3 964	89,2	31	.	.	.	.	295	6,2
Bräunschweig	6 092	47	5 649	843	14,9	4 739	83,9	36	1 236 = 21,9				443	7,3
Bremen	14 918	86	13 769	1 698	12,3	11 928	86,6	69	715	5,2	5 381	39,1	1 149	7,7
Breslau	22 049	52	20 576	2 718	13,2	17 502	35,1	41	.	.	.	.	1 473	6,7
Cassel	6 356	59	5 956	947	15,9	4 853	81,5	45	460	7,7	1 375	23,1	400	6,3
Charlottenburg	25 032	130	24 589	2 005	8,2	22 110	89,9	115	.	.	.	.	443	1,8
Chemnitz	10 790	48	10 520	1 593	15,1	8 799	83,6	39	.	.	.	.	270	2,5
Cöln	36 285	96	33 141	5 098	15,4	27 496	83,0	73	3 585	10,8	7 577	22,9	3 144	8,7
Crefeld	9 483	78	8 677	1 000	11,5	7 503	86,5	62	845	9,7	3 272	37,7	806	8,5
Danzig	5 276	45	5 004	535	10,7	4 428	88,5	38	370	7,4	825	16,5	272	5,2
Dortmund*	7 586	51	7 321	1 002	13,7	6 143	83,9	42	852	4,8	1 178	16,0	265	3,5
Dresden	32 681	79	31 277	4 291	13,7	26 907	86,0	65	7 872 = 25,2				1 403	4,3
Duisburg	5 615	60	5 122	737	14,4	4 295	83,9	46	821	16,0	916	17,9	492	8,8
Düsseldorf	18 359	74	17 077	1 564	9,2	15 282	89,5	62	8 055 = 47,2				1 282	7,0
Elberfeld	15 282	91	14 229	981	6,9	13 072	91,9	78	5 788 = 40,7				1 053	6,9
Essen	7 798	42	6 862	1 762	25,7	5 014	73,1	27	1 418 = 20,7				936	12,0
Freiburg i. Br.	4 156	67	3 822	371	9,7	3 368	88,1	54	263	6,9	1 229	32,2	334	8,0
Görlitz	4 067	50	3 862	685	17,7	3 118	80,7	38	1 499 = 38,8				205	5,0
Halle a. S.	8 325	62	7 780	1 369	17,6	6 303	81,0	47	912	11,7	1 033	18,3	545	6,5
Hamburg	55 555	78	50 082	9 821	19,6	40 261	80,4	56	2 498	5,0	9 598	19,2	(5473)	(9,9)
Karlsruhe	6 708	68	6 198	674	10,9	5 377	86,8	54	560	9,0	2 015	32,5	510	7,6
Kiel	6 653	59	6 206	1 244	20,0	4 878	78,6	44	423	6,8	1 828	29,5	447	6,7
Königsberg	9 724	51	8 883	1 515	17,1	7 184	80,9	38	528	5,9	2 029	22,8	841	8,6
Leipzig	25 117	80	25 007	2 124	8,5	22 589	90,3	72	4 448	17,7	1 547	6,2	110	0,4
Liegnitz	2 140	39	1 925	266	13,8	1 622	84,3	29	78	4,1	233	12,1	215	10,0
Lübeck	4 358	54	4 058	913	22,5	3 086	76,0	39	239	5,9	942	23,2	300	6,9
Magdeburg	13 945	60	12 890	1 567	12,2	11 224	87,1	48	834	6,5	3 938	30,6	1 055	7,[illegible]
Mainz	6 783	79	6 374	776	12,2	5 435	85,3	63	2 870 = 45,0				409	6,[illegible]
Mannheim	9 823	73	9 345	963	10,3	8 177	87,5	61	798	8,5	3 310	35,4	478	4,[illegible]
München	17 391	35	15 691	1 896	12,1	13 552	86,4	27	1 371	8,7	2 684	17,1	1 700	9,[illegible]
Nürnberg	15 194	57	14 594	1 710	11,7	12 742	87,8	48	2 586	17,7	3 366	23,1	600	3,[illegible]
Plauen i. V.	4 908	61	4 822	542	11,2	4 237	87,9	53	244	5,1	1 542	32,0	86	1,[illegible]
Posen	5 907	50	5 617	604	10,8	4 701	83,7	40	363	6,5	1 284	22,9	290	4,[illegible]
Potsdam	4 197	70	3 963	.	.	.	.	.	.	.	.	.	234	5,[illegible]
Spandau	2 166	33	1 894	144	7,6	1 715	90,5	26	.	.	.	.	272	12,[illegible]
Stettin	9 306	43	9 279	1 685	18,2	7 487	80,7	35	406	4,4	2 567	27,7	27	0,[illegible]
Straßburg i. E.*	12 451	78	11 226	1 413	12,6	9 671	86,1	60	460	4,1	5 185	46,2	1 225	9[illegible]
Stuttgart	13 885	79	13 400	1 268	9,5	11 936	89,1	68	6 156 = 45,9				485	3[illegible]
Wiesbaden	7 052	78	6 740	626	9,3	6 024	89,4	67	.	.	.	.	312	4[illegible]
Würzburg	3 307	43	3 097	358	11,6	2 683	86,6	35	358	11,6	789	25,5	210	6[illegible]
Zwickau	3 548	51	3 310	367	11,1	2 882	87,1	42	133	4,0	496	15,0	238	6[illegible]

IIIA. Die an die öffentlichen Gaswerke angeschlossenen Gaskraftmaschinen sowie die nichtöffentlichen Anlagen (Blockstationen) zur Erzeugung elektrischen Lichtes im Jahre 1900/01.

(Erläuterungen siehe Seite 177).

Städte	Gaskraftmaschinen							Nichtöffentliche elektrische Beleuchtungs-Anlagen				
	Anzahl	Mit		Davon				Zahl der Anlagen	Zahl der angeschlossenen			
		im ganzen PS.	durchschnittl. PS.	für elektr. Licht	mit PS.	Kleinmotoren bis zu 2 PS.			Bogenlampen	Glühlampen	Motoren	sonstigen Apparate
						überh.	in %					
1.	2.	3.	4.	5.	6.	7.	8.	9.	10.	11.	12.	13.
Aachen*	.	412	.	.	.	.	.	.	.	.	.	.
Altona	115	478	4,2	.	.	64	56	.	.	.	.	.
Augsburg*	195	837	4,3	26	208	62	32	26	.	.	.	.
Barmen	419	1 017	.	.	.	.	.	.	.	.	.	.
Berlin	1 162	.	.	122	.	417	61	.	25 366	593 701	7239	998
Bochum	.	427	.	8	60	.	.	.	.	.	.	.
Braunschweig	150	481	3,2	6	54	88	59	65	947	26 540	115	—
Bremen	192	831	4,3	1	6	78	41	.	.	.	.	.
Breslau	.	1 481	.	55	687	.	.	.	.	.	.	.
Cassel	113	489	4,3	5	59	44	39	.	.	.	.	.
Charlottenburg	.	762	.	.	.	.	.	.	.	.	.	.
Chemnitz	.	1 208	.	.	.	.	.	.	.	.	.	.
Cöln	.	2 968	.	49	738	.	.	137	2 426	79 973	452	123
Crefeld	196	844	4,3	12	162	29	15	96	1 009	21 786	65	—
Danzig	71	388	5,5	.	.	19	27	.	.	.	.	.
Dortmund*	94	390	4,1	11	169	54	57	47	1 597	15 544	325	—
Dresden	439	4 627	10,5	135	2 276	208	47	115	892	26 794	135	—
Duisburg	144	700	4,9	14	183	69	48	8	86	1 756	4	—
Düsseldorf	331	2 017	6,1	9	113	133	40		.	.	.	.
Elberfeld	254	866	3,9	8	69	170	67	57	330	8 975	18	—
Essen	132	792	6,0	15	352	.	.	.	.	.	.	.
Frankfurt a. M.*	.	.	.	.	.	.	.	90	1 455	37 195	358	—
Freiburg i. Br.	103	371	3,6	5	25	43	42	44	75	4 152	44	—
Görlitz	66	.	.	10	110	23	35	10	.	.	68	—
Halle a. S.	172	862	5,0	15	223	71	41	72	557	12 141	13	—
Hamburg	383	2 661	6,9	.	.	144	38	.	.	.	.	.
Karlsruhe	189	1 099	5,8	17	247	82	43	36	858	10 489	12	150
Kiel	130	463	3,6	7	64	77	59	86	110	1 409	28	—
Königsberg	53	539	10,2	.	.	20	38	.	.	.	.	.
Leipzig	466	2 194	4,7	43	539	208	45	315	5 050	72 600	650	
Liegnitz	29	94	3,2	2	10	17	59	222	135	4 020	53	3
Lübeck	74	315	4,3	.	.	37	50	8	68	1 033	40	8
Magdeburg	266	.	.	.	.	141	53	118	2 128	61 566	499	189
Mainz	.	829	.	18	216		.	.	.	.	.	.
Mannheim	161	780	4,6	16	192	59	37	.	.	.	.	.
München	395	2 535	6,4	64	962	170	43	.	.	.	.	.
Nürnberg	500	2 317	4,6	16	166	205	41	.	.	.	.	.
Plauen i. V.	43	184	4,3	8	74	22	51	44	184	6 707	12	—
Posen	38	371	9,8	8	255	14	37	21	486	6 885	177	—
Potsdam*	.	390	.	10	134	.	.	.	.	.	.	
Stettin	84	412	5,0	2	32	26	31	67	924	12 817	312	—
Straßburg i. E.*	.	531	.	.	.	.	.	.	.	.	.	.
Stuttgart	176	745	4,2	2	16	65	37	.	.	.	.	.
Wiesbaden	92	.	.	.	.	44	.	48	.	.	.	.
Würzburg	84	416	5,0	12	118	.	.	.	.	.	.	.
Zwickau	48	163	3,4	7	47	25	.	.	.	.	.	.

IIIB. Die an die öffentlichen Gaswerke angeschlossenen Gaskraftmaschinen, sowie die nichtöffentlichen Anlagen (Blockstationen) zur Erzeugung elektrischen Lichtes im Jahre 1901/02.

(Erläuterungen siehe Seite 177).

Städte	Gaskraftmaschinen							Nichtöffentliche elektrische Beleuchtungs-Anlagen				
	Anzahl	Mit		Davon				Zahl der Anlagen	Zahl der angeschlossenen			
		im ganzen PS.	durchschnittl. PS.	für elektr. Licht	mit PS.	Kleinmotoren bis zu 2 PS. überh.	Kleinmotoren bis zu 2 PS. in %		Bogenlampen	Glühlampen	Motoren	sonstigen Apparate
1.	2.	3.	4.	5.	6.	7.	8.	9.	10.	11.	12.	13.
Aachen*	.	424	.	.	.	.	.	.	.	.	.	.
Altona	110	470	4,3	.	.	61	55	.	.	.	.	.
Augsburg*	193	813	4,2	26	208	62	32	26	.	.	.	.
Berlin	1 064	8 432	7,9	122	.	364	34	.	25 366	593 701	7239	998
Bochum	.	420	.	8	60	.	.	.	.	.	.	.
Braunschweig	153	467	3,1	5	44	85	56	65	1 133	28 948	179	—
Bremen	200	874	4,4	1	6	78	39	.	.	.	.	.
Breslau	264	1 606	6,1	.	.	.	.	.	.	.	.	.
Cassel	117	497	4,2	3	46	45	38	.	.	.	.	.
Charlottenburg	.	754	.	.	.	.	.	.	.	.	.	.
Chemnitz	.	1 251	.	.	.	.	.	.	.	.	.	.
Cöln	675	3 382	5,0	61	1 023	293	43	137	2 426	79 973	452	123
Crefeld	195	825	4,2	12	160	33	17	96	1 009	21 786	62	—
Danzig	77	516	6,7	.	.	25	32	.	.	.	.	.
Dortmund*	91	383	4,2	11	169	53	58	47	1 597	15 544	325	—
Dresden	653	4 917	7,5	142	2 445	213	33	120	1 035	26 560	142	—
Duisburg	156	706	4,5	.	.	.	.	.	.	.	.	.
Düsseldorf	359	2 212	6,2	11	130	139	39	.	.	.	.	.
Elberfeld	256	851	3,3	7	58	172	67	57	460	9 862	27	—
Essen	116	551	4,8	6	129	54	47	.	.	.	.	.
Frankfurt a. M.*	.	.	.	.	.	.	.	94	1 499	37 835	410	11
Freiburg i. Br.	101	363	3,6	3	17	43	43	46	74	4 152	49	10
Görlitz	68	326	4,8	11	111	23	34	.	.	.	.	.
Halle a. S.	173	880	5,1	14	220	73	42	.	.	.	.	.
Hamburg	381	3 251	8,5	.	.	.	.	.	.	.	.	.
Karlsruhe	182	1 102	6,1	.	.	.	.	36	358	10 489	12	150
Kiel	125	447	3,6	5	45	68	54	.	.	.	.	.
Königsberg	.	940	.	.	.	.	.	.	.	.	.	.
Leipzig	464	2 168	4,7	44	514	229	49	330	5 200	75 400	700	
Liegnitz	32	108	3,4	2	10	17	53	222	135	4 020	53	3
Lübeck	71	320	4,5	.	.	33	46	44	131	4 908	34	—
Magdeburg	271	.	.	.	.	145	54	130	2 795	71 464	787	374
Mainz	127	753	5,9	16	172	.	.	.	.	.	.	.
Mannheim	151	754	5,0	16	179	58	38	.	.	.	.	.
München	312	2 090	6,7	56	810	98	31	.	.	.	.	.
Nürnberg	509	2 546	5,0	11	149	296	58	.	.	.	.	.
Plauen i. V.	43	184	4,3	8	86	22	51	.	.	.	.	.
Posen	38	371	9,8	.	.	35	92	21	486	6 885	177	—
Potsdam*	110	494	4,5	15	153	47	43	21	202	3 858	.	.
Spandau	3	30	10,0	.	.	—	—	.	.	.	.	.
Stettin	95	486	5,1	5	89	26	27	65	948	13 550	315	—
Straßburg i. E.*	121	531	4,4	.	.	.	.	.	.	.	.	.
Stuttgart	165	748	4,5	2	16	62	38	.	.	.	.	.
Wiesbaden	77	.	.	.	.	31	40	.	.	.	.	.
Würzburg	84	416	5,0	10	129	.	.	.	.	.	.	.
Zwickau	50	187	3,7	7	69	25	50	39	860	9 862	173	8

IV. Der Preis des Gases (pro cbm) Ende 1901/02.

(Erläuterungen siehe Seite 177.)

Städte	Gas für Private											Ob die Gasmesser unentgeltlich	Gas für städtische Gebäude	Gas zur öffentlichen Beleuchtung	Ob ausserdem Entschädigung für die Unterhaltung und die Bedienung der Laternen
	Zu Beleuchtungszwecken							Sonstiger Verbrauch							
	Grundpreis	Niedrigster Preis	Rabatt		Wird gewährt auf einen Verbrauch		Der Rabatt gilt je nur für den Mehrverbrauch	Für Kraftmaschinen	Zu Koch-, Heiz- etc. Zwecken	Ob mit Rabatt				
	Pf.	Pf.	von	bis	von Mille cbm	bezw. von (bezw. ℳ)		Pf.	Pf.			Pf.	Pf.	
1.	2.	3.	4.	5.	6.	7.	8.	9.	10.	11.	12.	13.	14.	15.
achen* . . .	16	12	1	4 Pf.	5	100 m³	—	12		—	—	=	†	1
ltona . . .	20		—	—	—	—		12		—	—	20	13,6	—
ugsburg* . .	(22)	19,8	(3)	10%	2,5	25 m³	—	16	14	—	(1)	†	unentgeltlich	
armen . . .	15		—	—	—	—	—	10	8	—	—	=	†	—
erlin. . . .	13		5%		—	—	—	=		1	—	=	unentgeltlich	
ochum . . .	14	11,5	0,5	2,5 Pf.	5	90 m³	—	7		(1)	—	12	unentgeltlich	
„ . . .	16	13,5	0,5	2,5 Pf.	5	90 m³	—	8		—	—	—	—	—
raunschweig .	17		—	—	—	—	—	13		—	—	=	†	—
remen . . .	16		—	—	—	—	—	11	12	—	—	=	†	—
reslau . . .	(18)	15,3	(2)	15%	2	50 m³	—	10		—	(1)	[8,5]	[8,5]	—
assel. . . .	16	15,2	2	5%	0,3	1,0 ℳ	—	10 bezw. 13		—	—	15	10	1
harlottenburg	13		—	—	—	—	—	=		—	—	10	10	1
hemnitz . .	18	17	1 Pf.		10 m³		—	13		—	—	15	10	1
öln	16	13	1	3 Pf.	2,5	25 m³	1	10		1	—	=	unentgeltlich	
refeld . . .	18	15	0,5	3 Pf.	5	50 m³	1	10		—	—	=	†	—
anzig . . .	17		—	—	—	—	—	12		—	(1)	=	unentgeltlich	
ortmund* . .	16	11	1	5 Pf.	20	60 m³	1	10		—	—	=	†	—
resden . . .	16	12,8	3	20%	1,0	60,0 ℳ	—	12		—	—	[11]	.	1
uisburg. . .	16	12	1	4 Pf.	8	50 m³	—	10		1	(1)	unentgeltlich		
üsseldorf . .	16	12,5	1	3,5 Pf.	3	100 m³	1	8		—	—	=	unentgeltlich	
lberfeld. . .	16	8,8	1	7,2 Pf.	20	800 m³	1	8		—	(1)	10	10	1
rfurt* . . .	18	15	1	3 Pf.	3	15 m³	1	13		1	—	14	†	—
ssen	15	13	0,5	2 Pf.	10	25 m³	—	10		—	—	10	11,4	—
rankfurt a. M.*	37	33,3	5	10%	4,2	12,6 m³	—	27	=	—	(1)	33,3	14,69	1
„ „	15,7	14,13	5	10%	10	30 m³	—	12	=	—	(1)	14,13	6,5	1
rankfurt a. O.*	16		—	—	—	—	—	13		—	—	14	13	—
reiburg i. Br.	20	18	5	10%	3	30 m³	—	14		1	(1)	=	15	—
örlitz . . .	18	16	1	2 Pf.	8	20 m³	—	12		—	1	16	9	1
alle a. S. . .	16	13,5	0,5	2,5 Pf.	10	50 m³	(1)	10		1	(1)	=	10	1
amburg . .	18		—	—	—	—	—	12		—	—	18	10	—
arlsruhe . .	18	12	1,7	6 Pf.	33,3	250 m³	—	12		—	1	9	7	(1)
iel	20	16,4	3	20%	2,0	20,0 ℳ	(1)	14		—	—	=	unentgeltlich	
önigsberg . .	16		—	—	—	—	—	12		—	(1)	=	[.]	1
eipzig . . .	18	17,1	2	5%	5	30 m³	—	12		—	—	†	†	1
iegnitz . . .	17	14	1	3 Pf.	15	50 m³	—	13		—	1	14	14	1
übeck . . .	18	14,4	5	20%	2,5	10 m³	1	12		—	—	=	unentgeltlich	
agdeburg . .	18	15	1	3 Pf.	15	45 m³	—	10		—	—	8 bezw. 6	13	—
ainz. . . .	18		—	—	—	—	—	12		—	—	18	9	—
annheim . .	18	11	2	7 Pf.	1,0	50 m³	1	12		1	—	10	10	—
ünchen . .	23	16,56	2,5	28%	5	224 m³	—	23	14	(1)	—	=	12,76	†
ürnberg . .	18		—	—	—	—	—	12		—	1	10	10	—
lauen i. V. .	19	15,15	2	15%	6	25 m³	—	13 bezw. 15		1	(1)	12	12	—
osen. . . .	17		—	—	—	—	—	10		—	(1)	10	10	—
otsdam* . .	16	15	0,5	1 Pf.	10	25 m³	—	12		1	—	14	†	—
chöneberg* .	13		5		—	—	—	=		1	—	=	†	—
pandau . . .	15		—	—	—	—	—	=		—	1	=	10	—
tettin . . .	15		—	—	—	—	—	10		—	—	8	8	—
traßburg i. E.*	16		—	—	—	—	—	12		—	(1)	8	8	—
tuttgart. . .	16		—	—	—	—	—	11		—	1	10	10	—
iesbaden . .	12 bezw. 16		—	—	—	—	—	=		—	(1)	=	unentgeltlich	
ürzburg . .	20		—	—	—	—	—	12		—	—	11	11	—
wickau . . .	17	14,28	9	16%	0,5	20,0 ℳ	—	12		1	—	11,9	11,9	—

VA. Die Anschlüsse an die öffentlichen elektrischen Beleuchtungswerke (mit Ausnahme der Straßenbahnen) und ihr Energiebedarf im Jahre 1900/01.

(Erläuterungen siehe Seite 179).

Städte	Abnehmer	Angeschlossene Bogen-lampen	Glüh-lampen	Motoren überhaupt	mit zus. PS.	bis zu 2 PS. überhaupt	bis zu 2 PS. in %	Apparate	Hektowatt der angeschlossenen Lampen	Motoren	Apparate	zusammen	Von je 100 kamen auf Motoren und Apparate
1.	2.	3.	4.	5.	6.	7.	8.	9.	10.	11.	12.	13.	14.
Aachen	419	805	20 701	136	487	64	47	54	14 210	4 210	810	19 230	26
Altona*	936	707	23 942	313	905	193	62	32	14 304	8 144	379	22 827	37
Barmen	470	777	—	134	340	77	57	.	11 132	3 020	—	14 152	21
Berlin*	9 030	16 468	397 182	5 276	31 903	—	—	—	264 560	293 510	19 050	577 120	54
Bochum	440	636	9 811	85	280	.	.	.	8 975	2 060	—	11 035	19
Braunschweig*	285	380	10 910	125	362	.	.	77	7 510	3 620	81	11 940	31
Bremen	1 445	806	72 489	218	690	103	47	.	37 990	7 050	1 390	46 430	18
Breslau	966	1 723	30 651	331	576	.	.	57	23 950	6 540		30 490	21
Cassel	475	401	12 769	72	176	35	49	9	8 057	1 434	111	9 602	16
Chemnitz**	868	931	25 552	454	1 475	.	.	9	17 929	13 262	71	31 262	43
Cöln	1 158	812	57 685	.	1 347	.	.	.	31 791	14 171	—	45 962	31
Crefeld	266	398	7 502	126	334	79	63	—	6 918	3 214	—	10 132	32
Danzig	734	533	20 338	180	443	113	63	102	12 435	4 245	361	17 041	27
Dortmund	947	925	34 249	328	2 445	99	30	—	21 140	20 960	710	42 810	51
Dresden	1 591	1 794	75 966	327	932	.	.	—	53 064	9 316	—	62 380	15
Düsseldorf	867	1 639	40 210	284	1 035	143	50	66	27 585	9 413	1 084	38 082	27
Duisburg	.	.	.	.	.	.	.	.	72	.	—	72	.
Elberfeld	549	1 161	19 039	206	520	122	59	20	15 720	4 880	120	20 720	24
Essen	330	757	14 940	190	2 050	46	24	7	11 870	16 380	30	28 280	[illegible]
Frankfurt a. M.	2 326	.	.	.	.	.	.	.	66 058	34 276	913	101 247	35
„ Bockenheim		.	.	.	.	.	.	.	3 410	10 490	763	14 663	77
Frankfurt a. O.*	147	226	4 554	57	130	39	68	.	3 110	1 160	—	4 270	27
Görlitz	265	315	9 142	52	88	36	69	—	6 320	970	—	7 220	13
Hamburg	4 761	3 141	168 247	1 731	4 580	1 089	63	—	90 710	39 170	5 360	135 240	33
Hannover	1 480	1 802	51 685	332	832	.	.	25	32 449	7 459	755	40 663	[illegible]
Karlsruhe	.	.	.	.	.	.	.	.	.	.	.	.	.
Königsberg	1 047	726	26 384	238	658	151	63	30	16 810	5 590	350	22 750	26
Leipzig*	1 054	1 936	53 933	505	1 229	265	53	239	34 708	11 455	3 870	50 043	31
Liegnitz	163	111	2 729	34	125	15	44	—	1 672	1 030	—	2 702	38
Lübeck	398	294	9 993	163	670	91	56	6	5 880	5 380	110	11 370	48
Magdeburg*	992	779	31 425	324	1 495	.	.	—	15 800	12 200	—	28 000	[illegible]
Mainz	882	441	24 002	230	589	127	55	8	4 832	5 893	60	10 785	55
Mannheim**	458	508	16 907	150	895	62	41	49	11 360	7 630	130	19 120	[illegible]
Metz	—	51	700	—	—	—	—	—	.	—	—	.	—
München	3 904	2 563	105 900	624	2 200	.	.	94	55 190	19 440	1 830	76 460	[illegible]
Nürnberg	1 937	1 101	59 520	398	1 293	235	59	71	34 134	12 457	500	47 091	[illegible]
Plauen i. V.**	890	221	13 126	415	785	340	82	34	7 299	7 282	70	14 601	[illegible]
Posen	336	237	4 100	—	—	—	—	—	—	—	—	—	—
Spandau§	140	84	2 177	84	400	34	40	—	1 500	3 440	—	4 940	[illegible]
Stettin (Stadt)*	1 720	1 443	42 777	.	498	.	.	—	30 675	4 775	—	35 450	[illegible]
Stettin (Freibezirk)	52	207	2 136	27	81	11	41	—	2 061	645	250	2 956	[illegible]
Stuttgart*	1 998	1 153	53 074	980	3 432	570	58	39	30 899	22 040	1 460	54 399	[illegible]
Wiesbaden**	785	256	29 077	158	376	83	53	51	14 901	3 362	589	18 852	[illegible]
Zwickau*	279	372	5 005	96	230	.	.	—	3 680	2 180	60	5 920	[illegible]

B. Die Anschlüsse an die öffentlichen elektrischen Beleuchtungswerke (mit Ausnahme der Straßenbahnen) und ihr Energiebedarf im Jahre 1901/02.

(Erläuterungen siehe Seite 180.)

Städte	Abnehmer	Angeschlossene							Hektowatt				
		Bogenlampen	Glühlampen	Motoren				Apparate	der angeschlossenen			zusammen	von je 100 kamen auf Motoren und Apparate
				überhaupt	mit zusammen PS	bis zu 2 PS			Lampen	Motoren	Apparate		
						überhaupt	in %						
1.	2.	3.	4.	5.	6.	7.	8.	9.	10.	11.	12.	13.	14.
achen	517	983	26 478	.	659	.	.	73	18 600	6 130	1 040	25 770	28
ltona* . . .	1 062	753	25 871	390	1 040	245	63	62	15 412	9 357	501	25 270	39
erlin*	9 430	17 260	421 687	8 920	33 710	.	.	.	285 500	310 000		595 500	52
ochum . . .	468	688	11 955	93	312	41	44	—	10 265	2 060	—	12 325	17
raunschweig* .	441	500	14 021	218	583	.	.	98	9 686	5 829	1 337	16 852	43
remen . . .	1 680	810	79 817	309	1 020	133	43	—	41 440	10 090	1 680	53 210	22
reslau. . . .	1 119	1 843	35 882	448	1 130	.	.	.	27 073	11 644		38 717	29
assel	493	451	15 430	106	288	41	39	9	9 296	2 158	86	11 540	19
harlottenburg**	930	460	34 000	183	840	33	18	16	20 000	6 500	—	26 500	25
öln	1 373	954	64 334	417	1 665	150	36	—	35 760	16 323	—	52 083	31
refeld	340	541	9 070	175	406	117	67	—	8 496	3 869	—	12 365	31
anzig	734	533	20 338	180	443	113	63	121	12 435	4 240	361	17 041	27
ortmund . . .	1 179	1 159	39 778	423	3 043	147	35	.	24 880	26 010	790	51 680	52
resden . . .	1 789	1 822	82 151	379	1 083	.	.	—	56 680	10 830	—	67 510	16
üsseldorf . .	1 020	1 802	47 289	347	1 187	177	51	78	30 848	11 386	1 116	43 350	29
uisburg . . .	.	.	.	.	.	.	.	.	72	.	.	72	.
berfeld . . .	646	1 112	24 415	301	742	201	67	20	18 340	7 420	200	25 960	29
furt	180	138	4 250	82	184	48	59	16	2 600	1 800	200	4 600	43
rankfurt a. M. .	2926	.	.	.	.	.	.	.	78 032	40 922	1 035	119 989	35
rankfurt-Bockenheim .		.	.	.	.	.	.	.	3 832	12 791	1 763	18 385	78
rankfurt a. O.*.	213	248	5 047	75	158	48	64	11	3 295	1 400	125	4 820	32
örlitz	289	334	10 652	76	130	.	.	.	7 080	1 380	40	8 500	17
alle a. S. . .	290	490	10 000	130	450	.	.	15	9 000	3 500	1 200	13 700	34
annover . . .	1 566	1 849	55 218	389	932	.	.	34	34 299	8 361	1 197	43 857	22
arlsruhe . . .	392	401	11 235	122	544	.	.	16	7 459	4 740	447	12 646	41
iel	430	260	10 000	200	.	.	.	.	7 100	3 500	200	10 800	34
önigsberg . .	1 202	338	29 506	279	773	.	.	25	20 427	6 572	349	27 348	25
eipzig* . . .	1 184	2 083	60 348	645	1 504	372	58	267	38 513	13 970	4 386	56 869	32
egnitz . . .	222	135	4 020	53	161	24	45	3	2 529	1 484	33	4 046	37
übeck	430	325	10 874	195	705	115	59	12	6 770	6 400	140	13 310	49
agdeburg* . .	1 193	570	39 485	426	21 295	.	.	—	21 052	17 693	—	38 745	46
ainz	1 051	470	27 546	328	829	.	.	5	24 078		—	24 078	.
annheim** . .	781	736	31 264	333	4 568	122	37	56	19 806	40 940	379	61 125	68
ünchen . . .	5 314	3 891	156 426	1 084	4 311	.	.	224	86 870	27 160	2 780	116 810	26
ürnberg . . .	2 066	1 162	65 650	440	1 360	267	61	80	37 416	13 150	720	51 286	27
auen i. V.** .	1 097	256	15 629	601	911	509	85	—	8 720	8 430	—	17 150	49
osen	456	237	4 550	—	—	—	—	—	.	.	.	.	.
pandau§ . . .	288	143	3 200	120	560	45	38	1	2 400	4 760	30	7 190	67
ettin (Stadt)* .	.	.	.	.	.	.	.	.	.	.	.	.	.
ettin (Freibez.)	63	232	2 572	42	151	15	36	—	2 866	1 210	250	4 326	34
raßburg i. E.*.	—	1 204	82 311	629	3 345	.	.	—	46 555	28 080	—	74 635	38
uttgart* . . .	2 274	1 223	63 033	1 241	2 999	773	62	85	36 240	27 340	1 750	65 330	45
iesbaden**. .	1 160	326	39 228	228	595	126	55	103	20 126	5 087	737	25 950	22
ürzburg** . .	236	404	6 510	85	149	60	71	17	3 367	1 340	242	4 949	32
wickau* . . .	314	402	5 572	117	275	79	68	15	4 040	2 670	120	6 830	41

VI A. Der von den öffentlichen elektrischen Beleuchtungswerken gelieferte Str in 1000 Hektowattstunden im Jahre 1900/01.

(Erläuterungen siehe Seite 180.)

Städte	Abgegebene Nutzenergie	Desgleichen ohne den Selbstverbrauch	Davon: zur öffentlichen Beleuchtung überhaupt	in %	zum Straßenbahnbetrieb überhaupt	in %	Privatverbrauch überhaupt	in %	Insbesondere Verbrauch für gewerbliche Zwecke überhaupt	in %
1.	2.	3.	4.	5.	6.	7.	8.	9.	10.	11.
Aachen	20 790	19 318	113	0,5	12 236	63,4	6 969	36,4	2 451	[illegible]
Altona*	36 734	34 826	196	0,5	24 926	71,8	9 704	27,9	2 755	[illegible]
Barmen	5 280	5 130	835	16,3	—	—	4 295	83,6	1 135	[illegible]
Berlin*	761 588	754 879	11 023	14,6	394 490	52,4	349 366	46,3	222 850	[illegible]
Bochum	4 125	4 034	.	.	.	.	.	.	.	.
Braunschweig*	2 720	2 344	16	0,6	—	—	1 320	56,3	1 009	[illegible]
Bremen	27 000	24 810	320	1,2	14 667	59,1	9 823	39,5	1 574	[illegible]
Breslau	13 862	13 603	594	4,3	—	—	13 009	96,1	3 029	[illegible]
Cassel	17 213	16 579	280	1,6	13 637	82,2	2 662	16,5	529	[illegible]
Chemnitz**	11 117	10 745	173	1,6	—	—	10 572	98,3	5 408	[illegible]
Cöln	18 918	18 262	2 062	11,3	—	—	16 200	88,7	6 291	[illegible]
Crefeld	5 176	4 997	105	2,1	2 039	40,8	2 853	57,1	1 228	[illegible]
Danzig	4 613	4 432	445	10,4	—	—	3 987	98,9	747	[illegible]
Dortmund	22 164	21 595	410	1,9	—	—	21 183	97,7	14 882	[illegible]
Dresden	22 458	21 900	3 272	14,9	—	—	18 628	84,9	5 759	[illegible]
Düsseldorf	37 921	37 352	615	1,6	22 890	61,2	13 847	37,5	4 165	11,1
Duisburg	850	820	819,65	99,65	—	—	0,35	0,4	—	—
Elberfeld	18 416	16 586	383	2,3	9 054	54,5	714 9	43,1	1 401	[illegible]
Essen	29 543	26 867	—	—	26 867	100,0	—	—	16 788	[illegible]
Frankfurt a. M. (ohne Bockenh.)	105 975	105 346	2 685	2,5	48 046	46,5	54 615	51,8	24 000	[illegible]
Frankfurt a. O.*	—	5 270	—	—	4 076	77,3	1 194	22,6	524	[illegible]
Görlitz	7 942	7 371	—	—	4 858	65,9	2 513	34,1	278	[illegible]
Hamburg	189 838	185 340	1 899	1,0	133 472	72,0	49 969	26,9	22 357	[illegible]
Hannover	18 327	18 020	1 369	7,4	—	—	16 651	92,1	4 212	[illegible]
Königsberg i. Pr.	15 365	14 959	71	0,4	6 507	43,9	8 381	56,5	9 134	[illegible]
Leipzig*	15 090	14 725	862	5,8	—	—	13 962	94,8	5 509	[illegible]
Liegnitz	3 630	3 614	39	1,0	3 048	84,1	527	14,5	111	[illegible]
Lübeck	4 994	4 901	83	1,6	—	—	4 818	98,1	2 517	[illegible]
Magdeburg*	45 621	45 621	.	.	29 510	64,7	(16 111)	(35,3)	9 568	[illegible]
Mainz	7 656	7 401	73	0,9	—	—	7 328	99,1	1 133	[illegible]
Mannheim**	8 211	7 127	—	—	310	4,3	6 816	95,6	3 306	[illegible]
Metz	3	3	1	33,1	—	—	2	66,7	—	—
München	93 279	91 830	10 775	11,7	51 785	56,4	28 270	30,8	—	—
Nürnberg	21 599	21 163	5 143	24,3	—	—	16 020	75,7	5 935	[illegible]
Plauen i. V.**	12 050	11 267	16	0,1	—	—	11 251	99,9	9 575	[illegible]
Posen	3 966	3 656	2 056	56,2	—	—	1 822	49,8	20	[illegible]
Spandau §	2 772	2 772	274	9,8	—	—	2 498	89,8	1 970	[illegible]
Stettin (Stadt)*	13 485	12 775	.	.	.	.	.	—	1 579	[illegible]
Stettin (Freibez.)	.	.	.	.	.	.	.	—	.	.
Stuttgart*	44 806	40 779	110	2,7	19 740	48,4	20 929	51,3	—	—
Wiesbaden**	16 266	14 054	52	0,3	7 428	52,8	6 574	46,7	1 291	[illegible]
Zwickau*	7 882	6 817	.	.	4 284	62,8	(2 533)	(37,1)	890	[illegible]

VIB. Der von den öffentlichen elektrischen Beleuchtungswerken gelieferte Strom in 1000 Hektowattstunden im Jahre 1901/02.

(Erläuterungen siehe Seite 180.)

Städte	Abgegebene Nutzenergie	Desgleichen ohne den Selbstverbrauch	Davon: zur öffentlichen Beleuchtung		zum Straßenbahnbetrieb		Privatverbrauch		Insbesondere Verbrauch für gewerbliche Zwecke	
			überhaupt	in %	überhaupt	in %	überhaupt	in %	überhaupt	in %
1.	2.	3.	4.	5.	6.	7.	8.	9.	10.	11.
Aachen. . . .	28 953	27 420	204	0,7	16 940	61,8	10 276	37,5	3 337	12,3
Altona*. . . .	28 676	27 513	170	0,6	19 000	69,1	8 344	30,3	2 317	8,4
Berlin*. . . .	796 281	788 027	15 800	2,0	412 322	52,3	359 906	45,7	230 426	29,2
Bochum . . .	4 683	4 579	.	.	.	.	.	100,0	.	.
Braunschweig* .	4 284	3 726	26	0,7	—	—	3 700	99,3	1 775	47,6
Bremen. . . .	44 925	41 801	326	0,8	29 821	71,3	11 654	27,9	2 335	5,5
Breslau. . . .	28 260	27 711	594	2,1	11 712	42,3	15 406	55,8	4 155	15,0
Cassel	18 848	18 123	280	1,5	14 620	80,7	3 224	17,8	757	4,2
Cöln	26 560	25 837	2 533	9,8	5 728	22,2	17 575	68,0	7 062	27,3
Crefeld	18 184	17 900	181	1,0	13 559	75,8	4 159	23,2	2 046	11,4
Danzig	5 551	5 372	577	10,7	—	—	4 795	89,3	1 120	20,8
Dortmund . . .	24 990	24 420	788	3,2	—	—	23 632	96,8	16 734	68,4
Dresden . . .	21 400	20 847	3 579	17,2	—	—	17 267	82,8	5 045	24,2
Düsseldorf. . .	40 161	39 053	824	2,1	23 516	60,2	14 712	37,7	5 224	13,2
Elberfeld . . .	34 595	31 856	479	1,5	22 879	71,8	8 498	26,7	2 455	7,7
Erfurt	*689*	*659*	*177*	*26,9*	—	—	*482*	*73,1*	*160*	24,3
Frankfurt a. M. (ohne Bockenh.)	131 048	129 054	3 179	2,5	66 602	51,6	59 274	45,9	26 720	20,6
Frankfurt a. O.*.	.	.	.	—	4 089	.	1 459	.	6 836	.
Görlitz	8 778	8 617	.	—	5 386	62,5	3 231	37,5	401	4,7
Halle a. S. . .	—	*3 956*	—	—	—	—	*3 956*	*100,0*	.	.
Hannover . . .	19 035	18 743	1 386	7,4	—	—	17 358	92,6	4 672	24,9
Karlsruhe . . .	*1 746*	*1 596*	—	—	—	—	*1 596*	100,0	*305*	19,1
Königsberg . .	25 411	24 938	144	0,6	15 597	62,5	9 197	36,9	2 988	11,9
Leipzig* . . .	16 532	16 293	864	4,9	—	—	15 429	94,7	6 565	40,2
Liegnitz . . .	3 816	3 742	33	0,9	2 436	65,0	1 363	36,4	.	.
Lübeck	4 770	4 685	89	1,9	—	—	4 596	98,1	2 227	47,5
Magdeburg* . .	45 995	.	.	.	29 207	.	.	.	9 779	.
Mainz	8 843	8 525	76	0,9	—	—	8 449	99,1	5 652	66,3
Mannheim** . .	37 120	36 359	.	—	9 447	26,0	26 912	74,0	21 514	59,2
München . . .	109 735	106 849	10 699	10,0	59 120	55,3	37 030	34,7	.	.
Nürnberg . . .	22 372	21 977	5 164	23,5	—	—	16 814	76,5	6 597	30,0
Plauen i. V.** .	13 359	12 436	27	0,2	—	—	12 409	99,8	.	.
Posen	4 226	4 050	1 989	49,1	—	—	2 061	50,9	50	1,2
Spandau § . . .	4 991	.	366	(7,3)	—	—	4 625	(92,6)	3 713	(74,1)
Straßburg i. E.*.	18 356	45 955	—	—	18 221	39,6	27 734	60,3	14 409	31,3
Stuttgart* . . .	51 361	47 051	142	0,3	23 638	50,2	23 271	49,5	14 200	29,9
Wiesbaden**. .	23 226	20 768	51	0,2	12 816	61,7	7 900	38,1	1 832	8,8
Würzburg** . .	8 970	8 853	315	3,5	6 789	76,7	1 749	19,7	581	6,5
Zwickau* . . .	9 941	9 373	.	.	6 615	70,4	(2 757)	(29,4)	1 020	10,9

VII. Der Preis des von den öffentlichen elektrischen Beleuchtungs

Städte	Spannung	Stromeinheit	Grund- Preis	Niedrigster Preis	Strom für Private zur Beleuchtung: Rabatt: Grösse		Beginnend beim Verbrauch		Ob je nur für d. Mehrverbrauch (Stufentarif)
	Volt		Pf.	Pf.	von	bis	von mehr als	bezw. von mehr als	
1.	2.	3.	4.	5.	6.	7.	8.	9.	10.
Aachen	108	HWSt	(7)	4,2	(10)	40%	2 000	30 000 HWSt	—
Altona*	108	ASt	6,9	5,75	0,40	1,15 Pf.	750	1 500 d. Brst.	—
Barmen	110	„	7	6,3	4	10%	200	6 000 ℳ	1
Berlin*	110	HWSt	5,5	3,025	5 5	25% 20%	800 10 000	3 000 d. Brst. 100 000 ℳ	—
Bochum	110	„	6	4,5	4	25%	200	12 000 ℳ	—
Braunschweig*	.	„	6	4,5	10	25%	10 000	25 000 HWSt	1
Bremen	110	„	7	6,3	2	10%	200	10 000 ℳ	—
Breslau	110	„	6,8	4,42	2,5 2,5	17,5% 17,5%	400 20 000	1 000 d. Brst 200 000 HWSt	— —
Cassel	110	„	7	4,2	2	40%	500	10 000 ℳ	—
Charlottenburg	120	„	5,5	3	2,5		400 d. Brst. ausserdem Geldrabatt bei einem Verbrauch von mehr als 10 000 ℳ.		
Chemnitz	120	„	5,5	.	1% f. je 100 d. Brst.		500 d. Brst.		—
Cöln	72 110	„	7	4,2	2,5	40%	†	†	—
Crefeld	220	„	6		—	—	—	—	—
Danzig	.	„	6		—	—	—	—	—
Dortmund	110	„	4	2,6	0,1	1,4 Pf.	5 000	750 000 HWSt	1
Dresden	72 110	„	6	4,8	8	20%	1 000	60 000 ℳ	—
Düsseldorf	107	„	6	3,6	5	40%	300 ℳ		1
Elberfeld	110	„	5,5	4,5	0,5	1 Pf.	100 000	150 000 HWSt.	1
Erfurt	.	„	6,5	4,9	0,5	1,8 „	5 000	100 000 HWSt.	1
Essen	120	„	6	4,5	5	25%	50	5 000 ℳ	1
Frankfurt a. M.	120	„	6 4	4,2 für die ersten 30 000 HWSt dag.	5 für den über 30 000 HWS hinausgehenden Verbrauch:	30%	300 (ohne weiteren Rabatt)	2 000 d. Brst.	—
Frankfurt a. O.*	120	„	7	5,25	5	25%	400	2 000 d. Brst	—
Freiburg i. Br.	220	„	6	5	/ 1 Pf.		8 000 HWSt.		1
Görlitz	110	„	6	5,7	3	5%	5 000	10 000 HWSt	1
Halle a. S.	.	„	6	2	4		†	†	†
Hamburg	110	„	6	5,4	2	10%	2 000	20 000 ℳ	—
Hannover	110	„	6	4,65	1	22,5%	500	10 000 ℳ	—
Karlsruhe	120	„	7	5,25	2	25%	5 000	200 000 HWSt	1
Kiel	.	„	6,5		.	.	.	.	
Königsberg	110	ASt	7,0	6,5 6,5	0,5 Pf. 2½%		80 000 ASt 12 500 ℳ		1 —
Leipzig*	110	HWSt	7	6,44	1	80%	1 000	8 000 ℳ	—
Liegnitz	120	„	6	4,5	5	25%	500	2 000 Brst	1
Lübeck	100	ASt	6,5	4,55	2 bei mehr als 1000 d. Benutzungsstunden aber 3	20% 30%	200 200	5 000 ℳ 5 000 ℳ	1
Magdeburg**	122	HWSt	6	4	2 Pf.		10 000 HWSt		1
Mainz	.	„	6	5,5	0,5 Pf.		1 000 ℳ		1
Mannheim		„	6	4	0,5	2 Pf.	2 000	30 000 HWSt	1
München	110	„	6	5	0,1	1 „	5 000	200 000 HWSt	1
Nürnberg	115	„	7	3,5	5	50%	500	35 000 ℳ	1
Plauen i. V.**	122	„	(7)	4,76	bis 32%		.	.	—
Posen	110	„	4		—	—	—	—	—
Schöneberg	.	„	5,5	4,125	5	25%	.	—	1
Spandau §	.	„	4,5		—	—	—	—	—
Stettin (Stadt)*	110	„	6	4,5	5	25%	.	.	
Stettin (Freibz.)	110	„	6	4,5	5 2,5	25% 10%	800 1 000 ℳ	3 000 d. Brst .	1 1
Straßburg i. E.*	125	„	5	3,6	.	.	.	.	1
Stuttgart*	108	„	6	4,5	2	25%	5 000	200 000 HWSt	1
Wiesbaden**	.	„	7	3,5	5	50%	300	5 000 ℳ	1
Würzburg**	100	„	6	5,1	5	15%	500	2 000 ℳ	1
Zwickau*	108	„	6	4,5	10	25%	500	3 000 ℳ	1

werken abgegebenen Stromes, Ende 1901/02. (Erläuterungen siehe Seite 181.)

Grund- Preis Pf.	Niedrigster Preis Pf.	zu sonstigen Zwecken: Rabatt Größe von	bis	Beginnend beim Verbrauch von mehr als	bezw. von mehr als	Ob je nur f. d. Mehrverbrauch (Stufentarif)	Strom für die städtischen Gebäude Preis Pf.	Extra-Rabatt %	Strom für die öffentliche Beleuchtung Preis Pf.	Extra-Rabatt %	Ob mit Vergütung der Bedienung etc. der Lampen	Strom für die Straßenbahn Pf.
11.	12.	13.	14.	15.	16.	17.	18.	19.	20.	21.	22.	23.
1,8	1,35	5	25 %	25 000	70 000 HWSt	—	3,5	—	†	—	†	1,2
2,5		—	—	—	—	—	=	5	ca. 6	—	—	1,4
2,75		—	—	—	—	—	=	—	1,65	—	—	—
1,6		—	—	—	—	—	4,0	—	1,6	—	—	0,9—1,0
2	1,5	=	=	=	=	—	=	—	—	—	—	—
2	1,4	5	30 %	15 000	70 000 HWSt	1	=	20	—	—	—	—
2,4	1,6	33,3 %		100 000 HWSt		1	=	—	3,6	—	—	1
2,0		—	—	—	—	—	4,0	—	4,0	—	†	.
2,5	2,0	20 %		48 000 HWSt		—	=	—	†	—	—	1,4
1,6		—	—	—	—	—	1,2	—	1,0	—	—	1,0
2,0	1,8	bis 10 %		.	.	—	=	1	=	1	—	—
2,5	1,2	2,5	40 %	†	†	—	=	—	unentgeltlich			1,2
2,5	1,65	10	25 %	1 000	1 500 Betrst	—						
2		—	—	—	—	—	=	—	.	—	.	.
2,5 bis 3		—	—	—	—	—	=	—	3	—	1	—
2	1,01	0,1	0,99 Pf.	5 000	4 000 000 HWSt	1	=	—	=	—	1	—
2,5		—	—	—	—	—	=	—	[†]	—	1	—
2 bis 5		—	—	—	—	—	=	—	unentgeltlich			1,2
2	0,9	0,1	1,1 Pf.	10 000	2 500 000 HWSt	1	=	—	=	—	†	0,95-1,28
2	1,5	0,1	0,5 „	5 000	100 000 HWSt	1	4	—	4	—	—	—
1,5	1,125	7,5	25 %	750	2 700 Betrst	1	.	—	—	—	—	—
2	1,5	5	25 %	750	2 500 Betrst	—	5	—	1,0	—	†	1,0
2	1,8	2,5	10 %	2 500	5 000 Betrst	—	=	25	—	—	—	—
2		—	—	—	—	—	=	—	3	—	1	1,2
2,5	2,125	10	15 %	1 000	15 000 Betrst	—	=	—	—	—	—	1,2
†		†		†	†	†	.	.	.	.	.	.
2		—	—	—	—	—	6	—	6	—	—	1,25
2		—	—	—	—	—	4	—	4	—	1	—
2,5	2,0	1	20 %	10 000	700 000 HWSt	1	2,6	—	—	—	—	—
2,5		.	.	.	.	.	.	.	.	.	—	—
3,3		—	—	—	—	=	=	—	unentgeltlich			1,1
2	1,84	=	=	=	=	=	=	33⅓	2	33⅓	—	—
2	1,4	5	30 %	1 500	4 000 Betrst	1	=	.	=	.	1	—
2 für Koch-, Heiz- und chemische Zwecke.							=	—	unentgeltlich			—
15 für die elektrische Pferdekraftstunde (=7,36 Ampère)												
2	1	0,5	1 Pf.	20 000	40 000 HWSt	1	4	—	4	—	—	0,9
2	1,7	5	15 %	800	2 000 Betrst	—	=	—	3	—	—	—
2	1,4	5	30 %	300	1 800 Betrst	—	†	†	.	.	—	1,0
2	1,76	0,02	0,24	5 000	200 000 HWSt	1	=	—	3	—	†	ca. 0,85
2		—	—	—	—	—	3,85	—	2	—	—	—
2	1,4	0,15	30 %	1 000	200 000 HWSt	—	=	15	=	15	†	—
3		—	—	—	—	—	=	—	unentgeltlich			—
1,6		—	—	—	—	—	2,5	—	1,6	—	1	—
1,4		—	—	—	—	—	=	—	1,6	—	—	—
4	2,4	5	40 %	.	.	.	3,6	—	3,6	—	—	—
3	2,5	0,25	0,5 Pf.	30 000	60 000 HWSt	1	—	—	3,6	—	—	—
2		—	—	—	—	—	=	10	1,6	—	—	1,2
2	1,24	1	38 %	5 000	†	1	—	—	—	—	—	1,2
1,5	1,185	5	30 %	300	5 000 M	1	6,3	5-50 %	3	—	—	1,1
2,5	1,75	5	30 %	500	3 000 Betrst	1	4	—	†	—	—	1
2	1,3	10	35 %	200	2 000 M	1	—	—	—	—	—	—

VIII A. Die öffentliche Beleuchtung (Zahl der Laternen) im Jahre 1900/01.

(Erläuterungen siehe Seite 183.)

Städte	Elektr. Beleuchtung				Gasbeleuchtung								Petroleumbeleuchtg.	
	Abends		Nachts		Abends					Nachts				
	Bogen-Lampen	Glüh-Lampen	Bogen-Lampen	Glüh-Lampen	Laternen überhaupt	Laternen auf 1000 E.	Darunter mit Glühlichtbrennern überh.	Darunter mit Glühlichtbrennern in %	Darunter mit sonst. Intensivbr.	Laternen überhaupt	Laternen in % der Abendlaternen	Darunter mit Glühlichtbr.	Abends Laternen	Nachts Laternen
1.	2.	3.	4.	5.	6.	7.	8.	9.	10.	11.	12.	13.	14.	15.
Aachen	.	.	.	.	2 382	16,3	2 236	93,8	—	1 702	71,5	1 644	—	—
Altona	16	8	—	15	3 457	21,2	2 773	80,2	25	1 990	57,6	1 544	—	—
Augsburg	—	—	—	—	2 165	24,3	2 162	99,9	—	1 076	49,7	1 073	—	—
Barmen	84	12	2	—	1 286	9,0	1 286	100,0	—	1 084	84,3	1 084	77	28
Berlin	516	.	253		23 827	12,1	23 827	100,0	—	21 167	88,8	21 167	608	606
Bochum	18	—	—	—	1 021	8,0	856	83,8	72	470	46,0	398	—	—
Braunschweig	.	.	.	.	2 257	17,4	2 257	100,0	—	2 257	100,0	2 257	85	85
Bremen	18	—	8	—	4 979	28,6	4 969	99,8	—	3 511	70,5	3 504	—	—
Breslau	46	—	—	—	6 944	16,4	6 882	99,1	24	4 280	61,6	4 237	790	742
Cassel	26	8	—	—	2 556	23,7	2 457	96,1	—	1 044	40,8	1 030	207	—
Charlottenburg	—	—	—	—	4 242	22,1	4 242	100,0	—	3 802	89,6	3 802	94	94
Chemnitz	21	4	—	—	3 964	17,7	3 925	99,0	—	1 613	40,7	1 574	4	4
Cöln	116	—	—	—	9 297	24,6	9 102	97,9	—	6 300	67,8	6 252	202	31
Crefeld	16	—	12	—	1 656	13,6	1 656	100,0	—	912	55,1	912	71	71
Danzig	—	217	—	86	1 631	14,1	1 626	99,7	—	661	40,5	658	639	165
Dortmund	—	168	—	167	1 374	9,3	526	38,3	4	915	66,6	365	—	—
Dresden	381	66	2	—	10 436	25,1	10 391	99,6	—	5 472	52,4	5 430	635	586
Duisburg	6	—	—	—	1 588	17,1	1 588	100,0	—	728	45,8	728	27	8
Düsseldorf	50	—	—	—	4 463	18,0	4 463	100,0	—	1 882	42,2	1 882	28	—
Elberfeld	31	—	12	—	2 564	15,3	2 495	97,3	—	1 351	52,7	1 351	13	8
Erfurt	2	—	—	—	1 486	15,8	1 486	100,0	—	598	40,2	598	6	1
Essen	—	—	—	—	3 548	19,1	3 548	100,0	—	2 137	60,2	2 137	87	87
Frankfurt a. M. (einschl. Bockenheim)	166	—	17	29	6 723	23,2	5 180	77,0	79	4 532	67,4	3 529	205	205
Frankfurt a. O.	—	—	—	—	840	13,5	838	99,8	—	657	78,2	657	—	—
Freiburg i. Br.	.	.	.	.	1 131	18,2	1 128	99,7	3	284	25,1	284	57	2
Görlitz	—	—	—	—	1 234	15,2	1 234	100,0	—	1 009	81,8	1 009	85	47
Halle a. S.	—	—	—	—	3 275	24,3	3 264	99,7	—	2 288	69,9	2 277	92	92
Hamburg	220	—	43	21	25 007	34,9	9 444	37,8	53	25 007	100,0	9 444	190	190
Hannover	86	24	—	—	6 238	.	3 358	53,8	1	2 079	33,3	1 160	46	16
Karlsruhe i. B.	—	—	—	—	2 451	24,8	2 230	91,0	10	1 520	62,0	1 399	—	—
Kiel	.	.	.		2 136	19,1	2 127	99,6	—	1 116	52,2	1 107	215	111
Königsberg i. Pr.	9	—	—	3	2 667	14,0	2 662	99,8	—	1 615	60,6	1 612	118	38
Leipzig	68	—	—	—	7 631	24,9	7 631	100,0	—	2 709	35,5	2 709	157	112
Liegnitz	4	—	—	—	888	16,1	885	99,7	—	309	34,8	307	17	—
Lübeck	29	42	—	—	1 997	25,0	1 506	75,4	—	1 112	55,7	665	—	—
Magdeburg	9	—	9	—	2 242	9,7	2 242	100,0	—	2 140	95,5	2 056	36	25
Mainz	1	.		.	1 150	13,4	1 090	90,1	—	1 150	100,0	1 036	.	
Mannheim	2	.	—		2 458	18,3	2 449	99,6	—	1 250	50,9	1 242	4	4
Metz	51	—	—	—	.	.	.	.	.	.	.	.	.	.
München	844	250	[illegible]	250	6 274	12,5	6 274	100,0	—	3 713	59,2	3 713	320	320
Nürnberg	260	—	163	7	4 094	15,3	4 094	100,0	—	3 219	78,6	3 219	227	227
Plauen i. V.	6	—	—	—	1 554	18,4	1 554	100,0	—	870	56,0	870	.	.
Posen	188	—	—	209	940	8,0	940	100,0	—	590	62,8	590	95	60
Potsdam	—	—	—	—	1 199	20,0	1 199	100,0	—	476	39,7	476	15	5
Spandau	14	40	—	25	346	5,2	346	100,0	—	143	41,3	143	82	.
Stettin	80	20	—	118	3 518	16,4	3 511	99,8	2	1 098	31,2	1 098	438	88
Straßburg i. E.	—	—	—	—	3 765	23,5	3 732	99,1	—	2 641	70,1	2 629	—	—
Stuttgart	4	25	2	12	3 577	20,3	1 709	47,8	1	1 734	48,5	902	325	29
Wiesbaden	18	4	—	—	1 574	17,5	1 542	98,0	32	665	42,2	652	—	—
Würzburg	.	.	.	.	1 071	13,9	.		.	307	28,7	.	40	27
Zwickau	—	—	—	—	7 714	16,1	759	68,1	—	355	31,9	355	14	13

VIII B. Die öffentliche Beleuchtung (Zahl der Laternen) im Jahre 1901/02.

(Erläuterungen siehe S. 183).

Städte	Elektr. Beleuchtung				Gasbeleuchtung								Petroleum-beleuchtg.	
	Abends		Nachts		Abends					Nachts				
	Bogen-	Glüh-	Bogen-	Glüh-	Laternen		Darunter mit			Laternen		Darunter mit Glühlichtbr.	Abends	Nachts
	Lampen		Lampen		überhaupt	auf 1000 E.	Glühlichtbrennern überh.	in %	sonst. Intensivbr.	überhaupt	in % der Abendlaternen		Laternen	
1.	2.	3.	4.	5.	6.	7.	8.	9.	10.	11.	12.	13.	14.	15.
Aachen	20	—	—	—	2 340	15,8	2 307	98,6	—	.	.	.	—	—
Altona	16	8	—	15	3 539	21,7	3 458	97,7	26	2 052	58,0	1 996	—	—
Augsburg	—	—	—	—	2 210	24,8	2 206	—	—	1 150	52,0	1 147	—	—
Berlin	541	.	284	.	24 173	12,3	24 123	99,8	40	22 199	91,5	22 129	549	549
Bochum	18	—	.	—	.	.	.	.	80	.	.	451	.	.
Braunschweig	6	.	.	.	2 326	17,9	2 326	100,0	—	2 326	100,0	2 326	75	75
Bremen	26	—	8	—	5 354	30,8	5 345	99,8	—	.	.	.	—	—
Breslau	46	—	—	—	6 758	15,9	6 697	99,1	23	4 508	66,7	4 459	675	651
Cassel	26	8	—	—	2 587	24,0	2 587	100,0	—	1 061	41,0	1 061	233	.
Charlottenburg	—	—	—	—	4 699	24,5	4 699	100,0	—	4 130	87,9	4 130	90	90
Chemnitz	21	216	—	—	3 966	17,7	3 916	98,7	12	1 675	42,2	1 637	4	4
öln	183	—	10	—	9 384	24,8	9 325	99,4	—	6 592	70,2	6 533	196	196
refeld	16	—	12	—	1 748	14,3	1 748	100,0	—	968	55,4	968	79	79
anzig	—	236	—	96	1 655	14,3	1 650	99,7	—	670	40,5	667	676	167
ortmund	15	164	—	168	1 651	11,2	1 638	99,2	2	1 076	65,2	1 063	—	—
resden	384	101	2	15	10 714	25,8	10 668	99,6	1	5 840	54,5	5 798	680	603
uisburg	6	—	—	—	1 676	18,0	1 676	100,0	—	751	44,8	751	26	8
usseldorf	182	–	—	—	4 736	19,1	4 736	100,0	—	1 983	41,9	1 983	8	—
lberfeld	31	—	6	—	2 614	15,6	2 579	98,7	11	1 439	55,0	1 415	13	8
rfurt	37	—	—	—	1 466	15,6	1 466	100,0	—	611	41,7	611	6	1
ssen	—	—	—	—	4 020	21,6	4 020	100,0	—	2 411	60,0	2 411	82	82
rankfurt a. M. (ausschl. Bockenheim)	193	15	17	29	6 932	23,9	5 811	83,8	78	4 714	68,0	3 926	230	230
rankfurt a. O.	—	—	—	—	860	13,9	858	99,8	—	679	79,0	679	—	—
reiburg i. Br.	.		.	.	1 113	18,0	1 113	100,0	—	280	25,2	280	60	2
örlitz	—	—	—	—	1 275	15,7	1 275	100,0	—	1 037	81,3	1 037	85	47
alle a. S.	—	—	—	—	3 455	25,6	3 440	99,6	—	2 417	70,0	2 402	92	92
amburg	252	27	45	27	22 150		15 022	67,8	41	22 150	100,0	15 022	204	204
annover	86	24	—	—	6 409	30,9	4 967	77,5	—	2 135	33,3	1 655	48	16
arlsruhe	—	—	—	—	2 474	25,0	2 298	92,9	10	1 565	63,3	1 453	—	—
iel	40	—	—	—	2 415	21,6	2 406	99,6	—	1 231	51,0	1 222	142	77
önigsberg i. Pr.	15	—	—	4	2 715	14,3	2 604	95,9	110	1 667	61,4	1 596	187	70
eipzig	.	.	.	.	7 919	25,3	7 918	100,0	1	2 881	36,4	2 881	124	99
iegnitz	4	—	—	—	908	16,5	903	99,4	2	324	35,7	321	13	—
übeck	29	42	—	—	2 087	26,1	2 062	98,8	2	1 155	55,3	1 136	—	—
agdeburg	9	—	9	—	2 300	9,9	2 300	100,0	—	2 253	98,0	2 167	32	24
ainz	4	12	—	12	1 235	14,4	1 170	94,7	—	1 109	89,8	1 069	.	.
annheim	2	.	—	.	2 716	20,3	2 704	99,6	1	1 419	52,2	1 408	15	15
ünchen	851	344	437	344	6 640	13,2	6 640	100,0	—	3 909	58,9	3 909	351	351
ürnberg	260	—	163	7	4 187	15,6	4 187	100,0	—	3 306	79,0	3 306	318	318
lauen i. V.	6	—	—	—	1 594	19,7	1 574	100,0	66	889	56,5	889	68	68
osen	191	—	—	211	1 290	11,0	1 265	98,1	25	787	61,0	772	204	64
otsdam	—	—	—	—	1 199	20,0	1 199	100,0	—	476	39,7	476	15	5
chöneberg	89	—	53	—	1 029	9,8	1 029	100,0	—	1 029	100,0	1 029	—	—
pandau		.	.	.	450	6,8	450	100,0	—	147	32,7	147	.	.
tettin	80	20	—	118	3 690	17,2	3 688	99,9	—	1 168	31,7	1 168	427	88
traßburg i. E.	—	—	—	—	4 033	25,2	3 999	99,2	—	2 747	68,1	2 734	—	—
tuttgart	4	12	2	12	3 709	21,1	2 771	74,7	13	1 825	49,2	1 405	320	23
iesbaden	24	2	.	2	1 693	18,8	1 610	95,1	83	703	41,5	669	—	—
ürzburg	26	.	12	.	1 117	14,5	.	.	.	361	32,3	.	40	27
wickau	(6)	(1)	.	.	1 141	16,5	1 126	98,7	—	363	31,8	363	13	10

IX A. Die Rechnungsergebnisse der städtischen

Spalte a: Absolute Beträge in Mille Mark; Spalte b: Auf 100 cbm Nutzga-
Privatverbrauch in Mark; Spalte d: Kosten der öffentlichen

Städte	Nachgewiesener Gasverbrauch (Nutzgas) Mille cbm	Gesamt-Einnahme		Darunter für Gas zur öffentlichen Beleuchtung		Darunter für Gas zum Privat-Verbrauch		Darunter für Nebenprodukte (ohne Selbstverbrauch)		Darunter für Installation, Gasmesser usw.		Gesamt-Ausgabe	
1.	2.	3.		4.		5.		6.		7.		8.	
		a	b	a	b	a	c	a	b	a	b	a	b
Altona	6 287	1 449	23,5	(165)	(2,6)	859	23,9	302	4,8	19	0,3	1 018	16,
Barmen	11 663	1 755	15,1	(88)	(0,7)	1 186	11,5	416	3,6	40	0,3	1 167	10,
Berlin	145 733	27 709	19,1	—	—	18 619	13,9	7 099	4,9	371	0,3	21 246	14,
Bochum	4 405	700	15,7	—	—	436	11,0	238	5,3	22	0,4	463	10,
Braunschweig	5 642	1 204	21,3	(162)	(2,8)	765	16,0	248	4,4	25	0,4	993	17,
Bremen	12 325	2 714	22,1	(258)	(2,9)	1 859	17,4	593	4,8	(1)	(0,0)	1 850	15,
Breslau	19 027	5 228	27,0	206	1,7	2 267	14,0	811	4,2	76	—	4 682	24,
Cassel	5 432	1 127	20,7	96	1,6	623	14,4	230	4,2	101	1,8	1 096	20,
Charlottenburg	22 978	4 741	20,6	181	0,7	2 659	12,9	1 071	4,6	97	0,4	3 935	17,
Cöln	32 102	5 329	16,5	—	—	3 569	13,3	1 468	4,5	144	0,4	3 770	11,
Crefeld	8 457	1 566	18,5	(50)	0,5	978	13,3	467	5,5	48	0,5	1 367	16,
Dresden	31 901	5 800	18,2	315	0,9	4 613	16,7	1 035	3,2	37	0,1	4 248	13,
Duisburg	5 111	825	16,4	—	—	541	12,4	264	5,1	14	0,2	825	16,
Düsseldorf	16 579	2 391	14,4	—	—	1 712	11,5	642	3,9	35	0,2	1 767	10,
Elberfeld	13 935	2 362	16,9	97	0,6	1 472	11,5	537	3,8	33	0,2	1 592	11,
Essen	7 139	1 355	19,0	.	.	.	.	.	.	.	.	1 029	14,
Freiburg i. Br.	3 610	831	23,2	62	0,1	540	17,1	191	5,3	20	0,5	534	14,
Görlitz	3 476	751	21,6	58	0,1	410	14,7	125	3,6	(116)	(3,2)	573	16,
Hamburg	49 281	10 838	21,9	984	0,2	6 496	16,5	2 314	4,7	235	0,4	7 280	14,
Karlsruhe	9 946	1 921	19,3	(114)	0,1	1 243	14,3	556	5,6	3	0,0	1 357	13,
Kiel	5 750	1 093	19,1	17	0,2	767	17,1	252	4,4	51	0,8	1 010	17,
Königsberg i. Pr.	8 099	1 570	19,4	135	0,1	816	12,5	430	5,3	5	0,0	1 551	19,
Leipzig	23 378	4 639	19,6	100	0,4	3 280	15,5	979	4,1	33	0,1	3 866	16,
Liegnitz	1 761	369	20,4	36	0,2	232	15,7	62	0,3	2	0,0	252	14,
Lübeck	3 927	777	19,6	—	—	446	15,3	296	0,7	24	0,6	575	14,
Magdeburg	12 367	2 581	20,9	196	0,1	1 487	13,8	661	0,5	26	0,2	2 031	16,
Mainz	5 949	1 376	23,3	. .	..	.	.			.	.	1 049	17,
Mannheim	8 321	1 741	20,9	83	0,9	1 047	14,3	422	0,5	33	0,4	1 386	16,
München	15 665	4 228	27,0	177	0,1	2 646	19,4	1 022	6,5	39	0,2	3 030	19,
Nürnberg	13 889	2 953	21,3	188	0,1	1 803	15,0	726	5,2	56	0,4	2 160	15,
Plauen i. V.	4 102	851	20,4	50	1,2	575	15,6	148	3,5	7	0,1	751	18,
Posen	4 897	917	18,7	—	—	607	14,2	202	4,1	—	—	818	16,
Spandau	1 747	451	25,8	14	0,8	236	15,0	117	6,7	0,1	—	352	20,
Stettin	8 095	1 388	17,5	126	0,1	842	13,1	285	3,5	5	0,0	1 105	13,
Stuttgart	12 020	2 228	18,5	122	1,0	1 421	13,5	684	5,7	—	—	2 030	16,
Wiesbaden	6 304	1 236	19,6	—	—	782	13,8	241	3,8	42	0,6	906	14,
Würzburg	2 817	648	23,1	38	1,3	401	16,6	119	4,2	(12)	(0,4)	520	18,

Gaswerke für das Jahr 1900/01. (Erläuterungen siehe Seite 184.)
berechnete Beträge in Mark; Spalte c: Durchschnittliche Einnahme von 100 cbm
Beleuchtung mit Gas und Petroleum pro Kopf der Bevölkerung in Mark.

Von der Ausgabe entfallen auf: Verzinsung und Tilgung des Anlage- und Betriebskapitals	Abschreibungen (Rücklage zum Erneuerungsfonds) und Neuanlagen	Mehr-Einnahme (Überschuß)		Um einen Vergleich zu ermöglichen, sind von den Einnahmen	Ausgaben	abzuhalten bezw. ihnen zuzufügen (+).	Demnach Vergleichs-Einnahmen		Ausgaben (ohne Zinsen, Tilgung und Abschreibungen)		Mehr-Einnahme		Kosten der öffentlichen Beleuchtung mit Gas (den cbm überall zu 10 Pf. angenommen)	
9.	10.	11.		12.	13.	14.	15.		16.		17.		18.	
a	a	a	b	a	a	a	a	b	a	b	a	b	a	d
261	7 865	490	7,8	269	434	—	1 180	18,8	584	9,2	596	9,5	235	1,47
106	—	588*	5,4	113	107	—	1 642	14,6	1 060	9,9	582	5,9	1 634	1,15
2 325	1 869	6 463*	4,4	1 605	5 384	—	26 104	17,9	15 862	10,9	10 242	7,3	1 634	0,84
—	43	237*	5,3	3	—	—	697	15,5	463	10,4	234	5,3	67	0,52
79	100	211*	3,7	165	179	—	1 039	18,4	814	14,4	225	3,9	241	1,88
117	86	863(*)	6,9	261	203	—	2 453	19,9	1 647	13,4	806	6,5	241	1,43
334	1 555	547*	2,8	1 196	1 900	—	4 032	20,9	2 782	14,4	1 250	6,4	485	1,14
116	130	204*	3,7	151	348	—	976	17,9	748	13,6	228	4,2	157	1,45
370	366	806*	3,5	904	1 170	—	3 837	16,7	2 765	12,1	1 072	4,7	458	2,44
429	300	1 558*	4,8	148	729	—	5 181	16,1	3 041	10,6	2 140	6,6	732	1,98
118	332	198	2,3	71	462	—	1 495	17,7	905	10,7	590	6,9	137	1,13
—	1 104	1 552*	4,8	558	1 262	—	5 242	16,4	2 986	9,3	2 256	7,0	.	.
49	243	—	—	3	362	—	822	16,8	463	9,4	359	6,8	110	1,18
148	323	623*	3,8	2	361	—	2 389	14,4	1 406	8,5	983	5,9	252	1,19
10	274	770*	5,5	317	418	—	2 045	14,7	1 174	12,5	871	6,3	176	1,06
89	142	326	4,5	—	230	—	1 355	19,0	799	11,2	556	7,7	271	1,51
87	19	297*	8,2	68	107	+5	763	21,1	432	11,9	331	9,1	78	1,30
25	12	178*	5,1	93	46	+58	658	18,7	585	16,8	73	2,1	89	1,10
—	783	3 018*	6,1	1 793	1 541	—	9 045	18,3	5 739	11,6	3 306	6,8	1 565	2,24
185	47	564*	5,7	114	231	—	1 807	18,1	1 126	11,3	681	6,8	112	1,15
197	—	83*	1,4	23	198	—	1 070	18,6	812	14,9	258	4,4	187	1,76
—	292	180*	2,2	309	292	—	1 261	15,5	1 259	15,4	2	0,0	253	1,34
453	302	773*	3,3	247	1 182	+356	4 392	18,6	3 040	12,9	1 352	5,7	554	1,81
7	13	117*	6,6	71	20	+40	298	16,9	272	15,4	26	0,1	35	0,64
—	5	202*	5,1	—	5	—	777	19,8	570	14,5	207	0,5	149	1,86
312	152	550*	4,3	346	576	—	2 235	18,1	1 455	11,7	780	6,3	267	1,15
.	.	327*	5,4	.	.	.	.	.	.	.	.	.	.	.
98	92	355*	4,2	235	336	+16	1 506	18,3	1 066	12,7	440	5,3	147	1,26
289	177	1 198*	7,6	521	632	+453	3 707	19,6	2 851	18,1	856	5,4	.	.
162	134	793*	5,7	367	475	—	2 586	18,6	1 685	12,1	901	6,5	263	1,01
68	146	100*	0,2	121	283	—	730	17,5	468	11,0	262	6,3	67	0,89
—	35	98	2,0	30	40	—	887	18,1	778	15,9	109	2,2	68	0,58
25	—	99	5,6	90	91	—	361	20,6	261	14,9	100	5,7	26	0,40
152	3	282	3,5	254	255	—	1 134	14,1	850	10,5	284	3,5	.	.
110	338	198	1,6	123	449	—	2 105	17,5	1 581	13,1	524	4,3	199	1,13
66	214	330	5,2	169	274	—	1 067	16,9	632	10,0	435	6,9	80	0,91
96	24	129	4,6	44	120	—	604	21,4	400	14,2	204	7,2	56	0,75

IXB. Die Rechnungsergebnisse der städtischen

Spalte a: Absolute Beträge in Mille Mark; Spalte b: Auf 100 cbm Nutzgas
Privatverbrauch in Mark; Spalte d: Kosten der öffentlichen

Städte	Nachgewiesener Gasverbrauch (Nutzgas) Mille cbm	Gesamt-Einnahme		Darunter für Gas zur öffentlichen Beleuchtung		Darunter für Gas zum Privat-Verbrauch		Darunter für Nebenprodukte (ohne Selbstverbrauch)		Darunter für Installation, Gasmesser usw.		Gesamt-Ausgabe	
1.	2.	3.		4.		5.		6.		7.		8.	
		a	b	a	b	a	c	a	b	a	b	a	b
Altona	6 667	1 471	22,1	(165)	(2,5)	902	16,9	274	4,1	21	0,8	1 135	17,0
Berlin	156 053	26 587	17,0	—	—	17 718	12,3	6 431	4,1	363	0,2	23 578	15,1
Bochum	4 444	688	15,5	—	—	452	11,4	195	4,4	39	0,9	461	10,4
Braunschweig	5 649	1 204	21,3	(167)	(2,9)	759	16,0	247	4,4	27	0,5	1 020	18,1
Bremen	13 769	2 662	19,3	(275)	(2,0)	1 850	15,5	532	3,9	(1)	—	2 255	16,4
Breslau	20 576	5 420	26,3	231	1,1	2 384	11,9	785	3,8	(831)	(4,0)	4 779	23,
Cassel	5 956	1 260	21,2	(158)	(2,7)	684	14,1	302	5,1	(72)	(1,2)	1 027	17,
Charlottenburg	24 589	4 800	19,5	200	0,8	2 860	12,8	1 248	5,1	108	0,4	4 450	18,1
Cöln	33 141	5 216	15,7	—	—	3 643	13,2	1 255	3,8	174	0,5	4 029	12,
Crefeld	8 677	1 476	17,0	(50)	(0,6)	995	13,2	335	3,9	49	0,6	1 311	15,1
Dresden	31 277	5 614	17,9	316	1,0	3 733	13,9	1 110	3,5	28	0,1	4 446	14,
Düsseldorf	17 077	2 414	14,1	—	—	1 752	11,4	598	3,5	47	0,3	2 102	12,
Elberfeld	14 229	2 360	16,6	98	0,7	1 502	11,4	505	3,5	24	0,2	1 573	11,1
Essen	6 862	1 318	19,2		(997 = 14,5)			238	3,5	58	0,8	1 085	15,
Freiburg i. Br.	3 822	888	23,2	61	1,6	569	16,8	211	5,5	25	0,7	607	15,7
Görlitz	3 862	802	20,8	60	1,6	468	15,0	149	3,9	(95)	(2,5)	610	15,8
Hamburg	50 082	10 671	21,3	983	2,0	6 517	13,0	2 079	4,2	271	0,5	8 387	16,
Karlsruhe	6 198	1 156	18,7	(79)	(1,3)	771	14,5	293	4,7	13	0,2	889	14,
Kiel	6 206	1 015	16,4	11	0,2	827	16,0	184	3,0	77	1,2	957	15,
Königsberg	8 883	1 431	16,1	136	0,1	862	11,9	380	4,2	34	0,3	2 217	24,
Leipzig	25 007	5 016	20,1	100	0,4	3 488	15,2	1 007	4,0	29	0,1	4 266	17,
Liegnitz	1 925	414	21,5	38	2,0	254	17,7	67	3,5	16	0,8	301	15,
Lübeck	4 058	755	18,6	—	—	466	15,1	249	6,1	35	0,8	581	14,
Magdeburg	12 890	2 677	20,8	204	1,6	1 545	13,7	637	4,9	35	0,3	2 117	16,
Mainz	6 374	1 424	22,3	.	.	.	.	.	.	.	.	1 145	18,
Mannheim	9 345	1 889	20,2	96	1,0	1 157	14,1	469	5,0	38	0,4	1 729	18,
München	15 691	4 172	26,6	242	1,5	2 644	19,5	1 025	6,5	24	0,2	3 140	20,
Nürnberg	14 594	3 159	21,6	190	1,3	1 889	14,9	828	5,7	36	0,2	2 426	16,
Plauen i. V.	4 822	984	20,4	65	1,3	687	16,2	141	2,9	—	—	864	17,
Posen	5 617	1 055	18,8	—	—	672	14,3	206	3,7	—	—	952	16,
Spandau	1 601	375	19,9	14	0,7	257	14,9	921	4,9	1	0,0	270	14,
Stettin	9 279	1 563	16,8	135	1,5	966	12,7	320	3,4	15	0,2	1 148	12,
Stuttgart	13 400	2 539	18,9	128	1,0	1 578	13,2	806	6,0	—	—	2 365	17,
Wiesbaden	6 740	1 546	22,9	—	—	873	14,4	232	3,4	47	0,7	1 276	18,
Würzburg	3 097	731	23,6	39	1,3	437	16,3	209	6,7	(16)	0,5	581	18,
Zwickau	3 310	396	12,0	44	1,3	290	10,0	39	1,3	14	0,4	262	7,

Gaswerke für das Jahr 1901/02. (Erläuterungen siehe Seite 184.)

berechnete Beträge in Mark; Spalte c: Durchschnittliche Einnahme von 100 cbm

Beleuchtung mit Gas und Petroleum pro Kopf der Bevölkerung in Mark.

Von der Ausgabe entfallen auf: Verzinsung und Tilgung des Anlage- und Betriebskapitals	Von der Ausgabe entfallen auf: Abschreibungen (Rücklage zum Erneuerungsfonds) und Neuanlagen	Mehr-Einnahme (Überschuß)		Um einen Vergleich zu ermöglichen, sind von den Einnahmen abzuhalten bezw. ihnen zuzufügen (+)	Um einen Vergleich zu ermöglichen, sind von den Ausgaben abzuhalten bezw. ihnen zuzufügen (+)		Demnach Vergleichs-: Einnahmen		Demnach Vergleichs-: Ausgaben (ohne Zinsen, Tilgung und Abschreibungen)		Demnach Vergleichs-: Mehr-Einnahme		Kosten der öffentlichen Beleuchtung mit Gas (den cbm überall zu 10 Pf. angenommen)	
9.	10.	11.		12.	13.	14.	15.		16.		17.		18.	
a	a	a	b	a	a	a	a	b	a	b	a	b	a	d
261	194	336	5,0	275	564	.	1 196	17,9	571	8,6	625	9,4	259	1,59
2 437	1 957	3 009*	1,9	2 063	6 013	—	24 524	15,7	17 565	11,3	6 959	4,5	1 689	0,86
—	23	227*	5,1	3	23	—	685	15,4	438	9,9	247	5,6	73	0,57
77	100	184*	3,8	171	177	—	1 033	18,8	843	14,9	190	3,4	.	.
219	181	407*	3,0	275	399	—	2 387	17,3	1 856	13,5	531	3,9	266	0,65
334	1 304	642*	3,1	1 286	1 638	—	4 134	20,1	3 141	15,3	993	4,8	433	1,02
164	55	233*	3,9	186	218	—	1 074	18,0	809	13,6	265	4,4	165	1,58
486	569	350*	1,4	866	1 389	+126	3 934	16,0	2 766	11,2	1 168	4,7	514	2,68
428	300	1 187*	3,6	145	728	—	5 071	15,3	3 301	10,0	1 770	5,3	772	2,04
261	134	166	1,9	78	407	—	1 398	16,1	904	10,4	494	5,7	142	1,16
—	1 056	1 196*	3,8	725	1 240	+316	4 889	15,6	3 522	11,3	1 367	4,4	.	.
177	396	312	1,8	16	375	—	2 398	14,0	1 727	10,1	671	3,9	271	1,09
10	186	788*	5,5	324	332	—	2 036	14,3	1 241	8,7	795	5,6	182	1,08
101	163	233	3,4	—	264	—	1 318	19,2	821	12,0	497	7,2	300	1,61
104	17	281	7,4	82	136	—	806	21,1	471	12,3	335	8,8	70	1,13
31	12	192	5,0	82	43	—	720	18,6	567	14,7	153	4,0	90	1,11
—	586	2 284	4,6	1 614	1 217	—	9 057	18,1	7 170	14,3	1 887	3,8	1 544	2,16
123	44	267	4,3	79	167	—	1 077	17,4	722	11,6	355	5,7	104	1,04
201	—	58	0,9	19	201	+5	996	16,0	761	12,3	235	3,8	188	1,68
—	388	—786	—8,9	144	388	—	1 287	14,5	1 829	20,6	—542	—6,1	291	1,53
442	302	749*	3,0	470	1 293	+376	4 546	18,2	3 349	13,4	1 197	4,8	589	1,88
—	27	113*	5,9	74	53	+16	340	17,7	264	13,7	76	3,9	37	0,67
—	9	—	—	—	.	.	—	.	—	—	—	—	139	1,74
327	157	560*	4,3	402	640	—	2 275	17,6	1 477	11,5	798	6,2	282	1,22
.	.	279	.	.	.	.	.	.	.	.	.	.	.	.
240	167	160*	1,7	218	520	.	1 671	17,8	(1 209)	(12,9)	(462)	(4,9)	163	1,22
310	198	1 032*	6,6	480	745	—	3 692	23,5	2 395	15,3	1 297	8,3	.	.
179	134	733*	5,0	406	529	—	2 753	18,0	1 897	13,0	856	5,9	280	1,04
73	138	120*	2,5	155	298	—	829	17,2	566	11,7	263	5,5	80	1,00
—	44	103*	1,8	79	44	—	976	17,4	908	16,2	68	1,2	75	0,64
25	—	105	5,5	14	29	—	361	19,1	241	12,7	120	6,3	26	0,39
186	6	415*	4,5	261	319	—	1 302	14,0	829	8,0	473	5,1	.	.
110	124	173*	1,3	128	234	—	2 411	18,0	2 131	15,9	280	2,1	207	1,18
70	332	270*	4,0	305	564	—	1 241	18,5	712	10,6	529	7,7	91	1,01
—101	35	150	4,8	45	136	—	686	22,2	445	14,4	241	7,8	59	0,77
40	67	134	4,0	95	107	—	301	9,1	155	4,7	146	4,4	.	.

X A. Die Rechnungsergebnisse der städtischen elektrischen Beleuchtungs-Zentralanlagen im Jahre 1900/01.

(Erläuterungen siehe Seite 184.)

Spalte a: Absolute Beträge in Mille Mark; Spalte b: Auf 1000 Hektowattstunden der abgegebenen Nutzenergie berechnete Beträge in Mark; Spalte c: Durchschnittliche Einnahme von 1000 Hektowattstunden Privatverbrauch in Mark; Spalte d: Kosten der öffentlichen elektrischen Beleuchtung pro Kopf der Bevölkerung in Mark.

Städte	Abgegebene Nutzenergie (Mille HWSt)	Gesamt-Einnahme		Darunter für elektrischen Strom: zur öffentlichen Beleuchtung		zum Straßenbahnbetrieb		zum Privatverbrauch		Reingewinn aus den Installationen und Messermiete		Gesamt-Ausgabe		Mehr-Einnahme bezw. Mehr-Ausgabe (—)		Von den Ausgaben entfallen auf die: Verzinsung und Tilgung des Anlage- u. Betriebskapitals	Abschreibungen (Rücklage zum Erneuerungsfonds) u. Neuanlagen	Um einen Vergleich zu ermöglichen, sind von den: Einnahmen	Ausgaben	abzuhalten oder ihnen zuzufügen (+)	Demnach Vergleichs-: Einnahmen		Ausgaben (ohne Zinsen, Tilgung und Abschreibungen)		Mehr-Einnahmen		Kosten der öffentl. elektr. Beleuchtung (die HWSt überall zu 5 Pf. angenommen)	
1.	2.	3. a	3. b	4. a	4. b	5. a	5. b	6. a	6. c	7. a	7. b	8. a	8. b	9. a	9. b	10. a	11. a	12. a	13. a	14. a	15. a	15. b	16. a	16. b	17. a	17. b	18. a	18. d
Barmen	5 280	258	49	.	.	—	—	222	52	26	4,9	166	31	92*	17	75	3	9	78	—	249	47	88	17	161	31	(42)	(0,60)
Bochum	4 124	193	47	—	—	—	—	176	.	16	3,9	78	19	115*	28	—	18	—	18	—	193	47	60	15	133	32	.	.
Bremen	27 000	715	27	(15)	(0,5)			697 = 26		(1)	(0,0)	495	18	220	8	95	86	15	181	—	700	26	314	12	386	14	18	0,10
Breslau	13 862	740	53	26	1,8			677 = 49		16	1,1	429	31	311	22	95	120	61	215	—	679	49	214	15	465	34	(30)	(0,07)
Cassel	17 213	381	22	(17)	0,9			321 = 19		9	0,5	288	17	93*	5	102	39	36	141	—	345	20	147	9	198	12	16	0,48
Cöln	18 918	814	43	—	—			761 = 40		47	2,4	630	33	184*	10	148	200	—	348	—	814	43	282	15	532	28	123	0,33
Crefeld	5 176	162	31	2	0,3			125 = 24		26	5,0	162	31	—	—	56	18	10	74	—	152	29	88	17	64	12	5	0,04
Dortmund	22 164	589	27	—	—	—	—	533	25	19	0,8	587	27	2	0	259	57	12	318	—	577	26	269	12	308	14	23	0,16
Dresden	22 458	1051	47	117	5,2	—	—	868	47	19	0,8	908	40	143	6	151	323	127	491	—	924	41	417	19	507	23	(164)	(0,40)
Düsseldorf	37 920	1029	27	—	—			1 015 = 27		14	0,3	528	14	501	13	198	80	—	278	—	1029	27	250	7	779	20	36	0,17
Elberfeld	18 416	529	29	14	0,7			498 = 27		13	0,7	529	29	—	—	186	14	22	200	+2	507	27	331	18	176	10	21	0,13
Frankfurt a. M.	105 975	1930	18	27	0,3			1 834 = 17		39	0,4	1093	16	237	2	303	500	27	503	—	1903	18	1190	11	713	7	174	0,62
Frankfurt-Bockenheim	.	*183*	.	.	.	—	—	*163*	.	*18*	.	*183*	.	—	—	*55*	*7*	—	*62*	—	*183*	.	*121*		*62*	.	.	.
Görlitz	7 942	188	24	—	—			162 = 20		(7)	0,8	181	23	7*	0,8	48	34	—	82	—	188	24	99	12	89	11	.	.
Hannover	18 326	830	45	48	2,6	—	—	728	50	33	1,8	571	31	259*	14	118	223	63	350	—	767	42	221	13	546	30	68	.
Königsberg	15 365	577	38	—	—			523 = 34		25	1,6	553	36	24	2	110	239	1	349	—	576	38	204	13	372	24	(4)	(0,02)
Lübeck	4 993	205	41	2	0,4	—	—	187	39	16	0,3	121	24	84	17	—	—	2	—	—	203	41	121	24	82	16	(4)	(0,05)
Mainz	7 655	268	35	2	0,2	—	—	253	35	15	1,5	261	34	7	1	129	—	8	134	—	260	34	127	17	133	17	4	0,05
München	93 279	1964	21	323	3,4			1 369 = 15		91	0,9	1740	19	224*	2	425	388	373	813	—	1591	17	927	10	664	7	(539)	(1,10)
Nürnberg	21 599	915	42	(103)	(4,7)	—	—	733	46	67	3,1	788	36	127*	6	148	218	1	[illegible]	—	804	37	422	20	382	18	281	1,08
Posen	3 966	84	21			—	—	65	36	(17)	4,3	178	45	−94*	24	44	19	—	63	—	84	21	115	29	31	−8	(103)	(1,[illegible])

(Erläuterungen siehe Seite 184.)

Spalte a: Absolute Beträge in Mille Mark; Spalte b: Auf 1000 Hektowattstunden der abgegebenen Nutzenergie berechnete Beträge in Mark; Spalte c: Durchschnittliche Einnahme von 1000 Hektowattstunden Privatverbrauch in Mark; Spalte d: Kosten der öffentlichen elektrischen Beleuchtung pro Kopf der Bevölkerung in Mark.

Städte	Abgegebene Nutzenergie (Mille HWSt)	Gesamt-Einnahme		Darunter für elektrischen Strom: zur öffentlichen Beleuchtung		zum Straßenbahnbetrieb		zum Privatverbrauch		Reingewinn aus den Installationen und Messermiete		Gesamt-Ausgabe		Mehr-Einnahme bezw. Mehr-Ausgabe (—)		Von den Ausgaben entfallen auf die Verzinsung u. Tilgung des Anlage- u. Betriebskapitals	Abschreibungen (Rücklage zum Erneuerungsfonds) u. Neuanlagen	Um einen Vergleich zu ermöglichen sind von den Einnahmen	Ausgaben	abzuhalten oder ihnen zuzufügen (+)	Demnach Vergleichs-Einnahmen		Ausgaben (ohne Zinsen, Tilgung und Abschreibungen)		Mehr-Einnahmen		Kosten der öffentl. elektr. Beleuchtung (die HWSt überall zu 5 Pf. angenommen)	
1.	2.	3.		4.		5		6.		7.		8.		9.		10.	11.	12.	13.	14.	15.		16.		17.		18.	
		a	b	a	b	a	b	a	c	a	b	a	b	a	b	a	a	a	a	a	a	b	a	b	a	b	a	d
Aachen	28 953	646	22	(4)	(0,1)			601 = 21		25	0,9	502	17	145	5	117	135	15	252	—	631	22	250	8	381	14	(10)	(0,06)
Altona	28 676	515	18	(8)	(0,3)			486 = 17		16	0,6	221	8	294	10	—	88	13	88	—	502	17	133	5	369	12	(8)	(0,04)
Bochum	4 682	212	45	—	—	—	—	192	40	20	4,3	69	14	143	35	—	17	—	17	—	212	45	52	11	160	34	—	—
Bremen	44 925	943	21	(15)	(0,3)			79 = 17		(2)	(0,0)	623	14	320*	7	117	109	17	226	—	926	20	397	8	529	12	18	0,10
Breslau	28 260	1032	36	24	0,8			960 = 34		26	0,9	655	23	377	13	126	235	44	361	—	988	35	294	10	694	25	(29)	(0,06)
Cassel	18 848	390	21	(17)	(0,9)			343 = 18		26	1,4	316	17	75	3	108	48	34	156	—	356	19	160	8	196	11	14	(0,13)
Cöln	26 560	912	34	—	—			864 = 32		42	1,7	743	28	169*	7	183	200	—	283	—	912	34	460	17	452	17	152	0,45
Crefeld	18 184	451	25	4	0,2			277 = 15		30	1,7	397	22	54	3	121	133	13	257	—	438	24	140	7	298	17	10	0,09
Dortmund	24 990	602	24	—	—	—	—	55	23	23	0,5	602	24	—	—	232	68	23	299	—	579	23	303	12	276	11	54	0,36
Dresden	21 400	1026	48	131	0,1	—	—	820	47	21	0,9	870	40	156*	7	154	332	156	347	—	870	40	523	24	347	16	(178)	(0,43)
Düsseldorf	40 161	945	23	—	—			911 = 22		7	0,2	583	14	362	9	100	194	27	294	—	918	22	289	7	629	15	52	0,21
Elberfeld	34 594	720	20	17	0,5			664 — 19		11	0,3	720	20	—	—	268	145	43	399	+2	677	19	323	9	354	10	26	0,15
Frankfurt a. M.	131 047	2286	17	33	0,3			2 154 = 16		46	0,4	1519	11	767*	5	380	251	33	631	—	2207	16	888	6	1319	10	189	0,65
Frankfurt-Bockenheim	.	271	16	.	.	—	—	246	.	22	.	271	.	—	—	103	11	—	114	—	260	.	157	.	103	.	.	.
Görlitz	8 778	215	25	—	—			180 = 20		(33)	(3,7)	200	22	15*	1	51	27	—	77	—	215	25	123	14	92	11	—	—
Halle a. S.	.	136	.	.	.			122		10	.	194	.	58	.	69	47	1	116	—	135	.	78	.	57	.	.	.
Hannover	19 034	842	44	47	2,5	—	—	745	43	26	1,4	602	32	240*	13	91	277	66	370	—	776	41	226	11	550	30	75	.
Karlsruhe	1 746	94	53	—	—	—	—	77	48	15	8,6	72	41	22	12	—	—	—	—	—	94	53	72	41	22	12	—	—
Königsberg i. Pr.	25 410	708	27	—	—			634 = 25		40	1,6	579	22	269	10	111	—	83	111	—	625	24	468	18	157	6	(7)	(0,03)
Lübeck	4 769	210	44	2	0,4	—	—	186	41	21	4,4	104	22	107	22	—	—	4	—	—	206	43	104	22	102	21	(4)	(0,61)
Mainz	8 842	355	40	.		—	—	.	.	.	.	353	40	2	0		.	.	.	—	355	40	353	40	2	0	(4)	(0,04)
München	109 735	2730	24	323	2,9			1 949 = 17		92	0,9	2254	20	475	4	504	490	573	994	—	2157	19	1260	11	897	8	(535)	(1,06)
Nürnberg	22 372	910	41	(103)	(4,0)	—	—	736	44	63	2,8	796	35	114	5	147	235	108	381	—	802	36	415	19	387	17	283	1,06
Posen	4 226	89	21	—	—	—	—	81	39	(11)	(2,7)	191	47	-102	-24	15	16	—	31	—	89	21	160	37	—71	-16	(99)	(0,85)
Würzburg **	8 970	200	22	—	—			182 = 20		3	0,3	165	18	35	3	43	14	—	67	—	200	22	98	11	102	11	37	0,48

XI. Entwickelung der Gasanstalten einiger Städte während des letzten Jahrzehnt

(Erläuterungen siehe Seite 186.)

Städte	1892/93						1901/02						Zunahme des Gasverbrauchs		
	Gasverbrauch				Gaspreis pro cbm		Gasverbrauch				Gaspreis pro cbm				
	Mittlere Bevölkerung in Tausenden	Gesamtabgabe in Tausend cbm	Gesamtverbrauch pro Kopf in cbm	Nutzgas in Tausend cbm	Grundpreis	für Heiz- und Kochzwecke	Mittlere Bevölkerung in Tausenden	Gesamtabgabe in Tausend cbm	Gesamtverbrauch pro Kopf in cbm	Nutzgas in Tausend cbm	Grundpreis	für Heiz- und Kochzwecke	der Gesamtabgabe in Tausend cbm	in %	des Nutzgases in Tausend cbm
1.	2.	3.	4.	5.	6.	7.	8.	9.	10.	11.	12.	13.	14.	15.	16.
Altona . . .	148	5 085	34	4 746	20	16	163	7 110	44	6 667	20	12	2 025	39	19[illegible]
Augsburg . .	78	3 813	49	3 619	22	18,5	89	5 023	56	4 690	22	14	1 210	32	10[illegible]
Berlin . . .	1 646	102 432	83	97 629	16	12,8	1 967	161 160	82	156 053	13	13	58 728	57	58[illegible]
Bremen . . .	135	9 474	70	8 981	20	15	174	14 918	86	13 769	16	12	5 444	57	47[illegible]
Breslau . . .	347	14 173	41	12 742	17,64	12	424	22 049	52	20 576	17,64	10	7 876	55	78[illegible]
Charlottenburg	89	7 019	79	6 628	16	12,8	192	25 032	130	24 589	13	13	18 013	256	179[illegible]
Chemnitz . .	175	8 411	48	8 192	18	13	224	10 790	48	10 520	18	13	2 379	28	23[illegible]
Cöln	274	24 747	90	23 015	15	10	378	36 285	96	33 141	16	10	11 538	47	101[illegible]
Crefeld . . .	106	6 483	61	5 728	19,4	10	122	9 483	78	8 677	18	10	3 000	46	29[illegible]
Danzig . . .	120	3 031	25	2 996	17	—	116	5 276	45	5 004	17	12	2 245	74	20[illegible]
Dortmund . .	94	5 158	55	4 663	16	10	148	7 586	51	7 321	16	10	2 428	47	26[illegible]
Dresden . . .	290	22 951	79	22 292	17	12	415	32 681	79	31 277	16	12	9 730	42	89[illegible]
Duisburg . .	50	3 036	61	2 772	16	10	93	5 615	60	5 122	16	10	2 579	77	23[illegible]
Düsseldorf . .	155	9 909	64	9 250	16	8	248	18 359	74	17 077	16	8	8 450	85	78[illegible]
Essen	85	4 075	48	3 180	15	10	186	7 798	42	6 862	15	10	3 723	91	36[illegible]
Görlitz . . .	64	2 457	38	2 281	20	14	81	4 067	50	3 862	18	12	1 610	47	15[illegible]
Halle a. S. . .	107	5 025	47	4 714	18	13,5	135	8 325	62	7 780	16	10	3 300	66	30[illegible]
Hamburg . .	576	43 077	75	40 012	18	15	716	55 555	78	50 082	18	12	12 478	28	100[illegible]
Karlsruhe . .	79	6 609	84	6 014	18	12	99	6 708	68	6 198	18	12	99	1	1[illegible]
Kiel	75	3 399	45	3 312	20	12	112	6 653	59	6 206	20	14	3 254	96	28[illegible]
Königsberg i. Pr.	165	5 025	30	4 627	16	12	190	9 724	51	8 883	16	12	4 699	93	42[illegible]
Leipzig . . .	220	17 985	82	17 695	18	15	313	25 117	80	25 007	18	12	7 132	39	73[illegible]
Lübeck . . .	66	2 804	42	2 546	18	15	80	4 358	54	4 058	18	12	1 554	55	15[illegible]
Magdeburg . .	187	8 854	47	8 255	18	14	232	13 945	60	12 890	18	10	5 091	57	46[illegible]
Mainz	74	4 511	61	4 196	20	13,5	86	6 783	79	6 374	18	12	2 272	50	21[illegible]
Mannheim . .	85	5 910	70	5 476	18	—	134	9 823	73	9 345	18	12	3 913	66	38[illegible]
München . .	360	15 256	42	13 619	23	17,25	503	17 391	35	15 691	23	14	2 135	14	20[illegible]
Nürnberg . .	160	7 391	46	7 227	20	15	268	15 194	57	14 594	18	12	7 803	105	73[illegible]
Posen . . .	70	2 563	37	2 384	19	13	117	5 907	50	5 617	17	10	3 344	130	32[illegible]
Stettin . . .	124	5 615	45	5 202	15	12	215	9 306	43	9 279	15	10	3 691	66	40[illegible]
Straßburg i. E.	134	6 807	51	5 610	18	15	160	12 451	78	11 226	16	12	6 144	90	56[illegible]
Wiesbaden . .	68	3 885	57	3 671	20	15	90	7 052	78	6 740	16	12	3 167	81	30[illegible]
Zusammen .	5 906	376 470	64	353 274			8 475	587 524	69	555 177			211 051	55	269[illegible]

XII. Entwickelung der Elektrizitätswerke einiger Städte während des letzten Jahrfünfts.

(Erläuterungen siehe S. 186).

Städte	1896/97						1901/02 (bezw. 1900/01)						Zunahme des Stromverbrauchs		
	Stromverbrauch				Strompreis pro H. W. St.		Stromverbrauch				Strompreis pro H. W. St.				
	Mittlere Bevölkerung in Tausenden	Nutzstrom in Tausend H. W. St.	Nutzstrom ohne den Selbstverbrauch in Tausend H. W. St.	pro Kopf in H. W. St.	zur Beleuchtung	zu Nutzzwecken	Mittlere Bevölkerung in Tausenden	Nutzstrom in Tausend H. W. St.	Nutzstrom ohne den Selbstverbrauch in Tausend H. W. St.	pro Kopf in H. W. St.	zur Beleuchtung	zu Nutzzwecken	des Nutzstromes	des Nutzstromes ohne den Selbstverbrauch	in %
1.	2.	3.	4.	5.	6.	7.	8.	9.	10.	11.	12.	13.	14.	15.	16.
achen . . .	136	11 286	9 694	71	7	1,8	146	28 953	27 420	180	7	1,8	17 667	17 726	183
ltona . . .	150	13 653	11 633	78	6,4	2,3	163	28 676	27 513	168	6,4	2,8	15 023	15 880	136
armen† . .	132	1 855	1 777	13	7,3	2,5	142	5 280	5 130	36	6,4	2,5	3 425	3 353	188
erlin . . .	1 640	.	142 698	87	6	1,6	1967	796 281	788 027	400	5,5	1,6	.	645 329	452
remen . . .	150	6 034	5 225	33	7,3	2,4	174	44 925	41 801	240	7	2,4	38 891	36 576	700
reslau . . .	380	7 214	7 009	18	6,8	—	424	28 260	27 711	65	6,8	2,0	21 046	20 702	292
assel . . .	93	1 584	1 509	16	8	3,4	108	18 848	18 123	167	7	2,5	17 264	16 614	1 100
hemnitz† . .	195	3 278	2 952	15	7	1,8	223	11 117	10 745	48	5,5	2,0	7 839	7 793	339
öln	300	8 574	8 225	27	7	2,5	378	26 560	25 837	68	7	2,5	17 986	17 612	214
resden. . .	378	5 876	5 519	14	6	2,5	415	21 400	20 847	50	6	2,5	15 524	15 328	277
üsseldorf . .	182	5 676	5 625	31	7	2—5	248	40 161	39 053	159	6	2—5	34 485	33 428	594
rankfurt a. M. ohne Bockenheim . . .	247	.	19 890	81	7	2	290	131 048	129 054	446	4	2	.	109 164	548
amburg† . .	634	103 374	100 846	159	6	2	698	189 838	185 340	265	6	2	86 464	84 494	84
önigsberg .	172	.	5 018	29	7,3	2	190	25 411	24 938	131	6,4	3	.	19 920	396
eipzig . . .	243	4 610	4 455	19	7	2	313	16 532	16 293	53	7	2	11 925	11 838	265
übeck . . .	70	1 688	1 609	23	6,5	2	80	4 770	4 685	59	6,5	2	3 062	3 076	191
ünchen . .	412	.	15 902	38	8	—	503	109 735	106 849	212	6	2	.	90 947	571
tettin† . . .	145	7 899	7 558	52	7,7	4,4	210	13 485	12 775	61	6,6	3,3	5 586	5 217	69
uttgart. . .	156	17 433	15 255	98	7	2	176	51 361	47 051	267	6	2	33 928	31 796	209
Zusammen .	5 815	.	342 399	58	.	.	6848	.	1 559 192	228	.	.	.	1 216 793	355

XII.

Personenverkehr
im Jahre 1900.

Von

Dr. G. Koch,
Direktor des Statistischen Bureaus der Steuerdeputation in Hamburg.

Die im Statistischen Jahrbuch bisher über die Ausdehnung und den Verkehr der Straßenbahnen veröffentlichten Zahlen beruhten auf Angaben, welche die befragten Stadtverwaltungen durch Ausfüllung der Formulare mitgeteilt hatten. Während die übersandten Fragebogen von einigen Städten überhaupt nicht ausgefüllt wurden, geschah dies von anderen Städten nur für einen Teil der gestellten Fragen, und manche der gelieferten Antworten gaben zu berechtigtem Zweifel an ihrer Richtigkeit Anlaß. Allen solchen offenbaren Mängeln konnte der Bearbeiter dieser Statistik keine Abhülfe schaffen, da die Stadtverwaltungen in den meisten Fällen bei der Ausfüllung dieser Fragebogen auf diejenigen Angaben angewiesen waren, welche ihnen von den Straßenbahngesellschaften gemacht wurden, die ihrerseits hierbei nicht immer die Bedeutung derartiger statistischer Zusammenstellungen genügend gewürdigt haben dürften.

Durch den im Jahre 1894 ins Leben getretenen „Verein deutscher Straßenbahn- und Kleinbahn-Verwaltungen“ ist nun endlich von seiten der Beteiligten selbst die einheitliche Erhebung und Zusammenstellung einer Straßenbahnstatistik in Angriff genommen worden, die alljährlich ausgeführt werden soll und zunächst für das Jahr 1900 in der „Zeitschrift für Kleinbahnen“ (Jahrgang 1901, Seite 473 bis 533, 653 bis 665 und 722 bis 725) veröffentlicht worden ist. Die nachfolgenden Mitteilungen sind ausschließlich dieser Quelle entnommen; während jedoch in der letzteren die technische Seite des Straßenbahnwesens besonders ausführlich behandelt worden ist, haben hier vor allem die Daten von wirtschaftspolitischer Bedeutung Berücksichtigung gefunden. Die genannte Statistik gibt für einen jeden Straßenbahnbetrieb (Gesellschaft oder Gemeinde) in 80 Spalten Auskunft: über die Bahnanlage (10 Spalten), die Fahrbetriebsmittel (29 Spalten), die Betriebsleistungen

(9 Spalten), die Betriebsergebnisse (26 Spalten) und die Unfälle sowie Betriebsstörungen (6 Spalten). Neben dem Namen der Gesellschaft u. s. w. als Eigentümer der Bahn ist auch angegeben, wer der etwaige andere Betriebsunternehmer ist, ferner wird für jeden Betrieb Beginn und Ende des Berichtsjahres sowie das Konzessionsdatum der ersten Linie mitgeteilt. Im ganzen umfaßt die Statistik 153 Straßenbahnbetriebe mit einer Bahnlänge von 2 726,57 km; außerdem bestanden noch 27 Gesellschaften mit einer Bahnlänge von 194,78 km, sodaß für sämtliche Straßenbahnen im Deutschen Reiche Ende 1900 die Bahnlänge 2 921,35 km betrug.

Die nachfolgende Tabelle führt nicht die einzelnen Straßenbahnbetriebe auf, sondern faßt für diejenigen Städte mit über 50 000 Einwohnern, in denen mehrere Bahnbetriebe bestehen, die Zahlen für das ganze Bahnnetz zusammen. Diese Zahlen sind auch dort eingesetzt, wo benachbarte Städte ein gemeinsames Straßenbahnnetz besitzen; hierher gehören: Berlin mit Umgegend (Städte Charlottenburg, Schöneberg und Rixdorf), Elberfeld und Umgegend (Stadt Barmen), Hamburg und Umgegend (Stadt Altona), Hannover und Umgegend (Stadt Linden), Nürnberg und Umgegend (Stadt Fürth). In diesen Fällen war eine Zerlegung der Straßenbahnstatistik auf die einzelnen Städte nicht angängig, da es sich hier um ein gemeinsames Wirtschafts- und Verkehrsgebiet handelt. Natürlich erstrecken sich die Straßenbahnnetze auch in fast sämtlichen anderen Städten auf benachbarte Stadt- und Landgemeinden, doch sind von diesen in der Tabelle nur diejenigen namentlich aufgeführt, die am 1. Dezember 1900 über 50 000 Bewohner hatten. Da es hier allein auf die Darstellung der dem lokalen Verkehre dienenden Straßenbahnen ankommt, so sind diejenigen Bahnbetriebe, welche ausschließlich oder doch hauptsächlich den Fernverkehr vermitteln (z. B. die Düsseldorf-Duisburger Kleinbahn), nicht in die Tabelle aufgenommen worden. Ob der Bearbeiter hierbei stets die richtige Entscheidung getroffen hat, mag dahingestellt bleiben; maßgebend hierfür waren neben der genannten Statistik vor allem die Angaben im Reichskursbuch.

Von den 73 Städten mit über 50 000 Bewohnern sind neun, nämlich Beuthen, Freiburg i. B., Gleiwitz, Königshütte, Ludwigshafen, Münster i. W., Offenbach, Osnabrück und Rostock, nicht in der Statistik aufgeführt und demnach auch nicht in unsere Tabelle aufgenommen; die meisten von ihnen hatten Straßenbahnen. Ferner besitzen sieben andere Städte kein selbständiges Bahnnetz, sodaß unsere Tabelle im ganzen 57 Bahnnetze unterscheidet, von denen 50 für einzelne Städte, 7 für Städtegruppen gelten.

Diese 57 Straßenbahnnetze hatten im ganzen eine Bahnlänge von 2 085,73 km, davon waren 1 049,92 km eingleisig und 1 035,81 km zweigleisig; 13 Bahnnetze haben doppelgleisige Strecken (abgesehen von Weichen und dergl.) überhaupt nicht, während in Nürnberg-Fürth das ganze Bahnnetz aus zwei Gleisen besteht. Die Gesamtlänge der Gleise (mit Einschluß der Weichen sowie der Bahnhofs- und Verbindungsgleise) belief sich auf 3 566,77 km.

In welcher Ausdehnung auf diesen Straßenbahnnetzen der Betrieb durch Pferdekraft oder durch elektrische bezw. Dampf-Motoren ausgeübt wird, ergibt sich aus unserer Statistik nicht, sie enthält auch keine Angaben über die Anzahl der im Straßenbahnbetrieb verwandten Pferde, dagegen unterscheidet sie die Personenwagen nach der Art der sie bewegenden Kräfte, desgleichen wird von den zurückgelegten Wagenkilometern angegeben, wieviel davon auf die von Pferden bewegten Personenwagen entfallen. Ein Vergleich dieser Zahlen läßt erkennen, wie sehr sich der elektrische Betrieb immer mehr ausdehnt. Nur 7 von den 57 Bahnnetzen waren im Jahre 1900 noch ohne elektrischen Betrieb; es sind dies Bonn (hat zum Teil Dampflokomotiven), Cöln, Dessau (hat Gaslokomotiven), Mainz, Metz, Potsdam und Würzburg. Von den 50 Bahnnetzen mit elektrischem Betriebe hatten 37 diesen ausschließlich, während bei 13 Bahnnetzen auch Pferde noch in Verwendung waren, bei 4 dieser Bahnnetze war dies aber in nur sehr geringem Maße der Fall. Der gesamte Fuhrpark der 57 Bahnnetze setzte sich zusammen aus 2330 Personenwagen für Pferdebetrieb, 5530 Personenwagen mit elektrischen Motoren und 3308 Anhängewagen; ferner aus 80 Dampflokomotiven (32 in Straßburg i. E., 13 in Crefeld, 11 in Wiesbaden, 9 in Mülhausen i. E., 8 in Bonn, 7 in München), 18 Dampfmotorwagen (in Bonn), 37 elektrischen Lokomotiven (31 in Hannover, 6 in München), endlich aus 7 Gaslokomotiven und 3 Gasmotorwagen (in Dessau). Auf sämtlichen 11 168 Personenwagen befanden sich 362 541 Sitz- und Stehplätze, durchschnittlich enthielt sonach jeder Wagen 32 bis 33 Plätze.

Sämtliche Personenwagen haben im Jahre 274,86 Millionen Kilometer durchlaufen, davon kommen 188,30 Mill. Kilometer auf die von Motorwagen zurückgelegten Strecken, 41,59 Mill. Kilometer wurden von den durch Pferde gezogenen Wagen geleistet, der Rest von 44,97 Mill. Kilometer entfällt auf die Anhängewagen, doch sind in dieser Zahl auch die 8,66 Mill. Kilometer enthalten, die von den Münchener Straßenbahnwagen gefahren sind, für welche eine Trennung nach der Betriebsart nicht angegeben ist. Von der gesamten Länge, welche von den Personenwagen zurückgelegt worden ist, umfaßt sonach der Pferdebetrieb nur noch 15,13 Prozent.

Die Zahl der von den Straßenbahnen beförderten Personen belief sich für 56 Städte (Bielefeld fehlt) auf 982217834. In 4 Städten stieg der Verkehr auf mehr als 50 Millionen Personen, nämlich Berlin mit 280,73, Hamburg mit 102,70, Dresden mit 73,83 und Leipzig mit 64,63 Millionen.

Aus den ausführlichen Angaben der Statistik über die Betriebsergebnisse der einzelnen Straßenbahnbetriebe sind in die Tabelle nur die Betriebseinnahmen und -ausgaben sowie der Betrag des Rohgewinns als die wichtigsten aufgenommen. In späteren Jahrgängen sollen auch Angaben über den Reingewinn, die Höhe der verteilten Dividende u. s. w. mitgeteilt werden. —

Neben den Straßenbahnen kommen als Beförderungsmittel für den lokalen Personenverkehr in Betracht die Omnibusse und die Droschken, sowie in einigen Städten die Dampfschiffe und die durch Dampf oder Elektrizität betriebenen Stadt-Hoch- und Untergrundbahnen.

Der Omnibus ist in den meisten Städten von den Straßen verschwunden oder vermittelt nur noch den Verkehr mit kleinen Nachbarorten;

für den Ortsverkehr selbst ist er, wie die folgende Tabelle zeigt, nur in wenigen Städten von Bedeutung. Am stärksten hat sich der Omnibusverkehr in Berlin entwickelt, wo auch die übrigen Einrichtungen zur Personenbeförderung in reichem Maße vorhanden sind. Trotz dieser weist das Jahr 1900 gegen das Vorjahr eine Vermehrung der Omnibuslinien um 1, der Länge derselben um 4,6 km, der Omnibusse um 61, der vorhandenen Pferde um 85 und der beförderten Personen um 5 390 311 auf. Außer in Berlin scheint der Omnibusverkehr seiner Ausdehnung nach nur noch in Breslau, Hannover und in Dresden von einiger Wichtigkeit für die lokale Personenbeförderung zu sein.

Omnibusse im Jahre 1900.

Städte.	Anzahl der Omnibuslinien	Länge in km der Omnibuslinien	Anzahl der Omnibusse	Anzahl der Pferde	Anzahl der beförderten Personen
Berlin	36	192,04	662	3 949	80 568 714
Breslau	6	13,0	52	280	4 500 000
Cöln	1	3,0	2	3	16 288
Dresden	1	2,2	13	40	1 015 971
Freiburg i. B.	1	3,0	2	6	37 874
Hannover	4	17,71	21	70	2 041 336
Metz	5	76,0	7	24	.

Die vorstehenden Angaben sind den von den Stadtverwaltungen ausgefüllten Fragebogen entnommen; die Frage nach der Zahl der durch Motoren betriebenen Omnibusse ist von keiner Stadt beantwortet worden. Es scheint sonach die Verwendung von Motorfahrzeugen zu diesem Zwecke sich noch nicht als praktisch bewährt zu haben. —

Bei den Droschken ist diesmal nicht nur nach der Zahl der dem öffentlichen Verkehr dienenden Fahrzeuge sowie nach der Anzahl der Standplätze gefragt worden, sondern es sollte auch die Anzahl der Taxameter, Taxanome oder sonstigen Fuhrwerke mit Fahrpreisanzeiger angegeben werden. Diese zuerst in Hamburg im April 1884 eingeführten Wagen haben sich bald in den meisten Städten Eingang verschafft und verdrängen wegen der selbsttätigen Anzeige des Fahrpreises, der sich nach der Länge des zurückgelegten Weges bemißt, immer mehr die alten Droschken mit ihrer unzweckmäßigen und oft zu Streit Anlaß gebenden Taxe nach Bezirken. In den 50 Städten, welche die Fragen, betreffend das Droschkenwesen, beantwortet haben, waren im ganzen 15 566 Droschken im Verkehr und zwar befanden sich darunter 8 505 Taxameter, die wir in 26 Städten antreffen. Ausschließlich Taxameter verkehren in Charlottenburg (171), Cassel (30) Duisburg (6), während sie die Mehrzahl der Droschken bilden in Königsberg (92 %), Hamburg (85,0 %), Berlin (73,2 %), Stettin (59,0 %), Danzig (58,3 %), Nürnberg (52,6 %). Aus zwei Städten liegen Nachrichten vor, daß auch im Droschkenwesen die Pferdekraft durch

(Fortsetzung des Textes S. 218.)

Straßenbahnen

Städte	Bahnlänge in km			Länge aller Gleise in km	Elektrische Motorwagen*)	Personenwagen		
	eingleisig	zweigleisig	im ganzen			für Pferdebetrieb	Anhängewagen	im ganzen
	1.	2.	3.	4.	5.	6.	7.	8.
Aachen	38,53	1,97	40,50	47,88	51	—	30	81
Altona	siehe Hamburg		.	.	.	.	.	.
Augsburg	18,44	—	18,44	18,44	40	—	12	52
Barmen	siehe Elberfeld		.	.	.	.	.	.
Berlin u. Umgegend	86,21	250,44	336,65	658,86	1 134	1 243	435	2 812
Bielefeld	4,10	3,00	7,10	10,60	12	—	8	20
Bochum-Gelsenkirchen	56,01	—	56,01	62,94	132	—	69	201
Bonn	14,54	2,60	17,14	23,82	1) —	41	17	58
Braunschweig	33,70	—	33,70	46,50	70	2	60	132
Bremen	13,56	19,35	32,91	56,68	102	77	—	179
Breslau	2,70	40,54	43,24	93,60	85	—	130	215
Bromberg	9,12	—	9,12	11,41	33	—	17	50
Cassel	7,70	14,40	22,10	40,60	54	—	32	86
Charlottenburg	siehe Berlin		.	.	.	.	.	.
Chemnitz	5,57	23,79	29,36	57,87	110	—	71	181
Cöln a. Rh.	28,27	25,91	54,18	85,45	—	341	—	341
Crefeld	24,59	—	24,59	31,77	2) 10	—	48	58
Danzig	10,48	11,92	22,40	38,70	50	—	53	103
Darmstadt	6,30	0,29	6,59	8,06	18	—	6	24
Dessau	2,49	3,71	6,20	10,35	3) —	—	14	14
Dortmund	16,82	8,79	25,61	41,08	81	—	31	112
Dresden	8,76	97,44	106,20	226,73	476	—	218	694
Düsseldorf	3,39	26,10	29,49	56,99	100	68	43	211
Duisburg	12,39	8,25	20,64	32,58	55	—	35	90
Elberfeld u. Umgegend	6,87	20,12	26,99	52,68	124	—	102	226
Elbing	6,83	—	6,83	7,82	16	—	2	18
Erfurt	14,60	—	14,60	17,76	42	—	16	58
Essen	51,87	2,76	54,63	66,87	118	—	51	169
Frankfurt a. M.	11,42	22,45	33,87	69,19	84	179	24	287
Frankfurt a. O.	10,28	1,22	11,50	15,20	27	—	9	36
Fürth	siehe Nürnberg		.	.	.	.	.	.
M.-Gladbach	8,30	4,40	12,70	13,85	29	—	9	38
Görlitz	13,19	1,16	14,35	17,93	30	—	20	50
Hagen i. W.	22,55	0,50	23,05	28,45	35	2	9	46
Halle a. S.	12,59	15,68	28,27	40,74	92	—	38	130
Hamburg u. Umgegend	37,19	96,19	133,38	283,19	567	2	338	907
Hannover u. Umgegend	49,19	88,03	137,22	266,86	4) 274	—	276	550
Karlsruhe	3,73	9,82	13,55	25,73	46	—	13	59
Kiel	11,98	2,77	14,75	20,48	66	—	34	100
Königsberg i. Pr.	9,60	20,31	29,91	44,03	65	85	8	158

im Jahre 1900.

Anzahl der Sitz- und Stehplätze auf den Personenwagen	Geleistete Wagenkilometer		Anzahl der beförderten Personen	Summe der Betriebs-		Rohgewinn (— bedeutet Verlust)
	im ganzen	davon im Pferdebetrieb		Einnahmen Mark	Ausgaben Mark	Mark
9.	10.	11.	12.	13.	14.	15.
2 275	2 238 153	—	7 378 529	797 586	448 653	265 360
1 556	1 647 774	—	4 930 725	424 156	.	.
90 888	70 628 166	22 260 621	280 729 378	1) 29 090 104	1) 17 335 515	1) 9 230 902
600	.	—	.	.	.	.
5 932	3 130 296	—	9 385 420	1 416 456	809 136	550 753
2 720	967 043	545 547	3 057 788	369 719	222 000	134 591
5 347	3 005 347	8 900	7 800 000	813 508	379 589	254 006
5 912	3 707 951	1 690 703	11 579 091	1 179 439	693 965	415 551
12 196	7 481 609	—	31 149 836	2 711 756	1 497 345	1 105 115
1 267	647 351	—	1 840 578	170 456	60 215	71 032
2 900	1 496 399	—	5 866 600	669 786	364 809	285 098
5 824	4 547 588	—	12 042 499	1 172 152	376 951	472 043
9 890	5 713 164	5 713 164	27 174 868	2 752 257	1 441 769	202 374
2 124	1 241 438	—	3 965 587	405 798	248 236	140 136
3 194	2 399 990	—	7 250 383	737 385	207 406	351 008
756	583 282	—	2 326 600	220 995	137 896	60 772
364	338 355	—	801 584	69 174	112 408	— 48 252
3 974	3 024 238	—	8 301 434	935 309	433 498	264 301
24 766	20 678 752	1 612 220	73 828 241	7 306 993	4 460 976	2 275 271
6 517	4 869 294	260 488	18 717 144	1 567 958	1 018 319	282 975
3 434	1 821 954	—	5 749 813	745 805	240 550	393 253
6 248	5 218 362	—	18 506 039	1 653 698	1 030 807	388 298
572	417 868	—	766 100	76 229	.	.
1 656	1 483 517	—	3 926 882	354 144	195 485	135 346
5 728	3 602 913	—	12 918 554	1 456 630	794 331	632 334
8 672	6 995 718	5 090 000	34 500 000	3 373 760	2 134 560	663 415
1 062	1 081 759	—	2 445 639	227 762	70 571	105 189
1 140	725 236	—	2 436 216	290 964	209 467	— 18 794
1 399	892 530	—	2 553 471	232 709	70 642	80 165
1 557	841 023	71 318	2 696 093	297 383	266 774	44 720
2 896	3 434 269	—	8 394 623	2) 285 601	2) 223 773	2) 2 775
25 518	32 932 927	97 060	102 698 119	11 055 301	5 667 121	3 669 220
17 580	8 063 496	—	24 698 003	2 987 668	1 652 232	1 655 562
2 026	1 096 444	—	5 096 819	495 851	293 046	176 670
2 906	1 726 706	—	4 238 915	407 757	151 428	149 240
4 516	2 547 350	1 309 787	8 625 766	854 748	652 402	112 125

Noch Straßenbahnen

Städte	Bahnlänge in km			Länge aller Gleise in km	Elektrische Motorwagen*)	Personenwagen		
	ein-	zwei-	im ganzen			für Pferdebetrieb	Anhängewagen	im ganzen
	gleisig							
	1.	2.	3.	4.	5.	6.	7.	8.
Leipzig	12,99	88,70	101,69	209,82	386	—	179	565
Liegnitz . . .	7,66	—	7,66	8,77	18	—	5	23
Linden b. Hannover .	siehe Hannover		.	.	.	.	.	.
Lübeck	9,37	3,35	12,72	17,97	29	—	26	55
Magdeburg . .	0,58	34,33	34,91	76,91	130	—	126	256
Mainz	4,66	4,74	9,40	15,41	—	34	—	34
Mannheim u. Umgeg.	8,55	5,88	14,43	21,21	30	37	—	67
Metz	9,00	—	9,00	9,50	—	32	—	32
Mülhausen i. E. .	14,31	—	14,31	31,38	[5]) 29	—	22	51
München . . .	4,01	43,76	47,77	102,65	[6]) 182	103	222	507
Nürnberg u. Umgegd.	—	26,09	26,09	51,82	108	—	88	196
Plauen i. V. . .	2,26	2,72	4,98	7,78	15	—	—	15
Posen	6,80	4,97	11,77	18,62	33	—	23	56
Potsdam . . .	6,61	0,55	7,16	8,95	—	37	—	37
Remscheid . .	9,92	1,06	10,98	13,50	25	—	—	25
Rixdorf . . .	siehe Berlin		.	.	.	.	.	.
Schöneberg b. Berlin	siehe Berlin		.	.	.	.	.	.
Spandau . . .	0,80	5,85	6,65	13,68	24	6	14	44
Stettin	7,59	17,68	25,27	46,26	82	—	47	129
Straßburg i. E. .	170,36	19,42	189,78	210,27	[7]) 98	3	173	274
Stuttgart . . .	16,30	7,30	23,60	36,01	77	—	78	155
Wiesbaden . .	13,88	—	13,88	17,18	[8]) 7	11	19	37
Würzburg . . .	4,65	—	4,65	5,30	—	27	—	27
Zwickau . . .	11,23	—	11,23	13,58	29	—	8	37

*) Außerdem waren im Betrieb bei: [1]) 8 Dampflokomotiven und 18 Dampfmotor
bei [4]) 31 elektrische Lokomotiven; bei [5]) 9 Dampflokomotiven; bei [6]) 7 Dampf- und

Bemerkungen zu den Spalten 13 bis 15: [1]) Die Angaben beziehen sich nur auf
stehenden.

im Jahre 1900.

Anzahl der Sitz- und Stehplätze auf den Personenwagen	Geleistete Wagenkilometer		Anzahl der beförderten Personen	Summe der Betriebs-		Rohgewinn (— bedeutet Verlust)
	im ganzen	davon im Pferdebetrieb		Einnahmen Mark	Ausgaben Mark	Mark
9.	10.	11.	12.	13.	14.	15.
19 735	20 645 995	—	64 632 528	5 876 833	3 344 852	1 791 347
690	610 049	—	802 386	77 399	88 877	— 13 975
.	.	.	.	.	.	.
1 362	1 172 488	—	3 069 760	299 505	90 880	143 406
8 648	6 145 448	—	22 028 840	1 975 174	1 089 861	783 722
916	619 484	619 484	2 477 109	250 291	137 831	90 043
1 656	517 691	468 121	2 677 562	300 844	177 448	6 651
878	449 393	449 393	1 195 523	170 768	108 068	51 593
1 459	983 070	—	2 703 768	461 932	305 218	94 333
17 368	8 660 111	8 660 111	46 029 271	4 404 770	2 521 415	684 470
6 646	5 333 182	—	18 130 073	1 653 172	966 848	466 233
405	460 664	—	1 700 816	164 610	117 557	40 440
1 608	1 468 947	—	5 088 124	477 165	237 125	239 063
1 084	795 820	795 820	2 287 518	242 510	172 987	64 403
750	536 780	—	1 756 779	225 285	196 616	119 687
.	.	.	.	.	.	.
1 196	801 843	3 035	2 241 194	230 084	.	.
4 060	3 856 448	—	11 087 560	1 042 345	622 897	310 300
10 812	5 024 537	23 139	13 987 865	1 718 321	1 218 773	457 829
4 244	3 549 585	—	14 094 173	1 372 693	602 166	627 935
1 484	856 609	167 379	4 268 336	474 774	245 802	214 303
621	406 072	406 072	1 328 887	131 833	108 230	28 260
1 007	786 130	—	2 252 425	240 395	.	.

wagen; bei [2]) 13 Dampflokomotiven; bei [6]) 7 Gaslokomotiven und 3 Gasmotorwagen; 6 elektrische Lokomotiven; bei [7]) 32 und bei [8]) 11 Dampflokomotiven.

7 Gesellschaften von den 8 bestehenden. [2]) desgl. auf nur 1 Gesellschaft von den 2 be-

(Fortsetzung zu S. 213.)

mechanische Triebkraft ersetzt wird: in Cöln bestehen 12 Motordroschken und in Düsseldorf 15 Automobildroschken mit Akkumulatorbetrieb.

Droschken im Jahre 1900.

Städte	Anzahl der Droschken überhaupt	Anzahl der Droschken darunter Taxameter usw.	Anzahl der Standplätze für Droschken	Städte	Anzahl der Droschken überhaupt	Anzahl der Droschken darunter Taxameter usw.	Anzahl der Standplätze für Droschken
Aachen	66	—	14	Halle a. S.	73	26	11
Altona	92	—	8	Hamburg	1010	859	172
Augsburg	33	—	4	Hannover	167	—	23
Berlin	8110	5940	871	Karlsruhe	117	12	13
Bochum	7	—	2	Kiel	49	—	7
Braunschweig	30	—	5	Königsberg i. Pr.	150	148	26
Bremen	358	172	12	Leipzig	522	150	73
Breslau	753	160	195	Liegnitz	78	—	16
Cassel	30	30	9	Lübeck	45	—	4
Charlottenburg	171	171	54	Magdeburg	98	—	11
Chemnitz	60	10	10	Mainz	82	—	13
Cöln a. Rh.	353	86	41	Mannheim	56	—	5
Crefeld	21	—	2	Metz	56	6	6
Danzig	72	42	6	München	484	227	75
Dortmund	24	3	3	Nürnberg	78	41	5
Dresden	593	150	97	Plauen i. V.	12	—	5
Düsseldorf	155	60	24	Posen	129	47	24
Duisburg	6	6	3	Potsdam	100	—	13
Elberfeld	7	—	1	Spandau	69	—	8
Erfurt	16	—	3	Stettin	173	102	36
Essen	26	—	3	Straßburg i. E.	154	7	27
Frankfurt a. M.	357	10	93	Stuttgart	84	20	3
Frankfurt a. O.	45	—	10	Wiesbaden	180	20	17
Freiburg i. B.	79	—	6	Würzburg	66	—	14
Görlitz	46	—	5	Zwickau	24	—	2

Die Dampfschiffe sind für den Ortsverkehr von größerer Bedeutung nur in wenigen Städten, vor allem in Hamburg (auf der Alster und Fährbetrieb auf der Elbe); Angaben hierüber liegen nur für die Hafendampfschiffgesellschaft in Hamburg vor, welche im Jahre 1901 15 641 000 Personen beförderte. — Eine wichtige Rolle in der Personenbeförderung bildet für Berlin die Stadt- und Ringbahn; im Etatsjahre 1899 (neuere Zahlen sind nicht veröffentlicht) wurden auf der Stadtbahn (mit 12 Stationen) 51 551 092 Personen und auf der Ringbahn (mit 24 Stationen) 28 701 139 Personen befördert.

XIII.

Post- und Telegraphenverkehr

in den Jahren 1900 und 1901.

Von

Dr. G. Koch,

Direktor des Statistischen Bureaus der Steuerdeputation in Hamburg.

In der nachfolgenden Tabelle ist der Post- und Telegraphenverkehr für die 73 Städte, welche am 1. Dezember 1900 über 50 000 Bewohner zählten, in der gewohnten Ausführlichkeit für die zwei Jahre 1900 und 1901 zusammengestellt. Die Zahlen sind wiederum entnommen der amtlichen „Statistik der deutschen Reichs-Post- und Telegraphenverwaltung“ bezw. für die bayerischen Städte sowie für die württembergische Hauptstadt den von den städtischen statistischen Ämtern in München und Stuttgart gelieferten Mitteilungen.

Die genannte amtliche Statistik hatte bisher Daten über die Ausdehnung der Fernsprechanlagen in den einzelnen Städten nur in längeren Zwischenräumen veröffentlicht, noch spärlicher waren die Angaben über die Benutzung der Fernsprecheinrichtung in diesen Städten. Die letztre Lücke ist nun seit dem Jahre 1900 ausgefüllt, indem jetzt für alle Orte mit Postämtern 1. Klasse die Zahl der von den Fernsprechanstalten vermittelten Gespräche regelmäßig mitgeteilt wird, die hier in Tabelle III abgedruckt werden, da sie in die Haupttabelle nicht aufgenommen werden konnten. Leider bleibt die andere Lücke auch fernerhin bestehen, da jegliche Angaben über die Zahl der in den einzelnen Städten an das Fernsprechnetz angeschlossenen Teilnehmer fehlen. Nur für die Gesamtheit der Orte, die ein Fernsprechnetz besitzen, liegen diese Zahlen vor, die wir nachstehend mitteilen, sie beziehen sich auf das ganze Reichsgebiet:

	1900	1901
Zahl der Orte mit Fernsprechanstalten	15 547	17 070
„ „ Sprechstellen	290 236	341 134
„ „ angeschlossenen Teilnehmer	227 083	257 183
„ „ vermittelten Gespräche (in Millionen) .	690,95	766,22
Darunter zwischen Sprechstellen verschiedener Orte	93,63	101,62

Die wichtigsten Zahlen des Post- und Telegraphen- sowie des Fernsprechverkehrs sind in der Tabelle II für die einzelnen Städte in Vergleich gebracht zur Zahl der Bewohner; da Verkehrszahlen eines einzigen Jahres leicht Zufälligkeiten unterworfen sind, so ist hier das Mittel aus den beiden Jahren genommen worden. Zu grunde gelegt wurden die durch die Volkszählung für das Gemeindegebiet festgestellten Einwohnerzahlen, doch deckt sich dieses keineswegs bei allen Städten mit dem Postbezirke, der öfter über das erstre Gebiet hinausgeht. Dies gilt

[Fortsetzung des Textes S. 226 u. ff.]

I. Post- und Telegraphenverkehr

Die erste Zeile bezieht sich auf das Jahr 1900.

Städte	Anzahl der eingegangenen: Briefe, Postkarten, Drucksachen und Warenproben (in 1000 Stück)	Pakete ohne Wertangabe (in 1000 Stück)	Briefe und Kästchen (mit Wertangabe)	Pakete (mit Wertangabe)	Postnachnahmesendungen und Postauftragsbriefe	Wert der ausgezahlten Postanweisungen in 1000 Mark
	1.	2.	3.	4.	5.	6.
Aachen	12 816 *13 742*	682 *666*	41 665 *39 023*	14 685 *13 985*	104 718 *117 841*	37 484 *38 409*
Altona	14 913 *16 734*	439 *444*	15 791 *15 169*	6 745 *6 480*	87 934 *117 590*	37 052 *38 775*
Augsburg	8 049 *10 408*	496 *507*	39 900 *36 500*	24 600 *20 400*	46 700 *77 800*	28 161 *29 228*
Barmen	13 322 *15 268*	597 *572*	46 589 *42 917*	8 177 *7 386*	130 364 *154 993*	41 208 *40 789*
Berlin	294 890 *375 607*	9 815 *10 173*	650 783 *632 836*	322 872 *335 665*	1 413 139 *1829 082*	919 119 *958 851*
Beuthen (Oberschlesien)	3 606 *4 182*	241 *242*	8 373 *7 605*	6 361 *5 773*	72 209 *94 246*	7 826 *8 013*
Bielefeld	6 180 *6 770*	433 *423*	18 585 *18 428*	7 081 *7 202*	80 848 *88 958*	28 600 *29 959*
Bochum	5 479 *8 028*	398 *366*	21 999 *23 555*	8 072 *6 646*	103 721 *140 351*	12 570 *13 013*
Bonn	12 623 *13 218*	550 *562*	24 418 *23 381*	8 217 *7 842*	96 638 *123 593*	24 326 *25 724*
Braunschweig	13 101 *14 336*	684 *666*	44 506 *38 681*	14 117 *14 413*	109 466 *114 524*	47 115 *49 888*
Bremen	18 366 *21 953*	823 *873*	54 202 *55 582*	26 846 *29 023*	132 471 *147 116*	76 579 *79 769*
Breslau	45 467 *52 763*	2 199 *2 229*	155 907 *150 760*	58 267 *49 172*	287 172 *358 316*	205 190 *210 758*
Bromberg	6 220 *7 072*	382 *381*	20 598 *19 104*	8 966 *8 188*	61 006 *74 701*	16 780 *17 579*
Cassel	11 137 *17 088*	764 *728*	43 920 *40 478*	15 114 *14 007*	116 019 *123 262*	41 091 *42 358*
Charlottenburg	15 539 *19 084*	483 *507*	19 646 *21 154*	5 196 *4 892*	98 607 *115 718*	27 225 *30 140*
Chemnitz	21 954 *22 947*	1 117 *1 105*	66 692 *61 825*	20 818 *15 831*	194 929 *190 366*	56 657 *57 601*
Cöln a. Rh.	54 502 *61 507*	2 696 *2 720*	155 026 *151 914*	52 463 *50 224*	364 483 *477 207*	119 551 *195 816*
Crefeld	9 003 *10 223*	628 *633*	33 216 *33 122*	13 061 *12 272*	86 726 *94 228*	33 324 *34 153*
Danzig	11 710 *13 681*	809 *803*	32 462 *33 336*	8 725 *8 244*	106 984 *133 910*	40 371 *42 858*
Darmstadt	8 739 *10 750*	548 *541*	33 447 *27 239*	14 320 *11 502*	70 671 *70 108*	24 080 *25 160*
Dessau	6 462 *7 041*	312 *330*	11 505 *10 668*	3 261 *3 250*	49 688 *51 221*	22 978 *22 482*
Dortmund	13 628 *14 007*	719 *692*	57 291 *48 146*	21 572 *16 774*	208 743 *220 295*	40 744 *42 575*
Dresden	59 247 *64 492*	2 622 *2 586*	162 527 *154 400*	71 541 *65 877*	423 452 *422 114*	170 266 *174 494*
Düsseldorf	23 335 *25 211*	1 308 *1 348*	92 414 *84 538*	52 101 *48 576*	242 437 *281 279*	72 918 *75 465*
Duisburg	8 213 *8 951*	400 *363*	32 489 *30 249*	5 011 *4 520*	95 294 *98 540*	21 698 *22 551*

in den Jahren 1900 und 1901.[1]

die zweite mit kursiven Lettern auf das Jahr 1901.

Anzahl der aufgegebenen				Wert der ein- gezahlten Postan- weisungen in 1000 Mark	Anzahl der abgesetzten Zeitungs- nummern in 1000 Stück	Anzahl der Telegramme		Einnahme an Porto- und Tele- gramm- gebühren in Mark
Briefe, Post- karten, Druck- sachen und Warenproben	Pakete ohne Wert- angabe	Briefe und Kästchen	Pakete			eingegangene	aufgegebene	
in 1000 Stück		mit Wertangabe						
7.	8.	9.	10.	11.	12.	13.	14.	15.
13 013	702	36 980	8 920	31 463	3 480	179 431	177 498	1 733 478
13 179	*727*	*33 825*	*8 907*	*31 736*	*3 279*	*180 376*	*167 336*	*1 778 776*
14 029	610	17 552	3 986	22 674	262	156 554	119 497	1 504 229
14 380	*619*	*17 979*	*3 977*	*23 610*	*173*	*159 882*	*119 008*	*1 585 134*
10 350	498	33 700	14 000	21 343	1 650	90 110	81 559	1 003 699
12 869	*515*	*33 000*	*13 700*	*20 348*	*1 624*	*88 870*	*78 696*	*1 047 496*
13 767	1 388	33 314	4 914	29 852	385	130 554	110 777	2 066 927
15 910	*1 420*	*31 710*	*4 995*	*29 485*	*464*	*128 191*	*107 777*	*2 147 317*
407 914	20 228	688 083	302 283	531 630	371 608	3 953 962	4 204 487	47 647 541
490 611	*20873*	*666 477*	*310 057*	*560 068*	*358 258*	*3 862 523*	*4 191 523*	*49 853 034*
3 280	119	10 734	1 461	13 636	988	43 254	46 953	384 559
3 936	*125*	*10 209*	*1 509*	*14 442*	*1 020*	*41 546*	*46 483*	*414 695*
9 275	675	18 076	4 037	17 144	2 153	76 340	69 973	1 022 497
10 037	*691*	*17 325*	*4 177*	*17 623*	*2 902*	*79 017*	*73 600*	*1 076 368*
6 058	200	25 716	2 370	24 659	1 560	79 046	85 207	805 266
7 015	*202*	*23 496*	*2 357*	*23 751*	*1 595*	*75 265*	*82 361*	*820 059*
14 490	457	23 144	5 777	19 683	2 937	112 926	114 065	1 078 816
13 934	*473*	*22 054*	*5 790*	*19 493*	*2 930*	*111 208*	*111 853*	*1 138 923*
25 776	875	32 097	12 875	31 784	6 757	155 312	150 074	2 073 955
26 452	*898*	*33 637*	*13 994*	*33 001*	*7 633*	*154 977*	*146 414*	*2 123 274*
29 269	997	53 439	36 430	43 985	4 374	523 608	511 409	3 846 086
33 280	*1 043*	*54 923*	*38 625*	*46 273*	*5 711*	*548 955*	*520 731*	*4 084 172*
54 147	2 880	155 344	38 328	90 599	35 657	618 652	582 726	5 888 387
63 070	*2 921*	*146 407*	*38 484*	*94 831*	*28 550*	*614 818*	*578 221*	*6 157 971*
6 587	243	16 207	5 958	15 231	6 970	83 442	76 556	567 723
7 718	*247*	*15 843*	*5 608*	*16 096*	*6 826*	*77 460*	*74 041*	*604 936*
13 964	642	33 478	9 166	32 090	4 530	170 153	180 449	1 628 515
17 073	*667*	*33 577*	*9 359*	*33 288*	*4 681*	*162 033*	*174 675*	*1 690 883*
12 972	450	11 060	2 861	21 818	281	141 861	93 829	1 444 452
15 782	*429*	*10 985*	*2 914*	*23 829*	*314*	*143 483*	*95 435*	*1 508 659*
20 894	1 645	83 915	12 138	45 553	5 771	212 325	207 048	2 814 581
21 294	*1 665*	*77 272*	*13 084*	*44 857*	*4 538*	*204 528*	*189 751*	*2 873 200*
58 482	3 217	150 964	49 809	113 799	38 938	822 542	740 885	7 169 664
62 171	*3 257*	*152 974*	*47 379*	*116 771*	*39 041*	*803 604*	*708 565*	*7 375 133*
9 491	1 048	28 791	7 973	24 599	2 290	133 258	119 327	1 647 340
10 671	*1 104*	*25 071*	*9 631*	*24 751*	*2 422*	*136 023*	*121 658*	*1 729 580*
15 519	526	32 203	6 294	33 972	6 631	246 773	255 220	1 538 866
17 531	*549*	*32 236*	*6 799*	*35 360*	*6 670*	*238 296*	*256 372*	*1 643 279*
11 512	496	27 787	10 843	20 968	5 366	106 607	109 344	1 186 941
22 182	*516*	*25 752*	*9 337*	*22 730*	*5 445*	*106 929*	*109 189*	*1 274 526*
6 470	1 015	14 674	2 278	13 920	1 316	61 886	54 296	1 161 046
7 044	*974*	*13 802*	*3 077*	*14 660*	*1 333*	*61 763*	*55 353*	*1 132 554*
14 495	465	47 556	7 872	44 078	3 564	208 482	209 586	1 651 976
15 063	*474*	*44 009*	*7 192*	*44 266*	*4 275*	*215 291*	*211 576*	*1 737 064*
71 147	3 529	175 256	47 151	116 892	15 608	595 296	594 421	7 853 718
77 767	*3 626*	*163 033*	*51 996*	*120 287*	*14 900*	*575 183*	*566 585*	*8 133 160*
30 931	1 100	92 783	36 136	62 734	5 798	346 157	320 052	3 262 117
30 848	*1 128*	*88 120*	*33 519*	*65 419*	*6 215*	*361 070*	*336 397*	*3 403 352*
9 952	218	32 951	4 363	20 745	1 245	149 253	139 895	993 999
10 637	*228*	*27 844*	*4 497*	*20 675*	*1 250*	*142 599*	*133 007*	*1 012 765*

(Noch Tabelle I.)

Städte	Anzahl der eingegangenen					Wert der ausgezahlten Post-anweisungen in 1000 Mark
	Briefe, Postkarten, Drucksachen und Warenproben	Pakete ohne Wertangabe	Briefe und Kästchen	Pakete	Postnachnahmesendungen und Postauftragsbriefe	
	in 1000 Stück		mit Wertangabe			
	1.	2.	3.	4.	5.	6.
Elberfeld	15 907	909	62 338	19 950	160 252	66 033
	17 731	*927*	*57 962*	*21 092*	*181 638*	*65 773*
Elbing	2 726	219	6 722	2 192	34 934	8 825
	2 882	*207*	*6 385*	*2 051*	*42 056*	*9 167*
Erfurt	9 679	630	29 902	7 194	93 025	35 033
	10 979	*566*	*27 932*	*8 654*	*87 597*	*36 939*
Essen	9 557	646	41 824	11 525	150 620	23 268
	12 598	*719*	*42 115*	*11 006*	*227 488*	*25 327*
Frankfurt a. M.	40 685	2 154	149 350	125 619	281 086	163 574
	47 752	*2 412*	*145 165*	*134 497*	*305 941*	*170 890*
Frankfurt a. O.	6 890	378	16 668	5 235	44 416	15 900
	7 466	*389*	*14 988*	*4 866*	*47 204*	*16 444*
Freiburg i. B.	6 806	402	19 223	8 833	74 943	22 223
	7 619	*427*	*18 980*	*9 109*	*78 434*	*22 766*
Fürth	4 959	215	10 600	6 010	35 100	20 313
	4 394	*226*	*10 100*	*4 870*	*39 300*	*19 798*
M.-Gladbach	5 867	317	22 117	3 614	60 316	24 848
	6 968	*306*	*20 102*	*3 860*	*60 086*	*24 416*
Gleiwitz	3 723	276	10 737	7 327	66 466	10 004
	4 099	*236*	*10 537*	*6 876*	*73 337*	*10 370*
Görlitz	6 902	423	23 744	10 554	65 462	26 306
	7 980	*425*	*24 371*	*10 400*	*71 948*	*26 939*
Hagen i. W.	6 134	323	21 560	5 014	85 893	19 017
	7 477	*331*	*21 188*	*3 726*	*102 947*	*19 811*
Halle a. S.	15 566	765	64 710	22 914	134 255	59 624
	17 492	*787*	*63 112*	*19 617*	*145 843*	*61 624*
Hamburg	99 168	3 231	152 121	80 106	387 721	202 321
	114 270	*3 334*	*147 852*	*82 577*	*434 892*	*227 069*
Hannover	28 528	1 567	98 658	39 696	188 835	109 194
	31 806	*1 579*	*99 111*	*36 359*	*197 500*	*115 663*
Karlsruhe	12 124	656	32 614	18 643	110 964	41 051
	14 250	*681*	*32 332*	*14 487*	*165 006*	*43 921*
Kiel	9 716	616	19 909	9 536	98 335	23 660
	12 351	*700*	*19 297*	*10 232*	*121 587*	*26 651*
Königsberg i. Pr.	15 098	1 165	65 624	16 087	108 758	74 746
	16 925	*1 214*	*90 374*	*15 507*	*147 143*	*78 079*
Königshütte (Oberschlesien)	1 724	102	2 085	2 036	51 075	1 942
	1 831	*122*	*1 831*	*2 225*	*55 622*	*1 933*
Leipzig	65 816	3 448	205 168	78 250	465 442	252 394
	71 966	*3 574*	*194 650*	*76 376*	*504 719*	*257 745*
Liegnitz	4 703	311	14 117	5 565	43 804	15 756
	4 727	*319*	*13 993*	*5 387*	*45 924*	*15 964*
Linden bei Hannover	2 209	88	5 625	625	24 374	6 522
	2 450	*83*	*5 702*	*578*	*25 548*	*6 782*
Lübeck	7 680	413	17 438	7 522	55 508	29 383
	8 538	*417*	*17 029*	*6 852*	*67 196*	*31 404*
Ludwigshafen a. Rh.	5 783	169	19 000	6 250	51 200	14 572
	11 243	*183*	*18 400*	*4 850*	*43 400*	*15 164*
Magdeburg	27 885	1 152	93 266	22 185	165 096	99 682
	30 038	*1 130*	*88 821*	*22 042*	*192 646*	*103 360*

Anzahl der aufgegebenen: Briefe, Postkarten, Drucksachen und Warenproben (in 1000 Stück)	Anzahl der aufgegebenen: Pakete ohne Wertangabe (in 1000 Stück)	Anzahl der aufgegebenen: Briefe und Kästchen (mit Wertangabe)	Anzahl der aufgegebenen: Pakete (mit Wertangabe)	Wert der eingezahlten Postanweisungen in 1000 Mark	Anzahl der abgesetzten Zeitungsnummern in 1000 Stück	Anzahl der Telegramme: eingegangene	Anzahl der Telegramme: aufgegebene	Einnahme an Porto- und Telegrammgebühren in Mark
7.	8.	9.	10.	11.	12.	13.	14.	15.
20 853	1 344	70 485	18 278	41 064	3 143	190 015	173 846	2 395 812
22 467	*1 412*	*66 895*	*18 734*	*42 211*	*3 025*	*187 957*	*167 857*	*2525992*
2 756	179	7 139	1 768	10 268	1 882	38 752	88 962	344 974
2 984	*176*	*6 350*	*1 676*	*10 152*	*1 928*	*37 903*	*87 019*	*353 541*
17 283	969	26 991	4 943	25 133	3 949	110 588	115 698	1 455 199
17 221	*1 020*	*26 363*	*5 525*	*25 776*	*3 758*	*112 988*	*116 386*	*1 533 212*
14 688	382	51 849	8 285	38 087	12 656	262 831	158 784	1 376 039
17 584	*432*	*50 881*	*8 325*	*41 980*	*17 774*	*295 387*	*170 959*	*1 511 599*
65 422	3 307	106 500	126 710	99 675	20 845	969 735	832 891	8 493 386
78 994	*3 500*	*100 327*	*122 032*	*103 732*	*21 472*	*992 872*	*845 048*	*9 098 659*
6 381	355	17 081	3 855	13 772	2 199	59 615	60 347	559 984
7 618	*366*	*15 846*	*4 665*	*14 294*	*1 865*	*59 026*	*64 481*	*579712*
10 004	379	16 597	6 968	17 209	4 823	93 687	96 559	958 560
10 452	*412*	*16 291*	*7 035*	*18 075*	*5 298*	*92 864*	*96 649*	*1 025828*
5 682	312	14 800	4 650	14 639	912	42 493	36 194	598 204
5 675	*326*	*13 100*	*4 960*	*15 173*	*872*	*41 400*	*35 693*	*632 854*
6 781	413	23 738	1 867	13 350	218	57 567	66 851	779 894
8 846	*446*	*20 943*	*1 673*	*12 676*	*216*	*62 044*	*52 501*	*811 281*
3 625	119	12 857	2 040	12 442	412	55 162	57 905	426 924
3 781	*124*	*11 163*	*2 500*	*12 508*	*538*	*51 024*	*54 109*	*445 447*
8 692	490	25 066	10 298	19 767	4 854	85 013	88 773	938 713
10 868	*528*	*24 469*	*11 319*	*20 124*	*4 503*	*81 740*	*84 198*	*980972*
8 519	262	23 877	2 295	16 068	2 077	66 046	71 700	690 912
9 607	*289*	*23 127*	*2 602*	*17 123*	*1 910*	*69 550*	*78 457*	*762507*
22 102	742	59 064	15 486	38 233	9 750	195 251	201 130	1 923 892
23 121	*768*	*59 094*	*16 509*	*39 576*	*10 601*	*196 284*	*206 164*	*2 017 796*
133 222	3 737	137 547	78 947	151 561	9 583	2 284 473	2 172 865	18 335 733
152 385	*3 894*	*148 409*	*86 871*	*158 145*	*10 274*	*2 318 142*	*2 204 662*	*19 410 160*
50 251	1 748	96 022	30 664	72 217	10 138	421 404	406 503	4 300 089
51 501	*1 825*	*93 632*	*33 947*	*74 714*	*10 265*	*417 476*	*408 960*	*4 478 384*
12 050	506	36 665	15 450	31 299	13 325	157 970	168 164	1 496 890
13 952	*517*	*37 106*	*13 197*	*32 737*	*12 750*	*151 834*	*161 018*	*1 579896*
15 460	535	16 734	4 560	29 745	3 929	150 805	163 043	1 313 349
18 878	*552*	*18 578*	*5 356*	*34 759*	*3 948*	*162 079*	*170 270*	*1 442392*
17 691	943	58 792	15 770	46 315	18 046	335 367	348 793	2 274 214
20 048	*962*	*58 400*	*16 410*	*47 188*	*15 578*	*336 300*	*346 563*	*2 390 277*
1 584	38	3 199	486	8 877	205	17 824	19 770	180 732
2 071	*42*	*3 217*	*418*	*8 902*	*184*	*14 707*	*18 299*	*189 117*
106 878	6 526	226 048	91 525	125 513	22 251	744 206	688 987	11 534 409
115 370	*6 683*	*201 588*	*91 904*	*128 474*	*25 253*	*786 822*	*682 322*	*11 892 800*
4 809	322	14 533	4 507	13 865	3 196	56 700	59 234	529 211
5 223	*324*	*13 797*	*4 948*	*14 265*	*3 039*	*55 272*	*59 102*	*552705*
2 087	99	4 842	266	5 800	245	19 502	13 616	229 957
2 195	*97*	*3 949*	*246*	*5 772*	*274*	*18 048*	*12 606*	*240028*
9 803	288	15 779	4 731	20 355	6 252	162 899	152 704	1 591 217
13 452	*300*	*14 540*	*5 631*	*21 181*	*4 766*	*182 877*	*166 311*	*1 681 670*
5 313	210	14 500	6 220	10 399	1 513	48 959	45 380	517 631
9 363	*230*	*13 300*	*5 720*	*11 199*	*1 766*	*43 219*	*46 886*	*537 878*
34 387	1 109	78 447	17 416	61 625	17 114	437 672	381 774	3 166 635
36 893	*1 146*	*75 087*	*19 256*	*62 304*	*13 599*	*420 279*	*358 283*	*3 277 291*

(Schluß von Tabelle I.)

Städte	Anzahl der eingegangenen					Wert der ausgezahlten Post-anweisungen in 1000 Mark
	Briefe, Postkarten, Drucksachen und Warenproben	Pakete ohne Wertangabe	Briefe und Kästchen	Pakete	Postnachnahmesendungen und Postauftragsbriefe	
	in 1000 Stück		mit Wertangabe			
	1.	2.	3.	4.	5.	6.
Mainz	10 306 *10 968*	594 *599*	27 649 *27 069*	16 554 *17 540*	80 258 *84 840*	39 816 *41 743*
Mannheim	18 576 *22 465*	705 *735*	63 278 *63 622*	24 842 *23 622*	138 319 *165 006*	82 054 *85 822*
Metz	5 081 *7 641*	540 *543*	17 410 *17 729*	14 388 *14 502*	66 681 *72 404*	20 430 *20 836*
Mülhausen i. E.	7 303 *8 018*	373 *373*	18 545 *18 197*	6 837 *7 321*	65 621 *80 247*	21 762 *21 890*
München	56 787 *80 362*	2 612 *3 120*	185 300 *193 800*	114 900 *119 700*	368 000 *389 300*	170 606 *179 517*
Münster i. W.	9 977 *10 110*	504 *527*	39 278 *39 759*	15 924 *15 974*	66 379 *67 662*	28 477 *30 688*
Nürnberg	20 184 *23 243*	1 148 *1 172*	66 700 *67 700*	47 700 *47 100*	175 300 *184 300*	79 277 *82 556*
Offenbach a. M.	5 929 *6 246*	300 *302*	12 536 *11 891*	8 900 *9 624*	37 148 *40 872*	19 220 *19 405*
Osnabrück	6 048 *5 859*	307 *315*	16 059 *15 176*	4 103 *4 360*	46 431 *51 498*	19 530 *20 529*
Plauen i. V.	7 033 *7 912*	546 *590*	19 215 *17 156*	5 639 *5 819*	74 310 *79 885*	23 914 *23 738*
Posen	10 579 *12 555*	696 *721*	47 660 *47 232*	12 704 *14 074*	109 372 *136 343*	43 424 *45 630*
Potsdam	7 135 *7 215*	556 *567*	15 036 *15 256*	7 266 *6 597*	56 471 *60 113*	11 710 *12 680*
Remscheid	4 718 *5 170*	268 *278*	17 985 *16 445*	3 350 *3 435*	65 603 *66 247*	15 438 *15 522*
Rixdorf	3 252 *4 655*	84 *89*	2 651 *2 357*	445 *502*	27 702 *32 582*	5 117 *4 866*
Rostock	4 703 *5 152*	285 *301*	15 755 *16 318*	4 828 *4 629*	48 933 *50 095*	16 738 *17 323*
Schöneberg b. Berlin	5 150 *6 204*	161 *183*	3 873 *4 537*	1 079 *1 478*	29 223 *39 328*	6 262 *7 361*
Spandau	3 523 *3 642*	257 *266*	3 878 *3 992*	2 421 *2 891*	40 994 *42 815*	5 765 *6 233*
Stettin	14 984 *17 609*	892 *929*	59 202 *54 038*	18 615 *18 329*	133 758 *161 853*	88 099 *90 775*
Straßburg i. E.	17 371 *18 133*	1 182 *1 196*	47 205 *45 275*	29 339 *29 125*	122 837 *150 144*	56 951 *60 208*
Stuttgart	31 213 *32 090*	1 449 *1 609*	169 520 *164 710*		149 361 *176 458*	101 860 *105 906*
Wiesbaden	13 014 *14 184*	708 *734*	28 787 *28 946*	15 839 *15 745*	119 944 *135 866*	24 916 *26 144*
Würzburg	10 789 *12 173*	473 *457*	36 200 *34 400*	16 500 *18 300*	70 600 *52 900*	28 850 *30 716*
Zwickau	5 335 *5 641*	347 *356*	35 568 *30 752*	6 270 *6 668*	68 000 *68 802*	18 359 *18 214*

Anzahl der aufgegebenen				Wert der eingezahlten Postanweisungen in 1000 Mark	Anzahl der abgesetzten Zeitungsnummern in 1000 Stück	Anzahl der Telegramme		Einnahme an Porto und Telegrammgebühren in Mark
Briefe, Postkarten, Drucksachen und Warenproben	Pakete ohne Wertangabe	Briefe und Kästchen	Pakete			eingegangene	aufgegebene	
in 1000 Stück		mit Wertangabe						
7.	8.	9.	10.	11.	12	13.	14.	15.
15 554	543	28 499	19 896	24 549	1 753	156 705	154 442	1 601 453
20 309	*558*	*26 991*	*20 362*	*25 256*	*2 782*	*150 679*	*151 468*	*1 676 009*
24 687	658	37 978	18 831	38 429	2 537	313 059	292 338	2 463 198
29 662	*746*	*38 495*	*14 157*	*42 668*	*2 603*	*308 834*	*299 460*	*2 765 698*
7 675	330	11 343	5 512	16 201	7 759	95 150	106 087	725 077
8 002	*337*	*11 263*	*5 668*	*16 647*	*8 343*	*89 539*	*103 679*	*768 077*
8 202	434	11 056	4 369	13 743	1 360	112 994	107 789	1 092 309
9 284	*464*	*11 316*	*4 284*	*14 093*	*1 343*	*109 857*	*104 674*	*1 123 253*
59 377	2 627	155 400	104 200	107 234	13 066	629 500	553 868	6 465 318
75 435	*3 024*	*152 700*	*106 800*	*119 957*	*12 391*	*601 614*	*583 249*	*6 747 202*
12 463	439	30 960	9 751	20 931	14 039	101 011	103 656	813 170
13 638	*466*	*31 446*	*9 947*	*23 260*	*13 040*	*97 783*	*101 191*	*874 372*
36 960	1 560	64 600	37 600	66 724	4 361	280 466	276 845	3 015 731
40 225	*1 634*	*67 900*	*40 800*	*65 240*	*4 051*	*281 418*	*270 081*	*3 133 063*
6 765	530	10 401	3 207	11 958	152	43 295	35 717	860 957
8 126	*548*	*9 591*	*4 069*	*12 487*	*306*	*43 088*	*35 880*	*898 056*
5 796	288	15 007	2 733	15 756	3 059	60 506	61 231	537 330
5 646	*299*	*14 960*	*2 886*	*16 026*	*3 208*	*57 983*	*58 950*	*577 757*
8 328	881	20 048	5 289	19 659	4 857	72 941	71 654	1 152 684
10 000	*913*	*19 087*	*4 721*	*20 355*	*4 176*	*76 919*	*73 453*	*1 245 995*
11 918	659	48 450	9 802	30 028	16 190	166 087	171 792	1 264 494
14 920	*676*	*49 239*	*8 931*	*31 292*	*16 650*	*163 541*	*170 105*	*1 342 849*
8 084	360	12 453	4 740	15 366	1 220	74 903	70 079	703 846
8 275	*376*	*11 088*	*4 522*	*15 404*	*1 216*	*74 714*	*70 263*	*723 637*
5 834	319	14 159	1 627	14 617	417	43 231	38 512	636 276
6 704	*359*	*12 700*	*1 657*	*14 376*	*487*	*42 792*	*37 146*	*670 768*
2 376	77	2 409	258	4 916	65	16 828	11 466	250 109
3 707	*80*	*2 155*	*314*	*5 532*	*75*	*17 530*	*10 825*	*257 364*
5 202	242	12 076	4 150	13 615	10 576	71 492	69 557	567 715
5 025	*252*	*12 722*	*3 931*	*13 709*	*10 355*	*69 545*	*67 916*	*596 641*
4 956	103	1 847	476	6 036	23	30 329	21 132	383 859
7 386	*123*	*2 409*	*556*	*6 618*	*17*	*32 768*	*23 391*	*425 265*
3 231	127	5 097	1 247	10 696	2 813	32 775	34 792	308 260
3 984	*133*	*5 105*	*1 142*	*10 743*	*2 179*	*29 708*	*30 208*	*332 049*
16 807	1 184	45 425	9 520	48 744	8 738	363 444	318 803	2 617 397
21 245	*1 158*	*43 664*	*10 467*	*50 368*	*8 150*	*350 899*	*309 894*	*2 721 933*
24 127	917	36 921	20 491	35 154	19 660	228 695	224 110	2 144 336
25 059	*969*	*37 656*	*21 559*	*36 771*	*21 571*	*221 389*	*218 303*	*2 250 804*
41 494	2 230	160 238		54 611	16 189	263 640	251 527	4 251 096
44 954	*2 379*	*177 502*		*57 124*	*17 507*	*262 897*	*251 050*	*4 477 745*
12 929	438	23 154	10 171	27 610	3 287	180 426	193 055	1 544 362
14 392	*451*	*23 523*	*10 578*	*29 359*	*3 130*	*181 633*	*193 648*	*1 626 897*
8 150	426	26 800	14 500	20 398	2 648	94 854	103 370	902 130
10 544	*437*	*25 500*	*15 000*	*22 201*	*2 628*	*89 166*	*86 664*	*964 291*
5 653	300	28 914	5 556	15 415	915	66 170	65 952	668 263
6 082	*315*	*24 604*	*4 980*	*15 882*	*1 393*	*57 991*	*58 893*	*697 454*

II. Verhältniszahlen über den Post- und Telegraphenverkehr im Vergleich zur Einwohnerzahl.

Städte	Auf den Kopf der Bevölkerung nach dem Stande vom 1. Dezember 1900 kamen im **Durchschnitt** der Jahre 1900 und 1901											
	eingegangene				aufgegebene							
	Briefe, Postkarten, Drucksachen und Warenproben	Pakete ohne Wertangabe	Briefe und Pakete mit Wert	ausgezahlte Postanweisungen, Wert in Mark	Briefe, Postkarten, Drucksachen und Warenproben	Pakete ohne Wertangabe	Briefe und Pakete mit Wert	eingezahlte Postanweisungen, Wert in Mark	abgesetzte Zeitungsnummern	eingegangene und aufgegebene Telegramme	vereinnahmte Porto- und Telegrammgebühren in Mark	Anzahl der von den Fernsprechanstalten vermittelten Gespräche
Berlin	177	5,29	0,26	497	237	10,88	0,26	289	193	2,15	25,81	65
Hamburg	151	4,65	0,16	304	202	5,41	0,16	219	14	3,18	26,74	97
München	137	5,73	0,31	350	135	5,65	0,26	227	25	1,18	13,21	30
Leipzig	145	7,37	0,29	535	233	13,86	0,32	266	50	1,52	24,57	43
Breslau	116	5,24	0,24	492	139	6,86	0,22	219	76	1,42	14,25	53
Dresden	137	5,75	0,25	381	164	7,90	0,24	262	34	1,29	17,65	57
Cöln a. Rh.	156	7,27	0,28	423	162	8,69	0,27	309	105	2,06	19,52	72
Frankfurt a. M.	153	7,90	0,48	579	250	11,78	0 39	352	73	3,15	30,44	131
Nürnberg	83	4,44	0,22	310	148	6,12	0,81	253	16	1,06	11,78	27
Hannover	128	6,68	0,29	477	216	7,58	0,27	312	43	1,76	18,63	43
Magdeburg	126	4,97	0,46	442	155	4,91	0,21	270	67	1,74	14,03	58
Düsseldorf	114	6,20	0,32	347	145	5,21	0,29	300	28	1,60	15,59	16
Stettin	76	4,25	0,18	417	89	5,46	0,13	231	39	1,57	12,46	36
Chemnitz	109	5,37	0,20	276	102	8,00	0,23	218	25	0,98	13,74	42
Charlottenburg	91	2,61	0,07	152	76	2,32	0,04	121	2	0,63	7,80	30
Königsberg i. Pr.	85	6,28	0,25	403	100	5,03	0,20	247	89	1,80	12,31	40
Stuttgart	179	8,65	0,95	588	245	13,04	0,96	316	95	1,46	24,70	89
Bremen	120	5,03	0,25	464	186	6,05	0,27	268	30	3,12	23,53	54
Altona	98	2,73	0,14	235	88	3,80	0,13	143	1	1,72	9,56	47
Elberfeld	107	5,85	0,26	420	138	8,78	0,28	265	20	1,15	15,68	34
Halle a. S.	106	4,96	0,27	387	144	4,82	0,24	248	65	1,28	12,58	35
Straßburg i. E.	118	7,87	0,25	388	163	6,24	0,19	238	125	1,48	14,55	17
Dortmund	97	4,94	0,25	292	104	3,29	0,19	310	27	1,48	11,87	31
Barmen	101	4,12	0,19	289	105	9,89	0,13	209	3	0,14	14,84	38
Danzig	90	5,73	0,15	296	118	3,82	0,14	247	47	1,77	11,32	25
Mannheim	145	5,10	0,31	595	193	4,97	0,19	287	18	2,15	18,52	48
Aachen	98	4,98	0,40	281	97	5,28	0,33	234	25	2,61	12,98	32
Braunschweig	107	5,26	0,22	378	204	6,92	0,18	253	56	1,18	16,37	26
Essen	93	5,75	0,22	204	136	3,42	0,25	337	128	1,87	12,15	36
Posen	99	6,05	0,26	380	115	5,70	0,25	262	140	1,43	11,14	29
Kiel	91	5,40	0,19	206	141	4,47	0,09	265	32	1,33	11,31	53
Crefeld	90	5,90	0,21	316	94	10,07	0,17	231	22	1,10	15,60	54
Cassel	133	7,04	0,27	394	146	6,18	0,20	308	43	1,62	15,65	31
Karlsruhe	135	6,88	0,25	437	134	5,27	0,26	329	134	1,64	15,83	40
Schönebergb.Berlin	59	1,79	0, 03	70	64	1,18	0,01	66	0	0,28	4,21	.

[Fortsetzung zu Seite 219.]

z. B. für Berlin, dessen Postbezirk auch einen nicht geringen Teil von Charlottenburg umfaßt, sodaß diese Stadt hier viel zu geringe Zahlen aufweist. Da jedoch für die einzelnen Städte nicht bekannt ist, wie viele Bewohner auf ihren Postbezirk entfallen, denn auch die amtliche Post- und Telegraphenstatistik enthält nur die Einwohnerzahlen der Gemeinde-

Städte	Auf den Kopf der Bevölkerung nach dem Stande vom 1. Dezember 1900 kamen im **Durchschnitt** der Jahre 1900 und 1901											
	eingegangene				aufgegebene							
	Briefe, Postkarten, Drucksachen und Warenproben	Pakete ohne Wertangabe	Briefe und Pakete mit Wert	ausgezahlte Postanweisungen, Wert in Mark	Briefe, Postkarten, Drucksachen und Warenproben	Pakete ohne Wertangabe	Briefe und Pakete mit Wert	eingezahlte Postanweisungen, Wert in Mark	abgesetzte Zeitungsnummern	eingegangene und aufgegebene Telegramme	vereinnahmte Porto- und Telegrammgebühren in Mark	Anzahl der von den Fernsprechanstalten vermittelten Gespräche
Duisburg	93	4,11	0,11	239	111	2,40	0,30	223	13	1,52	10,82	31
Rixdorf	44	0,96	0,02	55	34	0,87	0,01	58	1	0,16	2,81	16
Augsburg	103	5,62	0,68	322	130	5,68	0,53	234	18	1,90	11,50	21
Mülhausen i. E.	86	4,19	0,14	245	98	5,04	0,09	156	15	1,22	12,43	32
Wiesbaden	158	9,55	0,26	296	159	5,16	0,20	331	37	2,17	18,41	37
Erfurt	121	7,02	0,22	422	202	11,68	0,19	299	45	1,34	17,54	15
Mainz	126	7,09	0,26	484	213	6,54	0,28	296	27	1,82	19,45	40
Lübeck	99	5,05	0,15	370	142	3,58	0,12	253	67	2,02	19,93	45
Görlitz	92	5,24	0,21	329	121	6,29	0,22	246	58	1,05	11,86	19
Würzburg	152	6,16	0,35	395	124	5,72	0,27	282	35	1,24	12,36	24
Plauen i. V.	101	7,69	0,16	322	124	12,14	0,17	278	61	1,00	16,23	31
Darmstadt	135	7,52	0,30	340	233	6,99	0,25	302	75	1,49	17,00	21
Bochum	103	5,83	0,23	195	100	3,07	0,21	369	24	1,23	12,40	39
Spandau	55	4,01	0,10	92	55	1,99	0,05	164	38	0,49	4,91	19
Münster i. W.	158	8,09	0,44	464	205	7,10	0,32	347	212	1,58	13,23	16
Bielefeld	96	6,35	0,19	435	143	10,14	0,16	258	38	1,11	15,58	21
Ludwigshafen a. Rh.	137	2,84	0,20	240	119	3,55	0,16	174	26	0,74	8,52	29
Frankfurt a. O.	116	6,21	0,17	261	113	5,84	0,17	227	33	0,98	9,21	21
Freiburg i. B.	117	6,75	0,23	366	166	6,44	0,19	287	82	1,54	16,13	18
Potsdam	120	9,39	0,18	204	137	6,15	0,14	257	20	1,21	11,94	38
Metz	109	9,26	0,27	353	134	5,70	0,29	281	138	1,69	12,77	8
Remscheid	85	4,70	0,18	266	108	5,83	0,13	249	8	0,70	11,25	7
M.-Gladbach	111	5,38	0,21	425	135	7,41	0,21	224	4	1,03	13,71	45
Königshütte (Oberschl.)	31	1,93	0,04	33	32	0,69	0,03	153	3	0,30	3,19	8
Zwickau	89	5,69	0,32	296	95	4,97	0,26	253	19	1,01	11,05	38
Liegnitz	86	5,74	0,18	289	91	5,89	0,17	256	57	1,05	9,86	7
Rostock	90	5,35	0,19	311	93	4,51	0,15	125	191	1,27	10,64	25
Fürth	86	4,08	0,15	370	105	5,89	0,17	275	16	0,72	11,37	36
Elbing	53	4,05	0,83	171	55	3,39	0,08	194	36	0,73	6,64	13
Gleiwitz	75	4,89	0,17	195	71	2,33	0,14	238	9	1,04	8,33	18
Bromberg	127	7,32	0,27	332	137	4,69	0,21	300	132	1,49	11,23	23
Osnabrück	115	6,03	0,19	388	119	5,69	0,17	308	61	1,16	10,81	15
Beuthen (Oberschl.)	76	4,71	0,14	154	70	2,37	0,12	273	20	0,87	7,77	16
Dessau	133	6,31	0,14	447	133	19,56	0,17	281	26	1,15	22,55	19
Bonn	218	9,38	0,27	422	240	7,84	0,24	330	49	1,90	18,70	42
Linden b. Hannover	46	1,70	0,06	131	42	1,94	0,05	114	5	0,31	4,64	.
Hagen i. W.	102	4,91	0,19	292	136	4,15	0,19	249	30	1,07	10,92	18
Offenbach a. M.	121	5,96	0,21	383	148	10,68	0,27	242	5	0,78	17,43	27

gebiete, so mußten diese Bewohnerzahlen für unsre Berechnungen benutzt werden. Für manche Städte scheint das Fernsprechnetz auch noch über den Postbezirk hinauszugehen, denn das Fehlen der Anzahl der von den Fernsprechanstalten vermittelten Gespräche bei Linden und bei Schöneberg erklärt sich offenbar daraus, daß diese Städte mit Hannover

III. Anzahl der von den Fernsprechanstalten in den Jahren 1900 und 1901 vermittelten Gespräche.

Städte	1900	1901	Städte	1900	1901
Aachen	4 511 879	4 022 578	Halle a. S.	5 316 460	5 625 683
Altona	7 491 770	7 846 230	Hamburg	63 724 556	72 500 812
Augsburg*	1 536 716	2 274 304	Hannover	10 653 947	9 711 326
Barmen	5 189 623	5 527 466	Karlsruhe	4 944 431	2 902 401
Berlin	120 505 631	126 154 071	Kiel	6 353 601	6 502 521
Beuthen (Oberschles.)	810 726	868 039	Königsberg i. Pr.	7 542 238	7 539 618
Bielefeld	1 330 610	1 564 050	Königshütte (Oberschles.)	578 613	388 306
Bochum	3 007 619	2 162 133	Leipzig	19 863 505	21 316 889
Bonn	1 842 819	3 092 042	Liegnitz	305 961	444 046
Braunschweig	3 439 233	3 196 319	Linden b. Hannover	.	.
Bremen	8 769 225	9 363 116	Lübeck	3 635 102	3 696 905
Breslau	20 801 609	23 916 873	Ludwigshafen a. Rh.*	2 009 724	1 562 769
Bromberg	1 108 654	1 241 627	Magdeburg	13 435 741	13 302 604
Cassel	2 992 325	3 581 884	Mainz	3 227 691	3 471 078
Charlottenburg	5 196 426	5 977 361	Mannheim	6 896 626	6 749 682
Chemnitz	9 070 316	8 477 741	Metz	374 023	550 074
Cöln a. Rh.	27 302 829	26 066 722	Mülhausen i. E.	2 827 752	2 843 035
Crefeld	5 560 772	5 914 573	München*	14 318 774	15 235 650
Danzig	3 105 721	3 860 272	Münster i. W.	820 708	1 178 925
Darmstadt	1 462 747	1 563 822	Nürnberg*	6 949 321	7 310 404
Dessau	818 069	1 067 437	Offenbach a. M.	1 200 464	1 518 857
Dortmund	4 436 089	4 386 054	Osnabrück	767 200	790 419
Dresden	24 024 044	28 051 694	Plauen i. V.	2 167 674	2 475 867
Düsseldorf	10 486 706	9 165 513	Posen	2 852 322	3 891 384
Duisburg	2 594 554	3 149 748	Potsdam	2 417 287	2 116 113
Elberfeld	4 995 741	5 832 351	Remscheid	367 668	458 059
Elbing	646 114	670 464	Rixdorf	1 374 383	1 439 800
Erfurt	1 062 567	1 452 136	Rostock	1 197 979	1.514 437
Essen	3 313 688	5 178 122	Schöneberg b. Berlin	.	
Frankfurt a. M.	36 847 626	38 622 385	Spandau	1 087 596	1 382 051
Frankfurt a. O.	1 273 746	1 342 916	Stettin	7 541 263	7 864 632
Freiburg i. B.	800 700	1 353 624	Straßburg i. E.	1 564 356	2 000 923
Fürth*	2 010 478	1 888 931	Stuttgart	14 855 532	16 610 183
M.-Gladbach	2 592 431	2 618 732	Wiesbaden	2 948 863	3 452 487
Gleiwitz	896 548	966 556	Würzburg*	1 798 756	1 867 913
Görlitz	1 606 011	1 549 566	Zwickau	2 366 159	2 342 633
Hagen i. W.	1 491 555	923 938			

* In den Zahlen der bayerischen Städte für 1901 ist der Verkehr von auswärts nicht inbegriffen.

bezw. Berlin ein gemeinsames Fernsprechnetz bilden. Dieser Umstand ist bei einem Vergleiche der in Tabelle II enthaltenen Verhältniszahlen nicht außer acht zu lassen, die nachstehend in ihren Hauptpunkten eine kurze Besprechung erfahren.

Die Anzahl der auf den Kopf der Bevölkerung entfallenden eingegangenen Briefe, Postkarten, Drucksachen und Warenproben ist in den einzelnen Städten sehr verschieden und weicht auch meistens recht beträchtlich von der Anzahl der aufgegebenen Sendungen ab. Am zahlreichsten gingen die genannten Postsendungen ein in Bonn mit 218 Stück und aus in Frankfurt mit 250 Stück, dagegen war der Verkehr am schwächsten an eingehenden und ausgehenden Sendungen in Königshütte mit 31 bezw. 32 Stück.

Bei den eingegangenen Paketen ohne Wertangabe schwankt die auf den Kopf entfallende Anzahl zwischen 0,96 in Rixdorf und 9,55 in Wiesbaden, bei den aufgegebenen Paketen dagegen zwischen 0,69 in Königshütte und 19,56 in Dessau. — Ob diese Abweichungen allein in dem ungleichen Verkehr in den einzelnen Städten begründet sind oder zum Teil auch durch die Ermittelungsmethode bedingt sind, läßt sich nicht fesstellen; es sei nur darauf hingewiesen, daß im Reichspostgebiet die Zahl der eingegangenen wie aufgegebenen Sendungen ohne Wertangabe durch Berechnung aus jährlich zweimaligen (je siebentägigen) Zählungen gewonnen wird.

Briefe und Pakete mit Wertangabe sind am häufigsten eingegangen und abgesandt in Stuttgart mit 0,95 bezw. 0,96 Stück auf den Kopf; am wenigsten sind diese Sendungen ein- wie ausgegangen in Schöneberg bei Berlin mit 0,03 bezw. 0,01 Stück. Sehr ungleich ist auch die Höhe der durch Postanweisungen vermittelten Geldsummen, doch kann hieraus nicht ohne weiteres auf den Umfang des Geschäftsverkehrs in den betreffenden Städten geschlossen werden, denn die Ausgleichung größerer Geldbeträge geschieht bekanntlich durch Vermittelung der Banken u. dergl. Der Wert der ausgezahlten Postanweisungen beträgt im Höchstfall 595 Mark in Mannheim und am wenigsten 33 Mark in Königshütte; für die eingezahlten Postanweisungen schwanken die Werte zwischen 369 Mark in Bochum und 58 Mark in Rixdorf. — Die größten Unterschiede ergeben sich hinsichtlich der abgesetzten Zeitungsnummern; sonderbarer Weise steht hier nicht Berlin, der Verlagsort so zahlreicher Tages- wie Wochenblätter, Amtsblätter und Fachzeitschriften, an der Spitze, sondern Münster mit 212 Zeitungsnummern auf den Kopf, dann erst folgt Berlin mit 193 und zuletzt Schöneberg mit noch nicht 1 Zeitungsnummer! — Auch der telegraphische Verkehr gibt kein rechtes Bild von der wirtschaftlichen Bedeutung der einzelnen Städte, da jetzt vielfach anstatt des Telegraphen der Fernsprecher auch für größere Entfernungen benutzt wird. Faßt man die eingegangenen und die aufgegebenen Telegramme zusammen, so weist Hamburg die Höchstzahl mit 3,18 auf, Berlin kommt erst an sechster Stelle, in 10 von den 73 Städten beträgt die Zahl unter 1 und in Barmen sogar nur 0,14. — Einen Maßstab für die Benutzung der Post- und Telegrapheneinrichtungen durch die Bewohner bildet die auf den Kopf berechnete Einnahme an Porto- und Telegrammgebühren; diese stellt sich am höchsten mit 30,44 Mark in Frankfurt a. M., dann folgen mit Beträgen zwischen 30 und 20 Mark 6 Städte (Hamburg, Berlin, Stuttgart, Leipzig, Bremen, Dessau), zwischen 20 und 15 Mark 20 Städte, zwischen 15 und 10 Mark 33 Städte, zwischen 10 und 5 Mark 8 Städte, endlich hatten unter 5 Mark 5 Städte (Spandau, Linden, Schöneberg, Königshütte und zuletzt Rixdorf mit 2,81 Mark). — Auch die Benutzung des Fernsprechers ist in den einzelnen Städten eine sehr verschiedene, sie beträgt zwischen 7 Gesprächen auf den Kopf der Bevölkerung in Liegnitz und 131 in Frankfurt a. M.; nach dieser Stadt folgen Hamburg mit 97, Stuttgart mit 89, Cöln mit 72 und erst an fünfter Stelle Berlin mit 65 Gesprächen; für die Mehrzahl der 73 Städte sank diese Zahl unter 30.

XIV.

Vieh- und Obstbaum-Zählung

am 1. Dezember 1900.

Von
Dr. **M. Neefe.**

Zufolge Beschlusses des Bundesrates vom 17. März 1900 fand am 1. Dezember 1900 eine allgemeine Viehzählung im Deutschen Reiche statt.[1]) Im Anschluß an die im IV. Jahrgange dieser Jahrbücher (S. 113 ff.) enthaltenen Ergebnisse der früheren Viehzählungen (von 1873, 1883 und 1892) werden die Hauptergebnisse der Viehzählung von 1900 für die 54 größeren deutschen Städte auf Grund gefälliger Mitteilungen der bundesstaatlichen statistischen Ämter in den nachstehenden Tabellen I und II zusammengestellt.

Ausschließlich der Städte Bochum, Freiburg i. Br., M.-Gladbach, Liegnitz, Münster, Plauen i. V., Spandau und Zwickau, für welche die Angaben im IV. Jahrgange fehlten, betrug in den übrigen 47 größeren deutschen Städten die Stückzahl des Viehes am

	10. Januar 1873	10. Januar 1883	1. Dezember 1892	1. Dezember 1900
Pferde . . .	119 380	136 895	194 487	231 889
Rindvieh . .	36 268	39 928	50 522	57 988
Schafe . . .	24 068	18 753	28 240	27 197
Schweine . .	35 037	48 278	58 054	77 389
Ziegen . . .	19 961	26 113	24 367	25 127

Im Verhältnis zur Bevölkerung stellte sich die Stückzahl des Viehes in den 47 genannten Städten so, daß entfielen auf 1000 Einwohner:

	1873	1883	1892	1900
Pferde . . .	27,9 (82)	24,6 (77)	25,3 (78)	22,6 (74)
Rindvieh . .	8,5 (384)	7,2 (345)	6,6 (355)	5,6 (336)
Schafe . . .	5,6 (609)	3,4 (420)	3,7 (275)	2,6 (172)
Schweine . .	8,2 (174)	8,7 (201)	7,6 (246)	7,5 (298)
Ziegen . . .	4,6 (57)	4,7 (58)	3,4 (63)	2,4 (58)

In Parenthese sind die betreffenden Verhältniszahlen für das Deutsche Reich zugesetzt. Aus einem Vergleich je der beiden Ziffern ist die Eigenartigkeit in der Zusammensetzung des Viehstandes sowie der enorme Unterschied der Stärke des Viehstandes in den größeren Städten und im Reiche überhaupt ersichtlich. Sämtliche Vieharten haben sich mit Ausnahme der Schafe in Summe der 47 Städte der absoluten Zahl nach vergrößert, relativ (d. h. im Vergleich zur betreffenden Volkszahl) aber vermindert. Die verhältnismäßig große Zahl von Pferden in Potsdam (85 auf 1000 Einwohner), Darmstadt, Münster, Metz und Straßburg beruht auf der großen Zahl von Militärpferden. Dagegen ist die Zahl der Pferde im Vergleich zur Einwohnerzahl sehr gering in Crefeld (11,5 auf 1000 Einwohner), M.-Gladbach, Essen, Duisburg, Elberfeld.

---

[1]) Die Ergebnisse derselben sind veröffentlicht im Ergänzungsheft I der Vierteljahrshefte zur Statistik des Deutschen Reichs 1903.

Die Rindviehhaltung ist im Vergleich zur Bevölkerung am größten in Straßburg i.E. (17,4 auf 1000 Einwohner), Freiburg i. B., Frankfurt a. O., Bremen, Liegnitz; am geringsten in Essen (0,5 auf 1000 Einwohner), Mainz, Breslau, Leipzig, Metz. Die Haltung von Schafen ist am relativ größten in Halle a. S. (mit 16,8 auf 1000 Einwohner); am geringsten in Potsdam (mit 0,03).

Es kommen nach der Zählung von 1900 in folgenden Städten auf 1000 Einwohner nachgenannte Viehstücke:

Städte	Pferde	Rindvieh	Schafe	Schweine	Ziegen	Städte	Pferde	Rindvieh	Schafe	Schweine	Ziegen
Berlin	27,2	7,6	4,2	5,8	0,5	Essen	14,6	0,5	0,2	5,8	2,3
Hamburg	17,0	1,9	1,3	7,8	0,1	Posen	30,2	6,2	1,2	14,9	8,2
München	24,3	6,3	2,6	4,6	0,9	Kiel	16,8	6,0	3,4	6,8	1,0
Leipzig	16,6	1,5	1,7	2,9	1,4	Crefeld	11,5	6,5	5,0	9,7	2,3
Breslau	18,3	1,1	0,9	1,9	1,2	Cassel	32,7	4,8	2,9	12,4	3,4
Dresden	23,3	1,9	0,2	0,7	0,5	Karlsruhe i. B.	30,6	6,4	1,2	4,8	1,7
Cöln a. Rh.	20,9	10,7	3,5	10,4	3,8	Duisburg	14,7	5,2	0,5	19,5	5,5
Frankfurt a. M.	21,7	4,3	2,1	6,0	4,4	Augsburg	27,1	6,5	12,2	3,9	1,4
Nürnberg	16,7	9,7	0,8	5,3	2,0	Mülhausen i. E.	22,2	3,7	7,1	7,6	1,8
Hannover	26,2	3,8	2,2	12,7	3,7	Wiesbaden	20,5	4,6	2,6	4,1	3,2
Magdeburg	20,0	2,9	8,3	13,3	3,6	Erfurt	19,4	5,1	2,2	4,4	5,9
Düsseldorf	21,9	3,4	1,8	6,5	2,4	Mainz	22,3	0,7	0,05	3,2	1,7
Stettin	23,4	5,0	0,7	10,5	2,5	Lübeck	19,8	7,6	2,5	25,5	5,5
Chemnitz	15,3	4,9	1,2	3,6	2,3	Görlitz	15,9	9,4	3,6	3,0	1,8
Charlottenburg	24,2	2,6	0,1	3,7	1,7	Würzburg	23,6	9,7	1,7	7,0	3,0
Königsberg	29,6	4,1	0,06	3,7	0,6	Plauen i. V.	17,6	6,8	4,5	5,7	3,4
Stuttgart	20,6	6,0	0,1	4,3	2,3	Darmstadt	51,0	7,9	2,9	11,3	9,2
Bremen	21,9	13,0	0,5	9,8	4,6	Bochum	19,2	1,9	0,3	19,9	3,0
Altona	19,0	8,7	1,0	3,3	0,8	Spandau	21,1	10,4	0,05	11,4	11,9
Elberfeld	15,1	9,3	5,7	3,3	1,5	Münster i. W.	39,3	6,9	0,8	24,7	8,5
Halle a. S.	21,7	6,6	16,8	14,5	4,3	Frankfurt a. O.	33,1	14,3	5,2	28,5	17,7
Straßburg i. E.	33,0	17,4	4,4	27,2	4,4	Freiburg i. B.	24,1	14,4	10,6	19,8	2,9
Dortmund	17,4	2,4	2,4	18,9	7,3	Potsdam	85,1	3,3	0,03	5,1	2,9
Barmen	15,9	7,8	2,1	2,5	1,0	Metz	38,9	1,8	1,2	2,5	0,6
Danzig	21,0	1,9	0,1	8,6	3,2	M.-Gladbach	14,4	3,8	0,6	7,1	8,8
Mannheim	16,7	6,7	2,5	22,8	12,0	Zwickau	17,8	7,8	4,0	12,0	3,0
Aachen	12,6	11,8	0,2	3,2	0,6	Liegnitz	18,9	12,1	1,7	6,5	1,8
Braunschweig	28,1	4,3	0,9	15,6	5,1						

Die Zahl der Schweine schwankte im Vergleich zur Volkszahl zwischen 28,5 (auf 1000 Einwohner) in Frankfurt a. O. und 0,7 in Dresden. Die meisten Ziegen sind ebenfalls in Frankfurt a. O. (17,7 auf 1000 Einwohner), die wenigsten in Hamburg (0,1) gezählt worden. Diese erheblichen Unterschiede in der Viehhaltung lassen sich auf die größere oder geringere Häufigkeit landwirtschaftlicher Betriebe, auf die größere Zahl von Schlachtvieh auf den Viehmärkten oder in den Privatstallungen der Viehhändler und Fleischer sowie auf das Vorhandensein von besonderen Kuhställen zur Milchgewinnung zurückführen.

I. Hauptergebnisse der Viehzählung vom 1. Dezember 1900
im Vergleich zu den Ergebnissen der Zählung vom 1. Dezember 1892.

Städte	Pferde		Rindvieh		Schafe		Schweine		Ziegen	
	im Jahre 1900	Zu- oder Ab- (—) nahme	im Jahre 1900	Zu- oder Ab- (—) nahme	im Jahre 1900	Zu- oder Ab- (—) nahme	im Jahre 1900	Zu- oder Ab- (—) nahme	im Jahre 1900	Zu- oder Ab- (—) nahme
*Aachen . . .	1 708	183	1 592	359	27	—66	436	—77	78	—18
Altona . . .	3 066	—863	1 404	779	154	—181	553	—212	124	—27
Augsburg . .	2 412	—71	579	—200	1 087	422	347	—38	123	21
Barmen . . .	2 258	648	1 106	—190	293	—175	351	103	149	—77
Berlin. . . .	51 204	7 261	14 292	6 999	7 935	3 834	10 987	6 336	1 003	—53
Bochum . . .	1 258	567	125	—23	19	—74	1 307	—394	196	—180
Braunschweig .	3 597	213	556	—19	117	—131	1 996	379	655	—97
Bremen . . .	3 585	609	2 123	—107	75	35	1 605	661	757	—249
*Breslau . . .	7 741	2 063	477	—309	366	419	802	—478	490	—129
*Cassel . . .	3 470	409	513	23	308	—3	1 317	337	361	181
Charlottenburg	4 581	1 467	490	190	20	7	699	178	322	38
*Chemnitz . .	3 159	1 241	1 013	597	248	104	735	—362	482	291
Cöln a. Rh. .	7 773	1 778	3 997	—736	1 297	—622	3 882	204	1 408	—7
Crefeld . . .	1 232	243	694	—28	536	355	1 040	385	248	—137
Danzig . . .	2 950	186	264	—200	19	—108	1 231	—243	446	—46
Darmstadt[1]. .	3 673	861	568	—41	209	—66	816	—214	659	—322
Dortmund . .	2 478	1 018	340	—166	347	5	2 693	467	1 036	—757
*Dresden[2]) . .	9 209	1 299	745	—781	58	—304	292	1 034	217	—46
Düsseldorf . .	4 678	948	729	—501	385	—761	1 399	—98	509	—296
Duisburg. . .	1 367	399	483	—154	51	—89	1 812	160	510	—528
Elberfeld . .	2 367	503	1 464	—138	897	—347	523	120	236	—71
Erfurt. . . .	1 649	114	438	—190	187	—225	375	356	499	—165
*Essen. . . .	1 738	735	65	—50	28	—6	627	—92	277	—209
*Frankfurt a. M.	6 270	2 260	1 241	191	612	—584	1 718	854	1 284	680
Frankfurt a. O.	2 047	—95	884	133	322	—483	1 764	717	1 097	269
Freiburg i. Br.	1 481	.	886	.	650	.	1 218	.	179	.
M.-Gladbach .	834	182	218	—38	34	6	410	23	513	—275
Görlitz . . .	1 289	228	757	—51	293	107	244	—45	150	—56
*Halle a. S. . .	3 396	1 518	1 027	618	2 624	2 126	2 274	657	671	213
*Hamburg . .	12 013	—389	1 374	—361	890	31	5 557	2 508	939	500
Hannover . .	6 167	137	886	—494	512	—197	2 996	—29	875	—545
Karlsruhe i. B.	2 964	163	616	164	121	97	464	—85	167	—54
*Kiel.	1 816	430	649	47	364	258	732	625	106	83
*Königsberg i. Pr.	5 559	939	763	49	11	0	703	138	107	23
*Leipzig . . .	7 567	1 075	662	—591	770	277	1 303	—857	660	—109
Liegnitz . . .	1 035	32	661	—50	96	—42	354	—241	101	—2
Lübeck . . .	1 623	342	623	—28	206	—124	2 096	535	452	—89
Magdeburg . .	4 595	—77	670	5	1 911	—6	3 046	779	838	—2
Mainz[3]) . . .	1 877	253	62	—191	4	—354	270	—179	142	—53
*Mannheim . .	2 340	983	937	730	348	—248	3 200	2 568	1 681	1 315
Metz	2 273	—308	108	336	70	—387	145	—185	34	0
Mülhausen i. E.	1 977	100	332	—49	629	408	674	—146	163	108
*München . .	12 155	1 497	3 153	—243	1 303	—2347	2 313	—807	449	25
Münster i. W. .	2 506	435	442	—89	50	[illegible]	1 577	—266	540	—446
*Nürnberg . .	4 364	1 643	2 528	2 220	212	—188	1 386	923	525	396
*Plauen i. V. .	1 303	.	501	.	336	.	424	.	253	.
*Posen. . . .	3 531	1 838	726	604	143	67	1 738	1 404	965	870
Potsdam . . .	5 089	137	197	—50	2	—22	307	40	172	—46
Spandau . . .	1 372	72	674	184	3	—53	744	223	774	248
*Stettin . . .	4 938	1 915	1 051	437	155	—184	2 218	1 049	529	231
Straßburg i. E.	4 963	879	2 610	—34	665	563	4 089	888	621	—351
Stuttgart . . .	3 634	438	1 065	—200	26	—85	755	—168	406	36
Wiesbaden . .	1 766	318	400	—83	221	156	351	—109	275	—90
Würzburg . .	1 781	—66	735	—158	129	—1193	528	134	230	—137
*Zwickau . . .	991	.	433	.	224	.	672	.	170	.

* Die mit Stern bezeichneten Städte haben von 1892 bis 1900 größere Flächen eingemeindet und daher auch eine Vergrößerung des Viehstandes erfahren. — [1]) mit Bessungen. [2]) mit Kammergut Ostra und Militäretablissement Albertstadt. [3]) mit Zahlbach.

II. Besondere Ergebnisse der Viehzählung vom 1. Dezember 1900.

Städte	Pferde			Maultiere, Maulesel und Esel	Rindvieh			Schafe		Schweine		Federvieh				Bienenstöcke
	unter 4 Jahre alt	über 4 Jahre alt	darunter Militärpferde		unter 1/2 Jahre alt	über 1/2 bis 1 Jahr alt	über 1 Jahr alt	unter 1 Jahr alt	über 1 Jahr alt	unter 1 Jahr alt	über 1 Jahr alt	Gänse	Enten	Hühner	Trut- und Perlhühner	
Aachen	173	1 535	33	1	26	86	1 480	13	14	354	82	80	403	13 195	44	286
Altona	131	2 935	285	3	14	15	1 375	61	93	508	45	586	1 183	22 769	118	80
Augsburg	63	2 349	934	—	33	7	539	447	640	332	15	321	548	5 561	76	427
Barmen	83	2 175	—	2	17	26	1 063	24	269	186	165	243	468	22 733	75	26
Berlin	407	50 797	4 424	100	1246	301	12 745	4 145	3 790	7 816	3 171	4 641	4 283	60 066	273	104
Bochum	31	1 227	—	2	—	1	124	5	14	1 202	105	3 372	647	7 955	31	33
Braunschweig	118	3 479	770	2	25	22	509	59	58	1 492	504	186	535	14 365	127	198
Bremen	63	3 522	23	10	26	17	2 080	33	42	1 420	185	774	1 773	42 349	110	115
Breslau	140	7 601	1 424	25	29	7	441	26	340	605	197	2 629	861	16 287	124	292
Cassel	71	3 399	1 750	1	24	7	482	22	286	927	390	240	479	9 120	96	389
Charlottenburg	148	4 433	197	3	1	—	489	6	14	631	68	611	791	12 579	168	186
Chemnitz	68	3 091	68	45	70	40	903	16	232	701	34	1 876	714	17 598	97	126
Cöln a. Rh.	348	7 425	1 136	69	101	113	3 783	56	1 241	3 454	428	456	897	39 063	128	691
Crefeld	84	1 148	—	2	33	31	630	47	489	1 000	40	835	261	14 847	36	181
Danzig	91	2 859	989	4	11	8	245	6	13	904	327	215	578	13 757	71	268
Darmstadt [1])	36	3 637	2 403	2	36	23	509	5	204	735	81	814	594	10 007	121	225
Dortmund	159	2 319	—	—	11	11	318	45	302	2 427	266	564	1 177	18 147	116	13
Dresden [2])	43	9 166	2 319	18	55	3	687	11	47	157	135	482	937	20 133	129	306
Düsseldorf	205	4 473	1 828	27	17	22	690	115	270	1 281	118	273	522	18 419	81	85
Duisburg	90	1 277	—	2	16	21	446	22	29	1 630	182	335	844	19 930	96	80
Elberfeld	120	2 247	—	1	16	27	1 421	265	632	321	202	257	599	16 650	79	60
Erfurt	67	1 582	423	2	26	36	376	4	183	315	60	157	328	8 326	73	333
Essen	47	1 691	—	4	—	—	65	18	10	538	89	341	418	12 792	74	3
Frankfurt a. M.	149	6 121	527	10	35	43	1 163	16	596	1 498	220	5 707	3 880	19 920	174	403
Frankfurt a. O.	64	1 983	720	8	38	68	778	13	309	1 552	212	607	959	10 437	206	323
Freiburg i. Br.	9	1 472	484	6	21	7	858	12	638	1 129	89	250	373	6 086	13	543
M.-Gladbach	18	816	—	—	12	3	203	21	13	370	40	671	815	10 997	46	110
Görlitz	62	1 227	21	1	28	9	720	172	121	126	118	1 463	300	5 628	17	320
Halle a. S.	86	3 310	424	28	35	16	976	1 088	1 536	1 693	581	596	846	16 555	40	206
Hamburg	95	11 918	38	15	35	56	1 283	377	513	5 084	473	1 007	3 609	67 960	386	231
Hannover	304	5 863	2 548	16	21	18	847	145	367	2 268	728	318	683	18 401	148	82
Karlsruhe i. B.	14	2 950	1 669	3	11	2	603	1	120	431	33	2 113	561	8 125	79	91
Kiel	48	1 768	21	2	14	9	626	85	279	705	27	103	517	15 603	88	107
Königsberg i. Pr.	33	5 526	1 913	—	4	10	749	2	9	635	68	6 766	370	10 283	56	47
Leipzig	82	7 485	491	16	10	4	648	486	284	1 171	132	1 162	932	28 833	275	494
Liegnitz	63	972	37	—	25	21	615	23	73	276	78	3 008	930	3 893	30	175
Lübeck	40	1 583	33	—	20	8	595	91	115	1 848	248	87	234	18 796	58	440
Magdeburg	93	4 502	789	9	23	4	643	617	1 294	2 412	634	478	884	22 505	139	272
Mainz [3])	23	1 854	782	2	1	.	61	2	2	154	116	471	453	3 628	20	83
Mannheim	46	2 294	34	—	23	46	868	51	297	2 406	794	2 495	834	17 233	143	233
Metz	82	2 191	1 469	2	7	—	101	2	68	96	49	124	163	2 997	65	55
Mülhausen i. E.	31	1 946	821	60	11	3	318	19	610	582	92	195	233	7 201	52	125
München	399	11 756	2 672	14	451	6	2 696	53	1 250	1 761	552	10 892	3 495	18 408	440	646
Münster i. W.	96	2 410	1 408	4	17	5	420	8	42	1 457	120	102	245	11 283	67	179
Nürnberg	134	4 230	1 104	10	53	19	2 456	50	162	772	614	2 777	934	14 456	144	696
Plauen i. V.	20	1 283	.	1	62	45	394	8	328	370	54	1 689	313	6 248	61	254
Posen	100	3 431	1 507	3	44	42	640	18	125	1 433	305	1 109	956	12 982	241	475
Potsdam	63	5 026	3 523	1	2	7	188	—	2	213	94	242	399	10 702	83	522
Spandau	59	1 313	439	1	7	23	644	—	3	513	231	1 383	1 043	13 210	107	181
Stettin	63	4 875	724	11	17	4	1 030	30	125	1 845	373	186	682	23 209	139	1263
Straßburg i. E.	221	4 742	2 449	9	130	111	2 369	46	619	3 628	461	2 690	1 756	26 884	261	408
Stuttgart	33	3 601	869	11	357	1	707	4	22	713	42	547	680	10 243	150	268
Wiesbaden	87	1 679	186	12	15	7	378	11	210	313	38	129	224	5 479	53	308
Würzburg	49	1 732	697	—	22	82	681	1	128	456	72	434	342	5 067	79	349
Zwickau	26	965	26	9	29	23	381	17	207	608	64	1 995	233	5 848	40	74

[1]) mit Bessungen. [2]) mit Kammergut Ostra und Militäretablissement Albertstadt. [3]) mit Zahlbach.

Obstbaumzählung.

In Ergänzung der Ermittelungen über die landwirtschaftliche Bodenbenutzung hat auf Beschluß des Bundesrats vom 17. März 1900 eine Zählung der Obstbäume und zwar der auf dauerndem Standorte befindlichen Äpfel-, Birn-, Pflaumen- (Zwetschen-) und Kirschbäume im Jahre 1900 erstmalig im Reiche stattgefunden. Jeder Bundesregierung blieb überlassen diese Zählung entweder in Verbindung mit der Erhebung über die landwirtschaftliche Bodenbenutzung vorzunehmen oder sie in Verbindung mit einer anderen Erhebung des Jahres 1900 (der Vieh- oder Volkszählung) ausführen zu lassen.[1])

In Preußen hat die Erhebung zugleich mit der Viehzählung am 1. Dezember 1900 stattgefunden. Die folgenden vom königlich preußischen statistischen Bureau zusammengestellten Ergebnisse sind der „Statistischen Korrespondenz“ (Sondernummer) vom 6. Dezember 1901 entnommen.

Städte	Äpfel-	Birn-	Pflaumen- und Zwetschen-	Kirsch-	Obstbäume überhaupt
	Bäume				
Aachen	7 697	8 254	2 422	1 854	20 227
Altona	5 006	6 532	2 157	2 462	16 157
Barmen	5 261	8 051	3 346	2 196	18 854
Berlin	4 216	5 715	4 169	2 253	16 353
Bochum	825	1 579	822	705	8 931
Breslau	7 077	13 366	5 831	4 071	30 345
Cassel	18 951	7 425	9 940	2 473	38 789
Charlottenburg	7 226	7 037	3 975	2 226	20 464
Cöln a. Rh.	18 517	25 119	10 623	10 753	65 012
Crefeld	5 630	7 715	2 701	2 950	18 996
Danzig	5 899	4 213	5 556	5 466	21 134
Dortmund	3 405	5 841	1 983	2 077	13 306
Düsseldorf	7 985	12 798	3 931	3 571	28 285
Duisburg	4 390	6 214	4 209	2 437	17 250
Elberfeld	6 163	6 288	4 516	2 196	19 163
Erfurt	15 137	8 789	15 428	5 058	44 412
Essen	1 088	2 722	974	1 143	5 927
Frankfurt a. M.	57 932	37 578	76 135	12 878	184 523
Frankfurt a. O.	16 272	13 566	44 247	5 665	79 750
M.-Gladbach	9 173	12 216	5 405	3 317	30 111
Görlitz	6 660	6 894	4 161	4 546	22 261
Halle a. S.	11 483	16 057	15 417	8 087	51 044
Hannover	8 032	8 211	3 877	2 216	22 336
Kiel	15 002	14 105	5 379	9 485	43 971
Königsberg i. Pr.	2 361	1 928	1 097	1 273	6 659
Liegnitz	4 143	4 402	3 336	1 839	13 720
Magdeburg	17 285	17 668	10 197	6 550	51 700
Münster i. W.	13 929	9 294	5 180	2 462	30 865
Posen	7 497	7 259	6 600	3 842	25 198
Potsdam	14 784	8 557	22 679	7 655	53 675
Spandau	3 768	2 900	5 929	2 751	15 348
Stettin	16 708	9 048	8 523	8 231	42 510
Wiesbaden	19 527	15 475	8 935	2 381	46 318

[1]) Vergl. Vierteljahrshefte zur Statistik des Deutschen Reichs, X. Jahrgang 1901, S. I, 11 und 14.

XV.
Viehpreise
in den Jahren 1900 bis 1902.

Von
Dr. K. Singer (München).

Nach Beschluß der Konferenz zu Altona i. J. 1902 sind die Nachweise über Viehpreise wieder aufgenommen. Im IV. Jahrgang waren in dem Abschnitte „Viehhöfe, Schlachthöfe und Preise“ von Dr. Hirschberg u. a. auch die Viehpreise der Jahre 1888—1892 für 9 Städte mitgeteilt. Inzwischen sind durch die Einführung des einheitlichen Schemas der Qualitäten, das im Mai 1896 zu Berlin von den Vertretern der Städte und von Vertretern des deutschen Landwirtschaftsrates, sowie des Viehhandels nnd Fleischergewerbes festgestellt wurde, die Grundlagen der Preisfeststellungen wesentlich verbessert.

In dem 1. Heft des Jahrganges 1903 der „Vierteljahrshefte zur Statistik des deutschen Reiches“ sind anschließend an die Vorjahre bereits für 24 Städte die Viehpreise nach diesem Schema mitgeteilt. Eine Vergleichbarkeit der Städte untereinander ist allerdings noch nicht allgemein erreicht, da abgesehen von der Nichtberücksichtigung der Rassen in dem Schema die Preise sich zum Teile noch auf „Lebend-“, zum Teile auch auf „Fleischgewicht“ beziehen.

Die nachfolgenden Tabellen bieten, soweit Nachweise vorliegen, zugleich auf die Vorjahre zurückgreifend, in gekürzter Form für ausgewählte Qualitäten die Preise für Ochsen, Färsen und Kühe, Schweine, Kälber und Hammel in den Jahren 1900—1902.

Die Angaben umfassen bei den einzelnen Städten folgende Jahre:

1. Aachen . . .	1902	12. Frankfurt a. M. .	1900—1902
2. Berlin	1900—1902	13. Hannover . . .	1901, 1902
3. Breslau . . .	1901, 1902	14. Karlsruhe . . .	1902
4. Chemnitz . . .	1900—1902	15. Königsberg i. Pr.	1901, 1902
5. Cöln	1900—1902	16. Leipzig . . .	1900—1902
6. Danzig	1900—1902	17. Magdeburg . .	1900—1902
7. Dortmund . .	1902	18. Mannheim . .	1900—1902
8. Dresden . . .	1900—1902	19. München . . .	1902
9. Düsseldorf . .	1901, 1902	20. Nürnberg . . .	1902
10. Elberfeld . . .	1902	21. Straßburg i. E. .	1901, 1902
11. Essen	1902	22. Stuttgart . . .	1900—1902

Mit Rücksicht auf Raumersparung sind die Städte, für die sich die Daten nur auf die Jahre 1901 und 1902, bezw. das Jahr 1902 allein beziehen, je zusammen angeordnet.

**) Die Qualitätenbezeichnungen sind folgende:

Ochsen[1]): I. vollfleischige, ausgemästete, höchsten Schlachtwerts, höchstens 7 Jahre alt.
II. junge, fleischige, nicht ausgemästete und ältere ausgemästete.

Färsen u. Kühe[1]): I. vollfleischige, ausgemästete Färsen höchsten Schlachtwerts.
II. vollfleischige, ausgemästete Kühe höchstenSchlachtwerts, b. zu 7 Jahren.

Schweine: I. vollfleischige der feineren Rassen und deren Kreuzungen, bis zu $1^1/_4$ Jahren[2]).
II. fleischige[2]).

Kälber: II. mittlere Mast- und gute Saugkälber.

Hammel: II. Ältere Masthammel.

[1]) München: Ohne Nierentalg. [2]) München: I. Bratenschweine, II. mittelschwere, gut gemästete.

Viehpreise in deutschen Städten.

Für 100 kg in Mark (Regel: Preis für Schlachtgewicht).

Monat u. Jahr*)	Ochsen **)		Färsen u. Kühe		Schweine		Kälber	Hammel	Ochsen		Färsen u. Kühe		Schweine		Kälber	Hammel
	I	II	I	II	I	II	II	II	I	II	I	II	I	II	II	II
	Berlin								**Cöln**							
1900					†)	†)							†)	†)		
Januar	129	119	.	108	95	91	134	112	137	129	121	113	101	96	143	121
April	127	116	.	104	90	87	134	107	136	127	121	114	98	93	139	130
Juli	129	119	.	107	100	96	125	120	139	131	124	116	106	101	134	131
Oktober	135	125	.	107	109	104	142	112	149	140	127	118	112	109	148	122
Jahr*)	129	119	.	106	100	96	133	112	141	132	125	116	105	101	141	126
1901																
Januar	127	117	.	106	111	107	124	102	140	130	121	111	116	111	137	115
April	127	118	.	106	109	105	129	106	136	127	122	113	114	109	135	130
Juli	126	116	.	107	115	111	116	120	140	130	125	120	124	120	133	126
Oktober	132	119	.	108	125	121	137	120	148	138	127	122	127	123	148	119
Jahr*)	128	117	.	107	116	112	127	113	140	131	123	117	122	118	139	123
1902																
Januar	126	116	.	106	123	119	127	106	138	129	122	116	131	126	139	122
April	125	115	.	109	120	117	133	104	135	126	125	119	124	120	139	131
Juli	130	120	.	117	122	119	118	129	146	138	134	129	129	126	137	130
Oktober	141	130	.	121	127	123	159	133	149	143	134	128	129	125	154	128
Jahr*)	132	121	.	114	123	119	135	121	142	135	129	124	128	124	143	129
	Chemnitz								**Danzig †)**							
1900					†)	†)	†)	†)								
Januar	129	123	127	124	100	95	83	57	64	58	62	57	72	68	80	46
April	121	115	120	117	97	92	82	60	59	54	56	55	71	66	65	46
Juli	128	122	127	124	104	99	77	64	62	55	62	57	78	72	70	45
Oktober	133	127	131	128	115	110	87	52	63	55	62	56	83	76	75	45
Jahr*)	128	122	126	123	106	100	81	58	61	55	60	55	76	71	73	45
1901																
Januar	128	121	125	122	117	111	76	52	60	54	59	53	83	77	82	45
April	119	113	119	117	114	109	83	58	61	55	59	52	84	79	66	43
Juli	123	118	124	121	119	114	74	58	63	57	61	54	85	80	69	47
Oktober	132	127	131	127	128	123	80	57	62	56	60	53	89	82	82	41
Jahr*)	126	119	125	122	121	116	79	57	62	55	60	53	86	80	75	44
1902																
Januar	125	117	124	121	127	123	81	57	61	54	59	52	90	84	80	42
April	119	113	120	117	123	119	84	58	64	59	62	57	91	85	67	45
Juli	101	101	130	127	125	121	79	62	68	61	64	58	91	85	74	48
Oktober	135	130	135	131	131	126	88	59	65	59	62	55	91	85	86	43
Jahr*)	128	121	127	125	127	122	83	59	65	58	61	56	91	86	77	46

*) Durchschnitt aus 12 Monaten.
†) Nicht Schlachtgewicht, s. S. 239.
**) Vergl. Bemerkung auf nachstehender Seite.

Monat u. Jahr*)	Ochsen		Färsen u. Kühe		Schweine		Kälber	Hammel	Ochsen		Färsen u. Kühe		Schweine		Kälber	Hammel
	I	II	I	II	I	II	II	II	I	II	I	II	I	II	II	II
	Dresden								**Magdeburg†)**							
1900																
Januar . . .	131	124	125	118	102	98	129	120	69	64	59	55	98	96	80	52
April	123	116	119	113	98	94	124	113	67	62	58	53	95	92	77	51
Juli	124	116	120	113	102	96	111	116	67	62	59	54	104	101	74	53
Oktober . . .	136	127	129	120	116	110	128	120	71	65	62	56	112	109	79	56
Jahr*)	128	120	123	116	105	101	122	118	69	63	59	54	104	101	77	53
1901																
Januar . . .	129	121	123	116	115	110	120	119	68	62	58	53	113	110	76	52
April	126	118	123	116	115	110	129	118	65	60	58	53	112	109	76	53
Juli	126	118	123	116	119	114	115	121	68	62	.	54	118	115	75	57
Oktober . . .	134	123	126	118	129	124	126	123	73	68	63	56	127	122	76	56
Jahr*)	128	120	124	117	120	115	123	121	69	63	.	55	119	115	76	54
1902																
Januar . . .	127	117	123	114	126	122	122	123	70	65	62	54	125	121	78	52
April	126	115	122	112	123	119	127	.	66	61	.	54	120	118	80	53
Juli	129	119	122	115	122	118	126	119	71	65	66	58	123	119	81	56
Oktober . . .	136	127	129	121	132	126	141	131	75	71	.	62	127	124	84	57
Jahr*)	130	120	125	116	126	121	131	124	71	66	.	58	125	122	81	55
	Frankfurt a. M.								**Mannheim**							
1900																
Januar . . .	138	127	118	105	108	106	148	96	139	134	130	115	108	104	150	—
April	136	127	119	106	100	97	146	100	138	134	128	116	104	101	156	—
Juli	134	125	125	112	109	106	139	112	135	131	131	116	109	106	136	—
Oktober . . .	140	132	126	117	118	116	150	98	142	138	132	120	120	118	156	—
Jahr*)	136	127	122	110	110	108	143	103	139	134	131	117	111	108	149	—
1901																
Januar . . .	135	125	123	114	121	117	141	95	143	138	130	118	118	116	145	—
April	135	124	120	110	118	115	143	112	137	133	130	120	118	116	153	—
Juli	133	125	123	116	130	128	137	116	140	133	132	120	130	128	139	—
Oktober . . .	141	131	122	116	136	134	139	98	143	135	137	128	136	134	150	—
Jahr*)	136	126	121	113	127	125	140	107	140	134	131	121	126	124	146	—
1902																
Januar . . .	136	123	119	113	135	133	143	101	139	131	129	120	135	133	143	95
April	133	121	120	114	131	129	149	119	139	132	131	122	132	130	161	120
Juli	138	130	132	125	132	130	145	122	141	136	137	123	131	129	150	120
Oktober . . .	143	133	132	125	138	135	150	120	146	139	136	125	135	132	164	114
Jahr*)	137	127	125	118	134	131	147	118	142	135	134	123	133	131	154	116
	Leipzig						†)	†)	**Stuttgart**							
1900																
Januar . . .	140	134	132	127	103	96	92	59	136	—	121	—	110	104	140	—
April	136	125	130	126	97	90	86	58	136	—	121	—	102	98	159	—
Juli	141	132	133	128	108	97	79	64	138	—	123	—	104	97	145	—
Oktober . . .	146	136	139	134	116	110	87	66	141	—	124	—	124	119	149	—
Jahr*)	140	131	133	128	107	100	86	62	138	—	122	—	112	106	147	—
1901																
Januar . . .	139	132	131	126	119	111	83	60	140	—	120	—	122	118	134	—
April	136	124	128	123	116	109	79	60	138	—	122	—	117	113	166	—
Juli	138	129	132	126	124	117	74	63	140	—	122	—	129	125	143	—
Oktober . . .	147	137	137	132	133	128	85	64	141	—	123	—	139	136	149	—
Jahr*)	140	130	132	127	124	117	82	62	140	—	122	—	128	125	146	—
1902																
Januar . . .	138	128	133	127	131	125	84	60	139	—	121	—	136	133	146	—
April	136	123	131	125	126	118	86	60	139	—	124	—	128	125	171	—
Juli	144	134	138	131	130	123	80	64	144	—	130	—	134	131	157	—
Oktober . . .	150	142	141	135	134	128	94	66	144	—	130	—	139	136	163	—
Jahr*)	142	133	135	129	130	124	87	63	141	—	126	—	135	131	156	—

*) Durchschnitt aus 12 Monaten.
†) Nicht Schlachtgewicht, s. S. 239.

Monat u. Jahr*)	Ochsen		Färsen u. Kühe		Schweine		Kälber	Hammel	Ochsen		Färsen u. Kühe		Schweine		Kälber	Hammel
	I	II	I	II	I	II	II	II	I	II	I	II	I	II	II	II
	Breslau						†)		**Königsberg i. Pr.†)**							
1901																
Januar . . .	115	105	113	93	111	103	65	106	.	.	.	.	.	.	.	.
April	116	102	112	94	109	103	66	99	.	98	.	.	105	103	108	111
Juli	118	102	114	93	112	105	58	98	.	103	.	.	110	109	103	110
Oktober . . .	125	114	123	114	128	122	60	103	.	104	.	.	125	118	125	98
Jahr*)	119	106	117	100	115	108	62	102	.	101	.	.	112	110	111	107
1902																
Januar . . .	123	114	122	108	115	105	61	97	.	96	.	.	111	108	120	108
April	118	107	112	100	112	102	68	98	.	101	.	.	117	112	106	109
Juli	122	111	118	107	109	99	65	98	.	110	.	.	118	114	108	116
Oktober . . .	135	122	131	118	121	108	73	122	.	115	.	.	123	119	131	105
Jahr*)	126	114	122	108	115	104	67	104	.	104	.	.	116	113	117	109
	Düsseldorf								**Strassburg i. E.**							
1901																
Januar . . .	.	.	.		.	.	.	.	134	124	114	104	123	121	149	124
April	137	130	122		116	111	133	.	137	129	120	108	118	116	177	131
Juli	142	136	126		126	121	131	.	140	130	122	115	129	127	158	137
Oktober . . .	146	138	128		131	127	138	.	140	132	121	111	141	139	162	134
Jahr*)	142	135	125		126	122	136	.	137	129	120	109	130	127	161	131
1902																
Januar . . .	138	131	119	112	130	127	140	.	135	127	121	112	141	137	160	127
April	136	129	122	116	125	122	149	.	139	131	126	118	131	129	180	139
Juli	146	138	134	127	128	124	140	.	145	135	130	122	136	134	166	139
Oktober . . .	149	142	130	121	132	128	157	.	141	134	132	122	141	139	160	141
Jahr*)	143	136	127	121	129	126	144	.	140	132	127	119	138	135	164	136
	Hannover															
1901																
Januar . . .	130	126	121	115	118	112	140	120								
April	130	122	124	117	114	110	137	121								
Juli	132	126	126	120	125	120	137	121								
Oktober . . .	126	119	122	116	130	125	136	121								
Jahr*)	129	122	123	116	123	118	139	120								
1902																
Januar . . .	127	122	120	116	130	124	145	122								
April	130	124	125	119	123	118	145	122								
Juli	138	131	133	127	128	122	135	129								
Oktober . . .	130	125	127	122	132	127	148	125								
Jahr*)	132	126	127	121	129	123	144	125								

*) Durchschnitt aus 12 Monaten (ausg. 1901: Düsseldorf 9, Königsberg 10 Monate).
†) Nicht Schlachtgewicht, s. S. 239.

Monat u. Jahr*)	Ochsen I	Ochsen II	Färsen u. Kühe I	Färsen u. Kühe II	Schweine I	Schweine II	Kälber II	Hammel II
1902				Aachen				
Januar . . .	140	131	124	116	129	125	149	123
April	135	129	124	117	127	123	143	125
Juli	145	137	128	123	126	122	140	136
Oktober . . .	147	142	128	121	133	128	162	130
Jahr*)	142	136	126	119	129	124	148	130
1902				Dortmund			†)	
Januar . . .	129	123	124	117	126	121	83	114
April	130	123	124	117	123	118	83	125
Juli	137	131	133	128	128	125	86	124
Oktober . . .	134	128	129	124	129	124	92	122
Jahr*)	133	126	128	122	126	122	86	121
1902				Elberfeld				
Januar . . .	125	118	118	114	129	125	137	.
April	127	122	123	119	123	120	134	.
Juli	134	129	130	128	128	125	142	.
Oktober . . .	128	122	125	122	131	128	158	.
Jahr*) . . .	130	124	125	122	128	125	143	.
1902				Essen	†)	†)	†)	
Januar . . .	129	123	126	118	128	122	83	119
April	131	122	128	122	124	119	80	120
Juli	140	132	135	128	127	123	79	120
Oktober . . .	134	128	132	126	129	123	87	122
Jahr*)	134	127	131	124	127	122	83	121

Monat u. Jahr*)	Ochsen I	Ochsen II	Färsen u. Kühe I	Färsen u. Kühe II	Schweine I	Schweine II	Kälber II	Hammel II
1902				Karlsruhe				
Januar . . .	142	138	136	124	139	134	148	—
April	141	133	133	118	130	126	163	—
Juli	142	134	136	118	130	125	148	—
Oktober . . .	146	140	142	126	138	133	156	—
Jahr*)	143	136	137	120	134	129	152	—
1902				München			†)	
Januar . . .	143	132	124		124	130	81	71
April	141	133	123		126	124	85	88
Juli	140	128	128		132	131	87	82
Oktober . . .	150	139	130		124	123	89	78
Jahr*)	143	134	126		127	12[illegible]	86	81
1902				Nürnberg				
Januar . . .	130	123	115		122	115	99	.
April	131	124	105		123	119	104	95
Juli	134	128	115		126	123	102	97
Oktober . . .	142	135	124		132	128	117	90
Jahr*) . . .	135	129	117		126	121	105	94

*) Durchschnitt aus **12** Monaten.
†) Nicht Schlachtgewicht, s. unten.

Bemerkungen.

Die Preise beziehen sich in der Regel auf Schlachtgewicht; abweichend geben:

Berlin
Schweine: Lebendgew. mit Tara.[1])

Breslau
Kälber: Lebendgew.

Chemnitz
Schweine: Lebendgew. mit Tara.
Kälber und Hammel: Lebendgew.

Cöln
Schweine: Lebendgew. mit Tara.

Danzig
Allgemein: Lebendgew.

Dortmund
Kälber: Lebendgew.

Essen
Schweine: Lebendgew. mit Tara.
Kälber: Lebendgew.

Königsberg
Allgemein: Fleischgew.

Leipzig
Kälber und Hammel: Lebendgew.

Magdeburg
Allgemein: Lebendgew. (Schweine mit Tara).

München
Kälber: Lebendgew.

[1]) Bei Schweinen entspricht das Lebendgewicht nach Abzug der Tara dem Schlachtgewicht. Diese beträgt in Berlin und Essen 20%, in Cöln 20—22% des Lebendgewichts, in Magdeburg und Chemnitz 20—25 kg für das Stück.

XVI.

Öffentliche chemische Untersuchungsämter

im Jahre 1900 oder 1900/01.

Von

E. Tretau,

Direktor des statistischen Bureaus der Stadt Altona.

A. Organisation und Charakter der Anstalten sowie Jahr der Errichtung.

Der zur Materialbeschaffung ausgesandte Fragebogen ist von 50 Städten mit über 50 000 Einwohnern beantwortet worden. Bezüglich der Städte Darmstadt, München-Gladbach, Mülhausen i. E. und Münster, aus denen Mitteilungen fehlen, verweisen wir auf die Bemerkungen im 9. Jahrgang des Jahrbuchs S. 171. Außer den in Tabelle 1 aufgeführten 31 Städten mit öffentlichen Untersuchungsämtern besitzt noch Elberfeld ein städtisches Untersuchungsamt, welches jedoch keine öffentliche Anstalt im Sinne des Gesetzes ist, sondern nur städtischen Zwecken dient. Die Stadtverwaltung überweist nämlich die Untersuchungen dem Stadtchemiker, einem im Hauptamte festangestellten Beamten, dessen Laboratorium sich in der Oberrealschule befindet. Der Aufwand für Gehälter und sächliche Ausgaben betrug 6603 Mk. Die Stadt Halle hat mit dem hygienischen Institut der Universität einen Vertrag geschlossen, wonach dasselbe die verlangten Untersuchungen übernommen hat.

In der Gründung von neuen öffentlichen Untersuchungsanstalten ist seit 1898 bis zu dem Berichtsjahre kein Fortschritt zu verzeichnen. Hatten in Preußen die wiederholten Runderlasse der beteiligten Ministerien (vergleiche 9. Jahrgang des Jahrbuches S. 169) versucht, die Kreis-Kommunalverbände und Stadtgemeinden zur Errichtung solcher öffentlichen Anstalten zu veranlassen, so wurde Anfang 1899 vom preußischen Abgeordnetenhaus die Errichtung staatlicher Anstalten angeregt. Eine am 28. Januar 1899 vom preußischen Abgeordnetenhaus auf Antrag des Grafen Douglas angenommene Resolution lautete unter A 2:

„Untersuchungsanstalten zu Zwecken des Gesundheits- und Veterinärwesens sind in jeder Provinz nach Bedürfnis einzurichten, sowie eine Kontrol-Landesuntersuchungsanstalt, und die hierzu erforderlichen Mittel in den nächstjährigen Etat einzusetzen."

Praktische Folgen hat diese Resolution bisher nicht gezeitigt. Dagegen ist im Königreich Sachsen inzwischen eine einheitliche Überwachung des Nahrungsmittelverkehrs für das ganze Königreich geschaffen worden und dabei zum ersten Male der Versuch unternommen worden, durch Heranziehung der bereits bestehenden Privatlaboratorien die viel umstrittene Frage, ob amtliche oder private Anstalten zu einer derartigen Kontrolle geeigneter sind, praktisch zu lösen. Es sind in Sachsen je einem Nahrungsmittelchemiker, der dort nach dem Muster der bewährten bayrischen ambulanten Nahrungsmittelkontrolle die Proben an Ort und Stelle selbst entnehmen muß, ein oder mehrere Amtshauptmannschaften zugewiesen. Der ursprüngliche Plan, die Zentralstelle für öffentliche Gesundheitspflege zu Dresden zu erweitern und dem hygienischen Institute der Universität Leipzig eine Untersuchungsanstalt zu gleichen Zwecken anzugliedern und die Kontrolle diesen beiden großen staatlichen Untersuchungsanstalten zu übertragen, wurde infolge der von den Ständen erhobenen Bedenken aufgegeben und eine Dezentralisation in der Weise eingeführt, daß mit dem Vereine der öffentlichen analytischen Chemiker Sachsens eine Vereinbarung getroffen wurde, derzufolge diesen Nahrungsmittelchemikern, soweit sie sich bereit erklärten und ihre Einrichtungen für hinreichend anerkannt wurden, die Beteilignng an der Überwachung und Kontrolle von Nahrungs- und Genußmitteln übertragen wurde. Es stehen nunmehr abgesehen von den Städten Dresden, Leipzig und Chemnitz, wo besondere Einrichtungen bestehen, einschließlich der beiden staatlichen Institute insgesamt 18 Laboratorien für die Untersuchung von Nahrungs- und Genußmittel und von Gebrauchsgegenständen im Königreich Sachsen zur Verfügung.

Aus dem zwischen dem Ministerium des Innern und der Vereinigung der Chemiker vereinbarten Vertrag und dem von der königlich sächsischen Staatsregierung zur Durchführung der Nahrungsmittelkontrolle erlassenen Verfügung vom 3. Mai 1901 sei hier das Wesentliche mitgeteilt:*)

1. die betreffenden Laboratorien verpflichten sich, in denjenigen Gemeinden, welche ihnen die Ausübung der Nahrungsmittelkontrolle übertragen, alljährlich eine bestimmte Anzahl von Untersuchungen aller Art, und zwar 30 auf 1000 Einwohner, auszuführen und zu diesem Zwecke die Proben an Ort und Stelle selbst zu entnehmen;
2. die Gemeinden zahlen dafür eine Pauschalgebühr von 5 Pfg. auf den Kopf der Bevölkerung, ohne daß ihnen daneben — außer dem etwa für die Proben zu zahlenden Kaufpreis — irgend welche andere Vergütungen, insbesondere für Reiseaufwand der Chemiker angesonnen werden dürfen;
3. die Beauftragung der Laboratorien mit der Ausübung der Kontrolle soll in den Landgemeinden und den Städten mit der Städteordnung für mittlere und kleine Städte durch die zuständige Amtshauptmannschaft vermittelt werden, ebenso deren Bezahlung. Sind in einem Jahre bereits je 30 Untersuchungen auf 1000 Einwohner für eine Gemeinde vorgenommen worden, und macht sich eine weitere Untersuchung notwendig, so ist solche, wird die Probe dem Chemiker von der Gemeinde zugeschickt, unentgeltlich zu bewirken; wünscht dagegen die Gemeinde, daß der Chemiker die Probe an Ort und Stelle entnehme, so hat auch hier die eigentliche Untersuchung unentgeltlich zu geschehen, der Reiseaufwand des Chemikers aber ist ihm diesfalls von der Gemeinde besonders zu vergüten.

   Die Städte mit revidierter Städteordnung sollen die Beauftragung der einzelnen Chemiker mit der Nahrungsmittelkontrolle innerhalb ihres Bezirkes selbständig bewirken.
4. Vertreter des Chemikers kann nur ein geprüfter Nahrungsmittelchemiker sein, der entweder selbst Inhaber eines Laboratoriums ist oder mindestens ein halbes Jahr in dem Bezirke des betreffenden Chemikers bereits praktrisch gearbeitet hat.

*) Vgl. Zeitschrift für öffentliche Chemie, Heft IX, VII. Jahrgang. A. Kell's Buchhandlung Plauen i. V.

Der Vertreter ist der Amtshauptmannschaft beziehentlich dem Stadtrate rechtzeitig namhaft zu machen.

Das Hülfspersonal braucht nicht aus geprüften Nahrungsmittelchemikern zu bestehen, der Inhaber des Laboratoriums trägt jedoch für die betreffenden Personen die volle Verantwortung nach außen;

5. die mitwirkenden Chemiker haben die Proben in der Regel an Ort und Stelle und persönlich zu entnehmen.

Die Ortspolizeibehörden haben auf Wunsch des Chemikers diesem einen Polizeibeamten zur Unterstützung mitzugeben. In geeigneten Fällen kann die Probeentnahme auch durch Vermittelung vertrauenswürdiger dritter Personen geschehen. Die Kosten der Proben (deren Kaufpreis) hat die Gemeinde zu tragen;

6. die Laboratorien werden vor dem Inkrafttreten der Organisation von einem Beauftragten des Ministeriums des Innern besichtigt werden. Etwaige von dem Ministerium auf Grund dieser Besichtigung als erforderlich bezeichneten Erweiterungen und Ergänzungen ihrer Laboratorien sind vorzunehmen.

Des weiteren werden die Laboratorien einer fortlaufenden Revision seitens des Ministeriums des Innern — ähnlich wie bei den Apotheken — unterworfen werden;

7. die Vornahme von Nahrungsmitteluntersuchungen für Privatpersonen aus dem den einzelnen mitwirkenden Laboratorien zugewiesenen Bezirke ist unzulässig, sofern nicht im einzelnen Falle die Amtshauptmannschaft beziehentlich der Stadtrat eine Ausnahme zuläßt. Soweit hiernach derartige Privatuntersuchungen zulässig, sind, haben sich die Chemiker dabei einer Bezugnahme auf ihre Funktion als amtliche Sachverständige zu enthalten;

8. für die Untersuchungsmethoden sollen die „Vereinbarungen zur einheitlichen Untersuchung und Beurteilung von Nahrungs- und Genußmitteln, sowie von Gebrauchsgegenständen für das Deutsche Reich" maßgebend sein.

Die vorzunehmenden Untersuchungen sind soweit zu erstrecken, als es für die Zwecke der Polizeiverwaltung erforderlich ist, um festzustellen, ob genügender Grund zu vorläufigen Maßregeln und zur Herbeiführung der Bestrafung vorliegt;

9. das Auftragsverhältnis zwischen Gemeinde und Laboratorium soll beiderseits halbjährlich für den 1. Januar und 1. Juli gekündigt werden können. Für die Städte mit der Städteordnung für mittlere und kleine Städte und für die Landgemeinden soll das Kündigungsrecht der betreffenden Amtshauptmannschaft mit der Maßgabe zustehen, daß die Kündigung für die sämtlichen Gemeinden Wirksamkeit hat.

Bemerkenswert ist die Intensität der Kontrolle. Dieselbe entspricht einer alten, bereits auf der Versammlung des Vereins für öffentliche Gesundheitspflege in Breslau im Jahre 1886 erhobenen Forderung, über deren Berechtigung wohl alle einig sind, daß die Kontrolle eine dauernde, regelmäßige sein müsse, um wirksam zu sein. Auch die Mitwirkung des Chemikers bei der Probeentnahme, ebenfalls eine des öfteren unter andern auf der Karlsruher Versammlung des obengenannten Vereins im Jahre 1897 besonders betonte Notwendigkeit, ist eingeführt worden. Wie wichtig die richtige Probeentnahme für eine spätere, sachgemäße Beurteilung ist, bedarf keiner weiteren Begründung. Diese Anordnung ist aber, worauf Herr Dr. A. Förster-Plauen in einem auf der Hauptversammlung des Verbandes selbständiger öffentlicher Chemiker Deutschlands zu Gera am 30. September 1901 gehaltenen Vortrag hinweist*), auch geeignet, in einer andern Richtung segensreich zu wirken, insofern durch den persönlichen Verkehr mit den Inhabern der Verkaufsstellen eine Belehrung über die einschlägigen gesetzlichen Bestimmungen ermöglicht wird und Ratschläge erteilt werden können, durch welche Mißstände abgestellt und Fehler vermieden werden.

---

*) Vergl. Zeitschrift für öffentliche Chemie, Heft XX, Jahrgang 1901.

Als ein weiterer erfreulicher Fortschritt im Interesse einer größeren Gleichmäßigkeit in der Beurteilung ist es zu bezeichnen, daß für die Untersuchungsmethode die Vereinbarungen für das deutsche Reich ausdrücklich vorgeschrieben sind. Bemerkenswert erscheint endlich der außerordentlich niedrige Kostenbetrag von 50 Mark für 30 Untersuchungen gegenüber den bisher von den öffentlichen Untersuchungsanstalten erhobenen Tarifsätzen.

Abgesehen vom Königreich Sachsen hat die Organisation der Nahrungsmittelkontrolle in Deutschland bis zum Berichtsjahre keine Änderung und Erweiterung erfahren, wenn auch das Bedürfnis nach Errichtung öffentlicher Untersuchungsanstalten unter andern in der Resolution des preußischen Abgeordnetenhauses zum Ausdruck kam und die Notwendigkeit einer geordneten Nahrungsmittelkontrolle auch dadurch bestätigt wurde, daß sogar der Reichstag im Herbst 1901 an die verbündeten Regierungen den Antrag auf reichsgesetzliche Regelung richtete.*)

Mehrere der preußischen Großstädte sind trotz der wiederholten Anregung der beteiligten Ministerien noch nicht im Besitz einer öffentlichen Untersuchungsanstalt.

Um zu erfahren, in welcher Weise in Städten, in welchen keine öffentliche Untersuchungsanstalt für die technische Untersuchung von Nahrungs- und Genußmitteln vorhanden ist, die Untersuchungen geregelt sind, war im Fragebogen eine diesbezügliche Frage gestellt worden, welche von einer Reihe von Städten beantwortet ist.

In Berlin wurden bislang die Untersuchungen von Nahrungs- und Genußmitteln bei den städtischen Kranken- usw. Anstalten den bei denselben angestellten Apothekern übertragen, es ist jedoch von den städtischen Behörden der Bau eines Untersuchungsamts beschlossen und bereits der Auftrag zur Ausführung erteilt worden.

In Charlottenburg führt das Fleischschauamt die Nahrungs- usw. mitteluntersuchungen, ein vereideter Polizeichemiker die Trinkwasseruntersuchungen aus.

In Chemnitz sind die Nahrungs- usw. mitteluntersuchungen dreien mit der Ausführung der Milchkontrolle beauftragten Nahrungsmittelchemikern, die technischen Untersuchungen für die Verwaltungszwecke einem Lehrer an den technischen Staatslehranstalten übertragen.

In Erfurt ist mit 2 Privatchemikern, die ein chemisches Laboratorium gemeinschaftlich besitzen, ein Vertrag abgeschlossen.

---

*) Die in den letzten Jahren getroffenen gesetzgeberischen Maßnahmen auf hygienischem Gebiet werden wahrscheinlich vielfach dem Anstoß zur Gründung neuer chemischer Untersuchungsämter geben. In Preußen ist es in erster Linie das am 1. April 1901 in Kraft getretene Gesetz vom 16. September 1899 betreffend Dienststellung des Kreisarztes und der Bildung von Gesundheitskommissionen, welches unter andern auch auf dem Gebiete der Nahrungsmittelhygiene einen nachhaltigen, segensreichen Einfluß auszuüben geeignet ist. Die Berichte über die Tätigkeit der Gesundheitskommissionen (vgl. Gesundheit, hygienische u. gesundheitstechnische Zeitschrift Leipzig) ergeben, daß bereits mehrfach (z. B. in Posen, Kattowitz usw.) die Errichtung von Nahrungsmitteluntersuchungsanstalten angeregt wurde. Auch das Reichsgesetz vom 3. Juni 1900 betr. Schlachtvieh- und Fleischbeschau bezeichnet einen energischen Fortschritt auf diesem Zweige der öffentlichen Gesundheitspflege. Es wird der Bearbeitung dieses Abschnittes für den nächsten Jahrgang obliegen, den Einfluß dieser Gesetze des Näheren darzulegen.

In Frankfurt a. M. führte der Verein gegen die Verfälschung der Nahrungsmittel und Privatchemiker die notwendigen Untersuchungen aus.

In Liegnitz ist der Direktor der dortigen Landwirtschaftsschule mit den Untersuchungen beauftragt.

In Lübeck besorgt der Gerichtschemiker und ein Handelschemiker, in Wiesbaden und Zwickau ein vereidigter Privatchemiker alle Untersuchungen.

Magdeburg besitzt ein chemisches Laboratorium der städtischen Gas- und Wasserwerke.

In Posen existiert ein königliches hygienisches Institut, welches sich aber lediglich aus wissenschaftlichen Gründen mit der technischen Untersuchung von Nahrungs- und Genußmitteln befaßt.

In Stettin ist mit zwei vereidigten Nahrungsmittelchemikern ein Tarif vereinbart.

Was nun die in Tabelle 1 aufgeführten 31 Untersuchungsämter anbetrifft, so ist mit Ausnahme der Ämter in Danzig, Plauen und Görlitz allen der Charakter als „öffentliche Anstalt" im Sinne des § 17 des N. M. G. verliehen worden. Welch buntscheckiges Äußere diese 28 Anstalten unter sich zeigen, ist im IX. Jahrgang ausführlich geschildert worden. Wirkliche Untersuchungsämter, deren Angestellte Beamte .sind, ohne auf Nebeneinnahmen angewiesen zu sein, existieren abgesehen von den staatlichen Anstalten in Bremen, Hamburg, Karlsruhe, Leipzig, München und Würzburg und den Anstalten in Mainz und Kiel nur in Altona, Bochum, Breslau, Dresden, Dortmund, Hannover und Stuttgart. Dagegen sind die sogenannten städtischen Untersuchungsämter der andern Städte im Grunde genommen Privatlaboratorien, deren Inhaber mit den Stadtverwaltungen Verträge abgeschlossen haben, wonach dieselben verpflichtet sind, entweder die von der Stadt verlangten Untersuchungen für einen Pauschalbetrag und die von anderer Seite aufgegebenen Untersuchungen nach dem städtischerseits festgesetzten Gebührentarif oder alle Untersuchungen nach den Sätzen des von der Stadt vorgeschriebenen Tarifs auszuführen.

Der städtische Charakter dieser Anstalten tritt nur dadurch in die Erscheinung, daß der Geschäftsgang dieser Anstalten unter städtischer, in der Regel von einer aus naturwissenschaftlich gebildeten Personen und Mitgliedern der Stadtverwaltung bestehenden Kommission ausgeübten Aufsicht und Kontrolle steht und daß die Stadtkasse die auf Grund des N. M. G. auferlegten Geldstrafen vereinnahmt.

B. Personal und Budget der Anstalten sowie Kosten der ersten Einrichtung.

Die Tabelle 2 gibt eine Übersicht über die Zahl der Beamten und sonstigen Hülfskräfte, welche den einzelnen Ämtern zur Verfügung stehen und über die von denselben benötigten Mittel. Es sind nur diejenigen Städte berücksichtigt worden, in welchen wirklich selbständige Untersuchungsämter existieren, deren Einrichtung und Inventar Eigentum der betreffenden Stadt bezw. des Staates oder sonstigen Verbandes sind.[1]) Für eine vergleichende Gegenüberstellung der Ausgaben ist zu beachten, daß in Dresden und Hamburg der Mietewert der benutzten Räume nicht in Anrechnung gebracht ist, und daß in Bremen für Wasser kein Entgelt berechnet ist. Außer den etatsmäßig angestellten Beamten beschäftigten die Untersuchungsämter zu Altona, Breslau und Dresden noch wissenschaftliche Hülfsarbeiter. Zu den Anstalten, an welchen die für Nahrungsmittelchemiker vorgeschriebene $1\frac{1}{2}$ jährige praktische Tätigkeit zur Erlangung bes Diploms als Nahrungsmittelchemiker zurückgelegt werden kann, gehören die Untersuchungsanstalten von Altona, Bremen, Breslau, Hannover, Freiburg i. Br., Hamburg, Karlsruhe, Kiel, Leipzig, München, Mainz, Metz, Nürnberg, Straßburg, Stuttgart und Würzburg.[2])

Nach Ausweis der Tabelle 2 haben nur die Ämter von Altona und Breslau je einen wissenschaftlichen Hülfsarbeiter, welcher sich zur Erlangung des Diploms als Nahrungsmittelchemiker vorbereitet. Es scheint nach wie vor diesem Examen kein besonderes Interesse entgegengebracht zu werden, trotzdem die mit diesem Diplom versehenen Chemiker zufolge ministerieller Verfügung in erster Linie

bei der öffentlichen Bestellung von Sachverständigen für Nahrungsmittelchemie (§ 36 d. Gew.-Ordg.) bei der Auswahl von Gutachtern für die mit der Handhabung des Nahrungsmittelgesetzes in Verbindung stehenden Fragen und endlich

bei der Auswahl der Arbeitskräfte für die öffentlichen Anstalten zur technischen Untersuchung der Nahrungs- und Genußmittel Berücksichtigung finden sollen. Der Minister der geistlichen usw. Angelegenheiten hat daher durch Erlaß vom 27. Mai 1899 den Beschluß des Bundesrats vom 22. November 1894, wonach bei Auswahl der Arbeitskräfte für die öffentlichen Anstalten denjenigen Chemikern vorzugsweise Berücksichtigung zu Teil werden soll, welche den Befähigungsnachweis als Nahrungsmittelchemiker erworben haben, in Erinnerung gebracht und dahin verschärft, daß den Kommunen, welche für die von ihnen errichteten Anstalten die Beilegung des Charakters als „öffentliche Anstalt" nachsuchen, bei Genehmigung ihres Antrags die Verpflichtung oder Bedingung auferlegt werden soll, nur Chemiker mit dem Befähigungsnachweis als Nahrungsmittelchemiker zu beschäftigen. Außerdem sollen auch die bereits als „öffentliche" anerkannten Nahrungsmitteluntersuchungsanstalten angehalten werden, bei Neubesetzung von Chemikerstellen nur geprüfte Nahrungsmittelchemiker anzustellen, widrigenfalls ihnen von den Verwaltungsbehörden der zuerkannte Charakter wieder genommen werden soll.

[1]) Von den Untersuchungsanstalten in Kiel, Leipzig und Würzburg sind über ihre Einnahmen und Ausgaben keine Angaben gemacht worden, ebenfalls nicht von der Straßburger Untersuchungsanstalt, deren Finanzverhältnisse besonders kompliziert sind.

[2]) Außerdem kommen noch hinzu: das chemische Laboratorium des kaiserlichen Gesundheitsamtes, die hyg.-chemischen bzw. pharm.-chem. bzw. chem. Institute der Universitäten Berlin, Erlangen, Gießen, Greifswald, Halle, Marburg, München, Rostock und Würzburg. Die landw. Versuchs- bzw. Kontrollstationen in Bonn, Breslau, Braunschweig, Göttingen, Halle, Karlsruhe, Königsberg, Kolmar, Marburg, Möckern, München, Münster und Pommritz, die chem. Laboratorien der technischen Hochschule in München, Hohenheim, Stuttgart, die chem. Zentralstelle für öffentl. Gesundheitspflege in Dresden, die Untersuchungsämter in Darmstadt, Heidelberg, Jena und Offenbach, das öffentl. Laboratorium des Chemikers Dr. Heyer in Dessau und die Fresenius'sche Versuchsstation in Wiesbaden.

In der letzten Spalte der Tabelle 2 ist für mehrere Städte die Höhe der Kosten der ersten Einrichtung mitgeteilt worden, ein Punkt, der bei der Errichtung von chemischen Untersuchungsämtern einen bestimmenden Einfluß mit auf die Entschlüsse der Verwaltungen spielen dürfte.

Abgesehen von Hamburg, wo bei der Verlegung der Station in den Neubau des hygienischen Instituts für einen erforderlichen Anbau allein 72 500 Mk. aufzuwenden waren, umfassen diese Kosten allgemein die Ausgaben für Beschaffung des Mobiliars, der Apparate und Utensilien, der Bibliothek und der erforderlichen Chemikalien, dazu kommt meist die Ausführung einiger kleineren bautechnischen Arbeiten (Gas- und Wasserleitung, Abzüge usw.). Entsprechend der Größe der Ämter und dem Umfang und der Mannigfaltigkeit ihrer Aufgaben müssen die Einrichtungskosten eine mannigfaltige Höhe annehmen. Gegenüber den 5000 Mk., mit welchen in Mainz die Einrichtung des Amtes sich ermöglichen ließ, haben das Inventar, die Apparate und die Einrichtungen der Ämter in Hamburg und Breslau einen Wert von 50 000 Mk. Im allgemeinen dürften 10 000 Mk. angemessen sein, um ein Untersuchungsamt mittlerer Größe mit allen wesentlichen zur vorschriftsmäßigen Erledigung der Untersuchungen erforderlichen Apparate und Einrichtuugen auszustatten.

Was die Deckung der verursachten Ausgaben anbetrifft, so schließen die städtischen Untersuchungsämter fast alle mit einem Überschuß ab. Der hohe Zuschuß in Breslau ist in der Hauptsache infolge außerordentlicher Ausgaben für Einrichtung eines Hörsaales und und größerer Renovierungsarbeiten und ebenfalls in Hannover durch außergewöhnliche Anschaffungen verursacht. In Karlsruhe sind die eingegangenen Strafgelder nicht in den Einnahmen verrechnet, der Zuschuß der münchener Anstalt findet seinen Grund in dem verhältnismäßig niedrigen Gebührentarif und der besonderen Tätigkeit (ambulante Probeentnahme) des Amtes. Der Nürnberger Anstalt erwachsen durch die ihr obliegenden Kontrolle der Verkaufsstellen besondere Ausgaben, das Stuttgarter Amt hat die für die städtische Verwaltung ausgeführten Arbeiten nicht in Einnahme verrechnet. In Hamburg, wo alle Untersuchungen gebührenfrei erfolgen, sind überhaupt keine Einnahmen verrechnet.

Ergänzend sei mitgeteilt, welche Kosten diejenigen Städte mit Untersuchungsämtern zu bestreiten haben, welche einen Vertrag mit Privatchemikern abgeschlossen haben:

Barmen: 5500 Mk. (Der eine Chemiker erhält ein Fixum von 1000 Mk. und liquidiert im übrigen nach den Tarifsätzen, wenn er für mehr als 1000 Mk. Untersuchungen angestellt hat, der andere Chemiker liquidiert nach dem Tarif.

Cassel: 3000 Mk. (Pauschalsumme).

Cöln: 10 181 Mk. (Tarifmäßige Gebühren.)

Crefeld: 5000 Mk. (Pauschalsumme).

Düsseldorf: 7441 Mk. (darunter 6500 Mk. Gehalt).

Duisburg: ? (4,50 Mk. für jede Untersuchung bei einer Mindestzahl von 400 pro Jahr).

Essen: ? (für 400 Proben 2000 Mk., für jede weitere Analyse 4,50 Mk., für ausführliche Analyse (Wasser usw.) besondere Vergütung).

Freiburg: 2500 Mk. (Pauschalsumme).

Mannheim: ? (tarifmäßige Gebühren, außerdem die Kosten der für die Voruntersuchung notwendigen Apparate, ebenso der für die Einlieferung der Proben erforderlichen Flaschen und Gefäße.

An Strafgeldern vereinnahmten die Stadtkassen in Barmen 968 Mk., Cassel 56 Mk., Düsseldorf 5 873 Mk., Mannheim 7 826 Mk. und Straßburg 3 874 Mk.

C. Die Tätigkeit der Untersuchungsämter.

Über die Tätigkeit der Untersuchungsämter gibt die Tabelle 3 Auskunft. Es sind auch zugleich mehrere Städte, die nicht im Besitz eines öffentlichen Untersuchungsamtes die Untersuchungen Privatchemikern überweisen, mit berücksichtigt. Die verhältnismäßig hohe Zahl der Untersuchungen für Görlitz erklärt sich dadurch, daß in denselben 9088 auf Fettgehalt untersuchte Milchproben mitgezählt sind (vgl. Tabelle 4). Die für München, Mainz und Straßburg gegebenen Zahlen umfassen das gesamte der betreffenden Anstalt überwiesene Gebiet; wieweit im übrigen die Tätigkeit einzelner Ämter durch auswärtige Behörden in Anspruch genommen wird, ist aus Tabelle 3 ersichtlich. Es treten in dieser Beziehung hervor die Städte Bochum, Dortmund, Essen, Karlsruhe, Kiel und Plauen. Die von privater Seite veranlaßten Untersuchungen erreichen in Bochum, Breslau, Cassel, Crefeld, Essen, Freiburg, Görlitz, Hannover, Mainz und Plauen einen verhältnismäßig hohen Prozentsatz. Was den Gegenstand der Untersuchung anbetrifft, so ist zu beachten, daß in einzelnen Städten (Altona, Breslau, Dortmund, Essen, Hannover, Karlsruhe, Mainz pp. und vor allem Stuttgart) die Ämter in mehr oder weniger intensiver Weise für die städtischen Gas- und Wasserwerke laufende Untersuchungen auszuführen haben.

Dagegen gelangt nicht zum zahlenmäßigen Ausdruck die Tätigkeit der Ämter, welche sich abgesehen von den Untersuchungen, auf die Mitwirkung bei der sonstigen Nahrungsmittelkontrolle und insbesondere bei der Probeentnahme erstreckt. Durch eine diesbezügliche Frage im Fragebogen war auch hierüber Auskunft erbeten worden. In mustergültiger Weise ist, wie bekannt, die Probeentnahme bei den bayrischen Anstalten geordnet, indem die Beamten der Anstalt in gewissen Zeitinterwallen die Verkaufsstätten der einzelnen Gemeinden besuchen und die Proben entnehmen. Auch in Nürnberg kontrollieren Anstaltsbeamte die Verkaufsstellen mit Ausnahme derjenigen, welche animalische Nahrungsmittel feilhalten — die letzteren unterstehen der Kontrolle des städtischen Bezirksarztes — und kaufen Proben zur Untersuchung an.

In den meisten Städten jedoch erfolgt die Probeentnahme fast ausschließlich durch Polizeibeamte, nur in besonderen vereinzelten Fällen, (Barmen, Duisburg, Hamburg, Karlsruhe, Stuttgart) oder zu besonderen Zeiten (Dresden zur Zeit des Christmarktes und der sonstigen Jahrmärkte) werden die Chemiker hinzugezogen. Die Mitwirkung der Ämter beschränkt sich meist darauf (Bremen, Crefeld, Dresden, Hannover, Kiel, Mannheim, Straßburg), daß die Polizeibeamten über die bei der Probeentnahme zu beobachtenden Regeln und gewisse leicht anzustellende Vorprüfungen instruiert werden. Außerdem macht das Amt teilweise (Altona, Dresden, Hamburg, Mannheim, Straßburg) Vorschläge bezüglich der vorzunehmenden Revisionen und entwirft den allgemeinen Plan der Probeentnahme. In Dresden ist der Direktor ferner persönlich mit der Revision der Margarinefabriken und Weinhandlungen betraut und in Hannover ist der Direktor berechtigt, innerhalb der etatsmäßig hierfür ausgeworfenen Summe in unauffälliger Weise verdächtige Proben anzukaufen. . Ebenfalls in Cöln ist den beiden Chemikern die Revision der Margarinefabriken und in Freiburg dem Direktor die Wein- (Keller-) kontrolle übertragen worden. In Cassel werden nur die Milchproben von Chemikern im Beisein eines Schutzmanns entnommen. Eine größere Mitwirkung ist den Ämtern in Bochum, Breslau, Dortmund, Essen und Plauen eingeräumt worden, indem in Bochum und Dortmund alle erforderlichen Proben durch die Beamten des Untersuchungsamtes entnommen werden, in Breslau die Revision der Märkte, in Essen die Revision der Geschäfte, sowie des Butter- und Fleischmarktes und in Plauen außer Milch und Petroleum die Entnahme aller Untersuchungsgegenstände den betreffenden Untersuchungsämtern übertragen ist. In Düsseldorf endlich werden die Proben durch Beamte des Gewerbekommissariats entnommen.

D. Die Ergebnisse der Untersuchungen.

Die Ergebnisse der Untersuchungen sind in Tabelle 4 für 14 der wichtigsten Nahrungs- und Genußmittel zur Darstellung gebracht. Bringen wir die Gesamtzahl der zur Untersuchung gelangten Nahrungs- und Genußmittel ausschließlich der Trinkwasseruntersuchung einerseits und die Proben dieser 14 Gegenstände andererseits in Beziehung zur Bevölkerung der einzelnen Städte, wobei diejenigen Städte, deren Wirkungskreis ein größeres Gebiet umfaßt oder denen eine verhältnismäßig hohe Zahl von auswärts eingesandter Proben überwiesen war, ausschließen, so erhalten wir folgende Reihenfolge:

Es entfielen auf je 1000 Einwohner

in	Untersuchungen von Nahrungs- und Genußmittel	Untersuchungen der 14 Nahrungsmittel	in	Untersuchungen von Nahrungs- und Genußmittel	Untersuchungen der 14 Nahrungsmittel
Düsseldorf .	?	25,24	Hannover . .	6,38	4,88
Mannheim .	?	11,03	Görlitz . . .	5,77	5,73
Freiburg . .	12,23	10,49	Altona . . .	5.56	4,93
Dresden . .	9,11	8,96	Bremen . .	4.87	3,63
Cassel . .	8,70	8,31	Duisburg . .	4,80	4,69
Elberfeld . .	?	7,09	Halle . . .	4,23	4,23
Nürnberg . .	8,14	7,45	Erfurt . . .	?	3,40
Stuttgart . .	7,99	6,34	Breslau . .	3,82	3,01
Crefeld . .	7,44	6,30	Barmen . .	2,28	1,72
Cöln . . .	7,37	6,93	Metz . . .	1,37	0,94
Hamburg . .	7,08	6,66	Stettin . . .	1,29	0,99
Magdeburg .	6,78	6,78	Spandau . .	0,22	0,14

Die Städte folgen, was die relative Häufigkeit der Probenuntersuchungen anbetrifft, sowohl bezüglich der Gesamtzahl wie der Zahl der 14 verschiedenen Nahrungsmittel, fast genau in derselben Reihenfolge auf einander, sodaß dieselbe einen ungefähren Maßstab gibt für die Intensität und Strenge der Handhabung der Nahrungsmittelkontrolle. Da sich für die einzelnen Städte beide Zahlen ganz oder beinahe decken, ergibt sich weiter, daß die in der Tabelle 4 aufgeführten Nahrungsmittel durchgehends die hauptsächlich zur Untersuchung gelangenden Gegenstände bilden. Von den einzelnen Nahrungsmitteln sind es die für die allgemeine Volksernährung wichtigen Milch und Butter, welche am häufigsten den Gegenstand der Untersuchung bilden. In 26 Städten liefert Milch, in 2 (Straßburg und Freiburg) Wein, in 2 (München und Kiel) Gewürze und in je einer Stadt Butter (Essen), Wurst (Bochum) das größte Kontingent an Untersuchungsobjekten, an 2. Stelle folgt meistens (17 mal) Butter und Wurst (6 mal), vereinzelt Wein, Schmalz, Spirituosen, Milch und Gewürze.

Milchuntersuchungen durch die chemischen Untersuchungsämter spielen eine untergeordnete Rolle in Bochum, Essen, Freiburg, Kiel und München. In Düsseldorf dagegen, welches bezüglich der relativen Häufigkeit der Untersuchungen an erster Stelle steht, hat eine besonders intensive Milchuntersuchung stattgefunden (ca. 90 % der Gesamtzahl der Proben).

Die Zahl der Beanstandungen beträgt für die Gesamtheit der Städte mit Ausnahme von Hamburg und Straßburg, für welche keine Angaben gemacht wurden, 10,06 %.

Die Prozentsätze für die einzelnen Städte und innerhalb derselben für einzelne Nahrungsmittel variieren bedeutend. Es ist nun aber keineswegs angängig, ohne weiteres daraus Schlüsse zu ziehen auf den Umfang der Nahrungsmittelfälschungen in den einzelnen Städten und der einen Stadt bezüglich der auf dem Gebiete der Nahrungsmittelversorgung herrschenden Verhältnisse einen Vorrang vor einer anderen mit einer höheren Prozentziffer belasteten einzuräumen. Ebensowenig kann man aus der Höhe der Strafgeldersummen (vgl. Tabell 2 u. S. 8) folgern, daß die Qualität der Nahrungsmittel in der einen Stadt eine wesentlich bessere ist, als in der andern. Für die Beurteilung dieser Fragen kommen noch eine Reihe anderer Faktoren in Frage, insbesondere die Strenge, Art und Organisation der Nahrungsmittelkontrolle überhaupt, die Ansprüche an die Reinheit und die handelsübliche Beschaffenheit der Waren in den verschiedenen Gegenden (Fettgehalt der Milch, Wasser- und Salzgehalt der Butter* u. s. w.), der Inhalt der Polizeiverordnungen über den Nahrungsmittelverkehr, die Ansichten der Chemiker selbst über die einwandfreie Beschaffenheit. Ohne Kenntnis der Gründe, welche die Beanstandungen in den einzelnen Fällen veranlaßten, ist ein zutreffendes Urteil nicht möglich. So kann z. B. ein Verstoß gegen gesetzliche Bestimmungen, welche die Qualität der Ware garnicht berühren (Verpackung der Margarine etc.)

---

*) Die Unsicherheit bei der Beurteilung durch Wasser verfälschter Butter ist durch die am 1. Juli 1902 in Kraft getretene Bundesratsverordnung, welche das Verkaufen und Feilhalten aller Butter mit weniger als 80% Fett und mit mehr als 16% bezw. in ungesalzenem Zustande mehr als 18% Wasser verbietet, beendet.

Veranlassung zu Beanstandungen geben.[1]) Ob der Zusatz von Borsäure und anderen Konservierungsmitteln zu Fleisch und Wurst als zulässig angesehen werden muss, war lange zweifelhaft und wurde in den verschiedensten Gegenden verschieden beurteilt.*)

E. Gebühren.

Im Interesse der Handhabung einer intensiven Kontrolle des Verkehrs mit Nahrungs- und Genußmitteln liegt es, wenn durch einen möglichst niedrigen Gebührensatz die freiwillige Einlieferung von Warenproben seitens des Publikums begünstigt wird. Dieser Forderung wird am weitgehendsten durch die in Hamburg geübte Praxis entsprochen, indem die vom Publikum der Polizei eingelieferten Proben unentgeltlich untersucht werden, Die Annahme erfolgt im allgemeinen jedoch nur dann, wenn der Einlieferer die Waren zu seinem Konsum erworben hat. Hierdurch soll eine Ausnutzung des Laboratoriums für die geschäftlichen Zwecke der Produzenten und Händler zum Nachteil der Privatchemiker vermieden werden. Abgesehen von Hamburg haben aber sämtliche übrigen chemischen Untersuchungsämter Gebührentarife aufgestellt, wozu sie teilweise schon aus dem Grunde gezwungen waren, weil sich ihre Tätigkeit nicht auf das Gebiet der Nahrungs- und Genußmittel-Untersuchungen beschränkt, sondern auch andere Gebiete (landwirtschaftliche Gewerbe, Technik, Industrie, Berg- und Hüttenprodukte) mit umfaßt. Jedoch werden Proben, welche unter dem dringenden Verdacht der Fälschung eingeliefert werden, auch in fast allen andern Ämtern ohne weitere Kosten für den Einlieferer untersucht. Derselbe muß sich nur der Vermittelung des Polizeiamtes bedienen (Altona, Bremen, Cassel, Crefeld, Dresden, Düsseldorf, Stuttgart) oder er muß bedürftig sein (Breslau. Cassel), oder die Bezugsquelle angeben und im Falle der festgestellten Fälschung mit der Erstattung der Strafanzeige einverstanden sein (Nürnberg). In mehreren Städten (Barmen, Cöln, Essen, Freiburg, Metz, Spandau, Straßburg) scheint den Privatpersonen die direkte Einlieferung von dringend verdächtigen Proben an die Untersuchungsämter und deren unentgeltliche Untersuchung ohne besondere Bedingungen gestattet zu sein.

Was nun die Höhe der Tarifsätze für bestimmte Untersuchungen an den einzelnen Ämtern anbetrifft, so ist ein Vergleich nur in sehr beschränktem Maße möglich wegen der mehr oder weniger großen Ausführlichkeit der einzelnen Tarife, sowohl hinsichtlich der aufgeführten Gegenstände wie der bei diesen besonders erwähnten Einzelbestimmungen. Im allgemeinen sind die Sätze in den staatlichen Anstalten (München, Würzburg, Karlsruhe) niedriger bemessen als in den übrigen Städten. Es kommt hinzu, daß die meisten Tarife seit Er-

---

[1]) Vergl. Breslauer Statistik XXI. Bd., Heft 2. S. 307.

*) Erst durch eine auf Grund des Fleischschaugesetzes am 1. Oktober 1902 in Kraft getretene Verordnung des Bundesrats ist die Frage der Konservierung und Färbung von Fleischwaren endgültig geregelt, indem diese Manipulationen verboten wurden, und hierdurch einer gewissen Rechtsunsicherheit, welche infolge der einander vielfach widersprechenden gerichtlichen Erkenntnisse Platz gegriffen hatte, ein Ende gemacht.

richtung der Anstalt, bezw. seit der Anerkennung derselben als öffentliche Anstalt bestehen und daher teilweise veraltet sind.

Neue Entwürfe, denen, wie teilweise besonders betont wird, der vom Kaiserl. Gesundheitsamt ausgegebene Entwurf zu Grunde gelegt werden soll, sind in Altona, Breslau, Crefeld, Mainz und Mannheim in Vorbereitung, in Bremen ist der Entwurf des Kaiserl. Gesundheitsamts schon eingeführt. Es ist bereits die verhältnismäßig niedrige Pauschalgebühr erwähnt worden (50 Mk. für 30 Untersuchungen), welche die sächsischen Chemiker vertragsmäßig erhalten. Bringen wir die Gesamtzahl der Untersuchungen in Beziehung zu dem Kostenaufwand der einzelnen Ämter, so verursachte durchschnittlich eine Untersuchung folgenden Kostenbetrag:

in	Mark.	in	Mark.
Bremen	19,59	Mainz	4,41
Breslau	10,75	Altona	4,15
Hannover	9,07	Nürnberg	3,91
Bochum	5,72	Mannheim	3,75
Karlsruhe	5,45	Cöln	3,55
Dresden	5,31	Stuttgart	2,54
Hamburg	5,22	München	2,20
Dortmund	4,38	Düsseldorf	1,31

Auffallend niedrig ist der Satz für Düsseldorf, wo es sich in 90 Prozent Fällen um Milchuntersuchungen handelt.

I. Öffentliche chemische Untersuchungsämter 1900 bezw. 1900/01.

Bezeichnung und Charakter der Anstalten, sowie Jahr der Errichtung und Anerkennung als öffentliche Anstalt.

Städte	Bezeichnung der Anstalt	Charakter der Anstalt, ob staatlich, städtisch oder welcher Art	Jahr der Errichtung	als öffentl. Anstalt anerkannt im Jahre
Altona	Chem. Untersuchungsamt der Stadt Altona	städtisch m. städt. Beamten	1896	1896
Barmen	Städt. Unters.-Amt f. Nahrungs-Genußmittel u. Gebrauchsgegenstände in Barmen	städt. (Vertrag mit 2 Privatchemikern)	1890	1890
Bochum	Städt. Unters.-Amt f. Nahrungs-Genußmittel u. Gebrauchsgegenstände in Bochum	städt. mit städt. Beamten	1892	1892
Bremen	Chemisches Staats-Laboratorium	staatl. mit staatl. Beamten	1872	1872
Breslau	Chem. Untersuchungsamt der Stadt Breslau	städt. mit städt. Beamten	1881	1881
Cassel	Städtisches Untersuchungsamt Cassel	städt. (Vertr. m. 1 Priv.-Chem.)	1896	1896
Cöln	Öffentl. Anstalt z. Untersuchung von Nahrungs-Genußmittel u. Gebrauchsgegenst.	„ („ „ 2 „)	1880	1895
Crefeld	Städt. Nahrungsmittel-Untersuchungs-Amt	„ („ „ 1 „)	1877	1888
Danzig	Versuchs- u. Samenkontrollstation d. Landwirtschaftskammer für Westpreußen	d. Landwirt.-Kammer gehörig, v. Staat und Provinz subventioniert	1879	*)
Dortmund	Chem. Untersuchungs-Amt d. Stadt Dortmund	städt. mit städt. Beamten	1899	1899
Dresden	Chem. Untersuchungs-Amt d. Stadt Dresden	desgl.	1896	1896
Düsseldorf	Öffentl. Nahrungsmittel-Untersuchungs-Anstalt der Stadt Düsseldorf	städt. (Vertr. m. 1 Priv.-Chem.)	1891	1890
Duisburg	Städt. Untersuchungsamt f. Nahrungs-Genußmittel und Gebrauchsgegenstände	desgl.	1888	1888
Essen	Öffentliche Nahrungsmittel-Untersuchungs-Anstalt der Stadt Essen	desgl.	1886	1902
Freiburg i. Br.	Öffentl. Unters.-Anst. d. Stadt Freiburg i. Br.	desgl.	1884	1892
Görlitz	Öffentliches chemisches Laboratorium	privat (Vertrag m. d. Stadt)	?	?*)
Hamburg	Hygienisches Institut; polizeil. Station zur Untersuchung von Nahrungsmitteln	staatl. mit staatl. Beamten	1893	1893
Hannover	Städtisches chemisches Untersuchungsamt	städt. mit städt. Beamten	1879	1887 1895
Karlsruhe	Großherzogl. Lebensmittel-Prüfungsstation der technischen Hochschule	staatl. mit staatl. Beamten	1882[1]) 1888	1882[1]) 1888
Kiel	Nahrungs-Untersuchungs-Amt für die Provinz Schleswig-Holstein	der Landwirt.-Kammer angegliedert	1889	1898
Leipzig	Untersuchungs-Anst. f. Nahrungs-Genußmittel u. Gebrauchsgegenst. bei dem hyg. Institut der Universität	staatl. mit staatl. Beamten	1872	?
Mainz	Chem. Unters.-Amt d. Provinz Kleinhessen	Prov.-Anstalt mit Prov.-Beamten	1882	1883
Mannheim	Öffentl. chem. Laborat. von Dr. A. Cantzler. Amtl. Unters.-Anst. d. Stadt Mannheim	privat m. städt. Subvention	1879	1900
Metz	Chem. Laboratorium d. kaiserl. Polizeidirekt.	staatl. mit staatl. Beamten	?	1889
München	Königl. Untersuchungs-Anstalt f. Nahrungs- u. Genußmittel zu München	desgl.	1884	1881
Nürnberg	Städt. Untersuchungs-Anstalt für Nahrungs- u. Genußmittel zu Nürnberg	städt. mit städt. Beamten	1876	1884
Plauen i. V.	Öffentl. chem. Laboratorium Plauen i. V.	privat (Vertrag m. d. Stadt)	1879	*)
Spandau	Städt. chem. Untersuchungs-Amt für Nahrungs-Genußmittel u. Gebrauchsgegenst.	städt. (Vertr. m. Priv.-Chem.)	1893	?
Straßburg	Chem. Laborat. d. kaiserl. Polizeidirektion	staatl., städt. subvent. (Vertr. m. 1 Priv.-Chemik.)	1878	1890
Stuttgart	Städt. chem. Laborat. u. Untersuchungsamt	städt. mit städt. Beamten	1869[2]) 1873	1880
Würzburg	Kgl. Unters.-Anst. f. Nahrungs- u. Genußmittel	staatl. mit staatl. Beamten	1884	1884

*) Die Anstalt ist keine öffentliche im Sinne des § 17 d. N. M. G. vom 14. Mai 1879.
1) Als Abteilung des chemischen Laboratoriums der polytechnischen Schule.
2) Ursprünglich gastechnisches Laboratorium.

II. Personal und Budget der selbständigen chemischen Untersuchungsämter im Jahre 1900 bezw. 1900/01.

(Ein * bedeutet Etatsjahr 1900/01.)

Städte	Einnahmen			Ausgaben							Überschuß (+) bezw. Zuschuß (—)	Personal				Kosten der ersten Einrichtung
	Insgesamt	darunter		Insgesamt	darunter							Vorstand	Assistenten	wissenschaftl. Hülfsarbeiter	Bureaupersonal usw.	
		Strafgelder	Gebühren für Arbeiten im städtischen Interesse		Gehälter	Utensilien, Apparate	Chemikalien	Gas, Wasser, Elektricität	Bibliothek	Miete bezw. Mietewert						
Altona*	12 324	1 733	9 500	10 988	8 083	567	231	324	458	600	+1 336	1	1	1	1	M. 10 000
Bochum*	10 543	1 328	9 215	7 548	5 864	303	233	202	153	500	+2 995	1	2	—	—	„ 9 400
Essen	620[1])	65	?[1])	22 800	18 000	3 000 (Wasser frei)				1 800	?[1])	1	3	—	2	„ 29 000
Breslau*	23 390	1 332	10 426	32 751	17 475	1 905	877	1 089	618	1 800	−9 362	1	3	1	3	„ 50 000
Dortmund*	12 237	3 009[2])	3 609	10 382	8 500	362		180	100	500	+1 855	1	1	—	—	„ 6 879
Dresden	22 393	8 671	11 546	20 272	15 910	1 290	933	1 245	308	—	+2 121	1	2	2	2	„ 16 670
Hamburg	?	?	?	26 782	26 782	3 515	1 040	1 695	919	—	?	1[3])	8[5])	—	3	I „ 11 380 II „ 122 326
Hannover*	18 722	1 580	5 941	20 349	13 333	1 568	467	837	431	1 500	−1 627	1	2—4	—	2	„ ?
Mainz*	13 764	3 205	(10 559)	19 119	13 443	1 528	822	719	723	800	+5 355	1	5	—	1	„ 5 000
Karlsruhe	4 537	?	1 500	12 213	9 547	670	179	319	214	803	[−7 676]	1	2	—	—	„ —
München	37 728	?	?	40 823	?	?	?	?	?	?	−3 095	3[4])	5	—	2	—
Nürnberg	4 462	1 336	1 136	11 384	8 768	822	176	303	297	600	−6 922	1	1	—	2	„ 31 323
Stuttgart*	1 828	22	?	11 297	6 050	1 086	179	1 214	191	1 000	[−9 471]	1	2	—	—	„ 30 000

¹) Die Untersuchungen für die staatlichen Behörden werden nicht bezahlt. — ²) einschließlich Untersuchungskosten. — ³) nebenamtlich. — ⁴) 1 Direktor, 1 Oberinspektor, 1 Inspektor. — ⁵) Darunter 6 nicht festangestellt.

III. Tätigkeit der Untersuchungsämter im Jahre 1900 bezw. 1900/01.

(Ein * bedeutet Etatsjahr 1900/01, ein † = 1901.)

Städte	Ausgeführte Untersuchungen: im Auftrage der Ortspolizeibehörde	staatlicher Behörden einschließlich Gerichte	des Magistrats und der diesem unterstellten Verwaltungen	von Behörden anderer Gemeinden	von Privaten	auf eigene Veranlassung	betreffend: Nahrungs- und Genußmittel	Gebrauchsgegenstände	Arznei- und Geheimmittel	Trinkwasser-Untersuchungen: laufende für die städtischen Wasserwerke	sonstige Brunnen pp.	chemisch technische Untersuchungen: laufende für die Gaswerke	sonstige	Toxikologische Untersuchungen	überhaupt
Altona*	824	34	1 410	6	73	301	924 (Nahrungs- und Genußmittel und Gebrauchsgegenstände zusammen)		4	360	301	1 034	19	6	2 648
Barmen	331	—	—	—	—	—	323	3	—	—	3	—	2	—	331
Bochum*	427	—	—	461	432	—	846	42	—	—	31	—	401	—	1 320
Bremen	880	49	—	24	115	96	796	156	25	51	34	—	59	43	1 164
Breslau*	1 247	220	727	—	241	—	1 613	145	23	7	8	295	308	36	2 435
Cassel	190	5	420	41	1 818	—	922	—	51	31	69	15	534	853[1])	2 474
Cöln*	2 831	14	—	—	19	—	2 747	39	—	—	78	—	—	—	2 864
Crefeld*	820	3	—	4	281	?[2])	796	16	—	24	43	—	227	2	1 108
Dortmund*	1 616	27	329	217	179	—	1 776	4	1	299	52	—	184	52[3])	2 368
Dresden	—	45	3 564	—	210	—	3 600	40	14	24	29	—	88	24	3 819
Düsseldorf*	5 659	—	—	—	—	—	?	?	?	?	?	?	?	?	5 659
Duisburg*	—	—	455	—	—	—	445	—	—	—	10	—	—	—	455
Essen*	451	15	115	787	1 135	—	1 800	181	55	62	28	—	360	17	2 503
Freiburg i. Br.	377	12	33	—	819	—	752	27	22	16	40	—	300	84[4])	1 241
Görlitz*	283	38	91	128	10 095	42	9 556	3	10	2	65	17	1 011	13	10 677
Hamburg	—	?	?	?	?	?	4 995	135	—	—	—	—	—	—	5 130
Hannover*	1 224	127	325	35	479	53	1 503	58	11	160	70	—	435	6	2 243
Karlsruhe	1 741	37	cfr. Sp. 2	350	85	30	1 142	77	30	312	662	—	—	20	2 243
Kiel*	427	18	—	3 437	87	?	3 585	238	6	—	140	—	—	—	3 969
Mainz*	1 228	2 158	84	51	700	110	3 487	395	8	84	63	—	200	94	4 331
Mannheim	2 079	?	?	?	?	?	?	?	?	?	?	?	?	?	2 079
Metz	53	8	—	23	36	—	80	—	—	[5])	26	—	14	—	120
München	—	18 383 (Spalten 1–4 zusammen)		—	196	—	15 781	2 239	—	503 (Trinkwasser zusammen)		56 (chemisch technische zusammen)		—	18 579
Nürnberg	2 667	10	97	7	129	—	2 126	450	13	86	65	33	137	—	2 910
Plauen †	2 273	40	13	2 568	582	—	4 476	186	1	—	60	—	753	—	5 476
Spandau	14	—	—	—	—	—	14	—	—	—	—	—	—	—	14
Straßburg*	?	?	?	?	?	?	1 834	1	—	135 (Trinkwasser zusammen)		—	141	60	2 171
Stuttgart †	1 841	36	2 424	—	129	25	1 408	479	3	1 128	—	1 038	380	19	4 455

Danzig: 5468 Untersuchungen, darunter 2290 Milchproben, 3171 meist Dünge- und Futtermittel und Samenproben und 7 Wasseruntersuchungen.

Halle: 662 Nahrungsmitteluntersuchungen, davon 105 beanstandet.

Liegnitz: 20 Untersuchungen im Auftrage der Ortspolizeibehörde, darunter 11 Nahrungs- und Genußmittel (1 Bier, 1 Butter, 1 Essig, 2 Gewürze, 3 Milch, 1 Schmalz, 1 Spirituosen, 1 Wurst und 9 Gebrauchsgegenstände).

Magdeburg*: 1558 Nahrungs- und Genußmitteluntersuchungen im Auftrage der Ortspolizeibehörde.

Stettin: 423 Untersuchungen im Auftrage der Polizeibehörde, darunter 272 Nahrungs- und Genußmittel, 62 Gebrauchsgegenstände, 89 Wasseruntersuchungen.

[1]) einschl. 838 mediz. pathol. Untersuchungen. — [2]) nach Bedarf in erheblicher Anzahl. — [3]) einschließl. 26 mediz. pathol. Untersuchungen. — [4]) einschl. 82 mediz. pathol. Untersuchungen. — [5]) wöchentlich 1 qualit., monatlich 1 quantit. Untersuchung von Leitungswasser.

IV. Ergebnisse der Untersuchungen einiger wichtiger Nahrungs- und Genufsmittel im Jahre 1900 bezw. 1900/1901.

(Ein * bedeutet Etatsjahr 1900/1901, ein † = Jahr 1901.)

Städte	Brot		Mehl		Butter		Margarine		Schmalz	
	Proben	davon beanstandet	Proben	davon beanstandet	Proben	davon beanstandet	Proben	davon beanstandet	Proben	davon beanstandet
	1		2		3		4		5	
Altona* . . .	—	—	13	1	182	17	53	0	2	1
Barmen . . .	—	–	3	0	25	5	6	1	6	0
Bochum* . .	—	—	15	0	91	16	54	0	33	0
Bremen . . .	1	1	40	0	68	21	37	5	42	0
Breslau* . . .	53	0	21	0	233	12	122	0	17	0
Cassel . . .	1	1	12	0	13	2	—	—	10	1
Cöln*	10	3	25	7	83	3	104	0	23	0
Crefeld* . . .	6	0	32	0	57	4	37	9	11	0
Dortmund* . .	1	0	12	2	199	49	23	2	8	1
Dresden . . .	66	10	125	45	407	27	10	0	100	13
Düsseldorf* . .	—	—	17	0	126	43	23	0	35	0
Duisburg . .	15	—	32	0	31	0	30	0	—	—
Elberfeld . .	—	—	—	—	134	12	24	0	16	0
Erfurt . . .	—	—	—	—	33	1	6	0	5	0
Essen* . . .	10	1	90	2	549	21	57	0	53	2
Freiburg i. Br.	5	0	10	0	12	6	12	1	25	1
Görlitz* . . .	4	2	12	1	111	2	4	0	3	0
Halle	—	—	—	—	20	0	18	0	5	0
Hamburg . .	56	?	87	?	1 251	?	175	?	80	?
Hannover* . .	2	0	2	0	245	2	69	0	54	0
Karlsruhe . .	48	1	39	4	73	12	54	5	65	2
Kiel*	53	0	293	5	252	20	371	90	220	12
Magdeburg . .	—	—	—	—	262	1	8	0	241	0
Mainz	5	0	326	0	226	10	25	0	231	0
Mannheim . .	11	0	4	0	77	16	5	0	398	1
Metz	1	0	2	2	4	0	—	—	2	2
München . .	1 028	47	1 167	35	687	29	112	57	249	2
Nürnberg . .	9	0	127	2	25	0	17	3	185	4
Plauen† . . .	89	0	124	45	398	22	249	4	14	0
Spandau . . .	—	—	—	—	2	0	—	—	—	—
Stettin . . .	4	0	3	0	18[2])	0	32	0	26	0
Straßburg* . .	2	?	7	?	57	?	—	—	115	?
Stuttgart† . .	cfr. Sp. 2		12	1[1])	83	0	cfr. Sp. 3		cfr. Sp. 3	
Zusammen:	1 480		2 652		6 034		1 737		2 274	
ohne Hamburg und Straßburg:	1 422	66 (4,64%)	2 558	152 (5,93%)	4 726	353 (7,47%)	1 562	177 (11,33%)	2 079	42 (2,02%)

[1]) Brot.

[2]) außerdem 99 Untersuchungen mit dem Lorentz'schen Butterprober.

Noch Tabelle IV.

Städte	Fleisch		Wurst		Milch		Spirituosen		Wein	
	Proben	davon beanstandet	Proben	davon beanstandet	Proben	davon beanstandet	Proben	davon beanstandet	Proben	davon beanstandet
	6		7		8		9		10	
Altona*	51	30	cfr. Sp. 6	—	381	50	21	0	45	4
Barmen	4	4	28	3	103	21	22	20	4	0
Bochum*	23	18	97	20	32	0	17	0	3	0
Bremen	24	11	57	10	116	44	94	2	6	1
Breslau*	104	12	76	12	412	22	57	0	33	3
Cassel	15	8	11	5	772	131	10	0	22	1
Cöln*	49	17	517	67	1 662	108	23	4	15	1
Crefeld*	25	5	48	9	211	25	42	0	3	2
Dortmund*	15	9	163	41	1 194	49	7	0	5	1
Dresden	63	0	91	47	2 315	629	160	10	11	1
Düsseldorf*	21	19	222	108	4 802	259	79	14	10	0
Duisburg	—	—	43	6	210	3	14	0	—	—
Elberfeld	—	—	76	4	768	171	7	0	1	0
Erfurt	10	0	2	0	213	44	1	0	—	—
Essen*	58	19	110	10	129	25	49	9	78	8
Freiburg i. Br.	—	—	96	5	18	6	14	1	399	42
Görlitz*	1	0	6	3	9 348[2])	98	32	1	2	0
Halle	140	41	2	0	806	38	4	0	1	0
Hamburg	79	?	148	?	2 610	?	14	?	48	?
Hannover*	115	23	249	4	292	85	32	0	18	0
Karlsruhe	11	0	298	21	335[3])	81	16	1	55	6
Kiel*	113	38	239	73	116	21	97	1	171	8
Magdeburg	—	—	40	1	969	66	8	0	7	0
Mainz	210	3	279	11	757	65	77	2	579	58
Mannheim	52	8	cfr. Sp. 6	—	890	256	5	0	—	—
Metz	9	1	2	2	22	18	—	—	13	10
München	cfr. Sp. 7	—	1 923	297	85	26	143	8	225	19
Nürnberg	9	5	43	21	1 032	260	28	0	49	1
Plauen†	114	49	538	89	2 106	377	73	0	5	1
Spandau	3	0	—	—	—	—	2	0	1	0
Stettin	1)	8	14	8	85[4])	55	10	2	3	1
Straßburg*	8	?	90	?	147	?	82	?	1 235	?
Stuttgart†	92	17	cfr. Sp. 6		767	212	16	0	34	0
Zusammen:	1 418		5 508		33 205		1 256		3 001	
ohne Hamburg und Straßburg:	1 331	345 (25,92 %)	5 270	877 (16,64 %)	30 448	3 245 (10,66 %)	1 160	75 (6,47 %)	1 798	168 (9,35 %)

[1]) Vierteljährlich die Verkaufsstelle. [2]) Darunter 9088 nur auf Fettgehalt. [3]) Außerdem wurden 10 463 Milchproben nur der Voruntersuchung unterworfen. [4]) Außerdem durch Schutzleute.

Noch Tabelle IV.

Städte	Bier: Proben	Bier: davon beanstandet	Essig: Proben	Essig: davon beanstandet	Gewürze: Proben	Gewürze: davon beanstandet	Zuckerwaren: Proben	Zuckerwaren: davon beanstandet	Summe d. Sp. 1-14: Proben	Summe d. Sp. 1-14: davon beanstandet absolut	Summe d. Sp. 1-14: davon beanstandet in %
	11		12		13		14		15		
Altona*	1	—	10	1	27	1	10	0	796	105	13,2
Barmen	2	0	16	5	9	0	16	0	244	59	24,2
Bochum*	1	0	6	0	60	0	5	0	437	54	12,4
Bremen	17	0	13	1	44	7	35	0	594	103	17,4
Breslau*	25	3	2	0	97	9	19	0	1 271	73	5,8
Cassel	5	0	4	2	6	5	—	—	881	156	17,7
Cöln*	11	6	12	5	38	3	6	0	2 578	224	8,7
Crefeld*	1	1	21	2	140	0	40	1	674	58	8,6
Dortmund*	4	0	6	1	34	0	2	0	1 673	155	9,3
Dresden	20	15	8	1	57	0	109	25	3 542	823	23,2
Düsseldorf*	—	—	27	7	53	1	25	3	5 440	454	8,3
Duisburg	5	0	—	—	51	0	—	—	431	9	2,1
Elberfeld	3	0	—	—	66	0	111	0	1 206	187	15,5
Erfurt	6	4	—	—	14	1	—	—	290	50	17.2
Essen*	28	0	60	2	359	11	86	5	1 716	115	6,7
Freiburg i. Br.	17	0	9	2	10	1	18	0	645	65	10,1
Görlitz*	3	0	5	2	12	1	9	0	9 552	110	1,2
Halle	3	0	—	—	47	0	116	26	662	105	15,9
Hamburg	33	?	14	?	57	?	51	?	4 703	?	?
Hannover*	27	16	14	0	28	1	5	1	1 152	132	11,5
Karlsruhe	12	1	29	0	55	3	22	0	1 112	137	12,3
Kiel*	24	2	150	12	445	6	64	0	2 608	288	11,0
Magdeburg	23	0	—	—	—	—	—	—	1 558	68	4,4
Mainz	1	0	22	0	204	2	19	0	2 961	151	5,1
Mannheim	3	0	5	0	24	3	74	0	1 548	284	18,4
Metz	—	—	—	—	—	—	—	—	55	35	63,6
München	1 088	157	647	53	2 893	69	1 193	198	11 440	997	8,7
Nürnberg	72	1	167	9	174	3	7	0	1 944	309	15,9
Plauen†	36	10	35	27	160	21	54	5	3 995	650	16,3
Spandau	1	0	—	—	—	—	—	—	9	0	0
Stettin	2	2	2	0	2	0	8	2	209	78	37,3
Straßburg*	4	?	2	?	8	?	12	?	1 769	?	?
Stuttgart†	3	0	36	4	44	0	30	0	1 117	234	20,9
Zusammen:	1 481		1 322		5 218		2 146		68 812		
ohne Hamburg u. Straßburg:	1 444	218 (15,10%)	1 306	136 (14,41%)	5 153	148 (2,87%)	2 083	266 (12,77%)	62 340	6 268	10,06

XVII.

Unterrichtswesen

im Jahre 1900/01.

Von

Dr. H. Silbergleit,

Direktor des statistischen Amts der Stadt Magdeburg.

Nach einem von der XV. Konferenz der deutschen Städtestatistiker zu Mannheim im Juni 1901 gefaßten Beschlusse sollte der nächsten Bearbeitung des Abschnitts „Unterrichtswesen" im statistischen Jahrbuch deutscher Städte eine Darstellung der Unterrichtserfolge zunächst für die Volksschulen beigefügt werden. Demgemäß wurden für diesen Zweck besondere, den bei der genannten Konferenz ausgesprochenen Wünschen nach Möglichkeit Rechnung tragende Fragebogen aufgestellt und versandt. Die Ergebnisse der Bearbeitung werden in den Tabellen IIa, IIb und III mitgeteilt.

In den Tabellen IIa und IIb sind die aus der obersten Klasse der Volksschule entlassenen Knaben bezw. Mädchen nach der Besuchsdauer dieser Klasse in der Gliederung nach der Anzahl der Stufen (Jahreskurse) der Schulsysteme — 8, 7, 6, 5 und weniger Stufen — behandelt. An dieser Statistik sind 41 Städte beteiligt.

Für die bedeutungsvollere Frage der Gliederung der überhaupt aus der Volksschule Entlassenen nach der von ihnen erreichten Klassenstufe liegt in Tabelle III Material für 44 Städte vor. Die Zahlen beziehen sich lediglich auf die bei Beendigung der Schulpflicht im normalen Alter ausgeschiedenen Kinder; die infolge von Dispensation vor erfüllter Schulpflicht, sowie andererseits die nach längerem als dem gesetzlich erforderten Schulbesuch entlassenen Schüler und Schülerinnen wurden bei dieser ersten und deshalb noch in engerem Rahmen erfolgenden Bearbeitung nicht miteinbezogen. Auch in dieser Tabelle haben die in Ansehung der Stufenzahl bestehenden Verschiedenheiten der Schulsysteme nach Möglichkeit Berücksichtigung gefunden. Es sind unterschieden: die Städte mit 6, 7 und 8stufigen Volksschulen, während die mit verschiedenen Schulsystemen zu einer Gruppe zusammengefaßt sind. Von dieser Behandlung ist in den Fällen abgewichen, wo eine bestimmte Stufenzahl die Regel bildete und nur einige wenige und wenig besuchte Schulen mit anderer Stufenzahl vorhanden waren, die erstere wurde alsdann als maßgebend bei der Eingliederung in die vorbezeichneten Gruppen angenommen; die Fälle selbst sind in der Tabelle anmerkungsweise bezeichnet.

In Tabelle I endlich wird eine Übersicht über die Unterrichtsanstalten für allgemeine Bildung überhaupt nach Art und Umfang der vorjährigen Bearbeitung gegeben.

Die finanziellen Übersichten bleiben mit Rücksicht auf den durch die Statistik der Unterrichtserfolge beanspruchten Raum diesmal fort; sie sollen dafür im nächsten Jahrgang ausführlicher behandelt werden.

Bemerkungen zu Tabelle I.

Zu Seite 260:

*) Dresden und Leipzig: Juni bezw. Dezember 1900, Kiel: 1. Januar 1901, Augsburg und München: Juli 1901, Hannover (städt., höh. und mittl. Mädchenschule), Dortmund (Volksschule) und Altona: Anfang des Winterhalbjahrs 1900/01, Wiesbaden (Volksschule) und Magdeburg: Anfang des Sommerhalbjahrs 1900, Elberfeld (Volksschule) und Bremen: Anfang des Sommerhalbjahrs 1901, Mainz (Realgymnasium) und Görlitz: Ende des Winterhalbjahrs 1901/02, Freiburg (Mittelschule): Ende des Sommerhalbjahrs 1901, Würzburg: Ende des Schuljahrs 1900/01.

1) Darunter 1 Anstalt staatlich und städtisch. — 2) Darunter 1 Anstalt mit Reformlehrplan. — 3) Mit Reformlehrplan. — 4) Eine Anstalt ist Progymnasium, die zweite ist mit dem Realgymnasium verbunden; Lehrer, Klassen und Schüler sind dort gezählt. — 5) Vergl. Ziffer 4. — 6) Darunter 1 Progymnasium. — 7) Verbunden mit dem Realgymnasium, dessen Lehrer, Klassen und Schüler hier miteingerechnet sind. — 8) Vergl. Ziffer 7. — 9) Staatlich und städtisch. — 10) Einschließlich der Vorschule. — 11) Reformrealgymnasium verbunden mit der Realschule; Lehrer, Klassen und Schüler sind dort gezählt. — 12) Reformrealgymnasium verbunden mit der Oberrealschule; Lehrer, Klassen und Schüler sind dort gezählt. — 13) Progymnasium. — 14) Mit Einschluß der Vorschule, 1 Lehrkraft ist weiblich. — 15) Eine Anstalt ist mit der Oberrealschule verbunden; die Lehrer sind dort gezählt. — 16) Verbunden mit der Realschule, deren Lehrer, Klassen und Schüler hier miteingerechnet sind. — 17) Einschließlich der Lehrer der hiermit verbundenen Realschule.

Zu Seite 261:

1) Verbunden mit dem Reformrealgymnasium, dessen Lehrer, Klassen und Schüler hier miteingerechnet sind. — 2) Wird in Oberrealschule umgewandelt, z. Z. ist nur noch die Oberprima vorhanden; die Lehrer zählen bei der Oberrealschule. — 3) Mit dem Realgymnasium verbunden, dessen Lehrer hier miteingerechnet sind — 4) Vereinigt mit der Oberrealschule und der höheren Handelsschule, die Lehrer dieser Anstalten sind hier miteingerechnet. — 5) Vereinigt mit der Oberrealschule, deren Lehrer hier miteinbegriffen sind.

Zu Seite 262:

1) Einschließlich des Reformrealgymnasiums und der Lehrer der Vorschule. — 2) Einschließlich der Vorschulen. — 3) Vergl. Anmerkung zu Ziffer 2 auf Seite . — 4) Einschließlich der Lehrer des hiermit verbundenen Realgymnasiums und der Vorschule. — 5) Darunter die Lehrer der Vorschule und zwei weibliche Lehrpersonen. — 6) In Spalte 17 und 18 mitenthalten. — 7) Vergl. Anmerkung zu Ziffer 16 auf Seite . — 8) Staatlich und städtisch. — 9) In Spalte 12 und 13 mitenthalten.

Zu Seite 263:

1) Einschließlich der Vorschulen. — 2) In Spalte 17 und 18 mitenthalten.

Zu Seite 264:

1) Einschließlich 3 Vorschulen. — 2) Darunter 1 Mädchengymnasium. — 3) Einschließlich 1 Vorschule. — 4) Einschließlich 2 Vorschulen. — 5) Einschließlich der Vorschule. — 6) Vergl. Anmerkung zu Ziffer 2 auf Seite . — 7) Einschließlich 5 Vorschulen. — 8) Vergl. Anmerkung zu Ziffer 3 auf Seite . — 9) Einschließlich der nicht vollbeschäftigten Lehrkräfte.

Zu Seite 265:

1) Darunter 15 Knaben. — 2) Desgl. 32. — 3) Staatlich und städtisch. — 4) Vergleiche Anmerkung zu Ziffer 2 auf Seite . — 5) Darunter 1 Mädchengymnasium. — 6) Vergl. Anmerkung zu Ziffer 3 auf Seite . — 7) Darunter 58 Knaben. — 8) In Spalte 62 bezw. 63 mitenthalten. — 9) Einschließlich der nicht vollbeschäftigten Lehrkräfte. — 10) In Spalte 69 bezw. 70 mitenthalten.

Zu Seite 266:

1) Einschließlich der Vorschulen. — 2) Vergl. Anmerkung zu Ziffer 2 auf Seite . — 3) Desgl. Ziffer 3 auf Seite . — 4) Einschließlich der nicht vollbeschäftigten Lehrkräfte. — 5) In Spalte 76 bezw. 77 mitenthalten. — 6) In Spalte 85 mitenthalten.

[Fortsetzung der Bemerkungen S. 280.]

Tabelle I. Die Unterrichtsanstalten für allgemeine

Städte	A. Höhere Bildungsanstalten												
	a. Gymnasien und Progymnasien										b. Real-		
	städtische					sonstige					städ-		
	Anstalten	Lehrer vollbesch.	Lehrer nicht vollbesch.	Klassen	Schüler	Anstalten	Lehrer vollbesch.	Lehrer nicht vollbesch.	Klassen	Schüler	Anstalten	Lehrer vollbesch.	Lehrer nicht vollbesch.
	1.	2.	3.	4.	5.	6.	7.	8.	9.	10.	11.	12.	13.
Aachen	—	—	—	—	—	[1] 2	35	2	24	868	1	23	6
Altona	—	—	—	—	—	1	19	1	13	340	1	19	2
Augsburg	—	—	—	—	—	2	42	14	36	800	—	—	—
Barmen	1	28	1	18	448	—	—	—	—	—	1	24	1
Berlin	11	227	40	172	5078	4	102	.	69	2186	7	143	25
Bochum	1	23	1	15	328	—	—	—	—	—	—	—	—
Bremen	1	45	1	29	693	—	—	—	—	—	—	—	—
Breslau	3	60	17	47	1259	[2] 3	65	9	48	1282	[2] 2	40	5
Cassel	—	—	—	—	—	2	41	1	27	906	1	27	1
Charlottenburg	[3] 1	12	1	10	300	1	16	2	11	384	1	26	1
Chemnitz	—	—	—	—	—	1	34	1	18	475	1	28	—
Cöln	[4] 2	8	1	6	233	4	68	10	47	1732	[5] 1	27	6
Crefeld	1	28	—	17	459	—	—	—	—	—	1	16	1
Danzig	1	27	3	17	502	1	22	2	16	523	1	17	3
Dortmund	1	34	1	24	586	—	—	—	—	—	1	26	2
Dresden	3	74	3	45	1322	[6] 2	41	6	24	627	2	59	2
Düsseldorf	[7] 1	34	2	20	605	1	25	2	17	589	[8] 1	.	.
Duisburg	—	—	—	—	—	1	12	1	9	268	1	16	2
Elberfeld	1	24	3	16	400	—	—	—	—	—	1	22	2
Erfurt	—	—	—	—	—	1	22	3	15	437	—	—	—
Essen	—	—	—	—	—	[9] 1	24	1	17	499	1	21	1
Frankfurt a. M.	[6] 3	44	4	28	828	1	13	2	9	271	2	42	15
Frankfurt a. O.	—	—	—	—	—	1	22	3	16	427	1	20	2
Freiburg i. Br.	—	—	—	—	.	1	32	5	20	778	—	—	—
Görlitz	1	[10] 26	—	16	410	—	—	—	—	—	[11] 1	.	.
Halle a. S.	1	25	—	18	592	1	28	2	19	683	—	—	—
Hamburg	2	56	2	36	1013	—	—	—	—	—	1	31	5
Hannover	2	28	—	18	614	1	19	2	14	392	2	43	2
Karlsruhe	—	—	—	—	—	1	32	6	18	598	1	29	5
Kiel	—	—	—	—	—	1	21	—	15	376	[12] 1	.	.
Königsberg i. P.	2	27	3	19	679	2	40	4	30	1099	1	16	1
Leipzig	2	68	5	42	1242	1	37	2	21	654	1	29	4
Liegnitz	1	13	8	12	306	1	11	6	9	246	—	—	—
Lübeck	[7] 1	[10] 36	[10] 2	21	486	[13] 1	[14] 6	[14] 5	3	63	[8] 1	.	.
Magdeburg	1	18	8	14	397	[6] 3	[10] 47	10	35	997	[15] 2	28	11
Mainz	—	—	—	—	—	2	31	3	20	647	—	—	—
Mannheim	—	—	—	—	—	1	27	8	18	498	—	—	—
Metz	—	—	—	—		[6] 2	39	1	26	581	—	—	—
München	—	—	—	—	—	5	204		96	3274	—	—	—
Nürnberg	—	—	—	—	—	2	37	16	25	903	—	—	—
Plauen i. V.	—	—	—	—	—	1	17	1	9	213	[16] 1	30	2
Posen	—	—	—	—	—	2	53	5	37	1196	—	—	—
Potsdam	1	26	—	18	579	—	—	—	—	—	1	12	2
Spandau	—	—	—	—	—	1	11	2	8	245	—	—	—
Stettin	1	23	1	16	357	2	33	6	25	785	2	42	2
Straßburg i. E.	—	—	—	—	—	3	76	15	52	1371	—	—	—
Stuttgart	—	—	—	—	—	[1] 3	93	32	61	1608	—	—	—
Wiesbaden	—	—	—	—	—	1	27	3	18	541	—	—	—
Würzburg	—	—	—	—	—	2	46	16	31	1060	—	—	—
Zwickau	—	—	—	—	—	[9] 1	27	2	17	281	1	[17] 29	[17] 2

Siehe Anmerkungen auf Seite 259.

Bildung am Ende*) des Winterhalbjahres 1900/1901.

für das männliche Geschlecht.												
gymnasien							c. Oberrealschulen.					
tische		sonstige					städtische					
			Lehrer					Lehrer				
Klassen	Schüler	Anstalten	vollbesch.	nicht vollbesch.	Klassen	Schüler	Anstalten	vollbesch.	nicht vollbesch.	Klassen	Schüler	Städte
14.	15.	16.	17.	18.	19.	20.	21.	22.	23.	24.	25.	
15	419	—	—	—	—	—	1	24	3	17	440	Aachen.
14	497	—	—	—	—	—	—	—	—	—	—	Altona.
—	—	1	14	3	6	138	—	—	—	—	—	Augsburg.
16	455	—	—	—	—	—	1	21	1	15	400	Barmen.
107	3514	1	25	.	15	500	2	46	10	34	1004	Berlin.
—	—	—	—	—	—	—	1	21	1	14	429	Bochum.
—	—	—	—	—	—	—	1	39	1	27	707	Bremen.
30	794	—	—	—	—	—	1	20	3	15	315	Breslau.
18	476	—	—	—	—	—	1	24	1	16	515	Cassel.
20	639	—	—	—	—	—	1	22	4	16	557	Charlottenburg.
18	455	—	—	—	—	—	—	—	—	—	—	Chemnitz.
19	670	—	—	—	—	—	1	22	4	14	417	Cöln.
12	307	—	—	—	—	—	1	21	—	15	406	Crefeld.
11	286	—	—	—	—	—	—	—	—	—	—	Danzig.
19	470	—	—	—	—	—	1	26	3	19	577	Dortmund.
36	1195	—	—	—	—	—	—	—	—	—	—	Dresden.
.	.	—	—	—	—	—	1	24	3	14	412	Düsseldorf.
14	414	—	—	—	—	—	—	—	—	—	—	Duisburg.
15	429	—	—	—	—	—	1	23	2	15	337	Elberfeld.
—	—	1	20	2	15	338	—	—	—	—	—	Erfurt.
15	426	—	—	—	—	—	1	29	1	19	556	Essen.
27	634	—	—	—	—	—	1	23	6	16	512	Frankfurt a. M.
15	458	—	—	—	—	—	—	—	—	—	—	Frankfurt a. O.
—	—	—	—	—	—	—	1	29	7	21	825	Freiburg i. Br.
.	.	—	—	—	—	—	—	—	—	—	—	Görlitz.
—	—	—	—	—	—	—	1	27	—	17	410	Halle a. S.
24	623	—	—	—	—	—	2	41	9	32	977	Hamburg.
31	981	—	—	—	—	—	1	22	—	16	570	Hannover.
20	586	—	—	—	—	—	1	23	5	16	530	Karlsruhe.
.	.	—	—	—	—	—	[1] 1	23	2	16	447	Kiel.
11	331	[2] 1	.	.	1	3	—	—	—	—	—	Königsberg i. P.
18	474	—	—	—	—	—	—	—	—	—	—	Leipzig.
—	—	—	—	—	—	—	—	—	—	—	—	Liegnitz.
.	.	—	—	—	—	—	—	—	—	—	—	Lübeck.
25	728	—	—	—	—	—	[3] 1	36	12	22	756	Magdeburg.
—	—	[4] 1	41	3	9	295	—	—	—	—	—	Mainz.
—	—	1	24	11	16	477	—	—	—	—	—	Mannheim.
—	—	—	—	—	—	—	—	—	—	—	—	Metz.
—	—	1	27		9	264	—	—	—	—	—	München.
—	—	1	11	16	12	440	—	—	—	—	—	Nürnberg.
21	506	—	—	—	—	—	—	—	—	—	—	Plauen i. V.
—	—	[5] 1	27	1	7	328	—	—	—	—	—	Posen.
9	217	—	—	—	—	—	—	—	—	—	—	Potsdam.
—	—	—	—	—	—	—	—	—	—	—	—	Spandau.
31	900	—	—	—	—	—	—	—	—	—	—	Stettin.
—	—	—	—	—	—	—	—	—	—	—	—	Straßburg i. E.
—	—	1	37	7	25	760	—	—	—	—	—	Stuttgart.
—	—	1	16	1	11	333	1	18	5	15	559	Wiesbaden.
—	—	1	12	5	6	131	—	—	—	—	—	Würzburg.
14	302	—	—	—	—	—	—	—	—	—	—	Zwickau.

Noch Tabelle I.

Städte	Noch A. Höhere Bildungsanstalten												
	noch c. Oberrealschulen					d. Real-							
	sonstige					städtische					son-		
	Anstalten	Lehrer vollbesch.	Lehrer nicht vollbesch.	Klassen	Schüler	Anstalten	Lehrer vollbesch.	Lehrer nicht vollbesch.	Klassen	Schüler	Anstalten	Lehrer vollbesch.	Lehrer nicht vollbesch.
	26.	27.	28.	29.	30.	31.	32.	33.	34.	35.	36.	37.	38.
Aachen	—	—	—	—	—	—	—	—	—	—	—	—	—
Altona	—	—	—	—	—	1	16	—	12	285	—	—	—
Augsburg	—	—	—	—	—	—	—	—	—	—	1	21	2
Barmen	—	—	—	—	—	1	9	3	6	182	—	—	—
Berlin	—	—	—	—	—	12	205	18	150	5336	—	—	—
Bochum	—	—	—	—	—	—	—	—	—	—	—	—	—
Bremen	—	—	—	—	—	2	46	—	32	889	—	—	—
Breslau	—	—	—	—	—	3	42	10	32	1152	—	—	—
Cassel	—	—	—	—	—	1	17	1	12	377	—	—	—
Charlottenburg	—	—	—	—	—	1	2	—	2	69	—	—	—
Chemnitz	—	—	—	—	—	1	26	—	18	526	—	—	—
Cöln	—	—	—	—	—	1	19	2	12	411	—	—	—
Crefeld	—	—	—	—	—	—	—	—	—	—	—	—	—
Danzig	—	—	—	—	—	1	23	4	19	589	1	8	3
Dortmund	—	—	—	—	—	—	—	—	—	—	—	—	—
Dresden	—	—	—	—	—	2	31	2	22	804	4	49	11
Düsseldorf	—	—	—	—	—	1	26	1	15	484	—	—	—
Duisburg	—	—	—	—	—	—	—	—	—	—	—	—	—
Elberfeld	—	—	—	—	—	1	18	2	12	341	—	—	—
Erfurt	—	—	—	—	—	1	13	3	11	269	—	—	—
Essen	—	—	—	—	—	—	—	—	—	—	—	—	—
Frankfurt a. M.	—	—	—	—	—	2	32	3	21	644	3	27	8
Frankfurt a. O.	—	—	—	—	—	—	—	—	—	—	—	—	—
Freiburg i. Br.	—	—	—	—	—	—	—	—	—	—	—	—	—
Görlitz	—	—	—	—	—	1	[1])27	—	[1])18	[1]) 550	—	—	—
Halle a. S.	1	17	5	12	404	—	—	—	—	—	—	—	—
Hamburg	—	—	—	—	—	4	61	3	48	1668	6	[2])106	[2])8
Hannover	—	—	—	—	—	3	41	1	30	1054	—	—	—
Karlsruhe	—	—	—	—	—	1	19	3	13	860	—	—	—
Kiel	—	—	—	—	—	1	13	2	10	334	—	—	—
Königsberg i. Pr.	1	[3])11	[3]) 2	8	270	1	[2]) 9	—	6	253	—	—	—
Leipzig	—	—	—	—	—	3	101	20	74	2426	3	[2])24	[2])24
Liegnitz	—	—	—	—	—	1	12	6	10	282	—	—	—
Lübeck	—	—	—	—	—	1	[4])15	[4]) 1	8	270	1	[5])16	[5])4
Magdeburg	—	—	—	—	—	1	14	3	10	327	—	—	—
Mainz	1	[6]) .	[6]) .	17	604	—	—	—	—	—	—	—	—
Mannheim	1	33	5	24	850	—	—	—	—	—	—	—	—
Metz	1	20	1	19	497	—	—	—	—	—	—	—	—
München	—	—	—	—	—	—	—	—	—	—	3	89	
Nürnberg	—	—	—	—	—	—	—	—	—	—	2	[2])32	[2])37
Plauen i. V.	—	—	—	—	—	1	[7]) .	[7]) .	[7]) .	[7]) .	—	—	—
Posen	1	[6]) .	[6]) .	8	312	—	—	—	—	—	—	—	—
Potsdam	—	—	—	—	—	1	15	2	11	337	—	—	—
Spandau	—	—	—	—	—	—	—	—	—	—	—	—	—
Stettin	—	—	—	—	—	—	—	—	—	—	—	—	—
Straßburg i. E.	1	23	4	15	443	—	—	—	—	—	1	23	—
Stuttgart	[8]) 2	68	21	51	1674	—	—	—	—	—	1	8	6
Wiesbaden	—	—	—	—	—	—	—	—	—	—	—	—	—
Würzburg	—	—	—	—	—	—	—	—	—	—	2	[2])30	[2])13
Zwickau	—	—	—	—	—	1	[9]) .	[9]) .	5	157	—	—	—

Siehe Anmerkungen auf Seite 259.

für das männliche Geschlecht.												
schulen		e. Sonstige höhere Bildungsanstalten										Städte
stige		städtische					sonstige					
			Lehrer					Lehrer				
Klassen	Schüler	Anstalten	vollbesch.	nicht vollbesch.	Klassen	Schüler	Anstalten	vollbesch.	nicht vollbesch.	Klassen	Schüler	
39.	40.	41.	42.	43.	44.	45.	46.	47.	48.	49.	50.	
—	—	—	—	—	—	—	—	—	—	—	—	Aachen.
—	—	—	—	—	—	—	—	—	—	—	—	Altona.
11	392	—	—	—	—	—	1	17	3	6	215	Augsburg.
—	—	—	—	—	—	—	—	—	—	—	—	Barmen.
—	—	—	—	—	—	—	6	50	25	50	1590	Berlin.
—	—	—	—	—	—	—	—	—	—	—	—	Bochum.
—	—	—	—	—	—	—	—	—	—	—	—	Bremen.
—	—	—	—	—	—	—	3	1)21	1)16	1)25	1)470	Breslau.
—	—	—	—	—	—	—	1	4	3	7	51	Cassel.
—	—	—	—	—	—	—	—	—	—	—	—	Charlottenburg.
—	—	—	—	—	—	—	—	—	—	—	—	Chemnitz.
—	—	1	14	4	11	329	1	1	2	3	25	Cöln.
—	—	—	—	—	—	—	—	—	—	—	—	Crefeld.
8	235	—	—	—	—	—	—	—	—	—	—	Danzig.
—	—	—	—	—	—	—	1	1	6	1	26	Dortmund.
34	1052	—	—	—	—	—	—	—	—	—	—	Dresden.
—	—	—	—	—	—	—	1	2	2	5	24	Düsseldorf.
—	—	1	13	—	9	163	—	—	—	—	—	Duisburg.
—	—	—	—	—	—	—	—	—	—	—	—	Elberfeld.
—	—	—	—	—	—	—	3	1)12	1)10	10	165	Erfurt.
—	—	—	—	—	—	—	—	—	—	—	—	Essen.
18	598	—	—	—	—	—	—	—	—	—	—	Frankfurt a. M.
—	—	—	—	—	—	—	—	—	—	—	—	Frankfurt a. O.
—	—	—	—	—	—	—	—	—	—	—	—	Freiburg i. Br.
—	—	—	—	—	—	—	—	—	—	—	—	Görlitz.
—	—	—	—	—	—	—	3	29	11	31	232	Halle a. S.
57	1627	—	—	—	—	—	—	—	—	—	—	Hamburg.
—	—	—	—	—	—	—	2	31	12	22	428	Hannover.
—		—	—	—	—	—	1	8	5	8	57	Karlsruhe.
—	—	—	—	—	—	—	—	—	—	—	—	Kiel.
—	—	—	—	—	—	—	—	—	—	—	—	Königsberg i. P.
1)26	1)610	—	—	—	—	—	1	12	9	17	189	Leipzig.
—	—	—	—	—	—	—	1	9	3	6	236	Liegnitz.
12	411	—	—	—	—	—	—	—	—	—	—	Lübeck.
—	—	—	—	—	—	—	—	—	—	—	—	Magdeburg.
—	—	—	—	—	—	—	1	2).	2)	1	15	Mainz.
—	—	—	—	—	—	—	—	—	—	—	—	Mannheim.
—	—	—	—	—	—	—	—	—	—	—	—	Metz.
44	1750	1	26		12	386	—	—	—	—	—	München.
30	1258	1	12	6	9	276	—	—	—	—	—	Nürnberg.
—	—	—	—	—	—	—	—	—	—	—	—	Plauen i. V.
—	—	—	—	—	—	—	—	—	—	—	—	Posen.
—	—	—	—	—	—	—	—	—	—	—	—	Potsdam.
—	—	—	—	—	—	—	—	—	—	—	—	Spandau.
—	—	—	—	—	—	—	1	6	—	6	115	Stettin.
16	492	—	—	—	—	—	—	—	—	—	—	Straßburg i. E.
7	101	—	—	—	—	—	—	—	—	—	—	Stuttgart.
—	—	—	—	—	—	—	—	—	—	—	—	Wiesbaden.
17	618	—	—	—	—	—	—	—	—	—	—	Würzburg.
—	—	—	—	—	—	—	—	—	—	—	—	Zwickau.

Noch Tabelle I.

Städte	Noch A. Höhere Bildungsanstalten für das männliche Geschlecht										B. Höhere		
	f. Überhaupt (Summe zu a—e)										städ-		
	städtische					sonstige						Leh-	
	Anstalten	Lehrer		Klassen	Schüler	Anstalten	Lehrer		Klassen	Schüler	Anstalten	vollbeschäftigt	
		vollbeschäftigt	nicht vollbeschäft.				vollbeschäftigt	nicht vollbeschäft.				überhaupt	darunt. weibl.
	51.	52.	53.	54.	55.	56.	57.	58.	59.	60.	61.	62.	63.
Aachen	2	47	9	32	859	2	35	2	24	868	2	23	20
Altona	2	35	2	26	782	1	19	1	13	340	1	16	8
Augsburg	—	—	—	—	—	5	94	22	59	1 545	1	6	2
Barmen	4	82	6	55	1 485	—	—	—	—	—	3	40	23
Berlin	32	621	93	463	14 932	11	177	.	134	4 276	6	143	71
Bochum	2	44	2	29	757	—	—	—	—	—	1	16	11
Bremen	4	130	2	88	2 289	—	—	—	—	—	—	—	—
Breslau	9	162	35	124	3 520	6	[1]) 86	[1])25	[1]) 73	[1]) 1 752	[2])3	28	14
Cassel	3	68	3	46	1 368	3	45	4	34	957	1	25	12
Charlottenburg	4	62	6	48	1 565	1	16	2	11	384	1	20	9
Chemnitz	2	54	—	36	981	1	34	1	18	475	—	—	—
Cöln	6	90	17	62	2 060	5	69	12	50	1 757	1	26	12
Crefeld	3	65	1	44	1 172	—	—	—	—	—	1	13	8
Danzig	3	67	10	47	1 377	2	30	5	24	758	1	26	16
Dortmund	3	86	6	62	1 633	1	1	6	1	26	1	25	11
Dresden	7	164	7	103	3 321	6	90	17	58	1 679	2	18	1
Düsseldorf	4	84	6	49	1 501	2	27	4	22	613	1	15	10
Duisburg	2	29	2	23	577	1	12	1	9	268	1	14	9
Elberfeld	4	87	9	58	1 507	—	—	—	—	—	2	36	23
Erfurt	1	13	3	11	269	5	[3]) 54	[3])15	40	940	1	19	8
Essen	2	50	2	34	982	1	24	1	17	499	1	19	10
Frankfurt a. M.	8	141	28	92	2 618	4	40	10	27	869	3	62	21
Frankfurt a. O.	1	20	2	15	458	1	22	3	16	427	1	19	12
Freiburg i. Br.	1	29	7	21	825	1	32	5	20	778	—	—	—
Görlitz	3	[4]) 53	—	34	960	—	—	—	—	—	1	20	8
Halle a. S.	2	52	—	35	1 002	5	74	18	62	1 319	1	[5]) 23	[5])11
Hamburg	9	189	19	140	4 281	[6])6	[7])106	[7]) 8	57	1 627	—	—	—
Hannover	8	134	3	95	3 219	3	50	14	36	820	3	66	33
Karlsruhe	3	71	13	49	1 476	2	40	11	26	655	[2])2	25	11
Kiel	3	36	4	26	781	1	21	—	15	376	1	26	12
Königsberg i. Pr.	4	[3]) 52	4	36	1 263	4	51	6	39	1 372	1	11	6
Leipzig	6	198	29	134	4 142	5	[4]) 73	[4])35	[4]) 64	[4]) 1 453	1	27	11
Liegnitz	2	25	14	22	588	2	20	9	15	482	1	9	.
Lübeck	3	[4]) 51	[4]) 3	29	756	2	[4]) 22	[4]) 9	15	474	1	14	10
Magdeburg	5	96	34	71	2 208	3	[3]) 47	10	35	997	2	51	21
Mainz	—	—	—	—	—	[8])5	72	6	47	1 561	1	21	13
Mannheim	—	—	—	—	—	3	84	24	58	1 825	1	5	5
Metz	—	—	—	—	—	3	65	2	45	1 078	1	15	13
München	1	26		12	386	9	320		149	5 288	1	[9]) 32	[9])15
Nürnberg	1	12	6	9	276	5	[3])80	[3])69	67	2 601	1	35	9
Plauen i. V.	2	30	2	21	506	1	17	1	9	213	—	—	—
Posen	—	—	—	—	—	4	80	6	52	1 836	—	—	—
Potsdam	3	53	4	38	1 133	—	—	—	—	—	1	22	9
Spandau	—	—	—	—	—	1	11	2	8	245	1	9	3
Stettin	3	65	3	47	1 257	3	39	6	31	900	1	22	14
Straßburg i. E.	—	—	—	—	—	5	122	19	83	2 306	1	18	11
Stuttgart	—	—	—	—	—	7	206	66	144	4 143	—	—	—
Wiesbaden	1	18	5	15	559	2	43	4	29	874	1	24	10
Würzburg	—	—	—	—	—	5	[3]) 88	[3])34	54	1 809	—	—	—
Zwickau	2	29	2	19	459	1	27	2	17	281	—	—	—

Siehe Anmerkungen auf Seite 259.

Bildungsanstalten für das weibliche Geschlecht											Städte
tische				sonstige							
rer		Klassen	Schülerinnen	Anstalten	Lehrer				Klassen	Schülerinnen	
nicht vollbeschäftigt					vollbeschäftigt		nicht vollbeschäftigt				
überhaupt	darunt. weibl.				überhaupt	darunt. weibl.	überhaupt	darunt. weibl.			
64.	65.	66.	67.	68.	69.	70.	71.	72.	73.	74.	
6	—	13	452	2	26	21	7	4	20	640	Aachen.
2	2	13	352	—	—	—	—	—	—	—	Altona.
4	4	4	143	4	86	76	4	1	29	917	Augsburg.
2	—	30	[1])788	—	—	—	—	—	—	—	Barmen.
.	.	111	4 315	46	524	.	.	.	478	12 434	Berlin.
3	—	14	350	1	9	9	9	—	8	240	Bochum.
—	—	—	—	7	97	95	44	12	83	2 190	Bremen.
12	5	25	692	14	160	160	121	41	134	2 782	Breslau.
2	1	22	627	6	.	.	.	.	.	693	Cassel.
2	2	17	609	10	.	.	.	.	.	2 149	Charlottenburg.
—	—	—	—	—	—	—	—	—	—	—	Chemnitz.
3	—	19	660	11	103	101	65	31	110	2 245	Cöln.
2	1	10	338	1	16	15	1	—	14	415	Crefeld.
4	—	21	452	6	72	72	28	1	61	[2])1 563	Danzig.
3	1	20	590	2	17	17	9	6	17	401	Dortmund.
13	4	25	542	—	—	—	—	—	—	—	Dresden.
2	1	15	360	8	71	71	22	8	69	1 352	Düsseldorf.
1	—	13	371	1	9	9	3	—	9	199	Duisburg.
3	—	26	733	1	4	4	3	1	10	104	Elberfeld.
2	2	17	450	2	26	25	9	2	18	348	Erfurt.
2	—	15	400	2	28	26	1	—	22	581	Essen.
5	4	51	1 679	12	80	64	102	46	95	1 645	Frankfurt a. M.
4	2	15	400	1	7	7	15	3	7	180	Frankfurt a. O.
—	—	—	—	[3]) 1	22	.	8	.	21	580	Freiburg i. Br.
—	—	13	420	1	8	.	5	.	9	152	Görlitz.
—	—	15	416	3	32	23	15	8	27	605	Halle a. S.
—	—	—	—	[4]) 1	33	21	4	3	21	568	Hamburg.
2	1	41	1 535	[5]) 8	50	50	69	28	65	909	Hannover.
17	5	23	611	3	9	.	67	.	25	514	Karlsruhe.
—	—	21	627	1	9	9	9	3	9	144	Kiel.
1	1	9	309	13	85	85	158	96	130	2 866	Königsberg i. Pr.
3	2	20	676	8	56	55	107	46	86	1 238	Leipzig.
5	.	9	242	1	6	.	9		9	163	Liegnitz.
2	—	15	348	3	31	27	45	20	28	442	Lübeck.
10	9	41	1 479	1	11	11	17	4	11	299	Magdeburg.
9	1	15	444	[6]) .	.	.	.	.	.	.	Mainz.
8	1	2	30	4	36	26	39	7	35	1 045	Mannheim.
4	1	13	310	5	34	34	20	15	32	[7]) 786	Metz.
[8]) .	[8]) .	15	491	1	[9]) 26	[9]) 16	[10]) .	[10]) .	5	90	München.
42	15	33	1 261	1	10	10	35	29	12	465	Nürnberg.
—	—	—	—	—	—	—	—	—	—	—	Plauen i. V.
—	—	—	—	8	57	44	56	48	54	1 809	Posen.
1	—	19	538	1	9	9	12	4	10	164	Potsdam.
1	1	9	193	1	5	5	9	2	9	94	Spandau.
2	1	18	628	6	52	52	54	17	63	1 312	Stettin.
5	2	11	311	14	113	113	92	36	110	2 426	Straßburg i. E.
—	—	—	—	[5]) 9	96	63	86	41	91	2 373	Stuttgart.
3	—	20	646	6	25	25	48	17	.	571	Wiesbaden.
—	—	—	—	4	40	38	36	8	33	910	Würzburg.
—	—	—	—	—	—	—	—	—	—	—	Zwickau.

Noch Tabelle I.

Städte	C. Höhere Bildungsanstalten												
	städtische									son-			
	Anstalten	Lehrer				Klassen	Schüler			Anstalten	Leh-		
		voll beschäftigt		nicht voll-beschäftigt							voll-beschäftigt		nicht schäf-
		überhaupt	darunter weiblich	überhaupt	darunter weiblich		männlich	weiblich	überhaupt		überhaupt	darunter weiblich	überhaupt
	75.	76.	77.	78.	79.	80.	81.	82.	83.	84.	85.	86.	87.
Aachen	4	70	20	15	—	45	859	452	1 311	4	61	21	9
Altona	3	51	8	4	2	39	782	352	1 134	1	19	—	1
Augsburg	1	6	2	4	4	4	—	143	143	9	180	76	26
Barmen	7	122	23	8	—	85	1 500	773	2 273	—	—	—	—
Berlin	38	764	71	.	.	574	14 932	4 315	19 247	57	701	.	.
Bochum	3	60	11	5	—	43	757	350	1 107	1	9	9	9
Bremen	4	130	—	2	—	88	2 289	—	2 289	7	97	95	44
Breslau	12	190	14	47	5	149	3 520	692	4 212	20	1) 246	1) 160	1) 146
Cassel	4	93	12	5	1	68	1 368	627	1 995	9	.	.	.
Charlottenburg	5	82	9	8	2	65	1 565	609	2 174	11	.	.	.
Chemnitz	2	54	—	—	—	36	981	—	981	1	34	—	1
Cöln	7	116	12	20	—	81	2 060	660	2 720	16	172	101	77
Crefeld	4	78	8	3	1	54	1 172	338	1 510	1	16	15	1
Danzig	4	93	16	14	—	68	1 377	452	1 829	8	102	72	33
Dortmund	4	111	11	9	1	82	1 633	590	2 223	3	18	17	15
Dresden	9	182	1	20	4	128	3 321	542	3 863	6	90	—	17
Düsseldorf	5	99	10	8	1	64	1 501	360	1 861	10	98	71	26
Duisburg	3	43	9	3	—	36	577	371	948	2	21	9	4
Elberfeld	6	123	23	12	—	84	1 507	733	2 240	1	4	4	3
Erfurt	2	32	8	5	2	28	269	450	719	7	1) 80	1) 25	1) 24
Essen	3	69	10	4	—	49	982	400	1 382	3	52	26	2
Frankfurt a. M.	11	203	21	33	4	143	2 618	1 679	4 297	16	120	64	112
Frankfurt a. O.	2	39	12	6	2	30	458	400	858	2	29	7	18
Freiburg i. Br.	1	29	—	7	—	21	825	—	825	2	54	.	13
Görlitz	4	1) 73	8	—	—	47	960	420	1 380	1	8	.	5
Halle a. S.	3	1) 75	1) 11	—	—	50	1 002	416	1 418	8	106	23	33
Hamburg	9	189	—	19	—	140	4 281	—	4 281	2) 7	1) 139	1) 21	1) 12
Hannover	11	200	33	5	1	136	3 219	1 535	4 754	11	100	50	83
Karlsruhe	5	96	11	30	5	72	1 476	611	2 087	5	49	.	78
Kiel	4	62	12	4	—	47	781	627	1 408	2	30	9	9
Königsberg i. Pr.	5	1) 63	6	5	1	45	1 263	309	1 572	17	136		164
Leipzig	7	225	11	32	2	154	4 142	676	4 818	13	1) 129	1) 85	1) 142
Liegnitz	3	34	.	19	.	31	588	242	830	3	26		18
Lübeck	4	1) 65	10	1) 5	—	44	756	348	1 104	5	1) 53	1)	1) 54
Magdeburg	7	147	21	44	9	112	2 208	1 479	3 687	4	1) 58	1) 30	27
Mainz	1	21	13	9	1	15	—	444	444	3) 5	72	—	6
Mannheim	1	5	5	8	1	2	—	30	30	7	120	26	63
Metz	1	15	13	1	1	13	—	310	310	8	99	34	22
München	2	4) 58	4) 15	5) .	5) .	27	386	491	877	10	4) 346	4) 16	6) .
Nürnberg	2	47	9	48	15	42	276	1 261	1 537	6	1) 90	1) 10	1) 104
Plauen i. V.	2	30	—	2	—	21	506	—	506	1	17	—	1
Posen	—	—	—	—	—	—	—	—	—	12	137	44	62
Potsdam	4	75	9	5	—	57	1 133	538	1 671	1	9	9	12
Spandau	1	9	3	1	1	9	—	193	193	2	16	5	11
Stettin	4	87	14	5	1	65	1 257	628	1 885	9	91	52	60
Straßburg i. E.	1	18	11	5	2	11	—	311	311	19	235	113	111
Stuttgart	—	—	—	—	—	—	—	—	—	16	302	63	152
Wiesbaden	2	42	10	8	—	35	559	646	1 205	8	68	25	52
Würzburg	—	—	—	—	—	—	—	—	—	9	1) 128	1) 38	1) 70
Zwickau	2	29	—	2	—	19	459	—	459	1	27	—	2

Siehe Anmerkungen auf Seite 259.

überhaupt (Summe zu A. u. B.) — stige Lehrer vollbeschäftigt: darunter weiblich	überhaupt (Summe zu A. u. B.): Klassen	Schüler: männlich	Schüler: weiblich	Schüler: überhaupt	D. Mittelschulen, städtische: Anstalten	Lehrer, vollbeschäftigt: überhaupt	Lehrer, vollbeschäftigt: darunter weiblich	Lehrer, nicht vollbeschäftigt: überhaupt	Lehrer, nicht vollbeschäftigt: darunter weiblich	Städte
88.	89.	90.	91.	92.	93.	94.	95.	96.	97.	
4	44	868	640	1 508	2	19	19	9	—	Aachen.
—	13	340	—	340	6	94	29	1	1	Altona.
1	88	1 545	917	2 462	—	—	—	—	—	Augsburg.
—	—	—	—	—	—	—	—	—	—	Barmen.
.	612	4 276	12 434	16 710	—	—	—	—	—	Berlin.
—	8	—	240	240	—	—	—	—	—	Bochum.
12	83	—	2 190	2 190	—	—	—	—	—	Bremen.
41	1)207	1) 1 752	2 782	4 534	7	56	24	34	15	Breslau.
.	.	957	693	1 650	1	24	8	—	—	Cassel.
.		384	2 149	2 533	2) 1	13	6	—	—	Charlottenburg.
—	18	475	—	475	3) 3	68	14	7	—	Chemnitz.
31	160	1 757	2 245	4 002	4	56	27	6	—	Cöln.
—	14	—	415	415	1	14	6	1	—	Crefeld.
1	85	790	1 531	2 321	2	16	—	—	—	Danzig.
6	18	26	401	427	—	—	—	—	—	Dortmund.
—	58	1 679	—	1 769	12	257	31	42	36	Dresden.
8	.91	613	1 352	1 965	2	22	14	3	1	Düsseldorf.
—	18	268	199	467	—	—	—	—	—	Duisburg.
1	10	—	104	104	4) 2	37	25	2	—	Elberfeld.
2	58	940	348	1 288	1	11	5	2	2	Erfurt.
—	39	499	581	1 080	—	—	—	—	—	Essen.
46	122	869	1 645	2 514	6	101	25	7	4	Frankfurt a. M.
3	23	427	180	607	3	45	10	9	8	Frankfurt a. O.
.	41	778	580	1 358	1	19	11	—	—	Freiburg i. Br.
.	9	—	152	152	1	19	7	—	—	Görlitz.
8	89	1 319	605	1 924	5	116	28	2	2	Halle a. S.
3	78	1 627	568	2 195	—	—	—	—	—	Hamburg.
28	101	820	999	1 819	3	51	16	—	—	Hannover.
.	51	655	514	1 169	2	41	20	—	—	Karlsruhe.
3	24	376	144	520	8	96	28	1	1	Kiel.
96	169	1 372	2 866	4 238	2	31	—	—	—	Königsberg i. Pr.
46	1)150	1) 1 453	1 238	2 691	5	118	17	19	9	Leipzig.
.	24	482	163	645	1	13	.	6	.	Liegnitz.
20	43	474	442	916	4	63	21	6	4	Lübeck.
4	46	997	299	1 296	—	—	—	—	—	Magdeburg.
—	47	1 561	—	1 561	—	—	—	—	—	Mainz.
7	93	1 825	1 045	2 870	2	40	14	—	—	Mannheim.
15	77	1 136	728	1 864	2	16	4	2	—	Metz.
5) .	154	5 288	90	5 378	—	—	—	—	—	München.
29	79	2 601	465	3 066	—	—	—	—	—	Nürnberg.
—	9	213	—	213	3) 1	40	—	2	2	Plauen i. V.
48	106	1 836	1 809	3 645	6) 3	74	12	—	—	Posen.
4	10	—	164	164	2	25	10	1	1	Potsdam.
2	17	245	94	339	2	25	3	1	1	Spandau.
17	94	900	1 312	2 212	7) 5	90	15	4	3	Stettin.
36	193	2 306	2 426	4 732	3	12	4	2	2	Straßburg i. E.
41	235	4 143	2 373	6 516	8) 2	97	25	7	4	Stuttgart.
17	.	874	571	1 445	3	45	8	—	—	Wiesbaden.
8	87	1 809	910	2 719	—	—	—	—	—	Würzburg.
—	17	281	—	281	1	28	5	1	—	Zwickau.

Noch Tabelle I.

Städte	Noch D. Mittelschulen												
	noch städtische				sonstige								
	Klassen	Schüler			Anstalten	Lehrer				Klassen	Schüler		
						vollbeschäftigt		nicht vollbeschäft.					
		männlich	weiblich	überhaupt		überhaupt	darunt. weibl.	überhaupt	darunt. weibl.		männlich	weiblich	überhaupt
	98.	99.	100.	101.	102.	103.	104.	105.	106.	107.	108.	109.	110.
Aachen	17	—	688	688	—	—	—	—	—	—	—	—	—
Altona	78	1 862	1 361	3 223	5	45	45	38	15	45	30	853	883
Augsburg	—	—	—	—	—	—	—	—	—	—	—	—	—
Barmen	—	—	—	—	1	6	6	2	2	8	19	136	155
Berlin	—	—	—	—	4	43	.	31	.	47	140	1 479	1 619
Bochum	—	—	—	—	—	—	—	—	—	—	—	—	—
Bremen	—	—	—	—	1	9	6	—	—	8	—	335	335
Breslau	50	409	1 405	1 814	1	18	18	5	1	11	—	387	387
Cassel	22	—	728	728	—	—	—	—	—	—	—	—	—
Charlottenburg	12	—	531	531	1	.	.	.	.	.	—	357	357
Chemnitz	72	1 099	1 091	2 190	1) 1	8	8	6	2	10	—	160	160
Cöln	47	677	1 135	1 812	—	—	—	—	—	—	—	—	—
Crefeld	11	—	382	382	—	—	—	—	—	—	—	—	—
Danzig	14	771	—	771	4	36	36	3	—	29	341	549	890
Dortmund	—	—	—	—	—	—	—	—	—	—	—	—	—
Dresden	255	4 796	3 870	8 666	18	134	76	143	80	149	620	1 800	2 420
Düsseldorf	21	—	689	689	—	—	—	—	—	—	—	—	—
Duisburg	—	—	—	—	—	—	—	—	—	—	—	—	—
Elberfeld	29	—	936	936	1	3	3	3	1	8	—	74	74
Erfurt	8	—	278	278	—	—	—	—	—	—	—	—	—
Essen	—	—	—	—	—	—	—	—	—	—	—	—	—
Frankfurt a. M.	88	1 604	2 050	3 654	—	—	—	—	—	—	—	—	—
Frankfurt a. O	42	1 003	787	1 790	.	3	3	1	1	3	—	65	65
Freiburg i. Br.	18	—	749	749	—	—	—	—	—	—	—	—	—
Görlitz	15	—	595	595	—	—	—	—	—	—	—	—	—
Halle a. S.	104	2 461	2 144	4 605	2	30	9	1	1	27	680	504	1 184
Hamburg	—	—	—	—	2) .	.	.	.	.	.	.	.	.
Hannover	38	—	1 249	1 249	3	11	11	20	11	.	—	369	369
Karlsruhe	35	310	897	1 207	—	—	—	—	—	—	—	—	—
Kiel	78	1 719	1 592	3 311	1	4	4	6	4	5	—	125	125
Königsberg i. Pr.	24	1 015	—	1 015	1	6	—	11	1	9	251	—	251
Leipzig	132	1 657	2 967	4 624	—	—	—	—	—	—	—	—	—
Liegnitz	14	—	565	565	1	5	5	4	4	7	20	101	121
Lübeck	53	1 032	758	1 790	1	5	4	12	6	9	—	264	264
Magdeburg	—	—	—	—	—	—	—	—	—	—	—	—	—
Mainz	—	—	—	—	3) .	.	.	.	.	.	.	.	
Mannheim	41	795	739	1 534	—	—	—	—	—	—	—	—	—
Metz	10	431	151	582	—	—	—	—	—	—	—	—	—
München	—	—	—	—	4)15	5)269	5)178	6) .	6) .	97	200	1 359	1 559
Nürnberg	—	—	—	—	—	—	—	—	—	—	—	—	—
Plauen i. V.	41	491	671	1 162	1	4	4	3	3	4	—	53	53
Posen	60	1 854	1 078	2 932	1	5	—	3	—	5	151	85	236
Potsdam	22	120	577	697	—	—	—	—	—	—	—	—	—
Spandau	25	635	380	1 015	—	—	—	—	—	—	—	—	—
Stettin	78	2 147	836	2 983	6	48	47	20	8	50	—	1 259	1 259
Straßburg i. E.	6	244	90	334	—	—	—	—	—	—	—	—	—
Stuttgart	77	1 330	2 039	3 369	—	—	—	—	—	—	—	—	—
Wiesbaden	42	908	1 031	1 939	—	—	—	—	—	—	—	—	—
Würzburg	—	—	—	—	—	—	—	—	—	—	—	—	—
Zwickau	27	310	401	711	—	—	—	—	—	—	—	—	—

Siehe Anmerkungen auf Seite 280.

E. Volks (Elementar)-Schulen									Städte
städtische									
Anstalten	Lehrer				Klassen	Schüler			
	voll-beschäftigt		nicht voll-beschäftigt						
	über-haupt	darunt. weibl.	über-haupt	darunt. weibl.		männlich	weiblich	überhaupt	
111.	112.	113.	114.	115.	116.	117.	118.	119.	
31	320	158	1	1	319	9 110	8 772	17 882	Aachen.
29	346	149	17	17	301	9 210	9 693	18 903	Altona.
19	175	47	146	36	177	4 410	4 849	9 259	Augsburg.
47	407	88	12	12	393	10 624	10 786	21 410	Barmen.
247	4 621	1 776	515	504	4 294	105 173	105 938	211 111	Berlin.
.	.	.	.	.	.	.	.	.	Bochum.
22	378	82	—	—	339	8 428	8 659	17 087	Bremen.
136	922	255	139	139	935	25 046	25 015	50 061	Breslau.
19	232	50	6	6	214	5 411	5 411	10 822	Cassel.
24	405	106	14	14	382	8 874	8 367	17 241	Charlottenburg.
23	459	22	63	4	692	13 995	15 108	29 103	Chemnitz.
75	846	402	—	—	846	23 505	24 088	47 593	Cöln.
45	305	93	—	—	305	8 588	8 429	17 017	Crefeld.
24	197	25	96	96	283	7 284	7 518	14 802	Danzig.
—	—	—	—	—	—	—	—	—	Dortmund.
32	767	102	98	86	874	17 332	18 560	35 892	Dresden.
37	445	202	—	—	443	13 273	12 938	26 211	Düsseldorf.
32	221	20	—	—	221	7 264	8 563	14 827	Duisburg.
[1]) 51	436	72	.	.	429	12 011	11 509	23 520	Elberfeld.
10	225	66	43	40	220	5 833	5 891	11 724	Erfurt.
21	284	107	—	—	278	8 140	8 179	16 319	Essen.
33	499	139	27	20	441	11 082	12 059	23 141	Frankfurt a. M.
10	113	24	13	13	113	3 073	3 107	6 180	Frankfurt a. O.
.	94	28	2	2	96	2 825	1 925	4 750	Freiburg i. Br.
10	177	48	—	—	161	4 680	4 559	9 239	Görlitz.
24	358	117	9	9	330	8 871	9 599	18 470	Halle a S.
[2])125	2 299	851	—	—	1 826	42 359	42 325	84 684	Hamburg.
67	485	150	7	7	439	12 230	11 988	24 218	Hannover.
.	160	20	—	—	187	4 020	3 723	7 743	Karlsruhe.
22	240	84	—	—	203	5 389	5 185	10 574	Kiel.
32	385	143	36	34	357	9 162	9 819	18 981	Königsberg i. Pr.
45	1 563	143	18	17	1 494	29 515	30 604	60 119	Leipzig.
10	109	.	8	.	114	3 300	3 060	6 360	Liegnitz.
21	206	71	121	23	217	4 393	4 480	8 873	Lübeck.
41	678	99	125	125	666	16 974	16 919	33 893	Magdeburg.
.	[3]) 171	[3]) 69	[4]) .	[4]) .	151	3 948	4 030	7 978	Mainz.
.	320	.	—	—	346	.	.	15 625	Mannheim.
20	72	34	6	—	72	1 758	1 528	3 286	Metz.
40	[3]) 1 358	[3])667	[4]) .	[4]) .	963	24 156	25 553	49 709	München.
.	587	27	145	87	574	14 781	15 118	29 899	Nürnberg.
10	167	5	3	2	230	4 407	4 907	9 314	Plauen i. V.
12	223	49	15	15	216	5 651	5 845	11 496	Posen.
10	114	37	4	2	105	2 612	2 668	5 280	Potsdam.
9	147	31	5	5	159	4 636	4 574	9 210	Spandau.
36	472	149	—	—	436	11 638	11 725	23 363	Stettin.
45	248	117	6	3	245	.	.	12 837	Straßburg i. E.
.	230	46	16	16	209	.	.	9 880	Stuttgart.
6	133	30	—	—	116	3 310	3 367	6 677	Wiesbaden.
.	140	56	31	—	138	3 520	3 604	7 124	Würzburg.
6	149	7	1	—	178	3 735	3 772	7 507	Zwickau.

Noch Tabelle I.

Städte	Noch E. Volks (Elementar)- Schulen. sonstige									F. Vor- einschließlich städ-		
	Anstalten	Lehrer				Klassen	Schüler			Anstalten	Lehrer	
		vollbeschäftigt.		nicht vollbeschäftigt								
		überhaupt	darunt. weibl.	überhaupt	darunt. weibl.		männlich	weiblich	überhaupt		vollbesch.	nicht vollbesch.
	120.	121.	122.	123.	124.	125.	126.	127.	128.	129.	130.	131.
Aachen . . .	1	2	—	1	1	2	57	31	88	2	5	3
Altona . . .	5	23	12	3	1	22	494	455	949	2	8	—
Augsburg . .	5	17	2	14	5	23	163	85	248	—	—	—
Barmen . . .	2	4	—	—	—	4	44	27	71	—	—	—
Berlin. . . .	14	91	.	17	.	81	1 437	1 543	2 980	18	55	—
Bochum . . .	—	—	—	—	—	—	—	—	—	—	—	—
Bremen . . .	7	48	17	2	2	43	939	974	1 913	—	—	—
Breslau . . .	9	1)45	1) 11	1) 5	1) 2	.	400	486	886	8	23	—
Cassel . . .	2	7	—	4	1	5	121	21	142	1	8	—
Charlottenburg.	—	—	—	—	—	—	—	—	—	3	19	—
Chemnitz . .	1	12	1	3	1	17	351	345	696	—	—	—
Cöln	1	9	3	4	—	8	40	41	81	3	11	—
Crefeld . . .	—	—	—	—	—	—	—	—	—	2	6	—
Danzig . . .	1	10	8	1	—	12	227	173	400	1	5	—
Dortmund . .	4	356	115	13	12	346	10 357	10 485	20 842	—	—	—
Dresden . . .	5	2)63	.	3) .	.	.	458	359	817	—	—	—
Düsseldorf . .	2	4	—	—	—	4	121	64	185	3	9	—
Duisburg. . .	—	—	—	—	—	—	—	—	—	1	3	—
Elberfeld. . .	2	2	—	—	—	2	23	16	39	4	12	—
Erfurt. . . .	2	11	2	—	—	14	141	152	293	1	7	—
Essen. . . .	—	—	—	—	—	—	—	—	—	1	3	—
Frankfurt a. M.	3	21	4	6	2	22	736	373	1 109	6	24	4
Frankfurt a. O.	1	1	—	2	1	1	20	18	38	1	3	—
Freiburg i. B. .	—	—	—	—	—	—	—	—	—	—	—	—
Görlitz . . .	—	—	—	—	—	—	—	—	—	2	4) .	—
Halle a S. . .	1	6	—	1	1	7	42	35	77	2	5) 6	—
Hamburg. . .	6) .	.	.	.	.	.	.	.	.	7	42	—
Hannover . .	7) 2	1	1	7	—	7	84	89	173	7	24	—
Karlsruhe . .	2	8	—	—	—	8	308	—	308	—	—	—
Kiel	1	9	4	—	—	9	275	276	551	2	7	—
Königsberg i.P.	—	—	—	—	—	—	—	—	—	3	8) 6	—
Leipzig . . .	1	40	9	7	2	42	705	736	1 441	—	—	—
Liegnitz . . .	1	8	.	1	.	9	94	83	177	2	7	—
Lübeck . . .	5	9	.	14	2	17	192	288	480	2	4) .	4).
Magdeburg . .	1	4	4	4	—	4	—	85	85	1	11	—
Mainz	9) .	.		.	.	.	.	.	.	1	10) 3	—
Mannheim . .	—	—	—	—	—	—	—	—	—	—	—	—
Metz	7	28	16	2	—	24	334	417	751	—	—	—
München. . .	6	2)69	2) 33	3) .	3) .	34	185	745	930	—	—	—
Nürnberg . .	—	—	—	—	—	—	—	—	—	1	4	—
Plauen i. V. .	11) 2	4	.	3	.	11	223	148	371	—	—	—
Posen. . . .	—	—	—	—	—	—	—	—	—	—	—	—
Potsdam. . .	—	—	—	—	—	—	—	—	—	3	8	6
Spandau. . .	—	—	—	—	—	—	—	—	—	—	—	—
Stettin . . .	2	16	3	—	—	11	52	42	94	3	12	1
Strassburg i. E.	18	32	18	3	3	32	433	469	902	—	—	—
Stuttgart . . .	2	11	2	1	—	8	271	29	300	1	22	2
Wiesbaden . .	—	—	—	—	—	—	—	—	—	1	6	—
Würzburg . .	8	24	7	13	2	22	290	294	584	—	—	—
Zwickau . . .	—	—	—	—	—	—	—	—	—	—	—	—

Siehe Anmerkungen auf Seite 280.

schulen zu den höheren Lehranstalten der selbständigen Vorbereitungsschulen							G. Lehranstalten für allgemeine Bildung überhaupt (Summe zu A—F)				Städte
tische		sonstige					städtische				
			Lehrer					Lehrer vollbeschäftigt			
Klassen	Schüler	Anstalten	vollbesch.	nicht vollbesch.	Klassen	Schüler	Anstalten	männlich	weiblich	überhaupt	
132.	133.	134.	135.	136.	137.	138.	139.	140.	141.	142.	
5	221	1	3	—	3	121	39	217	197	414	Aachen.
8	325	—	—	—	—	—	40	313	186	499	Altona.
—	—	—	—	—	—	—	20	132	49	181	Augsburg.
—	—	1	3	—	3	128	54	418	111	529	Barmen.
55	2 618	6	1) 32	—	33	1 154	303	3 593	1 847	5 440	Berlin.
—	—	—	—	—	—	—	.	.	.	.	Bochum.
—	—	5	2) 32	2) 2	32	2) 1 141	26	426	82	508	Bremen.
24	821	5	3) 5	—	3) 6	3) 208	163	898	293	1 191	Breslau.
9	345	2	5	4	6	184	25	287	70	357	Cassel.
19	866	1	4	—	4	177	33	398	121	519	Charlottenburg.
—	—	—	—	—	—	—	28	545	36	581	Chemnitz.
11	452	—	—	—	—	—	89	588	441	1 029	Cöln.
6	189	—	—	—	—	—	52	296	107	403	Crefeld.
3	122	16	4) 32	4) 6	30	4) 897	31	270	41	311	Danzig.
—	—	—	—	—	—	—	4	100	11	111	Dortmund.
—	—	—	—	—	—	—	53	1 072	134	1 206	Dresden.
9	408	1	3	—	3	133	47	349	226	575	Düsseldorf.
3	113	1	2	—	3	37	36	238	29	267	Duisburg.
12	403	—	—	—	—	—	63	488	120	608	Elberfeld.
7	276	1	5) .	5) .	3	51	14	196	79	275	Erfurt.
3	75	—	—	—	—	—	25	239	117	356	Essen.
22	1 029	4	6	—	12	343	56	642	185	827	Frankfurt a. M.
3	88	1	3	—	3	90	16	154	46	200	Frankfurt a. O.
—	—	—	—	—	—	—	.	103	39	142	Freiburg i. Br.
9	369	—	—	—	—	—	17	206	63	269	Görlitz.
10	6) 292	1	6	—	6	240	34	399	156	555	Halle a. S.
42	1 743	10	7) 28	7) 5	53	1 263	141	1 679	851	2 530	Hamburg.
24	1 122	1	3	—	3	140	88	561	199	760	Hannover.
—	—	—	—	—	—	—	.	246	51	297	Karlsruhe.
7	321	1	4	—	4	149	36	281	124	405	Kiel.
9	372	6	8) 14	8) 1	19	8) 454	42	336	149	485	Königsberg i. P.
—	—	2	9) .	9) .	9) .	9) .	57	1 735	171	1 906	Leipzig.
7	220	—	—	—	—	—	16	.	.	163	Liegnitz.
8	249	2	10) .	10) .	6	129	31	232	102	334	Lübeck.
11	476	11) 7	1	16	14	11) 185	49	716	120	836	Magdeburg.
3	12) 147	2	5	3	6	218	.	13) 120	13) 84	13) 204	Mainz.
—	—	2	5	9	10	153	.	.	.	365	Mannheim.
—	—	2	7	—	6	185	23	52	51	103	Metz.
—	—	—	—	—	—	—	42	13) 734	13) 682	13) 1 416	München.
4	154	2	14) 2	—	6	134	.	602	36	638	Nürnberg.
—	—	—	—	—	—	—	13	232	5	237	Plauen i. V.
—	—	2	6	1	7	202	15	236	61	297	Posen.
15	450	—	—	—	—	—	19	166	56	222	Potsdam.
—	—	1	3	—	3	100	12	144	37	181	Spandau.
12	351	2	7	—	9	259	48	483	178	661	Stettin.
—	—	5	16	—	17	533	49	146	132	278	Straßburg i. E.
22	892	2	8	—	8	202	.	278	71	349	Stuttgart.
6	243	—	—	—	—	—	12	178	48	226	Wiesbaden.
—	—	1	9) .	9	2	48	.	84	56	140	Würzburg.
—	—	—	—	—	—	—	9	194	12	206	Zwickau.

Noch Tabelle I.

Städte	Noch G. Lehranstalten für allgemeine								
	noch städtische								
	Lehrer			Klassen	Schüler			Anstalten	voll-
	nicht vollbesch.								
	männlich	weiblich	überhaupt		männlich	weiblich	überhaupt		männlich
	143.	144.	145.	146.	147.	148.	149.	150.	151.
Aachen	27	1	28	386	10 190	9 912	20 102	6	45
Altona	2	20	22	426	12 179	11 406	23 585	11	30
Augsburg	110	40	150	181	4 410	4 992	9 402	14	119
Barmen	8	12	20	478	12 124	11 559	23 683	4	7
Berlin	.	.	.	4 923	122 723	110 253	232 976	81	.
Bochum	.	.	.	.	.	.	.	1	—
Bremen	2	—	2	427	10 717	8 659	19 376	20	61
Breslau	61	159	220	1 158	29 796	27 112	56 908	35	125
Cassel	4	7	11	313	7 124	6 766	13 890	13	.
Charlottenburg	6	16	22	478	11 305	9 507	20 812	13	.
Chemnitz	66	4	70	800	16 075	16 199	32 274	3	45
Cöln	26	—	26	985	26 694	25 883	52 577	17	77
Crefeld	3	1	4	376	9 949	9 149	19 098	1	1
Danzig	14	96	110	368	9 554	7 970	17 524	29	44
Dortmund	8	1	9	82	1 633	590	2 223	7	242
Dresden	34	126	160	1 257	25 449	22 972	48 421	29	.
Düsseldorf	9	2	11	537	15 182	13 987	29 169	13	34
Duisburg	3	—	3	260	7 954	7 934	15 888	3	14
Elberfeld	.	.	.	554	13 921	13 178	27 099	4	2
Erfurt	6	44	50	263	6 378	6 619	12 997	10	64
Essen	4	—	4	330	9 197	8 579	17 776	3	26
Frankfurt a. M.	43	28	71	694	16 333	15 788	32 121	23	79
Frankfurt a. O.	5	23	28	188	4 622	4 294	8 916	.	26
Freiburg i. Br.	7	2	9	135	3 650	2 674	6 324	2	.
Görlitz	—	—	—	232	6 009	5 574	11 583	1	.
Halle a. S.	—	11	11	494	12 533	12 252	24 785	12	116
Hamburg	19	—	19	2 008	48 383	42 325	90 708	2)92	227
Hannover	4	8	12	637	16 571	14 772	31 343	17	53
Karlsruhe	25	5	30	294	5 806	5 231	11 037	7	.
Kiel	4	1	5	335	8 210	7 404	15 614	5	30
Königsberg i. Pr.	6	35	41	435	11 812	10 128	21 940	24	68
Leipzig	41	28	69	1 780	35 314	34 247	69 561	16	105
Liegnitz	.	.	33	166	4 108	3 867	7 975	5	.
Lübeck	105	27	132	322	6 430	5 586	12 016	13	32
Magdeburg	35	134	169	789	19 658	18 398	38 056	12	47
Mainz	1).	1).	1)	169	3 948	4 621	8 569	3)13	4)124
Mannheim	7	1	8	389	.	.	17 189	9	99
Metz	11	1	12	98	2 189	1 989	4 178	17	84
München	1)	1).	1).	990	24 542	26 044	50 586	31	4)457
Nürnberg	91	102	193	620	15 211	16 379	31 590	8	82
Plauen i. V.	3	4	7	292	5 404	5 578	10 982	4	.
Posen	—	15	15	276	7 505	6 923	14 428	15	104
Potsdam	13	3	16	199	4 315	3 783	8 098	1	—
Spandau	—	7	7	193	5 271	5 147	10 418	3	14
Stettin	6	4	10	591	15 393	13 189	28 582	19	60
Straßburg i. E.	6	7	13	262	.	.	13 482	42	152
Stuttgart	5	20	25	308	.	.	14 141	20	256
Wiesbaden	8	—	8	199	5 020	5 044	10 064	8	43
Würzburg	31	—	31	138	3 520	3 604	7 124	18	107
Zwickau	4	.	4	224	4 504	4 173	8 677	1	27

Siehe Anmerkungen auf Seite 280.

Bildung überhaupt (Summe zu A—F)									
sonstige									
Lehrer					Klassen	Schüler			Städte
beschäftigt		nicht vollbesch.							
weiblich	überhaupt	männlich	weiblich	überhaupt		männlich	weiblich	überhaupt	
152.	153.	154.	155.	156.	157.	158.	159.	160.	
21	66	5	5	10	49	1 046	671	1 717	Aachen.
57	87	26	16	42	80	864	1 308	2 172	Altona.
78	197	34	6	40	111	1 708	1 002	2 710	Augsburg.
6	13	—	2	2	15	191	163	354	Barmen.
.	867	.	.	.	773	7 007	15 456	22 463	Berlin.
9	9	9	—	9	8	—	240	240	Bochum.
125	186	32	16	48	166	1 950	3 629	5 579	Bremen.
189	314	[1])112	[1]) 44	[1])156	.	2 360	3 655	6 015	Breslau.
.	.	.	.	.	.	1 262	714	1 976	Cassel.
.	.	.	.	.	.	561	2 506	3 067	Charlottenburg
9	54	7	3	10	45	826	505	1 331	Chemnitz.
104	181	50	31	81	168	1 797	2 286	4 083	Cöln.
15	16	1	—	1	14	—	415	415	Crefeld.
136	180	40	3	43	156	2 090	2 418	4 508	Danzig.
132	374	10	18	28	364	10 383	10 886	21 269	Dortmund.
.	[2])447	.	.	[3]) .	.	2 757	2 159	4 916	Dresden.
71	105	18	8	26	98	867	1 416	2 283	Düsseldorf.
9	23	4	—	4	21	305	199	504	Duisburg.
7	9	4	2	6	20	23	194	217	Elberfeld.
27	91	22	2	24	75	1 132	500	1 632	Erfurt.
26	52	2	—	2	39	499	581	1 080	Essen.
68	147	70	48	118	156	1 948	2 018	3 966	Frankfurt a. M.
10	36	16	5	21	30	537	263	800	Frankfurt a. O.
.	54	.	.	13	41	778	580	1 358	Freiburg i. Br.
.	8	.	.	5	9	—	152	152	Görlitz.
32	148	25	10	35	129	2 281	1 144	3 425	Halle a. S.
468	695	162	158	320	680	5 666	10 254	15 920	Hamburg.
62	115	71	39	110	.	1 044	1 457	2 501	Hannover.
.	57	.	.	78	59	963	514	1 477	Karlsruhe.
17	47	8	7	15	42	800	545	1 345	Kiel.
88	156	78	98	176	197	2 012	2 931	4 943	Königsbergi.Pr.
64	169	101	48	149	192	2 158	1 974	4 132	Leipzig.
.	39	.	.	23	40	596	347	943	Liegnitz.
35	67	52	28	80	75	795	994	1 789	Lübeck.
16	63	43	4	47	64	1 092	474	1 566	Magdeburg.
[2]) 32	[2])156	[4]) .	[4]) .	[4]) .	.	2 143	1 020	3 163	Mainz.
26	125	65	7	72	108	1 978	1 045	3 023	Mannheim.
50	134	9	15	24	107	1 655	1 145	2 800	Metz.
[2])227	[2])684	[4]) .	[4]) .	[4]) .	285	5 673	2 194	7 867	München.
10	92	75	29	104	85	2 735	465	3 200	Nürnberg.
.	25	.	.	7	24	436	201	637	Plauen i. V.
44	148	18	48	66	118	2 189	1 894	4 083	Posen.
9	9	8	4	12	10	—	164	164	Potsdam.
5	19	9	2	11	20	345	94	439	Spandau.
102	162	55	25	80	164	1 211	2 613	3 824	Stettin.
131	283	75	39	114	242	3 272	2 895	6 167	Straßburg i. E
65	321	112	41	153	251	4 616	2 402	7 018	Stuttgart.
25	68	35	17	52	.	874	571	1 445	Wiesbaden.
45	152	73	10	83	111	2 147	1 204	3 351	Würzburg.
—	27	2	—	2	17	281	—	281	Zwickau.

Tabelle IIa. Die aus der obersten Klasse der Volksschule entlassene

Städte	Von den aus de														
	achtstufigen Volksschule						siebenstufigen Volksschule						sechsstufig		
	entlassenen Knaben waren in die														
	unter 1/2	1/2 bis unter 1	1 bis unter 1 1/2	1 1/2 bis unter 2	2 und mehr	zusammen	unter 1/2	1/2 bis unter 1	1 bis unter 1 1/2	1 1/2 bis unter 2	2 und mehr	zusammen	unter 1/2	1/2 bis unter 1	1 bis
1.	2.	3.	4.	5.	6.	7.	8.	9.	10.	11.	12.	13.	14	15.	16
Altona	—	—	—	—	—	—	—	—	—	—	—	—	7	18	25
Augsburg	—	—	—	—	—	—	—	—	149	8	5	162	—	—	—
Barmen	—	17	40	18	37	112	—	77	221	124	186	608	—	8	[illegible]
Bochum	—	—	—	—	—	—	—	33	107	54	174	368	—	—	—
Bremen	3	11	545	—	5	564	—	—	—	—	—	—	—	4	1
Breslau*)	—	—	—	—	—	—	—	—	—	—	—	—	72	454	8
Cassel	—	—	—	—	—	—	—	—	210		150	360	—	—	—
Charlottenburg	—	—	—	—	—	—	²) 80	²) 97	²) 116		²) 8	¹) 428	—	—	—
Chemnitz	—	—	—	—	—	—	5	8	468	2	660	1 143	—	—	—
Cöln	—	—	—	—	—	—	—	557	—	871	—	1 428	—	54	—
Crefeld	—	—	—	—	—	—	—	—	—	219	663	882	—	—	—
Danzig	—	—	—	—	—	—	—	18	9	4	—	31	4	82	7
Dortmund	—	—	—	—	—	—	26	73	205	126	319	749	—	—	—
Düsseldorf	—	—	—	—	—	—	8	105	386	142	356	997	—	—	—
Erfurt	—	—	—	—	—	—	1	93	43	48	97	282	—	—	—
Essen	.	.	.	.	.	.	.	.	.	.	.	.	.	.	.
Frankfurt a. M.	—	—	—	—	—	—	—	³) 602	—	—	³) 1 383	³) 1 985	—	—	—
Frankfurt a. O.	—	—	—	—	—	—	—	—	—	—	—	—	2	28	3
Freiburg i. Br.	.	.	.	.	.	⁴) 105	—	—	—	—	—	—	.	.	
Görlitz	—	—	—	—	—	—	—	3	103	2	97	205	—	—	—
Halle a. S.	—	327	—	—	—	327	—	63	7	66	31	167	—	—	—
Hannover	—	—	—	—	—	—	1	21	373	24	396	815	—	—	—
Karlsruhe	.	.	.	.	.	⁴) 285	—	—	—	—	—	—	—	—	—
Kiel	2	—	122	—	141	265	—	—	—	—	—	—	—	—	—
Königsberg i. Pr.	145				94	239	301				274	575	—	—	—
Leipzig	10	4	2 303	1	7	2 325	—	—	—	—	—	—	—	—	—
Liegnitz	—	—	—	—	—	—	—	—	—	—	—	—	—	—	10
Magdeburg**	—	—	—	—	—	—	—	—	—	—	—	—	6	112	2
Mainz	—	251	—	—	—	251	—	—	—	—	—	—	—	—	—
Mannheim	.	.	.	.	.	⁴) 366	—	—	—	—	—	—	—	—	—
Metz	—	—	—	—	—	—	—	—	—	—	—	—	4	12	1
München	—	—	—	—	—	—	13	5	1 434		59	1 511	—	—	—
Plauen i. V.	3	3	327	—	—	333	1	4	361	3	524	893	—	—	—
Posen	—	—	—	—	—	—	14	34	63	15	41	167	1	3	—
Potsdam	—	—	—	—	—	—	—	25	20	11	—	56	—	—	—
Spandau	—	—	—	—	—	—	—	—	—	—	—	—	—	35	6
Stettin	—	—	—	—	—	—	—	—	—	—	—	—	—	115	1
Straßburg i. E.	2	22	38	—	46	108	—	13	15	—	32	60	1	19	1
Stuttgart	—	—	—	—	—	—	2	—	606	—	53	661	—	—	—
Wiesbaden	.	.	.	.	.	⁴) 260	—	—	—	—	—	—	—	—	—
Zwickau	—	—	121	—	—	121	—	—	64	—	121	185	—	—	—

¹) Darunter 127 ohne Angabe der Besuchsdauer. — ²) Vergl. Anmerkung zu Ziffer 1. - Dauerklassen die spätere Grenze mit ein und beginnen auch dementsprechend später, also: bis 1/2, üb Umwandlung in siebenstufige begriffen.

Knaben nach der Besuchsdauer dieser Klasse im Schuljahr 1900/01.

obersten Klasse der																
Volksschule			fünf- bis einstufigen Volkssch.						Volksschulen überhaupt						Städte
obersten Klasse seit . . . . Jahren																
1½ bis unter 2	2 und mehr	zusammen	unter ½	½ bis unter 1	1 bis unter 1½	1½ bis unter 2	2 und mehr	zusammen	unter ½	½ bis unter 1	1 bis unter 1½	1½ bis unter 2	2 und mehr	zusammen	
17.	18.	19.	20.	21.	22.	23.	24.	25.	26.	27.	28.	29.	30.	31.	32.
8	333	622	—	1	—	—	13	14	7	19	256	8	346	636	Altona.
—	—	—	—	—	—	—	—	—	—	—	149	8	5	162	Augsburg.
12	32	61	—	—	5	—	15	20	—	102	275	154	270	801	Barmen.
—	—	—	—	—	—	—	—	—	—	33	107	54	174	368	Bochum.
2	86	104	—	9	—	—	20	29	3	24	557	2	111	697	Bremen.
635	649	1 898	—	3	1	6	5	15	72	457	89	641	654	1 913	Breslau.
—	—	—	—	—	—	—	7	7	—	—	210	—	157	367	Cassel.
—	—	—	—	—	—	—	—	—	2) 80	2) 97	2) 116		2) 8	1) 428	Charlottenburg.
—	—	—	—	—	—	—	—	—	5	8	468	2	660	1 143	Chemnitz.
119	—	173	—	41	—	131	—	172	—	652	—	1 121	—	1 773	Cöln.
—	—	—	—	—	—	14	51	65	—	—	—	233	714	947	Crefeld.
61	124	350	3	6	10	5	17	41	7	106	98	70	141	422	Danzig.
—	—	—	—	—	—	1	7	8	26	73	205	127	326	757	Dortmund.
—	—	—	—	6	8	3	45	62	8	111	394	145	401	1 059	Düsseldorf.
—	—	—	—	—	—	—	—	—	1	93	43	48	97	282	Erfurt.
.	.	.	.	.	.	.	.	.	15	178	267	119	387	966	Essen.
—	—	—	—	—	—	—	—	—	—	3) 602	—	—	3) 1 383	3) 1 985	Frankfurt a. M.
37	103	205	—	2	—	1	2	5	2	30	35	38	105	210	Frankfurt a. O.
.	.	4) 16	—	—	—	—	—	—	.	.	.	.	.	4) 121	Freiburg i. Br.
—	—	—	—	—	—	—	—	—	—	3	103	2	97	205	Görlitz.
—	—	—	—	—	—	—	—	—	—	390	7	66	31	494	Halle a. S.
—	—	—	—	—	—	—	—	—	1	21	373	24	396	815	Hannover.
—	—	—	—	—	—	—	—	—	.	.	.	.	.	4) 285	Karlsruhe.
—	6	6	—	—	2	—	10	12	2	—	124	—	157	283	Kiel.
—	—	—	—	—	—	—	—	—	446				368	814	Königsberg i. Pr.
—	—	—	—	—	—	—	—	—	10	4	2 303	1	7	2 325	Leipzig.
73	54	230	—	—	—	—	—	—	—	—	103	73	54	230	Liegnitz.
70	202	592	2	2	—	2	7	13	8	114	202	72	209	605	Magdeburg.
—	—	—	5	—	—	—	—	5	5	251	—	—	—	256	Mainz.
—	—	—	—	—	—	—	—	—	.	.	.	.	.	4) 366	Mannheim.
48	88	166	—	—	—	—	—	—	4	12	14	48	88	166	Metz.
—	—	—	—	—	—	—	—	—	13	5	1 434		59	1 511	München.
—	—	—	—	—	—	—	—	—	4	7	688	3	524	1 226	Plauen i. V.
10	4	18	—	—	—	—	—	—	15	37	63	25	45	185	Posen.
—	—	—	—	—	—	—	—	—	—	25	20	11	—	56	Potsdam.
58	130	289	—	—	—	—	—	—	—	35	66	58	130	289	Spandau.
134	357	770	—	—	—	—	—	—	—	115	164	134	357	770	Stettin.
1	39	78	6	17	21	13	141	198	9	71	92	14	258	444	Straßburg i. E.
—	—	—	—	—	—	—	—	—	2	—	606	—	53	661	Stuttgart.
—	—	—	—	—	—	—	—	—	.	.	.	.	.	4) 260	Wiesbaden.
—	—	—	—	—	—	—	—	—	—	—	185	—	121	306	Zwickau.

) Einschl. der Mädchen. — 4) Seit einem Jahr in der obersten Klasse. — *) In Breslau schließen die
½ bis 1 usw. — ** Magdeburg ohne die Bürgerschulen. Die sechsstufigen Volksschulen sind in der

Tabelle IIb. Die aus der obersten Klasse der Volksschule entlassene

Städte	Von den aus de														
	achtstufigen Volksschule						siebenstufigen Volksschule						sechsstufige		
	entlassenen Mädchen waren in diese														
	unter 1/2	1/2 bis unter 1	1 bis unter 1 1/2	1 1/2 bis unter 2	2 und mehr	zusammen	unter 1/2	1/2 bis unter 1	1 bis unter 1 1/2	1 1/2 bis unter 2	2 und mehr	zusammen	unter 1/2	1/2 bis unter 1	1 bis unter 1 1/2
1.	2.	3.	4.	5.	6.	7.	8.	9.	10.	11.	12.	13.	14.	15.	16.
Altona	—	—	—	—	—	—	—	—	—	—	—	—	6	5	240
Augsburg	—	—	—	—	—	—	—	—	271	1	—	272	—	—	—
Barmen	—	26	36	22	33	117	—	97	251	142	166	656	—	13	17
Bochum	—	—	—	—	—	—	14	94	79	177	81	445	—	—	—
Bremen	7	10	563	1	1	582	—	—	—	—	—	—	—	1	16
Breslau*)	—	—	—	—	—	—	—	—	—	—	—	—	69	494	115
Cassel	—	—	—	—	—	—	—	—	255	—	188	443	—	—	—
Charlottenburg	—	—	—	—	—	—	2) 54	2) 120	156 (spanning columns 10–11)		2) 7	1) 436	—	—	—
Chemnitz	—	—	—	—	—	—	2	18	528	4	845	1 397	—	—	—
Cöln	—	—	—	—	—	—	—	568	—	910	—	1 478	—	67	—
Crefeld	—	—	—	—	—	—	—	—	—	211	695	906	—	—	—
Danzig	—	—	—	—	—	—	—	12	12	4	3	31	27	75	89
Dortmund	—	—	—	—	—	—	28	67	190	136	377	798	—	—	—
Düsseldorf	—	—	—	—	—	—	7	133	460	159	377	1 136	—	—	—
Erfurt	—	—	—	—	—	—	—	47	100	76	91	314	—	—	—
Essen		.	.	.	.	.	.	.	.	.	.	.	.	.	.
Frankfurt a. M.	—	—	—	—	—	—	—	3).	—	—	3).	3).	—	—	—
Frankfurt a. O.	—	—	—	—	—	—	—	—	—	—	—	—	2	35	42
Freiburg i. Br.	.	.	.	.	.	4) 57	—	—	—	—	—	—	.	.	.
Görlitz	—	—	—	—	—	—	1	2	121	—	75	199	—	—	—
Halle a. S.	—	414	—	—	—	414	—	23	34	13	46	116	—	—	—
Hannover	—	—	—	—	—	—	—	37	379	36	350	802	—	—	—
Karlsruhe	.	.	.	.	.	4) 217	—	—	—	—	—	—	—	—	—
Kiel	—	—	—	—	—	—	—	4	152	—	181	337	—	2	5
Königsberg i. Pr.	121 (spanning columns 2–5)				134	255	305 (spanning columns 8–11)				285	590	—	—	—
Leipzig	7	8	2 768	—	1	2 784	—	—	—	—	—	—	—	—	—
Liegnitz	—	—	—	—	—	—	—	—	—	—	—	—	1	—	109
Magdeburg**)	—	—	—	—	—	—	—	—	—	—	—	—	5	89	242
Mainz	—	282	—	—	—	282	—	—	—	—	—	—	—	—	—
Mannheim	.	.	.	.	.	4) 268	—	—	—	—	—	—	—	—	—
Metz	—	—	—	—	—	—	—	—	—	—	—	—	6	9	25
München	—	—	—	—	—	—	17	5	1 967 (spanning columns 10–11)		60	2 049	—	—	—
Plauen i. V.	2	2	590	—	—	594	3	4	396	—	557	960	—	—	—
Posen	—	—	—	—	—	—	2	20	88	33	42	185	—	9	6
Potsdam	—	—	—	—	—	—	—	24	20	7	—	51	—	—	—
Spandau	—	—	—	—	—	—	—	—	—	—	—	—	—	56	77
Stettin	—	—	—	—	—	—	—	—	—	—	—	—	—	106	205
Straßburg i. E.	—	—	—	—	—	—	—	—	47	—	4	51	2	—	60
Stuttgart	—	—	—	—	—	—	3	1	676	—	47	727	—	—	—
Wiesbaden	.	.	.	.	.	4) 304	—	—	—	—	—	—	—	—	—
Zwickau	2	—	140	—	—	142	2	2	74	1	199	278	—	—	—

1) Darunter 99 ohne Angabe der Besuchsdauer. — 2) Vergl. Anmerkung zu Ziffer 1. — 3) I

*) In Breslau schließen die Dauerklassen die spätere Grenze mit ein und beginnen auch dementsprechen stufigen Volksschulen sind in der Umwandlung in siebenstufige begriffen.

ädchen nach der Besuchsdauer dieser Klasse im Schuljahre 1900/01.

bersten Klasse der															
olksschule			fünf- bis einstufigen Volkssch.						Volksschulen überhaupt						Städte
bersten Klasse seit . . . . Jahren															
1½ bis unter 2	2 und mehr	zusammen	unter ½	½ bis unter 1	1 bis unter 1½	1½ bis unter 2	2 und mehr	zusammen	unter ½	½ bis unter 1	1 bis unter 1½	1½ bis unter 2	2 und mehr	zusammen	
17.	18.	19.	20.	21.	22.	23.	24.	25.	26.	27.	28.	29.	30.	31.	32.
16	300	567	—	—	—	—	7	7	6	5	240	16	307	574	Altona.
—	—	—	—	—	—	—	—	—	—	—	271	1	—	272	Augsburg.
21	35	86	—	—	5	1	17	23	—	136	309	186	251	882	Barmen.
—	—	—	—	—	—	—	—	—	14	94	79	177	81	445	Bochum.
2	86	105	—	14	—	3	23	40	7	25	579	6	110	727	Bremen.
01	741	2 220	—	2	3	4	5	14	69	496	118	805	746	2 234	Breslau.
—	—	—	—	—	—	—	7	7	—	—	255	—	195	450	Cassel.
—	—	—	—	—	—	—	—	—	[2]) 54	[2]) 120	[2]) 156		[2]) 7	[1]) 436	Charlottenburg.
—	—	—	—	—	—	—	—	—	2	18	528	4	845	1 397	Chemnitz.
53	—	220	—	33	—	107	—	140	—	668	—	1 170	—	1 838	Cöln.
—	—	—	—	—	—	17	48	65	—	—	—	228	743	971	Crefeld.
75	106	372	4	5	9	16	16	50	31	92	110	95	125	453	Danzig.
—	—	—	—	—	—	1	6	7	28	67	190	137	383	805	Dortmund.
—	—	—	1	4	5	9	61	80	8	137	465	168	438	1 216	Düsseldorf.
—	—	—	—	—	—	—	—	—	—	47	100	76	91	314	Erfurt.
.	.	.	.	.	.	.	.	.	21	156	307	192	392	1 068	Essen.
—	—	—	—	—	—	—	—	—	—	[3]) .	—	—	[3]) .	[3]) .	Frankfurt a. M.
50	106	235	—	—	—	3	3	6	2	35	42	53	109	241	Frankfurt a. O.
.	.	[4]) 14	—	—	—	—	—	—	.	.	.	.	.	[4]) 71	Freiburg i. Br.
—	—	—	—	—	—	—	—	—	1	2	121	—	75	199	Görlitz.
—	—	—	—	—	—	—	—	—	—	437	34	13	46	530	Halle a. S.
—	—	—	—	—	—	—	—	—	—	37	379	36	350	802	Hannover.
—	—	—	—	—	—	—	—	—	.	.	.	.	.	[4]) 217	Karlsruhe.
1	8	16	—	—	—	—	11	11	—	6	157	1	200	364	Kiel.
—	—	—	—	—	—	—	—	—	426				419	845	Königsberg i. Pr.
—	—	—	—		—	—	—	—	7	8	2 768	—	1	2 784	Leipzig.
67	43	220	—	—	—	—	—	—	1	—	109	67	43	220	Liegnitz.
61	292	689	1	1	4	6	4	16	6	90	246	67	296	705	Magdeburg.
—	—	—	4	—	—	—	—	4	4	282	—	—	—	286	Mainz.
—	—	—	—	—	—	—	—	—	.	.	.	.	.	[4]) 268	Mannheim.
32	116	188	—	—	—	—	—	—	6	9	25	32	116	188	Metz.
—	—	—	—	—	—	—	—	—	17	5	1 967		60	2 049	München.
—	—	—	—	—	—	—	—	—	5	6	986	—	557	1 554	Plauen i. V.
2	6	23	—	—	—	—	—	—	2	29	94	35	48	208	Posen.
—	—	—	—	—	—	—	—	—	—	24	20	7	—	51	Potsdam.
56	128	317	—	—	—	—	—	—	—	56	77	56	128	317	Spandau.
.45	334	790	—	—	—	—	—	—	—	106	205	145	334	790	Stettin.
2	106	170	3	5	27	14	144	193	5	5	134	16	254	414	Straßburg i. E.
—	—	—	—	—	—	—	—	—	3	1	676	—	47	727	Stuttgart.
—	—	—	—	—	—	—	—	—	.	.	.	.	.	[4]) 304	Wiesbaden.
—	—	—	—	—	—	—	—	—	4	2	214	1	199	420	Zwickau.

abelle IIa Spalte 9, 12, 13 bezw. 27, 30, 31 mitenthalten. — [4]) Seit einem Jahr in der obersten Klasse. —
äter, lauten also: bis ½, über ½ bis 1 usw. — ** Magdeburg ohne die Bürgerschulen. Die sechs-

Tab. III. Die bei Beendigung der Schulpflicht im normalen Alter entlassenen Volks

Städte	Bei Beendigung der Schulpflicht**) im normalen Alter entlassen			Von den Knaben waren zuletzt in de									
				obersten		zweit-obersten		dritt-obersten		viert-obersten		fünft-obersten	
	m.	w.	zus.	ab-solut	in %	ab-solut	in %	ab-solut	in %	ab-solut	in %	ab-solut	in %
1.	2.	3.	4.	5.	6.	7.	8.	9.	10.	11.	12.	13.	14.
													a. Sechsstufige
Altona	973	947	1 920	584	60,02	284	29,19	89	9,15	16	1,64	—	—
Berlin	10 282	10 727	21 009	6 458	62,81	2 505	24,36	1 015	9,87	272	2,65	[1])32	[1])0,31
Breslau . . .	1 653	1 814	3 467	1 259	76,16	277	16,76	101	6,11	15	0,91	1	0,0[illegible]
Frankfurt a. O.†)	311	334	645	200	64,31	75	24,12	28	9,00	8	2,57	—	—
Liegnitz . . .	398	374	772	229	57,54	115	28,89	46	11,56	8	2,01	—	—
Magdeburg†) . .	1 079	1 112	2 191	549	50,88	348	32,25	149	13,81	31	2,88	1	0,0[illegible]
Metz.	179	183	362	150	83,80	26	14,53	3	1,67	—	—	—	—
Spandau . . .	477	519	996	275	57,65	147	30,82	47	9,85	8	1,68	—	—
Stettin	1 250	1 240	2 490	768	61,44	317	25,36	138	11,04	24	1,92	3	0,2[illegible]
													b. Siebenstufige
Augsburg . . .	372	506	878	138	37,09	146	39,25	70	18,82	18	4,84	—	—
Bochum . . .	434	499	933	312	71,89	91	20,97	22	5,07	8	1,84	1	0,23
Cassel†) . . .	565	647	1 212	367	64,96	134	23,72	48	8,49	14	2,48	2	0,35
Charlottenburg .	845	844	1 689	414	48,99	244	28,88	140	16,57	42	4,97	5	0,5[illegible]
Chemnitz . . .	1 561	1 783	3 344	1 121	71,81	345	22,10	95	6,09	—	—	—	—
Dortmund†) . .	966	949	1 915	683	70,70	184	19,05	70	7,25	25	2,59	4	0,41
Erfurt	386	419	805	280	72,54	64	16,58	33	8,55	9	2,33	—	—
Essen†) . . .	1 046	1 075	2 121	806	77,05	181	17,30	51	4,88	5	0,48	3	0,2[illegible]
Frankfurt a. M. .	.	.	[3])2 237	[3])1 838	[3])82,17	[3])275	[3])12,29	[3])124	[3])5,64	—	—	—	—
Görlitz	518	504	1 022	200	38,61	163	31,47	114	22,01	37	7,14	4	0,77
Hannover . . .	1 049	1 114	2 163	669	63,78	288	27,45	74	7,05	18	1,72	—	—
München . . .	2 178	2 832	5 010	1 446	66,39	503	23,09	179	8,22	50	2,30	—	—
Posen	484	489	973	139	28,72	112	23,14	106	21,90	96	19,83	28	5,79
Potsdam . . .	167	145	312	50	29,94	64	38,32	40	23,95	13	7,79	—	—
Stuttgart . . .	709	772	1 481	659	92,95	48	6,77	2	0,28	—	—	—	—
Würzburg†) . .	326	423	749	251	76,99	60	18,41	13	3,99	2	0,61	—	—
													c. Achtstufige
Dresden . . .	2 058	2 288	4 346	1 248	60,64	522	25,36	228	11,08	52	2,53	7	0,34
Freiburg i. Br. .	186	106	292	121	65,06	38	20,43	20	10,75	4	2,15	3	1,61
Karlsruhe . . .	425	326	751	283	66,59	93	21,88	40	9,41	8	1,88	1	0,24
Leipzig	3 222	3 562	6 784	2 310	71,69	610	18,93	238	7,39	62	1,93	2	0,06
Mainz†) . . .	383	397	780	256	66,84	87	22,72	34	8,88	5	1,30	1	0,26
Mannheim . . .	758	918	1 676	352	46,44	250	32,98	106	13,98	34	4,49	[5])16	[5])2,11
Wiesbaden . .	371	395	766	260	70,08	79	21,29	19	5,12	11	2,97	2	0,54
													d. Verschiedene
Barmen†) . . .	881	912	1 793	604	68,56	197	22,36	61	6,92	17	1,93	2	0,23
Bremen†) . . .	899	945	1 844	673	74,86	137	15,24	64	7,12	19	2,11	5	0,56
Cöln†)	2 241	2 246	4 487	1 701	75,90	387	17,27	129	5,76	19	0,85	5	0,22
Danzig†) . . .	759	786	1 545	386	50,85	210	27,67	118	15,55	45	5,93	—	—
Düsseldorf†) . .	1 200	1 269	2 469	925	77,08	205	17,08	54	4,50	15	1,25	1	0,09
Halle a. S. . .	1 023	1 118	2 141	494	48,29	283	27,66	177	17,30	64	6,26	5	0,49
Hamburg†) . .	4 059	4 138	8 197	2 441	60,14	998	24,59	473	11,65	133	3,28	12	0,29
Kiel†)	356	433	789	217	60,96	84	23,60	39	10,95	13	3,65	2	0,56
Königsberg i. Pr.	1 098	1 158	2 256	780	71,04	203	18,49	100	9,11	15	1,06	—	—
Plauen i. V. . .	1 570	1 935	3 505	1 223	77,90	315	20,06	27	1,72	5	0,32	—	—
Straßburg i. E.†)	393	387	780	325	82,70	53	13,49	6	1,52	9	2,29	—	—
Zwickau . . .	405	463	868	306	75,55	75	18,52	24	5,93	—	—	—	—

*) Bei Straßburg 1901/02. **) Die gesetzliche Schulpflicht dauert in Preußen, Sachsen, Baden 7 Jahre. Nach der in der Provinz Schleswig-Holstein geltenden Gesetzgebung beginnt die Schulpflicht angehören, nicht mit einem bestimmten Alter, sondern mit dem Akte der Konfirmation. — [1]) Einschließl. Mädchen. [4]) In Spalte 4 bis 10 mitenthalten. [5]) Einschließlich der Klassen 5 bis 8.

†) Außer sechs- bis achtstufigen sind noch folgende Anstalten miteingerechnet: Barmen je 1 je 4, Danzig je 1 mit 2 und 3, 3 mit je 4, Dortmund je 1 mit 2 u. 4, Düsseldorf je 2 mit 3 und 5, Mainz zweistufige nicht angeg. Anzahl, Straßburg je 4 m. 1 u. 3, 2 m. je 2, 3 m. je 4, 10 m. je 5,

schüler in der Gliederung nach der zuletzt besuchten Klasse im Schuljahre 1900/01.*)

. . . Klasse				Von den Mädchen waren zuletzt in der . . Klasse														Städte
sechst-obersten		siebent-obersten		obersten		zweit-obersten		dritt-obersten		viert-obersten		fünft-obersten		sechst-obersten		siebent-obersten		
absolut	in %	absolut	in %	absolut	in %	absolut	in %	absolut	in %	absolut	in %	absolut	in %	absolut	in %	absolut	in %	
15.	16.	17.	18.	19.	20.	21.	22.	23.	24.	25.	26.	27.	28.	29.	30.	31.	32.	33.
Schulsysteme.																		
—	—	—	—	543	57,34	297	31,36	91	9,61	12	1,27	4	0,42	—	—	—	—	Altona.
2).	2).	—	—	6746	62,89	2653	24,73	1053	9,82	254	2,37	1)21	1)0,19	2).	2).	—	—	Berlin.
—	—	—	—	1448	79,82	271	14,94	87	4,80	7	0,39	1	0,05	—	—	—	—	Breslau.
—	—	—	—	222	66,47	74	22,15	34	10,18	4	1,20	—	—	—	—	—	—	Frankfurt a. O.
—	—	—	—	220	58,83	102	27,27	45	12,03	7	1,87	—	—	—	—	—	—	Liegnitz.
1	0,09	—	—	570	51,26	348	31,29	152	13,67	40	3,60	1	0,09	1	0,09	—	—	Magdeburg.
—	—	—	—	168	91,80	15	8,20	—	—	—	—	—	—	—	—	—	—	Metz.
—	—	—	—	303	58,38	176	33,91	31	5,97	9	1,74	—	—	—	—	—	—	Spandau.
—	—	—	—	786	63,39	259	20,89	155	12,50	38	3,06	2	0,16	—	—	—	—	Stettin.
Schulsysteme.																		
—	—	—	—	266	52,57	151	29,84	66	13,04	23	4,55	—	—	—	—	—	—	Augsburg.
—	—	—	—	386	77,35	86	17,24	22	4,41	4	0,80	1	0,20	—	—	—	—	Bochum.
—	—	—	—	450	69,55	125	19,32	54	8,35	18	2,78	—	—	—	—	—	—	Cassel.
—	—	—	—	422	50,00	247	29,27	135	15,99	36	4,27	4	0,47	—	—	—	—	Charlottenburg.
—	—	—	—	1391	78,01	270	15,14	121	6,79	1	0,06	—	—	—	—	—	—	Chemnitz.
—	—	—	—	697	73,45	186	19,60	47	4,95	19	2,00	—	—	—	—	—	—	Dortmund.
—	—	—	—	309	73,75	78	18,62	22	5,25	10	2,38	—	—	—	—	—	—	Erfurt.
—	—	—	—	835	77,67	167	15,51	57	5,30	13	1,21	3	0,28	—	—	—	—	Essen.
—	—	—	—	4).	4).	4).	4).	4).	4).	—	—	—	—	—	—	—	—	Frankfurt a. M.
—	—	—	—	197	39,09	160	31,75	100	19,84	42	8,33	5	0,99	—	—	—	—	Görlitz.
—	—	—	—	726	65,17	281	25,23	80	7,18	27	2,42	—	—	—	—	—	—	Hannover.
—	—	—	—	1982	69,99	592	20,90	210	7,42	48	1,69	—	—	—	—	—	—	München.
3	0,62	—	—	128	26,18	103	21,06	131	26,79	81	16,57	43	8,79	3	0,61	—	—	Posen.
—	—	—	—	45	31,03	63	43,45	26	17,93	11	7,59	—	—	—	—	—	—	Potsdam.
—	—	—	—	722	93,52	49	6,35	1	0,13	—	—	—	—	—	—	—	—	Stuttgart.
—	—	—	—	334	78,96	71	16,78	15	3,55	2	0,47	1	0,24	—	—	—	—	Würzburg.
Schulsysteme.																		
—	—	1	0,05	1561	68,23	478	20,89	200	8,74	47	2,06	1	0,04	1	0,04	—	—	Dresden.
—	—	—	—	65	61,32	28	26,12	7	6,60	5	4,72	1	0,94	—	—	—	—	Freiburg i. Br.
—	—	—	—	217	66,57	86	26,38	18	5,52	5	1,53	—	—	—	—	—	—	Karlsruhe.
—	—	—	—	2773	77,85	520	14,60	203	5,70	63	1,77	3	0,08	—	—	—	—	Leipzig.
—	—	—	—	286	72,04	76	19,14	32	8,06	3	0,76	—	—	—	—	—	—	Mainz.
2).	2).	2).	2).	246	26,80	403	43,90	186	20,26	62	6,75	5)21	5)2,29	2).	2).	2).	2).	Mannheim.
—	—	—	—	302	76,46	65	16,16	27	6,83	1	0,25	—	—	—	—	—	—	Wiesbaden.
Schulsysteme.																		
—	—	—	—	631	69,19	203	22,26	49	5,37	25	2,74	4	0,44	—	—	—	—	Barmen.
1	0,11	—	—	700	74,08	150	15,87	63	6,67	23	2,43	9	0,95	—	—	—	—	Bremen.
—	—	—	—	1721	76,63	370	16,47	124	5,52	28	1,25	3	0,13	—	—	—	—	Cöln.
—	—	—	—	389	49,49	209	26,59	147	18,70	40	5,09	1	0,13	—	—	—	—	Danzig.
—	—	—	—	1015	79,98	184	14,50	59	4,65	11	0,87	—	—	—	—	—	—	Düsseldorf.
—	—	—	—	530	47,40	326	29,16	181	16,19	77	6,89	4	0,36	—	—	—	—	Halle a. S.
2	0,05	—	—	2526	61,04	967	23,37	485	11,72	145	3,50	13	0,32	2	0,05	—	—	Hamburg.
—	—	1	0,28	277	63,97	101	23,33	41	9,47	10	2,31	4	0,92	—	—	—	—	Kiel.
—	—	—	—	767	66,24	276	23,83	88	7,60	27	2,33	—	—	—	—	—	—	Königsberg i. Pr.
—	—	—	—	1552	80,21	348	17,98	29	1,50	6	0,31	-	—	—	—	—	—	Plauen i. V.
—	—	—	—	333	86,05	47	12,14	4	1,03	3	0,78	—	—	—	—	—	—	Straßburg i. E.
—	—	—	—	420	90,71	40	8,64	3	0,65	—	—	—	—	—	—	—	—	Zwickau.

ı d Hessen je 8, in Bayern und Württemberg je 7, in Elsaß-Lothringen für Knaben 8 und für Mädchen ch vollendetem 6. Lebensjahr und endet für Kinder, welche der evangelisch-lutherischen Konfession r sechstobersten Klasse. [2]) In Spalte 13 und 14 bezw. 27 und 28 mitenthalten. [3]) Einschließlich der

t 4 und 5 Stufen, Bremen 1 mit 5, Cassel 1 mit 3, Cöln je 2 mit 1 u. 5, 3 mit je 2, 6 mit je 3, 4 mit ssen je 1 mit 1 u. 3, Frankfurt a. O. 2 mit je 2, Kiel 1 mit 5, Magdeburg (ohne Bürgerschulen) 1 m. ? Würzburg vierstufige nicht angeg. Anzahl. Für Hamburg liegen nähere bezügliche Angaben nicht v

(Fortsetzung zu S. 259.)

Zu Seite 267:

[1]) Einschließlich der Vorschulen. — [2]) Bisher bei den Volksschulen gezählt. — [3]) Mit obligatorischem Unterricht in 2 fremden Sprachen. — [4]) Die Angaben beziehen sich nur auf die Mädchenmittelschulen, die Knabenmittelschulen mit 17 Lehrern, 16 Klassen und 514 Schülern sind bei den Volksschulen, denen sie angegliedert sind, gezählt. — [5]) In Spalte 86 mitenthalten. — [6]) Darunter 2 Anstalten (Knaben- und Mädchenmittelschule) mit obligatorischem Unterricht in 2 fremden Sprachen. — [7]) Desgl. in 3 Knabenmittelschulen. — [8]) Der fremdsprachliche Unterricht ist nur fakultativ.

Zu Seite 268:

[1]) Mit obligatorischem Unterricht in 2 fremden Sprachen. — [2]) Vergl. Anmerkung zu Ziffer 2 auf Seite . — [3]) Desgl. Ziffer 3 auf Seite . — [4]) Die im Vorjahr mit aufgenommenen 4 Privat-Mädchenhandelsschulen sind nicht als allgemeine Bildungsanstalten anzusehen und deshalb jetzt nicht berücksichtigt. — [5]) Einschließlich der nicht vollbeschäftigten Lehrkräfte. — [6]) In Spalte 103 bezw. 104 mitenthalten.

Zu Seite 269:

[1]) Einschließlich der mit den Knabenvolksschulen verbundenen Knabenmittelschulklassen. — [2]) Darunter 56 Knabenvolksschulen mit obligatorischem Unterricht in einer fremden Sprache. — [3]) Einschließlich der nicht vollbeschäftigten Lehrkräfte. — [4]) In Spalte 112 bezw. 113 mitenthalten.

Zu Seite 270:

[1]) Nur für 4 Anstalten. — [2]) Einschließlich der nicht vollbeschäftigten Lehrkräfte. — [3]) In Spalte 121 mitenthalten. — [4]) Beim Gymnasium bezw. bei der Realschule gezählt. — [5]) Nur für 1 Anstalt (Gymnasialvorschule), die Lehrkräfte der zweiten Anstalt sind in Spalte 62 bezw. 63 angeschrieben. — [6]) Vergl. Anmerkung zu Ziffer 2 auf Seite . — [7]) Darunter 1 Seminarübungsschule, an der außer den Seminarlehrern 37 Seminaristen unterrichten. — [8]) Nur für die beiden Gymnasialvorschulen, die Lehrer der Realvorschule sind in Spalte 32 mitenthalten. — [9]) Vergl. Anmerkung zu Ziffer 3 auf Seite . — [10]) Darunter 1 weiblich. — [11]) Darunter 1 Seminarübungsschule, an der nur Seminaristen unterrichten.

Zu Seite 271:

[1]) Darunter 3 weibliche. — [2]) Darunter weiblich: 7 voll-, 2 nichtvollbeschäftigte Lehrer und 130 Schüler. — [3]) Die Zahlen beziehen sich nur auf die beiden Gymnasial-Vorschulen, für die übrigen drei Vorschulen ist die Anschreibung in Spalte 47 bis 50 erfolgt. — [4]) Darunter weiblich: 20 voll-, 2 nicht vollbeschäftigte Lehrer und 165 Schüler. — [5]) In Spalte 47 bezw. 48 mitenthalten. — [6]) Darunter 93 Mädchen. — [7]) Nur für 5 Anstalten, für die übrigen 5 Vorschulen ist die Anschreibung bei den Realschulen erfolgt. — [8]) Darunter weiblich: 3 voll-, 1 nicht vollbeschäftigter Lehrer und 65 Schüler. — [9]) Bei den Realschulen gezählt. — [10]) Desgleichen beim Progymnasium bezw. bei der Realschule. — [11]) Darunter 6 Schulen, welche bisher bei den Volksschulen geführt wurden. Die Zahl der Lehrkräfte, unter denen 1 vollbeschäftigte Lehrerin, bezieht sich nur auf diese, für die siebente Anstalt ist die Anschreibung beim Progymnasium erfolgt. Von den Schülern sind 90 weiblich. — [12]) Darunter 147 weiblich. — [13]) Einschließlich der nicht vollbeschäftigten Lehrkräfte. — [14]) Nur für 1 Anstalt, die Lehrer der zweiten sind bei den Realschulen gezählt.

Zu Seite 272:

[1]) In Spalte 140—142 mitenthalten. — [2]) Darunter 75 Privat- bezw. Stiftungs- und Vereinsschulen mit 81 männlichen, 447 weiblichen vollbeschäftigten und 148 bezw. 155 nicht vollbeschäftigten Lehrkräften, 549 Klassen, 2776 Knaben und 9686 Mädchen, welche in Spalte 1 bis 149 nicht berücksichtigt werden konnten, weil hierfür nur summarische Angaben vorliegen. — [3]) Desgleichen 6 Privatschulen mit 38 männlichen und 32 weiblichen Lehrkräften, 364 Knaben und 1 020 Mädchen. — [4]) Einschließlich der nicht vollbeschäftigten.

Zu Seite 273:

[1]) Nur für 30 Anstalten. — [2]) Einschließlich der nicht vollbeschäftigten. — [3]) In Spalte 153 mitenthalten. — [4]) In Spalte 151 bis 153 mitenthalten.

XVIII.

Öffentliche Bibliotheken und Lesehallen.

Von

Dr. **Gustav Tenius,**

Direktor des statistischen Amts der Stadt Dortmund.

Die nachfolgenden Zusammenstellungen über öffentliche Bibliotheken und Lesehallen bilden die Fortsetzung der im X. Jahrgang S. 263 ff. enthaltenen Darstellung. Sie sind wieder nach denselben Gesichtspunkten auf Grund der von den beteiligten Stadtverwaltungen ausgefüllten Fragebogen bearbeitet. Es wird daher auf die damals vorangeschickten allgemeinen Bemerkungen verwiesen. Auch diesmal ist noch besonders hervorzuheben, daß es nicht möglich war, vollständige Angaben zu erlangen, und daß die Zusammenstellungen kein erschöpfendes Bild der vorhandenen öffentlichen Bibliotheken und Lesehallen geben, daß noch zahlreiche Bibliotheken vorhanden sind, über welche keine Nachrichten vorlagen, und die daher nicht in die Nachweisung aufgenommen werden konnten.

Die Tabellen I und II enthalten die Angaben über den Bestand, den Zuwachs, die Benutzung, die Verwaltung und die finanziellen Verhältnisse für 72 wissenschaftliche Bibliotheken aus 31 Städten. Von den 72 Bibliotheken sind 19 staatliche Anstalten, 25 städtisch, 5 provinziell oder stiftisch, und 23 werden von anderen Körperschaften, Vereinen und dgl. unterhalten. Fast alle sind unentgeltlich zu benutzen, doch haben unbekannte und in unselbständiger Stellung befindliche Personen in der Regel einen Bürgen zu stellen. Die Öffnungszeit ist sehr verschieden; neben solchen Bibliotheken, die täglich für mehrere Stunden geöffnet sind, gibt es auch eine große Zahl solcher, die nur an 1 oder 2 Tagen in der Woche benutzt werden können. Ebenso ist die Benutzung, die Zahl der Entleihungen und die Zahl der Benutzer außerordentlich verschieden. Soweit über die finanziellen Verhältnisse der einzelnen Bibliotheken Mitteilungen gemacht waren, sind diese in der Tabelle II enthalten. Für einen Vergleich der Bibliotheken untereinander sind diese Mitteilungen einerseits zu lückenhaft, anderseits würden auch die Zahlen allein ein falsches Bild geben, wenn nicht gleichzeitig alle Einzelheiten bezgl. der Aufgaben, des Zweckes, des Benutzerkreises usw. mit in Betracht gezogen werden könnten. Das würde aber über den

Rahmen dieser für das Jahrbuch bestimmten Bearbeitung hinausgehen. Es möge nur noch hervorgehoben werden, daß die Gesamtaufwendungen für den Ankauf und das Binden von Büchern für 59 Bibliotheken sich auf 607 406 Mk. belaufen haben. Für 19 der aufgeführten Bibliotheken ist die Höhe des aus städtischen Mitteln aufgewendeten Zuschusses angegeben, er betrug 342 462 Mk. Mitteilungen über den Feuertaxwert des Bücherbestandes und Inventars lagen für 34 Bibliotheken vor, die einen Wert von insgesamt 12 944 261 Mk. ergaben.

Dieselben Angaben, welche die Tabellen I und II für die wissenschaftlichen Bibliotheken enthalten, sind in den Tabellen III und IV für solche Bibliotheken zusammengestellt, welche allein oder vorzugsweise der allgemeinen Volksbildung und der Befriedigund des in den breitesten Volksschichten vorhandenen Lese- und Bildungsbedürfnisses dienen sollen. Hierfür lagen Mitteilungen aus 42 Städten über 188 Bibliotheken und Lesehallen vor. Davon sind 91 städtische Anstalten, während die übrigen 97 von verschiedenen Vereinen oder sonstigen Korporationen unterhalten und verwaltet werden. Für die Benutzung wird nur in wenigen Fällen ein geringes Lesegeld von 2 bis 10 Pfennigen erhoben, die meisten sind unentgeltlich zugänglich. Die Benutzung der Lesehallen und Lesezimmer ist durchweg vollkommen frei. Als besonders erfreuliche Erscheinung ist es anzusehen, daß die Benutzungszeit in sehr vielen Fällen erweitert ist. Insbesondere ist man fast überall dazu übergegangen, die Lesehallen oder Lesezimmer sowohl während der Mittag- als auch während der Abendstunden bis 9 Uhr, in vielen Fällen sogar auch bis 10 Uhr für die Benutzung offen zu halten. Wenn auch das Volksbibliothekswesen bei uns noch in der ersten Entwickelung begriffen ist, so bieten doch die Angaben über die in den Tabellen verzeichneten Bibliotheken schon ein recht erfreuliches Bild. Welcher Segen durch sie gestiftet wird, welche Summe von Bildung, Belehrung und Unterhaltung sie vermitteln, erkennen wir aus der sehr regen Benutzung. Die Zahl aller Bücherentleihungen in den 174 Bibliotheken und Lesehallen, für welche diese Angabe vorliegt, betrug im Berichtsjahre 3 232 942. Das macht im Durchschnitt für jede der 38 Städte, die diese Bibliotheken besaßen, 85 077 Bücherentleihungen. — Für Bücheranschaffungen und das Binden der Bücher sind nach Tabelle IV, Spalte 3, für 142 Bibliotheken 134 421 Mk. ausgegeben worden. Der von 29 Städten für die Volksbibliotheken geleistete Zuschuß betrug 189 185 Mk. Dazu ist noch zu bemerken, daß viele Städte zu dem baren Geldzuschuß noch unentgeltlich die Räumlichkeiten nebst Heizung, Beleuchtung und Reinigung zur Verfügung stellen.

Bemerkungen zu Tabelle I (Seiten 284—295).

Breslau: Stadtbibliothek: Außer den in Spalte 11 angegebenen Bänden wurden noch verliehen: 1957 Patentschriften und 212 Handschriften und Urkunden, und im Lesezimmer wurden gebraucht: 1931 Handschriften, 113 Urkunden, 10 084 Patentschriften und 237 Landkarten bezw. Abbildungen.

Halle a. S.: Bibliothek der Kaiserlichen Leopoldino-Karolinischen Deutschen Akademie der Naturforscher: Das Recht, Bücher zu entleihen, haben Mitglieder der Akademie. Gestattet ist die Bücherentleihung den Dozenten der deutschen Universitäten, den Königl. Beamten des Oberbergamts zu Halle, den Direktoren und Oberlehrern der Gymnasien und Realschulen zu Halle und den praktischen Ärzten zu Halle. Andere Personen bedürfen der Genehmigung der Bibliotheksverwaltung, eventuell der Bürgschaft einer der Verwaltung genehmen Person.

Mainz: Stadtbibliothek: Die Bibliothek der ehemaligen Mainzer Universität, gegründet 1477, wurde im Jahre 1805 von der französischen Regierung der Stadt Mainz in Eigentum überwiesen.

Posen: Kaiser-Wilhelm-Bibliothek: Begründet 1898 durch freiwillige Geld- und Bücherspenden des deutschen Volkes, insbesondere durch große Schenkungen der deutschen Verlagshändler, sowie durch Abgabe von Dubletten der öffentlichen Bibliotheken und wissenschaftlichen Institute. Einverleibt ist die im Jahre 1894 begründete Landesbibliothek. Eröffnung im Herbst 1902. Sie ist ein provinzialständisches Institut mit Staatsunterstützung.

Bemerkungen zu Tabelle II (Seiten 296—297).

Bremen: Nr. 1 zu Spalte 4: Es ist außerdem ein Bibliothekfonds vorhanden, der vom Senat bezw. der Deputation für die Stadtbibliothek direkt verwaltet wird. Aus diesem sind jährlich noch etwa 1000 Mark für Bücheranschaffungen verwendbar.

Halle a. S. No. 5. Das Rechnungsjahr läuft vom 1. Oktober bis 30. September. Der Hauptzuwachs der Bibliothek besteht nicht in Bücherankäufen, sondern in Geschenken der Mitglieder der Akademie und vor allem im Austausch der Akademieschriften mit gelehrten Anstalten, Akademien, Vereinen und dergl. aller Erdteile. Die Bibliothek als solche hat weder Vermögen noch Einnahmen, sondern wird von der Akademie unterhalten. Eine bestimmte Summe ist dafür nicht ausgeworfen.

Bemerkungen zu Tabelle III (Seiten 298—309).

Altona: Mit der Verwaltung der Bibliothek sind im Nebenamt 1 Rektor und 1 Lehrer der Volksschule betraut, die von 2 Knaben unterstützt werden. In der Lesehalle führen die Aufsicht 1 städtischer Beamter und 1 Dame.

Bremen: Zu den 14 Volksbibliotheken des Vereins für innere Mission kommen noch 2 Bibliotheken in den beiden Herbergen zur Heimat von je etwa 250 Bänden für die Gäste, welche im Gastzimmer lesen. Leserzahl täglich etwa 20 bis 30. Ferner werden von den 14 Bibliotheken die Besatzungen der Weser-Leuchttürme und Feuerschiffe mit Büchern versorgt und zwar in 10 oder 11 Blechkisten.

Die Volksbibliothek der Sparkasse liefert Bremer Schiffen, die es wünschen, für die Besatzung kleine Bibliotheken, die bei Rückkehr des Schiffes gewechselt werden. Jede Bibliothek wird in einer Schiffskassette geliefert und enthält 50 bis 60 Bände. Bis Ende 1900 waren 29 solcher Bibliotheken ausgegeben.

Elberfeld: Die Stadtbücherei, verbunden mit öffentlicher Lesehalle ist 1902 mit rund 11 000 Bänden eröffnet.

Frankfurt a. M.: Volksbibliothek und öffentliche Lesehalle: Der Verein unterhält noch eine Filiale im Stadtteil Bornheim. Aus dieser wurden 8196 Bände entliehen, das Lesezimmer wurde von 9849 Personen besucht.

[Fortsetzung auf Seite 312.]

Tabelle I. Allein oder vorzugsweise gelehrten Zwecken oder

Städte	Der Bibliotheken bezw. Lesehallen			Ob städtisch, staatlich, sonstig.	Zu Beginn des Berichtsjahres waren vorhanden		Zuwachs im Berichtsjahre		Im Berichtsjahre wurden entliehen	
	Nr.	Namen	Gründungsjahr		Werke	Bände	Werke	Bände	Werke	Bände
1.	2.	3.	4.	5.	6.	7.	8.	9.	10.	11.
Aachen . . .	1	Stadtbibliothek	1831	städt.	ca. 62 000	ca. 84 000	1 200	1 729	B.: 5 000	B.: 6 795 L.: 65 000
Augsburg . .	1	Staats-, Kreis- und Stadt-Bibliothek	B.: 1562 L.: 1893	—	122 200	195 500	200	500	1 900	3 600
	2	Pädagog. Bibl. der evangel. Lehrer Augsburgs	1804	—	2 118	4 029	1	2	150	195
	3	Bibl. d. Schwäbischen permanenten Schulausstellung	1883	—	ca. 5 500	ca. 10 000	210	390	1 307	1 681
Braunschweig .	1	Stadtbibliothek	1863	städt.	32 956	32 198	256	510	.	1 853
Bremen . . .	1	Stadtbibliothek	1660	staatl.	.	114 315	.	1 793	.	B.: 22 830 L.: 14 149
Breslau . . .	1	Königl. und Universitätsbibliothek	1810	staatl.	.	*305 000	.	10 153	.	B.: 38 830 L.: 10 815
	2	Stadtbibliothek	1865	städt.	.	.	1 034	1 650	B.: 11 728 L.: 4 121	B.: 15 896* L.: 7 333
	3	Bibl. des Königl. Oberbergamts	?	staatl.	7 338	.	ca. 200	ca. 250	.	.
	4	Abt. d. Bibl. u. d. Kunstdrucke im Schles. Museum der bildenden Künste	1880	prov.	3 982	7 621	159	314	.	7 539 Bände 5575 Mappen
	5	Bibl. d. Schles. Museums für Kunstgewerbe u. Altertüm.	1899	städt.	.	.	213	278	.	189*
	6	Bibl. der Handelskammer	1850	—	6 002	15 053	78	569	.	420

spezieller Fachausbildung dienende öffentliche Bibliotheken.

Im Berichtsjahre sind unersetzt abhanden gekommen Bände	Zahl der Benutzer im Berichtsjahre	Benutzungszeit	Benutzungsbedingungen	Verwaltungspersonal hauptamtlich mit akademische Vorbildung	hauptamtlich ohne akademische Vorbildung	nebenamtlich mit akademische Vorbildung	nebenamtlich ohne akademische Vorbildung	Bemerkungen.
12.	13.	14.	15.	16.	17.	18.	19.	20.
—	B.: 4 317 L.: 4 307	Wtgs. v. 10—1 Uhr. Mo., Mi., Sbd. i. Sommer v. 5—7, im Winter von 5—8 Uhr.	Unentgeltlich. Fremden u. Schülern geg. Bürgschaftsschein.	2	1	—	—	
—	B.: ca. 1 000 L.: ca. 300	Bibl.: Wtgs. 11—1 Uhr, Lesez.: Wtgs. 10—1 Uhr; Mi. u. Sbd. 2—4 Uhr. Sonn-. u. Feiertgs. von 10—12 Uhr.	Bibl.: Unentgeltl. gegen Ausweis. Lesez.: Jedermann.	1	—	—	—	
—	60	Mittw. 2—3 Uhr.	Frei für Lehrer u. Mitglied. d. Vereins z. Unterstützung der Schulausstellung.	—	—	—	3	
—	210	Wtgs. 10—12 und 2—4 Uhr. Sonn- und Feiertags 10—12 Uhr.	Mitgliedschaft d. Vereins z. Unterstützung der Schwäbischen Schulausstellung.	—	—	—	1	
3	1 871	Mo., Mi., Fr. 10—1 Uhr. Mi. im Sommer 3—6, im Winter 3—4 Uhr.	Die bei wissenschaftl. Biblioth. üblichen.	2*	2*	—	—	*) Gleichzeitig u. in erster Linie für das Stadtarchiv.
—	B.: 8 357 L.: 3 921	Di. u. Fr. 11—2 Uhr; Mo., Di., Do. u. Sbd. 11—1 u. 3½—5½ Uhr.	Frei für Brem. Bürger oder gegen Bürgschaft eines solchen.	1	5*	—	—	*) Außerdem ein Hausmeister.
—	B.: 2 344 L.: 11 875	Wtgs. 9—5, Sbd. 9 bis 3 Uhr, Ausleihzeit 11—1½ Uhr.	Je nach Amt und Stellung bedingungslos oder gegen Bürgschein.	9**	5	—	—	*) Bände u. Faszikel. **) Einschl. eines Volontärs.
—	B.: 6 001 L.: 7 301	Wtgs. 9—2 Uhr. Außerdem im April, Mai, Juni u. September am Di u. Fr. v. 4 bis 6 Uhr u. Oktober bis März Mo. bis Fr. von 4—7 Uhr.	Gegen Ausweis als selbständiger Breslauer Steuerzahler, sonst gegen Bürgschaft.	4	2	—	—	*) Siehe besondere Bemerkungen.
—	?	In den Amtsstunden	Bergbeamte. Andere Personen mit Genehmigung des Berghauptmanns.	—	—	—	2	Über Anschaffung von Büchern entscheidet eine aus drei Mitgliedern des Kollegiums besteh. Kommission.
—	2 901	Di. bis Sbd. 10—2 Uhr. Stgs. 11—2 Uhr.	Unentgeltlich.	1	2	—	—	Ist nur öffentliches Lesezimmer.
—	3 600	Di. bis Sbd. 10—2 u. 6-8 Uhr, Stgs. 11-2 Uhr.		1	—	—	1	*) Ist in erster Linie Lesezimmer.
—	170	Di. u. Fr. 3—6 Uhr.	Bürgschaftsschein.	—	—	—	1	

(Noch Tabelle I.)

Städte	Der Bibliotheken bezw. Lesehallen			Ob städtisch, staatlich, sonstig	Zu Beginn des Berichtsjahres waren vorhanden		Zuwachs im Berichtsjahre		Im Berichtsjahre wurden entliehen	
	Nr.	Namen	Gründungsjahr		Werke	Bände	Werke	Bände	Werke	Bände
1.	2.	3.	4.	5.	6.	7.	8.	9.	10.	11.
Noch Breslau.	7	Akademisches Lese-Institut	1879	—	567	.	47	.	614	.
Cassel . . .	1	Ständische Landesbibliothek	1580	kommunalständisch	.	209 726	.	5 439	B.: 3 031 L.: 2 689	B.: 4 246 L.: 4 201
	2	Murhardtsche Bibliothek	B.: 1872 L.: 1884	städt.	73 539	111 809	2 303	3 355	.	B.: 3 74 L.: 3 697
Chemnitz . .	1	Stadtbibliothek	B.: 1869 L.: 1875	städt.	.	ca. 34 000	.	937	.	6 749
	2	Bibl. d. Technischen Staatslehranstalten	B.: 1836 L.: 1873	staatl.	8 427	*23 326	155	583**	4 785	7 073
	3	Bibl. des Kunstgewerbe-Vereins	B.: 1884 L.: 1898	—	.	.	.	.	.	2 140 Einzelblätter 1 355 Bände u. Hef
Cöln	1	Stadtbibliothek	1878	städt.	ca. 140 800	ca. 168 000	ca. 2 100	ca. 5 500	5 274	B.: 8 667 L.: 4 89
	2	Bibl. u. Vorbildersammlung d. städt. Kunstgewerbe-Museums	1889	städt.	1 376*	.	117*	.	*1 794	.
Danzig . . .	1	Stadtbibliothek	16. Jahrh.	städt.	.	ca. 110 000	.	1 337	.	9 34
Dresden . . .	1	Königl. Bibliothek	1786	staatl.	.	ca. 150 000	4 968	.	14 491	.
	2	Stadtbibliothek	1881	städt.	.	ca. 25 600	.	570	1 583	1 98

Im Berichtsjahre sind unersetzt abhanden gekommen – Bände	Zahl der Benutzer im Berichtsjahre	Benutzungszeit	Benutzungsbedingungen	Verwaltungspersonal hauptamtlich mit akademische Vorbildung	hauptamtlich ohne akademische Vorbildung	nebenamtlich mit akademische Vorbildung	nebenamtlich ohne akademische Vorbildung	Bemerkungen.
12.	13.	14.	15.	16.	17.	18.	19.	20.
.*	281 Mitglied. 200 Gäste	Wtgs. im Sommer von 8—7 Uhr, im Winter von 9—8 Uhr.	Mitgliedschaft, 15 ℳ jährlich. Studierende im Sommer 3, im Winter 4 ℳ	.**	1	—	—	*) Im Werte von etwa 50 ℳ. **) Der Vorstand.
—	?	Wtgs. 10—1 Uhr u. Mo., Di, Do. u. Fr. 4—6 Uhr.	Bibl.: Cassel. Hausbesitzer und Beamte ohne weiteres. Andere geg. Bürgschaft solcher. Lesez.: Jedermann ohne weiteres.	4	2	—	—	
—	B.: 2 328 L.: 3 203	Bibl.: Wtgs. 9—1 Uhr. Lesez.: Wie vor u. Mo., Di., Do. u. Fr. 4—6 Uhr.	Bibl.: Gegen Bürgschein Lesez.: Ohne weiteres.	1	2	—	—	
—	B.: 838 L.: 4 816	Bibl.: Mo., Di., Do. u. Fr. 6—7½ Uhr, Lesez.: Mo., Di., Do. u. Fr. 5—7½ Uhr.	Unentgeltlich. Unbekannte geg. Bürgschaft.	—	—	2	2	
—	?	Mo., Mi., Do., Fr. u. Sbd. 8½—12½ Uhr und 3—6 Uhr.	Bibl.: Fremde gegen Bürgschaft. Lesez.: Ohne weiteres.	—	2	1	—	*) Dazu 6074 Broschüren, 562 Karten **) Dazu 199 Broschüren, 9 Karten.
—	12 457*		Unentgeltlich.	1**	1**	—	—	*) Gesamtbesuchszahl d. Vorbildersammlung und Bibliothek. **) Beamte d. Vorstandes d. Industrie-Vereins.
—	B.: ? L.: 17 801	Bibl.: Mo. bis Fr. 11—1 u. 4—5 Uhr; Sbd. 11—1 Uhr. Lesez.: Mo. bis Fr. 10—1 u. 4—8 Uhr; Sbd. 10—1 Uhr.	Unentgeltlich, nur für Erwachsene. Bürgschaft nur ausnahmsweise	5*	6**	—	—	*) Darunter 3 Hülfsarbeiter. **) Darunter ein Schreibgehülfe u. ein Laufbursche.
12 Vorbilder	L.: 12 051	Wtgs. 10—12 und 7—10 Uhr; Stgs. 10—12 Uhr.	Für jedermann unentgeltlich	2	—	—	1	*) Dazu 24 426; 427 bezw. 4 560 Vorbilder.
—	?	Mo. u. Do. 9—1 Uhr. Di., Mi., Fr. u. Sbd. im Sommer 2—5 Uhr, im Winter 2—3½ Uhr.	Unentgeltlich. Unbekannte geg. Bürgschaft	1	2	—	1	
—	Lesez.: 9 970	Mo. bis Fr. 9—2 und 4—6 Uhr, Sbd. 9—2 Uhr.	Bibl.: Öffentl. höh. Beamte oder Bürgschaft eines solchen. Lesez.: Uneingeschränkt.	10	4	1	—	
—	?	Mo. bis Fr. 9—1½ u. 4—7 Uhr, Sbd. 9—1½ Uhr.	Bibl.: Jede als vertrauenswürdig bekannte Person, sonst gegen Bürgsch. einer solchen. Lesez.: Jede erwachs. Person.	2*	2*	—	—	*) Zugleich f. Stadtarchiv und Stadtmuseum.

(Noch Tabelle I.)

Städte	Der Bibliotheken bezw. Lesehallen			Ob städtisch, staatlich, sonstig	Zu Beginn des Berichtsjahres waren vorhanden		Zuwachs im Berichtsjahre		Im Berichtsjahre wurden entliehen	
	Nr.	Namen	Gründungsjahr		Werke	Bände	Werke	Bände	Werke	Bände
1.	2.	3.	4.	5.	6.	7.	8.	9.	10.	11.
Noch Dresden	3	Bibl. der Königl. Kunstgewerbe-Schule	1875	staatl.	8 800	14 500*	450	700	.	B.:13 372** L.:44 332**
	4	Bibl. der Gehe-Stiftung	1885	—	ca. 52 000	.	2 294	.	B.: 15 975 L.: ca. 5 000	.
	5	Bibl. des Kgl. Statistischen Bureaus	1850	staatl.	.	ca. 105 000	.	ca. 5 000	4 025	.
Erfurt . . .	1	Königl. Bibliothek	15. Jahrh.	staatl.	.	ca. 52 000	200	228	830	1 259
Frankfurt a. M.	1	Stadtbibliothek	1668	städt.	.	261 717	.	6 849	.	B.: 10 813 L.: 35 126
	2	Freiherrl. Carl von Rothschildsche öffentl. Bibliothek	1887	—	.	83 023	.	8 207	B.: 9 592 L.: 4 672	B.: 12 178 L.: 7 520
	3	Bibl. d. Städelschen Kunstinstituts	B.: 1837 L.: 1817	—	4 068	8 221	35	44	B.: 109 L.: 1 012	B.: 122 L.: 1 490
	4	Senkenbergische Bibliothek	1763	—	.	ca. 65 000	.	1 182	.	B.: 2 661 L.: 2 152
	5	Kunstgewerbe-Bibliothek	B.: 1879	—	1 844	2 600*	744	*1 148	.	219
Halle a. S. . .	1	Königl. Universitäts-Bibliothek	1699	staatl.	.	ca. 240 000	3 528	4 564	21 335	28 990
	2	Waisenhausbiblioth. in den Franckeschen Stiftungen	1708	—	.	ca. 15 000	75	90	320	.
	3	Bibliothek der Ostindischen Missions-Anstalt.	1705	stift.	ca. 1 700	ca. 4 000	35	44	97	213
	4	Marienbibliothek	1562	—	ca. 28 000	.	64	.	.	.
	5	Bibliotkek d. Kaiserl. Leopoldino-Karolinischen deutschen Akademie der Naturforscher	1731	—	.	ca. 56 500	1 017	1 276	381	604

Im Berichtsjahre sind unersetzt abhanden gekommen Bände	Zahl der Benutzer im Berichtsjahre	Benutzungszeit	Benutzungsbedingungen	Verwaltungspersonal hauptamtlich mit akademische Vorbildung	Verwaltungspersonal hauptamtlich ohne akademische Vorbildung	Verwaltungspersonal nebenamtlich mit akademische Vorbildung	Verwaltungspersonal nebenamtlich ohne akademische Vorbildung	Bemerkungen.
12.	13.	14.	15.	16.	17.	18.	19.	20.
—	L : 29 508	Wtgs. Sommer 8 - 6, Winter 8—5 Uhr. Stgs. 11—1 Uhr.	Ohne weiteres.	1	7	—	—	*) Dazu 91 000 Bl. Vorbilder, 17 915 Ornamentenstiche. **) Dazu 8364 bzw. 15 871 Vorbilder.
6	B.: 2 269 L.: ca. 12 000	Mo. bis Fr. 10—2 u. 5—9 Uhr, Sbd. 10—2 Uhr.	Ohne weiteres.	2	2	2	2	
—	ca. 3 750	Wtgs. 10—1 Uhr.	Gegen Legitimation und Bürgschaft, nur für erwachsene Personen.	—	3	—	—	
—	?	Mo. u. Sbd. 11—1 Uhr, Mi. 1—3 Uhr.	Unentgeltlich.	—	—	2	—	
—	L.: 18 102	Mo. bis Fr. 10—1 u. 4—8 Uhr, Sbd. 10—1 Uhr.	Bürgschein, falls nicht öffentlicher Beamter.	7	6	—	—	
1	28 920	Wtgs. 11—1 u. 4—8 Uhr, Stgs. 10—1 Uhr.	Ohne weiteres für Erwachsene.	2	5	—	—	
—	B.: 109 L.: 1 420	Di. bis Sbd. 11—12 Uhr. Di., Mi., Fr. u. Sbd. 5—7 Uhr.	Schülern des Instituts ohne weiteres Anderen gegen Legitimation.	2*	—	—	—	*) Der Direktor der Sammlungen des Instituts und ein diesem spez. für d. Bibl.-Dienst beigegeben. Assistent.
—	B.: 5 205 L.: 4 177	Mo. bis Sbd. 10—1 Uhr. Mo. bis Fr. 6—8 Uhr.	Bibl.: Nur Mitgliedern der betr. Vereine. Lesez.: Jedermann.	2	—	1	—	
—	4 040	Di. bis Sbd. 10—1 u. 6—9 Uhr; vom 1. Otob. bis 30. April auch Stgs. 10—1 Uhr.	Jedermann frei zugänglich.	1	—	—	1	
—	?	Mo. bis Fr. 8—1 und 2—4 Uhr, Sbd. 8—1 Uhr.	Mitgliedern der Universität ohne weiteres. Andern geg. Bürgschein	6	4	—	—	
—	138	Di. u. Fr. 3—4 Uhr.	Unentgeltl. Außerhalb nur mit Erlaubnis des Direktoriums.	—	—	1	—	
—	56	Mi. 2—3 Uhr.	Unentgeltlich gegen Bürgschein.	—	—	1	—	
—	.	Do. 2—4 Uhr.	Gegen Bürgschein	—	—	2	—	
—	.	Mo., Di., Do. u. Sbd. 3—6 Uhr.	Siehe besondere Bemerkungen.	1*	1	—	—	*) Außerdem einer vorübergehend.

(Noch Tabelle I.)

Städte	Der Bibliotheken bezw. Lesehallen			Ob städtisch, staatlich, sonstig	Zu Beginn des Berichtsjahres waren vorhanden		Zuwachs im Berichtsjahre		Im Berichtsjahre wurden entliehen	
	Nr.	Namen	Gründungsjahr		Werke	Bände	Werke	Bände	Werke	Bände
1.	2.	3.	4.	5.	6.	7.	8.	9.	10.	11.
Noch Halle a. S.	6	Patentschrift.-Lesezimmer d. Thür. Bezirksvereins deutscher Jngenieure	1877	staatl.	.	109 190	.	*8 784	—	—
Hamburg . .	1	Stadtbibliothek	?	"	.	ca. 615 000	.	5 126	.	B.: 9 1[illegible] L.: 26 4[illegible]
	2	Commerz-Bibliothek	1735	—	.	.	.	.	.	B.: 6 1[illegible] L.: 16 4[illegible]
Hannover . .	1	Königl. u. Provinzial-Bibliothek	17. Jahrh.	staatl.	.	ca. 200000*	1 285	.	B.: 9 114 L.: 8 692	.
	2	Stadtbibliothek	1440	städt.	ca. 60000	ca. 70 000	620	ca. 700	7 919	.
Karlsruhe . .	1	Großherzogl. Hof- u. Landesbibliothek	B.: 1770 L.: 1875	staatl.	.	177 120	.	3 185	.	B.: 12 7[illegible] L.: 5[illegible]
Kiel	1	Schleswig-Holstein. Landes-Bibliothek	1898	prov.	.	ca. 15 000	847	1 109	800	1 [illegible]
Königsberg. .	1	Königl. und Universitäts-Bibliothek	1540	staatl.	.	ca. 250 000	.	*6 193	.	B.: 21 [illegible] L.: [illegible]
	2	Stadtbibliothek	ca. 1550	städt.	.	ca. 32 000	751	1 416	2 457	B.: 3 6[illegible] L.: 1 [illegible]
	3	Gräfl. Wallenrodtsche Bibliothek	1673	—	.	ca. 10 000	10	.	.	ca. 1[illegible]
Leipzig . . .	1	Universitäts-Bibliothek	1543	staatl.	.	ca. 500 000	.	ca. 10000	B.: 36 456 L.: 15 822	B.: 47[illegible] L.: 34[illegible]
	2	Stadtbibliothek	1677	städt.	.	ca. 118 000	.	1 035	.	.
	3	Bibliothek der Handelskammer	B.: 1868 L.: 1898	—	ca 25500	ca. 30 400	ca. 400	ca. 500	B.: 2 050 L.: 2 348	B.: 2 5[illegible] L.: [illegible]

Im Berichtsjahre sind unersetzt abhanden gekommen Bände	Zahl der Benutzer im Berichtsjahre	Benutzungszeit	Benutzungsbedingungen	Verwaltungspersonal hauptamtlich mit akademischer Vorbildung	Verwaltungspersonal hauptamtlich ohne akademische Vorbildung	Verwaltungspersonal nebenamtlich mit akademischer Vorbildung	Verwaltungspersonal nebenamtlich ohne akademische Vorbildung	Bemerkungen.
12.	13.	14.	15.	16.	17.	18.	19.	20.
—	141	Wtgs. 8—12 u. 2—6 Uhr, Stgs. $11\frac{1}{2}$—$12\frac{1}{2}$ Uhr.	Ohne Bedingungen	—	—	1	1	*) Patentschriften.
—	B.: 3 787 L.: 5 754*	Bibl.: Wtgs. 2—4 Uhr. Lesez.: Wtgs. 10—4 und 7—9 Uhr.	Bibl.: Unentgeltlich, evtl. gegen Bürgschein. Lesez.: Nur erwachsen. Personen	7	5	—	—	*) Außerdem 3167 im Zeitschriftensaal
—	L.: 3 698	Wtgs. 10—4 Uhr.	Bibl.: Unbekannte Personen nur geg. Bürgsch. Lesez.: Ohne weiteres.	2	1	—	—	
—	L.: 3 727	Mo., Di., Do. Fr. 9 bis 1 Uhr, Mi. u. Sbd. 9—12 u. 2—4 Uhr.	Staatsbeamte u. Bürger der Stadt Hannover ohne weiteres, andere gegen Bürgsch. Handschriften nur den öffentlichen Anstalten	2	2	—	—	*) Außerdem 3500 Drucksachen und Handschriften.
—	?	Wtgs. 11—1 Uhr.	Unbekannten Personen nur gegen Bürgschein	2	1	—	—	
—	L.: 13 016	Bibl.: Wtgs. 11—1 Uhr u. Mi. 3—4 Uhr. Lesez.: Wtgs. 10—1 und 6—8 Uhr, Stgs. 11—1 Uhr.	Unentgeltl. d. selbständ. Landesangehörigen u. auswärtigen Anstalten und Gelehrten	3	2	1	1	*) Und 227 Handschriften.
—	?	Mi. im Sommer 4—7 Uhr, im Winter 1—4 Uhr.	Unentgeltlich	—	—	1	—	
—	B.: 1 569 L.: 7 636	Tgl. 9—3 Uhr, in den Ferien 9—1 Uhr.	Studenten oder in unselbständiger Stellung befindl. Personen, bzw. Unbek. geg. Bürgschein eines Profess. od. Beamt.	8	4	—	—	*) Und 7143 Universitäts- und Schulschriften.
—	?	Tgl 12—2 Uhr.	Unentgeltlich	1	—	1	1	
—	10	Di. u. Fr. 3—4 Uhr.	Unselbständige Personen geg. Bürgschein	1	—	—	1	
1	L.: 38 593	Bibl.: Wtgs. 9—1 Uhr; Mo. bis Fr. 3—5 Uhr. Lesez.: Wtgs. 9—1 Uhr, 3—6 Uhr.	Unentgeltl. evtl. gegen Bürgschein	15	5	—	—	Mit Berichtigungen aus dem 10. Jahrgang wiederholt.
—	?	Wtgs. 10—1 Uhr; Di., Mi., Fr. u. Sbd. 3—6 Uhr.	Unentgeltlich	3	—	—	1	
—	B.: 387 L.: ca. 900	Bibl.: Wtgs. 10—12 u. 4—6 Uhr. Lesez.: Sommer Wtgs. $8\frac{1}{2}$ bis $12\frac{1}{2}$ und $3\frac{1}{2}$—6 Uhr. Winter Wtgs. 9—12 und 3—7 Uhr.	Bibl.: Geg. Legitimation Lesez.: Ohne weiteres	—	1	1	—	

(Noch Tabelle I.)

Städte	Der Bibliotheken bezw. Lesehallen			Ob städtisch, staatlich, sonstig	Zu Beginn des Berichtsjahres waren vorhanden		Zuwachs im Berichtsjahre		Im Berichtsjahre wurden entliehen	
	Nr.	Namen	Gründungsjahr		Werke	Bände	Werke	Bände	Werke	Bände
1.	2.	3.	4.	5.	6.	7.	8.	9.	10.	11.
Noch Leipzig .	4	Pädagog. Zentralbibliothek d. Comenius-Stiftung	B.: 1873 L.: 1897	—	.	95 230	.	5 206	.	16 063
	5	Bibliothek d. Kunstgewerbe-Museums	1892	städt.	1 268	ca. 1800*	473	ca. 1000**	258	377
	6	Bibliothek d. Vereins für innere Mission	1891	—	.	.		.	.	305
	7	Musikbibliothek Peters	1894	—	.	ca. 18000*	.	.	.	.
	8	Bibliothek des Statistischen Amtes	1867	städt.	.	7 447	.	.	.	.
	9	Biblioth. d. Börsenvereins deutscher Buchhändler	1843	—	.	.	1 041*	.	.	1 213
	10	Akademische Lesehalle	1874	—	.	.	.	.	—	—
Lübeck . . .	1	Stadtbibliothek	B.: 1620 L.: 1877	staatl.	.	105 018*	.	2 391*	.	B.: 6 667 L.: 3 442
	2	Gewerbliche Bibl.	1863	—	.	ca. 600	2	2	.	B.: 56 L.: 10
Magdeburg . .	1	Stadtbibliothek	ca. 1530	städt.	ca. 20000	ca. 26000	680	800	ca. 9 000	12 773
Mainz . . .	1	Stadtbibliothek	1805*	städt.	.	ca. 200 000	.	ca. 4000	.	B.: 11 17 L.: 27 00
Metz	1	Stadtbibliothek	18. Jahrh.	städt.	28 542	80 284	255	474	.	B.: 1 587 L.: 3 549
Nürnberg . .	1	Stadtbibliothek	B.: 1538 L.: 1890	städt.	.	ca. 83000	.	439	.	B.: 2 25 L.: ca. 2 40

Im Berichtsjahre sind unersetzt abhanden gekommen Bände	Zahl der Benutzer im Berichtsjahre	Benutzungszeit	Benutzungsbedingungen	Verwaltungspersonal hauptamtlich mit akademische Vorbildung	Verwaltungspersonal hauptamtlich ohne akademische Vorbildung	Verwaltungspersonal nebenamtlich mit akademische Vorbildung	Verwaltungspersonal nebenamtlich ohne akademische Vorbildung	Bemerkungen.
12.	13.	14.	15.	16.	17.	18.	19.	20.
4	4 037	Bibl : Mi. u. Sbd. $2^1/_2$—5 Uhr. Lesez.: Mi. u. Sbd. $2^1/_2$—8 Uhr.	Bibl.: Unentgeltlich Lesez.: Gegen Jahreskarte zu 50 Pf.	—	—	1	7	
1 Heft 2 Tafeln	10 154	Wtgs., außer Mo., 10—3 u. 7—9 Uhr. Stgs $10^1/_2$—1 Uhr.	Bibl.: Nur für Mitglieder Lesez.: Allen erwachsenen Personen unentgeltlich	1	1	1	—	*) Dazu ca. 13 000 Blatt Vorbilder u. 13000 Blatt Ornamentstiche. **) Vorbilder.
—	48	Wtgs. 9—11 Uhr.	Unentgeltlich, Frist 4 Wochen	—	—	1	1	
—	?	Wtgs. 9—12, 3—6 Uhr.	Unentgeltlich	1**	1	—	—	*) Daz. 1600 Musikerportraits u. ca. 1500 Operntextbücher. **) Außerdem ein Ehrenbibliothekar.
—	?	Während d. Dienstzeit.	Unentgeltlich, Ausleihungen finden nicht statt.	—	—	—	1	
—	214	Wtgs 10—12 Uhr.	Mitgliedern ohne weiteres; anderen Personen gegen Bürgschaft	1	—	—	—	*) Dazu 37 Blätter.
—	ca. 1 700	Wtgs. 8—8 Uhr. Stgs. 11—3 Uhr.	Lösung einer Mitgliedskarte: Jährlich 12 Mk., Studenten 6 Mk.	—*	—	—	2	*) Der Vorstand besteht aus 5 Professoren und zwei Studenten.
—	L.: 2 650	Wtgs. 11—2 Uhr.	Bibl.: Unentgeltlich, Unbekannte gegen Bürgschaft. Lesez.: Unentgeltlich für jeden	2	—	1	1	*) Außerdem 37 741 bzw. 1355 Universitätsschrift., Schulprogramme, Handschriften und Musikalien.
—	B.: 6 L.: 10	Bibl.: Wtgs. 7—8 Uhr. Lesez.: Wtgs. 7—10 Uhr, Stgs. 6—10 Uhr.	Unentgeltlich, eventl. gegen Bürgschaft	—	—	—	2*	*) Gleichzeitig für die öffentl. Bücher- u. Lesehalle.
—	B.: 6 028 L.: 1 500	Wtgs. 10—2 Uhr.	Unentgeltlich, eventl. gegen Bürgschaft	1	2	—	—	
2	?	Bibl.: Wtgs. 9—1 Uhr. Mi. u. Sbd. 9—4 Uhr; Lesez.: außerdem 2—6 Uhr.	Für jedermann unentgeltlich	3	2	—	—	*) Siehe die besonderen Bemerkungen.
—	B.: 746 L.: 817	Wtgs 10—$12^1/_2$ und 2—5 Uhr.	Unentgeltlich. Die bei wissenschaftl. Biblioth. üblichen.	1	1	—	—	
—	B.: ca. 700 L.: ca. 400	Bibl.: Di., Do., u. Sbd. 10—12 Uhr. Lesez.: Tgl. 9—12 u. 3—5 Uhr.	Jedermann, eventl. gegen Bürgschaft	1	1	1	—	

(Noch Tabelle I.)

Städte	Der Bibliotheken bezw. Lesehallen			Ob städtisch, staatlich, sonstig	Zu Beginn des Berichtsjahres waren vorhanden		Zuwachs im Berichtsjahre		Im Berichtsjahre wurden entliehen	
	Nr.	Namen	Gründungsjahr		Werke	Bände	Werke	Bände	Werke	Bände
1.	2.	3.	4.	5.	6.	7.	8.	9.	10.	11.
Plauen . . .	1	Stadtbibliothek	1899*	städt.	4 093	6 956	278	434	307**	448**
Posen . . .	1	Kaiser-Wilhelm-Bibliothek	1898*	prov.*	.	ca. 160 000	.	.	.	.
	2	Raczynskische Bibliothek	1829	städt.	.	ca. 70 000	.	508	.	L.: 6 782
Stettin . . .	1	Stadtbibliothek	?	städt.	.	.	.	.	.	.
Straßburg i. E.	1	Kaiserl. Universitäts- u. Landesbibliothek	1871	staatl.	.	800 177	.	13 963	.	B.: 112 458 L.: 62 463
Stuttgart . .	1	Königl. Landesbibliothek	1765	staatl.	455 545*	322 071	7 588*	4 060	19 508	B.: 28 290 L.: 29 151
	2	Bibliothek der Kgl. Zentralstelle für Gewerbe und Handel	1848	staatl.	.	.	.	.	.	21 244
Wiesbaden. .	1	Nassauische Landesbibliothek	1813	städt.*	.	ca. 128 000	2 520**	.	.	14 463+
Zwickau . .	1	Ratschulbibliothek	?	städt.	.	ca. 25 000	36	80	234	272

Im Berichtsjahre sind unersetzt abhanden gekommen Bände	Zahl der Benutzer im Berichtsjahre	Benutzungszeit	Benutzungsbedingungen	Verwaltungspersonal hauptamtlich mit akademische Vorbildung	hauptamtlich ohne	nebenamtlich mit	nebenamtlich ohne	Bemerkungen.
12.	13.	14.	15.	16.	17.	18.	19.	20.
—	223**	Mi. 6—8 Uhr; Sbd. 11—1 Uhr.	Unentgeltlich	—	—	1	—	*) Eröffnet am 6. Oktober 1900.
·				3	2**	—	—	*) Siehe die besonderenBemerkungen. **) Außerdem noch Kanzlei- u. Unterpersonal.
—	B. u. L.: 2 763	Wtgs. 5—8 Uhr.	Für jedermann frei.	2	1	—	—	Es werden keine Bücher ausgeliehen.
·			Nur für Mitglieder der städtischen Verwaltung; auf Wunsch auch für andere Personen	1	—	—	—	Die Bibl. wird gegenwärtig einer Neuorganisation und Neukatalogisierung unterworfen.
9	B.: 16 977 L.: 16 741	Bibl.: Wtgs. 11—1 u. 3—6 Uhr. Lesez.: Wtgs. 9—1 u. 3—6 Uhr.	Die bei wissenschaftl. Bibliotheken üblichen	13	12	—	—	
—	3 408**	Wtg. 10—12 Uhr; Mo. bis Fr. 2—5 Uhr.		5	9	—	—	*) Hierunter sind die einzeln. Stücke, d. h. Bände und ungebundene Schriften (Broschüren, Programme usw.) zu verstehen. **) Erstmalig für 1901 festgestellt.
—	29 807	Wtgs. 10—12 und 2—6 Uhr; Stgs. 11—1 Uhr, außerdem Fr. 8—10 Uhr und im Winter auch Di. 8—10 Uhr.	Für jedermann frei. Ausleihungen nur innerhalb Württemberg Unselbständige und Minderjährige gegen Bürgschaft	—	5*	—	—	*) 3 Beamte, 2 Bedienstete.
—	6 205	Bibl.: Tgl. 10—1 u. 3—4 Uhr. Lesez.: Tgl. 10—1 u. 3—8 Uhr.	Bibl.: Einheimische ohne weiteres, Fremde gegen Bürgschein, Lesez.: Für jeden ohne weiteres	4	1	—	—	*) Mit Staatssubvention. **) Dazu 1495 kleine Schriften. †) Davon 1308 an auswärt. Benutzer.
—	49	Mi. u. Sbd. 11—1 Uhr.	Unentgeltlich	—	—	1	—	

Tabelle II. Finanzielle Verhältnisse der in Tabelle I aufgeführten Bibliotheken.

Städte	Nr. der Bibliotheken	Ausgaben im Berichtsjahre in Mark			Einnahmen aus			Feuertaxwert des Bücherbestandes und Inventars Mk.	Bemerkungen
		persönliche	für Ankauf und Binden von Büchern	sonstige	staatlichen Mitteln Mk.	städtischen Mitteln Mk.	sonstigen Mitteln Mk.		
1.	2.	3.	4.	5.	6.	7.	8.	9.	10.
Aachen . . .	1	6 260	4 712	3 114	—	13 874	212	439 724	
Augsburg . .	1	4 330	4 591	416	.	.	.	1 492 772	
Braunschweig .	1	12 430*	3 525**	476	.	4 000	.	.	*) Die Beamten sind in erster Linie für das Stadtarchiv. **) Einschl. d. Buchbinderarbeiten f. d. Stadtarchiv
Bremen . . .	1	14 700	10 000	3 340	28 040	.	.	.	
Breslau . . .	1	31 745	33 001	3 452	.	.	.	.	
	2	22 806	11 515	17 899	.	51 722	498	625 000	
	3	.	3 320	.	.	.	.	.	
	4	.	8 585	.	.	.	.	.	
	6	.	2 220	.	.	.	.	35 000	
	7	1 615	2 244	104	600	.	3 418	.	
Cassel . . .	1	26 855	11 000	7 595	45 450*	.	.	.	*) Aus provinziell. Mitteln.
	2	8 093	2 734	19 463	.	.	46 333*	310 850	*) Zinsen.
Chemnitz . .	1	1 961	3 007	3 061	.	8 028	400	106 000	
	2	3 800	5 786	.	9 586	.	.	196 780	
	3	.	740	.	.	.	.	8 000	
Cöln	1	20 987	8 619	19 219	.	47 907	918	524 450	
	2	.	4 650	.	.	.	.	57 624	
Danzig . . .	1	6 470	6 466	4 278	.	200	5 688*	408 130	*) Zinsen.
Dresden . . .	1	56 740	38 500	.	.	.	.	.	
	2	12 040	9 524*	.	.	21 604	.	50 000	*) Einschl. Anschaffungen für das Stadtmuseum.
	3	14 062	14 090	.	28 152	.	.	336 456	
	4	9 000	10 490	9 273	.	.	70 367*	118 000	*) Zinsen.
Erfurt . .	1	1 000	1 200	.	.	.	.	.	
Frankfurt a. M.	1	31 527	23 747	15 431	.	69 766	938	1 935 500	
	2	16 355	18 199	17 348	.	.	45 314*	275 000	*) Davon 35314 Mk. Zinsen.
	3	.	4 828	.	.	.	.	150 000	
	4	.	.	.	.	.	.	273 040	
	5	2 499	4 439	.	.	.	.	.	
Halle a. S. . .	1	.	23 220	.	.	.	.	.	
	2	300	900	.	1 200	.	.	.	
	3	200	400	.	600*	.	.	.	*) Aus stiftischen Mitteln.
	4	550	849	.	550*	.	849**	.	*) Aus kirchlichen Mitteln. **) Zinsen.

Noch Tabelle II.

Städte	Nr. der Bibliotheken	Ausgaben im Berichtsjahre in Mark: persönliche	Ausgaben: für Ankauf und Binden von Büchern	Ausgaben: sonstige	Einnahmen aus: staatlichen Mitteln Mk.	Einnahmen aus: städtischen Mitteln Mk.	Einnahmen aus: sonstigen Mitteln Mk.	Feuertaxwert des Bücherbestandes und Inventars Mk.	Bemerkungen
1.	2.	3	4.	5	6.	7.	8.	9.	10.
Noch Halle a. S.	5	3 276	1 575	.	.	.	.	50 000	
	6	300	41	628	.	200	.	64 700	
Hamburg . .	1	43 900	34 000	2 200	80 100	.	.	2 021 039	
	2	12 500	11 075	1 604	.	.	.	487 000	
Hannover . .	1	13 100	9 600	428	19 500	2 600	8 000*	.	*) Vom Herzog v. Cumberland.
	2	9 700	5 900	200	.	15 800	.	154 000	
Karlsruhe . .	1	17 970	12 205	1 759	33 470	.	.	750 000	
Kiel	1	2 400	4 200	.	.	.	.	.	
Königsberg . .	1	.	26 774	.	26 894*	.	2 274**	.	*) Außerdem 15742 außerordentlicher Zuschuß. **) Zinsen.
	2	4 800	4 650	2 203	.	11 653	.	131 000	
Leipzig . . .	1	65 210	56 100	27 610	143 678	.	5 242	.	
	2	9 420	9 115	2 001	.	15 821	4 715*	.	*) Zinsen
	3	2 640	5 692	.	.	.	.	27 100	
	4	2 062	2 105	3 935	500	1 035	7 729	60 000	
	8	.	451	.	.	250	.	.	
	10	3 811	5 779	1 206	1 200	.	10 835	.	
Lübeck . . .	1	4 880	4 978	1 168	10 000	.	759	.	
Magdeburg . .	1	6 084	4 000	.	.	10 084	.	90 000	
Mainz. . . .	1	16 014	9 300	3 310	.	28 624	.	937 100	
Metz	1	5 900	4 300	1 200	.	.	.	152 000	
Nürnberg . .	1	3 986	3 850	30 679*	.	37 706	809	354 396	*) Davon 27019 Mk außerordentlich.
Plauen . . .	1	450	1 402	338	.	.	.	10 400	
Posen . . .	2	5 640	3 912	12 657	.	.	25 738	263 200	
Straßburg i. E.	1	66 940	56 800	34 160	157 900	.	.	.	
Stuttgart. . .	1	44 250	31 000	.	.	.	.	.	
	2	12 850	12 500	.	.	.	.	.	
Wiesbaden . .	1	19 320	8 225	17 462	.	.	.	.	
Zwickau . . .	1	782	776	30	.	1 588	.	50 000	

Tabelle III. Allein oder vorzugsweise der allgemeinen

Städte	Der Bibliotheken bezw. Lesehallen			Ob städtisch, staatlich, sonstig	Zu Beginn des Berichtsjahres waren vorhanden		Zuwachs im Berichtsjahre		Im Berichtsjahre wurden entliehen	
	Nr.	Namen	Gründungsjahr		Werke	Bände	Werke	Bände	Werke	Bände
1.	2.	3.	4.	5.	6.	7.	8.	9.	10.	11.
Altona . . .	1	Volksbibl. u. öffentl. Lesehalle	B: 1886 L.: 1900	—	.	4 516	.	70	.	27 904
Barmen. . .	1	Stadtbibliothek	1873	städt.	.	17 079	.	594	.	26 055
Berlin . . .	1 bis 28	Erste bis 28. städtische Volksbibliothek	1850 bis 1900	städt.	.	112 547	.	9 240	.	795 362
	29	Erste öffentl. Lesehalle der deutschen Gesellsch. f. ethische Kultur	1895	—	.	ca. 6 000	.	.	.	B.: 653 L.: 33 838
Bochum . .	1	Leseverein	1889	—	.	ca. 2 000	.	ca. 20	.	ca. 1 600
Bremen . .	1 bis 14	Volksbibliotheken des Ver. für innere Mission	1849	—	.	ca. 14 000	.	ca. 200	.	34 776
	15	Volksbibliothek der Sparkasse.	1883	—	.	16 892	.	226	.	86 312
Breslau. . .	1 bis 6	Städt. Volksbibliothek	1846 bis 1899	städt.	19 661	25 470	.	6 470	.	339 506
	7	Städt. Lesehalle I	1899	städt.	.	290*)	.	.	.	.
	8	Städt. Lesehalle II	1900	städt.	.	160*)	.	.	.	.
Cassel . . .	1	Städt. Bibliothek und Lesehalle	B.: 1875 L.: 1899	städt.	2 967	4 073	274	382	.	28 269

Volksbildung dienende öffentliche Bibliotheken.

Im Berichtsjahre sind unersetzt abhanden gekommen Bände	Zahl der Benutzer im Berichtsjahre	Benutzungszeit	Benutzungsbedingungen	Verwaltungspersonal hauptamtlich mit akademische Vorbildung	Verwaltungspersonal hauptamtlich ohne akademische Vorbildung	Verwaltungspersonal nebenamtlich mit akademische Vorbildung	Verwaltungspersonal nebenamtlich ohne akademische Vorbildung	Bemerkungen.
12.	13.	14.	15.	16.	17.	18.	19.	20.
2	B.: 1 145 L.: 7 317	Bibl.: Wtgs. 6—8 Uhr. Leseh.: Vom 1. April bis 1. Oktob. Wtgs. 7—9 Uhr, Stgs. 5—9 Uhr. — Vom 1. Oktober Tgl. 5 bis 10 Uhr.	Bibl.: Abonnement vierteljährlich 50 Pf. 1 Band für 2 Wochen 5 Pfennig. Leseh.: Unentgeltlich.	—	—	—	4	
4	B.: 2 211 L.: 9 928	Wtgs.: 10—12½ und 4—9 Uhr.	Unentgeltlich.	—	1	1	—	
.	B.: ? L.: 60 700	°	Unentgeltlich.	—	—	?	?	Mit Nr. 1, 9, 20, 21 24 und 28 sind öffentliche Lesehallen verbunden.
—	100 686	Wtgs. 12—3 u. 6 bis 10 Uhr. Stgs. 9½—1 u. 5 bis 10 Uhr.	Unentgeltlich.	1	1	—	—	
—	.	Mittwoch u. Sonnabend 12—1 Uhr.	Gegen jährlichen oder monatlichen Beitrag.	—	—	—	3	
ca. 250	8 508	Zu verschiedenen Zeiten je nach dem Stadtteil.	Unentgeltlich.	—	—	1	15	
82	1 485	Tgl. 2—2½ Stunden.	Abonnement 50 Pf. für ½ Jahr. Unbemittelte frei.	—	—	—	1*)	*) Außerdem 11 Knab. abwechselnd.
? Zahl unbedeutend	14 371	Sommer: Wtgs. 7 bis 9 Uhr; Stgs. 11—1 Uhr. Winter: Wtgs. 6½ bis 9 Uhr; Stgs. 11—1 Uhr.	Gegen Unterschreibung eines Lesescheines (5 Pfennig).	1	6	—	6	
—	40 567	Wtgs 10—2 u. 6—10 Uhr Stgs. 11—1 u. 5 - 10 Uhr.	Unentgeltlich für jede über 17 Jahre alte Person.	1	2**)	—	—	*) dazu 49 Tageszeitungen und 112 Zeitschriften.
—	19 778	Wie vor.	Wie vor.					*) Dazu 42 Tageszeitungen und 94 Zeitschriften. **) Dazu 2 Diener und 2 Kleiderhüterinnen.
—	B.: ca. 1 500 L.: ca. 1 000	Wtgs. 6—9½ Uhr; Stgs. 11½—12½ Uhr und 5—7 Uhr. Vom 16. Juni bis 14. August nur Mo., Do. u. Sbd.	Unentgeltlich für nicht mehr schulpflichtige Personen.	—	—	—	2*)	*) Dazu eine 5 gliedrige Kommission.

Noch Tabelle III.

Städte	Der Bibliotheken bezw. Lesehallen			Ob städtisch, staatlich, sonstig	Zu Beginn des Berichtsjahres waren vorhanden		Zuwachs im Berichtsjahre		Im Berichtsjahre wurden entliehen	
	Nr.	Namen	Gründungsjahr		Werke	Bände	Werke	Bände	Werke	Bände
1.	2.	3.	4.	5.	6.	7.	8.	9.	10.	11.
Charlottenburg	1	Städt. Volksbiblioth. und Lesehalle.	1898	städt.	.	12 255	.	2 169	.	B.: 71 788 L.: ca. 2000
Chemnitz . .	1 bis 8	Gemeindebibliothek. d. Kirchengemeinden	1877 bis 1898	—	.	6 185	.	440	.	11 397
	9	Volksbibliothek Chemnitz-Schloß.	1877	städt.	.	1 376	.	38	.	2 463
	10	Bibliothek des Handwerkervereins.	1829	—	.	3 768	.	.	.	3 475
	11	Volksbibl. d. Vorstadt Ch.-Altendorf.	1887	städt.	.	952	.	20	.	1 618
	12	Volksbibl. d. Vorstadt Ch.-Gablenz.	1892	städt.	.	449	.	12	.	852
	13	Volksbibl. d Vorstadt Ch.-Kappel.	1893	städt.	.	1 024	.	83	.	3 128
Cöln	1 u. 2	Volksbiblioth. I u. V mit Lesehalle I u. II	1890 bis 1900	städt.	.	B.: 2854 L.: 1870*	.	B. 2269 L. 1107*	.	B.: 63 415
	3 bis 5	Volksbibliotheken II, III, IV	1892 bis 1897	städt.	.	7 579	.	325	.	39 401
Crefeld . . .	1	Stadtbibliothek	1900	städt.	ca. 6000	.	.	490	—	—
Danzig . . .	1 bis 5	Volksbibliotheken I bis V	1885 bis 1892	städt.	.	6 407	.	273	.	61 025
Dortmund . .	1 bis 4	Volksbibliotheken d. evangelischen Schulgemeinde	1897	—	.	1 683	.	374	.	9 201
Dresden . . .	1 bis 12	Volksbibliotheken des Gemeinnützigen Vereins	?	städt.	.	46 572	.	745	.	172 153
	13	Volksbibl. des Stadtvereins f. innere Miss.	1882	—	.	1 400*	—	—	.	2 830

Im Berichtsjahre sind unersetzt abhanden gekommen Bände	Zahl der Benutzer im Berichtsjahre	Benutzungszeit	Benutzungsbedingungen	Verwaltungspersonal: hauptamtlich, mit akademische Vorbildung	Verwaltungspersonal: hauptamtlich, ohne akademische Vorbildung	Verwaltungspersonal: nebenamtlich, mit akademische Vorbildung	Verwaltungspersonal: nebenamtlich, ohne akademische Vorbildung	Bemerkungen.
12.	13.	14.	15.	16.	17.	18.	19.	20.
9	L.: 24 585	Bibl.: Wtgs. 12—1 u. 6—8 Uhr. Leseh.: Wtgs. 10—1 u. 5—9 Uhr.	Bibl.: Eintragen in die Leserliste ohne Bürgsch. Leseh.: Bedingungslos, Altersgrenze 16 Jahre.	2	3	—	4	
ca.30	ca. 1 400	Verschieden, meist 2mal in der Woche 1—2 Std.	Gegen Leihgebühr von 2—10 Pf. für das Buch u. die Leihfrist, welche verschieden 1—3 Woch. beträgt.	—	—	.	*	*) Die Oberaufsicht führt meist der btr. Kirchenvorstand, die Verwaltung der Geistliche.
6	209	Stgs. von 11—12 Uhr, Donnerst. 6—7 Uhr	Pro Band und Woche 3 Pf. Lesegeld. kleine Jugendschriften 2 Pf.	—	—	—	1	
—	857	Wtgs. 5—7 Uhr.	Unentgeltlich für Mitgl.	—	—	4	6	
—	1 140	Stgs. 11—12 Uhr.	Pro Band und Woche 3 Pf.	—	—	—	1	
2	737	Stgs. 11—12 Uhr.	Pro Band u. Woche 3 Pf., bez. 6 Pf. f. illustrierte größere Werke.	—	—	—	1	
12	2 850	Wtgs. 11—12 Uhr, Mo. u. Do. auch 7—8 Uhr.	Wöchentlich 2, 3 bez. 5 Pf. Lesegeld.	—	1	—	—	
—	B.: 1 731 L.: 48 647	Wtgs. 6—10 Uhr, Stgs. 3—8 Uhr.	Bibl.: Gegen Bürgschaft. Leseh: Frei für alle Personen über 14 Jahre.	—	—	1**	10	*) Dazu 63 bezw. 45 Zeitschriften. **) Verwaltet alle Volksbibliotheken und Lesehallen.
—	1 672	Mi. 12—1 Uhr, Stgs. 11 bis 1 Uhr.	Gegen Bürgschaft.	—	—	.	6	
—	3 603	Wtgs. 10—1 Uhr; Stgs. 11—1 Uhr. Außerdem 4 mal 7½—9½ Uhr.	Jedermann ohne weiteres.	1	1	—	—	Bis jetzt im wesentlichen nur öffentliche Lesehalle.
13	2 030	Verschieden; zweimal wöchentlich.	Unentgeltlich.	—	—	—	5	
27	625	Stgs. 11½—12½ Uhr.	Unentgeltlich.	—	—	—	4	
102	10 853	Di. u. Fr. 5½—8 Uhr.	Unentgeltlich.	—	—	—	12	
—	135	Mi. 2—3 Uhr; Fr. 6 bis 7 Uhr.	Unentgeltlich.	—	—	.	.	*) Die Hälfte der Jugendschriften wurde im Berichtsjahre an d. Kindergottesdienst-Bibliothek abgegeben.

Noch Tabelle III.

Städte	Der Bibliotheken bezw. Lesehallen			Ob städtisch, staatlich, sonstig	Zu Beginn des Berichthjahres waren vorhanden		Zuwachs im Berichtsjahre		Im Berichtsjahre wurden entliehen	
	Nr.	Namen	Gründungsjahr		Werke	Bände	Werke	Bände	Werke	Bände
1.	2.	3.	4.	5.	6.	7.	8.	9.	10.	11.
Noch Dresden .	14	Volksbibl. d. Vereins zur Verbreit. christl. Schriften	?	—	.	4 767	.	.	.	3 750
Düsseldorf . .	1 bis 3	Volksbibliotheken I, II, III	1885 bis 1896	städt.	.	7 126	.	1 323	.	71 629
	4	Öffentliche Lesehalle und Bibliothek des Bildungsvereins.	1897	—	.	ca. 8 000	.	ca. 1000	.	B.: 22 022 L.: 50 310
Erfurt . . .	1	Städt. Volksbibl. u. Lesehalle	1897	städt.	.	5 236		385	.	.
Essen . . .	1	Kruppsche Bücherhalle	1899	—	.	30 000	.	9 000	.	209 000
	2	Städt. Bücherhalle	1902	städt.	.	.	.	.	.	
	3	Bücherei des Gewerbe-Vereins.	1865	—	.	ca. 9 000	.	ca. 1000	.	ca. 32 000
Frankfurt a. M.	1	Freibibliothek und Lesehalle	1894	—	7 485	11 378	550	943	.	80 048
	2	Volksbibliothek und öffentl. Lesehalle	B.: 1845 L.: 1894	—	.	26 626	521	837	.	117 706
Freiburg i. Br. .	1	Städtische Volksbibliothek und Volkslesehalle	1901	städt.	.	4 500	.	400	.	10 065
Görlitz . . .	1	Volksbibliothek und Lesehalle	B.: 1876 L.: 1895	—	.	4 256	.	41	.	7 523
Halle a. S. . .	1	Volksbibliothek des Vereins für Volkswohl	1874	—	.	11 279	.	.	.	17 015

Im Berichtsjahre sind unersetzt abhanden gekommen Bände	Zahl der Benutzer im Berichtsjahre	Benutzungszeit	Benutzungsbedingungen	Verwaltungspersonal hauptamtlich mit akademische Vorbildung	Verwaltungspersonal hauptamtlich ohne akademische Vorbildung	Verwaltungspersonal nebenamtlich mit akademische Vorbildung	Verwaltungspersonal nebenamtlich ohne akademische Vorbildung	Bemerkungen.
12.	13.	14.	15.	16.	17.	18.	19.	20.
—	2 695			—	—	.	.	
37	B.: 5 010 L.: 31 319	Bibl.: Mi. 12—1 Uhr, Stgs. 11—1 Uhr. Leseh.: Tgl. 10—10 Uhr.	Unentgeltlich.	—	2	1	3	Mit der Volksbibl. I ist eine öffentliche Leseh. verbunden.
7	B.: 12 259 L.: 50 310	Bibl.: Wtgs. 10—10 Uhr, Stgs. 11—1 Uhr. Leseh.: Tgl. 10—10 Uhr.	Bibl.: Mitgliedskarte 2,00 Mk., Lesekarten 50 Pf. Leseh.: Unentgeltlich	—	1	—	2	
4	B.: 27 780 L.: 6 530	Di., Do., Sbd. 7—9 Uhr, Stgs. 11—1 Uhr	Unentgeltlich für über 14 Jahre alte Personen.	—	—	1	3	
—	?	Wtgs. 12—3 und 5—7 Uhr.	Nur f. Werksangehörige.	4	20*	2	—	*) Darunter 1 kaufm. Sekret., 4 Schreibgehülfen, 3 Buchbinder, 2 Diener, 9 Laufjung., 1 Heizer.
.	.	Wtgs. $11^1/_2$—$1^1/_2$ und 5—7 Uhr.	Unentgeltlich für jeden über 16 Jahre alten unbescholtenen Einwohner gegen hinreichenden Ausweis.	1	—	—	—	Eröffnet am 1. März 1902.
ca. 10	1 054	Wtgs. 11—1 und 5—8 Uhr.	Unentgeltlich.	—	1	—	—	
ca. 40	B.: ca. 3 600 L.: 45 115	Bibl.: Wtgs. 12—$7^1/_2$ Uhr. Leseh.: Wtgs. 10—4 u. 6—$9^1/_2$ Uhr; Stgs. im Sommer 7—10 Uhr, im Winter 9—12 Uhr.	Bibl.: Gegen Wohnungsausweis. Leseh.: Bedingungslos.	—	1	—	6	Die Angaben beziehen sich nur auf die 9 Monate April bis Dezbr. 1900.
5	B.: 1 833 L.: 123 105	Bibl.: Wtgs. 9—1 und 3—7 Uhr. Leseh.: Wtgs. 9 Uhr früh b. 10 Uhr abds. Stgs. 10—1 Uhr.	Bibl.: Jahresabonnem. 4 Mark. Leseh.: Unentgeltlich.	—	2	—	1	Siehe besondere Bemerkungen.
2	B.: 1 196 L.: 10 316	Bibl.: Wtgs. 11—1 und 6-8 Uhr, Stgs. 11-12 Uhr Leseh.: Wtgs 9—1 und 3-8 Uhr, Stgs. 11-3 Uhr.	Bibl.: Unentgeltlich, Ausstellung einer Leihkarte. Leseh.: Bedingungslos.	1	1	—	—	Eröffnet am 15. Aug. 1901.
—	B.: 452 L.: 571	Bibl.: Stgs. 11—12 Uhr. Mi. 12—1 Uhr Leseh.: Do. 8—10 Uhr ab., im Winter Stgs. 5-7 Uhr.	Bibl.: Unentgeltlich gegen Bürgschaft. Leseh.: Bedingungslos.	—	—	—	1	
ca. 20	823	Wtg. 7—8 Uhr.	Mitgliedern des Vereins, Schülern d. Fortbildungsschulen und einigen Vereinen frei; andere zahlen 3 Pf. pro Woche.	—	—	1	1	

Noch Tabelle III.

Städte	Der Bibliotheken bezw. Lesehallen			Ob städtisch, staatlich, sonstig	Zu Beginn des Berichtsjahres waren vorhanden		Zuwachs im Berichtsjahre		Im Berichtsjahre wurden entliehen	
	Nr.	Namen	Gründungsjahr		Werke	Bände	Werke	Bände	Werke	Bände
1.	2.	3.	4.	5.	6.	7.	8.	9.	10.	11.
Hamburg	1	Öffentliche Bücherhalle	1899	—	.	ca. 7 000	.	ca. 2000	.	B.: 78 309* L.: 896
Hannover	1 bis 13	Allgemeine Volksbibliotheken	1883 bis 1900	—	.	13 636	.	+ 1228 — 442	.	31 437
Karlsruhe	1	Allg. Volksbibliothek des Männerhilfsvereins	1875	—	.	ca. 6 000	60	61	.	29 933
Kiel	1 u. 2	Volksbibliothek I u. II	1874	—	1 489	2 673	126	164	.	15 233
Königsberg	1 bis 4	Volksbibliotheken I bis IV	1872 bis 1895	städt.	.	ca. 16000	.	ca. 250	.	.
Leipzig	1	Volksbibliothek I des Volksbibliothek-Vereins	1851	—	.	3 200	.	60	.	6 339
	2 bis 6	Volksbibliotheken II bis VI des Vereins für Volkswohl	1875 bis 1885	—	9 500	.	525	.	.	21 451
	7	Volksbibliothek zu Leipzig-Kleinzschocher	1866	städt.	.	872	.	ca. 40	.	ca. 1 400
	8	Volksbibliothek zu Leipzig-Connewitz	1872	—	.	1 531	.	5	.	ca. 4 200
	9	Volksbibliothek zu Leipz.-Neuschönfeld	1883	—	265	665	5	15	690	2 450
	10	Volksbibliothek des Gewerbevereins zu Leipzig-Eutritzsch	1875	—		1 292	.	54	.	1 581
	11	Volksbibliothek des Vereins für innere Mission	1872	—	486	760	40	50	.	980
	12	Volksbibliothek des Schreber-Vereins zu Leipzig-Lindenau	?	—	.	1 750	5	50	.	ca. 4 500
	13	Volksbibliothek des evang. Jünglings-Vereins zu Leipz.-Gohlis	1897	—	.	2 530	.	.	.	2 750

Im Berichtsjahre sind unersetzt abhanden gekommen Bände	Zahl der Benutzer im Berichtsjahre	Benutzungszeit	Benutzungs-Bedingungen	Verwaltungspersonal hauptamtlich mit akademischer Vorbildung	hauptamtlich ohne akademische Vorbildung	nebenamtlich mit akademischer Vorbildung	nebenamtlich ohne akademische Vorbildung	Bemerkungen.
12.	13.	14.	15.	16.	17.	18.	19.	20.
12*	B.: 5 649* L.: 59 894	Bibl.: Wtgs. 12—2 und 5-9 Uhr, Stgs 10-12 Uhr. Leseh.: Wtg. 12—10 Uhr, Stgs. 10—10 Uhr.	Bibl.: Einmalige Legitimierung. Leseh.: Bedingungslos.	2	4**	2	—	*) Aus dem X. Jahrgang wiederholt. **) Dazu Unterpersonal (2) und Buchbinderpersonal (2).
14*	1 073	Wtgs. von früh bis 7 Uhr abends.	Nur für Unbemittelte. Lesegebühr für 1 Jahr 50 Pf. — Pfand 1 Mk.	—	—	—	13**	*) Dafür sind 13,60 M. Pfandgelder einbehalten. **) Dazu Vorstand u. Beirat.
6	2 029	Bibl.: Tgl. 5—8 Uhr; außerdem das Lesez. f. Schüler 2—5 Uhr; Stgs. 3—5 Uhr.	Lösung einer Leihkarte 20 Pf., Erneuerung derselben 10 Pf.	—	2	—	1	
—	694	Wtgs. 6—7½ Uhr.	Lesekarte 10 Pf., Lesegeld monatlich 15 Pf.	—	—	—	2	Siehe besondere Bemerkungen.
ca. 40	ca. 22 000	I: Wtgs. 6—9 Uhr, Stgs. 5—8 Uhr. II—IV: Mi. 12—2 Uhr, Stgs. 11—1 Uhr.	Lesegeld monatl. 10 Pf.	—	1	—	4	Siehe besondere Bemerkungen.
3	422	Mi. u. Sbd. 7½—10 Uhr, Stgs. 11—1 Uhr.	Unentgeltlich, event. gegen Bürgschaft.	—	—	—	2	Siehe besondere Bemerkungen.
—	3 257	II: Mo. u. Do. 7-9 Uhr, Stgs. 11—12 Uhr. III-IV: Di. u. Fr. 7-9 Uhr, Stgs. 11—12 Uhr.	Unentgeltlich.	—	—	1	5	
—	?	Mo. 4—5 Uhr.	Unentgeltlich.	—	—	—	1	
—	ca. 200	Mo. u. Do. 4—5 Uhr.	Lesegebühr für 1 Band 2 Pf.	—	—	—	2*	*) Dazu der Vorstand (7 Personen.)
—	ca. 40	Stgs. 11—12 Uhr.	Unentgeltlich.	—	—	—	1	
—	812	Di. abends 8—9 Uhr, nur im Winter.	Bedingungslos.	—	—	—	2	
20	149	Mi. u. Sbd. 2—3 Uhr.	Lesegebühr 2 Pf. pro Band und 2 Wochen.	—	—	—	2	
—	160	Stgs. 11—12 Uhr.	Einwohner von Leipzig-West gegen Wohnungsausweis.	—	—	—	2	
25	180	Stgs. 11—1 Uhr.	Vereinsmitglieder frei. Andere gegen Jahreskarte zu 1,50 Mk. oder für 1 Buch u. Woche 5 Pf.	—	—	1	2	

Noch Tabelle III.

Städte	Der Bibliotheken bezw. Lesehallen			Ob städtisch, staatlich, sonstig	Zu Beginn des Berichtsjahres waren vorhanden		Zuwachs im Berichtsjahre		Im Berichtsjahre wurden entliehen	
	Nr.	Namen	Gründungsjahr		Werke	Bände	Werke	Bände	Werke	Bände
1.	2.	3.	4.	5.	6.	7.	8.	9.	10.	11.
Noch Leipzig	14	Volksbibliothek des Jünglingsvereins zu St. Nikolai.	1900	—	.	542	.	58	.	1 286
	15 bis 17	Öffentliche Lesezimmer I bis III	1897 bis 1901	—	.	2 050	.	75	.	.
Lübeck	1	Öffentliche Bücher- und Lesehalle	B.: 1879 L.: 1897	—	.	2 581	.	1 047	.	11 091
Magdeburg	1	Städtische Bücherei u. Lesehalle	1900	städt.	.	ca. 3 000	.	ca. 500	.	19 732
	2	Volksbibliothek des städt. Bezirksvereins Magdeb.-Buckau.	1881	—	.	4 069	.	53*	.	19 250
Mainz	1	Freie Lesehalle (Käuffer-Stiftung)	1895	—	.	1 600*	.	150	—	—
Mannheim	1	Volksbibliothek	1895	—	.	8 120	.	730	.	57 737
München	1	Städt. Volksbiblioth.	1873	städt.	.	12 915	.	1 275	.	95 000
	2 bis 6	Volksbibliothek I bis V des Volksbild.-Vereins	1873 bis 1900	—	.	17 039	.	1 745	.	109 199
Nürnberg	1	Öffentliche Lesehalle u. Volksbibliothek	1898	—	.	ca. 4 000	.	463	.	32 969
	2	Allgemeine Leseh. und Volksbibliothek des Volksbildungs-Vereins.	B.: 1872 L.: 1900	—	.	2 505	.	280	.	10 531
Plauen i. V.	1	Volksbibliothek	1870	—	4 520	5 200	20	200	4 638	6 535

Im Berichtsjahre sind unersetzt abhanden gekommen Bände	Zahl der Benutzer im Berichtsjahre	Benutzungszeit	Benutzungsbedingungen	Verwaltungspersonal hauptamtlich mit akademische Vorbildung	hauptamtlich ohne akademische Vorbildung	nebenamtlich mit akademische Vorbildung	nebenamtlich ohne akademische Vorbildung	Bemerkungen.
12.	13.	14	15.	16.	17.	18.	19.	20.
12	ca. 200	Do. abds. $8^1/_2$—10 Uhr für Mitglieder, Stgs. 11—1 Uhr für jedermann.	Vereinsmitglieder frei. Andere geg. Jahreskarte zu 50 Pf. oder für 1 Band 3 Pf.	—	—	1	1	
—	15 016	Wtgs. 7—10 Uhr, Stgs. 11—1 Uhr.	Unentgeltlich.	—	—	—	7	Siehe besondere Bemerkungen.
7	B.: 1 007 L.: 14 699	Bibl.: Wtgs., außer Juli, $6^1/_2$—8 Uhr. Leseh.: Wtgs. 5—9 Uhr. Sbd. auch 10—12 Uhr, Stgs. 12—1 u. 4—10 Uhr.	Bibl.: Kaution 50 Pf., Lesegeld 2 Pf. f. 1 Band. Leseh.: Unentgeltlich, nur Personen über 14 Jahre.	—	—	—	2	Mitglieder d. Vereins „Öffentliche Lesehalle" sind von der Zahlung des Lesegeldes befreit.
3	B.: 10 216 L.: 13 507	Bibl.: Wtgs. 11—$1^1/_2$ u. 6—9 Uhr, Stgs. $11^1/_2$ bis 1 Uhr. Leseh.: Wtgs. 11 b. 2 u. 6—10 Uhr, Stgs. 11—1 Uhr.	Unentgeltlich, nur Personen über 14 Jahre.	—	1	1	—	
23	4 200	Stgs., außer Juli, 11 bis 12 Uhr.	Einwohner Buckaus für 1 Buch u. Woche 2 Pf.; für arme Bewohner frei.	—	—	—	2	*) Über 400 Bände wurden erneuert.
—	20 447**	Wtgs. 6—$9^1/_2$ Uhr, Stgs. 10—$12^1/_2$ Uhr. Dezember bis Febr. auch Stgs. 4—7 Uhr.	Allgemein und unentgeltlich zugänglich	—	—	—	2	*) Außerdem 180 laufende Zeitschrift. **) Die Lesehalle war wegen Umzugs zeitweise geschlossen.
2	B.: 1 640 L.: 8 268	Bibl.: Wtgs. 6-8 Uhr, Stgs. 10—1 Uhr. Leseh.: Wtgs. 6-10 Uhr, Stgs. 10—1 Uhr.	Bibl.: Für Vereinsmitglieder. Leseh.: Unentgeltlich.	—	—	—	1*	*) Drei Schulknaben helfen b. Herbeiholen der Bücher.
—	41 831	Di. und Fr. 6—$7^1/_2$ Uhr; an allen übrigen Tagen 10—12 Uhr.	Unentgeltlich für selbständige Personen gegen Bürgschaft oder Haftgeld	—	1	—	1	
—	52 693	Verschieden; 2 mal wöchentlich abends 2 Stunden und Stgs. 2 bis 3 Stunden.	Wie vor.	—	—	—	8	Bibliothek V wurde erst am 1. Dezbr. 1900 eröffnet. Siehe besondere Bemerk.
—	B.: 1 904 L.: 74 968	Bibl.: Wtgs. 7—9 Uhr. Leseh.: Wtgs. 5—10 Uhr, Stgs. 11—1 u. 6—10 Uhr.	Unentgeltlich für nicht mehr schulpflichtige Personen.	—	2	—	2	
21	B.: 6 098	Bibl.: Wtgs. $5^1/_2$-$7^1/_2$ Uhr. Leseh.: Wtgs. 12-9 Uhr, Stgs. 10—5 Uhr.	Frei für jedermann.	—	—	—	2	
5	415	Mo. 8—10 Uhr abds.	Mitglieder des Volksbildungsvereins frei; andere 2 Pf. für 1 Band und Woche.	—	—	1	10	

Noch Tabelle III.

Städte	Der Bibliotheken bezw. Lesehallen			Ob städtisch, staatlich, sonstig	Zu Beginn des Berichtsjahres waren vorhanden		Zuwachs im Berichtsjahre		Im Berichtsjahre wurden entliehen	
	Nr.	Namen	Gründungsjahr		Werke	Bände	Werke	Bände	Werke	Bände
1.	2.	3.	4.	5.	6.	7.	8.	9.	10.	11.
Posen . . .	1	Deutsche Volksbibliothek	1879	—	.	ca. 4 000	.	80	.	6 100
	2	Deutscher Volksbücherei-Verein Jersitz-St. Lazarus	1899	—	.	953	.	83	.	ca. 7 000
	3	Volksbibliothek Wilda	1895	—	308	385	70	108	1 687	2 014
Potsdam . .	1	Städtische Volksbücherei und Lesehalle	1899	städt.	.	ca. 4 000	.	76	.	7 049
Stettin . . .	1 bis 9	Volksbibliotheken I bis IX	1874	städt.	.	13 225	.	360	.	26 939
Straßburg i. E.	1	Stadtbibliothek	B.: 1765 L.: 1771	städt.	51 990	112 500	583	610	.	24 663
Stuttgart . .	1	Volksbibliothek	1897	—	.	8 500	.	1 895	.	57 869
	2	Volksbibliothek Ostheim	1897	—	.	1 500	.	250	.	4 080
Wiesbaden. .	1 bis 4	Volksbibliotheken I bis IV des Volksbildungsvereins	1875 bis 1900	—	.	16 931	.	179	.	75 645
	5	Volkslesehalle	1895	—	.	ca. 2 000	.	ca. 50	—	—
Würzburg . .	1	Stadtbibliothek	1873	städt.	3 365	ca. 5 220	25	31	246	377
	2	Bibliothek u. Lesesaal des Volksbildungsvereins	1872	—	2 210	.	39	.	.	8 340
Zwickau . .	1	Volksbibliothek des städt. Hilfsvereins	1870	—	.	1 767	.	65	.	7 988

Im Berichtsjahre sind unersetzt abhanden gekommen Bände	Zahl der Benutzer im Berichtsjahre	Benutzungszeit	Benutzungsbedingungen	Verwaltungspersonal hauptamtlich mit akademische Vorbildung	Verwaltungspersonal hauptamtlich ohne akademische Vorbildung	Verwaltungspersonal nebenamtlich mit akademische Vorbildung	Verwaltungspersonal nebenamtlich ohne akademische Vorbildung	Bemerkungen.
12.	13.	14.	15.	16.	17.	18.	19.	20.
3	?	Wtgs. 10—1 u. 5—7 Uhr	Jahresabonnement 3 ℳ; pro Band 5, 10 bzw. 15 Pf.	—	—	—	2	Die Bibliothek hat 2 Ausgabestellen.
10	400	Wtgs. 7 Uhr früh bis 9 Uhr abends. Stgs. 12—2 Uhr	Mitgliedsbeitrag jährl. 1 ℳ; Lesegebühr für Nichtmitgl. 10 Pf. für 4 Wochen. Unbemittelte frei	—	—	—	2	Die Bibliothek hat 2 Ausgabestellen.
2	270	Di. 4½—6 Uhr und 7½—10 Uhr	Unentgeltlich. Unbekannte gegen Stellung eines sicheren Bürgen	—	—	1*	6*	*) Der Verwaltungsrat besteht aus 7 Personen, die teils von im Stadtbezirk Wilda bestehenden deutschen Vereinen gewählt werden.
—	328	Bibl.: Di. u. Fr. 7—8 Uhr, Stgs. 12½—2 Uhr. Leseh.: Wtgs. 6—9 Uhr, Stgs. 11½—1½ Uhr	Bibl.: Unentgeltlich gegen Bürgschaft. Leseh.: Bedingungslos	—	—	—	1	
5	1 195	Jede an 2 Wochentagen 1 bis 2 Stunden	Beibringung eines Bürgscheines und Zahlung von 2 Pf. für 1 Buch.	—	—	—	9	
ca. 20 bis 30	9 221	Mo. bis Fr. 2—5 und 7—9 Uhr	Unentgeltlich. Unbekannte Personen haben sich auszuweisen oder Bürgschaft zu beschaffen	1	2	—	—	Die Bibliothek dient auch gelehrten Zwecken. Über den Besuch der Lesehalle werden keine Aufzeichnungen geführt.
—	B.: 57 869 L.: 28 569	Wtgs. 12—2 und 5—8½ Uhr	Für jedermann frei	—	1	—	6	
—	B.: 248 L.: 1 103	Di., Do. u. Sbd. 8 bis 10 Uhr abds. Stgs. 1—2 Uhr	Bibl.: Unentgeltlich, Kaution 1 ℳ. Leseh.: Bedingungslos	—	—	—	1	
48	2 533	Dreimal wöchentlich, darunter Sonntags 2—3 Stunden	Gegen Jahreskarten zu 1,50 ℳ, oder 3 Pf. für 1 Buch auf 14 Tage	—	—	—	4*	*) Außerdem eine Kommission aus 4 Mitgliedern.
—	33 061	Wtgs. 12—9½ Uhr, Stgs. im Winter 10½ bis 12½ u. 4—9½ Uhr, im Somm. 9½—12½ Uhr	Unentgeltlich	—	2*	—	—	*) 1 für Verwaltung, 1 für Aufsicht und Reinigung.
—	187	Mi. u. Sbd. 11—12 Uhr	Unentgeltlich	—	—	1	1	
15	B.: 1 315 L.: 352	Bibl.: Mo., Do. u. Fr. 7—8½ Uhr. Leseh. Tgl. 6—9 Uhr	Bibl.: Unentgeltlich; Unbekannte müssen einen Bürgen stellen. Leseh.: Bedingungslos für erwachsene Person	—	—	—	1	
2	ca. 200	Stgs., Mo., Mi. u. Do. 7—9 Uhr	Gegen 3—5 Pf. wöchentlich für 1 Band	—	—	—	1	

Tabelle IV. Finanzielle Verhältnisse der in Tabelle III aufgeführten Volksbibliotheken und Lesehallen.

Städte	Nr. der Bibliotheken	Ausgaben im Berichtsjahre in Mark			Einnahmen aus			Feuertaxwert des Bücherbestandes und Inventars	Bemerkungen
		persönliche	für Ankauf und Binden von Büchern	sonstige	staatlichen Mitteln Mk.	städtischen Mitteln Mk.	sonstigen Mitteln Mk.	Mk.	
1.	2.	3.	4.	5.	6.	7.	8.	9.	10.
Altona	1	1 325	1 399	250	200	1 000*	1 789	13 500	*) Außerdem Lokal nebst Heizung, Beleuchtung u. Reinigung.
Barmen . . .	1	1 650	3 300	—	—	4 950	—	35 000	
Bremen . . .	1—14	106	1 061	414	100	—	1 481	?	
	15	1 400	5 076	1 253	.	.	.	.	
Breslau . . .	1—6	9 370	18 000	4 546	—	30 919*	997	29 400	*) Außerdem die Lokale.
	7—8	4 180	2 496	8 323*	—	14 819	—	3 500	*) Darunter für Einrichtung der 2. Lesehalle 7000 Mk.
Cassel	1	1 096	1 286	1 016	.	.	371	.	
Charlottenburg	1	8 700	9 000	1 700	.	.	1 069	47 808	
Chemnitz . . .	9	200	199	36	90	100	252	3 233	
	10	408	230	443	100	.	.	2 362	
	11	30	99	14	—	80	.	1 000	
	13	—	175	—	—	50	130	1 200	
Cöln	1—5	3 863	6 919	12 611*	—	8 470	14 923	?	*) Darunter für Einrichtung der 5. Volksbibliothek u. Lesehalle 9815 Mk.
Crefeld . . .	1	2 868	3 324	1 007	.	.	.	7 000	
Danzig	1—5	875	2 260	115	—	1 000	2 000*	11 900	*) Zinsen.
Dortmund . .	1—4	400	1 107	8	—	1 200	317	5 956	
Dresden . . .	1—12	5 960	7 371	2 711	900	14 800	445	42 272	
Düsseldorf . .	1—3	3 994	5 526	1 346	—	10 412	454	13 500	
	4	2 500	1 400	2 500	—	—	6 600*	24 000	*) Davon 3 500 Mk. Schenkungen.
Erfurt	1	700	1 299	381	—	2 380	26	.	
Essen	3	900	1 500	350	—	—	.	.	
Frankfurt a. M.	1	7 000	1 500	7 500	—	6 000	7 500	20 000	
	2	4 446	2 629	9 375	—	6 000	11 450	35 300	
Freiburg i. Br.	1	4 250	4 500	2 100	—	10 850	—	ca. 5000*	*) Die Bücherbestände sind z. T. sehr alt und gering zu bewerten.
Görlitz	1	170	226	255	80	350	190	5 000	
Halle a. S. . .	1	105	826	—	—	—*	.	15 000	*) Die Stadt stellt das Lokal.
Hamburg . . .	1	10 699	4 000	9 354	—	17 729*	1 949	.	*) Beiträge.
Hannover . . .	1—13	952	2 747	641	200	1 600	2 540	.	
Karlsruhe . .	1	1 372	1 369	78	200	500*	2 395	6 200	*) Außerdem Lokal nebst Heizung u. Beleuchtung.

Noch Tabelle IV.

Städte	Nr. der Bibliotheken	Ausgaben im Berichtsjahre in Mark			Einnahmen aus			Feuertaxwert des Bücherbestandes und Inventars	Bemerkungen
		persönliche	für Ankauf und Binden von Büchern	sonstige	staatlichen Mitteln Mk.	städtischen Mitteln Mk	sonstigen Mitteln Mk.	Mk.	
1.	2.	3.	4.	5.	6.	7.	8.	9.	10.
Kiel	1	1 840	570	876	—	—	3 286	.	
Königsberg . .	1—4	1 400	1 403	509	—	1 700	1 869	.	
Leipzig . .	1	320	281	602	—	500	272	7 200	
	2—6	1 100	1 600	200	400	2 500	.	10 000	
	7	100	—	1	—	100	131	.	
	8	100	405	34	100	300	297	1 500	
	9	20	30	—	—	50	—	1 330	
	10	30	192	—	100	50	9	1 300	
	11	—	280	—	—	—		1 000	
	12	50	60	150	—	100	160	2 000	
	13	82	358	249	—	100	589	.	
	14	20	19	72	90	—	26	.	
	15—17	1 237	402	1 770	.	.	.	.	
Lübeck . . .	1	993	502	2 250	.		3 663	.	
Magdeburg . .	1	1 600	1 500	1 030	.	4 130	.		
	2	190	665	150	.	.	384	3 000*	*) Antrag auf Erhöhung bis 6000 Mk. ist gestellt.
Mainz	1	624	886	2 034	.	.	.	6 000	
Mannheim . .	1	1 496	3 969	1 465	800*	4 000	2 534	20 000	*) Aus provinziellen Mitteln.
München . . .	1	1 930	3 234	3 605	—	8 521	248	30 000	
	2—6	2 842	4 383	554	—	2 100*	81	?	*) Außerdem die Lokale.
Nürnberg . .	1	2 588	2 142	5 758	—	5 000	5 514	.	
	2	1 817	840	2 873	—	3 000	2 695	6 000	
Plauen i. V. .	1	—	462	246	95	400	196	7 000	
Posen	1	236	472	—	—	—	708	4 000	
	2	72	374	86	500	—	194	2 500	
	3	58	160	82	—	300	4	3 000	
Potsdam . .	1	540	550	410	.	1 500*	—	5 130	*) Außerdem Lokal.
Stettin	1—9	810	1 894	—	.	2 200*	504	16 800	*) Überschüsse der Sparkasse; außerdem Lokal.
Straßburg i. E.	1	7 600	4 000	2 650	—	14 250	—	.	
Stuttgart . . .	1	3 552	5 215	2 512	.	5 000	.	.	
	2	120	382	138	—	—	640*	4 000	*) Unterhalten vom Verein für das Wohl der arbeitenden Klassen.
Wiesbaden . .	1–4	2 825	4 883	30	—	—	2 560	.	Unterhalten vom Volksbildungsverein.
	5	1 100	900	1 450	—	—	.	3 000	Wie vor.
Würzburg . .	2	792	435	391	—	175	1 443	4 000	
Zwickau . . .	1	180	149	461	—	—	846	2 280	

Hannover: Es liegen ferner Angaben von 2 gegen Bezahlung zu benutzenden privaten Leihbibliotheken mit einem Bücherbestand von ca. 65 000 beziehungsweise 30 000 Bänden vor, die eine wurde von ca. 4000 Personen benutzt, für die zweite fehlen diese Angaben.

Kiel: Die Angaben in Spalte 6 ff. beziehen sich nur auf die II. Volksbibliothek. Die I. Volksbibliothek ist im Jahre 1900/01 geschlossen gewesen und völlig umgestaltet worden. Der Bücherbestand dieser Bibliothek, gegen 6000 Nummern, ist durch Ausscheiden veralteter, zerrissener oder sonst ungeeigneter Bücher auf 4587 vermindert worden. Die Wiedereröffnung hat am 1. Mai 1901 stattgefunden.

Königsberg: Die Zahl der ausgeliehenen Bände betrug in der I. Volksbibliothek 19 246, in der III. etwa 11 000, in den beiden anderen ist sie nicht festgestellt. — Mit der I. Volksbibliothek ist eine unter eigener Verwaltung stehende öffentliche Lesehalle räumlich verbunden. Sie ist Wochentags von 10 bis 1 und 4 bis 9 Uhr, Sonntags von 4 bis 8 Uhr geöffnet. Benutzung unentgeltlich. Die Zahl der Leser betrug im Berichtsjahr 30 554.

Leipzig: Die Volksbibliothek I ist mit dem öffentlichen Lesezimmer II räumlich verbunden. Die Bücher der Bibliothek können auch im Lesezimmer benutzt werden. Ebenso ist das Lesezimmer III mit der Volksbibliothek III räumlich verbunden; es ist am 21. Oktober 1901 eröffnet und wurde bis Jahresschluß von 4657 Personen besucht, welche Zahl in Spalte 13 mit enthalten ist. Die drei Lesezimmer werden vom Leipziger Verein für öffentliche Lesezimmer unterhalten und verwaltet.

München: Mit der II. und V. Volksbibliothek sind Lesezimmer verbunden, deren Benutzung für jedermann unentgeltlich ist. Das erste ist Wochentags von 6—9 Uhr, Sonntags von 9—12 und 4—8 Uhr, das zweite Wochentags von 6—8 Uhr, Sonntags von 9—12 Uhr geöffnet. Das erste wurde von 7448 Personen, das zweite (vom 1. bis 31. Dezember 1900) von 170 Personen benutzt.

Bemerkungen zu Tabelle IV (Seiten 310—311).

Bremen: Zu No. 15: Die Ausgaben werden, soweit sie nicht durch Abonnementsgelder zu bestreiten sind, durch Geschenke der Sparkasse gedeckt.

Cöln: Zur Errichtung einer weiteren Volksbibliothek mit Lesehalle stehen 10 000 Mk. zur Verfügung. Ausgaben waren aus diesem Fonds noch nicht bestritten.

Mainz: Die Kosten werden in Verbindung mit der Käuffer-Stiftung von dem Verein für Volkswohlfahrt getragen.

XIX.

Arbeitsnachweis und Notstandsarbeiten.

Von

Professor **Dr. E. Hirschberg,**
Direktor des statistischen Amts der Stadt Berlin.

1. Arbeitsnachweis.

Von den 1901 noch in privater Leitung befindlichen Vermittelungsstellen sind die folgenden hervorzuheben:

Städte	Jahres-Zuschuß 1901	Außerdem werden von der Stadt zur Verfügung gestellt		Warteräume geöffnet von . . . bis . . .
		Lokal?	Beamte?	
Aachen . . .	5 200	Ja	nein	Keine Warteräume
Augsburg . .				
Berlin . . .	8 000	nein	"	
Barmen . . .	6 400	"	"	10—1 und 5—8
Bochum . .	—	"	"	zu jeder Tageszeit
Bremen . . .	—	ja	"	keine Warteräume
Breslau . . .	—			" "
Cöln . . .	8 600	ja	"	10—1, 5—8
Dresden . . A.	6 000	nein	"	" "
" . . B.	1 200	"	"	
Düsseldorf . .	1 500	"	"	" "
Essen	1 200	"	"	" "
Görlitz . . .	2/3 der Gesamt-Kosten	"	"	9—1, 3—6
Halle a. S. . .	3 000	"	"	8—1, 3—6
Hamburg . .	15 000	ja	"	6—2, 5—7
Hannover . .	600	nein	"	keine Warteräume
Karlsruhe . .	1 500	"	"	" "
Kiel	500	ja	"	8—6½
Leipzig . . .	6 000	"	"	8—6
Liegnitz . . .	350	nein	"	8—7
Mannheim . .	3 000	"	"	keine Warteräume
Wiesbaden . .	1 200	ja	"	" "

Außerdem bestehen in Breslau, Halle, Königsberg, Posen, Stettin Arbeitsnachweisstellen der Landwirtschaftskammern.

Die in nachstehenden Tabellen (S. 315 bis 326) für das Jahr 1902 gegebenen Zahlen sind, da die Fragebogen für dieses Jahr noch nicht vollständig eingezogen waren, von dem Herausgeber des Jahrbuchs den Beilagen des „Arbeitsmarkt" entlehnt.

Über die Tätigkeit der in den Tabellen enthaltenen Arbeitsvermittelungsstellen sind für das Jahr 1901 folgende Summen gebildet worden:.

Monate	Eingetragene Stellen-bewerber		Angemeldete offene Stellen		Besetzte Stellen		Auf 1000 offene Stellen kommen Bewerber		Von 1000 offenen Stellen wurden besetzt	
	m.	w.	m.	w.	m.	w.	m.	w.	m.	w.
Januar . . .	36 942	9 144	20 435	12 360	17 824	8 291	1 808	758	863	557
Februar . . .	32 042	8 584	19 900	12 332	17 495	7 516	1 610	711	867	501
März	38 627	10 669	26 999	15 684	21 997	10 898	1 431	703	802	538
April	42 954	11 324	31 833	14 394	25 235	10 834	1 349	812	781	587
Mai	41 147	10 571	27 715	13 480	22 250	10 112	1 485	807	792	584
Juni	39 751	10 389	26 399	13 372	22 129	9 173	1 506	794	826	566
Juli	44 376	11 053	29 877	12 324	25 085	8 949	1 485	914	827	597
August . . .	41 683	11 887	26 348	14 077	22 592	9 877	1 582	858	844	579
September . .	42 114	12 612	27 723	14 686	22 811	10 718	1 519	874	807	595
Oktober . . .	47 741	14 307	27 618	12 844	22 103	10 837	1 729	1 138	790	705
November . .	43 336	11 087	21 728	9 607	19 279	8 285	1 994	1 178	875	717
Dezember . .	37 401	7 280	18 016	8 350	16 933	6 607	2 076	891	927	634
Sa. i. J. 1901 .	488 114	128 907	304 591	153 510	255 733	112 097	1 602	860	827	592

Hierbei sind der Vergleichbarkeit wegen die Nachweisestellen in den Städten, welche nicht das ganze Jahr in Tätigkeit waren, außer Betracht gelassen. Zu beachten ist ferner, daß für die Notierung der Bewerber und offenen Stellen keine einheitlichen Grundsätze bestehen. Was die Häufigkeit der Stellenbesetzungen anbelangt, so ist dieselbe bei den einzelnen Arbeitsnachweisen nicht nur von der Lage des Arbeitsmarkts abhängig, sondern auch von der Art der vermittelten Stellen (ob für vorübergehende oder dauernde Dienstleistungen). Auch wird bei stockender Erwerbsgelegenheit keineswegs der Andrang immer größer erscheinen, weil in solchen Fällen die Nutzlosigkeit der Eintragung bekannt ist, und zumal in Bureaus, welche eine Gebühr erheben, diese Eintragung vermieden wird.

Art der vermittelten Stellen:

Aachen. Tagelöhner, Erdarbeiter und Textilarbeiter.

Augsburg. Verschiedene Arbeiter, ungelernte Arbeiter, landw.-Arbeiter, Privat und Wirtschaftspersonal, ungelernte Arbeiterinnen.

Barmen. Verschiedene Arbeiter, ungelernte und landwirtsch. Arbeiter, kaufm. Personal. — Verschiedene Arbeiterinnen und Dienstmädchen.

Bochum. Alle Zweige des Handwerks.

Braunschweig. Gelernte und ungel. Arbeiter. — Arbeiterinnen u. Dienstmädchen.

Bremen. Arbeiter aller Art; Maler, Maurer, Schlosser, Fleischer. (Vermittelung für Nichtinnungsmitglieder 30 Pf.)

Breslau. Städtischer Nachweis: Ungel. Arbeiter (einschl. Laufburschen, Haushälter, Kutscher), Handwerker. — Arbeits-, Wasch- und Scheuerfrauen, Bedienungen, Dienst- und Kindermädchen. — Arbeits-Nachweis des Vereins gegen Verarmung und Bettelei: Tagearbeiter, Haushälter, Arbeits- und Laufburschen. — Bedienungen, Wasch- und Scheuerfrauen, Arbeits- und Laufmädchen.

Cassel. Gelernte und ungelernte Arbeiter. — Aufwärterinnen, Wäscherinnen, Dienstmädchen, Fabrikarbeiterinnen. (Für Vermittelung nach Auswärts 50 Pf. — Für Dienstboten-Vermittelung 1,50 *M.*)

Cöln. Handwerker, Tagelöhner und sonst. ungel. Arbeiter. — Dienstboten, Putz- und Waschfrauen, Tagelöhner.

Charlottenburg. Ungel. Arbeiter, Hausdiener, Kutscher, Lauf- und Arbeitsburschen. — Aufwärterinnen, Reinmachefrauen, Waschfrauen, Fabrikarbeiterinnen.

Chemnitz. Ungelernte Arbeiter.

Danzig. Erdarbeiter. — Strick- und Nähstellen.

Dortmund. Fabrikarbeiter, Eisen-, Metall-, Bau- und landw. Arbeiter, Fuhrknechte, Hausdiener. — Dienstmädchen, Personal zu Kindern.

Dresden. A. Verein gegen Armennot u. Bettelei: Kohlenarbeiter, Laufburschen. — Wasch- und Scheuerfrauen. — B. Verein für Arbeitsnachweisung: Wasch- und Scheuerfrauen. [Fortsetzung des Textes auf Seite 327.]

Städte und Vermittelungsanstalten (* Städtische Einrichtungen.)	Jahr		Januar	Februar	März	April	Mai	Juni	Juli	August	September	Oktober	November	Dezember	Zusammen
			a. Es wurden Stellenbewerber eingetragen:												
Aachen, Allgemeine Arbeitsnachweise-Anstalt	1901	m.	803	512	751	739	811	798	837	748	808	965	786	970	9 528
		w.	216	181	230	310	286	329	385	426	410	392	395	260	3 820
	1902	m.	944	808	751	898	633	759	818	746	761	807	797	720	9 437
		w.	339	263	301	325	275	301	313	351	360	336	302	207	3 673
***Augsburg,** Städtisches Arbeitsamt	1901	m.	1 012	1 509	1 532	1 729	1 669	1 598	1 721	1 652	1 730	1 777	1 277	1 271	18 477
		w.	314	417	452	583	650	656	684	776	778	843	681	428	7 262
	1902	m.	1 558	1 849	1 270	1 148	903	901	1 031	771	907	678	864	1 523	13 403
		w.	646	746	632	508	393	403	391	373	482	480	371	435	5 860
Barmen, Allgemeine Arbeits-Nachweis-Stelle	1901	m.	Am 6. Mai eröffnet				662	561	771	605	585	605	547	440	4 776
		w.					49	88	104	100	109	136	120	97	803
	1902	m.	536	560	455	599	516	878		483	578	630	615	505	6 355
		w.	128	112	66	87	98	136		114	151	128	93	75	1 188
Berlin, Zentralverein für Arbeitsnachweis	1901	m. Ungel. Arbeiter	2 914	1 917	2 081	2 962	2 328	2 619	2 399	2 310	2 230	3 066	1 988	1 345	28 159
		m. Maler u. s. w.	370	361	656	1 056	1 060	929	794	991	1 125	1 149	228	93	8 812
		m. Schlosser	232	179	230	281	202	223	218	333	274	450	277	196	3 095
		m. Klempner	102	50	66	92	98	99	95	91	99	129	127	62	1 110
		m. Tapezierer	.	.	.	.	.	.	.	.	390	430	147	58	1 025
		w. Arbeiterinnen	292	185	250	261	181	252	244	257	282	276	224	97	2 801
		w. Wäsche- und Plätterinnen	.	.	.	12	20	73	75	64	50	104	82	35	515
	1902	m. Ungel. Arbeiter	2 212	1 709	1 503	2 862	2 289	2 427	2 497	2 093	2 479	3 035	2 871	1 775	27 752
		m. Maler u. s. w.	341	328	285	1 416	1 173	958	1 162	1 302	1 473	1 430	321	182	10 371
		m. Schlosser	267	244	230	390	322	415	385	261	400	356	343	237	3 850
		m. Klempner	86	55	82	115	138	130	150	118	76	117	99	97	1 263
		m. Tapezierer	103	127	280	385	130	99	139	296	387	453	176	114	2 689
		w. Arbeiterinnen	235	188	151	270	189	266	213	198	228	253	227	146	2 564
		w. Wäche- und Plätterinnen	76	71	56	78	52	79	70	50	75	59	70	27	763
Bochum, Verein gegen Bettelei	1901	m.	38	35	65	130	103	106	73	87	106	119	61	27	950
***Braunschweig,** Städtisches Arbeitsamt	1901	m.	179	171	161	235	241	218	218	235	174	423	637	330	3 222
		w.	7	.	.	2	2	2	1	9	4	3	1	2	33
	1902	m.	385	209	166	275	315	220	239	227	225	299	382	257	3 199
		w.	136	21	18	25	11	4	27	23	39	22	27	15	268
Bremen, Centralnachweisebureau d. Innungen	1901	m.	1 071	996	1 301	1 357	1 239	1 265	1 299	1 235	1 239	1 204	975	871	14 052
***Breslau,** 1. Städtischer Arbeitsnachweis	1901	m.	790	534	485	584	563	497	571	613	486	693	511	368	6 695
		w.	435	305	275	443	330	350	420	388	381	530	408	275	4 540
	1902	m	640	500	470	710	580	510	430	380	430	552	463	396	6 061
		w.	571	368	281	535	385	391	434	298	377	451	354	224	4 669
2. Verein gegen Verarmung u. Bettelei	1901	m.	13	16	10	11	17	18	23	10	12	17	38	19	204
		w.	5	—	6	—	5	—	3	7	9	11	9	6	61
***Cassel,** Städtische Arbeitsvermittelungsstelle	1901	m.	931	826	1 033	1 149	1 189	1 191	1 465	1 348	1 188	1 373	1 136	862	13 691
		w.	71	74	75	83	68	63	64	78	81	107	91	41	896
	1902	m.	1 444	.	1 421	1 694	1 561	1 636	1 598	1 414	1 305	1 439	1 424	1 969	.
		w.	131	.	62	245	273	362	509	418	674	518	491	438	.
***Charlottenburg,** Städtischer Arbeitsnachweis	1901	m.	505	411	738	557	373	369	400	408	357	441	404	379	5 342
		w.	162	127	120	175	140	170	115	144	147	150	145	69	1 664
	1902	m	703	924	540	854	623	581	365	490	479	611	563	367	7 100
		w.	146	166	122	228	185	148	173	160	175	171	134	92	1 900

Noch a. Es wurden Stellenbewerber eingetragen:

Städte und Vermittelungsanstalten (* Städtische Einrichtungen.)	Jahr		Januar	Februar	März	April	Mai	Juni	Juli	August	September	Oktober	November	Dezember	Zusammen
***Chemnitz,** Städtischer Arbeitsnachweis	1901	m.	113	84	168	233	119	219	175	231	232	197	260	144	2 175
		w.	19	8	10	17	13	17	25	28	23	38	35	17	250
Cöln, Allgem. Arbeitsnachweisanstalt	1901	m.	2 100	2 192	2 108	2 300	2 080	2 150	2 760	2 400	2 270	2 670	2 270	3 080	28 380
		w.	633	536	640	770	690	581	703	657	670	861	632	437	7 810
	1902	m.	2 890	3 010	2 450	2 960	2 740	2 921	3 020	2 990	3 180	3 100	2 710	3 577	35 548
		w.	740	680	650	752	563	692	704	631	775	764	666	470	8 087
Crefeld, Städtische Arbeitsvermittelungsstelle	1901	m	—	1	6	1	—	2	1	—	—	1	2	2	16
		w.	—	—	—	—	—	—	—	—	—	—	—	—	—
***Danzig,** Städtische Arbeitsvermittelungsstelle	1901	m.	Am 28. Oktober eröffnet									839	1 200	834	2 873
		w.										1	3	2	6
***Dortmund,** Städtisches Stellenvermittelungsamt	1901	m.	1 026	914	1 084	1 028	1 950	1 056	1 841	1 356	2 007	1 951	1 499	1 294	16 006
		w.	94	104	97	107	123	141	131	174	112	193	203	128	1 607
	1902	m.	2 200	2 793	625	110	104	485	574	621	462	926	974	748	10 622
		w.	163	136	133	187	142	174	179	204	173	245	267	126	2 129
Dresden,			Notierungen über die Stellenbewerber liegen nicht vor.												
Düsseldorf, Verein für Arbeitsnachweis	1901	m.	759	628	798	715	742	785	875	1 012	935	1 067	929	821	†10 066
		w.	175	132	195	192	172	201	210	230	249	292	233	119	†2 400
	1902	m.	976	1 017	1 025	982	1 069	1 079	952	914	943	1 727	1 707	1 537	13 928
		w.	234	173	156	225	195	253	200	198	236	342	312	260	2 784
***Duisburg,** Städtische Vermittelungsstelle	1901	m	148	134	42	10	9	9	31	35	78	139	301	203	1 139
	1902	m	263	176	34	.	46	.	26	.	38	.	126	.	.
***Elberfeld,** Städt. Arbeitsvermittelungsstelle	1901	m.	538	385	329	112	155	150	117	153	171	161	382	456	3 109
	1902	m.	622	1 044	638	281	191	195	198	181	176	184	372	393	4 475
***Erfurt,** Städtisches Arbeitsamt	1901	m.	276	263	401	448	354	432	475	540	419	623	486	415	5 132
		w.	452	457	543	661	439	434	523	531	608	485	408	280	5 721
	1902	m.	453	572	630	752	607	579	687	780	697	772	854	781	8 164
		w.	508	484	539	638	491	452	405	506	678	515	438	310	5 964
Essen, Arbeiter-Nachweise-Verein	1901	m.	604	575	801	836	662	710	707	775	955	856	947	963	9 391
		w.	17	159	162	159	202	151	317	295	242	312	267	223	2 506
	1902	m.	1 199	787	599	.	637	577	647	735	729	804	519	401	.
		w.	443	308	254	.	340	400	353	381	369	426	461	270	.
***Frankfurt a. M.,** Städtische Arbeits- vermittelungsstelle	1901	m	2 825	2 367	3 083	3 406	3 637	3 927	4 232	3 731	3 292	3 586	3 151	2 344	39 581
		w.	434	378	657	631	626	533	508	579	593	689	464	475	6 567
	1902	m.	3 112	2 881	3 119	4 104	3 773	4 281	4 461	3 856	4 413	4 192	3 777	2 572	44 541
		w	686	544	689	931	767	691	726	701	826	747	569	594	8 471
***Frankfurt a. O.,** Städtische Arbeitsnachweisestelle	1901	m.	559	454	476	428	439	474	456	522	497	607	503	355	5 770
		w.	120	109	112	98	68	95	94	143	112	120	102	65	1 238
	1902	m.	625	394	476	262	582	627	736	668	598	720	622	466	6 776
		w.	128	127	112	104	93	78	82	101	80	104	138	47	1 194
Freiburg i. Br., Allgemeine Arbeitsnachweise-Anstalt	1901	m	431	403	589	844	773	717	895	842	940	806	582	995	8 917
		w.	233	262	388	250	276	319	256	312	453	434	316	223	3 722
	1902	m.	480	1 332	1 182	1 450	1 315	1 221	1 657	1 579	1 624	1 651	1 432	1 118	16 041
		w.	331	359	433	426	392	445	376	411	596	478	380	279	4 906
Görlitz, Arbeitsnachweis und Gesindevermittelungsstelle	1901	m.	362	73	64	230	186	147	220	181	235	267	225	145	2 335
		w.	117	128	128	109	118	87	70	127	101	71	101	73	1 230
	1902	m.	293	343	251	228	185	164	195	174	210	236	265	231	2 775
		w.	86	243	256	191	223	187	139	192	207	132	124	96	2 076

† Die Zahl der Meldungen ist hier notiert, die der Eintragungen war bedeutend geringer.

Städte und Vermittelungsanstalten (* Städtische Einrichtungen.)			Noch a. Es wurden Stellenbewerber eingetragen:												
			Januar	Februar	März	April	Mai	Juni	Juli	August	September	Oktober	November	Dezember	Zusammen
Halle, Verein für Volkswohl-, Arbeitsvermittl. seit 1. Oktober 1895	1901	m.	108	182	275	183	127	104	158	288	222	226	162	112	2 147
		w.	72	120	140	140	92	93	107	96	93	119	83	44	1 199
	1902	m.	356	208	301	260	182	244	174	184	.	225	211	145	.
		w.	90	76	95	122	132	128	132	133	.	96	80	79	.
Hamburg, Arbeitsnachweis der Patriotischen Gesellschaft	1901	m.	1 637	1 513	1 366	1 074	1 123	950	874	851	778	1 091	1 281	1 382	*18 920
		w.	10	12	6	6	9	9	10	7	7	15	8	1	100
Hannover, Centralstelle für Arbeitsnachweis	1901	m.	254	195	358	1 014	684	624	732	726	821	742	894	913	7 957
		w.	—	—	—	—	—	3	2	—	1	—	—	3	9
	1902	m.	1 074	1 010	1 034	1 405	1 184	1 288	1 201	1 072	1 039	1 058	1 066	1 187	13 618
Karlsruhe, Anstalt für Arbeitsnachweis	1901	m.	662	821	1 191	1 269	1 365	1 474	1 291	1 341	1 096	1 027	843	586	12 966
		w.	191	70	173	142	156	184	177	159	192	199	192	139	1 974
	1902	m.	857	3 449	1 197	3 450	4 215	4 085	4 877	4 346	.	4 205	4 646	3 548	.
		w.	216	139	201	327	327	391	313	219	.	199	199	132	.
Kiel, Allgem. Arbeitsnachweisestelle	1901	m.	813	598	733	796	952	806	772	1 095	939	926	748	716	9 894
	1902	m.	1 036	934	784	1 107	999	1 021	928	1 060	1 365	1 181	713	992	12 120
***Königsberg i. Pr.,** Städtisch. Arbeitsamt	1901	m.	955	1 116	731	583	557	747	652	560	722	1 066	868	876	9 433
		w.	222	242	283	210	150	156	125	210	225	316	203	136	2 478
	1902	m.	1 541	826	.	312	287	.	250	159	.	230	405	500	.
		w.	237	188	.	187	122	.	121	144	.	154	176	148	.
Leipzig, Verein für Arbeitsnachweis	1901	m.	702	662	579	744	559	611	709	674	793	784	794	819	8 430
		w.	seit 19. Juli in Tätigkeit						260	601	599	575	453	297	2 785
	1902	m.	683	389	574	569	655	759	707	666	1 041	894	649	1 062	8 648
		w.	592	569	785	916	654	611	662	691	832	781	665	397	8 155
Liegnitz, Centralanstalt für Arbeitsnachweis für Stadt- und Landkreis Liegnitz	1901	m.	169	182	168	169	155	236	212	271	257	267	203	193	2 482
		w.	8	54	64	67	54	59	55	91	72	68	67	42	701
	1902	m.	219	252	254	304	274	304	361	317	292	346	249	233	3 405
		w.	75	114	44	73	97	77	50	67	47	88	108	81	921
***Magdeburg,** Städtischer Arbeitsnachweis	1901	m.	305	292	687	505	605	880	892	807	976	2 028	2 206	2 186	12 369
		w.	219	287	292	350	224	216	197	326	324	276	211	142	3 064
	1902	m.	2 132	1 872	1 306	1 339	958	936	887	894	790	813	764	1 626	14 317
		w.	209	250	321	264	224	227	210	275	335	295	216	167	2 993
***Mainz,** Städtisches Arbeitsamt	1901	m.	497	421	622	605	631	694	722	695	673	710	578	420	7 268
		w.	245	240	249	260	219	243	278	223	206	330	242	152	2 887
	1902	m.	597	617	655	762	666	746	882	757	839	711	645	593	8 470
		w.	289	296	237	269	257	271	315	270	297	274	206	173	3 154
Mannheim, Centralanstalt für unentgeltlich. Arbeitsnachweis	1901	m.	1 346	1 092	1 544	1 293	974	1 126	1 321	1 108	1 168	1 008	756	579	13 315
		w.	317	224	349	266	229	254	253	271	295	283	228	162	3 131
	1902	m.	5 300	4 785	4 701	4 693	.	4 518	4 720	4 485	5 645	4 287	4 152	3 714	.
		w.	808	663	685	631	.	572	623	564	663	629	618	417	.
***München,** Städtisches Arbeitsamt	1901	m.	4 810	4 349	5 390	6 484	6 315	3 724	4 773	3 982	4 037	3 785	5 677	4 394	57 720
		w.	2 369	2 222	2 644	2 867	2 874	2 456	2 651	2 504	2 893	3 347	2 241	1 435	30 503
	1902	m.	5 368	4 288	4 039	5 713	4 030	4 041	4 800	4 048	5 447	4 522	3 603	4 356	54 255
		w.	2 236	2 177	2 044	2 829	2 411	2 466	2 633	2 224	3 080	3 140	2 253	1 422	28 915
***Nürnberg,** Städtische Arbeitsnachweisestelle	1901	m.	1 697	1 278	1 571	1 577	1 569	1 476	1 425	1 151	1 054	979	429	420	14,626
		w.	362	332	381	251	256	405	377	343	366	392	325	220	4 010
	1902	m.	608	419	513	747	859	1 381	1 259	1 255	982	1 143	880	579	10 625
		w.	310	273	321	399	295	366	368	332	424	378	280	276	4 022

*) Diese Summe ist die Zahl der Bewerber, die der Personen ist bedeutend geringer, da sich dieselben Arbeiter in mehreren Monaten melden.

Noch a. Es wurden Stellenbewerber eingetragen:

Städte und Vermittelungsanstalten (* Städtische Einrichtungen.)	Jahr		Januar	Februar	März	April	Mai	Juni	Juli	August	September	Oktober	November	Dezember	Zusammen
***Posen,** Städtischer Arbeitsnachweis . .	1901	m.	Am 1. April			631	590	651	705	715	807	1 248	965	649	6 961
		w.	eröffnet			210	226	228	214	280	180	491	514	302	2 645
	1902	m.	1 658	1 493	1 370	1 001	706	633	599	985	866	879	533	621	11 344
		w.	370	354	417	446	245	288	141	230	238	229	205	155	3 318
***Potsdam,** Städtischer Arbeitsnachweis. . .	1901	m.	369	495	534	535	521	579	607	385	442	637	565	490	6 159
		w.	41	31	28	33	22	36	30	21	54	81	47	17	441
	1902	m.	622	453	636	623	540	602	581	391	515	559	478	292	6 292
		w.	58	26	49	39	28	54	45	47	52	88	69	35	590
***Stettin,** Städtischer Arbeitsnachweis . .	1901	m.	447	202	162	111	126	129	236	214	283	248	256	512	2 926
		w.	98	117	96	54	47	78	62	95	114	76	75	86	998
	1902	m.	1 131	395	160	174	154	240	237	190	225	325	447	390	4 068
		w.	88	90	93	86	59	70	59	84	112	90	64	64	959
***Strassburg,** Städtische Arbeitsnachweisestelle	1901	m.	291	220	306	330	406	402	468	478	476	527	542	413	4 859
		w.	170	168	268	225	234	217	238	213	270	312	300	132	2 747
	1902	m.	491	392	254	403	433	375	343	435	455	563	584	238	4 966
		w.	291	209	324	398	316	294	309	244	320	228	201	172	3 306
***Stuttgart,** Städtisches Arbeitsamt	1901	m.	2 431	1 679	2 165	2 215	2 082	1 945	2 530	2 369	2 476	2 683	2 487	2 033	27 095
		w.	330	261	472	443	470	376	416	378	462	465	363	202	4 638
	1902	m.	2 980	3 261	3 002	3 892	3 402	3 602	3 230	3 453	3 810	3 840	3 446	2 490	40 408
		w.	469	643	909	860	660	737	560	597	821	539	492	421	7 708
Wiesbaden, Verein für Arbeitsnachweis . .	1901	m.	351	377	585	593	507	686	837	678	720	581	438	314	6 667
		w.	605	547	760	847	782	741	673	655	729	820	495	311	7 965
	1902	m.	421	411	594	675	501	549	615	622	607	486	372	234	6 087
		w.	630	583	702	955	770	612	589	665	800	1 188	807	504	8 805
***Würzburg,** Städtisch. Arbeitsamt	1901	m.	397	378	602	770	638	638	791	851	540	567	768	652	7 592
		w.	89	95	124	90	69	93	96	89	116	94	120	105	1 180

Braunschweig vermittelt außerdem noch Stellen für nachstehende Zweige, die im Bericht nicht monatsweise angegeben werden:

	Jahr		Januar	Februar	März	April	Mai	Juni	Juli	August	September	Oktober	November	Dezember	Zusammen
Landwirtschaftliche Abteilung	1901	m.	.	.	.	.	.	.	.	.	.	.	.	.	111
		w.	.	.	.	.	.	.	.	.	.	.	.	.	27
Lehrlings-Abteilung . .		m.	.	.	.	.	.	.	.	.	.	.	.	.	21
		w.	.	.	.	.	.	.	.	.	.	.	.	.	—
Dienstboten		m.	.	.	.	.	.	.	.	.	.	.	.	.	1
		w.	.	.	.	.	.	.	.	.	.	.	.	.	143

Städte und Vermittelungsanstalten (* Städtische Einrichtungen.)	Jahr		b. Es wurden offene Stellen angemeldet: Januar	Februar	März	April	Mai	Juni	Juli	August	September	Oktober	November	Dezember	zusammen
Aachen, Allgemeine Arbeitsnachweise-Anstalt	1901	m.	281	216	450	392	368	376	398	315	254	263	208	304	3 825
		w.	183	202	236	204	212	221	258	188	187	177	121	96	2 285
	1902	m.	272	374	356	442	359	372	334	374	315	322	336	276	4 132
		w.	192	202	185	249	215	187	178	138	189	161	140	115	2 151
***Augsburg,** Städtisches Arbeitsamt	1901	m.	197	442	488	534	480	482	587	569	431	402	328	341	5 281
		w.	365	453	571	661	635	644	596	643	604	533	410	318	6 433
	1902	m.	393	710	387	497	343	461	479	346	426	352	250	958	5 602
		w.	693	739	774	632	528	453	527	422	513	402	287	388	6 358
Barmen, Allgemeine Arbeits-Nachweis-Stelle	1901	m.	Am 6. Mai eröffnet				287	229	458	240	253	283	225	179	2 154
		w.					68	103	101	58	85	110	101	88	714
	1902	m.	216	346	404	426	288	686 (Juni und Juli)		313	463	462	448	405	4 457
		w.	114	135	150	132	85	113 (Juni und Juli)		111	149	133	107	112	1 341
Berlin, Centralverein für Arbeitsnachweis	1901	m. Ungel. Arbeiter	1 308	1 049	1 546	1 687	1 350	1 427	1 409	1 499	1 852	1 796	1 203	877	17 003
		m. Maler usw.	54	102	625	1 272	841	416	817	835	1 625	1 413	74	51	8 125
		m. Schlosser	73	59	132	118	98	89	149	244	216	206	107	59	1 550
		m. Klempner	48	9	39	61	60	49	47	53	127	130	68	32	723
		m. Tapezierer	.	.	.	.	.	.	.	.	629	547	63	45	1 284
		w. Arbeiterinnen	164	159	221	174	99	162	175	203	251	203	158	66	2 035
		w. Wäsche- und Plätterinnen	.	.	.	34	68	75	85	97	67	99	57	37	619
	1902	m. Ungel. Arbeiter	966	1 120	1 315	1 846	1 373	1 592	1 639	1 661	2 294	2 231	1 413	1 080	18 530
		m. Maler usw.	58	85	568	1 655	669	637	1 432	1 549	2 750	1 543	67	88	11 101
		m. Schlosser	60	99	116	147	153	225	206	185	297	220	184	112	2 004
		m. Klempner	17	20	47	143	88	86	82	92	103	93	43	43	857
		m. Tapezierer	43	61	237	262	58	64	100	298	697	436	66	85	2 407
		w. Arbeiterinnen	151	161	173	156	123	190	170	187	236	219	175	140	2 081
		w. Wäsche- und Plätterinnen	80	59	74	108	79	110	86	68	106	76	61	48	955
Bochum, Verein gegen Bettelei	1901	m.	46	45	104	164	133	133	88	99	133	140	68	34	1 187
***Braunschweig,** Städtisches Arbeitsamt	1901	m.	103	144	170	258	229	219	232	177	169	262	177	167	2 307
		w.	1	1	1	14	14	2	11	10	6	4	21	—	85
	1902	m.	149	83	212	216	153	200	191	222	185	202	111	91	2 015
		w.	52	45	36	41	45	3	29	49	52	15	30	5	402
***Bremen,** Centralnachweisebureau d. Innungen	1901	m	249	287	437	577	417	489	738	734	561	463	375	296	5 623
Breslau, *1. Städtischer Arbeitsnachweis	1901	m.	338	206	339	264	262	290	336	280	300	301	241	148	3 305
		w.	460	485	587	435	429	394	400	413	401	362	367	336	5 069
	1902	m.	195	212	216	295	202	210	240	203	261	281	198	165	2 678
		w.	461	545	461	507	420	381	290	367	543	405	402	356	5 138
2. Verein gegen Verarmung u. Bettelei	1901	m.	97	113	129	159	128	171	184	135	164	135	104	53	1 572
		w.	118	112	232	189	116	122	99	118	137	97	65	91	1 496
***Cassel,** Städtische Arbeitsvermittelungsstelle	1901	m.	217	243	450	500	403	436	510	474	526	385	295	248	4 687
		w.	111	153	146	125	113	106	106	111	133	86	64	59	1 313
	1902	m.	267	.	425	566	462	541	508	626	750	634	370	374	.
		w.	135	.	111	257	250	248	314	448	580	357	256	311	.
***Charlottenburg,** Städtischer Arbeitsnachweis	1901	m.	287	250	313	303	212	187	232	264	253	239	121	135	2 796
		w.	87	92	151	95	81	87	67	103	109	83	45	50	1 050
	1902	m.	290	569	300	383	263	284	309	368	489	403	158	124	3 940
		w.	50	86	113	169	123	111	109	153	214	161	90	94	1 473

Städte und Vermittelungsanstalten (* Städtische Einrichtungen.)	Jahr		Januar	Februar	März	April	Mai	Juni	Juli	August	September	Oktober	November	Dezember	zusammen
			b. Es wurden offene Stellen angemeldet:												
***Chemnitz,** Städtischer Arbeitsnachweis . .	1901	m.	42	17	51	160	52	64	51	58	77	52	67	23	714
		w.	26	15	13	26	11	11	10	5	11	16	12	4	160
Cöln, Allgem. Arbeitsnachweisanstalt . .	1901	m.	1 032	1 480	1 269	1 206	1 049	1 020	1 070	994	1 136	1 099	944	729	13 028
		w.	1 048	849	1 044	1 166	1 013	1 188	963	863	855	906	656	513	11 064
	1902	m.	702	10 75	1 378	1 464	1 107	1 141	1 162	1 241	1 348	1 369	1 046	1 843	14 876
		w.	905	865	1 003	1 116	829	1 196	963	851	1 129	904	665	608	11 034
Crefeld, Städtische Arbeitsvermittelungsstelle	1901	m.	—	—	2	—	6	—	—	3	—	—	—	—	11
		w.	—	—	1	—	—	—	—	—	—	—	—	—	1
***Danzig,** Städtische Arbeitsvermittelungsstelle	1901	m.	Am 28. Oktober eröffnet.									509	933	211	1 653
		w.										1	3	2	6
***Dortmund,** Städtisches Stellenvermittelungsamt . . .	1901	m.	140	96	193	444	575	455	343	293	202	251	197	178	3 367
		w.	234	240	327	331	353	263	249	243	278	333	179	130	3 160
	1902	m.	110	138	228	164	86	289	371	159	183	217	109	86	2 140
		w.	237	248	283	256	182	239	289	236	283	221	184	156	2 814
Dresden,			Die offenen Stellen waren nicht notiert worden.												
Düsseldorf, Verein für Arbeitsnachweis . .	1901	m.	146	129	214	226	208	265	223	207	234	255	162	127	2 396
		w.	154	107	163	157	132	103	119	82	115	101	59	44	1 336
	1902	m.	142	193	290	323	244	181	192	163	277	369	330	264	2 968
		w.	119	108	136	143	97	119	129	112	139	154	97	79	1 432
***Duisburg,** Städtische Vermittelungsstelle .	1901	m.	1	5	7	17	9	7	45	11	14	4	40	11	171
	1902	m.	4	13	7	.	20	.	12	.	2	.	23	.	.
***Elberfeld,** Städt. Arbeitsvermittelungsstelle	1901	m.	385	407	254	58	59	64	55	59	80	82	103	278	1 884
	1902	m.	183	524	226	180	71	75	72	72	77	82	100	141	1 863
***Erfurt,** Städtisches Arbeitsamt	1901	m.	230	264	337	373	273	361	366	410	328	510	405	331	4 188
		w.	502	591	518	628	502	452	419	603	456	387	456	257	5 771
	1902	m.	291	335	444	561	374	372	427	440	460	511	411	432	5 058
		w.	450	567	576	600	487	467	346	523	558	402	329	279	5 584
Essen, Arbeiter-Nachweis-Verein . . .	1901	m.	113	114	210	222	246	285	452	289	303	227	189	669	3 319
		w.	22	236	322	291	297	268	390	399	328	339	207	201	3 300
	1902	m.	748	373	205	.	156	192	186	261	238	318	224	144	.
		w.	377	378	387	.	369	345	397	335	518	439	314	311	.
***Frankfurt a. M.,** Städtische Arbeitsvermittelungsstelle .	1901	m.	1 132	1 125	1 901	1 974	1 747	1 884	1 771	1 525	1 852	1 606	1 156	924	18 597
		w.	604	622	959	946	878	721	675	833	798	938	523	552	9 049
	1902	m.	1 058	1 266	1 635	2 180	1 427	1 854	1 803	1 682	1 961	1 596	1 723	934	19 119
		w.	958	849	979	1 270	914	853	834	885	1 016	827	555	666	10 666
***Frankfurt a. O.,** Städtische Arbeitsnachweisstelle .	1901	m.	312	176	345	381	366	333	340	286	362	323	189	113	3 526
		w.	185	249	256	132	168	176	167	235	161	111	125	93	2 058
	1902	m	174	165	345	285	170	216	258	290	331	266	164	138	2 882
		w.	106	150	256	93	118	85	80	185	159	120	131	66	1 549
Freiburg i. Br., Allgemeine Arbeitsnachweisanstalt	1901	m.	391	346	695	823	725	717	848	796	873	733	498	309	7 754
		w.	280	391	479	293	330	398	268	321	466	284	288	262	4 069
	1902	m.	367	374	696	936	638	765	809	713	860	743	424	273	7 598
		w.	336	433	527	427	401	426	420	411	537	411	328	350	5 007
Görlitz, Arbeitsnachweis und Gesindevermittelungsstelle	1901	m.	217	84	85	103	104	88	104	88	82	117	70	49	1 191
		w.	284	407	203	137	258	140	118	251	113	97	171	86	2 265
	1902	m.	138	162	188	177	139	119	181	151	144	162	178	158	1 897
		w.	138	446	399	233	352	296	225	382	341	195	252	236	3 495

Städte und Vermittelungsanstalten (* Städtische Einrichtungen.)	Jahr		Noch b. Es wurden offene Stellen angemeldet: Januar	Februar	März	April	Mai	Juni	Juli	August	September	Oktober	November	Dezember	Zusammen
Halle, Verein für Volkswohl, Arbeitsvermittelung seit 1. Oktober 1895	1901	m.	38	28	86	74	41	47	44	38	25	38	21	19	499
		w.	87	123	147	120	97	114	102	117	89	84	70	35	1 185
	1902	m.	21	21	21	33	31	36	40	30	.	38	62	78	.
		w.	73	81	91	82	106	96	102	114	.	95	84	80	.
Hamburg, Patriotische Gesellschaft	1901	m.	4 722	4 402	3 732	5 170	3 653	2 648	3 650	2 198	1 718	3 681	4 376	3 868	43 818
		w.	16	11	19	17	11	8	5	10	6	14	13	2	132
Hannover, Zentralstelle für Arbeitsnachweis .	1901	m.	165	186	362	627	482	439	523	375	582	501	134	229	4 605
	1902	m.	145	146	365	497	338	554	616	612	706	559	210	125	4 873
Karlsruhe, Anstalt für Arbeitsnachweis . .	1901	m.	568	683	1 080	1 027	1 187	1 228	1 075	1 027	911	795	656	454	10 691
		w.	204	114	194	152	151	173	157	151	164	155	164	140	1 919
	1902	m.	629	638	1 042	1 257	1 050	1 238	1 191	1 050	.	713	530	342	.
		w.	168	105	186	207	186	192	198	155	.	154	138	118	.
Kiel, Allgemeine Arbeitsnachweisestelle	1901	m.	446	241	449	481	529	385	398	728	507	451	252	232	5 099
		w.	—	—	—	—	—	—	—	—	—	—	—	—	—
	1902	m.	398	351	434	623	436	455	487	748	1 158	846	409	558	6 903
***Königsberg i. Pr.,** Städtisches Arbeitsamt	1901	m.	317	462	388	243	274	288	390	430	485	362	408	189	4 236
		w.	240	269	481	331	235	212	236	351	409	362	174	140	3 440
	1902	m.	357	233	.	151	166	.	110	127	.	139	345	371	.
		w.	165	231	.	230	133	.	113	166	.	163	103	207	.
Leipzig,															
*1. Städtische Arbeitsnachweisungsanstalt	1901	m.	.	.	.	.	.	.	.	.	.	.	.	.	.
		w.	300	260	500	444	376	300	240	231	259	266	198	186	3 560
2. Verein für Arbeitsnachweis	1901	m.	250	282	447	397	296	337	326	352	433	397	379	479	4 375
		w.	Seit 19. Juli in Tätigkeit						162	513	541	536	481	494	2 727
	1902	m.	616	238	332	531	390	531	493	441	688	596	457	1 442	6 755
		w.	816	995	927	889	779	811	861	933	1 186	970	776	753	10 696
Liegnitz, Zentralanstalt für Arbeitsnachweis für Stadt- und Landkreis Liegnitz	1901	m.	93	162	164	141	156	206	187	242	204	234	147	108	2 044
		w.	18	96	70	73	122	81	65	133	87	90	92	59	986
	1902	m.	137	183	212	214	157	199	299	248	227	285	140	115	2 416
		w.	97	167	70	80	157	80	84	136	69	104	156	107	1 307
***Magdeburg,** Städtischer Arbeitsnachweis	1901	m.	269	240	461	400	364	443	459	403	333	355	209	346	4 282
		w.	436	574	510	487	386	360	372	568	379	368	289	237	4 966
	1902	m.	267	377	400	480	273	263	234	312	351	306	168	402	3 833
		w.	405	474	479	411	370	366	355	472	496	373	324	331	4 856
***Mainz,** Städtisches Arbeitsamt	1901	m.	336	350	598	530	510	520	507	501	513	489	343	221	5 418
		w.	308	281	399	388	324	307	281	291	322	288	178	161	3 528
	1902	m.	292	376	546	643	426	518	600	492	639	547	378	274	5 731
		w.	291	312	368	377	293	293	383	313	335	300	156	196	3 617
Mannheim, Zentralanstalt für unentgeltl. Arbeitsnachweis . .	1901	m.	1 424	1 129	1 688	1 491	1 171	1 286	1 411	1 127	1 267	979	786	590	14 349
		w.	488	386	693	453	355	476	344	389	500	331	266	231	4 912
	1902	m.	827	630	997	1 127	.	968	1 167	1 010	1 168	845	663	688	.
		w.	348	291	449	376	.	328	281	261	436	253	223	213	.

Städte und Vermittelungsanstalten (* Städtische Einrichtungen.)			Noch b. Es wurden offene Stellen angemeldet: Januar	Februar	März	April	Mai	Juni	Juli	August	September	Oktober	November	Dezember	Zusammen
*München, Städtisches Arbeitsamt	1901	m.	2 154	2 087	2 916	4 113	4 115	3 810	4 356	3 682	3 541	2 764	2 656	2 344	[illegible]
		w.	2 759	2 384	2 791	2 808	2 775	2 509	2 507	2 458	2 839	2 335	1 653	1 604	[illegible]
	1902	m.	2 305	1 827	2 441	4 064	2 956	3 233	3 720	3 333	4 439	3 086	1 936	2 383	[illegible]
		w.	2 453	2 162	2 718	2 810	2 269	2 306	2 301	2 265	3 021	2 289	1 728	1 829	[illegible]
*Nürnberg, Städtische Arbeitsnachweisstelle	1901	m.	337	352	515	578	559	538	603	460	430	589	283	206	[illegible]
		w.	581	383	644	440	463	691	466	398	597	434	313	374	[illegible]
	1902	m.	215	264	350	664	408	501	585	517	679	679	444	306	[illegible]
		w.	392	365	716	615	425	696	461	467	828	461	322	480	[illegible]
*Posen, Städtischer Arbeitsnachweis	1901	m.	Am 1. April eröffnet			494	413	513	679	691	665	586	457	189	[illegible]
		w.				401	292	400	242	391	344	267	242	225	[illegible]
	1902	m.	317	700	588	610	459	554	614	1 097	989	1 053	428	263	[illegible]
		w.	229	314	462	400	286	462	239	402	563	304	289	263	[illegible]
*Potsdam, Städtischer Arbeitsnachweis	1901	m.	110	155	274	302	245	357	349	289	267	267	206	100	[illegible]
		w.	38	70	62	47	58	66	36	274	65	76	30	17	[illegible]
	1902	m.	166	111	222	487	345	367	463	279	403	407	185	60	[illegible]
		w.	41	35	50	40	32	69	45	111	68	54	36	38	[illegible]
*Stettin, Städtischer Arbeitsnachweis	1901	m.	87	33	82	100	129	130	130	129	205	148	103	341	[illegible]
		w.	164	140	172	111	81	117	100	232	319	140	113	156	[illegible]
	1902	m.	137	84	113	159	96	119	102	107	168	243	101	61	[illegible]
		w.	135	208	188	128	106	296	106	114	190	134	94	124	[illegible]
*Strassburg, Städtische Arbeitsnachweisestelle	1901	m.	35	62	158	119	109	141	159	148	132	130	130	170	[illegible]
		w.	182	218	315	194	186	191	173	176	220	187	145	112	[illegible]
	1902	m.	288	180	108	187	132	110	126	98	131	80	125	19	[illegible]
		w.	213	206	256	276	206	202	206	178	281	182	141	116	[illegible]
*Stuttgart, Städtisches Arbeitsamt	1901	m.	1 181	1 095	1 804	1 964	1 795	1 656	1 824	1 458	1 587	1 320	931	506	[illegible]
		w.	680	640	776	631	681	585	573	587	622	566	408	299	[illegible]
	1902	m.	1 012	1 375	2 087	2 630	2 025	2 210	2 177	2 155	2 640	2 015	1 525	1 078	[illegible]
		w.	876	1 364	1 716	1 466	1 245	1 291	1 074	1 212	1 500	940	755	779	[illegible]
Wiesbaden, Verein für Arbeitsnachweis	1901	m.	159	176	267	253	229	302	360	279	296	266	162	116	[illegible]
		w.	784	735	942	838	834	773	665	780	988	802	515	404	[illegible]
	1902	m.	171	189	287	308	234	266	310	309	294	258	168	119	[illegible]
		w.	751	701	901	1 057	769	638	687	725	887	1 211	792	569	[illegible]
*Würzburg, Städtisches Arbeitsamt	1901	m.	305	367	743	1 053	771	589	594	854	586	533	479	388	[illegible]
		w.	246	284	539	421	276	373	322	248	375	276	175	189	[illegible]
Braunschweig, (siehe unter Stellenbewerber.)															
Landwirtschaftliche Abteilung	1901	m.	.	.	.	.	.	.	.	.	.	.	.	.	[illegible]
		w.	.	.	.	.	.	.	.	.	.	.	.	.	[illegible]
Lehrlings-Abteilung		m.	.	.	.	.	.	.	.	.	.	.	.	.	[illegible]
		w.	.	.	.	.	.	.	.	.	.	.	.	.	[illegible]
Dienstboten		m.	.	.	.	.	.	.	.	.	.	.	.	.	[illegible]
		w.	.	.	.	.	.	.	.	.	.	.	.	.	[illegible]

Städte und Vermittelungsanstalten (* Städtische Einrichtungen.)	Jahr		c. Es wurden Stellen besetzt: Januar	Februar	März	April	Mai	Juni	Juli	August	September	Oktober	November	Dezember	Zusammen
Aachen, Allgemeine Arbeitsnachweise-Anstalt	1901	m.	205	163	339	286	238	242	241	230	175	181	145	215	2 660
		w.	103	76	88	106	98	114	122	114	125	105	82	68	1 201
	1902	m.	207	269	293	290	230	256	297	269	235	223	234	232	3 035
		w.	96	97	101	109	101	93	97	84	91	86	84	69	1 108
***Augsburg,** Städtisches Arbeitsamt	1901	m.	62	246	227	223	212	237	322	316	250	301	221	256	2 873
		w.	120	136	179	237	252	244	202	292	313	293	179	118	2 565
	1902	m.	251	561	203	351	289	350	366	257	384	305	222	929	4 468
		w.	300	279	202	231	238	232	244	192	317	297	207	158	2 897
Barmen, Allgemeine Arbeitsnachweis-Stelle	1901	m.		Am 6. Mai			155	205	390	202	228	255	200	155	1 790
		w.		eröffnet			18	58	71	55	67	92	80	73	514
	1902	m.	162	286	290	316	277	604		272	358	387	379	374	3 705
		w.	88	109	92	82	84	98		85	116	102	88	71	1 015
Berlin, Zentralverein für Arbeitsnachweis															
Ungel. Arbeiter	1901	m.	1 252	982	1 474	1 578	1 290	1 321	1 330	1 397	1 706	1 650	1 133	816	15 929
Maler usw.		m.	40	72	533	909	680	365	731	748	1 158	608	57	47	5 948
Schlosser		m.	67	49	124	109	76	80	129	221	168	179	88	52	1 342
Klempner		m.	45	9	36	55	54	44	38	45	112	95	59	26	618
Tapezierer		m.	.	.	.	.	.	.	.	.	356	246	50	39	691
Arbeiterinnen		w.	142	139	198	153	73	141	144	170	207	152	129	56	1 704
Wäsche- und Plätterinnen		w.	.	.	.	5	15	45	57	57	46	76	47	20	368
Ungel. Arbeiter	1902	m.	903	1 053	1 206	1 680	1 278	1 438	1 539	1 492	2 047	1 999	1 224	1 000	16 859
Maler usw.		m.	43	75	488	1 180	601	570	1 131	1 128	1 320	635	57	79	7 307
Schlosser		m.	52	87	91	122	138	209	188	162	264	191	159	94	1 757
Klempner		m.	12	15	40	111	71	73	79	75	66	70	30	39	681
Tapezierer		m.	37	44	199	199	44	49	89	232	354	255	56	73	1 631
Arbeiterinnen		w.	122	141	142	130	112	173	135	154	179	154	141	104	1 687
Wäsche- und Plätterinnen		w.	64	50	46	70	44	65	53	41	65	54	37	23	612
Bochum, Verein gegen Bettelei	1901	m.	38	35	65	130	103	106	73	87	106	119	61	27	950
***Braunschweig,** Städtisches Arbeitsamt	1901	.	80	140	150	218	212	208	197	190	157	196	141	151	2 040
		.	1	1	.	3	5	1	1	8	6	2	.	1	29
	1902	m.	108	65	133	119	127	212	184	175	119	100	99	78	1 519
		w.	8	8	19	13	1	3	12	9	18	6	14	2	113
Bremen, Zentralnachweisebureau d. Innungen	1901	m.	249	287	437	577	417	489	738	734	561	463	375	296	5 623
***Breslau,** 1. Städtischer Arbeitsnachweis	1901	m.	295	168	292	203	223	236	289	234	249	253	223	136	2 801
		w.	400	309	398	345	329	310	342	305	329	332	296	265	3 960
	1902	m.	183	193	188	261	176	179	196	177	213	248	177	142	2 383
		w.	391	344	355	424	313	319	246	234	408	338	309	277	3 958
2. Verein gegen Verarmung u. Bettelei	1901	m.	86	110	121	141	122	149	173	126	142	128	92	49	1 439
		w.	116	106	229	180	110	117	87	102	120	84	60	80	1 391
***Cassel,** Städtische Arbeitsvermittelungsstelle	1901	m.	156	176	279	354	298	329	384	355	375	310	217	193	3 426
		w.	42	38	52	48	38	33	33	39	45	40	30	23	461
	1902	m.	182	.	233	370	327	378	349	431	463	389	278	333	. .
		w.	37	.	13	72	67	85	100	98	172	152	97	98	.
***Charlottenburg,** Städtischer Arbeitsnachweis	1901	m.	180	176	211	255	188	167	209	220	210	222	115	106	2 259
		w.	57	44	61	55	53	56	46	67	64	58	34	35	630
	1902	m.	273	552	259	291	235	243	246	270	309	277	127	110	3 192
		w.	36	65	72	86	66	66	61	68	94	93	50	42	799

21*

Städte und Vermittelungsanstalten (* Städtische Einrichtungen.)	Jahr		Januar	Februar	März	April	Mai	Juni	Juli	August	September	Oktober	November	Dezember	Zusammen
			Noch c. Es wurden Stellen besetzt:												
*Chemnitz, Städtischer Arbeitsnachweis . .	1901	m.	28	11	27	82	31	38	31	38	34	30	50	20	[illegible]
		w.	3	1	—	—	1	—	6	4	5	2	7	1	[illegible]
Cöln, Allgemeine Arbeitsnachweis-anstalt.	1901	m.	1 030	1 473	1 176	1 131	1 033	982	1 052	981	1 122	1 030	928	702	[illegible]
		w.	602	513	610	741	658	561	681	642	648	826	618	430	[illegible]
	1902	m.	691	1 064	1 311	1 396	1 075	1 116	1 130	1 192	1 292	1 315	1 028	1 803	[illegible]
		w.	721	605	639	712	535	682	676	615	733	744	638	461	[illegible]
*Crefeld, Städtische Arbeitsvermittelungs-stelle	1901	m. w.	Konnte nicht festgestellt werden.												
*Danzig, Städtische Arbeitsvermittelungs-stelle	1901	m.	Am 28. Oktober eröffnet.									12	639	367	[illegible]
		w.										1	3	2	
*Dortmund, Städtisches Arbeitsamt . .	1901	m.	66	41	74	239	282	232	154	134	100	123	70	55	[illegible]
		w.	84	90	74	91	99	115	95	136	100	160	120	58	[illegible]
	1902	m.	54	30	58	40	24	46	149	93	46	62	37	51	[illegible]
		w.	126	115	104	144	105	119	160	162	102	168	133	108	[illegible]
Dresden, Verein gegen Armennot u. Bettelei	1901	m.	188	239	336	362	306	316	382	371	449	295	272	238	[illegible]
		w.	830	843	1 592	1 502	1 343	952	981	1 036	1 280	1 111	899	820	[illegible]
	1902	m.	163	167	246	369	242	267	310	392	427	375	296	315	[illegible]
		w.	840	709	1 392	1 163	1 218	967	885	533	1 376	1 261	950	1 009	[illegible]
Verein für Arbeits-nachweisung . . .	1901	m.	.	.	.	.	.	.	.	.	.	.	.	.	.
		w.	576	491	870	884	899	653	612	692	702	674	502	489	[illegible]
	1902	m.	.	.	.	.	.	.	.	.	.	.	.	.	.
		w.	.	.	.	.	.	.	.	.	.	.	.	.	.
Düsseldorf, Verein für Arbeitsnachweis . .	1901	m.	95	90	109	112	120	138	133	130	143	172	118	89	[illegible]
		w.	40	36	45	51	47	42	47	42	50	48	41	27	[illegible]
	1902	m.	109	135	150	169	143	144	124	80	251	338	304	228	[illegible]
		w.	42	35	39	53	42	37	52	31	54	71	55	25	[illegible]
*Duisburg, Städtische Vermittelungsstelle .	1901	m.	1	3	4	.	1	1	6	4	2	3	26	11	[illegible]
	1902	m.	190	131	14	.	12	.	.	.	.	.	13	.	.
*Elberfeld, Städt. Arbeitsvermittelungsstelle	1901	m.	385	407	254	58	59	64	55	59	80	82	103	278	[illegible]
	1902	m.	183	524	226	172	68	73	72	69	76	82	100	140	[illegible]
*Erfurt, Städtisches Arbeitsamt	1901	m.	189	228	259	304	263	302	309	313	256	437	374	307	[illegible]
		w.	360	364	474	486	361	352	330	439	452	347	286	218	[illegible]
	1902	m.	278	316	422	509	367	362	402	419	437	468	391	407	[illegible]
		w.	353	355	539	432	380	363	287	373	494	359	274	228	[illegible]
Essen, Arbeiter-Nachweise-Verein . . .	1901	m.	107	90	126	116	80	151	159	118	135	102	141	493	[illegible]
		w.	6	64	80	62	96	71	116	120	92	126	112	94	[illegible]
	1902	m.	499	329	96	.	76	120	120	190	189	236	185	93	.
		w.	165	144	114	.	132	180	148	132	179	194	201	125	.
*Frankfurt a. M., Städtische Arbeitsvermittelungsstelle .	1901	m.	975	972	1 447	1 536	1 511	1 661	1 591	1 393	1 560	1 505	1 119	807	[illegible]
		w.	365	305	591	586	561	467	427	507	485	502	351	412	[illegible]
	1902	m.	981	1 106	1 299	1 767	1 327	1 668	1 639	1 584	1 771	1 494	1 637	882	[illegible]
		w.	561	453	601	848	653	601	570	583	652	531	401	470	[illegible]
*Frankfurt a. O., Städtische Arbeitsvermittelung. . . .	1901	m.	174	96	191	262	258	214	252	217	237	242	117	68	[illegible]
		w.	78	84	71	57	54	61	71	117	65	63	60	33	[illegible]
	1902	m.	99	135	191	183	121	159	210	226	195	174	116	103	[illegible]
		w.	52	85	71	48	48	43	31	61	43	52	70	25	[illegible]

tädte und Vermittelungsanstalten (* Städtische Einrichtungen.)	Jahr		Noch c Es wurden Stellen besetzt: Januar	Februar	März	April	Mai	Juni	Juli	August	September	Oktober	November	Dezember	Zusammen
Freiburg i. Br., Allgemeine Arbeitsnachweis-Anstalt . . .	1901	m.	277	293	439	545	543	554	699	641	711	613	399	285	5 999
		w.	188	199	321	243	208	276	184	221	384	285	202	220	2 931
	1902	m.	292	288	500	705	517	589	660	567	671	595	341	207	5 932
		w.	260	287	403	357	305	364	333	307	490	349	256	240	3 951
Görlitz, Arbeitsnachweis und Gesindevermittelungsstelle .	1901	m.	51	28	35	43	52	54	60	45	45	73	53	37	576
		w.	35	74	105	60	74	56	39	88	78	53	79	64	805
	1902	m.	82	89	87	105	81	69	107	75	96	114	147	133	1 185
		w.	50	167	165	129	167	143	93	153	175	106	116	84	1 548
Halle a. S., Verein für Volkswohl, Arbeitsvermittelung. seit 1. Oktober 1895 . .	1901	m.	23	22	74	68	38	45	34	36	23	35	20	18	436
		w.	70	82	102	102	73	78	73	90	74	73	60	30	907
	1902	m.	20	20	20	27	30	35	32	29	.	37	62	76	.
		w.	61	60	70	60	67	71	73	78	.	72	65	60	.
Hamburg, Patriotische Gesellschaft	1901	m.	4 602	4 259	3 463	3 927	2 490	2 435	3 287	2 109	1 599	2 671	3 943	3 841	38 626
		w.	4	10	—	5	4	6	3	5	3	6	4	1	51
Hanuover, Zentralstelle für Arbeitsnachweis .	1901	m.	173	174	289	405	321	317	369	246	489	386	120	200	3 489
	1902	m.	146	124	245	343	286	406	432	451	496	451	188	110	3 678
Karlsruhe, Anstalt für Arbeitsnachweis . .	1901	m.	499	612	955	1 015	1 144	1 176	1 019	1 013	873	793	640	444	10 183
		w.	174	58	147	118	130	178	143	125	141	180	155	102	1 651
	1902	m.	598	542	909	1 143	945	1 196	1 102	977	.	579	419	316	.
		w.	151	77	152	208	148	173	166	117	.	98	98	78	.
Kiel, Allgemeine Arbeitsnachweisestelle .	1901	m.	401	192	347	372	447	313	318	651	430	384	198	201	4 254
	1902	m.	322	314	347	382	352	307	426	593	972	720	340	521	5 596
***Königsberg i. Pr.,** Stadt. Arbeitsamt. .	1901	m.	235	387	224	146	151	173	236	207	216	237	327	157	2 696
		w.	84	74	108	88	63	73	64	94	127	141	84	57	1 057
	1902	m.	317	206	.	109	83	.	62	73	.	98	315	346	.
		w.	90	77	.	84	60	.	51	60	.	82	80	105	.
Leipzig, *1. Städt. Arbeitsnachweisungsanstalt	1901	m.	.	.	.	.	.	.	.	.	.	.	.	.	.
		w.	257	224	385	382	346	274	222	217	229	246	187	167	3 136
2. Verein für Arbeitsnachweis . . .	1901	m.	236	254	422	367	259	317	293	352	405	363	373	480	4 121
		w.	seit 19. Juli in Tätigkeit					.	34	267	387	410	339	296	1 733
	1902	m.	612	216	304	485	355	434	426	392	612	518	416	1 369	6 139
		w.	437	446	619	648	513	533	520	533	754	710	606	519	6 838
Liegnitz, Zentralanstalt für Arbeitsnachweis für Stadt- und Landkreis Liegnitz . . .	1901	m.	54	125	133	101	113	156	148	185	184	171	108	78	1 556
		w.	2	16	39	34	27	42	32	41	32	37	38	34	374
	1902	m.	93	148	150	162	123	164	258	207	184	255	117	101	1 962
		w.	39	51	37	31	56	53	33	33	37	32	55	48	505
***Magdeburg,** Städtischer Arbeitsnachweis	1901	m.	222	199	354	344	326	382	409	362	306	318	179	326	3 727
		w.	173	243	257	287	190	203	173	249	280	258	172	131	2 616
	1902	m.	251	348	338	433	226	225	195	262	293	278	156	383	3 388
		w.	199	237	318	252	212	210	189	265	326	272	207	164	2 851

Städte und Vermittelungsanstalten (* Städtische Einrichtungen.)			Noch c. Es wurden Stellen besetzt: Januar	Februar	März	April	Mai	Juni	Juli	August	September	Oktober	November	Dezember	Zusammen
*Mainz, Städtisches Arbeitsamt	1901	m.	199	204	315	281	308	349	330	326	340	355	245	168	3 42[illegible]
		w.	184	163	209	208	181	180	182	174	166	239	151	101	2 13[illegible]
	1902	m.	186	222	262	351	230	348	423	339	419	329	268	186	3 5[illegible]
		w.	172	160	170	193	159	194	220	189	215	187	100	111	2 07[illegible]
Mannheim, Zentral-anstalt für unentgeltl. Arbeitsnachweis	1901	m.	1 202	939	1 241	1 070	851	932	1 029	849	980	848	662	538	11 14[illegible]
		w.	252	188	281	216	200	203	192	219	243	210	171	121	2 49[illegible]
	1902	m.	714	468	740	848	.	786	886	820	968	711	552	646	.
		w.	227	154	188	174	.	173	164	129	224	194	153	92	.
*München, Städtisches Arbeitsamt	1901	m.	2 024	1 899	2 570	3 631	3 597	3 375	3 983	3 366	3 051	2 397	2 405	2 149	34 4[illegible]
		w.	1 756	1 548	1 871	1 952	2 047	1 765	1 805	1 842	1 825	2 021	1 401	1 025	20 8[illegible]
	1902	m.	2 098	1 598	1 996	3 338	2 577	2 719	3 124	2 888	3 828	2 754	1 717	2 231	30 8[illegible]
		w.	1 459	1 536	1 414	1 818	1 489	1 587	1 796	1 553	2 148	1 962	1 462	1 162	19 3[illegible]
*Nürnberg, Städtische Arbeitsnachweisstelle	1901	m.	307	326	472	502	503	457	542	376	411	545	288	211	4 9[illegible]
		w.	267	225	286	226	254	293	299	265	309	280	280	209	3 1[illegible]
	1902	m.	186	253	305	533	403	497	564	441	643	670	414	294	5 2[illegible]
		w.	249	278	297	329	297	364	347	301	382	318	301	283	3 74[illegible]
Posen, Städtischer Arbeitsnachweis	1901	m.	Am 1. April eröffnet.			354	346	422	410	508	418	512	407	198	3 57[illegible]
		w.				191	204	207	114	101	109	149	180	146	1 40[illegible]
	1902	m.	257	457	447	515	403	474	501	970	769	652	398	236	6 07[illegible]
		w.	149	122	192	218	151	278	134	215	206	204	192	133	2 19[illegible]
*Potsdam, Städtischer Arbeitsnachweis	1901	m.	90	126	215	246	211	319	291	155	205	226	178	90	2 3[illegible]
		w.	18	17	21	23	17	29	17	21	37	47	17	9	27[illegible]
	1902	m.	142	98	190	445	300	332	396	223	318	341	162	51	2 9[illegible]
		w.	30	17	37	31	21	48	36	34	48	49	24	26	40[illegible]
*Stettin, Städtischer Arbeitsnachweis	1901	m.	62	22	71	83	100	64	79	90	163	113	86	327	1 2[illegible]
		w.	52	49	54	40	34	42	33	63	83	59	64	58	63[illegible]
	1902	m.	119	66	69	106	64	67	76	79	138	199	80	37	1 10[illegible]
		w.	80	75	73	73	53	63	50	71	104	80	50	42	81[illegible]
*Strassburg, Städtische Arbeitsnachweisest.	1901	m.	27	41	94	101	82	101	120	88	95	107	116	149	1 121
		w.	70	73	118	69	71	77	65	66	99	94	86	54	94[illegible]
*Stuttgart, Städtisches Arbeitsamt	1901	m.	810	754	1 307	1 472	1 399	1 218	1 308	1 169	1 192	1 142	894	483	13 14[illegible]
		w.	276	227	399	393	404	327	344	308	368	371	263	163	3 84[illegible]
	1902	m.	755	1 042	1 302	1 997	1 497	1 673	1 580	1 603	1 875	1 677	1 187	941	17 12[illegible]
		w.	364	400	637	656	493	562	434	439	619	460	305	330	5 6[illegible]
Wiesbaden, Verein für Arbeitsnachweis	1901	m.	135	147	229	224	196	264	294	242	252	229	142	102	2 45[illegible]
		w.	345	342	493	527	517	392	373	400	427	502	326	211	4 8[illegible]
	1902	m.	148	161	246	272	212	234	270	259	255	226	147	105	2 5[illegible]
		w.	356	378	443	629	430	411	348	378	476	496	332	212	4 8[illegible]
*Würzburg, Städtisches Arbeitsamt	1901	m.	202	229	457	698	561	429	459	713	352	346	362	362	5 170
		w.	59	64	90	78	58	79	87	77	116	82	90	85	965

Braunschweig vermittelt außerdem noch Stellen für nachstehende Zweige, die im Bericht nicht monatsweise angegeben werden:

			Januar	Februar	März	April	Mai	Juni	Juli	August	September	Oktober	November	Dezember	Zusammen
Landwirtsch. Abteilung	1901	m.	.	.	.	.	.	.	.	.	.	.	.	.	92
		w.	.	.	.	.	.	.	.	.	.	.	.	.	12
Lehrlings-Abteilung		m.	.	.	.	.	.	.	.	.	.	.	.	.	9
		w.	.	.	.	.	.	.	.	.	.	.	.	.	
Dienstboten		m.	.	.	.	.	.	.	.	.	.	.	.	.	78
		w.	.	.	.	.	.	.	.	.	.	.	.	.	1

[Fortsetzung des Textes von Seite 314.]

Düsseldorf. Handwerker und Arbeiter. — Dienstmädchen. (Für männl. Personen unentgeltlich; für weibl. Personen zahlen Arbeitgeber 0,20 *M* Einschreibe- und 1—3 *M* Vermittelungsgebühr.)

Duisburg. Tagelöhner und Handwerker.

Elberfeld. Erdarbeiter, Fabrikarbeiter, Maurer, Schreiner, Schlosser.

Erfurt. Gelernte Handwerker, Kolporteure und Agenten. — Aufwärterinnen, Wäscherinnen, Hausmädchen, Köchinnen, Hausdamen, Stützen, Wirtschafterinnen, Fabrik- und Feldarbeiterinnen, Näherinnen, Verkäuferinnen.

Essen. Erdarbeiter, Handlanger, landwirtsch. Arbeiter, Schreiner, Schlosser, Maurer. — Haus- und Küchenmädchen.

Frankfurt a. M. Handwerker aller Art, Fabrikarbeiter, Tagelöhner. — Dienstmädchen, Fabrikarbeiterinnen, Wasch- und Putzfrauen.

Frankfurt a. O. Handwerker, Arbeiter, Kutscher, Burschen, Dienstboten. — Aufwärterinnen, Wasch-, Scheuer- usw. Frauen, Arbeiterinnen, Dienstpersonal.

Freiburg i. Br. Handwerker aller Art, ungelernte Arbeiter. — Häusliche Dienstboten, Wirtschaftspersonal, Stundenfrauen, Fabrikarbeiterinnen.

Görlitz. Landw. Gesinde und ungel. gewerbl. Arbeiter. — Weibl. Hausgesinde und Aufwärterinnen.

Halle a. S. Ungel. Arbeiter, Gärtner, Gartenarbeiter, Schlosser. — Aufwartungen, Wasch- und Scheuerfrauen. (Vermittelung nach Auswärts 50 Pf.)

Hamburg. Kai-, Speicher-, Fabrik-, Landarbeiter. — Mägde für Landarbeit. (Gebühren werden nur für Vermittelungen des landwirtschaftl. Nachweises in Höhe von 1 bis 4 *M* erhoben.)

Hannover. Landwirtschaftl. Arbeiter und Tischler. (Gebühr bei der Eintragung 30 Pf., bei Besetzung der Stelle für den Arbeitgeber 50 Pfg. bezw. 1 *M*; für den Arbeitsuchenden 25 Pf.)

Karlsruhe. Kaufleute, Handwerker, Arbeiter, Burschen und Lehrlinge. — Kaufm. Personal, Wirtschaftspersonal Arbeiterinnen.

Kiel. Am meisten Vermittelungen fanden statt bei ungelernten Arbeitern.

Königsberg. Ungelernte Arbeiter. — Aufwartefrauen, Dienstmädchen.

Leipzig. Ungelernte Arbeiter. — Dienstmädchen, Wasch-, Scheuer-, Reinmachefrauen.

Liegnitz. Städtische Arbeiter, Handwerker, landw. Personal. Städtisches Dienstpersonal. (Gebühr von Arbeitgeber 1,50 *M* bis 6 *M*.)

Magdeburg. Ungelernte Arbeiter, Arbeiter der Eisenindustrie, des Baugewerbes für Holz- und Schnitzstoffe. — Ungelernte Arbeiterinnen, Dienstboten.

Mainz. Handwerker aller Art, Fabrikarbeiter, Tagelöhner, Hausburschen. — Dienstpersonal aller Art, Monats-, Wasch- und Putzfrauen, gewerbliche nnd ungelernte Arbeiterinnen.

Mannheim. Arbeiter der Eisenindustrie, Bauhandwerker, ungelernte Arbeiter. — Fabrikarbeiterinnen, häusl. Dienstboten, Putz- und Waschfrauen.

München. Ausgeher, Fabrikarbeiter, Hausmeister, Tagelöhner. — Köchinnen, Dienst-, Zimmer-, Küchenmädchen, Tagelöhnerinnen, Zugeherinnen, Kellnerinnen. — In Vervollständigung der früheren Mitteilungen (Jahrg. X) sei bemerkt, daß außer diesen auf dem Fragebogen angegebenen Arbeitstellungen auch vermittelt werden: Handwerker, landw. Arbeiter, Hotel- und Wirtschaftspersonal, kaufm. Personal, ungelernte Arbeiter, Lehrlinge. Beim weiblichen Geschlecht werden alle Berufsarten vermittelt.

Nürnberg. Handwerker, Erdarbeiter, Tagelöhner. — Buchdruckerei- und Buchbindereiarbeiterinnen, Köchinnen, Dienst- und Zimmermädchen, Fabrikarbeiterinnen.

Posen. Handwerker, Haushälter, Diener, Kutscher, Arbeiter, Knechte. — Tagearbeiterinnen, Aufwärterinnen, Waschfrauen, Laufmädchen, Hausgesinde, Schneiderinnen.

Potsdam. Handwerker, Hausdiener, Kutscher, Arbeiter. — Dienstmädchen, Aufwärterinnen, Arbeiterinnen.

Stettin. Arbeiter, Hausdiener, Arbeitsburschen. — Dienstmädchen, Aufwärterinnen.

Straßburg. Handwerker, Tagelöhner. — Häusliche Dienstboten, Monatsfrauen (bei Zuweisung häuslicher Dienstboten 1,00 *M* für den Arbeitgeber).

Stuttgart. Handwerker, Tagelöhner, Hausknechte. — Dienstboten, Köchinnen, Putz- und Waschfrauen.

Wiesbaden. Handwerker, Tagelöhner, Hausburschen. — Dienstboten, Arbeiterinnen, Hotelmädchen, Kinderfräulein.

Würzburg. Gelernte Arbeiter, Haus- und Küchenpersonal für Private.

Städte	Die Arbeiten fanden statt von . . bis . . (Jahreszeit)	Die Zahl der Beschäftigten schwankte von	am	bis	am	Tägliche Arbeitszeit Stunden	Davon Pausen Stunden	Tagesverdienst Mark mindestens	durchschnittlich	höchstens	Zeitlohn oder Accordlohn	Art der Arbeiten (Bemerkungen).
Aachen . . .	Anf. Dez./Anf. April	60	Anf. Dez.	460	Anf. März	11½	2	2,00	2,40	3,00	Zeitl.	Wege, Kanal, Straßenreinigung, Holzzerkleinern.
Augsburg . .	1. XII./31. III.	17	Anf. Dez.	111	28. II.	10	1½	1,90	2,20	2,40	Z. u. A.	Bei Accordlohn wurde ein Wochenverdienst von 17,60 *M* erzielt. Erdarbeiten.
Bochum . . .	10. II./30. IV.	42	25. IV.	50	25. II.	11	1½	1,50	2,00	2,50	Zeitl.	Erdarbeiten.
Braunschweig .	Nov. (bis Mai ?)	50	.	100	.	.	.	.	2,38	.	"	Erdarbeiten.
Cassel . . .	27. I./11. IV.	3	.	36	.	9	2	1,50	.	4,93	b. Acc.	Bei Zeitlohn 1,50 *M*, Zerkleinern von Steinen (3,70 *M* für das cbm).
Cöln	8. IX./22. IV.	8	.	209	.	.	.	2,00	2,37	2,50	b. Zeitl.	Bei Accordlohn von 1,50 bis 4,20 *M* (Steinschlagen), Erd-, Wa[illegible] im Zeitlohn.
Crefeld . . .	29. I. (bis Sommer ?)	100	29. I.	.	.	12	2½	.	2,50	.	Zeitl.	Straßenplanierung.
Danzig . . .	Anf. Nov. bis Ende März	.	.	814	24. XII.	8—10	.	.	2,00	.	"	Erdarbeiten.
Dresden . . .	Winter	124	24. XI.	504	15. II.	8—10	1½	2,10	2,65	3,20	"	Erdarbeiten, Flut-, Schleusen- und Straßen-Bauten.
Düsseldorf . .	19. XI./15. III.	3	19. XI.	715	6. II.	10	1½	2,00	2,00	2,30	"	Jugendl. Arb. 1 *M*. Straßenreinigung, Erdarbeiten, Schreibarbeit. (letztere 2,40 *M* bei 8stünd. Arbeitszeit).
Duisburg . .	4. II. bis Ende März	35	Ende März	310	14. II.	10½—11	1¼—2	1,50	.	2,20	"	1,50 *M* f. jugendl. Arb. bez. 1,80 *M* f. jug. Arb[illegible], der f. jem. in der Fam[illegible] zu sorgen haben, 2,20 f. Familienväter. — Wege-, Wald-, Erdarbeiten, Straßenreinigung, Zerkleinern von Schlacken.
Elberfeld . .	25. XI./15. IV.	254	.	524	.	10½	1½	2,50	2,75	3,00	"	Straßenbau, Straßenreinigung.
Erfurt . . .	21. XII./9. IV.	40	21. XII. u. 9. IV.	138	Febr.	9½	1½	1,76	2,03	2,30	Z. u. A.	Erdarbeiten.
Essen . . .	Ende Nov./Ende Febr.	.	.	.	.	.	.	.	.	.	.	Erdarbeiten.
Frankfurt a. M.	4. XII./30. IV.	30	.	246	.	8	1	.	2,00	.	.	Steinklopfen.
Halle	Ende Nov./10. IV.	30	Novemb.	160	April	9—12	1—2	2,50	2,85	3,20	.	Erdarbeiten.
Hannover . .	1. I./30. IV.	60	April	120	Anf. Jan.	8—10	.	2,00	2,25	2,50	Zeitl.	Herstellung von Radfahrwegen.
Karlsruhe . .	2. XII./28. II.	65	.	72	.	10	1½	1,50	2,00	2,50	Z. u. A.	Steinklopfen.
Königsberg . .	13. I./6. III.	35	13. I.	65	24. I.	9½—10½	1½	1,76	2,00	2,25	Zeitl.	Erdarbeiten.
Leipzig a . .	Dezemb./April	200	1. IV.	600	.	10	1	2,50	.	3,00	"	Erdarbeiten, Straßen- und Schleusenbau.
" b . .	9. XII./IV.	120	9. XII.	364	20. I.	10	1	2,60	2,75	3,00	"	Straßenbau.
" c . .	3. I./12. IV.	50	3. I.	160	30. I.	11½	2	2,40	3,00	3,30	"	Gartendirektion-Wegearbeiten.
Magdeburg . .	12. XII./4. VI.	16	Mai	175	Dez.	10	1½	2,00	.	2,25	"	Erdarbeiten.
Mainz . . .	9. XII./27. III.	29	21. III.	136	Febr.	9½	1½	0,70	2,58	3,42	Acc.	Bei Zeitlohn 25 Pf. pro Stunde. Steinschlagen, Gartenarbeit, Durchhorden von Bauschutt, Steinen.
Mannheim . .	4. XI./29. III.	171	29. III.	171	3. I.	10	2	2,70	2,90	3,10	.	Steinschlagen, Erdarbeiten.
München . .	1. XI./1. IV.	180	2. XII.	690	27. I.	10	1½	2,55	2,60	2,70	Z. u. A.	Straßen-, Brücken- u. Kanalbau, Steinschlagen (auch schon in den früheren Jahren ist Straßenbau, Brückenbau usw. angebot[illegible] wie [illegible] Vervollständigung für München (Jahrgang X) bemerkt sei.
Nürnberg . .	Anf. Nov./Ende April	.	.	700	.	10	1½	2,00	2,25	2,50	"	Kanal-, Straßen-, Erdarbeiten (i. Zeitl.), Steinschlagen (i. Accord)
Straßburg . .	27. XI./14. III.	8	1. XII.	586	28. II.	9½	½	1,60 für Ledige, sonst 2			Zeitl.	Kanal-, Straßen-, Erdarbeiten, Anpflanzungen.
Wiesbaden . .	Winter	.	.	.	.	10	1	.	2,20	.	"	Steinklopfen, Straßenreinigung, Wegebau.
Zwickau . . .	9. XII./15. III.	15	9. XII.	142	15. I.	10½	1½	2,16	2,20	2,25	"	Schleusen-, Straßen-, Erdarbeiten.

XX.

Streiks und Aussperrungen

in den Jahren 1901 und 1902.

Von

Dr. M. Neefe.

Die im X. Jahrgang (S. 129ff.) enthaltenen Übersichten über Streiks und Aussperrungen werden unter Bezugnahme auf die dort gegebenen Erläuterungen an der Hand der „Statistik des Deutschen Reichs", Bd. 148 und 157 hier fortgesetzt. Die Zahl der Großstädte, welche in dieser Statistik besonders behandelt werden, beträgt 33.

In Tabelle I werden die Hauptergebnisse der beendeten Streiks in den Großstädten und im übrigen Reichsgebiet gegenübergestellt.

In Tabelle II (S. 330, 331) ist für jede hier in Betracht kommende Großstadt die Zahl der Streiks, der betreffenden Betriebe, der streikenden Personen, die Art der Erledigung der Streiks enthalten. In Tabelle III (S. 332—335) sind die beendeten Streiks und die Streikenden in ihrer Verteilung auf die Gewerbegruppen zusammengestellt. Tabelle IV (S. 336) enthält die Zahl der Aussperrungen und Tabelle V die Ausschließungen wegen unerlaubter Maifeier.

I. Hauptergebnisse über die beendeten Streiks in den Großstädten und im übrigen Reichsgebiet.

	In den Großstädten			Im übrigen Reichsgebiet		
	1900	1901	1902	1900	1901	1902
Beendete Streiks	607	450	494	826	606	566
davon Angriffsstreiks	465	282	379	662	415	419
oder %	76,6	62,7	76,7	80,1	68,5	74,0
„ Abwehrstreiks	142	168	115	164	191	147
oder %	23,4	37,3	23,3	19,9	31,5	26,0
Streikende Personen (Höchstzahl)	63 218	20 511	24 624	59 585	34 751	29 288
davon unter 21 Jahr alt	6 375	2 558	2 142	9 042	6 093	4 846
oder %	10,1	12,5	8,7	15,2	17,5	16,5
„ kontraktbrüchig	13 696	2 694	1 938	22 398	10 144	12 014
oder %	21,7	13,1	7,9	37,6	29,2	41,0
Auf einen Streik durchschn. Personen	104,1	45,6	49,8	72,1	57,3	51,7
Beschäftigte Arbeiter	144 250	56 639	57 480	154 569	84 581	73 606
Betroffene Betriebe	4 996	2 786	2 124	2 744	1 775	1 313
Zum völligen Stillstand gebrachte Betriebe	1 789	639	500	944	539	349
oder %	35,8	22,9	23,5	34,4	30,4	26,6
Die Forderungen betrafen:						
Arbeitslohn	577	312	323	859	556	473
oder %	50,3	46,4	45,1	53,0	53,9	54,6
Arbeitszeit	194	86	123	319	163	99
oder %	16,9	12,8	17,2	19,7	15,8	11,4
andere Gegenstände	376	274	270	444	312	294
oder %	32,8	40,8	37,7	27,3	30,3	34,0
Die Streikenden hatten						
vollen Erfolg	116	88	114	159	112	114
oder %	19,1	19,6	23,1	19,3	18,5	20,1
teilweisen Erfolg	187	104	79	318	181	156
oder %	30,8	23,1	16,0	38,5	29,9	27,6
keinen Erfolg	304	258	301	349	313	296
oder %	50,1	57,3	60,9	42,2	51,6	52,3

IIa. Die Streiks im Jahre 1901, die streikenden Personen, Forderung der Streikenden etc.

Städte	Beendete Streiks: Angriffs-	Beendete Streiks: Abwehr-	Beendete Streiks: überhaupt	Betroffene Betriebe	Durch den Streik zu völligem Stillstand gebrachte Betriebe	Streikende Personen (Höchstzahl)	Von den Streikenden waren: unter 21 Jahre alt	Von den Streikenden waren: kontraktbrüchig	Dauer der Streiks in Tagen	Die Forderungen der Streikenden betrafen: Arbeitslohn	Die Forderungen der Streikenden betrafen: Arbeitszeit	Die Forderungen der Streikenden betrafen: andere Gegenstände	Erledigung der Streiks. Die Streikenden hatten vollen Erfolg	Erledigung der Streiks. Die Streikenden hatten teilweisen Erfolg	Erledigung der Streiks. Die Streikenden hatten keinen Erfolg
Aachen	6	3	9	23	2	274	34	143	166	11	4	3	1	4	4
Altona	11	6	17	87	39	368	50	32	575	16	4	11	3	7	7
Barmen	1	1	2	2	1	77	5	6	49	1	—	1	1	—	1
Berlin	38	52	90	1067	463	3760	245	171	949	46	10	43	17	9	64
Braunschweig	13	2	15	55	—	322	48	68	339	10	5	17	3	5	7
Bremen	13	2	15	249	22	1570	141	5	376	8	5	12	2	6	7
Breslau	6	5	11	131	3	797	97	114	99	13	4	5	2	5	4
Cassel	3	.	3	8	—	85	8	5	19	1	1	1	1	1	1
Charlottenburg	6	7	13	14	3	738	39	31	78	9	—	6	4	2	7
Chemnitz	1	8	9	9	—	127	18	—	95	7	—	5	1	3	5
Danzig	2	—	2	28	12	396	48	—	29	2	2	1	—	1	1
Dortmund	1	1	2	2	—	47	8	23	2	1	—	1	1	—	1
Dresden	10	4	14	19	4	807	188	429	107	10	1	7	4	4	6
Düsseldorf	11	10	21	72	2	742	91	91	407	12	3	15	4	7	10
Elberfeld	4	—	4	4	—	211	5	—	79	4	2	2	4	—	—
Essen	.	1	1	1	—	14	1	—	41	1	—	—	—	—	1
Frankfurt a. M.	6	2	8	34	4	313	44	90	60	7	2	7	2	3	3
Halle a. S.	7	1	8	65	5	1213	80	62	676	11	6	5	1	2	5
Hamburg	59	21	80	133	11	2435	159	84	556	50	8	44	11	13	56
Hannover	8	2	10	250	4	750	160	—	106	8	1	8	3	4	3
Kiel	2	.	2	49	—	229	12	17	67	2	2	1	1	1	—
Köln a. Rh.	5	3	8	29	12	401	46	110	186	5	3	3	1	1	6
Königsberg	7	—	7	15	3	173	17	—	17	9	3	2	—	4	3
Krefeld	13	3	16	20	2	569	144	163	419	18	6	14	—	5	11
Leipzig	11	11	22	69	1	700	43	212	422	12	—	19	5	5	12
Magdeburg	7	9	16	16	3	569	76	—	83	8	1	9	4	—	12
Mannheim	4	1	5	93	—	297	138	196	46	8	2	5	1	3	1
München	10	9	19	23	1	559	44	52	516	9	4	13	7	4	8
Nürnberg	1	2	3	86	36	365	29	—	38	—	1	3	1	2	—
Posen	1	—	1	1	1	5	—	—	93	3	1	1	—	1	—
Stettin	14	2	16	131	5	1557	540	549	221	10	5	9	2	2	12
Straßburg	—	—	—	—	—	—	—	—	—	—	—	—	—	—	—
Stuttgart	1	—	1	1	—	41	—	41	0	—	—	1	1	—	—

IIb. Die Streiks im Jahre 1902, die streikenden Personen, Forderung der Streikenden etc.

Städte	Beendete Streiks: Angriffs-	Beendete Streiks: Abwehr-	Beendete Streiks: überhaupt	Betroffene Betriebe	Durch den Streik zu völligem Stillstand gebrachte Betriebe	Streikende Personen Höchstzahl	Von den Streikenden waren unter 21 Jahre alt	Von den Streikenden waren kontraktbrüchig	Dauer der Streiks in Tagen	Die Forderungen der Streikenden betrafen: Arbeitslohn	Arbeitszeit	andere Gegenstände	Erledigung der Streiks. Die Streikenden hatten vollen Erfolg	teilweisen Erfolg	keinen Erfolg
Aachen	2	1	3	3	—	205	14	200	22	1	1	4	—	1	2
Altona	8	2	10	19	1	235	15	34	121	4	1	6	2	1	7
Barmen	5	2	7	49	3	677	88	79	126	5	1	4	2	2	3
Berlin	97	34	131	704	53	6233	153	258	1731	77	7	71	34	21	76
Braunschweig	13	1	14	31	3	496	26	19	341	6	—	7	3	—	11
Bremen	4	1	5	5	—	108	6	2	46	3	—	2	1	2	2
Breslau	7	4	11	13	2	246	23	64	89	6	2	4	2	1	8
Cassel	4	—	4	102	—	406	67	—	89	4	2	2	—	2	2
Charlottenburg	11	2	13	13	4	463	82	44	39	10	—	6	4	—	9
Chemnitz	5	1	6	11	1	61	13	6	32	6	2	4	1	1	4
Danzig	—	—	—	—	—	—	—	—	—	—	—	—	—	—	—
Dortmund	4	—	4	18	2	198	20	12	26	3	3	5	—	1	3
Dresden	17	6	23	36	8	583	62	133	192	19	1	15	5	7	11
Düsseldorf	14	2	16	89	10	835	107	93	131	8	1	13	2	6	8
Elberfeld	5	—	5	21	1	150	5	15	159	5	1	3	2	—	3
Essen	1	—	1	1	1	6	—	—	10	—	1	—	—	—	1
Frankfurt a. M.	3	2	5	5	—	70	1	31	34	6	1	1	1	3	1
Halle a. S.	—	1	1	7	3	149	4	—	57	1	—	—	—	—	1
Hamburg	94	24	118	122	32	3455	174	34	2787	79	53	45	24	1	93
Hannover	3	3	6	48	2	151	41	24	76	4	3	7	2	2	2
Kiel	4	—	4	264	76	1444	143	—	162	4	2	—	1	3	—
Köln a. Rh.	8	4	12	164	50	1989	260	132	105	11	2	7	1	6	5
Königsberg	30	1	31	97	35	885	30	55	292	24	23	13	17	4	10
Krefeld	—	1	1	1	—	24	—	24	1	—	—	1	—	—	1
Leipzig	7	3	10	10	1	280	39	59	81	3	2	6	1	2	7
Magdeburg	4	1	5	8	1	290	11	—	19	1	—	4	—	1	4
Mannheim	2	1	3	21	12	209	11	15	34	—	—	6	1	1	1
München	2	3	5	5	1	97	4	—	180	2	1	4	2	—	3
Nürnberg	4	5	9	12	4	191	9	11	229	3	1	5	—	3	6
Posen	7	1	8	169	158	1948	256	54	165	16	11	7	2	4	2
Stettin	9	6	15	18	7	257	24	—	133	7	—	10	2	3	10
Straßburg	—	—	—	—	—	—	—	—	—	—	—	—	—	—	—
Stuttgart	5	3	8	58	29	2283	454	540	88	5	1	8	2	1	5

IIIa. Verteilung der im Jahre 1901 beendeten Streiks nach Gewerbegruppen.

(I = Industrie, G = Gewerbe.)

Städte	St. = Streiks P. = streikende Personen	I. d. Steine und Erden	Metallverarbeitung	I. d. Maschinen, Instrum	Chemische I., Leuchtstoffe, Fette, Oele	Textil-I.	Papier- und Leder-I.	I. d. Holz- u. Schnitzstoffe	I. d. Nahrungs- u. Genußmittel	Bekleidungs- u. Reinigungs-G.	Baugewerbe	Polygraphische und künstlerische G.	Handelsgewerbe	Verkehrsgewerbe	Übrige Gewerbe
Aachen	St.	—	—	1	—	4	1	—	—	—	3	—	—	—	—
"	P.	—	—	9	—	140	8	—	—	—	117	—	—	—	—
Altona	St.	1	2	—	—	—	1	3	1	—	5	—	2	—	2
"	P.	3	39	—	—	—	5	34	6	—	202	—	16	—	63
Barmen	St.	—	—	—	—	—	1	—	1	—	—	—	—	—	—
"	P.	—	—	—	—	—	70	—	7	—	—	—	—	—	—
Berlin	St.	2	13	5	1	2	13	20	2	9	17	3	1	1	1
"	P.	158	906	105	9	21	262	262	46	964	902	96	14	12	3
Braunschweig	St.	—	2	—	—	—	1	3	—	—	8	—	—	1	—
"	P.	—	44	—	—	—	52	38	—	—	120	—	—	68	—
Bremen	St.	—	—	—	1	1	—	1	1	2	9	—	—	—	—
"	P.	—	—	—	54	15	—	15	8	493	985	—	—	—	—
Breslau	St.	1	2	—	—	—	2	3	1	—	1	—	—	1	—
"	P.	10	31	—	—	—	121	83	62	—	480	—	—	10	—
Cassel	St.	—	—	1	—	—	—	—	—	1	1	—	—	—	—
"	P.	—	—	25	—	—	—	—	—	18	42	—	—	—	—
Charlottenburg	St.	3	—	2	1	—	2	—	—	—	4	—	—	—	1
"	P.	139	—	121	196	—	32	—	—	—	237	—	—	—	13
Chemnitz	St.	1	2	—	—	4	1	—	1	—	—	—	—	—	—
"	P.	10	28	—	—	72	11	—	6	—	—	—	—	—	—
Danzig	St.	—	—	—	—	—	—	—	—	1	—	—	1	—	—
"	P.	—	—	—	—	—	—	—	—	41	—	—	355	—	—
Dortmund	St.	—	1	—	—	—	—	—	1	—	—	—	—	—	—
"	P.	—	23	—	—	—	—	—	24	—	—	—	—	—	—
Dresden	St.	2	—	1	—	—	1	1	—	2	7	—	—	—	—
"	P.	436	—	7	—	—	73	9	—	85	197	—	—	—	—
Düsseldorf	St.	2	4	1	—	1	—	4	—	2	7	—	—	—	—
"	P.	60	112	9	—	8	—	93	—	129	331	—	—	—	—
Elberfeld	St.	—	—	—	—	—	4	—	—	—	—	—	—	—	—
"	P.	—	—	—	—	—	211	—	—	—	—	—	—	—	—
Essen	St.	—	1	—	—	—	—	—	—	—	—	—	—	—	—
"	P.	—	14	—	—	—	—	—	—	—	—	—	—	—	—
Frankfurt a. M.	St.	—	1	1	—	1	—	—	1	2	—	—	1	1	—
"	P.	—	15	127	—	6	—	—	8	128	—	—	18	11	—
Halle a. S.	St.	—	1	—	—	—	1	—	—	1	4	—	—	1	—
"	P.	—	9	—	—	—	4	—	—	14	1125	—	—	61	—
Hamburg	St.	1	5	1	1	1	1	3	6	—	47	1	5	5	3
"	P.	7	185	60	92	10	9	69	381	—	1309	7	48	117	141
Hannover	St.	3	—	—	—	—	—	—	—	—	7	—	—	—	—
"	P.	151	—	—	—	—	—	—	—	—	599	—	—	—	—
Kiel	St.	—	—	—	—	—	—	—	—	1	1	—	—	—	—
"	P.	—	—	—	—	—	—	—	—	176	53	—	—	—	—
Köln a. Rh.	St	—	2	—	—	1	—	1	—	—	1	—	—	3	—
"	P.	—	15	—	—	75	—	5	—	—	250	—	—	56	—
Königsberg	St.	—	—	—	1	—	—	—	—	3	3	—	—	—	—
"	P.	—	—	—	15	—	—	—	—	51	107	—	—	—	—

Noch Tabelle IIIa.

Städte	St. = Streiks P. = streikende Personen	I. d. Steine und Erden	Metallverarbeitung	I. d. Maschinen, Instrum.	Chemische I., Leuchtstoffe, Fette, Öle	Textil-I.	Papier- und Leder-I.	I. d. Holz- u. Schnitzstoffe	I. d. Nahrungs- u. Genußmittel	Bekleidungs- u. Reinigungs-G.	Baugewerbe	Polygraphische und künstlerische G.	Handelsgewerbe	Verkehrsgewerbe	Übrige Gewerbe
Krefeld . . .	St.	—	1	—	—	10	—	—	1	1	2	1	—	—	—
" . . .	P.	—	21	—	—	480	—	—	11	15	33	9	—	—	—
Leipzig . . .	St.	—	1	—	—	—	—	9	—	3	8	1	—	—	—
" . . .	P.	—	21	—	—	—	—	196	—	176	278	29	—	—	—
Magdeburg . .	St.	—	3	2	—	—	—	3	1	—	7	—	—	—	—
" . .	P.	—	72	362	—	—	—	26	6	—	103	—	—	—	—
Mannheim . .	St.	1	2	—	—	—	—	—	1	1	—	—	—	—	—
" . .	P.	2	97	—	—	—	—	—	180	18	—	—	—	—	—
München . .	St.	1	4	1	—	—	2	4	2	5	—	—	—	—	—
" . .	P.	7	98	175	—	—	54	28	32	165	—	—	—	—	—
Nürnberg . .	St.	1	—	—	—	—	—	—	—	1	—	1	—	—	—
" . .	P.	21	—	—	—	—	—	—	—	312	—	32	—	—	—
Posen . . .	St.	—	—	—	—	—	—	1	—	—	—	—	—	—	—
" . . .	P.	—	—	—	—	—	—	5	—	—	—	—	—	—	—
Stettin . . .	St.	1	1	1	—	—	—	—	3	1	8	1	—	—	—
" . . .	P.	21	37	23	—	—	—	—	578	33	852	13	—	—	—
Straßburg . .	St.	—	—	—	—	—	—	—	—	—	—	—	—	—	—
" . .	P.	—	—	—	—	—	—	—	—	—	—	—	—	—	—
Stuttgart. . .	St.	—	—	—	—	—	—	—	1	—	—	—	—	—	—
" . . .	P.	—	—	—	—	—	—	—	41	—	—	—	—	—	—

IIIb. Verteilung der Streiks und Streikenden im Jahre 1901 auf Gewerbegruppen.

Gewerbegruppen	Streiks		Streikende	
	in Großstädten	im übrigen Reichsgebiet	in Großstädten	im übrigen Reichsgebiet
1. Kunst- und Handelsgärtnerei	4	—	126	—
3. Bergbau, Hütten- und Salinenwesen	—	21	—	2 118
4. Industrie der Steine und Erden	20	82	1 025	7 176
5. Metallverarbeitung	48	50	1 767	1 434
6. Industrie der Maschinen, Instrumente . . .	17	21	1 023	4 019
7 8. Chemische Industrie. Leuchtstoffe, Fette, Öle .	5	1	366	111
9. Textil-Industrie	25	33	827	2 258
10, 11. Papier- und Leder-Industrie	31	23	912	1 024
12. Industrie der Holz- und Schnitzstoffe . . .	56	57	863	1 628
13. Industrie der Nahrungs- und Genußmittel . .	24	45	1 396	2 158
14. Bekleidungs- und Reinigungs-Gewerbe . . .	36	31	2 818	1 775
15. Baugewerbe	150	228	8 322	10 649
16 17. Polygraphische und Kunstgewerbe	8	4	186	27
18. Handelsgewerbe	10	8	451	309
20. Verkehrsgewerbe	13	1	335	38
21. Beherbergungs- und Erquickungsgewerbe . .	—	1	—	27
22. Sonstige	3	—	94	—

IIIc. Verteilung der im Jahre 1902 beendeten Streiks nach Gewerbegruppen.

(I = Industrie, G = Gewerbe.)

Städte	St. = Streiks P. = streikende Personen	I. d. Steine u. Erden	Metallverarbeitung	I. d. Maschinen, Instrum.	Chemische I., Leuchtstoffe, Fette, Öle	Textil-I.	Papier- und Leder-I.	I. d. Holz- u. Schnitzstoffe	I. d. Nahrungs- u. Genußmittel	Bekleidungs- u. Reinigungs-G.	Baugewerbe	Polygraphische und künstlerische G.	Handelsgewerbe	Verkehrsgewerbe	Übrige Gewerbe
Aachen . . .	St.	—	—	—	—	2	—	—	—	—	—	—	—	1	—
„ . . .	P.	—	—	—	—	112	—	—	—	—	—	—	—	93	—
Altona . . .	St.	—	—	—	—	—	1	2	—	1	6	—	—	—	—
„ . . .	P.	—	—	—	—	—	3	100	—	21	111	—	—	—	—
Barmen . . .	St.	—	2	1	—	1	—	—	—	—	3	—	—	—	—
„ . . .	P.	—	30	110	—	14	—	—	—	—	523	—	—	—	—
Berlin . . .	St.	2	14	17	—	—	6	50	—	3	30	5	2	2	—
„ . . .	P.	16	875	364	—	—	262	1006	—	83	3290	240	74	23	—
Braunschweig .	St.	1	—	—	—	—	1	1	—	1	9	—	—	1	—
„ . . .	P.	20	—	—	—	—	6	24	—	15	412	—	—	19	—
Bremen . . .	St.	1	—	—	—	—	1	—	—	—	2	—	1	—	—
„ . . .	P.	9	—	—	—	—	7	—	—	—	86	—	6	—	—
Breslau . . .	St.	—	1	—	1	—	2	3	—	1	3	—	—	—	—
„ . . .	P.	—	20	—	26	—	10	88	—	10	92	—	—	—	—
Cassel . . .	St.	—	—	—	—	—	—	1	—	1	2	—	—	—	—
„ . . .	P.	—	—	—	—	—	—	50	—	246	110	—	—	—	—
Charlottenburg	St.	—	2	1	—	—	—	1	—	—	9	—	—	—	—
„ . . .	P.	—	126	142	—	—	—	24	—	—	171	—	—	—	—
Chemnitz . .	St.	—	1	1	—	—	—	—	—	—	4	—	—	—	—
„ . . .	P.	—	8	7	—	—	—	—	—	—	46	—	—	—	—
Danzig . . .	St.	—	—	—	—	—	—	—	—	—	—	—	—	—	—
„ . . .	P.	—	—	—	—	—	—	—	—	—	—	—	—	—	—
Dortmund . .	St.	2	—	—	—	—	—	—	—	—	2	—	—	—	—
„ . . .	P.	42	—	—	—	—	—	—	—	—	156	—	—	—	—
Dresden . . .	St.	7	2	—	—	—	—	4	—	2	8	—	—	—	—
„ . . .	P.	130	206	—	—	—	—	31	—	26	190	—	—	—	—
Düsseldorf . .	St.	1	1	1	—	—	1	1	1	—	8	1	—	1	—
„ . . .	P.	92	33	38	—	—	35	36	8	—	575	10	—	8	—
Elberfeld . .	St.	—	—	—	—	1	—	—	—	1	2	1	—	—	—
„ . . .	P.	—	—	—	—	45	—	—	—	30	70	5	—	—	—
Essen	St.	1	—	—	—	—	—	—	—	—	—	—	—	—	—
„ . . .	P.	6	—	—	—	—	—	—	—	—	—	—	—	—	—
Frankfurt a. M.	St.	—	—	—	—	1	1	1	—	2	—	—	—	—	—
„ . . .	P.	—	—	—	—	4	11	20	—	35	—	—	—	—	—
Halle a. S. . .	St.	—	—	—	—	—	—	—	—	—	1	—	—	—	—
„ . . .	P.	—	—	—	—	—	—	—	—	—	149	—	—	—	—
Hamburg . .	St.	—	3	2	1	1	1	3	3	5	88	—	3	6	2
„ . . .	P.	—	56	21	16	13	13	80	128	244	2624	—	129	48	83
Hannover . .	St.	1	—	—	—	—	—	1	—	1	2	—	—	1	—
„ . . .	P.	31	—	—	—	—	—	9	—	46	41	—	—	24	—
Kiel	St.	—	—	—	—	—	2	—	—	1	1	—	—	—	—
„ . . .	P.	—	—	—	—	—	25	—	—	150	1269	—	—	—	—
Köln a. Rh. .	St.	—	1	2	—	—	—	2	—	—	7	—	—	—	—
„ . . .	P.	—	51	449	—	—	—	7	—	—	1482	—	—	—	—
Königsberg . .	St.	—	1	—	—	—	—	—	—	—	29	1	—	—	—
„ . . .	P.	—	40	—	—	—	—	—	—	—	840	5	—	—	—

Noch Tabelle IIIc.

Städte	St. = Streiks P. = streikende Personen	I. d. Steine u. Erden	Metallverarbeitung	I. d. Maschinen, Instrum.	Chemische I., Leuchtstoffe, Fette, Öle	Textil-I.	Papier- und Leder-I.	I. I. Holz- u. Schnitzstoffe	I. d. Nahrungs- u. Genußmittel	Bekleidungs- u. Reinigungs-G.	Baugewerbe	Polygraphische und künstlerische G.	Handelsgewerbe	Verkehrsgewerbe	Übrige Gewerbe
Krefeld . . .	St.	—	—	—	1	—	—	—	—	—	—	—	—	—	—
" . . .	P.	—	—	—	24	—	—	—	—	—	—	—	—	—	—
Leipzig . . .	St.	1	—	1	—	—	—	4	—	—	3	1	—	—	—
" . . .	P.	6	—	86	—	—	—	82	—	—	84	22	—	—	—
Magdeburg . .	St.	—	—	—	—	—	1	1	—	—	3	—	—	—	—
" . . .	P.	—	—	—	—	—	2	14	—	—	274	—	—	—	—
Mannheim . .	St.	—	—	—	—	—	—	—	—	1	—	1	—	1	—
" . . .	P.	—	—	—	—	—	—	—	—	125	—	14	—	70	—
München . .	St.	—	—	1	—	—	—	2	—	2	—	—	—	—	—
" . . .	P.	—	—	15	—	—	—	34	—	48	—	—	—	—	—
Nürnberg . .	St.	1	3	1	—	—	—	4	—	—	—	—	—	—	—
" . . .	P.	18	55	6	—	—	—	112	—	—	—	—	—	—	—
Posen . . .	St.	—	—	—	—	—	—	1	—	—	7	—	—	—	—
" . . .	P.	—	—	—	—	—	—	121	—	—	1827	—	—	—	—
Stettin . . .	St.	1	—	1	—	—	1	3	—	1	8	—	—	—	—
" . . .	P.	11	—	11	—	—	3	26	—	10	196	—	—	—	—
Straßburg . .	St.	—	—	—	—	—	—	—	—	—	—	—	—	—	—
" . . .	P.	—	—	—	—	—	—	—	—	—	—	—	—	—	—
Stuttgart. . .	St.	—	—	—	—	1	—	1	1	2	2	—	—	1	—
" . . .	P.	—	—	—	—	253	—	18	30	28	1587	—	—	367	—

IIId. Verteilung der Streiks und Streikenden im Jahre 1902 auf Gewerbegruppen.

Gewerbegruppen	Streiks		Streikende	
	in Großstädten	im übrigen Reichsgebiet	in Großstädten	im übrigen Reichsgebiet
1. Kunst- und Handelsgärtnerei	—	1	—	31
3. Bergbau, Hütten- und Salinenwesen	1	13	70	2 502
4. Industrie der Steine und Erden.	19	49	381	1 804
5. Metallverarbeitung	31	37	1 500	1 261
6. Industrie der Maschinen, Instrumente . . .	29	19	1 249	1 267
7/8. Chemische Industrie, Leuchtstoffe, Fette, Öle	3	—	66	—
9. Textil-Industrie	7	94	441	7 128
10/11. Papier- und Leder-Industrie	18	6	377	269
12. Industrie der Holz- und Schnitzstoffe . . .	86	49	1 882	1 662
13. Industrie der Nahrungs- und Genußmittel . .	5	30	166	962
14. Bekleidungs- und Reinigungs-Gewerbe . . .	25	35	1 117	953
15. Baugewerbe	239	228	16 205	11 125
16/17. Polygraphische und Kunstgewerbe	10	—	296	—
18. Handelsgewerbe	6	3	209	311
20. Verkehrsgewerbe	14	2	652	13
21. Beherbergungs- und Erquickungsgewerbe . .	—	—	—	—
22. Sonstige	1	—	13	—

IVa. Die Aussperrungen während des Jahres 1901.

Städte	Zahl der Aussperrungen	Dauer derselb. i. Tagen	Betroffene Betriebe	Durch die Aussperrung zu völligem Stillstande gebrachte Betriebe	Ausgesperrte Personen	Die Forderungen der Arbeitgeber betrafen: Arbeitslohn	Arbeitszeit	Andere Gegenstände	Die Aussperrung hatte … Erfolg: vollen	teilweise	keinen
Berlin	1	39	29	—	714	—	—	1	—	—	1
Braunschweig	1	34	13	—	29	2	2	4	—	1	—
Bremen	2	24	48	45	400	1	1	1	—	1	1
Hamburg	1	2	1	—	9	1	—	1	—	—	1
Köln	1	67	8	4	125	1	1	—	—	1	—
Leipzig	1	.	.	.	.	.	.	.	.	.	.

Va. Die am 2. Mai 1901 wegen unerlaubter Maifeier erfolgten Ausschließungen von der Arbeit.

Städte	Zahl d. Ausschließungen	Dauer in Tagen	Betroffene Betriebe	Ausgeschloss. Personen	Städte	Zahl d. Ausschließungen	Dauer in Tagen	Betroffene Betriebe	Ausgeschloss. Personen
Altona	1	4	1	67	Halle	2	10	3	66
Berlin	1	2	1	11	Hamburg	1	11	11	185
Bremen	1	0	1	59	Leipzig	4	27	12	93

IVb. Die Aussperrungen während des Jahres 1902.

Städte	Zahl der Aussperrungen	Dauer derselb. i. Tagen	Betroffene Betriebe	Durch die Aussperrung zu völligem Stillstande gebrachte Betriebe	Ausgesperrte Personen	Die Forderungen der Arbeitgeber betrafen			Die Aussperrung hatte		
						Arbeitslohn	Arbeitszeit	Andere Gegenstände	vollen	teilweise	keinen
									Erfolg		
Altona	1	55	33	—	494	1	1	1	1	—	—
Berlin	1	3	3	3	46	—	—	1	—	—	1
Dresden . . .	1	181	5	—	5	—	—	1	—	—	1
Düsseldorf . .	1	—	—	—	—	—	—	—	—	—	—
Hamburg . . .	2	153	679	—	4215	1	1	1	2	—	—
Hannover . . .	1	49	1	—	115	1	1	1	1	—	—
Köln.	2	86	4	3	47	1	—	1	2	—	—
Königsberg . .	1	10	1	—	38	—	—	1	—	—	1
Krefeld . . .	1	0	4	—	8	—	—	1	—	—	1
Leipzig. . . .	1	40	1	1	77	1	—	—	—	1	—
Magdeburg . .	1	8	1	—	41	1	—	—	1	—	—
München . . .	1	43	42	—	462	1	—	—	1	—	—

Vb. Die am 2. Mai 1902 wegen unerlaubter Maifeier erfolgten Ausschließungen von der Arbeit.

Städte	Zahl d. Ausschließungen	Dauer in Tagen	Betroffene Betriebe	Ausgeschloss. Personen	Städte	Zahl d. Ausschließungen	Dauer in Tagen	Betroffene Betriebe	Ausgeschloss. Personen
Charlottenburg . .	1	7	1	36	Hannover . . .	1	3	1	142
Chemnitz	2	6	2	13	Leipzig	2	27	2	34
Hamburg	5	25	20	827	Magdeburg . . .	2	10	2	49

XXI.

Gewerbegerichte.

Von

Dr. jur. G. **Pabst,**

Direktor des statistischen Amts der freien und Hansestadt Lübeck.

Die Tabellen über die Tätigkeit der Gewerbegerichte schließen sich an die im vorletzten (IX.) Jahrgange des Jahrbuches für 1899 und 1900 mitgeteilten an. Neu aufgenommen sind Mitteilungen über die Zeitdauer, innerhalb welcher die Sachen nach Anbringung der Klage erledigt sind. Die Übersichten beziehen sich für Berlin, Cassel, Charlottenburg, Cöln, Elbing, Erfurt, Frankfurt a. M., Königsberg i. Pr., Linden, Lübeck, Mainz, Posen, Potsdam, Stettin auf die Geschäftsjahre 1900/01 und 1901/02, für die übrigen Städte auf die Kalenderjahre 1900 und 1901.

Es liegen die Angaben für 1900 aus 69 und für 1901 aus 70 Städten vor. Auch diejenigen Städte mit über 50 000 Einwohnern, welche im Übrigen beim Jahrbuche sich nicht beteiligen, haben die Unterlagen für die Arbeit geliefert, es fehlen nur Mülhausen i. E. für beide Jahre und Spandau für das erste Berichtsjahr. In Königshütte ist das Gewerbegericht erst im März 1902, in Münster i. W. im Mai 1902 in Wirksamkeit getreten. Wie in den Vorjahren gaben die Formulare zu zahlreichen Rückfragen Veranlassung, welche allseitig in dankenswerter Weise beantwortet worden sind.

W a h l e n Neue Gewerbegerichte sind in beiden Berichtsjahren in den betreffenden Städten nicht errichtet. Erstmalige Wahlen kamen also nicht in Frage. Im Jahre 1900 haben in 29 Städten und im Jahre 1901 in 21 Städten E r s a t z w a h l e n stattgefunden. Eine Vergleichung mit den Ergebnissen früherer Wahlen muß sich auf die Zahl der abgegebenen Stimmen beschränken. Mit verschwindender Ausnahme werden in den meisten Städten Listen sämtlicher Wahlberechtigten vorweg nicht aufgestellt, sondern nur diejenigen, welche sich zur Wahl gemeldet haben, nehmen an der Wahl teil.

Bei den Ersatzwahlen wurden Stimmen abgegeben:

	von Arbeitgebern	von Arbeitnehmern
im Jahre 1900:		
Barmen	128	3 032
Berlin	1 805	3 879
Bielefeld	9	695
Bochum	18	163
Bonn	30	308
Braunschweig	143	1 515
Breslau	218	3 593
Chemnitz	367	2 556
Cöln a. Rh.	516	15 435
Crefeld	130	4 844
Dortmund	154	1 829
Dresden	804	6 326
Duisburg	24	1 626
Erfurt	267	901
Essen	137	4 292
Frankfurt a. O.	175	619
M.-Gladbach	138	5 011
Hagen i. W.	68	1 937
Hannover	944	2 308
Kiel	125	921
Leipzig	1 258	6 500
Liegnitz	17	431
Mainz	150	2 834
Nürnberg	2 781	3 235
Osnabrück	11	434
Posen	695	367
Schöneberg	43	717
Stuttgart	382	2 437
Wiesbaden	288	268
im Jahre 1901:		
Aachen	127	2 897
Altona	134	1 928
Braunschweig	130	2 700
Bromberg	30	402
Charlottenburg	378	2 247
Dessau	119	838
Düsseldorf	157	8 635
Frankfurt a. M.	1 301	4 999
Fürth	284	977
Görlitz	97	2 403
Halle a. S.	557	2 963
Hamburg	725	2 834
Königsberg i. Pr.	138	588
Ludwigshafen a. Rh.	301	1 636
Magdeburg	125	3 579
Metz	209	493
Offenbach	178	1 518
Potsdam	24	431
Remscheid	159	1 247
Rostock	133	1 040
Würzburg	94	1 533

Für das erste Berichtsjahr liegen aus 24 Städten, für das zweite aus 14 Städten die Ergebnisse früherer Wahlen zur Vergleichung vor (vergl. Jahrgang VI Seite 234, Jahrgang VII Seite 131, Jahrgang IX Seite 151). Gegenüber den letztvoraufgegangenen Wahlen hatte sich im Jahre 1900 in jenen Städten die Zahl der abgegebenen Stimmen bei den Arbeitgebern um 27,1 v. H. und bei den Arbeitern um 2,8 v. H. vermindert. Läßt man dabei Berlin außer Berechnung, so ergibt sich dagegen eine Zunahme des Verhältnisses von 16,4 v. H. bei den Arbeitgebern und von 20,4 v. H. bei den Arbeitern. Im Jahre 1901 fanden in Berlin keine Wahlen statt. In den zum Vergleiche herangezogenen Städten hat sich gegenüber der letzten Wahl die Zahl der von den Arbeitgebern abgegebenen Stimmen um 14,7 v. H., diejenige der Arbeiter um 23,9 v. H. vermehrt. Die Wahlen der beiden vorhergehenden Jahre 1898 und 1899 hatten im Vergleich mit den letzten Wahlen in denselben Städten sowohl bei den Arbeitgebern als bei den Arbeitnehmern eine ziemlich gleichmäßige Abnahme der Stimmenzahl ergeben.

Anhängig gemacht wurden im Jahre 1900 bei 69 Gewerbegerichten 63 699 und im Jahre 1901 bei 70 Gewerbegerichten 62 542 Streitsachen. Im gesamten Deutschen Reiche betrug die Zahl der im

Jahre 1900 bei 316 Gewerbegerichten eingereichten Klagen 84 164. Auf die Städte von über 50 000 Einwohnern entfielen also mehr als drei Viertel der Gesamtzahl. Nach Abzug der 17 Städte, welche in die letzten Zusammenstellungen des Jahrbuches noch nicht aufgenommen waren, weil erst bei der Zählung von 1900 ihre Einwohnerzahl mit mehr als 50 000 nachgewiesen ward, sowie von Mülhausen und Spandau (s. o.) wurden in 50 Städten 59 318 Sachen im Jahre 1900 gegen 55 737 im Jahre 1899 anhängig gemacht, also 16,4 v. H. mehr. Dagegen war in 69 Städten, welche den Vergleich zwischen 1901 und 1900 zulassen, die Zahl der im ersten Jahre anhängig gemachten Sachen (62 453) gegen die im letzten Jahre erhobenen Klagen (63 699) um 2 v. H. geringer.

Im Vergleich mit der mittleren Bevölkerung kamen in denjenigen 56 Städten, in welchen der Bezirk des Gewerbegerichts nicht größer war als der Stadtbezirk auf 1000 Einwohner anhängig gemachte Sachen:

Städte	1901	1900	1899	1898	Städte	1901	1900	1899	1898
Aachen	4,0	3,8	3,4	4,4	Görlitz	4,0	3,8	3,5	3,7
Augsburg	1,1	0,7	1,7	1,6	Hagen i. W.	6,0	6,5	.	.
Barmen	4,8	5,4	6,2	5,3	Halle a. S.	3,9	3,1	3,5	3,8
Berlin	5,9	6,2	6,7	7,2	Hannover	2,8	3,0	3,1	3,5
Beuthen O. S.	3,6	2,6	.	.	Karlsruhe	7,4	7,4	5,9	7,0
Bielefeld	4,7	4,0	.	.	Königsberg i. Pr.	7,2	7,6	8,1	8,3
Bochum	4,4	3,4	3,8	3,9	Leipzig	6,3	9,4	5,8	7,6
Bonn	4,4	4,6	.	.	Liegnitz	3,4	2,7	2,6	2,9
Braunschweig	4,1	5,6	5,7	5,3	Linden i. H.	2,4	2,7	.	.
Breslau	3,2	3,2	2,2	2,4	Magdeburg	2,5	2,1	2,7	3,3
Cassel	6,3	5,1	6,0	6,0	Mainz	4,6	5,2	5,2	5,5
Charlottenburg	4,0	3,7	3,5	3,2	München	6,6	5,8	5,3	4,8
Chemnitz	5,4	6,1	5,6	5,4	Nürnberg	2,5	2,9	4,3	3,4
Cöln a. Rh.	6,0	8,0	7,0	6,9	Offenbach	12,6	14,4	.	.
Danzig	4,4	4,0	3,6	3,8	Osnabrück	2,4	2,6	.	.
Darmstadt	4,9	4,0	4,1	3,8	Plauen i. V.	11,4	9,8	10,6	9,2
Dessau	3,4	2,3	.	.	Posen	5,9	4,4	5,5	5,5
Dortmund	6,9	7,0	6,2	7,2	Potsdam	2,0	2,1	1,8	2,5
Dresden	10,8	12,6	12,5	11,3	Remscheid	5,1	5,1	.	.
Duisburg	5,1	3,8	6,0	5,9	Rixdorf	3,7	4,8	.	.
Elberfeld	8,3	9,8	10,8	10,3	Schöneberg	3,4	2,6	.	.
Elbing	2,1	3,1	.	.	Spandau	1,3	.	1,3	2,2
Erfurt	3,0	3,1	2,5	2,6	Stettin	3,1	3,5	3,0	3,4
Essen	4,3	6,2	5,6	5,8	Straßburg i. E.	2,1	2,3	1,7	1,7
Frankfurt a. M.	8,0	7,8	8,3	6,0	Stuttgart	6,1	7,1	6,4	7,1
Frankfurt a. O.	1,8	2,4	2,1	2,1	Wiesbaden	5,2	6,0	4,9	5,0
Fürth	4,1	4,2	.	.	Würzburg	2,9	3,0	2,6	2,8
Gleiwitz	2,9	2,9	.	.	Zwickau	1,8	2,2	2,8	3,2

Der Arbeitsstellung der Kläger nach wurden im Jahre 1900 von insgesamt 63 699 Sachen 57 827 (90,8 v. H.) von Arbeitern, 5637 (8,8 v. H.) von Arbeitgebern und 235 (0,4 v. H.) von Arbeitern eines und desselben Arbeitgebers angestrengt. (In demselben Jahre berechnet sich das Verhältnis im gesamten Deutschen Reiche auf 90,0, 9,6 und 0,4 v. H.) Im Jahre 1901 entfielen von 62 542 Sachen überhaupt 59 303 (94,8 v. H.) auf die Arbeiter, 3002 (4,8 v. H.) auf die Arbeitgeber und auf Klagen zwischen Arbeitern desselben Arbeitgebers 237 (0,2 v. H.). Zurückgezogen wurden vor der mündlichen Verhandlung im Jahre 1900 in 60 Städten, welche darüber berichteten, von 58 148 Klagen insgesamt 4069 oder 7,0 v. H.; im Jahre 1901 in 61 Städten von 56 564 Klagen 2706 oder 4,8 v. H.

In sämtlichen in den Tabellen enthaltenen 69 bezw. 70 Städten kamen 58 924 Sachen im Jahre 1900 und 59 457 im Jahre 1901 zur Verhandlung. In 57 dieser Städte ist ein vereinfachtes Verfahren vor dem Vorsitzenden allein zuläßig. Von 34 923 im Jahre 1900 und von 36 819 im Jahre 1901 in 45 bezw. 47 Städten, welche besondere Angaben gemacht haben, verhandelten Sachen wurden im ersteren Jahre 20 546 oder 58,8 v. H., im letzteren 20 515 oder 55,7 v. H. im einfachen Verfahren erledigt. Wenn sämtliche Städte zusammengefaßt werden, so ergibt sich die verschiedenartige Erledigung der Klagen durch folgende Zusammenstellung:

Insgesamt wurden erledigt durch	1900	v. H.	1901	v. H.
Vergleich	27 970	47,5	27 993	47,1
Anerkenntnis	535	0,9	615	1,0
Versäumnisurteil	4 917	8,3	5 202	8,8
anderes Endurteil	11 121	18,9	11 480	19,3
Verzicht (§ 306 der C. P. O.)	349	0,6	261	0,4
Zurücknahme	8 227	14,0	8 362	14,1
Sonstiges	5 805	9,8	5 544	9,3
Zusammen	58 924	100,0	59 457	100,0

Im Jahre 1900 wurden im gesamten Reiche von 100 Sachen durch Vergleich erledigt 44,2, durch Versäumnisurteil 7,7, durch anderes Endurteil 18,8, durch Anerkenntnis 1,3, durch Verzicht, Zurücknahme und aus anderen Gründen 28,0.

In den einzelnen Städten gestaltet sich das Verhältnis der verglichenen Sachen zur Gesamtzahl höchst abweichend.

Von 100 Sachen wurden durch Vergleich erledigt:

in	1900	1901	in	1900	1901	in	1900	1901
Barmen	86,0	86,9	Potsdam	61,3	58,0	Berlin	54,5	53,4
Elberfeld	72,2	70,1	Stuttgart	59,3	62,5	Aachen	54,1	48,2
M.-Gladbach	67,1	54,0	Dresden	59,0	57,7	Braunschweig	53,8	54,6
Crefeld	66,9	71,4	Plauen i. V.	56,8	56,0	Chemnitz	51,9	48,5
Remscheid	66,8	64,1	Liegnitz	55,9	47,8	Leipzig	51,3	58,6

in	1900	1901	in	1900	1901	in	1900	1901
Fürth	51,2	43,4	Duisburg	42,8	46,2	Straßburg i. E. . .	33,3	32,8
Cöln a. Rh. . . .	50,5	49,8	Osnabrück . . .	41,9	50,0	Magdeburg . .	32,8	29,2
Posen	49,6	48,3	Görlitz	41,5	33,6	Erfurt	32,5	26,4
Mainz	49,6	37,2	Augsburg . . .	40,6	63,9	Rostock	31,6	31,5
Darmstadt	49,0	61,8	Bielefeld	39,7	32,8	Gleiwitz	30,9	32,7
Freiburg i. Br. . .	49,0	47,4	Ludwigshafen a. Rh.	38,7	37,7	Hannover	29,2	28,9
Würzburg	49,0	43,8	Zwickau	38,7	33,0	Rixdorf	29,2	16,0
München	48,4	51,8	Nürnberg	38,5	41,9	Mannheim	28,8	32,3
Frankfurt a. M. . .	47,5	42,7	Cassel	38,3	40,2	Bonn	28,1	29,1
Dessau	47,0	38,4	Offenbach	38,1	45,5	Kiel	27,7	21,1
Hamburg	46,3	50,0	Linden i. H. . .	36,0	26,2	Altona	26,2	25,8
Königsberg i. Pr. .	46,3	47,1	Frankfurt a. O. .	35,9	37,8	Düsseldorf . . .	23,6	31,5
Wiesbaden . . .	45,2	44,7	Halle a. S. . . .	35,5	32,7	Hagen i. W. . . .	22,8	19,0
Lübeck	44,6	43,0	Metz	34,4	29,4	Beuthen O. S. . .	22,0	29,1
Bremen	44,3	41,5	Schöneberg . . .	34,4	38,2	Bochum	21,2	29,7
Dortmund	44,3	46,4	Stettin	33,8	35,6	Bromberg	20,5	25,6
Elbing	44,3	35,2	Breslau	33,5	37,6	Charlottenburg . .	19,1	22,6
Spandau	.	43,0	Danzig	33,4	30,6	Karlsruhe	14,5	12,3
						Essen	11,4	12,4

Über die Zeitdauer, innerhalb welcher die Sachen seit Anbringung der Klagen beendigt sind, liegen erstmalige Angaben aus den meisten Städten vor.

Es wurden beendigt

innerhalb	1900		1901		1900		1901	
	Sachen überhaupt				Abgegebene Endurteile			
	63 Städte	v. H.	64 Städte	v. H.	38 Städte	v. H.	41 Städte	v. H.
weniger als 1 Woche . .	34 464	59,2	33 329	59,0	2 156	40,8	2 396	38,7
1—2 Wochen	13 934	23,9	12 590	22,3	1 669	31,6	1 941	31,3
2 Wochen und mehr . .	9 834	16,9	10 626	18,7	1 458	27,6	1 854	30,0
Zusammen . . .	58 232	100,0	56 545	100,0	5 283	100,0	6 191	100,0

Auch die Angaben über den Wert der Klagegegenstände sind diesmal von den Städten fast vollständig geliefert.

Die anhängigen Sachen verteilen sich auf

die Wertklassen	1900	v. H.	1901	v. H.
bis 20 ℳ	29 753	47,0	26 974	43,3
über 20—50 ℳ	20 285	32,1	21 996	35,3
„ 50—100 ℳ	7 689	12,2	8 084	13,0
mehr als 100 ℳ	3 219	5,1	3 216	5,2
nicht eingeschätzt	2 287	3,6	2 034	3,2
Zusammen . . .	63 233	100,0	62 304	100,0

Im Jahre 1900 hatten von allen bei den Gewerbegerichten des gesamten Reichs erhobenen Klagen 50,1 v. H. einen Wert von unter 20 ℳ, 33,1 v. H. einen Wert von 20—50 ℳ, 11,5 v. H. einen Wert von 50 bis 100 ℳ und 5,3 einen Wert von mehr als 100 ℳ.

Berufungen an das Landgericht wurden eingelegt im Jahre 1900 in 45 Städten in 212 Sachen und im Jahre 1901 in 51 Städten in 238 Sachen bei 3219 bezw. 3216 Sachen überhaupt im Werte von über 100 ℳ und zwar 6,6 v. H. und 7,4 v. H. der letzteren. Keine Berufung wurde eingelegt im Jahre 1900 in Braunschweig, Bromberg, Cassel, Erfurt, Frankfurt a. O., Fürth, Görlitz, Hagen, Halle, Karlsruhe, Liegnitz, Ludwigshafen, Osnabrück, Plauen, Posen, Zwickau; im Jahre 1901 in Augsburg, Crefeld, Darmstadt, Düsseldorf, Elbing, Mainz, Metz, Offenbach, Potsdam, Spandau, Stuttgart; in beiden Jahren in Bielefeld, Freiburg i. Br., Remscheid, Rostock, Straßburg, Wiesbaden, Würzburg. In Lübeck ist eine Berufung überhaupt gesetzlich nicht statthaft.

Über die Gesamtkosten der Gewerbegerichte haben 57 Städte für das Jahr 1900 und 56 für das Jahr 1901 berichtet.

Die Gesamtausgaben betrugen in diesen Städten im Jahre 1900 280 189 ℳ und im Jahre 1901 297 491 ℳ. Hiervon entfielen auf Entschädigungen der Beisitzer 44 209 ℳ und 47 326 ℳ, auf sonstige persönliche Kosten 194 020 ℳ und 208 554 ℳ, auf sächliche Kosten 41 960 ℳ und 41 611 ℳ. Auf je eine verhandelte Sache entfielen im Jahre 1900 durchschnittlich 5,60 ℳ und 1901 5,89 ℳ Kosten. An Einnahmen erzielten dieselben Gerichte 23 696 ℳ im Jahre 1900 und 21 505 ℳ im Jahre 1901, hiervon für Gebühren 22 841 ℳ und 20 585 ℳ, an Strafgeldern 855 ℳ und 920 ℳ. Von den Kosten wurden hierdurch gedeckt 8,5 v. H. und 7,3 v. H.

Über gewerbliche Fragen wurden von 17 Gewerbegerichten 27 Gutachten im Jahre 1900 und von 9 Gerichten 11 Gutachten im Jahre 1901 erstattet. Anträge in gewerblichen Fragen an Behörden wurden 5 im Jahre 1900 und 3 im Jahre 1901 von je 2 Gerichten gestellt.

Als Einigungsamt ist das Gewerbegericht im Jahre 1900 in 68 Fällen (im gesamten Deutschen Reiche in 80 Fällen), im Jahre 1901 dagegen in 70 Fällen in Wirksamkeit getreten. Die einzelnen Fälle und deren Erledigung ergeben sich aus der Übersicht III S. 352.

Übersicht über die Geschäftstätigkeit d[illegible]

Städte	Neu anhängig gemachte Rechtsstreitigkeiten: zwischen Arbeitern und Arbeitgebern: Klagen der Arbeiter	Klagen der Arbeitgeber	zwischen Arbeitern desselben Arbeitgebers	überhaupt	Anhängig gewesene*) Rechtsstreitigkeiten überhaupt	Hiervon vor dem Termin zurückgezogen	Erledigte Streitigkeiten überhaupt	Von den Rechtsstreitigkeiten wurden erledigt durch: Vergleich	Verzicht im Sinne des § 306 der C. P. O.	Anerkenntnis	Versäumnisurteil	Anderes Endurteil	Zurücknahme **)	überhaupt
1	2	3	4	5	6	7	8	9	10	11	12	13	14	15
					I. Im Jahre 1900.									
Aachen	451	58	—	509	519		503	272	—	—	33	156	24	.
Altona	321	11	—	332	337	17	305	80	—	—	29	135	51	—
Augsburg	59	7	—	66	80	14	64	26	—	1	2	20	15	.
Barmen	642	117	—	759	776	31	742	638	—	—	25	73	6	.
Berlin	10878	632	23	11533	12138	497	10554	5755	—	40	988	1102	2669	.
Beuthen i. O. S.	128	4	—	132	134	1	132	29	33	—	9	53	8	.
Bielefeld	237	13	2	252	258	9	247	98	—	28	14	35	70	178
Bochum	210	7	—	217	217	—	217	46	—	2	20	75	69	.
Bonn	208	24	—	232	250	5	221	62	—	—	20	97	42	.
Braunschweig	666	43	6	715	715	16	699	376	—	—	36	68	71	480
Bremen	508	23	3	534	585	29	497	220	10		43	94	130	—
Breslau	1227	104	10	1341	1416	195	1108	371	—	15	130	334	258	.
Bromberg	182	24	—	206	206	.	190	39	—	9	38	45	22	.
Cassel	513	21	2	536	551	23	517[2])	198	—	31	64	94	101	358
Charlottenburg	656	14	5	675	697	27	665.	127	5	31	74	254	62	407
Chemnitz	1061	129	13	1203	1210	101	1096	569	—	—	60	88	235	875
Cöln a. Rh.	2644	256	23	2923	2936	.	2923	1475	—	—	157	464	569	1876
Crefeld	716	84	—	800	809	65	731	489	—	2	20	79	136	466
Danzig	543	11	—	554	565	.	560	187	69	18	31	161	94	.
Darmstadt	256	30	—	286	291	5	286	140	—	2	31	55	58	92
Dessau	106	8	2	116	118	—	115	54[4])	—	—	7	22	30	42
Dortmund	952	22	1	975	997	19	936	415	—	17	65	226	34	529
Dresden	4698	247	19	4964	5023	144	4802	2831	—	19	483	245	620	3874
Düsseldorf	1676	113	2	1791	1791	.	1773	418	—	—	117	487	—	998
Duisburg	319	23	—	342	353	.	346	148	—	7	31	83	57	176
Elberfeld	1289	230	6	1525	1525	40	1464	1057	65	—	87	204	51	.
Elbing	152	12	—	164	168	—	167	74	—	4	12	15	45	152
Erfurt	241	21	—	262	272	28	231	75	—	—	24	91	19	114
Essen	700	31	2	733	744	40	673	77	—	52	92	338	60	143
Frankfurt a. M.	2168	33	11	2212	2223	—	2223	1055	2	2	235	425	123	1473
Frankfurt a. O.	139	8	—	147	156	.	156	56	—	—	6	40	44	68
Freiburg i. B.	364	16	1	381	383	37	339	166	—	2	29	92	31	.
Fürth	200	28	—	228	228	23	203	104	—	2	13	53	15	.
M.-Gladbach	758	170	—	928	934	—	899	603	—	—	25	55	20	614
Gleiwitz	137	15	—	152	154	.	152	47	—	—	12	51	42	.
Görlitz	270	34	3	307	312	8	301	125	—	—	25	68	51	32
Hagen i. W.	300	31	—	331	332	11	312	71	—	9	60	129	15	.
Halle a. S.	469	15	4	488	497	46	434	154	—	11	26	137	52	96
Hamburg	2942	182	5	3129	3332	154	2966	1374	153	41	283	787	105	—
Hannover	663	26	1	690	712	37	662	193	2	14	95	226	56	.

*) Einschl. der aus dem Vorjahr übernommenen Rechtsstreitigkeiten. — **) In Augsburg, Be[illegible] feld und M.-Gladbach vor der Vergleichskammer. — §) In Berlin, Braunschweig, Cas[illegible] aus dem Vorjahre übernommenen. In Dessau, Düsseldorf und Frankfurt a. O. beziehen sich [illegible] Angaben beziehen sich in Augsburg auf die erledigten Klagen, in Berlin auf die anhängigen, [illegible] kosten 2985 *M* bezw. 2131 *M*. — [2]) Cassel: In 5 Fällen, in denen mehrere Kläger aufgetreten war[illegible] 2 Sachen, welche zu einer Sache verbunden worden sind.

Gewerbegerichte in den Jahren 1900 und 1901.

Von den beendigten Sachen*) a (Sp 8), andere Endurteile b (Sp. 13) wurden erledigt, vom Tage der Erhebung der Klage an gerechnet, in: weniger als 1 Woche a	b	1 Woche bis (ausschließl.) 2 Wochen a	b	2 Wochen und mehr a	b	Dem Werte nach entfallen die anhängigen §§) Streitgegenstände auf die Wertklassen von bis 20 ℳ	20—50 ℳ	50—100 ℳ	mehr als 100 ℳ	nicht eingeschätzt	Berufungen gegen Entscheidungen des Gewerbegerichtes	Einnahmen der Gewerbegerichte Gebühren ℳ	Strafen ℳ	Kosten der Gewerbegerichte Entschädigungen der Beisitzer ℳ	Sonstige persönliche Ausgaben ℳ	Sächliche Ausgaben ℳ	Städte
17	18	19	20	21	22	23	24	25	26	27	28	29	30	31	32	33	34
											I. Im Jahre 1900.						
215	47	171	57	117	52	280	184	29	26	—	1	194	—	558	105	1301	Aachen.
.	.	.	.	.	.	159	112	54	12	—	1	254	—	1)	1)	1)	Altona.
45	12	12	3	7	5	36	15	7	6	—	1	27	—	132	—	388	Augsburg.
272	.	248	.	253	.	268	384	91	33	—	1	62	—	555	6225	1413	Barmen.
1871	.	4014	.	4669	.	5303	3525	1773	603	329	35	4091	168	11145	841	1485	Berlin.
35	.	56	.	42	.	59	31	22	13	9	1	138	—	57	756	—	Beuthen i. O. S.
200	15	48	16	8	4	142	69	36	11	—	—	81	100	110	38	.	Bielefeld.
26	7	76	17	115	51	72	84	36	24	1	2	441	10	474	113	244	Bochum.
147	49	52	25	27	23	92	108	24	26	—	4	497	—	1)	1)	1)	Bonn.
658	56	33	10	8	2	386	242	65	22	—	—	98	—	237	5	209	Braunschweig.
.	.	.	.	.	.	241	222	81	41	—	3	333	—	372	33	175	Bremen.
	.	.	.	.	.	786	384	113	74	59	6	350	51	1500	221	—	Breslau.
10	.	65	.	115	.	182		16	8	—	—	179	35	88	1400	108	Bromberg.
317	5	84	28	116	61	314	138	55	30	14	—	304	14	358	140	460	Cassel.
300	23	151	53	241	178	296	206	115	66	14	7	19	—	384	31	.	Charlottenburg.
839	9	164	47	93	32	735	309	110	56	—	2	208	10	526	7060	150	Chemnitz.
2053	.	526	.	344	.	1046	1197	479	214	—	11	822	20	2273	12385	3178³)	Cöln a. Rh.
580	—	129	48	87	31	339	332	88	50	—	5	158	6	2297	8781	2191	Crefeld.
305	40	137	100	118	21	205	116	30	97	117	7	—	—	324	75	.	Danzig.
232	13	52	35	7	7	135	105	37	14	—	2	261	—	186	4081	200	Darmstadt.
96	16	20	5	2	1	49	53	8	5	3	1	146	—	117	11	—	Dessau.
611	.	274	.	70	.	536	274	124	63	—	8	637	10	672	5544	915	Dortmund.
4427	41	.	132	.	72	2153	1713	664	88	405	1	805	191	2040	21901		Dresden.
984	.	670	.	137	.	1288		220	97	186	16	847	—	2235	8820	4255	Düsseldorf.
189	.	87	.	70	.	139	130	56	28	—	1	142	—	270	.	.	Duisburg.
1092	.	224	.	188	.	928	418	123	56	—	1	139	—	975	9500	2477	Elberfeld.
127	4	14	2	26	9	98	49	15	6	—	1	44	—	45	1	—	Elbing.
89	14	98	38	72	39	162	78	9	13	10	—	139	20	256	1521	143	Erfurt.
312	84	210	112	191	142	374	232	94	44	—	4	386	—	309	164	—	Essen.
1957	380	245	38	21	7	912	840	248	126	97	5	947	80	796	9042	2644	Frankfurt a. M.
7	—	103	18	43	22	67	60	14	9	6	—	74	—	120	27	189	Frankfurt a. O.
279	.	57	.	40	.	262	81	31	9	—	—	148	—	90	151	30	Freiburg i. B.
166	.	46	.	14	.	136	64	26	2	—	—	—	—	124	.	.	Fürth.
358	—	224	1	317	54	306	263	98	62	205	2	81	—	1793	6657	1295	M.-Gladbach.
61	.	66	.	25	.	68	47	20	19	—	2	148	8	300	—	153	Gleiwitz.
265	29	37	32	7	7	184	94	17	17	—	—	84	—	201	3	30	Görlitz.
126	33	75	36	122	60	152	114	47	19	—	—	138	—	253	2545	219	Hagen i. W.
283	.	104	.	93	.	197	206	50	23	21	—	224	27	462	51	58	Halle a. S.
2197	350	651	269	272	168	1651	1064	428	189	—	16	4183	65	3070	30636	3243	Hamburg.
274	63	221	90	204	73	317	228	117	50	—	4	439	3	1026	3681	429	Hannover.

Danzig, Görlitz einschl. Ruhenlassen u. dergl. — ***) In Cöln, Crefeld, Düsseldorf, Elber- Chemnitz und Dresden ausschl. der vor dem Termin zurückgezogenen, in Augsburg ausschl. der Angaben auf die anhängigen Sachen, in letzterer Stadt jedoch ausschl. der ruhenden Sachen. — §§) Die beiden Städten nach Abzug der aus dem Vorjahre übernommenen. — 1) In Altona und Bonn: Gesamt- wurde getrennt verhandelt. — 3) Cöln: Einschl. Kosten der Beisitzerwahlen. — 4) Dessau: Hierunter

Städte	Neu anhängig gemachte Rechtsstreitigkeiten: zwischen Arbeitern und Arbeitgebern: Klagen der Arbeiter	Klagen der Arbeitgeber	zwischen Arbeitern desselben Arbeitgebers	überhaupt	Anhängig gewesene*) Rechtsstreitigkeiten überhaupt	Hiervon vor dem Termin zurückgezogen	Erledigte Streitigkeiten überhaupt	Von den Rechtsstreitigkeiten wurden erledigt durch: Vergleich	Vergleich im Sinne des § 306 der C. P. O.	Anerkenntnis	Versäumnisurteil	Anderes Endurteil	Zurücknahme**)	insbes. d. Vorsitzenden allein: überhaupt	hiervon durch Vergleich
1	2	3	4	5	6	7	8	9	10	11	12	13	14	15	16
I. Im Jahre 1900. (Schluß.)															
Karlsruhe	663	48	—	711	717	4	702	102	—	—	61	386	18	95	[illegible]
Kiel	487	19	—	506	523	—	506	140	—	4	43	204	114	—	—
Königsberg i. Pr.	1364	60	6	1430	1451	—	1428	661	1	2	129	317	164	1127	[illegible]
Leipzig	2651	1597[1])	—	4248	4273	1350[2])	2911	1492	—	8	179	324	210	2021	[illegible]
Liegnitz	120	28	—	148	150	2	143	80	—	—	5	14	26	91	[illegible]
Linden i. H.	131	5	—	136	141	—	136	49	—	—	16	44	15	45	[illegible]
Ludwigshafen a. Rh	432	25	52	509	523	.	512	198	—	2	36	57	219	.	.
Lübeck	140	7	—	147	147	26	121	54	—	6	1	35	15	—	—
Magdeburg	469	17	—	486	510	23	461	151	—	15	24	127	64	35	[illegible]
Mainz	403	30	4	437	446	73	353	175	—	1	20	85	72	213	[illegible]
Mannheim	1048	38	4	1090	1114	26	1050	302	—	52	91	285	116	.	.
Metz	219	4	—	223	229	6	215	74	—	—	10	57	54	.	.
München	2771	43	9	2823	2938	81	2720	1317	—	13	271	608	138	191	—
Nürnberg	699	44	—	743[5])	768	—	746	287	—	11	97	136	89	327	[illegible]
Offenbach	544	182	—	726	726	587	139	53	—	5	14	56	11	28	[illegible]
Osnabrück	113	19	—	132	132	1	124	52	—	1	12	37	12	41	[illegible]
Plauen i. V.	447	261	—	708	721	3	706	401	—	13	35	66	9	569	[illegible]
Posen	492	16	1	509	509	17	492	244	14	2	33	98	26	327	[illegible]
Potsdam	111	12	3	126	127	16	111	68	—	—	8	22	6	65	[illegible]
Remscheid	224	71	—	295	295	42	253	169	—	—	13	52	19	188	[illegible]
Rixdorf	417	14	1	432	442	16	407	119	—	12	47	141	88	198	[illegible]
Rostock	87	2	—	89	91	8	79	25	—	—	5	43	4	—	—
Schöneberg	242	7	—	249	256	—	241	83	1	6	20	75	46	161	[illegible]
Stettin	695	26	—	721	736	12	716	242	—	12	56	225	7	452	[illegible]
Straßburg i. E.	330	4	5	339	344	8	327	109	—	2	21	52	140	.	.
Stuttgart	1082	148	3	1233	1244	68	1166	692	—	—	58	204	175	920	[illegible]
Wiesbaden	476	19	2	497	506	9	485	219	—	2	44	48	172	357	[illegible]
Würzburg	201	11	1	213	224	58	157	77	—	—	5	41	24	[illegible]	[illegible]
Zwickau	120	3	—	123	124	11	106	41	—	1	12	26	14	46	[illegible]

*) Einschl. der aus dem Vorjahr übernommenen Rechtsstreitigkeiten. — **) In Ludwi[illegible] amt. — §) In Lübeck, Plauen, Posen, Rixdorf und Rostock ausschl. der vor dem Termin zurü[illegible] die anhängigen Klagen, in letzterer Stadt nach Abzug der aus dem Vorjahr übernommenen. — [1]) Leipz[illegible] Einschl. Zeugen- und Sachverständigengebühren. — [4]) Metz: Zur Bestreitung von Auslagen erhält [illegible] berg: Außerdem 151 Streitfälle durch Vermittelung der Gerichtsschreiberei kurzer Hand und ohr[illegible]

II. Im Jahre 1901.

Städte	2	3	4	5	6	7	8	9	10	11	12	13	14	15	16
Aachen	523	28	—	551	567	.	562	271	—	1	31	164	72	2	1
Altona	346	9	—	355	370	13	349	90	—	—	25	152	71	—	—
Augsburg	99	4	—	103	105	20	83	53	—	—	5	22	2	1	—
Barmen	636	47	—	683	686	27	650	565	—	—	18	63	4	.	.
Berlin	10601	551	33	11185	11667	483	10052[3])	5364	1	29	1060	1064[4])	2534	.	.

*) Einschl. der aus dem Vorjahr übernommenen Rechtsstreitigkeiten. — **) In Augsbur[illegible] gezogenen Sachen. — §§) Die Angaben beziehen sich in Augsburg auf die erledigten Klagen, [illegible] Einschl. Kosten der Beisitzerwahlen. — [2]) Altona: Gesamtkosten 2911 ℳ — [3]) Berlin: Ausschl. de[illegible]

Von den beendigten Sachen§) a (Sp. 8), andere Endurteile b (Sp. 13) wurden erledigt, vom Tage der Erhebung der Klage an gerechnet, in: weniger als 1 Woche		1 Woche bis (ausschließl.) 2 Wochen		2 Wochen und mehr		Dem Werte nach entfallen die anhängigen§§) Streitgegenstände auf die Wertklassen von: bis 20 ℳ	20—50 ℳ	50—100 ℳ	mehr als 100 ℳ	nicht eingeschätzt	Berufungen gegen Entscheidungen des Gewerbegerichtes	Einnahmen der Gewerbegerichte: Gebühren ℳ	Strafen ℳ	Kosten der Gewerbegerichte: Entschädigungen der Beisitzer ℳ	Sonstige persönliche Ausgaben ℳ	Sächliche Ausgaben ℳ	Städte
a	b	a	b	a	b												
17	18	19	20	21	22	23	24	25	26	27	28	29	30	31	32	33	34

I. Im Jahre 1900. (Schluß.)

17	18	19	20	21	22	23	24	25	26	27	28	29	30	31	32	33	34
442	200	170	165	94	21	212	420	51	34	—	—	571	2	367	4017	400	Karlsruhe.
295	.	130	.	81	.	268	157	47	34	—	5	348	—	992		294	Kiel.
964	.	388	.	76	.	852	416	108	75	—	2	435	55	411	435	—	Königsberg i. Pr.
4141	281	95	37	25	6	2455	1002	279	115	422	7	486	124	1450	9220	865	Leipzig.
107	.	12	.	26	.	76	26	1	1	41	—	15	—	31[3])	—	—	Liegnitz.
77	.	33	.	26	.	55	57	16	8	—	1	108	—	260	214	13	Linden i. H.
235	.	156	.	121	.	375	108	29	11	—	—	47		228	1368	376	Ludwigshafen a. Rh
82	23	27	8	12	4	49	45	14	14	25	—	114	5	54	660	81	Lübeck.
.	.	.	.	.	.	228	183	72	27	—	3	255	15	623	24	56	Magdeburg.
309	.	97	.	20	.	209	166	45	26	—	1	109	—	186	3104	419	Mainz.
.	.	.	.	.	.	570	326	136	57	25	7	—	—	1559	7086	1635	Mannheim.
88	6	80	24	53	27	114	62	29	24	—	1	—	—	[4])	[4])	[4])	Metz.
1347	.	1111	.	343	.	1051	1246	511	130	—	16	1233	—	964	13440	3833	München.
472	24	156	47	118	65	418	217	52	20	61	5	—	28	422	9595	836	Nürnberg.
670	.	32	.	24	.	386	267	35	38	—	1	69	—	232	7	138	Offenbach.
79	17	31	12	15	8	60	40	20	12	—	—	83	—	116	4939	293	Osnabrück.
547	.	112	.	47	.	468	113	24	7	109	—	85	22	191	12	56	Plauen i. V.
269	—	143	31	80	67	295	148	40	26	—	—	738	10	214	4333	891	Posen.
81	3	21	6	25	13	56	44	11	9	7	2	21	—	143	26	17	Potsdam.
145	36	127	14	23	2	82	195	16	2	—	—	49	—	739	4168	2223	Remscheid.
264	85	75	36	68	20	254	108	59	21	—	1	238	—	600	300	68	Rixdorf.
55	.	23	.	1	.	42	31	7	4	7	—	80	—	224	13	70	Rostock.
105	12	49	8	87	55	87	77	68	24	—	3	449	5	232	328	3	Schöneberg.
.	.	.	.	.	.	432	176	62	29	37	2	409	31	662	7912	2273	Stettin.
70	—	95	30	170	22	123	176	35	10	—	—	—	—	[6])	[6])	[6])	Straßburg i. E.
1105	170	88	18	41	16	560	436	149	47	52	4	642	31	620	253	149	Stuttgart.
279	.	162	.	53	.	210	155	75	41	25	—	82	—	189	1309	—	Wiesbaden.
142	9	61	21	12	11	124	69	18	13	—	—	68	—	162	2121	—	Würzburg.
89	.	16	.	12	.	57	48	10	9	—	—	32	—	80	4	59	Zwickau.

hafen und Mainz einschl. Ruhenlassen u. dergl. ***) In Metz und Straßburg vor dem Vergleichsgezogenen. — §§) Die Angaben beziehen sich in Liegnitz und Linden auf die erledigten, in Kiel auf Hierunter 1270 Klagen anläßlich des Buchbinderstreiks. — [2]) Leipzig: desgl. 1080 Klagen. — [3]) Liegnitz: Gericht 1000 ℳ, wovon der Gerichtsschreiber und die sonstigen Auslagen bestritten werden. — [5]) Nürnförmliche Klage erledigt. — [6]) Straßburg: Gesamtkosten 2427 ℳ.

II. Im Jahre 1901.

17	18	19	20	21	22	23	24	25	26	27	28	29	30	31	32	33	34
239	26	218	75	105	63	239	257	38	33	—	2	201	10	611	87	1465[1])	Aachen.
.	.	.	.	.	.	161	145	50	14	—	4	240	—	[2])	[2])	[2])	Altona.
77	10	18	8	8	4	41	38	16	5	3	—	27	2	140	—	435	Augsburg.
267	.	203	.	207	.	262	303	68	53	—	1	64	—	516	6225	1029	Barmen.
1405	.	3517	.	5130	.	4962	3759	1639	597	228	51	3341	109	10906	922	1835	Berlin.

und Berlin einschl. Ruhenlassen und dergl. — §) In Berlin ausschl. der vor dem Termin zurück-Berlin auf die anhängigen Klagen nach Abzug der aus dem Vorjahre übernommenen. — [1]) Aachen: aus dem Vorjahre übernommenen Klagen. — [4]) Berlin: Einschl. der Abweisungen wegen Unzuständigkeit.

Städte	Neu anhängig gemachte Rechtsstreitigkeiten: zwischen Arbeitern und Arbeitgebern: Klagen der Arbeiter	Klagen der Arbeitgeber	zwischen Arbeitern desselben Arbeitgebers	überhaupt	Anhängig gewesene*) Rechtsstreitigkeiten überhaupt	Hiervon vor dem Termin zurückgezogen	Erledigte Streitigkeiten überhaupt	Von den Rechtsstreitigkeiten wurden erledigt durch: Vergleich	Verzicht im Sinne des § 306 der C. P. O.	Anerkenntnis	Versäumnisurteil	Anderes Endurteil	Zurücknahme**)	insbes. … überhaupt
1	2	3	4	5	6	7	8	9	10	11	12	13	14	15

II. Im Jahre 1901. (Fortsetzung).

Städte	2	3	4	5	6	7	8	9	10	11	12	13	14	15
Beuthen i. O. S. .	182	4	—	186	187	—	182	53	43	3	9	60	13	.
Bielefeld	291	4	—	295	297	—	293	96	—	4	26	74	80	200
Bochum	295	3	—	298	298	5	293	87	—	3	26	101	72	.
Bonn	209	12	—	221	245	2	234	68	—	3	29	96	23	.
Braunschweig .	500	26	4	530	530	17	513	280	—	1	31	63	71	259
Bremen	544	30	—	574	602	35	513	213	6		82	80	132	—
Breslau	1293	56	16	1365	1478	199	1234	464	—	49	183	338	200	.
Bromberg . . .	192	19	—	211	227	.	203[2])	52	—	5	16	42	22	.
Cassel	647	26	3	676	692	34	665[4])	267	—	6	104	51	157	428
Charlottenburg .	744	14	4	762	767	25	718	162	8	9	66	225	77	394
Chemnitz . . .	1030	74	10	1114	1128	68	1051	510	—	27	105	152	152	781
Cöln a. Rh. . .	3286	146	26	3458	3471	.	3447	1716	—	29	190	553	746	2193
Crefeld	860	66	—	926	939	41	878	627	—	2	28	93	104	554
Danzig	611	11	5	627	632	.	627	192	—	17	38	192	188	.
Darmstadt . . .	318	41	3	362	362	34	327	202	—	—	22	70	33	161
Dessau	165	6	1	172	174	1	172	66	—	15	8	29[5])	50	76
Dortmund . . .	997	19	—	1016	1058	31	1001	464	—	15	88	182	76	606
Dresden . . .	4089	235	13	4337	4420	95	4290	2477	—	12	393	262	564	3411
Düsseldorf . . .	1845	61	—	1906	1906	.	1896	598	—	—	125	486	—	1095
Duisburg	459	14	—	473	480	.	476	220	—	5	36	76	101	265
Elberfeld	1184	108	10	1302	1302	50	1220	855	59	4	60	165	77	.
Elbing	104	4	—	108	109	—	108	38	—	4	4	7	32	92
Erfurt	243	17	1	261	274	10	258	68	—	3	31	87	35	114
Essen	772	18	2	792	823	49	741	92	—	34	98	389	63	155
Frankfurt a. M. .	2291	41	12	2344	2344	—	2344	1001	45	9	259	486	144	1666
Frankfurt a. O. .	105	6	—	111	111	.	111	42	—	—	9	26	27	62
Freiburg i. B. .	392	30	—	422	429	41	380	180	—	1	37	89	40	.
Fürth	198	20	2	220	222	17	203	88	—	—	12	74	10	.
M.-Gladbach .	881	44	—	925	960	—	947	511	—	—	27	161	26	522
Gleiwitz	151	2	—	153	153	.	147	48	—	—	15	50	34	.
Görlitz	302	14	4	320	323	22	298	100	2	7	18	59	63	49
Hagen i. W. . .	285	11	1	297	306	32	268	51	1	8	34	136	16	.
Halle a. S. . . .	587	13	3	603	620	51	542	177	—	21	36	163	82	160
Hamburg . . .	2512	120	8	2640	2852	151	2592	1297	82	22	239	728	75	—
Hannover . . .	633	25	—	658	671	41	623	180	—	8	100	241	33	.
Karlsruhe . . .	675	40	—	715	726	7	710	87	—	—	61	430	14	—
Kiel	436	27	3	466	483	—	464	98	—	2	53	207	99	—
Königsberg i. Pr.	1313	36	3	1352	1375	—	1351	636	—	4	149	195[6])	201	1115
Leipzig . . .	2735	177	5	2917	2929	185	2724	1596	—	7	165	190	212	1949
Liegnitz	167	16	—	183	188	1	180	86	—	1	8	21	42	90

*) Einschl. der aus dem Vorjahre übernommenen Rechtsstreitigkeiten. — **) In Danzig … M.-Gladbach vor der Vergleichskammer. — §) In Cassel, Chemnitz und Dresden ausschließ… anhängigen Sachen, in Bromberg und Danzig mit Ausnahme der aus dem Vorjahre übernommenen … und Kiel auf die anhängigen Klagen, in letzteren beiden Städten nach Abzug der aus dem Vorj… übernommenen Klagen. — [3]) Bromberg: Einschl. Kosten der Beisitzerwahlen. — [4]) Cassel: In 13 Fäll… Sachen verbunden. — [5]) Dessau: Hierunter 2 Sachen, die zu einer Sache verbunden wurden …

Von den beendigten Sachen§§) a (Sp. 8), andere Endurteile b (Sp. 13) wurden erledigt, vom Tage der Erhebung der Klage an gerechnet, in: weniger als 1 Woche a	b	1 Woche bis (ausschließl.) 2 Wochen a	b	2 Wochen und mehr a	b	Dem Werte nach entfallen die anhängigen§§) Streitgegenstände auf die Wertklassen von bis 20 ℳ	20–50 ℳ	50–100 ℳ	mehr als 100 ℳ	nicht eingeschätzt	Berufungen gegen Entscheidungen des Gewerbegerichtes	Einnahmen der Gewerbegerichte Gebühren ℳ	Strafen ℳ	Kosten der Gewerbegerichte Entschädigungen der Beisitzer ℳ	Sonstige persönliche Ausgaben ℳ	Sächliche Ausgaben ℳ	Städte
17	18	19	20	21	22	23	24	25	26	27	28	29	30	31	32	33	34

II. Im Jahre 1901. (Fortsetzung).

17	18	19	20	21	22	23	24	25	26	27	28	29	30	31	32	33	34
49	.	94	.	39	.	89	56	20	15	7	1	184	—	107	756	14	Beuthen i. O. S.
233	19	52	48	8	7	159	84	42	12	—	—	75	35	118	15	.	Bielefeld.
55	11	132	43	111	47	88	129	48	33	—	2	341	3	716	110	174	Bochum.
137	42	81	43	18	11	101	104	28	12	—	2	414	.	[1])	[1])	[1])	Bonn.
501	56	18	3	11	4	273	199	38	20	—	3	83	13	327	8	147	Braunschweig.
.	.	.	.	.	.	230	269	70	33	—	2	306	—	412	74	325	Bremen.
.	.	.	.	.	.	655	465	162	79	117	7	455	138	1572	362	—	Breslau.
49	.	69	.	85	.	187		13	11	—	2	210	25	120	1400	375[3])	Bromberg.
231	—	164	2	270	49	311	255	72	35	19	2	233	14	444	191	365	Cassel.
372	15	88	28	283	182	315	233	145	59	15	3	26	—	600	31	.	Charlottenburg.
858	70	153	65	40	17	697	291	89	51	—	4	326	8	465	8124	150	Chemnitz.
2468	87	585	249	394	217	1237	1434	569	231	—	4	932	23	2754	14735	3136	Cöln a. Rh.
649	—	187	72	83	21	380	401	108	50	—	—	215	—	2389	9086	1958	Crefeld.
308	45	163	90	151	55	229	157	62	45	134	4	—	—	350	28	.	Danzig.
303	30	52	34	6	6	133	149	52	28	—	—	277	—	182	4091	200	Darmstadt.
158	19	10	8	6	2	66	74	19	7	8	2	91	10	111	8	—	Dessau.
591	.	352	.	89	.	508	337	131	82	—	6	462	5	708	5570	628	Dortmund.
3731	34	.	111	.	117	1809	1479	483	116	533	2	857	237	1692	22515		Dresden.
1076	.	730	.	100	.	1414		295	82	115	—	797	—	2756	8820	3904	Düsseldorf.
270	.	81	.	125	.	147	206	84	43	—	9	148	—	303	.	.	Duisburg.
886	.	248	.	136	.	620	508	119	55	—	3	142	—	891	9500	2510	Elberfeld.
75	3	19	—	14	4	64	25	15	5	—	—	29	—	42	—	21	Elbing.
107	9	89	36	78	46	130	102	29	11	2	2	190	40	324	1575	83	Erfurt.
340	90	215	136	235	163	340	293	140	49	1	9	419	—	489	264	—	Essen.
2299	476	33	10	12	—	891	1046	286	63	58	7	882	22	1373	9288	2165	Frankfurt a. M.
1	—	86	8	24	18	31	47	17	8	8	1	73	—	168	3	16	Frankfurt a. O.
332	.	58	.	31	.	285	113	18	13	—	—	178	10	120	177	30	Freiburg i. B.
172	.	40	.	8	.	125	83	8	6	—	1	—	—	140	.	.	Fürth.
329	—	183	3	435	158	337	384	98	43	98	7	64	—	1778	7557	1134	M.-Gladbach.
48	.	50	.	49	.	46	66	21	22	—	2	135	—	207	—	59	Gleiwitz.
191	23	106	26	23	10	165	118	24	16	—	3	92	—	320	4	38	Görlitz.
109	41	83	33	108	62	129	118	42	17	—	2	60	—	188	2703	148	Hagen i. W.
257	.	162	.	174	.	290	209	73	30	18	5	245	64	360	52	53	Halle a. S.
1827	286	644	281	272	161	1340	875	445	192	—	17	4372	78	2960	30870	4041	Hamburg.
251	73	232	73	181	95	277	233	105	56	—	3	365	—	898	4048	390	Hannover.
493	298	166	85	58	47	236	387	71	32	—	4	692	8	360	4085	570	Karlsruhe.
223	.	158	.	83	.	219	157	62	28	—	3	512	—	988	.	1241	Kiel.
980	.	293	.	78	.	759	421	117	78	—	2	331	21	342	433	—	Königsberg i. Pr.
2759	146	130	38	20	6	1291	948	301	102	287	4	388	33	1442	10060	893	Leipzig.
126	.	24	.	31	.	84	39	6	4	48	2	23	—	65	.	.	Liegnitz.

Görlitz einschl. Ruhenlassen u. dergl. — ***) In Cöln, Crefeld, Düsseldorf, Elberfeld und der vor dem Termin zurückgezogenen, in Dessau, Düsseldorf, Bromberg und Erfurt von den §§) Die Angaben beziehen sich in Danzig, Liegnitz und Linden auf die erledigten, in Bromberg übernommenen. — [1]) Bonn: Gesamtkosten 1961 ℳ. — [2]) Bromberg: Ausschl. der aus dem Vorjahr in denen mehrere Kläger aufgetreten waren, wurde getrennt verhandelt, dagegen wurden 5 getrennte [4]) Königsberg: Einschl. der Abweisungen wegen Unzuständigkeit.

Städte	Neu anhängig gemachte Rechtsstreitigkeiten: zwischen Arbeitern und Arbeitgebern: Klagen der Arbeiter	Klagen der Arbeitgeber	zwischen Arbeitern desselben Arbeitgebers	überhaupt	Anhängig gewesene*) Rechtsstreitigkeiten überhaupt	Hiervon vor dem Termin zurückgezogen	Erledigte Streitigkeiten überhaupt	Von den Rechtsstreitigkeiten wurden erledigt durch: Vergleich	Verzicht im Sinne des § 306 der C. P. O.	Anerkenntnis	Versäumnisurteil	Anderes Endurteil	Zurücknahme**)	insbes. … Vorsitzenden allein: überhaupt	hiervon durch Vorsitzenden …
1	2	3	4	5	6	7	8	9	10	11	12	13	14	15	16
II. Im Jahre 1901. (Schluß.)															
Linden i. H.	113	5	—	118	123	—	122[1])	32	—	3	14	43	19	49	[illegible]
Ludwigshafen a. Rh	390	10	31	431	442	—	430	162	—	1	26	73	168	.	.
Lübeck	155	8	—	163	163	18	142	61	—	8	3	53	13	—	—
Magdeburg	533	11	5	549	575	47	506	148	—	21	28	138	100	48	[illegible]
Mainz	355	20	—	375	395	50	336	125	—	5	30	91	85	181	[illegible]
Mannheim	1140	33	—	1173	1211	31	1150	371	1	40	79	415	108	.	.
Metz	278	7	—	285	293	8	279	82	—	—	10	67	93	.	.
München	3110	58	18	3186	3323	59	3216	1667	—	36	344	706	39	170	—
Nürnberg	615	28	—	643[2])	665	—	654	274	—	12	95	107	73	285	[illegible]
Offenbach	538	100	—	638	638	469	167	76	—	1	23	51	16	16	.
Osnabrück	112	4	—	116	123	.	118	59	—	4	5	28	14	40	[illegible]
Plauen i. V.	627	216	1	844	856	19	823	461	1	4	55	62	57	627	[illegible]
Posen	684	11	1	696	696	29	665	321	16	72	55	68	44	335	[illegible]
Potsdam	115	3	2	120	120	8	112	65	—	—	5	23	9	75	[illegible]
Remscheid	236	63	—	299	299	51	248	159	—	1	21	47	20	179	[illegible]
Rixdorf	328	10	—	338	357	3	319	51	—	10	46	113	92	170	[illegible]
Rostock	87	2	—	89	93	2	89	28	—	—	6	40	9	—	—
Schöneberg	320	5	1	326	341	1	330	126	—	8	39	91	58	254	[illegible]
Spandau	89	—	—	89	89	5	79	34	—	1	3	35	6	44	[illegible]
Stettin	656	22	—	678	686	10	675	240	—	6	60	218	14	421	[illegible]
Straßburg i. E.	311	7	5	323	332	7	314	103	—	1	16	54	136	.	
Stuttgart	1038	77	—	1115	1125	45	1044	653	—	1	43	209	138	856	[illegible]
Wiesbaden	435	17	1	453	465	11	441	197	—	6	21	61	156	340	[illegible]
Würzburg	212	9	—	221	230	40	178	77	—	—	9	53	21	4	[illegible]
Zwickau	98	1	—	99	106	6	100	33	—	—	7	40	10	21	[illegible]

*) Einschl. der aus dem Vorjahre übernommenen Rechtsstreitigkeiten. — **) In Ludwigshafe
§) In Lübeck, Magdeburg, Plauen, Rixdorf, Rostock und Schöneberg ausschl. der vor dem Term.
auf die erledigten Klagen. — [1]) Linden: In einer Sache ergingen mehrere Entscheidungen. — [2]) Nür
förmliche Klage erledigt. — [3]) Plauen: Die Berufung wurde zurückgezogen. — [4]) Straßburg: Gesam

Von den beendigten Sachen§) a (Sp. 8), andere Endurteile b (Sp. 13) wurden erledigt, vom Tage der Erhebung der Klage an gerechnet, in: weniger als 1 Woche a	b	1 Woche bis (ausschließl.) 2 Wochen a	b	2 Wochen und mehr a	b	Dem Werte nach entfallen die anhängigen§§) Streitgegenstände auf die Wertklassen von bis 20 ℳ	20—50 ℳ	50—100 ℳ	mehr als 100 ℳ	nicht eingeschätzt	Berufungen gegen Entscheidungen des Gewerbegerichtes	Einnahmen der Gewerbegerichte Gebühren ℳ	Strafen ℳ	Kosten der Gewerbegerichte Entschädigungen der Beisitzer ℳ	Sonstige persönliche Ausgaben ℳ	Sächliche Ausgaben ℳ	Städte
17	18	19	20	21	22	23	24	25	26	27	28	29	30	31	32	33	34
II. Im Jahre 1901. (Schluß.)																	
69	.	30	.	22	.	64	38	12	7	—	1	61	—	164	139	19	Linden i. H.
211	.	122	.	97	.	232	171	26	13	—	1	66		258	1522	363	Ludwigshafen a. Rh
93	32	38	17	11	4	66	50	19	11	17	—	146	5	58	651	124	Lübeck.
242	85	192	52	72	1	261	208	75	31	—	2	390	6	660	155	56	Magdeburg.
265	.	88	.	33	.	183	128	62	22	—	—	182	25	198	3500	448	Mainz.
.	.	.	.	.	.	444	434	221	81	31	9	—	130	1922	7397	1736	Mannheim.
65	9	147	24	75	34	115	78	64	26	10	—	—	—	.	.	.	Metz.
2405	.	597	.	273	.	1347	1284	537	155	—	17	1570		2163	17689	3497	München.
492	17	98	51	66	39	388	172	46	31	28	4	—	15	424	9657	1021	Nürnberg.
599	30	31	17	6	4	306	262	43	27	—	—	83	—	264	281	343	Offenbach.
74	11	27	7	17	10	60	36	17	10	—	1	59	—	63	5880	383	Osnabrück.
668	.	104	.	51	.	513	147	30	17	149	1[3])	91	14	197	8	102	Plauen i. V.
206	—	369	13	121	55	345	242	69	40	—	2	205	—	264	4375	718	Posen.
84	9	23	13	13	1	65	37	11	3	4	—	12	—	58	.	39	Potsdam.
132	22	128	11	39	14	74	185	36	4	—	—	195	—	716	4172	2314	Remscheid.
270	74	27	24	22	15	180	93	72	12	—	1	170	10	600	300	68	Rixdorf.
69	.	14	.	6	.	42	34	9	3	5	—	83	3	180	10	80	Rostock.
121	19	109	18	100	54	138	115	61	27	—	3	390	5	180	196	35	Schöneberg.
.	.	.	.	.	.	22	33	21	4	9	—	88	.	124	26	.	Spandau.
.	.	.	.	.	.	357	198	73	28	30	3	473	51	608	8430	2092	Stettin.
67	—	93	33	161	21	119	169	34	10	—	—	—	—	[4])	[4])	[4])	Straßburg i. E.
936	165	135	32	18	12	557	395	112	33	28	—	589	20	595	316	165	Stuttgart.
251	.	141	.	49	.	169	187	67	25	17	—	95	—	218	2061	.	Wiesbaden.
123	14	67	21	28	18	130	69	16	10	5	—	90	—	186	2145	.	Würzburg.
55	.	24	.	27	.	46	35	13	10	2	3	69	—	110	4	80	Zwickau.

und Mainz einschl. Ruhenlassen u. dergl. — ***) In Metz und Straßburg vor dem Vergleichsamt. — zurückgezogenen, in Posen von den anhängigen Sachen. — §§) Die Angaben beziehen sich in Linden berg: Außerdem 457 Streitfälle durch Vermittelung der Gerichtsschreiberei kurzer Hand und ohne kosten 2503 ℳ.

III. Gewerbegerichte als Einigungsamt.

Städte	Anrufungen insgesamt		Anrufungen hierunter nur von einer Seite		Vereinbarungen		Schiedssprüche		Unterwerfung unter Schiedssprüche		Ablehnung der Unterwerfung und zwar von Seiten der Arbeitgeber		der Arbeiter	beider Parteien	Erfolglose Einigungsversuche ohne Schiedsspruch	
	1900	1901	1900	1901	1900	1901	1900	1901	1900	1901	1900	1901	1900	1900	1900	1901
Barmen	—	1	—	—	—	1	—	—	—	—	—	—	—	—	—	—
Berlin	21	14	6	9	14	2	1	2	—	1	1	1	—	—	—	1
Bielefeld	—	1	—	1	—	—	—	—	—	—	—	—	—	—	—	1
Braunschweig	—	1	—	—	—	—	—	1	—	—	—	1	—	—	—	—
Bremen	—	4	—	2	—	3	—	1	—	1	—	—	—	—	—	—
Cassel	1	—	1	—	—	—	—	—	—	—	1	—	—	—	—	—
Charlottenburg	—	2	—	2	—	—	—	—	—	—	—	—	—	—	—	2
Cöln a. Rh.	3	2	2	1	—	1	1	—	1	—	—	—	—	—	—	—
Crefeld	1	1	1	1	—	—	—	—	—	—	—	—	—	—	—	—
Danzig	7	—	4	—	3	—	—	—	—	—	3	—	—	1	—	—
Dresden	1	1	—	—	—	—	—	—	—	—	—	—	—	—	1	1
Düsseldorf	—	1	—	1	—	1	—	—	—	—	—	—	—	—	—	—
Elbing	1	—	—	—	—	—	—	—	—	—	—	—	—	—	1	—
Frankfurt a. M.	5	1	—	—	1	—	—	—	—	—	—	—	—	—	4	1
Frankfurt a. O.	1	—	1	—	—	—	—	—	—	—	1	—	—	—	—	—
Fürth	—	1	—	1	—	—	—	—	—	—	—	—	—	—	—	—
Görlitz	2	1	2	1	—	—	—	—	—	—	2	1	—	—	—	—
Halle a. S.	2	1	1	1	—	—	—	—	—	—	—	—	—	—	2	1*)
Hamburg	4	3	3	3	1	—	—	—	—	—	—	—	—	—	—	—
Hannover	1	—	1	—	—	—	—	—	—	—	—	—	—	—	—	—
Karlsruhe	1	2	—	2	1	—	—	—	—	—	—	—	—	—	—	2
Kiel	—	2	—	1	—	1	—	—	—	—	—	—	—	—	—	—
Königsberg i. Pr.	2	2	1	1	1	1	—	—	—	—	—	—	—	—	1	—
Leipzig	1	8	—	6	—	2	1	—	1	—	—	—	—	—	—	—
Magdeburg	1	—	1	—	—	—	—	—	—	—	1	—	—	—	—	—
Mainz	3	5	3	5	2	1	—	—	—	—	—	—	—	—	1	3
Mannheim	—	3	—	1	—	2	—	—	—	—	—	—	—	—	—	1
Nürnberg	1	—	1	—	—	—	—	—	—	—	—	—	—	—	1	—
Osnabrück	—	1	—	1	—	—	—	—	—	—	—	—	—	—	—	—**)
Plauen i. V.	1	—	—	—	1†)	—	—	—	—	—	—	—	—	—	—	—
Posen	—	5	—	2	—	3	—	—	—	—	—	—	—	—	—	2
Potsdam	3	—	1	—	—	—	2	—	2	—	—	—	—	—	—	—
Rixdorf	1	—	1	—	—	—	—	—	—	—	—	—	1	—	—	—
Stettin	1	3	1	3	—	—	—	—	—	—	1	3	—	—	1	—
Stuttgart	2	—	—	—	1	—	—	—	—	—	—	—	—	—	1	—
Wiesbaden	1	3	1	2	—	1	—	—	—	—	—	—	—	—	1	2
Würzburg	—	1	—	—	—	1	—	—	—	—	—	—	—	—	—	—

*) Halle: Erfolglos wegen Unzuständigkeit. — **) Osnabrück: Ohne Schiedsspruch erledigt, weil von den Anrufenden nicht weiter verfolgt. — †) Plauen: Die Vereinbarung wurde von der Versammlung der Streikenden nur zum Teil gutgeheißen; der Streik erledigte sich jedoch kurz darauf dadurch, daß die Arbeitgeber die Hauptforderung der Streikenden anerkannten.

XXII.
Gerichtliche Konkurse
in den Jahren 1901 und 1902.

Von

Dr. M. Neefe.

Der im VI., VIII. u. X. Jahrgange (S. 148 bezw. 274 u. 192 ff.) dieser Jahrbücher enthaltene Auszug aus der vom Kaiserlichen statistischen Amt bearbeiteten und in den Vierteljahrsheften zur Statistik des deutschen Reichs*) veröffentlichten Statistik der gerichtlichen Konkurse wird nachstehend für die Jahre 1901 bis 1902 fortgesetzt.

Diese Statistik beruht bekanntlich auf Zählkarten, welche zu Beginn und Ende des Konkursverfahrens von den Amtsgerichten ausgefüllt und dem Kaiserlichen statistischen Amt seit 1895 vierteljährlich zugesandt werden. Die „Zählkarte für ein Konkursverfahren bis zum Beschluß über die Eröffnung", welche im wesentlichen Namen, Firma, Artbezeichnung, Wohnsitz, Berufs-, Erwerbs- oder Geschäftszweig des Gemeinschuldners enthält, ist für jeden Antrag auf Eröffnung des Konkursverfahrens auszustellen. Die „Zählkarte für ein eröffnetes Konkursverfahren bis zur Aufhebung oder Einstellung", welche außer den Angaben der vorgenannten Zählkarte im wesentlichen Aufschluß über die Art der Beendigung, die finanzielle Gebahrung und das Ergebnis des Verfahrens gibt, ist für jedes durch rechtskräftigen Beschluß beendete Konkursverfahren auszufüllen.

Nach den bisherigen Ergebnissen kamen auf 100 000 Einwohner

	1897	1898	1899	1900	1901	1902
neue Konkurse						
in den 33 Großstädten	23,5	24,6	23,4	23,8	29,8	27,8
im übrigen Reichsgebiet	11,4	11,7	12,4	13,8	16,4	15,2
Von 100 beendeten Konkursverfahren wurden erledigt durch						
Schlußverteilung:						
in den 33 Großstädten	62	61	63	61	63	64
im übrigen Reichsgebiet	68	68	68	69	69	68
Zwangsvergleich:						
in den 33 Großstädten	30	29	30	29	26	28
im übrigen Reichsgebiet	23	23	23	22	21	23
Allg. Einwilligung etc.						
in den 33 Großstädten	8	10	7	10	10	8
im übrigen Reichsgebiet	9	9	9	9	10	9

Daß die Großstädte, welche meistens Sitze von Handel und Industrie sind, einen großen Teil der Konkurse stellen, entspricht den natürlichen Verhältnissen. Obwohl $^3/_5$ aller Konkursverfahren durch Schlußverteilung beendet werden, so gibt es doch auch Großstädte, in denen die abgeschlossenen Zwangsvergleiche die Zahl der durch Schlußverteilung beendeten Konkursverfahren übersteigen.

---

*) VI. Jahrg., 4. Heft S. 20. VII. Jahrg., 4. Heft S. 1 ff. VIII. Jahrg., 4. Heft S. 1 IX. Jahrg., 4. Heft S. 19. X. Jahrg., 4. Heft S. 21. XI. Jahrg., 4. Heft S. 1 ff. XII. Jahrg

Ia. Die neuen Konkurse im Jahre 1901.

Städte	Anträge auf Konkurseröffnung	Eröffnete Konkursverfahren	Davon war die Konkurseröffnung ausschließlich vom Gemeinschuldner beantragt		Abgewiesene Anträge auf Konkurseröffnung	Summe der neuen Konkurse	Die eröffneten Konkursverfahren betrafen				
			abs.	%			physische Personen	Nachlässe	Handelsgesellschaften	Genossenschaften	andere Gemeinschuldner
Aachen	46	34	17	50	1	35	27	2	5	—	—
Altona	40	26	20	77	4	30	20	4	1	—	1
Barmen	31	24	14	58	3	27	19	1	4	—	—
Berlin	583	285	160	56	127	412	224	17	34	2	8
Braunschweig	47	38	29	76	2	40	34	1	3	—	—
Bremen	64	48	37	77	6	54	43	2	3	—	—
Breslau	144	92	57	62	15	107	67	16	5	1	3
Cassel	42	29	14	48	—	29	21	2	5	—	1
Charlottenburg	83	48	31	65	16	64	42	5	1	—	—
Chemnitz	134	99	63	64	16	115	78	14	4	1	2
Cöln a. Rh.	188	89	38	43	12	101	72	6	7	—	4
Crefeld	41	28	18	64	1	29	19	2	5	—	2
Danzig	47	37	30	81	4	41	31	2	3	—	1
Dortmund	51	39	21	54	4	43	32	3	3	—	1
Dresden	302	165	120	73	86	251	121	27	14	—	3
Düsseldorf	92	56	25	45	3	59	43	5	6	—	2
Elberfeld	29	20	14	70	—	20	19	—	1	—	—
Essen	68	37	30	81	1	38	33	1	3	—	—
Frankfurt a. M.	84	44	33	75	11	55	37	1	3	—	3
Halle a. S.	38	29	16	55	4	33	20	8	1	—	—
Hamburg	306	128	76	59	39	167	100	14	12	—	2
Hannover	128	87	65	75	6	93	67	9	10	—	1
Kiel	19	18	9	50	1	19	15	3	—	—	—
Königsberg i. Pr.	80	62	40	64	11	73	51	8	3	—	—
Leipzig	220	159	115	72	5	164	120	21	17	—	1
Magdeburg	91	58	44	76	7	65	46	7	4	—	1
Mannheim	88	67	40	60	6	73	59	4	2	—	2
München	247	180	155	86	18	198	159	10	7	—	4
Nürnberg	86	73	55	75	4	77	66	2	4	—	1
Posen	51	42	28	67	—	42	35	5	2	—	—
Stettin	58	39	24	62	13	52	35	2	2	—	—
Straßburg i. E.	66	48	22	46	9	57	39	6	3	—	—
Stuttgart	108	69	40	58	25	94	50	13	5	—	1
Se. 33 Großstädte	3 702	2 297	1 500	65	460	2 757	1 844	223	182	4	44
Übriges Reichsgebiet	9 021	7 122	4 406	62	690	7 812	5 879	852	290	25	76

Ib. Die beendeten Konkursverfahren im Jahre 1901.

Städte	Die beendeten Konkursverfahren überhaupt	Davon betrafen: physische Personen	Davon betrafen: Nachlässe	Davon betrafen: Handelsgesellschaften und andere Gemeinschuldner	Davon beendet: durch Schlußverteilung	Davon beendet: durch Zwangsvergleich	Davon beendet: wegen allgemeiner Einwilligung	Davon beendet: weg. u. Nichtvorhandenseins einer den Kosten des Verfahrens entsprechenden Konkursmasse	Von 100 beendeten Konkursverfahren wurden beendet durch: Schlußverteilung	Von 100 …: Zwangsvergleich	Von 100 …: allgemeine Einwilligung etc.	Es wurden mehr (+) weniger (−) Konkursverfahren beendet als eröffnet
Aachen	18	16	2	—	10	8	—	—	56	44	—	− 16
Altona	27	22	2	3	18	8	—	1	67	30	3	+ 1
Barmen	21	17	1	3	13	7	1	—	62	33	5	− 3
Berlin	219	170	14	35	150	54	6	9	68	25	7	− 66
Braunschweig	35	29	4	2	22	8	—	5	63	23	14	− 3
Bremen	42	39	—	3	29	9	1	3	69	21	10	− 6
Breslau	64	45	14	5	46	11	5	2	72	17	11	− 28
Cassel	22	18	2	2	10	11	—	1	46	50	4	− 7
Charlottenburg	27	25	1	1	22	5	—	—	82	18	—	− 21
Chemnitz	77	68	4	5	52	19	4	2	67	25	8	− 22
Cöln a. Rh.	72	62	2	8	41	17	—	14	57	24	19	− 17
Crefeld	12	11	—	1	9	2	—	1	75	17	8	− 16
Danzig	32	26	3	3	29	2	—	1	91	6	3	− 5
Dortmund	30	29	—	1	13	13	—	4	43	43	14	− 9
Dresden	116	94	15	7	85	25	2	4	73	22	5	− 49
Düsseldorf	39	31	2	6	22	10	2	5	56	26	18	− 17
Elberfeld	22	16	2	4	9	8	—	5	41	36	23	+ 2
Essen	23	22	1	—	7	16	—	—	30	70	—	− 14
Frankfurt a. M.	41	31	5	5	16	16	4	5	39	39	22	− 3
Halle a. S.	18	15	3	—	16	2	—	—	89	11	—	− 11
Hamburg	132	100	20	12	75	37	1	19	57	28	15	+ 4
Hannover	55	48	5	2	36	9	2	8	66	16	18	− 32
Kiel	17	14	1	2	12	5	—	—	71	29	—	− 1
Königsberg i. Pr.	46	38	5	3	18	23	2	3	39	50	11	− 16
Leipzig	138	98	28	12	118	16	4	—	85	12	3	− 21
Magdeburg	30	26	3	1	23	6	—	1	77	20	3	− 28
Mannheim	33	30	2	1	22	6	1	4	67	18	15	− 34
München	155	139	10	6	70	65	1	19	45	42	13	− 25
Nürnberg	58	54	—	4	37	15	1	5	64	26	10	− 15
Posen	28	26	1	1	14	10	—	4	50	36	14	− 14
Stettin	27	21	4	2	13	11	1	2	48	41	11	− 12
Straßburg i. E.	50	41	4	5	27	9	—	14	54	18	28	+ 2
Stuttgart	44	35	7	2	38	—	—	6	86	—	14	− 25
Se. 33 Großstädte	1770	1456	167	147	1122	463	38	147	64	26	10	− 527
Übriges Reichsgebiet	5720	4864	652	204	3938	1226	141	415	69	21	10	−1402

II. Die neuen und beendeten Konkurse im Jahre 1902.

(Nach vorläufigen Mitteilungen.)

Städte	Neue Konkurse				Beendete Konkurse							
						davon betrafen			davon beendet			
	Anträge auf Konkurseröffnung	Eröffnete Konkursverfahren	Abgewiesene Anträge auf Konkurseröffnung	Summe der neuen Konkurse	Die beendeten Konkursverfahren überhaupt	physische Personen	Nachlässe	Handelsgesellschaften und andere Gemeinschuldner	durch Schlußverteilung	durch Zwangsvergleich	wegen allgemeiner Einwilligung	wegen Nichtvorhandenseins einer den Kosten d. Verfahrens entsprech. Konkursmasse
Aachen	51	36	1	37	39	32	1	6	14	19	3	3
Altona	39	20	4	24	31	27	2	2	18	10	—	3
Barmen	35	29	2	31	23	22	—	1	12	7	1	3
Berlin	642	256	203	459	285	221	24	40	195	69	15	6
Braunschweig	31	26	—	26	26	24	2	—	19	7	—	—
Bremen	63	40	5	45	46	39	4	3	29	14	1	2
Breslau	143	78	27	105	75	56	14	5	62	6	2	5
Cassel	43	25	6	31	26	26	—	—	11	11	—	4
Charlottenburg	61	34	6	40	48	41	6	1	37	10	—	1
Chemnitz	107	81	8	89	79	63	11	5	59	17	1	2
Cöln a. Rh.	147	60	17	77	95	81	2	12	56	28	1	10
Crefeld	34	22	1	23	35	24	4	7	25	6	2	2
Danzig	55	44	4	48	37	31	2	4	24	13	—	—
Dortmund	51	39	6	45	37	31	2	4	15	19	1	2
Dresden	267	140	68	208	162	128	27	7	114	45	1	2
Düsseldorf	98	55	6	61	51	43	3	5	30	19	—	2
Elberfeld	41	23	4	27	18	13	1	4	7	8	—	3
Essen	41	20	5	25	33	32	1	—	23	10	—	—
Frankfurt a. M.	86	43	6	49	41	32	3	6	23	14	2	2
Halle a. S.	32	21	6	27	31	24	5	2	21	8	—	2
Hamburg	338	136	43	179	121	94	17	10	59	49	—	13
Hannover	89	46	19	65	63	50	6	7	40	16	2	5
Kiel	33	26	2	28	20	15	5	—	19	—	1	—
Königsberg i. Pr.	72	58	6	64	48	40	7	1	21	24	1	2
Leipzig	185	127	13	140	161	124	22	15	133	23	4	1
Magdeburg	97	56	15	71	61	48	9	4	44	14	1	2
Mannheim	92	62	4	66	50	46	3	1	37	8	—	5
München	237	164	30	194	165	144	12	9	78	52	—	35
Nürnberg	74	63	4	67	65	62	2	1	35	23	—	7
Posen	43	36	—	36	37	31	4	2	19	18	—	—
Stettin	88	50	26	76	40	33	5	2	19	16	2	3
Straßburg i. E.	57	34	6	40	46	41	3	2	28	15	—	3
Stuttgart	83	44	26	70	61	44	12	5	49	7	2	3
Se. 33 Großstädte	3555	1994	579	2573	2156	1762	221	173	1375	605	43	133
Übriges Reichsgebiet	8356	6419	809	7228	6397	5383	771	243	4340	1454	150	453

XXIII.

Sparkassen

im Jahre 1900 oder 1900/01.

Bearbeitet im Statistischen Amt der Stadt München

von **Dr. A. Fiack.**

Die vorliegende Sparkassenstatistik für 1900 (1900/01 *)) umfaßt außer sämtlichen bereits am vorjährigen Berichte beteiligten Kassen noch die nachverzeichneten, für die zum ersten Mal Fragebogen eingesandt wurden: Spar- und Darlehnskasse des Landkreises Aachen, Sparkasse des Landkreises Cassel**), dann die Sparkassen der Spar- und Leihbank, Vereinsbank und Kreditbank zu Hannover und die Oberamtssparkasse Stuttgart-Amt.

Von allen Kassen außer denen der Städte Darmstadt und Mülhausen i. E. lagen für die Bearbeitung die ausgefüllten Fragebogen vor; für die letztgenannten beiden Anstalten wurden die erforderlichen Angaben den städtischen Verwaltungsberichten entnommen.

Eine Reihe von Kassen hatte auch als wertvolle Ergänzung zu den Fragebogen Statuten, Statutennachträge und Geschäftsberichte eingesandt.

Beteiligt sind an dem folgenden Berichte insgesamt 53 Städte (wie im Vorjahre) mit 81 Kassen, die auf der nächsten Seite mit Angabe des Gründungsjahres aufgeführt sind.

45 Sparkassen hatten im Laufe des Berichtsjahres Geschäftsverbindung mit öffentlichen Anstalten (Banken, Leihanstalten, Genossenschaftskassen u. s. w.) zur Verwertung flüssiger Kapitalien; eine Reihe von städtischen Anstalten (hauptsächlich Leihhäuser) erhielt

---

*) Nur bei 1/4 der Kassen schließt das Rechnungsjahr nicht mit dem Kalenderjahr. — Für die Sparkasse des Kreises Danziger Niederung mußten mangels anderer Nachweise die Angaben des Fragebogens für das Kalenderjahr 1901 eingesetzt werden, wogegen bei Danzig a die Angaben des vorigen Berichtes wiederholt sind, da diese sich auf das Jahr 1900 beziehen. Bei der am 11. September 1900 als Nebeneinrichtung des Kontokorrentverkehrs gegründeten Sparkasse der Vereinsbank zu Hannover beziehen sich die Angaben nur auf die letzten 3 1/2 Monate des Jahres 1900.

**) Zum vorjährigen Bericht zu spät eingelaufen.

Beteiligte Kassen.

1. Aachen: a) Spar- und Prämienkasse des Aachener Vereins zur Beförderung der Arbeitsamkeit, gegründet 1834
b) Spar- und Darlehnskasse des Landkreises Aachen, 1895.
2. Altona: a) Städtische Spar- und Leihkasse, 1882.
b) Altonaisches Unterstützungsinstitut, 1801.
c) Altonaer Kreditverein, 1863.
3. Augsburg: Städt. Sparkasse, 1822.
4. Barmen: " " 1841.
5. Berlin: " " 1818.
6. Bochum: " " 1838.
7. Braunschweig: Herzogl. Sparkasse 1834.
8. Bremen: a) Sparkasse, 1825.
b) Neue Sparkasse, 1852.
9. Breslau: Städt. Sparkasse, 1821.
10. Cassel: a) " " 1832.
b) Sparkasse des Landkreises, 1879.
11. Charlottenburg: Stdt. Sparkasse, 1887.
12. Chemnitz: " " 1839.
13. Cöln: " " 1826.
14. Crefeld: " " 1840.
15. Danzig: a) Danziger Sparkassen-Aktienverein, 1821.
b) Sparkasse des Kreises Danziger Niederung, 1897.
c) Sparkasse des Kreises Danziger Höhe 1891.
16. Darmstadt: Städt. Sparkasse 1836.
17. Dortmund: " " 1841.
18. Dresden: " " 1821.
19. Düsseldorf: " " 1825.
20. Duisburg: " " 1844.
21. Elberfeld: " " 1822.
22. Erfurt: a) " " 1823.
b) Kreissparkasse des Landkreises, 1883.
23. Essen: Städt. Sparkasse, 1841.
24. Frankfurt a. M.: a) " " 1860.
b) Frankfurter Sparkasse 1822.
mit c) Ersparungsanstalt, 1826.
25. Frankfurt a. O.: Städt. Sparkasse, 1822.
26. Freiburg i. Br.: " " 1826.
27. Görlitz: " " 1850.
28. Halle a. S.: " " 1857.
29. Hamburg: a) Hamburger Sparkasse, 1827.
b) Neue Sparkasse, 1864.
30. Hannover: a) Städt. Sparkasse, 1823.
b) Sparkasse des Landkreises Hannover, 1878.
c) Spark. der Kapital-Versicherunganstalt 1875.
d) Spark. der Gewerbebank, 1893.
e) Spark. der Bank für Handel u. Gewerbe, 1895.
f) Spark. der Spar- und Leihbank, 1890.
g) Spark. der Vereinsbank, 1900.
h) Spark. der Kreditbank, 1878.
31. Karlsruhe: Städt. Spar- und Pfandleihkasse, 1816.
32. Kiel: Spar- und Leihkasse, 1796.
33. Königsberg i. Pr.: Städtische Sparkasse 1828.
34. Leipzig: a) Städt. Spark. Leipzig I.*)
b) " " " II.*)
35. Liegnitz: Städt. Sparkasse, 1832.
36. Lübeck: a) Spar- und Anleihekasse, 1817.
b) Vorschuss- und Sparverein 1862.
37. Magdeburg: a) Städtische Spark., 1823.
b) Sparverein Sudenburg. 1864.
38. Mainz: a) Städt. Sparkasse, 1826.
b) Kreissparkasse Mainz, 1876.
39. Mannheim: Städt. Sparkasse, 1822.
40. Metz: " " 1819.
41. Mülhausen i. E.: " " 1832.
42. München: " " 1824.
43. Nürnberg: " " 1821.
44. Plauen i. V.: " " 1838.
45. Posen: a) " " 1838.
b) Kreisspark. Posen-Ost 1892.
46. Potsdam: Städt. Sparkasse 1840.
47. Spandau: " " 1852.
48. Stettin: a) " " 1823.
b) Sparkasse des Kreises Randow, 1881.
49. Straßburg i. E., Städt. Sparkasse, 1834.
50. Stuttgart: a) " " 1884.
b) Württemberg. Spark. 1818.
c) Oberamtssparkasse Stuttgart-Amt**), 1853.
51. Wiesbaden: a) Nassauische Spark. 1870.
b) Sparkasse des Vorschussvereins, 1859.
c) Spark. des allgem. Vorschuss- u. Sparkassenvereins, 1864
52. Würzburg: Städt. Sparkasse, 1822.
53. Zwickau: " " 1845.

*) Leipzig I: Spark. „Alt-Leipzig" (1826). Die bisherigen Sparkassen 1. Leipzig-Connewitz, 2. L.-Eutritzsch, 3. L.-Gohlis, 4. L.-Plagwitz, 5. L.-Lindenau, 6. Parochie Schönefeld wurden ab 1. Januar 1900 mit der Sparkasse der Stadt Leipzig (Alt-Leipzig) vereinigt als Spark. „Leipzig II".

**) Bezeichnung „Stuttgart-Amt" als Gegensatz zu „Stuttgart-Stadt". (Die Kasse nimmt von in Stuttgart wohnenden Personen keine Einlagen an.)

die erforderlichen Betriebsmittel ganz oder zum Teil als Darlehen von den Sparkassen. Bei einigen Kassen, die nur Unterabteilungen größerer Anstalten bilden, wurden die verfügbaren Geldbestände durch die Hauptanstalt verwertet.

Die Kassen, deren Guthaben bei einzelnen öffentlichen Anstalten am Jahresschlusse noch über eine Million Mark betrug, sind im Folgenden mit Angabe der Summen und der betreffenden Anstalt aufgeführt:

Aachen a 1654800 ℳ (13 Bankhäuser), Breslau 1290100 ℳ (Stadtbank), Cöln 2239800 ℳ (Schaaffhausenscher Bankverein), Dresden 1195000 ℳ (städtisches Leibamt) und 1000000 ℳ (Deutsche Bank), Düsseldorf 3344400 ℳ (städtisches Gas- und Wasserwerk), Hannover a 1781340 ℳ (Stadtleihkasse), Metz 1105110 ℳ, dann Mülhausen 7424300 ℳ und Straßburg*) 10987700 ℳ (kaiserl. Staatsdepositenverwaltung), München 1129400 ℳ (städtische Leihanstalt), Wiesbaden a 4640600 ℳ (Nassauische Landesbank) und 2574300 ℳ (Preußische Zentralgenossenschaftskasse Berlin.)

Neben der Hauptstelle hatten 26 von den aufgeführten Kassen im Berichtjahre zur Annahme und Auszahlung von Spargeldern berechtigte Filialen oder Zweiganstalten, und zwar insgesamt 739; auch bestanden bei 31 Kassen (zum Teil neben Filialen) insgesamt 429 einfache Annahmestellen (ohne Auszahlungberechtigung).

Die Höchstzahl der Filialen weist die Württembergische Sparkasse zu Stuttgart auf (524 über das ganze Land zerstreute Agenturen); dann folgen die Nassauische Sparkasse zu Wiesbaden (52) und die Aachener Spar- und Prämienkasse (28), deren Geschäftsbereich je auf den zugehörigen Regierungsbezirk ausgedehnt ist. Daran reihen sich: Hamburg a mit 20, Braunschweig mit 12, Aachen b und Danzig b mit je 10, Danzig c, Dresden und Frankfurt a. M. a mit je 9, Bremen a und Straßburg mit je 7, Cöln mit 6, Frankfurt a. M. b/c und Potsdam mit je 5, Görlitz und Leipzig b mit je 4, Bremen b, Hannover a und Magdeburg a mit je 3, Altona b, Chemnitz und Königsberg mit je 2, endlich Cassel b, Lübeck a und Magdeburg b mit je 1 Filiale.

Einfache Annahmestellen hatten: Berlin 94, Hamburg b 53, Stuttgart a 45, Hannover c 35, Stuttgart c 26, Altona b 19, Stuttgart b 17, Erfurt b 16, Stettin b 15, München 12, Cöln 11, Stettin a 10, Breslau 9, Magdeburg a 8, Düsseldorf 7, Charlottenburg und Posen a je 6, Leipzig a 5, Leipzig b, Strassburg und Wiesbaden a je 4, Danzig a, Frankfurt a. M. a, Frankfurt a. O., Hannover f, Mannheim und Plauen je 3, Hannover d 2, endlich Dortmund, Kiel und Posen b je 1.

Die Zahl der ständig beschäftigten Beamten und Bediensteten betrug insgesamt 1293 bei 78 Kassen (für 3 fehlten die Angaben). Bei einigen Kassen müssen alle oder auch nur einzelne Beamte anderweitige Geschäfte mitbesorgen; häufig sind auch Privatpersonen, besonders bei den einfachen Annahmestellen, für Sparkassen tätig.

Die meisten Beamten hat die Spar- und Prämienkasse in Aachen (113, davon 35 an der Hauptstelle). Bei den anderen größeren Kassen ist der Beamtenstand folgender: Berlin 95, Leipzig a 91**), Wiesbaden a 75***), Hamburg a 56, Dresden 53, Stuttgart b 41, Altona b 40, Bremen a 32, Cöln, Frankfurt a. M. a und b je 30, Hamburg b 28, Aachen b 25, Breslau, Königsberg, Magdeburg a und Straßburg 22 oder 23, Chemnitz, Frankfurt a. M. c, Hannover c, Kiel und München 16 und 18,

---

*) Die Straßburger Sparkasse hatte außerdem 7800000 ℳ bei der Stadt untergebracht und 990000 ℳ in der Stadtanleihe von 1901 angelegt.

**) Teilweise im Leihhaus mitbeschäftigt.

***) Besorgen gleichzeitig die Geschäfte der Nassauischen Landesbank.

Charlottenburg, Darmstadt, Dortmund, Düsseldorf, Halle, Hannover a, Karlsruhe, Leipzig b, Mainz a, Metz, Stettin a und Wiesbaden c 11 bis 15, Barmen, Cassel a, Crefeld, Danzig a, Elberfeld, Erfurt a, Essen, Frankfurt a. O., Görlitz, Hannover b, Lübeck b, Mainz b, Mannheim, Nürnberg, Plauen, Posen a, Stettin b, Stuttgart a und Zwickau 6 bis 10.

Die Sparmarken-Einrichtung ist seit Jahren fortdauernd im Rückgang; im Berichtjahre findet man sie noch bei 40 Kassen. Ein Verkauf von Sparmarken (Übersicht 1), ist nur bei 36 Kassen zu verzeichnen; bei den anderen werden lediglich die umlaufenden Marken noch eingelöst.

Verkaufte Sparmarken.

Kasse	Zahl		Wert in Mark 1900	Kasse	Zahl		Wert in Mark 1900
	1890	1900			1890	1900	
Altona b . .	158 464	93 800	9 380	Halle a. S. . .	19 900	36 100	3 610
Augsburg . .	19 130	6 000	600	Hannover c .	12 857	2 191	219
Barmen . , .	92 197	109 542	10 954	Kiel	36 335	47 205	4 720
Bremen a . .	53 691	53 440	5 344	Königsbergi.Pr.	129 000	20 600	2 060
Breslau . . .	190 122	107 000	10 700	Leipzig a . .	.	28 100	2 810
Cassel a . . .	41 300	13 500	1 350	Lübeck a . .	142 300	36 250	3 625
Chemnitz . .	43 800	32 600	3 260	Mainz b . . .	.	238 050	47 610
Cöln	49 350	37 503	3 750	München . .	135 000	90 000	9 000
Dortmund . .	4 790	200	20	Nürnberg . .	103 200	140 100	14 010
Dresden . . .	64 860	29 450	2 945	Plauen i. V. .	4 480	185 958	9 298
Düsseldorf . .	24 650	4 200	420	Posen a . . .	4 180	6 240	624
Duisburg . .	14 700	20 600	2 060	Potsdam. . .	5 000	15 750	1 575
Erfurt a . . .	67 841	23 849	2 385	Strassburg i. E.	12 500	25 000	5 000
" b . . .	.	1 320	132	Stuttgart a . .	72 160	87.120	14 105
Essen	61 400	83 600	8 360	" c . .	.	.	84 337
Frankfurt a. M. a	.	1 000	100	Würzburg . .	.	37 500	3 750
" b	865 380	763 560	76 356	Zwickau . . .	70 254	1 400	140
Frankfurt a. O.	10 000	6 400	640			Gesamtwert:	346 789
Görlitz . . .	6 940	15 400	1 540				

In der Regel geben die Kassen nur Sparmarken zu 10 Pfennig aus; ausnahmsweise finden sich bei Mainz b und Straßburg solche zu 20, bei Plauen zu 5, bei Stuttgart a zu 5, 10, 20 und 50 Pfennig und bei Stuttgart c solche im Werte von 30 Pfennig bis 10 Mark; Lübeck a verkaufte früher auch Sparmarken von 1 Mark, die jetzt noch zur Einlösung gelangen.

Eine Reihe von Kassen steht in Verbindung mit Schul und Jugendsparkassen, Pfennigsparkassen und ähnlichen Einrichtungen, sowie mit Spar- und anderen Vereinen, deren eingelegte Gelder sie zur Verzinsung und Verwaltung entgegennehmen (Übersicht 2). Den Kassen Elberfeld und Freiburg gingen im Berichtsjahre für ihre Pfennigsparkassen neue Einlagen infolge der Einstellung des Sparmarkenverkaufs nicht mehr zu.

Einlagen für die Schul- und ähnlichen Sparkassen während des Jahres 1900.

2.

Kasse	Einlagen Mark	Kasse	Einlagen Mark	Kasse	Einlagen Mark
Altona b . .	9 547	Erfurt a . . .	33 716	München . .	7 617*)
Breslau . . .	209 259	Frankfurt a. M. b	76 356	Nürnberg . .	6 328
Cassel a . . .	1 381	Freiburg i. Br.	—	Plauen i. V. .	152 350
Danzig b . .	2 000	Halle a. S. . .	8 621	Posen . . .	1 990
Darmstadt . .	41 461	Hamburg a . .	61 537	Spandau . . .	1 935
Dortmund . .	114	Karlsruhe i. B.	20 693	Stuttgart a . .	13 580
Duisburg . .	545	Königsberg i. Pr.	2 241	" b . .	?
Elberfeld . .	—	Liegnitz . . .	77 381	Summe . .	728 652

Als geringste, satzungsgemäß zulässige erstmalige Einlage war im Berichtsjahre bei der Mehrzahl der Kassen 1 Mark festgesetzt. Ausnahmen bilden: Mainz b mit 10, Barmen und Karlsruhe mit je 3, Braunschweig, Freiburg und Würzburg mit je 2 Mark, Altona b, Cassel b, Erfurt a, Frankfurt a. M. c, Frankfurt a. O., Hamburg a und b und Stettin a je 50 Pfennig. Bei Magdeburg b (Sparverein Sudenburg) und Stuttgart c (hier nur bei den Agenturen) beträgt die geringste, zulässige Ersteinlage 10 Pfg. Für die geringste satzungsgemäß zulässige Nachzahlung war in der Regel der gleiche Betrag festgesetzt, wie für die geringste Ersteinlage (bei Mainz b Mindestnachzahlung nur 2, bei Karlsruhe 1 Mark). Eine Höchstgrenze für das Gesamtguthaben gab es bei 36 Kassen nicht. Bei den übrigen liegt die Obergrenze**) zwischen 500 (Wiesbaden b) und 30000 Mark (Wiesbaden a). Außer Wiesbaden b bleibt die Höchstgrenze unter 1000 Mark noch bei Würzburg (700 Mark) und bei Metz, Mülhausen und Straßburg (je 800 Mark).

Bei einigen Kassen können Mündelgelder, dann Gelder von milden Stiftungen, Krankenkassen u. dergl. bis zu einem höheren Gesamtbetrage als von Privatpersonen eingelegt werden; bei 2 Kassen ist auch bei privaten Einlagen eine Überschreitung der Höchstgrenze des Gesamtguthabens mit besonderer Genehmigung der Sparkassenverwaltung gestattet. Eine besondere Beschränkung findet sich bei Stuttgart a und c: Höchstbetrag 2000 ℳ; jedoch darf das Gesamtguthaben einer Familie (Mann, Frau und Kinder unter 14 Jahren) 3000 ℳ nicht überschreiten. Einige Kassen erstreben eine mittelbare Beschränkung in der Höhe der Gesamteinlagen durch niedrigere Verzinsung oder vollständige Zinsverweigerung von einer bestimmten Höhe ab. Einmalige Einlagen waren bei 29 Kassen in beliebiger Höhe zulässig; bei einem Teil der anderen war das beliebige Einlegen so lange statthaft, bis die Höchstgrenze des Gesamtguthabens erreicht war, bei den übrigen war ein bestimmter Höchstbetrag für einmalige Einlagen festgesetzt. Eine zeitliche Beschränkung findet sich bei Frankfurt a. M. a. (die Einlagen dürfen innerhalb 4 Wochen 2000, innerhalb eines Jahres 5000 ℳ nicht übersteigen) und Zwickau (Höchstbetrag innerhalb eines Monats 600 ℳ bei privaten Anlagen und 900 ℳ bei Mündel-, Stiftungsgeldern und dergl.).

Änderungen in dieser Hinsicht ergeben sich, wenigstens nach den eingelangten Angaben, bei sechs Kassen in nachbezeichneter Weise:

---

*) Rücknahmen 10 257 ℳ

**) In einzelnen: 500, 700, 800, 1000, 1200, 1500, 2000, 3000, 4000, 5000, 6000, 10 000, 12 000, 15 000, 20 000, 25 000, 30 000 ℳ

		bisher	nunmehr
Aachen a	Gesamt-Guthaben	ℳ 20 000	unbegrenzt
Erfurt b	Einmalige Einlage	ℳ 20 000	unbegrenzt
Essen	Einmalige Einlage	unbegrenzt*)	ℳ 3000
Frankfurt a. M. a	" "	ℳ 1 000	ℳ 2000 im Monat ℳ 5000 im Jahre
	Gesamt-Guthaben	unbegrenzt	ℳ 10 000
Magdeburg b	"	"	ℳ 3000
	Einmalige Einlage	"	unbegrenzt*)
Stuttgart a	Gesamt-Guthaben	ℳ 1500	ℳ 2000 für Personen ℳ 3000 für Familien

Der **Zinsfuß** für die Spareinlagen betrug bei einem Drittel der Kassen einheitlich 3 Prozent. Die übrigen verzinsen höher, jedoch kommt meist neben dem höheren auch ein geringerer Zinsfuß vor. Die Abstufung richtet sich in der Regel nach der Höhe der Einlagen oder nach der Kündigungsfrist.

Die geringste vorkommende Verzinsung betrug 2 Prozent und zwar bei: Cöln (neben $3\frac{1}{3}$), Kiel (für Einlagen auf kurze Zeit neben $3\frac{1}{4}$), Lübeck b (für Einlagen über 3000 ℳ neben $3\frac{1}{3}$) und Wiesbaden a (für Einlagen von 1000 bis 30 000 ℳ neben $3\frac{1}{4}$). Der höchste Zinsfuß von $4\frac{1}{2}$ Prozent kam vor bei Aachen a [Prämienkasse] (für Einlagen bis zu 1000 Mark neben $3\frac{1}{3}$) und Hannover e (bei halbjähriger Kündigungsfrist neben 4).

Gegen das Vorjahr traten nach den eingelangten Angaben bei der **Hälfte** der auch am letzten Bericht beteiligten Kassen **Erhöhungen** des den Spargästen gewährten Zinsfußes ein (siehe Übersicht 3). Sie hatten ihren Grund meist in der allgemeinen Geldverteuerung und bezweckten vielfach die Verhinderung ausgedehnterer Rücknahmen.

Zinsänderungen.

3. Kasse	Zinsfuß für Spareinlagen		Kasse	Zinsfuß für Spareinlagen	
	1899	1900		1899	1900
Aachen a (Sparkasse)	$2\frac{1}{2}$ u. 3	$3\frac{1}{3}$	Essen	$3-3\frac{1}{3}$	$3\frac{1}{2}$ später 4†)
Altona a	$3\frac{1}{4}$	$3\frac{1}{3}$†)	Frankfurt a. M. b	3	$3\frac{1}{3}$
" b	$3\frac{1}{4}$	$3\frac{1}{3}$, später $3\frac{1}{2}$†)	" " c	3	$3\frac{1}{3}$
" c	$2\frac{1}{2}-3\frac{1}{2}$	$2\frac{1}{2}$ u. $3\frac{3}{4}$†)	Hamburg a	$3\frac{1}{5}$	$3\frac{1}{2}$
Barmen	3	$3\frac{3}{4}$	" b	3	$3\frac{1}{2}$
Bochum	$3\frac{1}{3}$	$3\frac{1}{2}$	Hannover a	3	$3\frac{1}{4}$
Braunschweig	$2\frac{1}{2}$	3†)	" b	$3\frac{1}{4}$ u. $3\frac{3}{4}$	$3\frac{1}{2}$ u. $3\frac{3}{4}$
Bremen a	2 u. $3\frac{1}{4}$	$2\frac{1}{2}$ u. $3\frac{1}{2}$	" c	3	$3\frac{1}{4}$
Breslau	$2\frac{3}{4}$	3	" d	$3\frac{1}{3}-4$	$3\frac{3}{4}$ u. $4\frac{1}{4}$
Chemnitz	$2\frac{3}{4}$	3	" e	$3\frac{1}{2}$ u. 4	4†) u. $4\frac{1}{2}$†)
Crefeld	$3\frac{1}{3}-4$	$3\frac{1}{2}-4$	Karlsruhe	3 u. $3\frac{1}{4}$	$3\frac{1}{4}$ u. $3\frac{1}{2}$
Danzig a	3	$3\frac{1}{3}$†)	Kiel	2 u. 3	2 u. $3\frac{1}{4}$
" b	3 u. $3\frac{1}{3}$	$3\frac{1}{3}$	Lübeck b	2 u. 3	2 u. $3\frac{1}{3}$
" c	$2\frac{1}{2}$ u. 3	$3\frac{1}{3}$	Plauen	3	$3\frac{1}{4}$
Darmstadt	$2-3\frac{1}{2}$	$2\frac{1}{2}-3\frac{1}{2}$	Stettin b	3	$3\frac{1}{3}$
Dortmund	$2\frac{1}{2}-3$	$2\frac{1}{2}$ u. $3\frac{1}{2}$	Stuttgart a	$3\frac{3}{10}$	$3\frac{1}{2}$
Düsseldorf	$2\frac{1}{2}-4$	3†)-4	Wiesbaden a	$1\frac{1}{2}$ u. 3	2 u. $3\frac{1}{4}$
Duisburg	$2\frac{1}{2}-4$	$3-4$	" c	3	$3\frac{1}{4}$
Elberfeld	3	$3\frac{3}{4}$	Zwickau	3	$3\frac{1}{3}$†)

*) Bis zur Höchstgrenze des Gesamt-Guthabens, die bei Essen 12 000 ℳ beträgt.
†) Die Erhöhung des Zinsfußes trat erst im Laufe des Berichtsjahres in Kraft.

Das Gesamtguthaben der Spareinleger ist bei $^4/_5$ der in den beiden letzten Berichtsjahren beteiligten Kassen 1900 gegen 1899 gestiegen; bei den übrigen ging es zurück.

Bei 15 Kassen beträgt die Zunahme 1—2, bei 9: 2—5 Millionen ℳ. Hamburg a und Stuttgart b weisen eine Mehrung von mehr als $5^1/_2$ Millionen auf. Das stärkste Anwachsen der Sparsummen findet man bei Berlin (12 Millionen).

Ein Rückgang im Einlagenstande fand statt bei Altona a, b (— 3,35 Millionen ℳ) und c, Dresden, Hannover c, Karlsruhe, Königsberg, Leipzig a (— 1,07 Mill. ℳ) und b, Lübeck a, Magdeburg b, Mainz a, Mülhausen, Posen a, Straßburg und Würzburg.

Der Stand der Sparsummen in den letzten fünf Jahren ist für jene 66 Kassen, für die ausreichende Nachweise vorliegen, in der Übersicht 4 ausgewiesen. Die Zunahme beträgt im ganzen Zeitraum 327,57 Millionen, gleich 19,4 Prozent. Gegenüber 1899 trat 1900 bei diesen Kassen eine Mehrung von 64,03 Millionen gleich 3,3 pCt. ein.

Stand der Sparsummen am Ende der Jahre 1896—1900.

4.

Kassen	Sparsummen: Ende				
	1896	1897	1898	1899	1900
	in Millionen Mark				
Aachen a . .	101,75	109,36	115,13	116,53	118,33
Altona a . . .	5,45	6,08	6,21	6,02	5,84
„ b . . .	94,70	96,41	98,40	98,79	92,44
„ c . . .	4,83	5,06	5,04	5,02	4,89
Augsburg . . .	9,63	10,15	10,66	11,24	11,65
Barmen . . .	13,49	14,55	15,36	15,79	17,20
Berlin	194,87	210,26	225,83	241,00	253,00
Bochum . . .	16,95	17,24	18,27	19,30	20,27
Braunschweig .	1,15	1,33	0,79	0,66	0,71
Bremen a . . .	70,00	71,35	72,21	71,84	74,54
„ b . . .	8,03	8,25	8,25	7,84	7,87
Breslau . . .	36,40	37,28	38,63	40,84	43,99
Cassel a . . .	6,51	7,26	8,53	9,59	10,43
Charlottenburg .	6,38	8,19	10,55	13,00	15,22
Chemnitz . . .	26,98	28,54	30,08	30,03	30,74
Cöln	39,73	44,28	47,77	51,05	53,20
Crefeld	10,27	10,65	10,81	11,00	11,72
Darmstadt . .	15,31	16,40	17,07	17,84	19,00
Dortmund . . .	28,33	29,78	31,26	33,05	34,53
Dresden . . .	71,59	74,08	77,34	78,69	78,30
Düsseldorf . .	30,04	31,96	33,38	33,98	35,47
Duisburg . . .	6,66	6,96	7,24	7,51	8,04
Elberfeld . . .	16,79	17,77	18,70	18,71	21,52
Erfurt a . . .	13,80	14,54	15,54	16,40	16,84
„ b . . .	2,72	3,20	3,53	3,85	3,94
Essen	21,11	22,28	23,24	23,73	25,66
Frankfurt a. M. a	1,89	2,04	2,56	3,84	5,52
„ b	47,49	51,43	55,17	58,37	62,21
„ c	6,79	7,07	7,36	7,65	8,12
Frankfurt a. O. .	15,23	16,30	17,41	18,56	19,43
Freiburg i. Br. .	16,40	17,10	17,72	18,53	19,10
Görlitz	14,07	15,11	16,25	17,00	17,63
Halle a. S. . .	23,88	25,79	28,01	30,13	31,38
Hamburg a . .	95,70	102,98	109,21	110,70	116,43
„ b . .	54,04	57,02	60,72	63,27	67,60
Hannover a . .	14,95	17,69	19,24	19,91	20,64
„ c . .	33,97	35,16	36,02	34,80	34,21
„ e . .	0,14	0,25	0,25	0,37	0,81
Karlsruhe . . .	13,96	15,54	16,17	16,62	16,56
Kiel	32,87	34,44	35,98	36,36	37,57
Königsberg i. Pr.	39,34	40,01	40,61	40,92	39,99
Leipzig a + b .	68,93	72,32	74,89	76,22	74,57
Liegnitz . . .	6,09	6,21	6,68	7,19	7,55
Lübeck a . . .	7,02	7,52	8,09	8,48	8,46
„ b . . .	6,93	7,38	7,55	7,66	7,88
Magdeburg a . .	61,90	65,65	68,71	70,93	71,57
„ b . .	0,03	0,04	0,04	0,05	0,04
Mainz a . . .	28,53	30,64	32,69	32,91	32,27
Mannheim . .	16,54	17,22	17,86	18,48	19,43
Metz	10,81	11,11	11,30	11,34	11,60
Mülhausen . .	6,77	7,31	7,53	7,58	7,46
München . . .	30,27	32,44	33,62	34,92	35,99
Nürnberg . . .	10,90	12,33	13,66	15,09	15,63
Plauen i. V. . .	19,42	20,64	21,58	22,01	22,64
Posen a . . .	7,88	8,64	9,40	9,97	9,78
Potsdam . . .	7 17	7,79	8,61	9,24	9,90
Spandau . . .	7,93	8,91	9,87	10,76	11,77
Stettin a . . .	36,38	38,92	41,34	43,22	45,54
Straßburg i. E. .	18,42	19,26	19,57	20,04	19,88
Stuttgart a . .	8,58	9,58	10,29	11,30	12,78
Wiesbaden a .	45,28	48,00	51,46	53,99	57,30
„ b .	2,54	2,74	2,74	2,97	3,03
„ c .	0,88	0,87	1,01	1,15	1,45
Würzburg . . .	2,65	2,94	3,12	3,13	3,04
Zwickau . . .	13,66	13,76	13,92	14,28	15,17
Summe .	1689,70	1793,36	1888,03	1953,24	2017,27

Die Gesamteinlage bei sämtlichen 81 an dem vorliegenden Bericht beteiligten Kassen betrug am Schlusse des Jahres 1900 2215,19 Millionen Mark; die Gesamtzahl der Bücher 4 621 716, so daß auf ein Buch ein durchschnittliches Guthaben von 479 Mark trifft (1899: 476, 1898: 477, 1897: 470).

Der Gesamtbetrag der neuen Einlagen bei allen 81 Kassen bezifferte sich auf 632,36 Millionen Mark in 6 111 534 Posten; die durchschnittliche Einzahlung betrug also 103 ℳ. Die Rücknahmen erreichten insgesamt den Betrag von 614,65 Millionen Mark in 3 465 574 Posten; als durchschnittliche Rücknahme berechnet sich ein Betrag von 177 ℳ. Die Neueinlagen überstiegen die Rücknahmen um 17,71 Millionen Mark.

Der Betrag der Rücknahmen übertraf jenen der Einlagen bei 29 Kassen, so um 5½ Millionen Mark bei Altona b, um 2 bis 2¾ Millionen Mark bei Aachen a, Dresden, Leipzig a und Königsberg, um 1 bis 1⁴/₅ Millionen Mark bei Danzig a, Hannover c, Leipzig b, Magdeburg a und Mainz a.

Der Gesamtzinsanfall für die Spargäste erreichte die Höhe von 67,75 Millionen Mark.

Weitere Einzelheiten über die Geschäftstätigkeit der Sparkassen sind aus Tabelle I zu entnehmen.

Über die wichtigsten Ergebnisse der inneren Verwaltung der Sparkassen gibt in gewohnter Weise Tabelle II Aufschluß.

Eigenes Vermögen besitzen 70 Kassen im Gesamtbetrage von 129,37 ℳ.

Bei den meisten Kassen wird das eigene Vermögen nur vom Reservefonds gebildet; anderweitiger Vermögensbesitz findet sich noch bei: Altona b, Bremen a, Cassel b, Düsseldorf, Freiburg, Königsberg (Deckungsfonds), Lübeck b, Magdeburg a, Mannheim, Metz, Plauen (Dispositionsfonds), Posen a, Stettin b, Straßburg, Stuttgart b und c. Abgesehen von den Kassen, die Unterabteilungen größerer Anstalten sind und als solche in deren Gesamtvermögen die entsprechende Deckung finden, waren im Berichtsjahre nur Danzig a (Aktien-Gesellschaft)[1]) und b ohne eigenes Vermögen. Der Kasse Lübeck a, die ein Institut der Gesellschaft zur Beförderung gemeinnütziger Tätigkeit ist und an diese ihre Überschüsse abliefert, ist von der Gesellschaft ein verzinslicher Reservefonds und ein Reservekonto für Kursverluste überwiesen.

Grund- und Hausbesitz weisen 28 Kassen auf im Gesamtwert von 10,79 Millionen Mark. Hiervon treffen abgesehen von Aachen a, wo die Unterscheidung fehlt, 4,66 Millionen Mark auf eigenbenützte Verwaltungsgebäude und 4,87 Millionen Mark auf sonstige Besitzungen.

Bei Berlin betrug der Wert des Grund- und Hausbesitzes im Berichtsjahre 2,31, bei Aachen a 1,25 Millionen Mark. Bei den übrigen Kassen blieb er unter 1 Million.

Die zinsbar angelegten Werte stellen sich bei 71 Kassen [2]) auf 2 261,44 Millionen Mark.

Davon entfallen auf Hypotheken 1153,12 Millionen = 51,0 %, auf Wertpapiere 767,67 Millionen = 33,9 % und auf andere Anlagen 340,65 Millionen = 15,1 %.

Über die verschiedenartige Anlage der zuletzt aufgeführten 340,65 Millionen gibt Übersicht 5 Aufschluß.

---

[1]) Abgesehen vom Grund- und Hausbesitz.

[2]) Die verzinslichen Anlagen der übrigen Kassen beziehen sich nicht auf das Sparkassengeschäft allein.

(Fortsetzung auf der übernächsten Seite.)

Ausweis über die außerhalb des eigenen Geschäftes angelegten Kapitalien der Sparkassen am Schlusse des Jahres 1900.

Städte	a. Depots u. Darlehen bei öffentlichen Körperschaften und Anstalten	b. Wechsel	c. Lombard	d. Kontokorrent	e. Andere Anlagen
	in je 1000 Mark.				
achen a	9 008	26 772	751	1 220	435 1)
„ b	1 618	741	60	—	266
ltona a	288	—	—	—	—
„ b	6 683	4 261	1 409	702	69 2)
ugsburg	239	—	—	498	—
armen	1 280	—	—	769	—
erlin	9 743	3 317	—	—	—
ochum	3 255	—	46	—	16
remen a	4 383	8 721	—	—	—
„ b	—	374	—	—	30
reslau	9 228	4 067	1 951	—	—
assel b.	309	—	10	—	515 3)
harlottenburg	359	—	—	—	—
hemnitz	247	—	—	—	—
öln	3 031	—	25	1 876	—
refeld	871	—	—	235	1 4)
anzig a	—	5 692	11 069	140	—
„ b	63	45	35	—	15 4)
„ c	630	6	6	—	—
armstadt	664	—	—	102	4
ortmund	4 775	—	58	—	242
resden	5 296	—	—	—	—
üsseldorf	6 470	—	—	—	434 4)
uisburg	258	—	6	—	185
lberfeld	803	—	54	472	—
rfurt a	505	—	155	368	—
„ b	435	—	14	4	—
ssen	1 431	—	—	—	67
rankfurt a. M. a	—	350	200	675	5 3)
„ b u. c	—	6 029	—	506	—
rankfurt a. O.	2 439	—	192	—	1 1)
reiburg i. Br.	1 937	—	—	456	501
örlitz	4 209	—	21	31	—
alle a. S.	2 352	—	—	135	—

Städte	a. Depots u. Darlehen bei öffentlichen Körperschaften und Anstalten	b. Wechsel	c. Lombard	d. Kontokorrent	e. Andere Anlagen
	in je 1000 Mark.				
Hamburg a	518 5)	8 304	9 800	—	—
„ b	—	8 119	—	—	—
Hannover a	17 813	—	315	—	2
„ b	1 111	—	52	360	82
„ c	—	—	293	—	—
Karlsruhe	—	—	246	—	—
Kiel	754	—	319	501	758 4)
Königsberg i. Pr.	11	—	4 014	—	—
Leipzig a	1 470	—	3 008	—	—
„ b	—	—	23	—	—
Liegnitz	965	—	—	—	—
Lübeck a	193	—	—	—	—
„ b	—	1 188	931	75	—
Magdeburg a	7 288	—	117	—	15 1)
„ b	14	—	5	2	—
Mainz a	11	2 031	—	—	—
„ b	2 168	—	—	36	89
Mannheim	186	—	—	399	31 6)
Metz	11 558 7)	—	—	—	—
Mülhausen i. E.	7 425 7)	—	—	—	121 3)
München	11 412	—	—	666	—
Plauen i. V.	1 272	—	13	—	—
Posen a	518	—	1 059	—	109 3)
„ b	27	17	—	—	21
Potsdam	1 692	—	25	—	—
Spandau	599	—	130	—	62 4)
Stettin a	—	—	88	—	—
„ b	3 322	—	170	2	72
Straßburg i. E.	19 805 7)	—	—	—	—
Stuttgart a	661	—	68	464	—
„ b	18 479	—	350	1 242	—
„ c	558	—	—	131	114
Wiesbaden a	—	—	3 087	7 252	3834 4)
Zwickau	218	—	141	28	—

1) Giro-Konto bei der Reichsbank. 2) Leihweise Unterstützungen. 3) Darlehen gegen Schuldschein. 4) Bürgschafts-Darlehen. 5) Gegen Hypothek oder Bürgschaft. 6) Liegenschaftskaufschillinge. 7) Bei der kaiserlichen Staatsdepositenverwaltung hat hiervon Metz 11 051, Straßburg 10 988 Tausend Mark, Mülhausen den ganzen Betrag hinterlegt.

Die Verteilung auf die einzelnen Anlagegattungen gestaltet sich folgendermaßen:

a) Depots und Darlehen bei öffentlichen Körperschaften und Anstalten 192,86 Millionen = 56,6 %, b) Wechsel 80,03 Millionen = 23,5 %, c) Lombarddarlehen 40,31 Millionen = 11,8 %, d) Kontokorrentguthaben 19,35 Millionen = 5,7 %, e) übrige Anlagen 8,10 Millionen = 2,4 %.

Bei einigen Kassen ist in den angegebenen Zahlen über die zinsbaren Anlagen auch der Reservefonds mit einbegriffen.

Der Zinsfuß [1]) für die von den Kassen angelegten Kapitalien bewegt sich zwischen 2 und 7%.

Eine Verzinsung von 2 % als Mindestrente weisen Barmen (für vorübergehende Anlagen bei Banken 2—3½) und Nürnberg nach. Ein Zinsfuß von 7 % findet sich bei Königsberg (Lombard) und Lübeck b. Mehr als 5 % erzielten außerdem für einen Teil ihrer Anlagen Berlin (5$^1/_{16}$), Breslau (5$^1/_8$), Danzig a und b (beide 6), Düsseldorf (5½), Frankfurt a. M. b mit c (5$^9/_{16}$), Frankfurt a. O. (6½), Leipzig a (5½), Stuttgart a (6) und b (6).

Der bare Kassenbestand am Jahresschlusse bewegt sich bei den verschiedenen Kassen zwischen weiten Grenzen (7 Tausend [2]) bis 1,8 Millionen Mark); durch entsprechenden Kontokorrentverkehr mit Großbanken u. dergl. wird ja auch die Anhäufung größerer Barsummen bei den Sparkassen ersetzt.

Ein Barbestand von mehr als 1 Million Mark findet sich bei: Aachen a, Hamburg a und Magdeburg a, ein solcher von mehr als ½ Million außerdem bei: Berlin, Frankfurt a. M. b mit c, Hannover a, Stettin a und b, Stuttgart b. Weniger als 10 000 ℳ waren vorhanden bei Augsburg, Magdeburg b und Posen b.

Die wichtigsten Verhältniszahlen sind in Tabelle III nachgewiesen. Sie gibt einen Überblick über die verschiedenartige Gestaltung des Verkehres und Geschäftes bei den einzelnen Anstalten und zeigt auch annähernd die Beteiligung der Bevölkerung, hinsichtlich deren auf die in früheren Berichten schon erwähnte Unsicherheit der Berechnung Bezug genommen werden muß, die durch die ungleiche Ausdehnung des Arbeitsfeldes der Kassen über den Kreis der Stadtbevölkerung hinaus bedingt ist.

Der Durchschnittwert des auf ein Sparbuch treffenden Guthabens, der sich für die Gesamtheit der Kassen auf 479 ℳ stellt, war am höchsten bei Aachen b (1464 ℳ); unter 100 ℳ blieb er bei Braunschweig (29 ℳ) und Magdeburg b (68 ℳ).

Einen Vergleich der Durchschnittwerte der Guthaben der Spargäste am Schlusse der Jahre 1899 und 1900 bietet Übersicht 6.

Von den 71 Kassen, für die der Durchschnitt beider Jahre vorliegt, weisen 36 eine Erhöhung, 33 eine Minderung nach, während er bei 2 unverändert blieb.

---

[1]) Es ist anzunehmen, daß die betreffenden Angaben nicht von allen Kassen gleichheitlich erfolgten; so sind von Altona b die in Wechseln und Vorschüssen auf Wertpapiere angelegten Kapitalien, von Bremen a gleichfalls die Anlagen in Wechseln bei der Angabe des erzielten Zinsfußes nach Vermerk auf dem Fragebogen nicht berücksichtigt. Es ist auch fraglich, ob der für vorübergehende Anlagen erzielte Zinsfuß überall zum Ausdruck kam.

[2]) Abgesehen von der kleinsten Kasse Magdeburg b mit 1,3 Tausend Mark.

Durchschnittwerte der Guthaben der Spargäste am Schlusse der Jahre 1899 und 1900.

6.

Kassen	1899	1900	Kassen	1899	1900	Kassen	1899	1900
	Mark			Mark			Mark	
Aachen a . . .	785	784	Elberfeld	585	634	Lübeck b . . .	327	323
„ b . . .	.	1 464	Erfurt a	425	421	Magdeburg a . .	491	485
Altona a	1 236	1 180	„ b	586	562	„ b .	72	68
„ b	959	896	Essen	706	729	Mainz a	1 103	1 078
„ c	.	.	Frankfurt a. M. a	533	544	„ b	1 001	977
Augsburg . . .	388	394	„ b	675	696	Mannheim . . .	660	694
Barmen	477	502	„ c	537	556	Metz	253	259
Berlin	357	363	Frankfurt a. O.	467	477	Mülhausen i. E.	378	365
Bochum	1 195	1 167	Freiburg i. Br.	969	966	München . . .	437	433
Braunschweig .	27	29	Görlitz	393	394	Nürnberg . . .	319	320
Bremen a . . .	538	531	Halle a. S. . . .	503	499	Plauen i. V. . .	411	413
„ b . . .	638	645	Hamburg a . .	827	799	Posen a	316	318
Breslau	301	309	„ b . .	549	554	„ b	.	665
Cassel a	250	264	Hannover a . .	465	466	Potsdam	309	320
„ b	.	466	„ b . .	684	747	Spandau	435	448
Charlottenburg	375	390	„ c . .	453	450	Stettin a	682	686
Chemnitz . . .	266	268	„ d . .	638	649	„ b	738	763
Cöln	474	469	„ e . .	768	.	Straßburg i. E.	290	283
Crefeld	431	456	„ f . .	.	775	Stuttgart a . . .	313	334
Danzig a	476	476	„ g . .	.	740	„ b . . .	629	646
„ b	393	436	Karlsruhe . . .	732	712	„ c . . .	.	476
„ c	461	415	Kiel	568	530	Wiesbaden a .	404	404
Darmstadt . . .	519	544	Königsberg . .	430	419	„ b .	143	141
Dortmund . . .	842	832	Leipzig a . . .	333	327	„ c .	376	374
Dresden	305	300	„ b . . .	.	315	Würzburg . . .	157	155
Düsseldorf . . .	635	632	Liegnitz	374	386	Zwickau	297	307
Duisburg	583	578	Lübeck a . . .	504	466			

Der Durchschnittwert der Einzahlungen liegt bei 39 Kassen zwischen 100 und 200 Mark.

Darüber hinaus geht der Durchschnitt bei 12 Kassen: Altona a, Bremen b, Danzig b, Hannover b, d, e (516), f, g (523) und h (722), Mainz b, Posen b und Stettin b; unter 100 Mark bleibt er bei 27 Kassen.

Der Durchschnittwert der Rückzahlungen beträgt bei 33 Kassen 100 bis 200 Mark.

Höher steht er bei 40 Kassen, so bei Altona a (570), Hannover f (441) und h (682) sogar über 400 Mark, — bei 5 Kassen erreicht er 100 Mark nicht.

Die Durchschnittseinzahlung übertraf den Betrag der Durchschnittsrücknahme nur bei 7 Kassen: Braunschweig, Cassel b, Hannover d, e, g, h und Würzburg.

Über die Beteiligung der Bevölkerung an den Sparkassen sollen die Zahlen der Spalte 7 und 8 der Tabelle III Aufschluß geben. Zugrunde gelegt ist die mittlere Bevölkerungszahl der Städte im Berichtsjahre. Diese Zahlen können aber, wie bemerkt, nur annähernd die tatsächlichen Verhältnisse wiedergeben. Kassen, deren Geschäftskreis sich auf größere Gebiete erstreckt, wurden bei dieser Berechnung überhaupt ausgeschaltet.

Die stärkste Beteiligung der Bevölkerung berechnet sich hiernach bei Bremen und Zwickau (auf hundert Einwohner 93 und 90 Sparbücher). Diese hohen Prozentsätze sind aber zweifellos auf eine starke Benützung der betreffenden Sparkassen durch die Bewohner der umliegenden Ortschaften zurückzuführen. Mehr als 50 Sparbücher auf hundert Einwohner findet man noch in Chemnitz (56), Dresden (66), Frankfurt a. O. (66), Görlitz (56), Hannover (63), Kiel (67), Königsberg (51), Leipzig (51), Lübeck (53), Magdeburg (65), Metz (77), Plauen (76), Potsdam (52); unter 25 bleibt der Prozentsatz der Sparer in Barmen (24), Braunschweig (19), Charlottenburg (21), Crefeld (24), Duisburg (15), Elberfeld (22), Karlsruhe (24), Mannheim (21), Mülhausen (23), München (17), Nürnberg (19), Stuttgart (22).

Der höchste Sparbetrag auf den Kopf der Bevölkerung ergibt sich in Altona mit 642 ℳ; über 300 ℳ geht der Kopfteil in: Bochum (312), Bremen (504), Frankfurt a. O. (314), Freiburg (311), Hannover (343), Kiel (355), Magdeburg (312), Mainz (385) und Plauen (315); weniger als 100 ℳ beträgt er in: Braunschweig (6), Charlottenburg (83), Duisburg (87), Mülhausen (85), München (73), Nürnberg (62), Posen (84), Stuttgart (73) und Würzburg (41).

Der Prozentanteil der Hypotheken, Wertpapiere und sonstigen Anlagen an dem Gesamtbetrage der zinsbar angelegten Kapitalien ist für die einzelnen Kassen in den Spalten 9 bis 11 der Tabelle III ausgewiesen.

In Hypotheken war ein sehr beträchtlicher Teil der Kapitalien (über 80 Proz.) angelegt bei: Altona a, Darmstadt, Freiburg, Kiel, Lübeck a, Mainz a, Stuttgart a und c, und Zwickau; zwischen 60 und 80 Prozent liegt der Anteil bei 25 Kassen. Hypothekenanlagen fehlen gänzlich bei Danzig a, Magdeburg b, Metz, Mülhausen und Straßburg.

In Wertpapieren sind nur bei Würzburg mehr als 80 Prozent der Kapitalien angelegt (90,4); über 60 Prozent geht der Anteil noch bei Augsburg, Berlin, Frankfurt a. O. und Nürnberg. Metz und Mülhausen besitzen gar keine Wertpapiere.

Das Verhältnis des Reinertrages zum mittleren Einlagenstande (in gewohnter Weise nach dem Mittel des Standes am Beginne und am Schlusse des Geschäftsjahres berechnet) bewegt sich bei den einzelnen Kassen zwischen 2,45 und 0,01 Prozent.

Am höchsten stellt sich der Prozentsatz des Reinertrages bei Danzig a (2,45) 1—2 Prozent kommt vor bei Breslau, Duisburg, Freiburg, Lübeck b, Posen a und b und Potsdam; bei den übrigen Kassen wird 1 Prozent nicht erreicht. Recht klein (unter 0,20) ist der Satz bei Danzig b (0,13), Erfurt a (0,02), Hannover a (0,007) und c (0,18), Karlsruhe (0,04), Leipzig a (0,02) und Mülhausen (0,08).

Das Verhältnis der Verwaltungskosten zum Umsatze (Summe der Einlagen und Rücknahmen) betrug mehr als 1 Prozent nur bei Cassel b (1,18).

Mehr als 1/2 Prozent berechnet sich noch bei Altona b, Frankfurt a. M. b mit c, Görlitz, Hamburg a, Leipzig b, Liegnitz, Magdeburg b, Posen b, Spandau, Stuttgart b und c. Sätze von weniger als 0,20 finden sich bei Aachen b, Barmen, Halle, Magdeburg a und Stettin a (je 19), Frankfurt a. M. a (0,18), Cöln (0,16) und Düsseldorf (0,13).

Die Entwickelung der Sparkassen war, wie die vorstehenden Darlegungen zeigen, in den beiden letzten Jahren nicht günstig.

Die Sparkassen hatten zu leiden durch die Verteuerung des Geldes, den dadurch veranlaßten Kursrückgang der festverzinslichen Anlagepapiere und die allgemeine wirtschaftliche Lage.

Es ist aber zu betonen, daß die ungünstigere Entwicklung sich schon in früheren Jahren bemerkbar macht, worüber auch die folgende Übersicht 7 Aufschluß gibt.

Sparkassen-Entwickelung in den letzten 5 Jahren.

7. Jahr	Einlagenstand (nach Übersicht 4) am Jahresschlusse in Millionen Mark	Zunahme gegen das Vorjahr in Millionen Mark	in %	Überschuß der Neueinlagen über die Rücknahmen in Millionen Mark	Kassenzahl (sämtliche Kassen) insgesamt [1])	Davon mit Überschuß der Rücknahmen über die Einlagen Zahl	%
1896	1689,70	105,72	6,7	62,99	71	13	18,3
1897	1793,36	103,66	6,1	57,01	70	11	15,7
1898	1888,03	94,67	5,3	47,45	77	14	18,2
1899	1953,24	65,21	3,5	13,88	75	32	42,7
1900	2017,47	64,03	3,3	17,71	81	29	35,8

Die Zunahme der Sparsummen wurde in Grund- und Verhältniszahlen von Jahr zu Jahr geringer. Auch der Überschuß der Neueinlagen über die Rücknahmen wurde von 1896 bis 1899 fortgesetzt kleiner. 1900 ist er zwar gegenüber 1899 gestiegen; gleichwohl beträgt er nicht einmal den dritten Teil des Überschusses in den Jahren 1896 und 1897.

Von besonderer Bedeutung sind auch die außergewöhnlich zahlreichen Zinserhöhungen für die Spareinlagen, die durch die Geldverteuerung veranlaßt waren.

Sie können bei den Kassen, deren Anlagen zumeist in Hypotheken u. dergl. bestehen, teilweise durch Hinaufsetzen des Ausleihezinsfußes und anderweitige Erzielung besserer Verzinsung der Aktiven einen Ausgleich finden. Bei Kassen, deren Vermögen hauptsächlich in Wertpapieren besteht, ist dies nicht der Fall; manche derartige Kassen hatten infolge der Kursrückgänge auch noch Vermögensverluste.

In dieser Hinsicht ist es von Interesse, die Ausführungen einzelner Sparkassen über die allgemeine Lage in ihren Geschäftsberichten zu lesen.

So berichtet beispielsweise die städtische Sparkasse Darmstadt: „Infolge der mißlichen Lage des Geldmarktes im vorigen Jahre, des anhaltend niedrigen Kursstandes der deutschen Staatspapiere und der Vorkommnisse auf dem Gebiete der Hypotheken- und Pfandbriefbanken war der Geschäftsverkehr bei der städtischen Sparkasse ungewöhnlich. Die Ausleihungen gegen Hypotheken und Kaufschillinge mußten in der zweiten Hälfte des Jahres eingeschränkt und infolge starker Rückforderungen auf Einlagen konnten Rückzahlungen in höheren Beträgen nicht immer sofort geleistet werden. Vielmehr war Berufung auf die satzunggemäße Kündigungsfrist vorübergehend geboten. Indessen wurden auch hierbei die Wünsche der Beteiligten durch baldige Zahlung meist kurze Zeit nach erfolgter Rückforderung tunlichst berücksichtigt. Trotzdem weisen aber die Zahlen in den Ausleihungen und Einlagen ein Mehr gegen das Vorjahr auf.“ (Städt. Verwaltungsbericht 1900/01 S. 95.) Unter ähnlicher Begründung wird weiter berichtet von der städtischen Sparkasse Erfurt: „Der Zinsfuß von Hypotheken-Kapitalien wurde im Jahre 1900 noch in 156 Fällen entsprechend erhöht, sodaß die Sparkasse jetzt durchweg zu 4% und darüber verzinsliche derartige Kapitalien besitzt.“ (Städt. Verwaltungsbericht 1900 S. 165.)

Leipzig, städtische Sparkasse I: „Der Zuwachs an Einlegern war fast gleich Null und durch die erhöhten Rückzahlungen ist die Gesamtziffer des Guthabens sämtlicher Sparer um über 1 Million zurückgegangen . . . Eine Verzinsung von 3% war vielen Einlegern nicht genügend, auch wurde durch die unausgesetzte Vermehrung und Gründung von Industriegesellschaften, durch die Erhöhung der Kapitalbeträge von Bankinstituten u. s. w. flüssiges Geld gebraucht, sodaß die zahlreichen Abhebungen unvermeidlich waren.

Altonaisches Unterstützungsinstitut (Sparkasse): „Ab 1. Januar 1900 erfolgte eine Zinserhöhung für Einlagen von $3^1/_4$ auf $3^1/_3$. Trotzdem wurden fortgesetzt größere

[1]) Bei Leipzig sind wie 1900 so auch für die früheren Jahre 2 Kassen (Leipzig I und II) gezählt

Beträge entzogen. Es mußte daher eine weitere Zinserhöhung in Erwägung gezogen werden, und wurde eine solche laufend ab 1. Juli 1900 von 3⅓ auf 3½ % beschlossen. Hierdurch waren wir andererseits gezwungen, für die Hypotheken des Instituts in Altonaer Grundstücken den Zinsfuß auf 4 % zu erhöhen. Trotz dieser Maßnahmen ist ein nicht unwesentlicher Rückgang — rund 3 350 000 ℳ — in den Sparkasseneinlagen zu Ende 1900 zu konstatieren. (Verwaltungsbericht des altonaischen Unterstützungsinstituts für 1900 S. 3 und 4.)

Altonaer Kreditverein, Sparkasse: „Wir setzten vom 1. Juli 1900 ab den Sparkassenzinsfuß von 3½ auf 3¾ % hinauf. Um den hierdurch verursachten Zinsausfall auszugleichen, mußten wir auch zu mäßiger Erhöhung unserer Aktivzinsen schreiten und erhöhten auch den Zinsfuß für Darlehen auf festes Ziel von 5 auf 5½ % . . ." (Geschäftsbericht 1900 S. 5.)

Bemerkenswert ist, daß auch günstigere Mitteilungen gemacht wurden, wie folgende Beispiele zeigen:

Zwickau, städtische Sparkasse: „Das Jahr 1900, das 56. Geschäftsjahr der Anstalt, weist gegen das Vorjahr nicht allein größere Umsätze, sondern auch ein größeres Wachstum auf. Diese günstigen Erscheinungen sind in erster Linie auf die am 1. April 1900 erfolgte Erhöhung des Zinsfußes für Einlagen von 3 auf 3⅓ %, in zweiter Linie auf die gegen die Vorjahre eingetretene leichtere Gestaltung des Geldmarktes zurückzuführen. Die Geldknappheit der Vorjahre, die sich überall fühlbar machte, hat merklich nachgelassen." (Städt. Verwaltungsbericht 1900 S. 108.)

Düsseldorf und Frankfurt a. M., städtische Sparkassen, verzeichnen auf den Fragebogen „Kursgewinn" von 403 124 und 14 780 ℳ.

Zur Beleuchtung der Tatsache, daß die unbefriedigende Entwickelung des Sparkassenwesens in den letzten Jahren sich allgemein bemerkbar macht (trotz einiger weniger Ausnahmen) dienen die folgenden Zahlen aus der Statistik der sämtlichen preußischen Sparkassen

Entwickelung der preußischen Sparkassen.

8.

Jahr	Einlagenstand am Jahresschlusse in Millionen Mark	Zunahme gegen das Vorjahr in Millionen Mark	Zunahme gegen das Vorjahr in %	Überschuß der Neueinlagen über die Rücknahmen in Millionen Mark
1896	4655,62	310,12	7,1	187,97
1897	4968,11	312,49	6,7	186,91
1898	5287,24	319,13	6,4	182,26
1899	5577,02	289,78	5,5	145,47
1900	5745,79	168,77	3,0	95,37

Bereits in dem Bericht über „Die preußischen Sparkassen im Rechnungsjahre 1899" (in dem 41. Jahrgang der Zeitschrift des königl. preuß. stat. Bureaus S. 109) war bemerkt: „. . . Nach alledem ist die Einlagebewegung des Berichtsjahres zwar als befriedigend, aber keineswegs als besonders günstig zu betrachten. Überhaupt scheint die Sparkassenstatistik der letzten Jahre bereits auf ein gewisses ‚Abflauen' vorzubereiten."

In dem Bericht über „Die preußischen Sparkassen im Rechnungsjahre 1900" (42. Jahrgang der genannten Zeitschrift S. 119) ist ausgeführt: „Dies Ergebnis (Einlagenmehrung) ist aber auch noch keineswegs besonders günstig; der Zuwachs beruht überwiegend auf der Zuschreibung an Zinsen[1]); der Überschuß der Neuanlagen über

---

[1]) Bei den im Jahre 1900 vorhandenen 1490 Sparkassen betrug die Zunahme des Gesamtbestandes gegenüber dem Anfangsbestand von 5493,61 Millionen Mark 252,18 Millionen Mark, wovon auf gutgeschriebene Zinsen 156,81 Millionen Mark entfallen.

die Rückzahlungen war verhältnismäßig unbedeutend und die Rückzahlungen überwogen sogar in Schleswig-Holstein mit 4,12 . . . und in Ostpreußen mit 0,47 Millionen Mark. . . . Im allgemeinen ist die Einlagebewegung als recht ungünstig zu bezeichnen."

Da eine Reihe von den an vorliegendem Berichte beteiligten Sparkassen außerhalb Preußens ihren Sitz hat, wird in Übersicht 9 ein Überblick über die Einlagenbewegung der gesamten Sparkassen in den anderen größeren Staaten gegeben.

Auch in Bayern und Sachsen ist bei der Gesamtheit der Sparkassen die oben besprochene rückläufige Bewegung in der Einlagenmehrung vorhanden. In den anderen drei Staaten weist das Jahr 1897 eine stärkere Zunahme der Einlagen als das Vorjahr auf; während nun in Baden und Hessen die Mehrung in den folgenden Jahren wieder geringer ist, wird sie in auffallender Weise in Württemberg in den Jahren 1899 und 1900 bedeutender als in den vorhergehenden Jahren. Die Gesamtheit der württembergischen Sparkassen hat also in den beiden letzten Berichtsjahren ausnahmsweise eine günstige Entwickelung erfahren.

Einlagenbewegung in anderen Staaten.[1])

.	Bayern		Sachsen		Württemberg		Baden		Hessen	
ahr	Einlagenstand der Sparkassen am Jahresschluß in Millionen Mark	Zunahme gegen das Vorjahr %	Einlagen in Millionen Mark	Zunahme %	Einlagen in Millionen Mark	Zunahme %	Einlagen in Millionen Mark	Zunahme %	Einlagen in Millionen Mark	Zunahme %
896	269,97	6,3	793,15	6,9	190,21	4,9	311,90	4,4	169,19	5,8
897	283,86	5,1	836,08	5,4	200,72	5,5	329,44	5,6	179,77	6,3
898	295,97	4,3	878,07	5,0	211,83	5,5	346,28	5,1	189,57	5,4
899	308,89	4,4	.	.	224,53	6,0	364,24	5,2	197,40	4,1
900	319,74	3,5	.	.	239,59	6,7	.	.	.	.

1) Quelle der Zahlen: Statistisches Jahrbuch für das Königreich Bayern, VI. Jahrgang, Zeitschrift des Kgl. Bayer. Statist. Bur. und (für 1900) handschriftl. Mitteil. dieser Stelle. — Zeitschrift des königlich sächsischen statistischen Bureaus, Jahrgang 1900. — Statistisches Handbuch für das Königreich Württemberg, Jahrgang 1901. — Statistisches Jahrbuch für das Großherzogtum Baden 1901. — Mitteilungen der Großherzoglich hessischen Zentralstelle für Landesstatistik 1901, Nr. 739.

Tabelle I. Geschäftstätigkeit der Sparkassen im Jahre 1900 oder 1900/01.

Nummer	Stadt und Anstalt	Zinsfuß für Spar-einlagen %	Einzahlungen		Rückzahlungen		Stand der Spareinlagen		Zins-anfall für die Sparer in 1000 M.	Sparbücher wurden	
			Posten	1000 M	Posten	1000 M.	Bücher	1000 M.		aus-gegeben	[illegible]
	1.	2.	3.	4.	5.	6.	7.	8.	9.	10.	11
1	Aachen a	$3^1/_3$ u. $4^1/_2$	163 636	31 914,0	118 210	34 404,7	150 940	118 332,0	4 284,4	14 720	[illegible]
	„ b	3 u. $3^1/_3$	.	4 612,1	.	3 868,6	4 204	6 153,6	176,4	1 251	[illegible]
2	Altona a	$(3^1/_4$ u.$)3^1/_3$	4 123	1 307,2	2 809	1 600,8	4 950	5 841,3	199,7	825	[illegible]
	„ b	$3^1/_3$ bezw. $3^1/_2$	111 846	12 872,3	68 476	18 488,6	103 150	92 443,6	3 100,1	15 568	[illegible]
	„ c	$2^1/_2$ u. $3^3/_4$	.	1 408,5	.	1 708,9	.	4 894,4	171,4	.	.
3	Augsburg	3	40 041	3 421,5	19 612	3 324,9	29 603	11 649,7	328,3	5 165	[illegible]
4	Barmen	$3^3/_4$	31 196	5 112,5	18 033	4 233,6	34 244	17 204,3	576,0	6 319	[illegible]
5	Berlin	3	704 246	53 026,4	469 065	47 892,3	696 648	252 999,8	7 133,9	104 169	[illegible]
6	Bochum	$3^1/_2$	25 141	4 664,1	10 452	4 033,4	17 366	20 274,6	504,9	3 825	[illegible]
7	Braunschweig	$2^1/_2$ bezw. 3	54 114	2 671,9	54 487	2 619,9	24 209	707,4	51,1	54 114	[illegible]
8	Bremen a	$2^1/_2$ u. $3^1/_2$	209 454	31 309,8	150 211	31 132,4	140 372	74 543,6	2 523,3	21 571	[illegible]
	„ b	$3^1/_2$	15 042	5 203,3	14 486	5 428,5	12 200	7 870,9	272,1	1 483	[illegible]
9	Breslau	3	173 428	14 885,3	122 338	12 895,4	142 379	43 993,7	1 205,2	26 654	[illegible]
10	Cassel a	3	49 042	3 368,0	23 348	2 804,4	39 509	10 431,0	292,3	5 445	[illegible]
	„ b	$3^1/_3$	4 210	481,7	4 200	416,5	5 179	2 412,6	73,5	512	[illegible]
11	Charlottenburg	3	60 416	5 474,2	29 764	3 644,7	39 077	15 224,5	412,6	9 231	[illegible]
12	Chemnitz	3	111 992	7 381,4	65 601	7 433,6	114 693	30 744,0	1 045,6	11 096	[illegible]
13	Cöln a. Rh.	2 u. $3^1/_3$	164 250	25 238,8	120 960	24 483,8	113 340	53 195,4	1 468,0	23 452	[illegible]
14	Crefeld	$3^1/_2$—4	26 268	4 477,7	19 439	4 107,3	25 714	11 720,5	376,5	4 089	[illegible]
15	Danzig a	3 bezw. $3^1/_3$	47 041	8 211,5	39 199	10 035,2	42 750	20 339,1	640,2	15 418	[illegible]
	„ b	$3^1/_3$	3 887	782,7	1 800	424,5	2 121	925,0	22,6	907	[illegible]
	„ c	$3^1/_3$	12 472	1 807,9	3 679	1 294,9	7 935	3 291,3	84,9	2 289	[illegible]
16	Darmstadt	$2^1/_2$—$3^1/_2$	47 675	5 364,2	20 456	4 698,7	34 944	19 002,4	618,8	4 763	[illegible]
17	Dortmund	$2^1/_2$ u. $3^1/_2$	53 511	9 092,7	24 435	7 785,8	41 489	34 533,0	1 097,7	8 125	[illegible]
18	Dresden	3	276 819	19 053,5	223 396	21 672,7	261 154	78 300,5	2 322,0	37 497	[illegible]
19	Düsseldorf	3—4	87 600	16 081,2	63 600	15 580,8	56 141	35 466,2	1 045,1	12 244	[illegible]
20	Duisburg	3—4	15 790	2 455,9	10 070	2 148,2	13 920	8 042,4	244,3	3 234	[illegible]
21	Elberfeld	$3^3/_4$	40 662	7 919,2	25 464	5 665,7	33 947	21 516,5	632,9	7 957	[illegible]
22	Erfurt a	3	46 618	4 779,7	32 556	4 794,9	40 031	16 840,4	481,3	6 640	[illegible]
	„ b	3	6 816	1 265,4	4 000	1 379,5	7 016	3 940,9	113,1	1 102	[illegible]
23	Essen	$3^1/_2$ bezw. 4	43 011	7 062,0	21 186	5 872,4	35 197	25 657,4	854,3	7 929	[illegible]
24	Frankfurt a. M. a	$3^1/_3$	24 924	3 555,7	10 843	2 011,5	10 149	5 524,8	150,1	4 396	[illegible]
	„ b	$3^1/_3$	115 127	14 670,8	54 131	12 760,0	89 437	62 210,7	1 978,3	11 106	[illegible]
	„ c	$3^1/_3$	736 499	2 967,2	27 449	2 720,2	14 608	8 119,6	231,3	1 539	[illegible]
25	Frankfurt a. O.	3	37 625	4 046,7	20 533	3 714,8	40 730	19 432,9	550,8	4 116	[illegible]
26	Freiburg i. Br.	$3^1/_4$	24 010	1 154,4	14 493	4 127,7	19 781	19 102,8	566,3	3 213	[illegible]
27	Görlitz	3	43 187	3 527,6	24 511	3 356,5	44 716	17 625,8	508,4	3 871	[illegible]
28	Halle a. S.	3	88 231	10 821,7	57 434	10 448,5	62 849	31 380,4	914,8	9 223	[illegible]
29	Hamburg a	$3^1/_2$	183 817	22 269,0	103 212	19 290,0	145 664	116 427,2	3 797,9	21 779	[illegible]
	„ b	$3^1/_2$	171 077	17 925,4	120 128	15 786,3	121 938	67 597,5	2 185,8	20 461	[illegible]
30	Hannover a	$3^1/_4$	68 940	10 093,5	50 389	9 950,0	44 306	20 642,8	628,2	10 661	[illegible]
	„ b	$3^1/_2$ u. $3^3/_4$	21 370	4 313,7	13 990	2 881,7	17 242	12 881,9	402,2	3 295	[illegible]

Noch Tabelle I.

Nummer	Stadt und Anstalt	Zinsfuß für Spareinlagen %	Einzahlungen		Rückzahlungen		Stand der Spareinlagen		Zinsanfall für die Sparer in 1000 M.	Sparbücher wurden	
			Posten	1000 M.	Posten	1000 M.	Bücher	1000 M.		ausgegeben	zurückgeliefert
	1.	2.	3.	4.	5.	6.	7.	8.	9.	10.	11.
	Noch Hannover c	$3^1/_4$	79 468	13 648,4	57 784	15 276,1	76 077	34 205,1	1 079,9	9 377	10 188
	„ d	$3^3/_4$ u. $4^1/_4$	12 512	3 314,0	10 140	2 659,8	5 872	3 810,8	77,5	1 781	820
	„ e	4 u. $4^1/_2$	775	400,2	870	320,7	.	808,6	14,1	211	146
	„ f	$3^1/_2$ u. $4^1/_4$	5 570	1 956,0	4 452	1 961,8	3 558	2 758,7	103,3	739	507
	„ g	$3^1/_2$ u. 4	450	235,2	100	26,9	283	209,5	1,2	287	4
	„ h	$3^2/_3$ u. 4	5 296	3 821,2	5 338	3 639,5	.	4 866,6	184,4	.	.
31	Karlsruhe	$3^1/_4$ u. $3^1/_2$	36 859	4 810,6	22 074	5 373,1	23 251	16 562,1	529,0	4 331	3 783
32	Kiel	2 u. $3^1/_4$	96 226	13 032,9	40 713	12 944,6	70 835	37 568,3	1 172,2	14 623	7 754
33	Königsberg i. Pr.	$2^1/_2$ u. $3^1/_3$	121 818	18 997,0	110 294	21 021,6	95 385	39 987,7	1 172,5	16 483	16 216
34	Leipzig a	3	215 153	13 034,5	148 070	15 790,3	180 569	59 111,9	1 757,4	19 054	18 965
	„ b	3	59 447	3 212,4	40 386	4 232,8	49 086	15 456,3	460,1	6 916	6 452
35	Liegnitz	3	19 961	1 524,6	10 119	1 370,5	19 571	7 546,5	205,1	2 914	2 567
36	Lübeck a	3	23 620	2 356,8	13 388	2 613,1	18 161	8 463,0	238,8	3 142	1 819
	„ b	2 u. $3^1/_3$	31 661	4 577,0	25 429	4 594,0	24 427	7 880,7	236,0	2 600	1 581
37	Magdeburg a	3	144 962	20 178,3	95 418	21 520,9	147 502	71 568,7	2 047,3	17 402	14 235
	„ b	3	1 337	18,8	587	25,4	587	39,8	1,1	121	163
38	Mainz a	$3^1/_2$	34 307	5 727,6	22 248	6 949,3	29 929	32 265,2	837,5	4 038	3 948
	„ b	$3^1/_2$ u. 4	13 668	2 760,1	7 704	2 683,1	9 338	9 124,5	226,8	2 138	1 693
39	Mannheim	3 u. $3^1/_2$	50 934	6 670,3	28 846	6 271,9	28 017	19 431,3	582,8	6 758	5 108
40	Metz	3	27 979	3 232,1	22 453	3 292,6	44 746	11 597,1	329,9	3 517	3 610
41	Mülhausen	3	21 686	1 758,6	12 481	2 098,4	20 455	7 456,8	214,8	2 219	1 856
42	München	3	106 750	10 494,4	61 927	10 388,3	83 115	35 989,9	1 021,7	18 175	14 930
43	Nürnberg	3	59 768	4 426,8	29 717	4 300,8	48 863	15 633,1	449,6	10 342	8 771
44	Plauen i. V.	$3^1/_4$	64 457	5 679,5	31 214	5 732,8	54 872	22 642,1	713,8	6 722	5 364
45	Posen a	$2^1/_2$ u. 3	41 078	3 214,1	24 233	3 659,8	30 783	9 784,8	279,9	5 904	6 667
	„ b	$3^1/_2$	1 092	227,0	606	155,8	595	395,7	11,1	229	85
46	Potsdam	3	36 892	2 679,9	16 461	2 179,3	30 927	9 897,2	275,4	3 683	2 657
47	Spandau	$3^1/_3$	26 400	2 371,0	14 109	1 720,0	26 268	11 765,4	364,8	4 016	2 463
48	Stettin a	3	68 179	12 220,7	45 930	11 179,7	66 358	45 541,8	1 374,4	14 715	11 766
	„ b	$3^1/_3$	28 016	7 457,2	16 916	6 218,3	21 467	16 377,6	485,9	4 857	3 267
49	Straßburg i. E.	3	60 770	5 309,4	38 622	5 861,0	70 282	19 876,3	403,8	6 605	5 494
50	Stuttgart a	$3^1/_2$	60 081	5 461,0	25 160	4 354,2	38 316	12 781,2	420,5	8 838	6 608
	„ b	3,6	178 399	16 187,5	53 982	14 114,0	168 221	108 742,5	3 706,6	23 870	19 518
	„ c	3,6	13 144	1 064,2	5 117	1 092,2	11 797	5 617,1	191,1	1 612	1 762
51	Wiesbaden a	2 u. $3^1/_4$	135 958	21 160,6	92 239	18 614,0	141 933	57 295,5	1 648,5	23 764	15 450
	„ b	3	22 469	1 751,0	16 428	1 771,5	21 526	3 028,5	84,1	2 879	2 180
	„ c	$3^1/_4$	—	1 144,5	—	884,2	3 892	1 453,8	40,2	1 277	456
52	Würzburg	3	9 539	1 321,7	10 837	1 411,5	19 619	3 040,4	82,4	9 539	10 837
53	Zwickau	3 bzw. $3^1/_3$	49 699	3 873,6	24 737	3 428,8	49 389	15 173,7	460,6	5 133	3 889

Tabelle II. Innere Verwaltung der Sparkassen im Jahre 1900 oder 1900/01.

Nummer	Stadt und Anstalt	Eigenes Vermögen der Kassen in 1000 Mark	Barer Kassenbestand am Jahresschlusse in 1000 Mark	Von dem in Verwaltung der Anstalt stehenden Vermögen sind zinsbar angelegt (in 1000 Mark): in Hypotheken	in Wertpapieren	in anderer Weise	zusammen	Zinssatz in %: niedrigster	höchster	Zinseinnahmen (in 1000 M.)	Reinertrag (in 1000 M.)	Verwaltungskosten in 1000 M.
	1.	2.	3.	4.	5.	6.	7.	8.	9.	10.	11.	12.
1	Aachen a	5 015,0	1 206,6	18 081,7	64 890,4	38 185,6	121 157,7	3	5	4 904,8	580,5	275,2
	„ b	161,6	223,2	2 630,0	1 048,3	2 685,0	6 363,3	3½	4½	215,4	34,4	16,3
2	Altona a	253,8	103,9	5 621,5	124,0	288,4	6 033,9	3	5	241,5	24,7	6,9
	„ b	4 434,3	302,6	71 307,5	13 515,0	13 124,2	97 946,7	3¾	4	3 649,6	184,0	175,3
	„ c	.	.	.	.	.	.	.	.	.	.	.
3	Augsburg	815,4	7,4	4 048,2	7 453,5	737,0	12 238,7	2½	4½	462,7	73,4	32,6
4	Barmen	1 326,1	192,9	9 046,7	7 274,2	2 048,7	18 369,6	2	4½	682,0	35,3	17,8
5	Berlin	11 561,8	968,5	66 489,4	182 060,0	13 059,9	261 609,3	3	5 1/16	9 363,5	1 757,1	472,6
6	Bochum	1 608,0	246,6	14 304,9	2 392,5	3 317,2	20 014,6	3½	4½	873,0	186,4	18,5
7	Braunschweig	.	.	.	.	.	.	.	.	.	.	.
8	Bremen a	6 680,0	90,1	49 099,5	16 442,0	13 104,3	78 645,8	3	4½	3 148,8	183,6	172,[illegible]
	„ b	549,1	38,2	6 100,6	1 659,3	404,4	8 164,3	3	5	326,5	64,4	29,1
9	Breslau	5 170,8	420,9	16 862,9	12 344,4	15 246,4	44 453,7	3	5⅛	1 763,0	427,0	132,2
10	Cassel a	454,1	35,1	5 228,7	5 584,2	—	10 812,9	3¼	4	385,5	79,2	20,6
	„ b	117,5	172,4	1 173,3	320,6	833,5	2 327,4	4	4¾	101,5	17,4	10,6
11	Charlottenburg	178,5	102,3	10 510,9	4 418,0	358,8	15 287,7	3	4⅜	568,2	101,4	38,5
12	Chemnitz	2 580,2	236,6	20 950,5	11 810,0	247,1	33 007,6	2¼	4¾	1 331,6	107,6	44,2
13	Cöln	4 358,9	342,4	31 729,8	16 236,9	4 931,6	52 898,3	3½	5	2 123,3	483,7	80,5
14	Crefeld	1 050,7	43,7	5 855,0	5 638,3	1 106,5	12 599,8	3½	5	466,6	67,0	23,1
15	Danzig a	—	402,5	—	6 356,0	16 901,0	23 257,0	3¾	6	1 155,3	515,1	90,2
	„ b	—	93,6	473,6	193,9	157,8	825,3	3,23	6	28,8	1,0	5,1
	„ c	134,9	220,6	1 228,9	1 345,3	642,2	3 216,4	3½	5	126,2	16,8	11,0
16	Darmstadt	951,0	293,8	16 109,3	2 665,6	770,2	19 545,1	4	5	766,6	117,0	28,9
17	Dortmund	2 721,9	160,1	19 952,6	9 304,1	5 075,3	34 332,0	3	4½	1 464,1	198,7	35,2
18	Dresden	3 064,7	348,6	42 285,7	32 446,5	5 296,5	80 028,7	3	5	3 134,8	523,3	175,0
19	Düsseldorf	2 598,6	37,0	9 443,3	18 976,5	6 903,9	35 323,7	3	5½	1 345,9	226,3	41,0
20	Duisburg	677,2	178,2	5 581,2	2 505,3	448,5	8 535,0	2½	5	364,4	97,4	14,2
21	Elberfeld	1 756,5	67,6	9 006,3	12 697,0	1 329,5	23 032,8	3	4½	819,7	86,8	26,7
22	Erfurt a	845,9	228,1	10 669,7	5 472,2	1 028,5	17 170,4	3	5	669,6	3,9	27,2
	„ b	159,3	120,8	2 728,8	782,4	453,0	3 964,2	2½	5	160,2	16,9	7,7
23	Essen	2 169,3	338,6	18 648,2	5 119,8	1 498,2	25 266,2	3	5	1 036,4	152,7	29,2
24	Frankfurt a. M. a	256,4	108,9	3 205,3	1 237,4	1 229,8	5 672,5	3	5	191,4	35,5	10,0
	„ b, „ c	5 626,4	946,3	46 787,8	21 130,4	6 534,8	74 453,0	3	5 9/16	2 857,1	264,6	176,0
25	Frankfurt a. O.	1 167,0	51,8	4 178,6	13 689,[illegible]	2 000,0	20 500,6	3	6½	742,9	162,6	25,0
26	Freiburg i. B.	1 474,2	117,0	16 656,4	450,0	2 893,8	20 000,2	3	4¼	762,3	203,3	18,1
27	Görlitz	1 281,8	349,4	7 328,4	6 946,2	4 260,5	18 535,1	3	4½	687,0	146,8	37,3
28	Halle a. S.	1 677,5	302,7	16 669,5	13 813,0	2 486,9	32 969,4	3	4½	1 252,6	294,7	40,3
29	Hamburg a	3 524,2	1 797,4	87 914,3	10 293,0	18 622,4	116 829,7	3¾	4	4 414,0	377,3	224,9
	„ b	2 086,6	199,2	47 294,2	12 527,4	8 118,5	67 940,1	2 3/14	4 7/16	2 545,4	227,1	136,9

Noch Tabelle II.

Nummer	Stadt und Anstalt	Eigenes Vermögen der Kassen in 1000 Mark	Barer Kassenbestand am Jahresschlusse in 1000 Mark	Von dem in Verwaltung der Anstalt stehenden Vermögen sind zinsbar angelegt: in Hypotheken	in Wertpapieren	in anderer Weise	zusammen	Zinssatz in %: niedrigster	höchster	Zinseinnahmen	Reinertrag	Verwaltungskosten in 1000 M.
				in 1000 Mark						in 1000 M.		
	1.	2.	3.	4.	5.	6.	7.	8.	9.	10.	11.	12.
30	Hannover a	15,6	729,2	719,7	1 066,5	18 130,5	19 916,7	3	4	699,0	1,4	50,1
	„ b	998,6	142,6	9 052,8	2 193,8	1 605,0	12 851,6	3	5	533,4	104,0	21,9
	„ c	2 269,0	386,7	25 799,1	9 707,4	292,8	35 799,3	3	5	1 375,8	63,1	.
	„ d–h	.	.	.	.	.	.	.	.	.	.	.
31	Karlsruhe	836,2	73,9	11 885,1	5 190,1	245,7	17 320,9	3	5	703,5	6,4	41,0
32	Kiel	3 515,0	56,3	35 762,7	2 432,2	2 331,8	40 526,7	2 1/2	5	1 503,1	299,4	56,7
33	Königsberg i. Pr.	2 292,4	419,0	19 710,4	19 192,1	4 025,3	42 927,8	3 3/4	7	1 711,9	310,2	80,5
34	Leipzig a	2 955,6	256,7	32 528,8	25 195,3	4 477,7	62 201,8	3 1/3	5 1/2	2 464,2	13,2	127,8
	„ b	719,2	147,8	11 373,5	4 636,4	23,2	16 033,1	3 3/4	5	634,9	100,5	38,5
35	Liegnitz	663,2	43,1	5 744,0	866,0	964,6	7 574,6	3	4 1/4	312,3	72,6	18,9
36	Lübeck a	677,4	120,9	7 433,4	1 381,2	193,0	9 007,6	3 1/2	4 1/2	397,9	45,4	21,9
	„ b	1 110,8	127,2	4 705,8	2 164,5	2 193,6	9 063,9	4	7	488,2	147,4	39,9
37	Magdeburg a	4 988,1	1 278,2	32 154,9	35 488,5	7 419,5	75 062,9	3 1/4	5	2 776,8	637,4	80,6
	„ b	0,2	1,3	—	17,9	21,1	39,0	3	4 1/2	1,7	0,4	0,4
38	Mainz a	3 207,8	24,0	31 646,3	1 570,0	2 042,1	35 258,4	3 7/8	4 1/4	1 366,5	83,0	52,2
	„ b	606,4	194,0	6 225,3	846,6	2 292,8	9 364,7	3,6	5	384,8	53,9	20,2
39	Mannheim	1 206,5	45,8	11 772,5	8 097,0	616,0	20 485,5	3 1/2	4 3/4	792,8	61,3	31,1
40	Metz	506,5	31,0	—	—	11 558,2	11 558,2	3 1/4	4	395,1	32,3	31,5
41	Mülhausen	201,1	23,5	—	—	7 545,6	7 545,6	3 1/4	4 1/4	236,5	6,3	15,4
42	München	1 420,8	88,9	11 805,5	11 815,7	12 077,6	35 698,8	2 1/2	4 1/2	1 341,0	242,5	52,9
43	Nürnberg	1 233,1	131,4	3 677,8	10 897,9	—	14 575,7	2	4 1/2	586,8	131,1	20,2
44	Plauen i. V.	886,8	211,7	16 288,8	5 851,8	1 284,9	23 425,5	3	4 1/2	952,8	204,6	27,3
45	Posen a	638,2	99,9	4 188,6	3 873,7	1 686,1	9 748,4	2 1/2	5	422,4	99,4	32,9
	„ b	7,7	6,9	305,7	25,8	65,3	396,8	3 1/2	5	15,8	4,1	2,4
46	Potsdam	712,0	38,2	3 623,9	5 230,5	1 716,6	10 571,0	2 1/2	4 1/2	381,6	106,2	20,7
47	Spandau	814,7	319,7	8 240,3	2 307,4	790,7	11 338,4	3	5	472,3	65,7	26,8
48	Stettin a	3 019,0	849,0	19 035,9	25 686,9	88,2	44 811,0	3 1/2	5	1 779,9	237,0	43,9
	„ b	911,6	518,3	5 014,3	6 802,2	3 565,7	15 382,2	3,09	5	599,8	77,4	29,5
49	Strassburg i. E.	1 185,4	81,5	—	261,1	19 804,9	20 066,0	3 1/4	4	707,5	88,5	43,3
50	Stuttgart a	700,9	109,9	11 240,4	770,8	1 192,6	13 203,8	3 1/2	6	477,8	95,9	26,2
	„ b	8 202,9	988,6	63 596,8	31 941,6	20 071,3	115 609,7	3	6	4 419,8	269,5	204,9
	„ c	565,8	25,2	4 529,4	238,5	802,8	5 570,7	3 1/2	4 3/4	251,3	46,1	13,6
51	Wiesbaden a	2 760,1	485,6	36 402,7	6 149,6	14 173,4	56 725,7	3 3/4	4 1/4	2 090,8	—	148,7
	„ b	.	.	.	.	.	.	.	.	.	.	.
	„ c	.	.	.	.	.	.	4	5	.	.	.
52	Würzburg	337,0	21,9	322,7	3 041,5	—	3 364,2	3 1/2	4 1/2	109,1	10,6	8,7
53	Zwickau	768,3	212,9	13 128,1	1 567,4	386,6	15 082,1	3	5	630,8	131,9	25,4

Tabelle III. Die wichtigsten Verhältniszahlen für das Jahr 1900 oder 1900/01.

Nummer.	Stadt und Anstalt	Durchschnittswert der: auf ein Sparbuch treffenden Guthaben. ℳ	Durchschnittswert der: Einzahlungen ℳ	Durchschnittswert der: Rücknahmen ℳ	Auf 100 Einzahlungen kommen Rückzahlungen	Auf 100 Mark Einzahlung kommt eine Rückzahlung von Mk.	Verhältnis zur Einwohnerzahl: Auf 100 Einwohner treffen Sparbücher	Verhältnis zur Einwohnerzahl: Auf den Kopf der Bevölkerung trifft ein Sparbetrag von Mk.	Prozentanteil an den zinsbar angelegten Kapitalien: Hypotheken	Prozentanteil an den zinsbar angelegten Kapitalien: Wertpapiere	Prozentanteil an den zinsbar angelegten Kapitalien: Sonstige Anlagen	Prozent-Verhältnis: des Reinertrags zum durchschnittlichen Einlagenstand	Prozent-Verhältnis: der Verwaltungskosten zum Umsatz[illegible]
	1.	2.	3.	4.	5.	6.	7.	8.	9.	10.	11.	12.	13.
1	Aachen a	784	195	291	72	108	.	.	14,9	53,6	31,5	0,60	0,4[illegible]
	„ b	1 464	.	.	.	84	.	.	41,3	16,5	42,2	0,49	0,1[illegible]
2	Altona a	1 180	317	570	68	122			93,2	4,8	2,0	0,42	0,2[illegible]
	„ b	896	115	270	61	143	.	642	72,8	13,8	13,4	0,20	0,5[illegible]
	„ c	.	.	.	.	121			.	.	.	.	.
3	Augsburg	394	85	170	49	97	34	132	33,1	60,9	6,0	0,64	0,4[illegible]
4	Barmen	502	164	235	58	83	24	122	49,2	39,6	11,2	0,21	0,1[illegible]
5	Berlin	363	75	102	67	90	37	136	25,4	69,6	5,0	0,71	0,47
6	Bochum	1 167	186	386	42	86	27	312	71,5	11,9	16,6	0,94	0,2[illegible]
7	Braunschweig	29	49	48	101	98	19	6	.	.	.	.	.
8	Bremen a	531	149	207	72	99	93	504	62,4	20,9	16,7	0,25	0,2[illegible]
	„ b	645	346	375	96	104			74,7	20,3	5,0	0,82	0,2[illegible]
9	Breslau	309	86	105	71	87	34	105	37,9	27,8	34,3	1,01	0,1[illegible]
10	Cassel a	264	68	120	48	83	39	103	48,3	51,7	—	0,79	0,[illegible]
	„ b	466	114	99	100	86	.	.	50,5	13,7	35,8	0,74	1,1[illegible]
11	Charlottenburg	390	91	122	49	67	21	83	68,8	28,9	2,3	0,72	0,[illegible]
12	Chemnitz	268	66	113	59	101	56	151	63,5	35,8	0,7	0,35	0,2[illegible]
13	Cöln	469	154	202	74	97	31	140	60,0	30,7	9,3	0,93	0,1[illegible]
14	Crefeld	456	170	211	74	92	24	108	46,5	44,7	8,8	0,59	0,2[illegible]
15	Danzig a	476	174	256	83	122			—	27,3	72,7	2,45	0,1[illegible]
	„ b	436	201	236	46	54	40	188	57,4	23,5	19,1	0,13	0,4[illegible]
	„ c	415	145	352	29	72			38,2	41,8	20,0	0,56	0,3[illegible]
16	Darmstadt	544	113	230	43	88	49	267	82,4	13,6	4,0	0,61	0,2[illegible]
17	Dortmund	832	170	319	46	86	30	247	58,1	27,1	14,8	0,60	0,21
18	Dresden	300	69	97	81	114	66	199	52,8	40,6	6,6	0,67	0,4[illegible]
19	Düsseldorf	632	183	245	73	97	27	169	26,7	53,7	19,6	0,65	0,1[illegible]
20	Duisburg	578	156	213	64	87	15	87	65,4	29,3	5,3	1,25	0,3[illegible]
21	Elberfeld	634	195	222	63	72	22	138	39,1	55,1	5,8	0,43	0,2[illegible]
22	Erfurt a	421	103	147	69	100	47	198	62,1	31,9	6,0	0,02	0,2[illegible]
	„ b	562	186	345	59	109	.	.	68,8	19,8	11,4	0,43	0,2[illegible]
23	Essen	729	164	277	49	83	30	216	73,9	20,2	5,9	0,62	0,2[illegible]
24	Frankfurt a. M. a	544	143	186	44	57			56,6	21,8	21.6	0,75	0,1[illegible]
	„ b	696	127	236	47	87	40	267	62,8	28,4	8,8	0,39	0,[illegible]
	„ c	556	4	99	4	92							
25	Frankfurt a. O.	477	108	181	55	99	66	314	20,4	66,8	12,8	0,85	0,3[illegible]
26	Freiburg i. Br.	966	173	285	60	99	32	311	83,3	2,2	14,5	1,08	0,2[illegible]
27	Görlitz	394	82	137	57	95	56	220	39,5	37,5	23,0	0,85	0,5[illegible]
28	Halle a. S.	499	123	182	65	97	41	204	50,6	41,9	7,5	0,96	0,1[illegible]
29	Hamburg a	799	121	187	56	87	38	263	75,3	8,8	15,9	0,33	0,5[illegible]
	„ b	554	105	131	70	88			69,6	18,4	12,0	0,35	0,41

Noch Tabelle III.

Stadt und Anstalt	Durchschnittswert der: auf ein Sparbuch treffenden Guthaben ℳ	Einzahlungen ℳ	Rücknahmen ℳ	Auf 100 Einzahlungen kommen Rückzahlungen	Auf 100 Mark Einzahlung kommt eine Rückzahlung von Mk.	Verhältnis zur Einwohnerzahl: Auf 100 Einwohner treffen Sparbücher	Auf den Kopf der Bevölkerung trifft ein Sparbetrag von Mk.	Prozentanteil an den zinsbar angelegten Kapitalien: Hypotheken	Wertpapiere	Sonstige Anlagen	Prozent-Verhältnis: des Reinertrags zum durchschnittlichen Einlagenstand	der Verwaltungskosten zum Umsatze
1.	2.	3.	4.	5.	6.	7.	8.	9.	10.	11.	12.	13.
Hannover a .	466	146	197	73	99			3,6	5,4	91,0	0,01	0,25
„ b .	747	202	206	65	67			70,4	17,1	12,5	0,87	0,30
„ c .	450	172	264	73	112			72,1	27,1	0,8	0,18	.
„ d .	649	265	262	81	80			.	.	.	.	.
„ e .	—	516	369	112	80	63	343	.	.	.	.	.
„ f .	775	351	441	80	100			.	.	.	.	.
„ g .	740	523	269	22	11			.	.	.	.	.
„ h .	—	722	682	101	95			.	.	.	.	.
Karlsruhe . .	712	131	243	60	112	24	173	68,6	30,0	1,4	0,04	0,40
Kiel	530	135	318	42	99	67	355	88,2	6,0	5,8	0,81	0,22
Königsberg i. Pr.	419	156	191	91	111	51	213	45,9	44,7	9,4	0,78	0,20
Leipzig a . .	327	61	107	69	121	51	166	52,3	40,5	7,2	0,02	0,44
„ b . .	315	54	105	68	132			70,9	28,9	0,2	0,64	0,52
Liegnitz . .	386	76	135	51	90	36	138	75,8	11,4	12,8	0,99	0,65
Lübeck a . .	466	100	195	57	111	53	202	82,5	15,3	2,2	0,54	0,44
„ b . .	323	145	181	80	100			51,9	23,9	24,2	1,90	0,44
Magdeburg a.	485	139	226	66	107	65	312	42,8	47,3	9,9	0,89	0,19
„ b.	68	14	43	44	135			—	45,9	54,1	0,88	0,90
Mainz a . .	1 078	167	312	65	121	36	385	89,8	4,4	5,8	0,26	0,41
„ b . .	977	202	348	56	97	.		66,5	9,0	24,5	0,59	0,37
Mannheim . .	694	131	217	57	94	21	142	57,4	39,6	3,0	0,32	0,24
Metz. . . .	259	116	147	80	102	77	199	—	—	100,0	0,28	0,48
Mülhausen i. E.	365	81	168	58	119	23	85	—	—	100,0	0,08	0,40
München . .	433	98	168	58	99	17	73	33,0	33,0	34,0	0,68	0,25
Nürnberg . .	320	74	145	50	97	19	62	25,2	74,8	—	0,85	0,23
Plauen i. V. .	413	88	183	48	101	76	315	69,6	24,9	5,5	0,92	0,24
Posen a . .	318	78	151	59	114	26	84	43,0	39,7	17,3	1,01	0,48
„ b . .	665	208	257	55	69	.	.	77,0	6,5	16,5	1,16	0,62
Potsdam . .	320	73	132	45	81	52	168	34,3	49,5	16 2	1,11	0,43
Spandau . .	448	90	122	53	73	40	181	72,7	20,3	7,0	0,58	0,66
Stettin a . .	686	179	243	67	91	32	216	42,5	57,3	0,2	0,53	0,19
„ b . .	763	266	368	60	83	.	.	32,6	44,2	23,2	0,50	0,22
Straßburg i. E.	283	87	152	64	110	47	133	—	1,3	98,7	0,44	0,39
Stuttgart a .	334	91	173	42	80	22	73	85,2	5,8	9,0	0,80	0,27
„ b .	646	91	261	30	87	.	.	55,0	27,6	17,4	0,25	0,68
„ c .	476	81	213	39	103	.	.	81,3	4,3	14,4	0,83	0,63
Wiesbaden a.	404	156	202	68	88	.	.	64,2	10,8	25,0	.	0,37
„ b.	141	78	108	73	101	.	.	.	.	.	.	.
„ c.	374	.	.	.	77	.	.	.	.	.	.	.
Würzburg . .	155	139	130	114	107	26	41	9,6	90,4	—	0,34	0,32
Zwickau . .	307	78	139	50	89	90	276	87,0	10,4	2,6	0,90	0,35

XXIV.

Quartier- und Naturalleistung

für die bewaffnete Macht im Frieden

in den 3 Jahren 1898 bis 1900.

Von

Dr. M. Neefe,

Direktor des statistischen Amts der Stadt Breslau.

Im Anschluß an die im VIII. Jahrgang S. 402—417 enthaltenen Nachweisungen werden die Angaben über die einquartierten Truppen, die Einquartierungskosten und deren Erstattung für die 3 Jahre 1898 bis 1900 nachstehend zusammengestellt.

Die inzwischen erfolgten, im Reichsgesetzblatt (Jahrg. 1898 S. 361 ff. und S. 921 ff.) veröffentlichten Änderungen sind in dem neu redigierten Gesetz über die Naturalleistungen für die bewaffnete Macht im Frieden vom 24. Mai 1898 und in der betreffenden Neuordnung zur Ausführung dieses Gesetzes vom 13. Juli 1898 enthalten.

Von den hier in Betracht kommenden Städten sind seit 1897 die betreffenden Ortsstatute geändert oder neu festgesetzt worden: in Danzig durch Nachtrag vom 17. Juli 1901, in Düsseldorf durch Ortsstatut vom 29. November 1898 und in Mainz vom 20. Februar 1902.

Ein Vergleich der den Städten durch die Quartierleistung erwachsenen Kosten mit der vom Reich bezw. der Militärverwaltung geleisteten Entschädigung zeigt, daß letztere nicht ausreichend und im Verhältnis zu den Kosten nicht gleichmäßig ist. Zusammen in den 3 Jahren von 1898 bis 1900 erreichten jene Beträge nach den Tabellen II a/c in 34 Städten folgende Höhe:

Städte	Einquartierungskosten ℳ	Davon vom Reich erstattet ℳ	oder %	Städte	Einquartierungskosten ℳ	Davon vom Reich erstattet ℳ	oder %
Dortmund . .	878	878	100	Frankfurt a. O.	18 489	8 598	46
Potsdam . . .	1 024	1 024	100	Cöln	14 948	6 723	45
Spandau . . .	25 219	16 181	64	München . .	11 046	4 902	43
Berlin . . .	501 682	306 910	61	Mainz	23 632	9 833	42
Danzig . . .	13 957	8 006	57	Crefeld . . .	322	126	39
Metz	17 267	9 588	56	Görlitz . . .	12 600	4 903	39
Freiburg i. Br.	16 571	8 309	50	Altona . . .	2 852	1 085	38
Hannover . .	195 356	97 708	50	Dresden . . .	84 063	30 821	37

Städte	Ein-quartierungs-kosten *M*	Davon vom Reich erstattet *M*	oder %	Städte	Ein-quartierungs-kosten *M*	Davon vom Reich erstattet *M*	oder %
Leipzig . . .	98 387	36 847	37	Halle a. S. . .	24 603	5 640	23
Posen. . . .	44 355	13 794	31	Mannheim . .	11 001	2 398	22
Breslau . . .	153 772	46 804	30	Essen. . . .	5 004	1 098	22
Charlottenburg	1 233	360	29	Augsburg . .	1 439	252	18
Aachen . . .	24 513	6 825	28	Wiesbaden. .	9 793	1 700	17
Hamburg . .	10 907	2 973	27	Düsseldorf . .	20 630	2 499	12
Bremen . . .	26 316	6 926	26	Stettin . . .	15 347	1 037	7
Magdeburg . .	31 853	8 278	26	Barmen . . .	12 743	592	5
Chemnitz . .	7 709	1 919	25	Kiel	86 671	3 449	4

In Summe der 3 Jahre von 1898 bis 1900 betrugen die Kosten für die Verpflegung der Truppen und für Futter der Reitpferde und Zugtiere auf Märschen usw. in nachgenannten 32 Städten:

Städte	Truppen-verpflegung und Futter für Tiere *M*	Davon vom Reich erstattet *M*	oder %	Städte	Truppen-verpflegung und Futter für Tiere *M*	Davon vom Reich erstattet *M*	oder %
Breslau . . .	325	325	100	Düsseldorf . .	802	579	72
Elberfeld . .	576	576	100	Magdeburg . .	392	277	71
Frankfurt a. O. .	1 960	1 960	100	Cassel . . .	97	67	68
Metz	214	214	100	Hamburg . .	443	294	66
Posen . . .	7 612	7 612	100	Mainz . . .	9 363	5 812	62
Potsdam . .	298	298	100	Halle a. S.. .	22 401	13 427	60
Spandau . .	4 976	4 976	100	Bremen . . .	4 728	2 812	59
Kiel	2 421	2 369	98	Altona . . .	21	12	57
Dortmund . .	3 217	2 919	91	Essen. . . .	723	377	52
Görlitz . . .	1 328	1 171	88	Aachen . . .	28 245	11 126	39
Augsburg . .	870	706	81	Freiburg i. Br.	3 491	1 320	38
Berlin . . .	21 714	17 546	81	Wiesbaden . .	4 569	1 477	32
Chemnitz . .	2 648	2 157	81	Stettin . . .	39 567	506	1
Crefeld . . .	362	275	76	Charlottenburg	658	668	.
Mannheim . .	2 311	1 766	76	Cöln	4 882	5 094	.
Dresden . . .	50 675	37 139	73	München . .	305	329	.

Die Kosten für Vorspann betrugen zusammen in den 3 Jahren von 1898 bis 1900 in den folgenden 29 Städten:

Städte	Kosten für Vorspann *M*	Davon vom Reich erstattet *M*	oder %	Städte	Kosten für Vorspann *M*	Davon vom Reich erstattet *M*	oder %
Cassel . . .	105	105	100	Mannheim . .	42	42	100
Frankfurt a. M. .	2 268	2 268	100	Metz	7 027	7 027	100
Freiburg i. Br.	199	199	100	Posen . . .	1 464	1 464	100
Liegnitz . . .	2 391	2 391	100	Straßburg . .	2 219	2 219	100
Mainz . . .	288	288	100	Stuttgart . .	950	948	100

Städte	Kosten für Vorspann	Davon vom Reich erstattet	oder %	Städte	Kosten für Vorspann	Davon vom Reich erstattet	oder %
	M	*M*			*M*	*M*	
Dresden . . .	3 492	3 443	98	Düsseldorf . .	3 092	2 313	75
Zwickau . .	734	692	94	Magdeburg . .	602	449	74
Chemnitz . .	583	511	88	Kiel	380	266	70
Görlitz . . .	96	84	88	Potsdam . .	3 654	2 375	65
Halle a. S. . .	4 444	3 695	83	Spandau . .	6 502	4 157	64
Berlin . . .	2 270	1 854	82	Karlsruhe i. B.	328	201	61
Cöln a. Rh.. .	5 986	4 897	82	Charlottenburg	1 536	908	59
Aachen . . .	890	692	77	Stettin . . .	527	98	19
Lübeck . . .	984	749	77	Wiesbaden . .	512	549	?
Dortmund . .	40	30	75				

Fasst man schließlich die Kosten für die Quartier- und Naturalleistungen zusammen, welche vom Reich erstattet und welche von den Gemeinden oder von den dazu Verpflichteten getragen worden sind, so ergeben sich im Durchschnitt der 3 Jahre 1898 bis 1900 folgende Beträge, welche zur Ermöglichung eines annähernden Vergleichs auf 1000 der betr. Einwohner im Mittel der 3 Jahre reduziert worden sind. Die Städte sind nach der relativen Größe des gesamten Aufwandes (auf 1000 Einwohner) geordnet.

Städte	Vom Reich erstattet	oder auf 1000 Einw.	Von den Verpflichteten getragen	oder auf 1000 Einw.	Städte	Vom Reich erstattet	oder auf 1000 Einw.	Von den Verpflichteten getragen	oder auf 1000 Einw.
	M	*M*	*M*	*M*		*M*	*M*	*M*	*M*
Kiel	2 028	20	27 796	277	Bremen . . .	3 246	21	7 102	46
Posen . . .	7 623	87	10 187	116	Görlitz . . .	2 053	26	2 622	34
Spandau . .	8 438	135	3 794	61	Magdeburg . .	3 001	13	7 948	35
Metz	5 610	95	2 560	44	Düsseldorf . .	1 797	9	6 378	31
Aachen . . .	6 214	47	11 668	88	Mannheim . .	1 402	11	3 049	24
Mainz	5 311	65	5 783	70	Potsdam . . .	1 232	21	426	7
Breslau . . .	15 710	38	35 656	87	Cöln a. Rh.. .	5 571	16	3 034	9
Halle a. S. . .	7 587	54	9 562	69	Chemnitz . .	1 529	8	2 118	12
Dresden . .	23 801	61	22 276	57	Dortmund . .	1 276	10	103	1
Freiburg i. Br.	3 276	55	3 478	59	München . .	1 744	4	2 141	5
Stettin . . .	547	3	17 933	102	Elberfeld . .	391	3	757	5
Berlin . . .	108 770	60	66 452	37	Charlottenburg	645	4	497	3
Wiesbaden . .	1 863	22	5 574	67					

Ia. Einquartierte Truppen etc. im Jahre 1898 oder 1898/1899.

Städte (* = Kalenderjahr)	S = Standquartiertruppen D = Durchmarschtruppen	Offiziere			Feldwebel u. andere im Unteroffizierrang			Soldaten (Gemeine)			Geschäftszimmer		Pferde	
		Zahl der Köpfe	Dauer in Tagen	Davon mit Naturalverpflegung	Zahl der Köpfe	Dauer in Tagen	Davon mit Naturalverpflegung	Zahl der Köpfe	Dauer in Tagen	Davon mit Naturalverpflegung	Zahl	Tage	Zahl	Tage
Aachen*	S	1	9	—	11	1 397	—	279	35 433	—	44	264	633	70 263
"	D	494	10 374	—	868	18 228	6 944	7 049	148 029	56 392	—	—	—	—
Altona	D	3	3	—	11	115	2	214	1 877	10	—	—	12	552
Augsburg*	S	.	.	.	23	322	.	264	3 696	.	—	—	—	—
Barmen*	D	4	4	4	88	88	88	248	248	248	.	.	.	.
Berlin	S	—	—	—	5 589	168 224	645	1 873	25 421	17 618	21	54	101	273
"	D	161	573	460	536	1 269	1 160	4 175	12 171	5 260	—	—	—	—
Bochum*	S	.	.	.	1	13	.	3	39	.	.	.	40	40
"	D	39	39	2	116	116	2	172	172	2	—	—	—	—
Bremen	S	—	—	—	49	497	—	578	6 878	.	—	—	559	930
"	D	31	33	23	154	221	114	875	1 120	514	—	—	—	—
Breslau*	S	30	839	—	1 787	48 253	—	5 264	132 271	—	18	538	—	—
"	D	—	—	—	13	61	50	19	403	406	—	—	—	—
Cassel	S	2	720	—	68	23 825	—	546	196 616	—	10	3 600	6	6
"	D	23	148	—	251[4])	4 421[4])	.	1 948[4])	23 228[4])	—	—	—	—	—
Charlottenburg	D	3	3	—	16	102	13	93	201	88	—	—	102	102
Chemnitz*	D	52	120	—	51	553	2	500	5 672	109	—	—	88	598
Cöln	S	32	44	—	536	5 306	—	1 149	8 446	—	.	.	224	415
"	D	36	91	50	773	1 248	80	585	628	141	.	.	—	—
Crefeld	D	29	40	22	3	4	4	35	50	50	.	.	56	71
Danzig	S	.	.	.	.	.	.	4	1 185	.	.	.	9	15
"	D	5	55	.	44	1 402	.	395	6 833	.	—	—	—	—
Dortmund*	D	18	18	6	55	130	8	493	558	187	.	.	118	118
Dresden*	S	—	—	—	533	5 132	—	3 714	31 359	—	24	170	108	1 231
"	D	214	1 636	1 444[1])	845	4 599	4 599	4 393	27 905	27 665	—	—	—	—
Düsseldorf	S	—	—	—				12 090[2])	12 090[2])	—	—	—	9	9
"	D	7	7	—				424[2])	424	202[3])	—	—	—	—
Duisburg*	D	15	15	.	83	83	32				1	1	26	26
Elberfeld	D	15	15	—	340	340	340				—	—	180	180
Erfurt	S	—	—	—	3	42	—	206	2 884	—	12	22	140	326
"	D	107	251	35	357	837	117	1 293	4 133	2 039	—	—	—	—
Essen*	S	.	.	.	2	61	.	2	118	.	.	.	.	.
"	D	6	6	.	45	69	.	218	218	.	.	.	.	.
Frankfurt a. M.	S	—	—	—	77	8 647	—	588	8 647	—	3	39	378	378
"	D	66	[8])	[9])	398	[8])	[9])	1 499	[8])	[9])	—	—	—	—
Frankfurt a. O.	S	1	7	.	18	234	.	1 939	25 207	.	5	50	51	510
"	D	91	910	646[10])	5	50	12	32	320	32	—	—	—	—
Freiburg i. B.*	S u. D	97	234	234	289	1 963	1 963	2 036	13 987	13 987	4	8	789	1 578
Görlitz	S	—	—	—	50	878	—	1 019	11 266	—	—	—	37	738
"	D	1	16	—	7	122	2	147	640	8	—	—	—	—

Noch Tabelle Ia.

Städte (* = Kalenderjahr)	S = Standquartiergruppen D = Durchmarschtruppen	Offiziere Zahl der Köpfe	Offiziere Dauer in Tagen	Offiziere Davon mit Naturalverpflegung	Feldwebel u. andere im Unteroffizierrang Zahl der Köpfe	Feldwebel u. andere im Unteroffizierrang Dauer in Tagen	Feldwebel u. andere im Unteroffizierrang Davon mit Naturalverpflegung	Soldaten (Gemeine) Zahl der Köpfe	Soldaten (Gemeine) Dauer in Tagen	Soldaten (Gemeine) Davon mit Naturalverpflegung	Geschäftszimmer Zahl	Geschäftszimmer Tage	Pferde Zahl	Pferde Tage
Halle a. S.	S	—	—	—	509	509	—	4 021	4 021	—	—	—	28	[illegible]
〃	D	2	2	—	63	63	—	2 674	2 674	—	—	—	—	—
Hamburg*	S	—	—	—	9	116	–	518	6 648	—	—	—	—	—
〃	D	10	10	—	41	134	—	52	52	—	—	—	—	—
Hannover	S	11	97	—	296	33 122	—	1 682	64 115	—	48	163	1920	[illegible]
〃	D	482	1 496	—	1 150	4 088	4 080	9 198	32 685	32 176	—	—	—	—
Karlsruhe i. B.*	D	132	1 534	58	2 795	22 571	5 060	1)			—	—	248	[illegible]
Kiel	S	.	.	.	55	20 075	—	445	162 425	—	—	—	52	[illegible]
〃	D	29	29	—	30	30	4	192	198	29	—	—	—	—
Königsberg i. Pr.	S	—	—	—	60	1 800	—	36	1 080	—	—	—	—	—
〃	D	298	298	—	229	229	—	557	557	—	—	—	—	—
Leipzig*	S	—	—	—	619	10 937	—	4 773	105 381	—	—	—	15	[illegible]
〃	D	19	19	—	4	4	—	35	35	—	—	—	—	—
Liegnitz	S	.	.	.	27	350	.	935	12 148	.	—	—	149	[illegible]
〃	D	80	252	252	13	45	45	53	446	437	—	—	—	—
Lübeck	S	—	—	—	71	803	—	968	9 795	6	—	—	68	[illegible]
〃	D	46	75	17[5])	54	55	2	361	397	89[6])	—	—	—	—
Magdeburg	S	7	64	—	89	1 501	—	765	8 518	—	—	—	344	[illegible]
〃	D	22	24	22	30	83	30	689	936	61	—	—	—	—
Mainz	D	298	2 472	2 028	170	308	265	1 653	4 034	3 168	6	13	222	[illegible]
Mannheim*	S	—	—	—	665	5 751	—				2	2	136	[illegible]
〃	D	12	12	—	202	202	202				—	—	—	—
Metz*	D	247	919	—	136	100	22	1 108	1 780	136	2	50	75	[illegible]
München*	D	29	290	—	25	245	1 375	130	1 271	1 375	179	1 969	—	—
Nürnberg*	D	9	27	—	13	39	20	78	234	116	—	—	35	[illegible]
Plauen i. V.[7])	S	3	.	.	11	.	.	11	.	.	.	.	.	[illegible]
Posen	S	.	.	.	10	285	—	1 231	18 111	.	46	331	242	[illegible]
〃	D	205	1 241	—	390	2 215	2 215	1 230	6 850	6 850	—	—	—	—
Potsdam	D	1	1	.	28	39	.	7	7	.	.	.	5	[illegible]
Spandau	D	.	252	—	.	2 533	17	.	10 374	932	.	—	.	[illegible]
Stettin	D	.	.	.	.	.		.	4 532	571	.	61	.	[illegible]
Straßburg i. E.	D	110	1 540	1 576	242	3 388	3 475				3	42	309	[illegible]
Stuttgart	S	—	—	—	33	441	—	935	10 906	—	2	8	549	[illegible]
〃	D	108	191	—	324	680	677	2 278	4 917	4 877	—	—	—	—
Wiesbaden	S	4	56	.	29	406	.	427	5 552	.	.	.	2	[illegible]
〃	D	2	4	.	.	.	.	2	4	.	—	—	—	—
Würzburg*	D	10	90	.	.	.	.	6	54	.	—	—	—	—
Zwickau*	D	—	—	—	5	60	60	22	264	264	—	—	31	[illegible]

Ib. Einquartierte Truppen etc. im Jahre 1899 oder 1899/1900.

Städte (= Kalender-jahr)	S = Standquartiertruppen D = Durchmarschtruppen	Offiziere			Feldwebel u. andere im Unteroffizierrang			Soldaten (Gemeine)			Geschäftszimmer		Pferde	
		Zahl der Köpfe	Dauer in Tagen	Davon mit Naturalverpflegung	Zahl der Köpfe	Dauer in Tagen	Davon mit Naturalverpflegung	Zahl der Köpfe	Dauer in Tagen	Davon mit Naturalverpflegung	Zahl	Tage	Zahl	Tage
achen* . . .	S	1	10	—	30	3 990	—	711	94 563	—	—	—	39	4 017
" . . .	D	8	80	—	30	30	30	92	920	—	—	—	—	—
ltona . . .	D	6	6	—	22	46	—	69	1 436	—	—	—	6	546
ugsburg* . .	S	9	108	—	—	—	—	—	—	—	2	4	61	122
" . .	D	20	20	—	66	132	66	242	484	242	—	—	—	—
armen* . . .	S	.	.	.	12	64	64	5	33	33	.	.	.	.
" . . .	D	7	7	7	31	35	35	327	327	327	.	.	.	.
erlin	S	—	—	—	6 810	200 837	141	1 255	19 195	11 001	19	44	75	150
"	D	140	226	115	586	1 357	1 248	3 838	9 897	4 291	—	—	—	—
ochum* . . .	S	.	.	.	17	205	.	9	208	.	4	4	69	69
" . . .	D	51	51	2	182	182	5	1 041	1 041	4	—	—	—	—
remen . . .	S	—	—	—	46	662	—	596	8 162	.	—	—	44	414
" . . .	D	25	25	17	90	152	20	394	584	196	—	—	—	—
reslau* . . .	S	7	64	—	735	17 538	—	1 877	28 492	—	2	2	—	—
" . . .	D	17	18	—	49	91	91	236	479	479	—	—	—	—
assel	S	2	720	—	63	23 297	—	583	209 929	—	11	3 660	—	—
"	D	12	66	—	573[1])	3 270[1])	4[1])	1 758[1])	17 658[1])	24[1])	—	—	—	—
harlottenburg	D	7	27	.	18	139	26	93	275	174	—	—	140	539
hemnitz* . .	D	5	18	—	71	599	60	496	5 896	345	—	—	86	431
öln a. Rh. . .	S	7	7	—	3	33	—	413	3 806	—	.	.	614	1 823
" . .	D	130	264	100	1 127	17 196	2 710	2 640	15 718	2 420	.	.	—	—
anzig	S	.	.	.	.	.	.	4	1 460	.	.	.	—	—
"	D	7	83	.	58	602	.	1 000	11 620	.	.	.	—	—
ortmund* . .	D	87	97	87	178	199	162	1 037	1 217	1 065	13	13	367	474
resden* . . .	S	—	—	—	348	5 692	—	3 105	32 202	—	17	82	83	594
" . . .	D	153	1 039	931[2])	431	782	782	2 505	9 788	9 867	—	—	—	—
üsseldorf . .	S	—	—	—	281[3])	281[3])	—				12[4])	12	230	230
" .	D	110	110	—	1 121	1 121	979[5])				—	—	—	—
uisburg* . .	D	22	22	.	450	450	408				3	3	359	359
lberfeld . .	D	—	—	—	242	242	242				—	—	—	—
rfurt	S	—	—	—	125	1 750	—	1 134	15 876	—	36	63	733	1 283
"	D	346	658	373	408	709	709	4 195	7 141	7 141	—	—	—	—
ssen*	S	.	.	.	6	195	.	15	352	.	.	.	157	327
"	D	27	45	32	62	125	32	976	1 333	391	.	.	—	—
rankfurt a. M.	S	—	—	—	89	18 947	.	1 453	18 947	—	4	5	484	676
"	D	108	6)	7)	360	6)	7)	2 359	6)	7)	—	—	—	—
rankfurt a. O.	S	.	.	.	10	130	.	478	6 214	.	6	6	1 879	5 839
"	D	185	185	102[8])	463	463	289	2 638	2 638	1 594	—	—	—	—
reiburg i. Br.*	S u. D	1	21	21	67	907	907	588	7 784	7 784	2	2	—	—

Noch Tabelle Ib.

Städte (* = Kalenderjahr)	S = Standquartiertruppen D = Durchmarschtruppen	Offiziere			Feldwebel u. andere im Unteroffizierrang			Soldaten (Gemeine)			Geschäftszimmer		Pferd-
		Zahl der Köpfe	Dauer in Tagen	Davon mit Naturalverpflegung	Zahl der Köpfe	Dauer in Tagen	Davon mit Naturalverpflegung	Zahl der Köpfe	Dauer in Tagen	Davon mit Naturalverpflegung	Zahl	Tage	Zahl
Görlitz*	S	—	—	—	45	523	—	892	9 043	—	—	—	80
"	D	51	154	154	20	133	34	94	421	209	—	—	—
Halle a. S.	S	—	—	—	810	810	—	3 789	3 789	—	2	2	104
"	D	23	23	—	26	26	—	175	175	—	—	—	—
Hamburg*	S	—	—	—	1	13	—	239	4 099	—	—	—	—
"	D	19	19	—	82	106	16	277	289	33	—	—	—
Hannover	S	11	95	—	234	25 912	—	1 475	67 833	—	—	—	134
"	D	7	7	—	42	50	—	894	894	110	—	—	—
Kiel	S	.	.	.	57	20 685	—	485	171 025	—	.	.	75
"	D	30	36	12	32	50	26	145	256	66	.	.	—
Königsberg i. Pr.	S	—	—	—	84	2 520	—	24	720	—	—	—	2 478
"	D	155	155	112[9])	237	237	218	1 414	1 414	1 236	—	—	—
Leipzig*	S	—	—	—	387	9 778	—	4 088	96 598	—	—	—	4
"	D	4	4	—	3	3	—	25	25	—	—	—	—
Liegnitz	S	.		.	30	390	.	1 006	13 075	.	—	—	58
"	D	36	36	33	2	2	2	106	106	106	—	—	—
Lübeck	S	—	—	—	52	758	—	803	13 959	—	27	60	788
"	D	225	467	305	346	619	536	2 227	3 694	3 155	—	—	—
Magdeburg	S	25	187	—	23	488	—	373	4 537	—	—	—	218
"	D	15	15	14	20	20	1	36	42	25	—	—	—
Mainz	D	245	2 789	2 110	5	53	41	247	2 521	1	—	—	—
Mannheim*	S		.	.				430	2 896	—	1	1	6
"	D	17	18	—				475	491	474	—	—	—
Metz*	D	505	3 477	—	87	429	13	549	3 896	97	19	171	198
München*	D	109	619	—	27	38	133	129	192	133	149	149	—
Nürnberg*	D	13	78	—	31	186	140	177	1 062	750	—	—	118
Plauen i. V.*	S	3	.	. 10)	12		. 10)	11		. 10)	.	.	.
Posen	S	.	.	.	18	307	—	369	4 254	.	4	26	100
"	D	32	293	.	56	260	—	32	293	245	—	—	—
Potsdam	D	29	29	.	10	28	.	172	1 838	.	.	.	39
Spandau	D	.	781	—	.	1 768	564	.	3 420	4 437	.	21	.
Stettin	D	.	.	.	.	.	.	.	228	—	.	.	.
Straßburg i. E.	D	[illegible]	5 318	1 187	4 113	57 582	20 247				18	108	721
Stuttgart	S	—	—	—	41	320	—	588	4 123	—	17	68	1 637
"	D	232	663	—	546	1 288	1 282	3 331	8 164	7 984	—	—	—
Wiesbaden	S	3	42	.	33	462	.	1 054	14 092	.	.	.	31
"	D	14	14	.	53	53	.	441	441	.	.	.	—
Würzburg*	D	1	1	.	3	3	.	.	.		.	.	—
Zwickau*	D	1	1	—	7	77	77	27	297	297	—	—	34

Tabelle I c. Einquartierte Truppen usw. im Jahre 1900 oder 1900/1901.

Städte (* = Kalenderjahr)	S = Standquartiertruppen D = Durchmarschtruppen	Offiziere: Zahl der Köpfe	Offiziere: Dauer in Tagen	Offiziere: Davon mit Naturalverpflegung	Feldwebel u. andere im Unteroffizierrang: Zahl der Köpfe	Feldwebel u. andere im Unteroffizierrang: Dauer in Tagen	Feldwebel u. andere im Unteroffizierrang: Davon mit Naturalverpflegung	Soldaten (Gemeine): Zahl der Köpfe	Soldaten (Gemeine): Dauer in Tagen	Soldaten (Gemeine): Davon mit Naturalverpflegung	Geschäftszimmer: Zahl	Geschäftszimmer: Tage	Pferde: Zahl	Pferde: Tage
achen* . . .	S	—	—	—	37	4 773	—	713	91 977	—	—	—	45	5 220
„ . . .	D	17	170	—	36	360	72	202	2 020	404	—	—	—	—
ltona . . .	D	12	34	—	—	—	—	5	109	1	—	—	49	2 009
ugsburg* . .	D	12	12	—	1	1	—	4	4	—	—	—	8	8
armen* . . .	D	12	12	12	213	213	213	249	249	249	.	.	.	.
erlin	S	—	—	—	6 981	207 745	386	4 501	40 300	35 665	36	85	177	919
„	D	529	2 810	881	1 029	9 099	2 184	10 050	27 445	25 198	—	—	—	—
ochum* . . .	S	.	.	.	8	18	.	17	315	.	.	.	.	.
„ . . .	D	21	21	.	79	79	.	502	502	.	.	.	.	.
remen . . .	S	—	—	—	28	370	—	875	12 253	—	2	2	541	901
„ . . .	D	54	398	329	121	526	440	689	1 191	514	—	—	—	—
reslau* . . .	S	—	—	—	345	8 077	—	1 063	11 437	—	—	—	2	2
„ . . .	D	70	132	—	1	1	—	1	1	—	—	—	—	—
assel . . .	S	2	720	—	62	21 966	—	634	228 156	—	11	3 960	32	32
„ . . .	D	11	30	—	186[1])	1 240[1])	10	1 743[1])	20 655[1])	41	—	—	—	—
harlottenburg	D	1	10	.	9	129	.				—	—	42	380
hemnitz* . .	D	504	1 401	—	710	3 214	2 299	6 476	24 715	15 155	63	191	858	3 551
öln	D	59	176	10	692	1 493	301	995	1 167	269	.	.	146	236
refeld . . .	D	29	29	29	11	11	11	57	57	57	.	.	53	53
anzig . . .	S	.	.	.	3	895	.	4	1 460	.	.	.	4	8
„ . . .	D	44	180	.	66	928	.	1 009	11 180	.	.	.	—	—
ortmund* . .	D	28	34	17	101	131	72	459	1 203	413	.	.	275	444
resden* . .	S	—	—	—	50	774	—	1 457	11 691	—	—	—	56	717
„ . .	D	102	1 310	1 239[3])	3	9	9	12	1 440	1 309	—	—	—	—
üsseldorf . .	S	—	—	—	287[2])	287[2])	—				—	—	—	—
„ . .	D	11	11	—	481	481	—				—	—	—	—
uisburg* . .	D	5	5	—	96	96	44				.	.	50	50
lberfeld . . .	D	17	17	—	1 134	1 134	177				—	—	298	298
rfurt	S	5	45	—	10	90	90	82	738	738	2	16	13	13
„	D	20	35	17	34	212	.	608	5 044	75	—	—	—	—
ssen*	S	.	.	.	29	870	.	5	150	.	.	.	.	.
„	D	26	26	.	133	238	.	292	1 063	.	.	.	.	.
ankfurt a. M.	S	—	—	—	168	1 299	—	1 477	8 055	—	7	46	407	434
„	D	41	41	.	183	190	93	1 599	1 624	657	—	—	—	—
ankfurt a. O.	S	11	31	9	9	117	2	813	10 569	40	.	.	24	48
„	D	3	3	2	3	3	1	6	6	6	.	.	—	—
eiburg i. Br.*	Su.D	—	—	—	341	1 358	1 358	1 084	12 628	12 628	3	4	27	81
örlitz* . . .	S	—	—	—	32	445	—	373	4 849	—	—	—	88	504
„ . . .	D	43	129	129	10	29	29	81	401	229	—	—	—	—

(Noch Tabelle Ic.)

Städte (* = Kalenderjahr)	S = Standquartiertruppen D = Durchmarschtruppen	Offiziere			Feldwebel u. andere im Unteroffizierrang			Soldaten (Gemeine)			Geschäftszimmer		Pferde	
		Zahl der Köpfe	Dauer in Tagen	Davon mit Naturalverpflegung	Zahl der Köpfe	Dauer in Tagen	Davon mit Naturalverpflegung	Zahl der Köpfe	Dauer in Tagen	Davon mit Naturalverpflegung	Zahl	Tage	Zahl	Tage
Halle a. S.	S	—	—	—	908	908	—	5 859	5 859	—	84	84	2 947	[illegible]
"	D	714	714	—	1 660	1 660	—	9 813	9 813	—	—	—	—	—
Hamburg*	S	—	—	—	9	78	—	213	4 227	—	—	—	—	—
"	D	22	44	—	135	334	95	282	336	104	—	—	—	—
Hannover	S	11	49	—	388	26 817	—	2 808	80 724	—	2	4	78[illegible]	[illegible]
"	D	30	66	—	122	210	200	879	1 360	1 317	—	—	—	—
Karlsruhe i. B.*	D	5	60	—	245	3 084	—				—	—	—	—
Kiel	S	.	.	.	55	20 075	—	.	.	.	4	8	55[illegible]	[illegible]
"	D	52	89	74	122	226	210	.	.	.	—	—	—	—
Königsberg i. Pr.	S	41	41	—	1 396	1 396	—	4 686	4 686	—	231	231	3 26[illegible]	[illegible]
"	D	1 896	1 896	1 463[6])	2 333	2 333	1 573	14 381	14 381	8 600	—	—	—	—
Leipzig*	S	—	—	—	279	3 156	—	3 324	35 835	—	—	—	—	—
"	D	22	22	—	2	2	—	28	28	—	—	—	—	—
Liegnitz	S	.	.	.	17	199	.	561	7 688	.	54	200	1 939	[illegible]
"	D	758	1 779	1 635	1 667	4 479	4 479	9 170	32 383	32 383	—	—	—	—
Lübeck	S	3	3	—	33	291	—	668	4 128	—	9	9	139	[illegible]
"	D	31	44	42	58	86	64	370	470	226	—	—	—	—
Magdeburg	S	9	106	—	124	1 981	—	1 997	27 398	—	—	—	257	[illegible]
"	D	28	54	31	35	45	9	80	198	23	—	—	—	—
Mainz	D	212	2 562	1 673	11	183	28	212	2 252	78	—	—	—	—
Mannheim*	S	—	—	—	251	2 500	—				2	2	11	[illegible]
"	D	11	43	—	201	972	965				—	—	—	—
Metz*	D	251	2 234	—	10	71	—	259	2 320	—	8	67	[illegible]	[illegible]
München*	D	194	1 793	—	12	125	—	23	345	—	1	10	—	—
Nürnberg*	D	31	899	—	23	667	144	145	4 205	873	—	—	10[illegible]	[illegible]
Plauen i. V.*	S	3	.	.	13	.	.	11	.	.	.	.	.	
Posen	S	.	.	.	11	255	.	960	16 526	.	2	4	257	[illegible]
"	D	12	125	—	130	1 553	—	961	6 516	258	—	—	—	—
Potsdam	D	137	399	.	6	16	.	184	2 596	.	.	.	17	[illegible]
Spandau	D	.	33	—	.	4 023	144				.	21	.	[illegible]
Stettin[5])	D	.	.	.	.	.	.	.	56 207	44 287	.	45	.	[illegible]
Straßburg	D	50	500	248	90	1 260	861				—	—	59	[illegible]
Stuttgart	S	—	—	—	80	340	—	333	3 913	—	—	—	—	—
Wiesbaden	S	.	.	.	27	378	.	508	6 604	.	2	2	7[illegible]	[illegible]
"	D	46	92	92	81	81	81	640	640	640	—	—	—	—
Würzburg*	D	37	37	.	2	2	.	.	.	.	.	.	—	—
Zwickau*	D	2	20	—	7	126	126	49	882	882	—	—	52	[illegible]

Tabelle IIa. Einquartierungskosten und deren Erstattung im Jahre 1898 oder 1898/99.

Städte (* = Kalenderjahr)	Kosten für Einquartierung ℳ	Kosten für Truppenverpflegung u. Fourage ℳ	Kosten für Vorspann ℳ	Kosten überhaupt ℳ	Hiervon erstattet von der Militärverwaltung ℳ	der Stadtgemeinde +	der Stadtgemeinde ℳ	den Grundstücksbesitzern ℳ
Aachen*	11 576	28 155	818	40 549	15 435	a	25 114	—
Altona	1 269	20	—	1 289	429	b	860	—
Augsburg*	600	—	—	600	206	a	394	—
Barmen*	4 461	—	—	4 461	82	a	4 379	—
Berlin	139 988	785	265	141 038	89 926	.	36	.
Bochum*	.	.	.	.	308	.	.	.
Bremen	7 160[1])	1 713[1])	—	8 873[2])	2 932	b	5 941	—
Breslau*	105 691	68	—	105 759	31 457	—	[10])	74 302
Cassel	21 454	6	—	21 460[4])	44 879	b	2	—
Charlottenburg	212	213	270	695	452	b	116	137
Chemnitz*	1 387	402	190	1 979	959	.	1 020	—
Cöln	4 917	156	1 377	6 450	4 114	.	.	2 344
Crefeld	175	186	—	361	222	a	139	—
Danzig	3 238	.	.	.	2 237	a	1 001	.
"						b	925	
Dortmund*	171	332	—	503	480	a	23	—
Dresden*	42 668	35 855	1 802	80 325[1])	43 985	a	35 770	—
"						b	36 342	
Düsseldorf	15 564	54	726	16 344	2 462	—	13 882[11])	—
Duisburg*	.	.	.	.	106	—	.	.
Elberfeld	1 031	226	—	1 257[3])	511	b	746	—
Erfurt	.	.	.	.	5 029	.	—	—
Essen*	534	.	.	.	113	a	421	.
"						b	421	.
Frankfurt a. M.	59 574		958	60 532	3 723	a	56 809	
"						b	47 499	.
Frankfurt a. O.	10 619	358	—	10 977	5 258	a	5 719	—
Freiburg i. B.*	8 342	3 461	47	11 850	4 484	a	4 212[6])	.
"						b	3 440[5])	.
Görlitz	5 047	—	—	5 047	2 037	a	3 010	—
Halle a. S.	4 718	95	18	4 831	1 097	b	3 734	—
Hamburg*	4 284	—	—	4 284	1 153	b	3 131	—
Hannover	105 906	—	—	105 906	55 580	a	50 326	—
"						b	45 642	
Karlsruhe i. B.*	27 816	27 743	73	55 632	15 828	.	11 988	.
Kiel	26 690	273	92	27 055	1 051	b	26 004	—
Königsberg	2 033	—	—	2 033	1 060	b	973	—
Leipzig*	42 177	.	.	42 177	16 217	.	.	.
Liegnitz	5 859[6])	501	84	6 444	3 382	—	—	3 062
Lübeck	11 006	254	14	11 274	2 025	a	9 249	—
"						b	8 393	—
Magdeburg	8 007	171	497	8 675	2 737	b	5 938	—
Mainz	8 923	6 701	288	15 912	7 729	b	8 183	—
Mannheim*	4 849	310	14	5 173	1 227	.	[7])	[7])
Metz*	3 222	126	2 393	5 741	4 419	—	—	1 402
München*	1 585	—	—	1 585	864	b	721[8])	—
Nürnberg*	218	86	—	304	83	—	—	221
Posen	19 644	7 378	349	27 371	13 634	a	5 526	8 211
Potsdam	16	2	1 023	1 041	650	b	391	—
Spandau	3 531	186	2 796	6 513	5 466	—	1 047	—
Stettin	3 044	483	77	3 604	1 505	b	2 099	—
Straßburg	4 402	—	654	5 056	4 528	.	528	—
Stuttgart	8 087		787	8 874	8 144[9])	—	—	—
Wiesbaden	4 032	—	—	4 032	886	b	3 146	—
Würzburg*	.	.	.	.	86	—	.	.
Zwickau*	426		318	744	509	a	235	—

+ a = einschließlich Verwaltungskosten, b = ausschließlich Verwaltungskosten.

Tabelle IIb. Einquartierungskosten und deren Erstattung im Jahre 1899 oder 1899/1900.

Städte (* = Kalenderjahr)	Kosten: für Einquartierung	Kosten: für Truppenverpflegung u. Fourage	Kosten: für Vorspann	Kosten: überhaupt	Hiervon erstattet von: der Militärverwaltung	der Stadtgemeinde: +	der Stadtgemeinde	den Grundstücksbesitzern
	ℳ	ℳ	ℳ	ℳ	ℳ	+	ℳ	ℳ
Aachen*	6 431	59	72	6 562	1 598	a	4 964	—
Altona	913	—	—	913	382	b	531	—
Augsburg*	690	870	—	1 560	706	a	854	—
Barmen*	4 570	—	—	4 570	127	a	4 443	—
Berlin	150 137	474	605	151 216	100 301	.	114	.
Bochum*	.	.	.	.	708	.	.	.
Bremen	7 371[1])	344[1])	—	7 715[1])	2 069	b	5 646	—
Breslau*	33 539	257	—	33 796	11 207	—	—	22 589
Cassel	23 850	34	—	23 884	45 610	b	11	—
Charlottenburg	578	445	567	1 590	920	b	255	415
Chemnitz*	702	324	—	1 026	481	.	545	—
Cöln	7 226	4 357	4 012	15 595	10 914	.	.	4 928
Crefeld	.	.	.	.	.	.	.	.
Danzig	4 757	.	.	.	2 448	a	2 309	.
„						b	2 283	
Dortmund*	407	1 578	40	2 025	1 966	a	59	—
Dresden*	30 435	12 594	883	43 912	20 754	a	28 510	.
„						b	23 158	
Düsseldorf	3 058	748	1 817	5 623	2 384	a	3 239	—
Duisburg*	.	.	.	.	875	.	.	.
Elberfeld	510[2])	—	—	510[2])	61	b	449[1])	—
Erfurt	.	.	.	.	12 692	.	.	.
Essen*	2 232	723	.	2 955	857	a	2 098	.
„						b	2 098	
Frankfurt a. M.	63 614		1 310	64 924	8 786	a	56 138	.
„						b	46 928	
Frankfurt a. O.	4 272	1 557	—	5 829	3 719	a	2 110	—
Freiburg i. Br.*	4 077	30	—	4 107	1 805	a	2 285	—
„						b	1 518	
Görlitz	4 808	746	48	5 602	2 517	a	3 085	—
Halle a. S.	4 373	301	—	4 674	846	b	3 828	—
Hamburg*	3 158	115	—	3 273	860		2 413	—
Hannover	41 268	—	—	41 268	19 466	a	21 802	—
„						b	17 127	
Karlsruhe i. B.*	34 124	30 835	255	65 214	62 999	.	1 960	—
Kiel	29 967	282	35	30 284	1 383	b	28 901	—
Königsberg	4 330		—	4 330	2 527	b	1 803	—
Leipzig*	36 049	.	.	.	14 513	—	.	.
Liegnitz	4 791[3])	12	105	4 908	2 312	—	—	2 596
Lübeck	18 929	3 946	909	23 784	7 337	a	16 447	—
„						b	15 412	
Magdeburg	7 713	41	106	7 860	1 352	b	6 508	—
Mainz	7 845	1 545	—	9 390	4 218	b	5 172	—
Mannheim*	2 001	822		[4])	1 504	.	2 248	[4])
Metz*	7 783	88	2 520	10 391	6 047	—	—	3 544
München*	2 510	305	—	2 815	1 741	b	1 098[5])	—
Nürnberg*	[1])	[1])	9	[1])	189		—	—
Posen	9 276	196	239	9 711	3 602	a	1 969	4 140
Potsdam	235	70	1 329	1 634	1 215	b	419	—
Spandau	11 712	4 097	3 270	19 079	13 831	b	5 248	—
Stettin	230	23	21	274	136	b	138	—
Straßburg	20 548		1 565	22 113	18 834	.	3 279	—
Stuttgart	11 091		163	11 154	11 526	a	2	—
Wiesbaden	4 745	1 299	—	6 044	1 208	b	4 836	—
Würzburg*	.	.	.	.	2	.	.	.
Zwickau*	388		210	598	372		226	—

+ a = einschließlich Verwaltungskosten, b = ausschließlich Verwaltungskosten.

Tabelle II c. Einquartierungskosten und deren Erstattung
im Jahre 1900 oder 1900/1901.

Städte (* = Kalenderjahr)	Kosten: für Einquartierung	Kosten: für Truppenverpflegung u. Fourage	Kosten: für Vorspann	Kosten: überhaupt	Hiervon erstattet von der Militärverwaltung	+	der Stadtgemeinde	den Grundstücksbesitzern
	ℳ	ℳ	ℳ	ℳ	ℳ	+	ℳ	ℳ
Aachen* . . .	6 506	32	—	6 538	1 611	a	4 927	—
Altona . . .	670	2	—	672	286	b	386	—
Augsburg* . .	149	—	—	149	46	a	103	—
Barmen* . . .	3 713	—	—	3 713	384	a	3 329	—
Berlin . . .	211 557	20 455	1 400	233 412	136 083	.	266	.
Bochum* . .	.	.	.	.	89	.	.	.
Bremen . . .	11 785 [1])	2 671 [1])	—	14 456([1, 2])	4 737	b	9 719	—
Breslau* . . .	14 541	—	—	14 541	4 465	—	—	10 076
Cassel. . . .	22 135	58	105	22 298	47 002	b	17	—
Charlottenburg	443	.	699	1 142	564	b	256	322
Chemnitz* . .	5 619	1 922	393	7 934	3 147	.	4 787	—
Cöln a. Rh. .	2 805	369	527	3 701	1 686	—	—	2 085
Crefeld . . .	148	176	—	324	179	a	145	—
Danzig . . .	5 962	.	.	.	3 322	a	2 640	.
〃 . . .	.	.	.	.	.	b	2 536	.
Dortmund* . .	300	1 307	—	1 607	1 380	a	227	—
Dresden* . .	10 959	2 225	807	13 991	6 664	a	16 211	—
〃 . . .	.	.	.	.	.	b	7 326	.
Düsseldorf . .	2 008	—	549	2 557	545	a	2 012	—
Duisburg* . .	.	.	.	.	111	.	.	.
Elberfeld. . .	1 328	350	—	1 678 [3])	602	b	1 076	—
Erfurt. . . .	.	.	.	.	1 859	.	.	.
Essen* . . .	2 238	.	.	.	504 {	a	1 733	.
						b	1 733	.
Frankfurt a. M.	60 748		—	60 748	3 407	a	57 341	.
〃	.		.	.	.	b	47 949	.
Frankfurt a. O.	3 598	45	—	3 643	1 581	a	2 062	—
Freiburg i. Br.*	4 152	—	152	4 304	2 539	a	1 245	1 245
〃	.	.	.	.	.	b	149	.
Görlitz . . .	2 745	582	48	3 375	1 605	a	1 770	—
Halle a. S. . .	15 512	22 005	4 426	41 943	20 820	b	21 123	—
Hamburg* . .	3 466	328	—	3 794	1 255	.	2 539	—
Hannover . .	48 182	—	—	48 182	22 662	a	25 520	—
〃 . . .	.	.	.	.	.	b	20 520	.
Karlsruhe i. B.*	1 680	—	—	1 680	592	.	1 088	—
Kiel	30 014	1 866	253	32 133	3 650	b	28 483	—
Königsberg i. Pr.	34 634		—	34 634	15 225	b	19 408	—
Leipzig* . . .	20 161		.	.	6 117	.	.	.
Liegnitz . . .	46 743 [1])	1 780	2 202	50 725	42 934	—	—	7 791
Lübeck . . .	6 395	503	61	6 959	1 489	a	5 470	—
〃 . . .	.	.	.	.	.	b	4 588	.
Magdeburg . .	16 133	180	—	16 313	4 916	b	11 397	—
Mainz. . . .	6 863	1 117	—	7 980	3 986	b	3 994	—
Mannheim* .	3 221	1 179	28	4 428	1 475	.	2 953	—
Metz*	6 262	—	2 114	8 376	5 563	.	2 813	—
München* . .	7 253	—	—	7 253	2 626	b	4 627 [4])	—
Nürnberg* . .	.	.	.	.	340	.	.	.
Posen . . .	15 435	38	875	16 348	5 633	a	6 492	4 223
Potsdam . .	773	226	1 302	2 301	1 832	b	469	—
Spandau. . .	9 977	692	435	11 104	6 018	b	5 086	—
Stettin . . .	12 073	39 061	429	51 563	.	b	81 614	.
Straßburg i. E.	994		196	1 190	1 051	.	139	—
Stuttgart . .	852	—	—	852	627	.	.	.
Wiesbaden . .	5 048	3 270	512	8 830	2 518	b	6 851	—
Würzburg* . .	.	.	.	.	121	.	.	.
Zwickau* . .	789		206	995	509	a	486	—

+ a = einschließlich Verwaltungskosten, b = ausschließlich Verwaltungskosten.

Bemerkungen
zu Tabelle Ia betr. 1898 oder 1898/99.

[1]) D. i. Morgenkost. — [2]) Einschließlich der Selbstmieter, welche einen städtischen Serviszuschuß erhalten. — [3]) D. i. Abendkost. — [4]) Einschließlich der im städtischen Einquartierungshause untergebrachten Soldaten. — [5]) Nur Morgenkost. — [6]) Außerdem Heizung an 175 Tagen. — [7]) Dem Königl. Bezirkskommando ist ein Gebäude von der Stadt zur Verfügung gestellt, in welchem sich auch die Geschäftszimmer und Kammern befinden; 2 Offiziere mit je einem Burschen haben Privatwohnung. Für das fragliche Gebäude bekommt die Stadt einen jährlichen Mietzins von 3200 Mk. — [8]) Die Dauer der Quartierleistung für die gesamten Durchmarschtruppen betrug 1963 Tage. — [9]) Die Naturalverpflegung trat im ganzen an 642 Tagen in Kraft. — [10]) Die Naturalleistung für Offiziere war nur Morgenkost.

Zu Tabelle Ib betr. 1899 oder 1899/1900.

[1]) Vgl. Bem. 4 zu Tab. Ia. — [2]) Vgl. Bem. 1, zu Tab. Ia. — [3]) Vgl. Bem. 2 zu Tab. Ia. — [4]) Davon 3 Wachtlokale. — [5]) Teilweise volle Tages-, teilweise nur Abendkost. — [6]) Die Dauer der Quartierleistung für die gesamten Durchmarschtruppen betrug 3436 Tage. — [7]) Die Naturalverpflegung trat im ganzen an 2310 Tagen in Kraft. — [8]) Vgl. Bem. 10 zu Tab. Ia. — [9]), [10]) Nur Morgenkost.

Zu Tabelle Ic betr. 1900/1901.

[1]) Vgl. Bem. 4 zu Tab. Ia. — [2]) Vgl. Bem. 2 zu Tab. Ia. — [3]) Vgl. Bem. 1 zu Tab. Ia. — [4]) Vgl. Bem. 7 zu Tab. Ia. — [5]) Kaisermanöver fanden statt. — [6]) Nur Morgenkost.

Zu Tabelle IIa betr. 1898 oder 1898/1899.

[1]) Einschließlich Serviszuschuß an Unteroffiziere in der Garnison, wofür keine Beträge zurückerstattet sind. — [2]) Die außerordentlichen Kosten bei der Einquartierung des Dragoner-Regiments Nr. 19 sind in den angegebenen Beträgen nicht mit enthalten. — [3]) Einschließlich für Truppenverpflegung. — [4]) Die Ausgaben betrugen: a) für Einquartierung in Stadtquartieren 2963 Mk., b) für Unterhaltung des Einquartierungshauses 5065 Mk. — c) für Neuanschaffung und Unterhaltung des Inventars, sowie sonstige Kosten 13 432 Mk. — [5]) Außerdem trug die Stadtgemeinde noch 2154 Mk. [6]) Einschließlich Mundverpflegung. — [7]) Die Einquartierung wird bei Wirten untergebracht, mit denen Verträge bestehen. — [8]) Außerdem 80 Mk. allgemeine Kosten und 160 Mk. Mietanschlag. — [9]) Der Mehraufwand ist durch den staatlichen Zuschuß zu den Einquartierungskosten gedeckt. — [10]) An sächlichen Verwaltungskosten wurden 340 Mk. verausgabt, bezüglich der persönlichen Verwaltungskosten liegen Angaben nicht vor. — [11]) Einschließlich von der Stadt geleistete Serviszuschüsse an Selbstmieter, (i. J. 1898: 3206 Mk., 1899: 1364 Mk., 1900: 1677 Mk.).

Zu Tabelle IIb betr. 1899 oder 1899/1900.

[1]) Vgl. Bem. 1 und 2 zu Tab. IIa. — [2]) Außerdem sind verausgabt: 1643 Mk. für bereit gestelltes Notquartier für 272 Offiziere, 5045 Unteroffiziere und Mannschaften und 712 Pferde, welche nicht in Anspruch genommen wurden. — [3]) Vgl. Bem. 6 zu Tab. IIa. — [4]) Vgl. Bem. 7 zu Tab. IIa. — [5]) Außerdem 76 Mk. allgemeine Kosten und 160 Mk. Mietanschlag.

Zu Tabelle IIc betr. 1900 oder 1900/1901.

[1]) Einschl. 142 Mk. für verabfolgte freiwillige Verpflegung für Offiziere, wofür keine Vergütung geleistet ist. Vgl. auch Bem. 1 zu Tab. IIa. — [2]) Die außerordentlichen Kosten bei der Einquartierung des Dragoner-Regiments Nr. 19 sind in den angegebenen Beträgen nicht mit enthalten. — [3]) Vgl. Bem. 6 zu Tab. IIa. — [4]) Außerdem 94 Mk. allgemeine Kosten und 160 Mk. Mietanschlag. — [5]) Da die Mannschaften teilweise bei den Quartierträgern selbst untergebracht wurden, können die erwachsenen Kosten nicht angegeben werden.

XXV.

Stadtschuldenwesen.

Von

Dr. Gustav Tenius,

Direktor des statistischen Amts der Stadt Dortmund.

Die Darstellung des Schuldenstandes der im Jahrbuch verzeichneten Städte ist für das Berichtsjahr wieder in derselben Weise und nach denselben Gesichtspunkten erfolgt wie für das Vorjahr. — Die zur Materialbeschaffung ausgegebenen Fragebogen sind dieses Mal von 47 Städten beantwortet. Bei der Bearbeitung des durch dieselben gewonnenen Materials war es häufig nötig, die Haushaltspläne und Verwaltungsberichte der einzelnen Städte zu Rate zu ziehen, um Zweifel über verschiedenartige Auffassung in der Fragebeantwortung nach Möglichkeit zu beheben und die Darstellung für alle Städte möglichst gleichartig zu gestalten. — Für die 5 Städte Braunschweig, Darmstadt, München-Gladbach, Mülhausen i. E. und Münster sind die Angaben, soweit es möglich war, den entsprechenden Haushaltsplänen und Verwaltungsberichten dieser Städte entnommen. — Die 3 Städte Bremen, Hamburg, Lübeck kommen für den vorliegenden Abschnitt aus den schon früher dargelegten Gründen nicht in Betracht. — Sämtliche Angaben beziehen sich entweder auf das Kalenderjahr 1900 oder auf das Rechnungsjahr vom 1. April 1900 bis zum 31. März 1901 (1900/1901).

In der Tabelle II konnten diejenigen Städte, für welche das Material aus den diesbezüglichen Verwaltungsdrucksachen gewonnen werden mußte, keine Aufnahme finden, da hieraus die Einzelangaben über die im Laufe des Berichtsjahres neu aufgenommenen Schuldenbestandteile nicht in der erforderlichen Vollständigkeit zu ersehen waren.

Nach Tabelle I, Spalte 12, ist die Gesamtsumme der Passiven für die aufgeführten 52 Städte von 1 656 119 480 Mk. am Ende des Vorjahres auf 1 865 625 836 Mk. am Ende des Berichtsjahres oder um 209 506 356 Mk. gestiegen, während die im Laufe des Berichtsjahres erfolgten Tilgungen sich auf 31 669 469 Mk. ordentliche und 25 408 031 Mk. außerordentliche Tilgung belaufen.

Nach Tabelle II Spalte 8 haben von den 47 für dieselbe in Betracht kommenden Städten, welche die Fragebogen ausgefüllt haben, 41 im Laufe des Jahres Anleihen oder Schuldenbestandteile neu aufgenommen und zwar im Gesamtbetrage von 216 272 726 Mk.

Bei der vorliegenden Bearbeitung ist erneut die Frage erwogen worden, ob es ratsam erscheint, den Schuldenstand der Städte in Vergleich zu ihrer Bevölkerungszahl zu stellen und überhaupt eine vergleichende Betrachtung der Städte untereinander vorzunehmen. So sehr gerade das hier bearbeitete Gebiet des städtischen Finanzwesens zu einer solchen vergleichenden Betrachtung reizt, haben doch die im VII. Jahrgang dieses Jahrbuches, Seite 307 ff., und im VIII. Jahrgang, Seite 255 dargelegten Erwägungen die Oberhand behalten müssen, und es ist von der Berechnung von Verhältniszahlen Abstand genommen.

Tabelle I. Hauptübersicht über den Schuldenstand der Städ… die Ausgaben für Tilgu…

Nr.	Städte	Jahr	Anleihe-schulden	Hypotheken-schulden	Passivrenten und Lasten, kapitalisiert	Restkaufgelder	Vorübergehend aufgenommene Darlehne	Kauti… (Am… und sonst…
			ℳ	ℳ	ℳ	ℳ	ℳ	…
1.	2.	3.	4.	5.	6.	7.	8.	9.
1.	Aachen	1900/01	16 863 200	—	52 240	381 139	491 526	5…
2.	Altona	"	29 655 815	—	—	355 940	242 651	–
3.	Augsburg . . .	1900	10 169 900	92 421	—	1 056 000	—	–
4.	Barmen. . . .	1900/01	31 749 780	—	—	—	—	–
5.	Berlin	"	272 591 350	—	410 000	2 335 500	9 743 373	11 25…
6.	Bochum . . .	"	8 556 652	—	—	—	1 718 060	–
7.	Braunschweig .	"	23 424 680	—	—	—	—	–
8.	Breslau	"	35 747 500	885 900	105 564	92 220	16 681 763	347…
9.	Cassel	"	18 275 972	—	—	104 328	—	–
10.	Charlottenburg .	"	39 303 600	796 750	—	2 223 779	—	17…
11.	Chemnitz . . .	1900	20 551 382	—	—	—	—	2…
12.	Cöln	1900/01	72 413 165	—	—	—	1 000 000	–
13.	Crefeld	"	15 436 020	7 620	—	—	1 415 800	–
14.	Danzig	"	12 993 600	—	—	—	250 000	–
15.	Darmstadt . .	"	17 619 988	—	—	—	—	–
16.	Dortmund . . .	"	26 475 700	591 000	10 865	100 000	2 600 000	–
17.	Dresden . . .	1900	61 095 558	979 108	12 271	1 219 600	—	–
18.	Düsseldorf. . .	1900/01	43 041 322	—	—	—	1 100 000	–
19.	Duisburg . . .	"	15 133 091	175 480	—	185 498	400 000	–
20.	Elberfeld . . .	"	36 334 568	311 897	—	—	339 943	–
21.	Erfurt	"	9 378 800	145 438	—	—	125 000	–
22.	Essen	"	18 696 000	—	—	940 000	—	–
23.	Frankfurt a. M. .	"	99 176 644	—	—	7 742 023	—	–
24.	Frankfurt a. O. .	"	3 842 445	105 386	—	150 636	90 500	–
25.	Freiburg i. Br. .	1900	21 574 200	—	—	1 733 402	30 000	–
26.	Münch.-Gladbach	1900/01	10 367 200	—	—	—	—	
27.	Görlitz	"	3 486 862	653 978		380 000		
28	Halle a. S. . .	"	22 140 331	—	220 546	1 016 551	182 312	32…
29.	Hannover . . .	"	65 720 267	—	277 903	1 709 592	—	…
30.	Karlsruhe . . .	1900	24 986 490	—	—	—	—	
31.	Kiel	1900/01	12 951 137	—	160 192	20 000	265 739	–
32.	Königsberg . .	"	32 845 400	2 451 755	—	—	—	–
33.	Leipzig	1900	72 605 961	828 542	226 237	4 389 587	824 799	–
34.	Liegnitz . . .	1900/01	5 096 449	—	—	—	—	–
35.	Magdeburg . .	"	46 204 600	198 000	—	30 000	500	–
36.	Mainz	"	26 856 475	119 059	—	1 304 930	—	65…
37.	Mannheim . . .	1900	41 813 744	—	—	110 186	—	17…
38.	Metz	1901/01	—	—	—	—	—	–
39.	Mülhausen i. E. .	"	6 329 300	—	—	—	—	–
40.	München . . .	1900	132 334 928	15 038 077	—	—	—	–
41.	Münster i. W. .	1900/01	8 684 775	—	183 338	—	—	–
42.	Nürnberg . . .	1900	43 970 020	785 585	—	—	—	10…
43.	Plauen i. V. . .	"	12 297 294	—	—	225 000	—	–
44.	Posen	1900/01	15 346 215	1 170 311	9 062	—	21 000	–
45.	Potsdam . . .	"	3 676 700	60 000	—	—	554 400	–
46.	Spandau . . .	"	6 697 000	35 000	—	—	—	45…
47.	Stettin	"	41 176 100	117 944	200 270	30 000	—	–
48.	Straßburg i. E. .	"	22 516 267	—	7 998	1 659 338	1 240 000	–
49.	Stuttgart . . .	"	27 208 300	196 067	15 515	502 360	—	
50.	Wiesbaden . .	"	20 296 144	—	—	3 136 983	—	–
51.	Würzburg . . .	1900	18 569 174	83 500	16 838	—	258 385	–
52.	Zwickau . . .	"	9 543 000	—	—	81 218	—	

m Schlusse des Jahres 1900 bezw. 1900/1901 sowie über nd Verzinsung der Schulden.

usgabe-reste	Sonstige Arten von Passiven	Summe	Ausgabe für Tilgung		Ausgabe für Verzinsung	Gesamt-ausgabe für Tilgung und Verzinsung	Städte
			ordentliche	außerordentliche			
ℳ	ℳ	ℳ	ℳ	ℳ	ℳ	ℳ	
10.	11.	12.	13.	14.	15.	16.	17.
—	—	17 846 705	394 190	227 110	669 454	1 290 754	Aachen.
—	—	30 254 406	661 892	61 811	1 049 676	1 773 379	Altona.
89 603	399 949	16 807 873	339 100	—	551 777	890 877	Augsburg.
—	—	31 749 780	484 153	100 000	1 066 993	1 651 146	Barmen.
6 666 495	—	312 974 530	6 641 850	—	9 616 271	16 258 121	Berlin.
—	1 279 730	11 554 442	264 844	—	304 019	568 863	Bochum.
—	—	23 424 680	113 413	—	851 688	965 101	Braunschweig.
—	102 766	57 091 713	891 638	—	1 732 611	2 624 249	Breslau.
—	782 926	19 163 226	462 860	116 003	661 017	1 239 880	Cassel.
757 597	219 077	43 479 132	409 000	—	1 481 805	1 890 805	Charlottenburg.
—	2 327 514	23 081 910	690 915	760 570	621 586	2 073 071	Chemnitz.
—	—	73 413 165	1 161 959	7 559 476	2 152 749	10 874 184	Cöln.
—	—	16 859 440	274 492	230 300	445 334	950 126	Crefeld.
861	—	13 244 461	220 700	—	451 434	672 134	Danzig.
—	181 375	17 801 363	189 550	—	592 580	782 130	Darmstadt.
—	—	29 777 565	515 273	300 000	1 065 171	1 880 444	Dortmund.
43 865	198 994	63 549 396	872 440	113 500	2 052 056	3 037 996	Dresden.
—	—	44 141 322	701 218	50 000	1 469 217	2 220 435	Düsseldorf.
20 617	44 610	15 959 296	300 232	—	602 352	902 584	Duisburg.
—	170 000	47 156 408	809 234	—	1 738 004	2 547 238	Elberfeld.
—	126 421	9 775 659	151 069	—	312 090	463 159	Erfurt.
—	—	19 636 000	466 400	—	741 000	1 207 400	Essen.
—	—	106 918 667	1 827 461	1 900 000	3 739 916	7 467 377	Frankfurt a. M.
—	310 818	4 499 785	71 958	69 000	159 400	300 358	Frankfurt a. O.
38 496	61 442	23 437 540	536 472	1 927 900	654 364	3 118 736	Freiburg i. Br.
—	—	10 367 200	114 000	—	206 940	320 940	Münch.-Gladbach
16 048	4 479 960	9 016 848	73 887	166 694	297 435	538 016	Görlitz.
1 471 414	394 212	25 425 366	400 650	150 000	815 001	1 365 651	Halle a. S.
—	846 459	68 876 851	1 085 864	126 471	2 065 056	3 277 391	Hannover.
—	—	24 994 990	373 300	2 912 010	775 885	4 061 195	Karlsruhe.
210 937	—	13 608 005	377 567	8 975	471 919	858 461	Kiel.
—	—	35 297 155	617 507	—	1 092 890	1 710 397	Königsberg.
—	3 800 528	82 675 654	628 888	696 463	2 475 019	3 800 370	Leipzig.
—	—	5 096 449	151 398	—	182 810	334 208	Liegnitz.
—	212 812	46 645 912	777 100	—	1 536 972	2 314 072	Magdeburg.
—	2 056 952	30 343 916	139 230	—	996 652	1 135 882	Mainz.
1 044 159	—	42 969 824	331 532	—	1 185 188	1 516 720	Mannheim.
—	—	—	—	—	—	—	Metz.
—	—	6 329 300	236 183	—	228 670	464 853	Mülhausen i. E.
177 341	—	147 550 346	1 139 660	2 191 583	5 077 592	8 408 835	München.
—	—	8 868 113	202 924	—	308 915	511 839	Münster i. W.
65 120	—	44 929 431	505 591	—	1 522 032	2 027 623	Nürnberg.
—	37 256	12 559 550	207 589	—	459 707	667 296	Plauen i. V.
—	—	16 546 588	123 607	3 590 750	491 761	4 206 118	Posen.
—	—	4 291 100	87 900	—	169 847	257 747	Potsdam.
25 780	—	6 808 475	125 000	—	232 400	357 400	Spandau.
30 073	456 451	42 010 838	731 903	—	1 474 193	2 206 096	Stettin.
614 505	825 000	26 863 108	2 339 605	350 000	651 430	3 341 035	Straßburg i. E.
5 250	43 268	27 970 760	241 202	—	1 026 617	1 267 819	Stuttgart.
—	—	23 433 127	564 326	—	767 633	1 331 959	Wiesbaden.
1 151	—	18 929 048	575 643	1 462 080	619 878	2 357 601	Würzburg.
—	—	9 624 418	65 100	337 335	353 647	756 082	Zwickau.

Tabelle II. **Nachweisung der im Jahre 1900 bezw. 1900/1901 neu aufgenommen**

No.	Städte	Bezeichnung des Schuldbestandteiles und Datum der Genehmigung	Nominalbetrag des Schuldbestandteiles ℳ	Art der Aufnahme bezw. der Begebung	Verzinsungs-Bedingungen	Tilgungs-Bedingungen
1.	2.	3.	4.	5.	6.	7.
1.	**Altona**	Vorübergehend aufgenommenes Darlehn	242 651	—	—	—
2.	**Augsburg**	Hypothek	15 443	Bei Anwesenskäufen übernommen	—	—
3.	**Bochum**	Vorläufiger Kredit	1 718 060	Bankkredit bei der Essener Kreditanstalt	—	Wird später auf aufzunehmende Anleihe übernommen
4.	**Breslau**	Anleihe von 1900 in Stadtanleihescheinen 7. 6. 1900	36 000 000	Ausgabe von auf den Inhaber lautenden Stadtanleihescheinen. Auszugeben in 9 Teilbeträgen von je 4 000 000 Mark.	Je nach Lage des Geldmarktes zu 3 % bis 4% am 1. 7. und 2. 1.	1 1/2 % + Z. v. 1. April des a[illegible] Ausgabe jedes [illegible] Teilbeträge von 4 000 000 Mark [illegible] genden Rechnungsjahres ab.
5.	**Charlottenburg**	Anleihe von 1899 II. Abteilung 24. 7. 1898	8 000 000	Durch ein Bankkonsortium zu 98,07 %	4% am 2. 1. und 1. 7.	2 1/4 % + Z. Erste Tilgungsra[te] am 1. 7. 190[illegible] letzte Tilgungsra[te] am 1. 7. 19[illegible]
6.	**Chemnitz**	Anleihe von 1890 19. 12. 1889	10 000 000	Durch die Dresdener Bank.	3 1/2 %	1 1/2 % + Z.

Anleihen oder Schuldenbestandteile nebst Angabe über ihre Verwendung.

...on dem Nominalbetrag ...nd i. Laufe des Jahres begeben ℳ	Verwendungsplan des Schuldbestandteiles Verwendungsart	Teilbetrag ℳ	Bemerkungen.
8.	9.	10.	11.
...242 651	—	—	
15 443	—	—	
...718 060	Erweiterung des Wasserwerks	413 000	
	Erweiterung des Elektrizitätswerks	232 000	
	Bau und Einrichtung des städtischen Fuhrparks	68 000	
	Bau einer Straßenbahnwartehalle	10 000	
	Neubau einer höheren Mädchenschule	400 000	
	Erwerb von Grundstücken	42 500	
	Beschaffung einer Pumpmaschine nebst Dampfkessel für das Wasserwerk	175 000	
	Neubau einer Volksschule	271 500	
	Bau einer Turnhalle	22 500	
	Vergrößerung eines Schulgebäudes	83 560	
	Summe	1 718 060	
...000 000	Bau eines neuen Armenhauses	1 100 000	
	Krankenhausbauten	800 000	
	Neubauten höherer und mittlerer Unterrichtsanstalten	2 450 000	
	Erweiterung und Neugestaltung der Feuerwehr und der Straßenreinigung	2 000 000	
	Erweiterung der Kanalisation und der Rieselfelder	5 220 000	
	Bau eines Handelshafens	3 500 000	
	Brückenbauten	5 721 000	
	Eisenbahnunterführungen	900 000	
	Wasserbauten	672 000	
	Grundwasserversorgung und Erweiterung des Wasserwerks	6 050 000	
	Grunderwerb zu Friedhofzwecken	364 000	
	Erbauung einer neuen Gasanstalt	3 500 000	
	Errichtung einer elektrischen Zentrale für den Straßenbahnbetrieb und Erweiterung des städtischen Elektrizitätswerks	2 500 000	
	Anleihekosten und Kursverlust	1 223 000	
	Summe	36 000 000	
...000 000	Vergl. Statist. Jahrb. IX. Jahrgang S. 214/215.	—	
...700 000 Rest der Anleihe	Hauptsächlich zum Wasserleitungsbau und zu Straßenregulierungen.	—	Vergl. Stat. Jahrb. VII. Jahrgang S. 334/335.

Noch Tabelle II.

No.	Städte.	Bezeichnung des Schuldbestandteiles und Datum der Genehmigung	Nominalbetrag des Schuldbestandteiles M.	Art der Aufnahme bezw. der Begebung	Verzinsungs-Bedingungen	Tilgungsbedingungen
1.	2.	3.	4.	5.	6.	7.
7.	**Cöln**	Obligationen-Anleihe von 1900 28. 9. 1900	21 583 500	Durch ein Bankkonsortium zu 98,60 %.	4 %	1½ % + Z.
		Schwebende Schuld.	7 000 000	Bei Bankhäusern bezw. der Cölnischen Lebensversicherungsgesellschaft Concordia vorübergehend aufgenommen.	4 000 000 zu 5% 3 000 000 zu 5 3/8 %	6 000 000 nach 3 Monaten, 1 000 000 nach 1 Jahre rückzahlbar
8.	**Crefeld**	Anleihe behufs Deckung der Erwerbungskosten der Gasfabrik 18. 1. 1898.	2 700 000	Aufgenommen bei der Preußischen Rentenversicherungsanstalt in Berlin.	3 3/4 %	4% + Z.
		Obligationen-Anleihe von 1900. 6. 6. 1900.	5 000 000	Durch auf den Inhaber lautende Schuldverschreibungen begeben durch ein Bankkonsortium zu 98,50 %	4 %	2½% + Z.
9.	**Cassel**	Anleihe von 1893 11. 8. 1893.	8 500 000	Es wurde der Rest der Anleihescheine im Betrage von 994 000 Mark, zu 92,05% durchschnittlich, begeben.	3 ½ %	1% + Z.

on dem Nominalbetrag und i. Laufe des Jahres begeben ℳ	Verwendungsplan des Schuldbestandteiles Verwendungsart	Teilbetrag ℳ	Bemerkungen.
8.	9.	10.	11.
1 583 500	Vergrößerung zweier Krankenanstalten	644 200	
	Bau eines Asyls für Obdachlose	45 600	
	Bau einer Zentralmarkthalle	5 600 000	
	Bau einer Feuerwehrkaserne	245 600	
	Bau eines zweiten Theaters	3 670 000	
	Bau eines Volksbades	308 000	
	Für Kanalbauten	2 300 000	
	Für Volksschulersatzbauten	2 316 200	
	Für elektrische Straßenbahnen	1 500 000	
	Für den Umbau des Stapelhauses	500 000	
	Für Friedhofsanlagen	1 114 300	
	Zur Erhöhung des Betriebsfonds der Stadtkasse .	1 000 000	
	Zur Deckung von Bauvorschüssen der Kapitalienkasse der Armenverwaltung	1 606 300	
	Zur Deckung des Mindererlöses (Disagio) aus den Anleihen von 1896 und 1898	733 300	
	Summe . .	21 583 500	
6 000 000		—	
300 000 5. Rate	Erwerb der Gasfabrik.	—	Vergl. Stat. Jahrb. VIII. Jahrg. S. 266/267.
5 000 000	Errichtung eines zweiten Wasserturmes	240 000	
	Errichtung einer Markthalle	270 000	
	Anlage eines Stadtwaldes	150 000	
	Errichtung eines Elektrizitätswerkes	1 500 000	
	Errichtung einer Krankenhausbaracke	71 145	
	Erweiterung des Verpflegungshauses	44 000	
	Erweiterung des Kühlhauses und Errichtung einer Transportanlage auf dem Schlachthofe	200 000	
	Kanalbauten	500 000	
	Vergrößerung des Friedhofes	18 000	
	Bahnhofsumbau	600 000	
	Erwerb der Königsburg	56 000	
	Grundstückserwerb	146 000	
	Anbau des südlichen Rathausflügels	500 000	
	Umbau der höheren Mädchenschule	30 000	
	Vermehrung der Brunnen des Wasserwerks einschl. Landerwerb	250 000	
	Erweiterungsbau des Gymnasiums	37 000	
	Bildung eines Betriebsfonds zur Tilgung kleinerer älterer Schulden und zur Abrundung	387 855	
	Summe . .	5 000 000	
994 000	Vergl. Stat. Jahrb. VII. Jahrg. S. 332/333 Nr. 6.	—	

Noch Tabelle II.

No.	Städte	Bezeichnung des Schuldbestandteiles und Datum der Genehmigung	Nominalbetrag des Schuldbestandteiles ℳ	Art der Aufnahme bezw. der Begebung	Verzinsungs-Bedingungen	Tilgungs-Bedingungen
1.	2.	3.	4.	5.	6.	7.
10.	**Dortmund**	Straßenbau-Anleihe 16. 5. 1900	2 500 000	—	4%	7% ÷ Z. von 1903/04 [illegible]
		Anleihe beim Allg. Knappschaftsverein zu Bochum 26. 3. 1897.	2 400 000	—	3½%	7% vom 15.3.1[illegible]
		Gestundete Grundstückskaufgelder	417 000	—	350 000 Mark zu 4% 67 000 Mark zu 4½%	—
		Vorübergehendes Darlehn	1 800 000	Bei mehreren Geldinstituten aufgenommen.	wechselnd	—
11.	**Dresden**	Anleihe von 1893. 31. 12. 1893.	30 000 000	Es wurden verkauft 453 900 Mark an städtische Kassen u. Stiftungen, 16 000 Mk. an andere Kassen u. Stiftungen, 967 200 Mark an Banken. Durchschnittskurs 93,16%.	3½% am 30. 6. und 31. 12.	Die Anleihe wir[illegible] 1903 an mit 1[illegible] von 1913 an [illegible] 2% + Z. bis [illegible] 31. 12. 1942 ge[illegible]
		Anleihe von 1900 17. 8. 1900.	50 000 000	Es wurden 5 000 000 Mark an ein Bankkonsortium zu 97,75% verkauft.	4% am 31. 3. und 30. 9.	Die Anleihe wi[illegible] 1910 an mit 1[illegible] von 1920 an [illegible] 1,1% + Z. bis [illegible] 31. 12. 1949 ge[illegible]

dem Nominalbetrag i. Laufe Jahres geben ℳ	Verwendungsplan des Schuldbestandteiles: Verwendungsart	Teilbetrag ℳ	Bemerkungen.
8.	9.	10.	11.
00 000	Zur Bestreitung der Kosten für Anlage neuer Straßen	2 500 000	
00 000	Vergl. Stat. Jahrb. IX. Jahrg. S. 214/215.	—	
17 000	Grundstückserwerb	417 000	
00 000	In Anrechnung auf den noch zu begebenden Rest der 1898er Anleihe.	—	
37 100	Vergl. Stat. Jahrb. X. Jahrg. S. 436/437.	—	Die Anleihe ist ganz begeben
00 000	Fertigstellung verschiedener in Ausführung befindlicher Hoch- und Tiefbauten	5 748 000	
	Kaufpreis für die Marienbrücke	1 500 000	
	Umgestaltung der Marienbrücke	620 000	
	Kaufpreis für die Frauenklinik	1 166 000	
	Für im Jahre 1901 auszuführende Hoch- und Tiefbauten	1 989 000	
	Herstellung einer Eisenbahnunterführung zwischen Hansa- und Leipzigerstraße	370 000	
	Bedarf für Tiefbauarbeiten (Spülbetrieb im Schleusennetze, Flutkanal u. s. w.)	687 000	
	Bedarf für den Bau von Volksschulen und höheren Lehranstalten	7 710 000	
	Tiefbauten anläßlich der Bahnbauten in Neustadt	676 000	
	Straßen- und Uferherstellungen aus Anlaß des Umbaues der Augustusbrücke	900 000	
	Aufhöhung des städt. Inselgebietes im gr. Ostragehege	1 000 000	
	Schleusenbauten in den Vorstädten Strehlen und Striesen	760 000	
	Fertigstellung der Abfangkanäle rechts und links der Elbe	2 375 000	
	Spülbetriebeinrichtungen in den Schleusen u. s. w.	1 890 000	
	Erbauung eines neuen Rathauses	6 000 000	
	Errichtung eines neuen Schlachthofes	6 000 000	
	Bau einer Markthalle in der Johannstadt	700 000	
	Bedarf für elektrische Licht- und Kraftwerke	2 725 000	
	Beschaffung öffentlicher Verkehrsräume und für unvorhergesehene Fälle	7 184 000	
	Summe	50 000 000	

Noch Tabelle II.

No.	Städte	Bezeichnung des Schuldbestandteiles und Datum der Genehmigung	Nominalbetrag des Schuldbestandteiles M	Art der Aufnahme bezw. der Begebung	Verzinsungs-Bedingungen	Tilgungs-Bedingungen
1.	2.	3.	4.	5.	6.	7.
12.	**Düsseldorf**	Anleihe vom 11. 9. 1900.	1 000 000	Darlehn von der Landesversicherungsanstalt der Rheinprovinz.	3 1/2 %	1/2 % + Z.
		Anleihe vom 6. 2. 1900.	2 000 000	Darlehn von der Lebensversicherungsbank für Deutschland zu Gotha.	4%	1,3 % + Z.
		Anleihe vom 6. 2. 1900.	2 000 000	Wie vor.	4%	1,3% + Z.
13.	**Duisburg**	Anleihe vom 28. 8. 1900.	1 000 000	Aufgenommen beim Preußisch. Beamten-Verein in Hannover.	4 1/4 %	2 % + Z.
14.	**Elberfeld**	Anleihe von 1899. 9. 5. 1899.	25 000 000	7 500 000 Mark durch ein Bankkonsortium zu 98,60 %, 188 200 Mark bei der städt. Vermögensverwaltung zu 100 %.	4%	1% + Z.
		Sparkassen-Anleihe 8. 2. 1898.	500 000	Bei der städt. Sparkasse.	4%	10% + Z.
15.	**Erfurt**	Stadtanleihe IV Ausgabe, III. Abteilung, 1. 2. 1893.	1 200 000	Die Anleihe ist am 1. 4. 1900 begeben: 560 Stück Lit. A zu 1000 Mk., 1160 Stück Lit. B zu 500 Mark, 300 Stück Lit. C zu 200 Mark und zum Kurse von 98,63 % von der Deutschen Bank in Berlin, dem Bankhause Reinhold Steckner in Halle a. S., der Privatbank in Gotha, dem Bankhause A. Stürcke in Erfurt u. der Erfurter Bank übernommen worden.	4%	1 % + Z. Getilgt im Jahre 19[illegible]

n dem No- nalbetrag id i. Laufe s Jahres egeben ℳ	Verwendungsplan des Schuldbestandteiles Verwendungsart	Teilbetrag ℳ	Bemerkungen.
8.	9.	10.	11.
370 000	Bau von Arbeiterwohnungen	1 000 000	
000 000	Vergrößerung der Kunsthalle	154 500	
	Eindeichung des Hammer Drabes	100 000	
	Erweiterung des Schlacht- und Viehhofes	395 500	
	Beitrag zum Kunstausstellungsgebäude	130 000	
	Anschüttung einer Fläche auf der Golzheimer Insel	270 000	
	Neueinrichtung im Hafen und Werft	450 000	
	Erwerb des Gefängnisses an der Akademiestraße und des Hauptsteueramtsgebäudes	500 000	
	Summe . .	2 000 000	
1 000 000	Bau und Betrieb von Vorortbahnen	2 000 000	
1 000 000	Zur Vergrößerung des Wasserwerkes	1 000 000	
688 200	Vergl. Stat. Jahrb. X. Jahrg. S. 436/437.	—	Bis zum Schluß des Berichtsjahres waren begeben 17 688 200 Mark.
107 687	Volksschulbauten. Die Hälfte der Kosten wird aus dem Ordinarium, die andere Hälfte bis zu 500 000 aus einem Darlehn der städtischen Sparkasse bestritten.	—	Bis zum Schluß des Berichtsjahres waren begeben 387 257 Mark.
200 000	Vergl. Stat. Jahrb. X. Jahrg. S. 438/439; VII. Jahrg. S. 352/353 Nr. 4 und 5.	—	Die Gesamtanleihe beträgt 6 200 000 Mark, sie ist mit dieser Abteilung ganz begeben.

Noch Tabelle II.

No.	Städte	Bezeichnung des Schuldbestandteiles und Datum der Genehmigung	Nominalbetrag des Schuldbestandteiles M	Art der Aufnahme bezw. der Begebung	Verzinsungs-Bedingungen	Tilgungs-Bedingungen
1.	2.	3.	4.	5.	6.	7.
16.	**Essen**	Stadtanleihe IX. Ausgabe vom 15. 3. 1901	8 000 000	Durch ein Bankkonsortium zu 99,80 %	4 %	2 %
17.	**Frankfurt a/M.**	Anleihe von 1901. 4. 4. 1901.	27 000 000	**15 000 000 Mark** wurden durch d. **Bankhaus Lazard Speyer-Ellissen** zur Emission in New-York zum Kurse von 93,35 % zuzüglich der laufen- Stückzinsen begeben. **534 000 Mark** wurden in Stiftungen und Fonds gelegt.	3½ %	Mindestens 1½ Planmäßige Tilgung ar. 1936
		Anleihe W. — Vergl. Stat. Jahrb. X. Jahrg. S. 438/439.	6 000 000	Durchschnittskurs 91,75 %	3½ %	
		Straßenbahnanleihe Vergl. Stat. Jahrb. X. Jahrg. S. 438/439.	20 000 000	Durchschnittskurs 91,60 %	3½ %	
18.	**Frankfurt a. O.**	Anleihe von 1898. 4. 10. 1898.	1 100 000	Städt. Sparkasse al pari.	3½ %	1 % + Z. u. rundung a. Beginn der T. noch nicht be-
		Anleihe von 1900. 7. 4. 1900.	371 000	Wie vor.	3½ %	1 % + Z. mit Abrundun. Beginn der T. am 1. 9. 19
19.	**Freiburg i. Br.**	Anleihe von 1898. 19. 4. 1898.	3 000 000	Abgabe von Teilschuldverschreibungen an Nebenkassen und Stiftungen zu 95,50 %	3½ % am 1. 4. und 1. 10.	Vom 1. 10. 19 in 39 Jahre. 1¼ %
		Darlehn von der Oberrh. Bank	190 000	Vorübergehendes Darlehn	½ % über Reichsbankdiskont	Die Darlehn samt den rest. d. Vorjahr. (mit nahme von 30 Mark einer Ne kasse) bei Begeb des 1900er und Teils des 1898 er lehns voll zur bezahlt.
		Darlehn von der Rhein. Kreditbank	70 000	Wie vor.	Wie vor.	
		Darlehn von der Gr. Amortisationskasse	500 000	Wie vor.	4 %	
		Darlehn von Nebenkassen und Stiftungen.	81 900	Wie vor.	3½ %	

…on dem Nominalbetrag …nd i. Laufe des Jahres begeben ℳ	Verwendungsplan des Schuldbestandteiles Verwendungsart	Teilbetrag ℳ	Bemerkungen.
8.	9	10.	11.
: 000 000	Für die Gasanstalt	1 000 000	
	" das Wasserwerk	300 000	
	" den Schlacht- und Viehhof	500 000	
	" Verwaltungsgebäude	300 000	
	" das Realgymnasium	280 000	
	" die Armenverwaltung	250 000	
	" die Badeanstalt	300 000	
	" Straßen und Kanäle	1 054 000	
	Unkosten und Kursverlust	16 000	
	Summe	4 000 000	
534 000 ettoerlös 519 956	Erweiterung der Wasserversorgungs- und Kanalisations-Anlage, Bau höherer und mittlerer Unterrichtsanstalten, Bau von Verwaltungsgebäuden, Errichtung von Wohnhäusern für städtische Bedienstete und Arbeiter, Erweiterung von Kranken- und Siechenhausbauten, Erweiterung von Friedhöfen, Straßenfreilegungen, Anlegung von Spielplätzen, sonstige bauliche Anlagen.	—	
1 529 400 ettoerlös 1 403 225	Diese beiden Anleihebegebungen fanden zur Berichtigung des Erwerbspreises des Elektrizitätswerkes Bockenheim statt, welche vertragsmäßig durch Übernahme von 3 ½ % Frankfurter Stadtanleihe zum Kurs von 94,25 % vorbehalten war. Der gegen die in Spalte 5 bezeichneten Durchschnittskurse erzielte Gewinn von 52 548 Mark ist dem Anlagekapital des Elektrizitätswerkes Bockenheim zugute gekommen.	—	Bis zum Jahresschluß waren begeben 6 000 000 Mark.
599 300 ettoerlös 548 978		—	Wie vor 19 700 000 Mark.
450 000	Vergl. Stat. Jahrb. X. Jahrg. S. 438/439.	—	Bis zum Jahresschluß waren begeben 865 750 Mark.
41 750	Wie vor.	—	Die Anleihe ist ganz begeben.
34 100	Vergl. Stat. Jahrb. X. Jahr. S. 438/439. Bis zum Jahresschluß waren begeben 2 858 200 Mk.	—	Schuld der Stadtkasse.
190 000	Für Zwecke des 1898er und 1900er Anlehns. Vergl. Stat. Jahrb. X. Jahrg. S. 439/439.	—	
70 000			
500 000			
81 900			

Noch Tabelle II.

No.	Städte	Bezeichnung des Schuldbestandteiles und Datum der Genehmigung	Nominalbetrag des Schuldbestandteiles ℳ	Art der Aufnahme bezw. der Begebung	Verzinsungs-Bedingungen	Tilgungs-Bedingungen
1.	2.	3.	4.	5.	6.	7.
19.	Noch **Freiburg i. Br.**	Anleihe von 1900 12. 3. 1900.	10 000 000	Ausgabe der Hälfte der Stücke an ein Konsortium: Oberrheinische Bank in Mannheim, Deutsche Bank in Berlin, Hannoversche Bank in Hannover und Kgl. Seehandlgs.-Sozietät in Berlin zu 99,11 %.	4 %	Vom 1. 10. 1904 a in 56 Jahren m. 1½ % + Z.
		Darlehn von der Sparkasse.	120 000	Darlehn ohne Unterpfandbestellung.	3¾ %	1 %
20.	**Görlitz**	Darlehn der städt. Sparkasse. 3.8.1898.	124 000	.	3½ %	1 %
		Wie vor. 3. 8. 1898.	1 200 000	.	3½ %	1 %
		Wie vor. 10. 4. 1900.	100 000	.	3½ %	1½ %
		Wie vor. 26. 3. 1900.	378 000	.	3½ %	2 %
		Anleihe in Schuldverschreibungen auf den Inhaber 14. 2. 1900.	4 000 000	Freihändiger Verkauf zum Kurse von 99,00 % u. 100,50 %	4 %	1½ %
21.	**Halle a. S.**	Darlehn der städt. Sparkasse.	2 600 000	.	3¾ %	1 % + Z.
		Wie vor.	55 000	.	4 %	1 % + Z.
		Wie vor.	159 115	.	3½ %	Vergl. Stat. Jahrb. IX. Jahrg. S. 218 [illegible]
		Darlehn	1 000 000	Bei d. Versicherungsanstalt Sachsen-Anhalt aufgenommen.	3¾ %	1¼ % + Z.
		Gestundetes Restkaufgeld.	150 000	.	3 %	
		Halle'sche Stadtanleihe von 1900 3. 4. 1900.	12 000 000	Die I. Abteilung im Betrage von 3 000 000 Mark wurde an ein Bankkonsortium zum Kurse von 98,78 % abgegeben.	4 %	1¼ % + Z.

Von dem Nominalbetrag sind i. Laufe des Jahres begeben ℳ	Verwendungsplan des Schuldbestandteiles — Verwendungsart	Teilbetrag ℳ	Bemerkungen.
8.	9.	10.	11.
5 000 000	Häuser- und Liegenschaftskaufschillinge	1 363 157	Schuld der Stadtkasse.
	Erbauung eines Spritzenhauses mit Wohnung in Herdern	36 000	
	Erweiterung der Gaswerksanlage	451 000	
	Rathaus-Erweiterung	320 000	
	Vollendung des neuen Friedhofes (Bauten und Anlagen)	138 974	
	Erbauung eines Mädchenschulhauses in der Wiehre	480 000	
	Brücken-, Ufer- und Flußbauten	447 500	
	Elektrische Zentrale und Straßenbahn	3 770 000	
	Bau der Artilleriekaserne nebst Zubehör	2 239 600	
	Artilleriedepot (Wagenremisen, Geschoß- und Pulvermagazine)	426 800	
	Proviantamt	326 969	
	Summe	10 000 000	
120 000	Weitere Aufnahme zum Ausbau der Wohnhäuser an der Zunftstraße und zur Erwerbung von Liegenschaften.	—	Schuld der Beurbarungskasse.
12 110	Vergl. Stat. Jahrb. X. Jahrg. S. 440/441.	—	Die Anleihe ist ganz begeben.
158 981	Wie vor.	—	Bis zum Jahresschluß waren begeben 1 119 711 Mark.
100 000	Ankauf von Ländereien für das Wasserwerk	100 000	
155 000	Erweiterung des Gasrohrnetzes, Errichtung eines Gasbehälters und einer Reinigungsanlage.	—	
380 900	Bau eines Verwaltungsgebäudes, eines Krankenhauses, einer Knaben- und einer Mädchenmittelschule, eines Feuerwehrdepots und Herstellung von Kanalanlagen.	—	
600 000	Errichtung eines Elektrizitätswerks. Vergl. Stat. Jahrb. X. Jahrg. S. 440/441.	—	Bis zum Jahresschluß waren begeben 2 000 000 Mark.
55 000	Beitrag zum Bau einer Kirche in dem eingemeindeten Vororte Cröllwitz. Die Leistung geschah in Erfüllung einer vom Vororte übernommenen Verpflichtung.	—	
159 115	Vergl. Stat. Jahrb. IX. Jahrg. S. 219. Zu a) 146 625 Mark; zu b) 12 490 Mark.	—	Vergl. Stat. Jahrb. IX. Jahrg. S. 219.
550 000	Vergl. Stat. X. Jahrg. S. 440/441.	—	Bis zum Jahresschluß waren begeben 950 000 Mark.
150 000	Grundstückserwerb.		
3 000 000	Bau einer Artilleriekaserne, Erwerb eines Exerzierplatzes, Kanal-, Straßen- und Brückenbauten, Gas- und Wasserwerks-Bauten und Erweiterungen. Bau einer öffentlichen Schwimm- und Badeanstalt. Für Zwecke des öffentlichen Unterrichts, ausschließlich Volksschulen, Erweiterung der Siechenanstalt, für Straßenreinigungs- und Feuerlöschzwecke, Neueinrichtung der Stadtgärtnerei, Tilgung des vorstehenden Darlehns bei der Versicherungsanstalt Sachsen-Anhalt, für unvorhergesehene Zwecke, namentlich Eingemeindung der Vororte.	—	

Noch Tabelle II.

No.	Städte	Bezeichnung des Schuldbestandteiles und Datum der Genehmigung	Nominalbetrag des Schuldbestandteiles ℳ	Art der Aufnahme bezw. der Begebung	Verzinsungs-Bedingungen	Tilgungs-Bedingungen
1.	2.	3.	4.	5.	6.	7.
22.	**Hannover**	Anleihe, Buchst. O. Ser. I., 13. 3. 1898 und 22. 9. 1899.	2 500 000	Von der Filiale der Dresdener Bank in Hannover übernommen zu 98,83 %.	4 % halbjährlich v. 1. 11. 1900 ab	1½ % + Z. erstmalig [illegible] 1. 11. 19[illegible]
		Wie vor. Ser. II.	500 000	Wie vor.	Wie vor.	1 % + Z.
		Anleihe Buchstab. P. 20. 9. 1900.	3 000 000	Von der Hannoverschen Bank und dem Bankhause von Ephr. Meyer u. Sohn je zur Hälfte zum Kurse von 98,50 % übernommen.	Wie vor.	1½ % + Z. erstmalig [illegible] 1. 5. 19[illegible]
23.	**Karlsruhe**	Anleihe von 1900. 28. 2. 1900.	6 000 000	Ausgabe von Schuldverschreibungen auf den Inhaber zum Kurse von 99,27 % an die Deutsche Bank in Berlin, Oberrhein. Bank in Mannheim und die Hannoversche Bank.	4 % am 1. 4. und 1. 10. erstmalig am 1. 10. 1900	Vom Jahre 19[illegible] halb 40 Jahr[illegible] Vollständige R[illegible] zahlung oder [illegible] stärkte Tilgung [illegible] 1. 7. 1905 ab m[illegible] monatlicher K[illegible] gungsfrist zul[illegible]
24.	**Kiel**	An Stelle neu aufzunehmender Anleihen zu verwendende Schuldenabträge.	134 822	—	—	—
25.	**Königsberg**	Anleihe von 1899 22. 7. 1899.	12 500 000	Serie III, 3 000 000 Mk. zum Kurse von 96,76 % und Serie IV 4 500 000 Mark zum Kurse von 100,11 % an ein Bankkonsortium unter Führung der Seehandlung begeben.	4 %	2 % + Z.
26.	**Leipzig**	Anleihe von 1897 Serie I. 1. 7. 1897.	20 000 000	Begeben durch ein Bankkonsortium: 5 000 000 Mark zu 98,50 % 2 000 000 Mark zu 98,75 % durch die Stadtkasse 76 200 M. zu 99,75 % 23 800 M. zu 100,25 %	4 %	0,8 % + Z.
		Unterpfändlich versicherte Restkaufgelder und übernommene Hypotheken	170 522	—	1500 M. zu 5 % 11 100 „ „ 4½ % 43 320 „ „ 4 % 9 030 „ „ 4 % 50 000 „ „ 3¾ % 26 981 „ „ 4 % 28 591 „ „ 3⅚ %	Im Jahre 19[illegible] getilgt. halbjährliche Kündigung 0,5 % ⅓ %

on dem No- inalbetrag nd i. Laufe es Jahres begeben ℳ	Verwendungsplan des Schuldbestandteiles: Verwendungsart	Teilbetrag ℳ	Bemerkungen.
8.	9.	10.	11.
2 500 000	Weitere Durchführung der Kanalisation.	—	
500 000	Grunderwerb zum Schutze der Wassergewinnungsanlage.	—	
3 000 000	Errichtung eines neuen und Ausbau des alten Elektrizitätswerks.	—	
000 000	Bestreitung der Kosten verschiedener städtischer Unternehmungen. Vergl. Stat. Jahrb. X. Jahrg. S. 441.	—	
134 822	Die Tilgung für die nicht gegen Inhaber-Obligationen angeliehene Schuld wird, soweit Kapitalkündigungen seitens der Gläubiger nicht vorliegen, im Ordinarium in Ausgabe gestellt und im Extraordinarium wieder — an Stelle neuer Anleihen — verwendet.	—	Vergl. Stat. Jahrb. IX. Jahrg. S. 218/219.
000 000 ttoerlös: 898 861 500 000 ttoerlös: 492 657	Vergl. Stat. Jahrb. X. Jahrg. S. 442/443.	—	
000 000 170 522	Vergl. Stat. Jahrb. X. Jahrg. S. 442/443.	—	Serie I ist ganz begeben.

Noch Tabelle II.

No.	Städte	Bezeichnung des Schuldbestandteiles und Datum der Genehmigung	Nominalbetrag des Schuldbestandteiles M	Art der Aufnahme bezw. der Begebung	Verzinsungs-Bedingungen	Tilgungs-Bedingungen
1.	2.	3.	4.	5.	6.	7.
26.	Noch **Leipzig**	Nicht unterpfändlich versicherte Schulden	1 202 262	—	— 150 000 M. zu 4 % 420 000 M. zu $3^3/_4$ %	632 262 M. i. Jh. [illegible] getilgt. halbjährl. Kün[illegible] vierteljährl. K[illegible]
27.	**Liegnitz**	Darlehn der städt. Sparkasse 21. 10. 1901.	40 000	—	$3^1/_2$ %	$1^1/_2$ % + Z
28.	**Magdeburg**	Anleihe von 1891 Abteilung V. 3. 5. 1891.	6 000 000	Begeben durch ein Bankkonsortium zu 97,17 %.	4 % am 1. 1. und 1. 7.	1 % + Z Vom Jahre 1[illegible]
29.	**Mainz**	Anleihe Lit. P. 20./27. 10. 1900.	4 000 000	Begeben durch vier Bankhäuser zu 97,40 %	4 %	Vom 2. 1. 1911 [illegible] 55 Jahren zu [illegible]
30.	**Mannheim**	Anlehen von 1900, ausgegeben in Stadtobligationen 3.4.1900	10 000 000	Durch ein Bankkonsortium zu 99,27 %.	4 % am 1. 3. und 1. 9.	0,5 % + Z vom 1. 9. 19[illegible]
31.	**München**	Teilbeträge d. 1897er Anlehns 9. 7. 1897 bezw. 25. 10. 1898	3 400 000	Bei d. Inval. u. Alters.-versicher.-Anstalten Sachsen-Anhalt zu Merseburg u. für das Königreich Sachsen zu Dresden zu 101 % bezw. 91,57 %	$3^1/_2$ %	$1^1/_2$ % von 1902 bzw. 1[illegible]
		10. 5. 1900.	3 000 000	Durch die Bayerische Bank zu 98,28 %	4 %	1 % von 1910 a[illegible]
		Erste Rate des 1900er Anlehns 10. 5. 1900.	6 000 000	Wie vor.	4 %	Wie vor.
		Schulden der einverleibten Gemeinde Laim.	129 877	Annuitäten-Darlehn b. d. Bayer. Hypotheken-u. Wechselbank.	4 %	1 %
		Schulden der einverleibten Gemeinde Thalkirchen.	153 290	Wie vor.	4 %	1 %

on dem Nominalbetrag sind i. Laufe des Jahres begeben ℳ	Verwendungsplan des Schuldbestandteiles — Verwendungsart	Teilbetrag ℳ	Bemerkungen.
8.	9.	10.	11.
1 202 262	—	—	
40 000	Zur Deckung der beim Neu- und Umbau des Krankenhauses entstandenen Mehrausgaben.	—	
3 500 000	Höhere Töchterschule	239 614	Vergl. Stat. Jahrb. X. Jahrg. S. 442/443. Die ganze Abteilung im Betrage von 6 000 000 Mark gliedert sich in 2 500 000 Mark zu $3^{1}/_{2}$ % und 3 500 000 Mark zu 4 %. Von den $3^{1}/_{2}$ %igen sind im Vorjahre als begeben nachgewiesen . 2 360 200 Mark. Der Rest von 139 800 Mark ist nicht begeben, sondern zur Tilgung verwendet worden.
	Gymnasium an der Falkenbergstr.	37 260	
	Baugewerkschule	18	
	Krankenanstalt Sudenburg	139 433	
	Geschäftshaus der Gas- und Wasserwerke . . .	6 000	
	Erweiterungsbau der Gas- und Wasserwerke . .	279 383	
	Museumsneubau	31 139	
	Hafenbau	13 220	
	Schlacht- und Viehhof	3 927	
	Straßenanlagen und Erbreiterungen	121 826	
	Kanäle und Pflasterungen	273 375	
	Rieselfelder	79 414	
	Nordbrücke	347 441	
	Straßenreinigungshöfe	90 028	
	Begräbnisplätze	22 400	
	Unkosten für Anleihescheine	1 844	
	Im Berichtsjahre verwendete Summe	1 686 322	
	Ab eine Rückeinnahme für Hafenbau	23 856	
	Bleibt Ausgabe . . .	1 662 466	
4 000 000	Erbauung eines Gas- und Elektrizitätswerkes sowie eines Schulhauses.	—	
0 000 000	Militärfiskalische Gebäude	2 000 000	Über die Deckung des Überschusses von 2 911 000 Mark fehlen Mitteilungen.
	Kaufhaus	2 500 000	
	Gebäude für den Industriehafen	1 511 000	
	Dampfstraßenbahn	600 000	
	Erbauung des Elektrizitätswerks	1 000 000	
	Erbauung des zweiten Gaswerks	1 000 000	
	Einführung der elektrischen Straßenbahn	4 300 000	
	Summe . .	12 911 000	
3 400 000	Fortsetzung gemeindlicher Unternehmungen im allgemeinen, als Kanalisation, Elektrizitätswerk, Gaswerk, Schlacht- und Viehhof, Trambahnen, Friedhöfe, Hochwasserschäden, Wasserversorgungswerk u. s. w. — Vergl. Stat. Jahrb. X. Jahrg. S. 444/445.	—	
3 000 000			
6 000 000			
129 877	Straßendurchführungen.		
153 290	Wie vor.		

Noch Tabelle II.

No.	Städte	Bezeichnung des Schuldbestandteiles und Datum der Genehmigung	Nominalbetrag des Schuldbestandteiles ℳ	Art der Aufnahme bezw. der Begebung	Verzinsungs-Bedingungen	Tilgungs-Bedingungen
1.	2.	3.	4.	5.	6.	7.
31.	Noch **München**	Darlehn der städt. Sparkasse	191 700	—	$3^1/_2$ %	—
		Wie vor.	149 536	—	$3^2/_3$ %	$1^1/_3$ %
		Wie vor.	465 345	—	$3^1/_2$ %	—
		Hypothekenschulden und Kaufschillingsreste.	3 066 400	Bei verschiedenen Banken u. Privaten.	verschieden	—
32.	**Nürnberg**	Erweiterungsanleihe zur 1889er Anleihe 7. 2. 1889. 14. 3. u. 13. 10. 1893. 7. 5. 1897. 20. 5. 1900.	36 226 000	Schuldverschreibungen über 5 000 000 **Mk.** vom 22. 3. 1900 an die Dresdener Bank begeben zum Ausgabekurs v. $99^1/_4$ %.	4 % am 1. 4. und 1. 10	Bestimmt wurd[e], daß die Verlos[ung] und Kündigung [bis] zum 1. 1. 1911 a[us]geschlossen ble[ibt] und die vom J[ahre] 1901 an nach de[m] aufgestellten Sch[ul]dentilgungsplan[e] hierauf treffender Tilgungsquoten [je]weils verzinslich a[n]gelegt und im Ja[hre] 1911 z. außerorde[nt]lichen Schulden[-]tilgung verwend[et] werden.
33.	**Plauen i. V.**	Stadtanleihe von 1897 7. 7. 1897.	10 000 000	Vergl. Stat. Jahrb. X. Jahrg. S. 444/445.	$3^1/_2$ % am 30. 6. und 31. 12.	$1^1/_2$ %. Vergl. Spalte 5
		Unbezahltes Kaufgeld	225 000	—	4 % jährlich	—
34.	**Posen**	Stadtanleihe von 1900. 29. 3. 1900.	6 250 000	An ein Bankkonsortium 3 250 000 **Mk.** zu 97,37 %, 3 000 000 **Mk.** zu 98,10 %.	4 %	$1^1/_4$ % + Z. Bis 1905 unkündb[ar]
		Hypothekenschulden.	160 000 80 000 21 000 159 000	—	$4^1/_2$ % 5 % 4 % 4 %	— — — 59 000 **Mk.** am 1. 7. 1904. 50 000 **Mk.** am 1. 7. 1905. 50 000 **Mk.** am 1. 7. 1911.

on dem Nominalbetrag nd i. Laufe es Jahres begeben ℳ	Verwendungsplan des Schuldbestandteiles Verwendungsart	Teilbetrag ℳ	Bemerkungen.
8.	9.	10.	11.
191 700	Durchführung der Hafenstraße.		
149 536	Erbauung des Sanatoriums.		
465 345	Erbauung des Müller'schen Volksbades.		
3 066 400	Grund- und Anwesenserwerbungen.		
5 000 000	Fortsetzung der Unternehmungen: Schulhausbauten, Kanalisation, Vieh- und Schlachthof, Wasserversorgung, elektrische Beleuchtung, Straßenbau und Pflasterungen, Brückenbauten, Rathausneubau, Erwerbung von Liegenschaften, Friedhofserweiterung, Bäder, Krankenhausneubau, besondere Unternehmungen und Reserve. Vergl. Stat. Jahrb. X. Jahrg. S. 444/445.	—	Die Gesamt-Anlehns-Programmsumme von 36 226 000 Mark ist jetzt begeben.
989 500	Vergl. Spalte 5.	—	Bis zum Jahresschluß waren verwendet 4 946 500 Mark.
225 000	Grunderwerb.		
6 250 000	Bau des Schlacht- und Vi hh f s, II. Rate . . .	1 100 000	
	Kanalisation . . . . . .e . o.e	650 000	
	Pflasterungen	750 000	
	Hochwasserschutz	500 000	
	Anlage einer Umschlagstelle	500 000	
	Anlage eines Hallenschwimmbades	300 000	
	Für Zwecke der geschlossenen Armenpflege . . .	300 000	
	Für Gas- und Wasserwerke	2 000 000	
	Grunderwerb zur Kaiser-Wilhelm-Bibliothek . .	100 000	
	Bau eines Lehrwerkstättengebäudes	50 000	
	Summe . .	6 250 000	
420 000	Grunderwerb zur Erweiterung des städt. Krankenhauses	240 000	
	Grunderwerb für Anlage einer Umschlagstelle . .	180 000	
	Summe . .	420 000	

Noch Tabelle II.

No.	Städte	Bezeichnung des Schuldbestandteiles und Datum der Genehmigung	Nominalbetrag des Schuldbestandteiles ℳ	Art der Aufnahme bezw. der Begebung	Verzinsungs-Bedingungen	Tilgungs-Bedingungen
1.	2.	3.	4.	5.	6.	7.
35.	**Potsdam**	Anleihe bei der städt. Sparkasse	500 000	—	4% vierteljährlich	**Zurückzahlbar n. Aufnahme einer A- leihe v. 6000000**
36.	**Stettin**	—	—	—	—	—
37.	**Strassburg i. E.**	Darlehn der Feuerversicherungsgesellschaft Rhein und Mosel zu Straßburg i. E. 11. 7. 1900.	250 000	Auszahlung nach Wunsch der Stadt entweder in einer Summe oder in Teilbeträgen von wenigstens 75 000 Mk. mit höchstens 2tägiger Kündigungsfrist.	4,25%	**Rückzahlbar sp- testens am 31. 3. 1.**
		Darlehn der städt. Sparkasse. 11. 7. 1900.	1 000 000	Auszahlung nach Wunsch der Stadt entweder in einer Summe oder in Teilbeträgen spätestens 14 Tage nach der diesbezüglichen Aufforderung der Stadt.	4%	Wie vor.
		Anleihe von 1901. 4. 12. 1900.	7 000 000	Schuldverschreibungen auf den Inhaber. Es wurden übernomm. 4 000 000 Mk. von einem Konsortium Straßburger Banken zu 98,75%; 1 500 000 Mk. von der Landesverwaltung v. Elsaß-Lothringen, 250 000 Mk. von der Feuerversicherungsgesellschaft Rhein u. Mosel, 250 000 Mk. von der Aktiengesellschaft für Boden- u. Kommunalkredit, 1 000 000 Mk. von der städt. Sparkasse. Diese 4 Beträge zu je 99,00%.	4%	**Tilgung v. 2. 1. 19 ab in 50 Jahren Recht der St.. vom gleichen T.. ab in einzelne Jahren die pla.. mäßige Tilgungs- summe zu erhöh.. oder den gesam.. umlaufenden Be.. der Anleihe jeder.. nach vorgängig.. 6monatlicher Kün- gung zurückzuza..**

…n dem Nominalbetrag d. i. Laufe …s Jahres …egeben ℳ	Verwendungsplan des Schuldbestandteiles Verwendungsart	Teilbetrag ℳ	Bemerkungen
8.	9.	10.	11.
267 900	Zu Straßenanlagen, Ankauf vou Grundstücken, Anlegung eines Bollwerks usw.	—	
604 395	Es sind aufgenommen 7 000 000 Mk. Anleiheschulden, außerdem sind bei Eingemeindung der Vororte Bredow, Grabow, Steinitz 117 944 Mk. Hypothekenschulden, 30 000 Mk. Restkaufgelder und 456 451 Mk. Kreisbahnschulden mitübernommen.	—	
250 000	Bestreitung laufender Ausgaben.		
990 000	Wie vor.	—	10 000 Mk. sind nicht erhoben worden.
7 000 000	Ausführung gemeinnütziger Bauten.		

Noch Tabelle II.

No.	Städte	Bezeichnung des Schuldbestandteiles und Datum der Genehmigung	Nominalbetrag des Schuldbestandteiles *M*	Art der Aufnahme bezw. der Begebung	Verzinsungs-Bedingungen	Tilgungs-Bedingung
1.	2.	3.	4.	5.	6.	7.
38.	**Stuttgart**	Anleihe von 1895. 2. 12. 1895.	12 000 000	Ausgabe von Schuldverschreibungen auf den Inhaber: 1 000 000 Mk. für 1897/8 ohne Vermittelung zu 101%; 2 000 000 Mk. für 1899/1900 teils zu 97,5%, teils zum jeweiligen Tageskurs ohne Vermittelung, 3 000 000 Mk. für 1900/01 an ein Bankkonsortium zu 99,8%, 400 000 Mk. zu 100% und 600 000 Mk. zu 100—101% ohne Vermittelung.	3 000 000 zu 3½% 4 000 000 zu 4%	Vergl. Stat. J[illegible] VIII. Jahr[illegible] S. 272, 273 Sp[illegible]
		Darlehn bei der Württemberg. Sparkasse. 21. 5. 1900.	400 000	Beziehbar längstens bis 1. 1. 1905 nach Fortschreiten der Bauten in Raten von wenigstens 20000Mk.	3%	Tilgung v. 1. 1[illegible] ab im Laufe v[illegible] Jahren mittelst[illegible] gleichmä[illegible] Kapitalzahlun[illegible] Zinsen in s[illegible] schließenden Ja[illegible] rente.
		Darlehn bei der Versicherungsanstalt Württemberg. 19. 12. 1900.	218 000	Beziehbar längstens bis 30. 9. 1902 in Beträgen nicht unter 10 000 Mk. gegen einfachen Schuldschein.	3%	Gegenseitige [illegible] jährige Kün[illegible]
39.	**Wiesbaden**	Anleihe von 1898.	4 550 000	Anleihescheine durch die Seehandlungssozietät.	3½ und 4%	2½%
		Anleihe von 1899.	977 900	Schuldscheine auf Namen.	4%	1½%
		Anleihe von 1900.	1 500 000	Durch die Seehandlungssozietät, Vorschuß.	3½ und 4%	—
		Schwebende Schuld.	60 000	Darlehn vom Paulinenstift.	4%	—
40.	**Würzburg**	Anleihe von 1897.	3 000 000	Aufgenommen von der Lebensversicherungsbank für Deutschland zu Gotha.	3¾%	1%

…on dem Nominalbetrag …nd i. Laufe …es Jahres begeben M	Verwendungsplan des Schuldbestandteiles Verwendungsart	Teilbetrag M	Bemerkungen.
8.	9.	10.	11.
1 000 000	Vergl. Stat. Jahrb. VIII. Jahrg. S. 272/273.	—	Es sind bisher begeben 7 000 000 Mk.
170 000	Das ganze Darlehn ist zur Erbauung von Arbeiterwohnungen bestimmt.	—	
20 000	Wie vor.		
…000 000	Städtische Bauten. Vergl. Stat. Jahrb. X. Jahrg. S. 446/447.	—	Die Anleihe ist ganz begeben.
54 900	Vergl. Stat. Jahrb. X. Jahrg. S. 446/447.		Wie vor.
500 000	Städtische Bauten und Grundstückserwerbungen.	—	
60 000			
400 000	Für Schulgebäude	887 600	Die Anleihe ist ganz begeben. Vergl. Stat. Jahrb. X. Jahrg. S. 446/447.
	Für Straßenneubauten	166 740	
	Für Kanäle	26 351	
	Für Gas- und Wasserleitungen	414 000	
	Für Grunderwerbungen	603 641	
	Für Gemeindeanstalten und Dienstgebäude . . .	901 668	
	Summe . .	3 000 000	

Noch Tabelle II.

No.	Städte	Bezeichnung des Schuldbestandteiles und Datum der Genehmigung	Nominalbetrag des Schuldbestandteiles M	Art der Aufnahme bezw. der Begebung	Verzinsungs-Bedingungen	Tilgungs-Bedingungen
1.	2.	3.	4.	5.	6.	7.
40.	Noch **Würzburg**	Anleihe von 1899.	7 800 000	3 000 000 **Mk.** durch ein Bankkonsortium unter Führung der Bayer. Hypotheken- und Wechselbank zu 98,575 %.	4 %	Die Inhaberp[illegible] sind für die [illegible] 10 Jahre unkü[illegible]
				1 462 080 **Mk.** von städt. Kassen und Stiftungen aufgenommen.	4 %	--
41.	**Zwickau**	Stadtanleihe von 1899. 21. 3. 1899.	3 000 000	Durch Einzelverkauf zum Kurse von 92,5—96,0 %.	3½ % am 2. 1. und 1. 7.	Beginn der T[illegible] 1910, Ende d[illegible] gung 19[illegible]

Bemerkungen zu Tabelle I.

Augsburg: Zu Spalte 11: Passivrest der Rechnung über den Anlehnsfonds vom Jahre 1897.

Berlin: Zu Spalte 4: Davon 674 650 **Mk.**, die für Rechnung der Anleihe vom Jahre 1898 einstweilen aus dem Vorschußkonto der Stadtbauptkasse entnommen sind. Zu Spalte 15: Davon entfallen 9 525 660 **Mk.** auf Spalte 4 und 90 612 **Mk.** auf Spalte 7.

Braunschweig: Die Angaben sind dem Haushaltsplan für 1900/1901 entnommen. Seiten: 15—21; 196—198; 202—204; 207; 221—222; 228.

Breslau: Zu Spalte 10: Als Ausgabereste im Sinne des Fragebogens werden solche am Jahresschlusse noch vorhandenen Ausgaben angesehen, welche mangels an Mitteln nicht beglichen werden konnten. Derartige Ausgaben waren am Schlusse des Rechnungsjahres nicht vorhanden. Dagegen verblieben am Jahresschlusse an Ausgaberesten aus Vorjahren 221 122 **Mk.** und aus dem verflossenen Rechnungsjahre (1900) 983 680 **Mk.**, zusammen 1 204 802 **Mk.**, für welche die erforderlichen Mittel zwar ausgeworfen waren, deren Zahlung aber aus verschiedenen Gründen nicht erfolgte. Zu Spalte 11: Anteil der früheren Landgemeinden Kleinburg und Pöpelwitz an der Kreisschuld des Landkreises Breslau.

Cassel: Zu Spalte 11: Davon 6 493 **Mk.** Kapitalschulden, die von den Gläubigern in Legate umgewandelt wurden und 776 433 **Mk.** Schulden der früheren Gemeinde Wehlheiden.

Charlottenburg: Zu Spalte 11: Davon 214 986 **Mk.** zum Ausgleich der im Grundstücksinventarium zu hoch nachgewiesenen Werte und 4 091 **Mk.** Vorschuß beim Ordinarium des Kanalisationsetats.

...n dem Nominalbetrag ...d i. Laufe ...s Jahres begeben M	Verwendungsplan des Schuldbestandteiles: Verwendungsart	Teilbetrag M	Bemerkungen.
8.	9.	11.	12.
. 000 000	Schulgebäude	202 803	
	Übernahme der schwebenden Schuld	514 286	
	Ausbau neuer Straßen	748 538	
	Gemeindeanstalten	1 975 000	
	Gas- und Wasserleitungen	1 054 872	
	Grund- und Hausankäufe	2 502 557	
462 000	Kanalneubauten	277 000	
	Unverwendete Reserve	524 944	
	Summe	7 800 000	
160 000	Weitere Rate zur Erbauung der neuen Paradiesbrücke	133 660	Bis zum Jahresschluß sind begeben 340 000 Mk.
	Zur Vollendung des An- und Umbaues beim Realgymnasialgebäude	11 827	
	Darlehn an die Bürgerschulgemeinde für das Gebäude der Bürgerschule I	47 400	Vergl. Stat. Jahrb. X. Jahrg. S. 446/447.
	Zu Schleusen-, Straßen- und Fußwegherstellungen	48 893	
	Im Berichtsjahre verwendete Summe	241 780	Der Mehrbetrag von 81 780 Mk. ist durch Rückzahlung eines Darlehns, das einer anderen städtischen Kasse früher gewährt worden war, gedeckt worden.

Chemnitz: Zu Spalte 11: Auf das Stammvermögen zur Verwaltung übernommene Stiftungskapitalien.

Cöln: Zu Spalte 4: Davon 66 007 900 Mk. auf den Inhaber lautende Schuldverschreibungen und 6 405 265 Mk. Darlehen bei der Sparkasse, Versicherungsgesellschaften usw. Zu Spalte 9: Kautionen werden nur in Wertpapieren hinterlegt. Zu Spalte 10: Der Betrag der Ausgabereste ist beim Jahresabschluß von der Gesamteinnahme in Abzug gebracht und als Bestand bei der Stadtkasse verrechnet. Für diese Ausgabereste ist somit Deckung vorhanden.

Darmstadt: Die Angaben sind dem Haushaltsplan für 1901/02, Seite 81 ff. entnommen. Zu Spalte 11: Stiftungskapitalien.

Dresden: Zu Spalte 11: Davon 12 960 Mk. verzinsliche nicht hypothezierte Schulden und 186 034 Mk. angesammelte Tilgungsbeträge vom elektrischen Kraftwerk.

Duisburg: Zu Spalte 11: Unkündbare Darlehne.

Elberfeld: Zu Spalte 11: Darlehn einer Anzahl Bürger für den Bau von Arbeiterwohnungen (3 %).

Erfurt: Zu Spalte 11: Mehrausgabe beim Anleihefonds.

Frankfurt a. O.: Zu Spalte 11: Davon 112 827 Mk. amortisierbare Pfandbriefs-Darlehnsforderung, 75 055 Mk. zurückzuzahlendes Grundsteuer-Entschädigungskapital und 122 936 Mk. Kapitalien, welche z. T. aus Stiftungen herrühren, während von anderen der Ursprung nicht mehr festgestellt werden kann. Die Zinsen fließen an Kirchenkassen, Geistliche, Wohltätigkeitsanstalten usw.

Freiburg i. Br.: Zu Spalte 4: Davon entfallen 19 971 200 Mk. auf die Stadtkasse, 1 603 000 Mk. auf die Beurbarungskasse. Zu Spalte 7: Davon entfallen 1 683 402 Mk. auf die Stadtkasse, 50 000 Mk. auf die Elektrizitätswerksbaukasse. Zu

Spalte 10: Davon entfallen 23 080 Mk. auf die Stadtkasse, 5 316 Mk. auf die Armenkasse, 1 671 Mk. auf die Beurbarungskasse, 2400 Mk. auf Zunftvermögenskasse, 6 029 Mk. auf die Rieselfelderbaukasse. Zu Spalte 11: Davon entfallen 29 442 Mk. auf Stiftungskapitalien der Stadtkasse, 32 000 Mk. auf Pfänderwert bei der Leihhauskasse. Zu Spalte 13: Davon auf Rechnung der Stadtkasse 453 976 Mk., der Beurbarungskasse 74 256 Mk., der Leihhauskasse 8 000 Mk., der Abfuhranstaltskasse 240 Mk. Zu Spalte 14: Abtragung vorübergehend aufgenommener Darlehne. Zu Spalte 15: Davon auf Rechnung der Stadtkasse 596 873 Mk., der Beurbarungskasse 56 263 Mk., der Leihhauskasse 1 228 Mk. Bei der Stadtkasse verblieben im Rest für nicht eingelöste Zinsscheine 15 006 Mk., für nicht verwendete Stiftungskapitalszinsen 122 Mk., zusammen 15 128 Mk., welche zur Feststellung des Zinsensolls dem in Spalte 15 angegebenen Betrage zuzuschlagen wären.

München-Gladbach: Die Angaben sind dem Haushaltsplan für 1901, Seite 58 und 59 entnommen.

Görlitz: Zu Spalte 11: Pfandbriefschulden auf Gütern und Forsten.

Halle a. S.: Zu Spalte 5: In Spalte 7 enthalten. Zu Spalte 11: Davon 136 612 Mk. Asservate der Kämmerei und 257 600 Mk. Reservefonds. Zu Spalte 12: Die beträchtliche Zunahme erklärt sich außer durch den in Tabelle II nachgewiesenen Zugang durch die infolge Übernahme von rund 1 500 000 Mk. Anleiheschulden der eingemeindeten Vororte. Zu Spalte 14: Tilgung einer $4^1/_2$ % Schuld beim Reichsinvalidenfonds.

Hannover: Zu Spalte 11: Davon 23 055 Mk. Schuldkapital für das Gebäude der Markthallenrestauration, 288 623 Mk. vorschüssige Zahlung für den Ankauf von Grundstücken zur Erweiterung des Friedhofes in Stöcken und 534 781 Mk. Vorschuß im außerordentlichen Teil der Kämmereirechnung.

Königsberg: Zu Spalte 13 und 15: Nur für Anleiheschulden.

Leipzig: Zu Spalte 4: Davon sind 5 045 061 Mk. Schulden, die von den einverleibten Vororten, vor deren Einverleibung, beim Landwirtschaftlichen Kreditverein Dresden, bei der Kommunalbank Leipzig usw. aufgenommen worden sind. Zu Spalte 5: Hierunter befinden sich Restkaufgelder, aber nur solche, die hypothekarisch sichergestellt sind. Zu Spalte 11: Davon 343 457 Mk. zinsbare alte Stiftungsschulden, 1 169 135 Mk. Rücklagen für später etwa notwendig werdende außerordentliche Abschreibungen, 1 544 525 Mk. Reservefonds für Mansfelder Kuxe und 743 411 Mk. noch nicht verbuchter Gewinn an Arealverkauf.

Magdeburg: Zu Spalte 11: Unablösliche Kapitalien.

Mainz: Zu Spalte 11: Davon 313 942 Mk. Stiftungskapitalien und 1 743 010 Mk. Überschüsse der Betriebsrechnungen.

Metz: Es waren bis zum Schluß des Berichtsjahres keine Anleihen vorhanden.

Mülhausen i. E.: Die Angaben sind dem Hauptbudget für 1900, Seite 9 und für 1902, Seite 53 entnommen.

München: Zu Spalte 5: Einschließlich Restkaufgelder.

Münster i. W.: Die Angaben sind dem Haushaltsplan für 1900, Seite 21 ff. entnommen.

Nürnberg: Zu Spalte 5: Einschließlich Restkaufgelder.

Plauen i. V.: Zu Spalte 11: Schuld der vormaligen Schulgemeinde Chrieschwitz an den landwirtschaftlichen Kreditverein.

Posen: Zu Spalte 4: Davon 3 503 615 Mk. von den Vororten durch Eingemeindung übernommene Schulden. Zu Spalte 14: Davon 3 434 000 Mk. zur Tilgung schwebender Schulden, die zum Teil erst im Berichtsjahre aufgenommen worden waren, und 156 750 Mk. zur Tilgung von Hypothekenschulden.

Stettin: Die in den Spalten 5, 7 und 11 angegebenen Schulden sind im Berichtsjahre bei der Eingemeindung der Vororte Grabow, Bredow und Steinitz mitübernommen.

Straßburg i. E.: Zu Spalte 10: Nach Abzug der Einnahmereste. Zu Spalte 11: Davon 5 000 Mk. Kosten der bei der Neuvermessung der Gemarkung Straßburg auszuführenden Vermessungen und Kartierungen für bautechnische Zwecke, 320 000 Mk. Zuschuß der Stadt zu den Kosten der Zuleitung von Rheinwasser in die Ill, 500 000 Mk. Entschädigung an den Reichsmilitärfiskus für Aufhebung der Rayonbeschränkungen auf der Sporeninsel. Zu Spalte 15: Für verstärkte Tilgung der Anleihe beim Reichsinvalidenfonds.

Stuttgart: Zu Spalte 11: Stiftungskapitalien.

XXVI.

Lebensmittelpreise

in den Jahren 1896 bis 1902.

Von

Dr. K. Singer, München.

Vorliegender Bericht beschränkt sich auf die Angaben seit 1896; bezüglich der früheren Zahlen wird auf den VII. und X. Jahrgang des Jahrbuches Bezug genommen.

Zur tunlichsten Erreichung gleichartiger Angaben für die einzelnen Jahre wurden sämtlichen Statistischen Ämtern, die bisher schon Material zu diesem Abschnitte geliefert hatten, neue Formulare, die eine bequemere Verfolgung der sämtlichen Jahresdurchschnitte ermöglichten, mit der Bitte um Überprüfung und Ergänzung der Einträge übersandt. Dabei wurde erneut besonderes Gewicht auf die Beifügung von sachlichen Qualitätsmerkmalen gelegt. Endlich waren die für die Dresdener Städteausstellung gefertigten Tafeln erneuter Anlaß, die Kontinuität der Zahlenreihen auf graphischem Wege zu kontrollieren. Infolge dieser wiederholten Prüfungen dürfte die Vergleichbarkeit der verschiedenen Jahre, besonders durch Beibehaltung der Preise derselben Qualität, wesentlich gefördert worden sein.

In die Tabellen des Jahrbuches sind Königsberg, Leipzig und Nürnberg anstelle von Charlottenburg, Görlitz und Darmstadt aufgenommen worden. Die Preisnachweise für sämtliche Städte über 50 000 Einwohner, wenigstens hinsichtlich des Berichtsjahres, erfolgt in einer separat vervielfältigten Tabelle, die gerne übersandt wird.

Bezüglich der einzelnen Waren ist zu bemerken, daß die Großhandelspreise für Rindfleisch nicht mehr hier, sondern in dem neuen Abschnitt über Viehpreise vorgetragen sind. Bei den Kleinhandelspreisen für Schweine-, Kalb- und Hammelfleisch sind nunmehr, wie bisher schon für Rindfleisch, soweit möglich zweierlei Preisangaben (für bessere und geringere Stücke) gemacht. Neu hinzugefügt sind die Preise für Kartoffel im Kleinhandel. Die mitgeteilten Preise sollen sich im übrigen allgemein auf die an den einzelnen Orten meist üblichen und gangbaren mittleren Qualitäten beziehen.

Über die Preisbewegung im Berichtsjahr ist kurz folgendes hervorzuheben:

In den Großhandelspreisen (der Vegetabilien) sind im allgemeinen erhebliche Veränderungen nicht eingetreten. Eßkartoffel haben in den meisten Städten eine Verbilligung erfahren.

Bei den Kleinhandelspreisen steht die ungewöhnliche Erhöhung der Fleichpreise im Vordergrund, die im Vorjahre in ausnehmendem Maße die Öffentlichkeit beschäftigte und in Presse und Litteratur vielseitige Erörterung und Kritik erfuhr. Wie sehr die Verteuerung des Fleisches die minderbemittelten Haushalte bedrücken mußte, wird durch die Zahlen der Tabellen deutlich gezeigt. Die stärksten Preissteigerungen traten bei Schweinefleisch (und Speck) ein; auch bei den übrigen Fleischsorten kam vielfach eine, wenn auch weniger fühlbare, Preiserhöhung vor.

Eßbutter und Eier sind an mehreren Orten billiger geworden.

A. Großhandels-Preise (Mittelpreise für 100 kg in Mark.)

Weizen (100 kg).

Jahr	Berlin	Altona	Königsberg i. Pr.	Hannover	Breslau	Magdeburg	Cöln	Dortmund	Frankfurt a. M.	München	Nürnberg	Dresden	Leipzig	Chemnitz	Stuttgart	Mannheim	Mainz	Straßburg i. E.
	gut	inl.	gut							bayer. gut, mittel	gut mittelschwer	weiſs	deutsch gut	sämtl.		verschied.		inl
1896	15,6	15,6	14,8	14,6	15,1	14,9	16,2	15,9	16,2	17,5	17,8	16,1	15,8	16,9	17,6	16,8	16,7	17,[illegible]
1897	17,4	17,6	16,8	15,4	16,3	14,9	18,4	17,1	17,8	18,7	19,3	17,4	16,2	18,1	19,9	19,5	18,6	19,[illegible]
1898	18,6	19,5	18,3	18,4	16,8	16,2	20,1	20,1	20,0	21,1	21,9	19,7	19,0	20,1	21,3	20,9	20,5	21,4
1899	15,4	15,6	15,1	15,1	14,4	15,1	17,0	16,3	16,3	17,9	18,2	16,5	15,5	17,0	18,1	17,9	17,0	[illegible]
1900	15,2	15,2	14,4	14,9	13,7	14,4	17,1	16,0	16,2	17,9	18,0	16,0	14,6	16,4	18,0	17,8	16,7	[illegible]
1901	16,4	16,3	15,5	15,8	15,6	15,9	16,9	15,9	16,9	18,6	18,5	17,0	16,5	17,5	18,3	17,7	17,2	[illegible]
1902	16,3	16,4	15,9	16,0	15,9	15,9	16,8	16,4	16,8	18,3	18,2	16,9	16,4	17,3	17,6	17,4	17,3	[illegible]

Weizenmehl (100 kg).

Jahr	Berlin	Altona	Königsberg i. Pr.	Hannover	Breslau	Magdeburg	Cöln	Dortmund	Frankfurt a. M.	München	Nürnberg	Dresden	Leipzig	Chemnitz	Stuttgart	Mannheim	Mainz	Straßburg i. E.
	00 mit Sack			I.	00 m Sack		00 m. S. rhein	00	I.	bayr. 2 m Sack		Gries-Auszug		00	0	00		00
1896	21,9	.	.	19,5	21,7	.	21,4	24,0	.	25,9	.	27,3	.	26,3	28,8	.	30,9	[illegible]
1897	24,4	.	.	23,8	24,3	.	23,9	25,0	.	28,8	.	30,0	.	28,5	32,1	.	34,6	[illegible]
1898	26,4	.	.	27,3	27,4		26,4	29,0	.	32,2	.	33,5	.	31,4	34,3	33,5	37,8	[illegible]
1899	22,0	.	.	21,5	22,0	.	22,1	25,9	.	27,4	.	28,3	.	25,9	29,4	28,6	33,5	[illegible]
1900	21,1	.	.	20,7	20,9	.	21,8	25,0	.	25,4	.	27,3	.	24,7	28,8	27,9	33,3	[illegible]
1901	23,0	.	.	22,5	23,3	.	21,9	25,1	26,8	26,3	.	28,1	.	25,9	29,3	28,0	.	[illegible]
1902	23,1	.	.	22,6	23,3	.	21,7	25,0	25,8	26,3	.	27,5	.	26,5	28,0	27,7	31,5	[illegible]

Roggen (100 kg).

Jahr	Berlin	Altona	Königsberg i. Pr.	Hannover	Breslau	Magdeburg	Cöln	Dortmund	Frankfurt a. M.	München	Nürnberg	Dresden	Leipzig	Chemnitz	Stuttgart	Mannheim	Mainz	Straßburg i. E.
	gut	inl.	gut							bayer. gut, mittel	gut mittelschwer	sächs	deutsch gut	sämtl.		verschied.		inl.
1896	11,9	13,0	10,7	12,5	11,9	12,6	13,0	12,5	12,8	14,7	14,5	12,6	13,1	13,2	.	13,3	13,3	[illegible]
1897	13,0	13,3	11,8	12,6	12,4	12,2	13,8	13,4	13,7	15,4	14,8	13,0	13,6	13,2	.	14,1	13,9	[illegible]
1898	14,6	15,3	14,0	15,0	14,0	15,0	15,6	15,1	15,5	17,1	16,5	15,0	15,5	15,4	.	16,0	15,7	[illegible]
1899	14,6	15,2	13,9	14,9	13,6	14,7	15,7	14,7	15,2	16,2	16,1	15,1	15,5	15,4	.	16,1	15,5	[illegible]
1900	14,3	14,9	13,0	14,8	14,0	14,7	15,8	14,5	15,1	15,4	15,6	15,0	15,3	15,2	.	15,5	15,3	[illegible]
1901	14,1	14,3	13,0	14,0	14,4	14,7	14,5	13,9	14,4	15,8	15,6	14,5	15,0	15,0	.	14,8	14,3	[illegible]
1902	14,4	15,0	13,8	14,3	13,8	14,4	14,8	14,5	14,6	15,2	15,0	14,1	14,9	14,9	14,8	15,0	14,8	[illegible]

Roggenmehl (100 kg).

Jahr	Berlin	Altona	Königsberg i. Pr.	Hannover	Breslau	Magdeburg	Cöln	Dortmund	Frankfurt a. M.	München	Nürnberg	Dresden	Leipzig	Chemnitz	Stuttgart	Mannheim	Mainz	Straßburg i. E.
	0 I			I	hansb I.		0 I	0	0	0		II		0	I	0		0 I
1896	16,3	.	.	17,0	17,4	.	18,4	23,0	.	22,9	.	21,9	.	21,5	.	.	22,9	21,6
1897	17,4	.	.	19,3	18,7	.	19,6	24,0	.	24,5		22,9	.	22,6	.	.	22,2	[illegible]
1898	20,1	.	.	22,0	21,7	.	22,3	26,0	.	27,0	.	26,0	.	23,9	.	25,1	26,2	[illegible]
1899	19,4	.	.	21,6	20,8	.	21,9	24,9	24,8	26,1	.	25,2	.	24,9	.	25,1	26,5	[illegible]
1900	19,3	.	.	21,3	20,4	.	21,6	24,0	24,3	25,4	.	24,7	.	24,4	.	24,1	26,1	[illegible]
1901	18,9	.	.	21,2	20,6	.	20,9	24,0	24,5	25,5	.	20,4	.	24,5	19,1	23,0	23,2	[illegible]
1902	19,6	.	.	21,8	19,9	.	20,9	24,0	24,3	24,7	.	20,8	.	23,5	19,2	23,3	24,1	23,3

Noch Großhandels-Preise.

Jahr	Berlin.	Altona.	Königsberg i. Pr.	Hannover.	Breslau.	Magdeburg.	Cöln.	Dortmund.	Frankfurt a. M.	München.	Nürnberg.	Dresden.	Leipzig.	Chemnitz.	Stuttgart.	Mannheim.	Mainz.	Straßburg i. E.	Lübeck.
Esskartoffel*) (100 kg).																			
	frührot sortiert				gute schles.					ein-heim									magn. bon.
1896	3,4	5,4	.	4,6	2,6	4,5	5,0	5,7	5,2	6,1	5,4	5,0	.	4,8	7,0	7,1	6,3	5,0	.
1897	4,3	6,1	6,1	4,8	3,8	5,3	5,3	6,0	5,4	6,6	5,6	5,9	8,8	5,8	7,5	7,2	6,6	4,8	.
1898	4,3	6,8	6,5	5,3	4,1	5,2	6,1	6,4	6,6	6,8	5,6	5,8	7,9	5,8	8,9	8,9	7,7	6,4	.
1899	3,8	6,0	.	4,9	3,5	5,2	5,8	6,3	6,0	6,3	5,7	5,2	6,7	.	7,9	8,4	6,6	5,7	.
1900	4,5	5,5	.	4,9	3,8	5,0	5,5	6,6	5,5	6,0	5,7	5,7	6,7	.	6,6	7,8	5,7	4,5	4,8
1901	3,9	5,9	5,9	5,0	3,1	5,6	6,1	6,6	5,6	5,7	5,4	5,2	6,7	4,7	7,0	7,9	6,1	4,8	4,7
1902	3,6	6,2	.	4,7	2,8	5,7	5,8	5,7	5,4	5,5	5,0	4,6	6,2	4,7	6,2	8,0	5,7	6,2	4,9
B. Kleinhandelspreise (per kg in Pfennigen). Rindfleisch (1 kg). a) Keule.																			
1896	138	160	138	135	146	136	145	130	.	.	.	164	.	146	.	.	.	.	147
1897	136	163	138	135	146	138	143	130	150	.	.	164	165	144	.	.	.	.	134
1898	142	157	141	135	146	145	146	130	150	130	.	167	165	144	.	.	.	.	136
1899	140	161	144	135	146	145	146	140	150	130	.	165	141	140	.	.	.	140	140
1900	140	164	148	135	145	145	146	130	150	128	.	162	160	150	.	.	.	144	134
1901	142	163	149	135	144	145	146	130	150	128	.	161	160	150	.	.	.	146	127
1902	145	161	152	138	148	150	149	130	153	130	.	164	160	152	.	.	.	151	133
b) Bauch.																			
											*				Ia *	*			
1896	106	124	109	117	136	114	115	122	.	.	140	125	.	119	120	140	120	.	111
1897	111	127	112	115	132	117	112	115	120	.	140	128	115	125	130	140	120	.	113
1898	110	123	115	118	132	125	117	115	120	106	140	130	115	125	130	140	123	120	118
1899	109	124	118	123	130	125	117	122	120	104	140	134	120	128	130	140	125	109	115
1900	111	125	120	123	129	125	119	120	120	100	140	133	120	128	130	140	125	112	112
1901	116	132	120	123	130	125	119	116	120	100	140	134	120	136	130	140	125	112	111
1902	123	133	123	126	133	125	123	115	120	104	144	137	123	130	132	140	120	117	115
Schweinefleisch (1 kg). a) Schlegel, Rücken.																			
1896	148	.	141	.	126	.	.	.	.	.	.	.	.	.	.	.	160	.	.
1897	154	.	154	.	135	.	.	.	.	.	.	.	134	152	.	.	160	.	.
1898	162	147	160	.	144	.	.	.	.	.	.	.	140	168	.	.	160	.	.
1899	156	145	156	.	137		.	.	190	.	.	.	139	156	.	.	160	.	.
1900	152	148	153	.	136	.	.	130	190	136	.	.	130	156		.	160	.	.
1901	160	159	165	.	142	.	.	133	200	146	.	.	142	170	.	.	183	.	.
1902	170	173	170	.	149	.	.	158	207	152	.	.	175	170	.	.	182	.	.
b) Bauch.																			
				*		*	*				*	*			Ia *	*		*	*
1896	112	129	111	110	124	113	150	.	.	.	134	141	.	.	110	134	128	126	113
1897	120	143	125	123	131	120	159	.	.	.	142	148	125	137	144	144	128	139	130
1898	130	144	134	130	142	132	168	.	.	.	152	158	133	161	150	150	136	152	138
1899	124	142	124	130	135	130	163	.	157	.	142	154	131	140	142	143	130	149	126
1900	120	145	124	123	126	130	164	120	155	124	140	152	128	136	136	144	130	138	118
1901	126	156	133	130	138	130	179	123	170	132	144	158	133	145	146	153	132	149	132
1902	138	163	142	138	142	147	192	138	173	132	152	170	143	154	154	160	153	161	144

Esskartoffel: *) Die Preise sind z. T. Kleinhandelspreise, weshalb ein Vergleich der Städte untereinander nicht tunlich ist. Altona: hannoversche. Nürnberg: gelbe, fränkische u. oberpfälz. Chemnitz: hiesige.

Rindfleisch: * Einheitspreis oder Durchschnittspreis für alle Gattungen. Cöln: b) Brust oder Rippenstück mit Knochen ohne Nierenfett. Nürnberg: Ochsenfleisch. Dresden: a) Bratenfleisch. b) Kochfleisch. Mainz: Kochfleisch.

Schweinefleisch: * wie Rindfleisch. Breslau: a) Keule. Cöln: Brust, Hals, Schulter Knochen. München: b) Brust, Wammerl. Mainz: a) Koteletts und Bratenstücke, b) Kochfleisch.

Noch Kleinhandelspreise.

Jahr.	Berlin.	Altona.	Königsberg i. Pr.	Hannover.	Breslau.	Magdeburg.	Cöln.	Dortmund.	Frankfurt a. M.	München.	Nürnberg.	Dresden.	Leipzig.	Chemnitz.	Stuttgart.	Mannheim.	Mainz.	Straßburg i. E.
Kalbfleisch (1 kg)																		
a) Keule, Rücken.																		
1896	148	.	134	.	144	.	.	.	.	110	.	273	.	.	.	.	.	.
1897	152	.	141	.	144	.	.	.	.	112	.	271	134	139	.	.	.	.
1898	150	173	146	.	144	.	.	.	.	120	.	281	135	145	.	.	.	.
1899	152	180	149	.	144	.	.	.	143	122	.	284	136	141	.	.	.	.
1900	152	183	151	.	144	.	.	140	150	120	.	280	131	145	.	.	.	
1901	156	175	153	.	144	.	.	140	150	118	.	285	131	150	.	.	.	.
1902	162	172	158	.	153	.	.	147	153	128	.	287	134	152	.	.	.	.
b) anderes.																		
				*		*	*				*				Ia *	*		*
1896	114	165	116	130	140	115	139	.	.	.	136	141	.	.	136	146	140	147
1897	116	162	123	130	140	116	140	.	.	.	136	146	122	121	140	141	140	152
1898	122	163	126	132	140	123	149	.	.	.	140	149	126	127	147	152	140	157
1899	122	168	128	135	139	125	153	.	100	.	140	150	128	131	148	160	141	162
1900	122	163	130	135	139	130	153	130	105	106	140	151	126	130	148	160	142	161
1901	126	164	130	135	140	130	152	130	100	102	140	147	123	136	148	160	147	166
1902	134	163	137	141	147	137	157	127	110	108	140	151	125	132	150	160	148	167
Hammelfleisch (1 kg).																		
a) Keule, Rücken.																		
										Schaf-fleisch								
1896	134	.	127	.	152	.	.	.	.	.	.	.	.	.	.	.	.	.
1897	138	.	137	.	154	.	.	.	.	.	.	.	130	140	.	.	.	.
1898	140	162	141	.	156	.	.	.	.	.	.	.	132	141	.	.	.	.
1899	138	175	140	.	155	.	.	.	130	.	.	.	130	144	.	.	.	.
1900	140	196	144	.	156	.	.	125	130	118	.	.	130	133	.	.	.	.
1901	144	166	148	.	158	.	.	135	130	118	.	.	130	141	.	.	.	.
1902	150	173	150	.	164	.	.	135	133	128	.	.	133	138	.	.	.	.
b) anderes.																		
				*		*	*			Schaf-fleisch	*	*			Ia *	*		*
1896	114	138	109	110	140	115	129	.	.	.	134	139	.	.	124	150	130	139
1897	116	138	116	120	142	118	129	.	.	.	134	141	115	117	124	150	120	146
1898	120	144	119	123	144	126	130	.		.	138	143	117	114	118	150	112	145
1899	118	141	122	125	143	129	130	.	91	.	138	143	120	100	116	150	102	151
1900	120	142	126	124	145	133	134	115	100	90	136	143	120	111	120	150	105	153
1901	122	145	128	125	148	130	134	125	100	90	140	145	125	115	116	150	93	154
1902	128	150	132	128	152	140	138	125	100	96	140	149	124	124	120	150	101	148

Kalbfleisch: * wie Rindfleisch. Berlin: b) Schulterblatt, Bauch. Cöln: Nieren, Hals, Na[illegible] Brust, Bauch, Schulter mit Knochen. München: a) Brust, Grat, b) Bug, Hals. Dresden: a) Schn[illegible] fleisch. Mainz: Kochfleisch.

Hammelfleisch. * wie Rindfleisch. Berlin: b) Brust und Bauch. Cöln: Nieren, Hals, Na[illegible] Brust, Bauch, Schultern mit Knochen. München: (Schaffleisch) a) Schlegel, Karree, b) Bug, H[illegible] Mainz: Kochfleisch.

Noch Kleinhandels-Preise.

ahr.	Berlin.	Altona.	Königsberg i. Pr.	Hannover.	Breslau.	Magdeburg.	Cöln.	Dortmund.	Frankfurt a. M.	München.	Nürnberg.	Dresden.	Leipzig.	Chemnitz.	Stuttgart.	Mannheim.	Mainz.	Straßburg i. E.	Lübeck.
	Geräucherter Speck (inländisch) (1 kg).																		
					fett												I		
896	140	**157**	139	130	188	160	139	165	195	.	.	159	.	150	.	185	140	185	132
897	141	**144**	148	138	190	160	149	165	195	.	.	160	138	158	.	200	140	198	143
898	150	**148**	153	148	196	160	157	165	212	.	.	175	165	169	.	200	140	200	146
899	148	**151**	146	141	184	160	149	164	213	.	.	172	160	171	.	200	140	203	140
900	144	**150**	151	131	184	160	148	165	208	.	.	167	160	168	.	200	140	186	134
901	150	**155**	161	145	189	160	162	165	203	.	.	172	165	180	.	200	140	182	144
902	165	**174**	170	163	196	163	174	165	216	.	.	186	177	190	.	200	148	200	157
	Essbutter (1 kg).																		
															süß				
896	230	229	210	209	225	222	221	222	208	224	196	247	.	257	230	240	195	192	230
897	228	228	207	213	227	227	226	206	220	228	206	245	241	244	230	240	194	194	230
898	224	222	208	210	222	227	224	.	218	230	206	243	237	245	230	240	190	201	236
899	229	233	212	222	221	230	231	215	222	232	194	249	245	248	230	240	187	202	242
900	233	236	221	217	231	231	231	225	217	240	194	254	248	253	230	240	179	208	235
901	233	241	226	224	240	231	237	230	228	240	190	255	251	260	230	240	179	209	226
902	230	232	231	227	229	229	236	218	226	240	190	254	237	244	232	240	177	209	227
	Eier*) (Schock = 60 Stück).																		
										frisch	frisch	frisch						frisch	
1896	329	370	328	317	273	317	549	437	323	340	295	412	.	322	366	360	366	412	374
1897	332	384	324	332	284	336	560	417	311	340	295	426	423	318	354	360	384	412	392
1898	342	396	342	346	296	350	564	456	328	340	307	423	422	340	384	360	372	424	407
1899	352	401	340	348	304	350	596	446	337	360	297	431	420	348	372	360	366	424	379
900	363	426	364	365	329	366	604	400	348	360	317	449	424	348	414	360	384	452	427
901	360	415	366	368	317	364	582	433	359	360	300	480	417	302	410	360	366	484	412
902	362	424	330	356	309	366	569	387	361	360	308	404	434	300	396	366	350	489	415
	Weizenmehl (1 kg).																		
			fein 0		fein						bayr. 0			00	0				I
896	33	23	28	25	25	28	30	24	36	36	40	33	.	37	36	28	31	42	27
897	35	24	30	29	28	31	32	25	38	38	42	37	36	40	37	28	35	38	28
898	40	28	33	33	32	35	37	29	41	42	44	42	34	47	42	39	38	39	32
899	36	24	29	27	28	31	34	26	37	38	44	37	.	40	38	40	34	38	28
900	35	26	28	27	25	29	33	25	36	38	44	35	30	39	38	40	34	38	26
901	35	25	28	29	27	29	32	25	36	38	46	35	45	32	36	39	33	36	27
902	35	27	29	28	27	31	31	25	36	38	40	35	(25)	36	37	40	32	36	28

Geräucherter Speck: Hannover: hiesig. Cöln: Bauch- oder Rippenspeck.
Essbutter: Altona: holstein. Meiereibutter. Königsberg und Breslau: Tafelbutter II. München: .felbutter. Cöln, Nürnberg und Leipzig: Landbutter. Chemnitz: Bauernbutter.
Eier: * Die Preise sind wenig vergleichbar, weil bei der Anschreibung nicht überall und in en Jahren 1 Schock zu Grunde gelegt ist, sondern vielfach 15 Stück (Mandel) oder 3, 10 oder 12 Stück tona: hannöversche. Dresden: hiesige. Leipzig: Landeier. Chemnitz: Kisteneier.
Weizenmehl: München: Mundmehl. Dresden: Grieslerauszug.

Noch Kleinhandels-Preise.

Roggenmehl (1 kg).

Jahr.	Berlin.	Altona.	Königsberg i. Pr.	Hannover.	Breslau.	Magdeburg.	Cöln.	Dortmund.	Frankfurt a. M.	München.	Nürnberg.	Dresden.	Leipzig.	Chemnitz.	Stuttgart.	Mannheim.	Mainz	Straßburg i. E.
					fein						fein I		•	0	I			
1896	27	19	19	21	21	20	29	23	27	34	30	28	.	32	34	23	23	35
1897	27	21	19	23	22	21	29	24	29	36	32	29	28	34	34	23	24	33
1898	31	22	22	25	26	24	29	26	31	38	34	32	28	34	40	31	27	34
1899	30	20	20	26	25	22	29	25	30	34	34	29	.	32	36	32	27	33
1900	30	21	20	27	25	25	29	24	31	34	34	30	30	32	36	32	26	35
1901	31	22	20	28	25	26	29	24	31	34	34	30	38	30	34	32	26	34
1902	31	22	20	27	24	27	29	24	31	34	30	30	(23)	32	34	32	24	33

Roggen- (schwarzes) Brot (1 kg).

Jahr.	Berlin.	Altona.	Königsberg i. Pr.	Hannover.	Breslau.	Magdeburg.	Cöln.	Dortmund.	Frankfurt a. M.	München.	Nürnberg.	Dresden.	Leipzig.	Chemnitz.	Stuttgart.	Mannheim.	Mainz	Straßburg i. E.
											II			I				
1896	21	.	.	20	19	.	19	18	.	.	22	22	.	.	20	25	22	21
1897	22	.	.	23	20	.	20	20	26	.	26	22	19	19	22	24	23	24
1898	25	.	.	22	22	.	22	22	27	29	28	25	22	22	24	25	25	26
1899	24	.	.	23	21	.	21	21	26	29	28	25	22	23	22	24	26	26
1900	24	.	.	24	21	.	22	24	27	29	28	25	23	23	21	24	26	26
1901	24	.	.	25	22	.	22	24	27	28	26	25	23	22	21	24	26	26
1902	24	.	22	23	.	.	23	24	26	28	26	25	23	22	21	24	26	26

Esskartoffel (2 kg).

Jahr.	Berlin.	Altona.	Königsberg i. Pr.	Hannover.	Breslau.	Magdeburg.	Cöln.	Dortmund.	Frankfurt a. M.	München.	Nürnberg.	Dresden.	Leipzig.	Chemnitz.	Stuttgart.	Mannheim.	Mainz	Straßburg i. E.
				2 Liter	II													
1896	.	.	8	8	7	.	.	.	.	.	12	11	.	.	20	14	.	
1897	.	.	10	8	8	.	.	.	14	.	12	16	24	.	21	14	.	30
1898	.	.	11	10	9	.	.	.	17	.	14	15	24	.	22	18	11	30
1899	.	.	14	15	8	.	.	13	15	.	14	13	19	.	19	18	13	24
1900	.	.	10	9	8	.	17	13	13	.	12	14	16	14	19	14	11	24
1901	.	.	10	9	8	.	17	13	14	.	12	14	18	17	18	14	12	24
1902	.	.	9	8	7	.	14	12	14	.	12	12	19	13	20	14	11	24

Javakaffee (gelber, gebrannt) (1 kg).

Jahr.	Berlin.	Altona.	Königsberg i. Pr.	Hannover.	Breslau.	Magdeburg.	Cöln.	Dortmund.	Frankfurt a. M.	München.	Nürnberg.	Dresden.	Leipzig.	Chemnitz.	Stuttgart.	Mannheim.	Mainz	Straßburg i. E.
										Campinas		ungeröstet						
1896	424	361	346	349	360	380	316	380	413	.	.	289	.	.	340	320	311	330
1897	421	350	329	340	354	378	321	380	370	.	.	286	.	.	340	320	278	271
1898	427	325	315	340	348	368	312	380	354	.	.	283	.	.	340	320	250	252
1899	379	304	288	340	352	340	304	357	354	.	.	285	.	.	340	320	231	263
1900	372	310	282	340	350	340	302	340	355	214	.	283	270	.	340	320	238	309
1901	372	310	268	318	346	310	297	340	351	214	.	275	280	290	340	320	223	303
1902	372	310	265	310	338	340	295	300	350	200	.	275	254	260	340	283	220	318

Roggenmehl: Königsberg: grob, Brotmehl. Dresden: Hausbacken.

Roggenbrot: Frankfurt: Schlüchterner I. Sorte, etwa 3/4 Roggen-, 1/4 Weizenmehl. Münch Grünwalder (aus Roggenmehl). Dresden: Plauen'sches Nr. II. Lübeck: Roggenschrotbrot.

Esskartoffel: Königsberg: weiße. Cöln: magnum bonum oder rote Kartoffel (Moselkartof Nürnberg: gelbe, fränkische und oberpfälzische. Dresden: Jahresdurchschnitt aus 9 Monaten. Chemn hiesige. Mainz: gelbe. Lübeck: magnum bonum.

Javakaffee: Königsberg: allgem. Kaffee, geröstet II. München: nicht Java-Kaffee, sond Campinas. Stuttgart: Java-Mischung. Mannheim und Mainz: allgem. Kaffee, gebrannt.

XXVII.

Krankenversicherung.

Von

Prof. Dr. **H. Bleicher,**
Direktor des statistischen Amts der Stadt Frankfurt a. M.

Im Anschlusse an die im zweiten und vierten Jahrgange dieses Jahrbuchs erfolgte Darstellung der Organisation und der Ergebnisse der reichsgesetzlichen Krankenversicherung in den großen Städten für die Jahre 1885 bis 1890 bezw. 1891 und 1892 werden hier Mitteilungen bis zum Jahre 1900 gegeben. Mit Rücksicht auf das am 1. Januar 1893 erfolgte Inkrafttreten der Novelle vom 10. April 1892 sind die gesetzlichen Grundlagen der Krankenversicherung innerhalb unserer Berichtfrist andere, wie für den Zeitraum der vorhergehenden Berichterstattung. Eine spätere Fortsetzung wird mit Rücksicht auf die am 1. Januar 1904 in Kraft tretende weitere Novelle zum Krankenversicherungsgesetz vom 25. Mai 1903, welche wesentliche Änderungen in Bezug auf die gesetzliche Minimalleistung der Kassen bringt, sodaß bei einer Bearbeitung für die Folgejahre wiederum eine andere Grundlage geschaffen sein wird, mit dem Jahre 1904 einzusetzen haben. Da es aus den verschiedensten Gründen nicht möglich war, das ganze Material vom Jahre 1892 bis 1900 zu sammeln, sind hier die summarischen Angaben über die Zahl der Kassen und deren Mitglieder nach dem Stande vom 31. Dezember 1895 und 31. Dezember 1900 gegenübergestellt, sodann für das Jahr 1900 die Geschäftsergebnisse jeder einzelnen Art von Kassen in der Spezifikation mitgeteilt, wie sie für die alljährlich den Aufsichtsbehörden einzureichenden Nachweisungen (abgedruckt in der Statistik des Deutschen Reiches, Neue Folge, Band 140) üblich ist. Außerdem sind auf Grund besonderer, vermittelst der Fragebogen erhobenen Angaben Mitteilungen über die Änderungen in den statutarischen und sonstigen Bestimmungen, sowie über die Änderungen der Beiträge und Leistungen der Kassen seit Erscheinen des 4. Jahrganges dieses Jahrbuches gemacht. Der Fragebogen enthielt auch eine Reihe von Zusatzfragen über den derzeitigen Umfang der Versicherungspflicht und verschiedene für die Kassentechnik wichtige Fragen, so über die freie Ärztewahl usw. Wie bei den früheren Erhebungen wurde auch diesmal die Erfahrung gemacht, daß die von einzelnen Städten gegebenen Mitteilungen über solche Krankenkassen, welche nicht der Aufsicht der Gemeindebehörde unterstehen, nur unvollständig sind und die über den Rahmen der letzteren hinausgehenden Mitteilungen nur als gelegentliche Mitteilungen aufgefaßt werden dürfen. Für die der Aufsicht der Magistrate unterstehenden Kassen ist das Material als auf einheitlicher Grundlage gewonnen, gut vergleichbar und gestattet insbesondere wiederum wie bei den früheren Gelegenheiten eine Gegenüberstellung der für die Gesamtheit der Städte sich ergebenden Resultate und den für das ganze Reich gültigen Ziffern. Die dabei zu Tage tretenden interessanten Ergebnisse rechtfertigen die nicht unerhebliche Arbeit, welche dadurch geleistet worden ist, daß zuerst von den einzelnen Stadtverwaltungen für die oft zahlreichen Kassen einer Kassenart die Summen gebildet worden sind und nunmehr hier die Aufaddition der Zahlen für sämtliche Städte nach Kassenarten getrennt vorgenommen worden ist.

I. Organisatorisches.

1. Was zunächst den Kreis der Versicherungspflichtigen in einzelnen Städten anlangt, ist folgendes zu bemerken:

Die Novelle von 1892 hatte bekanntlich unter anderem wichtige Änderungen in Bezug auf die Ausdehnung der Versicherungspflicht mittelst Ortsstatuts und in Betreff der Stellung der eingeschriebenen Hilfskassen zu den reichsgesetzlich organisierten Kassen gebracht. Dadurch ist der Kreis der versicherungspflichtigen Personen wesentlich verändert worden, was zu beachten bleibt, wenn hier zur Charakterisierung der Entwickelung der Kassen ein Vergleich der Jahre 1891 und 1900 gewählt worden ist.

Nachstehend folgt eine Aufzählung derjenigen Kategorien von Personen, welche neben den nach § 1 des Krankenversicherungsgesetzes versicherungspflichtigen Personen auf Grund § 2 zufolge ortsstatutarischer Bestimmung in den einzelnen Städten in die Versicherungspflicht einbezogen sind.

Aachen: —;

Altona: vorübergehend Beschäftigte, Kommunalbedienstete, Hausindustrielle, Handlungsgehülfen, land- und forstwirtschaftliche Bedienstete;

Augsburg: Gehülfen und Lehrlinge in Apotheken, Hausindustrielle, Kommunalbedienstete, land- und forstwirtschaftliche Bedienstete, Dienstboten und Personen ohne Gehalt[1]);

Barmen: landwirtschaftliche Arbeiter, Hausindustrielle;

Berlin: Kommunal-, land- und forstwirtschaftliche Bedienstete;

Bochum: vorübergehend beschäftigte Arbeiter, Hausindustrielle, land- und forstwirtschaftliche Arbeiter;

Bremen: land- und forstwirtschaftliche Bedienstete;

Breslau: Kommunalbedienstete, Handlungsgehülfen und -Lehrlinge, land- und forstwirtschaftliche Arbeiter (und zwar ständig oder vorübergehend innerhalb oder außerhalb des Stadtgebiets beschäftigte Personen);

Cassel: vorübergehend beschäftigte Personen, Kommunalbedienstete ausschließlich der Krankenwärterinnen, Hausindustrielle, Handlungsgehülfen und -Lehrlinge, land- und forstwirtschaftliche Bedienstete;

Charlottenburg: Kommunalbedienstete;

Chemnitz: Handlungsgehülfen und -Lehrlinge, land- und forstwirtschaftliche Bedienstete[2]);

Crefeld: Kommunalbedienstete, Familienangehörige der Betriebsunternehmer, Hausindustrielle, land- und forstwirtschaftliche Bedienstete;

---

[1]) Eigentümlichkeit der Gemeinde-Krankenversicherung in den meisten Städten von Bayern, dann in Württemberg und Baden.

[2]) Auf Grund Landesgesetzes versicherungspflichtig in Sachsen, Hessen, Baden und Württemberg.

Cöln: Hausindustrielle, land- und forstwirtschaftliche und Kommunalbedienstete, Handlungsgehülfen und -Lehrlinge;

Danzig: land- und forstwirtschaftliche Bedienstete;

Darmstadt: vorübergehend, mindestens 1 Tag beschäftigte Personen, Kommunalbedienstete, Hausindustrielle, land- und forstwirtschaftliche Arbeiter[1]), Handlungsgehülfen und -Lehrlinge;

Dortmund: Kommunalbedienstete, Handlungsgehülfen und -Lehrlinge;

Dresden: Handlungsgehülfen und -Lehrlinge, land- und forstwirtschaftliche Bedienstete[1]);

Düsseldorf: —;

Duisburg: vorübergehend beschäftigte Personen, land- und forstwirtschaftliche Bedienstete;

Elberfeld: Hausindustrielle, vorübergehend, aber bereits 6 Tage beschäftigte Personen;

Essen: land- und forstwirtschaftliche Arbeiter, Handlungsgehülfen und Lehrlinge;

Frankfurt a. M.: vorübergehend, aber bereits 6 Tage beschäftigte Personen, Kommunalbedienstete ohne anderweitige Beschäftigung, Hausindustrielle, Handlungsgehülfen und -Lehrlinge, land- und forstwirtschaftliche Bedienstete;

Frankfurt a. O.: land- und forstwirtschaftliche Arbeiter u. Hausindustrielle

Freiburg i. Br.: —;

Görlitz: Kommunalbedienstete, Familienangehörige der Betriebsunternehmer Hausindustrielle, Handlungsgehülfen und -Lehrlinge, land- und forstwirtschaftliche Bedienstete;

Halle a. S.: Kommunalbedienstete, Hausindustrielle, Handlungsgehülfen und -Lehrlinge, land- und forstwirtschaftliche Bedienstete;

Hamburg: —;

Hannover: land- und forstwirtschaftliche Bedienstete;

Kiel: Kommunalbedienstete, land- und forstwirtschaftliche Bedienstete;

Königsberg: Handlungsgehülfen und -Lehrlinge, land- und forstwirtschaftliche Arbeiter;

Leipzig: Handlungsgehülfen, -Gehülfinnen und -Lehrlinge, Gehülfen und Lehrlinge in Apotheken, land- und forstwirtschaftliche Bedienstete[1]);

Liegnitz: vorübergehend beschäftigte Personen, Kommunalbedienstete, Hausindustrielle, land- und forstwirtschaftliche Bedienstete;

Lübeck: land- und forstwirtschaftliche Bedienstete;

Magdeburg: Kommunal-, land- und forstwirtschaftliche Bedienstete, Hausindustrielle;

Mainz: Kommunalbedienstete, Handlungsgehülfen und -Lehrlinge, land- und forstwirtschaftliche Bedienstete[1]);

Mannheim: Kommunalbedienstete, Hausindustrielle, Handlungsgehülfen und -Lehrlinge, land- und forstwirtschaftliche Bedienstete, Gehülfen usw. ohne Lohn[2]);

Metz: sämtliche Handlungsgehülfen und -Lehrlinge;

Mühlhausen i. E.: Handlungsgehülfen und -Lehrlinge;

München: Handlungsgehülfen und -Lehrlinge, land- und forstwirtschaftliche und Kommunalbedienstete, Hausindustrielle, sowie vorübergehend, aber bereits 3 Tage beschäftigte Personen;

Münster i. W.: Handlungsgehülfen und -Lehrlinge, Kommunalbedienstete;

Nürnberg: Kommunalbedienstete, Haussöhne der Betriebsunternehmer, Handlungsgehülfen und -Lehrlinge, land- und forstwirtschaftliche Bedienstete, alle ungelohnten Lehrlinge[2]), Gehülfen und Lehrlinge in Apotheken, häusliche Dienstboten und die in nicht gewerblichen Betrieben beschäftigten Arbeiter und Bedienstete

Plauen i. V.: Handlungsgehülfen und -Lehrlinge;

Posen: land- und forstwirtschaftliche Bedienstete, vorübergehend, aber bereits 6 Tage beschäftigte Personen;

Potsdam: Kommunalbedienstete, Hausindustrielle, landwirtschaftliche Arbeiter;

Spandau: land- und forstwirtschaftliche Arbeiter;

---

[1]) Auf Grund Landesgesetzes versicherungspflichtig in Sachsen, Hessen, Baden und Württemberg.

[2]) Eigentümlichkeit der Gemeinde-Krankenversicherung in den meisten Städten von Bayern, dann in Württemberg und Baden.

Straßburg i. E.: Handlungsgehülfen und -Lehrlinge:
Stettin: Kommunalbedienstete;
Stuttgart: Kommunalbedienstete, Handlungsgehülfen und -Lehrlinge, land- und forstwirtschaftliche Badienstete;
Würzburg: land- und forstwirtschaftliche Bedienstete, Dienstboten, sowie Lohnarbeiter, Gehülfen und Lehrlinge, welche nicht bereits auf Grund der §§ 1 und 2 des Krankenversicherungsgesetzes versichert sind;
Wiesbaden: vorübergehend, aber bereits 3 Tage beschäftigte Personen, Handlungsgehülfen und -Lehrlinge, Hausindustrielle bei einer mehr als 3tägigen Beschäftigungsdauer, land- und forstwirtschaftliche Arbeiter;
Zwickau: —.

In welchem Umfange bei den einzelnen Kassen von der Beitrittsberechtigung Gebrauch gemacht wird und in welchem Umfange einzelne Kassen besondere Einrichtungen (z. B. Familienversicherung usw.) getroffen haben, läßt sich aus den vorhandenen Unterlagen nicht genügend sicher beantworten, da nur für einzelne Städte brauchbares Material hierüber vorliegt. Einzelne Beispiele sind weiter unten, wo von den Beiträgen und Leistungen, bezw. den Änderungen in diesen die Rede ist, kurz erwähnt.

2. Über einzelne organisatorische Fragen liegen für eine Reihe von Städten ausführlichere Mitteilungen vor. Was zunächst die Vereinigung mehrerer Kassen zu einem Verbande im Sinne des § 46 des Krankenversicherungsgesetzes betrifft, liegen folgende Angaben vor, wobei der Fassung des zitierten Paragraphen folgend

unter Ziffer 1 die Anstellung eines gemeinsamen Rechnungs- und Kassenführers und anderer gemeinsamer Bediensteten,
„ „ 2 die Abschließung gemeinsamer Verträge mit Ärzten, Apotheken, Krankenhäusern und Lieferanten von Heilmitteln und anderer Bedürfnisse der Krankenpflege,
„ „ 3 die Anlage und der Betrieb gemeinsamer Anstalten zur Heilung und Verpflegung erkrankter Mitglieder, sowie zur Fürsorge für Rekonvaleszenten,
„ „ 4 die gemeinsame Bestreitung der Krankenunterstützungskosten zu einem die Hälfte ihres Gesamtbetrages nicht übersteigenden Teil

verstanden ist.

Aachen: Der aus den Aachener O.*) I, II und VII sich zusammensetzende Verband, sowie der aus den O. III, IV und V bestehende Verband haben Ziffer 1 und teils Ziffer 2 zur Aufgabe; der dritte Verband, dem die O. I und II Aachen-Burtscheid angehören, bezweckt nur Ziffer 1;
Berlin: Der Gewerkskrankenverein setzt sich zusammen aus 32 O., 2 B und 7 J. und hat zur Aufgabe Ziffer 2 und teilweise Ziffer 3; der aus 10 J. bestehende Verband der Innungskrankenkassen zu Berlin bezweckt Ziffer 2 und die Ausübung gemeinsamer Krankenkontrolle;
Breslau: Der aus 29 O. und 2 B. bestehende Verband der Orts- und Betriebs- (Fabrik-) Krankenkassen hat zur Aufgabe Ziffer 1 und 2;
Cöln: Der aus 12 O., 26 B. und 3 J. bestehende Verband hat zur Aufgabe Ziffer 2 und teils Ziffer 3; der andere, aus einer O. bestehende Verband bezweckt Ziffer 1, 2 und 3;
Danzig: Die dem Verband Danziger Krankenkassen, der aus 4 O., 4 B. und 1 J. besteht, obliegenden Aufgaben sind nicht mitgeteilt worden;
Elberfeld: Der aus 10 O. bestehende Verband hat zur Aufgabe Ziffer 2;
Frankfurt a. M.: Der aus 5 B. und 3 J. bestehende Verband hat Ziffer 2 zur Aufgabe;
Halle: Der aus 7 O. bestehende Verband bezweckt Ziffer 2;

*) Abkürzungen s. Seite 448 und 449.

Liegnitz: Der aus 6 O. bestehende Krankenkassenverband hat zur Aufgabe teils Ziffer 2 und 3;

Magdeburg: Der aus 6 O. bestehende Ortskrankenkassenverband hat Ziffer 2 teilweise zur Aufgabe;

Stettin: Der aus fast sämtlichen O. bestehende Verband bezweckt zum Teil Ziffer 2;

Wiesbaden: Der Verband der Innungskrankenkassen hat zur Aufgabe Ziffer 1, 2, 3 und 4.

Eine Übertragung der Einziehung der **Beiträge für die Invalidenversicherung** (§ 112 Absatz 1 Ziffer 1 des Invalidenversicherungsgesetzes) an die Krankenkassen ist in folgenden Städten erfolgt:

Altona: 8 Krankenkassen infolge Magistratsbeschlusses gegen eine Vergütung an die Ortskrankenkasse von 3 %, in den sieben anderen Fällen von 1 %;

Bremen: den Betriebs-, Bau- und Innungskrankenkassen durch die Landeszentralbehörde gegen eine Vergütung an die beiden ersteren von 1 %, an die letztere von 9 %;

Breslau: 6 Betriebskrankenkassen laut Vereinbarung mit der Landesversicherungsanstalt Schlesien ohne Vergütung;

Chemnitz: den bestehenden Kassen (ausschl. der eingeschriebenen Hilfskassen) für ihre Mitglieder; für die nicht krankenversicherungspflichtigen Personen gleichzeitig die gemeinsame Ortskrankenkasse durch Landesgesetzgebung. Vergütung an die Betriebskrankenkassen 1/4 Pf. für jede verwendete Beitragsmarke, an alle übrigen nach ihrer Wahl entweder 1 1/4 Pf. für jede verwendete Marke, oder 6 % des Wertes dieser Beiträge;

Crefeld: sämtlichen Orts-, Betriebs- und Innungskrankenkassen ist der Einzug und die Verwendung der Beiträge, sowie das Ausstellen und der Umtausch der Karten für **ihre** Mitglieder durch Ortsstatut übertragen. Vergütung: 4 bezw. 1 % der eingegangenen Beiträge; für Kartenumtausch und -Ausstellung außerdem 10 bezw. 3 Pf. pro Jahr für jedes invalidenversicherungspflichtige Kassenmitglied;

Danzig: den Bau-Innungskrankenkassen durch die Versicherungsanstalt mit Genehmigung der Landeszentralbehörde gegen eine Vergütung von 3 % der eingezogenen Beiträge;

Darmstadt: den der Aufsicht der Bürgermeisterei unterstellten Kassen durch die Landeszentralbehörde; Orts- und Innungskrankenkassen erhalten 6 %, Betriebskrankenkassen 3 % der Beiträge;

Dresden: den Zwangs- (Orts-, Betriebs- und Innungskranken-) Kassen durch die Landeszentralbehörde gegen eine Vergütung an die Orts- und Betriebskrankenkassen von 1 1/4 Pf. und an die Innungskrankenkassen von 1/2 Pf. für jede Beitragswoche;

Düsseldorf: 1 Betriebskrankenkasse ohne Vergütung;

Elberfeld: 2 Betriebskrankenkassen ist durch Statut der Versicherungsanstalt die Einziehung der Beiträge, sowie die Ausstellung und der Umtausch der Quittungskarten übertragen worden gegen 4 % für Einziehung der Beiträge und 10 Pf. pro Jahr für jedes invalidenversicherungspflichtige Mitglied für Ausstellung und Umtausch der Quittungskarten;

Essen: den Orts-, Betriebs- und Innungskrankenkassen ist der Einzug und die Verwendung der Beiträge, das Ausstellen und der Umtausch der Quittungskarten übertragen. Vergütung: den Orts- und Innungskrankenkassen 4 % für den Einzug und 10 Pf. für die Kartenausfertigung — im Durchschnitt berechnet —, den Betriebskrankenkassen 1 % für den Einzug und 3 % für die Kartenausfertigung;

Frankfurt a. M: 1 Betriebskrankenkasse für die Arbeiter ihrer im Großherzogtum Hessen belegenen Betriebe durch die Landesversicherungsanstalt Großherzogtum Hessen gegen eine Vergütung von z. Z. 3 % der eingezogenen Beiträge (bis 1899 1 %);

Freiburg i. Br.: die Krankenkassen erhalten 5 % Vergütung; Übertragung erfolgt durch die Landeszentralbehörde;

Halle a. S.: 2 Betriebskrankenkassen ist der Einzug der Beiträge und die Ausstellung von Karten durch Kassenstatut **ohne** Vergütung übertragen;

Hamburg: den Betriebskrankenkassen durch die Landeszentralbehörde gegen eine Vergütung von 1 % der eingezogenen Beiträge;

Karlsruhe: Angaben fehlen;

Leipzig: a) den Orts- und Innungskrankenkassen, b) den Gemeindekrankenversicherungen, c) den Betriebs-, Bau- und Knappschaftskrankenkassen, d) den Gemeindebehörden ist durch die Landeszentralbehörde die Einziehung der Beiträge, Verwendung und Entwertung der Marken und Ausstellung nebst Umtausch der Quittungskarten übertragen worden. Vergütung an a: 1¼ Pf., an b: 1 Pf., an c: ½ Pf. und an d: ½ Pf. für jede Beitragswochenmarke nur für den Einzug, die Verwendung und Verwertung der Marken. Soweit die Orts- bezw. Krankenkassen diese Geschäfte für die Gemeinden verrichten — in Leipzig die Ortskrankenkasse — wird die Vergütung in voller Höhe gewährt. Seit 1. November 1891 steht es den Einzugsstellen frei, statt der vorgenannten Vergütungen 6 % des Wertes der verwendeten Beitragsmarken zu beanspruchen;

Liegnitz: 2 Fabrikkrankenkassen ohne Vergütung; für alle übrigen Kassenmitglieder durch Ortsstatut gegen eine Vergütung von 4 % der Gemeindebehörde;

Lübeck: der Ortskrankenkasse und den Betriebs- und Innungskrankenkassen durch die Landeszentralbehörde;

Mainz: den Krankenkassen durch die Landeszentralbehörde für Mitglieder und durch die Gemeindebehörde für Nichtmitglieder. Orts- und Innungskrankenkassen erhalten 5 %, die Betriebskrankenkassen 2 % und für Kartenumtausch usw. 1 %, zusammen also 6 bezw. 3 % der vereinnahmten Beträge;

Mannheim: den Orts- und Betriebskrankenkassen durch die Landeszentralbehörde; erstere erhalten 5 %, letztere keine Vergütung;

Plauen i. V.: der Orts- und Betriebskrankenkasse für ihre Mitglieder durch die Landeszentralbehörde; soweit versicherungspflichtige Mitglieder einer Orts- oder Betriebskrankenkasse nicht angehören, ist durch Beschluß der Gemeindebehörde mit Zustimmung der Aufsichtsbehörde die Ortskrankenkasse mit der Einziehung beauftragt. Vergütung: Für die mit der Beitragseinziehung zusammenhängenden Geschäfte a) an die Ortskrankenkasse 1 Pf., b) an die Betriebskrankenkassen ¼ Pf. Für Kartenumtausch und Ausstellung je ¼ Pf. für die Beitragswoche. Die Ortskrankenkasse kann auch statt 1¼ Pf. 6 % des Wertes der verwendeten Marken beanspruchen;

Stuttgart: den Orts- und Innungskrankenkassen für ihre Mitglieder gegen 5 % Vergütung auf Anordnung der Landeszentralbehörde;

Zwickau: den Orts-, Innungs- und Betriebskrankenkassen durch die Landeszentralbehörde.

Zur Frage der freien Ärztewahl, welcher von den beteiligten Kreisen eine hohe Bedeutung beigelegt wird, liefert unsere Erhebung das Ergebnis, daß von 1709 Kassen, für welche Angaben vorliegen, die größere Hälfte Kassenärzte für bestimmte Bezirke angestellt haben und, soweit freie Ärztewahl besteht, diese nur eine beschränkte sein kann, völlig freie Ärztewahl aber nur in sehr kleiner Zahl von Fällen vorliegt. Es liegt kein Grund zu der Annahme vor, daß bei dem letzten Viertel der befragten Kassen, welche keine Angaben gemacht haben, die Verhältnisse anders liegen würden.

Zahl der Kassen	G.	O.	B.	J.	E.	L.	Zus.	%
a: mit völlig freier Ärztewahl	--	6	34	2	10	--	52	3,0
b: mit beschränkter freier Ärztewahl	3	172	325	67	63	52	682	39,9
c: mit Kassenärzten, die für bestimmte Bezirke angestellt sind	4	204	506	75	160	26	975	57,1

Die Verhältnisse in den einzelnen Städten sind dabei sehr verschieden, wie nachstehende Zusammenstellung ersehen läßt:

Aachen: a und c, sowiet auswärtige Bezirke in Betracht kommen; — Altona: c; — Augsburg: teils b und teils c; — Barmen: bei allen Kassen fast freie Ärztewahl; — Berlin: b: 22 O, 11 B., c: 34 O., 33 B. und 20 J.; — Bochum: c; — Bremen: b: 1 O., c: alle übrigen Kassen: — Breslau: b: 1 O., 2 B., c: alle übrigen Kassen; — Cassel: teils b und teils c; Charlottenburg: b: — Chemnitz: a: 7 B., b: 6 O., 36 B., 6 J.: — Cöln: a: 2 B., b: 14 O., 15 B., 5 J., c: 3 O., 47 B. und 1 J.; — Crefeld: b; — Danzig: b: 28 Kassen, c: 5 Kassen, Ausscheidung ist nicht erfolgt; — Darmstadt: teils b und c; — Dortmund: a: 1 O, b: 1 O., 2 B., 3 J., c: 22 B., 2 J., 1 E., 1 Ba.; — Dresden: a: 1 B., 10 E., b: 14 B., 3 E., c: 1 O., 9 J., 28 B., 20 E.: — Düsseldorf: b: 5 O., 2 E., c: 72 B., 4 J., 2 E.; — Duisburg: c: 3 O., 38 B., 3 J., 1 E.; — Elberfeld: b: 14 O., 12 B., 3 J., 3 E., c: 1 B.: — Erfurt: c: 8 O., 16 B., 6 J., 5 E.; — Essen: b: 1 O., 15 B., 3 J., 2 E., 42 L.; — Frankfurt a. M.: a: 1 B., b: 2 O., 8 B., 5 J., c: 2 B.; — Frankfurt a. O.: c: 10 O., 10 B., 1 J.; — Freiburg i. Br.: b: 1 G., 1 O., 12 B, 1 J, 1 E.; — Halle a. S.: b: 24 O., 21 B., 3 J., 3 E., 2 L.; — Hamburg: c: 1 G., 19 O., 28 B, 6 J., 54 E.: — Hannover: c: 14 O., 36 B., 4 J.: — Kiel: b: 1 O., c: 1 B.; — Königsberg: a: 4 O., 6 B.: c: 1 G., 16 O., 28 B; — Leipzig: b: 1 O., 15 B., 3 J., 9 E.; — Liegnitz: b: 13 O., 2 B., c: 1 B.; — Lübeck: b: 1 O. (a und c: 1 B.), c: 4 B., 5 J., 12 E.; — Mainz: a: 2 Krankenkassen, b: 4 Krankenkassen, c: 3 Krankenkassen, Ausscheidung ist nicht erfolgt; — Mannheim: b: 6 O., 34 B., 13 E.; Mühlhausen i. E.: a: 1 Kasse, c: 45 Kassen, Auscheidung ist nicht erfolgt; — München: a: 2 B., b: 9 O., 18 B., 4 J., c: 1 G., 1 O., 3 B. (b und c: 2 B.); — Nürnberg: b: 1 G., 1 O., 18 B., 1 J.; — Plauen i. V.: a: 12 B., 1 H., b: 1 O., 7 B., c: 6 B., 3 H.; — Posen: fast durchweg trifft b zu; — Potsdam: c: 19 O., 2 B., 2 J.; — Spandau: c: 7 O.; — Straßburg i. E.: b: 1 O.: — Stettin: b: fast sämtliche O., c: 30 B.; — Stuttgart: a: 3 B., 1 J., b: 3 B., c: 3 B. (b und c: 1 B.): — Würzburg: c: 1 G.: — Wiesbaden: c: 1 O., 1 B, 7 J., 5 E.; — Zwickau: b: 1 O., 13 B., 13 J., 4 E.

Es überwiegt demnach völlig freie Ärztewahl bei den Krankenkassen in den Städten Aachen, Barmen, Plauen i. V., Stuttgart und beschränkte freie Ärztewahl bei jenen in den Städten: Charlottenburg, Chemnitz, Crefeld, Danzig, Elberfeld, Essen, Frankfurt a. M., Freiburg i. Br, Halle a. S., Leipzig, Liegnitz, Mainz, Mannheim, München, Nürnberg, Posen, Straßburg, Zwickau; während in den Städten: Altona, Berlin, Bochum, Bremen, Breslau, Cöln, Dortmund, Dresden, Düsseldorf, Duisburg, Erfurt, Frankfurt a. O., Hamburg, Hannover, Königsberg, Lübeck, Mülhausen i. E., Potsdam, Spandau, Stettin, Würzburg und Wiesbaden der größere Teil der Krankenkassen Kassenärzte für bestimmte Bezirke angestellt hat.

3. Beiträge und Leistungen. Während der Berichtsjahre sind die Beiträge bei vielen Kassen erhöht worden; nur in wenigen Ausnahmefällen, am häufigsten noch bei Betriebskrankenkassen, hat eine Ermäßigung derselben stattgefunden. Die Notwendigkeit der Beitragserhöhungen ergibt sich schon durch die Tatsache der noch ungenügenden Dotierung des Reservefonds der meisten Kassen (siehe S. 444). Vielfach ist die Erhöhung indeß durch die Erweiterung der Kassenleistungen bedingt, die namentlich in der Verringerung der Zahl der Karenztage und Ausdehnung der Krankenunterstützung auf 26 Wochen zum Ausdruck kommen.

Die folgende Übersicht gibt die in dieser Beziehung von den einzelnen Städten gemachten Mitteilungen kurz wieder:

Aachen: Eine Erhöhung der Beiträge fand statt bei 5 Ortskrankenkassen und 1 Betriebskrankenkasse, eine Ermäßigung des Krankengeldes bei 1 Ortskrankenkasse. Die Unterstützungsdauer wurde verlängert bei 2 Ortskrankenkassen, verkürzt bei 2 Ortskrankenkassen und 1 Betriebskrankenkasse.

Altona: 1 Betriebskrankenkasse hat die Beiträge erhöht. 3 Betriebskrankenkassen haben das Krankengeld, 1 das Sterbegeld erhöht. Die Unterstützungsdauer ist bei einer Betriebskrankenkasse verlängert worden.

Augsburg: Bei sämtlichen Kassen sind, teilweise wiederholt, die Beiträge geändert worden. Weitere Angaben fehlen.

Barmen: Eine Erhöhung der Beitragssätze hat stattgefunden bei 1 Ortskrankenkasse, 14 Betriebskrankenkassen und 2 Innungskrankenkassen, eine Ermäßigung bei 4 Betriebskrankenkassen, eine Erhöhung des Krankengeldes bei 4 Betriebskrankenkassen und einer Innungskrankenkasse, eine Erhöhung des Sterbegeldes für die Mitglieder bei einer Ortskrankenkasse und 7 Betriebskrankenkassen, eine Ermäßigung bei einer Betriebskrankenkasse, eine Erhöhung des Sterbegeldes für die Mitgliederfrauen bei 2 Orts- und 2 Betriebskrankenkassen, neu eingeführt wurde Sterbegeld für Frauen bezw. für Kinder bei je einer Betriebskrankenkasse. Die Unterstützungsdauer wurde bei 8 Betriebskrankenkassen verlängert.

Berlin: Angaben fehlen.

Bochum: Die Beiträge sind bei der Gemeindeversicherung und bei einer Betriebskrankenkasse erhöht worden. Weitere Angaben fehlen.

Bremen: Die Beitragssätze haben erhöht eine Ortskrankenkasse, 12 Betriebs- und 9 Innungskrankenkassen, ermäßigt 3 Betriebskrankenkassen und 4 Innungskrankenkassen. Das Krankengeld haben erhöht eine Ortskrankenkasse für die 13.—26. Woche, 9 Betriebskrankenkassen, 10 Innungskrankenkassen für die 1. bis 13. Woche, ermäßigt 7 Betriebs- und 2 Innungskrankenkassen. Die Unterstützungsdauer haben verlängert eine Betriebskrankenkasse und 2 Innungskrankenkassen. Die Zahl der Karenztage hat eine Baukrankenkasse vermindert, während 2 sie ganz aufgehoben haben. Nachzahlung von 3 Karenztagen wurde eingeführt bei einer Baukrankenkasse bei Erwerbsunfähigkeit von länger als 2 Wochen, bei je einer Innungskrankenkasse bei mindestens 7-, 6- bezw. 4tägiger Erwerbsunfähigkeit, eine solche von 2 Karenztagen bei 2 Innungskrankenkassen bei mindestens 6tägiger Erwerbsunfähigkeit.

Breslau: 20 Ortskrankenkassen haben die Beiträge erhöht, 2 ermäßigt, 17 Betriebskrankenkassen erhöhten und eine ermäßigte die Beiträge, eine Innungskrankenkasse ermäßigte sie. Das Krankengeld haben erhöht 3 Ortskrankenkassen und 9 Betriebskrankenkassen, ermäßigt 4 Ortskrankenkassen, eine Betriebs- und die Innungskrankenkasse. Die Unterstützungsdauer wurde verlängert bei 7 Ortskrankenkassen und einer Betriebskrankenkasse, verkürzt bei 3 Ortskrankenkassen und 3 Betriebskrankenkassen. Das Sterbegeld erhöhten 5 Ortskrankenkassen und 4 Betriebskrankenkassen, es ermäßigten dasselbe 3 Ortskrankenkassen und eine Innungskrankenkasse.

Cassel: Nur Angaben über derzeitige Beiträge und Leistungen.

Charlottenburg: 2 Betriebskrankenkassen haben die Beiträge ermäßigt, 2 Betriebskrankenkassen und 1 Innungskrankenkasse haben sie erhöht. Über die Änderung der Leistungen ist nicht berichtet.

Chemnitz. Die Beitragssätze wurden erhöht von 2 Ortskrankenkassen und von 13 Betriebskrankenkassen, ermäßigt von der allgemeinen Ortskrankenkasse, 4 Betriebs- und 2 Innungskrankenkassen. Das Krankengeld haben erhöht eine Betriebskrankenkasse, das Sterbegeld eine Ortskrankenkasse und 2 Betriebskrankenkassen, das Krankengeld vermindert 2 Betriebskrankenkassen. Eine Verlängerung der Unterstützungsdauer trat ein bei 2 Ortskrankenkassen, 1 Betriebs- und einer Innungskrankenkasse, eine Verkürzung bei 3 Ortskrankenkassen. Die Karenzzeit wurde bei einer Betriebskrankenkasse aufgehoben, unter Voraussetzungen bei einer verlängert. Die Gewährung von Krankengeld wurde bei 2 Innungskrankenkassen auf die Sonn- und Festtage, bei einer auf die Sonntage ausgedehnt. An Familienunterstützungen wurden neu gewährt von einer Betriebskrankenkasse Sterbegeld, von einer Betriebskrankenkasse Sterbegeld und freie Arznei, eingeschränkt wurde die Familienunterstützung bei einer Betriebskrankenkasse.

Cöln: 3 Ortskrankenkassen haben die Beitragssätze erhöht, ebenso 8 Betriebskrankenkassen, während eine Betriebskrankenkasse dieselben ermäßigte. Eine Ortskrankenkasse und 5 Betriebskrankenkassen erhöhten das Krankengeld, während eine Betriebskrankenkasse es ermäßigte. Eine Verlängerung der Unterstützungsdauer fand bei 2 Ortskrankenkassen und einer Betriebskrankenkasse statt. Eine Betriebskrankenkasse kürzte die Karenzzeit.

Crefeld: Es sind nur die jetzigen Beiträge und Leistungen zusammengestellt.

Danzig: Die Beitragssätze wurden bei 3 Ortskrankenkassen erhöht. Eine Erhöhung des Krankengeldes fand statt bei 4 Ortskrankenkassen und 2 Betriebskrankenkassen, eine solche des Sterbegeldes bei 2 Ortskrankenkassen und 4 Betriebskrankenkassen. Sterbegeld für die Ehefrau wurde bei einer Betriebskrankenkasse eingeführt. Die Karenzzeit wurde aufgehoben bei einer Betriebskrankenkasse. Familienunterstützungen kamen in Fortfall bei einer Orts- und einer Betriebskrankenkasse.

Darmstadt: Eine Innungskrankenkasse hat die Beiträge ermäßigt. Bei 3 Betriebs- und einer Innungskrankenkasse wurde das Krankengeld erhöht und die Unterstützungsdauer verlängert.

Dortmund: Die Beiträge wurden erhöht bei 5 Betriebskrankenkassen, ermäßigt bei einer Betriebskrankenkasse. Das Krankengeld wurde erhöht bei einer Orts- und einer Betriebskrankenkasse, die Familienunterstützung erhöht bei einer Ortskrankenkasse. Die Unterstützungsdauer wurde bei 4 Betriebskrankenkassen verlängert.

Dresden: Die Beitragssätze haben erhöht 3 Innungskrankenkassen, 4 Betriebskrankenkassen und 3 Hilfskassen, ermäßigt eine Innungskrankenkasse, 2 Betriebskrankenkassen und eine Hilfskasse. Erhöhung des Krankengeldes fand statt bei 3 Hilfskassen, eine Herabsetzung bei einer Betriebs- und 4 Hilfskassen. Die Dauer der Unterstützung wurde verlängert bei 2 Betriebskrankenkassen. Die 3tägige Karenzzeit wurde bei einer Innungskrankenkasse und bei 2 Betriebskrankenkassen um 2 Tage vermindert, bei 2 Betriebskrankenkassen ganz aufgehoben; bei einer Betriebskrankenkasse und bei 2 Hilfskrankenkassen wurden die Karenztage vermehrt. 3 Betriebskrankenkassen führten das Krankengeld für die Wochenfeiertage ein. Eine Einschränkung der Leistungen für die Familienangehörigen fand statt bei der Ortskrankenkasse, bei 2 Innungskrankenkassen und 4 Betriebskrankenkassen, eine Mehrung bei einer Innungskrankenkasse, 14 Betriebskrankenkassen und einer Hilfskrankenkasse. Das Sterbegeld wurde erhöht bei einer Betriebskrankenkasse und 4 Hilfskrankenkassen, herabgesetzt bei einer Hilfskasse.

Duisburg: 5 Betriebskrankenkassen haben die Beiträge erhöht. 3 Betriebskrankenkassen haben die Unterstützungsdauer verlängert. Eine Betriebskrankenkasse hat das Sterbegeld erhöht. Eine Innungskrankenkasse hat die Familienunterstützung eingeschränkt.

Düsseldorf. 19 Betriebskrankenkassen haben die Beitragssätze erhöht, 5 ermäßigt. Bei 3 Ortskrankenkassen ist das Kranken- und das Sterbegeld erhöht worden, 8 Betriebskrankenkassen haben das Krankengeld und 6 das Sterbegeld erhöht, 8 Betriebskrankenkassen haben die Unterstützungsdauer verlängert, zwei verkürzt. 4 Betriebskrankenkassen haben die Gewährung von Krankengeld auf Sonn- und Feiertage ausgedehnt, eine diese Gewährung zurückgezogen, 5 Betriebskrankenkassen haben die Gewährung von Krankengeld, 10 von Sterbegeld, 6 von freier ärztlicher Behandlung auf Familienangehörige ausgedehnt, 2 die gewährten Krankenunterstützungen eingeschränkt.

Elberfeld. Eine Erhöhung der Beiträge fand statt bei einer Ortskrankenkasse und 3 Betriebskrankenkassen, eine Ermäßigung bei 12 Ortskrankenkassen.

Erfurt: Die Beiträge sind erhöht worden bei 4 Ortskrankenkassen und 4 Betriebskrankenkassen, ermäßigt bei einer Betriebskrankenkasse. Das Krankengeld haben 3 Orts- und 2 Betriebskrankenkassen erhöht. 3 Betriebskrankenkassen haben die Unterstützungsdauer verlängert. Eine Orts- und eine Betriebskrankenkasse gewähren jetzt Krankengeld für Sonn- und Festtage, eine Orts- und 3 Betriebskrankenkassen für die Festtage. Eine Orts- und eine Betriebskrankenkasse haben die Karenzzeit auf einen Tag reduziert. 2 Betriebskrankenkassen haben Familienunterstützung eingeführt, eine Orts- und 2 Betriebskrankenkassen Sterbegeld für die Familienmitglieder; eine Ortskrankenkasse hat die Familienunterstützung eingeschränkt,

Essen: Es sind nur die derzeitigen Leistungen ausführlich aufgezählt.

Frankfurt a. M.: Eine Erhöhung der Beitragssätze fand statt bei der allgemeinen Ortskrankenkasse, der aber eine Ermäßigung folgte (3—3½—3¼ %), ferner bei 4 Betriebskrankenkassen und einer Innungskrankenkasse, Ermäßigung bei 2 Betriebs- und einer Innungskrankenkasse. Das Krankengeld wurde erhöht bei den 2 Ortskrankenkassen (bei einer für die zweiten 13 Wochen, bei der allgemeinen Ortskrankenkasse werden 60 % für 2—182 Tage nach der Erkrankung gewährt statt 50 % von 3—16 Tage und von 92—182 Tage und 75 % von 17—91 Tage. Bei 2 Betriebskrankenkassen wurde das erhöhte Krankengeld (von 75 %) statt vom 17. Tage nach der Erkrankung vom 8.—91. Tage bezahlt und zwar bei einer vom 8.—16., bei der anderen vom 3.—16. Tage nach der Erkrankung. Eine Betriebskrankenkasse ermäßigte das sogen. erhöhte Krankengeld für die Zeit vom 17.—91. Tage nach der Erkrankung. Die Karenzzeit wurde bei der allgemeinen Ortskrankenkasse von 3 auf 2 Tage herabgesetzt, bei einer Betriebskrankenkasse ganz aufgehoben. Bei einer Betriebskrankenkasse wurden Sterbegeld, ärztliche Behandlung, Arznei und Heilmittel, bei zwei Innungskrankenkassen Sterbegeld und ärztliche Behandlung für die Familienangehörigen ohne besondere Beiträge eingeführt.

Frankfurt a. O.: Die Beiträge sind erhöht worden bei 3 Ortskrankenkassen, ermäßigt bei einer Ortskrankenkasse und 2 Betriebskrankenkassen. Das Krankengeld wurde erhöht bei einer Orts- und 1 Betriebskrankenkasse, das Sterbegeld wurde bei einer Ortskrankenkasse ermäßigt.

Freiburg i. Br.: Die Beiträge wurden erhöht bei der Gemeindekrankenkasse, ermäßigt bei einer Betriebskrankenkasse. Die Änderungen der Leistungen sind nicht ersichtlich.

Görlitz. Die Beantwortung dieser Fragen würde bei den vorhandenen 39 Kassen ausserordentlich umfangreich werden, da seit 1894 fast bei jeder Kasse mehrere Änderungen der Statuten stattgefunden haben.

Halle a. S.: Die Beiträge sind erhöht worden bei 13 Ortskrankenkassen, 12 Betriebs- und 3 Innungskrankenkassen, ermäßigt bei einer Ortskrankenkasse und einer Betriebskrankenkasse. Das Krankengeld ist erhöht worden bei 14 Ortskrankenkassen, 9 Betriebs- und 3 Innungskrankenkassen. Eine Verlängerung der Unterstützungsdauer wurde bei 2 Orts- und 2 Betriebskrankenkassen, eine Verkürzung bei einer Betriebskrankenkasse durchgeführt. Die Karenzzeit wurde bei einer Betriebskrankenkasse aufgehoben, bei 4 Betriebskrankenkassen auf einen Tag beschränkt, bei einer Ortskrankenkasse wieder eingeführt (3 Tage).

Hamburg: Die Beiträge und Leistungen haben bei einer größeren Zahl von Kassen Änderungen erfahren, nähere Angaben fehlen.

Hannover: Bei den Orts- und den Betriebskrankenkassen hat eine Erhöhung bezw. Ermäßigung der Beitragssätze und der Leistungen wiederholt stattgefunden.

Karlsruhe: Angaben fehlen.

Kiel: Bei der Ortskrankenkasse ist eine Verlängerung der Unterstützungsdauer eingetreten, ferner sind Sterbegeld und freie Behandlung durch Zahnärzte eingeführt worden.

Königsberg: Bei den Orts- und den Betriebskrankenkassen hat eine Erhöhung bezw. Ermäßigung der Beitragssätze und der Leistungen wiederholt stattgefunden.

Leipzig: Eine Änderung der Beiträge hat bei keiner Krankenkasse stattgefunden. Eine Betriebskrankenkasse setzte ihre Leistungen herab und zwar die Krankengeldgewährung von 52 auf 39 Wochen: sie gewährt jetzt 26 Wochen voll und 13 Wochen zur Hälfte, außerdem ist das Sterbegeld für ein Kind von 25 Mark auf 20 Mark herabgemindert worden.

Liegnitz: Eine Erhöhung der Beiträge hat bei einer Ortskrankenkasse stattgefunden. Eine Erhöhung des Krankengeldes trat bei 5 Ortskrankenkassen ein, eine Ermäßigung bei 2 Ortskrankenkassen in einer Klasse. Das Sterbegeld wurde bei 3 Ortskrankenkassen erhöht, bei 3 Ortskrankenkassen in einzelnen Klassen erhöht, in anderen ermäßigt, bei einer in einer Klasse ermäßigt.

Lübeck: Die Beitragssätze wurden erhöht bei 3 Betriebskrankenkassen und einer Innungskrankenkasse, ermäßigt bei der Ortskrankenkasse und einer Innungskrankenkasse. Eine Erhöhung des Krankengeldes trat bei einer Innungskrankenkasse ein. Die Unterstützungsdauer wurde verlängert bei einer Orts- und einer Betriebskrankenkasse, die Karenzzeit aufgehoben bei einer Innungskrankenkasse. Eine Betriebskrankenkasse hat Familienunterstützung eingeführt.

Magdeburg: Angaben fehlen.

Mainz; Die Beiträge haben erhöht 5 Betriebskrankenkassen, ermäßigt eine Betriebskrankenkasse. Die Ortskrankenkasse hat das Eintrittsgeld aufgehoben.

Eine Innungskrankenkasse hat das Sterbegeld erhöht. Die Ortskrankenkasse und 2 Innungskrankenkassen haben die Unterstützungsdauer verlängert. 3 Betriebskrankenkassen und 2 Innungskrankenkassen haben die Karenzzeit aufgehoben (allgemein oder unter bestimmten Voraussetzungen). Eine Betriebskrankenkasse hat die Gewährung von Krankengeld auf die Festtage ausgedehnt. Die Ortskrankenkasse hat die 6wöchige Karenzzeit für Familienunterstützung aufgehoben. 2 Innungskrankenkassen haben Familienunterstützung eingeführt.

Mannheim: Eine Erhöhung der Beiträge fand bei 2 Ortskrankenkassen und 5 Betriebskrankenkassen statt, eine Ermäßigung bei einer Betriebskrankenkasse. Bei einer Ortskrankenkasse wurde das Sterbegeld erhöht Die Unterstützungsdauer wurde verlängert bei 2 Ortskrankenkassen, bei einer nach 13wöchiger Mitgliedschaft. Bei einer Ortskrankenkasse wurde Krankengeld auch bei Geschlechtskrankheiten gewährt.

Metz: Eine Erhöhung der Beiträge fand bei einer Betriebskrankenkasse statt, ebenso eine Ermäßigung. Die Ortskrankenkasse hat das Sterbegeld für Mitglieder erhöht, für deren Angehörige es eingeführt und erhöht; eine Betriebskrankenkasse hat die Unterstützungsdauer verlängert.

Mülhausen i. E.: Bei 11 Betriebskrankenkassen sind die Beiträge erhöht oder erniedrigt worden. Das Krankengeld ist bei 2 Betriebskrankenkassen erhöht worden. 2 Betriebskrankenkassen haben die Unterstützungsdauer verkürzt. Bei einer Orts- und 2 Betriebskrankenkassen ist die Gewährung von Krankengeld auf die Sonn- und Festtage ausgedehnt worden. 9 Betriebskrankenkassen haben die Karenzzeit aufgehoben. Bei einer Betriebskrankenkasse wurde den Lehrlingen im Krankheitsfalle das Recht auf Verpflegung im Spital ohne hinzutretende Geldentschädigung gewährt.

München: Erhöhung der Beiträge fand statt bei der Gemeindekrankenversicherung, bei 9 Ortskrankenkassen (von 10), bei 7 Betriebskrankenkassen und bei 3 Innungskrankenkassen. Die Gemeindekrankenversicherung erhöhte das Krankengeld, 4 Ortskrankenkassen erhöhten das Krankengeld und das Sterbegeld, 2 Ortskrankenkassen das Sterbegeld, 2 Innungskrankenkassen und 2 Betriebskrankenkassen das Krankengeld. Die Unterstützungsdauer wurde bei einer Ortskrankenkasse und einer Betriebskrankenkasse erhöht. Die Karenzzeit wurde bei 2 Ortskrankenkassen und einer Betriebskrankenkasse auf 1 Tag herabgesetzt, bei der letzteren im Falle eines Unfalles, und bei 2 Ortskrankenkassen ganz aufgehoben wenn die Erwerbsunfähigkeit länger als 5 bezw. 7 Tage dauert.

Münster i. W.: Die Beiträge und Leistungen sind wiederholt geändert worden.

Nürnberg: Die Beitragssätze wurden ermäßigt von 5 Betriebskrankenkassen, eine Betriebskrankenkasse zahlt jetzt die Beiträge ganz (Straßenbahn), erhöht von 2 Betriebskrankenkassen. Eine Erhöhung des Krankengeldes trat bei einer Betriebskrankenkasse ein. 2 Betriebskrankenkassen haben die Gewährung des Krankengeldes auf Sonn- und Feiertage ausgedehnt, eine Ortskrankenkasse hat diese Gewährung je nach der Dauer der Mitgliedschaft eingeschränkt, eine ganz aufgehoben. Die Karenzzeit wurde verkürzt von 2, ganz aufgehoben von einer Betriebskrankenkasse, eine hat die Karenzzeit erhöht, eine auf 3 Tage, dagegen bei Unglücksfällen ganz aufgehoben, eine Betriebskrankenkasse von 2 auf 3 Tage erhöht.

Plauen i. V.: Die Beiträge wurden bei einer Betriebskrankenkasse ermäßigt. Eine Betriebskrankenkasse hat die Karenzzeit (3 Tage) aufgehoben bei sechs- und mehrtägiger Erwerbsunfähigkeit. Die Ortskrankenkasse hat die Karenzzeit (3 bezw. 2 Tage) wieder eingeführt.

Posen: Bei mehreren Betriebs- und Ortskrankenkassen hat eine Erhöhung der Beiträge eintreten müssen. Änderungen der Leistungen sind nicht nennenswert.

Potsdam: Seit 1894 sind bei den meisten Krankenkassen die Beiträge erhöht worden. Einzelne Kassen haben die Unterstützungsdauer auf 26 Wochen ausgedehnt, andere haben das Krankengeld bezw. Sterbegeld erhöht.

Spandau: Die Beiträge sind bei 3 Ortskrankenkassen erhöht worden (bei der allgemeinen Ortskrankenkasse für Mitglieder unter 16 Jahren ermäßigt). Eine Ortskrankenkasse hat die Unterstützungsdauer ausgedehnt.

Stettin: Von der Beantwortung der Frage muß abgesehen werden, da dazu erheblicher Zeitaufwand erforderlich ist.

Straßburg i. E.: Die Ortskrankenkasse hat das Krankengeld erhöht (bei 13wöchiger Mitgliedschaft), für Frauen und Kinder der Mitglieder freie ärztliche Behandlung und für Kinder Sterbegeld eingeführt. Das Krankengeld für Mitglieder ohne Angehörige, welche im Krankenhause verpflegt werden, wurde von 1/8 auf 1/4 des ihnen zustehenden Krankengeldes erhöht und die Gewährung von Krankengeld auch auf Geschlechtskrankheiten ausgedehnt. Die Karenzzeit wurde allmählich ganz aufgehoben. Weitere Angaben fehlen.

Stuttgart. Eine Erhöhung der Beiträge fand statt bei den 12 Ortskrankenkassen, bei 6 Betriebs- und einer Innungskrankenkasse, eine Ermäßigung bei drei Betriebskrankenkassen. Die Änderungen der Leistungen der Ortskrankenkassen können nicht ersehen werden. Bei einer Betriebskrankenkasse wurde das Krankengeld erhöht, die Karenzzeit unter gewissen Voraussetzungen beseitigt und die Unterstützungsdauer erhöht, bei einer anderen die Karenzzeit um einen Tag ermäßigt und das Krankengeld auch für die Feiertage gewährt.

Wiesbaden: Bei der gemeinsamen Ortskrankenkasse und den 7 Innungskrankenkassen sind die Beiträge erhöht worden.

Würzburg: Bei der Gemeindeversicherung sind die Beiträge seit 1. Januar 1902 erhöht. Das Krankengeld wird jetzt für alle Feiertage gewährt, welche nicht auf einen Sonntag fallen.

Zwickau: Änderungen der Beiträge und Leistungen haben wiederholt bei allen Kassen stattgefunden.

Um das Verhältnis der Beiträge und Leistungen an einigen typischen Fällen zu zeigen, sind in der nachfolgenden Zusammenstellung Angaben über das Verhältnis der Beiträge und Leistungen bei den zentralisierten Ortskrankenkassen enthalten:

Stadt	Es betrugen					Dauer der Krankenunterstützung (davon mit geringerem Krankengeld)	Karenzzeit Tage	Als Familienunterstützung wurden gewährt		
	die Beiträge	das Krankengeld	das Sterbegeld für					freie ärztliche Behandlung	Arznei und Heilmittel	gegen einen Zusatzbeitrag von
			Mitglieder	deren Frauen	deren Kinder					
	% d. durchschnittlich. Tagelohns		das Vielfache des durchschnittlichen Tagelohns bzw. ℳ			Wochen				
Altona	2½	50	20	—	—	26[1])	3	ja[2])	ja	nein
Barmen	2,8	50	30	20	—	26[3])	1[4])	ja[5])	nein	nein
Bremen	3	66⅔	20	—	—	26 (17)[6])	3[7])	ja	ja	80 ₰ mtl.
Charlottenburg	3	50	25	—	—	26	3	nein	nein	nein
Chemnitz	2¾	50	20	13,32	—	26[8])	1[9])	nein	nein	nein
Darmstadt	3½	60	20—30	—	—	39 (7 bzw. 26)[10])	3	nein	nein	nein
Dortmund	3	55	20	10	10 ℳ	26[11])	3	ja	⅔ d. Kst.	nein
Dresden	3	50	20	10	5 bzw. 2,5	26[12])	3	ja	nein	nein
Essen	2½	62½	30	36 ℳ	—	26[13])	2[14])	ja	½ d. Kst.	1 ℳ mtl.
Frankfurt a. M.	3¼	60	27,5	13,75	6,88 u. 3,94	26	1	nein[15])	nein	nein
Freiburg i. B.	3	50	20	30 ℳ	15	26	2	ja[16])	ja[16])	nein
Kiel	3	50	30	20 ℳ	10 ℳ[17])	26[18])	3[19])	ja[20])	nur Arznei u. Verbdst.	nein
Leipzig	3	50	20	15 ℳ	9 ℳ	34	2[21])	ja	Arznei	nein
Lübeck	3	50	20–30[22])	20 ℳ	10 ℳ	52[23])	1	ja[24])	ja[24])	nein
Mainz	3½	50	20	15 ℳ	9 ℳ	26[25])	1	ja	nein	nein
Metz	3	50	30	15	7,5	13	3	ja	ja	10 Pf. p. Kopf u. Woche
Mülhausen i. E.	2½	50	25	12½[26])	—	26[27])	3	nein	nein	nein
Plauen i. V.	1¾	50	20	—	—	26[28])	3[29])	nein	nein	nein
Straßburg	2½	60	30	7,5	7,5 bez. 3,75[30])	52 (26)[31])	—	ja[32])	nein	nein
Wiesbaden	3	58	28[33])	—	—	26[34])	2	nein	nein	nein
Zwickau	2,6	50	20	—	—	26	2[35])	nein	nein	nein

[Anmerkungen hierzu siehe Seite 445.]

Von Interesse sind die Angaben bezüglich derjenigen Innungskassen, welche die Beiträge je zur Hälfte von den Arbeitnehmern und Arbeitgebern erheben (anstatt $^2/_3$ und $^1/_3$); bei 42 von insgesamt 82 solcher Kassen ist die Hälfte der Vorstandsmitglieder einschl. des Kassenvorsitzenden und bei 14 Kassen der Kassenvorsitzende und die Hälfte der übrigen Vorstandsmitglieder aus der Reihe der Arbeitgeber zu besetzen (§ 95 G.-O.); von 26 Kassen fehlen derartige Angaben.

II. Kommen wir nun auf die **Ergebnisse** der Krankenversicherungsstatistik in den Städten, wie sie in der Hauptübersicht II für das Jahr 1900 niedergelegt sind. Zunächst sei bemerkt, daß die Entwickelung der Krankenversicherung in den Städten, auf welche sich die Umfrage für diesen Jahrgang des Jahrbuches erstreckt hat, in den letzten Jahren in der Richtung vor sich gegangen ist, daß die Zahl der Betriebskrankenkassen sich erheblich vermehrt und die Zahl der Ortskrankenkassen wegen der mannigfachen Zentralisierungen einen kleinen Rückgang erfahren hat. (Übersicht I.) In 53 Städten waren ermittelt:

	1895	1900
A. Ortskrankenkassen . .	510	501
Betriebskrankenkassen .	952	1122
Innungskrankenkassen .	159	200
Gemeindekrankenversicherung	11	11
Summe A:	1632	1834

Hierzu kommen für	1895	1900
B. Baukrankenkassen . . .	5	4
Eingeschr. Hilfskassen .	334	328
Landesr. Hilfskassen . .	278	170
Knappschaftskassen . .	1	1
Sonstige	13	30
Summe B:	631	533

Die Angaben unter B sind ungenau. Wir werden uns im Folgenden der Hauptsache nach auf die unter A aufgeführten Kategorien zu beschränken haben. Wir ziehen dabei Vergleiche mit den Ergebnissen der Umfrage für die früheren Jahrgänge des Jahrbuches.

Zunächst stellen wir für diese fest, daß die Gesamtsumme der durchschnittlichen Mitgliederzahl der unter Aufsicht der Gemeindebehörden stehenden Krankenkassen 1891 in 42 und 1900 in 53 Städten betragen hat:

Kassenarten	1891				1900			
	m.	w.	zus.	%*)	m.	w.	zus.	%*)
Gemeindekrankenversicherung . . .	37 245	42 309	79 554	6,8	67 184	70 499	137 683	9,6
Ortskrankenkassen . .	671 272	219 659	890 931	30,7	1 126 248	480 143	1 606 391	35,9
Betriebskrankenkassen .	250 842	41 952	292 794	16,9	423 606	83 901	507 507	20,3
Baukrankenkassen . .	1 520	23	1 543	5,7	456	1	457	2,2
Innungskrankenkassen .	33 463	2 798	36 261	46,6	92 576	13 058	105 634	55,9
	994 342	306 741	1 301 083	22,0	1 710 070	647 602	2 357 672	27,3

*) Prozentverhältnis des Versichertenbestandes in unseren Städten zu jenem des ganzen Reiches. — Vergl. Statistik des Deutschen Reiches, Neue Folge, B. 65 u. 140.

Von der Gesamtzahl der rund 8,6 Millionen im ganzen Deutschen Reiche in die gesetzliche Krankenversicherung einbezogenen Personen*) gehören 2,4 Millionen oder mehr als der vierte Teil zu Krankenkassen, welche in Städten von über 50 000 Einwohnern domiziliert sind, während der Anteil der Gesamtbevölkerung der letzteren an der Reichsbevölkerung weniger als ein Fünftel beträgt. Aus der obigen Zusammenstellung ist zu ersehen, daß die Mehrzahl aller in Deutschland bestehenden Innungskrankenkassen sich in größeren Städten finden, ferner, daß der Prozentanteil der Ortskrankenkassen (der Mitgliederzahl nach sowohl in den Städten wie im Reiche die Hauptträger der Krankenversicherung) in den Städten noch über dem Durchschnitte steht, die Betriebskrankenkassen aber bereits in den größten und mittleren Städten seltener sind und endlich die Gemeindekrankenversicherung noch weiter zurücktritt. Bezüglich der Baukrankenkassen ist zu bemerken, daß die Angaben unsicher sind und die Zahl derselben durch Einbeziehung größerer staatlicher Kassen, bezüglich deren unser Material lückenhaft ist, sich wesentlich vergrößert haben würde. Die Verteilung des gesamten Versicherungsbestandes auf die fünf Kassenarten für das Reich und die Gesamtheit unserer Städte ist in folgender Zusammenstellung in Vergleich gebracht.

Es treffen in Prozenten des Gesamtversicherungsbestandes auf:

Kassenarten	1891						1900					
	in den Städten			im Reich			in den Städten			im Reich		
	m.	w.	zus.	m.	w.	zus.	m.	w.	zus.	m.	w.	zus.
Gemeindekrankenversicherung	3,8	13,8	6,1	18,8	24,9	19,9	3,9	10,9	5,9	15,0	22,0	16,7
Ortskrankenkassen	67,5	71,6	68,5	49,9	46,4	49,1	65,9	74,1	68,1	51,5	53,0	51,8
Betriebskrankenkassen	25,2	13,7	22,5	29,6	28,4	29,2	24,8	13,0	21,5	30,6	24,1	29,0
Baukrankenkassen	0,1	0,0	0,0	0,6	—	0,5	0,0	0,0	0,0	0,3	0,0	0,3
Innungskrankenkassen	3,4	0,9	2,9	1,6	0,3	1,3	5,4	2,0	4,5	2,6	0,9	2,2
	100,0	100,0	100,0	100,0	100,0	100,0	100,0	100,0	100,0	100,0	100,0	100,0

Was die Bewegung der Mitgliederzahlen im Laufe eines Jahres anlangt, welche bekanntlich behufs Ermittelung einer möglichst rationellen Durchschnittszahl allmonatlich festgestellt wird, so läßt sich diese in der Reichsstatistik zwar nicht für jedes Jahr näher verfolgen, die betreffenden Spezialuntersuchungen haben aber das wohl allgemein

*) Das heißt, soweit es sich um die 5 Kassenarten handelt. Die eingeschriebenen Hilfskassen und landesrechtlichen Kassen sind hier nicht weiter berücksichtigt, weil, wie erwähnt, erstens das Material unvollständig ist, zweitens ihre Bedeutung überhaupt zurückgegangen ist. 1900 betrug in unseren 42 bezw. 53 Städten die durchschnittliche Mitgliederzahl der eingeschriebenen Kassen 356 283 gegen 463 303 im Jahre 1891, der landesrechtlichen 62 529 gegen 90 665.

gültige Resultat ergeben*), daß das Anschwellen der Mitgliederzahl in der Sommerperiode nicht nur für die größten Städte charakteristisch ist**). Die Periode mit einer den Durchschnitt übersteigenden Mitgliederzahl erstreckt sich, wie die nachstehende Übersicht zeigt, im allgemeinen auf die Monate Mai bis November; sie ist am stärksten ausgeprägt bei den Bau- und Innungskrankenkassen, welche den Einfluß der steigenden Zuwanderung von Bauarbeitern in die Städte im Frühjahre am deutlichsten widerspiegeln. Die durchschnittliche Mitgliederzahl des Jahres gleich 1000 gesetzt, hat der Mitgliederstand bei allen der Beobachtung unterworfenen Kassen jeweils am Anfange jeden Monats betragen:

Monate	Wenn die durchschnittliche Mitgliederzahl des Jahres = 1000 gesetzt wird, so beträgt diese in den einzelnen Monaten des Jahres bei den												
	Ortskrankenkassen			Betriebskrankenkassen			Baukrankenkassen†)	Innungskrankenkassen			Zusammen		
	m.	w.	zus.	m.	w.	zus.		m.	w.	zus.	m.	w.	zus.
Januar . . .	906	941	918	941	941	941	695	753	824	754	906	941	918
Februar . . .	1029	1042	1029	1042	1055	1042	822	886	1016	899	1016	1042	1029
März	930	953	941	953	953	953	836	636	965	683	918	953	930
April	985	1009	997	997	985	997	1059	925	815	912	985	997	985
Mai	988	989	989	989	988	989	1107	1013	977	1001	989	988	988
Juni	1046	1034	1034	1034	1021	1034	1181	1095	1046	1083	1046	1034	1046
Juli	1012	988	1000	989	977	989	1107	1083	977	1071	1012	988	1000
August . . .	1036	977	1012	1059	977	1047	1108	1107	1024	1107	1047	977	1024
September . .	1034	1009	1034	1009	1021	1021	1083	1156	1083	1144	1046	1021	1034
Oktober . . .	1012	988	1000	989	1000	989	1060	1119	1024	1107	1012	989	1000
November . .	1034	1046	1034	1021	1058	1021	1047	1144	1131	1144	1034	1046	1046
Dezember . .	988	1024	1012	977	1024	977	895	1083	1118	1095	989	1024	1000

Die tatsächliche Wirksamkeit der Kassen bemessen wir nach der Zahl der Krankheitsfälle und Krankheitstage im Verhältnis zur durchschnittlichen Mitgliederzahl, wobei natürlich da, wo die Angaben unvollständig waren, die betreffenden Kassen ganz aus der Beobachtung ausgeschieden wurden; der Durchschnitt wird durch diese wenigen Fälle aber kaum beeinflußt, sodaß der Vergleich mit den entsprechenden Ergebnissen der Reichsstatistik seine volle Bedeutung behält. Sieht man von der Ausscheidung nach dem Geschlechte zunächst ab, so erhält man folgende Übersicht, welche, wie in den Vorjahren, die größere Erkrankungshäufigkeit bei den Betriebskassen gegenüber den übrigen Kassenarten, insbesondere aber der Gemeindekrankenversicherung, dartut — wobei zu bemerken ist, daß in unseren Städten im allgemeinen die relative Zahl der Erkrankungen überhaupt eine etwas höhere ist, wie im ganzen Reiche. Sodann aber ist in unseren Städten auch die durchschnittliche Krankheitsdauer eine längere, ein Umstand, der nicht

*) Vergl. Reichsstatistik Band 84.

**) Über die Bedeutung dieser monatlichen Schwankungen vergl. die Anmerkung Seite 230 im IV. Jahrgang dieses Jahrbuchs.

†) Es waren nur 10 weibliche Mitglieder vorhanden.

zum geringsten Teil auf vielfach erweiterte Leistungen der Kassen zurückzuführen sein wird.

Kassenarten	Es treffen 1891						Es treffen 1900					
	Erkrankungsfälle auf 100 Mitglieder		An Krankheitstagen auf				Erkrankungsfälle auf 100 Mitglieder		An Krankheitstagen auf			
			1 Mitglied		1 Krankheitsfall				1 Mitglied		1 Krankheitsfall	
	Städte	Reich	Städte	Reich	Städte	Reich	Städte	Reich	Städte	Reich	Städte	Reich
Gemeinde-Krankenversicherung	26,2	25,5	5,4	4,1	20,8	16,2	30,7	26,1	6,6	4,5	21,3	17,4
Ortskrankenkassen . . .	38,2	34,8	8,1	6,0	21,3	17,3	44,0	38,1	8,8	7,0	19,9	18,4
Betriebskrankenkassen .	46,6	39,6	7,5	6,3	16,1	15,9	61,5	47,0	9,7	7,8	15,7	15,5
Baukrankenkassen . . .	59,1	45,2	7,8	6,9	13,3	15,3	39,2	57,0	7,2	7,9	18,3	14,0
Innungskrankenkassen .	33,3	31,1	5,9	4,9	17,7	15,7	42,3	35,2	7,6	5,9	18,0	16,7
Zus. . . .	39,2	34,3	7,8	5,7	19,9	16,6	46,9	38,7	8,8	6,8	18,7	17,5

Leider läßt sich bei all diesen Berechnungen nicht feststellen, inwiefern wohl die Annahme durchschnittlicher Mitgliederzahlen eine Rolle spielen mag und wie sich das Ergebnis ändern würde, wenn man bei der stark fluktuierenden städtischen Bevölkerung die Dauer der Mitgliedschaft in Rechnung ziehen, also gewissermaßen die Summe aller Mitgliedschaftstage zu den Krankheitstagen in Beziehung setzen könnte.*)

Hinsichtlich der Ausscheidung nach dem Geschlechte fügen wir noch bei, daß mit geringfügigen Abweichungen, analog den auf Grund der Reichsstatistik gemachten Erfahrungen, die Erkrankungshäufigkeit bei den männlichen Kassenmitgliedern und die Zahl der auf ein Mitglied treffenden Krankheitstage im allgemeinen größer bleibt wie bei den Frauen, wobei wohl das höhere Durchschnittsalter der Männer von Einfluß sein mag; für die Frauen ergibt sich aber eine etwas längere durchschnittliche Dauer des einzelnen Krankheitsfalles; in unseren Städten war dieselbe in Tagen:

Im Jahre	Gemeindekrankenversicherung		Ortskrankenkasse		Betriebskrankenkasse		Baukrankenkasse		Innungskrankenkasse		Summe		Im Reich	
	m.	w.	m.	w.	m.	w.	m.	w.	m.	w.	m.	w.	m.	w.
1891	19,5	22,2	18,4	20,8	15,3	16,1	13,2	21,4	16,6 †	33,7 †	17,4	20,1	16,8	18,2
1900	19,0	24,8	18,8	22,6	15,5	17,4	18,3	—	17,4 †	24,0 †	17,7	21,9	17,0	20,1

*) Vergl. Beiträge zur Statistik der Stadt Frankfurt a. M. Neue Folge Heft 4.

†) Ohne Berlin 1891 männlich 16,3, weiblich 17,4.
„ „ 1900 „ 16,1, „ 21,7.

Was die Sterbefälle anlangt, so ist aus der Zahl derselben, sowohl im Vergleiche zur Zahl der Mitglieder als der Erkrankungsfälle, aus Gründen, die für den Kenner des Krankenversicherungswesens hier nicht näher erörtert zu werden brauchen, eine irgendwie wichtige Schlußfolgerung nicht gestattet.

Werden die Leistungen der Kassen nach Maßgabe der auf ein Mitglied bezw. einen Krankheitsfall gemachten Aufwendungen betrachtet, so bestätigen sich die früheren Erfahrungen, daß in den Städten nach Maßgabe der größeren Leistungen die Kopfrate an Ausgaben die für das ganze Reich berechnete Durchschnittszahl erheblich übersteigt, daß aber auf den Krankheitstag berechnet die Differenz zwischen den Ausgaben auf den Hauptzweck (für ärztliche Behandlung, Arznei, Heilmittel, Krankengelder, Kur- und Verpflegekosten) in den größeren Städten und im ganzen Reiche keine auffallend große wird. Mit der zuerst genannten Tatsache in Übereinstimmung stehend ergibt sich sodann eine größere durchschnittliche Beitragsquote bei den städtischen Kassen.

Der Vergleich der einzelnen Kassenarten untereinander eröffnet einen Einblick in die wesentlich verschiedene Art und Weise, welche hinsichtlich der Art der Leistungen an die erkrankten Mitglieder besteht.

Kassenarten St = in Städten R = im Reiche		Es treffen auf den Kopf der durchschnittlichen Mitgliederzahl in Mark									Auf einen Krankheitstag treffen Ausgaben der in Sp. 3—6 verzeichneten Art
		Eintrittsgeld. u. Beiträge	für ärztliche Behandlung	für Arznei u. Heilmittel	Krankengeld	Kur- und Pflegekosten	Zusammen Sp. 3—6	Sterbegeld u. Wöchnerinn.-Unterstützg.	Verwaltungskosten	Zusammen Sp. 7—9	
1.		2.	3.	4.	5.	6.	7.	8.	9.	10.	11.
Gemeinde-Krankenversicherung	St 1891	9,44	1,23	1,19	2,40	4,87	9,69	—	—	9,69	1,90
	„ 1900	11,73	2,04	1,42	4,04	5,18	12,68	—	—	12,68	1,91
	R 1891	6,90	2,16	1,41	2,23	1,54	7,34	—	0,01	7,35	1,79
	„ 1900	8,12	2,51	1,62	2,65	1,97	8,75	—	0,08	8,83	1,95
Ortskrankenkassen . . .	St 1891	18,71	2,38	2,66	8,42	2,73	16,19	0,93	1,85	18,97	1,80
	„ 1900	22,98	3,46	3,05	9,52	3,35	19,38	1,12	2,23	22,74	2,21
	R 1891	14,03	2,46	2,23	5,20	1,71	11,60	0,63	1,39	13,62	1,93
	„ 1900	17,79	3,26	2,65	6,78	2,25	14,94	0,81	1,80	17,55	2,13
Betriebskrankenkassen . . .	St 1891	21,73	4,35	3,69	9,97	1,98	19,99	1,23	0,24	21,46	2,66
	„ 1900	26,70	5,54	4,12	13,13	3,11	25,90	1,43	0,31	27,64	2,67
	R 1891	17,72	4,05	3,38	7,10	1,30	15,83	1,10	0,14	17,07	2,51
	„ 1900	21,56	5,05	3,81	9,95	1,96	20,77	1,37	0,17	22,31	2,68
Baukrankenkassen . . .	St 1891	25,73	4,34	1,86	6,65	5,62	18,47	0,74	0,75	19,96	2,36
	„ 1900	26,86	7,35	2,62	7,99	3,40	21,36	0,70	0,46	22,51	2,97
	R 1891	19,73	4,47	2,07	6,33	4,53	17,40	0,35	0,30	18,05	2,52
	„ 1900	24,64	5,36	2,34	8,78	4,56	20,94	0,52	0,38	21,84	2,64
Innnungskrankenkassen	St 1891	15,19	2,09	1,64	4,95	3,36	12,04	0,55	2,21	14,80	2,04
	„ 1900	22,71	3,68	2,49	7,80	4,41	18,38	0,66	2,88	21,92	2,42
	R 1891	12,57	2,07	1,55	3,89	2,32	9,83	0,40	1,52	11,75	2,01
	„ 1900	17,65	3,18	2,07	5,94	3,17	14,36	0,49	2,27	17,12	2,44
Zus. .	St 1891	19,20	2,83	2,86	8,61	2,82	17,12	1,02	1,42	19,56	2,20
	„ 1900	23,11	3,84	3,16	9,90	3,45	20,35	1,10	1,71	23,16	2,31
	R 1891	13,70	2,87	2,40	5,16	1,57	12,00	0,64	0,79	13,43	2,10
	„ 1900	17,22	3,66	2,80	6,99	2,14	15,59	0,83	1,05	17,47	2,30

Bei den Ortskrankenkassen überwiegen die Ausgaben für ärztliche Behandlung, Arznei, Heilmittel, für Kur- und Pflegekosten in Anstalten zusammen die Ausgaben an barem Krankengeld nicht in gleichem Maße wie bei der Gemeindekrankenversicherung, bei den Betriebskrankenkassen kommen sie ihnen fast gleich, werden von ihnen 1900 in den Städten sogar übertroffen. Bezüglich der auf einen Krankheitstag entfallenden Krankheitskosten ist zu bemerken, daß Krankengeld gewöhnlich erst nach mehrtägiger Karenz, ärztliche Behandlung sofort aber nach Beginn der Erkrankung gewährt zu werden pflegt und demgemäß — da als Krankheitstage in den statistischen Nachweisungen nur diejenigen zu zählen sind, für welche Krankengeld oder Verpflegungskosten an Krankenhäuser gezahlt wurden — dieser Relativzahl eine etwas unsichere Begriffsbestimmung zu grunde liegt, wie zum Schlusse überhaupt darauf hingewiesen werden muß, daß die Aufwendungen für den Krankheitstag oder Krankheitsfall durchaus nicht unbedingt ein richtiges Bild von den Leistungen an die Mitglieder bieten werden, sondern dabei auch die allgemeine Finanzgebahrung der Kasse zum Ausdruck kommt.

Die Verwaltungskosten sind in den größeren Städten relativ höher, wie im allgemeinen Durchschnitte selbst bei den so billig verwalteten Betriebskrankenkassen.

Zum Schlusse werden wir die finanziellen Verhältnisse der Kasse im folgenden dadurch kurz zu skizzieren versuchen, daß wir für die Gesamtheit unserer Kassen den jährlichen Umsatz, d. h. die Einnahmen und Ausgaben einschließlich der durchlaufenden Posten angeben, damit die gesamten Aktiva und Passiva vergleichen, wobei unter den ersteren die Eintrittsgelder und Beiträge bezw. die Ausgaben auf den Zweck einschließlich der Verwaltungskosten, unter den letzteren die baren Kassenbestände, sodann die Hypotheken, Wertpapiere und sonstigen festgelegten Werte, bezw. die Darlehen und Vorschüsse, sowie die als Reservefonds bezeichneten Vermögensteile gesondert zu betrachten sein werden. In der folgenden Zusammenstellung sind innerhalb der einzelnen Kassenarten diejenigen Städte summiert, für welche der Nachweis über die finanziellen Verhältnisse in den Jahren 1891 und 1900 vollständig angegeben war, nur fehlen bei der Summe der Kassenbestände, Hypotheken und Darlehne 1891 einige kleinere Posten, welche das Gesamtbild nicht beeinflussen können. Die Angaben für die einzelnen Jahre sind jedoch nur unter sich vergleichbar, da für das Jahr 1900 eine größere Anzahl von Städten Angaben gemacht hat als für 1891.

Es haben betragen bei den		Orts-krankenkassen	Betriebs-krankenkassen	Innungs-kranken-kassen
Die Gesamteinnahmen . .	1891	18 971 233	7 569 570	653 779
	1900	46 629 561	17 290 626	2 932 877
Darunter Eintrittsgelder u. Beiträge	1891	16 449 402	6 039 128	550 596
	1900	36 834 845	13 525 088	2 408 285

Es haben betragen bei den		Orts-krankenkassen	Betriebs-krankenkassen	Innungs-kranken-kassen
Die Gesamtausgaben . . .	1891	18 511 312	7 142 855	605 550
	1900	44 453 977	16 489 424	2 780 309
Darunter Ausgaben für den Zweck einschl. Verwaltungskosten . .	1891	16 690 322	5 964 203	585 708
	1900	36 455 270	14 008 353	2 319 170
Die Gesamtaktiva	1891	10 602 912	6 831 738	363 981
	1900	29 071 050	13 557 664	1 891 626
Insbesondere barer Kassenbestand	1891	674 472	416 331	46 764
	1900	2 625 222	1 296 521	177 551
Hypotheken und Wertpapiere .	1891	9 691 560	6 204 317	316 505
	1900	26 053 290	12 239 313	1 710 890
Die Gesamtpassiva	1891	140 106	51 042	5 137
	1900	505 275	204 917	25 444
Insbesondere Darlehen und Vorschüsse	1891	47 890	43 364	3 153
	1900	459 698*	191 406	11 727
Der Reservefonds	1891	9 120 306	6 034 984	302 795
	1900	26 280 561	12 287 420	1 651 198

Da nach der Novelle von 1892 bei der Gemeindekrankenversicherung und bei den Orts-, Betriebs- und Innungskrankenkassen der Betrag einer durchschnittlichen Jahresausgabe der letzten drei Jahre als die normale Höhe des Reservefonds vorgesehen wird, so ergibt sich, daß die finanzielle Lage der Kassen im großen Durchschnitte keine besonders günstige ist. In den verschiedenen Städten und bei den einzelnen Kassen mögen die Verhältnisse nun allerdings sehr verschiedenartig liegen; wenn aber die Statistik des Deutschen Reiches für das Jahr 1900 (Band 140, Neue Folge) ergibt, daß von allen Kassen immerhin erst 47,9 % gegen 32,7 % im Jahre 1891 einen genügend dotierten Reservefonds besaßen, während 56,6 % gegen 48,1 % im Jahre 1891 nicht im stande waren, die im Gesetze vorgesehene Zuführung von $^1/_{10}$ der Beträge aus den Überschüssen dem noch nicht genügend dotierten Reservefonds zuzuführen, so ist aus dieser allgemeinen Erfahrung heraus der Schluß zu ziehen, daß die Kassen vorerst mit Erweiterung ihrer Leistungen, Aufhebung der Karenzzeit u. dergl., wie sie mehrfach vorgenommen worden ist, hätten warten sollen. Nach § 33 des Gesetzes sollte eigentlich eine Erweiterung der Leistung erst in Erwägung gezogen werden, wenn der Reservefonds auf den doppelten Betrag seiner normalen Höhe angewachsen ist, während bei einem Überwiegen der Ausgaben über die Einnahmen, wie ein solches nach unserer Zusammenstellung mehrfach vorkommen muß, solange der nötige Reservefond nicht vorhanden ist, eine Verminderung der Leistungen oder Erhöhung der Beiträge anzustreben wäre.

Auch zeigt die Durchsicht unserer Hauptübersicht II, in welcher zwar nicht der Reservefonds, aber das Gesamtvermögen für die einzelnen Städte innerhalb der Kassenarten ausgewiesen ist, daß im Berichts-

*) Darunter Mannheim 135 183 *M*, Plauen i. V. 117 306 *M*

jahre von den reichsgesetzlich organisierten Kassen nur die Betriebskrankenkassen in 20 Städten (gegen 25 im Jahre 1891) mit entsprechendem Reservefond versehen waren, in geringer Zahl von Fällen auch die Innungskrankenkassen. Greifen wir von den Ortskrankenkassen die zentralisierten heraus und berechnen, welchen Prozentsatz a) einer vollen Jahresausgabe, b) der Jahresausgaben auf den eigentlichen Zweck einschließlich der Verwaltungskosten (also ohne die Einrechnung der durchlaufenden Posten und sonstigen Ausgaben) der jeweilige **Reservefond** betragen hat, so bemißt sich dieser wie folgt:

Städte		1891	1900	Städte		1891	1900
Altona	a	21,8	71,7	Freiburg i. Br.	a		29,8
"	b	23,1	82,0	"	b	.	33,2
Barmen	a	.	56,6	Kiel	a	74,3	51,9
"	b	.	61,4	"	b	90,8	53,4
Bremen	a	44,7	34,0	Leipzig	a	27,9	61,4
"	b	63,9	50,8	"	b	34,2	65,3
Charlottenburg	a	.	38,5	Lübeck	a	34,6	38,1
"	b	.	44,6	"	b	45,1	68,4
Chemnitz	a	50,6	74,9	Mainz	a	47,6	39,0
"	b	59,2	82,5	"	b	56,3	58,9
Darmstadt	a	.	54,0	Metz	a	61,9	63,2
"	b	.	59,0	"	b	71,5	72,1
Dortmund	a	54,8	74,0	Mülhausen i. E.	a	.	28,8
"	b	62,2	82,6	"	b	.	44,8
Dresden	a	35,5	53,3	Plauen i. V.	a	.	34,1
"	b	39,2	64,6	"	b	.	44,3
Essen	a	78,5	63,9	Straßburg	a	.	85,8
"	b	100,3	65,9	"	b	.	98,1
Frankfurt a. M.	a	55,0	44,0	Wiesbaden	a	43,1	23,6
"	b	56,7	52,6	"	b	45,5	28,6

Nach Maßgabe des zumeist 16jährigen Bestandes der meisten Kassen sollten diese Verhältniszahlen aber mindestens 100 % betragen. ein Satz, der von keiner Stadt erreicht ist; gegenüber 1891 zeigen nur einige Städte höhere Prozentsätze.

Auf den Kopf der Versicherten trifft an Reservefonds bei den Ortskrankenkassen (und auch den Innungskrankenkassen) im großen Durchschnitte in den Städten aber immerhin ein höherer Betrag wie im ganzen Reiche; bei den Betriebskrankenkassen stehen die beiderlei Kopfquoten nahezu gleich:

Reservefonds auf den Kopf der Versicherten bei den	In den Städten		Im Reiche	
	1891	1900	1891	1900
	M	*M*	*M*	*M*
Ortskrankenkassen	10,2	16,4	7,9	13,6
Betriebskrankenkassen	20,6	24,3	20,2	24,2
Innungskrankenkassen	8,4	15,6	7,4	12,6

Die hier aus Jahrgang IV S. 256 beigesetzten Vergleichszahlen für 1891 ergeben zwar eine Zunahme des Reservefonds in den Städten im Verhältnisse zur durchschnittlichen Mitgliederzahl; nimmt man aber auch an, daß der Berechnung solcher Kopfraten immer eine gewisse Unsicherheit innewohnt, so geht doch auch aus dieser Berechnung wiederum hervor, daß sich innerhalb unserer Berichtsjahre kein entsprechendes Wachstum der Vermögensrücklagen gebildet hat, wie es im Sinne des Gesetzes mit Rücksicht auf die oben in der Übersicht auf Seite 441 Spalte 10 berechneten Zahlen, die Ausgaben auf den Kopf der Versicherten betreffend, anzustreben wäre.

Anmerkungen zu Seite 436.

[1]) Bei einer Mitgliedschaftsdauer von weniger als 13 Wochen wird Krankenunterstützung nur für 13 Wochen für jeden Arbeitstag gewährt. [2])Mit Ausschluß des Wochenbettes. [3]) Mitglieder, die innerhalb der letzten 12 Monate vor dem Tage der Erkrankung im ganzen keine 6 Monate der Kasse angehört haben oder infolge von Betriebsunfällen erkranken, falls die betreffende Berufsgenossenschaft ihre Unterstützungspflicht von der 14. Woche ab anerkannt hat, erhalten nur für 13 Wochen Unterstützung. [4]) Mit Ausnahme der ausgeschiedenen Mitglieder, die noch einen Anspruch auf Krankenunterstützung haben. [5]) Bei Kassenmitgliedern, die innerhalb der letzten 12 Monate zusammen mindestens 26 Wochen der Kasse angehören. [6]) Für die ersten 4 und die letzten 13 Wochen 50%. [7]) Bei Erwerbsunfähigkeit von mehr als 7 Tagen nachgezahlt. [8]) Nach 13wöchiger Mitgliedschaft, sonst 13 Wochen. [9]) Sofern die Krankheit länger als 3 Tage dauert. [10]) Den zur Zeit des Unterstützungsfalles der Kasse 1/4 bis 1 Jahr angehörenden Mitgliedern 20, den weniger als 1/4 Jahr angehörenden Mitgliedern 13 Wochen. [11]) Nicht über 13 Wochen bei versicherungspflichtigen Unfällen. [12]) Bei einer Zugehörigkeit zur Kasse von weniger als 6 Wochen nicht über 13 Wochen. [13]) Bei einer Mitgliedschaft von weniger als 6 Wochen für 13 Wochen und zwar 50%. Für Sonn- und Festtage wird Krankengeld gezahlt. [14]) Bei Erwerbsunfähigkeit von mehr als 10 Tagen nachgezahlt. [15]) Es besteht eine besondere Familienkrankenkasse. [16]) Nach 13wöchiger Mitgliedschaft auf 10 Wochen. [17]) Unter 16 Jahren. [18]) Bei kürzerer als 6wöchiger Mitgliedschaft 13 Wochen. [19]) Wenn die Erwerbsunfähigkeit erst mit dem 3. Tage oder später eintritt, von deren Beginn ab. [20]) Nach 6wöchiger Mitgliedschaft für 13 Wochen außer zahnärztlicher Behandlung. [21]) Wenn die Erkrankung länger als 3 Tage dauert und wenn die Erwerbstätigkeit später als die Erkrankung eintritt. [22]) Nach geringerer als 3jähriger Mitgliedschaft das 20fache, nach 3jähriger Mitgliedschaft das 25fache, nach 5jähriger Mitgliedschaft das 30fache des durchschnittlichen Tagelohns. [23]) Nach einer Mitgliedschaft von mehr als 26 Wochen, von 13—26 Wochen für 26 Wochen, von noch nicht 13 Wochen für 13 Wochen. [24]) Für 13 Wochen. [25]) Der Tag der An- sowie der Abmeldung der Erkrankung wird für einen Tag gerechnet. Bei Betriebsunfällen 13 Wochen. [26]) Ununterbrochene 6monatliche Mitgliedschaft des Mannes. [27]) Auch für Sonntage. [28]) Bei weniger als 6wöchiger Unterstützungsdauer vor der Erkrankung 13 Wochen. [29]) 2 Tage bei mehr als 3tägiger Erwerbsunfähigkeit, wenn diese am Tage der Erkrankung oder am folgenden Tage eintritt. [30]) Für ein Kind unter 6 Monaten wird kein Sterbegeld gewährt. [31]) Bei Erkrankungen während der ersten 13wöchigen Mitgliedschaft für 26 Wochen, bei Erkrankungen infolge Arbeitslosigkeit ausgeschiedener Mitglieder 13 Wochen (in beiden Fällen 50% des durchschnittlichen Tagelohns). [32]) Für 13 Wochen. [33]) Das 20fache bei weniger als 13wöchiger Mitgliedschaft. [34]) Bei Betriebsunfällen und kürzerer als 13wöchiger Mitgliedschaft 13 Wochen. [35]) Wenn die Erwerbsunfähigkeit länger als 3 Tage dauert und mit dem Tage der Erkrankung eintritt; sonst von dem Tage der Erwerbsunfähigkeit ab.

I. Übersicht über den Mitgliederstand der Gemeindekranken[...] geschriebenen Hilfskassen) a[...]

Städte	Gemeindekrankenversicherung				Ortskrankenkassen				Betrieb[...]	
	Kassenzahl am 31. Dezember		Mitgliederzahl am 31. Dezember		Kassenzahl am 31. Dezember		Mitgliederzahl am 31. Dezember		Kassenzahl am 31. Dezember	
	1895	1900	1895	1900	1895	1900	1895	1900	1895	19[...]
Aachen	1	1	318	624	9	9	33 935	37 052	2	3
Altona	—	—	—	—	1	1	6 009	8 713	4	5
Augsburg	1	1	4 623	6 140	13	14	7 827	12 178	27	16
Barmen	—	—	—	—	2	2	21 816	25 707	57	[illegible]
Berlin [1])	1	1	37	51	59	56	305 236	369 896	29	[illegible]
Bochum	1	1	100	137	2	2	3 088	1 934	8	10
Braunschweig [2])	.	.	.	.	.	.	.	.	.	.
Bremen	—	—	—	—	1	1	8 280	11 854	16	16
Breslau [3])	—	—	—	—	53	53	52 285	66 584	46	47
Cassel	—	—	—	—	13	10	8 299	10 445	16	18
Charlottenburg	—	—	—	—	2	2	11 518	18 334	10	14
Chemnitz	—	—	—	—	3	3	25 248	36 142	38	[illegible]
Cöln	—	—	—	—	20	17	43 034	54 028	49	64
Crefeld	—	—	—	—	6	6	21 004	20 717	28	[illegible]
Danzig	—	—	—	—	18	16	7 976	12 288	17	15
Darmstadt	—	—	—	—	3	2	8 196	11 356	3	[illegible]
Dortmund	—	—	—	—	2	2	10 709	16 011	17	[illegible]
Dresden	—	—	—	—	1	1	69 392	79 389	35	[illegible]
Duisburg	—	—	—	—	3	3	6 222	10 524	31	[illegible]
Düsseldorf	—	—	—	—	5	5	19 853	26 880	54	[illegible]
Elberfeld	—	—	—	—	14	14	24 457	29 479	11	13
Erfurt	—	—	—	—	8	8	8 366	10 534	17	16
Essen	—	—	—	—	1	1	6 627	9 565	10	15
Frankfurt a. M.	—	—	—	—	2	2	38 033	56 093	8	11
Frankfurt a. O.	—	—	—	—	10	10	7 228	8 310	9	10
Freiburg i. Br.	1	1	3 970	5 704	1	1	6 959	9 534	13	12
Görlitz	—	—	—	—	16	16	10 738	13 545	21	[illegible]
Halle a. S.	—	—	—	—	21	24	16 553	21 686	13	21
Hamburg	1	1	3 629	2 892	19	19	28 765	46 001	29	[illegible]
Hannover	—	—	—	—	16	14	17 753	20 479	36	[illegible]
Karlsruhe	—	—	—	—	5	5	15 701	20 223	19	[illegible]
Kiel	—	—	—	—	1	1	4 800	7 939	1	1
Königsberg i. Pr.	1	1	591	79	23	20	17 972	23 976	31	34
Leipzig [4])	—	—	—	—	1	1	93 178	127 720	16	15
Liegnitz	—	—	—	—	13	13	8 426	10 981	3	3
Lübeck	—	—	—	—	1	1	5 571	9 189	5	5
Magdeburg	—	—	—	—	32	31	23 330	28 038	37	40
Mainz	—	—	—	—	1	1	10 836	16 256	6	5
Mannheim	—	—	—	—		6	.	32 925	.	34
Metz	—	—	—	—	2	2	5 917	4 341	7	6
Mülhausen i. E.	—	—	—	—	1	2	6 275	8 048	36	34
München	1	1	26 596	33 743	10	10	65 731	91 247	21	25
Münster i. W.	—	—	—	—	14	14	5 591	8 024	2	4
Nürnberg	1	1	44 935	70 691	1	1	2 887	3 725	11	18
Plauen i. V.	—	—	—	—	5	1	13 432	22 398	26	25
Posen	1	1	47	63	10	10	8 637	14 343	7	16
Potsdam	—	—	—	—	19	19	7 778	9 214	2	2
Spandau	—	—	—	—	7	7	4 394	4 984	—	—
Stettin	—	—	—	—	26	27	15 654	22 278	21	30
Straßburg i. E.	—	—	—	—	1	1	10 362	16 506	33	37
Stuttgart	—	—	—	—	12	12	26 531	38 751	13	12
Wiesbaden	—	—	—	—	1	1	8 152	11 059	1	1
Würzburg	1	1	13 484	14 230	—	—	—	—	—	—
Zwickau	—	—	—	—	—	1	—	7 185	—	13

1) Die Daten für die eingeschr. Hilfskassen sind den Druckheften „Die Arbeiter-Krankenversicherung [...]
die Ortskrankenkasse des Landkreises Breslau u. einschl. 3 Betriebskrankenk. für staatl. Betriebe. — 4 [...]

versicherung, Orts-, Betriebs-, Innungskrankenkassen (und ein-
Schlusse der Jahre 1895 und 1900.

(Fabrik-) Krankenkassen		Innungskrankenkassen				Eingeschriebene Hilfskassen				Städte
Mitgliederzahl am 31. Dezember		Kassenzahl am 31. Dezember		Mitgliederzahl am 31. Dezember		Kassenzahl am 31. Dezember		Mitgliederzahl am 31. Dezember		
1895	1900	1895	1900	1895	1900	1895	1900	1895	1900	
470	688	—	—	—	—	—	—	—	—	Aachen.
612	1 106	2	2	207	301	18	21	51 413	70 557	Altona.
14 604	17 250	.	2	.	606	—	—	—	—	Augsburg.
9 565	16 208	5	7	1 018	4 085	4	4	431	590	Barmen.
39 999	80 967	18	20	22 833	46 900	34	34	25 813	33 098	Berlin.
5 323	7 657	1	8	1 112	1 678	2	1	112	75	Bochum.
.	.	.	.	.	.	.	.	.	.	Braunschweig.
4 441	6 606	15	14	1 678	2 106	25	22	13 516	14 665	Bremen.
27 818	34 722	1	1	463	609	11	11	6 624	8 286	Breslau.
4 945	6 408	10	10	2 445	3 306	—	—	—	—	Cassel.
2 170	3 561	1	3	152	539	4	4	1 754	1 752	Charlottenburg.
24 946	28 475	4	6	1 467	2 715	6	6	5 226	6 988	Chemnitz.
16 230	26 627	6	6	3 362	5 186	10	12	2 710	3 877	Cöln.
5 504	7 096	7	8	1 336	2 210	3	3	571	451	Crefeld.
3 892	6 074	2	1	133	1 194	14	13	9 572	9 827	Danzig.
1 003	1 386	1	1	219	400	4	4	1 204	1 226	Darmstadt.
10 249	15 195	5	5	958	1 404	1	1	118	74	Dortmund.
13 593	20 062	8	9	5 034	9 450	21	23	11 710	13 714	Dresden.
8 156	12 956	2	3	132	604	1	1	244	309	Duisburg.
15 856	20 507	4	4	1 250	2 379	2	.	164	.	Düsseldorf.
5 285	7 339	3	3	643	1 602	5	3	814	989	Elberfeld.
2 934	3 285	6	6	1 190	1 492	5	5	1 894	1 607	Erfurt.
19 616	30 213	3	3	1 545	2 401	2	2	1 985	1 621	Essen.
2 988	7 071	2	5	857	3 858	—	—	—	—	Frankfurt a. M.
966	1 389	1	1	47	42	—	—	—	—	Frankfurt a. O.
2 395	2 665	1	1	230	328	1	1	118	80	Freiburg i. Br.
4 931	6 024	3	3	1 555	1 461	—	—	—	—	Görlitz.
2 054	5 435	3	3	788	824	4	3	1 152	1 657	Halle a. S.
16 296	23 088	5	6	1 933	4 317	32	54	174 545	236 210	Hamburg.
8 650	11 432	3	4	2 417	2 749	—	—	—	—	Hannover.
7 304	5 411	1	1	764	658	2	2	379	392	Karlsruhe.
166	188	—	—	—	—	—	—	—	—	Kiel.
7 768	8 019	—	—	—	—	—	—	—	—	Königsberg i. Pr.
9 812	10 977	2	3	967	3 862	11	9	25 534	31 430	Leipzig.*
1 363	1 196	—	—	—	—	16	17	860	1 317	Liegnitz.
1 627	1 998	5	5	460	574	13	12	5 403	6 190	Lübeck.
11 339	16 845	5	5	1 924	2 222	52	.	.	.	Magdeburg.
1 508	1 136	2	3	630	972	2	2	247	327	Mainz.
.	14 729	—	—	—	—	—	13	—	5 875	Mannheim.
418	756	—	—	—	—	2	2	222	224	Metz.
22 607	21 267	—	1	—	183	4	9	398	1 526	Mülhausen i. E.
9 159	12 675	6	4	1 861	2 810	7	7	2 055	2 199	München.
193	303	2	2	151	178	1	1	816	631	Münster i. W.
6 110	13 198	1	1	601	713	—	—	—	—	Nürnberg.
3 786	3 287	.	.	.	.	4	4	2 121	1 840	Plauen i. V.
803	2 161	3	2	119	112	—	7	—	.	Posen.
321	88	1	2	390	437	—	—	—	—	Potsdam.
—	—	—	—	—	—	—	—	—	—	Spandau.
7 667	15 775	2	5	257	2 178	3	3	.	.	Stettin.
4 493	6 345	—	—	—	—	—	—	—	—	Straßburg i. E.
4 064	4 693	.	1	.	295	4	3	970	963	Stuttgart.
276	294	7	7	525	1 035	4	5	4 113	5 071	Wiesbaden.
—	—	—	—	—	—	—	—	—	—	Würzburg.
—	2 617	.	13	.	2 504	—	4	—	557	Zwickau.

Berlin im Jahre 1895 bzw. 1900" entnommen worden. — 2) Braunschweig kann keine Angaben machen. — 3) Ohne triebskrankenk. wurde am 30. Juni 1900 aufgelöst, die Mitglieder und das Vermögen der Ortskrankenk. zugewiesen.

II. Übersicht über die Mitgliederzahl, die Krankheits- und Kassenarten für 53 deutsche Mittel-

G. = Gemeindekrankenversicherung, O. = Ortskrankenkassen, B. = Betriebskranken Hilfskassen, L. = auf Grund landesrechtlicher Vorschriften errichtete

Städte	Kassenart	1900 Anzahl der Kassen	Durchschnittliche Mitgliederzahl	Erkrankungsfälle	Krankheitstage	Sterbefälle	Einnahmen in 1000 M. überhaupt	darunter Eintrittsgelder und Beiträge
Aachen	G.	1	522	114	2 226	—	5,4	5,1
	O.	9	37 354	16 090	151 302	267	1 010,3	696,5
	B.	3	638	888	4 606	3	20,3	10,9
Altona	O.	1	7 713	3 383	61 843	88	173,0	160,9
	B.	5	1 282	683	10 017	6	38,8	33,2
	J.	2	274	139	2 484	1	7,0	6,6
	E.	21	.	.	.	.	.	.
Augsburg	G.	1	5 902	1 765	31 290	—	67,4	61,0[1]
	O.	14	13 336	4 899	75 375	102	255,4	217,2[1]
	B.	16	17 594	10 711	168 838	176	456,3	364,0[1]
	Ba.	1	37	14	231	—	1,6	0,8[1]
	J.	2	580	147	2 294	1	9,8	7,7[1]
Barmen	O.	2	25 429	11 842	228 721	262	643,6	552,3
	B.	63	10 377	4 013	67 621	86	236,0	186,5
	J.	7	4 404	2 060	35 032	44	95,6	77,3
	E.	4	572	.	.	.	.	.
	L.	1	90	.	.	.	.	.
Berlin	G.	1	672	286	7 725	—	18,0	10,6
	O.	56	376 073	150 195	3 688 529	3 427	12 042,2	9 274,7
	B.	44[2])	74 508	37 860	769 730	589	2 706,8	2 126,2
	J.	20	71 047	12 202	270 786	333	947,4	853,9
	E.	34[3])	33 129	10 256	220 645	267	891,7	689,2
	L.	1[3])	301	89	2 267	3	7,6	5,5
Bochum	G.	1	133	112	2 523	—	4,1	2,5
	O.	2	4 902	1 934	35 631	63	118,6	105,0
	B.	10	8 098	4 530	79 304	127	338,0	255,9
	J.	8	2 319	796	16 444	20	56,7	52,8
	E.	1	93	.	.	.	.	.
	K.	1	204 351	.	.	.	.	.
Bremen	O.	1	12 196	4 833	104 559	101	425,0	282,2
	B.	16	6 272	3 312	132 033	56	193,9	144,7
	Ba.	1	335	121	2 314	3	16,2	9,5
	J.	14	2 346	956	16 275	17	61,0	44,7
	E.	22	14 673	.	.	.	.	.

[1]) Ohne Eintrittsgelder, welche nicht mehr zu ermitteln sind. — [2]) Ausschl. der kassen und die auf landesrechtlicher Vorschrift beruhenden dergl. Kassen sind arbeitet im Statistischen Amt der Stadt Berlin, entnommen worden.

Sterbefälle, sowie über das Rechnungsergebnis der einzelnen und Großstädte im Jahre 1900.

kassen, **Ba.** = Baukrankenkassen, **J.** = Innungskrankenkassen, **E.** = eingeschriebene Hilfskassen, **K.** = Knappschaftskassen, **S.** = Sonstige Kassen.

1900							
Ausgaben in 1000 M						Gesamtvermögen am Jahresschluß in 1000 M	Städte
	darunter für						
überhaupt	ärztliche Behandlung und Arzneien usw.	Krankengelder an Mitglieder, deren Angehörige und Wöchnerinnen	Sterbegelder	Kurkosten usw. an Anstalten	Verwaltungskosten		
5,0	2,0	1,4	—	1,1	—	—	Aachen.
905,2	240,2	405,7	13,0	70,5	41,0	642,1	
19,2	4,9	5,7	0,1	0,2	0,1	11,9	
169,3	33,3	50,6	4,2	41,0	18,1	125,1	Altona.
36,4	10,9	15,2	0,4	3,2	0,5	47,2	
6,8	1,0	2,0	0,1	2,1	0,9	5,0	
.	.	.	.	.	.	.	
66,4	14,5	12,2	—	33,3	—	27,3	Augsburg.
249,6	74,1	65,8	4,0	38,4	22,7	179,3	
443,2	134,1	209,2	9,4	46,8	5,2	528,6	
1,0	0,2	0,3	—	—	—	2,0	
8,6	1,4	1,3	0,1	2,2	1,1	4,1	
610,6	187,4	273,7	23,6	39,2	35,7	378,5	Barmen.
221,6	83,4	91,7	6,3	10,6	0,4	236,4	
92,3	30,9	36,7	3,2	11,5	9,0	33,2	
.	.	.	.	.	.	.	
.	.	.	.	.	.	.	
18,0	4,8	6,3	—	6,6	—	—	Berlin.
11 569,8	2 490,8	4 189,4	274,5	1 469,7	769,1	7 953,5	
2 602,4	661,3	1 126,7	56,4	235,0	30,0	1 572,3	
877,9	165,4	317,1	22,4	155,0	94,3	622,1	
837,3	185,6	335,2	26,0	58,7	75,3	788,9	
7,5	1,8	3,1	0,2	0,3	0,4	5,7	
4,1	0,9	1,2	—	2,0	—	—	Bochum.
118,5	39,2	25,0	3,0	29,3	7,9	58,8	
326,8	104,6	142,9	22,3	48,0	2,2	574,9	
54,9	15,3	126,6	2,1	13,0	5,0	22,5	
.	.	.	.	.	.	.	
.	.	.	.	.	.	.	
417,0	70,4	127,4	5,6	49 2	24,4	149,9	Bremen.
191,2	42,4	84,4	5,3	14,5	1,7	129,4	
15,7	4,1	2,8	0,2	1,3	0,2	20,2	
60,9	11,1	19,0	1,1	9,0	7,6	34,0	
.	.	.	.	.	.	.	

staatlichen Betriebskrankenkassen. — [3]) Die Daten für die eingeschriebenen Hilfs- dem Druckhefte „Die Arbeiter-Krankenversicherung in Berlin im Jahre 1900", be-

Noch

Städte	Kassenart	1900 Anzahl der Kassen	Durchschnittliche Mitgliederzahl	Erkrankungsfälle	Krankheitstage	Sterbefälle	Einnahmen in 1000 ℳ überhaupt	darunter Eintrittsgelder und Beiträge
Breslau	O.	53[1])	69 415	26 986	495 935	772	1 348,4	1 111,2
	B.	44[2])	17 066	7 288	133 820	194	412,4	321,8
	J.	1	598	157	4 943	14	11,8	11,7
	E.	11	8 576	.	.	.	.	.
	L.	3	7 195	.	.	.	.	.
Cassel	O.	10	11 065	4 604	84 786	85	254,1	226,4
	B.	18	6 482	3 564	51 928	59	182,1	141,0
	J.	10	3 487	1 258	15 423	14	61,5	46,4
Charlottenburg	O.	2	18 063	8 854	176 615	156	578,7	509,1
	B.	14	4 600	2 491	36 750	39	156,2	122,0
	J.	3	567	157	2 901	2	12,1	10,5
	E.	4	1 758	.	.	.	.	.
	L.	5	.	.	.	.	.	.
Chemnitz	O.	3	37 587	17 915	316 915	422	983,2	762,1
	B.	33	29 493	12 907	247 641	439	800,6	620,5
	J.	6	4 013	1 561	27 339	30	130,8	84,8
	E.	6	7 405	.	.	.	.	.
Cöln a. Rh.	O.	17	54 764	27 832	564 987	524	1 720,3	1 414,9
	B.	64	27 163	15 608	252 623	211	960,3	733,4
	J.	6	5 164	1 626	37 882	36	91,5	85,5
	E.	12	.	.	.	.	.	.
	L.	44	.	.	.	.	.	.
Crefeld	O.	6	20 994	6 736	155 188	194	479,2	400,2
	B.	33	7 280	2 363	50 151	45	211,8	158,3
	J.	8	2 316	670	11 442	12	40,4	34,0
	E.	3	458	.	.	.	.	.
Danzig	O.	16	12 026	3 869	65 246	77	199,8	166,4
	B.	15	5 925	3 219	44 824	61	133,6	111,5
	J.	1	1 859	675	10 691	11	32,0	22,4
	E.	13	10 708	.	.	.	.	.
Darmstadt	O.	2	11 898	5 892	123 623	105	388,7	323,3
	B.	3	1 385	1 323	14 934	6	44,4	39,6
	J.	1	393	76	1 557	1	6,1	5,7
	E.	4	1 224	.	.	.	.	.
Dortmund	O.	2	17 003	8 697	139 671	151	605,2	473,0
	B.	23	17 205	11 744	151 421	165	827,4	639,8
	Ba.	1	25	6	95	1	0,9	0,5
	J.	5	1 328	547	9 723	4	34,9	27,5
	E.	1	86	16	521	—	1,2	0,8

[1]) Ohne die in Breslau domizilierte gemeinsame Ortskrankenkasse des Landkreises

Tabelle II.

1900							
Ausgaben in 1000 ℳ						Gesamtvermögen am Jahresschluß in 1000 ℳ	Städte
überhaupt	darunter für ärztliche Behandlung und Arzneien usw.	Krankengelder an Mitglieder, deren Angehörige und Wöchnerinnen	Sterbegelder	Kurkosten usw. an Anstalten	Verwaltungskosten		
1 280,2	256,6	534,6	61,7	136,4	114,8	901,7	Breslau.
393,2	122,1	164,0	18,3	35,3	3,9	273,9	
11,3	1,2	3,6	0,8	2,0	1,4	0,5	
.	.	.	.	.	.	.	
.	.	.	.	.	.	.	
237,4	61,0	82,6	4,6	19,3	22,3	146,2	Cassel.
175,4	53,9	77,0	4,7	12,7	—	192,7	
54,6	10,8	18,7	0,8	6,5	5,9	29,8	
536,3	125,7	196,1	9,0	87,8	41,6	248,9	Charlottenburg
148,7	35,7	58,8	3,1	16,8	1,0	94,7	
11,7	1,3	2,6	0,1	2,7	2,0	4,6	
.	.	.	.	.	.	.	
.	.	.	.	.	.	.	
901,8	224,4	338,9	28,5	98,4	93,2	758,7	Chemnitz.
758,5	223,6	55,4	44,1	54,2	31,5	559,0	
126,5	25,4	31,1	1,9	8,7	12,9	106,5	
.	.	.	.	.	.	.	
1 633,4	405,6	667,1	32,0	201,1	123,5	1107,5	Cöln a. Rh.
908,3	236,5	406,7	16,4	82,6	1,4	792,2	
89,6	23,1	24,8	2,0	26,5	8,1	54,1	
.	.	.	.	.	.	.	
.	.	.	.	.	.	.	
460,4	151,9	164,5	10,2	41,9	38,3	254,9	Crefeld.
206,2	83,4	66,4	3,8	10,4	0,1	179,2	
37,0	10,7	12,0	0,9	4,0	4,4	27,7	
.	.	.	.	.	.	.	
188,2	35,7	49,8	4,1	24,6	21,2	194,7	Danzig.
125,5	45,0	45,9	5,7	13,1	0,4	162,7	
28,3	8,6	12,4	0,6	2,6	2,3	6,1	
.	.	.	.	.	.	.	
356,5	81,5	161,6	6,3	26,4	37,0	224,7	Darmstadt.
43,5	15,5	22,9	0,6	2,2	1,2	42,8	
6,1	1,3	0,3	.	1,6	1,5	6,4	
.	.	.	.	.	.	.	
469,6	162,7	123,7	15,2	75,2	26,9	483,2	Dortmund.
789,7	261,8	211,6	39,1	98,4	6,8	803,5	
0,6	0,1	—	0,1	0,2	—	8,7	
32,5	14,1	8,7	0,5	7,1	2,4	20,6	
1,2	0,2	0,1	—	0,9	—	2,3	

Breslau. — [2]) Ohne die staatlichen Betriebskrankenkassen.

Noch

Städte	Kassenar	Anzahl der Kassen	Durchschnittliche Mitgliederzahl	Erkrankungsfälle	Krankheitstage	Sterbefälle	Einnahmen in 1000 ℳ: überhaupt	Einnahmen in 1000 ℳ: darunter Eintrittsgelder und Beiträge
		1900						
Dresden[1])	O.	1	80 891	27 339	624 446	665	2 650,1	2052,8
	B.	43	20 634	8 466	151 194	163	622,6	536,8
	J.	9	11 532	3 558	61 863	96	371,9	264,0
	E.	23	13 589	.	.	.	.	.
Duisburg	O.	3	10 487	7 908	110 636	144	461,9	386,5
	B.	38	14 328	10 115	136 839	165	632,7	480,5
	J.	3	626	233	4 444	4	18,9	13,6
	E.	1	260	.	.	.	.	.
Düsseldorf	O.	5	27 059	10 840	235 842	244	856,1	635,9
	B.	72	21 739	16 818	199 355	168	936,0	746,5
	J.	4	2 379	836	14 534	15	59,7	49,5
	E.	.	321	.	.	.	.	.
Elberfeld	O.	14	30 898	13 323	258 927	269	720,7	628,8
	B.	13	7 606	5 254	72 569	67	240,8	160,0
	J.	3	1 744	666	12 189	15	42,9	34,4
	E.	3	981	.	.	.	.	.
Erfurt	O.	8	11 002	5 189	83 369	67	259,9	216,8
	B.	16	3 369	1 658	23 162	30	82,5	64,8
	J.	6	1 797	870	12 795	16	38,9	32,7
	E.	5	.	.	.	.	.	.
Essen	O.	1	10 033	5 771	57 432	88	210,7	179,4
	B.	15	30 868	20 208	742	332	936,1	717,7
	J.	3	3 049	1 919	27 693	22	93,2	65,8
	E.	2	1 637	.	.	.	.	
	L.	42	42 890	.	.	.	.	.
Frankfurt a. M.	O.	2	55 539	30 922	554 895	884	2 016,4	1 605,7
	B.	11	7 300	5 616	67 619	58	265,0	231,3
	J.	5	3 562	965	25 869	22	75,6	70,5
Frankfurt a. O.	O.	10	8 395	3 209	51 710	104	162,0	140,4
	B.	10	1 316	594	9 690	14	26,2	21,1
	J.	1	46	12	161	—	0,6	0,5
Freiburg i. Br.	G.	1	5 532	1 131	32 822	—	144,8	49,2
	O.	1	10 078	5 311	112 245	88	295,4	225,3
	B.	12	2 706	1 481	21 093	30	72,8	55,8
	J.	1	332	97	1 738	—	5,2	3,8
	E.	1	95	.	.	.	.	.

[1]) Außerdem bestehen eine Dienstbotenkrankenkasse mit 14 201 Mitgliedern und 6 733 Mitglieder.

Tabelle II.

1900							
Ausgaben in 1000 ℳ						Gesamtvermögen am Jahresschluß in 1000 ℳ	Städte
überhaupt	darunter für						
	ärztliche Behandlung und Arzneien usw.	Krankengelder an Mitglieder, deren Angehörige und Wöchnerinnen	Sterbegelder	Kurkosten usw. an Anstalten	Verwaltungskosten		
2 490,0	635,0	733,8	51,0	308,7	297,6	1 488,2	
601,0	240,2	229,2	16,1	44,1	7,2	555,7	Dresden.
363,2	124,6	73,9	7,6	38,9	42,8	220,8	
.	.	.	.	.	.	.	
442,9	169,2	110,3	13,2	60,5	18,7	369,2	
611,7	145,5	217,0	16,3	58,4	0,1	554,3	Duisburg.
19,4	8,1	3,5	0,3	4,4	1,6	3,9	
.	.	.	.	.	.	.	
813,2	163,7	238,8	24,5	97,0	44,6	520,7	
905,1	268,0	369,8	24,1	90,0	3,1	592,9	Düsseldorf.
55,3	12,5	14,7	1,3	9,1	4,7	42,2	
.	.	.	.	.	.	.	
677,3	203,6	282,5	33,7	68,1	49,2	584,3	
236,8	74,0	85,6	7,6	41,4	1,2	207,2	Elberfeld.
40,4	10,5	16,6	1,9	3,1	5,1	13,9	
.	.	.	.	.	.	.	
254,6	69,5	81,5	5,0	20,7	14,6	149,2	
79,3	27,6	28,0	2,1	4,4	0,7	103,3	Erfurt.
35,7	10,5	13,7	1,0	4,3	2,7	35,4	
.	.	.	.	.	.	.	
181,8	51,4	60,0	5,5	36,6	18,4	145,1	
927,1	251,6	440,8	28,4	127,4	18,8	631,6	
90,4	20,4	25,5	0,1	17,0	6,4	35,4	Essen.
.	.	.	.	.	.	.	
.	.	.	.	.	.	.	
1 903,6	337,8	826,8	55,7	210,2	145,8	945,9	
246,3	56,8	126,0	7,8	23,5	0,8	190,1	Frankfurt a. M.
73,7	18,2	14,6	1,2	30,4	7,0	46,7	
152,0	49,3	47,2	10,2	17,6	14,2	162,4	
24,5	10,6	9,4	1,0	1,9	.	24,4	Frankfurt a. O.
0,5	0,2	0,1	0,1	—	0,1	0,8	
143,6	7,4	8,1	—	32,4	—	14,1	
275,4	65,9	88,4	8,7	49,0	30,5	102,0	
68,0	22,1	25,1	1,9	10,1	.	67,2	Freiburg i. Br.
4,8	1,0	0,6	—	2,5	0,1	2,8	
.	.	.	.	.	.	.	

10 Hilfskassen, welche dem § 75 d. K. V. G. nicht entsprechen, mit zusammen

Noch

Städte	Kassenart	1900 Anzahl der Kassen	Durchschnittliche Mitgliederzahl	Erkrankungsfälle	Krankheitstage	Sterbefälle	Einnahmen in 1000 ℳ überhaupt	darunter Eintrittsgelder und Beiträge
Görlitz	O.	16	14 761	6 260	99 367	138	275,1	239,9
	B.	20	6 203	3 073	44 413	71	142,1	116,5
	E.	3	1 471	.	.	.	.	.
Halle a. S.	O.	24	22 248	9 763	156 423	153	503,6	395,6
	B.	21	5 470	3 090	44 380	39	147,8	108,1
	J.	3	785	169	2 448	6	14,8	10,2
	E.	3	1 952	.	.	.	.	.
	L.	2	740	.	.	.	.	.
Hamburg	G.	1	2 930	1 206	27 764	—	62,3	50,2
	O.	19	44 126	19 463	377 605	328	1 404,7	995,8
	B.	28	23 966	15 406	257 776	217	895,7	707,9
	J.	6	4 231	2 003	28 836	20	107,4	91,5
	E.	54	232 578	.	.	.	.	.
Hannover	O.	14	20 912	8 414	172 963	163	526,1	461,7
	B.	36	11 897	7 067	116 728	108[1])	419,2	316,6
	J.	4	3 320	1 893	31 546	33	123,7	92,4
Karlsruhe	O.	5	20 338	7 248	147 773	118	502,8	328,3
	B.	20	5 750	3 253	53 596	61	184,5	147,6
	J.	1	2 083	986	18 043	30	67,3	57,0
	E.	2	408	.	.	.	.	.
	L.	1	208	.	.	.	.	.
Kiel[2])	O.	1	7 690	3 121	51 166	70	165,0	140,8
	B.	1	182	31	298	9	6,9	4,4
Königsberg i. Pr.	G.	1	87	23	538	—	1,6	0,4
	O.	20	24 720	9 656	194 841	293	634,8	507,1
	B.	34	8 758	3 714	60 980	91	232,2	177,4
Leipzig	O.	1	131 876	55 551	1 148 420	1 065	3 959,8	3 666,9
	B.	15[3])	11 343	4 938	77 703	65	343,6	301,8
	J.	3	3 718	774	16 467	13	79,0	64,9
	E.	9	30 836	.	.	.	.	.
Liegnitz	O.	13	11 475	3 196	78 847	118	147,0	122,7
	B.	3	1 352	410	9 911	18	22,1	16,5
	E.	17	1 901	.	.	.	.	.
	L.	3	51	.	.	.	.	.

[1]) Außerdem 46 Kindersterbefälle. — [2]) Die Krankenkasse der Germania-Werft
[3]) 1 Betriebskrankenkasse wurde am 30. Juni 1900 aufgelöst, die Mitglieder und das

Tabelle II.

1900							Städte
Ausgaben in 1000 ℳ						Gesamtvermögen am Jahresschluß in 1000 ℳ	
überhaupt	darunter für						
	ärztliche Behandlung und Arzneien usw.	Krankengelder an Mitglieder, deren Angehörige und Wöchnerinnen	Sterbegelder	Kurkosten usw. an Anstalten	Verwaltungskosten		
265,1	89,2	124,0	6,6	14,2	17,1	207,8	Görlitz.
137,4	45,0	66,8	4,5	5,2	0,8	197,2	
.	.	.	.	.	.	.	
467,2	128,5	180,8	13,5	42,8	28,4	413,7	Halle a. S.
141,6	46,1	62,2	5,0	11,9	0,9	119,2	
14,1	3,7	3,0	0,2	1,9	1,2	12,0	
.	.	.	.	.	.	.	
.	.	.	.	.	.	.	
61,9	15,1	25,5	—	16,5	—	9,5	Hamburg.
1 357,8	238,1	430,2	31,3	188,4	149,1	660,1	
867,6	196,7	416,4	33,6	109,1	14,5	803,2	
101,7	13,1	25,5	1,7	31,6	14,0	87,7	
.	.	.	.	.	.	.	
518,8	141,3	198,7	12,9	69,5	40,4	331,1	Hannover.
412,6	124,3	174,6	14,2	36,8	2,4	263,9	
113,3	26,4	48,9	2,6	10,3	14,6	143,2	
455,1	99,4	142,9	7,0	122,0	35,7	304,5	Karlsruhe.
177,8	56,1	75,0	6,2	23,2	2,2	158,1	
66,8	15,0	21,5	1,6	6,7	5,2	87,9	
.	.	.	.	.	.	.	
.	.	.	.	.	.	.	
140,6	34,4	57,8	6,2	16,4	16,7	97,4	Kiel.
6,8	3,3	0,7	0,3	0,6	.	7,2	
1,6	0,5	0,3	—	0,1	—	1,7	Königsberg i. Pr.
603,3	185,9	201,1	39,3	54,1	56,3	276,4	
220,4	78,7	69,3	16,1	16,6	1,1	231,9	
3 937,2	1 219,3	1 557,1	113,2	320,4	438,3	2 586,3	Leipzig.
333,0	127,9	132,0	9,3	19,3	1,8	372,6	
76,9	17,2	12,0	1,2	12,9	16,3	33,5	
.	.	.	.	.	.	.	
142,8	42,1	62,7	6,0	15,1	9,8	136,9	Liegnitz.
21,8	6,0	9,5	1,3	1,7	0,1	27,2	
.	.	.	.	.	.	.	
.	.	.	.	.	.	.	

ist nicht berücksichtigt, da Gaarden erst am 1. April 1901 zu Kiel gekommen ist. — Vereinsvermögen der Ortskrankenkasse überwiesen.

Noch

Städte	Kassenart	1900 Anzahl der Kassen	Durchschnittliche Mitgliederzahl	Erkrankungsfälle	Krankheitstage	Sterbefälle	Einnahmen in 1000 ℳ überhaupt	Einnahmen in 1000 ℳ darunter Eintrittsgelder und Beiträge
Lübeck	O.	1	9 140	3 772	90 283	97	402,1	205,2
	B.	5	2 042	1 087	22 625	26	82,2	63,9
	J.	5	608	230	2 840	1	10,4	8,1
	E.	12	6 222	.	.	.	.	.
Magdeburg	O.	31	30 594	14 347	251 084	308	755,5	657,9
	B.	40	17 511	11 946	180 708	129	659,3	501,8
	J.	5	2 231	1 073	17 672	18	61,5	44,5
Mainz	O.	1	16 608	11 687	483 510	169	852,4	513,1
	B.	5	1 137	549	10 662	27	30,7	23,5
	J.	3	1 015	241	4 794	5	25,5	11,8
	E.	2	320	.	.	.	.	.
Mannheim	O.	6	34 994	16 402	292 241	247	1 512,1	885,2
	B.	34	15 472	10 807	135 254	125	536,8	393,3
	E.	13	5 605	.	.	.	.	.
Metz	O.	2	5 191	5 421	60 971	61	189,3	139,1
	B.	6	740	575	4 020	9	19,6	16,2
	E.	2	223	.	.	.	.	.
	L.	3	1 899	.	.	.	.	.
Mülhausen i. E.	O.	2	8 157	3 421	61 356	94	303,7	189,4
	B.	34	22 142	10 178	186 049	229	589,1	469,2
	J.	1	181	101	346	2	2,8	2,4
	E.	9	1 480	.	.	.	.	.
München	G.	1	33 735	8 032	216 928	—	451,3	427,8
	O.	10	96 166	40 869	828 375	802	2 784,2	2 104,7
	B.	25	12 673	8 841	130 729	127	491,5	363,0
	J.	4	2 826	823	17 248	26	59,3	47,0
	E.	7	2 084	.	.	.	.	.
Münster i. W.	O.	14	8 659	2 876	50 306	66	152,3	132,6
	B.	4	321	117	1 768	3	7,5	4,7
	J.	2	168	71	619	1	1,5	1,2
	E.	1	678	.	.	.	.	.
Nürnberg	G.	1	73 078	25 387	488 290	—	1 422,7	883,4
	O.	1	3 834	1 867	37 091	29	116,6	87,8
	B.	18	13 697	13 315	121 607	99	412,2	347,9
	J.	1	707	114	2 797	4	9,4	8,5

Tabelle II.

1900								
Ausgaben in 1000 ℳ							Gesamtvermögen am Jahresschluß in 1000 ℳ	Städte
überhaupt	darunter für							
	ärztliche Behandlung und Arzneien usw.	Krankengelder an Mitglieder, deren Angehörige und Wöchnerinnen	Sterbegelder	Kurkosten usw. an Anstalten	Verwaltungskosten			
855,6	76,2	78,2	7,7	22,5	29,5	170,5	Lübeck.
79,3	28,4	38,5	3,7	3,6	0,2	74,7	
9,9	3,7	2,7	0,1	1,3	0,9	16,2	
.	.	.	.	.	.	.	
723,6	213,8	261,5	19,0	85,1	61,4	627,8	Magdeburg.
629,0	214,2	258,3	13,9	44,8	4,9	600,2	
58,5	13,6	16,7	1,1	6,4	4,8	46,7	
813,4	182,4	234,6	15,2	51,4	48,6	507,1	Mainz.
30,5	8,6	13,1	2,7	3,6	0,1	40,2	
25,2	3,5	2,7	0,2	4,8	3,1	17,9	
.	.	.	.	.	.	.	
1 418,0	220,5	463,3	20,5	158,9	100,3	476,4	Mannheim.
521,9	135,7	197,3	9,5	56,6	2,0	382,6	
.	.	.	.	.	.	.	
169,3	37,6	65,5	9,6	22,8	11,5	127,1	Metz.
18,0	6,7	5,7	0,5	2,0	0,1	12,8	
.	.	.	.	.	.	.	
.	.	.	.	.	.	.	
281,1	54,3	74,8	6,0	27,0	13,6	103,6	Mülhausen i. E.
568,7	216,9	223,8	13,7	51,0	5,7	619,1	
1,8	0,5	0,4	0,1	0,2	0,4	1,3	
.	.	.	.	.	.	.	
2 440,8	76,4	74,3	—	263,6	—	11,2	München.
701,4	485,4	788,4	40,8	484,5	171,8	1 996,4	
474,9	143,5	198,0	10,2	35,7	1,5	359,5	
58,0	10,5	15,0	1,4	12,1	5,0	38,5	
.	.	.	.	.	.	.	
145,3	41,4	40,1	3,2	21,0	10,8	145,6	Münster i. W.
7,2	2,9	2,3	0,3	1,0	.	5,2	
1,3	0,4	.	.	0,6	0,1	1,7	
.	.	.	.	.	.	.	
1 370,8	340,3	374,2	—	280,1	—	51,9	Nürnberg.
115,5	27,1	44,5	1,6	5,7	6,4	35,1	
402,2	114,2	184,5	9,6	40,3	1,1	185,0	
8,9	1,3	0,7	0,2	5,3	1,4	4,9	

Noch

Städte	Kassenart	1900 Anzahl der Kassen	Durchschnittliche Mitgliederzahl	Erkrankungsfälle	Krankheitstage	Sterbefälle	Einnahmen in 1000 ℳ überhaupt	darunter Eintrittsgelder und Beiträge
Plauen i. V.	O.	1	22 052	6 997	111 635	110	420,1	314,5
	B.	25	3 398	714	11 385	24	55,6	35,9
	E.	4	1 885	.	.	.	.	.
	L.	1	1 492	.	.	.	.	.
Posen[1])	G.	1	45	7	206	—	0,4	0,2
	O.	10	14 630	5 701	91 322	132	260,8	226,4
	B.	16	2 348	1 461	18 007	17	69,1	53,7
	J.	2	113	18	213	—	2,9	13,0
Potsdam	O	19	9 029	2 984	52 891	94	155,0	112,8
	B.	2	150	82	1 004	2	2,7	2,3
	J.	2	483	171	3 599	8	9,4	8,0
Spandau	O.	7	5 410	2 015	38 629	52	112,3	93,1
Stettin	O.	27	22 495	9 703	154 604	219	492,7	424,3
	B.	30	15 546	7 456	117 587	199	431,7	364,5
	J.	5	2 232	2 229	12 885	30	39,3	35,4
Straßburg i. E.	O.	1	17 033	9 231	153 675	170	410,2	381,3
	B.	37	7 126	4 398	67 583	65	266,9	193,0
	Ba.	1	50	34	569	2	1,7	1,4
	L.	64	7 663	.	.	.	.	.
Stuttgart[2])	O.	12	40 488	23 151	421 848	306	1 441,9	1 185,8
	B.	12	4 853	2 595	38 494	48	154,9	127,4
	J.	1	295	75	1 111	4	4,8	4,7
	E.	3	956	.	.	.	.	.
Wiesbaden	O.	1	11 798	5 740	123 502	106	372,8	293,2
	B.	1	363	102	2 081	2	8,9	8,3
	J.	7	956	262	5 885	1	17,6	14,9
	E.	5	5 235	.	.	.	.	.
Würzburg	G.	1	15 334	4 287	99 977	44	205,4	26,4
Zwickau	O.	1	7 185[3])	2 812	52 391	41	147,4	.
	B.	13	2 617[3])	1 210	15 488	25	56,2	.
	J.	13	2 504[3])	1 285	20 694	21	75,8	.
	E.	4	557[3])	.	.	.	.	.

[1]) Außerdem bestehen in Posen noch 7 eingeschriebene Hilfskassen und 19 son-
ganisierten Kassen befreit sind. — [2]) Außerdem besteht in Stuttgart die landes-
Lehrlinge mit 17 109 Mitgliedern. — [3]) Mitgliederzahl am 31. Dezember 1900.

Tabelle II.

1900								
Ausgaben in 1000 ℳ							Gesamtvermögen am Jahresschluß in 1000 ℳ	Städte
überhaupt	darunter für							
	ärztliche Behandlung und Arzneien usw.	Krankengelder an Mitglieder, deren Angehörige und Wöchnerinnen	Sterbegelder	Kurkosten usw. an Anstalten	Verwaltungskosten			
419,8	105,1	153,8	8,2	21,0	32,3	143,6	Plauen i. V.
53,8	19,5	18,3	0,9	1,2	0,5	69,6	
.	.	.	.	.	.	.	
.	.	.	.	.	.	.	
0,3	.	.	—	0,3	—	1,3	Posen.
242,0	50,5	70,6	7,7	41,4	36,9	213,7	
57,2	16,8	18,9	2,5	6,1	0,3	73,2	
1,2	0,6	0,3	—	—	0,3	2,1	
146,9	30,8	51,4	5,5	21,1	15,9	160,0	Potsdam
2,4	0,8	1,1	0,1	.	.	2,6	
9,2	2,5	4,1	0,5	1,1	0,7	6,4	
104,6	23,3	27,3	2,5	27,8	8,0	111,0	Spandau.
467,6	134,0	155,0	13,3	49,7	53,7	364,3	Stettin.
402,5	114,3	151,7	14,4	42,4	1,1	439,1	
38,1	12,0	10,8	1,1	5,4	4,2	17,5	
406,4	57,2	207,1	16,7	32,0	41,1	348,7	Straßburg i. E.
250,6	56,1	112,2	6,8	11,0	1,1	204,1	
1,4	0,2	0,8	0,1	0,1	—	1,3	
.	.	.	.	.	.	.	
1 424,1	313,1	566,9	37,2	178,1	115,2	718,7	Stuttgart.
150,5	46,5	66,0	4,3	14,6	0,4	102,9	
4,8	1,5	0,6	0,1	0,7	0,6	1,5	
.	.	.	.	.	.	.	
344,5	68,8	139,4	8,3	41,9	30,0	112,3	Wiesbaden.
8,7	3,6	2,4	0,4	1,0	0,3	4,9	
16,9	3,1	3,9	0,1	3,4	2,9	13,1	
.	.	.	.	.	.	.	
173,9	12,5	50,2	—	73,9	—	81,4	Würzburg.
139,2	.	.	.	.	.	11,4	Zwickau.
53,1	.	.	.	.	.	67,9	
73,9	.	.	.	.	.	82,8	
.	.	.	.	.	.	.	

stige Kassen, deren Mitglieder von der Zugehörigkeit zu anderen reichsgesetzlich or-
gesetzliche Krankenpflegeversicherung für Dienstboten und ohne Lohn beschäftigte

XXVIII.

Wasserversorgung

(Wasserwerke)

im Jahre 1900 oder 1900/01.

Von

Dr. K. Buechel,

Direktor des statistischen Amts der Stadt Nürnberg.

Die Darstellungen des gegenwärtigen Abschnittes beziehen sich auf dieselben 49 Städte wie im Vorjahre.

Über die Charlottenburger Werke — Eigentum und Betrieb der Firma „Charlottenburger Wasserwerke, G. m. b. H." — sind nur folgende, in die Tabellen nicht aufgenommenen Angaben für das Betriebsjahr vom 1. Oktober 1900 bis 30. September 1901 gemacht worden: Länge des Rohrnetzes 159 224 m (gegen das Vorjahr: Mehrung um 2,3 %); Zahl der angeschlossenen Grundstücke 3273, woneben 276 Anschlüsse für Feuerlöschleitungen, Schmuckplätze, Spreng- und Spülleitungen u. s. w.; Wasserlieferung 6 494 306 cbm (g. d. V.: Mehrung um 9,8 %; pro Kopf und Tag der mittleren Bevölkerung 93,1 Liter).

Die Behandlung der Ergebnisse von Haupt- und Nebenwerken ist im allgemeinen die gleiche wie im Vorjahre; im einzelnen ist zu bemerken:

Breslau: In der Fragebogenbeantwortung sind zwar diesmal die Angaben über das neue und das alte Wasserwerk vereinigt, jedoch so, daß die für das alte Werk ausscheidbar sind. Es wurden daher auch für dieses Berichtsjahr, dem vorjährigen Ersuchen entsprechend, nur die Angaben über das neue Werk in die Tabellen aufgenommen, während die über das alte Werk hier nachrichtlich mitgeteilt werden: Wasserlieferung 403 494 cbm (i. V. 2 338 330 cbm); Einnahmen 30 ℳ; Ausgaben 35 818 ℳ; Wert der Anlage 188 000 ℳ.

Frankfurt a. M.: Die Tabellenangaben umfassen die Trinkwasserleitungen in Frankfurt a. M. und Bockenheim, sowie die Flußwasserleitung in Frankfurt a. M. Auf letztere entfallen: Länge des Rohrnetzes 54 988 m (g. d. V. Mehrung um 2,3 %); Zahl der angeschlossenen Grundstücke 789 (g. d. V. Mehrung um 1,9%); Zahl der angeschlossenen Bedürfnisanstalten 28, der angeschlossenen Freibrunnen 1; Wasserlieferung 1 567 452 cbm (g. d. V. Minderung um 3,0%). Die Verbrauchsminderung fällt auf die Verwendung zu öffentlichen Zwecken und in städtischen Gebäuden (zus. 442 061 cbm gegen 819 901 cbm i. V.), während der Verbrauch der sonstigen Entnehmer von 795 797 auf 1 125 391 cbm, d. i. um 41,4% gestiegen ist.

Freiburg i. Br.: Die Stadt besitzt außer der in den Tabellen behandelten Hauptleitung noch zwei Nebenleitungen, die ein weit verzweigtes Netz öffentlicher Brunnen speisen und damit eine Aushilfe bei etwaiger Unterbrechung der Hauptleitung bilden.

Halle a. S.: Am 1. April 1900 ist mit der Eingemeindung der Vororte Giebichenstein, Trotha und Cröllwitz die Giebichensteiner Wasserleitung mit der Pumpstation bei Trotha hinzugetreten. Die Angaben für dieses Werk — Pumpwerk II — sind in den Tabellen mit denen für das Hauptwerk vereinigt; sie sind, soweit ausgeschieden, folgende: Länge des Rohrnetzes 4651 m Hauptleitung und 29 301 m Verteilungsrohrnetz; Zahl der angeschlossenen Grundstücke 1046 (wovon 1 außerhalb des Stadtgebietes), der angeschlossenen Freibrunnen 7; Leistungsfähigkeit 500 000 cbm im Jahre; Wasserlieferung 290 655 cbm.

Hannover: Die Ergebnisse der Grundwasserleitung und der Flußwasserleitung sind in den Tabellen vereinigt; jedoch konnten diesmal in Tabelle II Sp. 2—9 (Verwendungsarten) und Sp. 12 (Verbrauch der Privatentnehmer pro Kopf der mittleren Bevölkerung und Tag) mangels entsprechender Mitteilung über die Flußwasserleitung nur die Angaben über die Grundwasserleitung aufgenommen werden. Ebenso konnte die Angabe in Tab. IV Sp. 2 nur bezüglich der Grundwasserleitung gemacht werden. Auf die Flußwasserleitung entfallen: Länge des Rohrnetzes 80618 m (g. d. V. Mehrung um 11,9%); Zahl der angeschlossenen Grundstücke 169 (g. d. V. Mehrung um 26,1%), der angeschlossenen öffentlichen Bedürfnisanstalten 29; Wasserlieferung 2 430 571 cbm (g. d. V. Mehrung um 28,6%).

Über Änderungen und Erweiterungen der Wasserwerksanlagen (abgesehen von Rohrnetzerweiterungen innerhalb des bisherigen Versorgungsgebietes) wird für 1900 oder 1900/01 berichtet:

Bochum: Verlegung eines fünften Druckstranges von 600 mm lichter Weite zum Hochbehälter in Stiepel und eines fünften Fallrohrstranges von 900 mm lichter Weite.

Breslau: Anstelle der Filterpumpen sind zwei Differential-Hochdruckpumpen (bei beiden Wolfschen Balanzier-Schwungradmaschinen) eingebaut worden; zwei neue kombinierte Dampfkessel kamen zur Aufstellung.

Chemnitz: Das für eine höhere Druckzone in den westlichen Stadtteilen neu erbaute Pumpwerk mit Rohrnetz und Wasserbehälter wurde fertiggestellt und in Betrieb genommen.

Dortmund: Erweiterung der Grundwassergewinnungsanlage.

Dresden: Das zweite Wasserwerk in Tolkewitz ist durch Herstellung von fünf neuen Brunnen sowie durch Aufstellung einer dritten Pumpmaschine und zweier Dampfkessel voll ausgebaut und dadurch auf doppelte Leistung — 40000 cbm täglich — gebracht worden.

Düsseldorf: Ein neues Pumpwerk ist in Ausführung begriffen.

Duisburg: Einbau von 15 Rohrbrunnen, aus denen das Wasser mittels Centrifugalpumpe den vorhandenen Brunnen an der Pumpstation zugeführt wird.

Halle a. S.: Am 1. April 1900 ist mit der Eingemeindung der Vororte Giebichenstein, Trotha und Cröllwitz die Giebichensteiner Wasserleitung mit der Pumpstation bei Trotha — jetzt Pumpwerk II — zugetreten. (Siehe oben).

Lübeck: Die in den Vorjahren begonnenen Erweiterungen der Betriebseinrichtungen der Stadtwasserkunst wurden beendet. In Betrieb genommen wurden ein neuer großer Filter und der neuerbaute eiserne Kohlenschuppen. Außerdem wurde am 1. September 1900 eine bakteriologische Station dem Betriebe übergeben.

Mannheim: Erbauung einer neuen dritten Heberleitung von etwa 1200 m Länge mit 10 Brunnen.

Nürnberg. Im Wasserwerk Erlenstegen sind zwei weitere Dampfkessel von je 60 qm Heizfläche in Betrieb gekommen; die Brunnenanlage ist dahin erweitert worden, daß bei Schluß 1900 im ganzen 24 Filterbrunnen für die eigentliche Wasserversorgung und 4 Filterbrunnen für den Dampfpumpenbetrieb an das Werk angeschlossen waren. Die im Ursprungstale ausgeführte Wasserfassungsanlage mit 10 Filterbrunnen wurde durch Verlegen einer rund 2000 m langen und 250 mm weiten Sammel- und Zuleitung, sowie durch einen Sammelschacht mit dem Pumpwerk am Krämersweiher verbunden, wodurch diesem Werke eine Verstärkung von rund 25 Sekundenliter zugeführt wird. Für den Bau des neuen Hochbehälters auf dem Schmausenbuck wurden die Aushubarbeiten zu zwei Dritteln vollendet.

Potsdam: Ein Wasserwerk in der Teltower Vorstadt; vorläufig ohne Enteisenung. Zwei Verbunddampfmaschinen mit je 1 Vor- und Druckpumpe. Pumpenförderhöhe ca. 70 m. Leistung pro Pumpe 2,5 cbm in der Minute.

Stuttgart: Beim Seewasserwerk wurden drei neue Filter von je 500 qm hergestellt; beim Nekarwasserwerk kam ein neuer Dampfkessel zur Aufstellung.

Wiesbaden: Weitertreibung des neuen Stollens und Weiterbau des neuen Reservoirs. Herstellung eines zweiten Pumpwerkes und einer Hochdruckzonenleitung.

Würzburg: Am 24. März 1900 wurde das neuerbaute Hochdruck-Wasserwerk in Zell eröffnet; an demselben Tage wurde das seitherige Hochdruckwerk bei Heidingsfeld vom Betrieb ausgeschaltet und als Nutzwasserwerk in Verwendung gestellt.

Zwickau: Herstellung einer Enteisenungsanlage im Hebewerk Wiesenburg und Erweiterung der Wassergewinnungsanlage in Stenn.

In der Tabelle I Sp. 6 und 7 sind, wie im Vorjahre, die Anwachsprozente für das Verteilungsrohrnetz und die Anschlüsse im Stadtgebiet nachgewiesen. Die Fälle, in denen mangels entsprechender Ausscheidung das Gesamtrohrnetz oder die Gesamtanschlüsse in Betracht kommen mußten, sind durch * gekennzeichnet.

Soweit die Ausscheidung der Angaben über Rohrnetz und Anschlüsse Auskunft gibt, ist folgendes festzustellen.

Mehrung in der Länge der Sammel- und Hauptleitungen weisen auf: Mannheim (1236 m), Dresden (1538 m), Nürnberg (1979 m), Bochum (3391 m), München (4967 m), Halle a. S. (5263 m; wovon 4651 m auf das Giebichensteiner Werk entfallen). Bei Duisburg scheint es sich nicht um eine Mehrung (100 m), sondern um Berichtigung eines vorjährigen Irrtums zu handeln (vgl. X. Jahrg. S. 66). Minderung zeigt sich bei Görlitz (10 m), Zwickau (200 m), Stuttgart (428 m), Barmen (4328 m).

Im Verteilungsrohrnetz zeigt sich Minderung bei Bochum (um 10,1%) und Stuttgart (um 7,2%). Die Mehrungen in den übrigen Städten stehen zwischen 0,2% bei Erfurt, sowie bei Potsdam (hier bezüglich des Gesamtrohrnetzes) und 17,4% bei Kiel. Von den

31,5 % bei Halle a. S. entfällt der Hauptteil auf das Giebichensteiner Werk.

In der Zahl der städtischen Anschlüsse ist Minderung zu verzeichnen bei Würzburg (um 18,9 %), Berlin (um 1,1 %), Potsdam (um 0,4 %). Die Mehrungen bei den übrigen Städten stehen zwischen 0,9 % bei Königsberg und 14,0 % bei Kiel; darüber hinaus gehen noch Halle a. S. mit 22,5 % (wobei wieder der Anschluß des Giebichensteiner Werkes ins Gewicht fällt) und in ganz besonderer Weise Posen mit 91,3 %.

Früher außerstädtische Anschlüsse sind durch Eingemeindung städtische geworden in Halle a. S. (2), Chemnitz (62 im Vorort Gablenz), Stettin (66 in den Gemeinden Grabow, Nemitz und Bredow); ebenso verhält es sich in München mit den Anschlüssen der Gemeinde Thalkirchen, dagegen ist daselbst die außerstädtische Versorgung ausgedehnt worden auf die Gemeinden Hofolding, Berg a. Laim und Moosach. Ferner ist das Versorgungsgebiet erweitert worden bei Dresden auf die Gemeinde Tolkewitz und einen Teil der Gemeinde Loschwitz, bei Kiel auf einen Teil der Gemeinde Gaarden. Neu hinzugekommen sind zu dem früher auf die Stadt beschränkten Versorgungsgebiet: bei Würzburg die Stadtgemeinde Zell a. M., bei Liegnitz das Krankenhaus am Ende der Jauerstraße.

Mehrung in der Zahl der außerstädtischen Anschlüsse ist überhaupt zu verzeichnen bei Breslau (1), Liegnitz (1 neu), Zwickau (1), Cassel (2), Aachen (7), Königsberg (8), Potsdam (8), Crefeld (9), Kiel (15), Elberfeld (24), Leipzig (24), Dresden (28), Berlin (34), Würzburg (40 neu), Hamburg (42), München (46), Altona (66), Bochum (162).

Bezüglich der Beanspruchung der Leistungsfähigkeit (Tab. I Sp. 14) ist die gleiche Bemerkung wie im Vorjahre zu machen (vgl. X. Jahrg. S. 67).

In der Gesamt-Wasserlieferung haben Rückgang gegen das Vorjahr aufzuweisen (Tab. I Sp. 12) die 13 Städte: Mainz (8,2 %), Metz (6,8 %), Zwickau (6,6 %), Elberfeld (6,5 %), Stuttgart (6,0 %), Aachen (4,7 %), Magdeburg (3,7 %), Altona (2,9 %), Duisburg (2,9 %), Crefeld (1,7 %), Hamburg (0,4 %), Görlitz (0,09 %), Barmen (0,03 %). Nach Ausweis der Tab. II Sp. 4 ist hierbei ein absoluter Rückgang des Verbrauchs der Privatentnehmer beteiligt in den 8 Städten: Zwickau, Stuttgart, Aachen, Magdeburg, Duisburg, Crefeld, Görlitz, Barmen.

Die Mehrung der Gesamt-Wasserlieferung in den übrigen 36 Städten steht zwischen 0,03 % (Nürnberg) und 23,4 % (Posen).

Der einfache Durchschnitt aus den Zahlen der Tab. II Sp. 11 für den Verbrauch pro Kopf der mittleren Bevölkerung und Tag aus der Gesamtabgabe stellt sich auf 112,3 Liter. Der aus der Summe der Bevölkerungszahlen und der Summe der Gesamtabgabemassen berechnete Durchschnitt beziffert sich auf 110,8 Liter. Hinter diesen Durchschnittszahlen bleiben zurück die Ergebnisse von 32 Städten (von 30,5 Liter in Plauen bis 106,9 Liter in Elberfeld); darüber hinaus gehen die von 17 Städten (von 121,6 Liter in Cöln bis 336,5 Liter in Freiburg i. Br.).

Im einzelnen weisen als Durchschnittsverbrauch auf:

unter dem Hauptdurchschnitt:

30— 40 Liter: Plauen;
40— 50 „ Chemnitz, Spandau, Mainz;
50— 60 „ Posen, Potsdam;
60— 70 „ Erfurt, Kiel, Zwickau, Leipzig, Königsberg, Stettin, Görlitz;
70— 80 „ Nürnberg, Danzig, Aachen, Halle a. S., Braunschweig, Berlin, Cassel;
80— 90 „ Breslau, Mannheim, Magdeburg, Hannover, Straßburg i. E.;
90—100 „ Stuttgart, Liegnitz, Bremen, Wiesbaden, Dresden;
100—110 „ Düsseldorf, Elberfeld;

über dem Hauptdurchschnitt:

120—130 „ Cöln, Altona, Metz, Karlsruhe;
130—140 „ Crefeld, Duisburg;
140—150 „ Essen;
160—170 „ Frankfurt a. M.;
170—180 „ Hamburg;
180—190 „ Barmen;
190—200 „ Bochum, München;
mehr als 200 „ Würzburg, Lübeck, Dortmund, Augsburg, Freiburg i. Br.

Es darf nicht unbeachtet bleiben, daß für manche dieser Ergebnisse die Art der Feststellung des Gesamtabgabebetrages, insbesondere aber des Betrages für Verlust, ins Gewicht fällt.

In Tab. IIIa bedeuten die in Sp. 2 eingesetzten Summen bei Crefeld (11 286 ℳ), Hannover (83 973 ℳ), Mainz (1276 ℳ) und Wiesbaden (33 375 ℳ) aus dem Vorjahre übernommene Überschüsse und Kassenbestände, bei Zwickau (8000 ℳ) übernommene Betriebsgelder, bei Halle a. S. (47 671 ℳ) Restgewinn aus dem R.-J. 1898/99 (42 185 ℳ) und Reservefonds des Giebichensteiner Wasserwerks (5 486 ℳ), bei Posen (14 907 ℳ) und Würzburg (81 193 ℳ) Zuschüsse zur Bilanzierung der Rechnung, bei Breslau (426 012 ℳ) Zuschuß aus Rücklagen, bei Nürnberg (1500 ℳ) Zuschuß aus Anleihemitteln. Diese Einnahmen fallen für den Nachweis der Tab. IIIb weg. Andererseits sind von den verschiedenen Ausgaben der Tab. IIIa (Sp. 13) in die Tab. IIIb nicht übernommen worden: bei Wiesbaden 22 217 ℳ für Materialbeschaffung, bei Halle a. S. 25 935 ℳ für Erweiterung des Rohrnetzes, bei Breslau 292 630 ℳ für Neuanlagen im Rohrnetz, Aufstellung von zwei Dampfkesseln und Umänderung der Filterpumpen, bei Nürnberg 1641 ℳ für Rohrverlegung.

Außerdem sind zur Tab. IIIa folgende Bemerkungen zu geben:

Braunschweig. In den Erträgnissen der Werkstatt (Sp. 5) sind die aus Gasanlagen eingeschlossen.

Duisburg. 19 731 ℳ in Sp. 13 sind für Unterhaltung der Sprengwagen verausgabt. In Tab. IIIb ist dieser Betrag nicht übernommen, weil er keine eigentliche Ausgabe des Wasserwerks darstellt, auch — bei freier Abgabe des Wassers für die Straßenbesprengung — kein Äquivalent in den Einnahmen hat.

Über Änderungen in den Wasserbezugsbedingungen wird berichtet:

Berlin: Es ist eine neue Geschäftsordnung für die Entnahme von Wasser erlassen worden. Der Wasserpreis ist unverändert (siehe X. Jahrg. S. 67).

Görlitz: Ein neues Ortsstatut betreffend die städtische Wasserleitung ist unterm 23. Februar 1900 erschienen. Der Preis für 1 cbm Wasser ist vom 1. Juli 1900 ab auf 10 Pfg. herabgesetzt worden. Für den Mehrverbrauch über 75 000 cbm kann durch Vertrag eine Vergütung gewährt werden.

Hamburg: Es ist ein neues Regulativ in Kraft getreten, welches namentlich wegen der darin enthaltenen Bestimmungen über die Wasserabgabe nach Messung und über die Unterhaltung der auf öffentlichem Grunde liegenden Teile der Anschlußleitung von Bedeutung erscheint.

Leipzig: Vom 1. Januar 1900 ab ist der Wasserpreis festgesetzt für jedes cbm zwischen 1—1000 cbm auf 19 Pf., 1001—2000 cbm auf 18 Pf., 2001—5000 cbm auf 17 Pf., 5001—20 000 cbm auf 16 Pf., 20 001—100 000 cbm 15 auf Pf., über 100 000 cbm auf 14 Pf.

Mainz: Der Wasserpreis ist vom 1. April 1900 ab von 30 Pf. auf 25 Pf. pro cbm ermäßigt worden.

Nürnberg: Ein neues Ortsstatut, die städtischen Wasserleitungen und deren Benützung betreffend, ist am 1. April 1900 in Geltung getreten. Bereits im Jahre 1899 sind die Wassermessermietsätze auf 6—80 ℳ in 12 Stufen für die Weiten von 13—150 mm herabgesetzt worden (früher: 9—140 ℳ in 11 Stufen); ebenfalls bereits im Jahre 1899 ist die Festsetzung eines Mindestbetrages von 10 ℳ jährlich für Wasserbezug aufgehoben worden.

Potsdam: Wassermessermiete wird nur noch von (nicht zu den Hauptanschlüssen gehörigen) Privatmessern erhoben.

Berichtigung zum X. Jahrgang.

Auf S. 66 Zeile 15 v. o. soll es statt Baiersdorf heißen: Cainsdorf.

I. Beschreibendes über die Wasserversorgungsanlagen.

Stand und Bewegung des Umfangs der Versorgung im Jahre 1900 oder 1900/01.

Städte (Die Angaben der mit † bezeichneten Städte beziehen sich auf das Kalenderjahr 1900, die der übrigen auf das Rechnungsjahr 1900/01).	Bei Schluss des Betriebsjahres betrug: die Länge d. Sammel- bzw. Hauptleitungen, des Druckrohrstranges lfd. m.	die Länge des Verteilungsrohrnetzes lfd. m.	die Zahl der angeschlossenen Grundstücke im Stadtgebiet	die Zahl der angeschlossenen Grundstücke ausserhalb des Stadtgebietes	Mehrung bezw. Minderung (—) gegen das Vorjahr in der Länge des Verteilungsrohrnetzes %	Mehrung bezw. Minderung (—) gegen das Vorjahr in der Zahl der Anschlüsse im Stadtgebiet %	Bei Schluss des Betriebsjahres waren Grundstücke im Stadtgebiet nicht angeschlossen	Zahl der angeschlossenen öffentl. Bedürfnisanstalten	Zahl der angeschlossenen Freibrunnen zur unentgeltlichen Wasserentnahme	Gesamt-Wasserlieferung (Förderung, Zulauf) cbm	Mehrung bezw. Minderung (—) gegen das Vorjahr %	Leistungsfähigkeit der Anlage in Tausend cbm pro Jahr
1.	2.	3.	4.	5.	6.	7.	8.	9.	10.	11.	12.	13.
Aachen	38 762	97 333	7 368	179	3,1	2,1	.	19	.	4 015 055	—4,7	5 500
Altona	2 026	183 106	7 180	1 464	2,1	1,4	.	40	7	7 741 346	—2,9	10 000
Augsburg†	11 215	75 540	4 153	7	2,4	2,4	.	18	7	8 071 376	9,6	11 710
Barmen	30 545	132 021	6 858		5,3	* 3,0	.	15	.	10 080 000	—0,03	10 95[illegible]
Berlin	23 100	911 667	24 832	263	1,2	—1,1	.	178	16	55 216 903	4,8	52 5[illegible]
Bochum	34 073	125 833	2 989	2 973	—10,1	4,0	.	8	84	14 942 921	7,8	29 200
Braunschweig	96 122		6 491	2	* 3,2	2,0	794	21	4	3 597 032	2,2	5 000
Bremen	218 640		20 287		* 5,5	* 4,1	.	91	419	6 263 431	4,8	5 840
Breslau	254 002		8 257	8	* 2,4	2,2	—	.	.	12 773 315	4,2	21 900
Cassel	24 500	68 705	3 856	15	4,4	3,6	.	8	30	3 274 029	19,4	3 535
Chemnitz†	154 493		5 319	15	* 11,3	9,4	393	—	75	3 062 774	5,6	4 000
Cöln	294 903		21 308	—	* 4,1	5,7	.	37	35	15 407 260	8,2	30 600
Crefeld	5 570	95 794	7 645	69	1,2	2,5	610	12	6	5 112 423	—1,7	7 500
Danzig†	24 797	84 834	5 357		15,6	* 5,6	.	38	54	4 109 275	2,9	.
Dortmund	254 832		7 322	.	* 1,0	3,0	.	21	6	22 073 619	6,6	30 000
Dresden	5 077	287 250	11 400	37	5,9	2,9	326	1	24	14 782 089	4,8	19 345
Düsseldorf	26 621	174 814	10 802	3	3,5	3,9	.	26	.	8 890 891	3,3	10 000
Duisburg	3 567	114 953	6 208	.	2,3	5,4	.	8	25	5 166 216	—2,9	7 500
Elberfeld	180 560	139 234	7 071	230	5,4	3,0	.	23	—	7 024 066	—6,5	8 500
Erfurt	38 459	76 992	4 822	150	0,2	2,5	.	—	25	2 037 998	3,9	4 300
Essen	14 000	131 690	7 194		6,4	* 3,8	.	14	2	10 517 525	8,2	14 000
Frankfurt a. M.	162 711	315 623	13 218	—	3,3	1,9	.	41	179	16 407 463	7,8	20 700
Freiburg i. Br.	10 994	70 252	3 689	—	2,1	3,0	207	6	52	7 380 000	10,1	9 490
Görlitz	3 600	42 911	2 793	—	2,5	6,6	111	10	42	2 034 098	—0,09	5 500
Halle a. S.	25 240	139 154	6 195	15	31,5	22,5	67	19	35	4 463 850	10,2	7 500
Hamburg	521 732		20 251	89	* 2,3	1,3	.	158	218	44 349 729	—0,4	.
Hannover	6 113	276 087	10 248		5,4	* 2,2	.	29	37	9 277 000	3,5	17 446
Karlsruhe†	91 277		4 105	—	* 4,3	4,3	165	13	60	4 353 069	3,2	15 000
Kiel	10 323	85 460	4 575	55	17,4	14,0	176	25	16	2 421 202	6,3	4 500
Königsberg i. Pr.	15 438	87 027	5 441	143	4,5	0,9	700	19	30	4 622 756	4,2	5 000
Leipzig†	27 800	368 500	11 695	278	2,3	4,4	.	36	39	11 272 000	3,8	25 000
Liegnitz	6 320	42 317	2 240	1	4,3	2,7	.	15	1	1 884 375	7,1	3 000
Lübeck	91 672		6 084	—	* 2,1	4,8	2 054	28	271	6 976 500	1,5	9 000
Magdeburg	178 635		6 141	—	* 3,1	1,8	.	32	32	7 435 645	—3,7	8 500
Mainz	2 600	61 426	3 652	—	1,1	2,6	.	1	36	1 471 949	—8,2	.
Mannheim	13 935	104 647	5 056	—	4,9	6,0	.	12	102	3 752 710	5,8	4 500
Metz	29 118		2 138	.	* 0,7	2,7	1 173	30	120	2 599 800	—6,8	3 500
München†	72 670	325 312	12 212	237	10,2	3,9	.	46	54	36 301 805	4,8	47 304
Nürnberg†	28 300	197 804	9 608	—	12,5	7,2	4 096	41	154	6 973 359	0,03	8 000
Plauen i. V.†	23 690	55 717	3 401	.	13,4	6,1	139	8	1	818 700	11,2	1 500
Posen	3 213	52 174	2 663	—	12,1	91,3	558	6	59	2 165 570	23,4	2 500
Potsdam	63 622		2 321	12	* 0,2	—0,4	320	2	—	1 236 987	4,7	3 500
Spandau	4 692	44 898	1 515	1	10,5	1,1	85	11	—	1 053 800	5,2	1 277
Stettin	116 182		3 473	3	* 6,7	4,5	190	26	20	4 047 061	2,0	8 027
Straßburg i. E.	8 500	156 353	6 027	—	8,8	6,1	132	38	65	4 909 143	10,7	6 570
Stuttgart	39 367	206 689	8 221	—	—7,2	5,6	.	19	256	6 052 832	—6,0	9 855
Wiesbaden	17 710	80 774	3 988	—	.	2,5	.	30	28	3 030 950	9,4	4 000
Würzburg†	6 850	87 740	3 141	40	* 8,3	—18,9	.	16	95	5 787 969	11,6	10 000
Zwickau†	15 800	59 500	2 418	34	3,6	1,6	70	15	3	1 570 578	—6,6	2 500

Die Angaben beziehen sich: in Sp. 6 auf das Gesamtrohrnetz, in Sp. 7 auf die Gesamtanschlü-

II. Wasserabgabe im Betriebsjahre 1900 oder 1900/01.

Städte	Von der Gesamt-Wasserabgabe (Tab. I Sp. 11) entfallen auf: a. Verbrauch zu öffentlichen Zwecken	b. Verbrauch in städtischen Gebäuden u. Anstalten	c. Verbrauch der sonstigen Entnehmer	d. Verbrauch im eigenen Bedarf des Werkes und Verlust	a.	b.	c.	d.	Mittlere Bevölkerung des Versorgungsgebietes im Betriebsjahre	Pro K… leren … des V… gebiet… e… von der Gesamt-Wasserabgabe
	cbm	cbm	cbm	cbm	%	%	%	%		Lite
1.	2.	3.	4.	5.	6.	7.	8.	9.	10.	11.
ıachen . . .	31 107	176 198	2 796 259	1 011 491	0,8	4,4	69,6	25,2	141 230	77,
ıltona . . .	175 838	214 486	7 351 022	—	2,3	2,8	94,9	—	174 080	121
ıugsburg . .	1 170 000		6 864 607	36 769	14,5		85,0	0,5	88 570	249
Barmen . . .	199 000	120 000	8 750 000	1 011 000	2,0	1,2	86,8	10,0	150 500	183
Berlin . . .	4 769 768	45 677 107		4 770 028	8,6	82,7		8,7	1 913 640	79
ochum . . .	2 331 561	291 399	12 319 961	bei a	15,6	2,0	82,4	bei a	209 780	195
raunschweig .	591 840	2 707 532		297 660	16,4	75,3		8,3	125 850	78
remen . . .	.	.	.	.	.	.	.		178 050	96
reslau . . .	2 570 554	1 300 788	8 753 973	148 000	20,1	10,2	68,5	1,2	417 980	83
assel . . .	2 165 873			1 108 156		66,2		33,8	113 410	79
hemnitz . .	681 331	2 381 443		bei a	22,2	77,8		bei a	205 750	40
öln	1 503 040	10 510 876		3 393 344	9,8	68,2		22,0	347 190	121
refeld . . .	146 000	310 190	4 631 133	25 100	2,8	6,1	90,6	0,5	107 730	130
anzig . . .	875 000	143 577	2 432 324	658 374	21,3	3,5	59,2	16,0	146 000	77
ortmund . .	5 750 023		16 323 596	bei a b	26,0		74,0	bei ab	251 000	240
resden . .	1 037 751	13 682 968		61 370	7,0	92,6		0,4	405 400	99
üsseldorf . .	524 000	7 922 346		444 545	5,9	89,1		5,0	237 190	102
uisburg . .	221 000		4 945 216	—	4,3		95,7	—	103 730	136
lberfeld . .	78 175	96 685	5 828 753	1 020 453	1,1	1,4	83,0	14,5	180 100	106
rfurt. . . .	326 731	1 711 267		bei a	16,0	84,0		bei a	88 970	62
ssen . . .	132 408	8 817 731		1 567 386	1,3	83,8		14,9	198 860	144
rankfurt a. M.	574 070	1 076 038	14 757 355	—	3,5	6,6	89,9	—	267 000	168
reiburg i. Br.	953 700	351 000	4 357 618	1 717 682	12,9	4,8	59,0	23,3	60 080	336
örlitz . . .	332 000	96 000	1 506 000	100 098	16,3	4,7	74,1	4,9	80 320	69
alle a. S. . .	171 716	171 649	3 003 529	1 116 956	3,9	3,8	67,3	25,0	157 090	77
amburg . .	2 308 880	41 831 949		208 900	5,2	94,3		0,5	700 710	17:
annover†† .	89 500	331 000	5 288 799	1 137 130	1,3	4,8	77,3	16,6	284 570	8!
arlsruhe i. B.	437 673	400 140	3 515 256	—	10,1	9,2	80,7	—	95 820	124
iel	282 072	1 683 567		455 563	11,7	69,5		18,8	105 270	6:
önigsberg i. Pr.	167 500	4 096 000		359 256	3,6	88,6		7,8	189 300	6(
eipzig . . .	894 000	7 769 000		2 609 000	7,9	68,9		23,2	467 740	6(
iegnitz . . .	106 960	21 000	1 335 540	420 875	5,7	1,1	70,9	22,3	54 200	9!
übeck . . .	.	.	.		.	.	.	.	79 090	24(
agdeburg . .	461 773	484 273	5 468 470	1 021 129	6,2	6,5	73,6	13,7	230 130	8
ainz . . .	102 542	148 768	1 165 891	54 748	7,0	10,1	79,2	3,7	84 090	4
annheim . .	404 258	249 986	2 538 783	559 683	10,8	6,7	67,6	14,9	121 100	8
etz	1 029 000	1 036 970	533 830	bei b	39,6	39,9	20,5	bei b	58 400	12:
ünchen. . .	7 250 113	2 172 135	26 861 307	18 250	20,0	6,0	74,0	0,0	498 600	19!
ürnberg . .	1 254 282	556 109	4 683 626	479 342	18,0	8,0	67,1	6,9	254 080	7!
auen i. V. .	32 360	59 432	726 908	—	3,9	7,3	88,8	—	73 570	3(
osen. . . .	145 090	213 147	1 054 098	753 235	6,7	9,8	48,7	34,8	116 490	5(
otsdam . . .	64 182	49 000	939 250	184 555	5,2	4,0	75,9	14,9	60 000	5(
pandau . . .	249 700	798 717		5 383	23,7	75,8		0,5	64 800	4
ettin . . .	190 409	301 130	2 942 806	612 716	4,7	7,5	72,7	15,1	162 350	6
raßburg i. E.	2 055 142		2 363 087	490 914	41,9		48,1	10,0	150 530	8!
uttgart . .	970 000		4 300 000	782 832	16,0		71,1	12,9	176 070	9
iesbaden . .	800 000		2 152 393	78 557	26,4		71,0	2,6	85 650	9
ürzburg . .	1 936 729	961 990	2 068 339	820 911	33,5	16,6	35,7	14,2	76 290	20
wickau . . .	49 867	90 000	1 430 711	bei a u. b	3,2	5,7	91,1	bei a u. b	65 350	6

*) Einschließlich des Verbrauchs unter b. — †) Einschließlich des Verbrauchs unter

) Siehe die Bemerkung S. 461.

IIIa. Finanzielle Ergebnisse des Wasserwerks-

Städte	Einnahmen					
	Übernahme aus dem Vorjahre; Zuschüsse ℳ	Für verkauftes Wasser ℳ	Miete der Wassermesser ℳ	Aus Magazin und Werkstatt ℳ	Verschiedene Einnahmen ℳ	Gesamt-Einnahmen ℳ
1.	2.	3.	4.	5.	6.	7.
Aachen	—	412 870	57 995	6 991	7 948	485 804
Altona	—	924 830	20 338	8 941	—	954 109
Augsburg	—	236 411	—	2 927	2 560	241 898
Barmen	—	663 514	8 201	12 116	3 460	687 291
Berlin	—	7 231 856	—	44 145	15 819	7 291 820
Bochum	—	821 532	29 044	106 853	6 611	964 040
Braunschweig*	—	296 678	687	27 414	1 466	326 245
Bremen	—	619 663	—	1 122	1 657	622 442
Breslau*	426 012	1 436 729	—	25 004	13 406	1 901 151
Cassel	—	382 777	669	75 256	10 113	468 815
Chemnitz	—	532 094	—	9 236	15 320	556 650
Cöln a. Rh.	—	1 375 876	139 674	18 965	9 262	1 543 777
Crefeld*	11 286	311 238	10 016	33 606	—	366 146
Danzig	.	.		.		.
Dortmund	. .	1 185 715	39 012	12 316	31 676	1 268 719
Dresden	—	1 654 552	—	18 549	82 452	1 755 553
Düsseldorf	—	827 945	37 302	15 414	22 830	903 491
Duisburg*	—	339 657	14 170	14 054	—	367 881
Elberfeld	—	709 723	53 688	29 207	6 589	799 2[illegible]7
Erfurt	—	292 378	514	33 354	1 064	327 310
Essen	—	611 032	39 602	17 504	6	668 144
Frankfurt a. M.	—	2 499 947	752	—	81 038	2 581 737
Freiburg i. B.	—	320 086	1 770	7 098	5 618	334 572
Görlitz	—	155 333	—	47 581	2 765	205 679
Halle a. S.*	47 671	532 470	1 492	—	14 854	596 487
Hamburg	—	3 504 343	3 648	—	—	3 507 991
Hannover*	83 973	1 010 801	72 542	8 429	52 882	1 228 627
Karlsruhe	—	465 616	9 215	1 678	1 931	478 440
Kiel	—	314 215	21 624	—	2 862	338 701
Königsberg i. Pr.	—	541 616	—	3 752	16 668	562 036
Leipzig	—	1 369 715	92 650	35 227	188 698	1 686 290
Liegnitz	.	.	.	.	.	.
Lübeck	—	278 578	966	2 473	1 717	283 734
Magdeburg	—	717 756	—	8 500	3 799	730 055
Mainz*	1 276	324 443	28 474	6 305	11 565	372 063
Mannheim	—	576 577	12 808	—	10 318	599 703
Metz	—	95 713	—	1 133	—	96 846
München	—	1 473 765	125 267	14 677	32 130	1 645 839
Nürnberg*	1 500	515 640	57 183	8 935	6 108	589 366
Plauen i. V.	—	142 391	—	16 377	8 260	167 028
Posen*	14 907	173 322	—	—	3 080	191 309
Potsdam	—	203 226	376	—	3 322	206 924
Spandau	.	.	.	.	.	.
Stettin	—	563 812	92	4 126	2 105	570 135
Straßburg i. E.	—	313 840	66 667	—	—	380 507
Stuttgart	—	779 366	529	10 000	8 219	798 114
Wiesbaden*	33 375	536 305	1 537	3 825	1 272	576 314
Würzburg*	81 193	204 161	—	4 041	24 696	314 091
Zwickau*	8 000	186 776	282	2 816	44 361	242 235

*) Siehe die Bemerkungen auf Seite 464.

-betriebs im Betriebsjahre 1900 oder 1900/01.

Ausgaben: Allgemeine Verwaltung	Ausgaben: Betriebs- (Förderungs-) kosten	Ausgaben: Unterhalt der Betriebsanlagen und Wassermesser	Ausgaben: Verzinsung und Amortisation	Ausgaben: Abführung zu Fonds	Ausgaben: Verschiedene Ausgaben	Gesamt-Ausgaben	Einnahmen-Überschuß	Städte
ℳ	ℳ	ℳ	ℳ	ℳ	ℳ	ℳ	ℳ	
8.	9.	10.	11.	12.	13.	14.	15.	16.
56 377	36 503	39 389	311 849	—	—	444 118	41 686	Aachen.
65 855	148 109	24 736	261 250	72 089	12	572 051	382 058	Altona.
—	22 754	28 294	—	—	—	51 048	190 850	Augsburg.
49 741	240 802	60 598	211 678	10 000	—	572 819	114 472	Barmen.
187 512	1 890 004		2 690 487	100 000	25 311	4 893 314	2 398 506	Berlin.
65 707	271 617	161 373	—	21 626	—	520 323	443 717	Bochum.
42 071	73 464	20 697	75 420	55 000	—	266 652	59 593	Braunschweig.
54 214	112 916	65 219	333 971	—	—	566 320	56 122	Bremen.
148 468	89 887	128 772	432 977	424 063	294 937	1 519 104	382 047	Breslau.
55 671	13 082	82 497	223 679	—	19 992	394 921	73 894	Cassel.
59 796	44 400	33 206	286 754	132 494	—	556 650	—	Chemnitz.
129 596	169 673	150 231	460 329	200 000	—	1 109 829	433 948	Cöln a. Rh.
67 099	84 804		126 077	64 878	—	342 858	23 288	Crefeld.
.	.		.	.	.	.	.	Danzig.
107 061	212 814	63 868	466 667	32 780	—	883 190	385 529	Dortmund.
194 247	134 441	89 128	421 709	915 216	812	1 755 553	—	Dresden.
71 995	126 656	42 524	73 782	293 390	—	608 347	295 144	Düsseldorf.
14 346	64 691	16 299	83 353	74 461	19 731	272 881	95 000	Duisburg.
90 215	201 843	76 478	337 852	48 309	44 510	799 207	—	Elberfeld.
26 167	90 280		138 927	5 704	1 610	262 688	64 622	Erfurt.
79 032	138 163	74 051	277 753	15 582	—	584 581	83 563	Essen.
219 523	611 050	58 155	884 400	107 930	3 999	1 885 057	696 680	Frankfurt a. M.
15 102	29 581		97 666	—	10 689	153 038	181 534	Freiburg i. Br.
16 766	16 992	73 870	87 332	10 000	719	205 679	—	Görlitz.
55 110	71 062	60 666	217 288	32 625	26 486	463 237	133 250	Halle a. S.
	1 673 796		—	—	—	1 673 796	1 834 195	Hamburg.
83 890	167 968		414 468	—	—	666 326	562 301	Hannover.
37 261	29 414	61 913	149 090	—	2 594	280 272	198 168	Karlsruhe.
30 590	72 772	25 358	179 641	—	14 324	322 685	16 016	Kiel.
33 282	127 003		268 879	—	13 105	442 269	119 767	Königsberg i. Pr.
174 934	120 026	99 937	381 276	476 058	9 937	1 262 168	424 122	Leipzig.
.	.	.	.	.	.	.		Liegnitz.
20 157	85 779	41 467	59 229	19 275	—	225 907	57 827	Lübeck.
68 542	95 798	58 590	348 674	76 069	—	647 673	82 382	Magdeburg.
22 391	131 510		114 910	—	—	268 811	103 252	Mainz.
37 373	37 166	40 825	140 190	88 703	1 759	346 016	253 687	Mannheim.
	17 920		—	—	—	17 920	78 926	Metz.
128 474	—	130 405	832 402	—	33 878	1 125 159	520 680	München.
43 822	103 641		192 721	76 144	4 498	420 826	168 540	Nürnberg.
17 340	—	16 619	84 477	47 044	1 548	167 028	—	Plauen i. V.
46 165	42 430	13 074	89 640	—	—	191 309	—	Posen.
22 754	21 805	7 242	52 776	—	—	104 577	102 347	Potsdam.
20 000	35 462	13 330	55 317	8 450	7 441	140 000	.	Spandau.
45 504	86 573	38 334	152 223	3 210	8 469	334 313	235 822	Stettin.
25 791	101 302		—	—	—	127 093	253 414	Straßburg i. E.
101 430	141 709		81 600	—	1 935	326 674	471 440	Stuttgart.
33 691	31 750	21 698	91 670	50 000	22 217	251 026	325 288	Wiesbaden.
24 494	50 497	34 098	205 002	—	—	314 091	—	Würzburg.
23 110	1 944	12 466	84 939	—	8 914	131 373	110 862	Zwickau.

IIIb. Finanzielle Ergebnisse des Wasserwerkbetriebs im Betriebsjahre 1900 oder 1900/1

Städte	Von der Gesamt-Wasserabgabe (Tab. I Sp. 11) si gegen Bezahlung abgegeben cbm	Einnahmen für Wasser (Tab. IIIa Sp. 3) M	Einnahmen für Wassermessermiete et Werks att-betrieb u. sonstiges (Tab. IIIa Sp. 4,5,6) M	Einnahmen Zusammen M	Ausgaben für Verwaltung, Förderung, Unterhalt der Anlagen (Tab. IIIa Sp. 8,9,10) M	Ausgaben sonstige (Tab. IIIa Sp. 13) M	Ausgaben Zusammen M	Be-triebs-Über-[illegible]
1.	2.	3.	4.	5.	6.	7.	8.	9.
Aachen	2 796 259	412 870	72 934	485 804	132 269	—	132 269	[illegible]
Altona	7 741 346	924 830	29 279	954 109	238 700	12	238 712	[illegible]
Augsburg	6 864 607	236 411	5 487	241 898	51 048	—	51 048	[illegible]
Barmen	8 750 000	663 514	23 777	687 291	351 141	—	351 141	[illegible]
Berlin	45 677 107	7 231 856	59 964	7 291 820	2 077 516	25 311	2 102 827	[illegible]
Bochum	12 463 479	821 532	142 508	964 040	498 697	—	498 697	[illegible]
Braunschweig*	3 597 032	296 678	29 567	326 245	136 232	—	136 232	[illegible]
Bremen	.	619 663	2 779	622 442	232 349	—	232 349	[illegible]
Breslau*	9 794 119	1 436 729	38 410	1 475 139	367 127	2 307	369 434	[illegible]
Cassel	1 038 225	382 777	86 038	468 815	151 250	19 992	171 242	[illegible]
Chemnitz	3 062 774	532 094	24 556	556 650	137 402	—	137 402	[illegible]
Cöln a. Rh.	10 510 876	1 375 876	167 901	1 543 777	449 500	—	449 500	[illegible]
Crefeld*	4 656 783	311 238	43 622	354 860	151 903	—	151 903	[illegible]
Danzig	2 432 324	.	.	.	.	.	.	
Dortmund	22 073 619	1 185 715	83 004	1 268 719	383 743	—	383 743	[illegible]
Dresden	14 782 089	1 654 552	101 001	1 755 553	417 816	812	418 628	[illegible]
Düsseldorf	7 922 346	827 945	75 546	903 491	241 175	—	241 175	[illegible]
Duisburg*	4 945 216	339 657	28 224	367 881	95 336	—	95 336	[illegible]
Elberfeld	7 024 066	709 723	89 484	799 207	368 536	44 510	413 046	[illegible]
Erfurt	1 711 267	292 378	34 932	327 310	116 447	1 610	118 057	[illegible]
Essen	10 517 525	611 032	57 112	668 144	291 246	—	291 246	[illegible]
Frankfurt a. M.	15 822 193	2 499 947	81 790	2 581 737	888 728	3 999	892 727	[illegible]
Freiburg i. Br.	4 357 618	320 086	14 486	334 572	44 683	10 689	55 372	[illegible]
Görlitz	1 512 000	155 333	50 346	205 679	107 628	719	108 347	[illegible]
Halle a. S.*	3 346 894	532 470	16 346	548 816	186 838	551	187 389	[illegible]
Hamburg	43 265 921	3 504 343	3 648	3 507 991	1 673 796	—	1 673 796	[illegible]
Hannover*		1 010 801	133 853	1 144 654	251 858	—	251 858	[illegible]
Karlsruhe	4 353 069	465 616	12 824	478 440	128 588	2 594	131 182	[illegible]
Kiel	1 603 269	314 215	24 486	338 701	128 720	14 324	143 044	[illegible]
Königsberg i. Pr.	4 263 500	541 616	20 420	562 036	160 285	13 105	173 390	[illegible]
Leipzig	8 269 000	1 369 715	316 575	1 686 290	394 897	9 937	404 834	[illegible]
Liegnitz	1 884 375	.	.	.	.	.	.	
Lübeck	.	278 578	5 156	283 734	147 403	—	147 403	[illegible]
Magdeburg	5 952 743	717 756	12 299	730 055	222 930	—	222 930	[illegible]
Mainz*	1 412 201	324 443	46 344	370 787	153 901	—	153 901	[illegible]
Mannheim	3 181 144	576 577	23 126	599 703	115 364	1 759	117 123	[illegible]
Metz	533 830	95 713	1 133	96 846	17 920	—	17 920	[illegible]
München	31 812 005	1 178 765	172 074	1 645 839	258 879	33 878	292 757	[illegible]
Nürnberg*	4 960 160	515 640	72 226	587 866	147 463	2 857	150 320	[illegible]
Plauen i. V.	816 200	142 391	24 637	167 028	33 959	1 548	35 507	[illegible]
Posen*	1 291 399	173 322	3 080	176 402	101 669	—	101 669	[illegible]
Potsdam	939 250	203 226	3 698	206 924	51 801	—	51 801	[illegible]
Spandau	1 018 417	.		.	68 792	7 441	76 233	.
Stettin	4 047 061	563 812	6 323	570 135	170 411	8 469	178 880	[illegible]
Straßburg i. E.	2 363 087	313 840	66 667	380 507	127 093	—	127 093	[illegible]
Stuttgart	4 300 000	779 366	18 748	798 114	243 139	1 935	245 074	[illegible]
Wiesbaden*	2 152 393	536 305	6 634	542 939	87 139	—	87 139	[illegible]
Würzburg*	4 757 538	204 161	28 737	232 898	109 089	—	109 089	[illegible]
Zwickau*	1 570 578	186 776	47 459	234 235	37 520	8 914	46 434	[illegible]

*) Siehe die Bemerkungen auf Seite 464.

. Rentabilität der Wasserwerksanlagen im Betriebsjahre 1900 oder 1900/01.

Städte	Pro cbm bezahlten Wassers (Tab. IIIb Sp. 2) stellt sich der Erlös für Wasser (Tab. IIIb Sp. 3) ₰	Pro cbm Wasser der Gesamtabgabe (Tab. I Sp. 12) stellen sich: die eigentlich. Betriebskosten (Tab. IIIb Sp. 6) ₰	die Einnahmen für Wasser (Tab. IIIb Sp. 3) ₰	die Gesamt-Ausgaben (Tab. IIIb Sp. 8) ₰	die Gesamt-Einnahmen (Tab. IIIb Sp. 5) ₰	Bei Schluß des Betriebsjahres betrug: a. der Gesamt-Anlagewert M.	b. der Buchwert der Anlage M.	In dem Betriebsüberschuß (Tab. IIIb Sp. 9) rentiert sich der Wert a zu %	der Wert b zu %
1.	2.	3.	4.	5.	6.	7.	8.	9.	10.
chen	14,8	3,3	10,3	3,3	12,1	4 038 719	1 411 124	8,8	25,1
ona	11,9	3,1	11,9	3,1	12,3	5 988 443	5 919 587	11,9	12,1
gsburg	3,4	0,6	2,9	0,6	3,0	2 768 000	.	6,9	.
men	7,6	3,5	6,6	3,5	6,8	4 483 065	3 687 386	7,5	9,1
lin	15,8	3,8	13,1	3,8	13,2	69 293 604	.	7,5	.
chum	6,6	3,3	5,5	3,3	6,5	.	2 893 500	.	16,1
unschweig	8,2	3,8	8,2	3,8	9,1	3 316 271	1 388 464	5,7	13,7
emen	.	3,7	9,9	3,7	9,9	6 974 760	4 942 878	5,6	7,9
slau	14,7	2,9	11,2	2,9	11,5	8 899 371	6 665 371	12,4	16,6
sel	36,9	4,6	11,7	5,2	14,3	3 884 162	.	7,7	.
emnitz	17,4	4,5	17,4	4,5	18,2	6 761 445	.	6,2	.
n a. Rh.	13,1	2,9	8,9	2,9	10,0	9 778 638	1 630 849	11,2	67,1
feld	6,7	3,0	6,1	3,0	6,9	2 893 454	1 499 160	7,0	13,5
nzig	.	.	.	.	.	.	.	.	.
rtmund	5,4	1,7	5,4	1,7	5,7	9 112 377	.	9,7	.
esden	11,2	2,8	11,2	2,8	11,9	.	11 387 878	.	11,7
sseldorf	10,5	2,7	9,3	2,7	10,2	3 947 754	371 897	16,8	178,1
isburg	6,9	1,8	6,6	1,8	7,1	2 208 374	798 962	12,3	34,1
erfeld	10,1	5,2	10,1	5,9	11,4	7 161 181	.	5,4	.
urt	17,1	5,7	14,3	5,8	16,1	1 822 594	1 764 751	11,5	11,9
sen	5,8	2,8	5,8	2,8	6,4	5 229 290	2 907 841	7,2	13,0
unkfurt a. M.	15,8	5,4	15,2	5,4	15,7	21 894 425	16 964 342	7,7	10,0
iburg i. Br.	7,8	0,6	4,3	0,8	4,5	2 102 223	.	13,3	.
rlitz	10,2	5,3	7,6	5,3	10,1	1 297 780	1 279 645	7,5	7,6
lle a. S.	15,9	4,2	11,9	4,2	12,3	5 723 250	2 976 152	6,3	12,1
mburg	8,1	3,8	7,9	3,8	7,9	29 482 699	.	6,2	.
nnover	*18,5	2,7	10,9	2,7	12,3	10 224 572	7 245 387	8,7	12,3
rlsruhe i. B.	10,7	3,0	10,7	3,0	11,0	3 073 197	2 239 749	11,3	15,5
l	19,6	5,3	13,0	5,9	14,0	3 091 951	2 357 928	6,3	8,3
nigsberg i. Pr.	12,7	3,5	11,7	3,8	12,2	6 411 780	5 292 653	6,1	7,3
ipzig	16,6	3,5	12,2	3,6	15,0	11 362 122	7 204 300	11,3	17,8
gnitz	.	.	.	.	.	.	.	.	.
beck	.	2,1	4,0	2,1	4,1	2 578 327	1 322 021	5,3	10,3
gdeburg	12,1	3,0	9,7	3,0	9,8	6 394 564	4 001 502	7,9	12,7
inz	23,0	10,5	22,0	10,5	25,2	1 957 892	1 065 071	11,1	20,4
nnheim	18,1	3,1	15,4	3,1	16,0	3 600 976	2 652 018	13,4	18,2
tz	17,9	0,7	3,7	0,7	3,7	.	.		.
inchen	4,6	0,7	4,1	0,8	4,5	17 167 277	.	7,9	.
rnberg	10,4	2,1	7,4	2,2	8,4	4 882 645	4 734 762	9,0	9,2
auen i. V.	17,4	4,1	17,4	4,3	20,4	2 396 502	.	5,5	.
sen	13,4	4,7	8,0	4,7	8,1	1 175 600	.	6,4	.
tsdam	21,6	4,2	16,4	4,2	16,7	1 823 572	1 119 477	8,5	13,9
andau	.	.	6,5	.	7,2	.	.	.	.
ettin	13,9	4,2	13,9	4,4	14,1	3 160 034	2 813 799	12,4	13,9
rassburg i. E.	13,3	2,6	6,4	2,6	7,8	4 496 646	3 923 976	5,6	6,5
uttgart	18,1	4,0	12,9	4,0	13,2	7 434 693	5 461 088	7,4	10,1
iesbaden	24,9	2,9	17,7	2,9	17,9	5 089 854	4 432 546	9,0	10,3
ürzburg	4,3	1,9	3,5	1,9	4,0	3 623 781	2 853 223	3,4	4,3
vickau	11,9	2,4	11,9	3,0	14,9	2 616 084	2 498 381	7,2	7,5

*) Bezieht sich nur auf den Erlös aus 5 288 799 cbm der Grundwasserleitung (vgl. S. 461).

XXIX.

Gemeindesteuern.

Von

Hermann Schöbel,

Direktor des statistischen Amts der Stadt Chemnitz.

Die folgenden Zusammenstellungen über Gemeindesteuern gründen sich wieder in erster Linie auf die Angaben in den von den Stadtverwaltungen auf Ersuchen der Redaktion des Jahrbuchs ausgefüllten Fragebogen und die städtischen Verwaltungsberichte. Mehrere Angaben bei Übersicht V sind aus der Zusammenstellung der Gemeindesteuern in den preußischen Großstädten in der Beilage zum Monatsberichte des statistischen Amts der Stadt Elberfeld für Januar 1903 entnommen.

Der Ausfall der Städte Darmstadt und Mülhausen i. E. hat veranlaßt, auf die bisherige besondere Nachweisung der Verbrauchsabgaben in den hessischen und elsaß-lothringischen Städten zu verzichten. Diese Städte sind jetzt, soweit von ihnen Angaben vorlagen, mit den Städten der übrigen Bundesstaaten in einer Übersicht zusammen aufgeführt. Im übrigen ist der derzeitige Bearbeiter von den bisherigen im vorigen Jahrgang wiederholten Grundsätzen der Bearbeitung nicht abgewichen.

Einige Hauptergebnisse der Statistik seien im folgenden kurz zusammengestellt:

1. Ordnet man die Städte nach den auf den Kopf der Bevölkerung entfallenden Steuerleistungen, so ergeben sich folgende Gruppen:

a) Städte mit mehr als 40 Mark Steuerleistung: Frankfurt a. M.

b) Städte mit 35—40 Mark Steuerleistung: Wiesbaden, Essen.

c) Städte mit 30—35 Mark Steuerleistung: Mainz, Dortmund. Charlottenburg, Berlin, Elberfeld, Stuttgart, Düsseldorf, Cassel.

d) Städte mit 25—30 Mark Steuerleistung: Aachen, Breslau. Cöln, Altona, Dresden, Duisburg, Crefeld, Barmen, Straßburg, München. Mannheim.

e) Städte mit 20—25 Mark Steuerleistung: Potsdam, Magdeburg, Leipzig, Königsberg, Augsburg, Erfurt, Stettin, Kiel, Plauen i. V., Danzig, Hannover, Bochum, Braunschweig, Halle a. S., Posen, Chemnitz, Metz.

f) Städte mit weniger als 20 Mark Steuerleistung: Karlsruhe, Zwickau, Nürnberg, Freiburg i. Br., Frankfurt a. O., Würzburg, Spandau, Görlitz, Liegnitz.

Auf die Gründe dieser Gruppierung kann hier natürlich nicht eingegangen werden. Sie werden teils in der verschiedenen Wohlhabenheit der Städte, teils in der Verschiedenheit der Aufgaben, die von den Stadtverwaltungen zu lösen sind, teils auch darin zu suchen sein, daß Einnahmen aus eigenem Vermögen oder eigenen Unternehmungen den Städten in sehr verschiedenem Umfange zur Verfügung stehen, und daß bei manchen Leistungen, wie z. B. bei der Wasserversorgung, der Unterhaltung von Schulen pp., die Heranziehung der Allgemeinheit zur Kostendeckung in verschiedenem Maße erfolgt.

2. Inbezug auf die Belastung der Bevölkerung mit Verbrauchssteuern hoben sich die elsässisch-lothringischen Städte Straßburg und Metz mit Prozentsätzen von 21 bezw. 19 Mark auf den Kopf wesentlich von den übrigen Städten ab. Doch entfällt von diesem Betrage nur etwa ein Viertel auf die Besteuerung eigentlicher Nahrungsmittel, während etwa drei Viertel auf Abgaben von Getränken, Bau-, Brenn- und Beleuchtungsmaterialien, sowie von einigen anderen Gebrauchsgegenständen wie Seife pp. entfallen.

Von größerer Bedeutung sind die Verbrauchsabgaben alsdann noch in den preußischen Städten Wiesbaden, Potsdam, Aachen, Cassel, Breslau und Posen, in den bayerischen Städten Augsburg, Würzburg, München und Nürnberg, in den badischen Städten Freiburg und Karlsruhe, sowie in Mainz, Stuttgart und Dresden. Alle andern in unsern Zusammenstellungen berücksichtigten Städte erheben keinerlei Verbrauchsabgaben von Nahrungsmitteln, sondern nur solche von Getränken und zwar außer Mannheim, das auch Wein und Obstwein besteuert, nur von Bier.

Der Belastung auf den Kopf der Bevölkerung entsprechend gestaltet sich natürlich auch der Anteil der Verbrauchssteuern an der Gesamtsteuerleistung in den einzelnen Städten. In Metz sind 91,46 Prozent, in Straßburg 83,46 Prozent aller Steuern Verbrauchssteuern. Mehr als 1/4 oder fast 1/4 der gesamten Steuerleistung machen die Einnahmen aus Verbrauchssteuern aus in Potsdam und Posen, in Würzburg, Augsburg und Nürnberg, in Freiburg und in Mainz, etwa 1/5 in Aachen, Cassel und Breslau, in München, in Dresden, in Stuttgart und in Karlsruhe.

3. Sehr verschieden ist auch die Bedeutung der übrigen Steuerarten im Steuersystem der einzelnen Städte, selbst wenn man nur die Städte eines einzelnen Landes miteinander vergleicht. Während z. B. in Essen nur 14,14 Prozent aller Steuern durch die Grund- und Gebäudesteuer und 65,73 Prozent durch die Einkommensteuer aufgebracht werden, liefert in Altona die Grundsteuer 56,66 und die Einkommensteuer nur 34,05 Prozent. Der Anteil der Grundsteuer

am gesamten Steuerbetrage in Dresden verhielt sich zu diesem Anteile in Leipzig fast wie 1 : 2. Der Anteil der Gewerbesteuer am gesamten Steuerertrage war in Potsdam fast Null. während er in Cöln 17,42, in Crefeld 16 und in Berlin 15,35 Prozent der Gesamtsteuerleistung ausmachte.

Von den in Übersicht I als Aufwandsteuern bezeichneten Abgaben fallen namentlich die Hundesteuer und die Steuer von Vergnügungen und Lustbarkeiten ins Gewicht. Jene wurde in allen Städten ohne Ausnahme, diese nur in 13 von 48 Städten nicht erhoben. Eine Steuer vom Grundbesitzwechsel (Umsatzsteuer) findet sich nur in 6 süddeutschen Städten nicht (Freiburg, Karlsruhe, Mainz, Mannheim, Metz, Straßburg); in vielen Städten Norddeutschlands hat sie dagegen einen sehr beträchtlichen Anteil am Gesamtsteuerertrage, nämlich mehr als 10 Prozent in Dresden, 9—10 Prozent in Stettin, Düsseldorf und Wiesbaden, 8—9 Prozent in Plauen i. V., Charlottenburg, Frankfurt a. M. und Chemnitz; 7—8 Prozent in Hannover, 6—7 Prozent in Cöln, Danzig, Kiel, Leipzig, Spandau und Königsberg, 5—6 Prozent in Liegnitz, Dortmund, Duisburg und Posen.

4. In der Hälfte der in unsern Übersichten aufgeführten preußischen Städte — siehe die Anmerkungen zu Übersicht V — wird die Grundsteuer ganz oder teilweise nach dem gemeinen Werte, in mehr als der Hälfte als besondere Steuer erhoben. Von dem Veranlagungssoll der staatlichen Grundsteuer kommen zur Hebung — für die Städte mit eigenen Grundsteuern sind die Zahlen berechnet bezw. geschätzt — 390 Prozent in Altona, 200—230 Prozent in Kiel, Essen, Barmen und Dortmund, 160—195 Prozent in Stettin, Königsberg, Elberfeld, Danzig, Aachen, Duisburg, Frankfurt a. O., Magdeburg, Erfurt, Bochum, Düsseldorf, Breslau, Posen, Crefeld, Halle a. S., 150 Prozent in Berlin, Görlitz, Liegnitz und Potsdam, weniger als 150 Prozent in Charlottenburg, Cassel, Hannover, Cöln, Frankfurt a. M. und Wiesbaden.

Bei der Gewerbesteuer schwankt die Zahl der Prozente, die von der staatlich veranlagten Gewerbesteuer erhoben werden, zwischen 100 (in Altona, Frankfurt a. M. und Potsdam) und 220 in Essen; 200 Prozent sind es in Aachen, Barmen und Cöln.

Über die im Jahre 1901 in Preußen erstmalig erhobene Warenhaussteuer wird im nächsten Jahrgange berichtet werden. Über ihre Berücksichtigung bei der Zusammenstellung der Gewerbesteuersätze in Übersicht V siehe die Bemerkungen zu dieser Übersicht.

Bemerkungen zu Übersicht I.

Wo die Isterträge nicht vorlagen und daher ausnahmsweise das Veranlagungssoll eingestellt werden mußte, ist dies durch Kursivdruck der Ziffern kenntlich gemacht.

In Sp. 15 sind, wo in den folgenden Bemerkungen zu den einzelnen Städten nichts anderes angegeben ist, nur Abgaben für Jagdscheine aufgeführt.

Altona. Zu Sp. 3/4. Eingerechnet sind die Löschkostenbeiträge mit 154822 ℳ, nicht eingerechnet ist dagegen die Sielsteuer in Höhe von 69228 ℳ. — Zu Sp. 15. Abgaben für Jagdscheine (3020 ℳ) und für Reisepässe (925 ℳ).

Augsburg. Zu Sp. 15. Abgabe für Reisepässe.

Bochum. Zu Sp. 15. Abgabe für Jagdscheine (1804 ℳ) und Reisepässe (116 ℳ).

Chemnitz. Zu Sp. 15. Abgabe für Jagdscheine (674 ℳ) und Reisepässe (226 ℳ). — Nicht berücksichtigt wurden die Einnahmen aus der Wasserleitungssteuer in Höhe von 244250 ℳ

Dortmund. Zu Sp. 4–6 und 10—11. Die Ertrags- und Einkommensteuern werden nicht getrennt erhoben, auch werden die Abgänge pp. nicht getrennt geführt. Der Gesamtertrag dieser Steuern ist in Sp. 10 angegeben.

Dresden. Zu Sp. 15. Abgabe für Jagdscheine (2346 ℳ), für Angel- und Fischkarten (63 ℳ) und für Reisepässe (908 ℳ); Nachtigallensteuer (12 ℳ).

Erfurt. Nicht berücksichtigt sind 27698 ℳ Kanalgebühren.

Frankfurt a. M. Zu Sp. 10. Das nach dem Einkommen umgelegte Einquartierungsgeld ist mit 42294 ℳ eingerechnet. — Zu Sp. 14. Theaterbilletsteuer. — Zu Sp. 16. Pferdesteuer (19468 ℳ) und Abgabe für Jagdscheine (7608 ℳ). — Zu Sp. 19. Siehe die Bemerkungen zu Übersicht II.

Freiburg. Zu Sp. 3—5, 9 und 10. Diese Anlagen können nur nach ihrem Sollbetrage beziffert werden, da die Zahlungen nicht getrennt nach Arten, sondern in Terminen der Gesamtschuldigkeit erfolgen. Das Gleiche gilt von den Abgängen und Resten. Die Gesamtisteinnahme ist mit 853314 ℳ in Sp. 20 eingerechnet. — Zu Sp. 15. Abgabe für Angel- und Fischkarten.

Görlitz. Zu Sp. 15. Abgabe für Jagdscheine (4289 ℳ) und für Reisepässe (44 ℳ).

Karlsruhe. Zu Sp. 3—5, 8 und 9. Der Gesamt-Istbetrag dieser Steuern ist mit 1517375 ℳ in Sp. 20 eingerechnet.

Königsberg. Zu Sp. 10. Ausschließlich der Reste aus Vorjahren.

Mainz. Zu Sp. 3—5, 8 und 9. Der Gesamt-Istertrag dieser Steuern ist mit 2102890 ℳ in Sp. 20 eingerechnet.

München. Zu Sp. 18. Einschließlich — wie in früheren Jahrgängen des Jahrbuchs — 102364 ℳ Getreidezoll.

Nürnberg. Zu Sp. 3—5 und 7—9. Die Gesamt-Isteinnahme dieser Anlagen ist mit 3257295 ℳ in Sp. 20 eingerechnet worden. — Zu Sp. 15 Abgabe für Reisepässe und Paßkarten.

Plauen i. V. Zu Sp. 15. Abgabe für Angel- und Fischkarten.

Potsdam. Zu Sp. 15. Abgabe für Jagdscheine (2970 ℳ) und Nachtigallensteuer (6 ℳ).

Spandau. Zu Sp. 15. Abgabe für Jagdscheine (1646 ℳ) und für Angel- und Fischkarten (60 ℳ).

Stettin. Zu Sp. 5. Einschließlich 11765 ℳ Mehrbelastungszuschläge.

Stuttgart. Zu Sp. 3—5. Der Istbetrag dieser Steuern, wie er in Sp. 20 eingerechnet ist, betrug 3291594 ℳ — Zu Sp. 8 und 9. Istbetrag dieser Steuern zusammen 597254 ℳ. — Zu Sp. 18. Die Pflasterzolleinnahme ist verpachtet. Der vom Pächter an die Stadtkasse abgeführte Betrag belief sich auf 21720 ℳ. Hierzu sind, wie in früheren Jahrgängen dieses Jahrbuchs, 6000 ℳ hinzugerechnet worden, um die von der Bevölkerung wirklich gezahlte Summe zu gewinnen.

Wiesbaden. Zu Sp. 3—5 und 10. Die Isteinnahme aus diesen Steuern, wie sie in Sp. 20 eingerechnet ist, betrug 2333836 ℳ

Würzburg. Zu Sp. 19. Einschließlich Holzzoll, Krautzoll und Kaffeeaccis.

Zwickau. Zu Sp. 15. Abgabe für Jagdscheine (480 ℳ) und für Reisepässe (436 ℳ).

Bemerkungen zu Übersicht II.

Aachen. Zu Sp. 15. Brennholz und Kohlen.

Augsburg. Zu Sp. 15. Gips, Kalk, Zement, Floß- und Nutzholz.

Frankfurt a. M. Verbrauchsabgaben werden nur in dem seit 1. April 1895 eingemeindeten ehemaligen Stadtgebiet Bockenheim erhoben.

Freiburg. Zu Sp. 16. Hier sind 250 ℳ Nachzahlungen von Verbrauchssteuern mit eingerechnet, deren Verteilung auf die einzelnen Steuerarten nicht möglich ist.

Karlsruhe. Zu Sp. 15. Brennholz.

Mainz. Zu Sp. 3. Hierunter 9448 ℳ für Dürrgemüse. Zu Sp. 15. Brennholz, Kohlen, Coaks.

Metz. Zu Sp. 15. Bau-, Brenn- und Beleuchtungsmaterialien, Seife, Soda, Firniß.

Die Stadt zahlt aus dem Ertrage des Octroi 36000 M. jährlich an den Militärfiskus als Beitrag zu den Kosten der Kasernierung der Truppen.

Straßburg. Zu Sp. 15. Vgl. Metz.

Der Beitrag, den die Stadt jährlich zu den Kosten der Truppenkasernierung an den Militärfiskus aus dem Ertrage des Octroi zu zahlen hat, beträgt 40000 M. Außerdem sind von diesem Ertrage jährlich 44800 M. an den Landesfiskus für Übernahme der Personalsteuer und eines Teils der Mobiliarsteuer abzugeben.

In dem zum Stadtgebiete gehörenden Vororten mit ca. 44000 Einwohnern sind nur Baumaterialien, Getränke und sonstige Flüssigkeiten abgabepflichtig.

Stuttgart. Zu Sp. 15. Gas.

Wiesbaden. Zu Sp. 15. Brennholz, Kohlen u. A.

Würzburg. Zu Sp. 15. Holzzoll (3426 M.), Krautzoll (102 M.) und Kaffee-Accis (225 M.).

Bemerkungen zu Übersicht V.

Die Zusammenstellung enthält die Prozentsätze, welche von der staatlich veranlagten Grund- und Gebäude-, Gewerbe- und Betriebssteuer, sowie als Zuschläge zur Staatseinkommensteuer für Gemeindezwecke erhoben werden.

Für diejenigen Städte, die besondere Gemeinde-, Grund-, Gewerbe- oder Einkommensteuern erheben, ist in schrägem Druck der Prozentsatz des staatlichen Veranlagungssolls angegeben, welchem die Gemeindesteuer entspricht.

Unter diesen Städten erheben eine Gemeindegrundsteuer von dem gemeinen Wert der Grundstücke

Aachen	mit 2,70 pro Mille	Duisburg	mit 2,00 pro Mille
Barmen	„ 3,00 „ „	Elberfeld	„ 2,60 „ „
Breslau	„ 2,90 „ „	Essen	„ 2,70 „ „
Charlottenburg	„ 2,21 „ „	Görlitz	„ 2,20 „ „
Cöln	„ 1,84 „ „	Kiel	„ 4,25 „ „
Dortmund	„ 2,00 „ „	Spandau	„ 3,66 „ „
Düsseldorf	„ 2,00 „ „	Wiesbaden	„ 2,00 „ „

In den Prozentsätzen der Gewerbesteuer ist die durch die Warenhaussteuer sich ergebende Ermäßigung der Klassen III und IV nur bei Aachen, Dortmund, Elberfeld und Hannover berücksichtigt.

Die für die Betriebssteuern in der Übersicht angegebenen Ziffern sind die Summe des nach § 13 des Gesetzes wegen Aufhebung direkter Staatssteuern für die Kreise (also auch für die Städte als Stadtkreise) erhobenen Sollbetrags der staatlich veranlagten Betriebssteuer und der städtischen Zuschläge.

Die Angaben über Zuschlagssätze zur Staatseinkommensteuer beziehen sich auf die Einkommen von über 900 M. Bezüglich der Einkommen von 420 bis 900 M. gilt folgendes.

Es werden erhoben von Einkommen	keine Steuern in	niedrigere Sätze als von den Einkommen über 900 M. in	dieselben Sätze wie von den Einkommen über 900 M. in
über 420 bis 660 M.	den untengenannten Städten und in Aachen Barmen Berlin Essen Halle Kiel Königsberg Magdeburg Stettin	Duisburg Elberfeld	Bochum Breslau Crefeld Danzig Dortmund Frankfurt a. O. Görlitz Hannover Liegnitz Posen Potsdam

Es werden erhoben von Einkommen	keine Steuern in	niedrigere Sätze als von den Einkommen über 900 *M* in	dieselben Sätze wie von den Einkommen über 900 *M* in
über 600 bis 900 *M*	Cassel Charlottenburg Cöln Düsseldorf Frankfurt a. M. Wiesbaden	Aachen Barmen Duisburg Elberfeld Essen	den obigen Städten und in Berlin Halle Kiel Königsberg Magdeburg Stettin.

Aachen. Gewerbesteuer I. Kl. 200, II. Kl. 200, III. Kl. 165, IV. Kl. 150 %.

Nach dem dem Gesetze vom 29. März 1897, betr. die Vereinigung der Stadtgemeinde Burtscheid mit der Stadtgemeinde Aachen, zu Grunde gelegten Vereinigungsvertrage werden in den im bisherigen Burtscheider Gebiete gelegenen Grundstücken und Gebäuden, sowie von den daselbst betriebenen Gewerben und an Gemeinde-Einkommensteuer von denjenigen Personen, die vor dem 1. April 1896 in Burtscheid ihren Wohnsitz hatten, solange sie diesen beibehalten, um $^1/_5$ niedrigere Prozentsätze erhoben.

Altona. Es wird eine städtische Grundsteuer von dem nach besonderen Grundsätzen festgestellten Nutzwert erhoben und zwar mit 12 % von den vorzugsweise zum Gewerbebetrieb benützten Gebäuden und mit 16 % von den übrigen Grundstücken. Die Löschkostenbeiträge bilden $^1/_{16}$ des Brandkassenwertes (in einem Vorort $^1/_{48}$).

Die Einhebung der Einkommensteuer für die Stadtgemeinde geschieht nach einem eigenen Tarif, der die niedrigeren Einkommen verhältnismäßig stärker belastet, als die Staatseinkommensteuer. Das Veranlagungssoll der staatseinkommensteuerpflichtigen Censiten verhält sich zum Veranlagungssoll der nämlichen Censiten zur Gemeinde-Einkommensteuer wie 100 zu 120. Das gesamte Veranlagungssoll beträgt 137 % des staatlichen.

Berlin. Die Gemeindegrundsteuer wird nach dem Nutzertrag erhoben und beträgt 5,8 % desselben.

Cöln. Es wird eine besondere Gemeinde-Gewerbesteuer erhoben, die in Klasse I und II 2,025, in Klasse III 1,485 bis 1,62, in Klasse IV 1,35 Prozent des Gewerbeertrags beträgt.

In Klasse I und II wird jedoch statt der Ertragsbesteuerung, falls sie weniger als 4 % vom Anlagekapital oder 10 % des gemeinen Wertes der Gewerberäume ergibt, der höhere von den beiden letztgenannten Sätzen erhoben.

Crefeld. Die Gewerbesteuer beträgt für die I. und II. Kl. 167, für die III. und IV. 162 %. In dem am 3. August 1901 eingemeindeten Vororte Linn werden an Einkommen-, Grund-, Gebäude- und Gewerbesteuer der Kl. III und IV nur 150 % erhoben.

Danzig. Nimmt man die Mietsteuer hinzu, welche nach § 23 und 57, 2 des Kommunalabgabengesetzes teils auf die Einkommensteuer, teils (nämlich soweit sie gewerblich benützte Räume trifft) auf die Gewerbesteuer zu verrechnen ist, so erhöht sich der angegebene Prozentsatz bei der Einkommensteuer auf 203,4, bei der Gewerbesteuer auf 182.

Dortmund. Gewerbesteuer in Kl. I—III 173 %, in Kl. IV infolge Ermäßigung durch die Warenhaussteuer 165 %. Betriebe mit 30 und mehr Arbeitern zahlen neben dem Satze der Staatssteuern, der über 100 % erhoben wird, 6 *M* für jeden Arbeiter, wenn der dadurch sich ergebende Steuerbetrag höher ist als der sonst zu entrichtende.

Zu der Einkommensteuer für die politische Gemeinde ist die für die Schulgemeinden zu rechnen, die in dem in Betracht kommenden Rechnungsjahre bei der evangelischen Schulgemeinde 36 %, bei der katholischen 62 % der Staatssteuer betrug.

Düsseldorf. Die Gewerbesteuer wird in den ersten drei Klassen mit 190 %, in der vierten mit $166^2/_3$ % erhoben.

Elberfeld. Die Gewerbesteuer beträgt in Klasse I und II 188 %, in Klasse III und IV 163 %.

[Fortsetzung auf Seite 483].

Übersicht I. Die einzelnen Gemein

Städte	Rechnungsjahr	Ertragssteuern: Grundsteuer	Ertragssteuern: Gebäude-Steuer	Gewerbesteuer: von stehenden Betrieben	Gewerbesteuer: von Gast- und Schankwirtschaften (Betriebsst.)	Gewerbesteuer: von Wanderlagern und Wandergewerben	Steuer von Lohn- und Berufseinkommen	Kapitalrentensteuer	E[illegible] kom[illegible] ste[illegible] (allg[illegible] mei[illegible]
		M	M	M	M	M	M	M	M
1.	2.	3.	4.	5.	6.	7.	8.	9.	10.
Aachen	1900/01	21 360	766 895	420 299	16 342	100	—	—	[illegible]
Altona	1900/01	2 500 376		184 505	13 155	—	—	—	[illegible]
Augsburg	1900	4 190	307 762	517 744	—	1 804	125 020	298 320	—
Barmen	1900/01	9 571	687 007	467 269	20 288	—	—	—	[illegible]
Berlin	1900/01	18 567 034		8 984 107	287 349	45 376	—	—	[illegible]
Bochum	1900/01	3 205	231 590	178 190	9 324	50	—	-	[illegible]
Braunschweig	1900/01	457 858		181 855	—	1 085	—	—	[illegible]
Breslau	1900/01	2 448 935		1 168 335	51 441	—	—	—	[illegible]
Cassel	1900/01	6 830	596 003	314 485	10 462	600	—	—	[illegible]
Charlottenburg	1900/01	1 898 312		289 979	27 019	50	—	—	[illegible]
Chemnitz	1900	631 089		—	—	630	—	—	[illegible]
Cöln	1900/01	2 260 981		1 758 537	50 129	100	—	—	[illegible]
Crefeld	1900/01	7 514	471 647	437 893	16 475	800	—	—	[illegible]
Danzig	1900/01	3 283	808 530	268 364	25 489	50	—	—	[illegible]
Dortmund	1900/01	—	.	.	.	450	—	—	[illegible]
Dresden	1900	879 208		—	—	149	—	—	[illegible]
Düsseldorf	1900/01	1 418 141		682 637	31 798	350	—	—	[illegible]
Duisburg	1900/01	16 131	389 215	327 674	11 717	200	—	—	[illegible]
Elberfeld	1900/01	947 756		589 646		1 200	—	—	[illegible]
Erfurt	1900/01	54 782	443 583	182 664	12 585	200	—	—	[illegible]
Essen	1900/01	4 969	631 553	552 069	17 135	500	—	—	[illegible]
Frankfurt a. M.	1900/01	152 602	2 101 497	1 113 994	43 005	—	—	—	[illegible]
Frankfurt a. O.	1900/01	13 344	265 574	94 737	9 208	100	—	—	[illegible]
Freiburg i. Br.	1900	*264 699*		*169 734*	—	—	*287 859*	*175 652*	-
Görlitz	1900/01	5 955	338 239	149 391	16 505	50	-	—	[illegible]
Halle a. S.	1900/01	710 958		349 380	24 773	50	—	—	[illegible]
Hannover	1900/01	1 305 092		552 679	40 863	50	—	—	[illegible]
Karlsruhe	1900	*443 437*		*301 826*	—	—	*476 551*	*241 916*	-
Kiel	1900/01	850 543		165 122	12 240	—	—	—	[illegible]
Königsberg i. Pr.	1900/01	4 142	1 091 433	427 882	32 646	600	—	—	[illegible]
Leipzig	1900	1 792 379		—	—	500	—	—	[illegible]
Liegnitz	1900/01	9 729	180 040	74 768	6 549	25	—	—	[illegible]
Magdeburg	1900/01	36 140	1 269 774	673 735	31 587	400	—	—	[illegible]
Mainz	1900/01	*479 226*		*446 102*	—	—	*1 150 703*	*174 205*	-
Mannheim	1900	785 978		1 266 588	—	—	913 307	229 085	-
Metz	1900	415	39 695	36 326	—	904	—	—	-
München	1900	2 522 542		2 794 636	—	7 811	908 670	1 794 870	-
Nürnberg	1900	*9 384*	*929 322*	*1 323 526*	—	*3 953*	*393 066*	*600 779*	-
Plauen i. V.	1900	—	—	—	—	—	—	—	[illegible]
Posen	1900/01	3 610	553 744	153 982	19 884	2 220	—	—	[illegible]
Potsdam	1900/01	2 273	334 707	—	—	40	—	—	[illegible]
Spandau	1900/01	3 844	285 281	63 274	15 150	800	—	—	[illegible]
Stettin	1900/01	8 490	1 386 078	613 062	27 001	—	—	—	[illegible]
Straßburg i. E.	1900	7 731	228 738	241 323	—	1 250	—	—	-
Stuttgart	1900/01	*31 901*	*1 383 055*	*1 879 975*	—	4 709	*162 019*	*450 932*	-
Wiesbaden	1900/01	*7 574*	*647 422*	*176 601*	*13 828*	150	—	—	[illegible]
Würzburg	1900	7 999	253 910	219 842	—	—	88 073	188 711	-
Zwickau	1900	—	—	—	22 057	—	—	—	[illegible]

…rn und ihr Gesamtbetrag.

…ner-ger-(all-ne …al-e)	Mietssteuer von Wohnungen und Geschäftsräumen	Aufwandsteuern: Hundesteuer	Aufwandsteuern: Steuer von Vergnügungen	Aufwandsteuern: sonstige Aufwandsteuern	Verkehrssteuern: Steuer vom Grundbesitzwechsel	Verkehrssteuern: Steuer von Verträgen, Testamenten, Auktionen	Verkehrssteuern: Pflasterzoll	Verbrauchssteuern	Gesamtbetrag der erhobenen Gemeindesteuern	Städte
	M	M	M	M	M	M	M	M	M	
	12.	13.	14.	15.	16.	17.	18.	19.	20.	21.
	—	26 947	39 499	—	75 034	—	—	874 177	4 052 948	Aachen.
	—	42 275	52 907	3 945	113 244	—	—	—	4 413 281	Altona.
	—	20 910	4 026	1 919	72 714	—	185 838	606 904	2 147 151	Augsburg.
	—	25 905	9 452	2 861	124 900	—	—	77 775	3 760 419	Barmen.
	—	576 333	—	34 753	1 745 942	—	—	797 720	60 679 122	Berlin.
	—	10 720	30 299	1 920	51 830	—	—	43 050	1 439 285	Bochum.
	—	28 659	8 312	2 502	46 606	—	—	122 029	2 785 790	Braunschweig.
	—	68 171	86 817	—	554 821	—	—	2 363 670	12 086 599	Breslau.
	—	29 036	—	—	105 910	—	—	638 184	3 193 974	Cassel.
	—	65 910	—	—	518 587	—	—	—	6 210 118	Charlottenburg.
	—	34 371	45 772	900	358 024	—	—	136 094	4 342 576	Chemnitz.
	—	115 133	129 309	13 497	703 795	—	—	390 482	10 381 118	Cöln.
	—	22 418	20 961	4 243	138 398	—	—	86 596	2 845 385	Crefeld.
	202 790	16 326	—	—	207 610	—	—	—	3 126 697	Danzig.
	—	26 082	25 877	4 774	273 511	—	—	—	4 704 114	Dortmund.
2	—	90 400	120 603	3 329	1 127 819	—	—	2 040 903	10 726 897	Dresden.
	—	75 266	66 171	7 375	617 984	—	—	200 224	6 781 847	Düsseldorf.
	—	11 532	21 795	—	141 592	—	—	67 366	2 492 092	Duisburg.
	—	31 956	16 793	3 349	188 785	—	—	142 442	5 028 374	Elberfeld.
	—	18 324	26 381	2 380	99 425	—	—	96 101	2 032 205	Erfurt.
	—	20 098	33 925	—	171 462	—	—	110 555	4 499 772	Essen.
	701 954	125 749	104 484	27 076	1 073 075	—	—	103 417	13 028 956	Frankfurt a. M.
	—	11 171	8 330	2 731	39 208	—	—	32 871	1 125 447	Frankfurt a. O.
	—	13 327	—	10	—	—	17 248	276 104	1 160 003	Freiburg i. Br.
	—	16 051	17 802	—	63 218	—	—	23 771	1 284 979	Görlitz.
	—	28 813	65 860	4 333	75 905	—	—	127 635	3 391 502	Halle a. S.
	—	45 856	—	11 134	402 433	—	—	230 355	5 190 908	Hannover.
	—	20 319	—	—	—	—	16 947	370 369	1 925 010	Karlsruhe.
	—	23 840	39 449	4 156	151 459	1 924	—	—	2 418 348	Kiel.
	—	23 321	—	—	280 832	—	—	155 694	4 589 070	Königsberg i. Pr.
	—	123 200	—	—	701 094	—	—	—	11 229 227	Leipzig.
	—	7 890	12 690	2 088	45 190	—	—	24 416	771 266	Liegnitz.
	—	44 327	148 375	—	126 842	—	—	211 856	5 675 084	Magdeburg.
	—	21 125	—	—	—	—	—	661 258	2 785 273	Mainz.
	—	28 401	—	—	—	—	—	304 617	3 531 976	Mannheim.
	12 241	11 069	—	2 257	—	—	—	1 102 791	1 205 698	Metz.
	—	122 527	42 726	1 369	980 387	—	1301106	2 499 129	12 975 773	München.
	—	48 154	12 143	755	255 780	—	164 203	1 244 512	4 982 842	Nürnberg
	—	15 726	14 354	2	144 244	—	—	90 419	1 645 779	Plauen i. V.
	—	12 150	6 837	5 050	137 118	—	—	627 305	2 498 762	Posen.
	—	16 158	11 452	2 976	39 265	—	—	447 805	1 481 638	Potsdam.
	—	13 456	12 103	1 706	64 279	—	—	52 167	1 043 821	Spandau.
	—	36 285	—	—	478 600	—	—	103 424	4 788 673	Stettin.
	100 431	32 273	33 499	4 641	—	—	—	3 280 298	3 930 184	Straßburg i. E.
68	—	71 484	—	—	311 133	—	27 720	1 141 060	5 616 853	Stuttgart.
	—	38 410	17 836	—	308 503	—	—	725 606	3 424 392	Wiesbaden.
	—	13 869	2 624	—	47 112	—	48 904	472 298	1 344 892	Würzburg.
92	—	10 542	11 987	916	27 783	—	—	—	1 083 598	Zwickau.

Städte	Rechnungsjahr	Getreide, Hülsenfrüchte, Mehl und Backwerk	Vieh, Fleisch, Fleischwaren, Fett	Wild und Geflügel	Fische und Schaltiere	Essig und Essigsäure	zusammen	Wein	Obstwein	Bier	Branntwein und Spiritus	zusammen	Viehfutter	Verschiedenes (s. d. Anmerkung S. 475)	Gesamtbetrag der städtischen Verbrauchssteuern
		M.	*M.*	*M.*	*M.*	*M.*	*M.*	*M.*	*M.*	*M.*	*M.*	*M.*	*M.*	*M.*	*M.*
1.	2.	3.	4.	5.	6.	7.	8.	9.	10.	11.	12.	13.	14.	15.	16
Aachen . . .	1900/01	—	600 205	44 320	—	—	644 525	—	—	100 132	—	100 132	—	129 520	874 177
Augsburg . . .	1900	136 115	65 992	4 037	—	—	206 144	—	—	339 208	—	339 208	29 790	31 762	606 904
Breslau. . . .	1900/01	—	1 898 019	176 014	—	—	2 074 033	—	—	289 637	—	289 637	—	—	2 363 670
Cassel	1900/01	72 889	346 405	10 418	—	3681	433 393	—	1842	113 854	89 095	204 791	—	—	638 184
Dresden . . .	1900	700 379	764 306	97 348	59 240	—	1 621 273	—	—	419 630	—	419 630	—	—	2 040 903
Frankfurt a. M. (Stadtanteil Bockenheim)	1900/01	—	54 849		—	—	54 849	—	5176	32 264	11 128	48 568	—	—	103 417
Freiburg i. Br. .	1900	50 931	73 000	11 629	7 901	—	143 461	40 700	1267	90 426	—	132 393	—	—	276 104
Karlsruhe . . .	1900	110 377	108 009	23 660	5 415	—	247 461	48 671		73 242	—	121 913	—	995	370 369
Mainz	1900/01	54 802	253 772	10 912	—	1561	321 047	51 270	643	125 045	22 983	199 941	22 929	117 341	661 258
Mannheim . . .	1900	—	—	—	—	—	—	65 288		239 329	—	304 617	—	—	304 617
Metz	1900	—	241 936	24 575	7 509	4007	278 027	138 951		345 443	74 333	558 727	—	266 037	1 102 791
München . . .	1900	285 926	337 803	33 612	—	—	657 341	—	—	1 841 788	—	1 841 788	—	102 364	2 601 493
Nürnberg . . .	1900	534 959	239 467	8 460	—	—	782 886	—	—	461 626	—	461 626	—	—	1 244 512
Posen	1900/01	—	531 327	38 712	—	—	570 039	—	—	57 266	—	57 266	—	—	627 305
Potsdam . . .	1900/01	—	376 137	26 651	—	—	402 788	—	—	54 017	—	45 017	—	—	447 805
Straßburg i. E. .	1900	.	.	.	—	—	716 676	.	.	.	.	1 684 917	105 379	772 326	3 280 298
Stuttgart . . .	1900/01	—	649 144		—	—	649 144	—	—	257 614	—	257 614	—	234 302	1 141 060
Wiesbaden . .	1900/01	30 207	274 561	45 866	—	4037	354 671	110 829	12418	200 964	39 969	364 180	—	6 755	725 606
Würzburg . . .	1900	114 082	117 883	5 551	—	—	237 516	37 335	—	180 650	13 044	231 029	—	3 753	472 298

Nicht angeführt sind hier die Städte, die nur Verbrauchsabgaben von Bier bezw. Zuschläge zur staatlichen Brausteuer erheben nämlich Barmen, Berlin, Bochum, Braunschweig, Chemnitz, Cöln, Crefeld, Düsseldorf, Duisburg, Elberfeld, Erfurt, Essen, Frankfurt a. O., Görlitz, Halle a. S., Hannover, Königsberg i. Pr., Liegnitz, Magdeburg, Plauen i. V., Spandau, Stettin. Die Erträge siehe in Uebersicht I, Spalte 19.

[Ü]bersicht III. Verhältnis der Leistungen an Gemeindesteuern überhaupt und an Verbrauchssteuern insbesondere zur Einwohnerzahl.

[S]tädte	Einwohnerzahl am 1. Dezbr. 1900	Gemeindesteuern überhaupt (s. Übers. I Sp. 20)	Verbrauchssteuern allein (s. Übers. I Sp. 19)	Städte	Einwohnerzahl am 1. Dezbr. 1900	Gemeindesteuern überhaupt (s. Übers. I Sp. 20)	Verbrauchssteuern allein (s. Übers. I Sp. 19)
		auf 1 Einwohner				auf 1 Einwohner	
1.	2.	3.	4.	1.	2.	3.	4.
[A]chen . . .	135 245	29,97	6,46	Görlitz . . .	80 931	15,88	0,29
[Alt]ona . . .	161 501	27,38	—	Halle a. S. . .	156 609	21,66	0,81
[Au]gsburg . .	89 170	24,08	6,81	Hannover . .	235 649	22,08	0,98
[Bar]men . . .	141 944	26,49	0,55	Karlsruhe . .	97 185	19,81	3,81
[Be]rlin	1 888 848	32,12	0,42	Kiel	107 977	22,40	—
[Bo]chum . . .	65 551	21,96	0,66	Königsberg i.Pr.	189 483	24,22	0,82
[Br]aunschweig .	128 226	21,73	0,95	Leipzig . . .	456 124	24,62	—
[Br]eslau . . .	422 709	28,53	5,59	Liegnitz . . .	54 882	14,05	0,44
[Ca]ssel	106 034	30,12	6,02	Magdeburg . .	229 667	24,71	0,92
[Ch]arlottenburg .	189 305	32,80	—	Mainz	84 251	33,06	7,85
[Ch]emnitz . .	206 913	20,99	0,66	Mannheim . .	141 131	25,08	2,16
[Köl]n	372 529	27,87	1,05	Metz	58 462	20,62	18,86
[Kr]efeld . . .	106 893	26,62	0,81	München . . .	499 932	25,96	5,00
[Da]nzig . . .	140 563	22,24	—	Nürnberg . .	261 081	19,09	4,77
[Do]rtmund . .	142 733	32,96	—	Plauen i. V. .	73 888	22,27	1,22
[Dr]esden . . .	396 146	27,08	5,15	Posen	117 033	21,35	5,36
[Dü]sseldorf . .	213 711	31,73	0,94	Potsdam . . .	59 796	24,78	7,49
[Du]isburg . . .	92 730	26,87	0,73	Spandau . . .	65 030	16,05	0,80
[Elb]erfeld . . .	156 966	32,03	0,91	Stettin . . .	210 702	22,73	0,49
[Erf]urt	85 202	23,85	1,13	Straßburg i. E. .	151 041	26,02	21,72
[Ess]en	118 862	37,86	0,93	Stuttgart . . .	176 699	31,79	6,46
[Fra]nkfurt a. M.	288 989	45,[illegible]8	0,36	Wiesbaden . .	86 111	39,77	8,43
[Fra]nkfurt a. O.	61 852	18,20	0,53	Würzburg . .	75 499	17,81	6,26
[Fre]iburg i. Br.	61 504	18,86	4,49	Zwickau . . .	55 830	19,41	—

IV. Verteilung der Steuerleistungen auf die einzelnen Steuerarten.

Städte	Von je 100 *M* Steuerleistung treffen auf die						
	Grund- und Gebäudesteuer	Gewerbe-, Betriebs-, Wandergewerbesteuer	allgemeine Einkommensteuer, Personal- u. Mietsteuern, Südd. Einkommensteuern und Kapitalrentensteuern	Steuern der Spalte 2 bis 4 zusammen	Aufwandsteuern	Verkehrssteuern	Verbrauchssteuern
1.	2.	3.	4.	5.	6.	7.	8.
Preußen.							
Aachen	19,45	10,78	44,71	74,94	1,64	1,85	21,57
Altona	56,66	4,48	34,05	95,19	2,25	2,56	—
Barmen	18,52	12,97	62,10	93,59	1,02	3,32	2,07
Berlin	30,60	15,35	48,85	94,80	1,01	2,88	1,31
Bochum	16,31	13,03	61,08	90,42	2,99	3,60	2,99
Breslau	20,26	10,09	44,22	74,57	1,28	4,59	19,56
Cassel	18,87	10,19	46,73	75,79	0,91	3,32	19,98
Charlottenburg	30,57	5,11	54,91	90,59	1,06	8,35	—
Cöln	21,78	17,42	47,77	86,97	2,49	6,78	3,76
Crefeld	16,84	16,00	57,58	90,42	1,68	4,86	3,04
Danzig	25,96	9,40	57,48	92,84	0,52	6,64	—
Dortmund	.	.	.	92,98	1,21	5,81	—
Düsseldorf	20,91	10,54	54,29	85,74	2,20	9,11	2,95
Duisburg	16,26	13,63	60,39	90,28	1,34	5,63	2,70
Elberfeld	18,85	11,75	61,78	92,38	1,04	3,75	2,83
Erfurt	24,52	9,62	53,92	88,06	2,32	4,89	4,73
Essen	14,14	12,66	65,73	92,53	1,20	3,81	2,16
Frankfurt a. M.	17,30	8,88	62,81	88,99	1,98	8,24	0,79
Frankfurt a. O.	24,78	9,25	57,59	91,62	1,98	3,48	2,92
Görlitz	26,79	12,91	50,90	90,60	2,63	4,92	1,85
Halle a. S.	20,96	11,04	59,08	91,08	2,92	2,24	3,76
Hannover	25,14	11,44	50,13	86,71	1,10	7,75	4,44
Kiel	35,17	7,33	48,37	90,87	2,79	6,34	—
Königsberg	23,87	10,05	56,06	89,98	0,51	6,12	3,39
Liegnitz	24,61	10,55	52,88	88,04	2,94	5,86	3,16
Magdeburg	23,01	12,44	55,19	90,64	3,40	2,23	3,73
Posen	22,31	7,05	39,09	68,45	0,96	5,49	25,10
Potsdam	22,74	0,01	42,31	65,06	2,07	2,65	30,22
Spandau	27,70	7,59	50,94	86,23	2,61	6,16	5,00
Stettin	29,12	13,37	44,60	87,09	0,76	9,99	2,16
Wiesbaden	.	.	.	68,16	1,64	9,01	21,19

Städte	Von je 100 *M* Steuerleistung treffen auf die					
	Grund- und Gebäudesteuer	Gewerbe-, Betriebs-, Wandergewerbesteuer	allgemeine Einkommensteuer, Personal- u. Mietsteuern, Südd. Einkommensteuern und Kapitalrentensteuern	Steuern der Spalte 2 bis 4 zusammen	Aufwandsteuern	Verkehrssteuern
1.	2.	3.	4.	5.	6.	7.
Bayern.						
Augsburg	14,53	24,20	19,71	58,44	1,25	[illegible]
München	19,44	21,60	20,83	61,87	1,29	[illegible]
Nürnberg	.	.	.	65,37	1,22	[illegible]
Würzburg	19,47	16,46	20,58	56,51	1,23	[illegible]
Sachsen.						
Chemnitz	14,53	0,02	72,21	86,76	1,87	[illegible]
Dresden	8,19	0,01	60,26	68,46	2,00	[illegible]
Leipzig	15,96	0,01	76,69	92,66	1,10	[illegible]
Plauen	—	—	83,91	83,91	1,83	[illegible]
Zwickau	—	2,03	93,24	95,27	2,16	[illegible]
Württemberg.						
Stuttgart	.	.	13,69	72,38	1,27	[illegible]
Baden.						
Freiburg	.	.	.	73,56	1,15	[illegible]
Karlsruhe	.	.	.	78,82	1,06	[illegible]
Mannheim	22,25	35,86	32,46	90,57	0,80	–
Hessen.						
Mainz	.	.	.	75,50	0,76	–
Braunschweig.						
Braunschweig	16,43	6,57	69,53	92,53	1,42	[illegible]
Elsaß-Lothringen.						
Metz	3,33	3,09	1,01	7,43	1,11	–
Straßburg	6,02	6,17	2,56	14,75	1,79	–

Die absoluten Zahlen siehe in Übersicht I und zwar die
zu Sp. 2 in Übersicht I, Sp. 3 und 4,
„ „ 3 „ „ „ 5, 6, 7,
„ „ 4 „ „ „ 8, 9, 10, 11, 12,
„ „ 6 „ „ „ 13, 14, 15,
„ „ 7 „ „ „ 16, 17, 18,
„ „ 8 „ „ „ 19.

sicht V. Prozentsätze der Erhebung staatlich veranlagter direkter Steuern preußischen Städten für das Rechnungsjahr 1. April 1902 bis 31. März 1903.

Städte	Es wurden erhoben Prozente der Grund- und Gebäudesteuer	Gewerbesteuer	Betriebssteuer	Einkommensteuer	Städte	Es wurden erhoben Prozente der Grund- und Gebäudesteuer	Gewerbesteuer	Betriebssteuer	Einkommensteuer
1.	2.	3.	4.	5.	1.	2.	3.	4.	5.
en . . .	*178*	150—200	150	121	Essen	*220*	220	200	150-200
a.	*390*	100	100	120-137	Frankfurt a. M.	*119*	*100*	100	*70-100*
en . . .	*200*	200	200	200	Frankfurt a. O.	174	174	174	170
i.	*150*	150	100	100	Görlitz . . .	*150*	150	200	100
im . . .	165	150	150	120	Halle a. S. . .	*160*	160	160	135
au . . .	*164,5*	160	100	134	Hannover . .	135	120-135	135	110
l.	136	136	100	96	Kiel	*230*	150	150	180
ottenburg.	*145,5*	97	100	97	Königsberg i. Pr.	190	190	190	202
. . . .	*125*	*200*	135	110	Liegnitz . . .	150	150	150	100
d . . .	162	162—167	167	167	Magdeburg . .	$169^3/_4$	$169^3/_4$	$169^3/_4$	$134^1/_3$
g . . .	182	140	150	188	Posen	164	164	100-200	164
nund . .	*200*	165—173	180	160	Potsdam . . .	150	100	100	100
ldorf . .	*165*	$166^2/_3$-190	190	140	Spandau . . .	*205*	150-190	100	185
urg. . .	*175*	170	170	160	Stettin. . . .	195	195	100	130
feld. . .	*188*	163—188	200	125-200	Wiesbaden . .	*112,5*	112,5	112,5	90
t. . . .	169	169	169	143					

rtsetzung zu Seite 477].

Frankfurt a. M. Nach der Steuerordnung vom 30. April 1895 wird eine Haussteuer mit 4 % des Rohertrags vom bebauten Grundbesitz und eine Landsteuer mit 1 ‰ des gemeinen Wertes der in verschiedene Lageklassen eingeteilten unbebauten Grundstücke erhoben.

An Einkommensteuer werden nach dem Normaltarif vom 14. Mai 1895 in Prozenten der Staatssteuer erhoben 70 von Einkommen bis 3000 ℳ, 80 von über 3000 bis 6000 ℳ, 90 von über 6000 bis 10500 ℳ und 100 von den höheren Einkommen.

Die Mietsteuer, die für Gewerbelokale mit über 300 ℳ Mietwert 0,5 bis 2 %, für Wohnungen mit mehr als 500 ℳ Mietwert 0,6 bis 4 % beträgt, stellt einen Zuschlag von 94 % zur Staatseinkommensteuer und von 27 % zur staatlichen Gewerbesteuer dar.

Zu den genannten Steuern kommen noch

a) im Gebiet der ehemaligen Gemeinde Bockenheim 60 % der staatlichen Gebäudesteuer, 150 % der staatlichen Grundsteuer, 50 % der staatlichen Gewerbe- und Betriebssteuer;

b) im Gebiet der ehemaligen Gemeinde Oberrad 50 % der staatlichen Gebäude-, Gewerbe- und Betriebssteuer;

c) im Gebiet der ehemaligen Gemeinde Niederrad 2 % des Mietwertes als Zuschlag zur Mietsteuer.

Halle. Die Gemeindegrundsteuer wird nach dem Nutzertrag erhoben und beträgt 5,07 % desselben.

Hannover. Die Gewerbesteuer beträgt in Kl. I und II 135 %, in Kl. III und IV 120 %.

Kiel. Im Gebiet der am 1. April 1901 einverleibten Gemeinde Gaarden bestehen bezüglich der Gebäude- und Gewerbesteuer teilweise andere Sätze.

Posen. An Betriebsteuern werden vom Handel mit geistigen Getränken 200 %, im Übrigen nur 100 % erhoben.

Spandau. Gewerbesteuer in Kl. I und II 190 %, in Kl. III und IV 150 %.

Stettin. In einigen Vororten teilweise andere Sätze.

Anhang.

Die Beschlüsse

der

von 1879 bis 1903 abgehaltenen

Konferenzen der Vorstände

der

statistischen Ämter deutscher Städte

zusammengestellt

unter Leitung des Direktors Dr. **Neefe**

von Dr. E. **Kieseritzky**.

I. Die Gestaltung der Konferenz und die Beteiligung an ihren Tagungen.

Die erste Konferenz trat auf Einladung von Böckh im Oktober 1879 in Berlin zusammen. Vertreten waren 9 deutsche Städte. Außerdem war Körösi aus Budapest erschienen. Die Versammlung war nämlich zunächst als eine wissenschaftliche Vereinigung gedacht und man beschränkte sich also nicht auf das Deutsche Reich. Demgemäß bezog sich die erste Debatte auf das Verhältnis, in dem die Konferenz zum internationalen Kongreß stände, übrigens, ohne daß eine prinzipielle Stellungnahme erfolgte.

Schon bei dieser ersten Tagung war der Wunsch nach häufigeren Zusammenkünften geäußert worden. Gleichwohl dauerte es bis zum Jahre 1885, ehe eine zweite Versammlung zustande kam. Seitdem aber haben sie jährlich stattgefunden, ausgenommen 1887, 1892 und 1898.

Was die innere Organisation anbetraf, so war von vorn herein der Grundsatz maßgebend gewesen, daß zu den Beschlüssen Einstimmigkeit gehöre. Dabei suchte gegebenenfalls eine Minderheit sich, so weit es ging, der Mehrheit anzupassen, um einen Beschluß zu ermöglichen. 1886 wurde aber auch der Antrag gestellt, Mehrheitsbeschlüsse gelten zu lassen. Der angenommene Beschluß lautete: Die Konferenz erklärt, daß nur einstimmig gefaßte Beschlüsse bindende Geltung haben sollen, daß aber behufs der Information auch Mehrheitsbeschlüsse gefaßt werden können ('86² [1]).

Auch über die Heranziehung außerdeutscher Statistiker kam es auf dieser Konferenz zu einer Aussprache. Freilich waren schon auf der zweiten Konferenz nur Vertreter reichsdeutscher Ämter erschienen. Aber grundsätzlich sollten andere nicht ausgeschlossen sein und es war auch aus Wien und Prag der Wunsch nach Zulassung geäußert worden. Bei

---

[1]) d. h. Protokoll der Konferenz von 1886, Seite 2.

der Abstimmung herrschte nicht Einstimmigkeit. Die Mehrheit wollte, daß „nur Vorstände von statistischen Bureaus in Städten deutscher Zunge auf ihren Wunsch als Gäste zugelassen werden." Eine Minderheit wünschte die Beschränkung auf das Deutsche Reich ('86 [8]).

Eine andere Frage, die auf dieser Konferenz behandelt wurde, war die, ob Vertreter deutscher Städte, welche keine statistischen Bureaus besitzen, in die Versammlung eintreten dürften. Ein Beschluß wurde damals nicht gefaßt. In späterer Zeit ist ein Antrag, angesichts von Volkszählungsberatungen alle Großstädte einzuladen, abgelehnt worden ('99 [18]).

Den Befürwortern einer weitgehenden Heranziehung anderer Städte lag vor allem daran, das Interesse für Städtestatistik weiter zu verbreiten. Das war auch der Grundgedanke, der Neefe veranlaßte, einen ausführlichen Plan zur Gründung eines Vereins für deutsche Städtestatistik vorzulegen, dem nicht nur amtliche Statistiker, sondern jeder beitreten könne, der zur selbsttätigen Mitwirkung an den Vereinsbestrebungen befähigt sei. Auch der Kreis der Städte, welche im geplanten Jahrbuch berücksichtigt werden sollten, könne bei einer solchen Vereinsgründung erweitert werden. Ein sofortiges Aufgehen der Konferenz in dem Verein sei dagegen nicht nötig. Der Antrag stieß jedoch auf Widerspruch und der fast einstimmig angenommene Beschluß lautete:

„Die Konferenz erkennt an, daß die Gründung eines Vereins für deutsche Städtestatistik wünschenswert ist, erklärt jedoch: a) Es kann sich nicht darum handeln, die bisherige Konferenz durch einen Verein zu ersetzen. Die Konferenz soll vielmehr fortbestehen und weiter ausgebaut werden. b) Auch die Herausgabe des Jahrbuchs soll nicht abhängig gemacht werden von der Begründung eines Vereins. Sie soll vielmehr Aufgabe der Konferenz bleiben ('86 [12])."

Auf der Konferenz im Jahre 1901 kam Würzburger auf diese Angelegenheit zurück und diesmal beschloß die Versammlung, einen Ausschuß mit dem Rechte der Zuwahl einzusetzen, mit dem Auftrag, die geeigneten Schritte zu erwägen, welche zur Bildung einer deutschen statistischen Gesellschaft führen können ('01 [12]). Dieselbe soll sich also nicht auf Städtestatistik beschränken. Zu positiven Ergebnissen ist es aber bisher nicht gekommen.

Auf der vierten Tagung im Jahre 1888 kam die Organisation der Konferenz für längere Zeit zum Abschluß, indem (hauptsächlich auf Grund eines Antrages von Pröbst) die folgenden Vorschläge zum Beschluß erhoben wurden ('88 [12]):

„1. Die Konferenz der deutschen Städtestatistiker bildet einen freien Verband zum Zwecke der gemeinsamen Förderung der Ziele der Städtestatistik und inbesondere der möglichst einheitlichen Bearbeitung der wichtigsten Aufgaben dieser Statistik.

„2. Die Konferenz tritt von Zeit zu Zeit zu gemeinsamen Beratungen zusammen. Zur Teilnahme an diesen Beratungen sind berechtigt: a) die Vorstände der in deutschen Städten eingerichteten statistischen Ämter, Bureaus oder sonstigen Stellen oder deren Stellvertreter, b) die außerdem nachweislich von deutschen Stadtverwaltungen zur Teilnahme ermächtigten Persönlichkeiten. Stimmrecht steht nur den unter a) bezeichneten Mitgliedern zu

„3. Die Mitglieder verpflichten sich, die von der Konferenz mit mindestens $^2/_3$ Mehrheit gefaßten Beschlüsse zur Ausführung zu bringen, insofern a) dieselben seitens ihrer Stadtverwaltungen genehmigt und der dazu nötige Aufwand bewilligt wird, b) sie nicht zum Protokoll der Konferenz Verwahrung gegen die erwähnte Verpflichtung eingelegt haben.

„4. Die Konferenz wählt bei ihrem jeweiligen Zusammentritte einen Vorsitzenden und dessen Stellvertreter. Die Protokollführer werden von dem Vorstand des statistischen Amtes gestellt, an dessen Sitz die Konferenz zusammentritt. Ist dies an einem Orte der Fall, an welchem sich eine städtische statistische Behörde nicht befindet, so wählt die Konferenz die Protokollführer.

„5. Die Konferenz ist berechtigt, für die Vorbereitung und Durchführung einzelner von ihr beschlossener Arbeiten besondere Kommissionen oder Referenten zu bestellen.

„6. Die Konferenz ernennt eines ihrer stimmberechtigten Mitglieder zum Geschäftsführer, dem bis zum nächsten Zusammentritte der Konferenz[1]) die Aufrechthaltung der Verbindung zwischen den einzelnen Mitgliedern auf schriftlichem Wege und die Sorge für möglichst genauen Vollzug der Beschlüsse der Konferenz obliegt. Der Geschäftsführer ist berechtigt, durch Rundschreiben Abstimmungen der Konferenzmitglieder auf schriftlichem Wege zu veranlassen.

„7. Der Geschäftsführer, die Vorstände der Kommissionen und die Referenten erstatten der Konferenz Bericht über den Vollzug der übernommenen Aufgaben und zwar in der Regel mündlich beim nächsten Zusammentritte der Konferenz, außerdem soweit es in der Zwischenzeit notwendig erscheint, im Wege von Rundschreiben."

Diese alte Form der Organisation hat, wenigstens im Grundsatz, bis zum Schluß der 17. Tagung gegolten. Auf dieser ist aber beschlossen werden, einen „Verband der deutschen Städtestatistiker" zu bilden und zu diesem Zweck die folgenden Satzungen anzunehmen ('03 [55. 61]):

„§ 1. Die Vorstände der Deutschen städtestatistischen Ämter bilden einen Verband, der den Zweck hat, die Ziele der Städtestatistik gemeinsam zu fördern, insbesondere für die Aufgaben dieser Statistik eine gleichförmige Erhebung und eine im Interesse der Vergleichbarkeit der Ergebnisse einheitliche Bearbeitung und Veröffentlichung des Materials zu vereinbaren.

„§ 2. Mitglieder des Verbandes sind, soweit der Geschäftsausschuß keine Einwendungen erhebt, die Vorstände der Deutschen städtestatistischen Ämter und bleiben es auf ihren Wunsch auch nach dem Ausscheiden aus ihrer Dienststellung.

„§ 3. Die Organe des Verbandes sind a) der Geschäftsausschuß, b) die besonderen Kommissionen oder Referenten, c) die Mitgliederversammlung.

„§ 4. Der Geschäftsausschuß besteht aus fünf Personen, nämlich drei von der Mitgliederversammlung gewählten Mitgliedern (von denen jährlich eins, die ersten Male nach dem Los, später nach der

[1]) Dies ist später insofern geändert worden, als der Vertreter des nächsten Konferenzortes die Geschäfte schon einige Monate (mit Beginn des neuen Kalenderjahres) vor der Tagung übernahm, die in seiner Stadt stattfinden sollte ('93 [16]).

Amtsdauer, ausscheidet), dem Herausgeber des Statistischen Jahrbuchs und dem Vertreter des jeweiligen Versammlungsortes und bildet die Vertretung der Städtestatistiker nach außen, insbesondere auch im Verkehr mit der Landes- und Reichsstatistik. Die Wahlen finden in geheimer Abstimmung und zwar die Wahl des Vorsitzenden in besonderem Wahlgang für eine dreijährige Dauer statt. Es entscheidet relative Mehrheit und bei Stimmengleichheit die Stimme des Vorsitzenden. Die Ausscheidenden sind nach Ablauf der Wahlperiode wieder wählbar.

„Zu den Aufgaben des Geschäftsausschusses gehört die Bestimmung der zu den einzelnen Mitgliederversammlungen zuzulassenden Gäste, die Festsetzung der Tagesordnung und die Sorge für den genauen Vollzug der Beschlüsse. Er hat, falls über Zeit und Ort der Tagung der nächsten Mitgliederversammlung noch nicht entschieden ist, hierüber Bestimmung zu treffen. Der Vorsitzende des Geschäftsausschusses, als dessen Stellvertreter der Vertreter des jeweiligen Versammlungsortes gilt, hat der Mitgliederversammlung, deren Leitung ihm obliegt, über die Führung der Geschäfte Bericht zu erstatten. Er ist berechtigt, durch Rundschreiben Abstimmungen der Mitglieder auf schriftlichem Wege zu veranlassen. In diesem Falle ist er aber verpflichtet, den betreffenden Punkt auf die Tagesordnung der nächsten Konferenz zu setzen, falls fünf Mitglieder der schriftlichen Abstimmung widersprochen haben. Die örtlichen Geschäfte besorgt der Vertreter des Versammlungsortes bis zur Fertigstellung des Protokolls und scheidet alsdann aus dem Ausschuß aus oder, falls ein Nachfolger noch nicht bestimmt ist, nach Ernennung desselben. Ist der Geschäftsausschuß nicht vollzählig, so hat er das Recht, sich durch Zuwahl bis zur nächsten Mitgliederversammlung zu ergänzen.

„§ 5. Die Mitgliederversammlung tritt nach Bedarf zu gemeinsamen Beratungen zusammen.

„Zur Teilnahme an diesen Beratungen sind berechtigt a) die Mitglieder oder deren Stellvertreter, b) die außerdem nachweislich von deutschen Stadtverwaltungen zur Teilnahme ermächtigten Persönlichkeiten, c) die vom Geschäftsausschuß eingeladenen Gäste. Stimmrecht steht nur den Mitgliedern zu.

„Die Protokollführer werden von dem Vertreter des Versammlungsortes gestellt oder im Falle, daß am Ort der Mitgliederversammlung sich eine städtische statistische Behörde nicht befindet, von dem Geschäftsausschuß bestimmt.

„§ 6. Für die Vorbereitung und Durchführung einzelner von der Mitgliederversammlung beschlossener Arbeiten können von derselben besondere Kommissionen oder Referenten bestellt werden, welche über den Vollzug der übernommenen Aufgaben Bericht zu erstatten haben."

Zum Vorsitzenden des Geschäftsausschusses wurde Hasse und zu Mitgliedern Pabst und Bleicher gewählt. Außerdem gehören ihm derzeit satzungsgemäß Neefe als Herausgeber des Jahrbuchs und Tenius als Vertreter des nächsten Konferenzortes an.

Die Beschlüsse der vier ersten Konferenzen sind von Hasse zusammengestellt und besonders gedruckt worden. Später hat dieser noch die Beschlüsse der 5. Konferenz hinzugefügt und das Ganze als

Heft 22 der Mitteilungen des Statistischen Amts der Stadt Leipzig herausgegeben.

Die bisherigen Konferenzen der Vorstände statistischer Ämter deutscher Städte fanden statt:

I.	in Berlin	vom	4.—6. Oktober	1879	Vorsitzender	Böckh.
II.	„ Dresden	„	14.—15. Juni	1885	„	„
III.	„ München	„	17.—19. September	1886	„	Pröbst.
IV.	„ Leipzig	„	1.—3. Oktober	1888	„	Hasse.
V.	„ Hamburg	„	10.—12. „	1889	„	Koch.
VI.	„ Breslau	„	16.—18. August	1890	„	Neefe.
VII.	„ Cöln	„	22.—24. September	1891	„	Zimmermann.
VIII.	„ Lübeck	„	14.—15. April	1893	„	Pabst.
IX.	„ Görlitz	„	18.—21. Mai	1894	„	Tschierschky.
X.	„ Frankfurt a. M.	„	13.—16. „	1895	„	Bleicher.
XI.	„ Magdeburg	„	23.—27. April	1896	„	Silbergleit.
XII.	„ Chemnitz	„	1.—3. Juni	1897	„	Flinzer.
XIII.	„ Königsberg	„	9.—12. „	1899	„	Dullo.
XIV.	„ Straßburg	„	7.—11. „	1900	„	Geissenberger.
XV.	„ Mannheim	„	30. Mai—1. Juni	1901	„	Schott.
XVI.	„ Altona	„	1.—4. Oktober	1902	„	Tretau.
XVII.	„ Dresden	„	10.—13. Juli	1903	„	Wiedfeldt.

Vertreten waren auf ihnen die folgenden Städte:

Aachen	durch	Mendelson 1902 und 1903.
Altona	„	Kluge 1879, von Wobeser 1885, 1890, 1891, 1893, 1895, 1896, Tretau 1899 bis 1903.
Augsburg	„	Rost 1903.
Berlin	„	Böckh 1879 bis 1889, 1893 bis 1896, 1900 bis 1901, Hirschberg (siehe auch Charlottenburg) 1888, 1890 bis 1893, 1903.
Bremen	„	Böhmert 1901 bis 1903.
Breslau	„	Neefe 1879 bis 1888, 1890 bis 1903.
Charlottenburg	„	Hirschberg 1897 bis 1902, Rahts 1903.
Chemnitz	„	Flinzer 1879 bis 1900, Schöbel 1902 und 1903.
Cöln a. Rh.	„	Hoevet 1885, Zimmermann 1888 bis 1903.
Dortmund	„	Waslé 1893 bis 1895, 1897, Tenius 1896 bis 1903.
Dresden	„	Edelmann 1879 bis 1888. 1891, 1893, Würzburger 1890, 1894 bis 1901, Wiedfeldt 1902 und 1903.
Düsseldorf	„	Feig 1901 bis 1903.
Elberfeld	„	Landsberg 1900 bis 1902.
Essen	„	Wiedfeldt 1900.
Frankfurt a. M.	„	Bleicher 1890 bis 1903.
Görlitz	„	Tschierschky 1886 bis 1902, Goeritz 1903.
Hamburg	„	Neßmann 1879, Koch 1885, 1886, 1889, 1890, 1893 bis 1903.
Hannover	„	Kettler 1894.
Karlsruhe	„	Schäfer 1897, 1900, 1903.
Kiel	„	Thode 1902, Rosenberg 1903.
Königsberg i. Pr.	„	Dullo 1894 und 1896 bis 1903.
Leipzig	„	Hasse 1879 bis 1899, 1901, 1902 und 1903.
Lübeck	„	Pabst 1879, 1889 bis 1897, 1900 bis 1903.
Magdeburg	„	Lackner von 1885 bis 1889, Silbergleit 1891 bis 1902.
Mainz	„	Harig-Bembé 1895.
Mannheim	„	Schmidt 1895, 1895, Schott 1899 bis 1903.
München	„	Pröbst 1879 bis 1900, Singer 1901 bis 1903.
Nürnberg	„	Buechel 1900 bis 1903.
Plauen i. V.	„	Münch 1896 und 1897. Dietrich 1900 und 1903.
Straßburg	„	Buechel 1888, 1891, 1894, Geissenberger 1895, 1896, 1899 bis 1903.
Stuttgart	„	Rettich 1895 bis 1902, Rößger 1903.

Von den Genannten sind auch nach dem Ausscheiden aus ihrem Amte 1903 erschienen: Flinzer und Tschierschky.

Außerdem nahmen an den Konferenzen oder einzelnen Beratungen derselben (zur Begrüßung etc.) teil die Oberbürgermeister (oder deren

Vertreter) der Städte, in denen die Konferenz tagte. Von Gästen sind ferner zu nennen: Direktor Körösi (Budapest) zur I. Konferenz, Oberbürgermeister Beck (Mannheim) zur IX. Konferenz, Professor Knapp (Straßburg) zur XIV. Konferenz, Ratssekretär Schilde (Leipzig) auf der XV. und XVI. Konferenz, ferner vom Kaiserlichen Statistischen Amt Präsident Wilhelmi auf der XVI. und die Regierungsräte Zahn und Leo auf der XVI. und XVII., endlich Thomann (Zürich), Mangold (Basel), Regierungsrat Würzburger (Dresden) und Seutemann (Dresden) zur XVII. Konferenz.

II. Beziehungen der Konferenz zur Landes- und Reichsstatistik.

Auf allen Konferenzen, welche sich mit Fragen über allgemeine Zählungen (Volks-, Berufs-, Gewerbezählungen) beschäftigten, wurden die Beziehungen zur Landes- und Reichsstatistik besprochen. Insbesondere handelte es sich dabei um die Wahrung einer gewissen Selbständigkeit der städtestatistischen Ämter bei der Erhebung (Beifügung von Zählkarten oder -Listen zur Ermittelung der Wohnungsverhältnisse, Stellung von Zusatzfragen auf Individualkarte) und Aufbereitung des Zählmaterials.

Um speziell schon bei der Vorbereitung von Beschlüssen beteiligt zu sein, welche die Interessen der Städtestatistik vielfach berühren, wurde beschlossen ('88[9]), an das Direktorium des Statistischen Amts des Deutschen Reiches die Bitte zu stellen, dasselbe möge dahin wirken, daß zu jeder gemeinsamen Beratung der Vorstände der deutschen reichs- und landesstatistischen Behörden, in welcher Gegenstände verhandelt werden, an deren Durchführung und praktischer Ausgestaltung die Stadtverwaltungen mittätig sein müssen, so insbesondere die Vorbereitung von Zählungsaufnahmen irgend welcher Art und ihre Verwertung, außer den Vorständen der statistischen Ämter in Bremen, Hamburg und Lübeck, welche zunächst als Vertreter der Landesstatistik beteiligt sind, mindestens einer der Vorstände der statistischen Ämter oder Bureaus deutscher Städte, wenn möglich das jeweils von der Konferenz der deutschen Städtestatistiker mit der Geschäftsführung betraute Konferenzmitglied mit dem gleichen Rechte, wie es den Vorständen der reichs- und landesstatistischen Behörden hinsichtlich der Teilnahme an Beratung und Abstimmung zusteht, beigezogen wird.

In einem ausführlichen Schreiben lehnte der Direktor des Kaiserl. Statistischen Amts das Ersuchen ab, da die gewöhnlichen reichsstatischen Konferenzen im Unterschiede von den städtestatistischen einen streng amtlichen Charakter besäßen, wie denn auch in ihnen die Vertreter der einzelnen Staaten unter Umständen nach Anweisung ihrer Regierung zu stimmen hätten und man sich in der Regel streng auf die „föderierte" Statistik beschränke, ohne irgend wie in die Zuständigkeit der Einzelstaaten einzugreifen. Soweit die Städtestatistik aber überhaupt vom Staat abhängig sei, falle sie in den Wirkungskreis der Einzelstaaten, nicht des Reichs ('89[17]).

Die nächste Konferenz hat ein weiteres Verfolgen der Angelegenheit abgelehnt. Die Vertreter von Hamburg und Lübeck erklärten wiederholt, daß sie die Interessen der großstädtischen Statistik, soweit möglich, wahrnehmen würden ('89[6] und so auch später '94[2]).

Die XI. Konferenz nimmt folgenden Antrag an: „Im Interesse einer nach einheitlichen Grundsätzen vorzunehmenden Durchführung der Zählwerke und der Prüfung des Materials erklärt es die Konferenz für wünschenswert, daß die hierauf bezüglichen Beschlüsse der Landesstatistiker auch zur Kenntnis der städtischen statistischen Ämter, als den Erhebungsorganen der deutschen Großstädte, gebracht werden ('96[12]).“

Zu weiteren Erörterungen über das Verhältnis von Städte- und Staatenstatistik ist es 1900 gekommen ('00[35], '00[12 ff.]). Von einer Stellungnahme zu den gefallenen, das Persönliche streifenden Äußerungen hat die Konferenz aber abgesehen. Dagegen wird der folgende grundsätzliche Antrag angenommen ('00[14]):

„Die Konferenz hält die von verschiedenen Seiten ohne Beweis aufgestellte Behauptung, das Streben der städtischen Statistik nach erweiterter Ausnutzung der Volkszählungen sei der Erfüllung der staatlichen Volkszählungszwecke hinderlich, auf Grund der bisherigen Erfahrung für völlig hinfällig. Es unterliegt vielmehr keinem Zweifel, daß das vom Staate verlangte Zählungsmaterial in den Städten, die bisher schon die Volkszählungen zu Zusatzfragen und Nebenaufnahmen benützt haben, durch die im eigenen Interesse der Städte vorgenommene gründliche Nachprüfung nur gewonnen hat.“

Im weiteren Verfolg wurden der Konferenz zwei Denkschriften von Bleicher und Böckh vorgelegt ('01[17 ff.]). Beide befürworten schließlich, von weiteren Schritten abzusehen. Die Konferenz schließt sich dem an und ersucht gleichzeitig Pabst, „als ständiger Referent der Konferenz, die einzelnen Mitglieder derselben über alle Vorgänge, welche die in das Gebiet der Reichsstatistik fallenden Arbeiten betreffen, soweit dabei die Städte besonders in Frage kommen, auf dem Laufenden zu erhalten und, soweit nötig, hierüber vorher mit dem Kaiserlichen Statistischen Amt in besonderes Benehmen zu treten“ ('01[12]).

Auch über die Formen, in denen die Beschlüsse der Konferenz den landesstatistischen Stellen mitgeteilt werden sollten, hat sich die Konferenz ausgesprochen. Im Jahre 1879 fand der Vorsitzende keinen Widerspruch, als er meinte, die Beschlüsse der Konferenz würden dem Direktor des Kaiserlichen statistischen Amts übersandt werden, damit dieser sie der Konferenz der Landesstatistiker unterbreite ('79[14]). Dagegen stimmte die 2. Konferenz einem Satz zu ('85[8]), wonach sich die Direktoren einzeln an ihre Landesregierungen wenden sollten.

Im Jahre 1889 wird dann wieder der folgende Antrag angenommen ('89[12]) „die Beschlüsse (der vier ersten Konferenzen deutscher Städtestatistiker) und die Protokolle der 4. Konferenz in Bezug auf die Volkszählung sind unter besonderer Hervorhebung der wichtigsten Punkte dem Direktor des Kaiserlichen Statistischen Amts in einer entsprechenden Anzahl von Exemplaren mit der Bitte zu übersenden, dieselben bei der diesjährigen Versammlung der Reichs- und Landesstatistiker zu deren Kenntnis zu bringen.“

Weiter ist auch 1895 nicht gegangen worden ('95[2*]). Die Erörterungen von 1900 berührten auch diesen Punkt, von einer Beschlußfassung ist jedoch, wie gesagt, abgesehen worden.

Ein neues Stadium hat die vom Präsidenten des Kaiserlichen Statistischen Amtes Wilhelmi angeregte Mitwirkung der städtestatistischen

Ämter bei den jenem Amte übertragenen arbeiterstatistischen Aufgaben angebahnt ('02[3, 19]). Auf der XVI. Konferenz fand auf Grund eines Referats von Bleicher eine Aussprache über Umfang und Methode jener Mitwirkung statt. Es handelte sich zunächst im Interesse des Reichs-Arbeitsblatts um Feststellung einer Arbeitsmarkt-, Wohnungs-, Lohn- und Lebensmittelpreisstatistik.

Dies Zusammenarbeiten fand seine Fortsetzung im Jahre 1903, wo es sich insbesondere auch auf Besprechungen über die Volks- und Betriebszählung von 1905 erstreckte. Das Ergebnis dieser letzteren Beratungen war ein Ersuchen an das Kaiserliche Statistische Amt, die aufzustellenden Formularentwürfe den Konferenzmitgliedern rechtzeitig zur Kenntnis zu bringen und die Aufforderung an diese, sich mit einschlägigen Wünschen direkt und zwar möglichst sofort an das genannte Amt zu wenden ('03[18]).

III. Städtestatistik im allgemeinen.

Über die Organisation und die Aufgaben der städtestatistischen Ämter ist wohl zuweilen verhandelt worden ('79[39], '96[3], '97[15]): Beschlüsse liegen jedoch nicht vor.

Im Jahre 1890 sprach sich die Konferenz gegen den Vorschlag aus, s a der Fremdwörter „Statistisches Bureau“ „Zählamt“ zu sagen ('90[7])t tt

Auf Ersuchen der VII. Konferenz ('91[5]) hat Hasse eine Denkschrift ausgearbeitet, die die Errichtung von statistischen Ämtern auch in Mittelstädten empfahl. Nach Vornahme einiger Änderungen beschloß die Konferenz, dieselbe an diejenigen deutschen Städte über 40 000 Einwohner zu versenden, welche solche Ämter nicht besitzen ('93[13]). Sie ist in der beschlossenen Form als Anlage V des betreffenden Protokolls abgedruckt ('93[28]).

Ferner kann hier die Dresdener Städteausstellung erwähnt werden, welche 1903 zur Ausführung gekommen ist. Um zu beraten, in welcher Weise die Statistik auf dieser vertreten sein solle, hatte die Konferenz eine Kommission eingesetzt ('99[11]). Über weitere Schritte siehe '00[6], '01[8] und '02[11]. An die Stelle der Konferenzkommission trat ein von der Ausstellungsleitung eingesetzter Ausschuß, der nicht nur von den einzelnen Ämtern Anmeldungen entgegenzunehmen hatte, sondern vor allem selbst viele Ausstellungsgegenstände, soweit sie städtevergleichende Darstellungen betreffen, beschaffen sollte. Sein Arbeitsprogramm siehe '01[31]. Über das Geleistete hat Würzburger der letzten Konferenz einen ausführlichen Bericht erstattet ('03[25]). Ein Beschluß dieses Jahres bezieht sich auf die Darstellung der Statistik in einem von der Ausstellungsleitung zu veröffentlichenden Buche ('03[6]).

IV. Das Statistische Jahrbuch deutscher Städte.

Über statistische Jahrbücher im allgemeinen wurde schon auf der ersten Konferenz gesprochen. Der Referent Hasse empfahl unter anderem die Herausgabe statistischer Jahrbücher seitens der einzelnen Städte.

Auf der zweiten Konferenz beantragte Neefe die Herausgabe eines gemeinsamen statistischen Jahrbuchs der deutschen Städte. Der

Gedanke begegnete allgemeinem Einverständnis. Neefe wird zum Redakteur gewählt und die einzelnen Abschnitte werden gleich auf die Mitglieder verteilt ('85[11]). Aber obschon auch auf den folgenden Konferenzen darüber verhandelt wurde, kam doch zunächst noch nichts zu stande (86[12], 88[10], 89[7], 90[12]). Aus den Beschlüssen ist hervorzuheben, daß die Städte mit über 50000 Einwohnern befragt werden sollten (bestätigt '88[12]), und daß das Material durch Fragebogen gewonnen, nicht aus den gedruckten Verwaltungsberichten entnommen werden sollte ('88[11]). Im Prinzip sollten die Erhebungen Jahr für Jahr stattfinden. Das Berichtsjahr brauchte aber nicht für alle Abschnitte eines Jahrgangs dasselbe zu sein (90[17]). Damit sollte jedoch nicht gesagt sein, daß im Jahrbuch keine Abschnitte aufzunehmen wären, die einmal oder in längeren Perioden bearbeitet werden könnten. Im Gegenteil wird sogar zum Teil danach gestrebt, ausführlichen Monographien einen größeren Raum in dem Jahrbuch zu gewähren ('95[15]). Ende 1890 kam der erste Jahrgang zum Versand.

Im Jahre 1891 wurde folgender Antrag angenommen: „I. Die Konferenz hält es für wünschenswert, daß die Städte soviel Exemplare des Statistischen Jahrbuchs entnehmen, daß jedem an der Materialbeschaffung beteiligten Verwaltungszweige ein Exemplar dauernd zur Verfügung gestellt werden kann. II. Honorar an die Mitarbeiter ist nicht zu gewähren, dagegen ist das von dem Verlagsbuchhändler gezahlte Honorar dem Herausgeber zur Verfügung zu stellen" ('91[5], Punkt II bestätigt '02[13]).

Der Wunsch, in dem Jahrbuch möglichst neue Daten zu bringen, ohne daß doch ein Jahr ausgelassen wird, kam 1893 in einem Beschluß zum Ausdruck ('93[4]) und tritt auch später wiederholt zu Tage.

Im Jahre 1894 wird ein Antrag abgelehnt, welcher wollte, daß die Fragebogen erst dann ausgesandt werden sollten, wenn das Material in den befragten Städten vorliegen kann und dagegen der folgende Vorschlag angenommen:

„Das Programm derjenigen Abschnitte, welche künftig in die einzelnen neuen Jahrgänge des Jahrbuchs aufzunehmen sind, ist so rechtzeitig festzustellen, daß die Stadtverwaltungen die Fragebogen vor dem Beginne desjenigen Kalender- beziehentlich Etatsjahres, auf welches sich die Eintragungen beziehen sollen, erhalten, damit sie in der Lage sind, vorgängig die Behörden dahin anzuweisen, welche Aufzeichnungen während des betreffenden Erhebungsjahres zu machen sind, um die Ausfüllung vorzubereiten und nachträgliche Mehrarbeiten zu vermeiden ('94[9])."

Aus den übrigen Beschlüssen dieses Jahres sei noch hervorgehoben ('94[9]), daß den einzelnen Abschnitten ein Litteraturnachweis für die behandelten Gegenstände beizufügen sei.

In späteren Jahren hat die Versammlung weitere Beschlüsse von allgemeiner Bedeutung über das Jahrbuch nur 1902 und 1903 gefaßt, und zwar aus Anlaß der Frage, ob die Städte mit über 50000 Einwohnern, die sich bisher nicht am Jahrbuch beteiligt hatten, künftig berücksichtigt werden sollten. Auf neu in diese Klasse aufsteigende Städte waren nämlich die Erhebungen in letzter Zeit aus verschiedenen Gründen nicht mehr ausgedehnt worden. Nunmehr wurde beschlossen, ihnen die Beteiligung doch zu gestatten, wenn sie es beantragten. Außerdem wurde eine Kommission, bestehend aus Neefe, Hasse, Tschierschky, ernannt, welche über die zukünftige Ausgestaltung des Jahrbuchs Vorschläge machen sollte ('02 [13]).

Der 17. Versammlung lagen Vorschläge Neefes vor, von denen die folgenden angenommen wurden:

„1. Um den Umfang der Arbeiten für das Statistische Jahrbuch einzuschränken, empfiehlt sich eine Kürzung der Erhebungen und Zusammenstellungen und eine Vermeidung von Erhebungen mittels Fragebogen, deren Ausfüllung von Privatpersonen gefordert wird.

„2. Zur Entlastung einzelner Mitarbeiter, welche mehrere Abschnitte übernommen haben, empfiehlt sich eine andere Verteilung, damit möglichst jedes Mitglied der Konferenz einen Abschnitt bearbeitet.

„3. Die Ergebnisse der für das Jahrbuch veranstalteten Erhebungen sind auch im Jahrbuch zu veröffentlichen, und zwar möglichst in dem dafür in Aussicht genommenen Jahrgang.

„4. Die Veranstaltung gemeinsamer Erhebungen und Veröffentlichungen außerhalb des Jahrbuch-Unternehmens ist in nicht dringenden Angelegenheiten ohne Befürwortung seitens der Konferenz zu vermeiden. Die Ergebnisse solcher, außerhalb der Befragung für das Jahrbuch veranstalteten Erhebungen sind entweder vollständig oder auszugsweise im Statistischen Jahrbuch deutscher Städte zu veröffentlichen. ('03 [15 47]).“

In der Frage, welche Städte zu berücksichtigen seien, wurde gleichzeitig beschlossen, dieselben wie bisher und außerdem Mülhausen i. E. zur Beteiligung aufzufordern ('03 [15]). Damit hat wohl der vorjährige Beschluß in dieser Angelegenheit als veraltet zu gelten.

Sofern die Beschlüsse einzelne Kapitel des Jahrbuchs berühren, sind sie bei den Abschnitten erwähnt worden, wohin sie ihrem sachlichen Inhalt nach gehören. Beschlüsse, die sich nur auf einzelne Jahrgänge beziehen, sind überhaupt übergangen worden. Auch die Beschlüsse über den Umfang der Veröffentlichungen usw. sind in der Regel hier nicht weiter erwähnt worden.

V. Volkszählungen.

a. Im allgemeinen.

Was die Form der Zählpapiere anbelangt, so hat die erste Konferenz den Wunsch ausgedrückt, die Individualkarte möge so vereinfacht werden, daß der gesamte, zum Auszählen dienende Text derselben nur die Vorderseite einnimmt ('79 [14]). In Preußen wenigstens ist dies, wenn auch nicht damals, so doch späterhin erfüllt worden.

In Betreff des Inhalts der Zählpapiere sprach die erste Konferenz einstimmig den dringenden Wunsch aus ('79 [14]), daß den Städten auch diesmal Gelegenheit gegeben werde, sowohl auf der Individualkarte solche Fragen hinzuzufügen, deren Erhebung für die Städtestatistik wichtig erscheint, als auch mit der Zählung eine besondere Aufnahme der ihren besonderen Bedürfnissen entsprechenden Statistik der Häuser und Wohnungen zu verbinden.

Und ebenso wird 1885 ('85 [3]) beschlossen: „Die Leiter der städtischen statistischen Ämter erklären es im Interesse der Sache für notwendig, daß ihnen die Erhebungsformulare vor der Drucklegung mit der Möglichkeit, von der zuständigen Landesbehörde zu genehmigende Zusatzfragen zu stellen, mitgeteilt werden." Ein gleicher Beschluß wurde drei Jahre später gefaßt ('88[4]) und ein ähnlicher 1894 ('94[2]). Insbesondere wünscht die Konferenz auch ('99[8]), daß die im Interesse der Städte zu stellenden Fragen nicht auf besondere, sondern auf die allgemeinen Erhebungsformulare gebracht würden. Im allgemeinen haben Preußen und Bayern Zusatzfragen gestattet, Sachsen dagegen nicht. Bei der Berufszählung von 1895 waren sie wohl nirgends zugelassen.

Hier ist ferner folgende Wunscherklärung aufzuführen ('88[4] und [19]): „Den statistischen Ämtern der Großstädte ist es freizustellen, ob sie die Erhebungen über die Grundstücke und Wohnungen mit der Volkszählung selbst verbinden wollen oder mit der zur Erlangung der Adressen zu veranstaltenden Vorerhebung."

Von weiteren Wünschen ist zunächst folgender hervorzuheben ('85[3] und wiederholt '88[3]): „Die Leiter der städtischen statistischen Ämter erklären es für wünschenswert, daß ihnen eventuell die Herstellung der Formulare gegen Erstattung der staatlichen Selbstkosten übertragen wird." Im Jahre 1890 wenigstens ist diesem Wunsch für Berlin und München stattgegeben worden, für andere Städte wohl nicht.

In Betreff der Zählanweisungen liegen folgende Beschlüsse vor: „Instruktionen für das Publikum sind möglichst kurz zu fassen. Zählerinstruktionen sind so gründlich zu halten, daß die Zähler auf die vom Publikum gestellten Fragen antworten können" ('88[3]). Ferner: „Die Konferenz spricht den Wunsch aus, daß für die größeren, eigene statistische Ämter besitzenden Städte besondere Zählerinstruktionen gegeben und gemeinsam von den landesstatistischen und städtestatistischen Ämtern aufgestellt werden ('88[9])." Was die Erfüllung dieses Wunsches anlangt, so kann hier nur gesagt werden, daß 1890 die sächsischen Städtestatistiker bei der Abfassung der Formulare mitwirken konnten.

In Betreff der Organisation der Zählung hat in der Konferenz stets die Meinung geherrscht, daß hierin die örtlichen Verhältnisse ausschlaggebend seien. Entsprechend ist beschlossen worden ('85[1]):

„Den Leitern der statistischen Ämtern erscheint es erwünscht, daß in Bezug auf die Verwendung von freiwilligen Zählern und die Einsetzung von Zählkommissionen von Seiten der Landesbehörden nur fakultative Bestimmungen getroffen werden."

Hierher gehört auch folgender Einzelwunsch ('88[3]): „Bei Festsetzung der Zeit der Behändigung und der Ablieferung der Zählpapiere seitens der Zähler ist auf die lokalen Verhältnisse Rücksicht zu nehmen und diese Festsetzung den Großstädten zu überlassen." Dem ist freilich im allgemeinen nicht willfahrt worden, das Verlangen fand jedoch vor der nächsten Volkszählung einen erneuten einstimmigen Ausdruck ('94[2]).

Von Wichtigkeit ist ferner die Frage, ob die Städte das Zählmaterial selbst aufbereiten dürfen oder nicht. Ursprünglich hatten die Landesbureaus nichts dagegen einzuwenden, doch änderte sich das, angeblich, weil die Städtebureaus eine längere Zeit für die Aufbereitung beanspruchten. Im Jahre 1879, als diese Wendung erst drohte, wurde der folgende Beschluß gefaßt (79[14]):

„Die Direktoren der statistischen Bureaus deutscher Städte sprechen einstimmig den dringenden Wunsch aus. daß ihnen auch diesmal das vollständige Depouillement des gesamten Zählungsmaterials — unter Ersatz der von den betreffenden Staatenbureaus durchschnittlich aufgewandten Kosten — überlassen bleibe, wobei sie der Überzeugung sind, daß durch die Belassung der gesamten Zählungsarbeiten bei den städtischen Bureaus auch die Qualität der Erhebungen für Staatszwecke wesentlich verbessert wird.“

Dennoch ist seit dem Jahre 1880 den meisten Städtebureaus die Aufbereitung entzogen worden. Nur Berlin, München und neuerdings Straßburg haben sie voll behalten oder später zurückerhalten, trotzdem dieser Wunsch auch sonst wiederholt worden ist ('85[3], '88[4], '88[19], '99[6], '99[8]). Der letzte Beschluß hat folgende Form:

„Die Konferenz hält an der alten Forderung der Städtestatistik fest. daß die städtestatistischen Ämter, soweit sie dies beantragen, mit der Durchführung der Volkszählungsarbeiten in ihren Städten und mit der amtlichen Bearbeitung der gewonnenen Ergebnisse für die Stadtbezirke und für deren etwaige Vorortsgebiete betraut werden.“

Zweimal hat sich die Konferenz mit der Frage beschäftigt, ob nicht das Zählmaterial dadurch verbessert werden könnte, daß wahrheitswidrige Ausfüllung von Zählpapieren gesetzlich unter Strafe gestellt wird. Beidemal hat aber die Konferenz diese Anregung abgelehnt ('79[17], '96[12]). Bei dieser Gelegenheit wurde jedoch das erstemal ein Antrag angenommen, der die Verbesserung des statistischen Materials auf anderem Wege erreichen wollte:

„Die . . . Vorstände des statistischen Bureaus d. St. halten es für wünschenswert, die Befragung des Publikums für die einzelnen Zwecke der Verwaltung möglichst zu beschränken und an deren Stelle allgemeine Erhebungen unter gleichzeitiger Berücksichtigung der verschiedenen Verwaltungsbedürfnisse treten zu lassen. Bei dem Entwurf sämtlicher Erhebungsformulare sind die Statistiker zu hören.“ ('79[17]).

b. Grundstücke und Gebäude.

Auf der Konferenz von 1879 wurden die Fragen der Grundstücks- und Wohnungsstatistik wohl vielseitig durchsprochen, zu einem endgültigen Beschluß kam es jedoch nicht. Es wurde nur ein Ausschuß gewählt, der die Erhebungsformulare durchberaten sollte ('79[22]). Die von ihm nachträglich festgestellten und für Leipzig adaptierten Schemas sind, allerdings mit einigen Abweichungen, die. welche 1880 in dieser Stadt verwendet wurden.

Schon auf dieser ersten Konferenz wurde mehrfach anerkannt, daß es mißlich sei, die Gebäude zu zählen, und auf der zweiten wurde sogar beschlossen, daß auf der Grundstücksliste das Gebäudeverzeichnis wegbleiben solle ('85[9]). Erstens sei es unmöglich, eine allgemein zutreffende Definition für „Gebäude“ zu geben und zweitens könne die Gebäudestatistik auch nicht die Grundlage der Wohnungsstatistik bilden, da eine Wohnung sehr häufig aus Teilen verschiedener Gebäude besteht.

Entsprechend wurde 1888 beschlossen: „Statt der Ermittelung der Zahl der Gebäude würde es sich empfehlen, lediglich die Zahl der (bewohnten beziehentlich unbewohnten) bebauten Grundstücke (Anwesen) festzustellen. Soll insbesondere die Zahl der Wohngebäude festgestellt werden, so ist es notwendig, daß eine Definition des Gebäudes für die Zwecke der Reichs- und Landesstatistik gegeben wird ('88[4])."

Die Landesstatistiker haben sich auch nach Beratung der Wünsche der Städtestatistiker nicht entschließen können, die Zählung der Gebäude fallen zu lassen. Sie beschlossen vielmehr, in die Zählerinstruktion hierüber folgende Bemerkung aufzunehmen ('90[19]):

„Es sind nicht Komplexe mehrerer Gebäude oder bebaute Grundstücke, sondern die einzelnen Wohnhäuser in Ansatz zu bringen. Als Wohnhaus ist im allgemeinen anzusehen: 1. jedes freistehende Wohngebäude, 2. jedes, wenn auch mit einem andern Gebäude unter einem Dache befindliche, zu Wohnzwecken bestimmte Gebäude, das vom nebenstehenden Gebäude durch eine vom Dach bis zum Keller reichende Trennungswand geschieden ist."

Von den weiteren Beschlüssen der Konferenz von 1888 ging zunächst einer dahin, daß die Wohnungen in den einzelnen Gebäuden nicht auszuscheiden wären ('88[5]).

Ferner wurde bei dieser Tagung die Frage aufgeworfen, wie die unfertigen Gebäude zu behandeln seien und beschlossen, daß sich die Erhebung auf alle Grundstücke erstrecken solle, die in Bebauung sind. Dabei sollen die unfertigen von den leerstehenden getrennt werden ('88[5]).

Nachdem ein Antrag, die Grundstücke nach der Hauptbestimmung zu gruppieren, zurückgezogen worden war, beschließt die Versammlung: „Nur wenn Gebäude gezählt werden, sollen diese nach der Hauptbestimmung und nach der Höhenlage geschieden werden. In diesem Fall sind auch die Gebäude auszuscheiden, in denen sich Wohnungen unter dem Straßenniveau befinden."

Was die Bezeichnung der Geschosse anbetrifft, so ist Mezzanin, Entresol oder Zwischenstock als Stockwerk zu zählen, aber die Tieflage nicht zu rechnen[1]). Bei verschiedener Höhe der Fronten soll das höchste Stockwerk maßgebend sein ('88[6]).

Ferner war die Konferenz darüber einverstanden, daß die Grundstücke nach den Eigentumsverhältnissen spezialisiert werden sollten und zwar nach dem Münchener Muster ('88[5]). Hiernach (Mitteilungen des Statistischen Bureaus der Stadt München Band IX, Seite 125) werden die Besitzer wie folgt gruppiert:

1. Reich, 2. Staat, 3. Kgl. Haus und Hof, 4. Gemeinde, 5. Stiftungen und Anstalten, 6. Gesellschaften, 7. Private und zwar a) Kaufleute, b) Gastgeber, c) Bauunternehmer, d) andere Gewerbetreibende, e) Gehilfen, f) Lohnarbeiter, g) Beamte aller Art, h) Beruflose, i) Witwen, k) andere Frauen, l) andere Personen.

Als Schemas für die einheitliche Bearbeitung der Zählergebnisse wurden damals die folgenden angenommen:

Kopf: Am 1. Dezember 1890 wurden bebaute Grundstücke gezählt a) wieviel? b) darin wieviel leerstehende und besetzte Wohnungen? c) mit wieviel ortsanwesenden Bewohnern? Vorspalte: a) Gesamtzahl, darunter α) bewohnt, β) leerstehend, γ) unfertig, b) Höhenlage (ebenerdig usw.) ('88[6]).

---

[1]) Siehe Seite 500 oben.

Ferner Kopf: Am 1. Dezember 1890 wurden in der Stadt bewohnte bebaute Grundstücke gezählt a) wieviel? b) darin wieviel leerstehende, besetzte Wohnungen? c) mit wieviel ortsanwesenden Bewohnern? d) insbesondere wieviel Anstalten? mit wieviel ortsanwesenden Bewohnern? Vorspalte: a) mit 1, 2, 3, 4, 5, 6, 7, 8, 9, 10, 11—20 usw. Wohnungen, b) mit 1, 2, 3, 4, 5, 6, 7, 8, 9, 10. 11—20 usw. Wohnräumen, c) mit 1, 2, 3, 4, 5, 6, 7, 8, 9, 10, 11—20 usw. Einwohnern. Ferner sind die Fragen des Kopfes für andere bewohnte Objekte zu beantworten, die nicht bebaute Grundstücke sind ('88[6]).

Hierzu tritt das folgende, von Pröbst vorgeschlagene Schema:

Kopf: Grundstücke mit 0, 1, 2, 3, 4, 5, 6, 7 usw. Bewohnern. Vorspalte: Grundstücke mit 0, 1, 2, 3, 4, 5, 6 usw. Wohnungen. (Mitteilungen des Leipziger Statistischen Amts, Heft 22, Seite 9 und 11).

Auf der Konferenz von 1890 wurde der folgende Antrag angenommen:

„Die Geschäftsleitung der Konferenz wolle sich an diejenigen Städte, welche zur Mitarbeit an dem Jahrbuch aufgefordert worden sind, mit dem Ersuchen wenden, die nächste Volkszählung zu einer Erhebung über Grundstücke und Wohnungen zu benutzen, um damit Unterlagen zu gewinnen für die Beantwortung der im Interesse des Jahrbuchs gestellten und demnächst zu wiederholenden Fragen. Die Geschäftsleitung wolle dies Ersuchen mit Vorschlägen zu Erhebungsformularen verbinden" ('90[4]).

Während die großstädtische Grundstücks- und Wohnstatistik in dieser sorgfältigen Weise ausgebaut wird, muß sich der Staat in dieser Hinsicht mit den Angaben der Zähler auf den Kontrolllisten begnügen. Um die Widersprüche, welche sich zwischen beiden Auszählungen ergeben müssen, zu beseitigen, wurde mit Einmütigkeit beschlossen ('94[2]) „daß den größeren Städten das Recht eingeräumt werde, ... die auf die Grundstücks- und Wohnstatistik bezüglichen Fragen auf den Kontrollisten auf andere Weise als durch die Angaben des Zählers beantworten zu lassen".

Im Jahre 1899 wählte die Konferenz auf Bleichers Antrag einen Ausschuß, der ihr Vorschläge für eine Statistik über die Verteilung und Verwendung des Grundbesitzes machen sollte.

Im Jahre 1900 nahm die Konferenz dann die folgenden Vorschläge Bleichers und Würzburgers als Anhaltspunkte für die Bearbeitung des Materials der bevorstehenden Zählung an ('00[10, 25]):

„Nach den Beschlüssen der vorjährigen Konferenz ist die Grundstücksstatistik in Rücksicht auf die geplante Grundbesitzstatistik auszubauen.

„Erwünscht wäre, daß die städtestatistischen Ämter bei der Bearbeitung diesmal einheitlich danach streben, daß ein Gesamtbild über die Dichtigkeit der Bebauung nach kleineren Vermessungsbezirken hergestellt werde.

„Es wird empfohlen, bei der Grundstücks- und Wohnungsstatistik die Ausdehnung der geschlossenen, offenen und Gruppen-Bauweise und die auf jede entfallende Bewohnerzahl festzustellen."

Gleichzeitig legte der im Vorjahre gewählte Ausschuß Leitsätze und Tabellen ('00[27ff.]) zur Statistik der Grundeigentumsverteilung vor ('00[11, 27]). Die Konferenz beschloß: „daß die vorgelegten Entwürfe als Grundlage für die Bearbeitung der Grundbesitzstatistik dienen und die Erhebungen 1900 oder 1901 vorgenommen werden sollen".

Die vorgeschlagenen Tabellen sind sehr umfangreich. Zur Mitteilung weiterer Konzentrierformulare an die beteiligten Städte ('00[12]) ist es nachher nicht gekommen. Der Ausschuß wurde ein Jahr später aufgelöst ('01[12]).

c. Wohnungen.

Die hierher gehörigen Erörterungen der I. Konferenz sind schon am Eingang des vorigen Abschnitts erwähnt worden. Ebenso die Arbeiten eines von ihr eingesetzten Ausschusses. Ein anderer Ausschuss sollte die Auszählformulare für die Wohnstatistik und deren Verbindung mit der Haushaltungsstatistik feststellen ('79[22]). Über ihre Arbeiten fehlen aber Mitteilungen.

Was den Termin der Erhebung anlangt, so hat im Jahre 1895 die Konferenz folgenden Leitsatz empfohlen ('95[11, 14*]):

„Sofern nicht gewichtige Gründe für die Abtrennung der Wohnungserhebung von der eigentlichen Volkszählung und deren Verbindung mit der Vorzählung sprechen, ist es im Interesse der leichteren und umfassenderen Möglichkeit der Darstellung der Wohnungsverhältnisse in ihren Beziehungen zur Bevölkerung wünschenswert, daß beide Aufnahmen gleichzeitig erfolgen, wie dies ja auch schon bei der letzten Zählung überwiegend geschehen ist."

Zur Vornahme besonderer Wohnungsenqueten befürwortet die Konferenz einen zwischen zwei Volkszählungsjahren gelegenen Termin ('00[10, 26]).

Mit der Form der Erhebung beschäftigen sich die folgenden Leitsätze (95[11, 14*]).

„a. Als Erhebungsformular dürfte vorzugsweise das Haushaltungsverzeichnis in Betracht kommen, indem hierdurch die für die soziale Betrachtung so wichtige Kombination der Art der Haushaltungszusammensetzung mit den Verhältnissen der von der Haushaltung bewohnten Wohnung ohne weitere zeitraubende Übertragungen ermöglicht ist.

„b. Für die Städte derjenigen Staaten, in denen Haushaltungslisten in Anwendung kommen, wäre zu prüfen, ob diese nicht mit den die Wohnung betreffenden Fragen versehen werden könnten, wie dies in Baden 1890 tatsächlich der Fall war.

„c. Nur wo die Verwendung des Haushaltungsverzeichnisses bezl. der Zählungsliste für diesen Zweck nicht angängig ist, kann von einem besonderen Wohnungsformular nicht Abstand genommen werden."

Auf der Konferenz von 1886 wurde ausgeführt, daß die Wohnstatistik nur auf die von einzeln lebenden Personen und Familienhaushaltungen innegehabten Wohnungen, nicht auch auf die Anstaltsräume sich zu erstrecken habe. Allerdings sei unter Umständen, z. B. bei Pensionaten die Verbindung von Haushalt- und Anstaltsräumen so eng, daß deren Trennung und namentlich die Feststellung des auf die ersteren entfallenden Mietzinsteiles schwierig sei. Die Versammlung stimmte dem im allgemeinen bei ('86[13]).

In Bezug auf das Besitzverhältnis soll nicht nur gefragt werden, ob der Inhaber Eigentümer des Hauses oder Mieter der Wohnung, sondern auch, ob er Inhaber einer Dienst- oder Freiwohnung ist ('85[7]).

Zur Zählung der Stockwerke: Die Dachwohnungen sollen nicht als Stockwerk für sich gezählt werden, sondern sind nach ihrer Höhenlage bei den verschiedenen Stockwerken einzurechnen ('85[7]); die Frage nach den besonderen Stockwerksarten, wie Hochparterre, Halbstock (Entresol) usw. ist jeder Stadt zu überlassen ('85 [7]); jedenfalls ist der Halbstock als besonderes Geschoß zu zählen ('88 [7]); Wohnungen in mehreren Stockwerken sind nicht auf die Stockwerke zu verteilen, um sie den übrigen Wohnungen zuzuzählen, sondern sind als besondere Klasse aufzuführen ('85[8]).

Die Wichtigkeit der Frage nach der Bewohnung eines ganzen Hauses wird anerkannt, findet aber ihre Erledigung durch die Grundstückskarte ('85 [7], bestätigt '88 [7]).

Die zweite Konferenz hat die Frage: „Seit welchem Tage bewohnt der Haushaltungsvorstand diese Wohnung?" aufgenommen ('85[9]).

Was die Erfragung der Wohnungsteile anbetrifft, so verlangte die 2. Konferenz nur die Eruierung der heizbaren, der nicht heizbaren Zimmer und der Küchen ('85 [8]). Drei Jahre später werden diese Fragen dahin erweitert, daß auch festgestellt werden soll 1) die Zahl der andern Räume (Vorsäle, Entrees, Speisekammern), 2) ob Boden- und Kellerräume ('88 [7]). Die Konferenz von 1895 hat es für wünschenswert erklärt, daß bei den Wohnräumen angegeben wird, in wie fern dieselben als Schlafräume dienen. Es könnte bei den verschiedenen Arten der Wohnräume (den heizbaren, den nicht heizbaren Zimmern, Küche usw.) gefragt werden: a) wieviele derselben werden zum Schlafen benutzt? . . . b) von wieviel Personen? . . . c) werden außerdem Gewerberäume zum Schlafen benutzt? . . . bejahenden Falles wie viele? . . . und von wieviel Personen ihres Haushalts? . . . ('95 [11, 14*] Punkt 4). Auch wären unter den Wohnräumen die auszusondern, welche zugleich Gewerberäume sind (daselbst Punkt 5).

Die Frage nach der Miete wird so formuliert: Jährliche Wohnungsmiete oder Wert der Wohnung? Sind dabei noch Gewerberäume mit begriffen? Sind in die angegebene Miete besondere Nebenvergütungen eingerechnet, und in welchem Betrage? ('85 [9]). Die Rücksichtnahme auf etwaige Gewerberäume wird 10 Jahre später wiederholt betont ('95 [11, 14*]).

Tabellenschemas zur Wohnungsstatistik sind im Jahre 1886 angenommen worden und zwar folgende:

I. Kopf: a) Zahl der bewohnten Wohnungen überhaupt; b) davon mit Küche; c) Zahl der heizbaren und der nichtheizbaren Zimmer in den bewohnten Wohnungen; d) Zahl der Einwohner; e) gesamter (jährlicher) Mietpreis der bewohnten Wohnungen (Mrk.); f) ermittelter höchster und niedrigster Mietpreis (Mrk.). Vorspalte: a) mit 0, 1, 2, 3, 4, 5, 6, 7, 8, 9, mehr heizbaren Zimmern; b) Kellergeschoß, Erdgeschoß Zwischenstock, 1, 2, 3, 4, höheres Obergeschoß, mehrere Stockwerke, ein ganzes Haus einnehmende Wohnungen[1]).

II. Kopf: a) Zahl der bewohnten Wohnungen mit 1, 2, 3, 4, 5, 6, 7, 8, 9, 10, mehr Einwohnern; b) Gesamtzahl der Einwohner in den Wohnungen mit 1, 2, 3, 4, 5, 6, 7, 8, 9, 10, mehr Einwohnern. Vorspalte: a) 0 heizbares, 1 nicht heizbares Zimmer ohne Küche und dann mit Küche; b) 0 heizbares, mehrere nicht heizbare Zimmer ohne Küche und dann mit Küche; c) 1 heizbares, kein nicht heizbares Zimmer ohne und dann mit Küche; d) 1 heizbares, 1 oder mehrere nicht heizbare Zimmer ohne und dann mit Küche; e) 2 heizbare Zimmer ohne nicht heizbares Zimmer und ohne Küche; f) 2 heizbare Zimmer mit einem oder mehreren nicht heizbaren Zimmern[2]); g) 3, 4, 5 usw. heizbare Zimmer, jede Größenkategorie erst ohne, dann mit nicht heizbaren Zimmern[3]).

---

[1]) Die letztere Kategorie ist hier im Anschluß an die Beschlüsse von 1888 hinzugefügt (siehe Absatz 2 dieser Seite).

[2]) Von hier ab fällt die Frage nach der Küche weg.

[3]) Wo in diesen Tabellen von der Zahl der Bewohner die Rede ist, wird immer die der ortsanwesenden gemeint. (S. 504.)

Spätere Konferenzen haben sich auf das Detail der Auszählformulare nicht eingelassen ('88[7, 21], '95[11, 14], '00[10, 26]).

Auf der zweiten Konferenz wird beschlossen die leerstehenden Wohnungen zu erheben, auch nach Stockwerk, Zimmerzahl usw., wie es bei den bewohnten beschlossen ist ('85[9]). Auch soll gefragt werden, wie lange sie unbewohnt sind ('85[9]). Spätere Beschlüsse (betreffend den Inhalt des Jahrbuchs ('93[9]) und betreffend die Volkszählung von 1900 ('00[10, 25]), drücken eigentlich nur das Interesse an diesem Zweige aus. Der letzte Beschluß enthält außerdem einen Hinweis auf den Vergleich von Wohnungsmarkt und Bautätigkeit.

Auch die zu gewerblichen Zwecken bestimmten Gebäudeteile sollen aufgenommen werden ('85[9]), die benutzten und die leeren. Eine neuere Anregung von Bleicher ('00[25]), von der Versammlung als Anhaltspunkt angenommen ('00[10]) geht nur insofern darüber hinaus, als bei der Darstellung der Verwendung des Hausbesitzes zu Wohnungen und Geschäftslokalen auch die Steuerstatistik benutzt werden soll.

Das Kaiserliche Statistische Amt hatte den Wunsch nach Zusendung von Übersichten über die Kleinwohnungen geäußert. Dabei kam zur Sprache, inwieweit man von den bisherigen Beschlüssen abzuweichen habe (Gruppierung der Wohnungen nach der Zahl der Wohnräume statt nach der der heizbaren Zimmer, Einrechnung der Küche bei den Wohnräumen). Es wurde beschlossen (02[7, 10, 14ff.]):

„1. Die XVI. Konferenz ist der Ansicht, eine nochmalige Bearbeitung des bei der Volkszählung vom 1. Dezember 1900 gewonnenen Materials der Wohnungsstatistik nicht empfehlen zu sollen. Sie verweist in dieser Beziehung auf das Statistische Jahrbuch und die Veröffentlichungen der einzelnen Ämter. Dem Kaiserlichen Statistischen Amt wird das für das Statistische Jahrbuch — Abschnitt Wohnungen — bereits eingegangene Material schon jetzt zur Benutzung zur Verfügung gestellt.

„2. Sie empfiehlt Vorschläge, die sich auf die Reform der Wohnungsstatistik beziehen, im Zusammenhang mit den Vorarbeiten zu der Volkszählung von 1905 zu behandeln.

„3. Sie ersucht die städtischen statistischen Ämter Veränderungsnachweisungen über den Bestand an Wohnungen womöglich halbjährlich am 1. Juli und 1. Januar dem Kaiserlichen Statistischen Amt zu überreichen.

„4. Hierfür sind wo möglich sowohl die Formulare A (nach heizbaren Zimmern) als B (nach Wohnräumen) zu benutzen; wo dies nicht möglich, wahlweise A oder B. Hierbei sind die Fälle auszuscheiden, in denen Wohnungen im Mietpreise mit Gewerberäumen untrennbar verbunden sind.

„5. Auf besonderen Zeilen der Formulare A und B sind Abgang und Zugang nachzuweisen und hierbei in besonderen Zeilen die Fälle gemeinnütziger Bautätigkeit auszuscheiden.

„6. Nach denselben Formularen A und B sind baldigst nach Vornahme von Zählungen leerstehender Wohnungen Nachweisungen über diese dem Kaiserlichen Statistischen Amte zu übersenden. und hierbei auf besonderen Zeilen die Mietsklassen

0—100 ℳ	251— 300 ℳ
101—150 „	301— 500 „
151—200 „	501—1000 „
201—250 „	über 1000 „

zu unterscheiden."

Inhalt der oben genannten Formulare: In A, 1. Veränderungsnachweis über Wohnungen (in der Stadt . . . . . für die Zeit . . . .) werden im Kopf unterschieden: Wohnungen ohne heizbares Zimmer, mit 1 heizbaren Zimmer*), mit 2, 3, 4 und mehr heizbaren Zimmern*), Wohnungen im Mietpreis untrennbar mit Gewerberäumen verbunden; die Vorspalte unterscheidet: Bestand, Abgang und Zugang an Wohnungen (je mit Unterscheidung ob in gemeinnützigen Bauten oder nicht).

A, 2. Nachweis über leerstehende Wohnungen (in der Stadt . . . ., am . . . . .) Kopf wie zu A, 1. Vorspalte unterscheidet die vorstehend sub 6 genannten 8 Mietpreisklassen mit je einer Zeile für die Se. der leerstehenden Wohnungen, den Bestand aller Wohnungen am . . . . . ., und die leerstehenden Wohnungen in % aller Wohnungen.

B, 1. Veränderungsnachweis über Wohnungen (in der Stadt . . . ., für die Zeit . . . . . .) im Kopf der Tabellen werden unterschieden: Wohnungen mit 1 Wohnraum, 2, 3, 4, 5, 6 und mehr Wohnräumen**), Wohnungen im Mietpreis untrennbar mit Gewerberäumen verbunden, Se. der Wohnungen; Vorspalte wie Vorspalte zu A.

B, 2. Nachweis über leerstehende Wohnungen (in der Stadt . . . . am . . . . . .). Kopf wie zu B, 1. Vorspalte wie zu A, 2.

d. Haushaltungen.

Was die Form der Erhebung anbetrifft, so wünschte die erste Konferenz, daß die Frage nach der Verwandtschaft oder sonstigen Stellung zum Haushaltungsvorstand nicht auf der Personenzählkarte, sondern auf der Haushaltungsliste gestellt würde ('79[14]).

Eine andere Frage, die sie beschäftigte, war die, wie die Haushaltung zu definieren sei. Die einen setzten sie mit der Wohnung gleich, die andern sahen in ihr nicht nur eine Wohn-, sondern auch eine wirtschaftliche Gemeinschaft.

Das Reich seinerseits stellte bei den Vorschriften für die Zählung von 1880 und ebenso 1885 den Einzelstaaten anheim, der zweiten Definition zu folgen mit dem Zusatz, daß einer Haushaltung gleichgeachtet werden einzeln lebende selbständige Personen, die eine besondere Wohnung innehaben und eine eigene Hauswirtschaft führen.

Bei der Konferenz von 1885 konstatierte Böckh das allgemeine Einverständnis darüber, daß „von der Verschiedenheit des Begriffs der Wohnung und Haushaltung, welche durch die allgemeine Instruktion künstlich geschaffen worden ist . . ., abgesehen werde" ('85[9]).

Aber 1888, bei Besprechung der Wünsche für die nächste Volkszählung, lebte die Frage wieder auf. Einerseits empfahl die Konferenz, die Wohnungen mit mehreren Haushaltungen auszuzählen ('88[21])[1]) und andererseits beschloß man, der Landesstatistik die Definition zu überlassen, „namentlich im Hinblick auf das Vorkommen von mehrfachen Haushaltungen in einer gemeinsamen Wohnung, sowie auf die einzeln Lebenden (sächsische Einzelhaushaltungen)" ('88[7]).

*) Hierbei ist die Küche als heizbares Zimmer zu rechnen und jede Kategorie mit der Trennung: ohne, mit Küche.

**) a) Küche ist als Wohnraum zu rechnen, ebenso zu Wohnzwecken benutzte Mansardenräume;
b) Korridor, Alkoven, Speisekammer u. a. Räume sind keine Wohnräume;
c) wo abweichende Gewohnheiten vorliegen, sind diese zu verlautbaren, so daß bei den Zusammenstellungen die Abweichungen ein- oder ausgeschlossen werden können.

1) Im Protokoll ist freilich die Annahme dieses Passusses nicht erwähnt, sie geht aber aus den Mitteilungen des Statistischen Amts der Stadt Leipzig, Heft XXII Seite 17, hervor.

Die Fassung, welche nun das Reich für 1890, 1895 und 1900 vorschrieb, war nach wie vor die engere, nur daß es statt „einzeln lebende selbständige" jetzt schlechtweg „einzeln lebende" hieß.

Jedoch auch weiterhin wurde die Gleichsetzung von Wohnung und Haushaltung auf der Konferenz vertreten ('91 [3]), wie denn zum größten Teil wenigstens in der Praxis nach diesem Grundsatz verfahren wird.

Was den Umfang der Auszählungen anbetrifft, so ist gelegentlich der Volkszählung von 1885 nur beschlossen worden, daß es genügt die Hausstandsklassen durch Kombinierung folgender 6 Gruppen zu bilden, wenn sie mit der Wohnungsgröße [1]) gekreuzt werden: Familienglieder, Dienstboten, Gewerbegehilfen, andere Haushaltsgenossen, Einmieter und Schlafleute ('85 [10]).

Drei Jahre später werden, zunächst für die Volkszählung von 1890, folgende Beschlüsse gefaßt (88 [8, 21]):

Bei den Haushaltungen sind nachzuweisen: 1) die Einzelhaushaltungen, 2) das Geschlecht der Haushaltungsvorstände und der in Einzelhaushaltungen lebenden Personen, 3) die Zusammensetzung der Haushaltungen wenigstens nach folgenden Kategorien: a) Familienmitglieder, b) Pfleglinge und Pensionäre jedes Alters, c) Dienstboten und höheres Dienstpersonal, d) Gewerbegehilfen, Gewerbearbeiter und Lehrlinge, e) Zimmermieter, Aftermieter, Chambregarnisten, f) Schlafgänger (solche, welche im Gegensatz zu der vorigen Gruppe über einen bestimmten Wohnraum nicht verfügen und nur Nachtlager, unter Umständen auch mit mehreren in einem Raum zusammen, zu beanspruchen haben), g) Andere, d. h. Gäste, Krankenpfleger usw., h) Einquartierte Soldaten. Bei Haushaltungsmitgliedern, welche mehreren Kategorien angehören, soll das dem Haushaltungsvorstand am nächsten stehende Verhältnis maßgebend sein, z. B. Kinder als Besuch sind unter a zu zählen.

Außerdem beschloß jene Konferenz: Die Anstalten (Extrahaushaltungen) sind den Haushaltungen gegenüberzustellen ('88 [8, 21]); dabei sind in Zweifelsfällen alle Extrahaushaltungen mit 5 und mehr Pfleglingen den Anstalten zuzuzählen ('88 [8])[2]); innerhalb der Anstalten sind die in denselben untergebrachten Haushaltungen der Anstaltsbeamten auszuscheiden ('88 [7, 21]); Haushaltungen in Anstalten sind bei der Bearbeitung der Haushaltungen nicht einzurechnen ('88 [8]), sollen aber wie die übrigen Haushaltungen gegliedert werden ('88 [8]).

Ferner ist bei der Bearbeitung der Anstalten folgender Tabellenkopf zu benutzen ('88 [26, 8]):

1) Bezeichnung der Anstalten; 2) Zahl der Anstalten; 3) Aufsichts-, Verwaltungs-, usw. Personal mit eigener Haushaltung im Anstaltsgrundstück und zwar: a) Vorstände der Einzelhaushaltungen, b) der Familienhaushaltungen, c) Angehörige der Familienhaushaltungen; 4) Aufsichts-, Verwaltungs- usw. Personal ohne eigene Haushaltung im Anstaltsgrundstück; 5) Anstaltsinsassen a) mit, b) ohne eigene Haushaltung; 6) Gesamtbevölkerung der Anstalten. Die Spalten 3a, b, c, 4, 5a, b sind auch nach dem Geschlecht zu trennen.

---

[1]) Diese ist dabei in der Detaillierung zu geben, wie in dem Tabellenschema S. 500, Zeile 41 ff. ('88 [8]).

[2]) Auf der Versammlung von 1891 wurde freilich wieder die so getroffene Scheidung eine künstliche genannt ('91 [4]). In Dresden hätte sie darum von vornherein nicht befolgt werden können ('91 [20], Anlage II).

Gelegentlich der Volkszählung von 1900 ('00[9, 25]) wurde empfohlen, die Haushaltsverhältnisse mit den Individualangaben der Haushaltungsvorsteher (Beruf, Geschlecht und Zivilstand) zu kombinieren.

Über die Frage, inwiefern bei dieser Statistik die Wohnbevölkerung zu Grunde gelegt werden soll, siehe das folgende Kapitel.

e. Bevölkerung.

Die erste hierher gehörige Frage betrifft die Feststellung der Wohnbevölkerung. Schon die erste Konferenz diskutierte darüber, konnte sich aber bei der Abstimmung nicht einigen ('79[15]).

Im Jahre 1885 kam es zu folgender Resolution: „Die Frage nach dem Aufenthaltsorte der Abwesenden auf der allgemeinen Zählkarte genügt nicht zur Feststellung der Tatsache der Abwesenheit, da in zahlreichen Fällen der Abwesende sich an einer anderen Stelle des Zählorts selbst befindet. Es ist daher notwendig, daß in größeren Städten verschiedene Karten für Anwesende und Abwesende eingeführt werden." ('85[6].)

Von seiten des Reichs berücksichtigte man damals diesen Gedanken nur insofern, als 1885 nicht mehr wie 1880 die vorübergehend Anwesenden und Abwesenden schlechtweg erfragt wurden, sondern die „aus der Haushaltung" vorübergehend Abwesenden, beziehlich die in ihr vorübergehend Anwesenden.

Verschiedentlich wurde empfohlen, die Wohnbevölkerung überhaupt fallen zu lassen. Vor allem wurde dagegen eingewandt, daß nur sie einer Auszählung der Haushaltungen nach ihrer Zusammensetzung korrekter Weise zu grunde gelegt werden könne. In dieser Hinsicht einigte man sich dahin ('86[13]): „1. daß die Bearbeitung der Bevölkerungs-, Wohnungs- und Haushaltsstatistik sich auf die Ermittelung der ortsanwesenden Bevölkerung zu stützen hat, 2. daß aber die Kennzeichnung der Haushaltungen nach der Vorstandschaft — jedoch nur nach dieser — nach dem dauernden Verhältnisse unter Berücksichtigung der vorübergehend Abwesenden zu erfolgen hat."

Hierher gehört jedoch auch der folgende Beschluß ('88[9]): Bei der Haushaltungsstatistik und bei der Klassierung nach dem Zivilstand sind streng zu trennen: a) getrennt lebende Ehegatten, von denen der eine nur vorübergehend abwesend ist und b) solche, welche dauernd getrennt leben (mit Einschluß der Eheverlassenen), ohne gerichtlich geschieden zu sein.

Im besonderen fragte es sich ferner, ob man alle die Haushaltungen als Einzelhaushaltungen zählen solle, in denen bei der Zählung nur eine Person vorgefunden worden sei. Es wurde beschlossen, in dieser Hinsicht an der ortsanwesenden Bevölkerung festzuhalten ('88[8]).

Zur Fassung der Formulare wird 1888 folgender Antrag angenommen: „Es ist . . . dringend geboten, in den Formularen die aus den Wohnungen Abwesenden von den anwesenden Personen bestimmt zu scheiden und bei den Abwesenden die zu erhebenden Individualangaben auf das durchaus Notwendige zu beschränken; besonderer Individualzählkarten für Abwesende bedarf es nicht. Es ist ferner bei der Fassung der Formulare zu berücksichtigen, daß es zahlreiche vorübergehend Abwesende giebt, welche sich an einer anderen Stelle des Zählorts selbst befinden."

Das Reich beließ es aber 1890 bei den Anforderungen von 1885, durch die übrigens dem letzten Satz der Resolution genügt wird, wie aus dem oben Gesagten hervorgeht.

Aus den Beschlüssen über die Zählwerke des Jahres 1895 ist folgender Satz hervorzuheben: „Die Konferenz empfiehlt, daß die Zähler veranlaßt werden, der genauen Verzeichnung der vorübergehend abwesenden Personen in der Haushaltungsliste besonderes Augenmerk zuzuwenden.“ ('95[17].) Das Reich seinerseits schrieb übrigens die Frage nach dieser Kategorie nur bei der Berufs- und Gewerbezählung vor.

Endlich 1899 spricht sich die Konferenz wiederum dahin aus, „daß bei der Volkszählung von 1900 die aus der Haushaltung vorübergehend Abwesenden und die in derselben vorübergehend Anwesenden ermittelt werden.“ ('99[6].) Seitens des Reichs ist diesem Wunsch nur insofern willfahrt worden, als für jede Person nach dem Wohnort gefragt werden soll.

Was die übrigen Probleme der Personenzählung anbetrifft, so hat die erste Konferenz freilich die einzelnen Fragen der Personenzählkarte von 1880 durchberaten ('79[14] ff.) auch in ihren Beziehungen unter einander, doch können die Ergebnisse heute wohl übergangen werden, zumal mit jeder Zählung sich die Karte als Ganzes etwas ändert. Weitere hierher gehörige Fragen behandeln die folgenden Beschlüsse.

Besonders schwierig ist immer die Eruierung der Staatsangehörigkeit. Es wurde jedoch empfunden, daß es nicht Aufgabe der Städtestatistik sein könnte, ihre Abschaffung zu befürworten, so lange die Staatsbehörden sie für notwendig erklärten. So beschloß man auch ('88[4] u. [19]): „In den Anweisungen der Reichs- und Landesstatistik ist, falls überhaupt nach der Staatsangehörigkeit gefragt wird, der Stand der bezüglichen Gesetzgebung darzulegen.“

Bekanntlich ergeben sich ferner bei der Auszählung der Bevölkerung nach der Religion daraus Schwierigkeiten, daß die Gezählten ihre religiöse Stellung sehr verschieden und z. T. willkürlich angeben. Um dem zu begegnen, hat die zweite Konferenz den Wunsch ausgedrückt, daß die Fragestellung nach dieser Richtung möglichst detailliert sei ('85[5]).

Nur in einem Punkt gehen die Forderungen der Städtestatistik über die Landesstatistik wesentlich hinaus und zwar in betreff der Zuwanderung. Bei den Beratungen von 1879 herrschte allgemeines Einverständnis darüber, daß die Frage nach dem Geburtsort dringend zu empfehlen sei. Die Zuzugszeit wurde nicht auf der Zählkarte verlangt, welche die Konferenz entwarf ('79[14]). Die Konferenz von 1885 erkennt aber auch die letztere Frage als notwendig an und formuliert sie so: „Seit wann am Zählorte wohnhaft? (Jahr des letzten Zuzugs).“ Bei den Beratungen über die Volkszählung von 1890 wird dieser Beschluß bestätigt ('88[9]). Ebenso gelegentlich der nächsten Volkszählung ('94[13] und Seite 513 dieser Zusammenstellung), wo jedoch auch der letzte frühere Wohnort verlangt wird.

Über die Minimalforderungen, welche bei der Bearbeitung zu erfüllen seien, hat man sich schon gelegentlich der Volkszählung von 1885 verständigt, indem man die Dresdener Tabellenschemas annahm

(86[13, 14]), die aber jetzt nach den Leipziger Beschlüssen von 1888 als veraltet gelten können.[1])

Diese Beschlüsse fordern mindestens 1. Auszählung der dauernd Anwesenden, der vorübergehend Anwesenden und der vorübergehend Abwesenden nach dem Geschlecht, 2. bei den Ortsanwesenden Unterscheidung der kasernierten und nicht kasernierten aktiven Militärpersonen, 3. eine Tabelle solcher Gestalt:

Kopf: a) in Haushaltungen männliche, weibliche Personen, b) in Anstalten männliche, weibliche, insbesondere aktive kasernierte Militärpersonen. Vorspalte: a) Alter (einzelne Kalenderjahre), b) Familienstand, c) Geburtsort, d) Kombinierung des Alters (Jahrfünfte, jedoch die jüngsten fünf Jahrgänge einzeln), des Familienstands und des Geburtsorts (ob innerhalb oder außerhalb der Stadt geboren).[2])

In späterer Zeit wurde von Würzburger angeregt, in der Zählung der Ortsgebürtigkeit von Personen, die in eingemeindeten Vororten vor der Eingemeindung geboren sind, einheitlich vorzugehen, d. h. sie entweder zu den Ortsgebürtigen oder zu den Fremdgebürtigen oder als besondere Klasse zu zählen. Beschlossen wird, nach der ersten Weise zu verfahren, also jeden als ortsgebürtig zu zählen, welcher in dem zur Zeit der Zählung bestehenden Stadtgebiete geboren ist ('00[8]). Da hierfür aber manchmal die Unterlagen fehlen, wird außerdem folgender Beschluß gefaßt: „Man möge für jede Stadt mit 100 000 und mehr Einwohnern eine Liste der eingemeindeten Ortschaften nach dem gegenwärtigen Stand aufstellen; dieselbe sei von der Konferenzstelle zu vervielfältigen und sämtlichen (staatlichen und städtischen) statistischen Ämtern zur Benutzung bei der Volkszählung mitzuteilen ('00[9]).“

Es sei noch erwähnt, daß auf der Tagesordnung der 17. Konferenz ein Antrag betr. großstädtische Bevölkerungs-Agglomerationen stand, welcher durch eine Denkschrift von Schott eingeleitet wurde ('02[14, 42]). Schon früher ist einmal ('93[7]) darüber diskutiert worden, damals auf Anregung Hasses.

VI. Fortschreibung der Einwohnerzahl und Bevölkerungswechsel. Todesursachenstatistik.

a. Fortschreibung der Einwohnerzahl.

Auf der Konferenz von 1890 wurde bemerkt, daß eine Zusammenstellung der Bevölkerungszahlen für das Statistische Jahrbuch dargetan habe, wie sehr die Methoden der Fortschreibung noch auseinander gehen, und beschlossen: „Es wäre zu wünschen, daß: a) neben den berechneten Bevölkerungszahlen stets die Methode der Gewinnung notiert, b) für die größeren Städte, in denen jährliche Volkszählungen nicht vorgenommen werden, die Fortschreibung nach möglichst genauer (in der Protokollanlage III ('90[21]) angedeuteten)[3]) Methode ausgeführt und c) die Berechnung beziehentlich Revision (an der Hand der von den einzelnen Städten alsbald nach Jahresschluß beziehentlich bis zum 1. Juni einzusendenden Grundzahlen, welche vierteljahrsweise zu trennen sind)

---

[1]) Diese Beschlüsse beziehen sich freilich nicht wie die von 1885 auf die Auszählung nach der Religion, und insofern wäre noch immer '86[14] Tabelle III zu beachten.

[2]) Vergleiche die Tabellenvorschläge in den Mitteilungen des Statistischen Amts der Stadt Leipzig, Heft XXII, Seite 18.

[3]) Das heißt mit Hilfe des tatsächlichen Geburtenmehrs und eines Wanderungsüberschusses, der nach dem Volkszählungsbefunde korrigiert worden ist.

von einem zu bestimmenden städtischen statistischen Amt jährlich ausgeführt, zusammengestellt und den beteiligten Städten jene Zusammenstellung jährlich mitgeteilt würde." Die Funktionen der Sammelstelle übernimmt das Statistische Amt der Stadt Berlin ('90 [7]).

Hier sei eingeschoben, daß im Jahre 1893 von einer Seite gewünscht wurde, die Frage nach den Um- und Zuzügen möge bei den Erhebungen für das Städtejahrbuch überhaupt fallen gelassen werden, da das Material zu unzuverlässig sei. Die Konferenz ist jedoch in ihrer Mehrheit für Beibehaltung ('93 [9]).

Im Jahre 1894 sprach man darüber, daß namentlich beim Reichsgesundheitsamt eine sehr mangelhafte Fortschreibung der Bevölkerungszahlen üblich sei und stellte den folgenden von der Konferenz angenommenen Antrag: „Die Konferenz erklärt es für wichtig, daß die in einer großen Zahl von Städten durch die Fortschreibung der Bevölkerung gewonnenen Bevölkerungszahlen bei statistischen und nicht statistischen Stellen beachtet und benutzt werden und für solche Städte die bisherige Benutzung fiktiver Zahlen beseitigt wird" ('94 [8]). Im Anschluß daran erfolgte ein umfangreicher Schriftwechsel mit dem Kaiserlichen Gesundheitsamte.

Die Besprechungen über diese Frage ließen wieder erkennen, daß die Grundlagen und Methoden der Fortschreibung in den einzelnen Städten sehr verschieden waren. Gemäß einem vorangegangenen Beschluß ('96 [17]) machten auf der Konferenz von 1897 eine Reihe von Mitgliedern Mitteilungen über ihr Verfahren ('97 [7, 19]). Die Konferenz beschloß auf Hasses Antrag: In den größeren deutschen Städten genügt es nicht, den Stand der Bevölkerung alle 5 Jahre zuverlässig festzustellen. An sich erscheint hierzu eine sorgfältige Fortschreibung der Bevölkerung auf Grund der polizeilichen An- und Abmeldungen, der Steuermaterialien sowie ähnlicher Anschreibungen und Erhebungen genügend. Überall da aber, wo erfahrungsgemäß diese Fortschreibung kein richtiges Ergebnis hat, sollte zwischen je zwei Volkszählungen mindestens eine direkte Erhebung der Volkszahl vorgenommen werden, wie dies schon in einigen Großstädten (Hamburg, Chemnitz usw.) geschieht. Als Termin sollte möglichst am Volkszählungstermin (Anfang Dezember) festgehalten werden" ('97 [9]).

Zu einer weiteren Erörterung über die Fortschreibungsmethoden kam es an der Hand einer Denkschrift von Dullo ('01 [40]) auf der 15. Konferenz ('01 [8]).

Im Anschluß hieran erwähnen wir einen bisher nicht erfüllten Wunsch der Konferenz, der dahin geht, es möchten die in den größeren deutschen Städten geltenden Bestimmungen über das polizeiliche Meldeverfahren der zu-, weg- und umziehenden Einwohner zusammengestellt werden, um bessere Grundlagen für die vorliegende Frage zu schaffen ('97 [9], '01 [8]).

b. Auszählungen zur Bevölkerungsbewegung im allgemeinen.

Die Konferenz beschloß im Jahre 1889 zur Herbeiführung größerer Gleichförmigkeit in der Statistik des Bevölkerungswechsels folgende Mindestforderungen aufzustellen (Anträge Kochs mit einigen Abänderungen, siehe '89 [13ff.], '89 [20ff.]):

A. Eheschließungen.

1. Eheschließungen nach Kalendermonaten.

2. Der Familienstand der Eheschließenden für beide Geschlechter kombiniert, mit Trennung in Ledige, Verwitwete und Geschiedene; bei den letzten beiden mit Unterscheidung der zum 1., 2., beziehlich 3. Male Wiederheiratenden.

3. Einzelne Altersklassen[1][2]) der Eheschließenden kombiniert für beide Geschlechter und getrennt für die neun Kombinationen des Familienstandes.

4. Altersunterschied der Eheschließenden in einzelnen Jahren in Kombination mit den einzelnen Altersklassen des Mannes.

5. Dauer der Ehelosigkeit für die Wiederheiratenden mit Unterscheidung der zum 1., 2. oder 3. Male wieder heiratenden Verwittweten beziehlich Geschiedenen und in Kombination mit dem Alter, für welche fünfjährige Altersgruppen genügen dürften. Die Dauer der Ehelosigkeit wäre in folgende Klassen zusammenzufassen: beim männlichen Geschlechte: bis zu 3 Monaten, über 3—6 Monate, über 6—9 Monate. über 9—12 Monate, über 1—2, über 2—3, über 3—5, über 5—10. über 10 Jahre. Für letztere Gruppe sind die einzelnen Jahre der Ehelosigkeit anzugeben; beim weiblichen Geschlechte: bis zu 10 Monaten. über 10—12 Monate, über 1—$1\frac{1}{2}$ Jahr, über $1\frac{1}{2}$—2, über 2—3, über 3—4, über 4—5, über 5—10, über 10 Jahre, letztere Gruppe wieder mit Angabe der einzelnen Jahresklassen der Ehelosigkeit.

6. Religionsbekenntnis der Eheschließenden. Kombination der Geschlechter mit Unterscheidung in Evangelische, Katholische und andere Christen (einschließlich Konfessionslose), Juden, Übrige (einschließlich Religionslose).

7. Gebürtigkeit der Eheschließenden: Hier genügt die Kombination der vier Gebiete: a) die betreffende Stadt selbst, b) die nähere Umgebung, c) übriges Deutschland, d) Ausland und unbekannt. Das zweite Gebiet soll diejenigen Orte der Umgebung enthalten, die in regem Verkehr mit der betr. Stadt stehen. Die Abgrenzung bleibt dem Einzelnen überlassen, ist aber in der Veröffentlichung anzugeben.

B. Geburten.

1. Die Geburten und die Geborenen, mit Unterscheidung der ehelichen und unehelichen, der tot- und lebendgeborenen Kinder beider Geschlechter nach Kalendermonaten.

2. Die Mehrgeburten, nach Zwillings-, Drillings-, beziehentlich auch Vierlingsgeburten unterschieden, mit Angabe der Geschlechtskombinationen, sowie der Zahl der Lebend- und Totgeborenen.

3. Die Lebend- und Totgeborenen mit Unterscheidung des Geschlechtes, nach den kombinierten Altersklassen der Eltern (bei unehelichen Kindern der Mutter).

4. Religionsbekenntnis der Eltern. Tabellenkopf: a) Kinder nach dem Religionsbekenntnis der Mutter evangelisch, katholisch, sonst christlich, jüdisch, übrige, überhaupt, b) darunter Kinder aus Mischehen. Vorspalte: a) Religionsbekenntnis des Vaters evangelisch.

---

[1]) Hierbei wird dem zugestimmt, daß durchweg einzelne Jahrgänge als Jahresklassen, Zusammenfassungen mehrerer Jahrgänge aber als Altersgruppen bezeichnet werden sollen. [2]) Nicht Geburtsjahrklassen.

katholisch, sonst christlich, jüdisch, überhaupt, b) darunter Kinder aus Mischehen[1]).

5. Beruf der Eltern (bei unehelichen Kindern der Mutter) mit Unterscheidung der Lebend- und Totgeborenen. (Über das Schema vgl. folgende Seite, Absatz 9.)

C. Sterbefälle[2]).

1. Die Gestorbenen nach Altersklassen und Gruppen (0—1, über 1—2, über 2—5, dann Fünfjahrsgruppen Absatz 7) und nach Kalendermonaten des Sterbefalls.

2. Die Gestorbenen nach Alters- und Geburtsjahren, bezw. nach letzteren allein; für das zweite Altersjahr sind Vierteljahre, für das erste Altersjahr Monate, für den ersten Altersmonat auch die Wochen, für die erste Woche die Tage zu unterscheiden; für die ersten fünf Altersklassen sind die ehelichen von den unehelichen Kindern zu trennen.

3. Die Gestorbenen im Alter von über 14 Jahren nach Alters- und Geburtsjahren (bezw. nach letzteren allein) und Familienstand.

4. Dauer der durch den Tod gelösten Ehen in einzelnen Jahren kombiniert mit dem Alter des Mannes bezw. der Frau nach einzelnen Jahresklassen.

5. Religionsbekenntnis der Gestorbenen, unterschieden in Evangelische, Katholische, andere Christen, Jüdische, Andere, und ferner in Kinder (bis 15 Jahr alt) und Erwachsene. Im Zweifel sind die ungetauften Kinder dem Religionsbekenntnis der Eltern zuzuzählen.

6. Beruf der Gestorbenen, bezw. derjenige der Eltern in Kombination mit den Altersklasseu 0—1, über 1—5, über 5—15, über 15—25, über 25—50, über 50 Jahre.

7. Die sämtlichen Todesursachen des angenommenen Systems in Kombination mit dem Alter, wo die unter C, 1 angegebenen Altersklassen einzusetzen wären; für das Alter bis zu 5 Jahren ist eine Trennung zwischen ehelichen und unehelichen Kindern einzuführen.

8. Die im ersten Lebensjahre Gestorbenen nach Kalendermonaten mit Unterscheidung einmal der einzelnen Altersmonate und dann der wichtigeren Kinderkrankheiten als Todesursachen.

9. Die Gestorbenen nach dem Geburtsorte (in der Stadt bezw. auswärts geboren) in Kombination mit Geburtskalenderjahren.

In Ergänzung dieser Beschlüsse wird im nächsten Jahre der folgende Antrag angenommen: „Bei Bearbeitungen des Materials über den Bevölkerungswechsel ist das berufsstatistische Schema des Reichs in Anwendung zu bringen mit der Maßgabe, daß die jeder Gruppe zugehörigen Berufsarten möglichst detailliert ausgezählt werden"; (90[11])

. .

c. Todesursachenstatistik insbesondere.

Bereits die Konferenz von 1879 beschäftigte sich mit der Frage, wie die Todesursachenstatistik der verschiedenen Städte vergleichbar gemacht werden solle. Es wurden zwei Konferenzmitglieder mit den einschlägigen weiteren Arbeiten betraut.

---

[1]) Unter diese sind auch die besonders auszuzählenden Kinder zu rechnen, deren Eltern zu verschiedenen Bekenntnissen, aber beide zu den „übrigen" gehören.

[2]) Sämtliche Aufstellungen haben die Geschlechter getrennt zu halten.

Eine Detailfrage, die damals besprochen wurde, war die, wie zu verfahren sei, wenn ein Kind, das nach Mitteilung des Standesamts gleich nach der Geburt gestorben ist, von dem Arzt als Totgeburt bezeichnet wird. Es wird beschlossen, es bei der standesamtlichen Angabe zu belassen.

Im Jahre 1886 wurde aufs neue ein Ausschuß gebildet, der ein Todesursachenschema aufstellen sollte ('86[19]). Im weiteren Verfolg nahm die Konferenz 1889 das von Flinzer entworfene Schema mit einigen Abänderungen an. An den Arbeiten hat sich insbesondere auch Lackner beteiligt. (Vergl. 89[12, 20 ff.].) Das Schema selbst ist als besondere Beilage zum Protokoll gedruckt worden.

Auch die beiden nächsten Konferenzen kamen auf die Frage zurück ('90[12], 91[15], vergl. 91[29, 34]). Die Versammlung beschloß, daß etwaige Zweifel Flinzer schriftlich zur Klarstellung mitgeteilt werden sollen. ('91[15]).

Im Jahre 1891 hatten im Kaiserlichen Gesundheitsamte Verhandlungen von Vertretern verschiedener Bundesstaaten zur Herbeiführung einer einheitlichen Statistik der Todesursachen stattgefunden. (Vergl. Veröffentlichungen des Kaiserlichen Gesundheitsamts Jahrgang 1892 Seite 225 und Jahrgang 1894, Seite 476.) Flinzer, der die Sache in Vortrag brachte, empfahl, sich den so für das Reich zustande gekommenen Anordnungen anzuschließen. Die Versammlung beschließt deshalb auf seinen Antrag die Drucklegung der betreffenden Grundsätze ('93[15]). Dieselben finden sich als Anlage zum betr. Protokoll ('93[30]).

Zwischen diesem Reichsschema und dem Flinzer-Lacknerschen System bestehen freilich Widersprüche, die nicht beseitigt worden sind.

Weitere Anregungen betrafen die Frage, wie die Fälle zu behandeln seien, in denen mehrere Todesursachen bestanden haben ('93[13], '96[16], '97[3] und '97[24]). Auch die Gründe des neuerlichen ganz allgemeinen Sinkens der Sterbeziffern wurden besprochen ('97[4]). Die Beschlüsse beziehen sich jedoch nur auf die Zusammensetzung der Kommission ('93[20], '96[17]).

Im Jahre 1899 kam die Angelegenheit aufs neue zur Sprache, z. T. veranlaßt durch eine Mitteilung über das Bertillonsche System der Todesursachen. Das Internationale Statistische Institut hatte nämlich eine Kommission mit Bertillon an der Spitze damit beauftragt, ihr ein solches vorzulegen. Das daraufhin für die Tagung von Chicago (1893) von dem genannten Pariser Statistiker ausgearbeitete Schema[1]) beruhte in der Hauptsache auf dem in Frankreich seit 1885 benutzten und war inzwischen in verschiedenen Staaten angenommen worden. Die Konferenz beschließt, ihre bisherige Kommission „mit der Untersuchung der Frage zu beauftragen, ob sich nicht gelegentlich der ohnehin beabsichtigten Revision des Flinzer-Lacknerschen Systems dieses so umarbeiten ließe, daß es mit dem Bertillonschen oder dem in Christiania etwa abgeänderten internationalen System tatsächlich übereinstimmt und in diesem Sinne Bertillon in Aussicht zu stellen. daß sein System von den deutschen Städtestatistikern berücksichtigt werden würde." ('99[14]).

[1]) Siehe Bulletin de l'Institut International de Statistique, Bd. VIII, Lieferung 1, S. 304 ff. Das Schema ist in deutscher Übersetzung (von Lichtheim und Kuckein) abgedruckt 99[35].

In Christiania tagte in jenem Jahre das Internationale statistische Institut. Es hat das Schema den Beteiligten unverändert zur Annahme empfohlen.

Nachher berief die französische Regierung eine internationale Konferenz amtlicher Delegierter, die es mit verschiedenen Änderungen akzeptierte (August 1900). Dies neue internationale Schema bietet ein Verzeichnis der Krankheiten für die Erkrankungsstatistik (201 Nummer), sowie ein ausführliches und ein abgekürztes Verzeichnis für die Todesursachenstatistik (179 und 35 Nummern). Alle 10 Jahre soll es revidiert werden. Als ein besonderer Fortschritt ist zu betrachten, daß Bertillon es durch eine ausführliche Anweisung darüber ergänzt hat, wie Mit- und Nachkrankheiten zu behandeln sind[1]).

Eine Umwandlung des Flinzer-Lacknerschen Systems in das neue stellte sich als unmöglich heraus.

Es wurde nun beschlossen, Bertillon mitzuteilen, daß man zur Annahme des abgekürzten Systems bereit sei, daß indessen die seither in Gebrauch befindlichen Systeme deshalb nicht aufgegeben werden können ('01 [7]). Es werden demgemäß jetzt von den meisten Städten monatliche Übersichten nach dem neuen System angefertigt und vom Cölner Amte zusammengestellt.

Gleichzeitig ist beschlossen worden, sich beim Kaiserlichen Gesundheitsamt zu erkundigen, ob die Anwendung des internationalen Systems in Aussicht stände (01 [7]). Dies hat zunächst mitgeteilt, daß es sich darüber erst entscheiden könne, wenn es sich mit anderen Medizinalbehörden und statistischen Stellen ins Benehmen gesetzt habe, nachher aber Beratungen für die Feststellung neuer Formulare zur Todesursachen-Statistik unter eventueller Benutzung des internationalen Systems in Aussicht gestellt. Zur Teilnahme an diesen wurden seitens der Konferenz Würzburger (später Neefe) und Zimmermann abgeordnet ('02 [19]).

Die zeitweilig erweiterte ('00 [15]) Kommission für Todesursachenstatistik ist jetzt aufgelöst worden ('01 [12]).

Der Konferenz ist neuerdings aus ihrer Mitte noch ein anderes neues Schema vorgelegt worden, das sich an das ältere Virchowsche anlehnte. Sie konnte sich jedoch nicht dafür erklären, da dadurch die Zahl der bestehenden Systeme noch weiter vermehrt worden wäre ('03 [7, 33]).

Hierbei sei noch erwähnt, daß Koch seiner Zeit ausführlich über die Hamburger Cholerastatistik referiert hat (93 [13].)

d Zur Berechnung der Heirat- und Sterbeziffern.

Zur Berechnung der Heiratziffer eines Orts genügt es nicht, die an diesem Ort geschlossenen Ehen zu zählen, da viele außerhalb ihres Wohnorts heiraten. Auf Anregung Silbergleits erklärte deshalb die Konferenz „zur Feststellung der örtlichen Nuptialität in den Städten eine Berücksichtigung der Aufgebote für erforderlich, namentlich insoweit sie zur Ergänzung der Statistik der Eheschließungen führen". ('93 [17]).

Die Berechnung der Sterbeziffern beschäftigte die Konferenz in zwei Richtungen.

---

[1]) Das internationale Schema mit allen zum Gebrauch nötigen Beigaben ist abgedruckt im Annuaire Statistique de la Ville de Paris, Jahrgang 1898 (erschienen 1900), S. 99ff. Eine deutsche Bearbeitung rührt von Zimmermann-Cöln her (autographiert).

Bekanntlich hängt die Sterblichkeit einer Bevölkerung in hohem Grade von ihrem Altersaufbau ab. Es war nun dem „Internationalen Institut“ vorgeschlagen worden, dies Element zu eliminieren, etwa in der Weise, daß die Sterbeziffer auf eine Bevölkerung mit normalen Altersverhältnissen umgerechnet würde. Die Konferenz nahm jedoch den folgenden Antrag Bleichers (die ausführliche Begründung siehe '93[44]) einstimmig an: „Die . . . erklärt die Einführung einer neuen Art der Berechnung der Promillesterblichkeit durch Zerlegung in Hauptaltersgruppen für ungenügend und unfruchtbar und beauftragt die anwesenden Mitglieder des internationalen Instituts, bei den diesjährigen Verhandlungen des letzteren dieser Meinung Ausdruck zu geben“ ('93[20]). Das „Internationale Institut“ hat sich dann in seiner Tagung von 1895 mit dieser Frage beschäftigt und einen entgegengesetzten Beschluß gefaßt (Bulletin de l' Institut International de Statistique, Bd. IX Lieferung II Seite LXX). Doch lebte bei der folgenden Tagung des Instituts die Frage aufs Neue auf (a. a. O. Bd. XI, Lieferung 1, Seite 171).

Die zweite Frage betraf den Umstand, daß die Sterbeziffer der Städte durch die in ihren Krankenhäusern verpflegten Ortsfremden hinaufgetrieben, manchmal durch außerhalb der Stadtgrenze liegende Hospitäler auch herabgedrückt wird. Im Jahre 1894 beschließt die Konferenz dem Reichsgesundheitsamt den Wunsch auszudrücken, es möge bei Berechnung und Veröffentlichung der Sterblichkeitsverhältnisse diejenigen in Kranken- und Pflegeanstalten stattgehabten Todesfälle ersichtlich machen, welche nicht Einwohner der Städte betreffen und diejenigen Todesfälle von Einwohnern berücksichtigen, welche in unmittelbar benachbarten, aber außerhalb des Stadtgebietes gelegenen derartigen Anstalten erfolgen ('94[14]). Später wurde durch Bleicher für Beurteilung dieser Frage von verschiedenen Städten Material gesammelt und gefunden, daß der Einfluß der Krankenanstalten nur in wenigen Städten, meist Universitätsstädten, von Bedeutung sei. Es sei daher zwecklos, an der gewöhnlichen Methode der Berechnung von Promilleziffern etwas zu ändern. Freilich dürfe man auch nicht deren Wert überschätzen. Einzelne Zahlen könnten überhaupt kein genaues Bild von der Wirklichkeit geben. Die Konferenz stimmte dieser Auffassung zu ('99[16]).

VII. Berufs- und Gewerbezählung.

Nachdem im Jahre 1875 eine Gewerbeaufnahme mit der Volkszählung verbunden worden war, sprach sich die erste Konferenz entschieden gegen eine Wiederholung dieses Verfahrens aus ('79[14]). Auch war sie gegen eine Erweiterung der Berufsfrage auf der Personenzählkarte, wenn auch die von ihr vorgeschlagene Formulierung ('79[15]) immerhin noch etwas ausführlicher war, als sie im allgemeinen bei Volkszählungen jetzt üblich ist.

Mit der Berufs- und Gewerbezählung von 1882 hat sich die Konferenz nicht befaßt, da sie überhaupt nicht in jenen Jahren tagte. Mit Rücksicht auf diese Erhebung wollte sie aber 1888 ein erneutes Eingehen auf die vorliegenden Fragen nicht befürworten ('88[8]). Im Jahre 1890 drückte sie jedoch den Wunsch nach einer baldigen Gewerbezählung aus ('90[5]).

Im Jahre 1894 faßte sie folgende Beschlüsse ('94[12]):

„Die Konferenz hält es für wünschenswert, daß die Volkszählung vom Jahre 1895 auch auf diejenigen Momente ausgedehnt wird, die für die Beurteilung der Wanderung, des Berufswechsels und der Arbeitslosigkeit[1]) der Bevölkerung erforderlich sind, und daß mit der Volkszählung eine Gewerbezählung verbunden wird.

„Sollten diese Erhebungen nicht in allen Teilen des Reiches ausführbar erscheinen, so ist es erwünscht, in größeren Städten die Stellung von Zusatzfragen zu gestatten[3]), um auf diesem Wege diese Erhebungen wenigstens in den größeren Städten zu ermöglichen.

„I. In den eigentlichen Volkszählungsformularen ist 1. die Frage zu stellen: Seit wann am Zählorte wohnhaft? (Jahr und Monat des letzten Zuzuges?)[3]); von wo letztmals zugezogen?[3])[4]).

„2. Bei der Frage nach dem Berufe ist es erwünscht, in einer Weise zu fragen, daß zwischen a) Arbeitgebern, b) selbständig allein Arbeitenden, c) Arbeitnehmern genau unterschieden werden kann[2]) und daß der Beschäftigungswechsel eine Berücksichtigung findet[3]), etwa durch Stellung der Frage: Haben Sie im Laufe des Zähljahres einen anderen Beruf ausgeübt und welchen?

„3. Um neben der Wohnbevölkerung auch die Arbeitsbevölkerung ermitteln zu können, ist zu fragen: ob an einem anderen Orte, als dem Wohnorte, die Berufstätigkeit ausgeübt wird, und an welchem? (Genaue Angabe der Betriebsstätte, Arbeitsstelle, Fabrik u. dergl.)[5]).

„4. Es ist zu fragen: ob Mitglied einer Krankenkasse?[3]) welcher?

„5. Zur Ermittelung der Arbeitslosen ist zu fragen: a) ob zur Zählzeit außer Beschäftigung?[2]) seit wann?[2]); b) ob während eines Teils des Zähljahres beschäftigungslos gewesen?[3]) seit wann? bis wann? [NB. Die Beantwortung der Fragen 5a und b kann zur Grundlage benutzt werden, um durch ein besonderes Erhebungsformular die näheren Verhältnisse der Arbeitslosen und die Gründe der Arbeitslosigkeit zu ermitteln.]

„II. Die Gewerbezählung ist in der Art mit der Volkszählung zu verbinden, daß letztere zur Ermittelung der Betriebe dient, an deren Inhaber demnächst besondere Fragebogen verteilt werden. Mit solchen Fragebogen sind nicht nur die Inhaber größerer Betriebe zu bedenken, sondern alle Selbständigen, die überhaupt andere Personen beschäftigen oder Umtriebs- oder Arbeitsmaschinen benutzen. Die Fragen sollen sich im wesentlichen auf das im Laufe des Jahres beschäftigte Personal, die vorhandenen Umtriebs- und Arbeitsmaschinen beziehen und für Spezialbefragungen einzelner Betriebszweige die Wünsche der Beteiligten, insbesondere der Berufsgenossenschaften, berücksichtigen. Für die letz-

---

1) Vorher hatte sich die Konferenz mit Mehrheit so ausgesprochen ('94[6]): Eine selbständige Erhebung der Arbeitslosen erscheint aus technischen Gründen undurchführbar; im Falle der Vornahme besonderer Notstandsarbeiten ist es wünschenswert, daß die erfolgten Anmeldungen, wie in Magdeburg bereits geschehen, statistisch verarbeitet werden. (Über die diesem Beschluß zu grunde liegenden Beratungen und Vorschläge siehe '94[17 ff].)

2) Bei der Berufszählung von 1895 ist dieser Wunsch erfüllt, 3) nicht erfüllt worden.

4) Dieser Punkt wird hier erwähnt, weil bei den Wanderungen wesentlich an die Wanderungen der Arbeiterbevölkerung gedacht ist.

5) Die Zählung der Arbeitsbevölkerung ist erst bei der Volkszählung von 1900 ausgeführt worden. Siehe Seite 515.

teren Spezialbefragungen ist ein neuer, dritter Befragungstermin in Aussicht zu nehmen.[1]

„Bei den beschäftigten Personen ist zu unterscheiden, ob diese am Zählorte wohnen, oder außerhalb und an welchen Orten.[2]"

Im Jahre 1895 wurden in Bezug auf die bevorstehende Berufs- und Gewerbezählung folgende Beschlüsse und Wunscherklärungen von der Konferenz genehmigt ('95[16]):

„A. Inhalt der Zählpapiere.

„I. Die Konferenz bedauert, daß die Möglichkeit abgeschnitten wurde, gelegentlich der bevorstehenden Berufs- und Gewerbezählung in Verbindung mit der Volkszählung den wirtschaftlichen Zusammenhang der Großstädte mit ihrer Umgebung klarzulegen, insbesondere, daß vielfach solche Betriebe nicht erfaßt werden, welche außerhalb z. B. in Vororten domiziliert sind, aber in der Stadt ausgeübt werden, wie Trambahnen, Wasserwerke usw.

„II. Die Konferenz erkennt an, daß auf grund der allgemeinen Zählpapiere die an sich wünschenswerte Erfassung des Umfanges der hausindustriellen Beschäftigung für die Großstädte nicht möglich sei.

„III. Die Konferenz hält eine Kontrolle der in Bezug auf den Umfang der Arbeitslosigkeit gemachten Angaben für notwendig. Sie empfiehlt da, wo eine mündliche oder schriftliche unmittelbare Befragung der Arbeitslosen bezüglich deren näherer Verhältnisse nicht angängig ist, eine Kontrolle und Vervollständigung der Angaben über die Arbeitslosen durch Ausfüllung eines besonderen Fragebogens, welcher dazu bestimmt ist, die den Haushaltungslisten entnommenen Selbstangaben der Arbeitslosen und das Ergebnis anderweiter über dieselben eingezogenen Erkundigungen in sich zu vereinigen. Als Organe hierfür sind je nach den örtlichen Verhältnissen ins Auge zu fassen: die bei der Revision des Zählmaterials verwendeten Erkundigungsboten, die Hauswirte und eventuell die letzten Arbeitgeber. Diese Angaben können weiter durch die Organe der Polizei und Armen-Verwaltung, Arbeitsvermittelungsstellen usw. geprüft werden. Die Vervollständigung des Fragebogens soll sich in erster Linie auf die Gründe der Arbeitslosigkeit, die Zuwanderungsverhältnisse, die letzten oder vorletzten Arbeitsstellen beziehen. Folgende Punkte sind zu berücksichtigen: 1. Ursache der Arbeitslosigkeit (Krankheit, vorübergehende Erwerbsunfähigkeit, eigene Kündigung, Streik, Ortswechsel und damit verbundene Stellensuche, Geschäftsstille, Aufhören der Saisonarbeit, Kündigung des Arbeitgebers oder andere Gründe und welche?). 2 Seit welchem Tage ist die Zählgemeinde ständiger Aufenthaltsort? 3. Aus welchem Orte zugezogen? (Ort der letzten Beschäftigung). 4. Genaue Adresse des letzten Arbeitgebers in der Zählgemeinde oder auswärts. 5. Art der letzten Stellung. 6. Eigentlicher gelernter Beruf. 7. Ist der Arbeitslose zur Zeit der Nachfrage wieder in Arbeit? seit welchem Tage?

„B. Ausführung der Zählungen.

„IV. Die Konferenz empfiehlt, daß die Zähler veranlaßt werden, der genauen Verzeichnung der vorübergehend abwesenden Personen in der Haushaltungsliste besonderes Augenmerk zuzuwenden.

---

[1]) Die Berufs- und Gewerbezählung von 1895 hat an einem einzigen Termin stattgefunden. Dabei war ein Gewerbebogen für alle industriellen Betriebe auszufüllen, in denen Gehilfen beschäftigt oder Motoren benutzt wurden.

[2]) Bei der Gewerbezählung von 1895 nicht erfragt.

„V. Die Konferenz einigt sich dahin, daß im Prinzipe die Ausgabe der Gewerbebogen, ebenso wie die Ausfüllung derselben, an der Betriebsstätte zu erfolgen hat . . . . . [1]).

„VI. Die Konferenz ist in Übereinstimmung darüber, daß sich hinsichtlich der Notwendigkeit der Ausfüllung von Landwirtschaftskarten in den einzelnen Fällen, für die städtischen Verhältnisse einheitliche Gesichtspunkte nicht gewinnen lassen.

„C. Revision der Zählmaterialien.

„VII. Behufs Revision des Zählmaterials hinsichtlich der Vollständigkeit der Gewerbebogen werden Auszüge aus der Haushaltungsliste und dem Gewerbebogen nach Maßgabe der in Anlage 14 des Protokolls aufgestellten Grundsätze empfohlen."

Die bei der Zählung von 1895 gesammelten Fragebogen sind für die Städtestatistik nicht blos als Zählmaterial von Interesse, sondern behalten außerdem einen dauernden Wert. Deßhalb stimmte die Konferenz dem Vorschlage zu ('95 [16] [15*]), das gesammelte Material auch aufzubewahren. Wenn möglich, sollten dabei alle Gewerbebetriebe nach Grundstücken gruppiert und dafür das Formular benutzt werden, das 95 [14*] abgedruckt ist.

Über die Erfahrungen bei der Berufs- und Gewerbezählung von 1895 ist im folgenden Jahre verhandelt worden ('96 [8].)

Im Jahre 1899 nimmt die Konferenz folgenden Antrag Bleichers an ('99 [7]). „1. Die Konferenz hält es für wünschenswert, daß bei der Volkszählung im Jahre 1900 die Frage nach dem Arbeits- (Beschäftigungs-) Ort von Reichswegen aufgenommen werde. 2. Eventuell ist anzustreben, daß diese Frage wenigstens für die Großstädte und ihre weitere Umgebung ohne Rücksicht auf die politischen Landesgrenzen gestellt werde."

Zugleich wird der folgende Satz angenommen ('99 [8]). „Die Konferenz erklärt es für wünschenswert, daß für die sogenannten Schläfer (Schlafgänger) und Saisonarbeiter der eigentliche Wohnort ermittelt werde und empfiehlt daher, sofern die Aufnahme dieser Frage in die staatlichen Zählpapiere nicht möglich ist, die Feststellung desselben durch besondere Nachfragen."

Beiden Wünschen ist die Reichsstatistik aber voll entgegengekommen, indem Arbeitsort und Wohnort für jeden Ortsanwesenden erfragt worden ist.

Im folgenden Jahre werden dann noch ausführliche Wunscherklärungen betreffs der Aufbereitung des so gewonnenen Materials angenommen, welche von Koch und Pabst den Landesstatistikern übermittelt werden sollten ('00 [15]). Sie lauten:

„I. Die Aufarbeitung nach dem Beschäftigungsorte.

„1. Es werden durch die landesstatistische Zentralstelle alle Karten, wo Wohnort und Beschäftigungsort nicht zusammenfallen, auszuschreiben und nach dem Beschäftigungsorte (Großstadt, Industriezentren) zu ordnen sein.

„2. Für die Großstädte, Industriezentren usw., für welche als Beschäftigungsorte der Zusammenhang mit der Umgebung festgestellt

---

[1]) Hier folgt ein Passus, der sich auf eine Frage betreffend Filialgeschäfte bezieht.

werden soll, ist von vornherein ein tunlichst weit bemessener Rayon abzugrenzen, innerhalb dessen unter allen Umständen die Aufarbeitung der Frage nach dem Wohnorte nach einzelnen Gemeinden zu geschehen hat.

„Ob sich die Bearbeitung der übrigen Fälle, welche namentlich durch die vorübergehend von Hause abwesenden Personen verwickelt werden können, überhaupt empfiehlt, kann erst nach Sichtung des gesammelten Materiales durch die landesstatistischen Zentralen entschieden werden.

„Jedenfalls ist wünschenswert, daß bei Feststellung dieses Rayons die beteiligten Lokalbehörden gutachtlich gehört werden[1]). Insbesondere ist von diesen auch auf solche konkurrierende Nachbarorte, welche gleichfalls außerhalb wohnende Arbeiter beschäftigen, für welche aber dem allgemeinen Programm gemäß, eine Bearbeitung zunächst nicht vorgesehen ist, hinzuweisen (Beispiel: Verhältnis der Vororte Berlins untereinander).

„3. Die Aufarbeitung der für die Großstädte abschriftlich hergestellten Zählkarten könnte zweckmäßiger Weise da, wo städtestatistische Ämter bestehen, diesen überlassen werden, um eine bessere Nachprüfung des Materials, namentlich hinsichtlich der Bezeichnung der einzelnen Gemeinden, an Ort und Stelle zu ermöglichen, selbstverständlich vollständig unabhängig von der Frage, ob das gesamte Volkszählungsmaterial an der landesstatistischen Zentrale bearbeitet wird oder nicht[2]).

„4. Die Bearbeitung der ausgeschriebenen Zählkarten muß außer den sonstigen Individualangaben (Alter, Geschlecht, Zivilstand) den Beruf (soweit möglich unter Hervorhebung der Berufsstellung) berücksichtigen. Für Zwecke der Gemeindestatistik und Gemeindeverwaltung wird es dabei notwendig sein, je nach Lage der Verhältnisse detaillierte Auszählungen nach einzelnen Berufszweigen und zwar getrennt für die einzelnen beteiligten Wohngemeinden herzustellen. Für Zwecke der Landesstatistik dürfte die Unterscheidung nach Berufsgruppen neben Hervorhebung der obengedachten Individualangaben genügen.

„5. Es bedarf einer besonderen Auszählung derjenigen Fälle, in welchen Zählort und Beschäftigungsort zusammenfallen, der Familienwohnort aber außerhalb liegt (Schläfer und Saisonarbeiter).

„6. Ferner empfiehlt sich bei der Auszählung des Wohnortes die Unterscheidung der daselbst Geborenen, sowie der am Beschäftigungsorte Geborenen, von den von anderwärts Zugezogenen.

„II. Die Aufarbeitung nach dem Wohnorte.

„7. Für einzelne Großstädte wird die Aufarbeitung des Materiales, ausgehend von der Frage nach dem Beschäftigungsorte, nicht genügen, sondern auch die Bearbeitung von der Stadt als Wohnort ausgehend notwendig werden und zwar in dem Sinne, daß für einen größeren Umkreis festgestellt wird, in welchen Nachbarstädten und Gemeinden ein Teil der Einwohnerschaft beschäftigt ist (Altona-Hamburg, Elber-

---

1) Ein späterer Beschluß erwartet, daß die städte-statistischen Ämter in dieser Hinsicht die Initiative ergreifen würden ('01 6. Vergleiche '01 16 Satz 1 der Silbergleitschen Vorschläge). Das königlich preußische Bureau hat aber auf eine solche Anregung nicht erst gewartet, sondern sich ohne weiteres an die Städte gewandt.

2) Vergleiche hierzu '01 16, Satz 2 der Vorschläge Silbergleits.

feld-Barmen, Mannheim-Ludwigshafen usw.). Auch in dieser Beziehung sind gutachtliche Äußerungen der Lokalbehörden einzuziehen.

„8. Es erscheint zweckmäßig, daß die größeren Gemeinden sich von allen Zählkarten, bei welchen Wohnort und Beschäftigungsort nicht zusammenfallen, vor Ablieferung des betr. Materials gesonderte Abschrift nehmen, und daß dieses Material in Rücksicht auf die genaue Ermittelung der Verhältnisse der sog. Schläfer und Saisonarbeiter einerseits (Zählort gleich Beschäftigungsort, Familienwohnsitz außerhalb) und behufs Feststellung der Passanten andererseits (Wohnort und Beschäftigungsort außerhalb des Zählortes) verarbeitet wird.

„9. Ob die Verarbeitung des Materials der kleineren Gemeinden (als Wohnorte betrachtet), welche innerhalb des Rayons verschiedener Bevölkerungszentren liegen, durchführbar erscheint, hängt von speziellen Verhältnissen und Verhandlungen ab."

Als Auszählungsschemas sind von der Konferenz nach den Vorschlägen Silbergleits die folgenden empfohlen worden ('01[6] und '01[16]):

„1. Wohnort (bei Verheirateten Familienwohnsitz) Großstadt, Beschäftigungsort in der Umgegend. A. Kopf: Aufführung der einzelnen Beschäftigungsorte und innerhalb dieser Spalten Unterscheidung nach dem Geschlecht. B. Vorspalte: a) Berufsgruppen und unter Umständen Berufsarten; bei jeder von diesen sind auseinander zu halten: α) Selbstständige Leiter, β) Verwaltungs- und Bureaupersonal usw., γ) Gehilfen, Lehrlinge, gelernte Arbeiter usw., δ) sonstige Arbeiter usw. b) Altersjahrfünfte; bei jedem von diesen ist auch der Geburtsort zu unterscheiden (ob am Wohnort, am Beschäftigungsort, sonst in der Umgegend oder anderwärts geboren). Die ganze Tabelle ist getrennt für Verheiratete und nicht Verheiratete aufzustellen.

„2. Beschäftigungsort Großstadt, Wohnort (beziehlich Familienwohnsitz) in der Umgegend. Die Tabelle ist ganz wie die vorhergehende eingerichtet, nur werden im Kopf nicht die Beschäftigungsorte, sondern die Wohnorte aufgeführt."

Über die Erfahrungen, welche bei der Ermittelung und Aufbereitung von Arbeitsort und Wohnort gemacht worden sind, hat Koch einen besonderen Bericht erstattet und folgende Schlußfolgerungen gezogen ('02[38]):

„1. Die Ermittelung von Arbeits- und Wohnort ist zweckmäßigerweise mit den Berufszählungen zu verbinden, da eine vollkommene Kenntnis dieser Beziehungen nur durch einen Vergleich mit den Berufsverhältnissen der Gesamtbevölkerung der Großstadt zu erreichen ist.

„2. Um irrtümliche Antworten zu vermeiden, ist die Frage nach dem Arbeitsort zu stellen:
   a) Gemeinde, in welcher der Beruf (die Erwerbstätigkeit) zur Zeit ausgeübt wird.
   b) Für zur Zeit Arbeitslose:
      aa) Gemeinde, in welcher der Beruf zuletzt ausgeübt wurde.
      bb) Gemeinde, in welcher der Befragte zu dieser Zeit wohnte.

„3. Die Frage nach dem Wohnort ist wie folgt zu zerlegen:
   a) Gemeinde, in welcher der Wohnort belegen, falls derselbe nicht der Zählort selbst ist.

b) Gemeinde, in welcher der Familienwohnsitz belegen ist; diese Frage ist nur von verheirateten, verwitweten oder geschiedenen Personen zu beantworten, deren Familie nicht am Zählort wohnt.

„4. Für die Großstädte empfiehlt es sich, soweit diese selbst der Arbeits- oder Wohnort sind, auch nach der Arbeits- und Wohnstelle (nach Straße und Hausnummer) zu fragen und daraus das Verhältnis zwischen beiden stadtteilsweise zu ermitteln.

„5. In den aufzustellenden Tabellen fällt die Trennung nach dem Alter weg; dafür sind alle Erwerbstätigen nach ihrem Geburtsort zu unterscheiden: ob am Arbeitsort oder am Wohnort geboren."

Die Besprechung über die Ausnutzung dieses Materials ist auch im nächsten Jahre noch fortgesetzt worden ('03 [8]).

Da mit der Volkszählung von 1900 auch eine Viehzählung verbunden war, so hat die Konferenz empfohlen, bei dieser Gelegenheit eine Auszählung der Viehhalter nach ihren Personalien, vor allem nach ihrem Beruf vorzunehmen. ('00[10,26]).

Die ausführlichen, durch Referate von Bleicher und Schöbel eingeleiteten Debatten des Jahres 1903 über die Volks- und Betriebszählung von 1905 haben zu keinem Beschluß von sachlicher Bedeutung geführt (vergl. die Schlußsätze von Kapitel II).

Ähnliches gilt von einer Spezialerörterung über Arbeitslosenzählungen auf der letzten Konferenz ('03 [18]).

VIII. Statistik der Bautätigkeit.

Die Konferenz hat mehrfach im Zusammenhang mit dem betreffenden Abschnitte für das statistische Jahrbuch hierüber verhandelt ('90[8], '90[13], womit zu vergleichen '90[22ff.], dann '91[17], wozu gehört '91[43ff.], ferner '93[9], '97[13]), auch eine Kommission eingesetzt ('90[12], '91[18], '93[20]). Im Jahre 1891 beschließt sie auf Antrag dieser, folgendes Schema an die Jahrbuchstädte zu versenden und ihnen anheimzugeben, ihre Statistik danach einzurichten, sodaß sie wenigstens in Zukunft verwendbare Zahlen liefern könnten ('91[18]).

Frageschema für eine Statistik der Bautätigkeit ('91[43]). Vorbemerkung: Es sind überall die innerhalb eines Kalender- oder Etatsjahres fertiggestellten, für benutzbar erklärten Neubauten anzugeben. (Bauliche Veränderungen, wie Um-, An- und Aufbauten kommen hier nicht in Betracht.)[1])

I. Die ganz oder überwiegend zu Wohnzwecken bestimmten Neubauten.

A. Zahl der in Betracht kommenden Grundstücke: . . . . , Gesamtzahl der Hauptgebäude: . . . . , der Nebengebäude: . . . . Davon an Stelle abgebrochener Gebäulichkeiten entstandene: . . . . . Von der Zahl der neuen Gebäude (Haupt- und Nebengebäude) sind ausschließlich zu Wohnzwecken (ohne Läden oder Fabrikräume) bestimmt: . . . . .

B. Gesamtzahl der neuentstandenen Wohnungen mit 1, 2, 3, 4, 5, 6 und mehr heizbaren[2]) Zimmern: . . . .

C. Besondere Angaben der von Seiten gemeinnütziger Gesellschaften errichteten Wohngebäude, sowie der von Seiten des Staates, der Gemeinden usw. errichteten Beamtenwohnhäuser nebst Zahl und Größe der betreffenden Wohnungen: .

---

[1]) Hierauf mußte wegen der entgegenstehenden Schwierigkeiten verzichtet werden. Ein teilweiser Ersatz dafür wird im Abschnitt Wohnungsmarkt des Jahrbuches geboten, insofern er Daten über den Zu- und Abgang an Wohnungen bringt.

[2]) Wann ein Zimmer als heizbar zu betrachten ist, darüber liegt ein Beschluß nicht vor ('90[9]).

II. Die übrigen Neubauten.

1. Namentliche Aufführung aller öffentlichen Gebäude nach Zweckbestimmung und Besitzverhältnis unter Angabe, ob dieselben auch Wohnungen enthalten: . . . . Zahl der diesbezüglichen Wohnungen nach der Zahl der heizbaren Zimmer: . . . .

2. Die sonstigen, vorwiegend zu anderen als Wohnzwecken dienenden Neubauten nach Kategorien: . . . . .

Kategorien: Geschäftshäuser: . . . ., Fabrikgebäude: . . . ., Werkstätten: . . . ., Lagerhäuser: . . . ., Stallgebäude: . . . ., Gartenhäuser: . . . . usw. (Bei jeder Kategorie ist anzugeben, wieviele der Baulichkeiten nebensächlich zu Wohnzwecken benutzt werden.) Zahl der diesbezüglichen Wohnungen nach der Zahl der heizbaren Zimmer.

Der heutige für das Jahrbuch versandte Fragebogen hat einige Änderungen gegen den vorstehenden Beschluß aufzuweisen. Er ist, um ihn einheitlicher und übersichtlicher zu gestalten, in der Anordnung der Fragen einer Umstellung unterzogen und etwas erweitert worden. Die gleichen Fragen des obigen Schemas finden sich aber auch auf ihm. Die im folgenden in Klammern beigefügten Bezeichnungen dienen zum Vergleich mit jenem.

Das heutige Formular erfragt:

I. Die Zahl der neuerrichteten Gebäude[1]), und zwar Gebäude überhaupt und Gebäude, welche Wohnungen enthalten. Der Vordruck gliedert die Gebäude nach ihrem Hauptzweck einerseits in Wohngebäude, d. h. ganz oder überwiegend zu Wohnzwecken bestimmt (I A), andererseits in sonstige Neubauten und zwar in öffentliche Gebäude und Anstalten, Geschäftshäuser, Fabrikgebäude, Werkstättengebäude, Lagerhäuser, Stallgebäude, Remisen, Garten- und Gewächshäuser, Gastwirtschaften, Waschküchengebäude, sonstige Gebäude (II 2). Außerdem werden für die Wohngebäude die im alten Schema unter I A angeführten besonderen Angaben verlangt.

II. Die Zahl der neuentstandenen Wohnungen und zwar nach der Zahl der heizbaren Zimmer: mit 0 bis mit 10 und mehr. Einerseits für die Wohngebäude (I B), andererseits für die sonstigen Gebäude zusammen (II 1 u. 2).

III. Besonderes Verzeichnis über die gemeinnützige Bautätigkeit (I C), d. h. die seitens gemeinnütziger Gesellschaften sowie die speziell für Arbeiter und „kleine Leute" errichteten Wohngebäude und die Beamtenwohnhäuser.

IV. Besonderes Verzeichnis der öffentlichen Gebäude und Anstalten (II 1).

Bei diesen beiden Verzeichnissen ist neben der namentlichen Aufführung anzugeben: „Zahl der Gebäude, Zahl der Wohnungen, mit zusammen heizbaren Zimmern, nichtheizbaren Zimmern, Kochküchen."

IX. Verkehrsstatistik.

In dieser Hinsicht genügen vielfach die Veröffentlichungen der Landes- und Reichsbehörden oder sie müssen genügen. Ein Ersuchen an den Staatssekretär des Reichspostamts um ausgiebigeres Material ist seinerzeit ('91 [20]) abgelehnt worden.

X. Statistik der Preise, des Konsums und der Löhne.

Auch über die Statistik der Preise und des Konsums ist mehrmals verhandelt worden ('79[25], '86[17]). Im Jahre 1899 wurde ein Aus schuß damit beauftragt, „ein Verzeichnis derjenigen Waren (Lebensmittel), deren Preise ermittelt werden sollen, nebst Anleitung zur Ausfüllung aufzustellen und Vorschläge für die Methode dieser Ermittelung zu machen ('99[15])".

Über die vorbereitenden Arbeiten der Kommission berichtete Neefe auch den folgenden Konferenzen ('00[14], '01[11]) und machte eingehendere

[1]) Dabei sind die Neubauten genauer definiert als solche Bauten, bei welchen ein Gebäude von Grund aus neu errichtet wird.

Vorschläge zu einer Ermittelung von Kleinhandelspreisen für Lebensmittel ('02[9], [28]). Inzwischen war die Frage hinzugetreten, inwiefern man in der Lage sei, dem Kaiserlichen Statistischen Amt für sein Reichsarbeitsblatt brauchbare Daten dieser Art zu liefern. Es wurde eine neue Kommission gewählt ('02[10]), welche folgende von der Konferenz angenommenen Anträge stellte:

„1. Die erste Voraussetzung einer brauchbaren Statistik der Lebensmittelpreise im Kleinhandel ist eine genaue, womöglich auf objektive Merkmale gestützte Definition der Waren.

„2. Weiter ist das Hauptgewicht nicht auf einheitliche Qualität (durch das Reich festgesetzt), da solche nicht erreichbar, sondern auf Wahl der jeweils ortsüblichen, in breiteren Volksschichten meist gekauften Qualitäten zu legen und diese für jeden Ort genau festzuhalten.

„3. Für die dem Kaiserlichen Statistischen Amt mitzuteilende Preisstatistik kommen zunächst nur Städte in Betracht, in welchen die Feststellung der monatlichen Preise in einwandfreier Weise erfolgt, durch sachverständige Organe bestätigt und kontrolliert wird. Die Städte teilen mit, in welcher Weise das Material zu Stande gekommen ist.

„4. Das Kaiserliche Statistische Amt wird ersucht, diejenigen Waren zu bezeichnen, auf deren Preisfeststellung seinerseits Wert gelegt werden würde.

„5. Als Preise sollen die für am Orte meist gekaufte Ware gezahlten Preise, event. mit den Höchst- und Mindestgrenzen, festgestellt werden.

„Ausnahmepreise sowohl für frühe Frucht, wie für minderwertige, allenfalls auch gefährdete Ware sind nicht zu berücksichtigen.

„6. Die Kommission soll bis zur nächsten Konferenz tätig sein und Bericht erstatten. Eine Revision dieser Bestimmungen ist durch die nächste Konferenz vorzunehmen."

Gemäß Punkt 4 hat sich späterhin das Kaiserliche Statistische Amt für die Berücksichtigung der folgenden Waren ausgesprochen: 1. Rindfleisch, 2. Kalbfleisch, 3. Hammelfleisch, 4. Schweinefleisch (Bemerkung zu 1 bis 4: über die Stücke und die Bezeichnungen ist Vereinbarung zu treffen), 5. Schweineschmalz, 6. Rinderfett, 7. roher Speck, 8. geräucherter Speck, 9. Heringe, 10 Milch, 11. Butter, 12. Margarine, 13. Roggenbrot, 14. Weizenbrot, 15. Kaffee, 16. Zucker, 17. Salz, 18. Reis, 19. Kartoffeln, 20. Petroleum.

Auf der nächsten Konferenz wurden wieder vier Thesen in dieser Frage angenommen, von denen aber die beiden ersten hier weggelassen werden können, weil sie im wesentlichen nur das wiederholen, was die obigen Sätze unter 1 und 2 sagen. Im übrigen lauten sie ('03[12]):

„3. Es empfiehlt sich, die Preise, soweit angängig, neben der Erhebung durch das Marktpersonal (das eine entsprechende Anweisung erhalten muß) durch Formulare zu ermitteln, welche von den Verkäufern selbst ausgefüllt werden.

„4. Die sonstigen Preisermittelungen für landes- und ortsstatistische Zwecke bleiben durch obige Vorschläge unberührt."

Dem ging ein Beschluß voraus, durch welchen das Kaiserliche Statistische Amt ersucht wird, „Fürsorge zu treffen, daß die in den verschiedenen Städten für verschiedene Zwecke üblichen verschiedenartigen Anschreibungen verschiedener Lebensmittel eine einheitliche Grundlage erhalten" ('03[6]).

Über **Lohnstatistik** ist von der Konferenz gleichfalls mehrfach verhandelt worden. Schon auf der ersten Tagung wurde die Frage der **Arbeiterbudgets** besprochen ('79[27]), ohne daß Beschlüsse gefaßt wären. Im Jahre 1890 wurde die Lohnstatistik von Hirschberg aufs Neue angeregt ('90[5]). Es soll vor allem das Material der Berufsgenossenschaften verwertet worden. Ein in diesem Sinne gestellter Antrag wird angenommen ('91[17]), kommt aber doch nicht zur Ausführung, da Bedenken gegen die vorgeschlagene Zählkarte geltend gemacht werden ('93[21]). Ein 1891 gewählter Ausschuß ('93[21] und [36]) verfaßt eine neue Zählkarte ('93[39]), die schließlich von der Konferenz durch folgenden Beschluß empfohlen wird ('93[19]):

„Die Konferenz hält die Erhebung einer Lohnstatistik aus dem berufsgenossenschaftlichen Materiale mittels einer Individualzählkarte für wünschenswert und die anliegende Zählkarte zu diesem Zwecke für geeignet.

„Die Konferenz ersucht ihren Vorsitzenden, das Protokoll der Sitzungen der VIII. Konferenz (von 1893) zugleich mit dem Bericht der lohnstatistischen Kommission dem Reichsversicherungsamte und dem Verbande Deutscher Berufsgenossenschaften mitzuteilen."

Weitere Erfolge haben sich nicht daraus ergeben.

Die späteren Besprechungen über Lohnerhebungen ('94[12, 16, 25], 97[5]) haben zu keinem Beschluß geführt. Erwähnt sei ein Referat Neefes über die Festsetzung des ortsüblichen Tagelohnes für die Zwecke der Arbeiterversicherung. Die von ihm aufgestellten Leitsätze sollten aber nur anregen und wurden von ihm nicht der Beschlußfassung unterbreitet ('01[9]). Den von ihm entworfenen Fragebogen siehe '01[33]. Der zuständige Ausschuß wird erweitert ('93[20] '94[16]), nachdem ihm das ganze Gebiet der Sozialstatistik zugewiesen worden und später wieder aufgelöst ('96[17]).

Über die Lohn- und Arbeitsverhältnisse in allen Zweigen der größeren deutschen Stadtverwaltungen hat Schäfer Ermittelungen für das statistische Jahrbuch gemacht und über seine Erfahrungen ein Referat erstattet ('02[25]).

Für Zwecke des Reichs-Arbeitsblattes wurde über die Lohnstatistik auf der XVI. Konferenz verhandelt, welche sich bereit erklärt, die vom Kaiserlichen Statistischen Amt in Aussicht genommenen lohnstatistischen Erhebungen und Untersuchungen zu unterstützen. Sie beschließt aber: „mit Rücksicht darauf, daß Herr Direktor Schäfer z. Zt. ein die Lohnverhältnisse der städtischen Arbeiter behandelndes Material in Händen hat, erst die bei der Bearbeitung dieses Materials gesammelten Erfahrungen abzuwarten und wählt eine Kommission, welche berufen ist, im Einvernehmen mit dem Kaiserlichen Statistischen Amt demnächst Vorschläge zu machen ('02[9])".

Außerdem ist auf das gleichzeitig beschlossene, weiter unten (S. 523) abgedruckte Formular zur Krankenkassenstatistik hinzuweisen, da dies gleichfalls eine Frage nach dem Lohne enthält.

Die ernannte Kommission einigte sich in einer Sitzung, die am 23. Januar 1903 in Berlin stattfand, auf die folgenden Sätze ('03[29]):

„1. Die Beratung über eine Verbindung der Lohnerhebung mit der Volkszählung wird vorläufig vertagt.

„2. Die Kommission teilt den Plan einer allgemeinen Erhebung der Lohnsätze, welche seinerzeit zum Beispiel in Berlin durchgeführt wurde, den städtischen statistischen Ämtern mit und empfiehlt eine ähnliche Erhebung zur Nachahmung.

„3. Es wird beschlossen: a) die Bewegung der Arbeitslöhne auf Grund des Krankenkassenmaterials für eine Reihe von Jahren für ein und dieselben Kassenmitglieder festzustellen, und zwar für diejenigen Gewerbe, die in der Stadt des betreffenden Statistikers besondere Bedeutung haben, und für welche das Material dazu leicht zu beschaffen ist; b) eventuell aus dem Material der Krankenkassen eine allgemeine Lohnstatistik ohne Beschränkung auf bestimmte Mitglieder für eine Reihe von Jahren rückwärts aufzustellen.

„4. Die Beschlußfassung über Verwertung der berufsgenossenschaftlichen Nachweisungen wird ausgesetzt mit Rücksicht darauf, daß an anderer Stelle Erwägungen über die amtliche Bearbeitung dieses Materials stattfinden.

„5. Hinsichtlich der monographischen Darstellung der Löhne soll die von Herrn Schäfer in Aussicht gestellte Arbeit abgewartet werden.

„6. Die Kommission teilt den Plan einer Statistik der Berliner Haushaltungsbudgets, welcher seinerzeit in Berlin unternommen wurde, den statistischen Ämtern mit und empfiehlt eine ähnliche Erhebung zur Nachahmung."

Die Beschlüsse sind alsbald den einzelnen Ämtern mitgeteilt und von der jüngsten Konferenz genehmigt worden ('03[7]). Der Abdruck der unter 2 und 6 genannten Anlagen kann unterbleiben, da diese Formulare nicht Norm, sondern nur Beispiel sein sollten und die Konferenz darum auch über sie keinen besonderen Beschluß gefaßt hat.

XI. Krankenkassenstatistik, Darstellung des Arbeitsmarkts.

Schon früher hat die Konferenz ('93[19]) eine weitere Ausnutzung des Materials der Krankenkassen für die Arbeiterstatistik empfohlen, ohne sich über Detailfragen auszusprechen. (Vergl. die Denkschrift von Bleicher '93[41]).

Für die Zwecke der arbeiterstatistischen Abteilung des Kaiserl. statistischen Amts und des von diesem herauszugebenden Reichsarbeitsblatts wird über eine Arbeitsmarktstatistik[1]) verhandelt, wobei Silbergleit das Referat erstattet. Eine hierzu eingesetzte Kommission macht der Konferenz folgende Vorschläge, die zum Beschluß erhoben werden:

„1. Die Einführung einheitlicher Formulare für An- und Abmeldungen bei den Ortskrankenkassen (im Sinne des Reichskrankenversicherungsgesetzes) ist in Städten mit statistischen Ämtern erwünscht.

---

1) Über die Arbeitslosenzählungen siehe oben S. 513 f.

„Empfohlen werden nachstehende Formulare:

Krankenkasse: . . . .

Anmeldung

im Monat . . . . 190 . .

1. Vor- und Zuname: . . . .
2. No. des Mitgliedbuchs . . . .
3. Wohnung: . . . .
4. Geboren am: . . . .
5. Ob ledig, verheir., verw, geschied.: .
6. Tag des Arbeitseintritts: . . . .
7. Des Arbeitgebers
   Name oder Firma: . . . .
   Gewerbe (Geschäftszweig): . . . . . .

. Art der Beschäftigung: . . . .

9a. Tagesverdienst: . . . . Mk. . . Pf. (Das Jahr ist zu 300, der Monat zu 25, die Woche zu 6 Arbeitstagen zu rechnen.)

b. Naturalbezüge (Kost und Logis). (Zutreffendes ist zu unterstreichen.)

Krankenkasse: . . . .

Abmeldung

im Monat: . . . . 190 . .

1. Vor- und Zuname: . . . .
2. No. des Mitgliedbuchs: . . . .
3. Wohnung: . . . .
4. Geboren am: . . . .
5. Ob ledig, verheir., verw., geschied.: .
6. Tag des Arbeitsaustritts: . . . .
7. Des bisherigen Arbeitgebers
   Name oder Firma: . . . .
   Gewerbe (Geschäftszweig): . . . . . .
8. Art der Beschäftigung: . . . .
9. Ist der Austritt wegen Krankheit oder durch den Tod erfolgt? (Zutreffendes ist zu unterstreichen.)

„2. Die hierdurch gewonnenen Nachweise werden seitens der städtischen statistischen Ämter nach einheitlichen Grundsätzen bearbeitet: Gruppierung nach Geschlecht und Gewerbearten der Gewerbestatistik (Hervorhebung lokal besonders wichtiger Gewerbe bleibt den statistischen Ämtern überlassen). Ersichtlichmachung der abgemeldeten Kranken.

„3. Diese Nachweise werden unter Benutzung von Tabellenformularen dem Kaiserl. statistischen Amt bis zum 20. jedes Monats zugestellt.

„4. Die Vorstände der städtestatistischen Ämter werden sich bemühen, die Nachweisungen nicht nur für Orts-, sondern auch für die übrigen Zwangskrankenkassen zu beschaffen.

„5. Es wird den städtestatistischen Ämtern empfohlen, das durch die Anmeldungsformulare gewonnene lohnstatistische Material versuchsweise zu verwerten."

Hierzu wurde auf Antrag von Hirschberg beschlossen:

„1. Die dem Krankenversicherungsgesetz entsprechenden Kassen sollen den Mitgliederstand für den Schluß jeden Monats bis zum 3. Tage des folgenden Monats mit Unterscheidung des Geschlechts, der freiwilligen und der erwerbsunfähigen Mitglieder an die Gemeindeverwaltung oder an die sonst bezeichnete Stelle mitteilen.

„2. Soweit die Gemeindeverwaltungen das unter 1. bezeichnete Material erhalten, übersenden sie die zusammengestellten Ergebnisse bis zum 20. desselben Monats an das Kaiserl. Statistische Amt."

Der Hamburger Verbandstag des Zentralverbandes der Ortskrankenkassen, welcher gleich nach der Konferenz von 1902 tagte, überwies die Frage der Einführung gleicher An- und Abmeldeformulare einem Ausschuß zur Erledigung und dieser hat im Benehmen mit dem Kaiserlichen Statistischen Amt das in Altona festgestellte Formular angenommen, doch mit der Einschränkung, daß die Frage nach dem Familienstand und nach dem Lohn wahlfrei sein sollen.

XII. Armenstatistik.

Als die erste Konferenz tagte, stand im Vordergrunde des Interesses die Frage, ob durch die Freizügigkeit und das Gesetz über den Unterstützungswohnsitz die städtischen Armenverwaltungen besonders belastet würden. Der Referent Neefe erklärte sich für eine jährlich zu wiederholende Zählung mit Individualkarten, deren Entwurf er vorlegte. Böckh und Neßmann wollten in der einen oder anderen Weise größere Beschränkung. Schließlich nimmt die Versammlung einstimmig eine Erklärung an, die die vorgeschlagenen Arbeiten unter Berücksichtigung der von beiden Seiten vorgebrachten Gesichtspunkte für wünschenswert bezeichnet ('79[34]).

Im Jahre 1888 ('88[18]) wurde ein Ausschuß für Armenstatistik ernannt.

Auf der folgenden Konferenz wird freilich noch ein Antrag Böckh angenommen ('89[16]): „Die (Mitglieder der Konferenz) erklären, dahin wirken zu wollen, daß im Jahre 1890 eine Individualarmenstatistik erhoben und das Formular des Vereins für Armenpflege und Wohltätigkeit zur Berücksichtigung empfohlen werde.“ [1]) Aber 1890 ist es zu keiner Erhebung gekommen und dann ruhte die Sache mehrere Jahre, trotzdem man immer wieder darauf zurückkam ('90[11, 12, 27], '93[20], '94[18]).

Im Jahre 1895 machte Neefe eine umfangreiche Vorlage für eine vollständige Armenstatistik. Die Vorschläge umfaßten A. eine Zählkarte für unterstützte Familien und Einzelpersonen, B. einen Fragebogen betr. die Organisation der öffentlichen Armenpflege, C. und D. Fragebogen betr. die Kosten der offenen und geschlossenen öffentlichen Armenpflege und E. einen Fragebogen betr. die Wohltätigkeitspflege. Dazu kamen 11 Formulare zu Auszählungen auf Grund der Zählkarte A. Die Konferenz ('95[15]) nahm die letztere an, indem sie dieselbe für eine Erhebung empfahl, die sich auf die persönlichen Verhältnisse der aus öffentlichen Mitteln unterstützten Armen beziehen und möglichst im Jahre 1896/97 in den größeren deutschen Städten veranstaltet werden sollte.

Inbetreff der Fragebogen B bis E trat die Konferenz in keine Detailberatung, empfahl sie aber für die betr. Abschnitte des Städtejahrbuchs an Stelle der bisher üblichen. Alle diese umfangreichen Formulare sind in der beschlossenen Gestalt als Anhang zum Konferenzprotokoll abgedruckt worden ('95[17*]).

Mit den Auszählungsformularen beschäftigte sich die Konferenz erst im folgenden Jahre, nachdem inzwischen der armenstatistische Ausschuß sie durchberaten hatte. Sie werden in der nunmehr vorgeschlagenen Fassung genehmigt ('96[16]). Es sei ebenfalls auf die betr. Protokollanlage verwiesen ('96[9*] bis [12*]).

Der Armenstatistik, welcher alle diese Formulare zu Grunde zu legen waren, sollte, wie vorgeschlagen, für das Etatsjahr 1896/7 ausgeführt werden und demgemäß haben eine Reihe von Städten für die Beschaffung des Urmaterials gesorgt, ohne daß freilich alle auch die Bearbeitung übernehmen wollten. Diese letztere erfolgte auf Kosten des

---

[1]) Über die Statistik dieses Vereins siehe Böhmert, das Armenwesen in 77 deutschen Städten und einigen Landarmenverbänden. I. A. des Deutschen Vereins für Armenpflege und Wohltätigkeit herausgegeben. 1886—88.

Frankfurter Instituts für Gemeinwohl durch Dr. Klumker. Veröffentlicht sind bisher nur die Tabellen (Armenstatistik einiger deutscher Städte für das Jahr 1896/7, Jena 1902[1]).

Die weiteren Besprechungen auf den Konferenzen über diese Angelegenheit ('96[16], '97[13], '99[15], '01[7]) können übergangen werden. Der armenstatistische Ausschuß wurde aufgelöst ('01[12]).

XIII. Kriminalstatistik.

Mit kriminalstatistischen Fragen hat sich der Kongreß zuerst im Jahre 1893 beschäftigt. Tschierschky, der die Sache in Anregung gebracht hat, verspricht zunächst einen praktischen Versuch nach seinen Vorschlägen zu machen, das heißt die polizeilichen Strafregister über die am Orte Wohnenden zu benutzen. Im folgenden Jahre legte er der Konferenz seine Ergebnisse vor und diese beschloß ('94[11]):

„Die Konferenz erklärt es für höchst wünschenswert, daß seitens der städtischen Statistik im Anschluß an die bevorstehende Volkszählung gleichartige Erhebungen über die kriminellen Eigenschaften der Bevölkerung der beteiligten Städte angestellt und die gewonnenen Resultate fortgeschrieben werden. Die Konferenz ersucht deshalb ihre Mitglieder, bis zum nächstjährigen Zusammentreten im Benehmen mit den Polizeibehörden ihrer Städte festzustellen, in welcher Weise diese Erhebungen mit Aussicht auf Erfolg durchgeführt werden können."

U. a. ist Berlin der Anregung gefolgt. In späteren Jahren hat es noch wiederholt Besprechungen über diesen Gegenstand gegeben ('95[15], '96[2, 17], '97[9], '99[5], '02[14]), zu sachlichen Beschlüssen ist es aber nicht gekommen.

XIV. Schülerstatistik.

Über die Notwendigkeit einer Abgangsstatistik der Volksschüler nach Alter und Schulklasse ist es auf der 15. Konferenz zu einer längeren Erörterung gekommen, in der ein allgemeines Einverständnis zu Tage trat ('01[9]). Silbergleit erklärt sich zur Berücksichtigung der in Rede stehenden Daten bei Bearbeitung des Abschnitts „Unterrichtswesen" des statistischen Jahrbuchs bereit ('01[9]).

XV. Finanzvergleichung.

Als im Jahre 1879 die Frage einer vergleichenden Statistik der Städtefinanzen[2]) besprochen wurde, geschah das hauptsächlich im Hinblick auf Körösis internationale Finanzstatistik der Großstädte. Die Hoffnung, auf diesem Gebiete zu etwas Brauchbarem zu gelangen, war in der Versammlung nicht sehr stark. In der Debatte sagte jedoch Körösi u. A.: „Wollten wir der Finanzstatistik keinen Wert mehr beimessen, so würden wir den Wert der Statistik für die Verwaltung überhaupt in Frage stellen." Darin liegt in der Tat der Grund, der die Städtestatistik immer wieder auf dies Gebiet zurückführen wird.

---

[1]) Soweit die Fragebogen B bis E in Betracht kommen, enthält dies Werk nur den Wiederabdruck einer im statistischen Jahrbuch deutscher Städte veröffentlichten Arbeit. (Jahrgang IX S. 255.)

[2]) Eine Übersicht über die Arbeiten der Konferenz auf diesem Gebiete gibt Pröbst '00[31].

Auf der ersten Konferenz erklärten sich schließlich sämtliche Mitglieder mit den folgenden Sätzen einverstanden ('79[37]). „Es ist dringend wünschenswert, daß ungeachtet der großen Schwierigkeiten der vergleichenden Finanzstatistik großer Städte die einschlägigen Arbeiten sorgfältig fortgesetzt werden, die Vertreter der gemeindlichen Statistik sich mit den Leitern der gemeindlichen Finanzverwaltung in Verbindung setzen und dahin wirken, daß neben den Bruttozahlen auch die Nettozahlen geboten, die Unterabteilungen der Haupttitel in den Rechnungsausweisen so genau als möglich aufgezeichnet, die Zahlen durch ausführliche Erläuterungen der Quellenangabe, der einschlägigen Gesetze und Normative usw. ergänzt, und im allgemeinen die für die internationale Finanzstatistik der Großstädte gegebenen Instruktionen[1]), soweit nur irgend möglich, beachtet werden."

Im Unterschiede gegen die heutigen Bestrebungen war das Absehen dieser internationalen Statistik darauf gerichtet, einige Gesamtzahlen über den städtischen Haushalt zu geben, viel weniger darauf, die Kosten und deren Deckung für einzelne städtische Arbeitszweige erkennen zu lassen.

Im Jahre 1886 wird folgender Antrag Böckh angenommen ('86[17]): „Die aus den Gemeinderechnungen aufzustellende Finanzstatistik muß geeignet sein, eine Übersicht des Ganges der städtischen Finanzen innerhalb des betreffenden Zeitraumes zu geben. Zu diesem Zwecke müssen die wirklichen Einnahmen von den nur rechnungsmäßigen, die wirklichen Ausgaben von den nur rechnungsmäßigen getrennt und die Einnahmen nach ihren verschiedenen Quellen bezw. Rechtstiteln, die Ausgaben nach ihrem Zwecke unterschieden werden, letztere möglichst mit Unterscheidung der persönlichen, der sächlichen und derjenigen für Bauten. — Die Aufnahme selbst muß sich an die tatsächliche Gliederung des Gemeinderechnungswesens anschließen: sie erfordert nicht eine Änderung desselben, wohl aber die Berücksichtigung der Verschiedenheit nach den Gesichtspunkten der Statistik. Für Durchführung der letzteren ist es wünschenswert, daß der Dirigent der städtischen Finanzverwaltung mit dem Direktor des statistischen Amts zusammenwirke."

Gleichzeitig wird ein Ausschuß gewählt, der ein Schema für den finanzstatistischen Teil des Jahrbuchs aufstellen soll ('86[17]). Dieser entwirft zunächst ein Formular für die Rechnungslegung von städtischen Anstalten ('88[27]). Gleichzeitig legte der Ausschuß der Versammlung verschiedene Thesen vor, die in folgender Form angenommen wurden ('88[13] ff.):

„I. Die Finanzstatistik der deutschen Großstädte hat zu zeigen: 1. welchen Aufwand von Sachgütern und persönlichen Dienstleistungen die einzelnen Verwaltungszweige fordern, 2. aus welchen Quellen die Deckung des hieraus sich ergebenden Bedarfs geschöpft wird. Das Schwergericht ist auf die monographische Behandlung der einzelnen Verwaltungszweige zu legen.

„II. Der Aufwand der gesamten Verwaltung wie ihrer einzelnen Zweige hängt ab: 1. von dem durch das geltende Verwaltungsrecht den Großstädten zugewiesenen Maß von Aufgaben, 2. von dem Umfange,

[1]) Vergleiche Körösi, Bulletin annuel des Finances des grandes Villes. 1877, Seite 4.

den dieselben durch die Eigentümlichkeit der örtlichen Verhältnisse erhalten, 3. von den Grundsätzen, denen die Verwaltung folgt. Es ist darauf hinzuarbeiten, daß die Finanzstatistik der Großstädte die Wirkung jeder dieser drei Ursachen erkennen läßt.

„III. Die Finanzstatistik hat sich auf die Rechnungen zu stützen und dabei nicht allein die über Vollziehung des Haushalts, sondern auch die über die außeretatmäßige Gebarung abgelegten Rechnungen zu berücksichtigen.

„IV. Die Zeiteinheit der Finanzstatistik bildet das Rechnungsjahr; es sind die im Rechnungsjahr vereinnahmten und verausgabten Beträge zu beziffern, dabei aber auch die Veränderungen im Buchwerte der Naturalvorräte kenntlich zu machen.[1]) Die Einnahmen und Ausgaben auf Reste sind in dem Jahre zu verrechnen, in dem sie erfolgten oder geleistet wurden. Die den vorschußweise geleisteten Zahlungen gegenstehenden Einnahmen sind in dem Jahre zur Rechnung zu stellen, in welchem sie eingingen.

„V. Um die Kosten eines Verwaltungszweiges vollständig zu ermitteln, sind namentlich auch die von anderen Verwaltungszweigen geleisteten Zahlungen mit in Betracht zu ziehen, ebenso der Verbrauch von eigenen Erzeugnissen des behandelten Verwaltungszweige und die im Dienste desselben ohne besonderen Entgelt erlangten Arbeitsleistungen. Diese durchlaufenden Posten sind aber herauszuheben und als solche kenntlich zu machen.

„VI. Die Einnahmen, die von den Zuschuß erfordernden Verwaltungszweigen erzielt werden, sind bei diesen zu verzeichnen; dagegen sind die nur aus äußeren Gründen bei den einzelnen Verwaltungszweigen gebuchten Einnahmen auszuscheiden und an diejenige Stelle zu bringen, an die sie ihrer inneren Natur nach gehören.

„VII. Die Gebarung ist bei sämtlichen Verwaltungszweigen in eine ordentliche und außerordentliche zu trennen. Der letzteren sind diejenigen Ausgaben und Einnahmen zuzuweisen, die nicht regelmäßig alljährlich sich wiederholen, also ihrer Wirkung und Natur nach nicht ausschließlich dem behandelten Rechnungsjahre angehören.

„VIII. Für jede Verwaltung ist ein besonderer Vermögensnachweis für den Schluß des Rechnungsjahres aufzustellen und sind die Kapitalien und die Werte der Inventarien besonders anzuführen. Die im Laufe des Jahres eingetretenen Änderungen in der Belegung der Kapitalien sind den Einnahmen und Ausgaben nicht zuzurechnen.

„Die Vermögensverwaltung ist gesondert zur Darstellung zu bringen.

„IX. Unter Beobachtung vorstehender Grundsätze ist von dem finanzstatistischen Ausschuß zunächst ein Verzeichnis der einzelnen Verwaltungszweige, der Zuschuß fordernden und der Überschuß gewährenden, aufzustellen. Der Umfang derselben ist genau abzugrenzen und es sind für jeden derselben Formulare auszuarbeiten, die durch eine ausführliche Aufführung der einzelnen in Betracht zu ziehenden Beträge eine vollständige Bezifferung sämtlicher Ausgaben und Einnahmen des behandelten Verwaltungszweiges, damit aber die Gewinnung vergleichbarer Zahlen sichern."

---

[1]) Ebenso wären Kursverluste und Gewinne als Ausgabe und Einnahme zu buchen ('88[16]).

In den nächsten Jahren wurden die Arbeiten nicht weiter gefördert, bis Pröbst für die Zwecke des Jahrbuchs einen Fragebogen über den Stadthaushalt entwirft ('91[25]), gegen den freilich gewichtige Bedenken geltend gemacht wurden ('91[28]). Trotz Beschlusses der Konferenz ('91[14]) kam es noch nicht zur Bearbeitung dieses Abschnitts. Da Pröbst gebeten worden war, zu den einzelnen Punkten Erläuterungen zu geben, tat er es in der Weise, daß er der nächsten Konferenz einen viel detaillierteren Fragebogen vorlegte, um so allen Zweifel darüber auszuschließen, was in jede Rubrik falle ('93[33]). Auf seinen Antrag beschloß die Konferenz einen Versuch damit zu machen und die Resultate dem finanzstatistischen Ausschuß vorlegen zu lassen ('93[18]). Im folgenden ('94[11]) und nächstfolgenden ('95[13]) Jahre wurde darauf zurückgekommen. Unter den Ausstellungen, die gegen die vorgelegte Arbeit erhoben wurden, richtete sich eine gegen die Vermögensausweise. Aber der Antrag, diese zu streichen, wird abgelehnt ('95[14]). Die Zusammenstellungen sind von Pröbst im Einverständnis mit der Konferenz in den Mitteilungen des Münchener Statistischen Amts, Band XIV, Heft I, veröffentlicht worden.

Über Änderungen im Bestande des Ausschusses siehe '90[17], 96[17].

Die Versuche, den Stadthaushalt der großen Städte zu vergleichender Darstellung zu bringen, traten mehr in den Hintergrund. Statt dessen wollte man nun das Ziel durch Monographieen erreichen. Man vergleiche die Ausführungen von Pröbst in seinem Bericht für die Straßburger Konferenz ('00[31]). Dort ist auch angeführt, was auf dem Gebiete der Einzeldarstellung im Jahrbuch geleistet worden ist.

Die Konferenz selbst beschäftigte sich zunächst auf Anregung von Tenius mit der Statistik der Gemeindeschulden ('97[2]). Zur Annahme gelangt ein Antrag folgenden Inhalts: „Die Konferenz beschließt, zum Zweck der Vorbereitung einer vergleichbaren Darstellung der Vermögens- und Schuldenverhältnisse der Städte, die Mitglieder zu ersuchen, jeder für seine Stadt eine Darstellung des Vermögens- und Schuldenstandes zu geben, aus der die Grundsätze zu ersehen sind, nach welchen die angegebenen Zahlen gewonnen sind." Im weiteren Verfolg hat Tenius die gesammelten Angaben über den Schuldenstand im Jahrbuch zusammengestellt[1]).

Bei ihren Verhandlungen über die zweckmäßigste Gestaltung der Verwaltungsberichte kam die Konferenz auch auf die Gemeindesteuern zu sprechen. Es werden die folgenden Formulare angenommen.

Erstens Kopf: 1. Steuersoll a) Reste aus Vorjahren, b) Beträge für das Rechnungsjahr einschl. des Zuwachses; 2. Niederschläge wegen Nichtverpflichtung, Uneinbringlichkeit usw.; 3. Reste am Jahresschluß; 4. Rückerstattungen; 5. also Isteinnahme (ohne Abzug von Erhebungskosten), das ist Posten 1—2—3—4; 6. an den Staat usw. entrichtete oder eigene Erhebungskosten; 7. Reineinnahme (das ist der Betrag zu 5 minus dem zu 6). Vorspalte: Es sind einzeln aufzuführen a) die Gemeindezuschläge zu den Staatssteuern (bei jeder Steuer zugleich angeben, wieviel Prozent der Staatssteuer erhoben werden), b) die besonderen Gemeindesteuern mit Ausnahme der Verbrauchssteuern.

Zweitens Kopf: 1. Überhaupt erhobene Steuern; 2. rückerstattete a) für Ausfuhr, b) an die Militärbehörde etc.; 3. also Isteinnahme ohne Abzug der Erhebungskosten, das ist der Betrag zu 1 minus dem zu 2; 4. Erhebungskosten; 5. also Reineinnahme, das ist der Betrag zu 3 minus dem zu 4 ('00[37]).

---

1) Zuerst VII. Jahrgang, Seite 307 ff.

Den mancherlei Zweifeln darüber, wie die Steuern einzuklassieren sind, sollte der folgende Beschluß begegnen ('00[4]). „Als Grundlage soll der betr. Abschnitt im Statistischen Jahrbuch deutscher Städte dienen und das Soll der Staatssteuern nachrichtlich gegeben werden".

Auch für die Darstellung des Vermögens und der Schulden sind Berichtsformulare entworfen worden ('99[33f]). Nach mehrmaligen Vertagungen ('00[4,] '01[8]) wurde dieser Punkt aber vorläufig aufgegeben ('02[14]).

Weitere Anregungen, die der Konferenz gegeben wurden, gingen von Bleicher und Rettich aus. Ersterer will für das Jahrbuch einen Abschnitt über die zur Zeit geltenden Grundsätze für Aufstellung der städtischen Haushaltspläne und Finanzinventuren bearbeiten. Rettich regt Erhebungen für praktische Verwaltungszwecke z. B. über Quartierleistungen, über die Kosten die den Gemeinden aus der sozialen Gesetzgebung erwachsen, über Registraturwesen usw. an. Mit der Durchführung beider Vorschläge erklärt sich die Konferenz einverstanden ('00[15]).

Der Antrag von Bleicher, die neugebildete ('01[12]) sogenannte Finanzkommission zu ermächtigen, sich durch Umfrage bei den Städten über die bei Aufstellung der Haushaltspläne und Jahresrechnungen maßgebenden Grundsätze zu informieren und, soweit zweckdienlich, durch Kooptation sich zu verstärken, wurde von der Konferenz angenommen ('02[14] und [34]).

Im folgenden Jahre wird die Weiterführung dieser noch nicht zum Abschluß gekommenen Umfrage votiert und außerdem empfohlen: „Ausbau der Finanzstatistik im Statistischen Jahrbuch deutscher Städte durch besondere Betonung derselben bei Darstellung der einzelnen Verwaltungszweige, welche nur dadurch erreicht werden kann, daß die Berichterstattung nicht nach einzelnen Jahren, sondern für längere Perioden erfolgt und durch Fortsetzung der Sammlung von Monographieen über solche Gebiete, welche für das städtische Finanzwesen von ausschlaggebender Bedeutung sind." ('03[17, 49].)

Wichtiger war, daß der Oberbürgermeister von Dresden Beutler, welcher an den Beratungen teilnahm, sich anheischig machte, persönlich für eine Verständigung unter den größten Städten wirken zu wollen. Auf seine Anregung hin ist beschlossen worden:

„den Magistrat der Stadt Berlin zu ersuchen, er wolle im Laufe des kommenden Winters die Leiter der Finanzabteilungen in den Städten des Deutschen Reiches mit mehr als 200 000 Einwohnern zu einer Besprechung einladen, in welcher über die Maßnahmen für eine vergleichende Finanzstatistik verhandelt werden soll. Hirschberg wird noch besonders beauftragt, in diesem Sinne bei dem Magistrat der Stadt Berlin vorstellig zu werden." ('03[17].)

XVI. Städtische Verwaltungsberichte.

Im Jahre 1895 ('95[16]) regte Zimmermann an, doch eine größere Gleichförmigkeit in den städtischen Verwaltungsberichten anzustreben, an deren Herstellung die städtischen statistischen Ämter vielfach beteiligt sind (vergleiche die näheren Mitteilungen hierüber '96[8]). Im folgenden Jahre wurde ein Ausschuß gebildet, dessen Vorschläge von der Versammlung in folgender Form gutgeheißen wurden ('96[15]):

„1. Es möge bei der Herausgabe der Verwaltungsberichte Rücksicht auf die bewährten statistischen Darstellungsmethoden genommen werden.

„2. Es möchten in fünf- oder zehnjährigen Zwischenräumen namentlich im tabellarischen Teil Rückblicke auf die abgelaufene Periode gegeben werden.

„3. Es möchten diejenigen Städte, die statistische Ämter noch nicht besitzen und sich an dem Statistischen Jahrbuche noch nicht beteiligt haben, aufgefordert werden, zunächst wenigstens Verwaltungsberichte zu veröffentlichen.

„4. Die Mitarbeiter am Statistischen Jahrbuch werden aufgefordert, ihre Wünsche in Bezug auf den Inhalt der betreffenden Abschnitte der Verwaltungsberichte in Form von Denkschriften bis zur nächsten Konferenz niederzulegen."

Dieser letzte Beschluß fand im Jahre 1899 seine Ausführung.

Von vornherein standen sich zwei Anschauungen gegenüber: die eine legte das Hauptgewicht darauf, daß die Anordnung des Stoffes überall möglichst dieselbe sei, die andere verlangte vor allem, daß der Inhalt der einzelnen Kapitel auf ein Mindestmaß von Fragen Antwort gebe. Schon in dem obigen Beschluß von 1896 lag eigentlich die Annahme des zweiten Standpunktes. Im Jahre 1899 bekannte sich die Konferenz aber auch ausdrücklich zu ihm ('99[4]).

Ferner wurden damals Berichtschemas für eine Reihe von Kapiteln beraten und in der Form festgestellt, in der sie in der Anlage zu dem betreffenden Protokoll abgedruckt sind, nämlich für folgende Kapitel: 1. Fläche des Stadtgebietes, Benutzung derselben, Einteilung der Stadt zu Verwaltungszwecken ('99[21]); 2. Wahlen zu den Parlamenten usw. Auswahl der Schöffen und Geschworenen ('99[21]); 3. Mitgliederzahl der Magistrats, der Stadtverordneten, der Deputationen, Institutsvorstände usw. Stadtverordnetenwahlen ('99[22]); 4. Unterrichtswesen ('99[22]); 5. Quartier- und Naturalleistung ('99[24]); 6. Straßenbahnen ('99[24]) 7. Krankenversicherung ('99[24]); 8. Invalidenversicherung ('99[25]); 9. Leihhäuser ('99[26]); 10. Öffentliche Sparkassen ('99[27]). In dem Begleitschreiben, mit dem die Protokolle den Städten übersandt wurden, ist auf diese Formulare ausdrücklich hingewiesen worden ('99[14]). Im Folgejahre sind weitere Berichtschemas angenommen worden, die ebenfalls in der festgestellten Gestalt abgedruckt sind: Gaswerk und öffentliche Beleuchtung ('00[21]); Elektrische Zentralen ('00[22]); Gemeindesteuern (siehe S. 528); Einkommensverhältnisse ('00[38])[1]); Feuerlöschwesen ('00[23]); Desinfektionsanstalten ('00[36]); Meteorologische Beobachtungen ('00[23]). Nicht erledigt worden sind die Kapitel: Armenwesen ('01[7], Entwurf '01[37]) sowie ein Abschnitt über Steuern, die für andere Verbände (Kirchgemeinden, Handelskammern usw.) erhoben werden ('00[3f], '01[7f]). Die Beschlußfassung über die Abschnitte Vermögensnachweis und städtische Schulden ist vertagt worden. (Siehe Seite 529.)

Nicht im Zusammenhange mit diesen Beratungen steht eine Besprechung über die Statistik der Arbeitsnachweisanstalten, die übrigens zu keinem Beschluß geführt hat ('97[11]).

[1]) Hierzu ist zu bemerken, daß diejenigen Städte, welche ihre Einkommensgruppen nicht auf 9 500 und 30 500 Mk. abgegrenzt angeben können, statt dessen die Grenzen 9000 oder 10 000 und 30 000 benutzen sollen ('00[4]).

Alphabetisches Sachregister

(zum Anhang).

Lightning Source UK Ltd.
Milton Keynes UK
UKHW021231180219
337443UK00006B/459/P